MEDITER RANEAN NEXUS 1100·1700

CONFLICT, INFLUENCE
AND INSPIRATION IN
THE MEDITERRANEAN
AREA

6

Editorial Coordinator
Evelien CHAYES

TABLE DES MATIÈRES

13

LISTE DES ABRÉVIATIONS

AH = Anonyme, *Artús hôf*, numéros des folios de l'exemplaire préservé à la Bodleiana, Cat. Bodl., no. 2024.

AJ = Anonyme, *Akêdass Jizḥak*, numéros de strophes de l'éd. J. C. Frakes 2004.

B = T. Folengo, *Baldus*, numéros des livres et des lignes de l'édition M. Chiesa 2006.

BD = É. Lévita, *Boṽo Dantône*, numéros des strophes de l'éd. J. A. Joffe 1949.

BDit = Anonyme, *Buovo d'Antona*, numérotation des strophes introduite dans l'éd. Caligula di Bazalieri, Bologna, 1497, sans tenir compte de la division en chants.

Boerio = G. Boerio, *Dizionario del dialetto veneziano*, Venezia, G. Cecchini, 1867.

CO = Anonyme, *Cantare d'Orlando*, numéros de chants et de strophes de l'éd. J. Hübscher 1886.

DBI = *Dizionario Biografico degli Italiani*, 80 vol., Roma, Istituto della Enciclopedia italiana, 1925-2014.

DWB = Jakob et Wilhelm Grimm, *Deutsches Wörterbuch*, 33 vol., München, Deutscher Taschenbuch Verlag, München, 1984.

EJ-2007 = *Encyclopaedia Judaica*, 22 vol., dirigé par M. Berenbaum et F. Skolnik, 2ᵉ édition, Detroit, Keter Publishing House, 2007.

Encyclopedia biblica = *Entsiklopedia mikrait, otsar hayiediy'ot 'al hamikra vetkufato*, Jérusalem, Mossad Bialik, 1954.

Even Shoshan = A. Even Shoshan, *Hamilon heḥadash*, [Nouveau dictionnaire d'hébreu moderne], 3 vol., Kiryat-Sepher, 1977.

HL = É. Lévita, *Hamaṽdil lid*, numéros des strophes de l'éd. J. C. Frakes 2004.

JE-1906 = *Jewish Encyclopedia*, 12 vol., dirigé par I. Singer et C. Adler, Funk and Wagnalls, New York, 1901-1906.

KB = Anonyme, *Kü' buch*, Numérotation des fables suivant leur ordre d'apparition dans l'édition fac-similé N. M. Rosenfeld 1984.

Lexer = M. Lexer, *Mittelhochdeutsches Handwörterbuch*, 3 vol., Leipzig, S. Hirzel, 1872-1878.

M = L. Pulci, *Morgante Maggiore*, numéros des chants et des strophes de l'éd. A. Greco 1974.

MB = Anonyme, *Mélochim Buch*, numéros de strophes de l'édition fac-similé L. Fuks 1965.

MI = Immanuel de Rome, *Maḥberot 'Imanuel ha-Romi*, numéros des Compositions et des lignes de l'éd. D. Yarden 1957.

OF = L. Ariosto, *Orlando Furioso*, numéros de chant et de strophes de l'éd. L. Caretti 1992.

OI = M. M. Boiardo, *Orlando innamorato*, numéros de livres, de chants et de strophes de l'éd. A. Scaglione 1974.

OIr = F. Berni, *Rifacimento dell'Orlando Innamorato*, numéros de strophes de l'éd. M. Guigoni 1858 [F. Berni 1858].

PS = É. Lévita (attribué à), *Purim špil*, strophes numérotées dans notre éd. Annexe 1.

PVit = Anonyme, *Paris e Vienna*, numérotation des pages ajoutée dans l'édition Agostino Bindoni, Venezia, 1549.

PW = É. Lévita, *Paris un Wiene*, numéros de strophes de l'éd. Ch. Shmeruk 1996.

SB = Anonyme (Moshe' Esrim Ve-Arba' ?), *Šému'el-buch*, numéros de strophes de l'éd. fac-similé F. Falk 1961.

SL = É. Lévita, *Šéréfo lid*, numéros des strophes de l'éd. J. C. Frakes 2004.

SN = É. Lévita (attribué à), *Šeder nošim*, Numérotation des lignes ajoutée dans l'éd. H. Fox - J. J. Lewis 2011.

TLIO = *Tesoro della lingua italiana delle origini* [*TLIO*], créé en ligne depuis 1998 : http://tlio.ovi.cnr.it/TLIO/ [dernière consultation, septembre 2014].

W = Anonyme, *Widuwilt*, numéros de pages de l'éd. L. Landau 1912.

Wander = K. F. W. Wander, *Deutsches Sprichwörter Lexicon*, 5 vol., Leipzig, Brockhaus, 1867-1880.

TABLE DE TRANSCRIPTION
DU YIDDISH ANCIEN

La transcription des caractères hébraïques en caractères latins est un problème délicat dans un travail qui prend en compte non seulement différents âges de la langue yiddish mais aussi la langue hébraïque telle qu'elle était prononcée par des populations distinctes (en particulier par les Juifs ashkénazes et par les Juifs d'origine italienne). Pour l'hébreu, dans un souci de simplicité, nous nous sommes fondé sur les conventions les plus répandues qui s'appuient sur l'état de la langue aujourd'hui en Israël. Seuls les mots hébreux appartenant au yiddish ancien ou utilisés dans un texte en yiddish ancien obéissent aux règles de transcription présentées dans le tableau ci-dessous. Quand il s'agissait d'évoquer, dans le corps du travail, des notions encore courantes en yiddish moderne, nous avons eu recours à la transcription standard établie par le YIVO, plus familière et connue de tous les yiddishisants.

La transcription du yiddish ancien est conçue selon les conventions répandues aujourd'hui en Allemagne (voir par exemple E. Timm 1996, D. Matut 2011). Elle ne vise pas à reconstituer l'état de la prononciation au XVIᵉ siècle mais à permettre de rétablir le texte en caractères hébraïques à partir de celui que nous proposons en caractères latins. Dans le même temps, elle répond à un souci de lisibilité et doit favoriser un accès, au moins partiel, aux textes yiddish à toutes les personnes connaissant la langue allemande mais ignorant les caractères hébraïques.

SIGNE DE TRANSCRIPTION	ORIGINAL	CORRESPONDANCE COURANTE DANS LE SYSTÈME VOCALIQUE STANDARD EN MOYEN-HAUT-ALLEMAND (MHA)
a	א	mha. *ă* ; mha. *ei* et *ou* monophtongués ; plus rarement pour *öu* et pour la voyelle indifférenciée d'une syllabe finale non accentuée
à	Ø	mha. *A*

Signe de transcription	Original	Correspondance courante dans le système vocalique standard en moyen-haut-allemand (mha)
au	וי	mha. *Ou*
äu	וי	mha. *Öu*
ai	יי	mha. *ei* ; aussi pour mha. *öu* arrondi.
ȧi	איי	mha. *Ei*
ā	יי	double *yod* comme graphie alternative d'un *a* prononcé
b	ב	
c	כ	en général seulement pour la composante hébraïco-araméene
ch	כּ, ך	
d	ד	
e	ע	mha. *ä, ë, ae* ; mha. *e* en syllabe fermée ; parfois aussi pour *ē* devant *r* ; aussi pour *ö* arrondi en syllabe fermée
ė	י	mha. *e* en syllabe libre et mha. *ē* ; voyelle indifférenciée
é	Ø	
e̲	ה	pour les terminaisons dialectales d'infinitifs et les marques de cas qui riment avec elles ; son vocalique final de la composante hébraïco-araméenne
ei	יי	mha. *ī* ; *iu* arrondi
f	פּ, ף	
g	ג	
h	ה	
ḥ	ח	
i	י	mha. *i/ie* ; parfois pour mha. *ü/üe* arrondi
ï	יי	
j	י	
k	ק	
l	ל	
m	מ, ם	

18

Signe de transcription	Original	Correspondance courante dans le système vocalique standard en moyen-haut-allemand (MHA)
n	נ, ן	
o	א	mha. $\bar{a}$, $\bar{o}$, $\ddot{o}$
ó	ו	mha. $\bar{a}$, $\bar{o}$, $\ddot{o}$
ŏ	וֹ	mha. $\bar{o}$
ö	וי	mha. $æ$, $\ddot{o}$
ou	וי	mha. $\bar{u}$; parfois pour mha. $\bar{o}$ diphtonguisé ; mha. $\bar{o}$ ou $\ddot{o}$ en syllabe libre
öu	וי	mha. iu ; parfois pour mha. $\bar{u}$ palatalisé
öü	ויי	mha. iu et mha. $\bar{u}$ palatalisé
p	פ	
r	ר	
s	ז	(s sonore)
ṡ	ס	(s sourd)
ś	ש	(s sourd)
š/sch	ש	ש transcrit š devant *p* et *t*
ss	ת	
t	ט	
th	ת	
u	ו	mha. u/uo
ü	וי	mha. $ü/üe$, parfois pour u/uo palatalisé
v	ו	
v̄	בֿ	
w	וו	
z	צ, ץ	
ʿ	ע	En position de hiatus, seulement dans la composante hébraïco-araméenne
ʾ	א	En position de hiatus et en position finale

19

REMERCIEMENTS

Le présent ouvrage est fondé sur une thèse de doctorat soutenue à l'Université Paris-Sorbonne au mois de novembre 2014. Ce travail de longue haleine a été rendu possible par le soutien et les conseils avisés de nombreuses personnes. Je tiens avant tout à adresser mes plus sincères remerciements à mes deux directeurs de thèse, Mme Delphine Bechtel et M. François Lecercle. La première, par son expertise en yiddish, par ses lectures attentives, par sa confiance dans mon projet de recherche depuis ses commencements, a contribué au bon déroulement de ces années studieuses. Le second a apporté à mon travail tout ce qu'un doctorant en littérature comparée peut espérer : une disponibilité permanente, des conseils précis et éclairés par une vaste culture, une ouverture d'esprit admirable, une rigueur dans la conduite de la pensée et dans le maniement de la langue sans lesquels cette thèse n'aurait sans doute pas pu aboutir.

M. Jean-Yves Masson a assisté aux premiers frémissements de cette recherche, en qualité de directeur de mémoire de Master, et a permis à mes années d'études consacrées à l'œuvre d'Élia Lévita de débuter sous les meilleurs auspices. Qu'il en soit remercié.

M. Alessandro Guetta a eu la grande gentillesse de lire la partie de ce travail consacrée à la poésie hébraïque et de me prodiguer, avec expertise, ses remarques et ses suggestions.

M. Simon Neuberg a partagé avec générosité certains résultats de ses recherches passées et m'a transmis des documents utiles à ma recherche lors de sa présence à la Bodleian Library.

M. Jean Baumgarten s'est montré enthousiaste à l'idée d'une recherche littéraire consacrée à l'œuvre du poète yiddish ancien, ce qui m'a beaucoup encouragé à entreprendre ce travail. Sa lecture de ce travail, ses commentaires et ses suggestions ont été d'une grande valeur.

Mme Evelien Chayes a montré un grand intérêt pour ma recherche alors qu'elle n'était encore qu'à ses débuts et c'est à elle que je dois de le voir paraître aujourd'hui dans la collection « Mediterranean Nexus ».

J'adresse mes plus sincères remerciements à Mme Françoise Lavocat et à M. Giuseppe Sangirardi qui ont accepté de faire partie de mon jury de thèse.

Je suis reconnaissant à la Fondation pour la Mémoire de la Shoah qui m'a fourni une aide financière tout au long d'une année de recherche ainsi qu'aux bibliothécaires de la British Library de Londres, de la Bodleian Library d'Oxford, de la Bibliothèque nationale Juive de Jérusalem, de la Biblioteca Palatina de Parme et de la Bibliothèque nationale de France de Paris, qui m'ont fourni des renseignements et des documents précieux.

Le Fond scientifique russe (Russian Foundation of Science) m'a soutenu lors de la préparation de cet ouvrage dans le cadre du projet n° 15-18-00062 auprès de l'Université d'État de Saint-Pétersbourg.

Je remercie tous mes amis qui ont pris le temps de relire des parties du manuscrit : Mélanie Adda, Laurent Alibert, Charlotte de Cabarrus, Dora d'Errico, Hélène Gérardin, Aude Leblond et Jedediah Sklower. S'il reste des erreurs, c'est que je n'ai pas su me montrer assez attentif à leurs corrections.

Enfin, je ne saurais dire combien je dois à Valentina (Fedchenko-Bikard), ma femme. Non seulement, elle a traversé patiemment avec moi les embûches et les épreuves dont la préparation et la rédaction de cet ouvrage ont été pavées, mais en plus, elle a mis à ma disposition ses excellentes compétences de linguiste : sans son aide, les citations en yiddish ancien de ce travail n'auraient pas eu droit à une transcription scientifique.

INTRODUCTION

La littérature yiddish a connu, durant toute son histoire, une situation de relative insularité. Pour être plus précis, des transferts culturels ont eu lieu, et même en très grand nombre, mais ces transferts ont été, sauf rares exceptions, unidirectionnels : depuis les cultures environnantes, qu'elles soient allemande, italienne, polonaise, russe, américaine, vers le yiddish et non du yiddish vers les autres langues et autres littératures (si l'on fait exception de mots argotiques ou familiers, qui eux ont bien réussi, par le bas, à laisser leur empreinte). Cet isolement, cette incompréhension et même cette impression d'inexistence aux yeux du monde non-juif, ont été d'une grande conséquence pour la diffusion et la considération qu'on a bien voulu accorder aux œuvres yiddish même lorsque les écrivains eux-mêmes avaient le sentiment de participer aux mouvements littéraires, aux problèmes et aux passions de leur époque.

Le poète yiddish moderniste Avrom Glants Leyeles, ayant publié à New York dans les années 1920, en compagnie d'autres jeunes poètes yiddish, une des revues les plus significatives pour l'histoire de la littérature yiddish au XXᵉ siècle, *In-Zikh* (En-soi), fut un jour surpris de recevoir, de la part de la rédaction de la prestigieuse revue américaine de langue anglaise *Poetry*, une lettre où l'on pouvait lire : « Malheureusement nous ne pouvons pas lire votre journal. Nous aimerions savoir en quel langage il est écrit, est-ce du chinois[1] ? » Une telle question, dans un pays et à une époque où l'existence du yiddish n'était pas un mystère,

---

[1] Cité par B. Harshav 1986, p. 797.

ne peut guère être comprise que comme l'expression sarcastique d'écrivains appartenant à une culture majeure pour des auteurs qui, à leurs yeux, perdent leur temps à composer des vers dans une langue aussi négligeable que le yiddish.

On perçoit le reflet de cette situation inégalitaire dans la citation d'Isaac Bashevis Singer que nous avons placée en épigraphe. À quel autre écrivain récompensé du prix Nobel a-t-on souvent posé la qustion : « Pourquoi donc écrivez-vous dans votre langue maternelle ? » La réponse de Bashevis Singer témoigne de l'agacement de l'écrivain face à la candeur, non dépourvue de malveillance, d'une telle interrogation. Devrait-il écrire en chinois ? On remarquera que cette fausse réponse est le reflet du préjugé qu'exprimait cyniquement l'auteur de la lettre de *Poetry* : pour un américain mal intentionné, le yiddish, c'est du chinois, une langue incompréhensible dont il ne sait pas bien d'ailleurs si elle possède la moindre signification. Mais dans la suite de son discours, Isaac Bashevis Singer fournit des arguments bien plus circonstanciés[2]. S'opposant à ceux qui se vantent, dictionnaire Webster en main, que l'anglais soit la plus riche des langues, Bashevis Singer affirme, de façon un peu partisane certes, la conviction que le yiddish est la langue au lexique le plus abondant. Non pas pour les technologies, mais pour les mots « qui expriment le caractère et la personnalité[3]. » Il s'attache alors à énumérer une trentaine de mots

---

[2] Ce discours d'Isaac Bashevis Singer, qui n'est pas le discours officiel de réception du prix Nobel, prononcé en anglais, mais un discours prononcé la veille devant un public yiddishophone n'a pas, à notre connaissance, été publié. On pourra l'entendre dans son intégralité sur internet à l'adresse : http://www.youtube.com/watch ?v=4d8yeL0oEwU. On en trouvera aussi une transcription accompagnée d'une traduction en anglais à l'adresse suivante : http://yiddishwordoftheweek.tumblr.com/post/58702012433/isaac-bashevis-singers-nobel-prize-speeches-translated [consultés 09/2014].

[3] Pour la technique, le yiddish a toujours la ressource de recourir aux termes des langues des cultures environnantes, comme en témoigne l'exemple que propose Bashevis Singer (caricatural car le yiddish a bien ses propres mots en l'occurrence) : « *Far vos darf a yidishist drayvn a kar ?* » (« Pourquoi un yiddishiste doit-il conduire une voiture »). Comme les langues des populations chrétiennes locales étaient souvent perçues comme « consanguines » ayant fourni au yiddish une partie de leur vocabulaire, l'utilisation de mots qui en proviennent était à peine sentie comme un emprunt. Dans des domaines tels que la technique guerrière des chevaliers, les produits de maquillage, les noms d'aliments, Élia Lévita recourt ainsi à l'allemand et à l'italien contemporains et il est bien difficile aujourd'hui de dire quel terme paraissait appartenir en propre au yiddish et quel

et expressions, souvent humoristiques, pour désigner un pauvre avant de réaliser la même démonstration pour le mot « fou ». Et de conclure : « Il faut être fou pour échanger une langue aussi riche que le yiddish pour l'anglais[4]. »

Ce qui est vrai pour le yiddish moderne, l'est aussi *mutatis mutandis* pour le yiddish ancien. L'insularité relative de la langue, accentuée par l'usage des caractères hébraïques, conduit à une absence de « visibilité » de ses créations aux yeux du monde extérieur. Certes, un écrivain yiddish du XVIe siècle considérait comme plus naturel cet état de fait qu'un auteur du XXe siècle qui se battait pour la reconnaissance de sa langue comme langue de culture. Il ne serait jamais venu à l'idée d'Élia Lévita de se plaindre du fait que ses romans de chevalerie restaient inaccessibles à toute personne n'appartenant pas à la communauté pour laquelle il les avait écrits, celle des Juifs ashkénazes d'Italie et d'ailleurs. Mais cette situation a contribué, en partie, à ce que l'œuvre d'un auteur majeur du XVIe siècle ne soit connue aujourd'hui que d'une poignée de spécialistes.

Nous sommes bien conscient que l'emploi de l'adjectif « majeur » peut faire sourciller. Il paraîtra, dans le meilleur des cas, relever de la mauvaise habitude d'un critique se piquant de délivrer des *satisfecit* et des blâmes à des auteurs qui n'en peuvent mais et, dans le pire des cas, à une opinion hautement subjective indigne d'un travail scientifique. Nous savons bien aussi que tout spécialiste de littérature a tendance, pour ne pas avoir consacré de longues années de sa vie à une recherche « mineure », à considérer « son » écrivain comme un écrivain de premier ordre, injustement méconnu. Il a alors l'ambition déraisonnable d'éclairer le public sur sa malencontreuse ignorance et – tâche impossible – de faire entrer dans ses droits un auteur injustement délaissé.

Pourtant, nous tenons à l'idée que Lévita est un écrivain majeur et, ne pouvant nous appuyer sur la parole avisée d'une

---

terme gardait une saveur étrangère. C'est le sens du deuxième extrait de Bashevis Singer cité en épigraphe qui désigne le yiddish, là encore sarcastiquement, comme une langue « communiste ».

[4] Dans son propos, I. Bashevis Singer semble exprimer une conviction, partagée par exemple par A. Berman (1995), selon laquelle les langues majeures s'appauvrissent dans leur processus de codification et de définition d'un canon littéraire.

foule de critiques ou de poètes reconnus, nous prions notre lecteur d'accepter, ou plutôt de tolérer, cette opinion encore subjective avant de lire les pages du travail qui suit dans lequel nous nous proposons, objectivement cette fois, de situer cette œuvre dans le contexte historique et culturel de sa création et d'analyser, autant qu'il est donné de faire à un critique, l'originalité et la complexité de ses productions[5]. Nous nous trouvons donc dans une situation particulière puisque nous nous apprêtons à étudier une œuvre, que nous considérons comme classique, sans que celle-ci ait été reconnue comme telle ni par la postérité, ni par une critique pléthorique.

Voici encore un mot qui peut faire froncer les sourcils. Qui peut qualifier une œuvre de classique sinon ce qu'on appelle vaguement le jugement de l'histoire ? Les classiques sont-ils d'ailleurs destinés à autre chose qu'à alimenter le *pensum* scolaire et à nous inspirer de la honte parce que nous ne les avons pas lus ? Qui peut se permettre de faire entrer une œuvre dans le panthéon de ce que nous appelons pompeusement « les trésors du passé » ou « de l'humanité », et que les hommes de la Renaissance considéraient, plus pragmatiquement et plus sainement, comme une série de textes remarquables hérités de l'Antiquité sans lesquels on peut certainement penser et écrire, mais dont la connaissance et l'émulation fournissent, pour ces activités, une aide inestimable ?

Rassurons tout de suite nos lecteurs. Notre intention n'est pas de « canoniser » Lévita. Nous ne possédons guère l'autorité spi-

---

[5] La position d'Élia Lévita dans la littérature yiddish ancienne est loin d'avoir été méconnue par les spécialistes de la littérature yiddish ancienne (dont le nombre, depuis le début du XXe siècle, remplirait à peine un petit amphithéâtre d'université). En réalité, il a été presque unanimement reconnu comme le plus grand écrivain de cette littérature jusqu'au XIXe siècle. Force est de constater cependant que cette reconnaissance n'a guère dépassé le cercle des yiddishistes. E. Timm (1996, p. XI-XIII) a écrit, dans ce domaine, les phrases les plus convaincues, et les plus convaincantes (sauf lorsqu'elle se risque à énumérer les dix œuvres les plus importantes de la période dans la littérature européenne), au début de l'introduction à son édition du roman de chevalerie *Paris un Wiene*. Même si cette édition, qui propose le texte en caractères latin dans un esprit d'ouverture et de diffusion, a été publiée il y a près d'une vingtaine d'années, elle ne semble pas avoir atteint le public qu'elle visait, même parmi les germanistes. Les études littéraires qui lui ont été consacrées depuis lors se comptent sur un doigt de la main. Voir A. Schulz 2000.

rituelle nécessaire et sommes persuadé que l'auteur yiddish, là où il se trouve, se satisfait pleinement de son relatif anonymat. Notre but n'est pas de disserter sur la valeur de son œuvre mais, autant qu'il est dans nos moyens, de donner les instruments nécessaires à sa compréhension et d'offrir les informations qui permettront de la situer dans le paysage littéraire de son temps. Cependant, nous ne pouvons nous défendre de considérer Lévita comme un classique et, faute de pouvoir démontrer une telle affirmation, nous espérons que le lecteur, au fil de nos pages, ou mieux, à la lecture des œuvres originales, éprouvera ce sentiment de « reconnaissance » dont parle Italo Calvino dans sa définition des classiques, comme nous l'avons ressenti à la première lecture de ses créations[6].

Un classique est à nos yeux une œuvre qui offre à un moment donné – il ne peut s'agir ici que du temps présent – à la culture d'une société donnée – nous entendons parler de la littérature occidentale au sens large – une richesse inédite qu'aucun autre texte ne saurait remplacer. Les classiques sont connus, ou du moins leur existence est supposée connue de tous, ce qui ne signifie pas qu'ils sont lus. Songeons à l'Arioste, pour citer un exemple cher aux cœurs de Calvino et de Lévita, qui nous paraît, en France du moins, plutôt négligé. Mais, une fois de plus, il n'est pas question, dans notre travail, d'évaluer la qualité de l'œuvre de Lévita qui saura bien se défendre toute seule. Nous espérons qu'on

---

[6] Dans son article stimulant, « Perché leggere i classici », Italo Calvino fournit quatorze définitions complémentaires qui visent à cerner la notion de « classique » avant tout dans une perspective subjective et pragmatique. La définition à laquelle nous faisons allusion est la suivante : « *Un classico è un libro che viene prima di altri classici ; ma chi ha letto prima gli altri e poi legge quello, riconosce subito il suo posto nella genealogia.* » (« Un classique est un livre qui vient avant d'autres classiques ; mais celui qui a lu d'abord ceux-ci et lit ensuite celui-là reconnaît aussitôt sa place dans la généalogie. » I. Calvino 1995, p. 10.) Nous entendons ici sous le terme « généalogie », en accord, nous semble-t-il, avec le propos d'Italo Calvino, non pas une simple question d'influence et d'inspiration mais une filiation relevant d'un certain nombre de caractères difficiles à définir qui font qu'un livre compte pour une culture en lui apportant une richesse inédite. L'œuvre de Lévita peut se targuer d'échapper à une autre définition des classiques proposée par l'écrivain italien : « *Un classico è un'opera che provoca incessantemente un pulviscolo di discorsi critici su di sé, ma continuamente se li scrolla di dosso.* » (« Un classique est une œuvre qui voit incessamment tomber sur elle une poussière de discours critiques, mais continuellement, elle les secoue de son dos. » I. Calvino 1995, p. 8.)

nous pardonnera, dans cette introduction, d'avoir exprimé notre conviction. Ce que nous nous proposons de faire, c'est d'offrir à un public plus large la possibilité de l'aborder en explorant les circonstances sociales, culturelles, poétiques qui ont présidé à sa création et nous aurons atteint notre but si nous réussissons à attirer pour cette œuvre la curiosité de nouveaux lecteurs.

Pour ce faire, il faut avant tout s'armer de patience et de courage car il s'agit d'entrer dans l'univers intellectuel d'un homme que, non seulement le temps, mais aussi les conditions de vie, éloignent de nous. Né en Allemagne, ayant passé l'essentiel de son existence en Italie, Lévita s'exprimait, dans la sphère privée, en yiddish et était considéré comme la personne la plus compétente de son temps en hébreu et en araméen. Jeter quelques lumières sur le processus créatif d'un tel personnage impose donc que l'on aborde une multitude de sujets. Cela nous a encouragé à proposer des analyses, aussi approfondies que possible, dans des domaines aussi variés que l'histoire de la littérature yiddish ancienne, l'histoire de la poésie hébraïque en Italie au Moyen Âge et à la Renaissance, l'histoire de la littérature chevaleresque et satirique italienne, et l'histoire de la poésie populaire allemande. Autant de matières auxquelles on peut consacrer, et l'on consacre souvent, toute une vie de recherche. Nous n'avons donc pas la prétention d'être devenu un spécialiste de chacun de ces domaines mais nous espérons que, grâce à nos lectures critiques, nous avons réussi à éviter de commettre des erreurs manifestes afin d'offrir un tableau, aussi complet et vivant que possible, des racines d'une œuvre qui tire sa substance d'une multitude de transferts culturels et qui constitue un cas passionnant de circulation des idées et des modèles esthétiques à l'époque de la Renaissance.

Car il ne fait aucun doute, à nos yeux du moins, que l'œuvre de Lévita est typique de la Renaissance[7]. Elle est traversée, de part

---

[7] Nous souhaitons préciser d'emblée que nous faisons du mot « Renaissance » un usage plus esthétique qu'étroitement historique. De nombreuses œuvres yiddish du XVIIᵉ siècle nous semblent encore « médiévales » au sens où l'on peut dire que les *Quatre fils Aymon*, roman encore très populaire en France à la même période, demeure une œuvre médiévale puisque ses principes essentiels de composition et de narration n'ont pas évolué depuis l'apparition de ce récit. Si nous insistons tant sur l'appartenance de Lévita à la Renaissance, c'est aussi que les études juives (et yiddish) tendent à se priver d'un concept qui nous semble rester très précieux pour une étude littéraire consacrée à l'auteur que nous abordons.

en part, par une ironie, parfois mordante, toujours malicieuse, qui l'apparente aux œuvres contemporaines d'un Arioste, d'un Érasme, ou d'un Marot. Elle est certes, comme l'est aussi l'œuvre de Rabelais, encore fortement redevable des modèles esthétiques médiévaux mais, comme chez l'auteur tourangeau, ceux-ci se voient déformés, subvertis et apparaissent au lecteur sous une forme, au sens propre, inouïe. C'est cette constatation qui nous a poussé, dès notre titre, à prendre une position que l'on considérera peut-être comme intempestive dans le débat historique actuel sur la situation des Juifs à la Renaissance. En effet, la *doxa* historique dominante aujourd'hui, qui s'oppose à l'historiographie antérieure, invite à considérer la position des Juifs dans la société italienne de l'époque comme marginale, non pas en leur déniant un rôle économique et culturel, mais en insistant sur la séparation fondamentale, et en partie volontaire, qui fondait l'existence et la vision du monde des Juifs italiens.

Le plus éminent représentant de cette nouvelle vision est l'historien R. Bonfil qui insiste sur le fait que la société juive de la Renaissance en Italie reste essentiellement centrée sur ses propres valeurs, héritées de la tradition rabbinique et talmudique, et entretient avec les Chrétiens, avec l'Autre, une relation complexe fondée sur des stratégies de différenciation que l'on peut observer depuis les actions les plus banales de la vie quotidienne – les vêtements, les fêtes – jusqu'aux productions les plus élevées de l'esprit. R. Bonfil voit dans les figures connues d'intellectuels juifs ayant fréquenté régulièrement les Chrétiens, les Yehuda Alemanno, Ovadia Sforno, Jacob Mantino, des cas largement exceptionnels que les historiens du passé ont mis en exergue pour asseoir le mythe d'une société italienne ouverte aux Juifs, et de Juifs italiens assimilant largement la culture italienne de leur temps[8].

Notre étude de la production littéraire de Lévita nous invite à nuancer une telle position. Si l'on considère seulement l'œuvre du grammairien, du savant, de l'humaniste qui fréquentait cardinaux et ambassadeurs alors, oui, nous ne pouvons rien reprocher

---

Ce n'est qu'à travers lui qu'on peut saisir la différence fondamentale des œuvres d'Élia Lévita avec un grand nombre d'œuvres yiddish contemporaines malgré tout ce qui le lie encore à la tradition qu'il réinterprète et métamorphose.

[8] R. Bonfil 1995, en particulier p. 79-98 et p. 113-138.

aux thèses de R. Bonfil : une telle situation, celle d'un homme qui appartient à l'élite intellectuelle, est en effet exceptionnelle et son cas nous apprend bien peu sur l'existence et la vision du monde de la majorité des Juifs italiens de son temps. Mais si l'on prend en considération sa production yiddish, le problème devient plus complexe. Même si les romans de chevalerie de Lévita portent bien la marque, comme nous le verrons, de l'identité juive de Lévita, leur centre de gravité est ailleurs : il ne peut être saisi que si l'on suppose de la part de l'auteur, mais aussi de son public, un goût, une compréhension, une acceptation des modèles esthétiques italiens. Là encore, rien d'exceptionnel et l'on trouvera dans la littérature hébraïque de son temps des exemples bien connus d'un tel phénomène.

Mais l'originalité de l'œuvre de Lévita tient dans le fait que cette œuvre profondément « italianisée » est dans le même temps une œuvre populaire. Elle s'exprime dans la langue vernaculaire, connue de tous. Ses destinataires déclarés sont les femmes. Elle se fonde sur les modèles narratifs et esthétiques de romans populaires italiens pour les détourner et, parfois, s'en moquer. Son premier roman de chevalerie, le *Bovo Dantone* a été suffisamment populaire pour être transmis, de façon certes édulcorée et simplifiée, dans les populations ashkénazes d'Europe jusqu'au début du XXᵉ siècle. Son deuxième roman de chevalerie, le *Paris un Wiene*, n'a pas connu la même fortune, mais le fait même que Lévita ait considéré possible d'écrire un roman ambitieux en yiddish, où il insère des strophes entières adaptées de l'Arioste, prouve qu'il y avait à ses yeux des lecteurs d'œuvres yiddish capables de goûter un tel raffinement. Et ces lecteurs n'appartenaient sans doute pas, ou pas exclusivement, à une élite économique et culturelle. Enfin, la liberté dont il fait preuve dans ses satires, leur audace et, parfois, leur obscénité ne semblent pas avoir eu la moindre incidence sur la considération dont il jouissait dans le monde ashkénaze italien, suscitant sans doute moins d'opposition et d'animosité que ses activités d'enseignant auprès des Chrétiens et que ses positions audacieuses dans le champ de la grammaire. Tout cela est le témoignage d'une société suffisamment ouverte et confiante dans sa solidité pour accepter l'Autre, revêtu d'un costume juif, et pour laisser le public profiter d'inventions qui puisent leur substance dans une culture profane d'origine étrangère.

Lévita est certes, nous l'avons déjà souligné plusieurs fois, un cas exceptionnel mais si nous élargissons notre champ de vision et considérons maintenant l'histoire de la littérature yiddish ancienne au XVIᵉ et au XVIIᵉ siècle, les productions qui sont nées ou ont été diffusées sur le sol italien se distinguent également par la large part qu'elles font à la culture de divertissement, par la fortune des œuvres narratives et poétiques, tandis qu'au début du XVIIᵉ siècle, alors que les Juifs ashkénazes d'Italie s'assimilaient linguistiquement aux Juifs italiens et que le centre de gravité de la culture yiddish quittait l'Italie pour se déplacer vers l'Est, et en particulier vers la Pologne, la littérature yiddish s'est largement recentrée sur le domaine des textes religieux, rituels, moraux. Ce domaine constituait certes, déjà en Italie, une part cruciale de sa production mais il était loin d'être aussi dominant. Au-delà des œuvres de Lévita, des recueils de contes tels que le *Kü' buch* (*Le livre des vaches*) portent la marque d'une influence non-juive et font preuve d'un esprit de comique et de dérision s'appuyant sur une représentation malicieuse de la vie quotidienne, tel qu'on n'en retrouvera guère d'exemple dans les œuvres yiddish pendant les siècles suivants. Pour cette raison J. C. Frakes a pu parler d'une période « extravertie » de la littérature yiddish à laquelle a succédé une période « introvertie[9] ».

Donc oui, la situation des Juifs en Italie au XVIᵉ siècle nous semble bien avoir été relativement ouverte quand on la confronte à la condition des Juifs dans de nombreuses autres régions à la même époque. C'est là ce que nous entendons lorsque nous affirmons, à travers notre titre, que la Renaissance italienne a pu pénétrer jusque dans les rues du Ghetto. Il convient également de nous arrêter sur ce dernier terme qui pourrait provoquer des mésinterprétations. Lévita a passé une vingtaine d'années de sa vie à Venise avant et après la fondation du quartier juif, majoritairement ashkénaze, qui devait donner son nom à tous les quartiers du même genre fondés à sa suite dans les villes italiennes. Il offre un portrait éloquent, et sarcastique, des Juifs du Ghetto de Venise au début du septième chant du *Paris un Wiene*. S'il a vécu dans le palais du cardinal Gilles de Viterbe pendant son

---

[9] J. C. Frakes 2014b, p. 291-292.

séjour à Rome, il semble n'avoir jamais perdu le contact avec les conditions de vie des Juifs dans la cité lagunaire, et dans d'autres cités italiennes, et tous ses écrits portent la marque d'une réelle affection pour les coutumes, les pratiques, la vie quotidienne de ces populations qu'il connaissait parfaitement.

Il ne faudrait pas doter le terme « ghetto » des connotations sinistres qu'il a prises aujourd'hui à la suite de la Seconde Guerre Mondiale, ni le considérer dans un sens étroitement historique. Lévita a composé une partie de ses œuvres avant même la création du Ghetto de Venise et celui-ci a précédé de près d'un demi-siècle la création, au temps de la Contre-Réforme, d'autres quartiers réservés dans d'autres villes italiennes. « L'ère des ghettos » commence donc, à strictement parler, après la disparition de notre auteur[10]. Nous avons cependant décidé d'employer ce mot, avec la majuscule, non seulement parce que Lévita témoigne, dans ses dernières années, d'un réel attachement pour le lieu où il a passé près d'un quart de sa vie, mais aussi parce qu'il nous a semblé un équivalent acceptable pour traduire le terme yiddish « *di yidishe gas* » : la rue juive. La rue juive, c'est bien sûr le lieu où s'effectuent un grand nombre d'activités quotidiennes, le lieu des rencontres, des marchandages et des rumeurs. C'est le lieu où Lévita affichait ses pasquinades. Mais en yiddish moderne, « *di yidishe gas* » c'est aussi le quartier juif et, plus généralement, la société juive dans son ensemble[11].

Nous souhaitons ainsi inviter nos lecteurs à s'interroger sur la façon dont la Renaissance italienne a pu pénétrer, à travers l'œuvre de Lévita, dans les mentalités et dans la vision du monde des Juifs ashkénazes de son temps. Quelle était leur perception et leur compréhension d'œuvres qui portent en elles les fruits des mutations profondes qui avaient lieu au début du XVIe siècle dans la conception de l'individu et dans la vision de son rapport à la société ? En l'absence de textes critiques contemporains, ou de témoignages directs, il est bien sûr très difficile de nous en faire une idée. Mais ce que les textes eux-mêmes peuvent nous dire, c'est la façon dont Lévita percevait les attentes esthétiques de son public, ou plutôt, la façon dont il désirait les orienter et

---

[10] L'expression « ère des ghettos » est de l'historien R. Calimani (2003).
[11] Y. Niborski-B. Vaisbrot 2002, p. 177.

les transformer. Son écriture, sans aucun doute novatrice, est le reflet d'un positionnement social qui fait entrer, à sa manière, la Renaissance italienne dans les rues du Ghetto.

Il est indubitable que cette aventure esthétique n'a pas eu d'effets durables, ni sur la culture juive en général, ni sur la littérature yiddish en particulier. Si certains textes yiddish du milieu et de la fin du XVIᵉ siècle portent la marque d'une connaissance probable, mais difficile à démontrer, des œuvres de Lévita de la part de leurs auteurs, cet héritage s'interrompt presque entièrement dès le XVIIᵉ siècle. Nous ne pouvons nous dispenser de donner quelques pistes d'explication à cet oubli rapide. Premièrement, il faut rappeler la réalité historique et culturelle que nous venons d'évoquer : le déplacement de la culture yiddish vers l'Est et l'amoindrissement des contacts avec le monde non-juif qui l'a accompagné. À peine plus d'un demi-siècle après la mort de Lévita, on ne parlait déjà plus yiddish en Italie. Les Juifs ashkénazes, que ce soit en Allemagne, en Pologne, ou ailleurs, vivaient dans des conditions et dans un environnement culturel bien différents de ceux qu'avaient connus les Juifs italiens. Ensuite, il faut prendre en compte la faible considération que les Juifs ashkénazes eux-mêmes accordaient aux livres vernaculaires et à la littérature de divertissement en général. Les textes dignes d'êtres préservés, et emportés en cas de départ précipité ou volontaire, étaient écrits en hébreu et avaient pour objet des thèmes touchant à la vie religieuse. Enfin, il faut bien sûr accorder notre attention à la situation générale de la population yiddishophone, dépourvue de territoire unifié et, à plus forte raison, d'administration centralisée.

Pour mieux saisir les conséquences d'une telle situation, nous nous proposons de la comparer brièvement à celle de la culture française. Qu'une œuvre littéraire de qualité disparaisse plus ou moins totalement des mémoires est un fait courant et qui n'a rien d'étonnant. André Breton, au début des années 20 du siècle dernier, parcourait les bibliothèques parisiennes à la recherche des textes enfouis, et appréciés seulement par une poignée d'admirateurs, de Rimbaud et de Lautréamont cinquante ans après leurs morts (« poétique » pour le premier, physique pour le second). Songeons aussi à la récente résurrection, soixante ans après sa disparition, d'Irène Némirovski. Pour qu'une littérature soit préservée, malgré des phases temporaires d'amnésie, il faut donc non seulement une identité nationale bien définie et disposant d'une certaine continuité, mais aussi l'action de personnes volontaires qui, s'appuyant sur leur propre conception des « classiques » nationaux (qu'il s'agisse d'enrichir le panthéon reconnu ou de le révolutionner) se font les porte-paroles des textes oubliés qui, sans eux, garderaient précieusement, mais stérilement, leurs richesses enfouies sur les rayons d'une bibliothèque ou dans une pile de manuscrits.

Lorsque la littérature yiddish ancienne a été redécouverte à partir du début du XXᵉ siècle, la langue avait été profondément transformée sous l'influence, notamment, des langues slaves au point qu'elle exigeait un effort important à qui désirait la comprendre. Si la langue de Rabelais ou de Montaigne peut, par endroits, nous poser des difficultés (et elle est bien plus proche de la nôtre que le yiddish ancien du yiddish moderne), nous disposons du moins d'une transmission ininterrompue fondée sur la définition claire d'un canon littéraire.

De plus, les jeunes auteurs yiddish étaient si préoccupés par les brûlants problèmes de l'heure, en particulier par la nécessité de faire reconnaître leur langue, toujours dépourvue d'un territoire, comme une langue de culture, qu'ils n'avaient pas l'idée, pour la plupart d'entre eux, d'aller chercher leur inspiration chez ce lointain ancêtre italien du XVIᵉ siècle. Les « classiques » qu'ils se battaient pour promouvoir, ou contre lesquels ils se dressaient (ce qui est peut-être une forme encore plus flatteuse de reconnaissance), avaient été écrits à la fin du XIXᵉ siècle. Certains même étaient encore vivants lorsqu'ils furent, élogieusement ou dédaigneusement, couronnés de ce titre[12]. Les conditions n'étaient donc guère réunies pour la défense et l'appréciation d'une œuvre de la Renaissance dont la lecture devait rester l'apanage de quelques spécialistes.

Les conditions erratiques de la transmission des textes en yiddish ancien ont une conséquence très concrète pour le chercheur : les problèmes d'attribution ne manquent pas, et ils concernent au premier chef l'œuvre de Lévita. Comme il est l'auteur le plus original de cette littérature, et également l'un des seuls auteurs dont l'identité nous soit parfaitement connue, on a

---

[12] Nous nous permettons de renvoyer à notre article : A. Bikard 2007.

eu tendance, dès qu'un texte venait à la lumière du jour et sortait un peu de l'ordinaire, à l'attribuer à Élia Lévita. C'est ainsi que L. Landau, un des pionniers de la recherche en littérature yiddish ancienne, a pu proposer dans les années 1910, sans la moindre preuve, l'attribution à notre auteur d'un poème arthurien écrit en *ottava rima* et d'une satire bilingue yiddish-italien sur les âges de la vie[13].

On verra que nous consacrons d'assez longues pages à cette question des attributions. Nous échapperons donc au moins au reproche de ne pas avoir cherché à justifier nos hypothèses. Il ne faudrait pas accorder à cette démarche un quelconque caractère « essentialiste ». Né, comme nous le sommes, après la déclaration solennelle de la « mort de l'Auteur », et formé dans les amphithéâtres où cette épitaphe a été proclamé et a reçu le meilleur accueil, nous n'accordons qu'une importance relative à la question de savoir si tel ou tel texte a été écrit par tel ou tel auteur[14]. Il est clair, par ailleurs, que dans une situation aussi lacunaire que celle de la littérature yiddish anciennne nous n'aurons sans doute jamais le dernier mot concernant l'authenticité ou l'inauthenticité d'une attribution.

Si ces questions d'attribution nous ont semblé importantes et dignes d'être traitées avec attention, c'est qu'elles offrent l'opportunité de mettre en évidence avec précison la parenté d'un groupe de textes qui se détachent dans le paysage de la littérature yiddish ancienne. Ceux qui ne sont pas prêts à entendre sans réserve les discours funèbres de Roland Barthes – nous en faisons partie – pourront alors penser que l'hypothèse la plus économique, dans pareil cas, reste de supposer que ces textes proviennent de la plume du même auteur. Mais nous serons entièrement satisfait si, à défaut de convaincre tout le monde, nous réussissons à démontrer l'originalité stylistique de ce groupe d'œuvres, que l'on pourra, si l'on veut, désigner de « style Lévita » comme on parle de style « Art Nouveau », tout en continuant à supposer à ces textes des auteurs différents en l'absence de preuves concrètes et définitives.

---

13 L. Landau 1912, p. XXXIX et *Idem*, 1916, p. 465-471.
14 R. Barthes 1984, p. 61-67.

Il nous reste à prier le lecteur de ne pas se laisser décourager par la longueur de notre travail. L'ampleur d'une œuvre, somme toute assez riche, dont nous ne connaissons vraisemblablement qu'une partie, et la variété des textes qui éclairent l'ancrage culturel de leur auteur nous ont obligé à privilégier une perspective large afin d'éclairer, sinon les filiations, du moins les parentés qui ont présidé à cette création. Toute production littéraire est le fruit de la rencontre d'une personnalité artistique et d'un moment dans l'évolution historique des conceptions esthétiques et poétiques. Nous nous sommes attaché à développer les instruments nécessaires à la compréhension des spécificités d'une écriture qui, si elle se propose des tâches assez éloignées de celles auxquelles se voue la littérature contemporaine, garde cependant une actualité et une fraîcheur que l'on ne peut parfaitement sentir qu'en analysant de près les ambitions qu'elle poursuit et les techniques qu'elle emploie afin de les satisfaire.

Notre premier chapitre, partiellement biographique, s'attache à présenter le parcours et les activités de Lévita en portant l'accent, d'une part, sur ses vers hébraïques, et d'autre part, sur ses relations avec les humanistes et sur son intégration, à travers son activité de savant et de grammairien, dans le grand mouvement de redécouverte de la langue hébraïque (et de l'araméen) qui s'accompagne d'une redéfinition des méthodes philologiques d'exploration des textes anciens. Nous y proposons également un bref catalogue de ses œuvres yiddish (incluant celles que nous lui attribuons) en présentant l'état des recherches sur ces textes et la façon dont ils nous ont été transmis.

Notre second chapitre se propose l'objectif de situer l'œuvre de Lévita dans le cadre des littératures juives auxquelles il a participé : la poésie hébraïque en Italie, d'une part, et la littérature narrative en yiddish ancien d'autre part. L'une comme l'autre ont contribué à façonner la vision que Lévita se faisait du rôle et des tâches de l'écrivain. La question de la participation des Juifs à la culture de la Renaissance y est également posée de façon plus approfondie que nous n'avons pu le faire dans cette introduction.

Notre troisième chapitre affronte le problème de l'intégration des romans de chevalerie de Lévita dans le champ plus vaste du *romanzo cavalleresco* italien. Nous avons été attentif à mettre en évidence les grandes nouveautés que les auteurs de la Renaissance ont apportées à un genre ancien mais encore très populaire. Nous avons insisté sur les processus de détournement fondés sur un comique, parfois discret, mais plus souvent éclatant voire ravageur. Cela nous a permis de replacer les innovations d'Élia Lévita dans une perspective culturelle plus large et de souligner le fait que le ton extrêmement nouveau qu'il fait entendre dans la littérature yiddish trouve, en partie, ses racines dans la production italienne contemporaine.

Nous avons nommé notre quatrième chapitre : « Du paradigme de Pulci au modèle de l'Arioste ». Il vise à mettre en évidence les évolutions qui ont affecté l'écriture chevaleresque de Lévita. Nous souhaitons insister sur le fait que nous entendons les termes « paradigme » et « modèle » dans des sens tout à fait différents. Le *Boṽo Dantòne* ne doit sans doute rien au *Morgante* de Pulci. Mais la façon de traiter le genre chevaleresque sur le mode d'une réécriture comique, la volonté de forcer le trait et de caricaturer les récits populaires apparaissent aussi bien chez l'auteur italien que chez l'auteur yiddish. C'est cette parenté dans le projet d'écriture, et même dans ses modes d'exécution, qui nous permet d'affirmer qu'ils appartiennent au même paradigme. Quant à l'Arioste, il est véritablement un modèle pour Lévita dans la création du *Paris un Wiene* et nous nous attachons à décrire en détail la dette du poète yiddish à l'égard du poète italien mais aussi les inflexions nouvelles qu'il donne à ses vers.

Enfin, notre cinquième chapitre présente la production satirique de Lévita et sa position, assez complexe, au croisement de la pratique satirique en yiddish ancien, de la tradition parodique hébraïque, du chant populaire allemand, et de certains modèles italiens de poésie de la vitupération. Nous nous attardons plus longuement sur le *Šeder nošim*, poème dont la redécouverte est toute récente et dont nous proposons, pour la première fois, l'attribution à Lévita. L'ampleur de cette œuvre, l'originalité de son ton et de sa forme et la complexité de son esthétique imposaient une analyse approfondie. C'est, à nos yeux, sans aucun doute le chef d'œuvre de la littérature satirique en yiddish ancien.

CHAPITRE I

LA PERSONNALITÉ DE LÉVITA ET SON INSERTION DANS LE CADRE DE LA RENAISSANCE ITALIENNE

I.1. Une personnalité double ? Élia Lévita et Elye Bokher

Pour le lecteur contemporain, Lévita apparaît d'emblée comme un être *bifrons*. D'un côté, il est l'auteur d'une œuvre importante de linguiste et de grammairien, comprenant onze ouvrages, fruit d'intenses recherches sur de nombreux manuscrits hébraïques et araméens : cette partie de sa production, intégralement écrite en hébreu, est caractérisée par un sens aigu de la pédagogie, une rigueur parfaite dans le traitement des problèmes, et une réelle audace dans la formulation d'hypothèses nouvelles (en particulier concernant l'origine relativement récente du système de vocalisation hébraïque). Ces qualités ont fait de lui le linguiste majeur de son époque pour l'étude de la langue sacrée et, pendant plus de deux siècles, une source essentielle pour l'apprentissage de l'hébreu parmi les Chrétiens comme en témoignera le grand critique biblique français du XVIIᵉ siècle Richard Simon. Cette partie de l'œuvre est également liée à tout un pan de sa vie : il a entretenu des relations cordiales avec grand nombre d'humanistes chrétiens de premier plan dans cette époque de changements idéologiques et de soif de connaissance : hommes d'églises catholiques, représentants éminents de la jeune religion protestante, imprimeurs de Venise. Ces relations font de lui l'un des cas les plus intéressants de cette classe d'intellectuels juifs, à laquelle appartiennent Élia del Medigo ou Ovadia Sforno, qui par leurs échanges avec des hommes tels que Pico della Mirandola ou Johannes Reuchlin, ont contribué activement à l'enrichissement du savoir et à l'ouverture d'esprit qui fait la spécificité de la Renaissance.

D'un autre côté, il est l'auteur d'une œuvre poétique dont on ne découvre toute la richesse et toute la variété qu'aujourd'hui : romans de chevalerie, satires, parodies. Cette partie de sa production, presque exclusivement rédigée en yiddish, était uniquement destinée à un lectorat juif. Il s'agissait d'un public populaire au sens large du terme, c'est-à-dire qu'elle ne visait pas seulement les franges les plus pauvres de la population (même si elle les concernait aussi) mais bien toute la population ashkénaze des rues juives d'Italie, d'Allemagne, d'Europe centrale et orientale. Il s'agit des personnes que Lévita fréquentait dans les synagogues ashkénazes de Padoue ou de Rome, dans les rues du Ghetto nouvellement fondé de Venise, aussi bien des hommes que des femmes, aussi bien des riches prêteurs sur gages que des pauvres marchands de *strazzeria* (objets usagés)[1]. Et le plus étonnant au premier abord, c'est que l'esprit de la Renaissance se laisse tout aussi bien sentir dans l'œuvre littéraire que dans l'œuvre érudite de l'hébraïste, même si les emprunts et les contacts ne s'affichent pas au grand jour dans le pan yiddish de la création. L'esprit de la Renaissance s'impose, dans ce dernier domaine, à travers les thèmes et les formes littéraires, à travers l'adoption d'une position critique à l'égard des traditions poétiques et des coutumes sociales, à travers l'usage d'un humour éclatant qui fait du rire le meilleur allié d'une vision du monde renouvelée, susceptible d'être partagée par la société ashkénaze dans toute sa diversité. Si Lévita, dans cette œuvre poétique, s'inspire des plus grands noms de la littérature italienne de son temps, l'Arioste en tête, ce n'est pas sous la forme d'un plaidoyer en faveur des innovations esthétiques « étrangères » parce que chrétiennes. Il n'est en rien attiré par ce qu'il y avait de plus visible dans cette esthétique du temps, en particulier le recours à l'Antiquité grecque et latine, à ses formes littéraires, à sa mythologie[2]. Ce n'est que par la forme, et par la nouveauté du

---

[1] Sauf mention du contraire, nous utiliserons toujours ce mot « populaire » dans le sens large que nous venons de présenter. C'est dans ce sens que le yiddish est la langue populaire des Juifs ashkénazes, tandis que l'hébreu est sa langue érudite, réservée à une élite masculine et éduquée.

[2] Lévita se vante au contraire d'avoir appris le grec grâce à Gilles de Viterbe à Rome et de pouvoir s'en servir dans ses explications lexicologiques, voir *Sefer Hatishbi*, édition bilingue, Isny 1541, introduction en prose rimée (non paginée). Sur ce point, l'opposition entre le domaine de la science et celui de la poésie se fait nettement sentir. Si, quelques décennies avant l'arrivée de Lévita en Italie,

regard porté sur les choses narrées ou dépeintes que Lévita s'inscrit au cœur de la Renaissance : pratique constante du détournement littéraire, affirmation de la figure de l'auteur, soin particulier porté au raffinement de la métrique, et c'est dans ces domaines que l'influence (directe ou indirecte) des auteurs italiens sur son œuvre apparaît le plus nettement.

Cette dualité de la figure de Lévita a été soulignée, il y a cinquante ans, par le principal biographe de l'auteur, Gérard Weil, qui mettait en avant la responsabilité de la recherche moderne dans la scission de cette personnalité en deux moitiés distinctes et difficilement conciliables. Étudié par les hébraïstes, tels Bacher ou Ginsburg, Lévita n'apparaît que sous la figure du savant linguiste. Étudié par les yiddishistes, Erik, Weinreich, Zinberg, Lévita apparaît essentiellement comme le poète majeur de la littérature yiddish ancienne[3]. « Ainsi Lévita, à travers ses biographes, semble avoir vécu deux vies totalement différentes[4]. » Weil, attentif à éviter cet écueil, a pris soin de citer, et d'analyser brièvement, toutes les œuvres yiddish de Lévita telles qu'elles étaient connues de son temps. Malgré cet effort, il semble que le biographe ait eu quelques difficultés à faire entrer la carrière de poète yiddish de Lévita dans le tableau général qu'il offre de son existence. Il répète à plusieurs reprises que son activité poétique est fort surprenante pour quiconque connaît et admire son œuvre savante. Il suppose, avec réticence certes, que le *Boṿo Dantòne̞* a pu être écrit en 1507 par opportunisme dans l'espoir de se concilier les faveurs de la riche

---

Yehuda ben Yeḥiah dit Messer Leon écrivait un ouvrage de rhétorique intitulé *Nofet Tsufîm* où il attribuait à la Bible l'origine des formes rhétoriques vantées par Cicéron et par Quintilien, il ne faisait que proposer une théorie du beau discours. Dans la poésie hébraïque, en partie, mais surtout dans la poésie yiddish, les références à l'Antiquité grecque et latine sont le plus souvent repoussées au profit de la seule Antiquité qui ait de la valeur aux yeux de la religion juive : celle qu'incarne la Bible. Voir R. Bonfil 1995, p. 126-129.

[3] W. Bacher est l'auteur de la meilleure analyse de l'œuvre linguistique de Lévita avant la parution de l'ouvrage de G. Weil. Voir W. Bacher 1889, p. 206-272. C. D. Ginsburg, s'est particulièrement penché sur la Massorah et a traduit en anglais l'œuvre maîtresse de Lévita dans ce domaine : voir C. D. Ginsburg 1867. Les longs chapitres des premiers historiens de la littérature yiddish consacrés à Lévita témoignent de l'évolution très progressive de la connaissance de son œuvre yiddish : M. Erik 1928a, p. 177-201, M. Weinreich 1923, p. 72-87 ; *Id.* 1928, p. 149-191 ; I. Zinberg 1935, p. 81-100.

[4] G. Weil 1963, p. 170.

communauté juive de Padoue. Même s'il connaissait parfaitement l'introduction du *Boṽo Dantònẹ* dans laquelle Lévita, déjà âgé de plus de soixante-dix ans, affirmait vouloir imprimer toutes ses œuvres yiddish de peur qu'elles ne tombent dans l'oubli, Gérard Weil semble limiter son activité de poète à la première partie de sa vie. Il fait ainsi, consciemment ou inconsciemment, de ce qu'il nomme ses « romans courtois » des formes de *delicta juventutis*, des produits d'une jeunesse originale et aventureuse qui auraient vu le jour avant que les facultés de l'auteur connaissent leur plein essor et se révèlent dans l'œuvre linguistique après son départ pour Rome vers 1515 (à l'âge, tout de même, de 46 ans).

Le léger embarras du biographe est un bon témoignage de la difficulté que nous pouvons avoir, à notre époque de haute spécialisation, lorsque nous désirons embrasser d'un seul regard l'activité multiforme des hommes de la Renaissance. Les exemples d'hommes s'étant illustrés par les talents les plus divers et pouvant paraître les plus inconciliables ne manquent pas, surtout en Italie, au point que toute la période est placée sous le signe de l'*uomo universale*[5] : d'Enea Silvio Piccolomini (Pie II) à Michel-Ange, de Leon Battista Alberti à Leonard de Vinci. Pour rester dans l'entourage de Lévita, il suffit de mentionner deux de ses plus proches collaborateurs : en Italie, Gilles de Viterbe, éloquent prêcheur, ami de Pontano, de Sanazzaro et proche de Léon X, auteur d'églogues, d'ouvrages de cabbale, et grand homme d'Église ou en Allemagne, Sébastien Munster, à la fois savant hébraïste et auteur de la première cosmographie en langue allemande[6].

De fait, Gérard Weil, dont l'ouvrage reste très précieux pour connaître les grandes dates de la vie de Lévita ainsi que ses mérites dans le champ des études hébraïques, avait tort lorsqu'il réduisait l'activité poétique yiddish de Lévita à une simple étape dans son existence et dans sa production. Nous savons aujourd'hui que Lévita a écrit des poésies yiddish tout au long de sa vie et l'un des objectifs de notre travail est de montrer l'ampleur et la richesse de cette production dont nous avons, au cours de nos recherches,

---

[5] Nous renvoyons aux chapitres, toujours stimulants de J. Burckhardt 1906, t. I, p. 163-210.

[6] Sur Gilles de Viterbe, et sur sa personnalité, voir F. X. Martin 1992, p. 93 et sq.

obtenu une vision plus large et plus complète que celle qui a été proposée jusqu'à présent : au lieu des quatre œuvres (dont une incomplète) que Weil pouvait analyser, à une époque où les éditions critiques faisaient encore cruellement défaut, nous aborderons sept œuvres (ou fragments d'œuvres) qui offrent un panorama plus complexe de l'une des productions littéraires les plus représentatives et les plus originales de son temps.

S'il est si difficile d'offrir une vision unifiée de l'œuvre de Lévita, c'est que l'auteur semble avoir pris soin de cloisonner ses deux activités que tout semble séparer : leur visée bien sûr, mais aussi leur langue, leur public et même, dans une certaine mesure, la signature de l'écrivain. Il ne fait jamais réellement allusion à son œuvre yiddish dans ses textes en hébreu. En revanche, dans la préface du *Boṽo Dantône*, il établit un clair parallèle entre ses œuvres hébraïques, déjà publiées, et ses œuvres yiddish auxquelles il aimerait voir subir le même sort. Pour mieux saisir les statuts différents que Lévita attribue aux deux pans de sa production, il faut nous arrêter un moment sur les signatures par lesquelles il s'y fait connaître de ses lecteurs.

Dans ses œuvres hébraïques, il se présente de façon très variée car il affectionne les jeux de mots et les formules amphibologiques. La base de son nom est Elyahu ben Asher Halévi אליהו בן אשר הלוי, Élie, fils d'Asher, le Lévite. Sur le père de Lévita, Asher, nous ne savons rien sinon que l'écrivain lui vouait un grand respect et rappelle, jusqu'à un âge avancé, les enseignements qu'il lui a fournis en matière de langue hébraïque[7]. Le nom Elyahu Halévi, suppose une descendance de la tribu de Lévi, à qui était réservée le soin d'assurer le culte à l'époque du Temple. Cette appartenance suppose aujourd'hui encore dans le judaïsme des droits et des devoirs religieux particuliers. Lorsque les humanistes ont traduit Halévi (qui a une forme adjectivale en hébreu), ils ont tout naturellement employé les règles de suffixation gréco-latine en usage depuis la composition de la Vulgate et ont nommé notre auteur Elias Levita. C'est ce nom (parfois italianisé sous la forme Elia) qui s'est répandu dans le monde chrétien et qui sert le plus souvent à désigner notre auteur dans la littérature scientifique.

[7] G. Weil 1963, p. 20.

Dans son œuvre hébraïque, Lévita précise fréquemment son nom par un mot qualifiant son activité המדקדק, le grammairien, plus rarement הזמר, le poète, lorsqu'il compose des vers pour orner tel ou tel ouvrage de sa plume ou de celle d'autrui[8]. Il lui est aussi arrivé d'utiliser le surnom Tishbi תשבי, emprunté à son homonyme, le prophète Élie et qui désignerait le lieu de naissance de l'annonciateur de la rédemption (Rois I, 17, 1). Lévita mentionne fréquemment son propre lieu de naissance par le terme Ashkénazi, אשכנזי (l'Allemand) et il lui accordait une réelle importance jusque dans ses œuvres hébraïques[9]. D'après son propre témoignage, il est né à Ipsheim, petit village dépendant de Neustadt an der Aisch, en Bavière, à une cinquantaine de kilomètres de Nüremberg. Selon les calculs de G. Weil, il serait né en 1469.

Cette série de variations sur son nom témoigne de l'absence de fixation des noms juifs jusqu'à l'époque contemporaine mais aussi d'une nécessité d'ordre « esthétique » puisque Lévita choisit ces noms en fonction du titre qu'il souhaite donner à son ouvrage selon des critères variés qui associent le contenu du livre, des jeux sur la valeur numérique des lettres hébraïques, et diverses allusions culturelles. C'est ainsi qu'il choisit de s'appeler Eliyahu Hatishbi au début du livre d'études lexicologiques le *Sefer Hatishbi*, nommé quant à lui en fonction du dernier terme expliqué dans le livre, en raison de l'association du terme Tishbi avec le prénom de l'auteur, et enfin pour la valeur numérologique du terme תשבי qui équivaut à 712, le nombre d'entrées présentes dans cet ouvrage qui a la forme d'un dictionnaire[10].

---

[8] Ainsi, à la fin de l'impression du רוח חן, imprimé à Venise par Francesco Brucioli en 1544, cité par G. Weil 1963, p. 153.

[9] Les rabbins ont, au Moyen Âge, associé des noms bibliques aux régions où se trouvait la diaspora juive. C'est ainsi qu'Ashkénaze en est venu à désigner l'Allemagne, Tsarfat, la France, Sefarad, l'Espagne, ou Canaan, les régions slaves. Voir M. Weinreich 2008, p. 80-91.

[10] Aux lettres de l'alphabet hébraïque sont traditionnellement associées des valeurs numériques : 1 à 9 pour les lettres allant de א à ט, 10 à 90 pour les lettres allant de י à צ et enfin 100 à 400 pour les lettres allant de ק à ת. Cette correspondance entre les chiffres et les lettres permet à Lévita de nombreux jeux savants. Ainsi, suivant en cela une tradition ancienne, il n'indique presque jamais la date de publication d'un ouvrage sans inventer une phrase ou un mot dont la valeur correspond à cette date dans le calendrier hébraïque. Lorsqu'il corrige, en 1538, pour Daniel Bomberg à Venise l'édition du livre de Daniel, il rédige le titre de la sorte :

Il est un surnom qui n'apparaît qu'épisodiquement dans l'œuvre hébraïque de Lévita et qui est au contraire systématique dans l'œuvre yiddish, à l'exclusion de toute autre appellation : אליהו בחור prononcé à la manière ashkénaze, *Elye Bokher*. Pour cette raison, les spécialistes de la littérature yiddish, surtout les plus anciens, n'emploient qu'assez rarement le nom de Lévita, qui a une sonorité étrangère et chrétienne. Lorsqu'il publie son premier ouvrage grammatical (entièrement composé par lui), à Rome, en 1518, Lévita le nomme justement בחור et apporte les raisons suivantes : « La première parce que c'est un ouvrage précieux et sans faute, la seconde, parce qu'il est destiné à la jeunesse, et la troisième parce que בחור est l'appellation qui me désigne[11]... » Lévita choisit donc le titre de son ouvrage en fonction d'une triple homonymie, le terme signifiant à la fois « choisi » et donc « excellent », « jeune homme non marié, étudiant », et lui servant, depuis longtemps déjà, de surnom.

L'origine de cette appellation a longtemps troublé les chercheurs qui ont cru que Lévita la devait au fait d'être resté célibataire jusu'à un âge avancé. Mais G. Weil a attiré l'attention sur une note manuscrite d'un incunable, conservé à Vienne, du dictionnaire de David Kimḥi *Sefer Hashorashim*, où Lévita rappelle la naissance de son fils Judah le 29 août 1495, lorsqu'il avait 26 ans[12]. De fait, on n'a d'informations sur les premières années de sa vie que grâce aux quelques notes conservées dans ce livre où Lévita,

ספר דניאל נדפס על יד דניאל	Livre de Daniel imprimé par Daniel
בשנת ב"א דני"אל והוגה על יד ר'	En l'année « Daniel vint » (98) et édité par *rav*
אליהו לוי בשנת אלי"הו לו"י	Elyahu Lévi en l'année « Elyahu Lévi » (98)
לפרט קטן פה	Selon le petit comput, ici à
וויניציאה	Venise

Il s'agit en réalité de l'année 298, selon le petit comput (c'est-à-dire l'année 5298 de la création) correspondant à l'année 1538, date du retour de Daniel Bomberg après une cessation d'activité et un voyage dans sa Hollande natale. Nous ne détaillerons pas ici davantage les jeux savants auxquels les lettres hébraïques ont prêté. Qu'il suffise de retenir que Lévita fait un usage fréquent de la *gematria* (mot rabbinique provenant du grec γεωμετρία) qui consiste précisément en ce jeu sur la valeur numérique des lettres. Pour une notice plus complète, on pourra se référer à G. Weil 1963, p. 7, n. 1. La *gematria* trouve sa place également dans la production yiddish de Lévita, comme nous le verrons dans le cas de la pasquinade *Hamavdil*. Mais elle y est justement utilisée pour mimer une attitude savante afin de ridiculiser l'adversaire de Lévita, taxé d'ignorance.

[11] Cité et traduit dans G. Weil 1963, p. 6.

[12] *Ibid.*, p. 7.

selon l'habitude du temps, consignait les événements importants de son existence dans un lieu sûr. Il y a noté en Allemagne, en 1492 la date de la mort de sa mère. La note concernant la naissance de son fils a sans doute été écrite en Italie, ce qui permet de situer approximativement la date de son émigration[13]. Les raisons de ce départ ne sont pas claires mais elles pourraient avoir quelque rapport avec les conditions d'existence des Juifs en Allemagne qui devenaient de plus en plus difficiles en ce tournant de siècle. C'est ainsi qu'ils ont été expulsés de Nüremberg en 1499, de Neustadt en 1515 alors que leur situation y était précaire depuis plusieurs décennies.

Mais revenons au nom *Bokher*. Lévita s'est marié relativement jeune. Pour justifier le surnom qu'il a adopté, il faut se référer à un autre sens, très répandu, du mot *Bokher* : « étudiant ». C'est ainsi qu'étaient désignés les élèves, jeunes et moins jeunes, des diverses écoles talmudiques (yéshivas) dans le monde ashkénaze[14]. Dans la première moitié de sa vie, Lévita a souvent vécu à proximité de lieux d'enseignement juif très réputés. En Allemagne, il a grandi non loin de Nüremberg, où s'était illustré Jacob Weil, le plus important rabbin de son temps, auquel avait succédé un autre rabbin réputé, Jacob Margolet. À une certaine date, entre 1496 et 1504, Lévita est venu s'installer à Padoue, maître-lieu des études talmudiques ashkénazes en Italie, où il est resté jusqu'à l'invasion des armées de la ligue de Cambrai en 1509. Dans ses œuvres hébraïques, Lévita montre une connaissance assez étendue du Talmud, il est donc probable qu'il ait, à un certain moment, fréquenté une yéshiva, même si l'on peut supposer que les méthodes de réflexion pratiquées dans ces écoles talmudiques attachées à la tradition du *pilpul*, ne devaient pas correspondre à sa tournure d'esprit et que c'est au contraire dans la grammaire, peu pratiquée par les Juifs de son temps, en particulier par les Ashkénazes, qu'il trouva le moyen de satisfaire sa soif de raisonnements clairs, déductifs et concrets[15]. Il n'est pas certain que Lévita ait reçu le

---

[13] *Ibid.*, p. 29.

[14] Sur la vie de ces étudiants vagabonds, on lira le chapitre, marqué par une certaine vision romantique mais riche en informations de M. Güdemann 1888, t. III, p. 58-88.

[15] Le *pilpul* est une méthode d'analyse des traditions écrites et orales qui passe par la pratique de la disputation et qui a connu une véritable flambée, en particu-

titre de rabbin, attribué par des pairs sur un modèle comparable au fonctionnement des titres universitaires. Celui-ci couronnait non seulement l'acquisition d'un haut niveau de savoir, mais il ouvrait également la voie à des responsabilités sociales de premier plan, puisque seuls les rabbins avaient la prérogative de prononcer le *ḥerem*, l'excommunication, véritable pouvoir judiciaire en l'absence des autres moyens de coercition et de régulation sociale qui n'entraient pas dans les prérogatives des Juifs. Le titre de rabbin est attribué au moins une fois à Lévita par les trois rabbins de Rome qui écrivirent en 1518 la lettre-privilège pour la publication du *Sefer Habaḥur* (ספר הבחור) et du *Sefer Harkabah* (ספר הרכבה), mais lui-même ne fait pas état de ce titre et il ne semble jamais avoir exercé les fonctions que celui-ci supposait[16]. Toujours est-il que Lévita, qui rend en général hommage à ceux qui ont contribué à sa formation, ne mentionne pas les célèbres talmudistes de son temps, et que le surnom *Bokher* n'est probablement pas lié à un attachement pour cette période estudiantine dont il aurait voulu garder la marque.

Alors d'où vient ce surnom ? La lecture des poèmes yiddish où il est employé, peut nous éclairer. Car ce surnom a toute l'apparence d'un masque littéraire, d'une *persona* assumée par l'auteur pour associer sa voix à une certaine position sociale qui impliquait en général la pauvreté, l'indépendance, et les facéties[17]. Dans le

---

lier dans le monde ashkénaze, aux XVᵉ et XVIᵉ siècles. Elle suppose une connaissance précise et vaste des textes (avant tout du Talmud) et la capacité d'effectuer des rapprochements inattendus afin d'aplanir d'apparentes contradictions entre les diverses autorités. Elle permettait aux étudiants de développer leur vivacité d'esprit et leur inventivité, ce qui aboutit à la création d'énigmes inventées de toutes pièces, mais avait tendance à se dégrader en une casuistique de plus en plus éloignée des problèmes concrets, des questions éthiques ou de l'interprétation raisonnée des textes pour eux-mêmes. Voir *EJ*-2007, art. « *pilpul* ».

[16] Sur le rôle des rabbins en Italie, on consultera R. Bonfil 1995, p. 99-111 et son ouvrage plus entièrement consacré au sujet : R. Bonfil 2012. La lettre-privilège a été publiée par J. Perles 1884, p. 202. Le nom d'Élia y est précédé par les initiales כמ"ר.

[17] C. Rosenzweig, dans son introduction à la traduction italienne des pasquinades de Lévita, proposait déjà un rapprochement de la figure du *bokher* avec celle des goliards médiévaux. Voir C. Rosenzweig 2010, p. 63-68. Cette comparaison met en parallèle deux phénomènes qui nous paraissent éloignés dans le temps, les goliards ayant été des clercs qui pratiquaient la dérision en raison de leur exclusion de la société chevaleresque et courtoise des XIIᵉ-XIIIᵉ siècles. L'idée présente cependant une certaine justesse, si l'on garde en mémoire qu'il ne

Šérèfo lid, signant son texte dans la dernière strophe, Lévita se désigne à la troisième personne (*SL*, 25, v. 5-6) : « *Er is ainér ṿun baḥurim / Der štez mit in zecht*[18]. » Cette association se trouvera mieux éclairée si l'on fait le rapprochement avec le passage qu'il consacre aux mêmes *baḥurim* dans le *Purim špil*, poème dont l'attribution à Lévita n'est pas absolument certaine, mais que nous considérons comme très probable[19]. Malgré l'incertitude de l'attribution, il vaut la peine de citer cet extrait afin de présenter la figure, certes caricaturée ici, du *baḥur*. Dans cette pièce, l'auteur propose une satire d'une grande partie de la société juive et pleure un passé où l'argent, et les vices qu'il entraîne, ne régnaient pas en maître. Pour donner au lecteur une idée de la façon dont le texte se présente dans le manuscrit, nous le reproduisons d'abord en caractères hébraïques. Dans la suite de notre travail, les citations yiddish seront toujours transcrites en caractères latins[20]. Lévita commence par décrire les étudiants d'autrefois :

צו בחורים הט איך ועֶר צייטֶן אוּוך איין ווילֶן · זי צוהן זיך גאר איין
וועֶלטיג אוּנ' שטילֶן · אוּנ ווֹרטֶטן אירֶז לעֶרנֶן אין אירֶן · אירֶי רוִיק הטֶן
זיא גישֶלעֶפט אוּנ' גישֶלייֶפט · דעֶר לוִייֶז קוֹנטֶן זיא זיך קוים ווֶרֶן ·
אוֹיז אירֶן מוֹנט קאם ניא קיין אוֹיך וּלוֹיך נאך קיין שעֶלט · זיא וועֶרטֶן זיך
פוֹן דין בּוֹבֶן · זיא לעֶרנֶטן אין שניא אוּנ' אין גרוֹשֶר קעֶלֶט · קיינֶר קאם נוּימֶר
מעֶר אין קיין שטוֹבֶן ·

s'agit pour Lévita que d'une fiction littéraire car l'impertinence, la marginalité sociale et le goût de la dérision unissent ces deux figures. Rien ne prouve cependant que les étudiants aient été des figures importantes dans la production littéraire en yiddish ancien.

[18] « Il est un des étudiants / Et fait toujours bombance avec eux. »

[19] Nous présentons des arguments supplémentaires dans l'analyse plus approfondie de cette pièce, p. 773 et sq.

[20] Dans un esprit d'ouverture, nous n'avons pas hésité un seul instant avant de présenter les textes originaux de ce travail en transcription latine. Il n'y a dans cette démarche aucune volonté d'effacer la spécificité du yiddish qui se traduit en effet (mais pas uniquement) par l'usage de l'alphabet hébraïque. Il n'est pas question de faire « comme si » il s'agissait purement et simplement de *Frühneuhochdeutsch*. Les signes diacritiques, quelque peu ésotériques, sont d'ailleurs là pour rappeler l'irréductible altérité de la langue. Nous avons souhaité rendre le yiddish, au moins partiellement, accessible au cercle le plus large possible de lecteurs, pas seulement aux germanistes au sens strict, mais à tous ceux qui ont des notions de langue allemande. Pour une opinion adverse, voir J. C. Frakes 1989. Ceci dit, nous encourageons fortement nos lecteurs à apprendre l'alphabet hébraïque, investissement somme toute assez modéré, qui constitue la première étape à la découverte de bibliothèques entières, encore largement inexplorées.

Zu baḥurim hàt ich ver-zeitén àuch ain wilén :
Si zöhén sich gar ain-veltig un ' štilén,
Un wàrtétén irés lernén in érén.
[...]
Iré rök hatén si' géschlept un géschleift
Der löůs kóntén si' sich köum werén
Öůs irén munt kam ni' kain vlůch noch kain schelt
Si' vertén sich fun dén bubén
Si' lerntén in schnè' un ' in grósér kelt
Kainér kam nümér mer in kain štubén.

PS, 18

J'avais autrefois de la sympathie pour les étudiants :
Ils se déplaçaient calmement, simplement,
Et assistaient à leurs leçons honorablement.
[...]
Ils avaient traîné et usé leurs manteaux.
Ils pouvaient à peine se défendre contre les poux[21].
De leur bouche ne sortait jamais ni blasphème, ni malédiction.
Avec les mauvais garnements, ils gardaient leurs distances,
Ils apprenaient dans la neige et dans le froid,
Aucun d'eux n'entrait jamais dans une taverne.

Mais ce portrait de l'étudiant pauvre n'est plus valable aujourd'hui. Le pauvre *bokher* de jadis a été remplacé par un bon vivant irresponsable :

Kain boḥer kumt seltén fun dem wein
Am dönérštig zu-nàcht mus eś gétrunkén sein
Di balè-bathim sagén was si' welén
So ich mein ḥazoroṣṣ hab gèṭon un ' bézalt
Mit dém zechén hàt sein géštalt.
Deśtér mer mus ich nun knelén.

PS, 19

Les étudiants cuvent rarement leur vin,
Le jeudi soir il faut bien boire :
« Les maîtres de maison disent ce qu'ils veulent,
Maintenant que j'ai fait et payé mes révisions,
Il faut bien laisser place à la bombance,
Je dois d'autant plus me faire claquer le gosier. »

---

[21] On comparera ce portrait à la description que M. Güdemann tire de l'étudiant vagabond chrétien Platter : M. Gudemann 1888, t. III, p. 61. Ce-dernier affirmait, au début du XVIᵉ siècle, que les maisons d'étudiants à Dresde : « *so voll "lüsz" waren, dass di Schüler "sy znacht im strow ghorten kräszmen"* » (« étaient si pleines de poux que les étudiants les entendaient ramper la nuit dans la paille. »

Après avoir décrit les nombreuses coquetteries de l'étudiant, ses cheveux soigneusement coupés, son costume riche mais de mauvais goût, l'auteur ajoute, alors qu'il vient de critiquer leurs vêtements faits de franges et d'innombrables bandes de tissu (*PS*, 20) : « *Öus irém hölz bin ich auch geschnizt / Man mus sich richtén nach den leifén*[22]. » Le poète s'assimile clairement aux étudiants. Notons qu'au début de l'œuvre, il se présente comme « *der alter man* » (« le vieil homme »). Si l'hypothèse selon laquelle ce texte doit être rattaché à l'œuvre de Lévita est correcte, il faut donc l'associer à une période assez tardive de son existence. Cela confirmerait l'idée selon laquelle la figure de l'étudiant n'est qu'un masque dont peut se couvrir le vieil écrivain, comme dans sa jeunesse, pour faire entendre une voix grinçante et comique.

L'image de l'étudiant telle qu'elle apparaît dans ce *Purim špil* présente deux avantages pour l'écrivain : elle est, à l'origine, associée à la pauvreté et permet donc au poète de s'élever contre les abus des riches et les méfaits de l'argent, thème constant chez Lévita. Mais elle est aussi attachée à l'ivresse, à l'impertinence, au burlesque. L'étudiant se moque des bourgeois, ces *balé-bathim* qui prétendent lui faire la morale. En se déclarant taillé dans le bois dont sont faits les *baḥurim*, ou plutôt en se couvrant d'un tel masque, l'écrivain s'installe d'emblée dans une poétique de la raillerie, du dérèglement, de la déformation, de la liberté et de l'excès. C'est là, à notre sens, l'origine et la justification essentielle du surnom בחור.

Cette signature caractérisant l'œuvre yiddish de notre auteur a donc une signification qu'il convient de souligner. Malgré cela, nous avons décidé, tout au long de notre travail, de le désigner par le seul nom d'Élia Lévita, préférant en quelque sorte l'état civil que lui ont forgé les Chrétiens et qui a l'avantage d'être le nom sous lequel l'auteur est désigné dans la plus grande partie de la littérature scientifique et dans les encyclopédies. Utiliser le surnom *Bokher* pour le désigner entérinerait en apparence la séparation qui est trop souvent tracée au cœur de la personnalité de l'écrivain. Nous aimerions au contraire insister sur l'unité du personnage qui fait de lui, au sens fort, un homme de la Renaissance.

---

[22] « Je suis fait du même bois qu'eux / On doit se comporter selon la coutume. »

I.2. Les grandes étapes de la vie de Lévita
vues à travers ses écrits hébraïques

Nous disposons, tout compte fait, d'assez peu de documents concernant la vie de Lévita. L'essentiel des informations doivent être tirées des préfaces et des postfaces, souvent rédigées sous forme poétique, qu'il a jointes à ses ouvrages. De sa correspondance, qui a dû être assez abondante, peu de choses nous sont parvenues. On peut mentionner une lettre que Sébastien Munster, qui n'a jamais rencontré Lévita même s'il l'a beaucoup traduit, a publiée en préface à l'un de ses ouvrages. Il y promet également de publier d'autres lettres de son correspondant comme exemples d'écriture épistolaire hébraïque[23]. Mais un tel livre n'a jamais paru. Il faut également rappeler le poème que Lévita a adressé dans une lettre à Abraham de Bologne, petit-fils du célèbre Yeḥiel de Pise et dont voici un extrait[24] :

עמקי שפת חת[25] וגם מוזהם   אל תראני שאני מעם

מרעיד לבבי שרים ומתמיהם   נתן לי ה' לשון למוד

נמצא מוטל בתוך אשפה יקר שוהם   כי כן פעמים בא אשר

Ne me regarde pas de travers parce que je viens du peuple à la langue obscure, le répugnant, celui qui prononce « *khet* ».

Dieu m'a donné une langue savante qui fait trembler les cœurs des princes et leur inspire l'étonnement.

Car il arrive parfois que l'on trouve, jeté au milieu de l'ordure, une pierre précieuse[26].

---

[23] M. Peritz 1893-1894, p. 252-267.

[24] Ce petit poème, qui comporte quinze vers, est assez problématique car il a été édité par D. Kaufmann à partir d'un manuscrit difficile à déchiffrer. Nous acceptons les corrections qu'il propose. Voir D. Kaufmann 1893, p. 238-239 ; 1894, p. 147. Il nous semble intéressant en raison de la posture adoptée par Lévita qui s'identifie à un peuple au langage fautif tout en soulignant sa propre différence. Il semble que les *bney khes*, c'est-à-dire les Juifs qui prononçaient le ח comme le כ étaient assimilés aux Allemands par les Juifs italiens. Voir M. Weinreich 1957-1958, p. 101-123. Lévita se surnomme ailleurs הבוזי, le méprisable. Voir G. Weil 1963, p. 4.

[25] Lévita élabore ici à partir d'une citation d'Ézéchiel (3, 5) : עם עמקי שפה (« un peuple à la langue obscure »). En précisant חת-שפת, il fait allusion, comme nous l'avons vu, à la variante ashkénaze de prononciation de l'hébreu, laissant ainsi supposer, avec une pointe d'humour, que ses frères ashkénazes sont des barbares.

[26] Il se peut que Lévita pense, en composant ce vers, à la fable ésopique du coq

Mais ce n'est pas dans les quelques fragments de la correspondance qu'on peut trouver les renseignements les plus utiles concernant la vie de Lévita, mais bien dans le paratexte de ses œuvres hébraïques. Nous allons résumer les informations essentielles qu'il est possible de tirer de ces poèmes et de ces textes dispersés[27].

La vie de Lévita en Italie est marquée par une série de pérégrinations que l'auteur rappelle surtout pour expliquer les difficultés qu'il a rencontrées dans l'écriture de ses ouvrages ou pour rendre hommage à ses patrons : en 1509, il quitte Padoue et vit pendant un certain temps à Venise. Il tirait avant tout sa subsistance de leçons privées données à des Juifs et à des Chrétiens et de ses activités de copiste (il reproduisait les ouvrages anciens qui lui étaient commandés[28]). De 1515 à 1527, il est à Rome où, à partir de 1517, il travaille sous le patronnage de Gilles de Viterbe dont il est le professeur d'hébreu et d'araméen et grâce à qui il va pouvoir publier ses premières œuvres indépendantes[29]. Par l'intermédiaire du cardinal, dont on sait qu'il obtenait des manuscrits directement de la bibliothèque de Léon X, Lévita a pu avoir accès à certains des ouvrages les plus précieux de la Chrétienté. Après le sac de la ville par les lansquenets du Connétable de Bourbon, il retourne à Venise. Il y sera très actif dans les presses de Daniel Bomberg où il participera à l'édition d'œuvres diverses qu'il ornera de ses poèmes. Cette riche imprimerie hébraïque tenue par un Chrétien d'origine flamande favorisa sans aucun doute les recherches de Lévita car Bomberg avait réuni un grand nombre de précieux manuscrits pour ses presses[30]. Il s'agissait de

---

et de la gemme, qui devait être bien connue à la Renaissance puisqu'elle apparaît en tête de nombreuses éditions latines : voir E. Chayes 2010, p. 367, n. 1. Je remercie E. Chayes d'avoir attiré mon attention sur cette possible référence.

[27] Il serait bon de réunir les vers hébraïques de Lévita dispersés dans les éditions anciennes afin de pouvoir se faire une vue d'ensemble de cette production. G. Weil en mentionne plus d'une dizaine et cite quelques-uns d'entre eux.

[28] Plusieurs manuscrits copiés par Lévita nous ont été conservés, notamment un ouvrage philosophique, le *Me'or hayiunim* réalisé pour un patron juif Moshe ben Asher en 1503 (voir G. Weil 1963, p. 37), et un ouvrage de cabbale, copié en 1516 pour Gilles de Viterbe (*Ibid.*, p. 75).

[29] Une description des conditions qui régnaient à Rome au moment du séjour de Lévita est présentée par l'ouvrage ancien, mais très informé, de P. Rieger-H. Vögelstein (1895).

[30] Sur Bomberg, on se reportera à D. Amram 1909, p. 146-224. D. Amram (p. 209-213) cite d'intéressantes lettres de l'associé de Daniel Bomberg, Cornelio

surcroît d'un lieu de rencontre privilégié pour les savants, les écrivains, les humanistes groupés autour de la brillante personnalité de l'imprimeur[31].

Lévita ne quitte plus la cité lagunaire que pour une période d'environ deux ans (1540-1541) durant laquelle il se rend en Allemagne, à Isny, où l'humaniste Paulus Fagius l'a invité à participer à son entreprise d'impression hébraïque. Il meurt à Venise, octogénaire, et sa pierre tombale est encore visible aujourd'hui dans le vieux cimetière juif du Lido. On y lit une épitaphe, sans doute composée par Lévita lui-même où apparaît nettement son goût pour les jeux de mots et les allusions[32]. La tombe unit le surnom *Baḥur* (*Bokher*) au nom hébraïque de l'auteur[33] :

ש "ט לפ "ק

אליהו הלוי בחור ומדקדק 'ר

הלא אבן מקיר תזעק ותהמה לכל עובר
עלי זאת ה-קבורה
עלי רבן-אשר נלקח ועלה בשמיים
אלי-יה ב-סערה
הלא הוא זה אשר האיר בדקדוק אפלתו
ושם אותו לאורה
שנת שט בחדש שבט עלה בסופו, ונפשו
בצרור חיים צרורה

L'an 209 (1549)
Elyahu Halevi Baḥur veMedakdek

La pierre crie depuis le mur[34] et pleure devant tous les passants
Sur cette tombe
Sur notre rabbin qui a été enlevé et est monté au ciel
Vers Dieu dans un tourbillon[35]
C'est l'homme qui a éclairé l'obscurité de la grammaire

Adelkind, adressées à l'humaniste Andreas Masius, qui sont parmi les derniers témoignages concernant Élia Lévita.

[31] On trouvera une description pittoresque (et quelque peu « romantique ») de l'atelier de Bomberg chez D. Amram 1909, p. 176-177.

[32] Il est intéressant de la comparer au poème qui conclut le *Masoret Hamasoret* : les formulations y sont presque identiques.

[33] L'épitaphe est citée par C. D. Ginsburg (1867, p. 84) et par *JE-1906*, art. « Tombstones ».

[34] Reprise d'*Habacuc*, 2, 11. Dans la Bible, la pierre crie pour dénoncer la culpabilité. Un dernier trait d'humour de Lévita ?

[35] Paraphrase de *Rois*, II 2, 11. La mort de Lévita est décrite comme la montée au ciel du prophète Élie. Comme on l'a vu, le rapprochement est fréquent dans

Et l'a mise en lumière.
En l'an 209, au mois de Shevat il monta à sa fin et son âme
Est liée au faisceau des vivants[36].

La vie de Lévita fut donc assez mouvementée, faite de nombreux déplacements jusque dans son plus grand âge. Il eut à souffrir, au moins deux fois, des guerres qui ravageaient l'Italie de son temps, menées par des armées de missionnaires promptes aux pillages et dont les quartiers juifs étaient les cibles favorites. On en entend l'écho dans l'une de ses pasquinades, le *Šêrêfo lid* (str. 24) :

Vŏr-vlucht sei di milḥomo	Maudite soit la guerre
Un' der si' hŏt géducht !	Et qui l'a inventée !
Menchén um sein néshomo	C'est à la perte de leur âme
Hŏt der krig gébrucht.	Que la guerre a conduit tant de gens :
Un' is nŏch nit ain génügèn :	Et ce n'est pas encore suffisant :
Es erśt recht an-w'ucht,	Elle ne fait que s'amplifier,
Das ich muś sàgén ain lügèn,	Pourvu que ce soit là un mensonge,
Das geb der aṽonai !	Dieu nous l'accorde !

Il est ici sans doute fait allusion à la guerre que Venise dut soutenir à partir de 1509 contre les armées de la ligue de Cambrai qui a obligé Lévita à quitter Padoue[37]. Lévita évoque encore cette

---

son œuvre. L'auteur en profite pour jouer sur les mots en inscrivant son propre nom au cœur de la phrase « אלי-יה » (« Eli-ya ») signifiant « vers Dieu ».

[36] *Samuel I*, 25, 29. L'image du faisceau des vivants sert à désigner, dans la tradition juive, la vie de l'âme après la mort auprès du trône divin. Voir, *Encyclopaedia Biblica* (hébreu), art. צרור חיים. C'est une inscription courante sur les tombes.

[37] Le sac de Padoue a eu lieu quelques temps après la prise de la ville par l'armée de l'empereur Maximilien. Un grand nombre de Juifs (plus de 1000 selon l'historien hébraïque Elyahu Capsali qui a vécu ces événements) s'était préalablement réfugié à Venise, avec à leur tête le riche et influent banquier Asher Meshullam (Anselmo del Banco). Lévita n'a apparemment pas fait partie de ces premiers réfugiés. Or, les Juifs qui étaient restés dans la ville se sont trouvés pris dans une sorte de piège. Car, les Vénitiens, furieux que Padoue se soit rendue si facilement, ont envoyé une armée d'hommes déchaînés mettre à sac la ville et punir ses habitants. La communauté juive, qui avait fait un cadeau à l'occupant pour se concilier sa bienveillance a été directement visée par les bandes déchaînées de soldats armés à la hâte et assoiffés de gain. Il semble que même des Juifs (de Venise) aient fait partie de cette armée et se soient livrés à des exactions contre leurs coreligionnaires. Voir E. Capsali 1977, T.2, p. 285-291.

guerre près de vingt ans plus tard dans la deuxième introduction du *Masoret Hamasoret* écrite en prose rimée[38] :

בשנת מאתים וששים ותשע, החמס קם למטה רשע[39], ואנוש חצי בלי פשע[40], ויהי בהיותי, אני בעיר פדואה רבתי, כאשר היא נלכדה[41] ונשללה ונשדדה, ואויבים את נוי השמו[42], ככל המון היהודים אשר תמו, והיה כל אשר לי לשלל, כאשר יבער הגללל[43], ואז נפלו לי חבלים[44], ולגלות בראש גולים[45] […]

En l'an 269 (1509), la violence s'éleva pour servir de verge à la méchanceté, cruel fut le coup qui me frappa sans que j'eusse failli ! Cela eut lieu lorsque j'étais, dans la grande ville de Padoue, quand elle fut prise, pillée et dévastée. Et les ennemis détruisirent ma demeure, au même titre que la plupart des Juifs qui virent leur fin, et toutes mes possessions furent pillées, comme on balaie à fond les ordures. Et alors il m'échut en partage de partir en tête des exilés.

On est frappé par la différence entre l'évocation en yiddish et l'évocation en hébreu. Dans les deux cas, Lévita obéit aux habitudes poétiques des deux langages. La poésie hébraïque se présente comme un centon de citations bibliques. Sa langue est donc élevée, archaïsante et extrêmement savante. Les malheurs vécus par l'auteur sont recouverts du vêtement somptueux mais quelque peu rigide du texte sacré. Cela n'empêche pas l'inventivité ni le goût pour la qualité sonore des phrases (« נלכדה ונשללה ונשדדה »). Au contraire, le yiddish est la langue de l'expression directe, sans détours, chargée d'émotivité, et jouant sur toutes les nuances du langage parlé (la maléduction « vōr-vlucht », la déformation du nom divin « aōonai »).

En 1527, Lévita est victime du sac de Rome dans lequel il perd une partie de ses travaux. Ce coup du sort est également évoqué dans l'introduction du *Masoret Hamasoret* :

---

[38] Deuxième introduction du *Masoret Hamasoret*. Publié par C. D. Ginsburg (1867, p. 96). Les références bibliques sont indiquées par G. Weil (1963, p. 83).

[39] *Ézéchiel*, 7, 11.

[40] *Job*, 34, 6.

[41] *Jérémie*, 38, 28.

[42] *Psaumes*, 79, 7 ; *Jérémie*, 10, 25.

[43] *Rois I*, 14, 11.

[44] *Psaumes*, 16, 6.

[45] *Amos*, 6, 7.

ויעקבני הזמן פעמים[46], בפדואה ממוני
לקח, ועתה עיניו פקח, על כל מחמדי
הטובים, ונתנם ביד שובים, וזה היה בשנה
פז"ר[47], כאשר על רומי נגזר, חורבן וכליה
כפשוטה, לא נשארה בידי פרוטה, והיתה
עת צרה, כי אין כסות בקרה, ובבתי
אין לחם ואין עצים, והאם רובצת על
האפרוחים או על הבצים[48], והבנות עומדות
על פרקן, ראויות בבעל כדרכן.

Et le destin m'a poursuivi deux fois.
Il a pris ma richesse à Padoue, puis
il a rouvert les yeux sur toutes mes
possessions précieuses qu'il a livrées
aux mains des rebelles. C'était en
l'an 287 (1527), quand Rome a été
frappée par la destruction et la dé-
solation entière. Il ne resta pas un
sou dans ma main. C'était un moment de détresse, car je n'avais pas
de protection contre le gel et dans
ma maison, il n'y avait ni pain, ni
bois. Et la mère couvait ses petits ou
ses œufs, et les filles étaient dans la
fleur de l'âge et dignes de recevoir
des maris.

Une fois de plus, le style hébraïque de Lévita se distingue par sa
forte propension à utiliser des formules consacrées par la tradition, d'où l'abondance des métaphores qui rendent difficiles une
interprétation univoque ce qui a beaucoup troublé ses biographes
en mal d'informations précises concernant sa famille. Dans cette
introduction au *Masoret Hamasoret*, Lévita rappelle toutes ces difficultés pour justifier, auprès des rabbins qui critiquaient vertement ses relations avec les Chrétiens, la nécessité dans laquelle il se
trouvait d'avoir recours à de tels protecteurs. Les allusions autobiographiques de Lévita ont souvent cette fonction justificative :
l'homme se met en avant pour défendre son œuvre.

C'est dans le même style fleuri mais cette fois en simple prose,
et dans le même but de défense, que Lévita évoque dans l'épilogue
du *Sefer Hatishbi* le voyage qu'il a fait de Venise à Isny à l'âge de
70 ans. Il adresse à son lecteur la prière suivante :

---

[46] *Genèse*, 27, 36.

[47] Les trois lettres employées pour désigner l'année forment la racine du verbe
signifiant « disperser ».

[48] *Deutéronome*, 22, 6. Il est question dans le texte de la Bible d'un oiseau dont
il est interdit de voler les petits et les œufs dans le nid. G. Weil (1963, p. 108)
interprète ce passage comme signifiant que la femme de Lévita avait de jeunes
enfants et était enceinte. Ce n'est pas impossible, mais si l'on prend en considération le fait que le premier fils de l'auteur est né en 1495, 32 ans plus tôt, cela
semble peu probable. Il s'agit peut-être des fils de sa fille Hanna dont le premier
est justement né en 1528.

שאם ימצא בו איזה טעות ושגיאה שישקלני
במאזני צדק[49] כי זה פרי המהירות אשר
מהרתי לבא הנה · כי בצאתי מביתי לא היה
הספר נשלם · ובאמת בהיותי בדרך הולך
למסעי ארץ הרים וגבעות למטר השמים[50]
ולשלג אשר הוה ארץ[51] עמדתי מרעיד[52]
עיינתי דברים בשכלי וכתבתי על לוח
לבי[53] ובבאי אל המלון פתחתי פי אמתחתי
והוצאתי פנקסי ורשמתי בו את הדברים
אשר נתן אלוהים בלבי .

Que s'il [le lecteur] venait à trouver dans ce livre quelque faute ou quelque erreur, il me juge sur la balance de la justice ! Car c'est le fruit de la précipitation avec laquelle je suis venu ici. Lorsque je suis sorti de chez moi, le livre n'était pas achevé. Et en vérité, tandis que j'étais sur la route à travers collines et montagnes, en proie à la pluie et à la neige qui couvrait la terre, je me tenais tremblant, je considérais les choses dans mon esprit et je les inscrivais dans ma mémoire et lorsque j'arrivais à l'auberge, j'ouvrais mon sac, j'en sortais mon carnet et j'y inscrivais les choses que Dieu m'avait inspirées.

La traversée des Alpes n'a sans doute pas été facile pour l'écrivain vieillissant mais la vision du vécu à travers le prisme des phrases bibliques est de toute évidence bien déformée (on sait par son petit-fils qu'il a fait le voyage avec un nombreux cortège et dans des conditions, somme toute, satisfaisantes[54]). Lévita, dans le paratexte de ses ouvrages hébraïques, vise au moins autant à dévoiler la perfection de son style hébraïque qu'à rendre compte de son expérience. L'exactitude n'est à aucun moment un critère déterminant : il s'agit surtout de convaincre que les aléas de l'existence ont pu, dans un sens ou dans l'autre, affecter son travail. Toujours est-il qu'à travers ces témoignages autobiographiques, même fortement stylisés, il est possible de voir que Lévita était prêt aux plus grands efforts afin de mener à bien ses recherches linguistiques soit qu'il cherchât les lieux où il aurait accès au plus grand nombre possible de manuscrits, denrée rare et prisée, soit qu'il voulût se donner les moyens de publier les textes qu'il avait produits.

Qu'il nous soit permis, pour conclure ce rapide compte rendu de la vie de Lévita de citer encore quelques vers de l'auteur tirés de

---

[49] *Job*, 31, 6.
[50] *Deutéronome*, 11, 11.
[51] *Job*, 37, 6.
[52] *Daniel*, 10, 11.
[53] *Proverbes*, 3, 3.
[54] M. Rastoin 2011, p. 261-274.

la conclusion du *Sefer Meturgeman* publié à Isny la même année que le *Sefer Hatishbi*. Ils ont un intérêt particulier car ils constituent, une fois n'est pas coutume, l'expression des sentiments les plus intimes du poète. Ils appartiennent à une prière que sa tonalité personnelle distingue des actions de grâce ordinaires :

ידע כי לא עשיתי זאת	להיות נקרא רב או אמן
כי הנותן לכסיל כבוד	כצרור אבן תוך ארגמן[55]
לאל בלבד נאה כבוד	ולזולתו הא ליכא מאן
הן לכבודו ולאהבתו	בלבד רשמתי רישומן
אנא אלי לי ולאשתי	החסד גם האמת מן
שהיא לא תהיה אלמנה	ואני לא אהיה אלמן
יחד נמות ובגן עדנות	תוך חיקה אישן עד לזמן
יבוא הקץ ואזי נקיץ	לחיי עד יחד נזדמן

Sache que je n'ai pas fait ce livre pour être appelé rabbin ou expert

Car celui qui fait honneur au sot, c'est comme s'il enveloppait une pierre dans la pourpre.

Seul à Dieu convient l'honneur, à personne d'autre qu'à lui,

Ce n'est qu'en son nom et pour son amour, que j'ai inscrit ces mots.

Je t'en prie, mon Dieu, accorde à moi-même et à ma femme la grâce

Qu'elle ne devienne pas veuve, et que je ne devienne pas veuf,

Que nous mourrions ensemble, et qu'au paradis, je dorme en son giron jusqu'à ce que

Vienne la fin du monde, et alors nous serons ensemble dans la vie éternelle.

Ce poème qui, dans son ensemble, comprend 17 vers s'achevant sur la même rime mérite une attention particulière non seulement pour l'émotion qui s'en dégage (dans l'opposition entre veuf et veuve des deux hémistiches, dans l'image du sommeil de la mort que Lévita désire passer dans le giron de sa femme) mais aussi pour la finesse de sa construction dans laquelle le poète dévoile un goût pour les acrobaties langagières que nous retrouverons, sous une autre forme, dans sa poésie yiddish. Utilisant une citation des *Proverbes*, Lévita l'adapte pour la rime. Nous lisons en effet dans la Bible : « כִּצְרוֹר אֶבֶן, בְּמַרְגֵּמָה – כֵּן-נוֹתֵן לִכְסִיל כָּבוֹד » : ce que Louis Segond traduit : « C'est attacher une pierre à la fronde, Que d'accorder

---

[55] *Proverbes*, 26, 8.

des honneurs à un insensé. » Le comparé n'a pas changé (il s'agit de mettre en garde contre les honneurs accordés à l'idiot), mais le message porté par le comparant est différent : dans la Bible, une idée de danger est portée par l'image de la fronde, chez Lévita, c'est au contraire l'indignité d'une matière vulgaire au contact du tissu précieux qui illustre l'abaissement de l'écrivain face à la divinité.

Cette protestation de modestie est un *topos* mais Lévita, qui d'ordinaire ne pèche pas par excès d'humilité, n'a jamais cessé d'afficher sa foi. Au vers suivant, il utilise une expression araméenne à la rime (« הא ליכא מאן »), chose interdite par la poésie classique hébraïque espagnole, et que Lévita ne se permet pas souvent, mais qui trouve parfaitement sa place au terme d'un lexique de la langue araméenne. Nous verrons au cours de notre travail, que le jeu sur la diversité des langues, et l'utilisation spirituelle des proverbes sont des constantes de la poésie yiddish de Lévita.

I.3. L'œuvre grammaticale, sa physionomie et son style

Lévita est l'auteur d'onze ouvrages en hébreu, si l'on tient compte des commentaires qu'il a adjoints aux œuvres d'autrui[56]. Plusieurs

---

[56] En voici les titres accompagnés de la date de publication ou de composition et d'une brève caractérisation :

1 Commentaire à la grammaire de Moïse Kimḥi : מהלך שבילי הדעת, (1507), traduit par S. Munster (1531) ;

2 Ouvrage consacré à la Massorah (1517 sous forme de manuscrit, édité en 1538 sous le titre מסורת המסורת) ;

3 Livre consacré aux règles générales de la grammaire hébraïque : ספר בחור (1518), traduit par Munster (1525) ;

4 Livre consacré aux formes grammaticales rares : ספר הרכבה (1518), traduit par Munster (1525) ;

5 Livre présentant des règles phonétiques, les classes de noms et les lettres particules : פרקי אליהו (1520), traduit par Munster (1527) ;

6 Lexique de la langue araméenne : מתורגמן (manuscrit achevé en 1528, édité en 1541) ;

7 Concordance biblique : ספר זכרונות (premier manuscrit 1521, second manuscrit 1536, non publié) ;

8 Livre consacré aux signes de cantilation : ספר טוב טעם (1538) ;

9 Lexique de termes rabbiniques courants : ספר התשבי (1541), édition bilingue hébreu-latin, traduction de Paulus Fagius ;

10 Petit guide de conversation hébraïque : שמות דברים (1542), avec la contribution de Paulus Fagius ;

11 Commentaire à la grammaire de David Kimḥi : ספר מיכלול (1545).

de ses œuvres ont été largement diffusées de son vivant au point qu'il pouvait affirmer : « je ne connais personne qui, autant que moi, ait vu ses oeuvres publiées et republiées de son vivant[57]. » Traduites en latin par Sébastien Munster et par Paulus Fagius, elles sont devenues les bases de l'instruction hébraïque d'une bonne partie des humanistes chrétiens[58]. L'abondance de cette production et le fait que Lévita ait passé parfois plus de vingt ans à remanier ses ouvrages montre à quel point son activité scientifique était primordiale à ses yeux. Il n'est donc pas étonnant que l'activité poétique apparaisse reléguée au second plan. Mais Pétrarque ne montrait-il pas également une certaine condescendance à l'égard de son *Canzionere*, plaçant bien plus haut son œuvre latine d'humaniste ?

Apports principaux

Nous ne nous arrêterons pas en détail sur les mérites de l'œuvre grammaticale de Lévita qui ont été présentées avec compétence par G. Weil. Qu'il nous suffise de préciser, à sa suite, que Lévita n'est pas réellement un novateur dans le domaine de la grammaire. Il est apprécié pour la clarté, la rigueur, et la simplicité de ses explications qui, traitant de tous les domaines intéressant la compréhension de la langue et des signes traditionnels, se sont révélées une aide extrêmement précieuse, à une époque où les Chrétiens ressentaient un manque cruel de guides fiables dans leur étude de textes sacrés qu'ils souhaitaient aborder dans la langue originale[59]. Sébastien Munster, réunissant ses diverses traductions d'œuvres de Lévita en 1542, rappelait dans son introduction à quel point ce maître lui avait été secourable. Après avoir passé en revue les splendeurs et misères des premières études hébraïques, après avoir rendu hommage entre autres à Reuchlin et Pellican, il relate sa découverte du *Sefer Habaḥur* : « [...] *bone deus quam*

---

[57] Cité par G. Weil 1963, p. 161.

[58] L'influence de Lévita dans ce domaine est éloquemment prouvée par le respect que lui vouait un humaniste de la fin du XVIᵉ siècle tel qu'Isaac Casaubon. Voir A. Grafton-J. Weinberg 2011 où l'on peut lire (p. 71) : « *Like most Christian Hebraists, he held the foremost Jewish Grammarian and Massorete, Elijah Levita, in awe.* »

[59] Pour une brève revue des études hébraïques chrétiennes, voir I. Zinguer 1992, p. 8-26.

oblectavit me, quantum thesaurum putabam me adeptum, nescius adhuc quod omnes scholae totius orbi Christiani atque omnes studiosi obviis ulnis hunc praeceptorem, Christo salvatori nostro in hunc usque diem reluctantem, suscepturi essent[60]. » Tout en regrettant que Lévita ne se soit pas converti, Munster lui rendait ainsi un hommage éclatant.

Dans l'étude de la Massorah, Lévita est véritablement un pionnier, et tous ceux qui étudieront cette science au XIXe et au XXe siècles marcheront dans ses pas[61]. Son analyse des nombreux signes notés dans les marges du texte biblique, fruit de patientes compilations effectuées sur une grande quantité de manuscrits, l'a conduit à émettre une opinion qui était contraire aux croyances de son temps (et de la tradition religieuse) faisant de lui une sorte de Galilée des voyelles hébraïques[62]. Comme on le sait, le texte hébraïque des rouleaux de la Torah n'est, à l'exception de quelques passages, pas ponctué. Puisque seules les consonnes sont écrites sur le parchemin, la vocalisation correcte suppose une bonne connaissance de la langue. Les massorètes, cependant, pour s'assurer de la transmission adéquate de la sainte parole, ont développé un système d'interponctuation permettant de fixer, dans une certaine mesure, les différences de prononciation des mots. Comme, dans la religion juive, le texte biblique est considéré comme une vérité abso-

[60] S. Munster 1542, introduction non paginée : « bon dieu, comme il m'a réjoui, comme je pensais avoir acquis un trésor, moi qui ne savais pas encore que toutes les écoles du monde chrétien dans son ensemble et tous les savants accueilleraient à bras ouverts ce maître qui refuse d'admettre notre Christ sauveur jusqu'à ce jour. »

[61] C. D. Ginsburg fut le premier d'entre eux. G. Weil a écrit sa biographie de Lévita pour rendre hommage à celui qui l'avait initié aux études massorétiques. La Massorah est un système de notes et de signes visant à fixer le texte biblique dans tous ses aspects : grammaticaux, phonétiques, accentuels, etc. Ses premières bases ont été posées dès l'Antiquité, mais elle a été réellement codifiée entre le VIIe et le Xe siècle à Tibériade par une série de maîtres, en particulier de la famille Ben Asher. Elle a une grande importance dans le judaïsme car c'est elle qui est censée garantir la transmission (c'est le sens du mot) de la parole sacrée telle qu'elle a été prononcée par Dieu sur le mont Sinaï. Des considérations d'ordres différents (correction du texte, préservation de la sainteté, mode de prononciation lors de la lecture hebdomadaire à la synagogue) ont conduit ce système à acquérir une grande complexité si bien qu'une grande partie n'en était plus comprise à l'époque de Lévita comme lui-même en témoigne à plusieurs reprises. Voir *JE-1906*, art. « Massorah ».

[62] Sur la portée de cette découverte et les oppositions qu'elle a suscitées, nous renvoyons à l'analyse approfondie de G. Weil 1963, p. 286-343.

lue, immuable depuis le don de la Loi sur le mont Sinaï, la croyance selon laquelle les interponctuations avaient été présentes depuis les origines était solidement établie et acceptée par les rabbins.

C'est en comparant l'état de la transmission du *Targum*, traduction araméenne de la Bible, et du texte biblique lui-même, que Lévita en est venu à son importante découverte. Comme les manuscrits araméens qu'il consultait souffraient de nombreuses variations tandis que les textes hébraïques montraient une remarquable unité, Lévita en est venu à la conclusion que c'est l'intervention des massorètes de Tibériade qui a contribué à fixer le texte de la Torah. Non pas qu'il refusât l'idée que la Bible dans son ensemble, texte et prononciation, ait été donnée sur le mont Sinaï et soit demeurée inchangée, mais le système de notation était à ses yeux une invention purement humaine, le fruit d'un travail attentif aux plus petites subtilités de la langue.

Cette conclusion, fruit d'un travail minutieux de critique textuelle, est aujourd'hui unanimement acceptée par les spécialistes de la Massorah. Même si le dogme n'était touché qu'à la marge, une brèche était ouverte vers l'affirmation d'une responsabilité humaine dans le façonnement du message biblique. Les rabbins ne s'y sont pas trompés puisqu'ils se sont en général opposés à cette théorie. Même les plus ouverts et les plus humanistes d'entre eux s'y sont opposés. Le brillant Azariah di Rossi, très ouvert à la culture non-juive, la nie catégoriquement dans son *Me'or enayim* publié en 1571. La thèse de Lévita, porteuse de sérieuses conséquences théologiques, a même conduit à une controverse chrétienne parmi les protestants allemands au début du XVIIᵉ siècle[63].

Il fallait un certain courage pour affirmer l'ajout tardif des points-voyelles. En effet, pendant tout le Moyen Âge, et longtemps après, un des arguments des Chrétiens contre les Juifs consistait à affirmer que ceux-ci avaient faussé le sens du message biblique et volontairement dissimulé la nouvelle du salut incarné par Jésus Christ en manipulant la vocalisation du texte originel. Des théologiens influents, tel le Juif converti Nicolas de Lyre, avaient affirmé l'existence d'une falsification, très ancienne, par les Juifs du texte sacré. Presque tous les penseurs chrétiens du temps de Lévita considéraient donc que les points-voyelles étaient

---

[63] Voir G. Schneidermann, 1879.

une invention tardive des Juifs à laquelle il était raisonnable de ne pas prêter foi. En confirmant cette idée, Lévita savait donc qu'il donnait des armes aux adversaires de sa religion, mais il n'entendait pas pour autant renoncer au fruit de ses recherches et à ce qu'il regardait comme la vérité historique[64].

Style et ton

Si le travail grammatical et linguistique de Lévita se distingue par sa rigueur et par son audace, cela ne l'empêche pas d'y montrer un goût du jeu et un humour qui peuvent surprendre dans une telle œuvre scientifique. Nous avons déjà vu la façon dont le paratexte laissait souvent à l'écrivain l'opportunité de dévoiler sa maîtrise des vers hébraïques et de laisser transparaître certains aspects de son existence. Il y a chez Lévita un goût particulier des chiffres et des symboles. Le *Sefer Habaḥur* est divisé en 4 sections, divisées en 13 principes, en souvenir des 13 principes de la foi juive établis par Maïmonide. Le tout correspond à 52 articles, ce qui est la valeur numérique du nom Eliyahu. Le *Masoret Hamasoret* se présente sous la forme de deux tables divisées chacune en dix articles commençant par un mot qui introduit l'un des dix commandements. Ce soin dans l'ordonnancement des ouvrages contribue à leur caractère d'œuvres originales et harmonieuses. De l'amour des chiffres, à celui de la poésie, il n'y a qu'un pas que Lévita franchit allègrement : tout un chapitre de son *Pirkei Eliyahu* (consacré avant tout à la phonétique !) est composé en vers. Rien de très littéraire dans ces vers qui n'ont pour fonction affichée que de faciliter pour les jeunes gens la mémorisation des règles essentielles de grammaire. Mais parfois, par son goût de l'exploit, les jeux de Lévita ne sont pas entièrement dépourvus d'intérêt littéraire. Ainsi, lorsqu'il réédite le *Sefer Habaḥur* en 1542, Lévita lui adjoint-il un poème de 11 vers dans lequel sont déclinés à la rime les dix sens du mot עבר, la onzième occurrence servant à indiquer la date de composition. Comme ce poème curieux, qui prend la forme traditionnelle d'une louange de l'ouvrage et d'une incita-

---

[64] I. S. Pankower 1989, p. 17-25. L'auteur offre un panorama très instructif des opinions des Chrétiens sur l'origine des points-voyelles du Moyen Âge au XVIe siècle.

tion à l'achat, n'a jamais été republié à notre connaissance par les spécialistes de Lévita nous le reproduisons ici :

אשבח לאלי יה ואקוד ליוצר אור ולמעריב ערבים
הבינני עשות ספר בדקדוק דבריו צוף נ-ערבים
וכללתי כללים בו קצרים חדשים גם ישנים מו-ערבים
ובו ראיות חזקות כאריות וחדו מזאבי ה-ערבים
וכל ספרי מדקדקים לפניו כמו שתים אשר אין בם ערבים
וטוב מפז ומזהב ומכל סחר רוכלים ועורבי מ-ערבים
קנהו דוד ובו תעמול ותעל כיונק עץ וכשרשי ערבים[65]
ואף אם אין לך כסף מחירו לקחו אבל תתן ערבים
בכן נזכה לקבץ שה פזורה תקבץ אל אשר רוכב ערבים
והגואל לישראל יגל אל אל במגדיאל וישמעאל ערבים
והרוצה לדעה עת פרטו הלא יקח בידו מן ערבים

Je vais louer l'Eternel mon Dieu et saluer celui qui a créé la lumière et qui fait les soirs.

Il m'a donné l'intelligence de faire un livre sur la grammaire de sa langue d'une douceur de nectar.

J'y ai réuni des règles courtes, neuves, et aussi d'anciennes qui sont valables.

Il s'y trouve des preuves fortes comme des lions et plus perspicaces que les loups des plaines.

Et tous les livres des grammairiens qui l'ont précédé sont semblables aux chaînes d'un tissu qui n'auraient pas de trames.

Il est meilleur que l'or et que toutes les marchandises que vendent les marchands.

Achète-le, ami, et travaille avec lui, et tu t'élèveras comme une jeune pousse et comme les racines des saules.

Et même si tu n'as pas d'argent pour le payer, prends-le, tout en donnant des gages.

Alors nous aurons la chance de réunir les brebis dispersées. Réunis-les, mon Dieu, toi qui chevauches les cieux.

Et le sauveur d'Israël révélera l'Éternel parmi les Chrétiens et les Musulmans mêlés,

Que celui qui veut savoir la date du livre, prenne בידו (de sa main = 12) de ערבים (= 254).

Ce poème, comme tous les poèmes hébraïques de Lévita, respecte scrupuleusement les règles métriques (*mishkal*) héritées de la poésie hébraïque andalouse. Il est fondé sur des vers présentant

---

[65] Dérivé d'*Isaïe*, 53, 2.

une alternance de syllabes longues et de syllabes brèves (en réalité représentées par des semi-voyelles : *sheva, ḥataf*) et organisés en deux hémistiches (nommés *delet*, porte, et *soger*, verrou). On peut le schématiser comme suit : ᵛ‾‾‾ ᵛ‾‾‾ ᵛ‾‾ / ᵛ‾‾‾ ᵛ‾‾‾ ᵛ‾‾ (les signes ᵛ indiquent les semi-voyelles et les signes ‾ les voyelles pleines). La rime unique est fréquente dans la poésie hébraïque, mais l'originalité de Lévita est bien sûr d'étendre cette rime à l'ensemble d'un mot et de proposer dix significations de ce même mot et un onzième emploi pour désigner une valeur numérique selon la *gematria* (vidant ainsi le mot, selon un procédé que nous retrouverons dans sa poésie yiddish, de tout sémantisme.)

Ce tour de force ne doit pas induire en erreur. Le but en est pédagogique. Il s'agit de faire mémoriser à l'étudiant les dix sens de la racine ערב. L'édition que nous avons utilisée (Mantoue, 1556), fait preuve d'une grande clarté : les différents sens du mot sont traduits en italien (écrit bien sûr en caractères hébraïques), et les versets de la Bible d'où proviennent ces différentes acceptions sont cités. Mais le poème n'en reste pas moins admirable par sa relative simplicité, étant donnée la difficulté de la tâche, par l'excès même de la louange qui lui donne un caractère quelque peu comique, par le naturel du dernier vers qui, selon l'habitude de Lévita, utilise la *gematria* pour indiquer la date de publication. Nous ne sommes pas loin de certains brillants exercices des Grands Rhétoriqueurs, ou, plus proche de Lévita, de l'agilité langagière du grand poète hébraïque italien Immanuel de Rome. Comme on peut le constater, chez Lévita, même lorsque le grammairien est à l'œuvre, le poète n'est jamais loin et il ne résiste pas à la tentation de se divertir en vers.

La présence de l'humour dans l'œuvre grammaticale de Lévita n'est pas anecdotique : elle permet d'établir un lien fort entre l'œuvre hébraïque et l'œuvre poétique yiddish. Dans les deux cas, c'est une personnalité affirmée qui s'exprime, reconnaissable à son ton, à ses tournures et aux surprises dont elle parsème ses lignes. Même dans les propositions qui énoncent des règles de grammaire ou des spécificités lexicales, l'homme ne disparaît pas derrière la matière qu'il traite : il surgit dans l'expression d'une soudaine distance, avec son goût pour la dérision, au détour de maints paragraphes dans le corps de l'ouvrage comme dans le paratexte. Le *Sefer Hatishbi* nous fournira de bons exemples car son objet, moins technique que celui des autres œuvres de Lévita, se prête mieux à des réflexions ironiques. Déjà dans le poème introducteur, le vieil auteur de 70 ans invite ses éventuels contradicteurs à se dépêcher :

אם לא איפה מי יכזיבי	כי אמנם לא שקר מלי
יכתוב לו ספר איש רבי	מה שגיתי יבין אותי
כי מה אשיב אחרי שכבי	אך יעשה זאת טרם אמות
או ימתין לי עד עת שובי	או ימות גם הוא כמוני
ואלפט עם יושר ניבי⁶⁶	שמה ישר נוכח עמו

Car en vérité, mes paroles ne sont pas mensongères. Sinon, où est celui qui prouverait que j'ai tort ?

Qu'il me montre en quoi je me suis trompé, qu'il écrive un livre, celui qui s'oppose à moi,

Mais qu'il le fasse avant que je meure, car que répondrai-je après avoir été enterré ?

Ou qu'il meure, lui aussi, comme moi, ou qu'il m'attende jusqu'à ce que je revienne,

Là, il sera confronté à un homme droit et je m'en sortirai par la justesse de mes paroles.

Lévita, qui à cette époque évoque fréquemment sa mort prochaine (voir l'introduction au *Boṽo Dantòne*) est persuadé de son bon droit, et les opposants ne se presseront peut-être pas après une telle invitation. Dans le corps de l'ouvrage, un dictionnaire des termes rabbiniques courants, cette conscience du savoir solidement fondé, le conduit à de fréquentes remarques ironiques sur ceux qui n'ont pas la même science. Max Weinreich avait remarqué cette tendance de Lévita à se permettre des bons mots dans les articles de son dictionnaire. Cela avait d'autant plus intéressé le chercheur que Lévita prend souvent pour cible l'ignorance grammaticale de ses confrères ashkénazes dans l'usage de la langue yiddish[67]. Nous pouvons apporter un exemple, particulièrement intéressant pour nous car il y est fait allusion à la pratique des pasquinades romaines, poèmes satiriques affichés à la vue de tous sur la statue de Pasquino. Nous verrons que Lévita s'est lui-même livré à cet exercice (non à Rome, mais à Venise, non sur une statue, mais probablement sur les murs du quartier juif, du moins si l'on

---

[66] *Job*, 23, 7. Le verset est bien sûr adapté pour correspondre au contexte et à la rime.

[67] M. Weinreich 1923, p. 78-83.

en croit les mots de ses satires) et qu'il témoigne de son ancienneté chez les Juifs :

קורין לאדם שהוא בעל צחיות בדבורו וממשל משלים כתב [...] כי כן בימים קדמונים היו בעלי צחיות ומושלי משלים כותבים דבריהם על פתחי בתי הנדיבים או ברחובות הומיות בסתר כדי שלא יודע מי הוא הכותב · וכן מנהג עוד היום ברומי ואותן הדברים ניקראים כתבות · ורוב העולם טועים וסבורים שהוא כתוב בטית "כטוב וכטובות" מלשון טוב ואינם מבחינים בין רע לטוב.

On appelle *katav*, l'homme qui sait s'exprimer élégamment et qui est capable de faire des épigrammes et des histoires [...] Car dans les temps anciens, il y avait des personnes douées d'un beau langage qui pouvaient faire des épigrammes, des histoires et qui écrivaient leurs créations sur le seuil des maisons des riches ou dans les rues fréquentées, en secret pour qu'on ne sût pas qui les avait écrites. Et c'est encore aujourd'hui la coutume à Rome. On appelle ces créations *katoves*. Mais la plupart des gens se trompent en pensant que le mot s'écrit avec la lettre « tet » et qu'il vient du mot טוב (« bon »). Ces gens-là ne savent pas faire la différence entre le mauvais et le bon.

Traybn katoves est une expression courante en yiddish moderne signifiant se moquer, faire des plaisanteries, des pitreries. Si l'origine du terme est contestée et a, même récemment, suscité des débats passionnés dans les cercles savants, l'étymologie proposée par Lévita reste l'une des plus probables[68]. Dans le *Šefer Midòss*, traité moral publié par Fagius à Isny en 1542, le mot *katoves* se trouve justement orthographié de la façon erronée que dénonce Lévita : « *Un ' [si'] redén in der schulén wen der ḥazn ort un ' lachén un ' traibén katòvòss* [כטובות] *in der schul*[69]. » Ce qui nous intéresse ici, c'est avant tout la pointe finale, plaisanterie de l'auteur contre les ignorants qui font dériver un mot dénotant un péché, selon la vision traditionnelle, de la racine טוב, signifiant « bon[70] ».

---

[68] Voir J. A. Joffe 1959, p. 77-92, D. Katz 1991, p. 141-163. Et particulièrement E. Timm 2006, p. 75-100.

[69] « Et ils parlent à la synagogue lorsque le chantre prie ou rient et font des plaisanteries dans la synagogue. » *Šefer Midòss*, Fagius, Isny, 1542, p. 66b.

[70] On peut être surpris que Lévita rapporte seulement cette pratique à la Rome de son époque si l'on tient compte du fait qu'il a lui-même pratiqué ce type d'écrits à Venise en 1514 (non pas anonymement, il est vrai, mais en les signant). Il est possible que Lévita n'ait pas souhaité rappeler sa pratique d'auteur yid-

Ce type de plaisanteries n'est pas rare dans le *Sefer Hatishbi* et elles sont traduites mécaniquement par Fagius en latin, alors qu'elles ont pour cible et pour destinataires, en priorité, les Juifs contemporains de Lévita, et surtout les Juifs ashkénazes dont il corrige fréquemment les erreurs d'interprétation et de prononciation, critiquant les מלמדים (maîtres d'école) pour leur méconnaissance de la grammaire[71]. Ces quelques exemples montrent non seulement le goût du bon mot, omniprésent chez Lévita, mais aussi la profondeur de son identité ashkénaze qu'il laisse transparaître jusque dans ses œuvres savantes. Le savant hébraïque et le poète yiddish sont, sans conteste, le même homme.

I.4. Élia Lévita était-il un humaniste ?

G. Weil, dès le titre de sa biographie, qualifiait Lévita d'humaniste. Il y adjoignait le qualificatif de massorète par lequel il soulignait le domaine scientifique dans lequel notre auteur s'est le mieux illustré. Nous souhaitons ici revenir sur ce qualificatif d'humaniste, non pas pour le nier tout à fait mais pour le nuancer. Pour définir Lévita comme un humaniste, Weil s'appuie sur la définition large du terme par Renaudet qui définit l'humanisme par la confiance en la nature de l'homme et notamment par l'admiration vouée aux Anciens et par le fait qu'on se propose, en les étudiant, de transmettre un message valable pour tous[72]. Cette définition large peut être complétée par celle fournie par E. Garin qui précise que, contrairement aux penseurs médiévaux, les humanistes, par l'intermédiaire de disciplines

---

dish dans un ouvrage savant et qu'il mentionne Rome parce que les pasquinades romaines étaient bien connues de ses lecteurs chrétiens.

[71] Voir par exemple l'article מחה du *Sefer Hatishbi* 1541 où Lévita se moque des *melamdim* qui, ne connaissant pas la traduction du mot hébreu en allemand ont pris l'habitude de le traduire *abmekn*, ce qui a fait croire aux enfants qu'il s'agissait d'un mot allemand. On peut rappeler que Lévita adresse spécifiquement sa traduction des *Psaumes*, publiée à Venise en 1545, aux maîtres d'école pour les aider dans leur enseignement (épigraphe éditée par Frakes, 2004, p. 256) : « *Drum di mélamdim di mit den jungén knólén / Un ' thilim recht töutschén wolén / Di wert dás dósig thilim untér-weisén / Dás si nit mén in töütschén greisén.* » (« Ainsi, aux maîtres d'école qui donnent des leçons aux jeunes enfants / Et qui veulent traduire correctement les *Psaumes*, / Ce livre des *Psaumes* les guidera / Afin qu'ils ne fassent plus de fautes dans leurs traductions. »)

[72] G. Weil 1963, p. 215 s'appuyant sur A. Renaudet, 1945.

telles l'histoire et la philologie, fondaient leurs réflexions sur un *détachement critique* à l'égard de l'Antiquité, ne considérant plus celle-ci comme une part naturelle de leur monde, mais établissant au contraire une distance qui leur permettait à la fois de mieux la connaître et de se la réapproprier, de la réinterpréter, de la transformer pour la faire vivre d'un souffle nouveau dans une confrontation permanente à leur propre monde[73]. Précisons enfin, avec P. O. Kristeller, que les humanistes étaient avant tout des grammairiens et des rhéteurs, que leur compétence s'exerçait dans des domaines qui avaient rapport aux commentaires textuels et philologiques consacrés en priorité aux auteurs antiques, et que leur expérience dans ce domaine se reflétait dans leur pratique de l'éloquence qui, à elle seule, leur valut souvent la qualification de poètes[74].

Si l'on prend en considération le facteur commun à toutes ces définitions, l'idée selon laquelle l'humanisme passe par la définition d'un rapport nouveau aux auteurs antiques, la définition de Lévita comme humaniste pose problème. Tout d'abord parce que notre auteur ne semble pas avoir montré un intérêt bien profond pour le latin et le grec. Les langues qui le passionnaient et qui ont constitué le cœur de son travail sont les langues de la tradition juive, l'hébreu et l'araméen. Dans une lettre qu'il adressait à Lazare de Baïf, père du célèbre poète de la Pléiade et ambassadeur de François Ier à Venise, Erasme écrivait : « *Gaudeo quod meditaris esse triliguis. Heliam non novi*[75] [...] » Il est ici question de Lévita qui enseignait l'hébreu à l'envoyé du roi de France et par lequel il sera invité en France pour y devenir lecteur royal. Il refusa cette invitation comme il en témoigne dans la préface du *Masoret Hamasoret* et dans celle du *Sefer Hatishbi*. Être parfaitement trilingue, en latin, grec et hébreu, c'était là l'idéal des humanistes, au sens strict du terme, au temps de Lévita[76]. Mais ce dernier n'appartenait pas véritablement au monde de ses élèves chrétiens. Il ne leur écrivait qu'en hébreu. Il témoigne de certaines connaissances en latin et en grec, mais rien ne prouve qu'il s'y soit appliqué plus

---

[73] E. Garin 2009, p. 3-15.

[74] P. O. Kristeller 1961, p. 92-119.

[75] Erasme 1938, p. 210. « Je me réjouis que tu songes à être trilingue. Je ne connais pas Elia [...] ».

[76] G. Weil 1963, p. 234-235.

qu'il n'était nécessaire pour parfaire son savoir dans l'étymologie des langues saintes. Il semble au contraire qu'il ne pouvait communiquer en latin, comme en témoigne son élève Sébastien Munster[77]. Il est vrai aussi qu'il affirme, dans la préface au *Sefer Hatishbi* : גם יתמהו על לשון יון שהבאתי בהרבה מקומם בידעם שאינני מכיר » הלשון ההו אבל לא ידעו שמן הקארדינאל אשר עמדתי עמו שלש עשרה שנה קבלתי כל אלה. » [78]. Lévita ne fait ici que rappeler une dette personnelle à l'égard de Gilles de Viterbe et n'affirme en rien qu'il ait lui-même appris le grec mais bien plutôt qu'il a eu recours aux lumières du cardinal pour expliquer certains mots dont il soupçonnait l'origine grecque.

On pourrait apporter à l'appui de la thèse selon laquelle Lévita s'intéressait aux Anciens le fait que, dans la même préface du *Sefer Hatishbi*, notre auteur rapporte une parabole qu'il aurait entendue dans sa jeunesse, laquelle n'est autre qu'une histoire qui trouve son origine chez Pline l'Ancien[79]. Il s'agit du célèbre récit mettant en scène le peintre Apelle et un cordonnier. Ce dernier juge une peinture de l'artiste et le critique pour sa représentation d'une sandale. Le peintre le remercie de sa remarque pertinente, mais le lendemain, le même cordonnier revient juger la représentation des genoux du personnage. Alors Apelle le condamne vertement pour son ignorance de l'art de la peinture. Cette histoire, extrêmement célèbre, fréquemment utilisée dans les exercices scolaires d'apprentissage du latin, a donné naissance au dicton : « *Sutor, ne ultra crepidam*[80] » qui sert à discréditer les personnes qui se prétendent compétentes dans des domaines qu'ils ne connaissent pas. Lévita, s'aventurant dans le champ de la lexicologie alors qu'il n'avait jusqu'ici publié que des ouvrages concernant la grammaire et la Massorah, pouvait craindre qu'on lui reprochât de s'aventurer dans un domaine qui excédait ses compétences. Bien entendu, dans sa version du récit, il laisse le peintre anonyme

---

[77] S. Münster 1527, fol. 2r. Munster oppose l'éducation des Juifs allemands, qui n'incluait pas le latin, à celle des Juifs italiens qui l'apprenaient.

[78] Troisième introduction du *Sefer Hatishbi*, 1541. « Et que ceux qui s'étonneront des mots grecs que j'ai présentés en de nombreux endroits, alors qu'ils savent que je ne connais pas cette langue, sachent que c'est du cardinal avec qui j'ai vécu treize ans que j'ai reçu toutes ces choses. »

[79] Pline l'Ancien, *Naturalis historia*, 35, 36, 85.

[80] « Cordonnier, [ne juge] pas au-dessus de la sandale ! »

et ne renvoie à aucune source antique. Ce passage, écrit en prose rimée, ne manque pas de vivacité et pourrait être le fruit d'un exercice de traduction latine, ou bien l'adaptation d'une version italienne de l'histoire, tant la façon dont le peintre renvoie le cordonnier est proche du proverbe cité ci-dessus :

ויאמר לו הצייר לך אל שטן ·כי משרוך הנעל ולמעלה · אין לך בחכמה חלק ונחלה · ויהי הרצען לבושה ולכלמה · ויפן וילך בחימה	Et le peintre lui dit : « Va-t-en au diable ! », car au-dessus du lacet de chaussure, tu n'a aucune portion de sagesse. Et le cordonnier fut exposé à la honte et à la réprobation. Il se retourna et s'en alla en colère.

Ce texte curieux ne témoigne guère que d'une profonde immersion de Lévita dans la culture ambiante, et d'une appropriation, non dénuée d'autodérision, de ses modèles.

Pour le reste, Lévita paraît nettement moins imprégné de culture latine et de culture grecque qu'un certain nombre d'intellectuels juifs, ses contemporains. Il ne s'intéressait pas aux questions philosophiques ou ésotériques. Il affirme même n'avoir aucun savoir en ce qui concerne la cabbale qui passionnait tant certains de ses élèves chrétiens, Gilles de Viterbe au premier chef[81]. Lévita, en ce sens, semble bien moins en phase avec les préoccupations théoriques et spirituelles de son temps qu'Elia del Medigo, grand connaisseur de la philosophie d'Aristote, traducteur d'Averroès en latin, professeur de Pico della Mirandola ou que son contemporain, Jacob Mantino, lui aussi traducteur du philosophe arabe et dont l'auteur ashkénaze a dû croiser le chemin à plusieurs reprises, les deux hommes ayant vécu dans les mêmes villes et ayant fréquenté les mêmes cercles[82]. Alors que des auteurs

---

[81] Voir en particulier ce qu'il note dans son *Sefer Hatishbi* à la racine קבל והם סתרי תורה ונביאים שקבל איש מפי איש עד מרע"ה לכך נקראת : (199 ,1541) קבלה והיא נחלקת לשני חלקים עיונית ומעשית ואינני כדאי לבאר ענינה כי בעוונותי לא למדתי חכמה זו. ודעת קדושים אלה לא אדע ולא אבין (« Ce sont là les secrets de la Torah et des Prophètes que l'homme a reçus de la bouche de l'homme jusqu'à Moïse notre Maître (que la paix soit sur lui), et c'est pourquoi on les appelle cabbale [= réception]. Elle se divise en deux parties ; la cabbale théorique et la cabbale pratique, et je ne suis pas digne d'expliquer son propos car, en raison de mes péchés, je n'ai pas appris cette sagesse. Et je ne connais ni ne comprends la science de ces saints-là. »). Voir aussi I. Pankover 1989, p. 31-65.

[82] Voir *DBI*, art. « Mantino, Giaccobe ». Mantino a fréquenté des humanistes dont on sait qu'ils ont été élèves de Lévita, tel le flamand J. Van Campen.

comme Yehuda Messer Leon et Azariah di Rossi, préoccupés de rhétorique, d'histoire, de philosophie, lisaient en latin et citaient Aristote, Quintilien, Cicéron, Lévita ne montre pas de curiosité pour ces auteurs antiques qu'il ne mentionne jamais[83].

Il convient également de noter que si, dans le domaine de la philologie hébraïque, Lévita montre un esprit critique et une compétence qui n'a rien à envier aux humanistes chrétiens dans leurs études du latin et du grec, son rapport à ces textes était fort différent. Chez lui, il n'y a point le sentiment, très fort chez bon nombre d'humanistes, de faire revivre des écrits oubliés depuis des siècles[84]. Il étudie une tradition qui ne s'est jamais éclipsée et dans laquelle il a grandi. Il s'appuie, pour asseoir son savoir, sur la chaîne des savants médiévaux : les massorètes de Tibériade, Yeḥiel de Rome, les frères Kimḥi, Abraham ibn Ezra.

Toutes ces réserves ne doivent pas nous empêcher d'observer en quoi Lévita peut tout de même, sous certains rapports,

---

Il a vécu à Venise, en même temps que Lévita, dans les années 1530-1540 et il y a joué un rôle de premier plan au point de s'y trouver impliqué dans les tractations concernant le remariage du roi d'Angleterre Henri VIII.

[83] Il peut être fructueux de se demander si cette différence de culture ne peut pas être rattachée à l'origine ashkénaze de Lévita. Alors que les séfarades, tels Isaac Abravanel et son fils Judah (Leone Ebreo) étaient accoutumés à fréquenter les auteurs grecs par l'intermédiaire des nombreuses traductions hébraïques de philosophes arabes produites en Espagne, alors que les Juifs italiens ont grandi entourés d'une culture fortement orientée vers les auteurs latins et grecs, les Juifs d'Allemagne montraient un goût nettement moins prononcé pour cet héritage culturel. On en trouve un témoignage jusque dans les listes de censure établies à partir des bibliothèques privées des Juifs de Mantoue en 1595. Voir S. Baruchson-Arbib 2001, p. 63 et p. 137. Pour un compte rendu sur la connaissance du grec et du latin chez les Juifs de la Renaissance, voir M. A. Shulvass 1973, p. 290-295. On peut encore mentionner de récentes études de cas d'auteurs juifs contemporains de Lévita qui correspondent mieux que lui à la définition classique de l'humaniste (versé dans les études latines) : Avraham Farissol, qui connaissait bien les textes de Saint-Jérôme et de Saint-Thomas (voir D. B. Ruderman 1981) et David Messer Leon, grand admirateur de Pétrarque (H. Tirosh-Rotschild 1991). Une vue générale de ces contacts est offerte par le volume : D. B. Ruderman-G. Veltri 2004. On notera qu'il n'y est question d'aucun écrivain ashkénaze né en Allemagne.

[84] Pour une analyse, appliquée au poète hébraïque Moshe da Rieti, de l'impossibilité pour les auteurs juifs de « redécouvrir » leurs sources antiques (puisque celles-ci n'avaient pas disparu), nous renvoyons à l'article : A. Guetta 2004b, p. 59-68.

être classé au rang des humanistes, non pas au sens strict car il ne partageait ni les idéaux ni la philosophie éclectique de son entourage chrétien, mais parce que cela ne l'empêchait pas de participer pleinement à l'esprit de son temps. Humaniste, Lévita l'est d'abord par son activité. Nous avons vu comme P. O. Kristeller avait insisté sur le fait que les humanistes étaient avant tout professeurs de grammaire et de rhétorique dans les universités. De fait, la grammaire était le fondement de toute éducation humaniste : un rapport passionné aux textes anciens conduisait à une connaissance de leurs subtilités et à une chasse aux barbarismes et aux solécismes. Comme ses contemporains, Lévita était un chasseur de manuscrits rares. Comme ses contemporains, il savait les lire avec un œil critique, en comparer les versions, établir la leçon la plus juste, et tirer de ses études philologiques des conséquences générales. Pour des humanistes tels que Gilles de Viterbe, Jean Cochlaeus, Marco Grimani, Lazare de Baïf, Georges de Selve, Sébastien Munster, Jean van Campen, Widmannstetter, Paulus Fagius, Andreas Masius qui tous approchaient de l'idéal de l'*homo trilinguis*, Élia Lévita était un homme précieux qui leur permettait d'avoir accès à un savoir clairement exposé, longtemps négligé par le monde chrétien. Plus d'un en témoigne, dans ses écrits ou dans sa correspondance.

Georges de Selve, évêque de Lavaur et traducteur de Plutarque, qui fut l'ambassadeur de François Ier à Venise à la suite de Lazare de Baïf, a permis à Lévita de compléter en 1536 son travail sur le *Sefer Hazikhronot* : celui-ci adresse à son protecteur une dédicace extrêmement louangeuse où il se livre sans réserve à l'éloquence encomiastique, souvent décriée pour son exagération, des courtisans et des humanistes[85] :

---

[85] Georges de Selve était censé publier le *Sefer Hazikhronot* ce qu'il ne fit pas après son retour en France en 1536. C'est ainsi que l'un des livres les plus importants de Lévita reste inédit jusqu'à nos jours. Les livres ont leur destin : *Paris un Wiene*, le poème majeur de Lévita, devra attendre le XXe siècle pour être apprécié à sa juste valeur. On peut lire cette dédicace dans le manuscrit conservé à Paris, BNF, hébreu 134. Elle a été republiée dans S. Frensdorff 1863, p. 96-108. On en trouvera la traduction dans G. Weil 1963, p. 120-121. Georges de Selve est le personnage de droite dans le très célèbre tableau de Hans Holbein le jeune, *Les Ambassadeurs*, peint une année à peine avant la venue de l'ambassadeur français à Venise.

העיר ה' את רוח אדוני ושם בלבבו ללמוד
עמי בלשון הקודש הזה ולמדהו ממני
בקלות ובזמן קצר מאד, והרי לך שם
בשלושה, לשון עברי הקדושה, לשון יון
הרוחה, לשון לאטיני הצחה, כדי שתהיה
שלם בכל השלימות, והרי אדוני בין
החכמים, כמו השמש בין הכוכבים [...]
ואשרי למלכים אם היו להם משרתים
ושרים חכמים ונבונים כמוך, ואשרי
לחכמים ונבונים אם היו להם אדונים
ופטרונים כמוך, ובזה הנני אקוד ואשתחוה
לאדוני אפים ארצה, ועפר רגליך אלחך,
ואהיה עבד נרצע לאהבתך, תמיד מוכן
לשירותך [...]

Dieu a éveillé l'esprit de Monseigneur et a placé dans son cœur le projet d'apprendre avec moi cette langue sainte et il l'a apprise avec facilité et en très peu de temps : en effet, tu es célèbre pour ton savoir dans les trois langues, la sainte langue hébraïque, la riche langue grecque, l'élégante langue latine, afin que tu sois comblé de toutes les perfections, et il est vrai que Monseigneur est, parmi les sages, comme le soleil parmi les étoiles [...] Et heureux sont les rois qui ont des serviteurs et des ministres sages et savants comme toi, et heureux les sages et les savants qui ont des maîtres et des patrons comme toi, et en ce point, je m'agenouille et je me prosterne devant Monseigneur, face contre terre, et je baise la poussière de tes pieds, et je suis totalement dévoué pour l'amour que je te porte, et toujours prêt à te servir [...]

On voit que Lévita savait sacrifier au rituel de l'éloge. Cette page de rhétorique hébraïque montre à quel point la fréquentation des personnalités de haut rang a pu l'influencer : abondance de métaphores bibliques, comparaisons, hyperboles, chiasmes, toutes les recettes du haut style sont ici employées. Même si notre auteur n'a pas manifesté un intérêt profond pour la rhétorique, au contraire du rabbin Messer Leon une cinquantaine d'années plus tôt, il semble qu'il ait eu une belle réputation dans ce domaine, de sorte qu'on faisait régulièrement appel à lui pour orner de poèmes de louanges certains projets éditoriaux.

C'est ainsi qu'en 1525, alors qu'il vivait encore à Rome sous le patronnage de Gilles de Viterbe, Lévita a été sollicité par Daniel Bomberg, qu'on a nommé l'Alde Manuce de l'édition hébraïque, pour composer deux poèmes d'ornement à sa célèbre édition de la Bible rabbinique, réalisée par Jacob ben Ḥayim ibn Adonyiah et supervisée par Cornelio Adelkind, qui servit de base à toutes les éditions successives jusqu'au XXᵉ siècle[86]. Vingt-quatre ans plus

---

[86] Jacob ben Ḥayim ibn Adonyiah est un Juif d'origine tunisienne qui a joué un rôle majeur dans l'établissement du texte de référence qu'est devenue

tard, Daniel Bomberg rééditait la Bible à nouveaux frais, cette fois à Anvers, corrigée par Élia Lévita. Le nom de Jacob ben Ḥayim, dont Lévita avait critiqué quelques erreurs, disparaît donc, et notre auteur a révisé ses anciens poèmes pour les faire correspondre aux nouvelles dates, lieux et conditions d'impression[87] :

אצל זמן הודו	הראה צבי עדיו	קם איש הדר הדור	זיוו וגם יופיו
לֹא קם בישראל	אכן באומות קם	אקרא לך בשמו	אומר לך איו
יושב בפרהסיא	היום באנווירשא	סוחר ודניאל	בומברג בכנויו
הנו ערל בשר	אך לֹא ערל לבב	להגות בתורת אל	חפצו ומאויו
ודאי חסיד האומות	הוא ובעולם	הבא יהי לו אז	חלק שכר פריו
הנה מצאנוהו	פתאום כאיש מוצא	לו אחרי יאוש	שורו וגם שיו
למד לשוננו	ובדת אלוהינו	הדפיס ספרים עד	אין קץ ולֹא דיו
ועד בביתו לצ-	מאים למי תורה	מעון ספריו איש	דולה מלֹא כליו
יעץ להדפיס	העשרים וארבעה	פעם שניה בו	יגדל ברוב נויו

En un temps de gloire qui montre la splendeur de son vêtement, vint un homme, grandeur de sa génération, sa magnificence et sa beauté,

Il ne vint pas en Israël, mais parmi les nations. Je t'apprendrai son nom et te dirai où il demeure.

Il s'est installé aux yeux de tous comme marchand aujourd'hui à Anvers et on le nomme Daniel Bomberg.

Sa chair n'est pas circoncise mais son cœur n'est pas cruel[88] et tout son désir, toute sa passion, est de faire entendre la Torah de l'Eternel.

---

la Bible rabbinique de Daniel Bomberg. Son travail sur la Massorah est d'une importance certaine, mais il ne disposait pas d'une connaissance aussi approfondie que Lévita dans ce domaine. Lévita salue son travail dans l'introduction au *Masoret Hamasoret* mais il souligne qu'il a commis de nombreuses erreurs. Voir C. D. Ginsburg 1867, p. 94. Jacob ben Ḥayim s'est sans doute converti au christianisme à la fin de sa vie ce qui expliquerait la malédiction (peut-être humoristique) que lui adresse Lévita : « תהי נשמתו צרורה בצרור נקוב » : « Que son âme soit liée dans une bourse percée ». Il s'agit d'un détournement de l'expression traditionnelle צרור חיים que nous avons vu apparaître à la fin de l'épitaphe de Lévita. Une bourse percée ne retient bien sûr pas l'âme qui est censée promise à la vie éternelle.

[87] G. Weil ne mentionne pas cette réimpression. Si Lévita a lui-même remanié ce poème, ce serait donc l'un des tout derniers témoignages de son activité. Ces vers sont cités dans leur intégralité par A. M. Habermann 1945, p. 55-56. Habermann cite également le poème composé en l'honneur de l'édition du *Sefer Hashorashim* de David Kimḥi publiée par Bomberg en 1529. À ce propos, il écrit : « כשרון יוצא מן הכלל היה לו לאליהו הלוי בחור להלל ספרים בשירי־חתימה במשקל ובחרוז » (« Elia Halévi Baḥur avait un talent exceptionnel pour louer les livres par des poèmes-signatures rythmés et rimés. »).

[88] Lévita détourne ici les versets *Jérémie*, 9, 24-25 dans lesquels le prophète admoneste le peuple juif, au nom de l'Éternel, pour son impiété en affirmant que les Juifs sont certes circoncis (de chair) mais qu'ils ne sont pas circoncis de cœur

Il est réellement un juste parmi les nations et il aura sa part dans le monde à venir et le salaire de ses œuvres.

Et voici que nous l'avons trouvé, soudain comme lorsqu'un homme, désespéré, retrouve son bœuf ou sa brebis.

Il a appris notre langue, et la religion de notre Dieu. Il a fait imprimer des livres saints sans nombre et cela ne lui suffit pas.

Il a réuni dans sa maison ceux qui ont soif des eaux de la Torah. À la source de ses livres, l'homme puise à pleins seaux.

Il a conseillé de faire imprimer les vingt-quatre livres une deuxième fois pour qu'ils soient exaltés dans leur grande beauté.

Ce poème dont nous ne citons que les premiers vers est plus qu'un « délassement d'humaniste[89] ». Lévita est conscient de la grandeur du projet car, pour la première fois, la Bible était imprimée avec tout l'appareil textuel nécessaire (qu'il présente dans la suite du poème), et tout le soin qu'elle mérite (et il souligne son rôle dans cette entreprise, à côté de celui de Bomberg et du collaborateur constant de celui-ci, Cornelio Adelkind). Il s'attache donc à l'accompagner de vers qui soient à la hauteur de ce grand projet et il met pour cela à contribution toute son inventivité linguistique et son goût des jeux savants. Arrêtons-nous d'abord sur la forme poétique : le poème compte 24 vers comme les 24 livres de la Bible. Il est doté de l'acrostiche suivant : « אליהו הלוי אשכנזי המקדק אמץ » (Élie Halévi Ashkénazi le grammairien, puissant[90]). Pris à son jeu poétique, Lévita fait suivre ces vers d'un second poème d'éloge entièrement bâti sur les significations symboliques du chiffre 24. Il vaut la peine d'être cité en entier en raison de sa virtuosité :

תמו חרוזי שיר	עשרים וארבעה	אל מהלל ספר	עשרים וארבעה
אדם ישלש את	היום ויקרא בו	שעות שמונה מן	עשרים וארבעה
תורה תהא אז לו	נקנית בכפל על	מעלות כהנה של	עשרים וארבעה
בו יהיה תלמיד	חכם מקושט	ככלה בקישוטים	עשרים וארבעה
יזכה ראות בנין	מקדש והכהנים	עומדים במשמרות	עשרים וארבעה

(c'est-à-dire qu'ils se montrent indignes de l'alliance divine). Daniel Bomberg est donc exactement dans la situation inverse : incirconcis de chair, il l'est pourtant de cœur, il mérite d'être reconnu par Dieu et célébré pour ses bienfaits.

[89] C'est ainsi que G. Weil qualifie la première version de ce poème. Voir G. Weil 1963, p. 104.

[90] Il faut prendre ce dernier mot comme un signe d'encouragement ou de félicitation.

ערך לכל ספר	בחצי זהב רינוס	סך כל הצאיהם	עשרים וארבעה
ופרט אשר נשלם	קרו"ב שנות עולם	היה בתשרי יום	עשרים וארבעה
ולמנין נוצרים	אלף וגם חמש	מאות ופעמים	עשרים וארבעה

Ainsi s'achève les vingt-quatre rimes du poème de celui qui encense le livre composé de vingt-quatre livres.

Que l'homme divise en trois sa journée et lise dans ce livre huit heures des vingt quatre heures.

Alors la Torah lui sera acquise par des mérites deux fois plus nombreux que les vingt-quatre mérites qui relèvent du service du prêtre[91].

Par ce livre, l'étudiant savant sera orné comme une fiancée couverte des vingt-quatre ornements[92].

Et il aura la récompense de voir le Temple et ses prêtres qui sont ordonnés en vingt-quatre groupes[93].

La valeur de chaque livre est un demi-florin du Rhin, il faut en dépenser vingt-quatre au total.

Et l'année où il a été achevé est 5308 depuis la création du monde, c'est au mois de Tishri, le vingt-quatrième jour.

Et selon le calendrier des Chrétiens, mille cinq cents et deux fois vingt-quatre.

Ce type de poèmes ne montre pas seulement la bonne connaissance par Lévita des sources bibliques et talmudiques. Il témoigne aussi d'un goût du jeu qui n'est pas entièrement dénué d'humour puisqu'il lui permet, sous le nombre vingt-quatre, d'associer les livres de la Bible, des nombres symboliques de la tradition juive se rapportant aux commandements divins, la valeur de l'édition et, au prix de quelques acrobaties, l'année de la publication. En un sens, Lévita cultive donc l'éloquence, en particulier la rhé-

---

[91] Selon le Talmud, l'homme acquiert la Torah par 48 mérites, ou actions, qui constituent les degrés de l'échelle montant jusqu'à la sagesse. Pour réaliser le service du Temple, les prêtres, ou *cohanim*, devaient quant à eux s'acquitter de 24 actions particulières. Ces chiffres sont bien sûr hautement symboliques et liés entre eux par la tradition. Voir *Mishna*, *Avot*, 1, 6 qui donne la liste de ces 48 qualités. Pour les 24 devoirs des *Cohanim*, ils sont recensés dans le *Maḥzor Vitry*.

[92] Le Midrash (*Tanḥuma*, *Ki-Tisa*, 16), compare fréquemment le don de la Torah à la présentation d'une fiancée à son futur époux. Les fiancées d'Israël étaient ornées de 24 ornements (référence au nombre des 24 livres) dont la liste est fournie par Isaïe, 3, 18.

[93] Les *cohanim* étaient divisés en 24 groupes descendants des fils d'Aaron, Voir *Chroniques*, 1, 24.

torique épidictique si chère aux humanistes[94]. Mais il y joint une forme de légèreté qui lui est propre et qui traverse l'ensemble de son œuvre.

La fréquentation des humanistes avait imprimé sa marque sur l'esprit de Lévita, un esprit pourtant indéniablement formé aux plus pures sources de la tradition juive et qui ne s'est jamais éloigné fondamentalement de son cadre primitif. Si l'on considère à présent un critère essentiel de la pensée humaniste, selon E. Garin, celui du détachement critique à l'égard des sources traditionnelles, Lévita mérite pleinement le nom d'humaniste. Nous avons vu qu'il fallait une certaine audace au savant hébraïste pour avancer la thèse selon laquelle la vocalisation du texte biblique datait d'une période assez récente. Il s'opposait par là aux croyances partagées par les rabbins de son temps et par un grand nombre d'auteurs respectés. Il ne s'en cache pas lui-même, affirmant dans la préface manuscrite à la première version de son *Meturgeman* : « [...] tout en sachant que la plus grande partie des maîtres ne sont pas d'accord avec moi, j'avancerai ma pensée, la vérité fera elle-même son chemin[95]. » Lévita s'oppose en effet aux idées défendues par Kimhi, Ibn Ezra, Moshe Hanakdan, Yehuda Halevi, même si dans son introduction au *Masoret Hamasoret*, il tente de démontrer que ces auteurs éminents n'étaient pas aussi catégoriques dans leurs affirmations que ce que leurs interprètes ont bien voulu penser[96]. La méthode de Lévita sur ce point est purement historique et critique.

Voici ses arguments essentiels : les voyelles ne sont jamais mentionnées dans le Talmud ni dans le Midrash et certaines discussions du Talmud concernant la prononciation et les accents montrent que ceux-ci n'étaient alors pas encore fixés. Le nom des interponctuations est d'origine araméenne. S'ils avaient été

---

[94] L'humanisme a entraîné une vogue toute particulière des poèmes de circonstances, des éloges en tout genre. Ils étaient avant tout un prétexte pour démontrer la richesse et la pureté du style de l'auteur, fondé sur les modèles latins (Cicéron pour la prose, Stace ou Horace pour les vers). La poésie hébraïque de Lévita s'oriente sur les modèles façonnés lors de l'âge d'or de la poésie hébraïque en Espagne du Xe au XIIe siècle. La différence de contexte et celle des références ne doivent pas être perdues de vue.

[95] Cité et traduit par G. Weil 1963, p. 118.

[96] C. D. Ginsburg 1867, p. 121-127.

donnés sur le Mont Sinaï, ils auraient reçu des noms hébreux. Dans l'introduction manuscrite au *Meturgeman*, Lévita apporte un argument supplémentaire qui témoigne assez de son ouverture d'esprit et de sa curiosité : Saint-Jérôme, dans ses enseignements sur la langue hébraïque, ne mentionne jamais les interponctuations, qui ne devaient donc pas exister à son époque[97]. Tout, dans ces réflexions de Lévita, montre à quel point il était attaché, à la manière de nombreux humanistes dans leur opposition à la science médiévale, à faire valoir la *veritas* sur l'*auctoritas*.

De ce point de vue, on peut le rapprocher de l'un des plus grands humanistes italiens du XVe siècle, Lorenzo Valla, lui aussi fervent défenseur de la correction grammaticale, et âpre critique, au nom de saines interprétations philologiques, des enseignements transmis par la tradition ecclésiastique. Il affirmait : « *dicam ipse nullum mecum sentire sine veritatem, quae omnibus auctoritatibus est anteferenda*[98]. » Il y a donc dans le travail de savant de Lévita une attitude qui correspond en tous points aux critères idéologiques mis en place depuis plus d'un siècle par les humanistes. C'est l'esprit de son temps qui lui permit de privilégier la rationalité sur l'autorité, le libre examen des textes sur le savoir enseigné par la tradition.

Et il n'est pas étonnant que, comme un Lorenzo Valla qui a dû se défendre contre le tribunal de l'Inquisition, Lévita ait eu maille à partir avec les autorités rabbiniques de son temps. La cause de ces démêlés semble avoir été davantage son mode de vie que ses positions théoriques. Il apparaît que les rabbins regardaient d'un mauvais œil la fréquentation continue des Chrétiens par notre auteur. Il est obligé de s'en justifier assez longuement dans la deuxième introduction au *Masoret Hamasoret*[99]. Contre ces accusations, Lévita rappelle qu'il n'a jamais enseigné aux Chrétiens les secrets de la religion mais seulement la grammaire de la langue hébraïque. Il rappelle aussi les circonstances difficiles de sa vie qui

---

[97] G. Weil 1963, p. 299.

[98] « Je dirai moi-même que rien ne soutient ma position sinon la vérité, qu'il faut préférer à toutes les autorités. » Cité par R. Fubini 2001, p. 320. Sur la question de la nouvelle idéologie critique des humanistes, tout le chapitre « *Interpretazione storica e paradigma dell'umanesimo* » p. 317-331 est d'un intérêt particulier.

[99] C. D. Ginsburg 1867, p. 96-101.

l'ont contraint, pour sa subsistance, à recourir à ces sources de revenu. Par ailleurs, écrit-il, les sages du Talmud (*Sanhedrin* 59a) enseignent que les sept commandements imposés par Dieu à Noé sont valables pour tous les peuples. Comment les Gentils pourraient-il s'y conformer si on ne leur donne pas les moyens de lire convenablement l'hébreu du texte saint ? Il rappelle que les Chrétiens dont il a été le professeur étaient tous des hommes bons et droits qui ne pouvaient apporter que du profit aux enfants d'Israël[100]. Il va même plus loin en affirmant, dans son langage fleuri, qu'il a beaucoup appris de leur bouche tout en sachant distinguer ce qui relevait du pur savoir de ce qui appartenait à la propagande religieuse :

וכן אם גם אני קבלתי, ופתחתי את פי ואכלתי טוב דעת וטעם, צוף דבש אמרי נעם[101], אשר נטף מפיהם טפות טפות, ואכלתי התוך וזרקתי הקליפות, ולא אכלתי התפל וריר[102] חלמות, וטעמתי מעט דבש הזה הנני אמות ?	Et si j'ai aussi reçu, si j'ai ouvert la bouche et mangé de leur bonne science et de leur sagesse, de leurs paroles douces comme un rayon de miel, qui coulaient de leur bouche goutte à goutte, et si j'ai mangé la chair et que j'ai jeté l'écorce, et que je n'ai pas mangé ce qui n'a pas de saveur, le blanc de l'œuf, et si j'ai goûté un peu de ce miel, est-ce que je devrais mourir pour cela ?

Lévita avait fait sienne la sentence de Maïmonide (dans l'introduction à son commentaire aux *Maximes des Pères*) : « קבל האמת ממי שאמרו » : « Reçois la vérité de quiconque te la dit. » Sa philosophie est donc, comme celle du grand philosophe andalou, une philosophie de l'ouverture aux sagesses étrangères tout en restant solidement ancrée dans les enseignements de la foi juive.

---

[100] Cela est vrai en particulier de Gilles de Viterbe qui s'est élevé en faveur du grand hébraïsant allemand Reuchlin dans le débat qui l'opposait aux Dominicains qui, sous l'impulsion du Juif converti Josef Pfefferkorn, prônaient la destruction des livres juifs et en particulier du Talmud. Léon X eut à trancher et sa sentence relativement clémente doit sans doute beaucoup à l'intervention de Gilles de Viterbe dont trois lettres parurent dans l'ouvrage qui diffusa la position du parti humaniste *Illustrium virorum epistolae*. Sur l'ensemble de cette affaire, nous renvoyons à L. Poliakov 1981, p. 362-363.

[101] *Proverbes*, 16, 24.

[102] *Job*, 6, 6.

Les craintes des rabbins n'étaient sans doute pas aussi dépourvues de fondement qu'elles peuvent nous le paraître aujourd'hui. Dans une société où la condition juive était accompagnée de maintes embûches et vexations, il était facile de céder aux tentations de la conversion, seule capable de donner au Juif la jouissance de droits élémentaires et d'une considération réelle au sein de la société chrétienne. Il fallait à Lévita toute la solidité de sa conscience et de sa foi pour ne pas franchir le pas si attendu par bon nombre de ses élèves et amis humanistes. La conversion d'un Juif, surtout s'il jouissait d'une position éminente, était considérée comme une véritable victoire pour la Chrétienté. Lorsqu'en 1533, Jacob, le fils du chef de la communauté de Venise, le riche banquier Asher Meshulam (Anselmo del Banco) se fit baptiser, le pape Clément VII et le doge présidèrent la cérémonie[103]. Dans ces conditions, il n'est pas étonnant que les deux petits-fils de Lévita, Joseph et Élia, se soient convertis au christianisme. Les deux jeunes gens, qui ont assisté leur grand-père dans plusieurs projets éditoriaux, notamment dans la publication du *Boṽo Dantônẹ* (leurs noms apparaissent dans l'épilogue) et qui ont bénéficié de sa part d'une attention particulière et d'une éducation privilégiée, ont franchi autour de l'âge de 20 ans la ligne que Lévita n'a jamais voulu passer. Cette désertion plongea leur grand-père, selon le témoignage de l'un d'eux, dans une grande tristesse. Connus sous les noms de Vittorio Eliano et de Giovanni Battista Eliano, ils jouèrent des rôles d'une certaine importance dans le monde chrétien en mettant à profit leurs connaissances hébraïques. Le premier s'engagea dans le parti opposé aux livres juifs au cours de la dispute qui conduisit le Talmud au bûcher à Venise en 1553 et participa, sa vie durant, comme correcteur et comme censeur, à la publication de livres hébraïques. Le second, auteur d'une lettre autobiographique, remplit des fonctions de premier plan dans l'ordre des Jésuites nouvellement fondé[104].

---

[103] R. Calimani 2001, p. 34.

[104] Voir les entrées « Eliano, Vittorio » et « Eliano, Giovanni Battista » du *DBI*. La lettre autobiographique de Giovanni Battista Eliano a été publiée par J. C. Sola 1935, p. 291-321, et partiellement traduite par M. Rastoin 2011, p. 261-274. Elle renferme d'intéressantes informations sur la conversion, parfaitement volontaire, du jeune homme, ses doutes et le cheminement de sa conscience. Habitué comme il l'était à fréquenter le monde chrétien (il dit avoir fréquenté

Lévita, quant à lui, avait grandi dans une société profondément juive. Il s'identifiait sans réticence au monde ashkénaze dont il était issu, comme cela apparaîtra clairement à la lecture de sa production yiddish, et il n'a jamais cédé aux séductions et aux facilités de la conversion. Il l'affirme très haut dans la deuxième introduction du *Masoret Hamasoret* : « אך דעו כי אפילו הכי, תהלה לאל עברי אנכי, ואת האלהים אנכי ירא, שמים וארץ בורא. » [105] La ferme conviction de Lévita a pu troubler ses amis humanistes. Nous avons vu que Munster la regrettait ouvertement.

Avec son goût de la plaisanterie et du jeu de mot, Lévita est allé jusqu'à jouer un tour espiègle à son très respecté collègue et patron Paulus Fagius. Lévita était pourtant très reconnaissant de l'invitation que le prêcheur protestant lui avait adressée en Allemagne au moment où les imprimeries de Bomberg avaient cessé leurs activités. On apprend par la lettre autobiographique de Giovanni Battista Eliano que ce nouveau protecteur avait envoyé trois chevaux, de nombreuses provisions ainsi que des serviteurs afin de permettre le voyage du vieux savant depuis Venise et qu'il le reçut avec tous les honneurs. L'admiration (ou la flagornerie ?) de Lévita s'élevait si haut qu'il écrivit sur Fagius :

ובאמת ראוי הוא שבני עמו יקראו עליו כמו שאנו קוראין על רבינו משה בן מיימון : ממשה עד משה לא קם כמשה. כך יאמרו עליו : מפאולוש עד פאולוש לא קם כפאולוש.	Et en vérité, il mérite que les hommes de son peuple disent à son propos comme nous (les Juifs) disons à propos de Moïse Maïmonide : « De Moïse à Moïse, il n'y eut personne comme Moïse. » Ainsi on dira de lui : « De Paul à Paul, il n'y eut personne comme Paul. »

Ce proverbe, qui s'est répandu parmi les Juifs peu de temps après la mort de Maïmonide, venait souligner le caractère exceptionnel du philosophe dont on pressentait qu'il aurait, pour son peuple, une

---

le monastère San Gregorio de Venise où son grand-père enseignait l'hébreu), le jeune homme a cédé aux sollicites, sans aucun doute bienveillantes, des religieux qui l'entouraient. La fille de Lévita, sa mère Hannah qui vivait au Caire, pleurait encore sa conversion des années après l'événement.

[105] « Mais sachez que par dessus tout, Dieu soit loué, je suis juif, et que je crains l'Éternel, qui a créé le ciel et la terre. » On remarquera que cette profession de foi est exprimée en yiddish d'une façon assez semblable par Bovo. (*BD*, 246-247). Sur le rapport de Lévita aux Chrétiens on pourra lire l'article récent de D. Aranoff 2009, p. 17-40.

importance comparable à celle du prophète biblique. En l'adaptant au monde chrétien, en comparant Paulus Fagius à l'apôtre du Christ, Lévita fait plus qu'honorer son nouveau patron, il établit un parallèle entre la sainteté juive et la sainteté chrétienne qui, dans sa vision du monde, pouvaient cohabiter sans se détruire mutuellement.

Mais Fagius, à côté des ouvrages d'ordre purement scientifique qu'il a publiés sur les presses d'Isny, a également produit quelques textes dans une perspective missionnaire. Lévita devait être mal à l'aise avec cette part religieuse de l'activité de son patron. Il est très probable que, pour ces ouvrages comme pour les ouvrages savants, le vieil hébraïste ait joué le rôle de correcteur, voire de compositeur. C'est à ce moment-là qu'il a pu glisser à ses coreligionnaires un message en forme de clin d'œil qui n'a été redécouvert que très récemment[106].

Dans le *Liber fidei* ou *Sefer aemana* (ספר אמנה) publié en 1542, Paulus Fagius, reprenant une tradition missionnaire bien établie, se propose de démontrer aux Juifs que la venue du Christ a été annoncée par la Bible et que ceux qui refusent de l'accepter comme une vérité établie font preuve d'une étonnante cécité. Fagius le présente comme l'ouvrage d'un Juif converti qu'il se serait contenté de traduire[107]. L'ouvrage n'est pas avare en injures adressées aux Juifs pour leur entêtement. Fagius, dans son épître dédicatoire à Andreas Masius, autre admirateur connu de Lévita, disait écrire contre « *populum istum rebellem, praefractum, incredulum et ut vere dicit scriptura* עם קשי ערף, *nam ibi omnium maxime Sathan saevit seseque in membris suis exerit, unde sibi et regno suo omnium maxime timet*[108] ».

Le livre est composé de deux parties juxtaposées, l'une en hébreu, l'autre en latin qui traduit le texte hébraïque. Comme le veut la logique des langues, le texte hébreu se lit de droite à gauche

---

[106] C'est D. Yardeni qui a remarqué ce détail significatif dans un article pubié en ligne. Voir D. Yardeni 2010.

[107] Nous avons pu consulter l'ouvrage conservé à la Bayerische Staatsbibliothek, conservé sous la cote 4 A.hebr. 331.

[108] « ce peuple rebelle, opiniâtre, incrédule et, comme le dit à juste titre l'écriture *peuple à la nuque raidie*, car c'est parmi eux que Satan sévit le plus, qu'il se dévoile en ses membres, d'où vient que ce peuple le craint, ainsi que son empire, plus que tout. »

et le texte latin dans le sens inverse, ce qui signifie que les deux parties s'achèvent au centre du livre. Cela explique que l'emblème que Fagius plaçait toujours sur le colophon, la gravure d'un arbre luxuriant, se situe au milieu de l'ouvrage et non à la dernière page, et qu'il s'y trouve justement en deux exemplaires qui se font face : l'un pour la partie latine, destinée explicitement aux lecteurs chrétiens, l'autre pour la partie hébraïque, destinée à la fois aux lecteurs juifs (à des fins missionnaires) et aux lecteurs chrétiens (dans un but d'apprentissage de la langue hébraïque). L'emblème est, dans les deux cas, surmonté de la devise de Fagius en hébreu : « Tous les bons arbres portent de bons fruits », mais la partie latine comporte également, sur les côtés de la gravure la même devise en latin et en grec, témoignage de l'idéal de l'*homo trilinguis*. Ce n'est pas là la seule différence qu'un observateur attentif peut déceler entre les deux colophons. La gravure porte à son pied, dans les deux cas, une courte prière. Or on peut noter de subtiles différences entre la prière de la partie latine et celle de la partie hébraïque :

Colophon de la partie latine du Liber Fidei / ספר אמנה	*Colophon de la partie hébraïque du* Liber Fidei / ספר אמנה
תקותי במשיח הנשלח שהוא עתיד לדין את חיים ואת המתים	תקותי במשיח הנשלך אשר הוא יבא לדון את חיים ומתים
Mon espoir repose sur le Messie qui a été envoyé Et qui jugera les vivants Et les morts.	Mon espoir repose sur le Messie qui a été rejeté Et qui viendra pour juger les vivants Et les morts.

La formulation des deux prières présente deux différences notables (les autres ne constituent que des variations d'ordre grammatical) : le mot נשלח (envoyé) a été remplacé par le mot נשלך (rejeté). Tous deux sont, en hébreu contemporain et probablement dans la prononciation des Juifs ashkénazes à l'époque de Lévita, d'exacts homonymes, mais la différence de sens est considérable. Par ailleurs, l'expression « עתיד לדין » (« il jugera dans la futur ») a été remplacée par « יבא לדון » (« il viendra pour juger »). Ce qui, lors d'une lecture rapide, pourrait passer comme une simple variation linguistique véhiculant la même signification, constitue en réalité, pour un lecteur averti, une différence fondamentale : en introduisant le verbe venir au futur, l'auteur de ce colophon laisse entendre que le Messie n'est pas encore venu. Ces deux « corrections » sont trop significatives pour qu'on puisse supposer qu'il s'agisse là d'une erreur typographique ou d'une simple variante de formulation.

Élia Lévita a quitté Isny dans le courant de l'année 1542 et il n'est pas certain qu'il ait été présent lors de l'impression de cet ouvrage au mois d'août de cette année. Mais il reste probable que ce subtil message fondé sur des jeux de mots dévastateurs, que ne peuvent déceler que d'excellents connaisseurs de la langue hébraïque, est de sa plume. Il ne serait nullement étonnant qu'une telle vengeance contre le prosélytisme de son patron, soit le fruit de l'humour de Lévita qui souhaitait peut-être faire taire, par cette signature en forme de clin d'œil, les rumeurs qui couraient concernant sa conversion.

Au terme de notre parcours, nous pouvons donc qualifier Lévita d'humaniste tout en prenant bien garde de souligner ce qui le séparait de ses homologues chrétiens et de certains de ses contemporains juifs. Chez lui, point d'idéal de l'*homo trilinguis* puisque le grec et le latin sont restés à la marge de ses intérêts. Chez lui, point de fascination pour les Anciens : il s'inscrit dans un courant continu d'études linguistiques et grammaticales provenant des auteurs juifs du Moyen Âge. Mais il s'applique à cette matière avec un nouveau sens critique, avec de nouvelles méthodes philologiques qui appartiennent bien à son temps. Il fait preuve d'une largesse de vue, d'une curiosité pour la culture d'autrui et d'une ouverture continue aux Chrétiens les plus éclairés qui l'inscrivent directement dans le grand mouvement des études humanistes. Enfin, sa sensibilité à ce que la culture italienne pouvait produire de meilleur l'a conduit à s'inspirer directement de ses modèles poétiques dans son œuvre yiddish.

I.5. Les œuvres yiddish

Mise en regard avec la production hébraïque de Lévita, sa production yiddish peut, au premier abord, faire figure de parent pauvre. À côté de la dizaine d'œuvres scientifiques que nous avons mentionnées, toutes publiées, appréciées, louées, ayant connu une vaste diffusion, des traductions et des rééditions du vivant de l'auteur, l'œuvre poétique n'a connu qu'une seule édition de son vivant, celle du *Boṽo Dantònẹ* (Isny, 1541). Il s'agissait là d'un projet concerté de la part de l'auteur qui tenait à assurer la postérité de son ouvrage. Un autre texte yiddish de la plume de Lévita a été publié de son vivant : il s'agit de sa traduction des *Psaumes*, faite à la demande du vieux collaborateur de Daniel Bomberg, Cornelio Adelkind, et publiée à Venise en 1545. Lévita s'y inscrit dans une ancienne tradition de traduction du texte biblique, s'éloignant fort peu d'un mot-à-mot faisant parfois violence aux structures de la langue yiddish. Comme l'écrivain le précise dans sa préface rimée, il s'agit d'un instrument de travail, destiné notamment aux maîtres et aux enseignants (*mélamdim*) afin qu'ils puissent traduire le texte biblique selon la grammaire. Cette publication à visée didactique et religieuse est si opposée à la production littéraire de l'auteur, que l'éditeur, Cornelio Adelkind peut s'accorder le luxe de condamner vertement, dans la postface, une des œuvres poétiques de Lévita[109].

Il y a bien sûr, entre ces deux pans de l'œuvre, toute la distance qui sépare une œuvre « sérieuse » dans une langue prestigieuse, dotée dès le départ d'un vaste horizon de lecture, juif et non-juif, d'une œuvre « de divertissement », dans une langue vernaculaire réservée aux seuls Ashkénazes. Mais il ne faudrait pas déduire de cet état de fait, lié au prestige social et culturel des langues et des types d'écrits, qu'il reflète la vision intime de l'auteur. Nous avons de fortes raisons de croire que Lévita accordait de la valeur, et une valeur purement esthétique (au-delà même de la visée affichée de divertissement), à sa production poétique et que c'est aussi en cela qu'il se montre, réellement, un homme de la Renaissance : une grande partie de notre recherche a pour but de légitimer cette affirmation.

La publication du *Boṽo Dantònẹ*, en 1541, par la volonté de l'auteur septuagénaire, est remarquable à plusieurs égards. D'abord parce qu'elle a lieu assez tôt dans l'histoire de l'imprimerie yiddish : le premier livre imprimé qui nous ait été conservé, l'a été à peine sept ans plus tôt, en 1534, à Cracovie, et il s'agit d'une concordance de la Bible en hébreu et en yiddish. L'édition

---

[109] On trouvera la traduction de la préface rimée à ce livre dans J. Baumgarten 2005, p. 170-171. Des extraits du livre sont publiés dans J. C. Frakes 2004, p. 254-259. La postface, quant à elle, est traduite en français dans J. Baumgarten 2010, p. 238.

yiddish vient donc de commencer, relativement tard. La publication d'un roman de chevalerie est une chose entièrement neuve,
même si l'existence d'un marché et d'une véritable demande, est
attestée par la série de publications d'œuvres littéraires yiddish qui
fait directement suite à la publication de Lévita : le *Mélohim-buch*
à Augsbourg, en 1543, le *Šému'el-buch*, en 1544, le *Jošifon*, à Zurich
en 1546 : toutes ces œuvres, éditées de façon assez soignée, pour ne
pas dire luxueuse (le *Jošifon* est doté de 50 gravures) sont liées à des
classiques de la littérature juive. Les deux premières sont des adaptations chevaleresques des livres bibliques de *Samuel* et des *Rois* (les
plus appréciées d'un genre que nous étudierons), le second est un
livre d'histoire, teinté de légendes, qui traite du peuple juif depuis
les temps bibliques jusqu'à la Guerre des Juifs contre les Romains.
C'est la traduction d'une œuvre hébraïque médiévale inspirée,
entre autres, de Flavius Josèphe[110]. Dans ce paysage, la publication
d'une œuvre aussi frivole, aux yeux des contemporains, que le *Boṽo
Dantònę* supposait de la part de Lévita une liberté d'esprit certaine.

La culture juive traditionnelle laisse assez peu de place aux
lectures de loisir, en particulier aux œuvres séculières, le temps
libre devant être consacré à l'étude des textes sacrés. Très tôt
apparaissent donc des condamnations des romans de chevalerie.
Le rabbin Judah de Paris (1166-1244), dans son commentaire au
Talmud, interdisait la lecture des histoires de batailles écrites en
vernaculaire pendant le shabbat et les jours de fête[111]. Dans le livre
le plus représentatif des Juifs allemands du Moyen Âge, le *Sefer
Ḥasidim* (livre des Pieux), datant du début du XIIIᵉ siècle, les rabbins interdisent d'utiliser des romans contenant « des matières
sans valeur concernant les conflits des rois » afin de confectionner
la reliure des ouvrages sacrés[112]. En ce sens, les rabbins ne réagissent
pas autrement qu'un grand nombre d'humanistes chrétiens qui
considéraient les livres de chevalerie comme de basses lectures, de
pures pertes de temps. Leur critique le plus représentatif, premier
d'une longue série, fut Pétrarque dans les *Trionfi* qui en quelques
vers fustigeait les auteurs de tels romans : « *Ecco quei che le carte*

---

[110] J. C. Frakes 2004, p. 174-176, p. 193-194, p. 218-220 et p. 259-260.
[111] Cité par Ch. Shmeruk 1988, p. 42.
[112] R. Margoliot 1957, Sect. 141.

empion di sogni / Lancillotto, Tristiano e gli altri erranti, / ove conven che'l vulgo ignorante agogni[113] ».

Dans les livres yiddish les anathèmes contre les livres de chevalerie sont monnaie courante. Elles accompagnent, à titre d'argument commercial aussi bien que de mise en garde morale, l'édition d'ouvrages dont la lecture est jugée plus recommandable. C'est le cas dans la préface à la traduction de la Bible, publiée à Constance en 1544. On trouve une mise en garde un peu plus spécifique au début du *Ma'ésé-buch* (*Livre de contes*) en 1602 car elle insiste, comme le faisait déjà Judah de Paris, sur le fait qu'il est particulièrement interdit de lire ce type d'ouvrages le jour de shabbat : « *Unséré sforim schreibén eś iz ain sint as ain höus / tsu leiénén an den heiligén shaboss dröus*[114] ! ». Or, Levita, dans sa préface au *Boṽo Dantònẹ*, destine précisément ses poèmes yiddish à être lus pendant les longs jours de fête religieuse où de nombreuses activités ordinaires sont interdites : « *Un' štèt ouch wol zu globén / dáś mir etliché vröu'én vòr ubél hobén / warum ich nit ouch vòr si' druk / meinér töütsch buchér ain štuk / dáś si' sich mógén dinén der-mei'én / un' shabossòss un' jomim tòṽim dinén lai'én*[115]. » L'auteur devait savoir qu'il s'opposait ainsi à un interdit répandu face auquel il prend une position tolérante, voire libérale. Il y a de l'homme de la Renaissance dans cette conviction que divertissement et œuvre poétique ne sauraient avoir de mauvaise influence, même sur les gens simples.

Il vaut la peine de revenir sur la postface que Cornelio Adelkind a jointe à la traduction des *Psaumes* par Lévita en 1545 parce qu'elle illustre parfaitement les réticences des âmes pieuses face à la littérature séculière et parce qu'elle mentionne une œuvre-fantôme de Lévita, une œuvre dont aucun exemplaire ne nous est par-

---

[113] *Trionfi d'amore*, III, v. 79-81 « Voici ceux qui emplissent leurs feuillets de songes / Lancelot, Tristan et les autres errants, / D'où vient que le peuple ignorant se morfond de désir ». Les *Triomphes* de Pétrarque ont été abondamment commentés et ces commentaires ont contribué à la diffusion de cette condamnation de la littérature chevaleresque.

[114] « Nos livres sacrés écrivent que c'est un péché aussi gros qu'une maison que de lire ce type de livres le jour du saint shabbat ! » voir A. Starck 2004, p. 5.

[115] *Boṽo Dantònẹ*, préface, v. 5-10 « Aussi peut-on bien croire / Que certaines femmes me tiennent rancœur / Parce que je ne publie pas aussi pour elles / Une partie de mes livres allemands [yiddish] / Pour qu'elles puissent, grâce à eux, se distraire / Et les lire le shabbat et les jours de fête. »

venu et dont nous n'avons gardé que des traces indirectes. L'éditeur, qui semble d'ailleurs dans ce texte imiter les formulations employées par Lévita dans sa préface au *Bovo Dantone*, affirme avoir demandé au célèbre grammairien cette traduction pour le bienfait des jeunes filles juives et pour les chefs de famille qui n'ont pas eu le temps d'étudier afin qu'ils puissent passer le shabbat et les fêtes, « *mit lai'én götliché schmu'öss un' nit vun Titrich vun Bern ödér vun der schönén glük* [116]. »

Dietrich von Bern est un héros populaire de romans de chevalerie germaniques dont les aventures semblent avoir été entendues avec avidité par la population juive ashkénaze. Le second ouvrage est le texte perdu de Lévita. Il en est question dans la postface du *Bovo Dantone* où la prière suivante est placée dans la bouche des petits-fils de Lévita qui ont participé à l'édition du roman de chevalerie : « *Der göt der uns höt gèton di tova / Dás mir öus-gèdrukt habén Bovo / Der sòl uns ouch helfén dás mir drukén / Dás buch der schönén glukén / Un' andéré töütsché sforim mèn / Véchén yéhi rotsòn omén* [117] ». Quelques traces supplémentaires de ce texte nous sont connues : il est mentionné dans les listes de censure recueillies à Mantoue en 1595, et se trouvait donc encore lu à la fin du XVIe siècle [118]. Lorsque Menachem ben Yehuda Leb a réédité le *Bovo Dantone* à Prague en 1660 (sous le titre *Bovo-Buch*), il écrit : « *Nun wil ich recht zu-schikén / Zu drukén vil schöné stükén / Un' dás buch vun der schöné glükén / vil abentöuer wil ich brengén in der welt* [119]. » Malgré ces témoignages variés, à plus d'un siècle de distance, nous ne possédons aucun exemplaire de ce livre ni aucune connaissance concrète à son sujet. S'agissait-il d'un roman ? D'une adaptation d'une œuvre en langue étran-

---

[116] Cité par Ch. Shmeruk 1988, p. 45 : « en lisant des histoires divines et non sur Dietrich von Bern ou sur la belle Gluk [?] ».

[117] « Dieu qui nous a fait la faveur / De nous permettre d'imprimer Bovo / Nous le prions pour qu'il nous aide à imprimer / *Le livre de la belle Gluke* / Et d'autres livres allemands [yiddish] encore / Que ce soit là sa volonté, amen. » La traduction que nous proposons du titre de ce livre n'est bien sûr qu'hypothétique. Nous revenons sur l'interprétation de ce titre plus loin, *infra*, p. 781, n. 1415.

[118] Ch. Shmeruk 1988, p. 44.

[119] « Je veux maintenant m'arranger / Pour imprimer bien des jolis morceaux / Et le *Livre de la belle Gluke* / Je veux porter au monde de nombreuses aventures. » Cité par J. Shatzky 1949, p. 52.

gère comme le *Bovo Dantone* et le *Paris un Wiene* ? Si c'est le cas, quelle œuvre a pu lui servir de source ? Nous ne connaissons pas d'œuvre, allemande ou italienne, possédant un titre similaire. Ce livre est-il finalement sorti des presses de Paulus Fagius ? Dans l'état actuel du savoir, il faut supposer que, malgré les vœux de ses petits-fils, qui sont bien sûr ceux de Lévita, aucun livre yiddish supplémentaire n'est sorti des presses d'Isny.

Ce que Lévita craignait est donc arrivé : son œuvre yiddish a peu à peu sombré dans l'oubli. De toutes ses œuvres poétiques, seul le *Bovo Dantone* a été lu de façon continue jusqu'au XXe siècle, mais il l'a été sous une forme si transformée, si adaptée, qu'il n'avait plus grand-chose à voir avec l'œuvre conçue par le poète du XVIe siècle. Connu comme l'archétype du livre populaire, à la façon des *Quatre fils Aymon* en France, il était lu, en prose, aux enfants sous le titre *Bove-mayse* (*Histoire de Bovo*) sans que nul ne se soucie ni ne se souvienne de son auteur. Son nom était si proche du mot yiddish (d'origine slave) qui désigne la grand-mère : « *bobe* » qu'on a oublié que l'expression : « *S'iz a bobe-mayse !* », « C'est un conte à dormir debout ! », vient bien de l'œuvre de Lévita, et non des talents de conteuses des grands-mères[120].

L'œuvre a donc survécu au temps et passé tous les tests de popularité, mais on peut sérieusement se demander s'il s'agit là encore du poème de Lévita. Les éditeurs successifs en ont rapidement oublié l'auteur (éclipsé par son propre héros), et ont transformé un poème novateur de la Renaissance en texte de colportage vendu pour deux sous à des lecteurs avides d'aventures et d'émotions[121]. En réalité, l'œuvre poétique yiddish de notre auteur était, à peu de choses près, totalement oubliée au début du XXe siècle.

---

[120] Sur cette confusion étymologique : M. Weinreich 1928, p. 152.

[121] Voir C. Rosenzweig 2007, p. 507-509. L'auteure cite une vingtaine de rééditions du *Bovo Dantone* jusqu'en 1910, dans des formes toujours plus éloignées de l'original avec le temps. Voir aussi J. Shatzky 1949, p. 44. Il y est question de plus de quarante éditions. On sera peut-être intéressé de savoir que les chercheurs ont discuté autour de la question de savoir si le *Bove Mayse* avait fait l'objet de censures de la part des autorités tzaristes au XIXe siècle, en raison de l'image parfois négative qu'il donne de la royauté. Étrange destin d'un roman comique ! Voir N. Prilutsky 1932, p. 354-370 et I. Zinberg 1932, p. 187-188. L'un des fondateurs de la littérature yiddish moderne, Sh. Y. Abramovitsh (Mendele Moykher Sforim) évoque ce « conte » dans son roman *Masoes Binyomin Hashlishi* (Les voyages de Benjamin III) inspiré de *Don Quichotte*. Ses héros entrent dans un bâtiment somptueux et leur fantaisie s'emballe (nous tradui-

Nous allons présenter l'un après l'autre les textes qui constituent le corpus de notre recherche en précisant, pour chacun d'eux, les grandes étapes de leur redécouverte ainsi que la forme sous laquelle ils nous sont accessibles aujourd'hui. On verra qu'autour d'un certain nombre d'ouvrages planent des questions d'attribution. Sur les sept œuvres que nous mentionnons dans la liste suivante, seules trois sont signées, ou nous sont parvenues signées (*Bovo Dantone, Hamavdil lid, Šérefo lid*). Certaines, incomplètes ou isolées dans les manuscrits au milieu d'autres œuvres, ne portent pas le nom de l'auteur.

Dans le cas du *Paris un Wiene*, vient s'ajouter à ces problèmes matériels des interrogations autour du goût, typique de la Renaissance et de Lévita, pour la dissimulation et les jeux de masques. Comme l'ont montré les récents débats autour de l'œuvre poétique de Louise Labé, une supercherie vieille de cinq siècles est difficile à établir, et encore plus à dévoiler[122]. Le dossier est incomplet, les intérêts des participants nous échappent partiellement, et les interprètes actuels se trouvent obligés de juger en fonction de leur « intime conviction » plutôt qu'à partir de données historiques indéniables. La question de la paternité du *Paris un Wiene* a donné lieu à des débats, moins médiatisés, mais non moins passionnés que les débats qu'a pu entraîner l'œuvre de Louise Labé. Lévita est-il l'auteur de ce roman de chevalerie alors qu'il est spécifiquement dit dans le prologue que l'auteur du poème est une sorte de fils spirituel, un respectueux élève du vieux poète qui a quitté le pays ? Faut-il prendre au mot cette introduction, comme le pensait Ch. Shmeruk, ou bien formuler l'hypothèse d'une habile dissimulation de la part de Lévita, comme le croit E. Timm[123] ?

---

sons) : « Il leur semblait être dans le château enchanté du *Conte de Bovo* et des *Mille et une nuits.* Bientôt des princesses, des filles de roi viendraient les accueillir [...]. » Sh. Y. Abramovitsh 1923, p. 88.

[122] M. Huchon 2006. Cet ouvrage qui vise à démontrer que les *Œuvres* de la poétesse lyonnaise seraient le fruit d'un jeu littéraire orchestré par des poètes groupés autour de Maurice Scève a suscité un débat passionné. De nombreuses critiques se sont élevées contre les conclusions radicales de M. Huchon. On pourra consulter notamment D. Martin 2006, p. 7-37.

[123] Ce débat s'est exprimé dans le paratexte des éditions respectives du poème préparées par ces deux spécialistes majeurs de la littérature yiddish ancienne : Ch. Shmeruk 1996, p. 11-41 et E. Timm 1996, p. CXXXVI-CXLV.

La suite de notre étude montrera assez que nous n'avons guère de doute quant à la paternité de cette œuvre qui porte toutes les marques caractéristiques du style de Lévita. Nous tenons à souligner, en l'absence d'éléments historiques et philologiques définitifs, l'importance de l'analyse linguistique et stylistique pour trancher ces questions d'attribution. Alors qu'on peut être tenté de rejeter cette approche par crainte d'un trop grand impressionnisme, le critère stylistique, s'il est manié avec prudence, nous semble être au contraire d'un grand secours dans le cas de Lévita. Les œuvres yiddish de l'auteur se détachent remarquablement de l'ensemble du corpus des textes en yiddish ancien : elles ont une griffe particulière caractérisée par une grande liberté et une grande inventivité dans l'emploi de la langue et par un humour omniprésent fondé sur la pratique du détournement des formes consacrées. Il n'existe pas au XVIe siècle ni d'ailleurs dans toute l'histoire de la littérature yiddish ancienne, d'autre écrivain qui ait joint ces deux caractéristiques d'une façon aussi constante et aussi raffinée.

Lévita était tout à fait conscient de l'originalité stylistique de ses écrits et il lui a donné un nom : « *sein gèmecht* » (« sa façon »). L'essence de cette « façon » est, toujours selon l'auteur, d'être tout de suite reconnaissable. C'est pourquoi on lit sur la page de garde du *Boṽo Dantòne* : « *Màn kent wol Elia Boḥurś gè-mecht*[124] ». À la fin du *Ŝèrèfo lid* on lit de même au moment où il s'agit d'identifier l'auteur (*SL*, 25) : « *Màn kent in wol an sein gèmecht*[125] ». Et enfin dans le *Paris un Wiene*, alors même que l'auteur s'apprête à annoncer qu'il souhaite rester anonyme (mais là est justement toute la subtilité lorsqu'on veut être reconnu sans se nommer explicitement !) (*PW*, 7) : « *Abér der mensch wert dér-kent jò / An sein gèschrift, an seinér machtén*[126]. » Lévita, cela ne fait aucun doute, sait qu'il possède un style original et fait de ce style une forme de signature. Bien entendu, l'argument stylistique ne saurait être décisif : un style a pour nature de pouvoir être imité, mais étant donné tout ce que nous savons sur les

---

[124] « On reconnaît bien la façon d'Élia Lévita. »

[125] « On le reconnaît bien à sa façon. »

[126] « Mais on reconnaît l'homme tout à fait / À sa façon d'écrire, à son talent. »

grandes tendances et sur le développement de la littérature yiddish ancienne, la contrefaçon d'un style aussi personnel et aussi virtuose que celui de Lévita semble aujourd'hui moins probable que l'attribution d'un texte présentant toutes les caractéristiques de ce style à Lévita lui-même.

Si l'on s'attarde encore un peu sur le prologue du *Paris un Wiene*, on apprend d'autres détails intéressants sur l'activité de Lévita comme écrivain yiddish. L'auteur anonyme, qui ressemble comme deux gouttes d'eau à notre auteur, pleure le départ du vieux maître et s'exclame :

> *Wer wert iz machén Purim špil ?*
> *Wer špruch, wer cale-lidér ?*
> *Wer wert gànzè büchér reimén un ' schreibén*
> *Dàs ir mit làchén wert di' zeit vér-traibén ?*
>
> *Kain andér mensch tut imś bèfòr :*
> *Er is alain gèblibén.*
>
> *PW*, 5-6

> Qui fera maintenant des jeux de Purim ?
> Qui des poèmes, qui des chants de mariées ?
> Qui écrira et rimera des livres entiers
> Pour vous faire passer le temps en riant ?
>
> Personne d'autre ne l'a fait auparavant :
> Il est resté le seul.

Ces vers soulignent avant tout l'originalité de l'activité poétique de Lévita. Que ses œuvres aient pour but déclaré de « faire passer le temps en riant » ne doit pas surprendre. À quoi d'autre peuvent prétendre des poèmes écrits dans une langue aussi modeste que le yiddish, la langue des nourrices et des ignorants ? Que l'ambition de Lévita ait été plus haute qu'elle n'apparaît dans ce type de déclaration, nous le verrons en étudiant ses œuvres, en particulier en suivant dans le détail l'influence de l'Arioste sur le *Paris un Wiene*. Il y a, dans ce dernier poème, un goût de la perfection formelle et un soin porté à l'expression des émotions, qui relèvent d'une préoccupation autre que celle de la production efficace du rire. Lévita a pris, de ses contemporains italiens, un goût de la forme qui reflète chez lui un soin purement esthétique, le goût du beau vers et de la belle narration.

Outre l'intention de l'écrivain, cet extrait de prologue nous révèle un certain nombre de genres dans lesquels il s'est illustré.

Nous sommes alors confrontés à un paradoxe : d'un côté, il nous est dit que Lévita a été le seul représentant de cette littérature distrayante, mais de l'autre, nous trouvons une énumération de genres qui témoignent d'une fixation déjà avancée des pratiques d'écriture en yiddish. Il faut prendre en compte l'aspect « promotionnel » de ce prologue qui ne pouvait que souligner les talents inégalés de l'auteur dont le pseudo-élève prétend prendre la succession. Lévita n'était bien sûr pas le seul ni le premier écrivain yiddish mais il est sans aucun doute le seul à son époque qui ait développé et promu une œuvre vernaculaire personnelle à la fois variée et cohérente : la plupart des textes yiddish de son temps nous sont parvenus anonymes et lorsqu'on connaît des noms d'auteur, il est rare qu'on puisse leur associer un nombre conséquent de textes[127]. Les genres ici énumérés ne sont pas tant distingués par des critères formels ou thématiques, que par les circonstances qui justifiaient la composition des vers. Aux trois genres mentionnés (*Purim špil*, *cale-lidér*, *špruch*) vient s'ajouter la référence vague aux « livres entiers [*gànzè büchér*] rimés » par notre auteur, parmi lesquels il faut sans doute compter ses romans de chevalerie. De cette énumération, il faut retenir que Lévita était vu (ou plutôt se définissait lui-même) comme un auteur prolifique et original en yiddish qui s'est illustré dans de nombreux genres.

Le mot « *špruch* » est d'ordre général : il désigne, dans la littérature allemande contemporaine de Lévita, notamment chez Hans Sachs, toute forme poétique, qui n'était destinée ni à être chantée, ni à être jouée sur scène, constituée souvent de couplets

---

[127] Au début du XVIe siècle, on ne peut sans doute citer que le nom de Menaḥem Oldendorf (né vers 1450), copiste de manuscrits hébraïques, originaire de Francfort-sur-le-Main ayant émigré en Italie en 1474. On possède de sa main un important manuscrit datant de 1517 et contenant des poèmes hébraïques et des poèmes bilingues hébreu-yiddish: Frankfurt, Stadt- und Universitätsbibliothek, MS hebr. Oct. 17, *olim* cod. Merzbacher 25. Voir E. Timm-Ch. Turniansky 2003, p. 118-119. Nous en analysons plus loin des extraits. Oldendorf est également l'auteur d'une série de réflexions sur la mort, écrites en prose rimée, que l'on trouve dans la troisième section du manuscrit qui nous conseve aussi le *Seder nošim*, œuvre que nous attribuons à Lévita (Cambridge, University Library, Add. 547). Il a copié à Mestre en 1504 une traduction yiddish des *Seliḥot* (prières de repentance). Sur sa vie, voir E. Kupfer 1967, p. 212-223. Nous pouvons également mentionner le cas de Gumprecht von Szczebrzeszyn dont deux poèmes seront abordés au chapitre 5.

de rimes suivies (*Reimpaar*). Le texte que nous présentons sous le titre de *Ŝeder noŝim* entre sans doute dans cette catégorie[128].

Les « *cale-lidér* » étaient composés à l'occasion des mariages. Nous ne connaissons pas d'œuvre de Lévita qui pourrait répondre à cette catégorie. Plusieurs textes de ce genre (présentés sous cette appellation) nous ont été conservés sous forme de poésies bilingues hébreu-yiddish publiées en conclusion de livres éthiques datant de la fin du XVIe siècle[129]. Ces vers mêlent, avec une liberté typique de l'époque, des réflexions morales sur la vie conjugale et des allusions grivoises à la prochaine nuit de noce.

Le « *Purim ŝpil* », malgré son nom, n'est pas au XVIe siècle un genre théâtral à proprement parler, mais désigne un texte lu ou récité lors de la fête joyeuse célébrée chaque année le 14 Adar, date du carnaval juif. Nous aurons l'occasion de présenter ce genre plus en détail car un poème de Lévita (ou plutôt qu'on peut lui attribuer) a été spécifiquement composé pour être lu lors du repas de fête de Purim.

Nous allons passer en revue les œuvres poétiques yiddish de Lévita telles qu'elles nous sont aujourd'hui connues en proposant un compte rendu sommaire des recherches consacrées à chacune d'elles. La liste que nous proposons est plus longue que ce qu'elle aurait été il y a quelques années et elle n'est sans doute pas complète puisque, nous l'avons vu, des allusions à des écrits yiddish de Lévita restent entourées de mystère. On découvre régulièrement de nouveaux textes, égarés dans des manuscrits qui n'ont pas encore été étudiés adéquatement, ou sur les rayons de bibliothèques où livres et manuscrits yiddish n'ont pas toujours été correctement catalogués. Nous n'incluons pas dans notre liste la traduction des *Psaumes* de 1545, car il ne s'agit pas d'une œuvre littéraire au sens propre. Comme il est souvent difficile d'attribuer une date précise aux textes, nous les classons ici par ordre décrois-

---

[128] Le mot est employé pour désigner les poèmes satiriques du manuscrit de Parme étudié plus loin, voir *infra*, p. 716.

[129] Voir E. Timm-Ch. Turniansky 2003, p. 122-123. J. C. Frakes (2004, p. 387-393) a édité un poème complet, datant de 1593. Les versions yiddish et hébraïques sont parallèles et sont écrites selon le même schéma rimique d'origine germanique. Elles renferment des sens proches, mais non équivalents, la version yiddish étant plus populaire de tonalité. Les poèmes bilingues hébreu-italien de la même période ne sont pas composés selon le même principe car les deux langues s'y mêlent pour composer un seul et unique poème.

sant de longueur (nombre de vers) mais nous essayons de définir la période de la vie de Lévita à laquelle ils peuvent être rattachés. Les titres n'ont pas toujours été donnés par Lévita et méritent des commentaires particuliers.

I.5.a. Paris un Wiene

Il s'agit d'un roman de chevalerie en *ottava rima* (schéma rimique abababcc), composé de 717 strophes (5736 vers). Le titre a été choisi par l'auteur, directement adapté de la source italienne *Paris e Vienna* et correspond aux noms des protagonistes. C'est l'œuvre de la maturité de Lévita. Pour diverses raisons, et en particulier à cause des emprunts faits à la troisième édition de l'*Orlando Furioso*, on peut supposer que la composition de ce poème est postérieure à 1532. E. Timm pense même qu'il a été composé après 1537, date où une nouvelle *Condotta* avait rendu stable la situation des Juifs dans le Ghetto de Venise, ce qui justifierait mieux le portrait acide qu'il est fait d'eux dans le prologue du chant VI[130]. Le roman a été édité pour la première fois à Sabbioneta en 1556. Aucun exemplaire de cette première édition ne nous est parvenu et nous la connaissons principalement grâce aux listes de censure de Mantoue de 1595. Il a été réédité en 1594 à Vérone par Francesco delle Donne, orné de gravures et, fait rare pour les éditions yiddish anciennes, présentant les vers en colonnes ce qui met clairement en évidence la structure de l'*ottava rima*[131].

Jusqu'en 1986, on ne possédait de cette édition que des exemplaires tronqués, dont le plus important, préservé à la bibliothèque du Trinity College à Cambridge, a servi de base à toutes les études du roman proposées par les spécialistes de la littérature yiddish

---

[130] E. Timm 1996, p. CXXXVI.

[131] Un facsimilé de cette édition a été publié par J. Baumgarten (1988). Les gravures du *Paris un Wiene* ne sont pas d'excellente qualité et sont parfois répétées à des moments différents de la narration. Elles ont également été utilisées dans des éditions italiennes du roman. Selon Ch. Shmeruk (1986, p. 56-57), les illustrations pouvaient avoir pour but d'attirer l'attention des lecteurs les plus jeunes. On peut surtout y voir un alignement sur les pratiques éditoriales des romans italiens, que certains Juifs possédaient et dont ils pouvaient apprécier la qualité esthétique. Nous avons réalisé une traduction française de ce roman de chevalerie et en prévoyons la publication prochaine.

ancienne jusqu'à cette date[132]. Cet exemplaire est amputé du premier tiers du roman et ce n'est donc que depuis trente ans que l'on a pu obtenir une vision complète de l'œuvre. Le livre complet a été découvert en 1986 dans la bibliothèque du séminaire épiscopal de Vérone par Anna Maria Babbi alors qu'elle enquêtait sur la fortune européenne de la narration des aventures de Paris et Vienne. Cette découverte a entraîné un regain de recherches et d'enthousiasme pour cette œuvre, considérée par les spécialistes comme le plus beau texte de la littérature yiddish ancienne et a entraîné la publication, presque simultanée, de deux éditions critiques, l'une du texte en caractères hébraïques, par Ch. Shmeruk (Jérusalem, 1996), l'autre du texte transcrit en caractères latins par E. Timm (Tübingen, 1996)[133]. Plus récemment, une autre réédition (Prague, Jakob Bak, entre 1605 et 1615) a été retrouvée à Vienne, mais celle-ci présente un texte moins sûr que celle de Vérone.

Après cette date, il semble que *Paris un Wiene* soit à peu près tombé dans l'oubli jusqu'aux travaux des premiers spécialistes du yiddish ancien au début du XXe siècle. Le poème, malgré son importance et sa richesse, n'a jusqu'à présent suscité qu'une seule étude proprement littéraire, qui, fondée presque exclusivement sur la tradition romanesque germanique, ne prend que peu en compte l'influence italienne fondamentale (Schulz, 2000). Nous reviendrons dans notre étude sur les querelles qui ont opposé les chercheurs au sujet de l'attribution de ce roman de chevalerie et tenterons de soutenir, une fois de plus, la thèse selon laquelle il est très difficile d'imaginer qu'il puisse avoir un autre auteur que Lévita.

---

[132] Ces études sont les suivantes : M. Weinreich 1928, p. 172-191 ; M. Erik 1928a, p. 195-202 ; I. Zinberg 1935, p. 91-102 ; G. Weil 1963, p. 183-192 ; B. Hrushovski 1964 ; p. 108-146 ; L. Fuks 1977, p. 169-178.

[133] E. Timm 1996, p. XIV-XXI. L'auteure présente une histoire plus détaillée que nous ne le faisons ici de la réception ou plutôt, comme elle-même le souligne ironiquement, de la non-réception du *Paris un Wiene* au cours de l'histoire. Elle explique la redécouverte tardive du roman par certaines erreurs ou négligences des bibliographes et par le manque de catalogage satisfaisant des textes yiddish, faute d'experts en la matière, dans de nombreuses petites bibliothèques. On dispose désormais d'une traduction anglaise en prose du roman : J. C. Frakes 2014a, p. 317-406.

I.5.b. Boṽo Dantóne̞

Roman de chevalerie en *ottava rima* composé de 650 strophes (5200 vers) auxquelles viennent s'ajouter les 42 vers du prologue. L'œuvre, dont le nom s'est successivement transformé en *Boṽobuch* (*Livre de Bovo*, à partir de l'édition de Prague, 1660) puis en *Bove-mayse* (*Histoire de Bovo*, ou *Conte de Bovo* à partir de l'édition de Lemberg, env. 1770-1780) a connu, même métamorphosée, une lecture continue qui lui a garanti un intérêt plus constant et des recherches plus abondantes[134]. Pourtant, comme nous l'avons déjà évoqué, le texte qui était lu aux enfants en Europe de l'Est au début du XXᵉ siècle n'était qu'un reflet lointain du poème de Lévita et le chemin de la recherche tout au long de ce même siècle a l'apparence, comme pour le *Paris un Wiene*, mais dans une moindre mesure, d'une redécouverte. Le niveau de méconnaissance du poème, et d'ailleurs de l'ensemble de la littérature yiddish ancienne au début du XXᵉ siècle, peut être illustré par cet extrait de l'article « Baba Buch » de la *Jewish Encyclopedia* de 1906 (la translittération étrange est due aux orthographes fantaisistes des éditions tardives) :

> His [Levita's] *exact object in making this translation is not quite clear ; it may have been merely as a pastime or as a sort of literary curiosity, but it had become recognized by the authorities in Rome that the German Jews could be reached only through their own dialect ; and there may, therefore, have been a conversionist motive at the root of this translation, as well as of the Judæo-German translation of the Bible which was made simultaneously and among the same circles. However the case may be, the book [...] became especially popular among Jewish women, for whom it was almost the sole romance in any accessible literary form*[135].

---

[134] C. Rosenzweig 2007, p. 508-509, fournit une liste des rééditions, et p. 37-41, propose un tableau général des recherches consacrées au poème.

[135] *JE*-1906, art. Baba Buch : « Le but exact de Lévita en réalisant cette traduction n'est pas bien clair ; il pouvait s'agir d'un simple passe-temps ou d'une sorte de curiosité littéraire, mais il était alors bien connu des autorités de Rome que les Juifs allemands ne pouvaient être touchés qu'à travers leur propre dialecte ; il est donc possible qu'ait existé, à l'origine de cette traduction, l'intention de favoriser des conversions, de même que pour les traductions judéo-allemandes de la Bible qui ont été faites simultanément et dans les mêmes cercles. Quoi qu'il en soit, le livre [...] devint particulièrment populaire auprès des femmes juives pour qui il constituait presque l'unique roman accessible dans quelque forme littéraire que ce soit. » Voir dans les traductions yiddish de la Bible une œuvre missionnaire

Les premiers historiens de la littérature yiddish ancienne travaillaient sur des rééditions du poème datant du XVIIᵉ siècle[136]. C'est pour cette raison que l'appellation *Boṽo-buch* (ou *Bove-bukh*) est privilégiée dans de nombreuses publications, même récentes, alors que Lévita nomme expressément son roman *Boṽo Dantònȩ* sur la page de garde de l'édition originale mais aussi au début du roman (*BD*, 3)[137]. Le titre est directement repris de la source italienne nommée *Buovo d'Antona*, laquelle a été identifiée dès le XIXᵉ siècle[138]. Ce n'est qu'en 1931 que M. Weinreich a découvert, à Zürich, l'*editio princeps* publiée en 1541 par Lévita lui-même à Isny[139]. Le poète y affirme avoir travaillé à son poème trente-quatre ans plus tôt, en 1507, pendant une année entière.

Avec le *Šému'el-buch*, dans lequel on a voulu voir une forme de poème épique national yiddish, et le *Ma'éśe-buch*, qui constitue l'apogée d'une tradition de contes hagiographiques et séculiers en yiddish, le *Boṽo Dantònȩ* est l'œuvre de la littérature yiddish ancienne qui a suscité le plus d'intérêt au XXᵉ siècle de la part non seulement des spécialistes, mais aussi de tous les locuteurs yiddish attachés à l'existence d'une littérature ancienne dans leur langue. C'est comme auteur du *Boṽo Dantònȩ* que Lévita a, le plus souvent, été admiré par les écrivains yiddish du XXᵉ siècle. Des auteurs aussi variés que Der Nister, J. Opatoshu, A. Sutzkever, I. Manger, I. J. Trunk connaissaient le roman et certaines de leurs créations en portent la marque[140]. En 1949-1950, à l'occasion des cinq cents

est déjà une erreur historique évidente (sauf dans des cas exceptionnels, comme la traduction du *Nouveau Testament* publiée à Cracovie en 1540). Mais imaginer que le *Boṽo Dantònȩ* ait pu servir ces mêmes fins dénote une incroyable ignorance du contenu du roman et de son contexte d'écriture !

[136] C'est le cas de M. Weinreich 1928, p. 177-202, et de M. Erik 1926, p. 33-89, et 1928, p. 149-171. I. Zinberg 1935, p. 81-102, pouvait déjà prendre en compte la nouvelle découverte.

[137] Le maintien de ce nom peut se justifier par la longue tradition populaire sur laquelle il s'appuie. La traduction anglaise du roman, publiée en 2003 par J. C. Smith, porte le titre suivant : *Elia Levita Bachur's Bovo-buch : A Translation of the Old Yiddish Edition of 1541*.

[138] J. Zedner 1863, p. 22-23.

[139] M. Weinreich 1931, p. 280-284. Un facsimilé de l'*editio princeps* a été publié dans J. A. Joffe 1949. Sauf mention du contraire, c'est le texte que nous utilisons dans notre recherche.

[140] Der Nister 1923, p. 135-286, fait allusion à la tradition tardive du roman dans le titre de sa nouvelle : « A bobe-mayse oder di mayse mit di melokhim ». La fiction historique *A tog in Regensburg un Elye Bokher*, J. Opatoshu 1955 (deu-

ans de la naissance du poète, le philologue J. Shatzky et le poète
N. B. Minkoff publiaient des livres qui saluaient le rôle fondateur
de Lévita dans l'histoire de la littérature yiddish[141]. En 1962 était
publiée une traduction du poème en yiddish moderne, réalisée
par M. Knaphays[142]. Il est important de noter que celle-ci prenait place dans la collection *Musterverk fun der yidisher literatur*,
publiée à Buenos Aires, comprenant 100 volumes. Cette entreprise éditoriale dirigée par Shmuel Rozhansky s'était donné pour
objectif de publier dans un format de poche, accessible à tous et en
particulier aux écoliers, les œuvres les plus remarquables de la littérature yiddish au moment où le yiddish et sa culture se sentaient
particulièrement menacés. Les seuls représentants de la littérature yiddish ancienne dans cette collection sont le *Bovo-buch* et
le *Ma'ése-buch*, témoignage éloquent de l'importance accordée au
poème de Lévita dans la constitution d'un canon littéraire yiddish.
Le *Bovo Dantóne* a également fait l'objet de trois thèses : en 1968
par J. C. Smith qui fournit une traduction anglaise et un commen-

xième édition), met en scène Lévita. Opatoshu prend en compte l'ensemble de
l'œuvre de Lévita dans ses nouvelles et essaie de concilier la figure de l'humaniste
avec celle du poète yiddish tout en étant fortement influencé par la vision des
premiers historiens de la littérature yiddish ancienne, notamment par la théorie
du *shpilman*. A. Sutzkever avait commencé une traduction en yiddish moderne
du *Bovo Dantóne* qui s'est perdue dans le ghetto de Vilnius (voir C. Rosenzweig,
2007, p. 515). I. Manger est un lointain héritier littéraire de Lévita, en particulier dans son *Medresh Itsik* : même goût pour la réécriture humoristique, pour le
décalage culturel, pour le quotidien (voir la préface de Ch. Shmeruk à I. Manger
1984, p. V-XXIX). On peut dire la même chose, et de façon encore plus directe,
pour I. J. Trunk qui a réécrit le *Bovo Dantóne* en le nourrissant de l'expérience
des Juifs d'Europe de l'Est : « Bove-mayse loyt dem roman fun Elye Bokher »,
I. J. Trunk 1958, p. 222-320. Voir A. Bikard 2018, p. 80-103. M. Weinreich écrivait en 1928 (p. 172, nous traduisons du yiddish) : « Ce n'est peut-être pas une
exagération que de dire qu'il existe une tâche pour nos poètes : réécrire le *Bove-
Bukh* dans notre langue contemporaine. Je suis sûr que, dans une bonne adaptation, notre chère vieille *Bobe mayse* (histoire de grand-mère) doit encore être
intéressante pour les enfants et les adultes. » On voit que cette recommandation
n'est pas restée lettre morte.

    [141] Si les deux auteurs s'accordent sur l'importance du poète, leur évaluation
du *Bovo Dantóne* diffère radicalement. Alors que N. B. Minkoff 1950 décrit le
poème comme un sommet de perfection formelle, J. Shatzky 1949 le considère
bien moins brillant et bien moins original que le *Paris un Wiene*, tout en reconnaissant la richesse et le naturel de sa langue et de ses rimes. Si le livre de Minkoff
est entaché d'inexactitudes, comme l'a noté B. Hrushovski 1964, p. 126, il n'en
reste pas moins qu'il est le seul à avoir tenté d'analyser, en poète, l'efficacité du
langage poétique de Lévita.

    [142] M. Knaphays 1962.

taire du texte de l'édition de 1541, en 1979 par J. L. Haines, qui étudie la phonologie du roman et en rattache les traits principaux à la région natale de Lévita, la Franconie orientale, et enfin en 2007 par C. Rosenzweig, qui propose une édition critique du poème à partir des manuscrits connus et de l'*editio princeps*[143].

Le *Boṽo Dantòṇę* nous est également connu à travers deux manuscrits. Ils ont un intérêt particulier car ils nous livrent un état du texte antérieur à l'impression et permettent d'évaluer les retouches effectuées par Lévita au moment de mettre sous presse son ancien poème[144]. Premièrement, conscient que l'imprimerie offrait à son œuvre un lectorat plus vaste, résidant souvent hors d'Italie, Lévita a supprimé un certain nombre d'italianismes présents dans la version originale. Il explique ceux qu'il a maintenus dans un lexique de 34 mots imprimé à la fin de l'ouvrage. Deuxièmement, il a adouci certaines scènes qui pouvaient paraître sanglantes ou cruelles en supprimant les strophes qui les narraient[145]. Une strophe (*BD*, 418) a été ajoutée et constitue un approfondissement psychologique et émotionnel : Bovo y rassure une mère inquiète et souligne la valeur de la parole donnée. Troisièmement, il abrège le résumé final des aventures de ses héros effectué par l'héroïne elle-même déguisée en chanteuse de rue : il s'éloigne ainsi de la tradition des *cantari* (romans de chevalerie déclamés sur les places publiques en Italie) et de sa source. Même si ces transformations sont ponctuelles et, somme toute, modestes, elles témoignent d'une réelle attention de l'écrivain pour son lectorat, de son souhait de grandir son héros pour lui garantir un maximum de sympathie, et de sa volonté de détacher partiellement le roman de son contexte italien de création.

---

[143] Pour ces thèses, voir J. C. Smith 1968, J. L. Haines 1979 et C. Rosenzweig 2007. La thèse de C. Rosenzweig, que nous avons consultée pendant la rédaction de ce travail, a depuis lors été publiée : C. Rosenzweig 2015.

[144] L'un d'eux est conservé à Paris : Bibliothèque Nationale de France, Cod. héb. 750. Le second à Jérusalem : Jewish National and University Library Heb. 28° 7565. Les transformations effectuées par Lévita en vue de la publication ont été analysées par E. Timm 1991, p. 61-81, et par C. Rosenzweig 2007, p. 56-73.

[145] Ces strophes étaient placées après les strophes 274 et 436 et décrivent toutes deux des scènes de meurtre dont Bovo est l'auteur. Une autre strophe du même type est supprimée après la strophe 183 : elle comprenait également des mots italiens que Lévita ne souhaitait pas reprendre.

I.5.c. Šeder nošim

On sera peut-être surpris de trouver un ouvrage de ce titre dans la liste des œuvres de Lévita. Précisons d'emblée que le titre est celui que nous avons choisi de donner à un poème qui n'a, jusqu'à présent, pas été attribué à Lévita[146]. L'absence d'étude sérieuse de ce texte jusqu'à son édition très récente, par deux chercheurs canadiens, Harry Fox et Justin Jaron Lewis, explique le manque de réflexion autour d'une œuvre qui est, sans aucun doute, l'une des plus fascinantes que nous ait livrées la littérature yiddish ancienne[147].

Le poème est conservé dans un unique manuscrit (Cambridge, University Library, Add. 547)[148]. Il en constitue la partie centrale (53r-83r) et se trouve encadré par deux œuvres tout à fait distinctes, comme c'est souvent le cas dans les manuscrits de cette époque qui constituent de véritables bibliothèques miniatures. Après le poème qui nous intéresse (84r-91r), on peut lire des réflexions sur la mort rédigées en prose rimée par Menaḥem Oldendorf et copiées à Mestre en 1504. Avant lui (4r-44v), se trouve un texte qui porte spécifiquement le titre *Šeder nošim* ou plus précisément סדר נשים נידה חלה הדלקת הנר (*Ordre des femmes : pureté conjugale, prélèvement du pain, allumage des bougies*[149]). Il s'agit d'un compte-rendu, en prose rimée, des commandements religieux qui relèvent spécifiquement des femmes. Ce genre est une branche majeure de la littérature morale et de conduite en yiddish ancien. Il est crucial car il s'adresse spécifiquement aux femmes dans leur langue (ou à leurs maris pour qu'ils les instruisent) en leur proposant de véritables « guides de vie » pour leur permettre de

---

[146] Nous fournissons une série d'arguments pour justifier cette attribution dans le cinquième chapitre de notre recherche, voir *infra*, p. 830 et sq.

[147] H. Fox-J. J. Lewis 2011. Il nous semble que cette publication n'a pas encore attiré sur elle toute l'attention qu'elle méritait. Ch. Turniansky 2012, p. 1272-1274, en a publié une critique sévère soulignant principalement les défauts de l'édition mais sans saluer à sa juste valeur l'ampleur du travail réalisé ni surtout la valeur et l'originalité de l'œuvre ainsi rendue accessible.

[148] Voir E. Timm-Ch. Turniansky 2003, p. 62. S'y trouve reproduite la page de titre, joliment calligraphiée, de notre manuscrit. Il était apparemment destiné à une jeune fille du nom de צורט בת ר״יה (Zurt fille de Rav YH : l'acronyme peut donner lieu à différentes interprétations). Le nom apparaît dans les lettres ש et מ du mot נשים (שם, *shem*, signifie « nom » en hébreu).

[149] Un extrait de cette œuvre est édité par J. C. Frakes 2004, p. 115-119.

prendre soin de leur âme en se conformant aux règles édictées par le Talmud et par les décisionnaires plus tardifs[150]. C'est le type de texte le plus représenté dans les manuscrits yiddish des listes de censure de Mantoue de 1595, ce qui atteste la popularité de ces guides pratiques répondant au besoin profond d'une population juive attachée à ne pas encourir les graves conséquences, dans ce monde et dans l'au-delà, d'une conduite irrespectueuse des règles divines[151].

Il semble que le copiste de ce manuscrit ait repris textuellement les colophons des œuvres précédentes qu'il avait sous les yeux. Ainsi, la date de 1504 ne désigne pas, comme on l'a longtemps cru, la date d'écriture du manuscrit en question. Les filigranes des papiers utilisés indiquent une production en Italie du Nord comprise entre 1502 et 1535[152]. Mais les folios sur lesquels se trouvaient le colophon du premier texte du manuscrit et d'une grande partie du second texte étant manquants, il est très difficile d'être précis quant à la datation du poème qui nous intéresse : on ne peut que supposer qu'il a été composé en Italie du Nord dans la première moitié du XVIᵉ siècle. Cela rend difficile la définition de la période de sa vie à laquelle Lévita aurait pu composer cet ouvrage. Pour certaines raisons formelles (abondance des italianismes, absence de rimes synthétiques, grande liberté rythmique, forte tendance au burlesque) nous serions tenté de le lier à la première partie de son existence, avant son départ pour Rome en 1514-1515, ce qui correspondrait bien à la provenance et à la datation du troisième texte de notre manuscrit, écrit à Mestre en 1504.

Lorsque M. Weinreich décrivait succinctement le manuscrit en question, en 1928, il ne faisait pas nettement la différence entre sa première et sa deuxième partie, réunissant l'une et l'autre sous le titre *Ŝeder nošim*[153]. Sans le distinguer nettement de l'œuvre qui le précédait, il remarquait pourtant l'originalité du poème et citait d'importants extraits de sa conclusion (sur les pratiques du mariage et de la circoncision). Cependant, la confusion, par

---

[150] Sur ce genre, voir J. Baumgarten 2005, p. 226-228. Pour un approfondissement, voir. A. Romer-Segal 1986, p. 37-59 et E. Fram 2007.

[151] Voir E. Timm-Ch. Turniansky 2003, p. 59 et A. Romer-Segal 1986, p. 37-59.

[152] H. Fox-J. J. Lewis 2011, p. 12-13.

[153] M. Weinreich 1928, p. 145-148.

ce grand spécialiste, du traité d'éthique et du poème comique a dû grandement contribuer à retarder une étude approfondie de l'œuvre. Une telle analyse dévoile d'emblée que nous n'avons pas là à faire à un *frouén-büchlein* (petit livre pour femme) comme les autres.

Un gouffre sépare en effet, sous le rapport des intentions et du style, ce premier texte du manuscrit, absolument sérieux et pragmatique, du poème humoristique qui le suit, écrit dans un esprit satirique et selon une pratique du détournement des genres traditionnels (le traité éthique et le poème biblique). Le manuscrit ne nous aide absolument pas à déterminer le titre de l'œuvre car (le destin des livres est cruel !) il y manque les pages qui correspondent justement à l'introduction du poème, et à une grande partie de sa conclusion[154]. Le poème, tel qu'il nous est parvenu est constitué de 1226 vers et se divise en trois parties nettement distinctes. La première (53r-58r) décrit, avec humour et un goût évident pour les détails concrets de la vie quotidienne, les habitudes et les souffrances des femmes depuis la grossesse jusqu'au soin des enfants en bas âge. La seconde partie est aussi la plus longue (58r-78v) : elle décrit sur un ton semi-sérieux, semi-ironique une série de femmes bibliques (de Yokébed, la mère de Moïse, à la reine Esther) dont les actes méritoires ont influencé positivement le destin du peuple d'Israël. Si l'intention hagiographique n'est pas totalement absente, elle doit être fortement nuancée par le désir d'amusement du poète qui met au service des récits bibliques et midrashiques ses talents de conteur comique : narrateur omniprésent, ridicule de certaines scènes, vivacité des dialogues, détails burlesques, allusions permanentes à la sexualité. La dernière partie (79r-83r) reprend la tonalité satirique du début pour décrire les habitudes des femmes contemporaines : fréquentation de la synagogue (ou plutôt manque d'assiduité), coutumes folkloriques au moment des mariages et des circoncisions, pratiques funéraires.

Il s'agit donc là d'un texte hybride et d'une grande richesse. Animé par un humour constant, mené d'une plume vive et

---

[154] H. Fox-J. J. Lewis 2011, p. 15. Selon H. Fox, il manque environ 2 folios et demi au début du poème et 1 folio et demi à la fin. Il doit manquer moins de 200 vers au poème. Une absence aussi ciblée invite à se demander si un lecteur n'a pas précisément désiré censurer les informations concernant l'auteur et l'intention de l'œuvre.

enjouée, il rencontre sur bien des points l'esthétique de la surprise et du détachement propre au *Boṽo Dantône*. Son attribution demande une analyse approfondie que nous nous proposons de mener dans le cinquième chapitre de notre étude.

I.5.d. Purim špil

Il s'agit d'un poème de 308 vers, construit sur un acrostiche de l'alphabet hébraïque, et composé à l'occasion de la fête de Purim qui n'a été découvert qu'assez récemment. Il apparaît clairement, à sa lecture, qu'il était destiné à être lu à haute voix lors du repas de fête traditionnel. La liberté inhérente au carnaval juif permet à l'auteur de composer un monologue satirique où tous les membres de la société juive se trouvent attaqués à tour de rôle. Le poème nous est parvenu dans un manuscrit écrit à Rovere en 1580 et réunissant bon nombre de contes qui seront par la suite publiés en 1602 à Bâle dans le célèbre *Ma'ése-buch*[155]. Il s'agit du seul texte en vers de tout le manuscrit et sa situation isolée a sans doute contribué au retard de sa découverte. C'est à S. Neuberg que l'on doit la première description du poème et son attribution à Élia Lévita[156]. En l'absence de colophon et de signature interne au texte, on en est, comme souvent, réduit à chercher des indices de la paternité de l'œuvre au sein de ses vers. Si l'hypothèse de S. Neuberg est correcte, ce que nous pensons, ces vers appartiennent à une période relativement tardive de la vie de Lévita puisque le poète se définit lui-même, dans la première strophe, comme « *der alter man* » (« le vieil homme »). L'absence presque totale (mais pas tout à fait) de mots issus de

---

[155] Le manuscrit est aujourd'hui conservé à la Bayerische Staatsbibliothek de Münich (Cod. hebr. 495). Notre poème est inséré, sans transition particulière au milieu des contes en prose, aux folios 138r-142v. Nous avons travaillé directement à partir du manuscrit consultable en ligne sur le site de la bibliothèque [vu le 25 février 2014] : http://daten.digitale-sammlungen.de/bsb00060203/image_275. On en trouvera l'édition dans l'Annexe 2.

[156] Il a fait l'objet d'un exposé lors de la « Quatrième conférence mondiale pour l'étude du yiddish » qui a eu lieu à l'Université Hébraïque de Jérusalem du 31/05 au 05/06/1992. Cet exposé, qui porte le titre « *An umbakant lid fun zekhtsentn yorhundert* » n'a pas été publié, et nous remercions sincèrement Simon Neuberg qui nous l'a transmis. Le poème n'a, jusqu'à aujourd'hui, fait l'objet d'aucune édition.

la composante italienne du yiddish pourrait faire peser quelques doutes sur l'attribution de ce poème, mais il n'est pas impossible qu'il ait été composé lors du séjour tardif de l'auteur en Allemagne.

I.5.e. Hamav̌dil lid

Il s'agit d'un poème constitué de 300 vers (75 quatrains composés d'un tercet monorime et d'un vers final dont le dernier mot est toujours identique[157]). Il est construit sur le modèle du poème liturgique (*piyut*) *Hamavdil ben kodesh leḥol*[158]. Son attribution à Lévita ne fait aucun doute puisqu'il est signé dès la première strophe. Le poème nous a été conservé dans deux manuscrits mais il s'y trouve dans les deux cas sous une forme altérée avec des strophes manquantes et d'autres strophes intercalées par des copistes plus tardifs. Il n'est donc pas facile d'en reconstituer la forme originelle. Le premier manuscrit est conservé à la bibliothèque Bodleiana d'Oxford (Cod. Neubauer 1217, Can. Or. 12) et comporte 55 strophes. Le second se trouve à la bibliothèque du Trinity College Cambridge (MS.F12.45, Loewe, 136[159]). Il présente une leçon plus sûre qui compte 66 strophes et demie. Le premier à avoir consacré ses efforts à l'édition critique du poème fut N. Shtif qui, socialiste et yiddishiste convaincu, voyait dans cette œuvre l'une des meilleures illustrations de la liberté et de l'audace dont a pu faire preuve la littérature yiddish ancienne[160]. Le critique explique les divergences et les incohérences entre les différentes versions du poème par sa diffusion orale[161]. L'hypothèse est plausible étant donné que ces poèmes, assez brefs, étaient très probablement chantés sur des airs liturgiques connus de tous. À la

---

[157] Nous proposons une traduction française de ce poème dans l'Annexe 1.

[158] Le *piyut* date probablement du XIᵉ siècle et s'est répandu dans toutes les communautés juives. Il est composé de 15 strophes s'achevant sur le mot *layla* (nuit) où se mêlent les louanges au Créateur, les demandes de pardon et les vœux pour l'avenir. On en trouvera le texte ainsi qu'une vaste sélection de mélodies traditionnelles sur le site : http://www.piyut.org.il/ [consulté le 8 mars 2014].

[159] Outre le poème de Lévita, ce manuscrit propose trois contes originaux car ils constituent des judaïsations de récits populaires diffusés internationalement. Nous présentons ces contes dans un chapitre ultérieur de notre étude p. 204-205. Voir E. Timm-Ch. Turniansky 2003, p. 108-109.

[160] Voir N. Shtif 1926, p. 150-158 et 1928b, p. 148-179.

[161] N. Shtif 1928b, p. 155.

suite de Shtif, J. C. Frakes (2004, p. 149-164) a tenté de reconstituer la forme originelle du poème à partir des deux versions parvenues jusqu'à nous en supprimant les strophes les plus fautives
et en associant les deux textes pour parvenir au nombre de 75
strophes. Nous nous appuierons dans notre travail sur l'édition
qu'il propose tout en tenant compte des propositions et élucida-
tions de N. Shtif.

Avant de quitter le *Hamavdil lid*, il vaut la peine de nous arrêter
un moment sur le manuscrit d'Oxford qui nous l'a transmis car il
livre de précieuses informations sur le lectorat de ce type de textes
et sur leur diffusion[162]. Copié à Venise à la fin de l'année 1553 par
Kalman (Kalonimos) bar Shimon Pescarol, ce manuscrit est entaché de multiples erreurs que le copiste explique par le trouble qu'il
a ressenti quand le Talmud a été brûlé sur ordre du pape à Venise
au début de cette même année. Ce manuscrit est remarquable pour
deux raisons : tout d'abord pour le nombre et la variété des textes
qu'il regroupe. Il s'agit, comme le notait N. Shtif, d'une véritable
bibliothèque privée associant pas moins de 23 textes différents dans
des genres dont la variété pourrait étonner : des œuvres éthiques
et morales (*Minhogim*, *Mizvass Nošim*), des textes liturgiques,
bibliques, talmudiques (les cinq rouleaux, un psaume, quelques
prières spéciales pour les fêtes de Rosh Hashana, Yom Kippur,
Shavuoth, les Maximes des Pères), des œuvres poétiques variées
(un poème bilingue yiddish-italien sur les âges de la vie – le seul
connu associant ces deux langues[163] – un débat poétique entre
l'eau et le vin en yiddish et en hébreu, un poème satirique composé
par un certain Moïse Cohen de Talheim, les deux pasquinades de
Lévita), et enfin des contes et des énigmes mathématiques.

Il n'est pas exagéré de dire qu'une grande partie des genres
distinctifs de la littérature yiddish ancienne est représentée dans
ce seul manuscrit. Mais il faut surtout souligner la cohabitation,
qui ne semble ici poser aucun problème, de textes de piété et de
textes non seulement séculiers, mais aussi remarquables par la
médisance et par la crudité de leur langage et de leurs références

---

[162] Ce manuscrit a été décrit avec précision par N. Shtif 1926, p. 141-149.
Il a été analysé plus récemment par S. Neuberg 2012, p. 139-147. Il est présenté
dans E. Timm-Ch. Turniansky 2003, p. 96-97.

[163] Édité par J. C. Frakes 2004, p. 281-286, et publié, transcrit en caractères
latins, par L. Landau 1916, p. 465-471.

sexuelles (*Hamavdil lid*). Les paradoxes moraux qui sont souvent mis en avant comme un trait distinctif de la Renaissance italienne ont donc trouvé leur expression jusque dans le quotidien des Juifs ashkénazes.

La deuxième raison qui rend ce manuscrit particulièrement significatif est liée aux informations qu'il nous livre, dans des notes annexes, sur ses premiers propriétaires. Cette précieuse bibliothèque privée est, semble-t-il, passée des mains d'un certain Mendel (Menaḥem) Katz à celles de son gendre Mordekhai Sagal lorsque celui-ci a épousé sa fille Sorelina (forme italianisée du prénom yiddish Sore), née à Venise en 1532 et morte en couches, à l'âge de 29 ans en 1561. L'inscription hébraïque sur la pierre tombale de la jeune fille est notée sur l'un des feuillets du manuscrit (fol. 274v). Il est difficile de dire si Sorelina était la destinatrice privilégiée de cette collection d'œuvres, mais étant donné ce que l'on sait du public de la littérature yiddish ancienne, et étant donné que certains textes y sont explicitement destinés aux femmes (*Mitsvass Nošim*), il est probable qu'elle devait, elle aussi, s'amuser à la lecture des mésaventures conjugales de l'impuissant Hillel Cohen narrées dans le *Hamavdil lid*.

I.5.f. Ŝéréfo lid

Ce poème de 200 vers nous est conservé dans les deux mêmes manuscrits que le *Hamavdil lid*, preuve d'une diffusion groupée des pasquinades de Lévita. Le poème du manuscrit d'Oxford compte 25 strophes, celui du manuscrit de Cambridge seulement 13 et semble avoir fait l'objet, en particulier pour les strophes 10 et 11, d'adaptations plus tardives[164]. Une première édition critique a été proposée par Ch. Shmeruk (1966, p. 346-368), une seconde par J. C. Frakes (2004, p. 140-148). Dans notre travail, nous utilisons ces deux éditions de manière complémentaire. Dans le manuscrit d'Oxford, le poème est précédé par l'intitulé suivant : « *Das lid hòt Elia Boḥur gémàcht öuf di ŝéréfo ṽun Wénèdig. Ain lid bénigun zur mišélò achalnu*[165] » Une fois de plus, l'œuvre est

---

[164] Ch. Shmeruk 1966, p. 354-355.
[165] « Elye Bokher a fait ce poème sur l'incendie de Venise. Composé sur la mélodie de *Tsur mishelo hakhalnu.* »

construite sur le modèle d'un chant liturgique, ou plus précisément d'un chant entonné à la maison après le repas de Shabbat (« *zmira*[166] »). Composé à l'occasion de la fête de Purim, comme cela est noté dans la dernière strophe, l'œuvre porte la marque de la liberté de ton et de langage associée à cette célébration. Mais elle a un but qu'on peut presque définir comme politique : rétablir la vérité sur les vols commis au moment de l'incendie et réduire à néant certaines fausses accusations qui, si l'on en croit le poème (*SL*, 13), ont même conduit Lévita à passer quelque temps en prison. Nous ne pensons pas, comme cela a été suggéré à plusieurs reprises, qu'il faille douter de la réalité d'une grande partie des faits ici mentionnés : le ton de l'invective, le nombre des personnes concrètes attaquées ou défendues, l'originalité des faits et la nature des accusations, le sérieux des strophes moralisatrices finales plaident pour une correspondance de ces vers avec la réalité historique même s'il est évident que le genre de la satire et les circonstances même de Purim ont dû entraîner une forte stylisation des faits[167].

I.5.g. *Conclusion de l'*Akêdass Jizḥak

Parmi les nombreux manuscrits de ce poème biblique, on en trouve un, le manuscrit de Paris (BNF, MS hébr. 589), dont la conclusion se distingue par son originalité[168]. Cette mise en vers de l'histoire du sacrifice d'Isaac était très populaire parmi les Juifs ashkénazes. Certains critères linguistiques et stylistiques ont conduit Chone Shmeruk à formuler l'hypothèse selon laquelle

---

[166] Composé sans doute au XIVᵉ siècle, ce *piyut* comprend quatre strophes et un refrain qui s'achèvent sytématiquement sur le nom de Dieu (faisant l'objet d'une déformation tabouïstique). On a conservé des notations musicales sur ce chant datant du début du XVIᵉ siècle qui correspondent très probablement à la façon dont il était chanté par les contemporains de Lévita : voir I. Adler 2003, p. 225-228.

[167] L'hypothèse d'une fiction, qui remet même en question l'existence d'Hillel Cohen, est proposée par J. C. Frakes 2004, p. 140, et par E. Butzer 2003, p. 145. Notre réflexion sur la réalité des faits évoqués vaut surtout pour le *Šéréfo-lid*. Il est bien évident que les histoires sur les trois femmes d'Hillel Cohen dans le *Hamaṽdil-lid* portent la marque de l'invention comique et malveillante. Leur caractère fictionnel est d'ailleurs ce qui permettait leur obscénité, selon un mécanisme courant dans la *tenzone* italienne.

[168] On trouvera la liste de ces manuscrits dans J. C. Frakes 2004, p. 316 qui publie le texte du manuscrit de Paris.

l'*excipit* de ce manuscrit serait de la main de Lévita[169]. Même si cette attribution ne peut être confirmée avec une certitude absolue, elle est probable pour bien des raisons : liberté de traitement de la convention de l'*excipit*, tonalité satirique, esthétique de la surprise, affirmation du « je » du poète, goût pour les doublets lexicaux (« *wutén un' tobén* », « *weinén un' süfzén* »), ancrage géographique. La fin de l'*Akêdass Jizḥak*, dans ce manuscrit écrit en Italie, est bien différente, par son style et par sa langue, du reste de l'œuvre. Le changement se fait sentir à partir de la strophe 67 (J. C. Frakes, 2004, p. 326) et une originalité d'écriture relevant d'une personnalité littéraire affirmée se maintient jusqu'à la fin du poème à la strophe 80. Selon cette hypothèse, les 52 derniers vers du poème seraient donc de la main de Lévita.

Pour renforcer la thèse de cette attribution à Lévita, quelques remarques sur la métrique de l'œuvre seront bienvenues. Les dernières strophes font preuve d'un certain raffinement dans la sélection des rimes. Les strophes 74 et 75, font rimer uniquement des mots d'origine hébraïque, ce qui en soit n'a rien de surprenant, mais il vaut la peine de noter que ces rimes féminines sont toutes construites selon les règles de la prononciation ashkénaze (ce qui est déjà plus dur à réaliser dans le cas de quatrains monorimés). Cela signifie que tous les phonèmes, dans ces rimes féminines, sont semblables à partir de la dernière syllabe accentuée (la pénultième) alors que dans la poésie hébraïque (celle de Lévita incluse), les mots font rimer uniquement leurs dernières syllabes. Les poètes de la littérature yiddish ancienne, avaient tendance à éviter les rimes hébraïques, surtout dans les temps les plus anciens, puis ils se sont pliés pour ces rimes à la règle qui prévaut dans la poésie hébraïque[170].

Il y a une autre innovation de Lévita dans le domaine de la métrique qui permet assez certainement de lui attribuer cet épilogue. Une solide convention de la poésie allemande voulait que l'on privilégiât les rimes masculines et la poésie yiddish suit

---

[169] Ch. Shmeruk 1988, p. 192-193. Il faut noter que Shmeruk publiait ces lignes pour la première fois en 1979, bien avant la découverte de l'exemplaire complet de *Paris un Wiene*, et donc avant qu'il ne refuse la paternité de l'œuvre à Élia Lévita. Comme cette paternité ne nous semble pas douteuse, son hypothèse d'attribution garde pour nous sa validité.

[170] Voir à ce propos, et concernant le rôle pionnier de Lévita dans ce domaine, l'analyse approfondie de B. Hrushovski 1964, p. 124.

cette règle jusqu'à l'œuvre de Lévita[171]. Or, sur les 66 premières strophes de l'*Akêdass Jizḥak*, 49 ont des rimes masculines (74%) tandis que dans les 14 strophes que nous attribuons à Lévita, seulement 3 présentent des rimes masculines (21%). Cette inversion spectaculaire de la proportion des rimes masculines par rapport aux rimes féminines plaide éloquemment en faveur de la paternité de Lévita, puisqu'il est le premier à avoir répandu la rime féminine dans la poésie yiddish sous l'influence de la poésie italienne.

Parmi les particularités stylistiques de la conclusion du poème, on notera la remarquable anaphore des strophes 69 et 70 : six vers de suite commencent par le participe « *gebentscht* » (« béni »). La louange du bélier sacrifié à la place d'Isaac est donc entièrement construite sur un principe de répétitions et de variations. Nous ne connaissons pas d'autre exemple de ce type d'effet dans la poésie yiddish alors qu'il est courant dans la poésie italienne, chez Pulci (et dans sa source) par exemple. Mais on notera surtout les strophes 76 et 77 pour le brusque renversement de la louange de Dieu en une satire des hommes, et pour la surprenante prière pour la venue du Messie, qui rappelle nettement certaines plaisanteries que se permet Élia Lévita dans les *excipits* de ses romans de chevalerie[172] :

> Un' nimànt widér uns wert könén sein schèdig
> Un' hakadoš bòruch hu wert uns al zeit sein gènedig
> Un' ūun dem golòss sòlén mir werdén bald lèdig
> Un' sòl uns mošiaḥ sendén afilu bis gèn Krèmòna un' Vènèdig

> Denòch sòl mich nimànt haltén dàs wort zu rèda
> Ich halt in leit nit vil dran lema'an theda
> Ich shwer äùch as ain jud afèda
> Si' sein asò vrum, si' bèdurftén wol widér al tag ain akèda

Et personne ne pourra nous nuire
Et le Saint-Béni-soit-Il nous accordera toujours sa grâce
Pourvu que nous soyons bientôt libérés de l'Exil
Et qu'il nous envoie le Messie même jusqu'à Crémone et Venise

Cependant personne ne peut m'empêcher de le dire :
Je pense, sache-le, qu'ils n'y accordent pas grande importance
Je vous le jure comme un Juif, sur ma foi,
Ils sont si pieux qu'ils auraient besoin tous les jours d'un sacrifice
    d'Isaac !

---

[171] *Ibid.*, p. 145.
[172] Voir *infra*, p. 227 et sq.

La cassure entre la prière traditionnelle qui se développe dans les trois premiers vers, et le dernier vers qui introduit la satire est très brusque : particularisation comique du propos avec la mention des deux villes italiennes, idée que le Messie pourrait avoir du mal à rejoindre ce pays (« même (*afilu*) jusqu'à Crémone et Venise »). Les Juifs d'Italie du Nord, aux dires du poète sarcastique, semblent bien loin de la rédemption. La pensée selon laquelle le sacrifice d'Isaac, événement unique s'il en est, devrait avoir lieu tous les jours pour donner la foi à ces gens-là, est à la fois burlesque et audacieuse puisque la pointe porte sur le miracle qui est à l'origine de tout le poème. Au moment même où l'humour se déchaîne ainsi, la virtuosité linguistique se donne libre cours : les rimes associent, dans le yiddish de l'auteur, la composante allemande (« rede »), la composante hébraïco-araméenne, (« lema'an theda », « akêda ») et la composante italienne (« a fede[173] »). Il faut noter enfin, comme l'avait fait Shmeruk, que les rimes de la première strophe que nous avons citée se retrouvent presque à l'identique dans le *Paris un Wiene* (*PW*, 374).

On touche, avec ce poème, à l'extême pointe des problèmes d'attribution. Si Lévita a en effet composé ces derniers vers, ce qui est très probable, où commence et où s'arrête sa participation ? S'est-il contenté de rajouter ces quelques strophes à un poème existant à l'occasion d'une récitation devant un public déterminé, ce poème étant habituellement récité au moment du nouvel an juif et des jours de repentance ? Dans ce cas, la conclusion humoristique et provocatrice dans sa critique des mœurs devait faire figure de surprise pour les auditeurs et les faire rire et grimacer dans le même temps. A-t-il retouché d'une façon ou d'une autre le poème précédent ? L'analyse des rimes ne plaide pas en faveur de cette hypothèse. On voit bien que la transmission erratique des textes de la littérature yiddish ancienne confronte les chercheurs à d'épineux problèmes. Dans cet état des choses, il nous semble, une fois de plus, que le critère stylistique ne doit pas être négligé.

Si cet *excipit* est de la plume de Lévita, il s'agirait d'un important témoignage de la participation de notre poète à un genre majeur de la littérature yiddish ancienne : le poème narratif

---

[173] Locution adverbiale ancienne manifestant un serment d'honnêteté vis-à-vis d'autrui, *TLIO*, « fede » 3.8.

biblique et midrashique. Nous avons déjà mentionné la forme particulière que prend ce genre au sein du *Ŝeder nošim*. Ces deux attributions permettent de redessiner la vision que nous avions jusqu'ici de l'œuvre yiddish de Lévita. Jusqu'à aujourd'hui, il était avant tout considéré comme l'introducteur des formes et des matières italiennes dans la littérature yiddish par l'intermédiaire de ses deux romans de chevalerie. Il apparaît maintenant qu'il a aussi apporté une contribution importante et originale dans des genres plus proprement juifs de cette littérature qui s'appuient sur les textes sacrés. La position littéraire de Lévita est donc assez équilibrée, entre le monde juif et le monde chrétien. Pour cette raison, il nous semble important de réfléchir sur l'originalité de sa contribution aux multiples transferts culturels qui ont eu lieu entre ces deux mondes, à la Renaissance, en Italie.

CHAPITRE II

LA PLACE DE LÉVITA DANS LA CRÉATION LITTÉRAIRE JUIVE DE LA FIN DU MOYEN ÂGE ET DE LA RENAISSANCE

II.1. La question de la participation des Juifs à la Renaissance italienne

L'histoire culturelle et sociale connaît de grands mouvements de balancier. C'est vrai sans doute pour l'histoire de la Renaissance italienne dans son ensemble. À la suite du brillant tableau de l'homme de la Renaissance qu'avait tracé à la fin du XIXe siècle J. Burckhardt, on avait pris l'habitude de dépeindre cet homme dans son indépendance et sa nouveauté, dressant sa soif de connaissance, son solide individualisme et son goût du beau et de la jouissance contre un Moyen Âge perçu comme dominé par la négation de l'individu et caractérisé par des savoirs et des modes de pensée rigides. Puis, à partir de la fin de la Seconde Guerre Mondiale, une série d'historiens, dans la lignée de P. O. Kristeller, ont tâché de montrer en quoi une grande partie des humanistes, vus comme le fer de lance de la Renaissance italienne, n'étaient pas tant opposés à la scolastique médiévale qu'ils en prolongeaient les méthodes, employant les règles de l'*ars dictaminis* de leurs pères mais dans un rapport nouveau à la langue latine, revivifié par le retour à l'Antiquité[1]. Il semble ainsi que l'histoire de la Renaissance italienne connaisse génération d'historiens après génération d'historiens, des mouvements opposés, les uns insistant sur la Renaissance comme une rupture, les autres sur sa continuité avec le Moyen Âge.

---

[1] P. Fubini 2001, en particulier p. 325-331 pour la critique de l'approche de P. O. Kristeller auquel Fubini reproche un refus exagéré de prendre en compte la dimension idéologique des actions individuelles et collectives.

On observe un phénomène comparable concernant l'histoire des Juifs d'Italie même si les termes du problème sont différents. Ici, il n'est pas question d'un changement radical dans la condition juive qui n'a pas tant évolué à la Renaissance, et si elle a changé, c'est plutôt dans le sens d'une limitation des libertés avec la création systématique, au XVI⁰ siècle, des ghettos. La grande question pour l'historien des Juifs d'Italie, consiste à évaluer la participation des Juifs à l'Esprit de la Renaissance, conçu avant tout comme un certain esprit de liberté à l'égard du rigorisme dogmatique et religieux, comme une participation à ce qu'on peut nommer d'un terme vague « les splendeurs » de la Renaissance italienne, c'est-à-dire en particulier à la floraison des arts et des sciences. En définitive, se pose aussi la question de l'ouverture et de la perméabilité de la société chrétienne aux individus juifs.

La tendance majeure des historiens, depuis le XIX⁰ siècle (Steinschneider) mais surtout le milieu du XX⁰ siècle (Roth, Schulvass) a été d'insister dans une histoire de type burckhard-tienne sur les cas, particulièrement nombreux et brillants en Ita-lie, de collaborations entre Juifs et Chrétiens, de participation des Juifs à des activités qui leur sont rarement associées (danse, musique, théâtre, traductions latines, vers italiens[2]). On a cherché dans le mode de vie juif le reflet d'une certaine liberté des mœurs associée à l'esprit du temps en s'attardant, par exemple, sur l'acti-vité des Juives dans la production de cosmétiques pour des familles patriciennes, ou en décrivant longuement la personnalité multi-forme d'un Léon de Modène (1571-1648) rabbin de Venise, ami des Chrétiens, dramaturge, musicien, et joueur invétéré[3]. C'était une histoire qui faisait la part belle aux collaborateurs juifs de Pico della Mirandola (Elia del Medigo, Yehuda Alemanno) dans la formation de sa pensée cabbalistique, qui s'arrêtait longuement sur des figures aussi originales et riches que Leone Ebreo, fils du grand commentateur de la Bible et homme d'État Isaac Abrava-

---

[2] Voir en particulier M. Steinschneider 1884, C. Roth 1959 et M. A. Shulvass 1973.

[3] Léon de Modène a été l'une des figures juives italiennes les plus fascinantes de l'histoire moderne. Nous aurons l'occasion de l'étudier de plus près car il a traduit en hébreu, à l'âge de 12 ans, des extraits de l'*Orlando Furioso*. Sa vie excède les limites chronologiques de la Renaissance, mais il en est un héritier direct. À son propos, voir R. Calimani 2001, p. 152-172.

nel, et auteur de ce qui est sans doute l'ouvrage philosophique le plus important de la Renaissance italienne concernant l'amour. Tous ces auteurs avaient pour point commun une grande familiarité avec la culture du monde chrétien contemporain et un profond ancrage dans les traditions littéraires et intellectuelles juives (Leone Ebreo est aussi l'auteur de poésies hébraïques remarquables[4]).

Cette tendance historiographique a été vivement critiquée récemment par bon nombre d'historiens, en particulier par R. Bonfil, parce qu'elle donnerait une image déformée de la condition juive en Italie, comme permissive, ouverte, et proche finalement d'un type de cohabitation que Juifs et Chrétiens n'ont pu connaître qu'après l'émancipation du XIXe siècle[5]. Bonfil voit dans cette vision la déformation d'une réalité juive qui serait restée éminemment distincte, centrée sur l'éducation religieuse et l'acquisition des savoirs traditionnels et avide de préserver sa différence. Or, comme nous l'avons vu précédemment, la figure de Lévita correspond extrêmement bien au tableau culturel tracé par C. Roth : collaboration avec les Chrétiens, forte individualité, liberté de mœurs (du moins dans ses écrits), universalité des intérêts, élégance poétique jointe à un humour parfois licencieux. Il est pour cette même raison l'une des figures les plus fréquemment convoquées par Shulvass comme exemple de la pénétration de l'esprit de la Renaissance chez les Juifs italiens.

C'est par son œuvre hébraïque de grammairien et de linguiste que Lévita a, comme nous l'avons vu, réellement participé à ce qu'on a coutume de nommer « la contribution des Juifs à la culture de la Renaissance[6] ». Dans son œuvre yiddish, comme c'est le cas pour quasiment toutes les productions littéraires juives à cette période, le transfert culturel se fait dans un seul sens, de la culture chrétienne vers la culture juive. Les Chrétiens ne connaissaient pas, à quelques rares exceptions près, la tradition littéraire hébraïque, et encore moins yiddish. Le transfert des formes et des motifs littéraires de la littérature italienne vers la poésie hébraïque

---

[4] On pourra lire la belle élégie qu'il a écrite pour commémorer l'enlèvement et la conversion forcée de son fils chez Ch. Schirmann 1934, p. 217-222.

[5] R. Bonfil 1995. Pour la critique de C. Roth, voir en particulier p. 90-92.

[6] P. O. Kristeller 1996, p. 215-226.

de l'époque et vers l'œuvre de Lévita ne saurait être décrit par la notion d'influence comme on parle de l'influence de la poésie italienne sur la poésie française de l'époque. Il est beaucoup plus juste de parler d'imprégnation car les Juifs vivaient sur le même territoire que les poètes italiens et partageaient avec eux une partie des conditions socio-culturelles du pays.

Il est utile de faire entendre les réserves de Bonfil qui permettent de ne pas perdre de vue certains traits essentiels de la condition juive. Mais nous nous interrogerons sur les limites de sa révision radicale du tableau dépeint par ses prédécesseurs. Il nous semble, en effet, que sa description risque de faire oublier ce que les historiens plus anciens avaient mis en évidence, et qu'on ne comprend bien la période qu'en gardant à l'esprit les deux faces de la médaille[7]. Fait révélateur, des figures essentielles, tel Leone Ebreo, disparaissent totalement du tableau qu'il nous propose. Certes, les Chrétiens n'allaient sans doute pas fréquemment regarder des pièces de théâtre dans le ghetto de Venise à l'époque du carnaval juif, comme l'affirmait Roth, mais il n'en demeure pas moins indéniable que le théâtre juif a connu une floraison remarquable à la fin du XVIe siècle, à Venise mais aussi dans la Mantoue de Guglielmo et de Vincenzo I Gonzaga[8]. En affirmant que les nombreuses figures qui faisaient le pont entre le monde juif et le monde chrétien étaient des exceptions détachées de la réalité vécue par la plupart de leurs coreligionnaires, Bonfil néglige la pénétration de la pensée et des textes de ces hommes jusqu'au plus profond de la société juive : le public varié de l'œuvre yiddish de Lévita en est un excellent témoignage.

Bonfil a le mérite de montrer en quoi la condition juive n'était pas, avant tout, marquée par l'ouverture. L'attitude la plus constante des Juifs italiens est celle d'un certain protectionnisme culturel, moral et social : éviter les contacts inutiles avec le monde chrétien, éviter de se faire remarquer par un luxe ou une richesse

---

[7] Les travaux de C. Roth et de M. A. Shulvass nous semblent être un complément indispensable des travaux plus récents de R. Bonfil.

[8] C. Roth 1959, p. 243-270 propose un tableau des activités théâtrales des Juifs. Marin Sanudo écrit dans ses *Diarii* (M. Sanudo 1900, t. 53, p. 326), en date du 4 mars 1531 (nous traduisons) : « Ce soir dans le Ghetto, il a été joué parmi les Juifs une très belle (*bellissima*) comédie, mais aucun Chrétien n'y put entrer sur ordre du Conseil des dix, et ils l'achevèrent à 8 heures du soir. »

trop ostentatoires, éviter de voir la culture religieuse traditionnelle déstabilisée par les attraits de la culture profane. Cette attitude généralement prudente est la conséquence directe du regard
négatif que portaient les Chrétiens sur la condition juive qui,
rappelons-le, était considérée comme essentiellement – théologi-
quement – absurde et pour cela condamnée.

Depuis Saint-Augustin, l'Église percevait les Juifs comme
des témoins vivants de l'abaissement des hommes lorsqu'ils ne
reconnaissent pas le Christ : ils devaient donc être tolérés, mais
dans une position strictement inférieure. La condition juive
reste régie, durant toute la période, par les mesures prises lors du
quatrième concile de Latran (1215) : exclusion de la plupart des
métiers, tolérance de l'usure, signes distinctifs (rouelle, chapeaux).
Les variations suivant les villes, les périodes, les papes, étaient
grandes mais le principe d'un abaissement systématique des Juifs
n'a jamais été remis en question par le monde chrétien. Une seule
voie était ouverte aux Juifs pour se libérer (partiellement) de leur
condition : celle de la conversion, qui en Italie impliquait, plus
qu'ailleurs, une acceptation du prosélyte. On comprend mieux
dès lors que des individus éduqués dans une situation de contact
avec les Chrétiens et dans un esprit d'ouverture, comme les petits-
fils de Lévita, aient pu céder aux pressions du monde extérieur.
À l'encontre de la population juive dans son ensemble, les expressions de mépris sont fréquentes même parmi les chrétiens les plus
érudits et les mieux intentionnés, nous l'avons vu dans le cas de
Munster et de Fagius. Nous retrouverons des remarques dédai-
gneuses chez l'Arioste ou chez Folengo : la figure du Juif est source
de moqueries dans la tradition littéraire italienne. Cependant, il
reste indéniable que les Juifs en Italie n'étaient pas, du moins au
début du XVIe siècle, soumis à une atmosphère de persécution
comparable à celle qui avait cours dans les pays germaniques[9].

---

[9] E. Capsali rapporte dans son histoire de Venise, fondée sur ses propres sou-
venirs, les raisons que les Ashkénazes qu'il a connus à Padoue donnaient de leur
départ, et il a recueilli parmi eux de nombreux récits de persécutions des autorités
princières et ecclésiastiques. Il présente l'Italie, et en particulier Venise, comme
un refuge inespéré, offrant ainsi l'une des premières manifestations du « mythe
de Venise » parmi les Juifs. Même si nombre des histoires contées par l'historien
juif ont l'allure de légendes, elles sont significatives de l'état d'esprit des Juifs
ashkénazes qui affirmaient quitter l'Allemagne en raison des persécutions qu'ils y
subissaient. Voir E. Capsali 1977, t. 2, p. 230-244.

Pour qualifier la condition juive dans la Renaissance italienne, R. Bonfil établit un parallèle qui semble avoir été bien présent dans l'esprit des Chrétiens de l'époque, comme en témoignent les règlements des communes, ou les activités des ordres missionnaires auprès de ces deux catégories de la population. Les Juifs, sous bien des rapports, étaient vus et traités comme les prostituées[10]. Dans les deux cas, il s'agissait d'êtres impurs dont la présence était déplorable mais inévitable. Pour les uns comme pour les autres, des taxes spéciales étaient imposées et des signes distinctifs étaient prescrits pour que nul ne se méprenne sur leur identité. Certains Juifs d'exception (certains médecins notamment), comme certaines filles de joie, pouvaient en être exemptés par des privilèges. Dans les deux cas enfin, il fallait sévèrement contrôler leurs contacts avec les Chrétiens pour éviter que ces êtres marginalisés ne viennent empoisonner la société de l'intérieur.

Si R. Bonfil a eu raison de rappeler ces faits, il nous semble qu'il faut être particulièrement prudent dans l'évaluation d'une condition présentant de multiples nuances[11]. Il a raison d'insister sur l'interaction constante de la sphère publique et de la sphère privée, de montrer comment la vie des Juifs, malgré l'influence des coutumes locales, reste avant tout structurée par les lois rabbiniques. Il a raison enfin de mettre en évidence les problèmes insurmontables qui se posent si l'on considère la condition juive, comme le faisait C. Roth, en terme de symbiose, ou même, selon le schéma unilatéral de l'influence. Il est plus juste de considérer la société juive et la société chrétienne de l'époque comme deux sociétés en miroir, s'observant l'une l'autre (et le miroir est bien sûr déformant), interagissant dans des cas relativement exceptionnels, en particulier ceux des intellectuels, grammairiens, philosophes, cabbalistes. Comme le montre bien Lévita, et sa réécriture des strophes de l'Arioste, il n'y a pas influence sans une profonde redéfinition esthétique, qui est en réalité le reflet d'un partage

---

[10] R. Bonfil 1995, p. 42.

[11] Le caractère tranché du tableau de Bonfil est évidemment dû au fait qu'il révise le tableau des historiens antérieurs. Pour une bonne mise au point sur les difficultés d'appréciation que pose le judaïsme de la période on consultera H. Tirosh-Rotschild 1990, p. 63-96. Pour une vue plus contrastée, on se référera à A. Guetta 2011, p. 321-330 et *Id.* 2013, p. 129-144.

d'ambitions poétiques et d'une communauté partielle de goûts littéraires.

Il nous semble cependant que R. Bonfil va parfois trop loin. Prenons, par exemple le tableau qu'il fait, à la fin de son ouvrage, d'une condition juive marquée par une culture du silence, privilégiant des couleurs sombres pour éviter de se faire remarquer (voir son chapitre intitulé « Les structures des mentalités[12] »). Ce tableau est globalement en contradiction avec les images vives et bigarrées que nous offre l'œuvre poétique yiddish de Lévita. Certes, il faut faire la part du caractère satirique ou comique de ces textes : mais la simple production de caricatures si franches et si criardes est sans doute le meilleur signe d'une société juive qui n'était pas aussi réservée que l'historien nous la dépeint. Les mots, et leur connotation aujourd'hui, ne doivent pas nous tromper : lorsque le ghetto a été introduit à Venise en 1516, il a été d'abord pour les Juifs de la région un facteur d'amélioration[13]. Jusqu'à 1509, ceux-ci n'avaient pas le droit de séjourner dans la cité lagunaire. Le portrait acide que Lévita fait, sans doute vers 1530, des Juifs du Ghetto de Venise dans son *Paris un Wiene* n'est pas celui d'une minorité opprimée ou réservée[14] ! Le poète nous les montre arrogants et inhospitaliers à l'égard de leurs coreligionnaires comme de véritables petits seigneurs[15].

---

[12] R. Bonfil 1995, p. 167-215.

[13] R. Bonfil 1995, p. 58.

[14] *PW* (374-380). Une évocation de l'introduction du bonnet jaune à Venise inspire à Lévita, dans le *Sefer Hatishbi*, un jeu de mot fondé sur la *gematria* et sur la technique traditionnelle du *notarikon* (emploi des lettres hébraïques composant un mot pour former un nouveau mot ou une nouvelle expression). Il glose la racine כרכום signifiant « safran » en expliquant qu'il s'agit d'une épice de couleur jaune. Puis il ajoute : « וכן הקובעים שנושאים היהודים במדינת ויניצייא נקראו כובעים כרכומין ואני עשיתי סימן לפרט השנה בעת ההיא כל רואהם יכירום רואיה"ם בגימטריא ר"נו יכירום לשון כרכום » (« C'est ainsi que les chapeaux que portent les Juifs à Venise sont appelés "chapeaux safrans". Et j'ai inventé une méthode pour se souvenir de la date où ils ont été introduits : "Tous ceux qui les voient les reconnaîtront.". "Les voient" donne la date 356 (1496) et le mot *yakirum* ("les reconnaîtront") rappelle *karkum* ("safran") » Ce trait d'esprit montre à la fois que l'obligation de porter la marque d'infamie était vue par Lévita comme une date importante, mais aussi qu'il était capable de la traiter avec sa légèreté habituelle.

[15] L'arrogance des Juifs ashkénazes en général semble avoir été un thème rebattu parmi les Juifs d'origine italienne. Voir R. Bonfil 2003, p. 214 et D. Malkiel 2013, p. 364-368. On trouve encore un témoignage du manque d'hospitalité des Ashkénazes d'Allemagne (opposés à ceux de Prague et de Pologne) dans un texte

On voit, dans les textes de Lévita et d'autres auteurs juifs de la période, que la condition inférieure, dans laquelle les Juifs étaient maintenus par les Chrétiens, n'était souvent pas ressentie puisque ceux-ci vivaient majoritairement entre eux, et qu'ils se livraient aux mêmes plaisirs et aux mêmes abus que leurs voisins. Pour ne pas être rappelés à leur infériorité structurelle dans la société, ils cultivaient, autant que possible, l'entre-soi. Cette nécessité est évoquée par Lévita dans son *Šêrêfo lid* où l'on voit certaines personnes accusées d'avoir attiré l'attention des Chrétiens sur des problèmes de vols commis à l'intérieur de la communauté.

Que des Juifs, même de condition modeste, aient goûté les œuvres de Lévita, dont tout notre travail tend à montrer combien elles sont imprégnées de l'esprit de la Renaissance, la survie des manuscrits et la diffusion des romans de chevalerie le prouve suffisamment. Cela élargit, à nos yeux, le cercle des Juifs de l'époque exposés aux innovations et aux plaisirs du temps. Mais le fait que cette œuvre, si personnelle et si différente des autres productions contemporaines, n'ait pas été perçue par ces mêmes Juifs pour ce qu'elle était, c'est-à-dire pour une redéfinition des ambitions artisitiques de la littérature yiddish, vient renforcer l'idée que la Renaissance n'a pas profondément changé la société juive. Rien ne prouve en effet que l'œuvre de Lévita ait été lue autrement que le *Šêmu'el-buch* ou que l'*Artus-Hof*, œuvres encore fondamentalement médiévales dans leur forme et dans leur conception. Elle n'a survécu, au-delà du XVIᵉ siècle, que sous la forme d'un *Volksbuch*.

Au contraire de ce qui se produisait dans la société chrétienne, la réussite esthétique ne s'est pas imposée dans la société juive comme un but en soi, détaché de toute considération religieuse. Sur ce point, nous pouvons rejoindre l'idée selon laquelle la Renaissance n'a pas modifié en profondeur la société juive comme elle l'a fait pour la société chrétienne. C'est à la fin du XVIᵉ siècle que l'œuvre du poète hébraïque italien le plus libre et le plus doué, Immanuel de Rome, a été officiellement interdite, pour son immoralité, par ce qui consitue aujourd'hui encore le code de conduite et de pratique religieuse le plus important du judaïsme

satirique, peut-être un *Purim-špil* ou un poème-débat, de la fin du XVIIᵉ siècle, voir M. Weinreich 1929, p. 537-554).

orthodoxe : le *Shulḥan Arukh* de Joseph Caro[16]. Dans le cas de Lévita, s'ajoute un facteur aggravant : la position subordonnée de la langue yiddish par rapport à la langue hébraïque qui, à elle seule, devait suffir à faire considérer ses poèmes comme un simple divertissement, quand ils n'étaient pas tout bonnement condamnés pour leur légèreté. L'hébreu restait la langue noble, non seulement dans la vie intellectuelle mais aussi dans la littérature, et il était abondamment cultivé par les Juifs italiens qui ont développé dans cette langue une tradition littéraire à la fois riche et originale.

II.2. L'HÉBREU À LA RENAISSANCE EN ITALIE ET SA SIGNIFICATION LITTÉRAIRE

Nous l'avons vu au cours de notre parcours biographique, Lévita montre un talent certain dans la composition de vers hébraïques, et pourtant il ne semble pas qu'il ait écrit, dans ce domaine, autre chose que des vers de circonstance pour accompagner tel ou tel ouvrage, ou pour faire l'éloge de l'un de ses correspondants. Il s'y conforme aux règles de la versification hébraïque telles qu'elles ont été fixées en Espagne et adaptées en Italie depuis plus de deux siècles. Comme le soulignait T. Carmi, la floraison de la poésie hébraïque au Xe et XIe siècle en Andalousie, n'aurait pas été possible sans un renouveau de la grammaire qui avait alors garanti la pureté et la correction de l'hébreu biblique employé pour la première fois, à l'exclusion des termes rabbiniques plus tardifs, dans les vers des poètes[17].

---

[16] Il vaut la peine de citer l'ensemble de ce paragraphe qui concerne également, à n'en pas douter, les œuvres de Lévita (*Shulḥan Arukh, Oraḥ Ḥayim*, chap. 307, par. 16, nous traduisons) : « Les écrits poétiques et les contes qui relatent des affaires profanes et transmettent des paroles d'amour comme le livre d'Immanuel et les livres de guerre [désigne en particulier les romans de chevalerie] sont interdits à la lecture le jour de shabbat et même les jours de semaine. Ils sont interdits en raison de leur absence de sérieux et de sainteté. Ils constituent un péché car il est écrit : "Vous ne vous ferez pas d'idoles, vous ne vous tournerez pas vers leur culture". Et pour ce qui concerne les paroles d'amour, hélas, elles le sont d'autant plus qu'elles stimulent les mauvais penchants et ceux qui les composent, ceux qui les copient et, cela va sans dire, ceux qui les impriment, entraînent la foule vers le péché. »

[17] T. Carmi 1981, p. 27.

Lévita se place dans cette tradition mais, contrairement aux poètes espagnols, il semble regarder ses poèmes en hébreu comme des jeux savants, visant à démontrer sa maîtrise et sa parfaite connaissance de la langue et les cantonne dans une fonction d'ornement, sans portée lyrique ou divertissante. Le fait est que ses satires et ses romans de chevalerie qui visent clairement à exciter les émotions du lecteur et à le divertir (que ce soit par le rire, la compassion ou l'indignation) ont été composées en yiddish. Aucune œuvre hébraïque de ce type ne nous est parvenue de sa plume. Pourtant, un passage d'une de ses pasquinades, composée en 1514, laisse entendre le contraire. Lévita s'y adresse à son ennemi Hillel Cohen avec qui il est engagé dans une féroce joute poétique (*HL*, 70) :

> *Ich vér-heiś dir è dò öus-gèt ain ḥodeš*
> *Ich wil ain öuf dich màchén in lošòn hakodeš*
> *Gémàcht nòch dem mišékal ūun šekel hakodeš*
> *Vehagitha bò yòmam vé-lailo* [18].

> Je te promets qu'avant que ne passe un mois,
> Je ferai à ton propos un chant dans la langue sacrée,
> Composé selon le mètre du livre *Shekel Hakodesh* [19]
> Et tu le méditeras jour et nuit.

Même si l'existence d'une œuvre poétique hébraïque de Lévita, en dehors de sa production savante, ne peut pas être tout à fait exclue, il ne nous semble pas que la brève allusion à une pasquinade en langue sainte fournisse une preuve concluante. Cette promesse doit être rattachée à son contexte : Lévita annonce à son ennemi, Hillel Cohen, un maître d'école qu'il a plus tôt taxé d'ignorance (voir en particulier *HL*, 7-11), qu'il lui adressera une poésie en hébreu sur laquelle il devra méditer jour et nuit. Il est

---

[18] *Josuée*, 1, 8. Dans son contexte original, cette célèbre expression s'applique à la Torah.

[19] Ce livre a été composé par Joseph Kimḥi, le père des grands grammairiens provençaux Moïse et David. Il s'agit d'une adaptation en vers du livre arabe attribué au célèbre poète hébraïque Ibn Gabirol, *Mivḥar hapninim* (« Choix de perles »). Voir l'édition et la traduction anglaise proposées du livre de Kimḥi par H. Gollancz 1919. Il réunit de nombreuses maximes morales, puisées pour la plupart dans la tradition non-juive. Lévita ne fait sans doute pas allusion à un mètre précis, car l'œuvre de Joseph Kimchi en comprend plusieurs, mais il n'est pas anodin qu'il promette une œuvre versifiée avec soin inspirée d'un livre reflétant la sagesse universelle à son ennemi Hillel Cohen qu'il accuse de tous les vices.

fort probable que la citation biblique qui conclut la strophe doive être interprétée comme une plaisanterie. Si Hillel est invité à méditer jour et nuit sur ce poème, c'est peut-être que, comme de l'enseignement de la Torah, il devra en tirer un riche enseignement moral, mais c'est sans doute aussi parce qu'il n'y comprendra rien, ses connaissances en hébreu ayant été sérieusement mises en doute. Il ne serait donc pas étonnant que cette pasquinade en langue sainte soit elle-même une fiction destinée à ridiculiser un peu plus l'adversaire de Lévita.

Nous pensons donc que la plupart des œuvres que Lévita destinait au divertissement n'ont pas été composées en hébreu. La chose n'allait pas de soi pour un auteur juif italien (mais n'oublions pas que Lévita est né en Allemagne). L'Italie a en effet été le berceau d'une littérature hébraïque diverse à partir du XIIᵉ-XIIIᵉ siècle. Une partie de cette production appartenait à la culture littéraire de Lévita et a pu inspirer sa création yiddish. Il s'agit de surcroît d'un observatoire privilégié pour comprendre dans quelle mesure la Renaissance italienne a pu transmettre ses modèles esthétiques aux Juifs de la péninsule.

Notre but n'est pas de présenter l'ensemble des accomplissements littéraires des Juifs italiens en hébreu mais de nous arrêter sur un certain nombre de cas remarquables parce qu'ils témoignent, plus que d'une réception, d'une véritable acclimatation de la culture poétique italienne dans la littérature juive. Comme Lévita représente, par sa lecture de l'Arioste, l'un des cas de transferts les plus remarquables depuis Immanuel de Rome, il nous semble important d'examiner la façon dont les Juifs italiens ont créé des œuvres originales en se référant d'un côté aux productions les plus élevées de la littérature italienne, et d'un autre côté, à la riche tradition hébraïque qui s'était développée depuis l'âge d'or de cette poésie en Andalousie entre 1020 et 1150. Notre examen couvre une assez large période, entre le XIIIᵉ siècle et la fin du XVIᵉ siècle et s'appuie sur une interprétation large du concept de Renaissance, incluant Dante et les premières manifestations de la contre-réforme[20]. Nous souhaitons montrer la façon dont

---

[20] Cette périodisation large est à l'origine de certaines critiques adressées aux historiens de début du XXᵉ siècle, tels C. Roth et M. A. Shulvass. Du point de vue littéraire, elle nous semble pourtant avoir du sens. C'est en 1571 que paraît le *Me'or Enayim* d'Azariah di Rossi qui constitue la plus remarquable production

les œuvres d'auteurs chrétiens ont fait l'objet d'une lecture créative et ont stimulé la production d'œuvres juives dans un esprit d'émulation et d'acculturation. Ce panorama nous permettra de dévoiler, d'un côté, l'originalité de Lévita en ce qu'il a choisi de s'exprimer en yiddish, et d'un autre côté, sa communauté de situation et d'inspiration avec les poètes hébraïques.

II.2.a. *Immanuel de Rome (env. 1265-après 1328)*

Le premier poète hébraïque italien qui ait eu recours aux formes et aux thématiques de la littérature italienne de son époque est aussi, de l'avis de certains commentateurs, le plus grand poète de la littérature hébraïque en Italie. Véritable fondateur, Immanuel nous intéresse d'autant plus que Lévita connaissait son œuvre et qu'il partage avec lui une certaine forme d'inspiration dans son traitement de la thématique amoureuse, dans son usage extensif de l'humour et du burlesque, dans son goût pour la satire. Lévita cite trois passages des *Maḥberot* (*Compositions*) d'Immanuel dans le *Sefer Hatishbi*. Le chef d'œuvre poétique d'Immanuel semble donc lui avoir été familier. Les deux premières citations viennent expliquer la racine כתב, au sens de scribe, écrivain[21]. Comme les astronomes ont fait de Mercure, selon la croyance antique, un scribe céleste, cette racine sert aussi en hébreu à désigner la planète. Lévita cite une première phrase d'Immanuel tirée d'une discussion sur la signification des planètes et des signes astrologiques selon laquelle Mercure tiendrait dans son sein une cassette d'écrivain[22]. Puis il rappelle et explique un jeu de mots introduit par Immanuel dans un autre poème où il affirme que les trois lettres du mot כתב représentent la planète et les maisons astrologiques dans lesquelles elle se situe : כ = כוכב (Mercure), ת = תאומים (Gémeaux), ב = בתולה (Vierge)[23]. L'ingéniosité et la virtuosité langagière d'Immanuel étaient faites pour plaire à un

---

de la pensée humaniste juive. Dans les années 1590, le très jeune Leone Modena choisissait de traduire en hébreu des extraits de l'Arioste, et non du Tasse. Les changements liés à la contre-réforme se font sentir, dans la culture juive, principalement à partir du début du XVIIᵉ siècle.

[21] *Sefer Hatishbi* 1541, p. 178, 179.
[22] *MI*, 27, l. 56-57, p. 491.
[23] *MI*, 20, l. 197.

esprit conformé comme celui de Lévita. Il est d'ailleurs fort probable que ce devancier lui ait servi de modèle lorsqu'il a composé
le poème hébraïque présentant tous les sens de la racine ערב que
nous avons cité précédemment.

Le poète romain est coutumier de ce type de performances
langagières[24]. Lévita cite encore une fois Immanuel, à la racine
עבר pour illustrer l'expression דרך העברה qui signifie « de façon
figurée »[25]. Il illustre d'abord son propos par la bénédiction de
la prière du matin : « Béni soit Dieu qui habille les dévêtus ».
L'évocation d'une action si concrète de la part de Dieu ne
peut s'entendre que par figuration. Puis il cite un vers tiré d'un
poème d'Immanuel où celui-ci, dans le cadre d'une louange,
accentue l'opposition entre le propre (אמת) et le figuré (עברה) :
« ומהללך אמתי, ומהלל נדיבי עם – בדרך העברה »[26]. Cette citation
n'apporte pas une meilleure compréhension de la notion car elle
fait elle-même partie d'une hyperbole poétique assez complexe.
Elle sert en l'occurrence d'illustration savante, tirant profit de
l'opposition claire faite, dans chaque hémistiche, entre le propre
et le figuré. Elle révèle, de la part de Lévita, une connaissance
intime d'Immanuel de Rome.

Le poète yiddish pouvait voir dans ce devancier, qui vécut 200
ans avant lui, un modèle sous plusieurs rapports. Comme lui,
Immanuel de Rome présente deux visages : il est l'auteur, d'un
côté, d'un ouvrage linguistique sur la langue hébraïque (qui ne
nous est pas parvenu), de commentaires de la Bible, influencés par
la philosophie de Maïmonide, sur quasiment l'ensemble des livres
sacrés et, d'un autre côté, de poèmes parmi les plus licencieux de
toute la littérature hébraïque. Immanuel de Rome démontre à la

---

[24] Voir, par exemple, le poème du livre 17 (l. 226-229, p. 284) qui fait rimer
8 fois dans 8 sens différents l'homonyme מורך.

[25] *Sefer Hatishbi*, 1541, p. 249.

[26] *MI*, 8, l. 31 « Ceux qui t'exaltent, le font au sens propre, ceux qui exaltent
les hommes nobles, le font au sens figuré ». Ce vers est tiré d'un poème d'Immanuel que celui-ci présente comme un exploit poétique. Il tente de rivaliser
avec Ibn Gabirol, poète de l'âge d'or de la poésie hébraïque, qui avait écrit un
poème composé de 200 vers présentant la même rime. Ce poème se nomme הענק
(le collier), chaque rime représentant une perle enfilée sur un même fil. Il était
peut-être connu de Lévita car il décrivait les fondements et la grammaire de la
langue hébraïque. Immanuel réalise ce tour de force dans un poème où il exhorte
un jeune homme qu'il admire à renoncer aux errances amoureuses pour se consacrer aux lumières de la Torah.

fois une profonde connaissance de la tradition espagnole (influencée surtout par des modèles hérités de la littérature arabe), et une réelle familiarité avec la littérature italienne de son temps. Ses longues *Maḥberot* qui, dans une structure narrative fragmentaire, insèrent une grande partie des œuvres poétiques qu'il a composées au cours de sa vie, sont un riche foyer d'expérimentation[27]. Ses vers et sa prose rimée révèlent une utilisation virtuose des citations bibliques. Tous les genres y sont représentés : élégies, lamentations, louanges, poésie d'amour inspirée du *dolce stil novo*, lettres, nouvelles, invectives, parodies, épigrammes, énigmes, satires, *tenzoni*. Le dernier livre (28) est même une réécriture juive, de la *Divine Comédie*, fortement abrégée et ne rivalisant pas avec l'ampleur de la vision dantesque. Véritable trésor de variation stylistique, les *Maḥberot* sont dominées par une tonalité ludique, volontiers provocatrice, inversant souvent les valeurs religieuses et sociales dans la tradition des poètes comiques italiens de l'époque (*poeti giocosi*).

Comme Lévita donc, Immanuel se situe à la croisée des chemins et des traditions, capable de fondre dans le moule de la poésie « nationale » hébraïque, des thèmes et des idées héritées de la culture italienne ambiante. Alors que pour Lévita, le substrat poétique dominant est celui de la littérature yiddish de son époque (ce qui fait de lui un poète populaire), pour Immanuel, il s'agit de la littérature hébraïque médiévale, avec en tête, le modèle de Yehuda Alḥarizi et de son chef d'œuvre, le *Sefer Taḥkemoni*. C'est dans ce long recueil que le poète espagnol a donné à la structure narrative arabe de la *makama* sa plus haute expression parmi les Juifs[28].

---

[27] La structure de l'œuvre est présentée avant tout dans l'introduction où le Prince, qui constitue l'interlocuteur fictif du poète tout au long de l'œuvre, invite Immanuel à imiter la structure de l'œuvre d'Alḥarizi (*MI*, Introduction, 36-39).

[28] La *makama* est une forme narrative d'origine arabe dans laquelle le héros principal est un personnage rusé impliqué dans une série d'aventures variées. Le narrateur se présente comme l'ami de ce personnage dont il dépeint les frasques. Immanuel a légèrement modifié la structure de la *makama* en faisant du narrateur, auquel il s'identifie, le héros principal. Sur ce genre et sur son illustration en hébreu, voir D. Pagis 1976, p. 199-244. Il est intéressant de noter que ce genre a bénéficié d'une certaine popularité en Italie où il rencontre des traditions nationales, comme celle de la nouvelle. Les œuvres d'Alḥarizi et d'Immanuel sont les textes littéraires en hébreu les plus représentés dans les listes de censure de Mantoue en 1595 (Voir S. Baruchson-Arbib 2001, p. 129). Autre fait important : les *Maḥberoth* d'Immanuel nous ont été conservées dans 10 manuscrits et

Ce genre picaresque permettait l'usage de la langue biblique dans les contextes les plus variés et les plus concrets. Il a grandement contribué à lui faire conquérir des domaines de la vie quotidienne qu'elle n'avait jamais abordés auparavant.

À la différence de Lévita, c'est comme poète qu'Immanuel s'est fait connaître du monde chrétien et non comme auteur savant. On a conservé en effet des témoignages poétiques de ses relations avec deux poètes italiens de son époque : Bosone da Gubbio et Cino da Pistoia, ami de Dante que celui-ci cite fréquemment dans *De vulgari eloquentia* comme représentant du *volgar illustre*. Au moment de la mort de Dante, en 1321, Bosone et Immanuel ont échangé deux sonnets. Dans le premier, Bosone pleure l'extinction de « deux lumières » : il fait référence d'abord au deuil universel, causé par la mort du grand poète, mais aussi à un deuil personnel d'Immanuel qui semble avoir perdu, en cette même année, un être cher dont l'identité a été beaucoup discutée[29]. Immanuel lui répond en affirmant qu'il a versé toutes les larmes de son corps sur ces malheurs mais il finit sur une pointe qui laisse transparaître le poète ironique : Dieu aurait causé ces calamités par jalousie pour le bonheur des hommes[30].

Un deuxième échange de sonnets est d'un intérêt particulier pour la biographie d'Immanuel : il a associé cette fois Bosone da Gubbio et Cino da Pistoia à l'occasion de la mort du poète hébraïque[31]. Tous deux établissent un parallèle entre le poète juif

---

sont l'un des deux seuls textes de belles-lettres publiés à l'époque des incunables (G. Soncino, Brescia, 1492).

[29] U. Cassuto (1921, p. 93-95) l'identifie à la jeune fille dont Immanuel parle dans le troisième livre des *Maḥberoth*. Cette identification paraît peu probable. C. Roth 1959, p. 98-100, l'associe à un riche banquier nommé Daniel qu'Immanuel aurait dû rencontrer à Gubbio. D'autres encore l'ont associé à la femme d'Immanuel. (D. Yarden dans son introduction à *MI*, p. ‫י‬). On verra enfin l'interprétation tout à fait contraire proposée récemment par G. Battistoni 2004, p. 43-68, qui souhaite remettre à l'ordre du jour l'idée d'une amitié effective entre Immanuel et Dante.

[30] On trouvera les deux poèmes, notamment, dans U. Cassuto 1921, p. 93.

[31] On notera que l'attribution du premier sonnet à Cino da Pistoia, malgré les rubriques des manuscrits, a été très discutée en raison du ton vengeur et quelque peu vulgaire du poème mais a été récemment à nouveau affirmée. Voir L. C. Rossi 1988, p. 45-80. C. Roth mentionne un deuxième poème de Cino da Pistoia, qui aurait été envoyé à Immanuel à l'occasion du même deuil que le sonnet de Bosone. L'attribution de ce sonnet n'est pas claire non plus. Voir C. Roth 1951, p. 438. Tous les sonnets de ces échanges sont cités aux p. 444-446 de cet ouvrage.

et Dante et débattent du sort des deux hommes dans l'au-delà. Cino montre une nette distance envers le poète juif : « *Messer Bosone, lo vostro Manoello, / Seguitando l'error della sua legge / Passato è nello 'nferno*[32] [...] » La franche condamnation du judaïsme doit être mise en relation avec le ton général du sonnet, une invective qui prend pour cible tout autant Dante qu'Immanuel. Le poète juif n'est en effet pas placé avec la foule commune (« *la commun gregge* »), mais en compagnie de Dante. Tous deux sont supposés damnés dans le huitième cercle de Malabolge (le cercle des adulateurs), c'est-à-dire plongés dans les excréments. Dans le dernier tercet de ce sonnet, qui présente quelques obscurités, Dante s'adresse à Immanuel en affirmant que celui-ci avait pressenti leur supplice dans l'un de ses écrits. Dans un autre sonnet, Bosone répond au poème de son ami Cino da Pistoia pour prendre la défense des deux poètes. Selon lui, Dante et Immanuel seraient au Purgatoire en attendant la rédemption.

Cette série d'échanges poétiques constitue un témoignage fort rare de la sympathie que des chrétiens ont pu ressentir pour l'auteur juif. C'est en se fiant à ces sonnets et à leurs récits, qu'on a longtemps supposé qu'Immanuel avait été en relation avec le grand poète florentin, peut-être à la cour de Vérone[33]. Cette supposition a été rejetée de façon convaincante par U. Cassuto mais il n'en reste pas moins que l'intégration d'Immanuel dans certains cercles de la société chrétienne contemporaine présente un caractère exceptionnel.

Même si l'on a très peu de documents sur la vie d'Immanuel, nous pouvons identifier quelques jalons de son existence. Il semble qu'après avoir passé un long moment à Rome, où il est né et où il aurait un moment joué le rôle de secrétaire de la communauté juive, il ait été forcé à l'exil, peut-être en 1321, lorsque le pape Clément V expulsa momentanément les Juifs de Rome[34]. Il aurait

---

[32] « Sieur Bosone, votre Manoello / S'obstinant dans l'erreur de sa loi / S'en est allé en enfer [...] ».

[33] Cette supposition, très répandue dans la recherche du XIXᵉ siècle, a été critiquée en profondeur par U. Cassuto 1921, p. 90-121, mais récemment reproposée par G. Battistoni 2004, p. 43-98.

[34] Comme le montre précisément D. Malkiel 2007, p. 39-43, les biographes d'Immanuel de Rome ont dû se référer, à défaut d'autre source, aux informations que le poète livre dans ses *Maḥberoth*. Or il est extrêmement difficile de faire la

alors erré entre diverses villes d'Italie septentrionale : Perugia, Cambriano, Fabriano, Fermo, Camerino, Ancona et Vérone. Il y aurait été dépendant de riches protecteurs juifs, et peut-être chrétiens. Ce serait lors de ces pérégrinations qu'il aurait, à la fin de l'année 1321, lié amitié avec Bosone da Gubbio qui l'a peut-être présenté à d'autres poètes italiens de l'époque[35].

On a conservé, de sa plume, quatre sonnets italiens et un poème plus long adressé au souverain de Vérone, Cangrande della Scala, composé de 53 quatrains d'heptasyllabes. Ce poème, où résonnent en série les onomatopées (pour cette raison il a été nommé *Bisbidis* à partir de l'une d'elles), cherche à refléter l'agitation, la variété et la joie qui régnait à la cour du Prince (str. 10-11) : « *Qui vengon feste / Con le bionde teste / Qui son le tempeste / D'amore e d'amare // Le donne muz muz, / Le donzelle usu usu, / Le vedove sciuvj vu / Che ti possa annegare*[36] *!* » De telles œuvres témoignent d'une réelle participation de l'auteur à la société chrétienne même si cet engagement n'était pas dénué d'ambiguïté. Dans tous ses vers italiens, Immanuel assume une *persona* décidément comique et dégradée. La tradition des poètes réalistes italiens lui offrait des

---

part de la fiction et de la réalité dans le cas d'un auteur qui se plaît constamment à jouer avec les apparences. On a pu, par exemple, lire comme une clé autobiographique l'histoire d'amour du troisième livre dans lequel Immanuel séduit une nonne puis la rejette, causant ainsi sa mort. Une telle lecture, dans un cadre aussi stéréotypé, est hautement improbable. Voir également C. Roth 1951, p. 424-426. D. Yarden, dans son introduction à *MI* (p. טו), rejette cette lecture, non pas par principe, mais parce qu'il n'y aurait pas eu de nonnes parmi les Juives. Il fait par ailleurs un fréquent usage des récits des *Maḥberoth* pour retracer la biographie de l'auteur.

[35] Voir C. Roth 1959, p. 98-99.

[36] Voir *MI*, p. 563. « Là, on voit des fêtes / Avec de blondes têtes. / Là sont les tempêtes / D'aimer et d'amour // Les dames « mouz, mouz » / Les demoiselles « ousou, ousou » / Les veuves « chouvi vou » / À vouloir se noyer ! » Ce poème apparaît dans les manuscrits Casanatense 433 et Giuntina-Galvani. M. Marti 1956, p. 322, le qualifiait d'exemplaire et reconnaissait en Immanuel un poète italien profondément original. Cette pièce est communément qualifiée de *frottola*, bien que sa forme ne soit pas tout à fait celle de ce type de chant populaire. La cour de Cangrande y apparaît comme un joyeux tohu-bohu où confluent les nobles chevaliers, les belles dames mais aussi les bouffons, les ermites, les pèlerins, les Juifs, les Sarrasins (tous présentés dans la même strophe – 31 – car il s'agit d'objets de moquerie dans la littérature de l'époque). F. Alfie a raison d'attirer l'attention sur le fait que tous les poèmes de l'auteur sont présentés, dans les manuscrits, en spécifiant sa religion, car ceci influençait certainement la lecture des premiers destinataires. Voir F. Alfie 1998, en particulier p. 311-314.

moyens d'expression qui lui permirent de refléter toute l'ambivalence de sa relation à la société chrétienne.

C'est particulièrement vrai de ses sonnets italiens, et l'un d'eux au moins mérite d'être cité tant il témoigne de la complexité de sa position sociale et culturelle :

> *Amor non lesse mai l'avemaria ;*
> *Amor non tenne mai legge ne fede ;*
> *Amor è un cor che non ode né vede,*
> *E non sa mai che misura si sia.*
>
> *Amor è una pura signoria,*
> *Che sol si ferma in voler ciò che chiede ;*
> *Amor fa com' pianeto, che provvede,*
> *E sempre retra sé per ogni via.*
>
> *Amor non lassò mai, per paternostri,*
> *Né per incanti, suo gentil orgoglio ;*
> *Né per téma digiunt' é per ch'i' giostri.*
>
> *Amor fa quello, di che più mi doglio :*
> *Ché non s'attène a cosa ch'io mostri,*
> *Ma sempre mi sa dir : – Pur così voglio. –*

L'Amour n'a jamais lu l'*Ave Maria* ;
L'Amour n'a jamais obéi à foi ni loi ;
L'Amour est un cœur qui n'entend ni ne voit,
Et ne connaît jamais la juste mesure.

L'Amour est une pure Seigneurie,
Qui s'en tient seulement à ce que sa volonté exige ;
L'Amour fait comme planète, qui prévoit l'avenir,
Et se retire toujours par tous les moyens.

L'Amour n'a jamais abandonné, à force de *Pater Noster*,
Ni d'enchantements, son noble orgueil ;
Ni ne s'est, de crainte, détaché de moi malgré ma lutte.

L'Amour, et c'est de cela que je me plains le plus,
Ne s'est jamais arrêté à chose que je lui montre,
S'ingéniant toujours à me dire : « C'est cela que je veux. »

Ce sonnet, présent dans de nombreuses anthologies italiennes des poètes comiques et réalistes, est un cas d'école d'appropriation *cum grano salis*[37]. La vision d'un amour hautement idéalisé, tel qu'il a été défini par le *dolce stil novo* et en particulier par Dante dans sa *Vita nuova*, est ici reproduite par des syntagmes

---

[37] Voir par exemple M. Marti 1956, p. 315-327 et M. Berisso 2011, p. 249-256.

stéréotypés : « *pura signoria* », « *gentil orgoglio* ». Mais, dès le premier vers, cette vision se trouve mise à mal par l'affirmation : « L'Amour n'a jamais lu l'*Ave Maria* ». Immanuel laisse volontairement planer un doute concernant l'interprétation de ce vers. Si on le relie, comme on le doit en vérité, au second vers, il s'agirait seulement d'une expression imagée de la cruauté d'Amour : n'ayant aucune foi, l'Amour ne connaît pas la prière à la Vierge qui est dans son essence une prière de commisération. Mais, dans tous les manuscrits, la rubrique indique clairement l'identité religieuse du poète[38]. Ce vers programmatique prend dès lors un tout autre sens. L'Amour du *dolce stil novo* se trouve soudain détaché d'un de ses fondements essentiels : son association avec l'amour du Chrétien pour Dieu et en particulier pour la figure féminine de la Vierge Marie[39]. N'y a-t-il pas là une tentative du poète juif pour détacher l'Amour, la poésie d'amour, de son nouvel horizon chrétien ?

Dès lors, même si l'idéalisation de l'Amour se trouve préservée dans les formes, l'association de l'Amour à la noblesse de cœur et à l'élévation spirituelle, se voit subrepticement dégradée. L'Amour prend la forme plus classique, et extrêmement fréquente dans la poésie hébraïque d'inspiration arabe, d'une puissance cruelle, aveugle et capricieuse. La dégradation est subtile mais elle est réelle. Alors que l'amante du *dolce stil novo* apparaît comme l'étoile qui guide le poète à la façon dont Béatrice guide Dante au Paradis, l'Amour est ici assimilé à une planète qui prévoit l'avenir (en référence à l'astrologie qui, nous l'avons vu, est

---

[38] Casanatense 433 : « Di Manoello Giudeo », Giuntina Galvani : « Di manoel giudeo », Napoli XIII C9 : « Del medesimo Manoel Giudeo », Bologna 1289 « Sonetto di Manuel giudeo », voir F. Alfie 1998, p. 312 et n. 14, voir aussi l'analyse qu'il propose de ce poème p. 315-319.

[39] Sur cette identification de l'Amour pour la dame avec l'amour divin, on se reportera avant tout à la *Canzone* qui est considérée comme le manifeste du *dolce stil nuovo* : « *Al cor gentil rempaira sempre amore* » de Guido Guinizzelli. Dans la dernière strophe, le poète répond à Dieu qui lui reproche de n'adresser ses louanges ni à Lui, ni à la Vierge Marie : « *Dir Li porò : "Tenne d'angel sembianza / Che fosse del Tuo regno ; / Non me fu fallo, s'in lei posi amanza"* » (« Je pourrai lui dire : "Elle a l'aspect d'un ange / Qui viendrait de Ton règne ; / C'est pourquoi je n'ai pas commis de faute en lui consacrant mon amour." » On notera que le détournement parodique des valeurs du *dolce stil nuovo* était courant à l'époque d'Immanuel, même chez ses plus éminents représentants comme Guinizzelli. Voir L. Brestolini-P. Orvieto 2000, p. 16-17.

un thème fréquent chez Immanuel), mais a un mouvement erratique (le fameux mouvement rétrograde des planètes) à l'opposé des étoiles qui nous paraissent fixes. L'assimilation discrète des « *paternostri* » (la prière du *Pater Noster*) avec les « *incanti* » (« enchantements »), finit de discréditer l'autorité de la symbolique chrétienne en matière d'amour. Le dernier tercet propose une plainte plus personnelle du poète qui donne le dernier mot à l'Amour et conclut sur l'opposition de deux volontés inconciliables. On le voit, la parodie, si l'on peut ici parler de parodie, est discrète mais elle est indéniable quand on prend en compte l'identité juive affichée par le poète.

Dans ses autres sonnets, Immanuel assume, encore plus éloquemment, une personnalité poétique qui est le fruit d'un décalage avec les normes admises et se range avec talent sous la bannière des poètes comiques contemporains tels Rustico Filippi ou Cecco Angiolieri. Il joue habilement sur l'image du Juif infidèle, essentiellement trompeur, toujours prêt à trahir les causes les plus sacrées. Ni guelfe, ni ghibellin, il se range, affirme-t-il, systématiquement du côté du plus fort. Ni chrétien, ni musulman, il déclare « *mal giudeo son io*[40] » et précise cependant qu'il est prêt à se livrer aux vices des trois religions : l'ivrognerie des Chrétiens, la gourmandise des Juifs, la luxure des Sarrasins. Ces poèmes mériteraient, eux aussi, une analyse approfondie mais il est temps de nous tourner vers l'œuvre hébraïque d'Immanuel, infiniment plus riche et plus complexe que les quelques poèmes qui ont survécu de l'œuvre italienne[41].

Les *Maḥberot*, achevées vers 1328 (la date est mentionnée deux fois dans l'œuvre *MI*, 24, 347 et *MI*, 27, 153-154) sont le résultat d'une vie de création poétique. Les analyses d'ensemble du recueil sont assez rares, les critiques se sont plutôt concentrés sur tel ou tel

[40] « Je suis un mauvais Juif » Septième vers du sonnet « *Io steso non mi conosco* ». On pourra se reporter à l'analyse de l'ensemble des sonnets offerte par F. Alfie 1998, p. 308-329, qui les cite intégralement.

[41] L'absence de traduction complète des *Maḥberot*, dans quelque langue que ce soit, est un immense obstacle à la connaissance adéquate du poète par les italianistes. Dans un livre récent R. Fasani s'en plaignait encore amèrement lorsqu'il proposait l'attribution du *Fior e detto d'amore* au poète juif alors que l'œuvre a été, jusqu'à aujourd'hui, majoritairement attribuée à Dante. Une traduction entière des *Maḥberot* est un important *desideratum* qui permettra, notamment, d'élucider l'attribution proposée par Fasini. Voir R. Fasani 2008.

aspect de cette œuvre foisonnante[42]. De tous ses livres, celui qui a attiré le plus d'attention est le dernier *Hatofet ve haeden* (*L'Enfer et le Paradis*), inspiré de la *Divine Comédie*, qui a été gratifié, à lui seul, de plus de commentaires que tout le reste de l'œuvre[43]. Ce traitement de faveur est dû, bien sûr, à la fascination qu'exerce le poème dantesque mais aussi au fait que c'est de ce livre que l'on tire, à tort ou à raison, le plus grand nombre d'informations concernant la vie de l'auteur. Du point de vue littéraire, cet intérêt particulier ne se justifie guère. L'*Enfer et le Paradis* est un cas passionnant de transfert culturel, mais si Immanuel a suivi de près la structure générale de son modèle, il n'a pas essayé de rivaliser avec la variété ni avec la richesse du chef d'œuvre dantesque. Il manque surtout au poème hébraïque l'ambition d'insuffler dans le monde de l'au-delà, l'atmosphère passionnée du monde d'ici-bas, la concrétude des descriptions et des comparaisons, la vivacité des dialogues[44]. Immanuel a bien, comme Dante, l'ambition d'honorer les meilleurs de ses contemporains, et de blâmer certains des plus vicieux, mais il est rarement aussi précis que le poète italien dans la désignation des personnages. Les échos du poème dantesque sont évidents mais les différences sont aussi importantes que les similitudes[45].

---

[42] On mentionnera certaines analyses intéressantes dans les histoires générales de la littérature hébraïque (voir I. Zinberg 1929, t. 3, p. 269-292 ; D. Pagis 1976, p. 260-273). À ce jour, à notre connaissance, le seul travail consacré à l'ensemble des *Maḥberoth* est, outre l'ancien ouvrage de L. Modona 1904, la thèse de J. Genot-Bismuth 1977. Cette dernière présente une lecture (peut-être trop) particulière de l'œuvre, fondée sur l'idée d'un symbolisme cohérent, reflétant une vision du monde appuyée sur la philosophie hébraïque médiévale.

[43] C'est aussi le livre le plus traduit jusqu'à aujourd'hui et l'un des seuls livres des *Maḥberot* qui ne se prête pas à la censure des âmes pudiques. Une traduction yiddish est parue à Prague (1660-1661, voir M. Erik 1928, p. 333) et la forme du récit a été intégrée dans un conte yiddish pieu et moralisateur, le *Sefer Immanuel*, voir I. Zinberg (1929, 233-234). Ces deux témoignages montrent la popularité de cette partie de l'œuvre d'Immanuel auprès des Ashkénazes malgré l'interdiction qui pesait sur l'ensemble des *Maḥberot*. Pour les traductions plus récentes, voir en particulier H. Gollansz 1921, en anglais, et G. Battistoni-E. Weiss-Levi 2000 en italien. On trouvera aussi une traduction italienne du premier livre (S. Fumagalli-M. T. Mayer 2002) et une traduction anglaise du quatorzième livre : V. E. Reichert 1982. Toutes ces traductions ne couvrent guère qu'un peu plus d'un dizième de l'œuvre.

[44] Pour l'analyse de la densité du poème dantesque, nous renvoyons en particulier à l'efficace analyse qu'en propose E. Auerbach 1968, p. 183-212.

[45] On notera que l'influence de Dante sur les Juifs italiens a été récemment

Au début du livre, le poète a 60 ans, il vient de subir un deuil et, dans son désespoir, le prophète Daniel lui apparaît et l'entraîne dans l'au-delà. Immanuel paraphrase le célèbre « *Lasciate ogni speranza voi ch'entrate* » par une citation tirée du traité *Shabbath* du Talmud babylonnien : « הנכנס יכנס והיוצא אל יצא » [46]. Si le récit d'Immanuel n'a pas la force de celui de Dante, ce n'est pas en raison du style hébraïque du poète chargé de citations bibliques (ailleurs dans les *Maḥberot*, on voit que celui-ci n'est pas, au contraire, un obstacle à l'expressivité), mais bien parce qu'Immanuel n'a jamais eu l'ambition de rivaliser avec son grand contemporain. Ce livre de ses *Compositions* a l'aspect schématique d'un simple *synopsis* qui viserait à reproduire en quarante pages de prose rimée, dans une clé juive et personnelle, les grandes étapes du voyage dantesque. Le voyage entraîne le poète et le prophète dans les différents cercles de l'Enfer.

Là, certains tableaux ne manquent pas de vie : comme celui de cet homme riche d'Ancône (*MI*, 28, l. 115-194), ami d'Immanuel qui lui raconte ses tourments parmi les flammes et les démons. Ayant consacré toute sa vie aux plaisirs terrestres, n'ayant eu aucun héritier, n'ayant pas pratiqué la charité et s'étant détourné de la sagesse, cet homme raconte au visiteur comment il a été une nuit mené par des démons jusqu'à son ancienne demeure où il lui a été donné d'observer sa femme, dans le bain et dans le lit, se livrer à des ébats amoureux avec un nouveau mari, celui-là même qui s'est emparé de toutes ses richesses. Tourment intime qu'Immanuel, habitué à chanter l'amour, devait placer très haut dans la hiérarchie des peines. Mais la plupart des rencontres de l'Enfer ne sont pas aussi détaillées, et malgré quelques histoires concrètes et quelques pointes comiques, la visite reste assez brève puisque Immanuel privilégie l'énumération sur la description.

---

réévaluée. Elle n'est pas aussi importante que ce que des auteurs comme C. Roth le pensaient. Voir C. Roth 1959, p. 86-110 et, à l'opposé, A. Salah 2013, en particulier p. 167-181. Le cousin d'Immanuel, Yehuda de Rome a transcrit en caractères hébraïques des extraits de la *Divine Comédie*, voir G. Sermoneta 1963, p. 23-42. Pour une analyse plus détaillée de la dépendance d'Immanuel, dans ce livre, à l'égard de la *Divine Comédie*, voir U. Cassuto 1921, p. 101-115.

[46] La citation « Laissez toute espérance, vous qui entrez » est inscrite sur la porte de l'Enfer (*Enfer*, III, 9). Quant à la citation d'Immanuel (*MI*, 28, p. 513, l. 49) : « Celui qui entre, laissez-le entrer, celui qui sort, ne le laissez pas sortir » (*Shabbath*, 60a), elle est prononcée directement par les diables.

Après être montés au moyen d'une échelle, Immanuel et Daniel arrivent au Paradis dont ils traversent les différents degrés (le Purgatoire est bien sûr absent dans la vision juive de l'au-delà). Les étapes se succèdent de manière répétitive : changement de cadre, description du nouveau lieu, explications de Daniel. Il y a assez peu d'interactions entre le poète et les défunts. Les longues listes de damnés, et surtout de justes, prennent le pas sur la narration. Dans le Paradis, Immanuel, après avoir rendu hommage aux personnages bibliques et talmudiques, à ses proches et à sa famille, aux plus nobles de ses contemporains, et même aux Justes des Nations (les non-Juifs qui ont mérité leur place au Paradis, selon une ancienne tradition talmudique) retrouve une thématique qui lui est chère tout au long des *Maḥberot* : l'éloge de soi, la mise en évidence de ses propres mérites. Il est accueilli par Moïse, David, Salomon et tous les prophètes qui, à tour de rôle, placent ses commentaires bibliques au-dessus de ceux de tous ses prédécesseurs et affirment qu'il est le seul à avoir saisi le sens de leurs paroles.

Il ne faudrait donc pas demander au poète juif ce qu'il n'a pas essayé de faire : son intention était probablement, comme cela a été suggéré, de rendre un hommage personnel au poète italien après sa mort, et la connaissance de ce projet par Bosone da Gubbio et Cino da Pistoia est vraisemblable étant donnée la constance avec laquelle ceux-ci associent les deux poètes[47].

Le deuxième aspect des *Maḥberot*, qui a attiré l'attention d'un certain nombre de critiques, est son adaptation des modèles poétiques italiens. L'œuvre d'Immanuel comporte, parsemés au fil de ses pages, pas moins de 38 sonnets. Le poète hébraïque a su, de façon admirable, adapter la structure linguistique de l'hébreu et sa tradition poétique d'origine andalouse, aux conventions de la métrique italienne. Comme les mètres arabes, sur lesquels ont été modelés les mètres hébraïques, sont construits sur un principe quantitatif (alternance de longues et de brèves), Immanuel a conservé cette importante tradition, mais il y a associé le décompte des syllabes, sur le modèle italien de l'hendécasyl-

---

[47] Les interprétations allégoriques et symboliques du récit d'Immanuel ont été nombreuses. On trouvera un rappel des grandes orientations chez G. Battistoni 2004, p. 69-98.

labe, profitant du fait que la distinction entre brèves et longues ne se sentait pas dans la prononciation des Juifs italiens[48].
C'est ainsi qu'il a introduit dans la poésie hébraïque un mètre
quantitatif-syllabique. On retrouvera chez Lévita, dans son travail de l'*ottava rima*, la même attention aux différences linguistiques, la même sensibilité aux spécificités de la langue d'adoption
à l'égard de la langue d'emprunt, le même sens du compromis
créatif.

Un autre fait est peut-être encore plus remarquable : Immanuel montre une grande régularité dans sa pratique du sonnet
alors qu'il vivait à une époque où cette forme n'était pas encore
bien définie et où la plus grande liberté régnait quant à sa structure rimique. C'est ainsi que 50 ans avant Pétrarque, Immanuel s'en tient systématiquement au modèle qui sera plus tard
le modèle classique du sonnet, encore nommé sonnet pétrarquiste. Ses quatrains présentent toujours des rimes embrassées,
ABBA ABBA, et les tercets riment le plus souvent (mais pas
exclusivement) CDE CDE. Immanuel a, de toute évidence, senti
la force musicale de ce modèle : les quatrains fournissent un
sentiment d'équilibre et de stabilité, tandis que les tercets sont
construits sur la tension de rimes qui attendent longuement leur
résolution[49].

C'est grâce à Immanuel que la forme du sonnet est entrée dans
la littérature hébraïque près de deux cents ans avant qu'il trouve sa
place, au XVIe siècle, dans la plupart des littératures européennes.
Une lecture des sonnets est une porte d'entrée privilégiée dans la
vaste forêt des *Maḥberot* car ils offrent une image fidèle de la variété
de ton assumée par le poète. Il ne faut cependant pas perdre de vue

---

[48] Nous nous contentons ici de présenter le principe général de la réforme
poétique réalisée par Immanuel. Les choses sont, en réalité plus complexes. Dèjà
dans la poésie hébraïque espagnole, il n'y avait pas *stricto sensu* de différence entre
longues et brèves, mais une distinction entre semi-voyelles et voyelles pleines.
On trouvera un exposé plus complet chez D. Bregman 1994, p. 69-71. Il existe
également une interprétation différente du mètre tel que le concevait Immanuel
chez J. Genot-Bismuth 1991, p. 161-186, qui prend en compte, au contraire de
D. Bregman, l'accentuation de l'hébreu chez les Juifs italiens et donc la distinction entre les rimes masculines (*endecasillabo tronco*) et les rimes féminines (*endecasillabo piano*).

[49] Pour plus de détails sur le sonnet italien avant et à l'époque d'Immanuel,
on lira le chapitre qui lui est consacré dans D. Bregman 2006, p. 9-81.

que ceux-ci sont toujours intégrés dans une narration et, pour certains, qu'ils ne sauraient être compris sans le cadre du récit qui les introduit[50]. C'est le cas par exemple du sonnet comique déclamé au livre 16 par une jeune fille se plaignant de l'impuissance de son mari (cas fréquemment évoqué dans les *Maḥberot*, cf. *MI*, 7, l. 162-183) et dont Lévita a pu s'inspirer dans la composition de son *Hamaṿdil lid* (*MI*, 16, 130-143) :

זה לי שנתים אשר נשאתי	Cela fait deux ans maintenant que j'ai épousé
בעל, ועודו חי, ואין לי נעם.	Mon mari. Il est encore vivant, et je n'ai aucun plaisir.
ימות בחץ ברק ומקול רעם,	Qu'il meure frappé par la flèche de l'éclair, par le bruit du tonnerre,
אז בין בנות החן אהי שרתי.	Alors je serai la reine parmi les jeunes filles aimables !
המותה יום יום אני קראתי,	J'ai appelé de mes vœux sa mort, jour après jour,
כי נכספה נפשי לשנות טעם,	Car mon âme désire goûter à autre chose,
לא אדעה מה אחרית הזעם,	Je ne connaîtrai pas la fin de ma rage,
יואר ויאבד יום, בביתו באתי !	Soit maudit, soit effacé, le jour où je suis venue dans sa maison !
אראה שכנתי בין שלשים חדש	J'ai vu ma voisine qui, en l'espace de trente mois,
שלש פעמים בעלים קברה,	A enterré trois fois ses maris !
כל השכנות אומרות, אשריה !	Toutes les femmes du voisinage disent : qu'elle est heureuse !
היא חיללה אלים ושרי קדש,	Elle a déshonoré des princes nobles et saints,
היא כלביא בין אריות גרה	Elle, la chienne, a vécu parmi les lions [les amants]
ובתוך כפירים רבתה גוריה !	Et comme des lionceaux se sont multipliés ses petits !

On le voit, malgré l'usage d'une langue métaphorique héritée de la poésie andalouse (« princes », « lions »), malgré la constance avec laquelle Immanuel emploie l'hébreu biblique (« la flèche de l'éclair »), il est capable de créer un sentiment de réalisme digne des poètes comiques italiens de son époque. La langue sainte, extrêmement codifiée et chargée de figures, devient chez lui un instrument souple qui se prête à toutes les métamorphoses. L'expression franche du désir et de la haine dans les quatrains, l'exagération burlesque de la situation concrète décrite dans les tercets, confèrent à ce sonnet une charge comique d'une grande efficacité. Les métaphores animales finales, qui sont élaborées à partir d'une métaphore classique de la poésie hébraïque d'inspiration arabe

---

[50] Ceci laisse planer un doute sur l'affirmation d'Immanuel, dans la préface aux *Maḥberot*, selon laquelle les récits n'auraient été conçus que pour servir de cadre à des œuvres poétiques composées préalablement. Certains poèmes sont, de toute évidence, le fruit même des récits.

(les amants assimilés à des lions), culminent dans l'évocation de la riche progéniture de cette mangeuse d'hommes.

Les livres 16 et 17 forment un récit continu qui, par sa construction élaborée qu'a analysée D. Pagis, renforce à chaque instant la puissance comique de la prose et des vers dans leurs détournements de citations bibliques pour évoquer des situations hautement immorales[51]. Tous les personnages y font preuve d'un talent poétique hors du commun. Il faut dire qu'Immanuel a pris soin de préciser en introduction que tous les vers de l'ouvrage, même placés dans la bouche d'autres personnages, sont les siens. Un peu avant le poème que nous venons de lire (*MI*, 16, l. 108-121), la jeune fille s'est lamentée, dans un autre sonnet, de sa virginité imposée et a affirmé que les Sages d'Israël ont déclaré que les vierges n'ont pas leur entrée au paradis. Encore plus tôt (*MI*, 16, l. 66-79), dans un sonnet qui est peut-être le plus connu de toute l'œuvre, le Prince, compagnon perpétuel d'Immanuel dans les *Mahberot*, a chanté son désir d'aller en Enfer où doivent se trouver toutes les jeunes filles aimables et non au Paradis auquel n'ont droit que les vieilles femmes difformes. Ce motif, déjà présent dans la chantefable *Aucassin et Nicolette*, peut être vu comme un symbole de l'inversion constante des valeurs morales qui domine ces deux livres des *Mahberot*.

Dans deux autres sonnets, au début du livre 16, Immanuel détourne savamment des motifs du *dolce stil novo*, comme il l'avait fait dans son sonnet italien *Amor non lesse mai l'avemaria*. Il le fait en introduisant des détails légèrement incongrus dans une situation typique de la poésie amoureuse élevée. Le premier sonnet (*MI*, 16, l. 16-30) chante la grâce de la même jeune fille : elle domine par sa beauté toutes les femmes, elle mettrait en branle les anges et les étoiles du ciel. Mais pour ne pas souffrir de l'attraction universelle qu'exerce sa beauté (même sur les morts qu'elle risque de ressusciter !), elle se tient penchée vers le sol, et le Prince se demande même s'il ne s'agirait pas là d'une tare physique. Immanuel dément fermement cette hypothèse et la louange qu'il entonne alors s'insère dans ce cadre comique. Le second sonnet qui, suit de près celui qui nous venons de

---

[51] D. Pagis 1976, p. 269-270.

mentionner (*MI*, 16, l. 38-51) est plus classique dans son traitement de la thématique amoureuse mais il n'évoque pas moins
certains détails physiques qui n'auraient pas leur place dans le
dolce stil novo. Immanuel affirme que les yeux de la jeune fille
montent au firmament durant la nuit car il les aperçoit parmi
les étoiles. Sa vie est suspendue aux boucles d'oreilles de la jeune
fille (enchanteresses comme les « magiciens d'Égypte »). Ses
dents sont encore plus belles que ses yeux, elles qui sont blanches
comme des grelons. Les tercets s'adressent directement à l'aimée et prennent la forme d'une question rhétorique de facture
plus traditionnelle : tes yeux sont-ils des étoiles du ciel, pri-
sonnières dans ton visage pendant le jour, ou bien seulement
des images d'étoiles, comme ton visage est l'image des sphères
célestes ?

Ces vers, qui ne sont pas dénués de noblesse, sont insérés
dans un cadre qui invite au rire. Le Prince est un homme marié
mais il tombe follement amoureux de la jeune fille qu'Immanuel
vient d'encenser. Le poète lui promet alors de le seconder dans
son entreprise de séduction et celle-ci est longuement décrite au
livre 17. Immanuel y mêle avec *maestria* le comique de situation
et le comique langagier. Les deux compagnons, au début du récit,
aperçoivent la jeune fille en train de se disputer avec son mari,
« un homme lamentable, la honte du peuple » (*MI*, 17, l. 16).
Afin de s'amuser, ils décident de faire mine d'ignorer l'identité de l'homme et de le traiter comme s'il s'agissait d'un
amant. Ils lui proposent un combat poétique qui doit décider lequel des trois prétendants sera digne des faveurs d'une
telle beauté. De façon surprenante, le mari ne se dévoile pas.
Il se contente de reprocher aux deux hommes leur conduite
immorale et leur fait comprendre que la femme a un mari admirable, « un sceau de perfection », et que ses frères sont prêts à
recourir à la violence pour sauver son honneur. Il va plus loin
encore, dénonçant l'amour comme une maladie de l'esprit et
décriant les femmes (et sa femme en premier lieu !) pour leurs
charmes trompeurs.

Cet étrange mari se lance alors dans une dénonciation misogyne qui a bien pu, sur certains points, inspirer Lévita dans le prologue du chant III du *Paris un Wiene*. Cette harangue commence
par deux vers d'admonestation (*MI*, 17, l. 94-98) :

דודים ! בלבנת יעלה, אם לא אידע־
תוה תמול, אל תבטחו בטוח
כי ראתה עיני שחורה משחור
שבה לבנה אחרי הטוח

Amis ! À la blancheur d'une jeune fille, si vous ne la connaissez / pas d'hier, n'accordez aucune certitude // Car mes yeux en ont vu une plus noire que le noir / devenir blanche après s'être plâtrée.

אשר עוד ראיתי במחשבי' ונתון אל לבי'
כי כמה מן הכעורות' היו לאדמה דמן' ייפה
אותם השמן' ותחת היותם מרוח קדים
שדופות' ושפחות חרופות' תחשבנה בעת
ישמינו מן היפות' ותהיין כאריות טורפות'
ועפר ארץ בראש החושקים שואפות.

Et j'ai développé mes pensées, j'ai porté mon attention sur le fait qu'un certain nombre de laides, couchées sur le sol comme du fumier, ont été embellies par les onguents, et au lieu d'être flétries par le vent d'Est, femmes à moité esclaves, on croirait qu'elles font partie des belles lorsqu'elles s'enduisent d'onguent. Elles deviennent alors pareilles à des lionnes qui déchirent, et convoitent jusqu'à la poussière sur la tête des amants.

On reconnaît, bien sûr, chez Immanuel l'assemblage de citations bibliques typique de la *melitsa* (prose de style élevé). Mais la critique du maquillage n'en reste pas moins remarquablement concrète. Chez Lévita (*PW*, 175-176), la description des femmes comme des bêtes féroces précède de peu la dénonciation, beaucoup plus détaillée, des cosmétiques. On trouve également chez les deux auteurs (*PW*, 181 – *MI*, 17, l. 107-108) la citation de l'Ecclésiaste (7, 26), qui était une référence incontournable pour toute expression de misogynie juive : « Et ce que j'ai trouvé de plus amer que la mort, c'est la femme, dont le cœur n'est que guet-apens et pièges et dont les bras sont des chaînes. Celui qui jouit de la faveur de Dieu échappe à ses griffes, mais le pécheur s'y laisse prendre. »

Après la longue tirade misogyne du mari (toujours masqué), le Prince affirme qu'il est prêt à enlever la jeune fille à son mari, aussi excellent et puissant soit-il, malgré toutes les menaces. La jeune fille se mêle à la conversation en riant et affirme (*MI*, 17, l. 152-153) que son mari est un « lépreux dont les cheveux se dégarnissent, [...] méprisable et corrompu » avant de « dévoiler » son identité aux deux prétendants. Son époux répond alors par une volée d'insultes. Le Prince se met en colère, scandalisé à la vue d'un couple si mal assorti et prend la défense de la jeune fille ce qui pousse son mari à recourir à une nouvelle stratégie : il rappelle au Prince ses devoirs conjugaux et sa réputation de piété, affirme ensuite qu'il déteste sa femme et que, s'il n'y avait l'honneur, il s'en serait déjà séparé et enfin que, si elle devait mourir, jamais il ne se remarierait. Toutes ces affirmations sont bien sûr placées dans une lumière particulière du fait que le lecteur, et les deux prétendants, connaissent son impuissance. C'est alors sur ce terrain que le Prince l'attaque en affirmant qu'il ne peut considérer une femme toujours vierge comme une femme mariée.

En ce point, la jeune fille décide de mettre à nouveau son grain de sel dans la conversation. Pour achever d'exaspérer son mari, elle propose de partager son corps en deux parties et de l'offrir aux amants (*MI*, 17, l. 291-295) ; « J'ai des marchandises belles et vigoureuses, joyau entre tous les pays (*Ezéchiel*, 20,6), les sources inférieures et les sources supérieures (*Josué*, 15, 19), des fantaisies qui dépassent toute borne (*Psaumes*, 72, 7) et mon mari est impuissant à payer la taxe (*Lévitique*, 27, 8), c'est un enfant qui n'a pas de raison (*Osée*, 13, 13), et vous êtes deux amants, qui frappez à ma porte (*Juges*, 19, 22). Je veux diviser pour vous mon corps en deux parties (cf. *MI*, 4, l. 178) : voici mon corps dont la taille est pareille à celle du palmier (*Cantique des Cantiques*, 7, 8), il est comme le fiancé qui sort de la chambre nuptiale (*Psaumes*, 19, 6), que la ceinture soit la frontière, prends, toi le Prince, en premier, et la main de ton ami viendra en dernier (*Deutéronome*, 13, 10). »

Nous avons volontairement signalé ici toutes les références des citations bibliques pour qu'on se rende compte de l'usage espiègle qu'en fait Immanuel. Ces réemplois bibliques, qui forment la base de la poésie hébraïque depuis la période andalouse, se nomment *shibutsim* (שבוצים : « insertions »). Quand le poète s'ingénie à leur donner un sens nouveau par rapport à leur contexte original, on les nomme *shibutsim shone hora'a* (שבוצים שונה הוראה : « insertion modifiant le sens »). Immanuel est sans doute le poète de la littérature hébraïque qui fait l'usage le plus audacieux de cette technique mais il est loin d'être le seul[52]. Pour les lecteurs originels, dont beaucoup étaient capables d'identifier l'origine des

---

[52] Un autre exemple tiré du même livre des *Maḥberot* (*MI*, 17, l. 352-353) est analysé par D. Pagis 1976, p. 73-74.

citations, le plaisir était bien sûr double : ils jouissaient du récit mais aussi des déformations de la Bible que celui-ci met en œuvre.

Le Prince, regardant alors la haute poitrine de la jeune fille s'exclame (*MI*, 17, l. 300) : « C'est la terre que Dieu a promise à Abraham ! » Il choisit la partie supérieure, comme Moïse qui offrait à Dieu la part de choix des béliers sacrifiés sur l'autel devant la Tente d'Assignation (*Lévitique*, 8, 29), tout en déclarant (*MI*, 17, 306) que « le Chéol, dans ses profondeurs, émeut tout autant [son] âme. » Le mari, voyant ses efforts de moralisation échouer lamentablement, change encore une fois de stratégie et revient à l'idée initiale d'un concours poétique, dont la jeune fille serait le prix, entre lui et les deux amants. Les deux prétendants acceptent avec joie, persuadés d'avoir déjà remporté la mise, et entonnent des poèmes dans la veine érotique et comique de ce qui a précédé. Voici donc le mari contraint à conquérir sa propre femme en chantant des poésies d'amour. Et (surprise !) l'avorton impuissant est doté d'un talent poétique hors du commun.

Immanuel vient à la rescousse du Prince, effrayé par cette puissance poétique, et propose que le concours s'achève sur la résolution d'une énigme. Le mari accepte sans crainte. L'énigme est dans le ton de toute la conversation : quelle est la femme qui, créée la première au commencement du monde, s'est, dès la naissance, conjointe à tous ceux qui la désiraient, même les créatures les plus basses, n'a jamais laissé de veuf et se voit chargée d'ans sans pour autant avoir vieilli ? Non seulement, le mari trouve la solution de l'énigme (il s'agit d'un concept-clé de la physique médiévale : la substance fondamentale, base de tous les êtres et de tous les objets de ce monde), mais il la livre dans un sonnet plein de spiritualité où les jeux de mots renforcent sa démonstration (*MI*, 17, l. 396-409). Définitivement vaincus, les deux amants s'en vont la tête basse : le Prince étant désespéré, c'est sa famille qui tente de consoler le mari infidèle et de le forcer à se nourrir. Le livre s'achève sur une lamentation du prince sur le sort de la jeune fille, caractérisée par un usage virtuose des homonymies. Il s'agit apparemment du réemploi d'un poème qu'Immanuel avait initialement composé pour pleurer le sort d'Israël, fille de Dieu, exilée parmi les nations. Au point où l'on en est, un poème d'inspiration religieuse peut bien être recyclé dans un contexte aussi mondain !

En fin de compte, le renversement narratif et la victoire du mari redessine radicalement le jeu des forces mises en scènes. Comme, chez Immanuel, le pouvoir érotique est toujours lié au pouvoir poétique (c'est grâce à ses poèmes qu'Immanuel réalise ses conquêtes amoureuses), ce n'est pas celui que nous pensions qui se révèle le plus impuissant. Le mari, par sa puissance poétique, efface son ridicule et fait oublier sa tare physique. Inversement, les deux amants fanfarons (dont le poète lui-même !) rentrent la queue basse et l'accusation d'impuissance retombe sur eux à la fin du récit. Auto-ironie d'Immanuel ? Sans doute, mais les choses sont rendues plus complexes du fait que le lecteur sait parfaitement que les poèmes du mari sont en réalité de la plume d'Immanuel. Le poète, orgueilleux de sa langue et de son pouvoir poétique, finit toujours, quoique l'on fasse, par l'emporter.

On voit à quel point, dans les livres 16 et 17 des *Maḥberot*, le récit est bien plus qu'un prétexte pour réciter des poésies : habileté linguistique et poétique et habileté narrative se renforcent l'une l'autre dans une structure qui maintient toujours la charge comique à un degré maximum d'efficacité[53]. Une poésie aussi originale que celle d'Immanuel a suscité des interpréta-

---

[53] Ce n'est que récemment qu'on s'est attaché à dégager la cohérence de certains livres des *Maḥberoth*. D. Malkiel (1996, p. 169-173) a ainsi étudié la nouvelle réaliste du livre 14 qui relate la façon dont un charlatan s'empare de l'héritage d'un fils indigne (thème qui semble typique des nouvelles italiennes de l'époque). Il a montré avec précision l'ingéniosité avec laquelle cette nouvelle s'intègre dans le récit-cadre. Dans une autre contribution, D. Malkiel (2007, p. 35-59) analyse le troisième livre des *Maḥberoth* (« Le livre du Désir »), et en particulier la façon dont y est représenté le concept de Temps, si fréquemment employé dans la poésie hébraïque antérieure pour désigner le destin. Selon Malkiel, Immanuel infléchit le sens de ce terme pour lui faire représenter les plaisirs terrestres. D. S. Segal 1999, p. 43-55, présente le livre 23 dans son unité malgré son apparente disparité de thèmes. Celui-ci s'ouvre en effet sur la guérison comique d'un homme souffrant de constipation. Immanuel, qui joue le rôle de médecin, lui a donné un remède qui n'a pas eu l'efficacité escomptée : au lieu de libérer ses intestins, l'homme a passé la nuit à composer un très mauvais poème . Quand celui-ci se plaint de l'échec du médicament, Immanuel affirme que ce qui aurait dû sortir par le bas est sorti par le haut. Le livre continue en évoquant la séduction d'une jeune fille par Immanuel grâce à son talent poétique. Dans un troisième temps il est question d'une crise de priapisme du poète qui lui offre l'occasion de prononcer une satire contre les médecins. Et le livre s'achève enfin sur un long éloge du grand poète hébraïque Kalonimos ben Kalonimos. D. S. Segal montre que tous les éléments de ce livre trouvent en réalité leur unité et leur cohérence dans la figure de Kalonimos qui pouvait retrouver dans les passages comiques du livre des hommages à sa propre poésie et à sa sagesse.

tions contrastées. L'amour y est désigné par le terme *ḥeshek* (חשק : « désir, volupté »), hérité de la poésie d'origine arabe. Immanuel se nomme lui-même « שר צבא החשק »[54], le « Prince de l'armée du Désir ». On a pourtant dénoncé, à propos d'Immanuel, le « mythe aberrant du poète licencieux[55] ». Il est évident que la poésie de l'auteur ne saurait être réduite à sa dimension ludique et provocatrice qui s'appuie si volontiers sur des thèmes érotiques. Cette prédilection est une nouveauté pour la poésie hébraïque qui avait déjà abondamment chanté le désir (pour des jeunes filles, mais aussi pour de jeunes garçons dans la tradition arabe) mais qui ne lui avait jamais accordé une telle domination (on louait plus volontiers le vin). Il est vrai aussi, sans le moindre doute, que lorsqu'Immanuel chante l'amour, c'est la poésie, sa force et son art qu'il entend surtout illustrer. Le troisième livre (מגלת החשק : « le rouleau du désir ») commence par un dithyrambe adressé par le poète à son propre talent : il dépasse en valeur le poète des *Psaumes*, il laisse derrière lui le roi David, lui-même (*MI*, 3, 49) : « אדרך אני על במתי השיר ובי \ יתהללו שרים ובי נשבעו » (« Je marcherai sur les hauteurs de la poésie / Par moi, les poètes se glorifieront, par moi ils jureront ! »).

Par ailleurs, Immanuel doit être analysé à travers sa connaissance des traditions philosophiques (en premier lieu maïmonidiennes) et poétiques médiévales (la poésie hébraïque espagnole) dont il est l'héritier. Le désir n'est jamais présenté de façon univoque. Il est en permanence placé dans une relation dialectique avec la sagesse tirée des textes sacrés et dépendant de la vie religieuse. Il est évident que ses modèles, ses références, appartiennent dans une vaste majorité au canon de la littérature juive. On a reproché à la recherche de créer une image fausse de ce poète en insistant de façon disproportionnée sur l'influence des modèles italiens dans son œuvre. Mais cette opposition nous semble forcée.

Des figures comme Immanuel, et comme Lévita, ne peuvent être comprises que si l'on explore pleinement les deux faces des créateurs. Bien sûr, Immanuel n'est pas un poète libertin, ou libre-penseur. Il est vrai que les premiers chercheurs à lui avoir

---

[54] *MI*, 3, l. 71, voir aussi l. 151.
[55] J. Genot-Bismuth 1991, p. 161.

accordé leur intérêt au XIXᵉ siècle n'ont pas toujours échappé, dans leur enthousiasme pour le poète et dans leur désir de promouvoir l'émancipation de leurs coreligionnaires, au péché d'anachronisme lorsqu'ils le nommaient, par exemple, « Heine des Mittelalters[56] ». Il n'en reste pas moins que la familiarité d'Immanuel avec la littérature italienne de son temps est un fait assez remarquable pour qu'on ne le renvoie pas avec négligence au goût commun d'un lieu et d'une époque. Il s'agit bien, comme lorsque Lévita traduit des octaves de l'Arioste, d'un témoignage d'admiration pour les poètes chrétiens de langue italienne et d'un désir de faire partager cette admiration par les Juifs, quitte même à ne jamais nommer explicitement les auteurs que l'on prend pour modèle.

Dans le sonnet qui conclut le livre 3 des *Maḥberot* (« le rouleau de l'amour [ou du désir] »), Immanuel traduit directement en hébreu des vers de Dante tirés d'une *canzone* de la *Vita nuova*, ce qui explique le ton de ce poème, particulièrement noble et imprégné des valeurs du *dolce stil novo*. Dans les deux cas, il s'agit de pleurer la mort de l'amante idéale. Voici les vers des deux auteurs face à face (*MI*, 3, l. 561-563 – *Vita nuova*, XXIII) :

עש ! בעבורך אהבה המותה	[...] – Morte, assai dolce ti tegno
מה מתקה מיום אשר בך דבקה	Tu dei omai esser cosa gentile,
מה נפלאה מות בעש התחברה	Poi che tu se' ne la mia donna stata [...]

Étoile, à travers toi je vais aimer la mort,
Comme la mort est devenue douce depuis le jour
    où elle s'est jointe à toi !
Comme la mort est merveilleuse depuis qu'elle
    s'est associée à mon étoile !

[...] – Mort, je te tiens pour très douce,
Tu dois désormais être une chose noble
Puisque tu es entrée dans ma dame [...].

Nous notons cependant une certaine différence entre les vers d'Immanuel et ceux de Dante lorsque nous les replaçons dans leurs contextes respectifs. Chez le poète hébraïque, il s'agit de la conclusion d'une nouvelle qui narre la séduction d'une nonne et le poème, qui marque la fin du livre entier, s'achève sur le paradoxe de la douceur de la mort (les deux tercets véhiculent la même idée). Mis ainsi en exergue, ils permettent de nuancer la tragédie de la mort de la jeune fille (liée au rejet d'un homme qui

---

[56] Immanuel a été nommé « un Heine du Moyen-Âge » par H. Graetz 1873, t. 7 p. 290.

n'avait de cesse de la courtiser : le contexte même invite à ne pas prendre cette mort trop au sérieux) et achèvent l'histoire sur une note plus légère. Rien de tel chez Dante : les vers apparaissent au cœur d'une *canzone* où le poète italien relate un rêve dans lesquel il a entrevu la mort de Béatrice. Les vers que nous avons cités sont suivis par un appel du poète à la mort pour qu'elle l'emporte, lui aussi, dans le ciel pour lui procurer le bonheur de la voir. Empli de douleur, il lève les yeux au firmament pour remercier Béatrice de lui avoir fait un signe dans son sommeil. La citation d'Immanuel aboutit donc, par la position qu'il lui accorde, à une profonde redéfinition du paradoxe dantesque et à un changement radical de sa tonalité[57].

Nous ne pouvons mentionner ici tous les emprunts qu'Immanuel fait à la culture italienne de son temps[58]. Loin de concorder avec ceux qui affirment que l'empreinte de la poésie italienne chez Immanuel a été recherchée avec trop d'avidité, nous pensons qu'il existe encore un certain nombre d'imitations ou de réminiscences qui n'ont pas été identifiées et que l'empreinte globale de cette

---

[57] Nous ne pouvons concorder avec l'opinion exprimée par A. Brener dans un article récent dans lequel elle analyse l'ensemble du livre 3 comme une parodie de la *Vita nuova*. Voir A. Brener 2012, p. 149-175. Même si ce livre montre des réminiscences probables du texte dantesque à des moments précis du récit, celles-ci sont insérées dans un contexte tout autre qui appartient entièrement à l'inspiration d'Immanuel et qui ne vise à prendre le contre-pied ni de la poésie ni de la pensée complexe du poète italien. On ne peut guère parler que de réminiscences ponctuelles qui, tout en n'étant pas dénuées d'humour, reflètent avant tout l'admiration d'Immanuel pour son modèle. Rappelons qu'une parodie suppose chez le lecteur une connaissance du texte originel, cas qui devait tout de même être assez rare chez les Juifs italiens. Encore d'A. Brener (2008, p. 1-27), on pourra lire l'intéressante analyse du récit conté dans le livre 8 (*MI*, 8, l. 493-599) qui met en scène un vieux savant possesseur de nombreux livres, et une bande de jeunes gens groupés autour d'Immanuel qui, contre son gré, copient une partie de son trésor. A. Brener analyse précisément l'usage des références bibliques et la façon dont Immanuel met à profit leur contexte original. Cette nouvelle est également intéressante car elle établit un parallèle saisissant entre la possession de la femme et la possession du savoir. *Eros* et *Logos* ne sont jamais éloignés dans l'esprit du poète hébraïque.

[58] Pour un relevé plus complet, nous renvoyons à l'article d'U. Cassuto 1921, p. 116-122. On notera en particulier, au livre 9 (*MI*, 9, l. 163-224), l'imitation, désignée comme telle par Immanuel sans cependant qu'il nomme l'auteur de l'original, d'un poème sur les métiers que Cassuto a identifié comme étant le poème comique « *Tant'agio ardire e conoscenza* » du poète siennois Ruggieri Apugliese, type même de la *poesia giullaresca*.

culture sur son œuvre attend encore son analyste. Cela ne diminue en rien la question de la dette d'Immanuel à l'égard des sources spécifiquement juives qui constituent l'écrasante majorité de son bagage culturel, mais la reconnaissance de ces dettes « étrangères » fournit des informations essentielles sur les lectures et sur l'esprit d'un écrivain qui est capable de redéfinir les codes proposés par la culture ambiante.

Immanuel n'est pas le seul auteur hébraïque à laisser paraître l'influence de Dante[59]. L'exemple le plus significatif, après lui, est celui de Moshe da Rieti qui a introduit la *terzina* dans la poésie hébraïque et fondé son poème *Mikdash Me'at* sur une lecture du *Paradiso*[60]. Mais il nous faut passer sur des cas intéressants de transferts culturels afin de ne pas déborder du cadre de notre étude. Immanuel nous intéressait particulièrement car nous avons vu que Lévita le connaissait. Son esprit original, à la fois savant et léger, devait avoir un attrait certain pour l'auteur yiddish. Deux siècles plus tard, il est un poète hébraïque que Lévita a probablement fréquenté et dont la personnalité présente d'intéressants points communs avec celle de notre auteur : il s'agit de Joseph Sarfati, aussi nommé Giuseppe Gallo, dont la création poétique mérite, autant que celle d'Immanuel, une attention particulière.

II.2.b. *Joseph Sarfati (après 1470-1527)*

Les liens entre Lévita et le plus remarquable poète hébraïque de son époque en Italie n'ont pas encore été soulignés par la recherche. Ils sont cependant d'un grand intérêt pour mieux saisir la position sociale et culturelle des deux hommes, et, même si nous ne possédons aucune preuve définitive des rapports concrets entre les deux hommes, ils sont rendus probables par une série d'indices. Les deux auteurs ont vécu simultanément à Rome durant les années 1520 (peut-être même dans les années 1510 quoique Sar-

---

[59] Sur cette question, nous renvoyons au chapitre de C. Roth 1959, p. 86-110. Et plus récemment à l'article D. Bregman-A. Guetta-R. Sheindlin 2003.

[60] On trouvera une description assez précise de sa biographie et de son activité chez P. Rieger-H. Vögelstein 1896, p. 69-75.

fati ait vraisemblablement séjourné à Florence de 1515 à 1519[61]). On possède de la main de Sarfati deux poèmes composés pour le *Sefer Habaḥur* de Lévita qui ne semblent cependant pas avoir été inclus dans l'édition romaine de 1518[62]. Plus important peut-être, Sarfati a composé un poème de 42 vers, placé en introduction à la Bible rabbinique de Bomberg (1525), projet pour lequel Lévita a lui-même écrit deux poèmes, l'un de 24 vers, l'autre de 8 vers qui ont été présentés plus haut[63]. Ces rencontres, à 7 ans de distance, des noms et des vers des deux poètes à l'occasion d'entreprises éditoriales différentes nous semblent révélatrices.

À ces témoignages livresques, viennent s'ajouter les informations que nous possédons sur la vie de Sarfati et sur sa personnalité littéraire. On sait qu'il est le fils de Samuel Sarfati un médecin qui, ayant fui la Provence, où il possédait une excellente réputation, au moment de l'expulsion des Juifs de cette région en 1498, a obtenu à Rome une position de très grande influence puisqu'il a été successivement le médecin personnel des papes Alexandre VI et Jules II et qu'il a, à ce titre, obtenu divers privilèges parmi lesquels l'exemption de porter tout signe distinctif[64]. Joseph a, comme son père, reçu le titre de médecin en 1504. Il l'a suivi à Florence lorsque celui-ci est devenu le médecin attitré de Jules de Médicis. Après la mort de son père, il a obtenu de Clément VII la confirmation de ses anciens privilèges et est bientôt devenu lui-même le médecin personnel du pape. Comme Lévita, Joseph était à l'aise dans une multitude de langues et il a collaboré avec des humanistes chrétiens, tel le juriste Teseo Ambrogio degli Albonesi qu'il a aidé à déchiffrer un manuscrit syriaque à Rome en 1512[65]. Lorsque le faux messie David Reubeni a rendu visite au pape Clément VII en 1524, il a été accueilli, entre autres, par Gilles de Viterbe et

---

[61] U. Cassuto 1918, p. 346-348.

[62] Ces poèmes se trouvent dans le recueil des poèmes de Sarfati conservé à Oxford dans un manuscrit de la Bodleiana (MS 554/3, *olim* Mich 353, f. 132v, no. 162 et 163). Sur les œuvres de Sarfati composées en l'honneur de livres imprimés, voir D. Almagor 1998, p. 21-36.

[63] Le poème de Sarfati est présenté et analysé en détail par A. Brener 2006, p. 263-285.

[64] P. Rieger-H. Vögelstein 1896, p. 83-84 et *EJ*-2007, art. « Sarfati ».

[65] Ambrogio le mentionne dans son *Introductio in chaldaicam linguam*, Padoue, 1539, p. 14.

Joseph Sarfati[66]. Né dans un milieu privilégié et ayant dès sa jeunesse fréquenté les milieux de la cour pontificale, Sarfati devait être, plus que Lévita, formé à la culture humaniste classique.

Nous en trouvons un témoignage de première main dans l'œuvre de l'écrivain Pierio Valeriano qui lui consacre une rubrique louangeuse dans son *De infelicitate litteratorum* (composé en 1529 mais publié près d'un siècle plus tard). Il l'inclut en effet, fournissant toute une série de détails sur les péripéties de son existence, dans la liste des hommes savants qui ont succombé lors du sac de Rome en 1527. Voici le portrait qu'on lit sous sa plume, bon exemple de la tolérance qui régnait dans certains cercles humanistes pour la différence religieuse :

> *Addam his Josiphonta Samuelis, quo Julius secundus Pont. Max. assidue usus est Medico, filium, qui Philosophiae et Mathematicis impensissimam operam navaverat, litteris Hebraicis sub ipso patre mirifice profecerat, neque patria ea contentus eruditione, Graecas etiam affectaverat, Latinas autem ita didicerat, ut et vorsae, et prorsae orationis candore, et elegantia aequales omnes Romae provocaret, aequumque cum universa juventute pedem ferret*[67].

Même si Pierio Valeriano regrette, dans la phrase suivante, qu'un jeune homme aussi doué ne fût pas chrétien, il nous offre ici un témoignage frappant de l'intégration de Joseph Sarfati dans la société intellectuelle de la jeunesse romaine, évoquant même sa participation à des joutes littéraires latines. On connaît également, par Valeriano, les circonstances de sa mort, de faim et de maladie, après qu'il eut échappé à des hommes qui l'avaient fait prisonnier lors du sac de Rome. On sait grâce à lui qu'il s'est fait voler une grande partie des richesses paternelles par un serviteur malhon-

---

[66] A. Neubauer a publié les mémoires de David Reubeni qui relatent le déroulement de ses pérégrinations. On y trouvera le récit de son entrée à Rome : A. Neubauer 1897, p. 151. Il existe une traduction italienne des mémoires de Reubini dotée d'un appareil critique : L. Sestieri 1991.

[67] « J'ajouterai [à cette liste d'écrivains victimes du sac de Rome] Giosifante, le fils de Samuel que le pape Jules II a longtemps employé comme médecin. Giosifante s'était consacré avec un soin immense à la philosophie et aux mathématiques, s'était formé de manière admirable en hébreu sous l'égide de son père. Non content de cette érudition ancestrale, il s'était également attaqué au grec et avait si bien appris le latin qu'il pouvait, à armes égales, se mesurer à quiconque quant à l'élégance et à la simplicité des vers comme de la prose, et qu'il pouvait tenir tête dans ce domaine à toute la jeunesse. » P. Valeriano 1821, p. 14.

nête. Une belle élégie en son honneur de Moïse ben Joab, important poète hébraïque florentin, nous a été conservée, et une série d'échanges poétiques prouve qu'il entretenait d'étroites relations avec toute une série de poètes et de banquiers de Florence[68].

De Joseph Sarfati, nous est parvenu, dans un manuscrit d'Oxford, un recueil de 230 poèmes, extrêmement variés, qui témoignent de ses amitiés et de ses inimitiés littéraires, de la variété de son inspiration et de l'ampleur de ses intérêts[69]. On y trouve des poèmes d'amour, écrits dans une veine pétrarquisante, des satires, fruits de vifs débats littéraires et sociaux, des vers de circonstances, et même des poèmes comiques qui ont pu être qualifiés de « pornographiques »[70]. Certains poèmes de Sarfati reflètent une vie littéraire active où les hommes luttaient et se moquaient les uns des autres par poésies interposées, créations qui rappellent les pasquinades de Lévita[71]. Il a ainsi composé un sonnet humoristique dans lequel il décrit une partie de cartes qui l'a opposé à deux riches banquiers juifs florentins. Il y souligne la façon dont, grâce à son intelligence du jeu, il a vidé les poches de ses deux adversaires[72].

Le poète hébraïque est, comme Lévita, une excellente illustration de cette cohabitation des styles et des genres qui est un des traits distinctifs de la littérature italienne en ce début de XVIe siècle. Comme le poète yiddish, Sarfati a adapté pour un lectorat juif des œuvres littéraires à la mode. On a conservé de sa plume l'introduction versifiée qu'il a composée pour la pièce (ou le roman,

---

[68] U. Cassuto 1918, p. 340-350, décrit ce cercle littéraire.

[69] Ce manuscrit (MS 554/3, *olim* Mich 353, f. 132v, no. 162 et 163) n'a fait l'objet que d'éditions partielles. Dan Almagor a publié un certain nombre de ces œuvres. On en trouvera la liste dans la bibliographie qu'il a consacrée à Joseph Sarfati, D. Almagor 1996, p. 53-113. Les œuvres les plus faciles d'accès sont présentées dans des anthologies. Ch. Schirmann 1934, p. 223-235, présente 26 poésies. On trouvera en outre 5 sonnets du poète chez D. Bregman 1998, p. 69-74, et 4 poèmes, traduits en anglais par T. Carmi 1981, p. 454-456.

[70] Sur ces derniers, D. Almagor 1996, p. 27-30 et S. D. Hopkin 2011, p. 188-190.

[71] Ces luttes pouvaient être amicales. En témoigne un amusant sonnet de Moïse ben Joab adressé au riche banquier Shlomo da Poggibonsi, avec qui il entretenait de bonnes relations, dans lequel celui-ci est décrit en proie à des dérangements intestinaux pour s'être trop livré à la gourmandise. Voir D. Bregman 1995, p. 77.

[72] D. Bregman 1998, p. 72.

le genre est contesté) de l'auteur espagnol Fernando de Rojas, *La Celestina*[73]. Cette œuvre qui venait d'être achevée (1502) et qui a été traduite pour la première fois en italien en 1506, devait se révéler le texte le plus populaire de la littérature espagnole, en termes de diffusion internationale, après le *Don Quichotte*. Malheureusement, la traduction de Sarfati en hébreu ne nous est pas parvenue et nous ne pouvons aujourd'hui raisonner qu'à partir de son introduction de 62 vers, datée de 1507. Celle-ci semble faire référence à une entreprise achevée. L'intrigue de *La Celestina* a pu être décrite comme lascive et immorale puisqu'elle met en scène une vieille maquerelle, mâtinée de sorcière, qui favorise les aspirations amoureuses des protagonistes[74]. La traduction de Sarfati, au cas même où elle ne serait restée qu'à l'état d'intention, est très significative : à peine l'œuvre de Rojas était-elle arrivée sur le marché italien qu'elle était déjà traduite par un auteur juif pour un public juif. Sur ce plan, les romans de chevalerie de Lévita incarnent la même volonté de transfert culturel et sont le signe d'une même soif de récits divertissants chez les Juifs de la péninsule.

Il est un autre point qui lie Sarfati à Lévita : leur usage de l'*ottava rima*. Parmi les œuvres poétiques du poète hébraïque, on trouve 14 courts poèmes qui emploient cette strophe (caractérisée par une séquence de rimes abababcc)[75]. Nous aurons l'occasion d'étudier cette forme dans le détail en considérant l'adaptation qu'en propose Lévita. Sarfati est le premier poète à l'introduire dans la littérature hébraïque. Il l'emploie en particulier dans sa poésie amoureuse. Même si ces poèmes sont parmi les plus cités du poète, la recherche en est encore à ses tout débuts en ce qui les concerne. Le fait même qu'on ne dispose pas encore d'une édition complète des poèmes de Sarfati montre à quel point l'étude de la poésie hébraïque italienne a du chemin à parcourir.

---

[73] Une thèse de doctorat récente analyse les motivations qui ont pu pousser Sarfati à entreprendre cette traduction. Le poème introductif y est intégralement cité : S. D. Hopkin 2011, p. 243-247.

[74] Voir, par exemple, l'introduction à la traduction française de G. de Lavigne, publiée par C. Gosselin à Paris en 1841, p. XXIII.

[75] Leur liste est donnée par S. D. Hopkin 2011, p. 174.

Ces pièces qui ont été jusqu'ici désignés par la recherche comme des *ottave rime*, seraient plus justement nommées *rispetti* ou *strambotti*. Car l'*ottava rima* est, depuis son origine, la forme caractéristique de longs poèmes narratifs, et en particulier des romans de chevalerie dont elle est devenue une sorte de marque distinctive au cours du XVe siècle, ce qui explique son emploi par Lévita. Les poèmes dont il est ici question ne sont constitués que d'une seule strophe et ils appartiennent à un type de poésies d'origine toscane et populaire. Ils étaient, la plupart du temps, destinés à être chantés accompagnés du luth ou de la viole, et connurent une forte popularité dans les cours princières à la fin du XVe siècle et au début du XVIe siècle[76].

Notre recherche nous a conduit à découvrir que l'une au moins des pièces de Joseph Sarfati est une traduction directe (et presque littérale) d'un *strambotto* de Serafino Aquilano de' Cimminelli (1466-1500), archétype du poète courtisan et musicien accompli ayant étudié, notamment, sous la direction de Josquin Desprez[77]. Poète pléthorique, Serafino se produisait dans les cours italiennes, à Milan, Urbino, Mantoue où il était très apprécié pour ses talents poétiques et musicaux. Sa poésie est caractérisée par un pétrarquisme volontairement exagéré dans l'usage d'antithèses, de métaphores et d'hyperboles, frisant parfois la parodie. C'est une poésie maniérée qui annonce de loin le marinisme. Voici le texte d'un *strambotto* de l'Aquilano, et sa traduction par Joseph Sarfati[78] :

---

[76] Sur les formes de la poésie courtisane de la fin du XVe siècle et du début du XVIe siècle, nous renvoyons à A. Rossi 1980. Pour une étude plus précise de la transmission des textes, on se référera à l'article du même auteur : A. Rossi 1993, p. 251-264.

[77] A. Guetta, que nous remercions, a attiré notre attention sur l'article d'A. Rathaus 1989, p. 75-86, qui identifiait déjà l'origine de ce sonnet. Dans son article cependant, A. Rathaus ne nous semble pas accorder à Serafino Aquilano l'importance qui lui revient préférant rapprocher Sarfati du plus célèbre Politien. D'autres octaves de Sarfati ont certainement été inspirées par Aquilano, ce qu'il ne souligne pas. De plus, il s'intéresse essentiellement à la question du genre de ces poèmes sans insister sur le contexte social dans lequel Sarfati écrivait et que cet emprunt à la littérature italienne permet de mieux envisager.

[78] Nous utilisons les textes des poèmes donnés, pour Sarfati, par Ch. Schirmann 1934, p. 224 et, pour l'Aquilano ceux de l'édition B. Bauer-Formiconi 1967 reproduits sur le site http://www.bibliotecaitaliana.it/ [consulté le 3 mars 2014].

Tu dormi, io veglio, et vo perdendo i passi
E tormentando intorno alle tue mura ;
Tu dormi, e 'l mio dolor resveglia i sassi,
Et fo per gran pietà la luna oscura.
Tu dormi, ma non già questi occhi lassi
Dove el somno venir mai se assicura ;
Perché ogni cosa da mia mente fugge,
Se non l'imagin tua, che mi destrugge.

Tu dors, je suis éveillé, et j'erre
Me tourmentant autour de ta maison ;
Tu dors, et ma douleur éveille les pierres,
Je rends la lune obscure tant elle a pitié de moi.
Tu dors, mais ces yeux las ne dorment pas
Dans lesquels le sommeil n'ose jamais venir ;
Car toute chose fuit de mon esprit,
Sinon ton image qui me détruit.

ישנה את, אני נעור ונודד
ומתנמנם סביב ביתך, עדינה
ישנה את, אני צורים אעודד
במכאובי ואחשיך הלבנה
ישנה את, וזיו מראך ישודד
תנומה מבנות עיני ושנה.
בצלמך כל מזמותי כנוסים,
וכדונג בתוך אשך נמסים

Tu dors, je suis éveillé et j'erre
Et je vais somnolant autour de ta maison, ma douce !
Tu dors, moi j'excite les rochers
Dans ma douleur et j'obscurcis la lune.
Tu dors, et la splendeur de ton visage chasse
Le sommeil de mes pupilles et le repos.
Toutes mes pensées sont concentrées sur ton image,
Et fondent comme de la cire dans ton feu.

Comme Immanuel, Sarfati utilise un mètre quantitatif-syllabique. Le mètre, dans tous ses *strombotti* est le même : ˘ ‒ ‒ ‒ ˘ ‒ ‒ ‒ ˘ ‒ ‒ (les signes ˘ indiquent les semi-voyelles et les signes ‒ les voyelles pleines). Mais, comme nous l'avons déjà noté, la différence entre ces deux phonèmes ne devait pas se sentir dans la prononciation italienne, et le respect de cette règle tient davantage à la volonté de ne pas sortir de la tradition d'origine andalouse qu'à une réelle nécessité poétique. Le vers correspond à l'hendécasyllabe et il respecte l'alternance entre les rimes féminines et les rimes masculines. La tendance au rapprochement avec la poésie italienne se fait d'autant plus sentir que, contrairement à la convention respectée dans la plupart des poèmes de Joseph Sarfati, surtout ceux qui sont construits sur des mètres d'origine espagnol (la majorité d'entre eux), la langue ici ne repose pas sur l'enchaînement de citations bibliques.

Si la traduction reste très proche de l'original, quelques déviations méritent d'être soulignées. L'aspect hyperbolique du poème italien dans ses images (éveil des pierres, obscurcissement de la lune) est encore accentué par le poète hébraïque, du fait de la suppression du complément de cause (« *per la pietà* ») qui personnalisait la lune et justifiait qu'elle se voile la face[79]. Les images en deviennent plus maniérées et plus insaisissables, et ceci d'autant plus que le verbe « אעודד » qui signifie ordinairement « encourager, renforcer » est utilisé ici dans un sens légèrement étendu. S'il répète l'anaphore du poème italien, Sarfati rompt d'avantage l'ordre de la métrique et de la syntaxe : par des rejets (v. 3-4 et v. 5-6) et par l'hyperbate du v. 6 : l'agitation de l'amant n'en apparaît que plus intense. Enfin, il ajoute aux images déjà nombreuses du poème, la comparaison finale des pensées liquéfiées comme de la cire au contact du feu de l'amour. On voit non seulement que le poète hébraïque se sentait à l'aise dans le pétrarquisme maniéré de la poésie courtisane, mais qu'il était en plus capable de l'accentuer.

Tous les *strambotti* de Joseph Sarfati ne sont pas aussi proches de leur source (si tant est qu'on puisse identifier pour chacun d'eux une source définie, ce que nous ne pensons pas), mais ils respectent toujours les conventions extrêmement codifiées de cette poésie en y mêlant celles de la poésie hébraïque qui favorisaient, elles aussi, les images stéréotypées et fortement contrastées : l'amante, par exemple, est une gazelle dont les yeux lancent des flèches sur la troupe de ses amants ensanglantés. Ce métissage des conventions, des codes poétiques, peut être observé dans les *strambotti* que Sarfati a consacrés aux motifs, d'origine horacienne, du

---

[79] L'obscurcissement de la lune était une métaphore courante dans la poésie hébraïque pour évoquer le désespoir, déjà chez les poètes espagnols comme Ibn Gabirol. C'est ainsi qu'on lit dans la célèbre élégie composée an 1503 par Léon l'Hébreu où celui-ci pleure le destin qui l'a séparé de son fils aîné : « וסהר יחשר תמיד בפני » (« et la lune s'obscurira toujours devant moi »), édité par Ch. Schirmann (1934, p. 219).

tempus fugit et du *carpe diem*. Déjà Poliziano et Pulci, qui ont joué un rôle important dans l'introduction du *rispetto* (ou *strambotto*) dans la poésie élevée à la cour de Laurent le Magnifique, avaient abordé le thème de la fuite du temps dans une stratégie de séduction de l'amante[80]. Dans le répertoire (assez restreint) des thèmes de la poésie courtisane, celui-ci paraît donc répandu.

Parmi les *strambotti* de Serafino Aquilano (ils sont près de 500), plus d'une vingtaine sont construits sur ce motif, selon un procédé, absolument essentiel à cette poésie, de répétitions et de variations[81]. Parmi les 11 *strambotti* de Joseph Sarfati cités par Ch. Schirmann dans son anthologie, 5 élaborent cette thématique. Si l'on se penche sur ces derniers, on voit qu'aucun n'est une traduction parfaitement fidèle d'un poème d'Aquilano (ni d'ailleurs de Poliziano ou de Pulci) quoique le *strambotto* « *Se l tempo ha posto in te tanta belleza* » soit extrêmement proche de celui de Sarfati « זמן החן אשר זרע במצחך » (à l'inversion près des v. 3-4 et des v. 5-6 dans le poème hébraïque par rapport au poème italien[82]).

Traitant ce sujet, le poète hébraïque semble laisser plus de place à des traditions anciennes de la poésie « nationale » et par conséquent, ce que nous avons décrit comme une traduction (certes dans un sens large) lors de l'étude du poème ישנה את, doit être ici défini comme une adaptation de motifs étrangers au sein de la tradition juive. Nous pouvons prendre pour exemple le deuxième *strambotto* de cette série telle qu'elle est présentée par Ch. Schirmann car il dévoile la fusion harmonieuse des deux traditions poétiques et culturelles[83] :

[80] La différence entre *strambotto* et *rispetto* est difficile à tracer et, même si la question est discutée, on a pu considérer que les deux termes désignaient le même objet, voir A. M. Cirese 1964, p. 87-88. Pour les *rispetti* de Poliziano sur le motif du *tempus fugit*, voir Poliziano 1992, poèmes XVIII-XIX. Pour Pulci, voir le *strambotto* : « *Prendi bel tempo inanzi che trepassi* », A. Zenatti 1887, p. 26.

[81] Dans l'édition en ligne des *Strambotti* de Serafino Aquilano basée sur B. Bauer-Formiconi 1967, il s'agit des pièces AB 201-224 et AC 1-2, mais un certain nombre de pièces sur le thème de la Fortune pourraient être également rangées dans cette catégore.

[82] Ce poème est le numéro AB 222 dans l'édition en ligne. Le poème de Sarfati dont le titre en français serait « Le temps [reprendra] la grâce qu'il a répandue sur ton front » se trouve dans Ch. Schirmann 1934, p. 226.

[83] Ch. Schirmann 1934, p. 225-226.

ראי עפרה הכי עפר יסודך	Considère, ma biche, que la poussière est ton fondement,
ואל־עפר תשובתך וסופך	Et que la poussière est ta destination et ta fin.
וסף הודך ותם לריק כבודך	Ta splendeur finira et ta gloire sera réduite à néant
בבא רמה ותולעה בגופך	Lorsque viendront dans ton corps la larve et le ver.
זמן ילחך עפר רגלך בעודך	Le temps lèchera la poussière de tes pieds tant que tu seras
צבית־חן ועת זקנה ישופך	Une charmante gazelle et le moment de la vieillesse t'écrasera !
חזי חסרון יסוד גופר ודפיך	Vois l'imperfection du fondement de ton corps et de tes membres,
ואל־תגאי לטוב מראך ויפיך	Et ne t'enorgueillis pas de ton allure et de ta beauté !

Il ne semble pas ici que Sarfati se réfère à un *strambotto* précis de la tradition italienne. Il ne reprend que le mouvement général des poèmes qui rappellent à la beauté sa fragilité, comme c'est le cas dans de nombreux *strambotti* de l'Aquilano, par exemple « *Pensa, Madonna, ben che 'l tempo fugge*[84] ». Le poète hébraïque reprend fidèlement la structure typique des poèmes sur ce thème chez l'auteur italien en divisant l'octave en deux parties : le sizain décrit les ravages du temps, le couplet final invite l'amante à en tirer les conséquences. Mais on peut noter une différence d'accentuation entre les vers du poète hébraïque et ceux du poète italien lorsqu'il traite cette thématique. Alors que chez l'Aquilano, la prière du poète et l'invitation à adopter une philosophie épicuriste sont presque toujours clairement exprimés, chez le poète hébraïque, la prière est sous-entendue ; la logique de sa langue et des images employées tire ce poème vers un genre courant dans la poésie hébraïque : le poème d'exhortation morale (שיר מוסר).

Contrairement à ce que nous avons observé dans le poème précédemment analysé, les références à la littérature juive traditionnelle sont ici très nombreuses. Elles apparaissent dès les deux premiers vers qui sont une élaboration de *Genèse*, 3, 19 : « כי־עפר אתה, ואל־עפר תשוב »[85]. Du point de vue culturel, comme du point de vue poétique, ces deux vers sont entièrement ancrés dans la tradition juive même si la posture du poète (sous-entendue par le contexte du poème d'amour) oblige le lecteur à se rappeler qu'il prie l'amante de lui accorder ses faveurs avant qu'il ne soit trop tard. Ce motif, quant à lui, provient, à travers la poésie italienne, de la tradition latine[86]. En employant le terme עפרה

---

[84] AB 202, dans l'édition en ligne.

[85] « Car poussière tu fus, et poussière tu redeviendras. »

[86] Dans la poésie française, le poème le plus célèbre exploitant ce *topos* est sans doute celui de Ronsard dans ses *Sonnets à Hélène* : « Quand vous serez bien

(« biche ») pour désigner l'amante, Sarfati se place bien dans la tradition poétique hébraïque imitée de la poésie arabe, et il s'offre l'occasion d'exploiter la paronomase *afera* / *afar* (עפר \ עפרה : poussière / biche). Ce type d'ornement poétique est très prisé par la poésie hébraïque et Sarfati s'y montre virtuose. On les nomme, dans cette tradition, *tsimud*, צימוד (accouplement). Les jeux sur des phonèmes proches sont courants dans les vers étudiés et renforcent les parallèlismes : *sofeḥ* / *vesaf, vesaf* / *vetam, hodeḥ* / *kvodeḥ, gufeḥ* / *dafeḥ*…

Deux vers plus loin, le poète décrit la venue des vers dans le corps (« בבא רמה ותולעה בגופך »), et s'appuie cette fois sur une citation du Talmud motivée par le contexte (l'évocation de la mort et de la poussière[87]). Les vers 5-6 ne peuvent-être compris que si l'on prend en considération non seulement les références aux textes saints, mais aussi la tradition poétique hébraïque. En effet, le mot temps (זמן) y a revêtu des significations nouvelles : les poètes espagnols l'assimilaient au destin et Immanuel de Rome a encore fait dévier son sens puisqu'il emploie זמן, là où ses prédé-cesseurs employaient תבל (« le monde ») pour désigner les plai-sirs terrestres[88]. Le temps lèche, nous dit-il, la poussière des pieds de la jeune fille dont la jeunesse est connotée par l'appellation sté-réotypée des amantes (צבית-חן: « charmante gazelle ») : lécher la poussière (ילחך עפר) est synonyme d'abaissement et d'humi-liation depuis le châtiment du serpent dans la *Genèse*, 3, 14[89]. La phrase ne serait donc pas compréhensible si l'on prenait seule-ment le temps dans sa signification usuelle : ce que dit ici Sarfati, c'est que le destin, ou mieux encore, les plaisirs terrestres sont aux pieds de la jeune fille tant qu'elle est jeune. Mais le temps n'a pas pour autant perdu sa signification première : à travers l'usage du mot « poussière » tout au long du poème, le poète hébraïque met en scène un retournement de situation et de position : le temps qui lèche la poussière sous les pieds de la jeune fille finira par la

---

vieille ». On trouvera une bonne analyse de l'origine latine des motifs exploités par Ronsard chez W. Blechmann 1963, p. 1-16.

[87] *Maxime des Pères*, 3, 1 : « מאין באת, מטפה סרוחה, ולאן אתה הולך, למקום עפר רמה ותולעה » (« D'où viens-tu ? D'une goutte puante. Et où vas-tu ? Dans un lieu où règnent la poussière, la larve et le ver. »).

[88] Voir D. Malkiel 2007, p. 56.

[89] Pour l'expression précise de notre texte, voir *Isaïe*, 49, 23.

transformer, elle-même, en poussière, d'où l'exhortation finale du poète qui invite son amante à ne pas s'enorgueillir d'une beauté si fragile.

Étant données les couleurs sombres, et le ton virulent de ce poème qui met en garde sa destinatrice contre les méfaits de l'orgueil, on serait tenté de le relier à la tradition des poèmes d'exhoration morale (שיר מוסר). Mais on aurait tort de le faire. Nous sommes bien en face d'une poésie d'amour (שיר חשק), les noms donnés à la jeune fille ne laissent guère de place au doute, mais surtout, c'est le contexte italien qui fournit les données culturelles essentielles à sa compréhension adéquate. Un grand nombre des lecteurs du texte (ou de ses auditeurs si ces vers étaient destinés à être chantés comme nous le pensons) étaient familiers de ce type de prières à l'amante grâce à leur connaissance des modèles italiens.

Le dernier *strambotto* de la série proposée par Schirmann, révèle éloquemment le fait que ces poèmes sont en réalité un appel à la jouissance de l'amour, une dérivation du *carpe diem*[90]. Contrairement au *strambotto* que nous venons d'étudier, celui-ci est divisé en deux parties égales, semblable en ceci au poème de Serafino Aquilano : « *Deh, pensa ben dove non val soccorso*[91] ». Les quatre premiers vers font un portrait lugubre de la vieillesse qui conduit au tombeau. Les quatre derniers vers (v. 4-8) méritent d'être cités car, loin de tout pétrarquisme, ils sont chargés de la sensualité héritée d'Immanuel de Rome et des poètes hébraïques espagnols[92] :

ימי בחרות ושחרות שעשועים	Les jours de la jeunesse et de la fraîcheur sont des délices
וכל־בריה בחברתם שמחה	Et toute créature en leur compagnie est joyeuse.
בחבה חבקי עלמה עלמים	Embrasse avec plaisir, jeune fille, les jeunes gens
בעוד נוצץ במצחך זיו עלומים	Tant que brille sur ton front la splendeur des jeunes années !

Dans cette fin de poème, vive et brillante, Sarfati laisse éclater toute sa virtuosité langagière. Les paronomases sont nombreuses (בחרות \ שחרות ; חבה \ חבקי ; עלמה \ עלמים \ עלומים), les assonances

---

[90] Ch. Schirmann 1934, p. 227.

[91] AB 211 dans l'édition de http://www.bibliotecaitaliana.it/. Le poème suivant « *Deh che si trae de questo falso mondo* » a une structure similaire.

[92] Sur l'inspiration espagnole des vers de Joseph Sarfati, on se reportera à l'article de M. Ytzchaky 1994, p. 109-118.

160

et les allitérations sont, elles aussi, omniprésentes. Explosion langagière donc que cette conclusion qui invite la jeune fille à une sensualité hyperbolique puisqu'il ne s'agit pas seulement, comme chez les poètes italiens ou comme dans d'autres poèmes de Sarfati, de satisfaire le seul poète éperdu d'amour, mais « les jeunes gens » (עלמים), au pluriel, comme dans la tradition arabe et andalouse où c'est le désir qui est mis en avant beaucoup plus qu'un sentiment idéalisé et exclusif.

On voit donc que la poésie de Joseph Sarfati représente un cas de transfert culturel d'une grande richesse. La réalité de sa dépendance à l'égard de la tradition des poètes courtisans (*poesia cortigiana*) nous semble avoir de l'importance. D'abord, parce qu'elle permet de comprendre comment le pétrarquisme excessif et maniéré de ces textes pouvait être investi par l'auteur juif qui y trouvait un usage des métaphores et des hyperboles, ainsi qu'une prédilection pour les oppositions tranchées et les émotions exacerbées, qui avaient de nombreux précédents dans la tradition de la poésie hébraïque séculière en Espagne et en Italie. Cette réalité est importante ensuite pour la définition de l'horizon de lecture des poèmes de Sarfati[93]. Il ne fait aucun doute que celui-ci appartenait, depuis sa naissance, aux classes privilégiées de la société juive, liées par des relations, certes ambivalentes, mais constantes avec l'aristocratie sociale et intellectuelle italienne qui supposaient aussi une participation culturelle. Est-ce que ses lecteurs appartenaient aux mêmes cercles ? Nous avons tendance à penser qu'il en était ainsi, c'est-à-dire qu'il existait parmi les Juifs italiens une couche sociale favorisée capable d'apprécier une poésie hébraïque complexe jouant à la fois sur des codes italiens et sur des codes « nationaux ». Ce groupe, sans aucun doute minoritaire, devait tout de même être

---

[93] La poésie courtisane, si elle a bien connu son origine dans l'entourage des princes, s'est largement diffusée au-delà des cercles aristocratiques. En témoignent les très nombreuses éditions des poèmes de Serafino Aquilano dans la première moitié du XVIᵉ siècle (43) et les tout aussi nombreuses éditions (une quarantaine) d'un autre poète courtisan de la période Antonio Tebaldeo. Voir A. Rossi 1986 et sa critique par. J.-J. Marchand 1986, p. 166-168. Si un processus de démocratisation de cette poésie a bien eu lieu, il faut garder en mémoire que Joseph Sarfati écrivait assez tôt pour qu'on puisse supposer que le « peuple » au sens large n'avait pas encore largement adopté ces modèles. De plus, l'usage de l'hébreu, et surtout d'un hébreu aussi littéraire que celui employé par Sarfati, constituait un facteur de limitation à la diffusion de sa poésie vers le bas de l'échelle sociale.

assez nombreux pour pouvoir définir ses propres attentes culturelles et artistiques et les quelques noms qui affleurent des satires et des échanges poétiques de Sarfati (Moshe ben Joab, Shlomo da Poggibonsi, Daniel da Pisa, Ishmael da Rieti, Isaac da Coreggio[94]) correspondent à des hommes issus de familles importantes de prêteurs, de dirigeants communautaires et d'écrivains.

Sur ce point, nous devons souligner la différence entre l'œuvre poétique de Joseph Sarfati et celle d'Élia Lévita. En choisissant d'écrire en yiddish, Lévita se tournait vers un public plus populaire ou du moins plus large, comme nous aurons l'occasion de le voir. Contrairement aux Juifs italiens et aux Séfarades, les Ashkénazes ne disposaient pas d'une littérature hébraïque séculière réellement développée. Lorsque nous nous sommes penché sur la production hébraïque de Lévita, nous avons vu qu'il ne semblait pas douter de ses capacités en la matière. Il était cependant conscient qu'un Ashkénaze était regardé avec suspicion lorsqu'il s'aventurait dans un champ que ses ancêtres avaient si peu cultivé. Nous en trouvons un témoignage dans le poème hébraïque que Lévita a adressé à Abraham de Bologne, lui-même poète de quelque mérite selon Cassuto, et qui était, semble-t-il, en contact avec le cercle des poètes florentins proches de Joseph Sarfati[95]. Dans ce poème, dont nous avons cité un extrait plus haut, il rassure son destinataire, qui pouvait avoir des doutes sur ses capacités de poète hébraïque[96] : « [...] Car il arrive parfois que l'on trouve, jeté au milieu de l'ordure, une pierre précieuse. ». Malgré ses paroles pleines de fierté, teintées de mépris et d'humour, il est probable que Lévita ne partageait pas tout à fait l'univers culturel des poètes d'origine italienne. Cela expliquerait, entre autres, la prédilection qu'il a montrée pour la langue yiddish.

En 1507, Élia Levita adaptait en yiddish le *Buovo d'Antona*. La même année, Joseph Sarfati adaptait en hébreu *La Celestina*. Même dans le choix des matières « étrangères » que les deux auteurs juifs ont décidé de rendre accessible à un nouveau lecto-

---

[94] Voir D. Bregman 1998, p. 69-74 et U. Cassuto 1918, selon l'index.

[95] U. Cassuto 1918, p. 349. Abraham de Bologne appartient à l'une des plus grandes familles juives d'Italie. Il est le descendant du riche banquier, Yeḥiel Nissim da Pisa, qui était aussi un penseur de premier plan. Voir A. Guetta 2004a, p. 86-108.

[96] Voir *supra*, p. 51.

rat, nous décelons la preuve de la nature diverse de leurs publics. Lévita a jeté son dévolu sur un roman italien populaire, édité et réédité à de multiples reprises, chanté par des *canterini* sur les places publiques. Sarfati, quant à lui, choisissait une œuvre qui venait à peine d'être traduite en italien, œuvre novatrice et inclassable et qui, si elle devait atteindre un grand degré de popularité, n'avait pu, à une date si précoce, intéresser qu'un public cultivé de lecteurs avertis. L'introduction à sa traduction nous a été conservée : il s'y livre à une violente invective contre l'amour en général et contre les femmes en particulier. Il conseille aux jeunes gens de ne pas céder à la passion, et s'ils en sont déjà victimes, il leur donne les recommandations suivantes[97] :

תנו מנות ומתנות לעפרות, \ וליפות חליפות כל־בגדים.
הכי קצפם ירף נזם באפם, \ ותת דודם עלי ידם צמדים.
וכן עפרה בדוד תחשק ותשק, \ תרוהו כחפצהו מגדים.
ולא תזיד כדרכה עוד ותזיד \ כתאותו לשבעתו נזידים.

> Donnez des présents et des cadeaux aux biches / Et aux belles, toute sorte de vêtements.

> Car un anneau dans le nez attendrira leur colère / Comme font les bracelets que les amants offrent à leurs bras.

> Alors la biche désirera et embrassera l'amant / Et des délices le combleront comme il le désire.

> Elle ne lui nuira pas comme à son habitude, / Mais préparera pour lui un potage qui satisfera sa passion et le rassasiera.

Ce plaidoyer contre les femmes appartient à une querelle littéraire bien plus large qui a engagé toute une série d'écrivains hébraïques, les uns se proposant de défendre l'honneur du beau sexe, les autres l'accusant sans pitié. Élia Lévita joue volontiers sur cette théma-

---

[97] Cité à partir de S. D. Hopkin 2011, p. 245. Il s'agit des v. 34-37 de l'introduction. Construits sur un mètre hébraïque d'origine espagnole, les vers (plus justement nommés בית – maison) de ce poème sont divisés en deux hémistiches traditionnellement séparés par un espace que nous avons représenté par /. Le premier hémistiche se nomme דלת (porte) et le second סגור (verrou). Cette forme poétique est aussi employée par Lévita. Comme à son habitude, Sarfati joue brillamment sur les paronomases et les homonymies. Plus intéressantes encore sont les références bibliques : le poète détourne avec malice le Proverbe (11, 22) : « Un anneau d'or au groin d'un porc, telle est une belle femme dépourvue de jugement. » Quant au potage cuit par les femmes pour les amants, qu'il suffise de rappeler quels bénéfices Esaü a tirés du potage de lentilles qu'il a acheté au prix de son droit d'aînesse ! La satire joue de toutes ces références que les contemporains ne pouvaient manquer.

tique littéraire très répandue au début du XVIᵉ siècle, dans le prologue du chant III du *Paris un Wiene*, mais aussi dans l'ensemble
du *Seder nošim* (si l'on accepte l'attribution que nous proposons).
Il s'agit d'un jeu littéraire extrêmement répandu, semi-sérieux,
semi-humoristique, et qui à l'époque de Lévita, passionnait autant
les poètes italiens que les poètes hébraïques. Il convient de nous
arrêter sur les créations de ces derniers qui nous permettront de
saisir comment les auteurs juifs ont illustré ce débat qui avait déjà
une longue tradition dans la littérature hébraïque.

II.2.c. *La querelle des femmes dans la poésie hébraïque*

La querelle des femmes n'a connu aucune frontière géographique
ni fait de différence entre les religions. L'universalité de ce thème
est renforcée par le fait que le Moyen Âge a abordé la question sous
un angle ludique, essentiellement fictif, comme l'objet d'exercices
de plume dont le rapport à la réalité, s'il ne peut pas être entièrement nié, est toujours sujet à caution[98]. La fin du XVᵉ siècle et le
début du XVIᵉ siècle représentent sans doute la période de plus
grande vogue de cette thématique : il n'est dès lors pas surprenant que l'œuvre de Lévita s'en trouve marquée. Connaissait-il
les pièces du débat qui avait cours en Italie, à son époque, dans la
poésie hébraïque ? Il nous semble probable qu'il en ait recueilli
quelques échos même si nous ne pouvons en être certain car il
est difficile d'évaluer le degré de diffusion de tels textes[99]. Nous

---

[98] Les *gender studies* se sont récemment emparées de ce vaste corpus de textes.
La dimension ludique de ce champ d'expérimentation littéraire et de dialogue de
poète à poète y est parfois négligée. Un article fondateur de cette approche est
celui de J. Kelly (1982 p. 4-28). Le rôle et la signification du comique sont, bien
sûr, difficiles à évaluer, et l'on ne peut entièrement détacher ces œuvres de leur
portée sociale. C'est pourquoi E. Viennot a raison d'attirer l'attention des lecteurs
sur la part de sérieux de cette querelle, mais celle-ci ne nous semble pas devoir
éclipser son caractère avant tout ludique. Voir E. Viennot 2012. En 2013, deux
autres volumes collectifs, publiés sous sa direction, ont poursuivi l'exploration
de cette question, l'un consacré aux années 1600-1750, l'autre aux années 1400-
1600. Pour l'abondante bibliographie, nous renvoyons à ces volumes, ainsi qu'au
site de la SIEFAR (Société Internationale pour l'Étude des Femmes de l'Ancien
Régime) : http://www.siefar.org/ [consulté 04/2014] qui propose une liste riche
de textes (surtout français) pouvant être rattachés à la querelle.

[99] Lévita n'est pas le seul auteur de la littérature yiddish ancienne dont l'œuvre
puisse être liée à la querelle. Des passages du *Kü' buch* s'y inscrivent (M. N. Rosenfeld 1984, p. 53. Dans ce recueil de contes, par exemple, l'histoire d'une femme

aurons par ailleurs l'occasion de voir que Lévita est très redevable de la façon dont la querelle des femmes a marqué la littérature italienne et en particulier l'*Orlando Furioso*[100].

La querelle des femmes est entrée dans la littérature hébraïque en 1188 sous la plume du jeune poète espagnol Yehuda Ibn Shabetai qui, dans une œuvre à la tonalité clairement humoristique, le *Minḥat Yehuda* (Le don de Judah), met en scène un jeune homme qui tente, en vain naturellement, d'obéir au testament spirituel de son père : à savoir de ne pas succomber aux pièges des femmes et de ne jamais se marier[101]. Cette *makama*, écrite dans un style brillant qui détourne volontiers les citations bibliques, est pleine de parodies (parodie du testament, parodie du contrat de mariage traditionnel – *ketuba* – parodie des consolations des trois amis de Job[102]). Il s'agit avant tout d'un jeu littéraire. Ce caractère apparaît nettement dans la conclusion du récit : le héros principal se retrouve devant un tribunal présidé par un riche et sage prince (qui se trouve être le destinataire de l'œuvre et le patron d'Ibn Shabetai) pour savoir s'il convient de le punir pour les terribles propos qu'il a tenus contre les femmes. Alors que le juge s'apprête à le condamner, l'auteur en personne intervient dans la narration en qualité d'avocat, affirme que tous les personnages de son récit sont le fruit de son imagination et qu'il a pour seul but d'amuser le prince. Il précise qu'il n'est pas misogyne (שונא הנשים) puisqu'il a lui-même une femme et qu'il vit heureux en sa compagnie. Ce retournement final et l'étonnante intervention de l'auteur

---

adultère oriente le récit vers une satire des mœurs féminines : *Ibid.*, p. 95-109). Au début du XVIIᵉ siècle, d'autres textes témoignent d'une posture misogyne, c'est le cas du *Zuchtspigél* de Seligmann Ulma (Hanau, 1610), adaptation de proverbes et de maximes hébraïques et araméennes qui fournit l'occasion à l'auteur de composer des épigrammes mordantes contre les femmes. Voir I. Zinberg 1935, p. 300-304. Zinberg (p. 305) cite encore des maximes misogynes tirées du *Klain Brandspigél* (Venise, 1566).

[100] Voir *infra*, p. 656 et sq. Rappelons aussi que tout le troisième livre du *Cortegiano* de Baldassare Castiglione (publié en 1528) est une mise en scène de la querelle des femmes dans le milieu courtisan.

[101] On trouvera une présentation de la *makama* et des extraits dans l'anthologie de Ch. Schirmann (1960, p. 67-86). Voir aussi D. Pagis 1976, p. 219-220. Il semble que l'œuvre était connue en Italie à l'époque de Lévita. Les participants à la querelle des femmes en ont été influencés. Elle a été publiée pour la première fois en 1543 à Constantinople.

[102] Sur l'œuvre d'Ibn Shabetai et son rapport à la parodie, voir I. Davidson 1907, p. 8-14.

dans sa création, qu'il dénonce comme fictive, n'est pas sans rappeler la conclusion du *Paris un Wiene* de Lévita où, comme nous le verrons, l'auteur yiddish vient discrètement remplacer son narrateur qui était jusqu'alors présenté comme un amant courtois pour se lancer dans une diatribe contre le mariage.

On voit que, dès ses commencements, le débat se déroule sur un plan fictionnel, humoristique : il offre un prétexte à des plaisanteries, à des détournements, à des parodies. L'œuvre d'Ibn Shabetai a tout de suite provoqué des réactions : dès 1210, un auteur espagnol nommé Isaac compose une réponse *Ezrat Nashim* (*Le secours des femmes*) et à la fin du XIIIe siècle, en Provence, Yedaya Hapenini écrit l'*Ohev Nashim* (*L'amant des femmes*), toutes deux reprennent la forme de la *makama* et s'appuient sur l'œuvre d'Ibn Shabetai pour la dénoncer. Le jeu littéraire continue : à la fin de la dernière œuvre, Ibn Shabetai en personne descend du paradis pour se défendre, et le juge, même s'il condamne ses propos, montre un grand respect pour son œuvre[103].

Après cette phase originale, le débat semble s'être déroulé essentiellement en Italie et c'est cette deuxième période qui nous intéresse particulièrement. Comme nous l'avons vu, Immanuel de Rome a offert sa contribution au parti misogyne mais ses propos sont, eux aussi, inscrits dans un système narratif complexe et qui n'est pas exempt de contradictions volontaires. Dans l'exemple que nous avons cité précédemment (Livre 17), c'est le personnage du mari impuissant qui prononce une imprécation contre les femmes tandis qu'Immanuel et le Prince jouent le rôle de défenseurs. La position contradictoire du poète est encore plus flagrante dans le premier livre des *Maḥberot* consacré au temps (זמן) (c'est-à-dire aux coups que le destin a portés au poète). Après avoir narré ses malheurs, Immanuel affirme considérer avec mépris les ravages du temps car il s'est entièrement consacré à la sagesse et à la Torah. Et pour expliquer sa réussite dans ce domaine, il affirme que Dieu l'a béni en lui donnant une femme intelligente, belle et honnorable. Immanuel lui consacre alors un sonnet (*MI*, 1, l. 432-445) dans lequel il déclare devoir sa sagesse au fait d'avoir épousé « une étoile ».

---

[103] D. Pagis 1976, p. 231.

Mais l'éloge et l'idéalisation font bientôt place à la satire : d'abord sous forme de paradoxe. Certes, sa femme est un peu peureuse, avare et naïve mais ce sont là des qualités chez la femme tandis que ce sont des défauts chez l'homme (*MI*, 1, l. 471-473). Le Prince, voyant que ses tentatives pour trouver une faille à l'épouse du poète restent vaines, lui concède que sa femme est unique en son genre et demande à Immanuel s'il n'a pas entendu énumérer les défauts des femmes en général. Immanuel se lance alors dans un long poème misogyne (*MI*, 1, l. 494-596) qui commence par le vers : « מצא אשה־מצא \ לו בשת פנים » [104]. Cette diatribe, qui comporte un certain nombre d'évocations « réalistes » sur les soucis des pères et des maris (en particulier en raison du caractère dépensier des femmes) introduit aussi la coutume, qui deviendra systématique chez les poètes du XVᵉ et du XVIᵉ siècle, d'énumérer une série d'*exempla* de femmes célèbres de la Bible. Mais là encore, Immanuel surprend : après avoir longuement condamné les femmes, il revient à l'éloge de sa propre épouse, parangon de beauté et de vertu, ce qui ne l'empêche pas de conclure son poème sur une pointe misogyne et comique à prétention universelle : « אין שומר לנשים \ כי אם כעור פנים » [105].

Dans le second livre des *Maḥberot*, Immanuel continue ce jeu d'oppositions puisque celui-ci est entièrement consacré à la louange de Tamar, une femme divine, et à la vitupération de Beryi'a, une mégère ignoble. Comme le sophiste Gorgias qui se vantait de pouvoir réaliser sur un même objet aussi bien un panégyrique qu'un blâme, Immanuel met à profit la structure dialogique de la *makama* pour démontrer qu'il peut louer la femme ou la décrier à volonté. Ce deuxième livre est couronné par deux sonnets se livrant à la riche tradition de la *descriptio feminae* qui sont directement opposés l'un à l'autre : le premier dépeint une femme formée d'une matière supérieure à celle du reste de l'hu-

---

[104] « Celui qui a trouvé une femme / A trouvé son déshonneur. » Immanuel inverse le Proverbe célèbre (*Proverbes*, 18, 22) : « Qui a trouvé une femme a trouvé le bonheur et a obtenu une faveur de l'Éternel. » À trois siècles de distance, le poète mantouan Jacob Frances (1615-1667) devait répondre à ce poème en inversant ce premier vers en l'honneur des femmes.

[105] « Il n'y a pas de gardien pour la femme / Sinon la laideur de son visage. »

manité et le second une femme (nommée Bat Gershom) qui souille la Création divine par sa seule présence[106].

Il est possible que les poètes italiens plus tardifs aient eu en mémoire cette composition d'Immanuel lorsqu'ils ont repris le débat. Dans tous les cas, elle en posait clairement les bornes : il s'agissait pour les poètes hébraïques de se ranger dans deux camps ayant pour mots d'ordre deux citations bibliques et deux formes hébraïques du verbe « trouver » (מצא et מוצא). La première citation, tirée de *Proverbes*, 18, 22 : « מצא אישה מצא טוב »[107], représentait le parti des défenseurs des femmes (sauf quand elle est inversée, comme c'est le cas chez Immanuel). La seconde citation, tirée de l'*Ecclésiaste*, 7, 26 : « ומוצא אני מר ממות את האשה »[108] est le leitmotiv du parti des misogynes. On voit, par ce jeu de citations bibliques, que le débat se présente avant tout comme une guerre rhétorique, poétique et savante puisque les deux partis prennent appui sur le texte sacré.

Après Immanuel, la suite du débat devait se faire attendre. Ce n'est qu'à la fin du XVᵉ siècle que la querelle des femmes reprendra de plus belle, et cette fois pour ne plus s'interrompre pendant un siècle. Elle se fera alors d'une manière nouvelle, et le débat prendra clairement la forme de *tenzoni*, plusieurs poètes s'engageant pour ou contre les femmes et critiquant expressément leurs prédécesseurs en employant les mêmes formes poétiques. Dan Pagis énumère 18 poèmes appartenant à la querelle. Même si la plupart des textes n'ont pas encore fait l'objet d'éditions critiques, une analyse littéraire de certaines pièces majeures est d'ores et déjà possible[109]. La querelle a connu deux grandes phases.

---

[106] Le fait d'assumer successivement les positions *pro* et *contra feminas* est non seulement courant dans la poésie italienne des XIIIᵉ-XIVᵉ siècles, on peut même dire qu'elle est fondatrice car elle reflète l'opposition fondamentale entre le style noble et le style bas que les mêmes poètes pouvaient librement illustrer successivement. G. Guinizzelli, l'un des fondateurs du *dolce stil nuovo* a aussi composé des sonnets burlesques adressés à des femmes en inversant les codes de la poésie élevée qu'il pratiquait en maître. Le *canzionere* de Rustico Filippi est divisé en deux parties : l'une constituée de sonnets d'amour courtois, l'autre de sonnets comiques se livrant à la plus vive vitupération, voir L. Brestolini-P. Orvieto 2000, p. 16-23.

[107] « Celui qui a trouvé une femme a trouvé le bonheur ».

[108] « Et j'ai trouvé la femme plus amère que la mort [...] ».

[109] Toute analyse de cette série d'altercations littéraires peut désormais prendre pour point de départ la présentation qu'en propose D. Pagis 1986, p. 259-300. Nous renvoyons à cet article pour une bibliographie plus complète. On y trouvera

La première s'est essentiellement déroulée dans la dernière décennie du XV⁰ siècle mais a suscité des échos tardifs jusqu'en 1530. La seconde phase commence aux alentours de 1530 et le débat continue jusqu'aux dernières décennies du XVI⁰ siècle[110]. Dans chacune des phases, c'est toujours un poème misogyne qui met le feu aux poudres et qui définit le ton et la forme du débat.

Le poète qui, avant 1492, a lancé les hostilités se nomme Abraham da Sarteano. Du point de vue métrique, il choisit une forme qui s'oriente davantage sur des modèles italiens que sur la tradition hébraïque dominante. Chez lui, il n'y a plus de trace de la méthode quantitative-syllabique d'Immanuel, mais

notamment les références d'une série d'articles d'Adolf Neubauer qui, à la fin du XIX⁰ siècle, a publié l'essentiel des pièces du dossier, même s'il l'a souvent fait de manière erronée (n'ayant pas saisi le fonctionnement des poèmes bilingues). Notre analyse s'appuie surtout sur les poèmes suivants :

1) Abraham da Sarteano : 50 *terzine*, le poème est intitulé « שונא הנשים » (« le Misogyne »), comme le sous-titre de la *makama* d'Ibn Shabetai. Il a été publié par Ch. Schirmann 1934, p. 210-219, et adapté assez librement en italien par A. Belli 1969, p. 323-333.

2) Samuel da Castiglione, deux poèmes bilingues « שמע בני וקח », *ballata* composée de 21 strophes, et « שמעתי תלונות », *ballata* de 25 strophes, toutes deux publiées par S. De Benedetti-Stow 1980, p. 7-64. Le terme *ballata* est ici employé pour désigner une forme proche de la forme traditionnelle italienne.

3) Leone de' Sommi Portaleone, poème bilingue intitulé « מגן נשים » (« Le défenseur des femmes »), *ballata* de 50 strophes, publiée par Ch. Schirmann 1965, p. 127-145.

Les autres participants à la querelle : Avigdor da Fano, Elia da Genazzano, Daniel da Rossena, Israel da Cortona, Jacob da Fano et plusieurs auteurs anonymes seront pris en compte à partir des informations données par D. Pagis dans l'article mentionné. Certains de ces auteurs sont connus par ailleurs : Elia da Genazzano a composé un important traité de kabbale. Daniel da Rossena a, semble-t-il, traduit un roman italien *Barnabo e Luciana*, qui n'a pas été identifié. Nous avons également étudié le manuscrit de Florence qui contient un grand nombre de textes de la querelle : Firenze – Biblioteca Medicea Laurenziana, Plut.88.46 (consultable en ligne sur le site http://teca.bmlonline.it/) ainsi que le livre intitulé דבר בעתו publié en 1556 à Ferrare chez Abraham Usque et qui contient un poème de la série : « L'admonestation aux dames » (« מוסר לנשים ») : un exemplaire, conservé à Jérusalem, est consultable en ligne : http://www.jnul.huji.ac.il/eng/digibook.html [consulté 04/2014].

[110] Dans son article de 1986, D. Pagis ne prend pas en compte certains poèmes hébraïques qui pourraient légitimement être rattachés à la querelle parce qu'ils n'entrent pas directement dans une *tenzone*, et parce qu'ils ne se plient pas aux contraintes formelles qui jouent un rôle important dans le déroulement du débat poétique. Parmi ceux-ci, nous pouvons mentionner l'introduction à la traduction de la *Célestina* de Joseph Sarfati étudiée plus haut, ou encore un sonnet de Moïse ben Joab : « אמאס אני עפרות » qui inverse la tradition du sonnet amoureux (D. Bregman 1998, p. 80).

il penche pour une méthode plus simple, entièrement syllabique qui a été introduite en hébreu au début du XVᵉ siècle par
Moshe da Rieti. Pour la strophe, il utilise la *terzina* dont le maître
incontesté est Dante. Cet héritage est souligné par un des participants à la querelle, Elia da Genazzano, qui vient soutenir Sarteano dans le parti des misogynes, contre Avigdor da Fano qui
avait, quant à lui, pris le parti des femmes. Selon Elia, Avigdor
a malmené la métrique, écrit des vers boiteux, alors qu'Abraham a su prendre exemple sur les grands maîtres, c'est-à-dire :
« הר' משה מב"ע מריאטי \ והנודע בכל דלתיים \ חכם חרזים הוא האיש
דנטי » [111]. La forme employée est donc profondément ancrée dans
la tradition poétique italienne : il s'agit du *capitolo in terza rima*
qui a déjà, à la fin du XVᵉ siècle, une forme et une fonction bien
établie (depuis la *Commedia* dantesque et les *Trionfi* de Pétrarque)
mais qui se spécialisera, au début du siècle suivant, dans le genre
burlesque sous l'influence de Berni. À l'époque où la querelle des
femmes s'enflamme dans la poésie hébraïque italienne, le poète
et critique Vincenzo Calmeta écrivait à Isabelle d'Este que le
capitolo devait être formé de : « *non manco de quaranta e cinque
terzetti e non più de cinquanta o circa*[112] ». Presque tous les *capitoli* hébraïques de cette période sont composés de précisément
50 tercets.

Abraham da Sarteano montre une grande aisance aussi bien
dans le maniement des formes poétiques italiennes, que dans
l'usage des références culturelles « étrangères ». Après une entrée
en matière (str. 1-4) où le poète confesse sa jeunesse et son inexpé-
rience (sorte de parodie des introductions traditionnelle des livres
hébreux de morale), il se lance dans une énumération d'*exempla*
tirés de la tradition juive (str. 5-33 : Ève, les filles de Loth, Dina,
Tamar, la femme de Potiphar, les Moabites, Myriam, la concubine
du lévite qui a causé le massacre de Ghibéa – *Juges*, 19-20 –, Dalila,
Aksa, la fille de Pharaon, Bethsabée, les femmes de Salomon,
Athalie, Jézébel). Il complète cette liste par une série d'*exempla*
tirés, comme il le déclare lui-même, de la mythologie et de la litté-

[111] « Le rabbin Moïse, qu'il repose au Paradis, de Rieti / Et celui qui est
connu en tout lieu / Sage parmi les poètes, Dante. »

[112] Lettre du 5 novembre 1504 citée et commentée par P. Floriani 1988,
p. 38 : « pas moins de quarante-cinq tercets et pas plus d'une cinquantaine. »

rature grecques et romaines (str. 34-49 : Sémiramis, Didon, Cléo-patre, Pasiphaé, Myrrha, Thisbée, Médée et la femme qui, selon une légende médiévale, a enfermé Virgile dans un panier pendu à une fenêtre).

Cette double ligne de références reflète d'emblée la position du poète qui, sans mélanger les deux cultures et en signalant clai-rement le passage de l'une à l'autre (v. 100-102), s'affiche comme porteur d'un double héritage. Il n'est pas nécessaire de supposer à Abraham da Sarteano une connaissance approfondie de Virgile et d'Ovide, qui sont en bonne partie l'origine première des histoires évoquées. Pourtant, étant donnée la concision des allusions chez l'auteur juif, celui-ci devait compter sur une certaine familiarité de ses lecteurs avec le récit, par exemple, de l'*Énéide* (v. 109-114) :
ידה מאדמה תזעק דידון \ קובלת על־האיש הטרויני \ אשר היה לטורנו איש » מדון \ אשר בצי אדיר ועם אני \ סיעתו באיטאליאה עברה \ ממנו נשתלשל .כת רומני « [113]. On notera l'allusion, extrêmement brève, au suicide de Didon (« la main rougie »), l'accumulation des références, en l'espace de quelques vers, à différents moments de la narration du poème virgilien (origine troyenne d'Énée, défaite de Turnus, arri-vée de la flotte en Italie, généalogie de l'Empire romain) et enfin le fait que Sarteano, dans ces vers, ne mentionne aucun méfait de Didon (qui fournit ordinairement des prises faciles aux miso-gynes), preuve que la logique de l'*exemplum* l'emporte un moment sur celle même de l'argumentation : le défi de résumer en quelques mots un récit complexe prévaut sur le contenu de ce récit.

En réalité, les listes de femmes célèbres faisaient partie, au moins depuis Boccace et son *De claris mulieribus*, du viatique de tout Ita-lien de l'époque s'il était quelque peu frotté de culture humaniste. S'il fallait chercher un modèle direct aux vers d'Abraham, on tomberait sans doute proche du but en désignant Antonio Pucci (1320-env. 1388), célèbre et prolifique *canterino* florentin de la fin du XIVᵉ siècle, incarnation de cette culture semi-savante, semi-po-pulaire qui faisait les délices de la nouvelle classe bourgeoise dans les cités marchandes italiennes[114]. L'auteur florentin a composé

[113] « La main rougie, Didon hurle / En se plaignant de l'homme de Troie / Qui a combattu Turnus / Et qui avec une flotte et des bateaux puissants / fit passer ses troupes en Italie : / De lui provient la secte de Rome. »

[114] M. Villoresi 2000, p. 39-41.

un poème intitulé *Contrasto delle donne* dans lequel il représente, à tour de rôle et sous forme dialogique, le parti misogyne et le parti philogyne[115].

Parmi les *exempla* qu'il énumère dans les 82 strophes du poème, (plus ou moins un *exemplum* par couple d'octave, une octave *pro*, une *contra*), on trouve de nombreuses correspondances avec ceux que mentionne Abraham da Sarteano : 5 *exempla* mythologiques sont identiques (on ne trouve pas chez Pucci Cléopâtre, Myrrha, Pasiphaé), 4 *exempla* bibliques également (Ève, Bethsabée, Dalila, les maîtresses de Salomon). On trouve déjà chez Pucci l'exemple de Virgile trompé par sa maîtresse qui semble avoir été courant dans les textes de la querelle des femmes[116]. Certaines références bibliques de Sarteano nous semblent plus spécifiquement juives car elles supposent une connaissance approfondie du texte saint (l'histoire de Zimri, le massacre de Ghibea). Nous ne pensons pas que le poète juif ait puisé son inspiration directement chez Pucci, mais il connaissait peut-être un de ses épigones. Le mélange des références dans ce poème ne témoigne donc pas nécessairement d'une culture humaniste de premier ordre, sans l'exclure pour autant, mais il suppose une réelle familiarité avec la culture italienne ambiante de la part de l'auteur comme de ses lecteurs.

Il convient de noter également que le poème de Sarteano a une tonalité ironique contrairement à celui de Pucci qui expose les arguments des deux partis avec sérieux. La distance d'un siècle est, sur ce point, essentielle : le goût de la parodie s'était entre temps largement emparé de la littérature italienne, surtout en Toscane, comme en témoignent un bon nombre de productions à la cour de Laurent le Magnifique. L'invention de plaisanteries bibliques était dans l'air du temps. En France, Villon écrivait dans la « Double ballade » qu'il a écrite pour dénoncer les ravages de l'amour et qui doit beaucoup à la tradition misogyne : « Folles amours font les gens bestes ; / Salmon en ydolatria ; / Samson en perdit ses lunetes. / Bien est eureux qui riens n'y a ! [...] David le roy, sage prophetes, / Crainte de Dieu en oublia, / Voyant laver cuisses bien faites... [...] Amon en voulst deshonnourer, /

---

[115] L'œuvre a été republiée pour la première fois dans D. d'Ancona 1869, p. 397-438.

[116] Voir D. Comparetti 1872, p. 103-123.

Faignant de menger tarteletes, / Sa seur Thamar, et desflourer, / Qui fut inceste deshonnestes[117]. » On y retrouve la liste d'*exempla* avec laquelle nous sommes désormais familier : mais le ton léger, la manière prosaïque et comique de rendre compte des aventures bibliques (« lunetes », « tarteletes », « cuisses bien faites ») font de l'admonestation du poète parisien une vaste plaisanterie.

Dans son poème, Sarteano joue sur les mots, il écrit d'Ève (v. 19-20) : « בנוית צלע היא מראשיתה \ ובגלל זה כל-רודפה צולע »[118]. Il tronque volontairement les récits bibliques pour les faire concorder avec les besoins de son argumentation. C'est ainsi que, rappelant le massacre des habitants de Sichem, causé par une sortie malencontreuse de Dina « דינה היוצאנית » (v. 39 : que l'on peut traduire, pour rendre la connotation de l'hébreu, « Dina la coureuse »), Sarteano « oublie » de mentionner que les habitants de Sichem ont violé la jeune fille, ce qui provoque la terrible vengeance de ses frères. C'est ainsi que Bethsabée est rendue entièrement coupable de la mort de son mari Uriah, contrairement au récit biblique qui fait de David l'unique responsable. Il est peu probable que les lecteurs de Sarteano aient pris ses arguments forcés pour argent comptant. Tout, dans ce texte, a le caractère d'un jeu littéraire, fortement codifié et nécessitant un horizon commun qui inclut aussi bien des références juives que des références proprement italiennes. Il nous faudra garder en mémoire cette utilisation ludique des récits bibliques lorsque nous étudierons le *Seder nošim*. En effet Lévita, s'il en est bien l'auteur, fait également un usage sélectif des récits de l'Écriture.

La première phase de la querelle fait intervenir des hommes qui appartiennent certainement aux classes favorisées et éduquées de la société juive. En 1492, l'un des participants de cette première phase, Daniel da Rossena, s'étonnait de voir des hommes de ce niveau s'engager dans un pareil débat[119]. Lorsqu'Avigdor

---

[117] Nous citons de l'édition d'Auguste Longnon, F. Villon 1930, p. 90-91. On notera que les ballades de Villon ont à peu près la même forme que celle qui s'imposera dans la littérature hébraïque dans la deuxième phase de la querelle.

[118] « Elle a été faite, dans son fondement, à partir d'une côte / Et pour cela, tous ceux qui la poursuivent sombrent. » Sarteano joue sur deux sens de la racine צלע qui signifie d'un côté « côte », de l'autre « sombrer ».

[119] A. B. Rhine 1911, p. 353.

da Fano répond à Abraham da Sarteano, il l'attaque d'abord personnellement en laissant entendre que ce dernier a écrit toutes ces calomnies parce que sa propre femme lui créait bien des soucis. Il propose ensuite une série de femmes exemplaires tirées de la Bible dont nous retrouverons un certain nombre dans le *Šeder nošim* (Déborah, Yaël, Esther). Mais au lieu de s'en référer à la mythologie, il préfère puiser dans les « chroniques », c'est-à-dire dans les récits historiques de l'époque, et il se lance dans un éloge de Juana d'Aragon, la femme du duc de Naples Ferdinand I, qu'il décrit comme une guerrière exemplaire, pleine de vertu, de bonté et de courage (l'ironie de l'histoire veut que la sœur de Ferdinand, Isabelle la Catholique, soit précisément celle qui expulsera les Juifs d'Espagne quelques mois après la composition du poème). Puis, souhaitant se référer à une femme plus proche, une Juive, il loue Hanna da Volterra, la fille du riche et influent Yeḥiel da Pisa, et il lui dédie son poème. Certaines femmes, dans les familles les plus favorisées, avaient en effet accès à l'hébreu. Après lui, Elia da Genazzano vole à la défense d'Abraham et renforce l'invective contre les femmes en s'attaquant même aux Matriarches. Le débat continue ainsi, en général sous la forme de poèmes de 50 *terzine*, jusqu'à ce que, peu après 1530, ait lieu une importante innovation formelle [120].

Commence alors la deuxième période de la querelle, suite directe de la première car les auteurs semblent bien connaître Abraham da Sarteano [121]. Les poètes tirent les conséquences lin-

---

[120] David ben Yehuda Messer Leone, philosophe important et réel humaniste, a également participé à la querelle même si son poème n'a pas été conservé. Il a composé, en prose, une apologie des femmes pleine de références latines et italiennes, elle aussi dédiée à une femme. Voir H. Tirosh-Rotschild 1988, p. 31-57.

[121] La date exacte du début de la deuxième phase est difficile à préciser. Publiant deux poésies de Samuel da Castiglione, S. de Benedetti-Stow leur attribuait la date de 1553, date du manuscrit dont elle les tirait (*Archiginnasio di Bologna* n° 1281). D. Pagis plaçait au contraire le début de cette deuxième phase peu après 1530. Il s'appuyait en particulier sur le fait que, sur la page de garde du petit livre *Davar be-ʿito* publié à Ferrare en 1556, l'auteur affirme avoir composé son poème sur les femmes dans sa jeunesse (« וצחיות ממוסר הנשים עשיתי בימי חרפי » « La facétie d'admondestation aux femmes, je l'ai faite dans ma jeunesse. » On notera que le mot צחיות employé ici, correspondant au latin *facetia*, est le mot utilisé par Lévita dans le *Sefer Hatishbi* quand il évoque les pasquinades. Voir *supra*, p. 67). L'affirmation pourrait être une simple précaution rhétorique pour légitimer des vers si légers, mais si on la prend au sérieux, le débat a dû commencer bien avant la publication du livre. Ce poème n'est pas le premier de la série. L'auteur y loue

guistiques du caractère fortement séculier de leurs créations : l'italien (ou plutôt le judéo-italien[122]) entre dans la composition des vers et se mêle à l'hébreu de façon inextricable. Ces textes ne sont pas macaroniques au sens strict, car les deux langues restent séparées dans les vers (ou les portions de vers) qui leur sont réservées mais elles sont mêlées syntaxiquement et sémantiquement de façon à les fondre en une unité insécable. Les strophes ont toutes la même construction, très stricte. On peut les interpréter soit comme des quatrains dont le premier hémistiche serait dans une langue et le second dans une autre langue, soit comme des octaves. Par souci de simplicité, et parce que l'organisation rimique le permet, nous optons pour la deuxième solution qui rapproche cette forme de celle de la *ballata*[123].

Chaque strophe est donc composée de huit vers organisés comme suit en fonction de leurs rimes : a : hébreu, b : italien, a : hébreu, b : italien, b : italien, c : hébreu, c : hébreu, r : italien. La dernière rime est fixe dans toutes les strophes : « -ia » et donne à l'ensemble du poème la forme de régularité propre au refrain. Les vers hébraïques sont, en règle générale des *settenari tronchi* (six syllabes, accent sur la dernière syllabe). Les vers italiens sont le plus souvent des *settenari piani* (sept syllabes, accent sur la pénultième). Pour illustrer la composition de ces poèmes, nous proposerons un assez long exemple, tiré de ce qui

---

un mantouan pour sa dénonciation du sexe féminin : « קוויל מנטיבנו יינטילי \ האל תם ישמרהו » (« Que le bon Dieu protège / Ce digne mantouan ») et il suggère dans le premier vers que nombre de poètes se dressent contre les femmes : « שמעתי כאלא רבות \ סופרה לידוני סקריוויני » (« J'ai entendu de nombreux discours / Qu'on écrit sur les femmes »). Dans l'état actuel des recherches, et à la suite de nos prédécesseurs, nous supposons que le premier poème de la série pourrait être celui de Samuel da Castiglione, médecin mantouan, qui commence par le vers : « שיר חדש אשירה \ לי נוסטרי גאוינילי » (« Je vais chanter une chanson nouvelle / pour nos jeunes gens »), présent dans le manuscrit de Florence et dans celui de Bologne.

[122] L'italien de ces textes porte toujours une marque dialectale locale. Mais l'italien parlé par les juifs devait encore avoir au XVIe siècle certaines des particularités morphologiques et lexicales qui ont été étudiées dans les textes plus anciens. La *koiné* du Moyen Âge laisse progressivement la place à des variantes dialectales plus distinctes avec l'enfermement des Juifs dans les ghettos. Voir L. Mayer-Modena 2003, p. 87-112.

[123] Elle a en effet le schéma rimique d'une strophe de *ballata grande*, sans présenter pour autant de *ritornello* ou refrain, absence qui est en partie compensée par le caractère fixe de la rime ultime.

est sans doute l'une des premières compositions de la série. Cet exemple est d'un intérêt tout particulier pour notre étude de Lévita car, comme le poète yiddish, l'auteur hébraïque prend pour cible les produits de beauté utilisés par les dames et mentionne quelques uns des onguents cités dans le *Paris un Wiene* (*PW*, 176-177).

Nous tirons cet extrait de poème d'un petit livre, édité à Ferrare en 1556 chez Abraham Usque, l'imprimeur marrane de la célèbre Bible de Ferrare, et intitulé *Davar be-'ito* (דבר בעתו), que l'on peut traduire : « Chaque chose en son temps[124] ». Cet ouvrage est d'un grand intérêt pour saisir les circonstances sociales de la querelle. Il comporte le seul poème de toute la série qui ait eu le privilège d'être imprimé à l'époque. Son auteur est un dénommé Salomon d'Ancona, Shlomo ben Moshe Ḥazan d'Ancona[125]. Le poème comique, qui est le seul poème bilingue du recueil, vient à la suite d'un hymne pour le Shabbat qui précède la fête de Sukkot, de chants pour la circoncision et pour le mariage, d'une élégie sur l'autodafé du Talmud, de poèmes funèbres pour trois hommes dont le nom apparaît en acrostiche (Yedidia, Yakov, Yeḥiel) et d'une femme (Bat Sheva). Il est suivi d'un court poème mnémotechnique pour retenir l'ordre des bénédictions pour le repas de Pessaḥ.

Une fois de plus, le mélange du sacré et du profane, du rire et des larmes (comme annoncé dans le titre) saute aux yeux. Étant donnée son inclusion dans le recueil, il n'est pas impossible que ce poème ait été lu ou chanté lors de festivités joyeuses

---

[124] Le livre est conservé à la Bibliothèque Nationale Juive à Jérusalem (R 8 = 60 A 937). Le titre correspond à une portion de proverbe biblique (*Proverbes*, 15, 23, *Bereshit raba*, 27, 27) : « דבר בעתו מה טוב : בשעת חדוה חדוה בשעת אבלא אבלא » (« Chaque chose en son temps : aux moments de joie, la joie, aux moments de peine, la peine. ») Le poème se trouve aux folios 7r-8v.

[125] Contrairement à l'hypothèse de S. de Benedetti-Stow (1980, p. 19-20), ce poème ne saurait être de Samuel da Castiglione. Comme la quasi-totalité des poèmes du recueil, il est signé par un acrostiche. En prenant la première lettre des 11 premières strophes (le poème en compte 26) on obtient : שלמה בן משה ז"ל (Salomon, fils de Moïse, que sa mémoire soit bénie). Ces informations peuvent être complétées par un autre acrostiche que l'on trouve dans un poème sur l'autodafé du Talmud à Venise en 1553 (fol. 4r). En prenant la première lettre des 17 *terzine*, on lit : שלמה חזן יי ומאנקונה (Salomon, chantre et d'Ancone).

pour distraire l'assistance, par exemple lors de mariages[126]. Le bilinguisme du poème devait, dans ce cas, créer des situations divertissantes (pour les hommes) : la plupart des femmes n'entendant pas l'hébreu, elles saisissaient grâce aux vers italiens que le contenu du poème était loin de leur être favorable, mais ne devaient pas le comprendre dans son ensemble. Nous citons donc les strophes ayant rapport aux soins de beauté (str. 16-21) et proposons une transcription des vers italiens en utilisant les formes de l'italien moderne sans essayer de reconstituer la prononciation d'origine :

	ותחת פתיגיל	À la place de leurs luxueuses robes[127]
Ch'hanno di seta fina	קאנו דיסיטה פינה	Qui sont de soie fine,
	אבטח כי גם נגיל	Je suis sûr que nous serions très heureux,
Di farle la schiavina	דפרליי לסקייאווינה	De leur faire une toile de bure,
Che le casca la schiena	קי לייקסקה לסקיינה	Qui leur rompe le dos,
	הנטויות גרון	À ces femmes hautaines[128] !
	שגעון עורון	C'est une folie, un aveuglement,
Tanto si ha spoglia	טנטו סי השפוליייה	Tant elles font de dépouilles !
	נשקפה ותיבב	Une femme regarde et elle soupire[129],
Sempre con l'occhio attorno	סינפרי קון לוקייו אטורנו	Elle promène toujours l'œil à l'entour
	כמו דוב האורב	Comme un ours aux aguets[130],
Se l'amico fa ritorno	סי למיקו פא רטורנו	Pour voir si son ami revient.
Con tal viso adorno	קון טל ויסו אדורנו	Elle a un visage splendide,
	ומלא מרקחות	Et plein d'onguents,
	לסתות מרוקחות	Des mâchoires couvertes de maquillage
Biacca e ribalderia	בייאקה ארייבלדריאה	Du fard et de la scélératesse !
	נראטה[נרהטה ?] את ביתה	Nous ornons sa maison
Di ogni panno fino	די אוניי פנו פינו	De toute sorte de tissus fins.
	מאומה אין בידה	Il ne reste rien dans sa main
Che spenda ogni quattrino	קי ספינדה אוניי קווטרינו	Car elle dépense chaque centime.
Or allume or versino	אור אלומי אור וירזינו	Tantôt pour de l'alun, tantôt pour du rouge,

---

[126] Comme le note G. Sermoneta dans un paragraphe associé à l'article de S. de Benedetti-Stow 1980, p. 30, le poème du volume *Davar be-'ito* que l'on devait réciter lors des banquets de mariage est suivi de la remarque (fol. 3v) : « Et l'on a l'habitude de dire en italien (בלשון לעז) quelque chose sur le couple, je crois que vous voyez ce que je veux dire (ודי למבין). » La dernière expression, que nous retrouverons très fréquemment employée dans le *Šeder nošim*, laisse subodorer le type d'allusions sexuelles présentes dans ces textes.

[127] *Isaïe*, 3, 24.
[128] *Isaïe*, 3, 16.
[129] *Juges*, 5, 28.
[130] *Lamentations*, 3, 10.

	וּבשמן המור	Et pour de l'huile de myrrhe[131].
	קצר מצע לאמור	Je n'ai pas assez de place pour laisser libre cours
Mia lingua lor restia	מיאה לינגוה לור רסטיאה	À ma langue qui leur est rétive.

	ירבו עצבותם	Les amants multiplient leurs peines[132]
Mutar pose in uno stante	מוטר פוזי אין אונו סטנטי	Et se démènent sans arrêt.
	תוציאו מעותם	Elles dépensent leur argent
In tela di levante	אין טילה דילוונטי	Pour de la toile du Levant,
Accio ch'ognun le vanti	אצו קונייון לונטי	Afin que chacun les vante
	מאדימות פניה	Pour le teint rosé de leur visage.
	נאפופיה מבן שריה	Dans leurs rangs, les actes de luxure
Non ne fan carestia	נון נפאן קריסטאה	Ne font jamais défaut

	סמא דכולא בה	Le remède à tous les maux[133],
Per fine ha lo zibetto	פיר פיני אלוזיביטו	La femme l'a pour finir : c'est la civette.
	ותבן בלבה	Elle prend bien garde
Di averne un bossoletto	די אוירני און בוסוליטו	D'en avoir une boîte,
Polvere di cipria in petto	פולווירה די ציפריאה אין פטו	De la poudre de Chypre sur son sein
	עם תמרוקי נשים	Et des onguents de femmes[134].
	קחו מוסר אישים	Écoutez mes admonestations, hommes,
Se chi ci resteria	סי קיי צִיריסטריאה	De peur que l'un de vous n'y reste !

	אם תשכב לא תפחד	Quand elle se met au lit, elle n'a aucune crainte[135]
Se non di giacer sola	סינון די יציר סולה	Sinon de coucher seule.
	רוצה בקב אחד	Elle veut sa portion[136] : un homme
A empier la sua gola	איינפייר לסואה גולה	Qui satisfasse son appétit.
Pare una capriola	פרי אונה קפריאולה	On dirait une chevrette
	אם למקוה הולכת	Lorsqu'elle va au bain rituel[137]
	שחפת וקדחת	Ni la fièvre, ni le frisson
Ne freddo stimeria	ני פרידו סטימריאה	Ni le froid ne l'arrêteraient !

La spécificité de ce poème, comme de tous les poèmes bilingues de la série, repose dans l'effet constant de surprise et de variation que ménage le mélange des langues. Celles-ci alternent régulièrement et se tissent en un réseau complexe. La brièveté des vers

---

[131] *Esther*, 2, 12.

[132] *Psaumes*, 16, 4.

[133] Expression araméenne, Tamud de Babylone (*Shabbath*, 24a).

[134] *Esther*, 2, 12.

[135] *Proverbes*, 3, 24.

[136] Détournement d'un proverbe talmudique : « אדם רוצה בקב שלו מתשעה קבים של חברו » (*Baba Metsia*, 38 : « L'homme préfère obtenir sa propre portion plutôt que neuf portions de la main d'autrui »). Cette maxime, dans son cadre originel, souligne que l'homme aime jouir de son propre travail.

[137] Le bain rituel (*mikve*) était nécessaire après les règles ou après toute cause d'impureté pour reprendre des rapports sexuels. « Aller au bain rituel » est donc synonyme ici de vouloir faire l'amour.

impose une liaison syntaxique permanente des deux langues. Il s'y ajoute, comme dans la poésie d'un Folengo, un mélange volontaire de références savantes et d'expressions populaires. Les citations bibliques, ou talmudiques (ce qui ajoute encore l'araméen aux deux langues !) sont très nombreuses. Elles obligent le lecteur ou l'auditeur à naviguer en permanence entre deux mondes, celui de la rue, de sa langue, de ses jurons, celui de l'étude et de l'histoire sainte. Salomon d'Ancona puise bien sûr avec prédilection dans des passages bibliques qui traitent des soins de beauté féminins : l'admonestation d'Isaïe contre les filles d'Israël, et les versets du rouleau d'Esther qui décrivent la préparation des femmes avant leur présentation devant Ahasvérus.

Le passage d'un monde à l'autre peut créer des effets surprenants : ainsi, l'expression « נשקפה ותיבב » (« Elle regarde et elle soupire ») décrit dans le texte des *Juges* l'attitude de la mère de Sisra, le général cananéen dont la Bible vient de narrer l'assassinat par Yaël. Le passage biblique est pathétique : la mère qui vient de perdre son fils se berce de faux espoirs. Salomon d'Ancona l'emploie pour décrire la femme en mal d'amant. Cette strophe garde une tonalité élevée jusqu'au troisième vers « Comme un ours aux aguets » qui constitue une chute brutale en assimilant la femme éplorée à une dangereuse bête sauvage. Utilisée pour désigner l'amante affamée de chair fraîche, la comparaison est tirée des *Lamentations* où il est question des maux que le destin inflige au peuple d'Israël. Elle sert ici à désigner les ridicules du manège amoureux, et se trouve soudain associée à un univers de représentation profondément italien qui n'hésite pas à recourir à des clichés hérités des *stilnovisti* : « *Con tal viso adorno* ». Ces clichés eux-mêmes sont dégradés : si le visage est splendide, ce n'est pas d'une beauté naturelle, mais sous l'effet du maquillage : « *adorno* » est rapporté à son sens étymologique : « décoré ».

Même les transitions entre strophes peuvent être discrètement motivées par le texte de la Bible : la strophe 17 s'achève par le vers « *Mia lingua lor restia*[138] », et la suivante commence par une citation de *Psaumes*, 16, 4 dans laquelle le roi David décrie ceux

---

[138] « Ma langue qui leur est rétive ».

qui ne suivent pas la voie du Seigneur : « Ceux qui multiplient leurs peines » et le verset biblique se poursuit « [...] leurs noms ne viendront pas sur mes lèvres. » Ce sont d'abord les femmes qui fatigaient la langue du poète, maintenant ce sont, à travers l'allusion biblique, les hommes qui ne suivent pas la voie, non pas du Seigneur, mais de Salomon d'Ancona, c'est-à-dire du parti misogyne. Dans le contexte d'abaissement favorisé par l'esprit de satire, le bain rituel devient naturellement, par métonymie, un synonyme de l'appétit sexuel qui, selon une tradition misogyne bien enracinnée, serait insatiable chez les femmes. Le prosaïsme de l'italien qui recourt volontiers, dans l'ensemble du poème, à des expressions populaires imagées (« *farle la schiavina* », « *empier la sua gola* ») et l'abondance des *realia* situent décidément ce poème dans l'univers quotidien, urbain, de son public originel. Parmi les produits de beauté énumérés, nous en trouvons trois qui sont aussi mentionnés par Lévita dans le *Paris un Wiene* (*biaca, versile, allume*). Ce type de poèmes, et son inclusion dans un recueil de poésies pieuses, illustre à sa manière la complexité de la vie juive en Italie : une vie religieuse fervente et une intense vie mondaine.

Salomon d'Ancona n'est pas celui qui va le plus loin dans l'invective contre les femmes. Les quatre poèmes conservés de Samuel da Castiglione offrent une variété d'attaques et de plaintes tout en cultivant un comique qui n'hésite pas à se montrer vulgaire, sans jamais cesser d'être savant[139]. Ce médecin mantouan, qui dit avoir une cinquantaine d'années au moment où il écrit, dépeint dans un de ses poèmes une scène burlesque où deux mégères, qui veulent se venger de lui, le poursuivent à coups de pierres et de bâtons de sorte qu'il lui faut sauter un mur pour préserver sa vie[140]. Il faut dire qu'il a tout fait pour mériter pareil traitement car ses invectives contre les femmes sont acerbes.

Dans le premier poème édité par S. de Benedetti-Stow, Samuel, s'attardant sur l'idée reçue de la lubricité féminine, va jusqu'à donner des conseils détaillés au futur mari sur la façon dont il doit se comporter au lit s'il veut éviter d'avoir des cornes.

---

[139] Comme déjà mentionné, seuls deux d'entre eux ont été publiés par S. de Benedetti-Stow 1980, p. 35-67.
[140] *Ibid.*, p. 49-50.

Dans les évocations les plus crues, le jeu savant se déchaîne. Après avoir décrit la position dans laquelle l'homme montrera le plus de vigueur, Castiglione s'attarde sur la question délicate de la sodomie. Voici les deux premiers vers de cette octave[141] : « ומה שאחר הטבע \ אריסטוטילו ני דיסי אסאי \ והמשנה מטבע \ אנקי קוּוילוֹ טו סיי ». La traduction littérale est la suivante : « Et pour ce qui est au-delà de la nature, / Aristote en a beaucoup parlé. / Et celui qui change la nature... / Ça aussi tu le sais ». Mais cette traduction ne livre en aucune façon la saveur du texte qui est entièrement fondée sur des détournements linguistiques. Le premier vers « ומה שאחר הטבע » est le titre de la traduction hébraïque de la *Métaphysique* d'Aristote. Notre poète fait donc du philosophe grec, grâce au contexte grivois du poème, le docteur d'une science autrement plus redoutable, celle de l'amour « contre-nature ».

Quant au troisième vers « והמשנה מטבע », il reprend, du moins graphiquement, une formule talmudique (*Tal. Bab. Berakhoth*, 40b) où il est dit que « celui qui change la formule » d'une bénédiction, ne sort pas d'obligation : c'est comme s'il ne l'avait pas prononcée. Mais dans ce cas, il faudrait lire : « *ha-meshane mitb'a* ». Or, Samuel attend évidemment qu'on dise : « *ha-meshane miteva'* » (« celui qui change la nature »). En utilisant ces homographes, le poète incite son lecteur à compléter l'adage talmudique et sous-entend que celui qui pratique la sodomie, ne sort pas d'obligation. Condamnation assez légère... Il semble d'ailleurs, dans les vers suivants, la tolérer avec un haussement d'épaules : il s'indigne bien plus, comme l'Arioste d'ailleurs dans l'histoire de Giocondo, à la perspective de voir la femme se placer au-dessus de l'homme.

Ces poèmes n'ont rien de bien sérieux, ni d'ailleurs de très ambitieux, mais ils permettent à leurs auteurs de témoigner de leur habileté à manier les deux langues et créent un système quasi-dialogique où une langue répond à l'autre, où une culture se mêle à l'autre pour créer le divertissement le plus efficace aux oreilles d'hommes nourris depuis leur plus tendre enfance des textes sacrés, mais apparemment sensibles aux sirènes de la culture profane.

---

[141] *Ibid.*, p. 45.

181

De la suite du débat (qui dure jusqu'à la fin du XVIᵉ siècle et implique encore au moins trois auteurs), nous ne mentionnerons que la contribution de Yehuda Sommo mi Sha'ar Arie (Leone de' Sommi Portaleone), l'un des auteurs hébraïques les plus importants de son siècle car il a composé la première comédie dans cette langue à nous être parvenue[142]. Sa participation à la querelle des femmes, en qualité de défenseur du beau sexe, a été stimulée, selon les mots mêmes du poète, par la publication du livre *Davar be-'ito*, et donc, en partie, par le poème de Salomon d'Ancona[143]. Sommo

---

[142] Yehuda Sommo (Leone de' Sommi) mériterait certainement une étude littéraire approfondie qui dépasserait cependant les limites de notre travail. Sa comédie *Tsahuth Bedihutha dekidushin* (צחות בדיחותא דקידושין) reprend tous les schémas de la *commedia dell'arte* mais les transpose dans un contexte juif (l'intrigue est tirée d'une aggadah du Talmud). Un seul exemple devrait suffire à montrer les effets du transfert culturel : le rôle de *deus ex machina* est joué par un rabbin respectable (en opposition dans la pièce à un rabbin charlatan), qui, grâce à une subtilité juridique toute talmudique, permet la conclusion heureuse de la pièce et le mariage des jeunes protagonistes. Cette pièce à l'intrigue complexe, écrite sans doute dans la jeunesse de l'auteur, dans les années 1550, et représentée par les acteurs du théâtre juif de Mantoue, est l'un des cas les plus fascinants de la fusion complexe que représente la littérature juive en Italie à la Renaissance. Elle a été éditée par Ch. Schirmann 1965, p. 26-96. Dans ce livre, il publie également le *Magen Nashim* qui nous intéresse ici. Sur la riche personnalité de Yehuda Sommo (Leone de' Sommi), dramaturge officiel à la cour du duc Guglielmo Gonzaga de Mantoue, attaché à l'*accademia degli invaghiti*, et auteur du premier traité italien sur l'art de la représentation théâtrale, voir *EJ-2007*, art. Sommo.

[143] L'article de Pagis (1986, p. 287-288) présente quelques confusions sur ce point. Il attribue au poème de Samuel da Castiglione qui commence par les mots : « שיר חדש אשירה » et que nous avons décrit comme le premier de la deuxième série, le titre « *Davar be-'ito* ». Nous ne voyons pas où il a pris cette information et ce titre ne correspond pas au contenu du poème. Il n'apparaît nulle part dans la version du poème présente dans le manuscrit de Florence. Il nous semble donc clair que Sommo fait référence à l'ouvrage de Salomon d'Ancona lorsqu'il écrit (Ch. Schirmann 1965, p. 127) : « \ אך הגד הגד לי כי פלוני אלמוני הדפיס את שירתו \ ויקרא את שמה "דבר בעתו" \ ואז חברתי בנגדו שירת בתים חמישים \ וקראתי אותה "מגן נשים" \ הוא חבר שירתו בלשון לועזים ועברים \ על כן אף גם זאת חברתי אני מלשון קדש ועברה \ וזרים \ אך אמרתי תהיה אצלי שמורה \ ליום זדון ועברה » (« Mais il m'a été dit qu'un anonyme avait imprimé sa chanson / Et qu'il l'avait appelée « Chaque chose en son temps ». / Alors, j'ai écrit contre lui une chanson de cinquante strophes, / Et je l'ai appelée « Le défenseur des dames ». / Il a composé sa chanson en italien et en hébreu, / C'est pourquoi moi aussi je l'ai composée en langue sainte et en langue étrangère, / Mais je me suis dit : qu'elle reste cachée dans mon sein / Pour un jour de colère et de méchanceté. ») Sommo déclare que la chanson qu'il a lue était anonyme et cela n'est pas surprenant puisque le nom de l'auteur n'apparaît que, discrètement, dans l'acrostiche. Il attribue simplement au poème le titre de l'ouvrage dans son ensemble. Par ailleurs, Sommo, s'il mentionne la publica-

déclare avoir été obligé de diffuser son poème, malgré son sujet futile, parce qu'une noble dame, Hanna da Rieti, issue d'une influente famille de banquiers juifs, l'a prié de voler au secours des femmes insultées. On peut voir le poème de Sommo comme une sorte de synthèse des tendances qui l'ont précédé dans la querelle des femmes. Comme les poèmes de Sarteano et de ses successeurs, il comporte 50 strophes. Comme Sarteano, il fournit d'abord une série d'*exempla* bibliques (Rachel, Léa, Esther, Abigaïl, Judith), puis une série de figures tirées de la mythologie (Lucrèce, Tuccia, Ippo[144]). Mais il adopte la forme métrique et le biliguisme des poèmes de la deuxième série auquel il répond directement. Si le manuscrit conservé à la Bodléienne correspond bien aux intentions de l'auteur, celui-ci va encore plus loin que ses prédécesseurs car, au lieu d'écrire les vers italiens en caractères hébraïques, il les écrit en caractères latins[145]. Comme Avigdor da Fano, il dédie son poème à une femme (str. 2) et s'attarde longuement sur l'éloge d'un certain nombre de ses contemporaines (str. 28-39), toutes femmes juives de haut rang.

La première d'entre elles est Benvenida Abravanel, belle-sœur de Léon l'Hébreu, l'une des femmes juives les plus influentes dans l'histoire des Juifs en Italie[146]. Elle était très proche de la duchesse

---

tion de Salomon d'Ancona comme étant la cause première de la composition du poème, ne s'oppose pas seulement à lui. Dans le corps du poème, il parle toujours des poètes (au pluriel) qui salissent l'honneur des femmes, et il fait probablement allusion à Samuel da Castiglione dans la troisième strophe, lorsqu'il s'en prend à un médecin mantouan, qu'il ne nomme pas, mais que les contemporains devaient reconnaître sans peine.

[144] Les exemples proviennent, semble-t-il, directement des *Trionfi* de Pétrarque (« *Trionfo della pudicizia* », v. 132-150). On comparera la strophe 27 du poème de Sommo qui se rapporte à Tuccia et les vers de Pétrarque : « *Fra l'altre la vestal vergine pia / che baldanzosamente corse al Tibro, / e per purgarsi d'ogni fama ria / portò del fiume al tempio acqua col cribro* ». La présence, dans les deux poèmes, de la désignation « *vestal vergine pia* » plaiderait pour un emprunt direct. Mais Pétrarque, s'il fait référence à Ippo en la désignant « *quella greca* », ne la nomme pas explicitement, ce qui laisse supposer que Sommo devait disposer d'une des nombreuses éditions commentées de l'époque, par exemple *Il Petrarca, con l'espositione d'Alessandro Velutello*, publiée à Venise par Gabriel Giolitto de Ferrari en 1550 où le nom « Hippo » se trouve orthographié comme chez Sommo (p. 183).

[145] A. Neubauer 1891, p. 347-355. Neubauer, de façon absurde, ne publie que les vers italiens, qui n'ont aucun sens isolés des vers hébraïques.

[146] Voir en particulier l'article de H. T. Adelman qui lui est consacré dans les *Jewish Women Archives* : http://jwa.org/ [consulté 04/2014]. Une erreur de

de Toscane qu'elle avait contribué à éduquer à Naples lorsque celle-ci, fille du vice-roi Don Pedro de Toledo, était enfant. Elle a dirigé d'une poigne de fer les intérêts de sa maison après la mort de son mari Samuel. Au début des années 1540, la famille s'était installée à Ferrare, invitée par les ducs d'Este lorsque les Juifs de Naples en ont été expulsés. Sommo loue également ses filles Gioia, et Letizia et d'autres femmes : une Hanna, une Diamante, une Bella, une femme d'Ascoli et sa cousine Diana, toutes liées aux puissantes familles juives Pisa, Rieti, Sforno. Cette liste élogieuse de nobles femmes n'est pas sans rappeler le prologue du dernier chant de l'*Orlando Furioso* qui commence par l'exclamation (*OF*, XLVI, 3) : « *Oh di che belle e sagge donne veggio, / Oh di che cavallieri il lito adorno*[147] ! ». Dans cette tradition, Sommo apostrophe les femmes au début du poème (str. 1) : « *Donne sagge honeste e belle*[148] ».

L'exorde du *Magen Nashim* a une structure comparable à celui du chef d'œuvre ariostéen : les deux poètes commencent par annoncer l'objet général de leur création, avant d'apostropher leurs dédicataires (*OF*, 3 / Sommo, str. 2). Sommo déclare vouloir défendre les femmes tout en condamnant sévèrement les cliques de méchants vieillards qui les déshonnorent (« *chiurme felle degli vecchi* »). Lui-même a 30 ans au moment de la rédaction du poème. Il s'adresse ensuite, sans la nommer, à sa dédicatrice : « ואת יפה רעיתי / *Che mi chiami a questa impresa*[149] ». Si une influence directe de l'Arioste ne peut être affirmée, car le poète ferrarais a fait de nombreux émules, la grande familiarité de Leone de' Sommi avec la littérature italienne ne fait aucun doute.

L'épilogue du poème le prouve de manière éclatante. Après avoir loué tant de femmes nobles, il s'adresse, selon un *topos* bien connu et que nous étudierons en détail dans le *Paris un Wiene*, à

---

lecture du poème fait dire à l'auteur de cet article que Benvenida était morte au moment de sa composition. Ce n'est sans doute pas le cas puisque le poème a été écrit vers 1557 et qu'Adelman lui-même témoigne du fait que Benvenida était encore en vie dans les années 1560.

[147] « Oh de combien de dames sages et belles, / Oh de combien de cavaliers je vois le rivage orné ! »

[148] « Dames sages, honnêtes et belles. »

[149] « Et toi, ma belle amie, / qui m'appelles à cette entreprise. »

sa propre amante dont il déclare ne pas vouloir dévoiler le nom. La dernière strophe rédigée sous forme d'envoi (str. 50) prend congé de la chanson qui doit porter un message d'amour à cette mystérieuse destinatrice. Les vers qui précèdent (str. 45-49) accumulent les clichés du *dolce stil novo* avec, peut-être, une pointe de parodie lorsque Sommo déclare que les seins de la belle sont un briquet qui allume la flamme des amants. Comme dans la plus pure tradition du *dolce stil novo*, le poète doit toutes ses qualités à son amante (str. 48-49) :

את גלמה ראו עיני[150]	Mes yeux ont vu son image
Pur perfetto et singulare	Si parfaite et singulière,
ושמץ לקחו אזני[151]	Mes oreilles ont saisi un échantillon
Del suo dotto e bel parlare	De ses paroles savantes et belles,
Et se in me costume appare	Et s'il y a en moi quelque habitude
בצד מה טוב ויקר	Qui paraisse un tant soit peu bonne et précieuse,
ינתן לה היקר	Que l'honneur lui en soit rendu
Che senza essa io non l'havria	Car sans elle je ne l'aurais point.

Sommo précise alors le lieu où son amante vit, ce qui lui fournit l'occasion d'un jeu de mot évocateur : « היא בולוניא ובה לן יה »[152], Le nom *Bologna* est un quasi-homonyme de la phrase hébraïque « Dieu y loge ». Le poète ne pouvait résister à la tentation de placer ce mot d'esprit mais lorsqu'il nomme au vers suivant son amante « *la mia diva eletta*[153] », on en vient à se demander quel dieu vit dans la cité italienne !

Sommo ne maintient pas toujours ce ton élevé. Le poème s'inscrit dans une querelle littéraire qui, nous l'avons vu, cultivait volontiers l'insulte et le langage de la rue, et dont les intentions comiques ne sont pas négligées par notre auteur. Il ne tarit pas de moqueries envers les misogynes, qu'il accuse d'être des vieillards libidineux et impuissants, jaloux des amants vigoureux, et dévoyés par le comportement de leurs propres femmes qui, dans leur jeunesse, hurlaient contre eux et leur mettaient des cornes (str. 14-19). S'appuyant sur un dicton populaire, il les compare au « chien du maraîcher » qui ne mange pas et ne laisse pas manger, ou au chat qui fait mine de

---

[150] *Psaumes*, 139, 16.

[151] *Job*, 4, 12.

[152] « C'est Bologne, et Dieu y loge. »

[153] « la déesse que j'ai élue ».

mépriser les bonnes choses en donnant un coup de griffe dans sa coupe de lait. Bien sûr, il se délecte de leur impuissance (str. 16) :

סבלים הם נבדלים	Ils souffrent d'être séparés
Da piaccier solazzo e gioco	Du plaisir, du divertissement et du jeu.
וגם כלם אומללים	Et ils sont tous misérables,
Come legno secco al foco	Comme du bois sec au feu.
E ognun d'esser si fioco	Comme ils sont tous si faibles,
באף מקלל יומו	Ils maudissent le jour de leur naissance,
כי מלך אל־קום עמו[154]	Tel un roi qui ne connaît pas de soulèvement,
Pur la voglia ci serria	Et pourtant l'envie y serait bien.

L'humour de Sommo apparaît dans le détournement de *Proverbes*, 30, 31. Le texte biblique désigne quatre catégories d'êtres à la démarche agile : le lion, le lévrier, le bouc et le roi contre qui personne ne se soulève. Le mot « soulèvement » a pris, dans notre poème, un sens bien différent en s'appliquant au sexe des impuissants ! Le fait que le verset provienne d'une énumération d'êtres à la démarche agile renforce encore l'ironie de l'auteur. Sommo est sans doute le participant à la querelle qui illustre le mieux l'union des traditions hébraïques et italiennes. Chez lui, elles sont mêlées sous toutes leurs formes : les plus nobles (La Bible, l'Arioste, Pétrarque), comme les plus basses (les détournements scabreux de versets bibliques, la poésie réaliste et comique).

Les poèmes bilingues ne sont pas, en eux-mêmes, des spécificités de la Renaissance. C'est un phénomène extrêmement courant dans les littératures en langue juive où l'exploitation du bilinguisme naturel à la communauté aboutissait à ces créations poétiques dont beaucoup portent un caractère populaire. D. Blondheim cite pas moins de 40 exemples de ce type de poèmes, dans une dizaine de langues, écrits depuis le Moyen Âge jusqu'à l'époque moderne[155]. Un poème judéo-français de la deuxième moitié du XIIIe siècle mérite d'être cité pour plusieurs raisons. Tout d'abord, il nous permet de replacer le débat italien que nous venons d'étudier dans une tradition plus ancienne qui prouve que ce n'est pas dans leur forme que les poésies de la deuxième phase de la querelle des femmes reflètent l'atmosphère de la Renaissance mais bien par leur contenu, dans les références mythologiques, dans la tonalité des éloges, dans l'usage de l'ironie. Ensuite, il s'agit d'un chant

---

[154] *Proverbes*, 30, 31.
[155] D. Blondheim 1927, p. 23-31.

de mariage qui a pu être qualifié de « gaulois » par son éditeur : il convient de souligner que l'obscénité de ces textes, comme des pasquinades de Lévita, plonge ses racines dans le Moyen Âge. Enfin, ce chant, entonné au terme de la célébration nuptiale, porte la marque d'une connaissance par l'auteur juif des romans de chevalerie français dont il emploie par moments la langue, preuve supplémentaire du pouvoir d'attraction continuel que cette littérature a possédé sur les populations juives médiévales.

L'acte sexuel est évoqué par la métaphore de la prise d'un château. Nous donnons ici une strophe représentative de ce poème (qui en comprend 7). Sa forme est assez proche de celle des poèmes italiens composés près de 300 ans plus tard. L'amant s'y adresse à la bien-aimée et évoque de mille manières métaphoriques la consommation du mariage[156] (str. 5) :

	בחמת קרי וזעם	En fureur hostile et courroux
Sera batuz ton santier	שרא בטוץ טון שנטייַ	Ton sentier sera foulé.
	אמותה אך הפעם	Que je meure seulement cette fois
Sur écu blanc de kartier !	שור איקו בלנק דקרטייר	Sur un écu blanc de quartier !
	לחם סתרים ינעם	Le pain qu'on mange en secret est doux ;
Bargaine n'i a métier	ברגינא ניאה מיטייר	Il est inutile de marchander.
Que je te remaine entier	קא ייא טי רמינא אנטייר	Que je sois à toi tout entier !
	יש בגיד נותן טעם	Il y a dans le membre quelque chose qui donne du goût
Mot a ci corteis métier	מאוט אה צי קורטייש מיטייר	Il sert ici à un but charmant.

Les références sexuelles sont à peine voilées par les métaphores et par les citations hébraïques dont le sens est modifié. L'écrivain juif français emploie librement des proverbes français (« sentier battu ») et des références aux chansons de geste (« écu de quartier »). Ce poème médiéval nous invite à ne pas surinterpréter, dans le sens d'une spécificité de la Renaissance, la liberté de ton et l'ingéniosité des poètes de l'école italienne. Ceux-ci entrent cependant dans une tradition d'éloge et de blâme qui doit beaucoup à l'atmosphère italienne du XVIᵉ siècle.

---

[156] D. Blondheim 1927, p. 40-43. Nous donnons les transcriptions en ancien français et les traductions proposées par Blondheim. Nous avons légèrement modifié la traduction du septième vers pour rendre l'équivoque du vers hébreu, tiré d'une discussion du Talmud (*Hul*, 100b) concernant l'interdiction de consommer le nerf sciatique des animaux. Le mot גיד qui désigne ce nerf est aussi utilisé couramment pour parler du sexe masculin. À ce propos, Blondheim retranscrit un autre chant de mariage, datant du XVᵉ siècle, qui utilise aussi ce vers et est encore plus explicite dans ses références sexuelles que le poème judéo-français.

Au terme de notre étude de la querelle des femmes dans la poésie hébraïque, nous avons dépassé les limites chronologiques de la vie de Lévita. Lorsque Sommo écrit son poème vers 1556-1557, l'auteur yiddish est décédé depuis huit ans. Le poète yiddish partage avec le poète hébraïque la capacité d'exploiter les formes de la culture italienne de son temps dans ce qu'elles ont de plus élevé comme dans ce qu'elles ont de plus populaire, tout en les associant à sa culture juive, à son bagage d'écrivain yiddish et de connaisseur des langues saintes. Comme nous l'avons noté, il n'est pas impossible que Lévita ait connu certains textes de la querelle, peut-être même les premiers poèmes de sa deuxième phase. Nous aurons l'occasion de voir que sa propre participation à la querelle des femmes est de premier ordre : constamment ironique, ambigu, insaisissable, Lévita se range néanmoins, par sa verve caustique et son goût de la provocation, dans le rang des misogynes.

Il est temps de clore notre parcours de la poésie hébraïque à la Renaissance. Mais avant de fermer ce chapitre, nous nous permettons de jeter un coup d'œil sur un dernier auteur et sur son œuvre de jeunesse, produite plus de trente ans après la mort de l'auteur yiddish, mais qui comporte un intérêt particulier en ce qu'elle confirme la diffusion de l'Arioste auprès des lecteurs juifs : il s'agit du jeune Léon de Modène.

II.2.d. *Léon de Modène (1571-1648)*
et ses premiers essais poétiques

Il n'est pas question ici de présenter une vue générale sur l'œuvre de cet auteur prolifique, abondamment étudié, qui possède certes des points communs flagrants avec Lévita mais qui a vécu dans un contexte différent, cent ans après l'écrivain yiddish, et dont l'existence, celle d'un rabbin vénitien peu conventionnel, ne ressemble guère à celle de l'auteur que nous étudions[157]. Les deux hommes peuvent avant tout être rapprochés parce qu'ils ont tous deux joué

---

[157] Sur Léon de Modène, nous renvoyons pour une approche générale, au chapitre que lui consacre R. Calimani 2001, p. 152-172. Son intéressante autobiographie a été traduite en anglais et accompagnée d'études historiques par M. R. Cohen 1992. Nous avons aussi consulté l'ancienne édition hébraïque du *Sefer Ḥaye Yehuda* par A. Kahana 1912. Les années qui concernent la composition des poèmes étudiés ici y sont décrites aux p. 17-18. Pour une vision plus approfon-

le rôle d'ambassadeurs des Juifs auprès des Chrétiens et qu'ils ont été traités avec la même admiration respectueuse en France au XVIIᵉ siècle par le savant hébraïste Richard Simon, adversaire de Bossuet[158]. Nous souhaitons cependant présenter les premiers essais poétiques de Léon de Modène car ils constituent un aboutissement logique des tendances de la poésie hébraïque en Italie au XVIᵉ siècle et parce que cet auteur fournit, après Lévita, le plus éloquent témoignage de l'influence de l'Arioste sur la minorité juive italienne[159].

Les deux œuvres qui nous intéresseront plus particulièrement sont le fruit des expérimentations d'un adolescent surdoué qui, plongé dans les études rabbiniques et talmudiques, nourrissait également un goût particulier pour la poésie italienne. Au moment où il les compose, il avait déjà profité de l'enseignement de personnalités juives savantes, Samuel Archivolti, dont il a fréquenté la yeshiva (école talmudique) pendant un an à Padoue, et Azriel Bassola, le fils de l'écrivain et cabbaliste Moïse Bassola, qui lui a servi de précepteur pendant deux ans chez son père dans la petite ville de Montagnana. C'est pendant cette période, en 1583, qu'à l'âge de 12 ans Léon de Modène a décidé de traduire en hébreu, en guise d'exercice et de défi, des extraits de l'*Orlando Furioso*. Plus que pour sa réussite et sa fluidité (qui sont pourtant loin d'être négligeables), cette traduction est intéressante parce qu'elle témoigne du rêve d'un adolescent qui entendait sonder les limites expressives de la langue sacrée en l'appliquant au poème italien. Celui-ci constituait alors une référence culturelle largement partagée et qui ignorait les différences de classe et d'éducation[160].

___

die de l'œuvre variée de cet auteur, rabbin, dramaturge, poète, musicien et joueur de cartes impénitent, nous recommandons de se référer à D. Malkiel 2003.

[158] Richard Simon exprime à plusieurs reprises son admiration pour Lévita, en particulier dans son *Histoire critique du vieux testament* (notamment à la p. 199 de l'édition de 1680). Il a traduit en français, en 1682, l'ouvrage italien de Léon de Modène *Historia degli riti ebraici* sous le titre *Cérémonies et coutumes qui s'observent aujourd'hui parmi les Juifs*.

[159] L'*Orlando Furioso* est, de loin, l'œuvre italienne la plus représentée dans les bibliothèques des Juifs de Mantoue recensées dans les listes de censure de 1595, voir Sh. Baruchson-Arbib 2001, p. 168.

[160] On en trouvera quelques témoignages dans M. Beer 1987, p. 237-238. Montaigne, dans son *Voyage en Italie*, raconte une récitation du poème par une paysanne illettrée dont il a été témoin. Giuseppe Malatesta, dans son ouvrage *Della nuova poesia, overo delle difese del Furioso*, imprimé sur les presses qui serviront

La traduction du poète hébraïque est restée cachée dans un manuscrit personnel de la main de l'auteur (Oxford, Bodleian Library, Neubauer n° 2157) et celui-ci n'a jamais cherché à la diffuser, mais il l'a amoureusement conservée avec ses autres œuvres poétiques[161].

À cet âge, Léon de Modène avait déjà acquis toute sa virtuosité linguistique. Comme il l'indique lui-même en tête du poème, il s'est attaché à traduire mot-à-mot (« מלה במלה ») mais, dans le même temps, il conserve méticuleusement la forme de l'*ottava rima*. Le choix des extraits est révélateur. Il semble s'être d'abord attaqué au premier chant, mais il n'en a guère traduit que l'*incipit* (les quatre premières strophes). Le récit de ce chant, qui s'appuie grandement sur l'*Orlando innamorato* et qui commence dans la confusion de l'errance des chevaliers en marge de la bataille de Paris ne devait pas l'encourager à poursuivre son effort. Il a alors jeté son dévolu sur une des nombreuses *novelle*, et l'esprit de l'adolescent semble avoir été singulièrement stimulé par le sujet érotique et chargé d'humour de la nouvelle de Giocondo présentée au chant XXVIII, nouvelle par ailleurs décidément misogyne[162].

L'histoire s'organise en deux parties assez nettement distinctes. Dans la première, le jeune Giocondo, trompé par sa femme, trouve consolation en découvrant que le plus beau des princes est lui-même trompé par la sienne en faveur d'un nain ignoble. Dans la seconde, les deux maris cocus s'associent pour profiter des femmes et décident enfin de se lier à une magnifique jeune fille qui, malgré

à publier le *Paris un Wiene* (Verona, Sebastiano delle Donne, 1590, p. 144), met dans la bouche d'un des participants du dialogue l'observation suivante : « [*Noi*] *potemo maravigliarci, non dico d'un humanista solo, ò di qualunque faccia pur professione di lettere, ma di un'hoste ancora, e d'un pecoraio, s'essi non hanno ò nella Taverna, ò nella cappanna il* Furioso, *il qual, come ognun di noi può havere osservato, non è luogo, dove non si ritrovi.* » (« Nous pouvons nous montrer étonnés, je ne dis pas d'un humaniste seulement, ou d'un homme qui pratique les lettres, mais encore d'un aubergiste, ou d'un berger, si ceux-ci n'ont pas soit dans sa taverne, soit dans sa cabane, le *Furioso*, car, comme chacun de nous a pu l'observer, il n'y a pas de lieu où on ne le trouve pas. ») On trouve à peu près la même réflexion, mais sur un ton satirique, dans le douzième des *capitoli* du peintre et écrivain Romano Alberti, voir C. Perna 2010, p. 660.

[161] Nous utilisons l'édition de S. Bernstein 1932. La traduction de l'*Orlando Furioso* se trouve aux p. 33-45.

[162] Cette nouvelle quelque peu licencieuse a été censurée à plusieurs reprises, en particulier au XIXᵉ siècle au point que l'éditeur des poésies de Léon de Modène croit nécessaire, en 1922, de l'inclure dans son ouvrage. Elle a aussi connu une fortune indépendante du poème au XVIᵉ siècle, publiée sous le titre *Historia del re di Pavia*. Voir M. Beer 1987, p. 255, n. 86.

toute leur vigilance, réussit tout de même à les tromper. Le jeune Léon de Modène n'a traduit que la première partie du récit (les 42 premières octaves) et s'interrompt assez brusquement au moment où le prince va découvrir la perfidie de sa femme. Sa traduction témoigne d'une réelle finesse sur le plan psychologique comme sur le plan linguistique et d'un plaisir évident à rendre les aspects les plus licencieux du récit [163].

Son usage de la langue sainte est très libre : les citations bibliques, si elles ne sont pas oubliées, ne paraissent que sporadiquement au regard des pratiques courantes de la poésie hébraïque. Il emploie volontiers des termes rabbiniques que ses études avaient dû lui rendre particulièrement familiers. Nous citerons en exemple l'octave où se trouve dépeinte la réaction de Giocondo lorsqu'il vient de découvrir l'amour de la reine pour le nain (*PW*, XXVIII, 53). Nous traduisons l'hébreu ci-dessous et l'italien en note :

Iocondo se tenait stupéfait, tremblant	יקונ"דו משתאה מרעיד עמד
Comme un homme qui fait un rêve.	כאשר יחלום חלום חולם
Mais voyant la vérité en face	ובראותו האמת, במעמד
Il ne refusa pas d'y croire tout à fait.	לא מאן האמין אמן שלם ;
D'un laideron pareil, dit-il, s'est entichée	למכוער כזה,אמר, חמד
L'âme de cette femme, épouse d'un homme	רוח זאת האשה, ואישה עלם
Plus grand que tous les rois de la terre,	גדול מכל מלכי אדמה
Beau, aimable, noble – quelle luxure !	יפה, נחמד, נדיב, רצון זימה !

> Attonito Iocondo e stupefatto,
> E credendo sognarsi, un pezzo stette ;
> E quando vide pur che gli era in fatto
> E non in sogno, a se stesso credette.
> – A uno sgrignuto mostro e contrafatto
> Dunque (disse) costei si sottomette,
> Che 'l maggior re del mondo ha per marito,
> Più bello e più cortese ? oh che appetito [164] ! –

[163] On notera particulièrement, à la strophe 22, l'usage du substantif קרנו, au sens de « celui qui lui met des cornes ». Cet emploi détourne un célèbre passage de l'Exode (34, 29) mal traduit par Saint-Jérôme qui a affublé Moïse de cornes au lieu de rayons, erreur promise à une riche postérité dans l'art occidental. Un tel emploi du mot est attesté en hébreu pour désigner un mari trompé dès le XIIIe siècle dans le *Mashal hakadmoni* d'Ibn Sahula, recueil de fable très apprécié en Italie. Voir *Even-Shoshan*, art. « קרן ».

[164] « Stupéfait et abasourdi, Iocondo, / Croyant rêver, resta figé un moment / Et quand il vit que c'était pourtant un fait / Et non un rêve, il finit par croire ce qu'il voyait. / – C'est donc à un monstre bossu et contrefait, / dit-il, que celle-ci se soumet / Elle qui a pour mari le plus grand roi du monde, le plus beau, le plus courtois ? Ah ! Quel appétit ! »

S'il perd légèrement en précision psychologique en ne reproduisant pas l'évolution des pensées de Giocondo, s'il ne reprend pas l'expressive description du nain, Léon de Modène exploite savamment la tendance de l'hébreu à la paronomase et à la répétition phonique et exprime ainsi par une sorte de balbutiement la stupéfaction du personnage, en particulier au deuxième et au quatrième vers. Bien sûr, la traduction du jeune auteur n'est pas exempte, dans son ensemble, de quelques acrobaties, de libertés syntaxiques et grammaticales, mais elle n'impressionne pas moins par sa fluidité, par sa fidélité, et par sa rigueur dans l'usage du mètre italien. Mais là où Léon de Modène est sans doute le plus novateur, tout en poursuivant une tendance déjà entamée par les poètes hébraïques qui l'ont précédé, c'est dans la libération de la langue hébraïque à l'égard du canon biblique : chez lui, l'hébreu prend décidément une apparence séculière. Le jeune poète ne s'ingénie que rarement à détourner des versets utilisant librement le lexique traditionnel pour représenter l'univers coloré du roman de chevalerie.

Le même goût du défi et de la performance a poussé Léon de Modène à composer, à l'âge de 13 ans en 1584, ce qui est sans doute son poème le plus célèbre. Contrairement à sa traduction de l'*Orlando Furioso*, le poète a largement diffusé cette pièce qui a beaucoup contribué, parmi les Juifs et les Chrétiens, à sa réputation de poète hébraïque[165]. L'œuvre a été composée lorsque le jeune homme a appris la mort de son maître Azriel Bassola della Rocca qui venait de le quitter pour se marier à Chypre où il a succombé à la peste. Sa particularité consiste dans son parfait bilinguisme : on peut la lire aussi bien en italien qu'en hébreu et, dans les deux cas, obtenir une élégie sur le décès prématuré de ce professeur. Il s'agit d'une octave (respectant le schéma rimique de l'*ottava rima*). Nous proposons ci-dessous le texte tel qu'il a été publié par Léon de Modène, près de vingt ans plus tard dans son מדבר יהודה. Nous avons pris soin de conserver la ponctuation (*nikud*), malgré cer-

---

[165] Elle est citée par un grand nombre d'hébraïstes chrétiens : G. Bertolocci (1683, p. 34-35), G. C. Wagenseil (1674, p. 50), J. C. Wolf (1727, p. 745-746), F. C. B. Avé-Lallemant (1862, p. 86). S. Bernstein (1932, p. 51-52) publie le poème à partir du manuscrit, mais sous une forme problématique car elle ne permet pas toujours la correspondance de l'italien et de l'hébreu. Nous utilisons le texte publié par Léon de Modène lui-même dans son *Midbar Yehuda* (מדבר יהודה), un recueil de ses sermons italiens traduits en hébreu, édité à Venise par Daniel Zanetti en 1602, fol. 80v.

taines difficultés dues à la mauvaise qualité de l'impression, car elle peut faciliter la juste compréhension du poème. Dans son ouvrage, Léon de Modène fournit la lecture italienne du poème en caractères hébraïques, en dessous de la lecture en langue sainte. Nous la présentons directement en caractères latins suivant les règles de l'italien contemporain sans tenter de reconstituer la prononciation originale influencée par le dialecte vénitien. Nous proposons également les traductions des deux lectures :

קִינָה שְׁמוֹר אוֹי מֶה מֶה כָּפֶס אוֹצָר בּוֹ

כָּל טוֹב עֵילוֹם כּוֹסִי אוֹר דִּין אֶל צִלּוֹ

מֹשֶׁה מוֹרִי מֹשֶׁה יָקָר דֶּבֶר בּוֹ

שָׁם תּוּשִׁיָּה אוֹן יוֹם כִּפּוּר הוּא זֶה לוֹ

כַּלָּה מֵטִיב יָמַי שֵׁן צָרִי אֲשֶׁר בּוֹ

צִיּוּן זֶה מוֹת רַע אֵין כָּאן יַרְפֶּה לוֹ

סְפִינָה בַיָּם קַל צֵל עוֹבֵר יָמֵינוּ

הֲלוֹם יוּבָא שְׁבִי וַשִׁי שְׁמֵנוּ

Élégie, conserve, hélas, quelque chose du trésor qui a disparu avec lui.
Tout le bien est dissipé ; mon destin, mon jugement ont suivi son ombre.
Moïse, mon maître, le précieux Moïse, la peste l'a pris.
Là-haut est la sagesse et la puissance, c'est un jour de repentance pour lui.
Le meilleur de ma vie est fini, la dent du souci y est entrée.
C'est un signe que cette méchante mort. Nul ne desserre ici-bas son étreinte.
Nos jours sont un navire sur la mer, une ombre légère.
Le prisonnier est mené ici-bas, notre récompense y est mesurée.

Chi nasce muor oime che pass' acerbo !
Colto vien l'uom cosi ordina'l cielo.
Mosè mori, mosè gia car de verbo.
Santo sia ogn' uom con puro zelo !
Ch'alla meta gia mai senza riserbo
Si giunge ma vedran in cangiar pelo
Se fin' habbiam ch' al cielo vero ameno.
Va l'uomo va se viv' assai se meno !

Celui qui naît meurt, hélas, quel passage douloureux !
L'homme se voit emporter, ainsi en a voulu le ciel.
Moïse est mort, Moïse, dont le verbe autrefois était cher !
Que chacun soit saint, avec un zèle pur !
Car c'est vers la fin, sans aucune exception,
Qu'on arrivera, mais on verra en changeant de couleur de cheveux,
Si nous avons une fin qui soit plaisante au ciel véridique.
L'homme va, il va, qu'il vive beaucoup ou qu'il vive moins !

Un tel exploit exige bien sûr une certaine souplesse. Les phonèmes ne sont pas toujours semblables mais quand ils ne le sont pas, ils restent toujours très similaires. Le poète profite aussi de certaines hésitations de la graphie hébraïque : le שׁ, par exemple, peut se lire « s » ou « ch ». La syntaxe est parfois étrange, surtout en hébreu. Comme le notait U. Cassuto, la lecture italienne est plus fluide que la lecture hébraïque : la langue sainte est soumise à des contorsions, à des ellipses, pour calquer la langue vernaculaire[166]. Le résultat n'en reste pas moins admirable : les deux lectures, italienne et hébraïque, proposent deux élégies touchantes, dont le sens est différent mais dont la tonalité morale reflète une profonde maturité et une peine véritable à la mort de ce maître admiré.

Dans un sursaut de volonté et de virtuosité, Léon de Modène confère à l'hébreu et à l'italien un degré de proximité tel que nul n'en avait rêvé avant lui. Comme nous l'avons vu, les deux langues n'ont cessé de se côtoyer et de s'enrichir mutuellement dans la poésie hébraïque italienne. Il fallait sans doute être un adolescent surdoué pour rêver cette fusion des langues, cette union improbable qui défie les frontières linguistiques. La réussite, comme la part d'échec, de cette entreprise ont une portée symbolique. Un Juif italien ne saurait se confondre avec son compatriote chrétien. Son éducation a été profondément différente. Sa culture, dont il apprécie le riche héritage, l'éloigne de celle de ses contemporains non-juifs mais il ne s'en montre pas moins sensible à leurs plus belles réalisations esthétiques, et lorsqu'il le décide, il peut faire en sorte de ressembler à s'y méprendre aux Chrétiens qu'il côtoie. Cette capacité d'adaptation faisait trembler aussi bien les autorités ecclésiastiques que les autorités rabbiniques.

---

[166] La réflexion d'U. Cassuto est rapportée par S. Bernstein (1932, p. 52). Léon de Modène était conscient du fait que la lecture de son poème n'était pas facile. Dans la rubrique qu'il joint au poème dans le *Midbar Yehuda*, il demande au lecteur de l'excuser s'il prend des libertés avec les règles de la langue déclarant qu'un débutant n'est pas soumis aux critiques. Et le poète était débutant dans deux sens du terme : il inaugurait une nouvelle forme poétique et il était très jeune. La difficulté du texte hébraïque trouve sa confirmation dans le fait que nous interprétons souvent sa signification d'une façon différente de S. Bernstein dans son édition. Dans une de ses lettres, citée par Bernstein au même endroit, Léon de Modène avoue à son correspondant que son poème est écrit dans une langue obscure (לשׁון עמוק) et qu'il lui a coûté beaucoup de travail. Ce poème sera imité dans son principe et dans sa forme, au XVIIIᵉ siècle, par Ephraïm Luzzato dans une épitaphe.

Dans le cas de Lévita, la situation se complique encore du fait qu'une troisième langue et une troisième culture viennent s'ajouter à la situation intellectuelle de ses coreligionnaires d'origine italienne : il s'agit bien sûr du yiddish, de la culture ashkénaze et de leur héritage déjà considérable en ce début de XVIe siècle. C'est à cette troisième dimension, qui est la première en importance pour sa création littéraire, que nous allons nous intéresser à présent.

II.3. PLACE DE LÉVITA
DANS LA LITTÉRATURE YIDDISH ANCIENNE

II.3.a. *Le choix du yiddish et sa signification*

S'il est vrai que l'hébreu n'occupe qu'une place bien définie dans la création littéraire de Lévita, il faut se demander pourquoi il a privilégié le yiddish dans ses œuvres les plus séculières. Quelle pouvait être la perception du yiddish, sa langue maternelle, par un auteur préoccupé avant tout de promouvoir la connaissance exacte des langues sacrées, l'hébreu et l'araméen, et ayant entretenu, comme nous l'avons vu, quelques relations avec les poètes hébraïques de son temps ?

Comme la plupart des hommes juifs ashkénazes éduqués, Lévita a grandi dans une parfaite situation de bilinguisme même si les deux langues n'avaient pas le même statut. Le yiddish, ou *mame loshn* (langue de la mère) en yiddish moderne, était la langue du quotidien, la langue du foyer, connue aussi bien des femmes que des hommes. Une grande partie des premiers textes publiés en yiddish ont une intention pratique et visent à faciliter certaines actions de la vie courante. On peut classer dans cette catégorie les nombreux glossaires bibliques, les livres de prière traduits, les guides moraux et religieux, les manuels pour l'abattage rituel, des textes médicaux et d'autres ouvrages relevant de problématiques quotidiennes partagées par le plus grand nombre. Même si beaucoup de ces textes jouent un rôle spirituel important, ils ne concernent pas moins la pratique religieuse dans ce qu'elle a de pragmatique[167].

---

[167] On peut dater les débuts de la recherche moderne sur la littérature yiddish ancienne à la publication du catalogue pionnier : M. Steinschneider 1961,

L'hébreu était la langue du père, langue du savoir et de l'éducation masculine, dominant largement l'écrit. Il était employé dans les livres et traités théoriques, dans la correspondance entre savants mais aussi dans les comptes des marchands et dans les annonces communautaires quand celles-ci ne devaient pas nécessairement être comprises de tous. Cela ne signifie pas que les savants ne parlaient pas yiddish : même dans leurs enseignements, les rabbins s'exprimaient dans la langue vernaculaire, mais leurs *responsa* étaient toujours rédigés en hébreu[168]. M. Weinreich caractérise la différence entre les deux langues en utilisant les catégories de « médiateté » et d'immédiateté[169]. Tout Juif, même s'il était extrêmement savant, gardait un rapport médiatisé à l'hébreu : il connaissait la langue par l'étude de la Bible et des textes sacrés depuis l'âge le plus tendre, son rapport à elle passait nécessairement par les textes, ce qui dotait la langue sainte d'une plus grande rigidité, mais lui garantissait également une dignité incomparable : selon la tradition juive, c'est en hébreu que Dieu a créé le monde.

Il n'est pas étonnant que cette distinction entre yiddish et hébreu ait été spontanément modalisée par les Juifs ashkénazes comme une opposition entre le féminin et le masculin. Il y avait à cela une base sociologique mais c'était surtout un reflet du système général des valeurs : les nobles occupations, liées à l'étude de la Torah, devaient se dérouler en hébreu ; le yiddish était le langage de la domesticité et des affaires courantes, il disposait d'un rang inférieur et il arrive assez souvent aux premiers auteurs yiddish d'avouer la modestie de leur savoir et de présenter leur démarche de traduction ou de composition en langue vernaculaire comme un pis-aller[170]. L'association des langues en fonction

---

réédition des notices bibliographiques publiées dans la revue *Serapeum* de 1843 à 1849. On lira aussi avec intérêt l'analyse du grand chercheur, typique des qualités et des limites de la *Wissenschaft des Judentums*, sur ce qu'il nomme « la littérature populaire des Juifs » : M. Steinschneider 1872, p. 1-21.

[168] Il existait une certaine porosité entre les deux domaines mais la répartition que nous esquissons ici est en général respectée. Pour plus de détails, J. Baumgarten 2005, p. 72-81.

[169] M. Weinreich 2008, p. 252-255.

[170] C'est le cas par exemple de Joseph bar Yakar, qui a imprimé le premier livre de prière complet en yiddish, à Ichenhausen en 1544. Il y joint une intéressante préface en vers où il affirme : « *ich bin ain am ho'orets ain tröpfo* » (« je ne suis qu'un pauvre ignorant »). Si la protestation de modestie est souvent

du sexe des lecteurs était donc très forte et la littérature yiddish était présentée comme dédiée aux femmes même s'il ne faut voir dans les nombreuses adresses aux lectrices qu'une convention qui cachait souvent un vaste lectorat masculin, peut-être honteux mais bien réel[171].

Le yiddish paraît donc avant tout lié à la sphère de l'intimité, ou du moins du familier, et l'on n'aurait pas tout à fait tort de dire que, lorsqu'on met côte à côte l'œuvre hébraïque de Lévita et son œuvre yiddish, l'une nous présente l'homme public et l'autre l'homme privé. Cette distinction est malgré tout trop schématique : un poème affiché sur un mur du ghetto de Venise est aussi public qu'un livre imprimé par Daniel Bomberg. Ce qui est certain, c'est que l'œuvre hébraïque était destinée aussi bien aux Chrétiens qu'aux Juifs tandis que l'œuvre yiddish n'était adressée qu'aux seconds. Et il faut encore limiter le lectorat potentiel de cette œuvre : elle ne s'adressait ni aux Juifs d'origine italienne, ni aux Juifs séfarades que Lévita côtoyait dans la plupart des villes de la péninsule[172]. S'il avait souhaité s'adresser à tous les Juifs, sans distinction d'origine géographique, il lui aurait fallu employer l'hébreu. Même si son œuvre aurait alors gagné en extension « horizontale » (en touchant des Juifs de tous les horizons), elle aurait beaucoup perdu en extension « verticale » en excluant de son public les classes sociales les moins éduquées (qui étaient aussi,

---

une figure de rhétorique, elle semble être associée à la publication de livres yiddish avec une insistance toute particulière. Voir J. C. Frakes 2004, p. 246-254 et J. Baumgarten 2005, p. 59-60.

[171] La première vaste étude sur le rapport de la littérature yiddish aux femmes a été proposée par Sh. Niger en 1915. Même si elle est très datée, elle reste intéressante pour comprendre l'échelle des valeurs qui a présidé à la distinction entre les *sforim* (livres saints, en hébreu) et les *bikher* (livres yiddish). Sh. Niger 1919 en particulier p. 3-40.

[172] Les Juifs en Italie à l'époque de Lévita étaient environ 30000 contre une population de 8 à 10 millions d'Italiens, voir. R. Bonfil 1995, p. 23. La population ashkénaze italienne est difficile à évaluer mais elle devait se situer entre 10000 et 15000 personnes, c'est-à-dire qu'ils constituaient sans doute le groupe juif majoritaire de la péninsule : M. A. Shulvass 1950, p. 164. Ce chiffre est à mettre en rapport avec une population européenne ashkénaze de 500000 personnes environ : M. Weinreich 2008, p. A136. Lévita, lorsqu'il a décidé d'imprimer ses ouvrages yiddish sur les presses d'Isny – dont seul le *Bovo Dantone* sortira, avait évidemment aussi en vue un lectorat hors des frontières d'Italie. Mais d'autres de ses créations concernaient au premier chef une population plus ciblée, c'est le cas en particulier de ses pasquinades composées à Venise.

en général, les moins favorisées), les femmes et tous les hommes qui ne connaissaient pas l'hébreu. De toute évidence, ce paramètre devait être essentiel dans le choix du yiddish par Lévita et il contribue grandement au caractère populaire, au sens large du terme, de ses textes vernaculaires. Le choix du yiddish par Lévita est donc avant tout le choix d'un public et d'une tradition littéraire orientée vers la compréhension, et la participation, du plus grand nombre.

Lévita ne s'est jamais exprimé sur ce choix du yiddish. Il ne théorise pas sa langue maternelle même s'il lui arrive, dans ses œuvres hébraïques, de glisser des remarques sur la prononciation et sur les particularités de la langue des ashkénazes[173]. Si ses remarques sont d'un grand intérêt pour le linguiste contemporain, elles ne visent pas à une connaissance systématique du yiddish. Le yiddish, chez Lévita, semble placé sous le signe de la spontanéité, de la quotidienneté. L'opposition que Dante traçait, tout au début de son *De vulgari eloquentia* (I, 1) entre le latin et la langue vulgaire, est sans aucun doute applicable à la vision que Lévita devait se faire de ce qui distinguait le yiddish de l'hébreu (nous citons le texte dans la traduction italienne de Trissino réalisée dans le cadre de la querelle linguistique autour des thèses de Bembo et publiée en 1529, du vivant de Lévita,) : « *il Volgar Parlare affermo essere quello il quale senza altra regola, imitando la balia, s'apprende. Ecci ancora un altro secondo parlare il quale i Romani chiamano la Grammatica*[174]. »

Mais lorsque Dante écrivait ces lignes environ deux cents ans avant le début de la carrière de poète yiddish de Lévita, il avait déjà un modèle poétique précis à défendre, celui du *dolce stil novo*, associé d'ailleurs à un idéal politique, celui de l'unité italienne[175]. Cela le conduit à formuler une pensée linguistique du vulgaire à la fois originale et novatrice, considérant le latin comme un langage

---

[173] Une vue générale de ces réflexions éparpillées dans l'œuvre hébraïque a été proposée par M. Weinreich 1923, p. 76-86, et par J. Baumgarten 2005, p. 171-174.

[174] « J'affirme que le Parler Vulgaire est celui qu'on apprend, sans autre règle, en imitant sa nourrice. Il existe encore un second parler que les romains appellent la Grammaire. » Dante Alighieri 1868, p. 4. La citation est proposée par J. Baumgarten 2005, p. 169.

[175] S. Rizzo 1969, p. 69-88.

de convention, fixé par des règles strictes (il est significatif qu'il le nomme *grammatica*), et les vernaculaires au contraire comme marqués par la variabilité et la multiplicité. Mais il n'en considère pas moins, dans cet ouvrage, le vulgaire comme plus noble que le latin, en raison même de son naturel, et appelle de ses vœux une régulation de l'usage d'un Vulgaire Illustre, qui ne corresponde à aucun dialecte italien, mais sache tirer de chacun d'eux ce qu'il y a de meilleur pour traiter les sujets nobles. Il illustre alors son propos dans un art poétique de la *canzone*. En réalité, fondant ses recommandations sur une pratique poétique, celle de l'école émiliano-toscane et des stilnovistes, la langue que Dante finit par défendre est bien une forme raffinée du toscan, et pour cette raison, on a pu dire de lui qu'il a été « le trouveur de sa langue maternelle[176] ».

On le voit, la réflexion sur la langue vulgaire italienne à l'époque de Lévita est déjà fort ancienne, et les poètes italiens contemporains sont dans une position très différente, quant à leur instrument poétique, de celle du poète yiddish. Le début du XVIe siècle a été le témoin, en Italie, de ce qu'on a nommé la « crise de l'humanisme », en raison de la progressive remise en question de la supériorité du latin comme langue de culture[177]. Concurrencé sur le terrain des langues anciennes par le grec, miné de l'intérieur par une tendance centrifuge qui mettait en question le solide cicéronianisme du XVe siècle et par l'utilisation de modèles mineurs ou plus tardifs, tels Apulée, le latin avait perdu la stabilité qui faisait de lui la langue noble par excellence, laissant le champ libre pour une nouvelle normativisation du vernaculaire dont la figure de proue a été Pietro Bembo (1470-1547). Exportant le modèle de l'imitation des Anciens préconisée par les humanistes pour le latin (Cicéron pour la prose, Virgile pour les vers), Bembo, lui-même l'un des plus grands humanistes de son temps, propose la première norme stable et unificatrice de l'italien fondée sur le florentin littéraire des grands auteurs du *trecento* (Boccace pour

---

[176] M. Baschera 1999, p. 17-32.

[177] Sur ce processus complexe nous renvoyons à G. Mazzacurati 1985, en particulier p. 297-322. Des cas de figures concrets sont étudiés par C. Dionisotti 2003. Les conséquences de cette redistribution linguistique sur la création de T. Folengo, qui est d'un intérêt particulier pour notre étude, sont présentées dans M. Pozzi 1993, p. 33-47.

la prose, Pétrarque pour les vers). Il illustre ses théories dans ses propres œuvres en prose (*Asolani*, 1505) et en vers (*Rime*, 1530) mais surtout, il publie le véritable manifeste de l'italien moderne : *Le Prose della volgar lingua* en 1525.

Bembo, s'il en est le principal fer de lance, n'était pas le seul partisan de la normativisation de l'italien. Elle correspondait à une demande générale, favorisée par les typographes, en mal de normes fixes pour la publication des ouvrages, et illustrée par la publication de la première grammaire italienne par G. F. Fortunio, *Regole grammaticali della volgar lingua* (1516). Les conséquences de ce mouvement unificateur sur la littérature vernaculaire ont été très fortes. Alors que la tolérance pour les variations dialectales était encore grande au début du siècle, les choses changent à partir des années 1520. Si tous les écrivains ne se plient pas aux règles grammaticales et stylistiques édictées par Bembo, tous sont obligés de prendre position à leur égard comme nous le verrons dans le cas de plusieurs auteurs de romans de chevalerie. Ajoutons également que le mouvement d'unification linguistique était intimement lié à une volonté d'unification politique. L'Italie étant déchirée par les guerres que s'y livraient les grandes puissances européennes, on voyait dans la réforme linguistique une nécessité urgente pour permettre aux Italiens de reprendre en main leur destinée. La littérature italienne du début du XVIe siècle connaît donc une évolution décisive dont les conséquences se font sentir jusqu'à aujourd'hui.

Il existe sans doute également un facteur psychologique qu'il faut prendre en compte lorsqu'on analyse la façon dont l'œuvre yiddish de Lévita a vu le jour. Comme nous venons de l'évoquer, l'Italie de la fin du XVe siècle et du début du XVIe siècle a connu une liberté linguistique particulière, la progressive affirmation de la langue normative favorisant un usage réfléchi des dialectes. On trouve ainsi, chez Pulci, chez Laurent le Magnifique (dans une veine parodique) ou encore chez Folengo et Ruzzante (de façon plus fondamentale) un travail proprement littéraire et ambitieux du dialecte. Lévita ne manquait donc pas d'exemples d'un usage artistique réfléchi de la langue populaire et pouvait y voir un champ de création, non seulement légitime, mais aussi propre à l'investissement d'ambitions poétiques[178]. Par ailleurs,

---

[178] L'idée d'un usage réfléchi du dialecte a été popularisée par B. Croce dans

ayant lui-même illustré les langues saintes, l'hébreu et l'araméen, dans ses travaux de grammairien, il n'avait pas à craindre qu'on lui reproche de composer futilement des vers yiddish et pouvait accorder à sa langue maternelle, malgré son statut inférieur, une place de choix dans sa propre création.

Le yiddish, au début du XVIe siècle, était encore bien loin de faire l'objet de réflexions approfondies. Aucune normativisation de la langue n'a été tentée avant le début du XXe siècle. Plusieurs descriptions empiriques de celle-ci ont été proposées assez tôt selon le principe d'une mise en évidence de ses différences avec l'allemand, présentées en général comme des déformations ou des déviations[179]. Mais l'absence d'une norme stable et partagée n'a jamais été un obstacle majeur à la création littéraire. De fait, le processus de normativisation linguistique a des motivations et des conséquences avant tout politiques et sociologiques. L'écrivain, quel que soit l'état de sa langue, est capable à partir de normes existantes (empruntées parfois à d'autres langues et littératures) ou de normes qu'il définit lui-même en conformité avec ses intentions esthétiques, de faire de sa langue maternelle ou même d'une langue inventée (comme le macaronique de Folengo), une langue d'art. Comme le montrent le cas italien au XVIe siècle, et le cas du yiddish au XXe siècle, c'est plutôt la normativisation linguistique qui est tributaire des créations littéraires que l'inverse[180]. Il nous paraît utile ici de nous arrêter brièvement sur l'état de

---

un article de 1926 : « La letteratura dialettale riflessa. La sua origine nel Seicento e il suo ufficio storico », republié dans B. Croce 1952, p. 355-364.

[179] J. Baumgarten présente un intéressant chapitre consacré à ces descriptions anciennes, souvent l'œuvre de Juifs convertis ou d'hébraïstes allemands. Voir J. Baumgarten 2005, p. 1-25. Ces études anciennes du yiddish, plus ou moins rigoureuses et plus ou moins bienveillantes, ont joué un rôle important dans la naissance de la philologie yiddish, voir B. Borokhov 1966, p. 76-136.

[180] Malgré la distance temporelle, il nous semble pouvoir être fructueux dans une perspective générale d'étude linguistique et culturelle, de comparer le processus de normativisation de la langue italienne au XVIe siècle et celui de la langue yiddish au XXe siècle. Les réformateurs ont dû faire face à des questions comparables : Faut-il privilégier un dialecte particulier ? Créer une langue qui ferait la synthèse entre les différents dialectes ? On peut d'ores et déjà souligner que dans les deux cas, la régularisation linguistique est accompagnée d'une revendication d'unité politique et que la définition d'un socle littéraire constitué de classiques admirés et reconnus (Dante, Pétrarque, Boccaccio en Italie ; Mendele Moykher Sforim, Y. L. Peretz, Sholem Aleykhem pour le yiddish) a été une étape importante dans le processus de normativisation.

cette langue au moment où Lévita l'a choisie comme instrument poétique.

Nous n'entrerons pas dans le détail des querelles qui ont opposé les spécialistes du yiddish ancien sur la question de savoir si la langue était, dans ses manifestations les plus anciennes, assez différenciée des diverses variétés de l'allemand pour pouvoir être définie comme une langue indépendante[181]. Le fait que les Juifs ashkénazes, et Lévita avec eux, désignaient ordinairement leur langue comme « *töutsch* » (« allemand ») ne signifie pas qu'ils n'avaient pas conscience de sa spécificité[182]. Comme J. C. Frakes l'a bien montré, la façon dont la recherche académique s'est attachée à nommer le yiddish ancien dépend davantage de présupposés idéologiques que de préoccupations scientifiques[183]. Nous préférons sans hésitation l'emploi du terme yiddish à la qualification « judéo-allemand », privilégiée jusqu'aux premières décennies du XXᵉ siècle et qui resurgit encore périodiquement dans la recherche, car seul le mot yiddish permet de saisir l'unité culturelle du monde ashkénaze et de sa langue à tous les stades de son développement. Il nous faut donc rappeler les facteurs essentiels qui ont contribué au processus de différenciation progressive du yiddish par rapport à l'allemand et pour ceci nous nous appuierons sur le modèle défini par Max Weinreich dans sa *Geshikhte fun der yidisher shprakh*[184].

Selon la périodisation de l'historien de la langue yiddish, l'œuvre de Lévita appartient au tout début de la période du Yiddish Moyen (1500-1700) dont la caractéristique majeure est la diffusion à travers une quantité notable de textes d'une langue écrite en caractères hébraïques, comme toutes les langues juives, dont le degré de fusion est déjà bien avancé. Weinreich fait de ce caractère de langue de fusion un élément fondamental dans

---

[181] Encore assez récemment, cette question a fait couler beaucoup d'encre. Voir E. Timm 1985, B. Simon 1987 et la critique des deux ouvrages par J. Mugdan 1992, p. 76-94. Pour un point de vue récent sur la thèse « yiddishiste » d'une indépendance de la langue, E. Timm 2005, p. 29-32.

[182] M. Weinreich 2008, t. 1, ch. V : « The Name *Yiddish* », p. 315-327.

[183] J. C. Frakes, 1989, en particulier le chapitre « The Names of Old Yiddish », p. 21-104. Voir également J. Baumgarten 2002, p. 65-79.

[184] M. Weinreich 1973. Nous nous référons dans la suite à la récente traduction anglaise M. Weinreich 2008.

sa description du yiddish. La langue s'est formée à partir de différentes langues sources (qu'il nomme « déterminants ») dont l'influence et l'apport a varié suivant les circonstances historiques. Cette définition comme langue de fusion a pu être critiquée car de nombreuses langues, l'anglais au premier chef, sont clairement des langues de fusion[185]. Cependant, on peut insister sur le caractère particulier, du point de vue historique et linguistique, de la fusion qui a lieu dans les langues juives : une langue-hôte (l'allemand pour le yiddish, l'espagnol pour le judéo-espagnol) fournit l'essentiel du matériel lexical et grammatical. Elle intègre dès le départ un substrat provenant de migrations antérieures, et subit durant des siècles l'influence continue de l'hébreu (ou plus précisément de la « langue sainte » : hébreu et araméen) ainsi que d'autres langues en raison de migrations ultérieures. Le processus de fusion dans les langues juives se partage donc entre les conséquences d'une interaction structurelle avec l'hébreu et l'araméen et d'une interaction conjoncturelle avec les langues parlées dans l'entourage des populations juives. De plus, la fusion qui, dans d'autres langues européennes a été arrêtée par un processus de standardisation, se réalise dans les langues juives tout au long de leur histoire avec l'adoption continue non seulement de nouvelles unités lexicales mais aussi de nouvelles formes morphologiques et syntaxiques.

Une des composantes originelles du yiddish est romane, car une grande partie de la population ashkénaze s'est installée en territoire germanique, à partir du Xe siècle, en provenance de France ou d'Italie du Nord. En témoignent des termes employés par Lévita, tels le substantif « *pülzél* » (« jeune fille » du latin « *pulcella* ») ou le verbe « *prai'én* » (« inviter, supplier » du latin « *precari*[186] »). À ces termes anciens sont venus s'adjoindre des mots empruntés plus tard par les Ashkénazes ayant émigré en Italie.

La composante majeure du yiddish est bien sûr germanique. Elle fournit dans les textes anciens entre 90 et 100% du vocabulaire car une convention littéraire tenace voulait que la langue

---

[185] A. Beider 2013, p. 90.
[186] « *pülzel* », par exemple *PW*, 168 ; 387 ; 709. « *praien* », *PW*, 84 ; 168 ; 429 ; 474, 689 ; 697. Voir E. Timm 1996, p. 215.

écrite évite les termes d'autre origine. Cependant, même au sein de cette composante, un éloignement à l'égard des dialectes germaniques se fait rapidement sentir. La pratique continue de la traduction mot-à-mot du texte biblique (« *iūri-töutsch* »), et le grand respect pour l'original hébraïque, a rapidement conduit à un certain nombre de créations lexicales et de développements sémantiques qui n'ont pas d'équivalents dans les parlers germaniques de l'époque[187]. De plus, autour de 1500, le profil du yiddish, quant à la phonétique et à la morphologie, ne trouve pas d'exacte correspondance dans les dialectes allemands contemporains car il mêle des traits provenant de diverses régions, ce qui devait lui procurer une sonorité étrangère (ou simplement étrange) aux oreilles des Chrétiens[188].

La troisième composante est celle que partagent toutes les langues juives, la composante hébraïco-araméenne (en yiddish contemporain *loshn-koydeshdiker komponent* : « la composante de la langue sacrée »). Il s'y mêle des termes et des expressions provenant des différentes sources constituant la base de l'éducation juive, des textes en hébreu (la Bible, la Mishna) mais aussi en araméen (une grande partie du Talmud, le Zohar). Cette composante est le fruit d'une influence ininterrompue dans l'histoire du yiddish. Loin de se limiter au domaine du sacré, elle concerne tous les domaines de la réalité, du plus élevé au plus bas. Son emploi reste perceptible à l'écrit, même pour les lecteurs les moins éduqués, car une solide convention veut que les lexèmes qui en proviennent ne soient pas écrits selon les règles phonétiques qui prévalent pour les autres composantes du yiddish mais en conformité avec l'orthographe hébraïque ou araméenne des textes sacrés. Pour cette raison, certaines lettres qui ne sont en général pas utilisées en yiddish (le ה, le ת) se retrouvent dans la composante hébraïco-araméenne. La part de cette composante varie grandement en fonction du sujet traité et des situations décrites. C'est ainsi que les textes satiriques de Lévita, décrivant des situations typiquement juives, en sont plus chargés que ses romans de chevalerie. C'est le cas en particulier de ses pasquinades qui se présentent sous la forme de parodies de chants religieux. Selon les

---

[187] Voir l'étude fondamentale d'E. Timm 2005, en particulier p. 3-69.
[188] Timm 1987, p. 412-456.

calculs d'E. Timm, le *Boṽo Dantône* ne comporte que 0,2% d'hébraïsmes. La pasquinade *Hamaṽdil lid* en comporte 18%[189].

Enfin, d'autres composantes sont venues s'intégrer au yiddish lorsque les Juifs ashkénazes, au fil de leurs migrations, sont
sortis des territoires germanophones. C'est ainsi que le yiddish
d'Élia Lévita comporte une composante italienne qui, loin d'être
négligeable, est venue accroître la composante romane originelle.
C'est aussi de cette façon que les Juifs ashkénazes d'Europe de
l'Est ont vu pénétrer dans leur langage une composante slave qui
a beaucoup contribué à l'éloignement du yiddish oriental par rapport au yiddish occidental[190]. Mais le yiddish oriental n'a connu
sa floraison qu'au XIXe siècle lorsqu'il a commencé à produire
une riche littérature. Jusqu'au XVIIIe siècle, le yiddish occidental
domine les textes écrits. Quant à l'italien, il ne laissera que peu de
traces dans le yiddish après le XVIe siècle car les Juifs ashkénazes
en Italie se sont assimilés linguistiquement[191].

Quel était le degré d'intégration des différentes composantes
dans le yiddish de Lévita, et quel rapport notre auteur entrete-
nait-il avec l'allemand ? Comme nous l'avons vu, le vernaculaire
que parlait Lévita et qu'il écrivait se distinguait, non seulement
des dialectes allemands parlés dans sa région d'origine (la Franconie orientale), mais aussi de l'ensemble structurel des dialectes
germaniques. Cependant, selon toute probabilité, la distance
n'était pas telle qu'elle empêchait la compréhension mutuelle,
même pour des locuteurs peu savants et à plus forte raison pour
Lévita, qui pouvait probablement, dans ses conversations avec
des Allemands masquer dans une certaine mesure la spécificité
de sa langue maternelle. Mais la distance pouvait inversement
être volontairement accentuée par les locuteurs yiddish dans des

---

[189] Voir Timm 1985, p. 373.

[190] Un seul mot d'origine probablement slave se rencontre dans le lexique de
Lévita. Il s'agit du mot « *nebekh* », signifiant « malheureux », utilisé en géné-
ral sous forme d'apposition exclamative, qui provient du tchèque « *neboh* ».
Ce mot slave est entré très tôt en yiddish, probablement de Bohême-Moravie.
Voir M. Weinreich 2008, t. 2, p. 542-543.

[191] En 1614, Jakob Hailprun traduisait le *Ŝefer Mizvass Nošim* du yiddish
en italien et mettait en garde ses lecteurs contre des lectures profanes italiennes
(qui remplacent les traditionnels Hildebrand et Dietrich von Bern) : Arioste,
le *Decameron* et *Amadis de Gaule*. Aucun livre yiddish ne paraîtra plus en Italie
après la deuxième décennie du XVIIe siècle. Voir Ch. Turnianski 1996, p. 87-88.

stratégies de dissimulation[192]. Cette proximité de l'allemand a eu pour conséquence que, jusqu'au XVIIIᵉ siècle au moins, la langue et la littérature allemandes ont été une source toujours possible (mais pas nécessaire) de lexèmes, de formes poétiques, de modèles stylistiques. Quelle était la familiarité de Lévita avec la littérature allemande de son temps ? Il est très difficile de le savoir mais il est certain qu'il s'est davantage formé, comme écrivain, au contact de la littérature italienne. Il n'en reste pas moins que la richesse du lexique d'origine germanique de Lévita, sa variété supérieure à celle de la plupart des livres en yiddish ancien, la capacité qu'il montre à convoquer des termes appartenant à des registres techniques (armes, instruments, maladies, vêtements) laisse supposer une maîtrise d'un lexique germanique qui ne devait pas entrer dans le langage courant des Juifs ashkénazes mais qu'il pouvait aisément adopter pour ses besoins de poète yiddish (profitant peut-être en cela de ses travaux de lexicologue).

La composante allemande n'est d'ailleurs pas la seule à témoigner de cette stratégie littéraire inclusive de Lévita : son emploi

---

[192] Sur ce phénomène, voir M. Weinreich 2008, t. 1, p. 181. L'une des stratégies les plus sûres, pour un locuteur yiddish, pour ne pas être compris par son entourage chrétien, est d'employer extensivement des mots de la composante hébraïque au lieu de mots de la composante germanique. Weinreich cite l'exemple suivant en yiddish moderne : « *Zay* shomea *vos der* orl *iz* magid » au lieu de « *Her vos der* goy *zogt !* ». Les deux phrases signifient « Écoute ce que le non-Juif dit ! » mais des mots d'origine hébraïque ont remplacé l'essentiel des mots d'origine germanique, et le mot « *goy* », qui est d'origine hébraïque mais risquait d'être compris par l'entourage chrétien a été remplacé par « *orl* » (non-circoncis). La littérature yiddish ancienne nous a gardé un cas très ancien et particulièrement intéressant de ce type de dissimulation. Dans le *Šému'el-buch*, lors de l'épisode du siège de Rabbah (2 *Samuel*, 12, 26), Joab parvient à s'emparer de la ville en se faisant catapulter dans ses murs. Atterrissant dans la maison d'une veuve, il est interrogé pour savoir s'il ne serait pas un des Juifs qui tourmente depuis si longtemps les habitants de la cité. Joab répond (*SB*, 1316) : « Er šprach : "Waś habt ir mich zu fragen ? Nun bin ich dóch *cen* jud" » (Qu'avez-vous donc à me demander ? Je ne suis, bien sûr, pas juif !). Cette forme de reniement devait gêner l'auteur du *Šému'el-buch* et il a trouvé une solution extrêmement judicieuse pour ne pas placer cette impiété dans la bouche de Joab. Au lieu d'écrire « *ken* » (all. « *kein* ») tel que l'orthographe yiddish l'aurait exigé, קיין, il l'écrit כן, forme que l'on trouve dans les manuscrits du *Šému'el-buch* comme dans sa version imprimée. Il s'agit d'un strict homonyme mais, dans ce cas, le mot ne peut être interprété que comme appartenant à la composante hébraïque, et comme signifiant « oui, en effet ». Le sens de la phrase est alors « Je suis en effet juif ! ». En jouant ainsi sur la graphie, l'auteur fait passer un double message, l'un pour les ennemis, l'autre pour les siens, et sauve la fidélité religieuse du personnage.

des composantes hébraïque et italienne est tout aussi inventif. Il exploite pleinement l'absence de normalisation de son yiddish et sa plasticité. Ce qui pourrait paraître, au premier regard, comme une forme de macaronisme n'est en réalité chez lui qu'un usage extensif de la liberté lexicale offerte par le yiddish comme langue de fusion. Une vaste palette de mots appartenant aux langues qui participent à la formation du yiddish (ses déterminants dans la terminologie de Weinreich) peuvent ainsi entrer, au prix d'une adaptation linguistique, dans le tissu des poèmes de Lévita.

Par conséquent, il est assez difficile d'évaluer le degré d'intégration d'un terme précis dans le yiddish de l'époque. Si l'on prend pour exemple la composante italienne, certains termes, comme le mot « *post* », repas, de l'italien « *pasto* », étaient si courants que les locuteurs, selon le témoignage même de Lévita dans le *Sefer Hatishbi*, avaient oublié leur origine italienne[193]. Il en va sans doute de même pour des termes italiens ayant adopté des désinences germaniques, tel le mot « *solazén* » (< it. *solaz-zare*, se divertir). Le mot « *inpaz* » (< it. *impaccio,* gêne) a eu une certaine longévité en yiddish même hors des frontières d'Italie[194]. Mais d'autres termes, comme les mots italiens entrant dans la liste des ingrédients chimiques utilisés pour le maquillage cités par le *Paris un Wiene* (*PW*, 176) gardaient certainement la trace de leur origine « étrangère ». Le terme « étranger », que nous venons d'employer, n'est pas satisfaisant. Des mots spécialisés tels « *štegruf* » (*BD*, 269 : étrier) ou « *tartsch* » (*PW*, 85 : écu) étaient-ils plus familiers à la population juive ? On voit qu'il est difficile de faire la part de ce qui appartient en propre à une langue qui évolue très vite et dont le caractère essentiel est d'avoir été, dès son origine et tout au long de son histoire, une langue de fusion soumise à de nouveaux apports continuels.

Il est un point sur lequel il convient également d'insister. L'originalité du yiddish ne provient pas seulement de sa structure linguistique mais aussi des conditions socio-culturelles qui sont à l'origine de sa formation. Weinreich formule cette idée d'une

---

[193] *Sefer Hatishbi* 1541, p. 137, art. סעד.

[194] Il a été conservé par Moïse Wallich dans sa réédition du *Kü' buch* (Frankfurt, 1697), alors que celui-ci tend, en général, à supprimer les italianismes de cette œuvre publiée pour la première fois en Italie en 1555. E. Katz 1996, p. 266.

façon efficace : le yiddish est la langue de « la voie du Talmud » (« *derekh ha-shas*[195] »). Cela signifie que, dès l'origine, la façon de s'exprimer des Juifs ashkénazes a été influencée par le mode de vie réglé que suppose l'observance des lois édictées par la tradition, interprétées par les rabbins, transmises par une éducation particulière. Commençant au *kheder* où les enfants apprennent à lire, elle ne s'achevait, en théorie, qu'à la mort car l'étude des textes saints est un commandement religieux qui ne dépend ni de l'âge ni de la profession même si, dans la pratique, seule une minorité privilégiée pouvait se consacrer entièrement à l'étude.

La « voie du Talmud » n'est pas une religion au sens moderne du mot mais un mode de vie que l'on peut subsumer sous le terme de *yidishkayt* et qui concerne tous les domaines de l'existence : observance des 613 commandements (lois alimentaires, lois de pureté, observance du Shabbat et des fêtes) auxquels viennent s'ajouter de nombreuses coutumes qui visent à préserver la séparation à l'égard des mœurs des peuples non-Juifs. Il serait faux de penser, comme c'était souvent le cas parmi certains représentants de la Science du Judaïsme au XIXᵉ siècle, que la particularité de la vie des Ashkénazes était le fruit de siècles de ségrégation et de rejet de la part des Chrétiens. Il y avait chez les Juifs, en règle générale, une volonté de différenciation qui a pu avoir des retombées linguistiques en stimulant l'accentuation des traits distinctifs du yiddish[196]. Le judaïsme ne connaissait pas, jusqu'au XIXᵉ siècle, la distinction entre le privé et le public, entre les orthodoxes et les libéraux, entre les religieux et les séculiers. Les spécificités individuelles existaient bien sûr, mais elles s'inscrivaient dans un vaste continuum où le respect des règles talmudiques, de leur autorité et du mode de vie qu'elles supposaient, constituaient un socle commun. Le principe de la distinction à l'égard des non-Juifs (dans le mode de vie, dans l'habillement, et bien sûr dans les célébrations), s'il a connu suivant les périodes et les individus des variations notables, était néanmoins constant et collectivement accepté jusqu'à ce que l'émancipation au XIXᵉ siècle vienne mettre en place, pour les Juifs d'Europe, un tout nouveau paradigme.

---

[195] M. Weinreich 2008, p. 175-246.
[196] E. Timm 1987, p. 497-498.

La « voie du Talmud » est donc à l'origine d'un attachement des Juifs à une façon d'être dont les expressions rituelles, folkloriques, culturelles sont omniprésentes. Elle crée la cohésion du groupe, un sentiment de familiarité, voire de fierté. Elle se reflète inévitablement dans la langue qui peut à tout moment tirer son matériel directement de la Bible, du Talmud, des prières ou de l'araméen des savants. Les citations bibliques employées par Lévita dans ses vers en hébreu, si nombreuses qu'elles font de certains de ses poèmes de véritables centons, ne pouvaient être reconnues que par des lecteurs très savants. Ce n'est pas le cas, en général, des citations que l'on trouve dans son œuvre yiddish : la plupart d'entre elles avaient tant imprégné la vie de tous les jours que même les femmes et les enfants pouvaient les reconnaître. Lévita, par exemple dans ses pasquinades, tire alors plus volontiers ses citations des prières, entendues et répétées par tous, du rituel quotidien jusqu'à la *Haggadah* de Pessah.

Nous pouvons citer deux exemples significatifs. Le premier provient du *Hamaṽdil lid*[197]. Nous avons vu que ce poème satirique est la parodie d'une des *zmires* (chansons religieuses) qu'entonne le chef de famille à la maison en rentrant de la synagogue le samedi soir à la fin du Shabbat. Il y remercie Dieu d'avoir distingué le jour saint des autres jours de la semaine. Dans sa pasquinade, Lévita reprend littéralement le premier vers du poème liturgique : « *Hamavdil ben kodesh leḥol* » (« Celui qui distingue le saint et le profane »). Le choix de cette référence si familière n'est pas aléatoire. Non seulement, elle est connue de tout son public, mais le terme *léhaṽdil*, ou parfois même *hamaṽdil*, est employé dans les sources juives hébraïques ou araméennes, et assez tôt en yiddish, pour tracer une nette démarcation entre ce qui relève du sacré et ce qui relève du profane ou de l'hérésie[198]. Sous forme de simple apposition, il sert donc à tracer une frontière nette entre le Juif et le non-Juif. Comme Lévita écrit ces vers pour discréditer un adversaire, Hillel Cohen, il ne pouvait trouver de moyen plus efficace pour tracer une frontière nette entre

---

[197] Édité par J. C. Frakes 2004, p. 149-164.

[198] M. Weinreich 2008, t. 1, p. A168. Pour designer ce trait particulier de la langue Yiddish, Weinreich a crée le terme de « *lehavdl-loshn* » : langage de différenciation.

lui-même et la cible de sa satire, qu'il accuse d'ailleurs quelques strophes plus loin (*HL*, 5) de vouloir bientôt se convertir et rejoindre son frère devenu prêtre. En plaçant son poème sous le signe du *hamaṽdil*, le poète yiddish pouvait compter, pour l'ensemble de son public, sur une familiarité rituelle autant que sur une familiarité linguistique.

Si nous nous tournons maintenant vers un second exemple, qui n'est pas cette fois tiré d'une parodie de texte liturgique, nous saisirons mieux la richesse qu'apporte au yiddish son lien étroit avec le mode de vie que suppose « la voie du Talmud ». Dans le *Boṽo Dantòne*, lorsque le chevalier Bovo retrouve la princesse Drusiana sous le déguisement d'un mendiant, il est enlaidi par une potion qu'il s'est appliquée sur le visage et la jeune fille qui ne le reconnaît pas s'exclame : « *Ei' wol hamaṽdil bèn kodeš leḥòl / zwischén seiném libén ponim un ' dem deinén*[199] ! » (*BD*, 335). La construction syntaxique, qui est en tout point semblable à celle observée dans le *Hamaṽdil lid*, montre à quel point l'expression extraite du poème liturgique était entrée dans le langage pour souligner avec emphase la séparation de deux réalités incomparables[200]. Dans le contexte d'une conversation entre deux nobles jeunes gens, le surgissement de l'expression traditionnelle entraîne avec elle, même pour un bref instant, l'évocation du monde spécifiquement juif dont elle provient. Son sémantisme est, en raison de son origine rituelle que tous percevaient, chargé de multiples connotations.

Les références à la « voie du Talmud » sont omniprésentes dans les poèmes satiriques de Lévita qui décrivent des scènes se déroulant dans le monde juif que fréquentait l'auteur. Moins nombreuses dans ses romans de chevalerie, leur apparition dans ce contexte manifestement étranger n'en est que plus remarquable. Lorsque le héros du *Paris un Wiene* soûle et drogue les deux mamelouks qui gardent la prison où est enfermé son beau-père, le prisonnier prend la poudre d'escampette et le narrateur

---

[199] « Ah ! *Celui qui distingue le sacré et le profane,* / [fait la différence] entre ton visage et le sien ! »

[200] La construction syntaxique est exactement la même au début du poème *Hamaṽdil-lid* : « Hamaṽdil bèn kòdeš leḥòl / *zwishén mir un ' Hilel den* niṽze *knòl* » (« Celui qui différencie le sacré et le profane / [fait la différence] entre moi et Hillel le vilain gredin. »

laisse les deux Musulmans endormis jusqu'à ce que, dit-il, Dieu les fasse *bar mitzvah*, c'est-à-dire jusqu'à ce qu'il les rende responsables. Le terme talmudique désignait alors, plus que la cérémonie d'aujourd'hui, le fait pour une personne d'être soumise à tous les commandements divins (de la loi juive bien sûr : les mamelouks se trouvent comiquement judaïsés). À la fin du roman, lorsque les deux jeunes gens ont célébré leur mariage et se précipitent dans la chambre pour célébrer leur nuit de noce, Lévita fait brusquement allusion aux règles de pureté (*nida*) qui fixent les jours où les rapports sexuels sont autorisés. Plus que des références religieuses, au sens moderne du terme, il s'agit là de faire surgir le quotidien, le familier, le particulier. On imagine aisément l'efficacité comique pour les lecteurs de jadis de tels surgissements de la « voie du Talmud » au cœur du monde chevaleresque. Mais il ne faudrait pas se tromper sur sa nature : ce n'est pas tant ici l'évocation d'un rituel en décalage complet avec le contexte qui fait rire, mais bien plutôt l'irruption du monde familier dans la matière étrangère.

C'est, nous le pensons, grâce à cette caractéristique que l'on peut mieux saisir tout l'intérêt pour Lévita du choix du yiddish. L'hébreu, même s'il constituait à l'époque de Lévita en Italie un instrument littéraire assez souple qui s'est illustré dans de nombreux genres, n'en restait pas moins une langue médiate, fortement marquée par la pratique de la *melitsa*, ce langage fleuri et élégant, pratiqué notamment dans la correspondance, et dont aucune prose hébraïque n'était entièrement libre. Le yiddish, au contraire, était le langage spontané, quotidien, capable de refléter l'univers populaire. Ce caractère « populaire » ne suppose pas une simplicité de la création littéraire de Lévita dans cette langue. Nous avons de fortes raisons de penser que ses poèmes étaient souvent difficiles, exigeants, pour les locuteurs yiddish contemporains mais ils n'en demeuraient pas moins infiniment plus accessibles, en particulier pour les femmes, que n'importe quel texte hébraïque.

Le lectorat de Lévita ainsi défini à grands traits, nous savons encore bien peu de choses sur ses habitudes de lecture et sur ses attentes littéraires. Certains documents vont nous permettre d'en tracer les contours. La meilleure source d'information dont nous disposions pour connaître les lectures des Juifs d'Italie au XVIe siècle, est l'ensemble des listes de censure établies pour le duché de Mantoue en 1595[201]. Celles-ci, même si elles témoignent d'un état de fait postérieur de près de 50 ans à la mort de Lévita, permettent de mettre en évidence d'importantes tendances générales. À l'époque, les Ashkénazes représentaient 22% de la population juive de Mantoue. L'hébreu est la langue de la grande majorité des ouvrages possédés par les familles juives de la ville. Toutes familles confondues, les livres yiddish ne représentaient qu'1,2% des ouvrages recensés (256 livres sur les 22431 recensés).

En comparant ces listes et les textes qui sont parvenus jusqu'à nous, Ch. Turniansky et E. Timm arrivent à la conclusion que seulement 1 livre yiddish sur 1000, imprimé à l'époque, nous a été conservé, ce qui jette quelque lumière sur l'état parcellaire dans lequel nous trouvons aujourd'hui l'œuvre de Lévita[202]. Dans ces listes, il apparaît que, toutes langues confondues, la part large est faite aux œuvres religieuses ou apparentées (homilétiques, morales...). Un bon nombre des œuvres en yiddish traitaient également de thèmes proprement religieux. Cependant une part non négligeable de ceux-ci avait pour but le divertissement. Comme le souligne S. Baruchson-Arbib : « les ouvrages dans cette langue constituent près de 25% des ouvrages de fiction et de poésie que l'on trouvait dans la communauté[203]. »

---

[201] S. Baruchson-Arbib 2001. Même si les informations apportées par ce livre sont d'un grand intérêt, plusieurs facteurs doivent inviter à la prudence dans leur interprétation. Compilées à partir des 438 inventaires préparés par les Juifs eux-mêmes sur demande de l'Inquisition, ces listes ne présentent bien sûr que ce que les Juifs ont bien voulu déclarer, ou ce qu'ils ont jugé nécessaire de déclarer. C'est pourquoi le nombre particulièrement faible de livres en italien (2,4%) peut être expliqué par le fait que ces livres n'étaient pas explicitement soumis à la censure (qui visait les ouvrages en caractères hébraïques auquel le censeur n'avait pas aussi facilement accès). Voir le compte-rendu du livre : F. Bregoli 2006, p. 450-452. Si cette hypothèse est correcte, on comprend que les chiffres présentés par la chercheuse pour cette partie de son étude ne sont guère représentatifs. Pour une étude plus précise des ouvrages yiddish présents dans ces listes, on se reportera à A. Romer-Segal 1978, p. 779-788.

[202] E. Timm-Ch. Turniansky 2003, p. 163. On trouvera aux pages 164-165, les photographies de deux listes de censures manuscrites et aux pages 166-168, une série de livres mentionnés par les listes et qui ne sont pas parvenus jusqu'à nous.

[203] S. Baruchson-Arbib 2001, p. 133. Là encore, ce chiffre n'est pas représentatif si l'on suppose que les Juifs n'ont pas systématiquement déclaré leurs livres en caractères latins. Le yiddish utilisant l'alphabet hébraïque, la censure s'imposait plus logiquement aux ouvrages dans cette langue.

Les listes nous offrent d'autres informations intéressantes : les romans de chevalerie sont les livres de divertissement en langue vernaculaire les plus nombreux. En yiddish, arrive en tête la poésie épique à matière biblique (mais de style chevaleresque) : le *Šefer šoftim* qui a été publié à Mantoue en 1564[204] (6 familles), le *Šému'el-buch* (6 familles), le *Mélochim-buch* (6 familles), suivis ensuite par les ouvrages de Lévita : *Paris un Wiene* (4 familles) et *Boṽo Dantôṇe* (3 familles). Parmi les livres en italien déclarés, l'*Orlando Furioso* arrive en tête (28 familles), suivi par le *Canzoniere* de Pétrarque (18 familles) et le roman *Paris e Vienna* (8 familles). On peut comparer ces chiffres à ceux de la littérature hébraïque de divertissement qui, comme la littérature italienne, concernait toute la population et non les seuls Ashkénazes : le *Taḥkemoni* d'Al-Ḥarizi arrive en tête (32 familles) suivi des *Maḥberot* d'Immanuel de Rome (27 familles), ce qui prouve que l'interdit édicté par Joseph Caro contre ce type d'ouvrages, une trentaine d'années plus tôt, n'avait pas eu d'effet majeur en Italie, du moins sur la possession de ces livres. Un autre enseignement important des listes de Mantoue concerne le niveau social des personnes intéressées par ce type de littérature. Ils appartenaient, en général, à une classe qui possédait peu de livres, c'est-à-dire aux habitants les moins érudits et les moins aisés : « C'est ainsi que les sonnets de Pétrarque et l'histoire de Paris et de Vienne étaient surtout lus par les gens du peuple[205] ». Nous devrons avoir en mémoire ces réflexions sur les destinataires probables des œuvres de Lévita au moment où nous étudierons les choix stylistiques du poète[206].

Si certains chiffres de l'étude de S. Baruchson-Arbib doivent être interprétés avec prudence, parce qu'un grand nombre de Juifs

---

[204] E. Timm-Ch. Turniansky 2003, p. 19.

[205] S. Baruchson-Arbib 2001, p. 165. Ne doit-on pas supposer que les familles aisées, qui avaient beaucoup de livres en hébreu à déclarer, n'ont pas mentionné ces livres italiens, tandis que les familles moins riches qui avaient peu de livres en langue sainte, les ont inclus dans leurs listes ?

[206] Le caractère originellement populaire des textes adaptés par Lévita ne nous semble cependant pas signifier que le poète s'adressait uniquement aux classes les moins aisées de la société juive. Des preuves internes aux textes (évocation des richesses et de certaines formes de « mondanités », mention de quelques familles patriciennes) nous semble au contraire témoigner du fait que Lévita pouvait aussi compter sur un lectorat riche et cultivé.

ont sans doute négligé de mentionner dans leurs inventaires les livres italiens qu'ils possédaient, les données concernant la littérature yiddish sont assez sûres. 77% des livres enregistrés dans cette langue sont des traductions de la Bible ou des œuvres à caractère religieux[207]. Il convient cependant de noter que la définition de ce qui relève des belles-lettres est assez difficile à tracer pour la littérature yiddish ancienne. Beaucoup de livres d'éthique et de conduite, voire de commentaires de textes sacrés, comportent des histoires et des contes dont certains sont d'origine juive et d'autres non. Ils avaient pour but de rendre ces textes plus attractifs et plus distrayants.

Nous pouvons mentionner un exemple particulièrement révélateur. Le conte de la matrone d'Éphèse, histoire d'une veuve éplorée qui déterre son mari pour sauver son amant, n'est pas, au premier abord, le plus propice à l'édification morale[208]. Il n'est pas étonnant de le trouver, sous une forme relativement sensuelle et misogyne, dans le *Kü' buch*, recueil de fables d'origine profane qui n'hésite pas, par ailleurs, à inclure une histoire lascive au sujet d'une femme adultère décrivant les plaisirs des jeunes amants et le ridicule du vieux mari cocu et ne lésine pas sur les détails croustillants reflétés par les gravures de l'édition de 1595[209]. C'est pour cette raison que le recueil a été condamné par le compilateur du *Ma'ése-buch* (1602) qui recentre l'attention sur des contes d'origine juive à thématique pieuse. Cependant, nous y trouvons également une version de la matrone d'Éphèse, plus brève, et plus

---

[207] A. Romer-Segal 1978, p. 785.

[208] Ce conte, que l'on trouve d'abord dans le *Satyricon* de Pétrone et dans les *Fables* de Phèdre, a été très populaire au Moyen Âge. Il est entré, sous diverses formes dans le folklore international. On en trouve d'assez nombreuses versions dans la littérature hébraïque médiévale. Il a même pris place dans les textes sacrés en se trouvant intégré à un commentaire du Talmud, les *Tosafot* (Kiddushin 80b), suppléments au grand commentaire médiéval de Rashi. Il s'agissait alors de mettre en garde contre les excès du deuil et les dangers du désir sexuel dans cette période. Voir D. Ben Amos 2011, p. 481-491 et H. Schwarzbaum 1989, p. 375-378.

[209] La version du *Kü' buch* provient directement d'un recueil de fables allemand : l'*Edelstein* d'Ülrich Boner, fable LVII (F. Pfeiffer 1844, p. 96-99). La fable yiddish est proche de l'original jusque dans l'épimythe où sont nommées une série de femmes qui ont conseillé des hommes pour leur malheur (Boner mentionne les mésaventures d'Adam, des Troyens, de Samson et de Salomon, le poète yiddish reprend seulement les exemples d'Adam et de Samson). On trouvera le conte dans l'édition de M. N. Rosenfeld 1984, p. 51-53.

riche en notions religieuses (comme le *yetser hore*, le penchant pour le mal)[210]. Le compilateur relie alors directement l'histoire à un important commentaire du Talmud qui la relate (*Tosafot*, Kiddushin, 80b). Enfin, à travers le même intermédiaire, l'histoire a trouvé sa place dans le commentaire biblique *Ze'ena Ure'ena* (sans doute le livre yiddish ancien le plus lu à travers l'histoire), surnommé la Bible des femmes tant il en est venu à représenter le texte saint pour les femmes qui n'avaient pas accès à l'hébreu[211]. Comme on le voit, un très grand nombre de récits profanes ont été adoptés par des textes aux intentions les plus orthodoxes. La seule différence entre le conte de la matrone d'Éphèse tel qu'il apparaît dans le *Kü' buch* et ce même conte, tel qu'il est employé dans le *Ma'ése-buch* et le *Ze'ena Ure'ena* est l'origine de l'emprunt et la tonalité du récit : le premier l'emprunte directement à la littérature allemande et en propose un récit plus détaillé et plus libre, les seconds le tirent d'un commentaire du Talmud, où le conte a été, pour ainsi-dire, canonisé. Tracer une frontière nette entre littérature religieuse et littérature profane signifierait ignorer ce type de transferts complexes.

Lorsqu'on étudie la littérature yiddish ancienne, il faut donc garder deux faits en mémoire. Premièrement, la quantité des textes anciens conservés est infiniment inférieure à celle dont on dispose pour des langues telles que l'italien, le français ou l'hébreu[212]. Deuxièmement, les frontières de la littérature, telle qu'on

---

[210] Le conte est le numéro 108 de l'édition A. Starck 2004, t. 1, p. 61r-61v.

[211] Publié pour la première fois en 1622, le commentaire a été rédigé, sans doute à la fin du XVIᵉ siècle, par Jacob ben Isaac de Janov et a connu plus de 210 éditions. Voir J. C. Frakes 2004, p. 543. La fable se trouve dans la section תצא en commentaire du verset השמר בנגע הצרעת (*Deut.*, 24, 8). On pourra consulter la traduction française de J. Baumgarten 1987.

[212] En ce qui concerne les livres imprimés, on estime à environ 120 (dont 33 en Italie) les livres yiddish publiés entre 1534 et 1609. J. Baumgarten 2005, p. 40. À titre de comparaison, on estime à environ 4000 les éditions qui sortirent des presses hébraïques pour le XVIᵉ siècle. L. Febvre, H.-J. Martin 1958, p. 380. Pour les romans de chevalerie qui nous intéressent plus particulièrement, on ne compte guère en yiddish qu'entre 10 et 20 éditions pour le XVIᵉ siècle (nous incluons dans le compte les romans à matière biblique). Voir Ch. Shmeruk 1988, p. 182-185. Pour les romans composés sur une matière strictement profane, les éditions sont encore plus limitées. On ne compte guère, au XVIᵉ siècle, que les deux romans de Lévita (dont le *Paris un Wiene* au moins deux fois) ainsi que le *Ditrich von Bern* (1597). Voir J. Baumgarten 2005, p. 158-159. Pour la même période, M. Beer compte 728 éditions italiennes de romans de chevalerie qui correspondent à

l'étudie aujourd'hui, ne sont guère applicables pour une société et un lectorat qui vivait dans une intime fusion du profane et du sacré. Pour comprendre l'arrière-plan de la création littéraire de Lévita, il est nécessaire de passer en revue les grands genres de la littérature yiddish ancienne qui ont pu l'influencer. Dans ce but, nous limiterons notre présentation aux catégories de textes qui touchent de près à la création de notre auteur. Nous n'aborderons pas, pour le moment, la poésie satirique en yiddish ancien dont nous nous réservons l'étude au cinquième chapitre de notre étude dans lequel sera analysée la manière dont Lévita a illustré ce genre. Nous nous contenterons ici d'étudier les textes à caractère narratif qui ont pu inspirer la composition de ses romans de chevalerie (et du *Seder nošim* dont la partie centrale présente une série de narrations bibliques).

II.3.b. *La tradition narrative dans la littérature yiddish ancienne*

Le goût pour les narrations extraordinaires était aussi partagé par le lecteur, ou l'auditeur, juif que par ses voisins chrétiens. Pour satisfaire ce goût, les écrivains avaient essentiellement deux sources d'inspiration : soit ils puisaient dans le vaste répertoire de récits proposés par les textes de la tradition juive, de la Bible jusqu'aux légendes médiévales, soit ils empruntaient leurs histoires à la culture chrétienne environnante. Que les œuvres soient rédigées en vers ou en prose, ces deux choix ont été faits alternativement, mais les textes provenant de la tradition juive dominent quantitativement. La quasi-totalité des œuvres narratives yiddish de la période sont des adaptations de récits préexistants, souvent en hébreu, parfois en allemand, et en italien dans le seul cas de Lévita. Ces réécritures montrent des degrés de créativité variables. Elles peuvent être classées en deux grandes catégories ; les premières, composées généralement en vers, sont de caractère épique : il s'agit de poèmes chevaleresques et bibliques. Les secondes, pour lesquelles domine la prose, ou la prose rimée

une centaine d'œuvres différentes et elle a exclu de son calcul les grands romans de Boiardo, de l'Arioste et du Tasse. Voir M. Beer 1987, p. 230 et l'appendice, p. 326-383. Elle conclut que la production de romans de chevalerie pour cette période devait bien atteindre un demi-million d'exemplaires.

(qui s'appuie moins que la poésie sur la distribution des accents), sont les contes (*mayses*) ou les récits hagiographiques. C'est la littérature à caractère épique qui a eu la plus grande influence sur l'œuvre de Lévita, mais les contes lui étaient également familiers comme le révèlent plusieurs mentions dans son œuvre, et pour cette raison, nous présenterons également ce genre tel qu'il est illustré par la littérature yiddish ancienne[213].

S'il est extrêmement difficile d'évaluer la connaissance de telle ou telle œuvre yiddish par Lévita, une évaluation précise de la position de notre auteur dans le champ des textes yiddish est indispensable afin de comprendre le paysage littéraire dans lequel il s'inscrit, en particulier pour mieux saisir l'horizon d'attente des lecteurs (ou auditeurs) juifs ashkénazes[214]. Ce n'est qu'ainsi que nous pourrons saisir sur quel terrain la littérature italienne est venue s'implanter lorsqu'elle a été investie par un auteur yiddish.

La poésie narrative et son unité stylistique

Les historiens de la littérature yiddish ancienne ont, pendant plus d'un demi-siècle, intensément utilisé un concept qui ne trouve aucune confirmation, ni dans les témoignages historiques dont nous disposons, ni dans les œuvres elles-mêmes que ce concept était censé éclairer : il s'agit du concept de *shpilman* (en allemand « *spielmann* ») qui supposait l'existence d'une classe d'amuseurs itinérants, héritiers des *joculatores* latins, à la fois histrions et jongleurs, troubadours, musiciens et chanteurs, vagabonds enfin proposant leurs spectacles aux plus offrants[215]. Cette théorie, et son succès, est sans doute explicable par une tendance idéologique

---

[213] Nous utilisons le terme épique dans un sens qui n'est pas courant dans la critique littéraire d'expression française, mais très présent dans les critiques anglo-saxonne, allemande et yiddish. Il désigne des poèmes narratifs à tonalité héroïque, centrés particulièrement sur le sort d'un protagoniste. Il existe désormais une traduction anglaise des textes essentiels de ce genre en yiddish ancien, J. C. Frakes 2014a, qui présente également une intéressante introduction générale : p. ix-li.

[214] Deux héros de la littérature épique allemande, fort popoulaires semble-t-il auprès des Juifs ashkénazes, Hildebrand et Dietrich von Bern sont mentionnés dans le *Boṽo Dantṑne* (*BD*, 512).

[215] M. Erik 1928, en particulier p. 91. Voir également la note, particulièrement révélatrice de M. Weinreich 1928, p. 60, où l'on peut lire (nous traduisons) :

observable chez les premiers historiens de la littérature yiddish, héritiers de la révolution de 1917, qui visaient, consciemment ou inconsciemment, à détacher une bonne partie de la littérature yiddish ancienne de ses origines religieuses et des catégories sociales assumant des fonctions liturgiques et rabbiniques. Ch. Shmeruk a clairement démontré la fragilité d'une telle construction utilisant une notion qui servait dans l'histoire de la littérature allemande à décrire une série de poèmes, composés à la fin du XIIe siècle sur des thèmes proprement allemands (*Orendel, Herzog Ernst, Salman un Morolf*)[216] caractérisés par une tendance au burlesque et à l'exagération, et demeurés anonymes contrairement aux textes de la poésie de cour (*Hofdichtung*). Ainsi, une notion qui avait été empruntée, au début du XXe siècle, par L. Landau afin d'éclairer le roman arthurien yiddish et de décrire une forme de transmission (la grande majorité des récits épiques en yiddish ancien sont anonymes) a ensuite servi, à partir des recherches de M. Erik, à illustrer toute une période de la littérature yiddish ancienne (*di shpilman-tkufe*, « la période des troubadours »), qui se serait étendue du XIIIe siècle jusqu'à la fin du XVIe siècle[217].

Ce concept de la littérature allemande du XIIe siècle, par ailleurs fort controversé, en est venu à servir de modèle explicatif pour un très grand nombre d'œuvres de la littérature yiddish ancienne, parmi lesquelles des poésies bilingues à fonction évidemment religieuse, et sur une très longue période pour laquelle la notion médiévale de *Spielmann* n'était bien sûr plus applicable[218]. C'est ainsi qu'Erik pouvait qualifier Élia Lévita, « le dernier troubadour » (« *der letster shpilman* ») alors que, nous l'avons vu, sa vie d'intellectuel, certes vagabond comme beaucoup d'humanistes, ne se prête en rien à une telle qualification et que son œuvre ne peut que très imparfaitement être considérée comme une continuation directe des œuvres yiddish plus anciennes[219].

« À mon avis, il n'y aucune raison de parler à ce propos d'une "théorie". Pour moi, l'existence d'une classe de jongleurs (*shpilmener*) est certaine comme un fait. »

[216] J. Bumke 1990, p. 74 et sq.

[217] L. Landau 1912, p. XLIII-XLV ; M. Erik 1928, p. 27-202.

[218] Pour une vue générale sur la question de la *Spielmannsdichtung* dans la littérature allemande, on se reportera au recueil de textes critiques réunis par W. J. Schröder 1977.

[219] M. Erik 1928, p. 177 et sq.

Comme Shmeruk l'a bien montré, nous ne possédons absolument aucune trace historique de l'existence, à quelque moment que ce soit, d'une telle classe de chanteurs ambulants, et tous les écrivains dont on ait conservé le nom et qui se trouvent liés aux genres que l'on a pris l'habitude de lier au *shpilman*, appartenaient à une classe intermédiaire, semi-savante, d'enseignants, de copistes, de chanteurs rituels, voire de rabbins, assez instruits pour pouvoir abondamment employer les récits hérités de la littérature rabbinique talmudique et médiévale[220].

Si le concept de *Shpilmansepik*, en particulier défendu par Max Erik à la suite de Léo Landau (1912, XLIII) a si longtemps été considéré comme opérationnel, malgré sa coloration romantique et le manque de preuves historiques concernant l'existence même de jongleurs (ou troubadours) juifs, c'est qu'il s'appuie en partie sur un fait réel : l'unité poétique et stylistique d'une grande partie des textes narratifs yiddish en vers du Moyen Âge et de la Renaissance[221]. Cette unité frappe d'autant plus qu'elle concerne des textes qui élaborent des matières d'ordres différents et qu'une constance d'écriture est observable depuis les textes les plus anciens jusqu'au XVIe siècle. On peut dire qu'Élia Lévita a été nommé, à tort, par Erik « le dernier *shpilman* » en partie parce que son écriture, sa manière, non seulement reprend cette tradition mais l'accentue, l'élabore tout en la transformant. Il s'agit pour Lévita, comme nous le verrons, d'assumer le rôle de chanteur (d'une manière fictive), et d'utiliser cette tradition populaire pour mieux s'en jouer. Il nous faut donc présenter les traits poétiques dominants de ce genre dont l'uniformité assurait une certaine connivence entre le poète et son public.

Oralité

Des indications liminaires très fréquentes laissent entendre que ces œuvres ont d'abord été destinées à être chantées. Même si une réelle exécution orale est douteuse pour les romans les plus longs probablement destinés à la lecture, ceux de Lévita ou les romans bibliques majeurs, les auteurs restaient très attachés à cette fiction

---

[220] Ch. Shmeruk 1988, p. 97-120.
[221] Voir M. Erik 1928, p. 69-81.

d'oralité. Une récitation orale est nettement plus probable pour les pièces courtes (satires, pasquinades, pièces de circonstance) que pour les longs romans. C'est ainsi qu'un très grand nombre d'œuvres sont introduites par l'expression *bénigun* (« sur la mélodie ») suivi du nom d'une œuvre de référence : *bénigun Šému'elbuch*, *bénigun Herzog Ernst* ou *bénigun Hildebrand*[222]. Ces mots désignent bien sûr une métrique particulière (car chaque mélodie était composée pour correspondre à un schéma rimique et rythmique), mais il est clair qu'il ne s'agissait pas d'une simple remarque d'ordre formel. Les mètres et les mélodies sont pratiquement tous empruntés à la poésie allemande. Certaines de ces musiques ont été conservées et peuvent donner une idée de la façon dont les œuvres yiddish ont, pour les plus brèves, été chantées[223]. Le public les connaissait pour la plupart car il connaissait les œuvres dont elles provenaient[224].

Les remarques concernant cette question des mélodies sont particulièrement intéressantes dans le *Bŏvŏ Dantŏnę*. Lévita écrit ainsi dans son prologue à l'édition de 1541 :

> *Abér der nigun der dahérouf wert gén*
> *Den kan ich öuch nit geben zu vŏr-stén*
> *Den einér kŏnt musiga ŏdér śŏlfa*
> *Sŏ wolt ich im wol hábén géhŏlfén.*
> *Abér ich sing eś mit einém welschén gésánk,*
> *Kan er dárouf máchén ein bésérén sŏ háb er dank !*

> BD, Prologue, l. 37-40

---

[222] Il s'agit de l'équivalent de l'allemand « auf dem Ton », souvent employé dans le *Meistersang*, puis dans la chanson populaire. On en trouvera plusieurs exemples dans le manuscrit copié à Mestre par Menaḥem Oldendorf et édité par L. Löwenstein 1890, p. 127, 134, et 136 pour des poèmes hébraïques sur la mélodie de Herzog Ernst ; p. 130 et 135 pour des poèmes bilingues sur des mélodies allemandes.

[223] M. Weinreich 1928, p. 105, présente la mélodie de l'*Hildebrandslied*, M. Erik 1928, p. 100, celle du *Herzog Ernst*. Pour une version allemande du chant, voir R. F. von Liliencron 1884, p. 84-89.

[224] Un des cas les plus intéressants est sans doute celui de Gumprecht von Szczebrzeszyn qui commence son poème consacré à Judith (1553) par les mots : « *Der nigun gét ouf ain lid daś hébt sich on / Ach maidlein waś hŏt dir der rŏ'kén géton / Der nigun is vil in tŏütz land / Abér zu féneidig is er nit békant.* » (« La mélodie qui va sur cette chanson commence par : / « Âh ma fille ! Que t'a donc fait le rouet ? » / Cette mélodie est répandue en Allemagne mais, à Venise, elle n'est pas connue » (M. Stern 1922, p. 1, v. 13-16). Et Gumprecht s'excuse de ne pas avoir choisi une mélodie plus familière à ses auditeurs.

> Mais la mélodie qui doit accompagner ces vers,
> Je ne peux pas vous la donner à entendre
> Si quelqu'un connaissait la musique ou le solfège,
> Je l'y aurais volontiers aidé.
> Mais je le chante sur une mélodie italienne,
> Si quelqu'un peut en faire une meilleure, qu'il en soit remercié !

Ce passage suit l'annonce par Lévita de la présence d'un lexique en fin d'ouvrage pour expliquer les mots italiens qu'il a employés dans son roman. Elle s'adresse donc en priorité aux Juifs ashkénazes vivant hors d'Italie, et qui pour cette raison ne connaissent pas les mélodies italiennes utilisées pour l'*ottava rima*, forme que Lévita est le premier à introduire dans la littérature yiddish. Il s'excuse ainsi de ne pas avoir pu donner d'indications musicales comme il a donné des indications linguistiques à l'usage de son lectorat non-italien.

Si Lévita semble regretter (sérieusement ou ironiquement) de ne pas pouvoir apprendre à son lecteur la mélodie adaptée à son poème, c'est que l'agrément du lecteur était sans doute lié à sa familiarité avec la mélodie du texte qu'on lui présentait comme le montre l'édition d'Augsbourg (1544) du *Šému'el-buch* qui précise : « *den nigun ūun šefer-Šému'el / den kent col-Jiśro'él*[225] » (« Tous les Juifs connaissent la mélodie du *Šému'el-buch* »). Une mélodie déterminée a cependant fini par se trouver associée au *Boṽo Dantṍne*. Lorsqu'une version du roman arthurien *Widuwilt*, rédigée en *ottava rima*, paraît à Prague entre 1671 et 1679 sous le titre *King Artúś hôf*, l'auteur précise : « *den* [sic] *nigun fun Boṽo-buch treft sich dárouf gar ebén* » (« la mélodie du *Boṽo-buch* y est tout à fait adaptée »).

L'existence d'une ou de plusieurs mélodies correspondant à ces textes, nous indique l'importance de l'oralité dans la transmission et dans la consommation de ce genre de poésies. Pendant longtemps, une interaction entre le conteur/chanteur et son public, fictif ou réel, a été un présupposé et les textes sont riches en adresses au public, en interjections, en dialogues au discours direct. L'expression est souvent vive. Les registres sont variés et mêlés : des épisodes solennels ou héroïques alternent

---

[225] Cité par M. Weinreich 1928, p. 104.

avec des épisodes familiers et comiques, parfois même grotesques. Le merveilleux ou le miraculeux jouent un rôle important dans une grande partie de ces œuvres. Ces caractéristiques sont entrelacées de façons diverses suivant les poèmes et nous aurons l'occasion de voir qu'Élia Lévita joue avec son lecteur ou son auditeur d'une façon qui n'avait été qu'ébauchée dans la littérature yiddish antérieure et que le goût pour le merveilleux est peu à peu remplacé chez lui par un scepticisme ironique.

L'interaction du conteur et de son public est omniprésente dans la littérature yiddish ancienne. C'est ainsi que nous trouvons, dans le *Widuwilt*, au moment palpitant où la cruelle sorcière vient de jeter le héros dans un tronc d'arbre, l'adresse suivante aux auditeurs :

Noch mus Widwilt aso lang gifangn sein,	Mais Widuwilt doit rester enfermé
Bis ir mir gibt zu trinkn gutn wein,	Tant que vous ne me donnerez pas de bon vin
Do wil ich im helfn wol	Alors je veux bien l'aider,
Schenkt ir mir ein glas vol.	Pourvu que vous me serviez un verre bien rempli.

W, p. 100, v. 25-28 [226]

Cette interruption laisse supposer, malgré l'état des manuscrits qui nous sont parvenus, que le texte du Widuwilt devait être, à l'origine, divisé en parties distinctes entre lesquelles le conteur se permettait de faire des pauses.

Lévita se situe, cette fois certainement fictivement, dans cette tradition comique de congé aux auditeurs à plusieurs reprises dans le *Paris un Wiene*. Et il exploite, tout autant que le poète arthurien, la tension de son récit qu'il se plaît à laisser en suspens. C'est ainsi que le quatrième chant s'interrompt, de façon abrupte, au moment où les deux amants, accompagnés chacun par un confident, se trouvent face à face pour la première fois et vont se déclarer leur amour :

Ich hàb mich schir gètadért lam ;	J'ai tellement bavassé que je me sens transi,
Ich kan nit mèn, ich öuch gèsegén ;	Je n'en peux plus, je vous dis au-revoir,
Un ' wolt ir weitér hörèn ūun den virén,	Et si vous voulez en savoir plus sur ces quatre-là,
Sò wart, ich mus mir vòr di kel gèn schmirén.	Attendez que j'aille me rincer le gosier.

PW, 248

---

[226] La transcription est reprise sans modification de L. Landau 1912.

Ce type d'interpellation du public n'est que le cas extrême d'une série d'interventions du conteur qui sont récurrentes dans ces textes. La part du narrateur, en général forte dans les poèmes de courtes dimensions, tend cependant à diminuer dans certains longs poèmes, tels que le *Šému'el-buch* ou le *Mélochim-buch* (respectivement 1792 et 2262 quatrains) dont la taille même rend une destination première orale peu probable à moins qu'elle durât pendant de très longues soirées. Il n'en reste pas moins que, même ces œuvres laissent paraître des adresses au public ayant pour fonction de stimuler l'intérêt des lecteurs/auditeurs. Ainsi lisons-nous au début du *Šému'el-buch* au milieu du dialogue entre Anne et Éli : « *Nun mocht ir gern hörén wi er zu ir šprach* » (« Maintenant, vous voulez sans doute savoir ce qu'il lui dit[227] »).

Au-delà de cette implication du destinataire, la figure du narrateur n'est jamais dissimulée. Les formules qui signalent les entrelacements, permettant d'alterner les fils narratifs, sont une constante des textes narratifs médiévaux et constituent le degré le plus simple de participation d'un narrateur dévoilant sa fonction de régie[228]. Nous pouvons en donner un exemple typique, qui illustre la façon dont des personnages bibliques sont, dans cette littérature, intégrés dans des récits fort éloignés du style de la Bible. Il est tiré d'un des poèmes les plus populaires de la littérature yiddish ancienne consacré au sacrifice d'Isaac[229],

---

[227] F. Falk 1961, f. 3r, str. 25. On trouvera d'autres exemples, tirés du *Mélochim-buch* dans l'introduction de L. Fuks 1965, p. 24.

[228] Sur cette notion, voir G. Genette 1972, p. 272.

[229] W. O. Dreessen 1971 a étudié la tradition manuscrite et édité le texte. Il existe un témoignage éloquent de cette popularité de l'*Akêdass Jizḥak*, outre l'assez grand nombre de manuscrits et de versions conservés : le poème a été parodié de façon scabreuse par deux auteurs qui se présentent comme des jeunes gens et ont rédigé un pamphlet contre certaines personnalités connues et leurs mœurs sexuelles. Or ce type de parodies était en général réservé aux textes liturgiques hébraïques. Ce poème licencieux reprend même, inchangé, le premier vers solennel du poème consacré au sacrifice d'Isaac « *Judéschér štam von rechtér art* » (« Lignée juive authentique »). Cette parodie se trouve dans la collection réunie vers 1600 par Isaac Wallich un des notables de la communauté de Worms. Le manuscrit (MS Opp. add. 4, 136) est conservé à Oxford. Il a été d'abord décrit par Felix Rosenberg 1888. Voir en particulier I. Zinberg 1935, p. 120-122, E. Butzer 2003, p. 145-149, J. C. Frakes 2004, p. 471-472. Le texte se trouve en appendice du livre d'E. Butzer, p. 217-223, voir *infra*, p. 749 et sq.

l'*Akêdass Jizḥak* : « *Nun welén mir den śotn lośén śtén / Un' velén singén v̄un Avrohom un' Jizḥak mén*[230] » (*AJ*, 34). Ces enchaînements visibles et soulignés sont une marque de présence du conteur qui organise son récit en en soulignant les transitions. Élia Lévita en tirera des conséquences extrêmes en faisant de son conteur un marionnettiste doté d'une personnalité indépendante.

Mélange des registres

Le poème que nous venons de citer permet également de mettre en évidence un trait de style essentiel à toutes ces œuvres narratives : le mélange des registres. Le pathétique et le comique, le noble et le trivial sont associés sans produire de sentiment de rupture. Il semble même que le recours à un registre de langue concret, voire grossier, permette au poète de resserrer son contact avec le public.

Ainsi, dans l'*Akêdass Jizḥak*, le diable essaie-t-il d'empêcher Abraham de réaliser le sacrifice exigé par Dieu en plaçant une grosse rivière sur sa route. Abraham manque de s'y noyer et adresse une prière solennelle à l'Éternel. Celui-ci lui répond sur un ton tout aussi élevé, mais dès qu'il en vient à s'adresser au Diable, le poème prend soudain une tonalité burlesque :

> *V̄um himél kam v̄un gòt ein stim*
> *Avrohom kain v̄urcht an dich nit nim*
> *Un' lòś dir zu mòl nit grousén drum*
> *Durch dich wert werdén ġeeinigt mein namén mit freid un' rum*
>
> *Gòt iss'[borekh] schri' an den śotn mit einém grousàmlichén schal*
> *Dàś er muśt trinkén di' wàsér al*
> *Er trank dàś im der böuch ġeschwol*
> *Sein böuch war im dik un' v̄ol*
>
> *Mit disém wàr er bétrübt ser*
> *Un' dàś er mit seinén liśtén kònt nischt schafén mer*
> *Un' lif v̄òr ungèmach hin un' her*
> *Un' fòr grousém zòrén brumt er as ain ber.*

AJ, 31-33

---

[230] « Nous allons maintenant laisser là Satan / Et allons chanter au sujet d'Abraham et d'Isaac », str. 34, J. C. Frakes 2004, p. 322.

La voix de Dieu descendit du ciel :
« Abraham, n'aie pas de craintes,
Ne te laisse pas effrayer par cela !
À travers toi, mon nom sera exalté dans la joie et dans la gloire ! »

Dieu cria à Satan dans un éclat effrayant,
Qu'il devait boire toute l'eau,
Il la but et son ventre en gonfla :
Son ventre était gros et plein.

Il était très affligé de cela
Et de ne rien obtenir par ses ruses.
Il courut de droite à gauche dans son désarroi
Et dans sa grande colère, grogna comme un ours[231].

Ce diable animalisé, au ventre gonflé d'eau, contraste nettement avec le serment solennel que Dieu renouvelle face à Abraham. Avant ces deux strophes comiques, le poème avait une tonalité fortement pathétique. Le diable avait fait comprendre à Isaac qu'il était destiné au sacrifice et celui-ci s'y était résigné. Il avait ensuite annoncé la nouvelle à Sarah qui s'était évanouie et avait prié pour que la volonté divine se réalise. Enfin, le père et l'enfant, plongés dans l'eau jusqu'au cou avaient risqué une mort immédiate. S'il y a rupture de ton, le public originel ne devait pas la ressentir comme une dissonance mais comme un relâchement de la tension et un divertissement bienvenu, même dans cette œuvre d'inspiration religieuse.

Mais le registre élevé comme le registre familier, devaient, chacun à leur façon, contribuer à un sentiment de reconnaissance pour le lecteur ou l'auditeur juif. Les strophes où Abraham adresse sa prière à Dieu, de même que la réponse que Dieu lui fait, imitent le style des traductions de la Bible et des livres de prière, dont le langage, désigné traditionnellement par le nom de *khumesh-taytsh* (traduction-calque du Pentateuque), était codifié et connu de tous comme fondement même de l'éducation[232].

---

[231] J. C. Frakes 2004, p. 321, str. 31-33.

[232] Le terme « einigen », employé dans la première strophe citée ici de l'*Akêdass Jizḥak* est ainsi un terme typique de cette langue de traduction fortement influencée par son substrat hébraïque. Construit sur la racine « ein » (« unique »), il signifie ici « louer comme être unique » sur le modèle de l'emploi post-biblique du verbe construit sur la racine יחד. Voir E. Timm 2005, p. 206. Selon la kabbale, l'unification du nom de Dieu (ליחדא שמא קדישא) est une

La langue de ces poésies établissait donc une proximité entre l'écrivain et son public. Elle est idiomatique et recourt volontiers à des proverbes, à des formules stéréotypées, voire à la vulgarité[233]. Les formules sont expressives et imagées. Nous nous contenterons de donner quelques exemples. Frapper se dit fréquemment : « *lousen*[234] » (*SB*, 1194, *MB*, 728, 990), résister : « *bitén schach un ' mat*[235] » (*SB*, 985 ; *MB*, 1872). Les jurons sont nombreux, parfois simples, « *tröu'én*[236] » (*MB*, 338, 502, 600), « *sómér gót*[237] » (*MB*, 63), souvent déformés légèrement : « *bei' bók*[238] » (*SB*, 1309) ou en profondeur « *Sómér bókś, lung bókś, lebér bókś, lous*[239] » (*SB*, 1638). Les menaces que se lancent les chevaliers sont particulièrement colorées : « *Ich wil im zu-pfluken di' har ous seinér schwartén*[240] ! » (*MB*, 1621), « *Di' nègél sòlt ir ab-schneidén ūun der tazén / Dáś ich öuch in thoḥass nit sòlt lóchér krazén*[241] ! » (*SB*, 1622). Le dernier exemple est la réponse de « chevaliers » bibliques à des menaces lancées par leurs ennemis.

Comme on le voit à ces quelques exemples, il existe une réelle prédilection des genres narratifs de la littérature yiddish ancienne pour une langue vive qui ne recule pas devant la grossierté. Cette tendance fait de ces textes un véritable conservatoire des expressions du yiddish parlé il y a cinq cents ans, même si l'on tient compte de la part de stylisation que suppose leur intégration dans des poèmes. Ces expressions traversent les œuvres et même les genres : quand le jeune homme se livre à l'acte sexuel

---

condition nécessaire à la rédemption. Le sacrifice d'Abraham est un symbole du chemin à parcourir pour l'unification du Nom brisé. *Zohar*, III, 4, 1.

[233] On trouvera une liste significative de ceux employés dans le *Šému'el-buch* chez F. Falk 1961, p. 125. Les proverbes, employés en grand nombre dans la littérature yiddish ancienne, ont été étudiés par R. B. Warnock 1999, p. 175-196 (il présente aussi comme proverbes certaines expressions idiomatiques).

[234] « chasser les poux ».

[235] « faire échec et mat ».

[236] « par ma foi ».

[237] « Par Dieu ».

[238] « Par le bouc », *bók* remplace *gót* pour éviter le blasphème.

[239] « Par le bouc, le poumon du bouc, le foie du bouc, pou ! »

[240] « Je veux lui arracher les cheveux du crâne ! »

[241] « Vous devriez couper les ongles de vos pattes / Pour ne pas vous faire des trous au cul en vous grattant ! »

dans le *Boṽo Dantòne*, on trouve écrit : « *er tet waš er hàt zu schikén* » (*BD*, 350) (« Il fit ce qu'il avait à expédier ») tandis que dans un *cale-lid* (chant de mariée) conservé dans un livre éthique de la fin du XVIe siècle, le poète souhaite au fiancé : « *Recht tu beglükén mit was du hošt zu schikén*[242]. » Les cris d'alerte tels « *zétér-wafén !* » (« Alarme ! ») se trouvent aussi bien dans les romans de style chevaleresque comme le *Šému'el-buch* (*SB*, 183) que, de façon plus incongrue, dans la bouche d'un nourrisson dans un texte satirique comme le *Šeder nošim* (*SN*, 174). Les malédictions sont, elles aussi, stéréotypées et reflètent la langue de tous les jours : « *Wé' irém balk*[243] *!* » (*SB*, 1516), « *Wé' seinér feštén*[244] *!* » (*SN*, 719).

Tous ces exemples doivent nous rappeler que, dans une littérature où la voix du poète se laisse entendre nettement, et où une interaction avec le public (réel ou fictif) est recherchée, le langage quotidien occupe une place prééminente. Le recours à des expressions crues et familières devait créer un effet de délassement comique qui contribuait à l'attraction de cette littérature. Un grand nombre de genres sont concernés par ce style que l'on peut qualifier de populaire, les poèmes narratifs (traditionnellement nommés par la recherche *epishe lider*), les *Purim špilén*, les chansons de mariage, les satires. Lévita poussera ce caractère stylistique à son apogée dans le *Boṽo Dantòne* et en fera un usage savant et contrasté dans le *Paris un Wiene*.

Incipit et *excipit*

Il existe enfin un élément extrêmement codifié dans les poésies narratives et lyriques de la littérature yiddish ancienne, qui constitue un véritable marqueur générique : ce sont les *incipit* et les *excipit*. Élia Lévita reprend ces éléments traditionnels et les déforme. Ces *topoi* permettent d'observer la façon dont notre poète s'inscrit dans le paysage de la littérature yiddish ancienne tout en détournant ses attentes. En règle générale, les œuvres doivent s'ouvrir sur une louange à Dieu, fortement inspirée par

---

[242] Cité par J. Joffe 1946, p. 27, dans son introduction au *Boṽo Dantòne* : « Sois heureux dans ce que tu as à expédier. »
[243] « Tant pis pour sa peau ! »
[244] « Tant pis pour sa fête ! »

le contenu et le style des prières. Comme le chanteur de rue italien, ou *canterino*, qui loue systématiquement la Vierge ou Jésus
au début de chaque partie de son poème, le chanteur ashkénaze ne
pouvait débuter son œuvre sans adresser ses louanges à l'Éternel[245].
Il s'agit donc de présenter les attributs et les mérites de Dieu.
La fin des œuvres est plus originale dans sa forme par rapport à
la littérature chrétienne qui ne connaît, et pour cause, aucune
convention de ce genre : elle consiste en une prière adressée à
Dieu pour qu'il accorde la venue prochaine du Messie et la fin
de la diaspora pour le peuple juif[246]. Cet encadrement des œuvres
par deux prières au contenu prédéfini joue un rôle essentiel dans
la caractérisation de la littérature yiddish ancienne pour un public
dont l'identité et toute l'existence sont étroitement liées à la religion juive.

Nous pouvons prendre pour exemple archétypique de ces
passages obligés la façon dont ils se présentent dans le *Widuwilt*,
car nous les trouvons là dans leur plus simple expression. Voici la
louange préliminaire du poème arthurien :

Got alein die er	Dieu seul soit honoré,
Den er is der ganzn welt ein her	Car il est le Seigneur du monde entier.
Er hot bischafn himl un' erd	Il a créé le ciel et la terre,
Drum is er lob, preis un' erin werd	Ainsi est-il digne de louange, d'estime et
W, p. 4a[247]	d'honneur.

L'*excipit* du *Widuwilt* est véritablement présenté sous sa forme
minimale : « *do mit hat das buch ein end / das uns got maschiach
send / bimhera amen*[248]. » (*W*, 126a).

---

[245] Pour la tradition italienne, voir M. Cabani 1988, p. 23-33. Les *canterini*
déclinent différents dogmes de la foi chrétienne et louent alternativement Dieu,
le Christ, la Vierge.

[246] Cette convention, très stable, ne semble cependant pas encore totalement établie sous cette forme fixe dans les textes les plus anciens. C'est ainsi que
les poèmes du manuscrit de Cambridge (1382) s'ouvrent et s'achèvent par des
exhortations à suivre la voie divine (quand ils ne s'ouvrent pas *in medias res*), et
non par des prières sur le modèle plus tardif. Voir J. C. Frakes 2004, p. 11, 25, 29.
Weinreich 1928, p. 87, qui ne connaissait pas ces textes anciens, suppose que la
convention a été fixée par le *Šému'el-buch*.

[247] Transcription de L. Landau ici et dans les citations suivantes de cette
œuvre.

[248] « C'est ainsi que s'achève le livre / que Dieu nous envoie le Messie / rapidement, amen. »

L'*incipit* du *Boⱱo Dantône* est classique dans son contenu. Il semble qu'Élia Lévita, débutant une œuvre dont le caractère comique et peu orthodoxe apparaît bien vite, ait voulu présenter à son lecteur une *captatio benevolentiae* dans les formes les plus classiques, en adressant ses louanges au Seigneur sur un mode familier et courant. La forme que prend l'hymne au début de cette œuvre suit la logique des *incipit* du *Šému'el-buch* ou du *Mélochim-buch*. Le poète affirme son désir de louer Dieu, et dans le même mouvement, son incapacité à pouvoir achever la louange tant celle-ci serait infinie (*topos* de l'indicible tel qu'il a été présenté par E. Curtius[249]). Le *Šému'el-buch* l'exprime ainsi : « *Der-ⱱun wil ich schweigén, eś wer zu singén vil*[250]. » (*SB*, 4), et le *Mélochim-buch* dans des termes assez semblables : « *Drum is beśér géschwigén, mȧn kȧn eś dȯch nit endén*[251]. » (*MB*, 2).

Dans les deux poèmes bibliques, le passage à la narration est donc présenté comme une sorte de pis-aller : le langage ne pouvant louer Dieu comme celui-ci le mériterait, le poète doit se contenter de narrer les miracles que le Seigneur a réalisés pour le peuple juif en présentant, à sa façon, le récit des Écritures. Cet enchaînement logique n'existe bien sûr pas dans le *Boⱱo Dantône* puisque le poète ne s'apprête pas à chanter les miracles réalisés par Dieu. L'idée d'une louange du Seigneur impossible, parce qu'infinie, est cependant exprimée dans la première strophe du *Boⱱo Dantône* sous une forme conventionnelle. Elle est suivie par une prière du poète à Dieu (*BD*, 2) afin qu'il lui permette de réussir son œuvre (ici présentée d'emblée comme une traduction d'un livre italien) et de faire en sorte que les gens ne se moquent pas de lui. C'est là un objectif et une préoccupation pragmatiques qui amorcent le passage au registre comique dans lequel le poème est entièrement rédigé.

L'*incipit* du *Paris un Wiene* est plus original et plus complexe car la louange prend ici une forme inédite. Sa structure est très semblable à celle du *Boⱱo Dantône* : la première octave loue Dieu, la seconde le prie de bien vouloir assurer la réussite de l'œuvre qui commence. L'hymne au Seigneur affirme le pouvoir divin en rap-

---

[249] E. Curtius 1973, p. 168.

[250] « Je veux taire cela, il y aurait beaucoup à chanter. »

[251] « Il vaut donc mieux se taire à ce propos, car on ne peut achever. »

pelant son rôle de Créateur. Toute création et tout mouvement
dépendent donc du bon-vouloir de l'Éternel. La strophe de Lévita
frappe à la fois par l'ampleur de la vision convoquée et par sa
concentration. Citons-en la première partie :

> *Kain mensch kunt štén noch gén fun štàt*
> *Nóch adélér nóch okś noch lébén,*
> *Nóch kunt sich rirén kain blàt,*
> *Kain ding het end noch kent sich an-hébén,*
> *Es sei' den gŏt, der es gěštàt* [...]
>
> PW, 1

> Aucun homme ne pourrait se lever ni changer de lieu,
> Aucun aigle, aucun bœuf, ni aucun lion,
> Aucune feuille non plus ne pourrait bouger
> Aucune chose ne s'achèverait ni ne débuterait
> Si Dieu n'était là pour le permettre [...]

Le poème débute par une allusion surprenante au livre d'*Ézé-chiel* (1. 1-10). Au début de sa vision, le prophète décrit un char
divin (*merkaba*) auquel la mystique juive donnera une impor-
tance considérable. Au pied de ce char se tiennent des créatures
ailées possédant quatre faces : une face d'homme, une d'aigle, une
de bœuf et une de lion. Ces anges sont considérés, notamment
par Maïmonide (*Mishneh Torah*, Yesodei Hatora, 2, 7) comme
les créatures les plus élevées du royaume céleste. La mention par
Élia Lévita de ces quatre créatures au début de son roman de
chevalerie a une importance culturelle puisque la grandeur de la
vision apocalyptique se voit reflétée dès l'ouverture du poème.
Même s'il ne fusionne pas ici les quatre figures (homme, aigle,
bœuf, lion), leur convocation simultanée rappelle nécessairement
la vision d'Ézéchiel et établit un contraste remarquable entre la
vision prophétique grandiose et l'image simple et stéréotypée de
la feuille qui remue sur l'arbre. Les anaphores, l'accumulation des
négations, l'arrivée tardive de la proposition affirmant le rôle central de Dieu, tout concourt à donner à cette louange préliminaire
une certaine puissance rhétorique. Les deux *incipit* des romans de
chevalerie de Lévita sont donc conformes à la tradition de la littérature yiddish ancienne, même s'il a raffiné cette tradition[252].

---

[252] L'*incipit* du *Paris un Wiene* est situé au début du prologue et non de la
narration à la différence du *Boṽo Dantóne* dont le prologue a été composé plus de

Tout se passe comme si l'auteur voulait accueillir son lecteur sur un terrain familier avant de le dérouter par sa narration peu orthodoxe.

Dans ses *excipit*, à première vue, Lévita ne déroge pas plus à la tradition. Même son poème satirique virulent et bourré d'allusions sexuelles, *Hamaṽdil lid*, s'achève par une prière à Dieu pour qu'il sauve le peuple juif de son exil (str. 74-75). Les deux romans de chevalerie finissent, eux aussi, sur une prière demandant la venue du Messie. Mais Lévita n'a plus à craindre, en fin de roman, d'effaroucher son lecteur et il se permet alors de détourner la tradition avec sa liberté coutumière. Dans le *Boṽo Dantône*, cela se traduit par l'introduction d'un vers déroutant au milieu d'une prière dont les termes sont tout à fait orthodoxes. Le poète demande à Dieu de libérer le peuple juif de ses souffrances et d'envoyer le Messie pour qu'il conduise les exilés à Jérusalem et reconstruise le Temple. Au milieu de la prière vient cependant se glisser une remarque incongrue :

Dàś mir al muśén zôcho sein	Que nous ayons tous le mérite,
Mošiaḥś zeit zu dér-lebén	De connaître l'époque du Messie
Der sôl uns ṽürén gé jirušolaim hinein	Qui doit nous conduire dans Jérusalem
Òdér irgéz in ain dörflén dér-nebén [...]	Ou bien dans quelque petit village des alentours [...]
BD, 650	

Le caractère figé et solennel de la prière se trouve rompu par l'évocation inattendue de ce petit village. Jérusalem, la ville sainte et hautement symbolique, se voit ramenée à son aspect concret de lieu géographique et se trouve mise en balance avec un hameau voisin. Le sacré est soudain vidé de tout son apparat. Ce détournement du sacré se poursuit dans les deux vers conclusifs : « *Un ' sôl uns dàś bèss ha-mikdoś widér bou'en / Véchen jéhi rozôn omen trou'en* [253]. » (*BD*, 650) Lévita fait se succéder des formules liturgiques tout à fait traditionnelles et un juron populaire « *trou'en* » (seul mot d'origine germanique du vers) détournant ainsi toute la rigidité solennelle de la prière vers le ton comique de l'ensemble de l'œuvre.

---

trente ans après le poème. La narration de *Paris un Wiene* commence, quant à elle, en suivant la tradition du conte (voir *infra*, p. 269 et sq.).

[253] « Et qu'il nous reconstruise le temple / Que sa volonté soit faite, amen, par ma foi ! »

L'*excipit* est suivi par ces mots araméens imprimés en gros caractères : « חסלת מסכת בבא דאנטוגא » (« ainsi s'achève le traité *Bōvō Dantōnẹ* »). Cette fois la parodie ne porte pas sur une simple tradition de la littérature yiddish mais sur rien moins que le Talmud car c'est là la formule sur laquelle s'achèvent les sections de la Mishna (la partie la plus ancienne du Talmud). Lévita joue sur l'identité orthographique du nom de son héros בבא et du mot araméen signifiant « porte » qui sert à désigner trois traités de l'ordre נזיקין (Dommages) de la Mishna, *Bava Kama*, *Bava Metsia*, *Bava Batra*, tous trois fort connus des étudiants de yéshiva car ils étaient au fondement de leur éducation[254]. Ils traitent du droit civil et du droit pénal. Il est difficile d'imaginer sujet plus distant des aventures du chevalier Bovo.

On voit donc que, si Lévita commençait ses textes sagement, il les achevait dans une accumulation d'audaces comiques. Le *Paris un Wiene* va encore plus loin dans cette direction que le roman précédent. En effet, la prière qui demande la venue du Messie vient interrompre brutalement une diatribe du poète contre le mariage. Celui-ci formule l'espoir que le Sauveur se présentera avant qu'il n'ait le temps de prendre femme. Point d'allusion ici aux souffrances du peuple juif, mais un souhait nettement plus terre-à-terre d'échapper au destin (supposé sinistre) des jeunes gens à marier. La venue du Messie est introduite par le terme *bilbul* qui signifie confusion. C'est un mot classique pour désigner les troubles qui précéderont l'époque messianique mais il pouvait au XVIᵉ siècle avoir une connotation plus ordinaire. Lorsqu'un *bilbul* (un trouble causé par malveillance) vient empêcher un mariage ce n'est pas tout de suite au Messie que l'on pense, mais bien plutôt à un désordre tout humain. Comme Lévita emploie le mot avant même d'introduire l'idée de salut, son public devait hésiter sur le sens à lui donner.

Le Messie lui-même est présenté comme un quidam (« *einer* ») monté sur un bouc avec de longues oreilles (évocation burlesque de l'âne sur lequel viendra le messie selon le prophète Zacharie) et sonnant une corne effrayante[255]. Enfin, la vie après la rédemp-

---

[254] בבא קמא, בבא מציעא et בבא בתרא, « La première porte », « La porte du milieu », « la dernière porte ».

[255] La mention de la corne est ici surprenante car c'est le prophète Élie qui en

tion est présentée de façon caractéristique : c'est un temps où l'on narrera les miracles divins au lieu de parler de Paris, de Vienne et d'Isabelle, les protagonistes du poème. Tous les éléments de l'*excipit* traditionnel sont bien présents, mais ils sont si dégradés que le lecteur les voit comme à travers une glace déformante. Il ne reste à cette prière aucune trace de solennité. Et dans les derniers vers, le roman lui-même se trouve mis à distance et la tradition de l'*excipit* montrée du doigt : le souhait de rédemption implique la fin de l'histoire de Paris et Vienne.

Dans ses *incipit* et *excipit*, Lévita montre deux rapports différents à la tradition existante. Dans les premiers, il y obéit sagement au point que le prologue du *Boŏo Dantône* est très semblable à celui du poème biblique *Mélochim-buch*[256]. Dans ses *excipit*, lorsque le lecteur est déjà familier avec l'originalité de son style, il détourne la tradition de façon humoristique. Comme nous l'avons déjà dit en présentant l'*excipit* de l'*Akêdass Jizḥak*, Lévita connaissait sans doute bien la poésie yiddish biblique et midrashique. Il nous faut donc l'étudier plus en détail car ce genre constitue un élément essentiel de sa culture littéraire.

La poésie narrative biblique et midrashique

La poésie narrative d'origine biblique est l'une des formes littéraires les plus spontanées dans les langues vernaculaires juives au Moyen Âge, mais elle n'a pas connu, dans d'autres langues, une floraison aussi forte qu'en yiddish[257]. Dans ce type de poésies, la narration biblique n'est que rarement retranscrite telle que le texte même des Écritures nous la livre : elle est au contraire complétée par un grand nombre d'histoires mettant en scène les personnages bibliques, faisant intervenir des circonstances nouvelles,

---

joue selon la tradition juive et non le Messie lui-même. E. Timm 1996, p. CXLIV-CXLV, voit dans cette confusion une possible allusion au prénom d'Élia Lévita.

[256] Comparer la première strophe du *Boŏo Dantône* (*BD*, 1) et les deux premières strophes du *Mélochim-buch* (*MB*, 1-2).

[257] On peut citer en exemple l'élégie judéo-italienne « La ienti di Sion » qui reprend un récit midrashique concernant les tribulations d'un frère et d'une sœur après la destruction du Temple (U. Cassuto 1929, p. 349-408) ou le poème d'Esther écrit en judéo-provençal au XIVe siècle, qui s'approprie, comme ses équivalents yiddish, nombre de récits midrashiques autour de la *Méguila d'Esther* (P. Mayer-A. Neubauer 1892, p. 194-227).

des acteurs nouveaux et parfois surnaturels comme les anges et les démons. Ces histoires, désignées par le terme générique d'*aggadah*, peuvent être de natures très différentes. Qu'elles cherchent à expliquer certaines obscurités ou à commenter certains termes du texte biblique, qu'elles proposent simplement des digressions narratives en guise d'illustration, ou qu'elles actualisent le sens moral du récit biblique, elles comportent souvent un caractère légendaire. Certaines d'entre elles ont pu être rapprochées de motifs internationaux de contes[258]. Elles proviennent de traditions orales anciennes (quelques-unes ont été recueillies dès la Septante, par exemple dans le livre d'Esther) et sont transmises par différentes sources : le Talmud, les traductions bibliques, les commentaires rabbiniques, et surtout le Midrash. Celui-ci regroupe des œuvres homilétiques médiévales composées, à peu près, entre 400 et 1200. L'abondance et la diversité des récits qu'il propose en guise de commentaires des versets bibliques font du Midrash une source extrêmement abondante d'histoires venant enrichir et éclairer le récit des Écritures[259].

Entre le XIVe et la fin du XVIe siècle, une grande partie des livres de la Bible ayant une dimension narrative ont été adaptés en vers yiddish. Tous, à l'exception des plus tardifs, font amplement recours au Midrash[260]. Le manuscrit de Cambridge (1382) comporte déjà plusieurs poèmes, assez brefs, consacrés à des figures bibliques essentielles : Abraham, Joseph, Aaron. On peut donc supposer que le genre s'est d'abord développé de façon ponctuelle en retravaillant de courts passages bibliques et les légendes qui les entourent. Ces poèmes étaient, pour certains d'entre eux du moins, probablement destinés à une lecture à haute voix à l'occasion d'événements liturgiques. C'est ainsi que l'*Akêdass Jizḥak* devait être lue au moment des fêtes de Rosh Hashana et de Yom Kippur, la légende du bélier sacrifié à la place d'Isaac étant liée à la sonnerie du *shofar*, explicitement mentionnée dans l'*excipit* du manuscrit de Paris que nous avons déjà mentionné. Les nom-

---

[258] On se référera à *EJ*-2007, art. « Aggadah », qui fournit une vaste bibliographie sur le sujet.

[259] Voir l'ouvrage classique, et monumental, de Louis Ginzberg 1910-1946.

[260] Ch. Shmeruk 1988, p. 182-185, propose un inventaire des poèmes qui sont parvenus jusqu'à nous.

breux poèmes consacrés à la reine Esther étaient liés à la fête de Purim.

Mais selon l'opinion de la recherche actuelle, le genre connaît sa véritable floraison à partir de la rédaction du *Šému'el-buch* au XVe siècle et reste très vivant pendant tout le XVIe siècle[261]. Étant donné qu'un certain nombre de manuscrits et d'éditions de ces œuvres proviennent d'Italie du nord, il est fort possible que les Juifs ashkénazes italiens aient joué un rôle dans le développement du genre. Certains de ces poèmes ont été publiés et republiés jusqu'au début du XVIIIe siècle, comme le *Šefer Doni'el* ou le *Šefer Jôno*, mais la période de véritable création semble s'être achevée un siècle plus tôt[262].

Bible et roman de chevalerie

Le monde chrétien a, lui aussi, utilisé certains héros bibliques dans des œuvres chevaleresques. C'est le cas en particulier de la légende des Neuf Preux, introduite au XIVe siècle par Jacques de Longuyon dans ses *Vœux du paon*, et qui eut un très grand succès dans l'art et la littérature de la fin du Moyen Âge[263]. Cette légende présentait, comme modèles de chevalerie, trois héros antiques (Hector, Alexandre le Grand, César), trois héros de l'Ancien Testament (Josué, David, Judas Macchabée) et trois héros chrétiens (Arthur, Charlemagne, Godefroi de Bouillon). Mais on voit d'emblée que cette utilisation des héros bibliques procède d'une logique inverse de celle que l'on observe dans les poésies yiddish bibliques : il s'agit de convoquer des héros de temps et de cultures différents pour servir l'idéal de la chevalerie. Tandis que, dans les poésies yiddish, c'est la forme chevaleresque qui est convoquée pour servir la Bible. Dans le monde chrétien, certaines poésies de ce type ont été écrites à partir de textes bibliques (Exode, Judith,

---

[261] Voir notamment Ch. Turniansky 1982, p. 589 et sq. L'auteur du *Šému'el-buch* n'est pas connu avec certitude. Ce pourrait être un certain Moshe Esrimvearba (l'appellation, évidemment un pseudonyme, signifie : connaisseur des vingt-quatre livres de la Bible), envoyé comme émissaire depuis Jérusalem en Turquie pour demander de l'argent en faveur des Juifs pauvres de la ville sainte, voir M. Weinreich 1928, p. 108.

[262] J. Baumgarten 2005, p. 128-162, offre une analayse générale du genre ainsi que des études éclairantes d'extraits d'œuvres.

[263] Voir A. Salamon 2008, p. 38-52.

Daniel, Esther) probablement dans un but d'édification et de propagation de la foi, déjà anciennement puisqu'on en trouve en ancien anglais au X⁰ siècle, et, plus proche géographiquement et temporellement des auteurs yiddish, dans la proximité des chevaliers de l'ordre teutonique. Le texte de l'Ancien Testament se voit alors lu et interprété dans une perspective chrétienne, selon une méthode tropologique (interprétant les faits comme autant d'allégories de vertus chrétiennes) et typologique (voyant dans les vies des personnages de l'Ancien Testament une préfiguration de la vie du Christ)[264].

On voit donc que ce genre de la littérature yiddish ancienne s'est développé indépendamment des équivalents que l'on rencontre dans le monde chrétien, en particulier en raison de la riche tradition narrative héritée du Midrash qu'il intègre. Il n'en reste pas moins qu'un éditeur a pu considérer, au XVI⁰ siècle, que le *Šému'el-buch* devait trouver des lecteurs parmi les Chrétiens. En effet, il a été adapté et édité en caractères latins par un converti nommé Paulus Aemilius et publié à Ingolstadt en 1562. Celui-ci supposait donc qu'il existait une certaine compatibilité de goût et d'intérêt littéraire, lié bien sûr au respect commun pour le texte de la Bible, mais aussi à la forme poétique de ce texte[265].

Les poésies bibliques et midrashiques yiddish sont en effet construites, pour la plupart, sur des mètres d'origine allemande. Quelques-unes seulement, comme l'*Akêdass Jizḥak*, ont un schéma rimique hérité de la poésie hébraïque (quatrains monorimes). La strophe la plus populaire a été introduite par le *Šému'el-buch*. C'est une strophe de quatre vers rimant AABB, chaque vers étant composé de deux hémistiches comportant trois accents. Elle provient de la littérature épique allemande. Elle est semblable à celle du *Rosengarten* ou du *Jüngere Hildebrandslied* et

---

[264] Pour une comparaison du genre yiddish avec son équivalent chrétien voir W. O. Dreessen 1981, p. 78-97.

[265] Paulus Aemilius a également publié une importante traduction yiddish du Pentateuque, à Augsbourg en 1544. Une analyse comparative du texte yiddish et du texte allemand a été proposée par Bettina Simon (1993, p. 66-133). L'existence de la version en caractères latins du *Šému'el-buch* a entraîné une grande confusion dans la recherche allemande de la fin du XIX⁰ siècle lorsque l'éminent germaniste Friedrich Zarncke a soutenu contre toute raison et avec entêtement que la « version allemande » était la version originale du poème (l'édition d'Augsbourg ne lui était pas connue).

très proche de celle du *Niebelungenlied* qui a simplement quatre accents dans le deuxième hémistiche du dernier vers. Avec sa simplicité et la régularité lancinante que lui confère la césure, elle est particulièrement adaptée aux longs poèmes épiques. Nous nous intéresserons ici avant tout aux grands traits stylistiques du genre et effectuerons quelques comparaisons avec le travail d'écriture de Lévita.

Le *Mélochim-buch* (Livre des Rois) et le *Šému'el-buch* (Livre de Samuel) sont les plus longs poèmes conservés en yiddish ancien. Tous deux ont été publiés pour la première fois à Augsbourg en 1543 et 1544 (mais écrits au moins un demi-siècle plus tôt)[266]. Il est cependant peu probable que les deux œuvres aient le même auteur, l'une privilégiant davantage les faits d'armes, l'autre préférant les légendes merveilleuses. Les livres de la Bible qui relatent de nombreux événements guerriers sont particulièrement propices à ce type d'adaptation à tonalité épique. C'est ainsi que le *Šému'el-buch* a pu être désigné, au XIXᵉ siècle, comme une « Davidiade » puisque le poème narre l'existence du roi David, de son enfance jusqu'à sa mort[267]. L'appellation a une certaine validité si l'on considère que, de toutes les poésies de ce genre, c'est sans doute celle qui élabore le plus l'héroïsme guerrier, et particulièrement celui du roi David[268].

Certains actes de bravoures sont nettement plus développés dans ce poème que dans la Bible : les combats de David contre l'ours et le lion (*SB*, 307-320), contre quatre géants, contre les frères de Goliath (*SB*, 1091-1131), ou encore la conquête par Joab de la ville de Rabba (*SB*, 1309-1332). La monarchie, dans le poème yiddish, se voit célébrée contrairement à ce qui se passe dans le livre de *Samuel*. Les combats de David tendent à incarner une époque de force et de fierté nationale, une heure heureuse où le peuple juif a été temporairement libéré de ses ennemis. Mais cette description de l'intention générale du poète du *Šému'el-buch* ne doit pas tromper quant à la nature de sa mise en pratique. En raison de sa proximité avec le texte biblique, et les récits midrashiques qui lui

---

[266] Nous citons systématiquement ces deux œuvres à partir des éditions de F. Falk 1961 et L. Fuks 1965 qui proposent des facsimilés des éditions d'Augsburg.

[267] F. Delitzsch 1832, p. 81.

[268] B. Könnecker 1986, p. 3-12.

sont rattachés, l'œuvre ne décrit pas une quête unifiée : la multitude de conflits et d'événements qu'elle peint ne lui permettent pas d'acquérir un réel souffle épique. De plus, même si elle n'insiste pas sur les légendes midrashiques autant que d'autres poèmes semblables (en première ligne le *Mélochim-buch*), elle n'en est pas dépourvue : ainsi David obtient-il successivement contre Saül le secours d'une araignée (*SB*, 591), et celui d'une guêpe (*SB*, 674) et les deux scènes dans le poème tendent plus au comique qu'à l'héroïque.

Caractéristiques stylistiques générales du genre

Le caractère composite de ces romans ne devait pas surprendre le lecteur, pas plus que les anachronismes que l'on trouve à chaque page dans les textes de ce genre. Dans le *Šefer Jéhòšua*, pour citer un cas extrême, les guerriers du livre des *Juges* combattent avec des fusils et sont comparés à Dietrich von Bern[269]. Pour évoquer la noblesse guerrière, le poète emploie naturellement les mots tirés des romans allemands, ses modèles. Pour évoquer la piété, il emploie naturellement les mots hébreux תלמדים חכמים (*talmidim ḥachomim* : lit. étudiants sages), expression déjà bien ancrée dans le yiddish de l'époque et utilisée ordinairement pour désigner les rabbins et les savants, en particulier en matière talmudique[270]. Il n'y a là aucune rupture, aucun sentiment de passer une frontière : nous ne sommes pas en présence des jeux que Lévita introduira entre l'univers juif et l'univers chrétien des romans de chevalerie[271]. Cette superposition de plusieurs univers de référence

---

[269] Cité par Shmeruk 1988, p. 195.

[270] Cet emploi libre des mots hébraïques est un témoin de l'écriture relativement tardive de ces textes contrairement à ce que pensaient les premiers historiens de la littérature yiddish (Weinreich, Erik) qui les faisaient remonter au début du XIVᵉ siècle. Les poèmes du manuscrit de Cambridge évitent systématiquement tout terme d'origine hébraïque.

[271] Il convient de nuancer cette affirmation pour certaines œuvres. Ce type de littérature ayant produit plusieurs dizaines d'œuvres, il existe des variations notables même si la régularité domine dans les méthodes de composition. Ainsi, le *Šefer Jéhòšua*, conservé dans l'édition de Cracovie datant de 1594 (mais sans doute déjà publié plus tôt à Mantoue) est dominé par une tonalité comique plus franche qui pourrait bien être tributaire des œuvres d'Élia Lévita. Voir à ce propos : Ch. Turniansky 1982, p. 611-629. Le poème est bien moins solennel que l'œuvre antérieure sur le même sujet, conservée dans un manuscrit de Parme.

est, dans ces poèmes bibliques, une conséquence de la volonté de retranscrire la Bible et le Midrash (qui abonde lui-même en ana-chronismes) dans le style de la littérature chevaleresque, tout en encourageant la participation du public par l'évocation de son propre monde. La fusion se fait donc, non pour susciter la sur-prise et dans une volonté de mise à distance mais, au contraire, dans une volonté de rapprochement en jouant d'une triple familiarité des destinataires originels : familiarité avec les textes bibliques et midrashiques, familiarité avec la littérature cheva-leresque, et familiarité avec les valeurs courantes de la société ashkénaze.

Dans le *Mélochim-buch*, Joab tente de se défendre contre la décision de Salomon qui a ordonné sa mise à mort : « *Ich háb ritérscháft dér-zaigt asò ain ous-der-weltér degén*[272]. » (*MB*, 122) et un peu plus loin Bénéja, le capitaine (« *hauptman* ») de Salo-mon venu pour le tuer, s'adresse à lui pour qu'il accepte son sort dans les termes suivants : « *Du bist ain talmid ḥochom, dás waís idérmán wol / un' bist ain rechtér zadik, un' thóro ebén vol*[273]. » (*MB*, 137). Dans cet exemple apparaît nettement la rencontre de trois mondes : celui de la Bible (filtré par le Midrash), celui des romans de chevalerie, et enfin, l'environnement familier aux Juifs ashkénazes à la fin du Moyen Âge qui liaient la sainteté à la connaissance de la Torah.

Les valeurs exprimées sont chevaleresques par la forme exté-rieure du texte : forme des personnages (duc, preu, chevalier), forme des combats et des armes (harnais, destriers, titres), forme des dialogues (insultes, éloges, prières), forme de la narration (hyperboles, exclamations adressées au public), forme de la langue (formules stéréotypées)[274]. Mais sous ce costume, l'ob-jet du poème ne s'éloigne jamais ni de sa référence biblique,

---

Nous ne pensons pas cependant, comme l'auteur de l'article (p. 631) que la parti-cularité stylistique du *Šefer Jéhòšua* soit un symptôme de la décadence du genre : la liberté de l'auteur semble au contraire être le fruit d'un projet artistique concerté qui vise à tirer le genre du poème biblique et midrashique vers des registres plus populaires et plus comiques.

[272] « J'ai montré de la valeur guerrière comme un preux chevalier ».

[273] « Tu es un sage, tout le monde le sait / tu es un véritable juste, rempli de Torah ».

[274] Tous ces éléments conventionnels sont recensés dans l'introduction de F. Falk 1961, p. 117-130.

ni des textes midrashiques dont il se montre très respectueux. Rien dans la construction générale de ces romans ne rappelle celle des romans de chevalerie médiévaux : point de quête unifiée, point d'insistance sur l'honneur chevaleresque et bien sûr point d'amour courtois. Aucun événement narré n'est tiré directement de la littérature chrétienne[275]. Le poète peut choisir de passer sous silence certains événements secondaires mais il est des passages qu'il ne peut se permettre de négliger. C'est ainsi que l'auteur du *Mélochim-buch* accorde des dizaines de strophes à la construction du Temple de Jérusalem et au détail de chacune de ses parties en suivant scrupuleusement *Rois I*, 6 et 7. Quand les énumérations lui semblent plus secondaires (le critère est ici religieux et non esthétique), il se permet de les abréger. On lit donc, au moment où est évoqué le destin des fils du roi Joachaz (*Rois II*, 13) : « *Ain tail welén wir schreibén, ain tail welén wir lósén štòn* » (« Nous en raconterons une partie, nous en laisserons une autre partie ») (str. 1567) et l'on se voit renvoyé, pour plus d'informations, au « *könig buch ūn jiśro'él* », c'est-à-dire à la Bible elle-même.

Dans un poème biblique plus tardif, le *Śefer šòftim*, l'auteur Yosef zu der Kanen, évoquant le sacrifice par Jephté de sa propre fille, se permet une remarque plus personnelle : « Eh bien, chers amis, cela m'a gêné depuis bien longtemps que Jephté se montre aussi grossier[276] ». Mais l'auteur, en intervenant ici, n'a pour but que d'introduire des récits du Midrash qui prouvent que Jephté n'a pas tué sa fille. Les textes saints sont la source fondamentale de cette littérature, et leur meilleure connaissance, l'objectif de son développement. Il s'agissait sans doute, comme les éditeurs le notent souvent dans leurs préfaces, de détourner les lecteurs des

---

[275] Dans sa vaste analyse des poèmes inspirés du livre d'Esther, J. Baum-Sheridan 1996, p. 283, mentionne une scène du long poème consevé à Hambourg, durant laquelle Aḥashverosh organise un tournoi pour avoir la possiblité d'observer Esther *incognito* avant de danser avec elle. Il s'agit là bien sûr d'un emprunt à la littérature profane, probablement aux romans de chevalerie. Mais c'est aussi une exception qui confirme la règle : aucune des six autres adaptations du livre d'Esther ne présente de scène qui ne saurait être rapportée à une source juive, et cette scène est unique dans le long poème d'Hambourg.

[276] Cité par Shmeruk 1988, p. 198. Où l'on voit que Voltaire n'était pas le premier à s'indigner de ce passage biblique ! Voir *Dictionnaire philosophique*, « Jephté ou des sacrifices de sang humain », Voltaire 1765, p. 217-218.

« *törichtė büchér* », des « livres idiots » qui content les aventures de Hildebrand et de Dietrich von Bern. Le Talmud et le Midrash ont intégré tant d'histoires profanes que les poètes n'étaient pas à court de récits merveilleux pour séduire leurs lecteurs. Le respect de cette variété de sources saintes conduit nécessairement au sentiment d'avoir à faire à des textes quelque peu hétéroclites, certains passages suivant de très près le texte biblique et d'autres développant, tout aussi fidèlement, des légendes plus tardives.

Prenons l'exemple du roi Salomon dans le *Mélochim-buch* et de sa confrontation avec le démon Asmodée. Le poète reprend (*MB*, 255-348) très soigneusement, et avec une certaine saveur d'expression, une série de légendes exposées dans le Talmud[277] (*Gittin*, 68a-b). Celles-ci sont merveilleuses et portent le cachet du récit populaire : Salomon, pour construire le temple, a besoin d'un ver mythique (le *shamir*) qui a le pouvoir de couper la pierre. On lui conseille de faire prisonnier le roi des démons, Asmodée, qui passe ses nuits dans une grotte. Par une ruse, Bénaja réussit à l'enivrer et à l'enchaîner « comme un ours ». Il le ramène à Salomon mais en chemin ils voient, parmi d'autres choses, un mariage et Asmodée fond en larmes, puis un homme qui demande à un cordonnier des chaussures capables de résister sept ans et Asmodée éclate de rire. Ces réactions restent inexpliquées jusqu'à ce que, plus tard dans le récit, Bénaja en demande la cause à Asmodée : ce dernier avait appris dans le Ciel que le fiancé mourrait trente jours après le mariage, et que l'homme mourrait sept jours après sa commande.

Asmodée révèle à Salomon que le *shamir* est gardé par un grand tétras auquel l'Ange de la mer l'a confié. Bénaja l'obtient à nouveau par une ruse. La suite de la légende est encore plus fantastique : Salomon demande à Asmodée de lui montrer quels pouvoirs ont les démons. Celui-ci le prie alors de lui retirer ses chaînes et de lui donner son anneau. Aussitôt fait, Asmodée avale Salomon puis le recrache à 400 milles de là. C'est ainsi que le Tal-

---

[277] Il s'agit bien ici d'une forme de conte (les réactions énigmatiques d'Asmodée sont typiques de ce type de récit). Ce conte merveilleux est intégré au cœur du poème biblique selon une méthode d'interprétation du texte très ancienne. Cette même légende est intégrée dans le *Ma'ése-buch*, voir A. Stark 2004, conte n° 105.

mud a interprété l'usage du passé dans le verset de l'Ecclésiaste (1, 12), attribué à Salomon : « Moi, l'Ecclésiaste, j'ai été roi sur Israël à Jérusalem ». Dans le poème yiddish, Salomon commente plus tard son erreur par cet amusant proverbe : « *Tut ain klugér ain nàrhait, er tut si' nit klain*[278]. » (*MB*, 346)

Asmodée prend le trône et profite des femmes du roi. Salomon en est réduit à mendier. Il finit par aller voir les Sages du Sanhédrin : ceux-ci mènent une enquête et demandent à la Reine si le roi couche avec elle. Sur sa réponse affirmative, ils lui demandent de regarder ses jambes car, s'il s'agit d'un démon, il aura des pattes de poule. La reine ne peut leur répondre car il porte toujours des bas. Mais elle leur dit qu'il veut la voir pendant ses règles (chose strictement prohibée par la religion juive) et que « *seinér mutér Bass Ševa mut er ouch an cach vécach*[279] » (*MB*, 344). À ces mots, les Sages comprennent qu'il s'agit d'un démon. Ils donnent à Salomon les insignes du pouvoir et Asmodée s'enfuit à sa vue.

Nous avons résumé dans les grandes lignes ce passage du *Mélochim-buch* pour montrer de quelle manière le récit souvent laconique de la Bible s'est trouvé enrichi par la tradition. Il s'agit là d'un cas extrême car les récits midrashiques sont en général plus brefs. Les poètes, qui écrivaient pour la plupart à un moment où l'imprimerie n'avait pas encore répandu les textes du Talmud et du Midrash, disposaient sans doute de compilations midrashiques manuscrites[280]. Ils font preuve, dans tous les cas, d'une solide culture dans ce domaine. Cet exemple nous permet aussi d'attirer l'attention sur le style du conteur : le poète rend vivant ses vers en utilisant, au-delà des termes exigés par la forme chevaleresque, des expressions qui devaient être très courantes dans le langage parlé des Juifs ashkénazes de son époque. Nous en voulons pour preuve l'expression citée ci-dessus, à propos des avances sexuelles que l'usurpateur Asmodée fait à Bethsabée, action reprise du récit du Talmud : « *an-mutén cach vécach* » (« encourager comme

---

[278] « Quand un homme intelligent fait une bêtise, il ne la fait pas petite. »

[279] « Et il encourage aussi sa mère *Bass Ševa* comme ci et comme ça. » L'expression désigne des avances sexuelles.

[280] Sur les sources du *Mélochim-buch* : L. Fuks 1965, vol. 2. Des compilations midrashiques (*Yalkutim*) ont été réalisées en grand nombre entre le XIIᵉ et le XVIᵉ siècle. Voir *EJ*-2007, art. « Midrash ».

ci et comme ça »). Cette expression constituée d'un verbe issu de la composante allemande du yiddish et d'adverbes issus de la composante hébraïco-araméenne, se trouve utilisée dans le *Boṽo Dantōne* au moment où Drusiana rencontre un berger qui profite de sa solitude et de sa détresse pour lui faire des avances sexuelles (*BD*, 486) et se retrouve dans le *Šeder nošim* lorsque Judas aborde Tamar (*SN*, 323).

En réalité, l'écrivain approfondit les suggestions que lui fournissent ses sources dans un souci d'expressivité. Si la source est particulièrement guerrière, les techniques héritées du roman de chevalerie sont mises à profit. Voici un exemple, parmi cent, tiré de la guerre de David contre Amalek dans le *Šému'el-buch* :

> *Do schlug er alś zu stuken wáś er kam an ;*
> *Do schlugén si' widér um sich dàs dàs ṽöüer bran.*
> *Wol wèrt sich her Dovid mit élénthaftér hant :*
> *Vil menchén heldén künén schlugén si' ouf dàs lant.*
>
> *SB*, 775

> Il coupait en morceau tout ce qu'il rencontrait ;
> En retour, ils [les ennemis] frappaient autour d'eux, faisant jaillir le feu.
> Le Seigneur David se défendait bien de sa main puissante :
> Ils mirent à terre un grand nombre de vaillants héros.

Toutes les ressources classiques du roman de chevalerie sont ici mises à profit, et en particulier son style formulaire : hyperboles en série, accumulation de substantifs et d'épithètes dénotant la force et la noblesse, répétitions.

Mais lorsque la source traite d'une situation moins noble, le langage va jusqu'à la grossièreté. Il en est ainsi, dans le *Mélochim-buch* au moment du Jugement de Salomon. La dispute des deux prostituées pour le nouveau-né est farcie d'invectives et d'injures. L'abondance même des mots appartenant à la composante hébraïco-araméenne reproduit alors le naturel de la conversation car l'hébreu n'était pas seulement la langue religieuse, mais aussi la langue intime, la langue secrète, et il a très tôt alimenté le yiddish en insultes et en jurons. Dans cette scène, le poète yiddish met en scène les deux femmes en train d'échanger des invectives avec un évident plaisir. Nous soulignons dans notre transcription et dans la traduction les termes d'origine hébraïco-araméenne :

Do šprach di' andér : du leigśt als ain naféko,
Noch wil ich dáś kind béhaltén tet es dir zorén davéko !
Der lebéndig sun iśt mein, kni' wi' du wilśt nidér,
Du pérutso un' du géru'o, ich gib dir es nit widér.

MB, 200-201

Alors l'autre dit : tu mens comme une *pute*,
Je veux garder l'enfant, si ça te fait enrager *justement* !
Le fils vivant est mien, agenouille-toi tant que tu veux,
Toi, *salope dévergondée*, je ne te le rendrai pas.

Après avoir développé cette série de répliques vengeresses sur plus de quatre strophes, le poète yiddish conclut (*MB*, 204) : « *Aśó rédtén si' vór dem könig, un' tribén vil géschpei' / As di' hünér di do gazén wen si welén légén ain ei'* [281] ». Le poète anime donc la scène et ne se prive pas de la commenter par une comparaison teintée d'humour[282].

Malgré ce type de contributions originales, ces poèmes ne s'éloignent de leurs diverses sources que de façon modérée. Si l'exercice même de réécriture rapproche le travail de ces écrivains de celui d'Élia Lévita, il n'y a pas chez eux de désir d'appropriation des textes sacrés. Ces poètes entendent au contraire servir leurs sources, les rendre attrayantes sous un nouveau costume, quitte à employer le langage des romans de chevalerie allemand, ou celui de la rue. Quand le texte sacré (qu'il provienne de la Bible, du Talmud, du Midrash...) leur fournit un prétexte pour exprimer leur verve, ils le font. Sinon, ils le suivent assez froidement. Il n'y a pas chez eux de place pour l'ironie.

Élia Lévita et la matière biblique

Comme nous l'avons suggéré, et comme le laisse entendre le texte de l'*Akêdass Jizḥak*, il est très probable qu'Élia Lévita ait bien

---

[281] « Elles parlèrent ainsi devant le roi en poussant bien des cris, / comme les poules qui gloussent quand elles veulent pondre un œuf ».

[282] Toute cette conversation correspond à un seul verset de la Bible (*I Rois*, 3, 22) : « L'autre femme dit : "C'est faux ! C'est mon fils qui est vivant et ton fils qui est mort." Mais la première répliqua : "Absolument pas ! C'est ton fils qui est mort et mon fils qui est vivant." C'est ainsi qu'elles discutèrent devant le roi. » On voit quel chemin le texte a parcouru avant d'arriver à sa forme yiddish. On trouvera un échange comparable d'amabilités (exprimées par des mots de la composante hébraïque) dans le *Šému'el-buch* lorsque la tribu de Juda s'oppose aux autres tribus d'Israël (*SB*, 1477-1480).

connu ce genre de poésie. Dans tous les cas, les lecteurs de la poésie yiddish ancienne, et donc de ses œuvres, étaient nourris de ce genre et il n'est pas impossible que, lorsque Lévita faisait dans ses romans de chevalerie des références à la Bible, ses lecteurs les aient reconnues à travers le *Šému'el-buch* ou quelque autre poème yiddish. Lévita a deux manières d'évoquer des épisodes bibliques dans ses romans adaptés de sources italiennes, mais ses allusions sont toujours légères et ponctuelles. À certains endroits, il évoque des personnages bibliques explicitement. C'est ainsi que dans le *Paris un Wiene* (*PW*, 516), il illustre l'amitié d'Odoardo pour Paris par une double comparaison. Ce n'était pas là l'amour d'Amnon pour Tamar, amour faux, intéressé, prompt à se changer en haine, mais l'amour de David pour Jonathan, amour véritable provenant de l'âme. La comparaison est classique et émane du Talmud[283]. La référence biblique, dans ce cas, n'influence pas la narration mais elle l'entraîne vers l'univers des références juives et diminue la distance existant entre le sujet profane et la référence sacrée.

À d'autres moments, la référence n'est pas affichée : elle est suggérée par l'écrivain à travers l'action même du roman. À ces moments, les romans de chevalerie de Lévita rencontrent brièvement et discrètement les poèmes bibliques. C'est ainsi qu'ayant lu dans sa source italienne que le roi Guidon n'a pas pris femme jusqu'à un âge avancé, Lévita façonne le récit de cette union pour qu'il évoque l'accouplement tardif de David et d'Abishag. De la sorte, le *Boṽo Dantóne* et le *Mélochim-buch* commencent sur la même scène. Voici, face à face, le début de cette scène telle qu'elle se présente dans les deux romans yiddish :

Boṽo Dantóne (*BD*, 4-5)

Un ' do er kam in sein éltér
Wen man in schòn zu-dékt, so w'urd im nórt kéltér.

Al dáś wermén wolt in nit klekén
Er tet as wolt er dér-vrirén
Es šprächén zu im seiné weisé rékén :
« Génedigér her, ṽolgt unsérém hirén

---

[283] *Pirkei avot*, 5, 19. Les *Maximes de Pères* constituent sans doute le traité talmudique le mieux connu du lecteur commun à l'époque. Il a été traduit à plusieurs reprises en yiddish au XVIᵉ siècle, voir J. C. Frakes 2004, p. 538.

Schikt ous-suchén in alén ekén
Irént nòch ainér jungé warémé dirén
Di öuch sòl wermén un ' öuer pflegén. »
Wol im wer er lengér alain gélegén !

Et quand il devint vieux
Même lorsqu'on le couvrait, il avait encore plus froid.

Tout ce qu'on faisait pour le réchauffer ne lui suffisait pas.
C'était comme s'il était sur le point de geler.
Ses sages chevaliers lui dirent :
« Gracieux seigneur, suivez notre conseil :
Envoyez chercher dans tous les coins
Quelque part, une jeune chaude pucelle
Qui vous réchauffe et s'occupe de vous. »
Mieux lui aurait valu de coucher seul plus longtemps !

Mélochim-buch (*MB*, 15-17)

Do der-kaltét im sein herz un ' vòr vurcht bégunt in zu vrirén :
In luśtét nit zu tanzén nòch zu hòvirén.

Do dáś sein dinér merktén un ' ouch sahén,
Si' gingén zu dem könig un ' zu im asò' jahén :
« Libér könig vòr-nim du unsér kabolo :
Ain hüpschè jungé' meid is besér widér ain alté théfelo.

Her könig di' lòśt öuch suchén di' do iśt jung an jorén.
Wen öuch bégint zu vrirén si' wermt öuch hintén un ' vorén. »

Alors son cœur se refroidit et, de crainte, il commença à geler :
Il n'avait envie ni de danser ni de festoyer.

Quand ses serviteurs le virent et le remarquèrent
Ils allèrent chez le roi et lui dirent ainsi :
« Cher roi, écoutez notre science
Une jolie jeune fille vaut mieux qu'une vieille peau !

Sire, laissez en chercher une qui n'a que peu d'années
Quand vous commencez à geler, elle vous réchauffe derrière et devant. »

Comme dans la Bible (*Rois I*, 1,1-2[284]), les conseillers s'adressent
au roi au discours direct. La différence tient au fait que Lévita
reste ici très proche de sa source : le langage familier et les évocations burlesques qui caractérisent le *Boṽo Dantȯnẹ* n'apparaissent

---

[284] *Rois I*, 1-2 : « Le roi David était vieux, avancé en âge ; on le couvrait de
vêtements, et il ne pouvait se réchauffer. Ses serviteurs lui dirent : Que l'on cherche
pour mon seigneur le roi une jeune fille vierge ; qu'elle se tienne devant le roi, qu'elle
le soigne, et qu'elle couche dans son sein ; et mon seigneur le roi se réchauffera. »

qu'à partir des strophes qui suivent. Quant au *Mélochim-buch*, il montre ici, comme dans l'épisode du Jugement de Salomon, une grande liberté dans l'expression populaire (et dans la reprise des formules chevaleresques : « *tanzen und hofiren* »), n'hésitant pas à mettre dans la bouche des conseillers du roi un proverbe juif à connotation humoristique[285].

Le *Mélochim-buch*, dans la suite de cet épisode profite des suggestions d'un passage du Talmud de Babylone (*Sanhédrin* 22a) déjà très savoureux : après que David a pris Abishag pour qu'elle le réchauffe, celle-ci exige de sa part qu'il l'épouse. David le lui refuse, affirmant que Dieu lui a interdit d'avoir plus de dix-huit femmes. Abishag se moque de lui en utilisant un proverbe, « Quand le voleur n'a rien à prendre, il prône la vertu. », et sous-entend par-là que le roi est impuissant à cause de son grand âge. Alors, le roi appelle Bethsabée, sa femme, pour lui prouver immédiatement sa vigueur. Là aussi, pour raconter la scène, le poète yiddish a amplement recours à la composante hébraïco-araméenne de la langue : « [...] *er mit Bass Ševa gab ain rechtén* šeder / *as ain jungér* ba'al-baiss *der eršt broulaft hôt*[286] » (*MB*, 25).

Tout l'épisode est donc traité avec un évident plaisir par le poète du *Mélochim-buch*, mais il n'y a là rien qui aille à l'encontre des sources ou qui les déforme. Le seul effet recherché par l'auteur est l'accentuation, la recherche d'une plus grande expressivité. La citation, en apparence plus sage, d'Élia Lévita, change profondément le sens de l'épisode : car la jeune fille qui vient réchauffer le vieux roi est en réalité la meurtrière du roman de chevalerie. Abishag, la sauveuse, se voit identifiée par le *Boṽo Dantône* à Brandonia, la meurtrière de Guidon. Lévita détourne donc l'épisode biblique au profit de son récit. Dans ce type de citation, le plaisir du lecteur naît à la fois de la reconnaissance du texte original et de la constatation de sa transformation.

On voit ici que les poèmes bibliques et midrashiques sont essentiellement différents des poèmes portant sur des matières pro-

---

[285] Sur ce proverbe : R. G. Warnock 1999, p. 176.

[286] « Avec Bethsabée, il y mit bon *ordre* / comme un jeune *chef de famille* qui vient de se marier. » On trouve un relevé significatif des passages « croustillants » du *Šému'el-buch* et du *Mélochim-buch* chez N. Shtif qui cherche ainsi à caractériser la liberté de ton de ces œuvres à matière biblique. N. Shtif 1928, p. 157-159. Voir aussi, M. Erik 1928, p. 88-90.

fanes, car ils gardent en définitive une intention semi-religieuse. De fait, ces poèmes n'ont jamais été soumis aux anathèmes qui ont été jetés sur les seconds. Lévita, même lorsqu'il lui arrive de citer la Bible, reste un auteur de littérature profane, un adaptateur de romans italiens. C'est pourquoi il convient de situer son œuvre parmi les poèmes de la littérature yiddish ancienne qui puisent aux sources des littératures vernaculaires.

La poésie narrative à matière profane

Le cas d'Élia Lévita est unique : il est en effet le seul auteur de la littérature yiddish ancienne qui ait amplement et ouvertement puisé à des sources italiennes. Les autres œuvres trouvent naturellement leur origine dans la littérature allemande ou dans la littérature hébraïque[287]. Dans la littérature allemande, ce sont les récits les plus populaires qui sont concernés. Ces derniers appartiennent pour beaucoup à la matière chevaleresque (*Dukus Horant, Widuwilt, Herr Dietrich, Meister Hildebrand, Magelone*) mais parfois également à d'autres genres, plus tardifs et prosaïques, comme le roman burlesque (*Till Eulenspiegel, Schildbürger*). Le statut de ces textes yiddish a été très discuté. Tout d'abord, seul un nombre restreint d'œuvres allemandes a été adapté. En ce qui concerne les romans de chevalerie, la plupart d'entre eux semblent avoir appartenu à la *Heldenepik*, poèmes narrant les aventures d'anciens héros qui ont connu une grande popularité à la fin du Moyen Âge et ont été diffusés, après l'invention de l'imprimerie, par des éditions populaires. Mises à part les exceptions notables du *Dukus Horant* et du *Widuwilt*, ces textes nous sont parvenus dans des éditions tardives et n'ont sans doute été adap-

---

[287] La littérature hébraïque fournit à la littérature yiddish ancienne moins de matière profane de genre narratif que la littérature allemande. Lorsqu'elle est traduite ou adaptée, elle l'est en général en prose (*Sefer Yosifon* 1546, voir J. C. Frakes 2004, p. 260) ou en prose rimée sur le modèle de la *melitsa* (langue fleurie) hébraïque. Il ne s'agit donc pas, à strictement parler, de poésie. On trouve une importante traduction yiddish de la légende du Prince et du Moine (*Ben ha-Meleḥ ve-ha-Nazir*) réalisée au XVᵉ siècle qui insère des vers sur des mètres germaniques dans la prose rimée, adaptant librement la structure de la *makama*, voir J. C. Frakes 2004, p. 95. Des contes du *Mashal Hakadmoni* ont été adaptés, toujours en prose rimée, dans le *Kü' buch*, voir J. C. Frakes 2004, p. 415. Si ces deux derniers exemples montrent une réelle indépendance créative dans l'adaptation, d'autres traductions sont très proches de l'original.

tés en yiddish que tard sous l'effet de la démocratisation du livre. Ils content les histoires d'anciens héros, héritées de traditions écrites et orales, et se distinguent par une certaine prédilection pour le merveilleux : géants, filtres, dragons, etc. Ce sont là les œuvres les plus populaires en Allemagne à la fin du Moyen Âge, en particulier celles qui concernent les héros réunis autour de la figure de Dietrich von Bern.

Littérature yiddish ou littérature allemande
en caractères hébraïques ?

Les premiers historiens de la littérature yiddish ancienne (en particulier Max Erik[288]) avaient décrit l'adoption de ces récits par les Juifs comme une véritable acculturation. Erik expliquait que les distractions qui avaient cours chez leurs voisins chrétiens avaient incité les Juifs à les imiter, à s'en inspirer, stimulant ainsi une création parallèle. Aujourd'hui, le degré de cette assimilation est évalué de façon plus modeste. Shmeruk a souligné que beaucoup de ces œuvres ne sont que de simples transcriptions de poèmes allemands en caractères hébraïques. Il s'agissait de rendre ces textes accessibles à un public juif qui ne connaissait pas l'alphabet latin[289]. Il met donc en question l'existence d'un quelconque processus créatif à l'origine de ce type de textes. Pour certaines œuvres, le caractère mécanique du travail est facile à constater. *Her Ditrich*, publié en 1597 à Cracovie, est une simple transcription en caractères hébraïques du *Sigenot* publié à Nüremberg en 1560[290]. Elle reprend l'essentiel du texte allemand, forme et contenu, et se contente d'effacer les références les plus évidentes aux réalités chrétiennes. Or, c'est là le seul texte conservé qui relate les aventures de ce chevalier si souvent cité avec mépris dans les préfaces

---

[288] M. Erik 1928, en particulier p. 69-129.

[289] Les témoignages de ce type de transcriptions sont nombreux car les Juifs ashkénazes, par un principe d'ordre religieux, n'apprenaient pas l'alphabet latin. Les lettres latines étaient d'ailleurs appelées en yiddish *galkhes*, terme issu du substantif d'origine hébraïque *galekh* signifiant originellement « rasé », puis, par association avec les moines : « prêtre chrétien ». La collection Wallich, dont il a été question plus haut est un bon exemple de ce type de transcriptions car elle contient un grand nombre de chants populaires allemands et en particulier une version yiddish du *Hildebrandslied*. On dispose à présent d'une édition complète du manuscrit assortie de précieux commentaires : D. Matut 2011, 2 vol.

[290] Le texte a été édité par John A. Howard 1986.

de livres à caractère plus religieux. Cette ubiquité est interprétée par Shmeruk comme étant liée à la simple valeur symbolique du nom, incarnant à lui seul la littérature profane. Cependant, une référence si constante à *Her Ditrïch*, souvent en association avec d'autres œuvres profanes, laisse tout de même supposer un réel succès auprès du public, soit sous forme écrite, soit sous forme orale, pendant tout le XVIe siècle.

Il est probable que cette œuvre a revêtu la forme d'une œuvre de divertissement, peu exigeante, proche en ceci des textes en prose largement diffusés et classés traditionnellement sous le nom de *Volksbücher* (livres populaires). Il s'agissait, pour les Juifs comme pour les Chrétiens de lectures de divertissement dont le pouvoir d'attraction s'étendait bien au-delà des classes les moins éduquées comme en témoigne Goethe :

> *Wir Kinder hatten also den Glück, diese schätzbaren Überreste der Mittelzeit auf einem Tischchen vor der Haustüre eines Büchertrödlers täglich zu finden, und sie uns für ein paar Kreuzer zuzueignen. Der « Eulenspiegel », « Die vier Haimondskinder », « Die schöne Melusine », « der Kaiser Oktavian », « Die schöne Magelone », « Fortunatus », mit der ganzen Sippschaft bis auf den « Ewigen Juden », alles stand uns zu Diensten, sobald uns gelüstet, nach diesen Werken anstatt nach irgend einer Näscherei zu greifen*[291].

Sur les sept « gourmandises » citées par Goethe, quatre au moins nous sont parvenues adaptées en yiddish, dans des manuscrits et des éditions à bas prix du XVIe au XVIIIe siècle[292]. Toutes ces œuvres ont été retravaillées, souvent à un faible degré, pour effacer les traces de christianisme. Les études portant sur cette tradition mettent au jour une liberté souvent modeste mais qui n'est pas toujours dénuée d'intérêt. *Die schöne Magelone* a ainsi été mise en vers, de médiocre qualité, par son adaptateur juif. Un certain humour, doublé d'une judaïsation, est décelable lorsque des per-

---

[291] J. W. Goethe 1811, p. 65. « Nous, les enfants, avions donc le bonheur de trouver tous les jours ces précieux débris du Moyen Âge sur une tablette devant la porte d'un bouquiniste, et de nous les approprier pour un kreutzer ou deux : *Eulenspiegel*, les *Quatre fils Aynon*, la *belle Mélusine*, l'*Empereur Octavien*, la *belle Madelone*, *Fortunatus*, avec toute la séquelle, jusqu'au *Juif errant*, tout se trouvait à notre service, aussitôt qu'il nous plaisait de porter la main sur ces ouvrages plutôt que sur quelque friandise. »

[292] *Fortunatus, Schöne Magelone, Kaiser Oktavian, Eulenspiegel*, voir A. Paucker 1961, p. 302-317.

sonnages de *Kaiser Oktavian* doivent partir tellement rapidement qu'ils n'ont pas le temps d'effectuer leur prière du matin en mettant leurs phylactères et leurs châles de prière. Mais ces innovations ne servent que rarement un projet poétique cohérent et, vue leur date de production tardive, il n'est pas impossible que ces notations comiques aient été influencées par les poèmes d'Élia Lévita. Elles représentent, dans l'ensemble de cette production, des phénomènes isolés traduisant de la part du transcripteur quelques velléités de judaïsation et d'appropriation. La servilité à l'égard du texte d'origine reste en général grande : c'est ainsi qu'Eulenspiegel se voit baptiser comme un bon Chrétien, même dans sa version yiddish.

L'analyse que Shmeruk propose de ces adaptations de textes allemands va cependant au-delà de ces transcriptions facilement identifiables. Il l'étend à des œuvres dont l'original ne nous est pas parvenu, en particulier au *Dukus Horant*. Celui-ci appartient au plus ancien manuscrit yiddish conservé, le célèbre manuscrit de Cambridge, datant de 1382[293]. Ce manuscrit, qui a joué un rôle fondamental dans le développement des études yiddish anciennes dans les cinquante dernières années, est d'une grande richesse. Il comporte des adaptations en vers épiques de textes midrashiques et bibliques, comme les courts poèmes sur Abraham ou sur le sacrifice d'Isaac, la fable du vieux lion inspirée d'Ésope, et enfin un fragment de roman lié à l'épopée de *Kudrun* dont l'original allemand n'est pas parvenu jusqu'à nous. C'est le texte qui a attiré la plus grande attention dans le champ des études germaniques, car il soulève d'importantes questions concernant sa relation à la geste allemande dont peu de manuscrits sont parvenus jusqu'à nous.

Shmeruk tend à nier toute interprétation assimilatrice de ce texte : il ne s'agirait pas là, à proprement parler, de littérature yiddish[294]. Il le rattache sans hésitation à la catégorie des simples transcriptions d'œuvres chrétiennes. Il remarque en effet une certaine incohérence dans le traitement des références religieuses.

---

[293] Le manuscrit de Cambridge a d'abord été publié par L. Fuks 1957. Sur la vaste littérature consacrée à ce manuscrit et sur sa signification, voir J. C. Frakes 1989 et J. Baumgarten 1995, p. 69-85.

[294] Ch. Shmeruk 1988, p. 34-35.

Ainsi, le mot « *Kirche* » apparaît au vers 489, alors qu'il était remplacé quatre vers plus tôt par le mot d'origine hébraïque « *Tiflo* », terme méprisant pour désigner un lieu de culte chrétien puisqu'il signifie « frivolité, vacuité ».

On a pourtant tenté d'identifier dans le *Dukus Horant* une influence du milieu juif dans lequel le poème a été diffusé. Ainsi, W. O. Dreessen a souligné que les marchands jouent dans ce roman de chevalerie un rôle central et que le héros Horant va jusqu'à leur demander, par manière de ruse, de lui prêter de l'argent. Il lie ce détail du poème à la position sociale des Juifs au Moyen Âge et à leur pratique de l'usure[295]. Il voit également, dans le rôle d'entremetteur qu'assure le personnage d'Horant (rôle qu'il ne joue pas dans le passage correspondant de *Kudrun*) un reflet d'une fonction cruciale dans la société juive médiévale : celle du marieur ou *shadkhn*. Nous nous heurtons là à un problème méthodologique de première importance. Le chercheur contemporain dispose de fort peu d'indices quant à la perception de ces textes par leurs lecteurs ou auditeurs originels ou quant à l'intention de leurs rédacteurs. Y voyaient-ils uniquement un texte de divertissement, attirant justement parce qu'étranger ? Etaient-ils au contraire à l'affût de détails ou de réalités rappelant leur condition religieuse et sociale particulière ?

Shmeruk se prononce sans hésiter pour la première hypothèse. Selon son analyse, ces textes épiques sont le résultat d'une simple transcription mécanique souvent fort peu soignée. Les nombreuses incohérences qu'il relève dans ces poèmes sont pour lui la preuve que les copistes effectuaient un travail automatique[296]. Il en conclut que les romans de chevalerie de source allemande ne peuvent pas être considérés comme appartenant tout à fait à la littérature yiddish ancienne, et souligne avec force la distance qui sépare ces œuvres de celles d'Élia Lévita[297].

---

[295] W. O. Dreessen 1999, p. 133-155.

[296] Ch. Shmeruk 1988, p. 107.

[297] « Si la définition par Erik des "matières chrétiennes allemandes" comme des adaptations est, à leur égard, fortement exagéré, car il s'agit très souvent de transcriptions mécaniques, il semble que définir les recréations d'Elye Bokher à partir de l'italien comme des adaptations ne permet pas d'évaluer à leurs justes valeurs ses réalisation dans le *Boṽo Dantóne* et dans le *Paris un Wiene*. » Ch. Shmeruk 1988, p. 110 [notre traduction].

Si l'on suit la thèse de Shmeruk, Élia Lévita serait le seul écrivain de la littérature yiddish ancienne qui, tout en retravaillant une source étrangère profane, aurait fait œuvre créatrice. Ce point de vue a été contesté notamment parce que les citations chrétiennes qu'il identifie dans ces œuvres, en particulier les plus anciennes d'entre elles, (*Dukus Horant*, *Widuwilt*), restent somme toute fort limitées. Une évocation de Pâques ou de la Pentecôte pouvait être considérée par un auteur juif comme acceptable, appartenant simplement au monde étranger dépeint par les sources chrétiennes. Les Juifs connaissaient bien ces grandes dates du calendrier chrétien qui étaient aussi les dates des grandes foires commerciales. Il existe peut-être une catégorie intermédiaire d'œuvres, situées entre le pur travail de transcription tel qu'il est observable dans le *Her Ditrich* de 1597 et les profonds remaniements d'Élia Lévita. Le désir d'ajouter ou de retirer à sa source est en effet naturel chez le copiste comme le montrent les quelques traces de judaïsation effectuées sur les *Volksbücher*. Le seul roman arthurien conservé en yiddish, le *Widuwilt*, semble être un représentant remarquable de cette catégorie intermédiaire.

Le cas du Widuwilt, roman arthurien en yiddish

Le *Widuwilt*, au-delà de l'intérêt qu'il présente en lui-même, est aussi intéressant pour nous quand on confronte son histoire avec le destin littéraire du *Boṿo Dantóne* avant et après Lévita. Ces deux œuvres sont fondées sur des poèmes chevaleresques créés à l'apogée du genre, au cœur du Moyen Âge (XIIe-XIIIe siècle) mais la forme qui leur a été donnée en yiddish diffère fortement de leur forme originelle. Si, entre le *Beuve de Hanstone* anglo-normand (fin du XIIe siècle), et l'œuvre de Lévita, nous pouvons retracer une chaîne complexe de rédactions intermédiaires françaises et italiennes, dans le cas du *Widuwilt*, nous ne connaissons aucun texte qui ait pu servir d'intermédiaire entre l'œuvre de Wirnt von Grafenberg, *Wigalois* (début du XIIIe siècle), et la version yiddish qui a été composée au XIVe ou au XVe siècle. En réalité, il pourrait sembler que le roman allemand et sa version yiddish aient eu des destins parallèles (avec quelques points de contact), aucune des versions allemandes connues du roman ne présentant les importantes inflexions narratives du poème yiddish. Le choix, par un poète yiddish, de retravailler le *Wigalois* n'est pas, en lui-même, surprenant : le roman a eu un grand succès et a connu, à la fin du Moyen Âge, une adaptation en prose et quelques réécritures en vers[298].

Le roman yiddish nous est parvenu dans trois manuscrits du XVIᵉ siècle, sans doute provenant d'Italie du Nord et dans plusieurs éditions des XVIIᵉ et XVIIIᵉ siècles, publiées en général sous le nom d'*Artus-Hof*[299]. L'une de ces éditions a adopté la forme poétique de l'*ottava rima*. C'est là le seul cas connu de poème en yiddish ancien adoptant cette forme poétique en dehors des œuvres de Lévita. Pour cette raison il a été un moment sans fondement attribué à l'humaniste lui-même[300]. La popularité de l'œuvre, ou du moins du monde arthurien, est attestée par la présence durable dans la langue yiddish de l'expression : « *vi baym kenig artusn in hoyf* » (comme à la cour du Roi Arthur) pour décrire une somptueuse célébration[301].

Le texte a connu une histoire particulière car, outre ses remaniements et rééditions en yiddish (Prague, Amsterdam, Hanau, etc.), il a été publié par l'un des premiers chrétiens qui se soit intéressé à la langue yiddish, Johann Christoph Wagenseil, dans son ouvrage *Belehrung der Jüdisch-Teutschen Red und Schreibart* en 1699 à Königsberg[302]. Cet important hébraïste et bibliophile allemand avait pour but d'enseigner le « parler juif » aux Chrétiens qui pour des raisons commerciales, juridiques ou religieuses devaient entrer en contact avec eux. Il y proposait à ses étudiants un cahier de lecture qui compilait aussi bien des poèmes que des textes talmudiques. C'est ainsi qu'il s'était procuré le poème arthurien imprimé à Amsterdam par Josel Witzenhausen avant 1680. Ainsi, cette adaptation juive d'un roman arthurien est-elle redevenue accessible au public allemand.

---

[298] A. Jäger 2000, p. 92-97.

[299] Les références bibliographiques sur les divers manuscrits et éditions du poème sont fournies par A. Jaeger 2000, p. 29-39.

[300] L. Landau 1912, p. XXXIX.

[301] Il est probable que cette expression vienne de l'allemand, mais elle n'aurait pas été adoptée si la référence n'avait pas été comprise par les Juifs ashkénazes, voir M. Weinreich 1928, p. 64.

[302] H. C. Wagenseil 1699. Sur l'importance de Wagenseil pour les études yiddish, Weinreich 2008, p. 103-104. Voir aussi A. Jaeger 2000, p. 40-50.

Il est remarquable enfin qu'au début du XIXᵉ siècle, à un moment où l'intérêt pour les textes du Moyen Âge était surtout motivé par des considérations nationales, le poète romantique Ludwig Uhland ait choisi de réécrire une portion du poème yiddish (qu'il a sans doute connu à travers Wagenseil), et non une version du *Wigalois*[303]. Il se peut qu'Uhland ait été attiré par les traits particulièrement naïfs, et par l'expression populaire de cette version. La confrontation du *Widuwilt* avec l'œuvre de Wirnt von Grafenberg permet de proposer quelques hypothèses concernant l'horizon d'attente des lecteurs juifs face à cette littérature profane.

Wirnt von Grafenberg appartient à la génération qui vit la plus grande floraison de la littérature chevaleresque en Allemagne sous l'influence du roman français (de Chrétien de Troyes en particulier) et s'inscrit dans la lignée de ses plus nobles représentants, tels que Hartmann von Aue ou Wolfram von Eschenbach. Le *Wigalois* est écrit en vers réguliers de quatre accents rimant par couplets (mis à part les vers marquant la fin d'un paragraphe qui riment par trois). Ce poème arthurien typique est fortement imprégné de merveilleux, de valeurs chevaleresques et de morale courtoise (*Minne*). Il se distingue par la présence de digressions, commentaires moraux du poète, éloges des femmes, remarques édifiantes sur la valeur du temps passé. Cette vaste création, qui expose régulièrement de pieuses pensées chrétiennes, fait de son héros, surtout lors de l'épisode final de la bataille de Namur, un défenseur de la foi chrétienne, un authentique *miles christi*. Les longues descriptions de palais, de vêtements, de banquets font du *Wigalois* un roman conçu pour un public aristocratique partageant des valeurs et des références communes.

Le conteur, Wirnt lui-même, se présente comme un jeune chevalier. Il joue un rôle important, interrompant le récit pour réfléchir sur son œuvre, allant jusqu'à s'apostropher sous son propre nom. Le texte yiddish, qui ne comprend que 5300 vers (dans la version de Witzenhausen) contre 11708 chez Wirnt, se distingue clairement par sa tendance à abréger et à accélérer le mouvement de la narration. Le ton y est bien différent : les réflexions morales ont entièrement disparu, les longues descriptions ont été rempla-

---

[303] A. Jaeger 2000, p. 388.

cées par de brèves notations, le langage a perdu de son élévation pour devenir plus populaire. Le dernier tiers du *Widuwilt* est très différent du poème de Wirnt. Dans le poème allemand, l'aventure principale consiste dans le combat avec le chevalier musulman, Roaz, usurpateur du pays de Korntin : il s'agit en fin de compte d'un combat de la chrétienté contre les incroyants. Après s'être marié avec Larie, Wigalois se voit forcé d'aller combattre près de Namur. Le monde chevaleresque ne saurait connaître d'arrêt dans la poursuite de ses entreprises héroïques. Dans les poèmes yiddish, l'ennemi dont dépend la malédiction est un géant, mais c'est surtout la mère du géant qui joue un rôle déterminant. Toute la fin de l'action est orientée vers la conclusion d'un double mariage, la main du héros étant réclamée d'un côté par la fille d'un roi que Widuwilt a sauvé d'un dragon, de l'autre par Lorel (Rel dans l'édition de Prague) pour qui il a entrepris l'aventure principale.

Nous souhaitons ici attirer l'attention sur la similitude de cette conclusion avec celle du *Bovo Dantône* : Lévita supprime de sa source une centaine de strophes (les plus épiques du poème italien) dans lesquelles le héros combat contre Dodon et Pépin et garde le petit Charlemagne en otage. Le roman se conclut en point d'orgue sur une problématique de double mariage, Bovo étant réclamé à la fois par Margarita et par Drusiana (ce double mariage est déjà présent dans la source, mais il n'y est pas accordé la même importance). Nous ne pensons pas qu'il y ait eu la moindre contamination d'un poème à l'autre, mais le fait qu'ils privilégient tous deux des solutions narratives semblables en s'éloignant de leurs sources respectives montre une tendance générale, dans le roman de chevalerie yiddish, à la perte de l'héroïsme et à l'accentuation des motifs hérités des contes.

Cette tendance est bien observable dans le *Widuwilt* au point qu'on a pu parler de « conte chevaleresque » (« *Rittermärchen*[304] »). Ceci est observable dès la nomination du héros : lorsque Gauvain quitte sa femme enceinte, celle-ci lui demande comment elle doit nommer leur enfant : il répond « *Wi du wil(s)t* » (« Comme tu veux »). La formule se voit vidée de son sens et fournit son nom à l'enfant. L'héroïsme est en général

---

[304] C. Cormeau 1978, p. 28-44.

absent du comportement des chevaliers arthuriens des poèmes yiddish, sauf dans le cas du héros principal. Ainsi, contrairement à ce qui se passe chez Wirnt, au moment où sont lancés les deux défis principaux (au début par le chevalier à la ceinture/Joram, ensuite par la jeune fille/Nereja), toute la cour du roi Arthur se montre explicitement froussarde dans les versions yiddish du poème. Widuwilt lui-même est particulièrement peu héroïque dès qu'il est confronté à la mère du géant qui l'enferme dans un tronc d'arbre dans un premier épisode, puis lui transperce le bras d'une lance avant de lui laisser la vie sauve. On observe dans les versions yiddish une tendance simultanée à l'exagération des motifs extraordinaires, et à une prosaïsation de la réalité représentée. Ces deux tendances augmentent avec le temps pour culminer dans l'édition de Prague en *ottava-rima*.

Prenons l'exemple de l'épisode de Hoyer, qui est particulièrement révélateur, dans ses trois incarnations successives : chez Wirnt, dans les versions manuscrites et dans l'édition de Prague (*Artús hof*). Il s'agit là d'une des aventures que le héros rencontre en chemin depuis la cour du roi Arthur jusqu'au château du pays maudit (Korntin/Waksenstein). Les cris de désespoir d'une jeune femme attirent l'attention du jeune homme. Elle vient de se faire dérober les prix (un cheval, un oiseau parlant et une magnifique cage) qu'elle a remportés pour avoir été jugée la plus belle d'entre les femmes. La scène est longuement décrite chez Wirnt (v. 2464-3254) mêlant des références nombreuses à la vie et à la culture de la noblesse (roi d'Irlande, princesse de Perse, lecture du roman de Troie). Elle a lieu au milieu de tentes où se déroulent des jeux et tournois. L'adversaire est Hoyer de Mansfeld (il n'est pas nommé dans les versions yiddish). Il apparaît comme un personnage roux, violent, invincible. Le combat est organisé comme un véritable duel, après la messe, sous le regard des femmes et Wigalois obtient la victoire grâce à une prière que la jeune fille adresse au Christ. Dans les versions yiddish, il ne reste de ce dispositif que l'essentiel : le prix de beauté, les dons, le chevalier cruel. Mais l'entourage courtois a disparu. Le mauvais chevalier est accompagné de quatre cents hommes dans les manuscrits (*W*, 54-54a) et de mille hommes dans l'édition de Prague (l'inflation des chiffres est impressionnante dans cette dernière version : ce ne sont pas moins de cent mille personnes qui assistent au mariage final !).

La jeune fille lésée devient la fille d'un pauvre seigneur dans les premiers, d'un pauvre écrivain (« *ain schreibér ain armér man* » (*AH*, 16r) dans l'édition de Prague.

Chez Wirnt, Hoyer fait une brève allusion au jeune âge de Wigalois : « *Irn habt niht ganzer krefte ; / Der sinne sit ir gar ein kint. / Iuwer kraft diu ist ein wint*[305] » (v. 2911-2913). Dans le *Widuwilt* cette idée de grande jeunesse devient absolument cruciale. Elle est sans cesse accentuée. Dans les versions manuscrites, le chevalier, provoqué par Widuwilt, affirme vouloir lui donner des coups de baguette. Le héros lui répond : « [...] *Un' wil dich lasn werdn in / Das ich der rutn antwaksn bin*[306] » (*W*, 53a). Quant à l'édition de Prague, elle accentue l'injure puisque le mauvais chevalier renvoie Widuwilst (il s'appelle ainsi dans cette version) téter le sein : « *Der graū špróch : du jungér nàr gë' haim, soug nòch den zizén*[307] » (*AH*, 16v). On comparera avec intérêt ce passage à la réaction du géant Luzifer, dans le *Boūo Dantòne* (*BD*, 181), au défi que lui lance le jeune héros : il l'appelle « pauvre enfant » et lui conseille de se retirer du combat pour servir comme courtisan. Un peu plus loin dans l'édition de Prague la reine du pays maudit accueille Widuwilst avec grande méfiance (contrairement à ce qui se passe dans les autres versions) et lance des reproches à la jeune fille qui l'accompagne : « *ir hòt in erèn ain študentén tun libén*[308] » (*AH*, 25r). On observe donc un déplacement continu de l'univers aristocratique vers l'univers bourgeois dans l'évolution du roman de chevalerie à travers son histoire en langue yiddish. La comparaison des versions du Wigalois/Widuwilt est particulièrement fructueuse mais elle s'avère également très épineuse.

En effet, comparer le *Widuwilt* (dans ses différentes versions) et le *Wigalois* (dans la version de Wirnt von Grafenberg, mais aussi dans sa version en prose) est un exercice qui a attiré la saga-

---

[305] « Vous n'avez pas encore une force entière / puisque vous êtes encore tout à fait un enfant / Votre force n'est que du vent » Nous citons le texte à partir de l'édition J. M. N. Kapteyn 1926.

[306] « Je vais te montrer, que j'ai passé l'âge des coups de bâton. » Toutes les citations du *Widuwilt* proviennent de l'édition L. Landau 1912. La transcription de Landau a été conservée.

[307] « Le comte dit : "Jeune idiot, rentre à la maison, va téter le sein ! " »

[308] « Vous vous êtes, ma foi, amourachée d'un étudiant. »

cité d'un certain nombre d'interprètes depuis plus de cent ans[309]. Il est cependant frappant que, dans toutes ces recherches, la version en *ottava rima* ait globalement été négligée[310]. Nous pouvons nous arrêter un moment sur ce poème car il montre quelles solutions un écrivain yiddish du XVIᵉ siècle ou du début du XVIIᵉ siècle a adoptées face à la matière chevaleresque tout en choisissant, avec un talent moindre, la même forme que Lévita.

Une lecture attentive de l'*Artús hóf* dans l'édition de Prague nous montre que ce poète n'a rien hérité des techniques littéraires de Lévita, sinon peut-être la forme de l'*ottava rima*. On peut en effet difficilement imaginer que cette strophe ait été empruntée à la littérature allemande car elle apparaît dans cette langue en 1626, avec la traduction de la *Gerusalemme liberata* du Tasse. L'ouvrage mentionne explicitement la mélodie du *Bovo-buch* mais cette remarque liminaire peut être un ajout de l'éditeur. Nous pouvons aussi formuler l'hypothèse selon laquelle l'auteur de cette adaptation du roman arthurien était un Juif d'Italie qui aurait puisé son inspiration directement dans la littérature italienne, l'*ottava rima* y étant la forme incontournable de toute poésie épique, mais ce

---

[309] Voir en particulier : M. Schüler 1904, p. 179 ; L. Landau 1912, p. LXVI-LXXXIV) ; M. Erik 1928, p. 110-112. W.-O. Dreesen 1994, p. 84-98, R. G. Warnock 1981, p. 98-109. Et surtout la thèse très détaillée d'A. Jaeger 2000 dans laquelle la comparaison n'occupe pas moins de cent cinquante pages (p. 167-327).

[310] Cette version, éditée à Prague entre 1671 et 1679, est conservée à Oxford (Steinschneider, Cat. Bodl., no. 2024). Je remercie Simon Neuberg de m'en avoir fourni une photographie. Il s'agit d'un *in quarto* de 80 pages. Cet *unicum* est globalement lisible sauf pour la première page qui est déchirée aux deux-tiers. Le livre a été coupé, ce qui a occasionné la perte de quelques lignes dans les premières pages. Sur quelques pages, surtout à la fin, l'encre a déteint rendant la lecture difficile. Cette édition bon-marché ne comporte presque aucune marge inférieure et supérieure. Une page d'un autre livre, de remèdes contre la vérole et la rubéole, a été imprimée par erreur entre l'avant-dernière et la dernière page du poème. Landau écrivait (1912, p. XXXIII, nous traduisons) : « Le contenu de cette version correspond dans l'ensemble à celle des manuscrits bien que quelques incidents soient présentés plus en detail. » Nous verrons que cette affirmation n'est pas tout à fait exacte. C'est sans doute cette note qui a conduit la recherche à ne pas accorder à cette version la place qui lui revenait. R. G. Warnock (1990, vol. 1, p. 198) présente quelques caractéristiques du livre. Achim Jaeger, dans son volumineux travail sur le *Widuwilt*, écrit (A. Jaeger 2000, p. 38, nous traduisons) : « Comme Robert G. Wamock prépare depuis longtemps une édition du texte comprenant 580 *ottave rime*, je me contenterai ici de quelques remarques et ne traiterai pas à fond, dans le cadre de ce travail, la version en *ottava rima*. » Nous n'avons pas pu obtenir d'information supplémentaire sur ce projet d'édition du regretté R. G. Warnock.

texte ne comporte pas les italianismes auxquels on serait alors en droit de s'attendre. L'auteur du *Artús hóf* ne reprend aucune des innovations littéraires d'Élia Lévita. Benjamin Hrushovski, dans son important article concernant la métrique de Lévita, a montré à quel point les rimes de l'*Artús hóf* sont faibles par rapport à celles de l'auteur du *Boṽo Dantóne* : répétition fréquente des mêmes mots à la rime, sizains monorimes, rimes approximatives[311].

Outre le talent limité de l'auteur, qui ne permet pas en soi d'exclure une familiarité avec Lévita, bien d'autres indices montrent que ce poète écrivait selon de tout autres principes esthétiques : sur 580 strophes, il n'apparaît dans tout le poème qu'un seul hébraïsme (le substantif *yoyetsim* – « conseillers », p. 16r), d'ailleurs mis entre parenthèses selon la convention de nombreuses éditions anciennes. Cette exception criante montre bien que l'auteur de l'*Artús hóf* avait fait sien le principe conservateur de la poésie yiddish ancienne qui excluait du langage littéraire tout terme n'appartenant pas à la composante germanique de la langue. À cette uniformité linguistique correspond une absence presque totale de métissage religieux du texte. Élia Lévita ne représente jamais un mariage dans ses romans de chevalerie sans y introduire des termes et des coutumes typiquement juives : étant donné le nombre de mariages que renferme la narration de l'*Artús hóf*, ce ne sont pas les occasions qui manquaient à notre poète mais bien l'envie de créer ce type d'effets que, nous l'avons vu, même certains adaptateurs de *Volksbücher* se permettaient.

Il est vrai que certains personnages, surtout au début du poème, font des remarques à consonance juive. Gauvain, lorsqu'il est fait prisonnier par le chevalier à la ceinture et que celui-ci l'entraîne dans son royaume avant de lui proposer sa fille en mariage, compare ainsi son destin à celui de Joseph : « *Gleich as Jòsef ous dér géfénknis ach tun ain king werén*[312]. » (*AH*, 5r). Et lorsque Widuwilt décide de quitter son père, qui tente de l'empêcher d'entreprendre la grande aventure, le jeune homme précise : « *Ich bin sò wol béscheidén nun / As in di zéhn gébot is géschribén / Dás dò schuldig is itléchér sun / Zu erén sein fatér*

---

[311] B. Hrushovski 1964, p. 130.
[312] « Comme Joseph qui est devenu un roi en sortant de prison ».

un ' zu libén[313]. » (*AH*, 13r) Ces procédés ne sont pourtant pas constants et ne marquent pas une volonté de judaïsation du texte originel. Ils n'appartiennent pas à une esthétique du décalage et de la surprise telle que la pratique Lévita. Ils correspondent à un naturel, à une spontanéité de l'expression, en particulier dans les dialogues, caractéristiques qui font le charme de l'*Artús hóf*. Si la présence d'un certain humour n'est pas à exclure, l'auteur ici ne rit pas *contre* le texte (de manière parodique), mais *avec* le texte (en saisissant des situations comiques déjà présentes dans sa source et en les soulignant).

En définitive, le poète de l'*Artús hóf* est, dans ses choix esthétiques, plus proche des adaptateurs plus anciens du *Widuwilt* que de Lévita. Il relate les histoires du chevalier avec le même goût pour le merveilleux, sans jamais s'éloigner considérablement de sa source. Il a une tendance un peu maladroite à répéter les mêmes événements, de nombreux épisodes étant racontés dans un premier temps par le narrateur, dans un second temps par l'un des personnages. Il transpose de nombreuses actions dans un univers teinté de valeurs bourgeoises. D'où l'importance de l'argent dans cette version : après le jugement final qui doit décider laquelle des deux prétendantes obtiendra la main de Widuwilst, c'est Rel qui l'emporte, mais le roi délivré du dragon (Tschenk) doit être intégralement remboursé par la famille de l'heureuse élue pour les frais qu'il a engagés afin d'organiser le mariage de sa fille. L'influence bourgeoise va jusqu'à priver le chevalier de son inséparable destrier puisque Gauvain se rend au mariage de son fils avec charrettes et laquais. Cette œuvre relève donc d'une appropriation spontanée du texte arthurien par un auteur quelque peu naïf, ayant choisi une forme poétique plus complexe que ses prédécesseurs. Mais à quel texte cet auteur se référait-il donc ? Il nous faut ici entrer dans quelques considérations d'ordre philologique pour éclairer le problème littéraire du *Widuwilt*. Ces réflexions ont leur importance pour la compréhension et l'interprétation des textes de la littérature yiddish ancienne à sources profanes (et par conséquent pour la lecture des œuvres de Lévita).

---

[313] « Mais je sais bien / Qu'il est écrit dans les dix commandements / Que chaque fils a le devoir / De respecter et d'aimer son père ».

Le poème en *ottava rima* de l'édition de Prague, est traditionnellement considéré comme l'élaboration la plus tardive de versions yiddish qui proviendraient toutes d'une version yiddish originelle (une sorte d'*Ur-Widuwilt*) directement élaborée à partir du *Wigalois* de Wirnt von Grafenberg. La plupart des éditions (Amsterdam 1683, Königsberg 1699, etc.) sont globalement fidèles aux textes proposés par les manuscrits. Leur forme poétique est plus simple : elles ont adopté le *Knittelvers*, vers très courant au XVᵉ et au XVIᵉ siècle dans la poésie allemande : les vers riment deux à deux et comportent un nombre d'accents indifférent. Comme Landau l'avait noté dans son diagramme représentant la filiation des différentes versions, la version de Prague n'offre pas exactement la même leçon que les versions manuscrites et que les autres éditions mais il n'explique pas précisément en quoi la narration y est différente[314]. Deux faits marquants distinguent le récit de cette édition de celle des autres versions : l'épisode de la lutte avec le dragon a été avancée dans le récit et se situe avant l'arrivée au château de la princesse Lorel (Rel dans ce texte[315]). Mais surtout, la fin du récit ne comporte pas l'importante contradiction qui faisait déjà douter Zinberg de la filiation directe du *Widuwilt* à partir du *Wigalois*[316].

---

[314] L. Landau 1912, p. XLVI. Il semble en réalité que Meir Schüler et Leo Landau n'aient fait que survoler l'édition de Prague ou observé uniquement les premières et les dernières pages. On ne peut comprendre autrement l'information inexacte donnée par Schüler (1904, p. 182) (et que l'on retrouve encore chez Jaeger 2000, p. 324) selon laquelle le poème nommerait parmi les invités du mariage final, Sigelon, Siegfried et le roi Marc. En réalité, nous ne trouvons pas de trace de Siegfried. Sigelon n'est pas n'importe quel invité mais bien le père de Rel (son nom n'apparaît qu'à la fin du roman.) Le roi Marc joue un rôle équivalent à celui du grand duc de Toscane dans les autres versions du *Widuwilt* car il fournit un époux de consolation à la fille du roi libéré du dragon. Ce dernier reçoit le nom étrange de Tschenk (טשענק).

[315] On peut également noter la suppression de l'épisode, assez long, du chevalier concurrent de Widuwilt (*W*, 58-61), qui l'accueille, avec la jeune femme, dans son château avant leur arrivée à Waksenstein, et qui souhaite prendre la place de « l'enfant » pour mener à bien l'aventure. Widuwilt le vainc et c'est cet épisode qui fait changer l'opinion de la jeune fille sur le jeune chevalier dans ces versions, tandis que c'est l'épisode du dragon, ici intercalé par le poète de l'édition de Prague, qui joue cette fonction dans la version plus tardive. Il se peut d'ailleurs que cette anticipation de l'épisode du dragon ait pour but de mieux justifier le changement d'attitude de la jeune fille qui reste assez inexpliqué dans les autres versions, le combat avec le chevalier n'étant pas plus impressionnant que ceux qui ont précédé.

[316] I. Zinberg 1935, p. 67 [nous traduisons] : « Le professeur Leo Landau,

En effet, dans les versions manuscrites, la mère du géant enfonce une lance dans l'épaule du héros et lui fait promettre de se taire et de ne la faire retirer que par la femme qui lui est promise, Lorel, trois jours après l'avoir retrouvée. Widuwilt trouve refuge dans le château du roi qu'il a sauvé du dragon, et la fille de celui-ci, sans le prévenir, lui retire la lance de l'épaule de sorte qu'il guérit bientôt. Pourtant, même débarrassé de sa blessure, Widuwilt continue obstinément à se taire jusqu'à ce qu'il ait retrouvé Lorel et passé trois jours auprès d'elle. En l'absence de blessure (et de danger de mort), l'entêtement du héros à respecter cette promesse devient incompréhensible. Or, cette contradiction n'existe pas dans l'édition de Prague. Widuwilst reste avec un poignard dans l'épaule (plus de lance, les armes aussi s'embourgeoisent !) jusqu'à ses retrouvailles avec Rel.

On pourrait alors supposer que le poète tardif, ayant senti la contradiction, s'est arrangé pour la corriger. Cependant, nous avons des raisons de penser que la version en *ottava rima* s'est directement inspirée d'un texte chrétien (plus cohérent donc que les autres versions yiddish), ce qui remettrait sérieusement en question l'hypothèse selon laquelle la première version yiddish du texte est directement inspirée du poème de Wirnt[317]. Ce que nous avions nommé l'*Ur-Widuwilt* serait en réalité un texte chrétien allemand qui transformerait déjà notablement (mais à quel point ?) le texte de Wirnt. Ce qui nous fait formuler cette hypothèse est la présence à trois reprises dans l'édition de Prague du mot *wesper* (lié originellement à la prière catholique des vêpres) pour décrire l'heure fixe à laquelle le cerf enchanté vient frapper à la porte du château. Wirnt ne précise pas l'heure de ces visites (la bête n'est d'ailleurs pas un cerf mais une chimère à tête de léopard). Les autres versions yiddish parlent de midi. (*W*, 68-68a). L'édition de Prague utilise le mot « wesper » (*AH*, 27r) et il

---

[…] et après lui Max Erik en viennent à la conclusion que la version yiddish originelle a directement été faite à partir du roman de Wirnt. Nous en doutons sérieusement et nous supposons que dans la genèse du roman arthurien yiddish une autre œuvre, parue plus tardivement que le *Wigalois*, a joué le rôle de chaînon intermédiaire. Ce n'est qu'ainsi que l'on peut expliquer les différences dans la fable et les confusions et contradictions incompréhensibles dans l'adaptation yiddish. »

[317] Cette hypothèse a aussi été remise en question par Ch. Shmeruk 1988 (p. 107), qui met déjà en avant la présence de certains éléments chrétiens inédits dans la version de 1680.

semble même que l'auteur yiddish n'en saisisse pas précisément le sens puisque Widuwilt l'utilise d'abord adéquatement (précisant qu'il a sonné trois heures et que l'animal ne devrait pas tarder) puis avec une étrange contradiction (*AH*, 28v-29r) affirmant à une strophe de distance que le cerf a promis de venir à midi avant de le voir venir « um der fesper zeit ». Ce mot évidemment chrétien (il est utilisé par Lévita pour satiriser les moines dans le *Bovo Dantône*, *BD*, 451) ne saurait avoir été introduit volontairement par le poète de l'édition de Prague : il s'agit d'un reflet de sa source et comme le mot n'est pas présent chez Wirnt, il faut bien supposer qu'il existe une source chrétienne du *Widuwilt* qui n'est pas parvenue jusqu'à nous. Cet indice est confirmé par d'autres, d'ordre plus culturel que linguistique : Gauvain et la mère de Widuwilt sont mariés par un évêque (*AH*, 6r) ce qui n'est le cas ni chez Wirnt, ni dans aucune autre version yiddish.

Si nous nous sommes arrêtés sur la question de la source du *Widuwilt*, c'est qu'elle entraîne des conséquences méthodologiques importantes pour l'interprétation de ce texte (et de tous les textes yiddish à source profane) qui ne sont pas toujours assez prises en considération. L'une des questions que l'on se pose le plus naturellement face à une version en caractères hébraïques d'un roman arthurien, d'*Eulenspiegel* ou de *Dietrich von Bern* est la suivante : en quoi ce texte reflète-t-il la religion de son rédacteur et de ses destinataires ? Comporte-t-il des marques de judaïsme ? Comme nous l'avons vu, la question peut souvent être facilement résolue par la négative : mis à part la transposition en caractères hébraïques et l'effacement plus ou moins systématique des références chrétiennes, rien n'a été modifié par les copistes. Mais lorsque la source chrétienne n'a pas été précisément identifiée, la question revient obstinément. C'est ainsi que Warnock croyait reconnaître dans le géant tué par Widuwilt une évocation du géant Og présenté dans le Talmud et abattu par Moïse lors d'un combat au corps à corps. Jaeger, quant à lui, identifiait la mère du géant, escortée de ses quatre cent femmes démoniaques, à la figure de Lilith, la mère des démons et des succubes, très populaire dans la mythologie juive[318].

---

[318] R. G. Warnock 1981, p. 103 et A. Jaeger 2000, p. 286-288. Lévita présente la figure de Lilith dans son *Sefer Hatishbi* 1541 (p. 181) avec le scepticisme ironique qui le caractérise.

Ces interprétations nous semblent cependant contestables car il est impossible de savoir si ces figures existaient déjà dans la source chrétienne du *Widuwilt*, dont nous supposons l'existence, et comment elles y étaient présentées. Il nous semble donc ici que les interprètes cèdent à la tentation de voir confirmée leur hypothèse de judaïsation et qu'ils introduisent dans le texte des motifs et des références qui n'y sont pas nécessairement présents. Comme le dit éloquemment la langue allemande, il ne s'agit plus alors de *herauslesen* mais bien de *hineinlesen*. Ce défaut peut être évité en tenant suffisamment compte des sources de chaque texte, comme nous tâcherons de le faire pour ceux d'Élia Lévita, en s'y référant systématiquement quand on les connaît, et en n'oubliant pas leur existence quand elles ne sont pas parvenues jusqu'à nous.

Cela signifie-t-il pour autant qu'il faille renoncer à reconnaître une part de judaïsation dans le *Widuwilt* en général, et dans l'édition de Prague en particulier ? Nous ne le pensons pas, mais il faut aller la chercher dans les détails du poème et non dans ses éléments majeurs, dans la microstructure et non dans la macrostructure[319]. Le poète, même lorsqu'il suit sa source de près, laisse se refléter une vision du monde personnelle dans les actions décrites, et ce d'autant plus que, contrairement aux versions rédigées en *Knittelversen*, il est certain que la forme adoptée est indépendante du modèle. Même lorsque l'action lui est prescrite par sa source, l'auteur l'infléchit, plus ou moins volontairement, de façon à la faire correspondre à certains aspects de la vie quotidienne des Juifs de son temps. Lévita produit de tels effets de façon nettement plus calculée[320]. Il est possible de proposer deux exemples de ces reflets

---

[319] Ainsi, l'insistance sur la généalogie du héros dans les versions manuscrites du *Widuwilt* nous semble avoir été identifiée par R. G. Warnock 1981 (p. 106) avec justesse comme pouvant être une caractéristique juive du texte (ce trait n'est pas présent dans l'édition de Prague). En effet, invité par sa belle-mère à présenter ses ancêtres, Widuwilt remonte jusqu'aux grands-parents, présentant ainsi une forme de transmission de la dignité par la valeur des ancêtres, que l'on définit en yiddish par le terme *yikhes* (ייחוס).

[320] Dans son introduction à l'édition photostatique du *Bovo Dantone*, J. A. Joffe 1949 (p. 16) affirmait que l'évocation d'un repas fait par les héros après l'accouchement de Drusiana où étaient consommés des poulets faisait plus pour donner un caractère juif à l'œuvre que tous les hébraïsmes du texte. Sans partager son idée jusqu'au bout, l'introduction de termes comme « *Mazel Tov* » étant évidemment d'une grande efficacité pour donner une coloration juive au roman de chevalerie, nous sommes effectivement persuadés que les références à la vie

du quotidien dans l'édition de Prague de l'*Artúś hôf* dans des détails qui ont trait à l'alimentation et au mariage.

Les festins, dans l'*Artúś hôf* restent toujours relativement modestes et respectueux des règles alimentaires juives : point ici de somptueux butins de chasse, de gibier, de cerfs comme dans la plupart des romans de chevalerie. Dans le poème yiddish, les chevaliers accueillis avec faste mangent « des poissons et des poulets » (fol. 28r) ou « de bons poissons et de bons brochets » (fol. 36r). Il est assez surprenant de voir des chevaliers se contenter de festins aussi raisonnables. Il suffit d'observer la façon dont Widuwilst revient au château de Rel après avoir suivi le cerf enchanté pour se rendre compte qu'il y entre comme dans une modeste chaumière plutôt que comme dans un château :

Di nàcht kam her màn sach schir kain stik.	La nuit tomba et l'on n'y voyait pas à deux pas.
Bis an schlos war er in ōleiśén,	Il se précipita jusqu'au château,
Dò klòpt er an an dér tirén :	Là il toqua à la porte
Bàld ward màn in anein tun firén.	Et bientôt on le conduisit à l'intérieur.
Si béreitétén in ain gutéś mal-zeit an	On lui prépara un bon repas
Fun hinér un` guté fisch.	Composé de poulets et de bons poissons.

AH, 28r

Il semble peu probable que le poète de l'*Artúś hôf* ait voulu produire le moindre effet comique en décrivant ainsi le retour de son héros et en le faisant frapper à la porte d'un château que l'on sait pourvu d'une tour de garde et d'une sentinelle (« *turner* ») car ils ont été évoqués un peu plus tôt. Il est en revanche très probable qu'il n'a pas, à cet endroit, suivi sa source dans le détail et qu'en racontant ce retour au foyer et le repas qui s'en est suivi, il se soit plus fié à son expérience personnelle qu'à un quelconque modèle littéraire.

Un autre sujet semble déclencher une verve indépendante chez le poète de l'*Artúś hôf*, ce sont les réactions des jeunes filles lorsque leurs pères leur proposent un époux. Elles répondent alors par une déclaration de soumission aux volontés paternelles qui va jusqu'au désir de sacrifice. On peut y voir le reflet des valeurs

quotidienne sont calculées chez Élia Lévita et qu'elles devaient être reconnues avec plaisir par ses premiers lecteurs. Concernant le couple « hünér un` fisch » et sa fréquence en yiddish ancien, voir E. Timm 1987, p. 384.

de la société ashkénaze où les mariages arrangés jouaient un rôle majeur et où la vertu d'une jeune fille se mesurait à son obéissance dans le cadre matrimonial et familial[321]. Voici les mots de la mère de Widuwilst lorsqu'elle se voit proposer Gauvain comme époux :

Wen mir mein fatér geb zun ain màn,	Si mon père me donnait à un homme,
Ain bir-bräu'ér fun bir-bräu'én,	A un brasseur de quelque brasserie,
Dò welt ich sein rèd nit ab-schlagén	Je ne refuserais pas sa proposition
Un' welt ach nit nein dàr-zu sagén.	Et ne lui dirais pas non plus « non ».

AH, 6r

Il n'est pas exclu que le poète, introduisant ce brasseur dans la bouche de la princesse ait eu une intention comique. Ce qui est certain, c'est que l'attitude de soumission de la jeune femme est un motif récurrent dans l'*Artús hôf* et que le poète le traite toujours en dotant les jeunes filles d'une certaine éloquence et d'un goût pour l'hyperbole. Il faut ainsi observer la réaction de la jeune princesse, fille du roi Tschenk, lorsque celui-ci lui propose d'épouser Widuwilst malgré son mutisme :

[Si] entfért as ain vrum kind :
« Wi' sòlt ich michs gŏt fér-sei' tun werén ?
Es wer doch fun mir ain gróś sind :
Ainér dér mein fatér un' brudér hŏt géhòlfén zu erén,

Dàs ich im sòlt ab-sagén
Gŏt sòlt mich drum plagén !

Wen er gleich wer lam dàr-zu,
Un' ging an ain grikén,
Un' wer blind ouf sein ougen alè zw'u,
Un' seht gòr kain štikén,
Dò welt ich in némén in seinér ru'. »

AH, 35v

Elle répondit comme une pieuse enfant :
« Comment pourrais-je, Dieu m'en préserve, le refuser
Ce serait de ma part un grand péché,
Un homme qui a aidé frère et père avec honneur,

Si je devais le refuser
Que Dieu me châtie !

---

[321] Voir R. Bonfil 1995, p. 195-196.

Même s'il était paralysé de surcroît,
Et s'il avançait estropié,
Et s'il était aveugle des deux yeux,
Et qu'il ne voyait pas à deux pas,
Je le prendrais pour son repos.

L'abondance ici des références à la piété (« *vrum kind* », « *gŏt fér-sei'* », « *sind* ») renforce le sentiment que le poète yiddish a voulu représenter un modèle de jeune fiancée vertueuse, modèle fondé en définitive sur l'image de l'*eshes-khayl*, la femme vaillante (*Proverbes*, 31), entièrement dévouée à son mari et à la solidité du foyer. Même si cette posture avait été présente dans la source, ce que nous ne pouvons savoir, son accentuation et la forme même de l'expression appartient sans doute à l'univers juif. L'exclamation « got for sei » remplace ici (par souci d'éviter les hébraïsmes) le terme *kholile* (חלילה) qui est employé en yiddish directement après le groupe verbal, contrairement à la construction courante de l'expression allemande. Quant à la surenchère de la jeune fille, même servie par les talents limités du poète (observez la faiblesse des rimes *zu* / *zw'u* / *ru*), elle garde une certaine vigueur d'expression et témoigne d'un souci d'éloquence absent des autres versions du *Widuwilt*.

L'*Artús hóf* dans l'édition de Prague est, malgré les faiblesses de son style, le roman de chevalerie à matière profane le plus élaboré de la littérature yiddish ancienne si l'on ne tient pas compte des œuvres de Lévita. Réécriture directe d'une œuvre chrétienne, ce poème ne dévoile pas des choix esthétiques forts : l'auteur est resté anonyme, la figure du narrateur n'a pas d'indépendance, la forme de l'*ottava rima* est utilisée sans attention particulière et sans rigueur technique. Le monde représenté est contradictoire, mêlant des traits bourgeois à l'univers chevaleresque, sans que ce mélange soit le fruit d'un choix visiblement concerté ou assumé. Ce poème donne la mesure de l'originalité de Lévita, tout en montrant que son projet littéraire de réécriture était naturel, et qu'il a été assumé par d'autres auteurs[322].

---

[322] À ce titre, les deux réécritures en vers yiddish de *Die schöne Magelone*, qui datent du début du XVIIᵉ siècle, mériteraient une étude plus approfondie. Voir M. Erik 1928b, col. 572.

Le trait majeur du *Widuwilt*, dans toutes ses versions, est sans doute l'inflexion de la narration chevaleresque vers celle des contes. Ce genre a une grande importance dans le paysage de la littérature yiddish ancienne. Par sa vitalité, il prend peu à peu le relais de la poésie narrative dans les manuscrits et dans les éditions, la prose du *Ma'ése-buch* remplaçant au XVIIᵉ siècle par sa popularité les vers du *Šému'el-buch*. Mais dès le siècle précédent, la diffusion des contes est attestée par de nombreux manuscrits et par diverses allusions, notamment dans l'œuvre de Lévita.

Les contes

Les contes traversent les frontières géographiques et les barrières religieuses. Avant tout destinés à un récit oral, ils ne se voient fixés par écrit, et compilés, que dans un deuxième temps. Les Juifs, durant le Moyen Âge, ont directement accueilli un grand nombre de récits provenant du monde qui les environnait à travers les versions hébraïques d'œuvres grecques, telles les fables d'Ésope, ou indiennes (à travers la littérature arabe), comme la légende de *Kalila et Dimna*[323]. Mais le conte a aussi pris une forme spécifiquement juive puisque de nombreux récits exposant les actions miraculeuses des rabbins ont été intégrés dans le Talmud. En yiddish, le conte est traditionnellement désigné par le terme *mayse* (מעשה). Provenant de la racine hébraïque signifiant « faire », ce mot désignait dans le Talmud une action réalisée par un rabbin et s'apparente en cela à la valeur du terme chrétien *exemplum*. Le récit (qui appartient à la catégorie générale de l'*aggadah*) avait alors bien entendu une valeur morale mais parfois également juridique, pouvant guider le fidèle dans l'interprétation d'une loi religieuse. Certains contes se sont ainsi vus sanctifiés et dotés d'une autorité particulière, ce qui ne leur empêchait pas d'intégrer bien des motifs profanes[324]. C'est ainsi, comme nous l'avons vu, que les contes ont pu connaître dans la littérature yiddish ancienne des sorts extrêmement variés, se voyant intégrés à des poésies bibliques et midrashiques (par ex.,

---

[323] I. Zinberg, 1929, p. 233-296.

[324] Pour une présentation générale du genre de la *mayse*, voir J. Meitlis 1933, p. 1-20. Une bibliographie commentée a été produite par S. Zfatman 1985. Voir aussi Ch. Shmeruk 1967, p. 112-175, et J. Baumgarten 2005, p. 296-327.

Salomon et Asmodée) ou à des commentaires de la Bible (par ex., la matrone d'Éphèse).

Lorsque Lévita fait allusion aux contes, il semble plutôt se référer à des récits purement profanes. Ceux-ci font l'objet, dans son œuvre chevaleresque, de brèves allusions ironiques qui correspondent à l'esprit généralement sceptique du narrateur. Il n'en reste pas moins qu'ils fournissent un modèle narratif ponctuel, mais remarquable. Ainsi, tout le commencement du *Paris un Wiene*, qui n'a aucun équivalent dans la source italienne, est entièrement fondé sur la forme narrative du conte. Les références à ce genre chez Lévita insistent sur deux éléments : le merveilleux et la naïveté enfantine. Dans le *Boṽo Dantóne*, le narrateur souligne la vitesse extraordinaire de déplacement du héros : « *Un' géschwind reit do hin der degén vein / Man sach ni reiten kain géschwindérn* [...] / *vil lengér muś uns alén wol sein / asó sàgt màn in den merén den kindérn*[325]. » (*BD*, 221). C'est l'hyperbole, répétée à satiété dans toute cette strophe, qui conduit à la référence aux contes. Élia Lévita utilise ici le terme *mer* (dont le diminutif allemand est *Märchen*) et non le terme hébraïque qui va progressivement devenir le terme générique *mayse*, soulignant ainsi probablement qu'il s'agit là d'une référence à des récits folkloriques d'origine non-juive.

En effet, au XVIᵉ siècle, le terme *mayse* a déjà perdu sa connotation religieuse puisqu'il est employé dans un manuscrit du début du siècle, conservé à Cambridge pour désigner trois contes, de nature essentiellement profane, rattachés à trois villes. Ce manuscrit, comme tous les manuscrits importants nous ayant transmis des contes yiddish au XVIᵉ siècle, provient d'Italie si bien qu'on peut considérer que cette forme narrative a pris son essor dans la péninsule, sans doute sous la pression des histoires concurrentes (*novelle, romanzi di cavalleria*) qui risquaient de séduire les Juifs ashkénazes fraîchement arrivés sur le sol italien[326]. Pour revenir aux contes des trois villes, l'histoire de Dantzig décrit la façon dont une couturière se déguise en homme et séduit la fille d'un roi

---

[325] « Et le bon chevalier s'en va chevauchant / On n'a jamais vu personne chevaucher plus vite [...] / Nous aurions tous besoin de beaucoup plus de temps / C'est ainsi que l'on dit, dans les contes aux enfants. »

[326] Ch. Shmeruk 1967, p. 112-165.

pour libérer son mari. L'histoire de Worms narre la façon dont une démone se lie avec un jeune homme et tue toutes ses femmes avant qu'une épouse pieuse ne défasse la malédiction. L'histoire de Mainz expose enfin la rivalité entre deux beaux-frères, l'un bon et l'autre mauvais, pour obtenir la main de la plus belle femme de Mainz[327]. Ces contes d'origine médiévale puisent leur inspiration dans le folklore et présentent un degré d'assimilation variable à l'univers juif.

Un autre conte, dont un manuscrit de la même période a été conservé, présente un cas particulièrement intéressant d'utilisation juive de thèmes folkloriques répandus[328]. Il met en scène un rabbin historique, R. Meir, cantor de Worms mort aux alentours de la Première Croisade (1096) et auteur d'un chant liturgique (ou *piyut*) récité la veille de la fête de *Shavuoth*. Ce conte relate la façon dont la communauté juive de Worms menacée par un moine sorcier et par ses disciples fait appel au Roi pour obtenir protection. Le moine, sollicité par le Roi, propose de décider la querelle par un duel de sorcellerie : la communauté juive doit désigner un enchanteur prêt à le vaincre. Un rêve révèle à un sage de la communauté que seul un des Juifs rouges des dix tribus perdues qui habitent au-delà du fleuve mythique Sambation peut remporter le défi. R. Meir est désigné pour diriger une délégation auprès de ces Juifs sorciers. Seulement, le Sambation est impossible à traverser car il jette des pierres toute la semaine sauf le Shabbat, et en ce jour, il est strictement interdit par la religion de prendre un bateau pour faire le voyage. R. Meir prend sur lui de commettre ce péché et se voit enfermé par les Juifs rouges à son arrivée. Quand ceux-ci apprennent l'urgence de la situation, ils libèrent R. Meir, et désignent au hasard un vieillard boiteux nommé Dan pour vaincre le moine. R. Meir, ayant rempli sa mission, n'a plus de raison pour violer le repos du Shabbat et reste donc de l'autre côté du fleuve. Dan repart seul avec la délégation de R. Meir et rejoint Worms, par miracle, en deux jours. Malgré la défiance

[327] Ces contes sont décrits dans les ouvrages suivants : Weinreich 1928, p. 143-144 ; Erik 1928a, p. 343-344 ; I. Zinberg 1935, p. 201-202 ; S. Zfatman 1985, p. 12-13.

[328] Le conte a été édité par I. Rivkind 1929. Il a été étudié plus récemment par J. Hoffman 2009 (p. 161-183) dans son rapport à un chant liturgique associé à la fête de Shavuoth.

que suscite son aspect physique, il vainc le moine cruel et sauve la communauté en utilisant le pouvoir conféré par la connaissance des noms secrets de Dieu. Le conte se termine, fait intéressant pour nous, par un double mariage, puisque Dan épouse à Worms la fille de R. Meir, et que ce dernier épouse, au-delà du Sambation, la fille de Dan.

Ce conte, et ceux que nous avons évoqués précédemment, sont parmi les plus anciens qui nous aient été conservés sous forme écrite en yiddish. Ils ont l'avantage de montrer à quel point le genre a un caractère composite mêlant des lieux familiers aux Juifs ashkénazes, des héros nationaux, des mythes particuliers avec des récits dont les motifs principaux sont présents dans bien d'autres cultures[329]. On voit aux exemples précédents qu'il n'est pas facile de tracer une frontière entre les contes d'inspiration profane et les contes d'inspiration religieuse auxquels appartiendrait plutôt le conte de R. Meir, en raison de sa fonction hagiographique, même s'il est imprégné de motifs folkloriques d'origine non-juive. Les contes yiddish qui nous sont parvenus sont, en majorité, liés à des figures religieuses mais cela ne signifie pas pour autant qu'ils étaient majoritaires. Comme nous l'avons vu, un certain nombre de récits antiques et orientaux sont entrés dans la littérature hébraïque au Moyen Âge. C'est le cas par exemple des fables d'Ésope qui ont été adaptées en hébreu au début du XIIIe siècle par Bereḥiah Hanakdan dans ses *Mishlei Shu'alim* où se laisse sentir l'influence de Marie de France[330]. Un certain nombre de fables d'Ésope ont trouvé une place dans le recueil de contes profanes le plus intéressant du XVIe siècle, le *Kü' buch* (1555)[331].

Ce recueil mérite que l'on s'y attarde un peu pour plusieurs raisons. Tout d'abord, il illustre parfaitement la façon dont la

---

[329] Le mythe des Juifs rouges a ainsi sans doute une origine germanique. Voir R. Voss, 2012, p. 1-41.

[330] Elles ont été traduites en yiddish en 1583 par Yakov Koppelman, voir J. C. Frakes 2004, p. 349.

[331] Ce recueil a probablement été composé vers la moitié du XVIe siècle en Italie. La première édition (Sabionetta ? 1555) n'est pas parvenue jusqu'à nous. Elle a été rééditée par Abraham ben Matitiah à Vérone en 1595. M. Rosenfeld 1984 en a proposé une édition photostatique. Une deuxième version, modernisée, du texte a été publiée par Moïse Wallich en 1697 sous le titre *Šefer Mešolim*. Elle a été éditée et traduite par E. Katz 1994.

littérature narrative yiddish ancienne avait acquis, au milieu du XVIᵉ siècle, un style mûr, familier et comique, qui lui permettait d'adapter les œuvres les plus diverses. Ensuite, le *Kü' buch* offre un cas d'étude particulièrement riche car nous connaissons ses sources et qu'elles témoignent de la rencontre, au sein du yiddish, d'œuvres allemandes et d'œuvres hébraïques. Enfin, le *Kü' buch* a été rédigé en Italie et c'est l'un des textes de la littérature yiddish ancienne où le mode de vie des Juifs ashkénazes dans ce pays ainsi que leur langue se reflètent le mieux. Cette œuvre représente donc une éloquente illustration du métissage culturel qui caractérisait les Juifs italiens d'origine allemande à la Renaissance. On ne saurait dire, il est vrai, que l'esprit de la Renaissance apparaisse dans le *Kü' buch* de la même façon que dans les œuvres de Lévita. Son auteur reprend des textes anciens sans les tourner en dérision mais il les traite avec une certaine liberté, un goût du détail quotidien et un humour qui font de cette œuvre yiddish ancienne l'une des plus plaisantes à lire aujourd'hui encore.

Le *Kü' buch* comporte 35 fables et contes. Il puise essentiellement dans trois sources : le *Mishlei Shu'alim*, le *Mashal Hakadmoni* d'Isaac ibn Sahula (fin XIIIᵉ siècle) et le recueil de fables allemand *Edelstein* de l'auteur suisse Ülrich Boner (milieu du XIVᵉ siècle). Toutes ces œuvres étaient très populaires mais, si le *Mashal Hakadmoni* avait déjà connu deux éditions avant que ne paraisse le *Kü' buch* (Soncino, 1480 et Venise 1546), l'œuvre de Berahiah Hanakdan ne sera publiée à Mantoue qu'en 1557. L'influence de cette-dernière est d'ailleurs plus difficile à circonscrire, car nombre des fables du *Kü' buch* qui pourraient en dériver apparaissent également, et dans une version souvent plus proche, dans l'*Edelstein*[332]. L'œuvre yiddish se situe donc, jusque dans ses sources, à l'intersection des traditions germanique et hébraïque. Même si nous ne pensons pas que la littérature italienne ait eu la moindre influence sur le *Kü' buch*, l'atmosphère italienne y est bien perceptible dans les lieux, les coutumes, les vêtements et la nourriture qu'évoquent les différents récits. Quant au style, il s'inscrit très nettement dans les développements de la littérature

---

[332] E. Katz (1994) a relevé dans les notes de son édition toutes les reprises, parfois littérales, du texte d'Ülrich Boner. Elles concernent au moins une vingtaine de fables.

yiddish ancienne au milieu du XVIᵉ siècle vers une tonalité plus comique et plus distanciée si bien qu'une influence des œuvres d'Élia Lévita n'est pas à exclure, d'autant que le texte a probablement été rédigé dans la région de Venise, comme en atteste la forme de ses italianismes.

Ce mélange frappant est perceptible dès les deux introductions du recueil (la première en vers, la seconde en prose rimée). Celles-ci constituent, à notre sens, les textes en yiddish ancien qui s'approchent le plus du style de Lévita même si elles ne témoignent pas de la même aisance dans le maniement de la langue. Les proverbes, les plaisanteries et les effets de surprise y sont nombreux. Toutes deux représentent, quant à leur intention, des promotions de l'ouvrage, des invitations aux acheteurs potentiels. Le poète s'adresse à ses lecteurs pour vanter son livre et pour les inciter à dépenser leur argent. Si ce type de texte est tout à fait traditionnel, et se rencontre dans bon nombre d'ouvrages en yiddish ancien, le centre de gravité des deux introductions du *Kü' buch* est en réalité différent.

Dans la première introduction, après avoir présenté son ouvrage et les peines qu'il lui a coûtées, l'auteur se lance dans un discours moral de réprobation, qui tourne presque à la satire, contre les hommes qui cèdent à leurs mauvais penchants, cèdent à l'appât du gain et oublient le sort qui leur est promis dans l'autre monde. Il énumère ensuite les activités féminines (cuire le pain, gaver les oies, coudre au rouet, plumer les oies) qui devraient permettre à ses lectrices d'acquérir le livre. Écrite dans une langue riche en expressions idiomatiques, cette introduction s'achève sur une double plaisanterie :

Hàlt das gelt zuhaf · Do ir géwint mit gens raf · Un' andérś nit kaf · Un' kumt zu lofen :	Économisez l'agent · Que vous gagnez en plumant les oies · N'achetez rien d'autre · Et venez en courant :
Mein buch zu nemén · Wert ir andérś kenén · Ich wer es nenén · Wi' es wert heiśén :	Prendre mon livre · Si vous le pouvez · Je vais le nommer · Comme il va s'appeler :
Kain andérś ni' · Das śver ich hi' · Bei' kòpf un' kni' · Fun ainér geiśén :	Pas autrement · Je le jure ici · Par la tête et le genou · D'une chèvre.

À la fin de cette introduction, comme la tradition le veut, l'auteur s'apprête à donner le nom de l'ouvrage mais il n'accomplit pas sa promesse s'enfermant (et son lecteur avec lui) dans une tautologie[333]. Le juron final est une déformation humoristique (pour la rime) de l'omniprésent « *bei' bók* » (par le bouc) utilisé couramment pour ne pas prononcer le nom de Dieu[334].

Nous avons conservé dans la citation précédente la forme et la ponctuation du texte original afin de mettre en évidence le fait qu'il est construit sur un mètre hébraïque, et non germanique. Il s'agit du mètre employé par Lévita dans son poème introductif à la bible de Bomberg, et il est très proche du mètre qu'il emploie, sur le modèle d'une *zmire*, dans sa pasquinade *Hamaᵛdil*[335]. Il est constitué de quatrains rimant *aaax / bbbx*. La dernière rime de chaque quatrain est identique sur l'ensemble du poème (*-fen*) sauf dans les deux dernières strophes et c'est une rime qui, elle aussi, est construite sur le modèle hébraïque puisqu'on est obligé d'accentuer les mots sur la dernière syllabe contre la logique de la langue (ainsi *koufen* rime avec *stopfen*). Pour inscrire encore davantage cette préface dans la tradition hébraïque, le poème est doté d'un acrostiche portant le nom d'Abraham ben Matatiah, qui est au moins l'auteur de cette préface, même s'il est peu probable qu'il soit l'auteur de toute l'œuvre.

La seconde préface est elle aussi remarquable. Écrite en prose rimée, elle commence par la traditionnelle invocation au Créateur pour qu'il aide à la composition de l'ouvrage mais se transforme rapidement en souhait de voir le livre rapidement acheté (pour un ou huit réaux !) afin de gagner assez d'argent pour pouvoir participer aux plus fastueux banquets. Suit alors une énumération pléthorique des mets qui sont consommés à ce genre de fêtes,

---

[333] On peut également supposer que le texte est ici altéré (comme il l'est clairement en d'autres endroits de cette seconde édition), et dans ce cas il n'y aurait pas de plaisanterie. Le nom serait alors fourni dans la strophe manquante. Cela expliquerait le début un peu étrange du dernier quatrain.

[334] Voir *supra*, p. 226.

[335] Ce mètre, nommé *meruba'* (מרובע), a déjà été employé par Yehuda Leib Bresh dans la préface à sa traduction yiddish du Pentateuque (Crémone 1560) et il est très probable que ce soit la source d'inspiration directe d'Abraham ben Matatiah car on y trouve la même liste d'activités féminines et la même rime récurrente. Voir J. C. Frakes 2004, p. 305-307. Il est possible que Yehuda Leib Bresh se soit inspiré, quant à lui, de la préface d'Élia Lévita à la Bible de Bomberg puisqu'il lui reprend l'idée de composer 24 quatrains, autant qu'il y a de livres dans l'Ancien Testament.

nombre d'entre eux étant désignés par leurs noms italiens. L'écrivain ne mentionne pas moins d'une quarantaine d'aliments : pâtes, viandes, desserts, vins, sans épargner aucuns détails. Cette longue liste est parsemée de notations humoristiques : le vin fait acquérir au buveur bien des couleurs, l'auteur imagine se casser une dent dans le massepain. À travers cette *cornucopia* qui, elle, correspond bien à l'esprit de la Renaissance, le lecteur est introduit dans une réalité caractérisée par l'abondance et le bien-être qui ne saurait être connue (ne serait-ce qu'en raison des noms de mets) que par les Ashkénazes italiens. Pratiquement tous ces aliments sont typiques de l'Italie septentrionale et, dans l'article qu'elle a consacré à leur identification, M. Mayer-Modena a dû recourir aux œuvres de Folengo, de Ruzzante, ou à des pièces de Purim judéo-italiennes pour trouver des emplois équivalents[336]. Pour cette raison, elle parle d'une assimilation gastronomique de la population ashkénaze en Italie qui a précédé de plusieurs décennies, leur assimilation linguistique.

Si ce type de jeux n'est pas présent au sein même des contes, tout le recueil se caractérise par une langue idiomatique, riche en italianismes et en notations comiques, où l'on perçoit parfois, mais rarement, une pointe d'ironie[337]. Le livre est orné de gravures accompagnées de légendes, souvent humoristiques. Dans la première introduction, après avoir pris congé de ses lecteurs, Abraham ben Matitiah promet : « *Ich wer bald widér ant-fángén / Wen di' zeit wert kumén / Das do werén rédén di' stumén / Das mant di' bildér di' do herinén werén sein / Ain etlichés wert rédén un' bétöutén fun ain bei'-špil fein*[338]. » L'éditeur laisse donc d'abord entendre qu'il ne reviendra pas

---

[336] M. Mayer Modena 1996, p. 125-136.

[337] C'est ainsi que, comme le notait I. Zinberg 1935 (p. 300), le conte du rat des villes et du rat des champs s'achève sur un épimythe qui prône la modestie et le fait de se contenter de ce que l'on possède. Mais l'auteur, utilisant un proverbe yiddish que l'on rencontre ailleurs, semble en définitive remettre en question cette morale ascétique : « *Das möcht ir mir wol glabé / Ainér sol é ain jung weib un' hüpsch nemén / Wen ain alté di da macht den man für-schemén.* » (« Vous pouvez bien me croire : / Un homme fait mieux de prendre une jeune et jolie femme / Plutôt qu'une vieille qui lui fait honte. »).

[338] « Je vais bientôt recommencer / Quand le temps viendra / Où parleront les muets : / C'est-à-dire les images qui seront dans le livre. / Chacune va parler et expliquer une bonne histoire morale. »

(à travers l'*adynaton* : quand parleront les muets) puis, par un effet de surprise, il révèle que le terme « muet » désigne métaphoriquement les images du livre qu'il promet éloquentes. Une fois de plus, l'atout du livre que représentent les images est présenté avec esprit par l'éditeur qui ne se départ pas de sa légèreté de ton.

Pour mieux saisir la spécificité de ces contes dans leur version en yiddish ancien, et pour cerner le travail de l'adaptateur, il nous semble intéressant de confronter au moins deux contes à leurs sources respectives, l'une germanique, l'autre hébraïque. Nous verrons ainsi que, partant de textes extrêmement différents par leurs styles et leurs contextes originels, l'auteur du *Kü'buch* parvient à les fondre dans un ensemble harmonieux régi par des principes esthétiques constants, modestes mais efficaces. Le premier texte sur lequel nous souhaitons porter notre attention pourrait être intitulé (le recueil yiddish ne comporte pas de titres) : « Le renard et la cigogne[339] ». Cette fable, dirigée contre les trompeurs, narre le récit suivant : un renard invite une cigogne à manger chez lui mais lui propose, dans une assiette, un aliment liquide dont elle ne peut profiter avec son bec. Pour se venger, la cigogne invite le renard et lui propose des mets dans un vase à long col pour que le renard ne puisse pas en profiter. La version de Boner est assez brève (67 vers). Le récit est simple, dépouillé. L'intention morale de l'auteur est marquée, dans l'épimythe, par une série de maximes qui révèlent un usage savant de la rhétorique : « *Toere mich, sô effe ich dich ; / Da gewinst du niut, noch minner ich / Wer ân gevaerd tuot daz er sol, / Dem wirt von gotte gelonet wol. / Waȝ du wilt, daz man gên dir / tuo, daȝ tuo du gegen mir*[340]. » Les oppositions brèves, présentées souvent sous forme de chiasmes, soulignent vivement la leçon de la fable.

---

[339] Il s'agit de la fable XXXVI du recueil d'Ülrich Boner (F. Pfeiffer 1844, p. 54-56) et de la quatrième fable du *Kü' buch* (M. Rosenfeld 1984, p. 13-15). La fable est d'origine ésopique (n° 426 dans l'index de Perry) et a été transmise par Phèdre (I, XXVI). La Fontaine en a écrit une version (I, XVIII), à côté de laquelle la fable yiddish semble bien bavarde. On est loin de la concision classique.

[340] « Trompe moi, je te tourne en bourrique ; / Tu n'y gagnes rien, et moi encore moins. / Qui fait son devoir sans prétention, / Se voit de Dieu bien récompensé. / Ce que tu veux qu'on te fasse, / Fais le aussi pour moi. »

Ce raffinement rhétorique, provenant sans doute de l'éducation scolastique de Boner, qui a été moine, et de sa pratique de
l'*ars dicendi*, disparaît de la version yiddish qui est nettement
plus longue que son modèle. On retrouve un faible écho de la version de Boner dans l'épimythe de la fable yiddish quand celle-ci
reprend, sous une forme composée, le verbe *äffen* : « [...] *ainér den
andérén leicht un ' schnel / Un ' gibt im fil guté wort / Dàs er in kan
sezén ouf ain afén ort / [...] Es is wol bilich dàs màn in widér sòl
vér-geltén*[341]. » Mais le rythme, la brièveté et l'accumulation des
sentences n'ont pas été conservés. Ce que le *Kü' buch* a perdu en
maîtrise rhétorique, il le compense, sous une forme plus populaire,
en multipliant les détails quotidiens et en dotant la fable d'une
tonalité comique. Dès le début, une remarque de l'écrivain vient
mettre à distance le procédé même de la fable : « *Ain pfukś un ' ain
štorch varén gutér géselén zwén / As man noch heint deś tàgś géfint
mén*[342] [...] » Utilisant le *topos* du narrateur qui se pose en témoin
de son récit, pour une fable animalière dont, par définition, il n'a
pas pu être témoin puisqu'elle est fondée sur une vaste métaphore,
l'écrivain fait un clin d'œil ironique à son lecteur et lui présente
explicitement les conventions de la fable comme un jeu littéraire.
Mais c'est dans le souci du détail quotidien que l'auteur yiddish
se distingue le plus de son modèle. Comparons ainsi le repas de
la cigogne chez le renard tel qu'il apparaît chez Boner et dans le
Kü' buch :

Edelstein, XXXVI, 7-15

Do über tisch der stork dô kan,	La cigogne vint se mettre à table,
Und wânde ein ganze wirtschaft hân,	Et pensait faire bonne pitance,
Der vuchs dem stork ein schalkheit bot :	Le renard fit à la cigogne un mauvais tour :
Die spîse er do gar versot,	Il fit entièrement bouillir les aliments,
Daʒ da nicht wan ein brüege wart.	De sorte qu'il n'en resta plus qu'un bouillon.
Diu spîs wart von dem stork gespart,	Les aliments ne furent pas touchés par la cigogne,
Er aʒ da nicht wan hunger groz ;	Elle n'avala rien sinon sa grosse faim ;
Der wirtschaft in vil ser verdrôʒ.	La pitance lui déplut profondément.
Der vuchs aʒ vaste unde trank.	Le renard mangea et but à foison.

---

[341] « [...] Quand un homme trompe et abuse autrui / Et lui donne bien des
bonnes paroles / Afin de lui faire occuper la place d'un singe [le tourner en bour-
rique] / [...] C'est sans doute bien qu'on lui rende la pareille. »

[342] « Un renard et une cigogne étaient deux bons compagnons / Comme on
en trouve encore davantage de nos jours [...] ».

Kü' buch, 4, 15-43

Un ' as bald er do zum pfukśn kam, / Der pfuks bei ' seiné vligél er im nam. / Er špràch : « Sez dich ouf meinér linké seit ! / Es is nun wol zeit / Nun wol-an nun wol-ouf ! » / Dar-sezèt er im hebérn souf / Ouf einém telér der war schmal. / Do šprach er : « Nim dir gleich di' wal / Un ' eś as fil as du magśt / Dàs du nöu'ért nischt mit dir avek tragśt ! / Du sòlśt nöu'ért frischlich eśén. / Ich hòn nun nischt dàran für-geśén : / Wol gèschmàlzt un ' géwirzt. » / Der pfuks sich do ouf-schürzt, / Un ' nàm di' špeis mit seiné pfötén. / Er sagt : « Es is doch wol gèbrötén / Un ' ach dér-zu wol gèsotén. » / Des štorchén bègunt er do zu špöten / das er nischt do kant eśén mit sein schnabél. / Er seigt : « Bèdàrfśtu ain schouvél oder ain gabèl ? / Odér ain silbérn pirun[343] ? / Do kum nöu'ért der-fun / Un ' eś nòch dem welschén sitén[344]. / Ich kan dich nit fil bitén. / Du darfśt dich sichér nit schemén. / Wilśtu nit selbért nemén ? / Ich hòn dirs nischt andérś zu gebén. » / Wen er wolt dàs moul ouf-tun so fèl es im der-nebén. / Der špeis macht er sichér nit géniśén. / Das bègan in sichér ser zu fùr driśén.

Et aussitôt que la cigogne vint chez le renard, / Le renard la prit par les ailes. / Il dit : « Assieds-toi à ma gauche ! / Il est temps, / eh bien, allons-y ! » / Il lui servit un brouet d'avoine / Sur une assiette étroite. / Il dit alors : « Choisis tout de suite / Et mange autant que tu peux / afin de ne pas avoir à emporter avec toi ! » / Le renard remonta ses manches, / Et prit la nourriture avec ses pattes. / Il dit : « Comme c'est bien grillé / Et comme c'est bien bouilli ! » / Il commença à se moquer de la cigogne / Car elle ne pouvait pas manger avec son bec. / Il dit : « As-tu besoin d'une cuillère ou d'une fourchette ? / Ou d'une petite fourchette d'argent ? / Allez, mets-toi en train / Et mange à la façon italienne. / Je ne peux pas tant te prier. / Tu n'as pas à avoir honte. / Ne veux-tu pas prendre par toi-même ? / Je n'ai rien à te donner autrement. » / Quand la cigogne voulait ouvrir la bouche, cela lui tombait à côté. / Elle ne profita certes pas de la nourriture. / Cela commença à bien lui déplaire.

Comme on le voit, le modèle a été modifié en profondeur. Si l'on ne retrouve plus des vers bien frappés, tel le paradoxe : « *Er aʒ da nicht wan huger groz* », le récit rapide de Boner a été transformé en une véritable scène. Les dialogues sont vifs et miment le langage ordinaire (« *Nun wol-an, nun wol-ouf !* »). La conversation du renard imite d'abord les déclarations d'un maître de

---

[343] *Pirun* est emprunté au dialecte vénitien *pirone* : « petite fourchette », voir G. Boerio 1867 : art. « pirone ».

[344] C'est-à-dire avec les mains. Cela signifie-t-il que les couverts étaient déjà courants chez les Juifs en Allemagne ?

maison empressé avant de dériver vers une moquerie explicite qui lui permet d'énumérer, ironiquement, une série d'ustensiles de table. Cet ajout souligne l'espièglerie malveillante du personnage, comme l'auteur yiddish le fait souvent en mettant en évidence des traits psychologiques auxquels il est à peine fait allusion dans sa source.

À côté de cette tendance « réaliste », il insiste en permanence sur les caractéristiques animales des personnages (« *vligél* », « *pfötén* », « *schnabél* ») tout en les humanisant avec humour (« *Der pfuks sich do ouf-schürzt* »). De même, il existe un contraste entre le riche festin promis par le renard (désigné au début de la fable par le sempiternel couple « *hünér un' fish* » : « poulets et poissons ») et la pauvre pitance qu'il propose en réalité, ce bouillon d'avoine sur une assiette étroite, pour lequel le verbe *gebrötén* qu'il emploie en se léchant les babines semble bien mal adapté. Après ce passage, alors que Boner ne fait qu'exprimer le fait que la cigogne rumine une vengeance, l'écrivain yiddish continue de développer la psychologie des personnages en présentant une cigogne qui dissimule sa colère et invite le renard à profiter des bons mets dont elle dispose : « *nöu'ért kröflich un màndel-reis / Un' alérlai' purim-gèret*[345] ». La revanche de la cigogne conduit à une réplique de sa part tout aussi bavarde et jubilatoire que celle du renard. Comme on le voit à l'allusion à Purim, l'auteur s'efforce de représenter ses fables et ses contes dans la réalité familière aux Juifs ashkénazes d'Italie du Nord.

Ceci est valable aussi bien pour le traitement de la source chrétienne, l'*Edelstein*, que pour le traitement de la source juive qu'est le *Mashal Hakadmoni* qui a inspiré huit récits du *Kü' buch* réunis à la fin de l'ouvrage. Si la distance entre le recueil d'Ülrich Boner et le recueil yiddish est grande, elle n'est pas moindre entre les deux ouvrages juifs. L'éloignement temporel et géographique crée même une élaboration plus nette à partir du *Mashal Hakadmoni*, une *makama* écrite dans une langue savante qui inclut de nombreuses citations bibliques et qui reprend de nombreux récits

---

[345] « Juste des raviolis et du blanc-manger / Et toutes sortes de plats de Purim. » L'association *krepflich un' mandèl-reis* se retrouve à l'identique dans le *Bovo Dantône* (*BD*, 466). Il s'agit donc d'un couple stéréotypé qui laisse supposer que ces « raviolis » étaient en réalité sucrés, peut-être à la manière des *vareniki* russes actuels.

d'origine indienne ou proche-orientale[346]. Certes, l'œuvre d'Ibn Sahula montre déjà une propension à l'humour que l'auteur du *Kü' buch* n'a plus eu qu'à développer, de même que les détails de la vie juive qui étaient déjà très présents dans la source. Mais le *Mashal Hakadmoni* est une œuvre assez sophistiquée qui organise les récits dans une structure complexe, fruit de l'influence de la littérature arabe : les récits sont répartis dans cinq sections, chacune traitant d'une vertu (la sagesse, la repentance, etc.) qu'ils sont censés illustrer sous forme d'exemples et de contre-exemples. Car chaque section oppose le point de vue de l'auteur à un contradicteur qui prend le parti du diable et dénigre la vertu en question. Les récits viennent s'emboîter comme des poupées russes selon le principe suivant : les hommes racontent des histoires sur les animaux et les animaux, à leur tour, racontent des histoires sur les hommes.

De cette structure complexe, le *Kü' buch* ne garde évidemment rien, se contentant d'extraire certaines histoires plaisantes de leur cadre originel. Cela conduit l'auteur yiddish à quelques acrobaties : la trentième histoire raconte l'aventure d'un homme pieux qui passe ses jours et ses nuits à la synagogue et dont la femme, profitant de cette absence, s'ébat avec son amant avant de finalement prendre la poudre d'escampette avec tous les biens du mari cocu[347]. Ce conte était placé par le *Mashal Hakadmoni* dans la bouche d'un avocat du diable qui souhaitait démontrer les dangers de la repentance. Les lecteurs savaient donc, par la structure même de la *makama*, qu'ils devaient le regarder comme immoral. Ce n'est bien sûr pas le cas dans le *Kü' buch* et l'épimythe de cette histoire semble particulièrement embarrassé. L'auteur yiddish, ne parvenant pas à en tirer une morale nette, accumule dans le

---

[346] Sur le *Mashal Hakadmoni*, voir I. Zinberg 1929, p. 286-290 et D. Pagis 1976, p. 225-231. Nous utilisons l'édition de Venise (Ibn Sahula 1546).

[347] Il s'agit du conte XXX du *Kü' buch*, M. Rosenfeld 1984, p. 95-109. L'une des gravures qui illustre ce conte représente les deux amants au lit et est accompagnée de la légende humoristique : « *Alhi' ligén si nun alé bad / Er on bruch un' si' on klaid / Si' hatén ain grösé fraid / Got geb in däs herz laid* ! » (« Les voici allongés tous les deux / Lui, sans pantalons et elle sans robe / Ils avaient grande joie / Que Dieu leur brise le cœur ! ») Malgré l'exclamation finale, le plaisir que l'auteur (ou l'éditeur) prend à cette scène grivoise est évident. Ce récit est abondamment illustré et le mari trompé y apparaît à plusieurs reprises avec des cornes. Pour une analyse plus approfonie de ces gravures, voir D. Wolfthal 2004, p. 197-199.

désordre les recommandations : les femmes doivent se conduire pudiquement, les hommes ne doivent pas se montrer trop pieux, il y a un temps pour tout et il faut savoir prendre garde aux choses de son foyer[348].

Un travail de confrontation, tel que nous l'avons entrepris pour la fable tirée de Boner, est donc instructif pour saisir la façon dont l'auteur yiddish, *volens nolens*, fait évoluer le sens des fables qu'il emprunte. Nous souhaitons nous arrêter sur la vingt-huitième fable du *Kü' buch*, empruntée au *Mashal Hakadmoni*, qui pourrait porter le titre : « le chien et la vache ». Son sujet est le suivant : un chien fidèle à son maître, un paysan, est maltraité par celui-ci tandis que l'homme est aux petits soins avec sa vache. Le chien décide alors de profiter de la bêtise de l'animal pour l'encourager à fuir puis la précipite dans une rivière où elle se noie. Voici le discours du chien lorsqu'il essaie de convaincre la vache de le suivre dans les deux œuvres. Le texte yiddish est plus long et nous avons abrégé les dernières paroles du chien qui se contente de répéter son invitation à partir dans la nature :

משל הקדמונים, Première section[349]

ויאמר לה : » נשוט בעולם[350] \ ונרד בגנים ונלקוט בשושנים[351] \ ולראות
בעשבים \ ונתעלס באהבים[352] \ ונרוץ כצבאים[353] \ ותבאי בעדי עדיים[354] \
ונתעדן בין העצים[355] \ ובין חבריכה נהיה רוחצים \ ועל יבהלוך יראת שמיר
ושית[356] \ כי אין איש מאנשי הבית שם בבית[357] «

---

[348] Cela le conduit à proférer des phrases maladroites qui, en dehors de cette tentative désespérée de moraliser ce récit seraient impensables : « *Er is sichér öuch nit zu dér-bármén / Ainér der sich zu bézidékuss wil haltén.* » (« Il n'est certainement pas digne de votre pitié / Celui qui veut se montrer trop pieux. »).

[349] Nous citons le texte tel qu'il apparaît dans l'édition de Meïr Parenzo, Venise 1546.

[350] *Job*, 1, 7 ; 2, 2.

[351] *Cantique des cantiques*, 6, 2.

[352] *Proverbes*, 7, 18.

[353] *Maximes des pères*, 5, 20.

[354] *Ézéchiel*, 16, 7.

[355] Le verbe להתעדן (adoucir) est employé dans un compendium des commandements divins, le ספר החינוך (VIIe siècle : commandement 188), en lieu et place du verbe להתקרב (s'approcher) qui désigne traditionnellement dans la Bible le fait d'avoir des rapports sexuels.

[356] *Daniel*, 4, 16 ; *Isaïe* 7, 25.

[357] *Genèse*, 39, 11.

Et il lui dit : « Nous vaquerons à travers le monde / Nous descendrons dans les jardins pour cueillir les roses / Et pour voir les herbes. / Nous nous enivrerons d'amour / Et nous courrons comme des gazelles. / Amène-moi deux témoins / Et nous nous unirons sous les arbres. / Nous nous baignerons dans les étangs. / Et n'aie pas crainte des épines et des ronces : / Car il n'y a personne à la maison parmi les gens d'ici. »

KB, fable 28

Er seit : « Libé ku', sag mir was du' tuśt / Den gànzén tag alain in śtal ? / Di' śpeis mag dir wol sein bitér as ain gal. / Un' mag dir wol düchtén sou'ér / Alhi' bei' disém pou'ér / Der dir nischt andérś gibt den habérn un' śtröu'. / Da-fun wert dir dein herz seltén frö'. / Un' den gànzén tag muśtu ligén gébundén. / Du' màgśt wol libér gén mit den hundén / Sòlazén übér-al in di' welt, / W'u es dir an beś- tén géfelt / Nàch al deiném herzén bégér ouf dein pośt. / Das wer dir wol beśér un' gésundér wen di' bös kośt, / Di dir alhi' mus gàr sou'ér werén. / Ich wil dich wol vil bas génerén : / Du sòlśt mich nöü'ért zu ainém màn nemén. / Un' du magśt dich sichér meinér nit schemén / Wen ich bin méyuḥòś un' wol géborén. / Ich hòn ouch ain schön par òrén / Un' ain schönén langén schwanz. / Un' drum mach dich bald an dén tanz ! / Du bédarfśt dich nit lengér bédenkén : ich wil dir wol ain köśtlich siölönöś schenkén / Un' ain köśtlichè késsubo machén / Mit alén dingén wil ich dich wol bésachén [...] »

Il dit : « Chère vache, dis-moi ce que tu fais / Toute seule dans l'étable pendant tout le jour ? / Ta nourriture doit être aussi amère que la bile, / Elle doit te sembler bien aigre, / Ici chez ce paysan / Qui ne te donne rien sinon de l'avoine et de la paille. / Ton cœur en est rarement réjoui. / Et tout le jour tu dois rester liée. / Tu pré- férerais sans doute aller avec les chiens / Te distraire partout de par le monde, / Là où cela te plaît le mieux / Chercher ta pitance à ton gré. / Ce serait meilleur pour toi, et plus sain que l'entretien du pay- san / Qui doit te devenir bien amer ici. / Je veux te nourrir bien mieux : / Il te suffit de me prendre pour mari. / Et tu ne dois sûre- ment pas avoir honte / Car j'ai de bons ancêtres et suis bien né. / J'ai aussi une belle paire d'oreilles / Et une longue et jolie queue. / Dès lors, entre vite dans la danse ! / Tu n'as pas besoin d'y songer davantage : je veux t'offrir de précieux cadeaux de noces / Et te faire un beau contrat de mariage : / Je vais te fournir tout ce dont tu as besoin [...] »

Même à travers la traduction on perçoit à quel point les deux textes sont différents tant ils appartiennent à des langues por- teuses d'habitudes littéraires et de références culturelles opposées. Du côté du texte hébraïque, nous avons un enchaînement de cita- tions tirées, pour la plupart, de la Bible et qui n'ont absolument pas été choisies au hasard. Si l'on considère ce discours indépendamment de l'origine des citations employées, il nous semble simplement correspondre aux paroles engageantes, et poétiques, d'un amant d'élégie. Mais si l'on prend en compte leur origine comme le faisaient nécessairement un certain nombre des lecteurs originels (l'auteur du *Kü' buch* avait-il la culture suffisante pour ce faire ?), le tableau change radicalement. C'est là la force de la littérature hébraïque qui, par cette technique des centons (*shibuts*), était capable de faire apparaître, comme dans un palimpseste, un texte sous un autre texte.

Le discours du chien commence par une reprise des paroles que Satan adresse à Dieu au début du livre de *Job*. Son attitude est donc placée d'emblée sous ce signe diabolique. Après la citation, presque obligatoire dans le cadre d'une cour amoureuse, d'un verset du *Cantique des Cantiques*, il prononce les mots (« Nous nous enivrerons d'amour ») de la femme dévergondée du livre des *Proverbes* qui prend les jeunes gens inconscients dans ses filets. La reprise du verset d'Ézéchiel nous semble plus complexe. Le texte de la Bible est traditionnellement traduit : « Et tu revêtiras une parure splendide. » Mais nous l'interprétons comme une citation (שיבוץ שונה הוראה) dont le sens modifié est ici : « Amène pour moi deux témoins ». Or, deux témoins sont indispensables pour la conclusion d'un mariage juif. C'est sans doute de là que le *Kü' buch* a tiré l'idée d'une demande en mariage en bonne et due forme qui, sinon, est absente du texte hébraïque. Suit alors une invitation à l'union charnelle qui utilise une forme verbale qu'on trouve principalement dans la formulation de l'interdiction d'avoir des rapports sexuels avec une parente, une femme mariée ou une femme impure. Enfin, le chien conclut en reprenant le verset désignant la situation dans laquelle la femme de Putiphar a, profitant de l'absence de tous ses proches, tenté de coucher avec Joseph[358]. Malgré les premières apparences, tout le discours du chien est donc placé sous le signe du péché, du mal, des mauvais penchants.

---

[358] La situation du *Mashal Hakadmoni* est d'ailleurs la même que celle que le Talmud décrit au moment de l'action de la femme de Putiphar (voir Rashi sur *Genèse*, 16, 11) puisque le chien profite du fait que toute la maison est allée prier à l'occasion d'une festivité pour accomplir son action funeste.

Rien de tel bien sûr dans le *Kü' buch*. L'univers de référence y est entièrement différent. Le discours sophistiqué du *Mashal Hakadmoni* a été transformé en un discours direct, populaire et profondément ancré dans la réalité juive de l'époque. En décidant de centrer le discours du chien sur la problématique d'une demande en mariage, l'écrivain yiddish se donne l'opportunité de mettre en scène les préoccupations qu'avaient les Juifs de son temps en pareille occasion. Il ne reste plus rien de la demande idyllique que nous avions cru percevoir, au premier regard seulement, dans le *Mashal Hakadmoni*. Ici, les questions sont beaucoup plus concrètes : nourriture, présents, honorabilité de la famille, tout ceci bien sûr déformé par la loupe de la fable animalière. En réalité, le chien joue ici le rôle de *shadkhn* (entremetteur) pour son propre compte. Comme le faisait tout bon marieur ashkénaze, il tente avant tout de convaincre la vache qu'elle fera une bonne affaire en s'associant à lui et en quittant non pas ses parents mais le paysan. Que son argumentation contredise l'information du début de la fable selon laquelle la vache était extrêmement bien nourrie, cela importe peu à ce conteur qui adapte les scènes au fur et à mesure et tente au fur et à mesure de leur conférer le plus d'efficacité.

Le chien désigne l'entretien que reçoit la vache chez le paysan par le terme : « *di kost* ». Celui-ci s'étendra, par la suite en yiddish moderne (*kest*), pour désigner notamment l'alimentation et le coucher fourni par les maîtres de maison à des étudiants de yéshiva de passage. Mais à l'époque, il semble avoir été surtout utilisé pour désigner l'entretien qu'un père de famille (en général le père de la mariée) promettait au jeune couple, comme en témoigne son occurrence dans le *Purim špil* que nous attribuons à Lévita (*PS*, 8). Le chien mentionne ensuite les présents traditionnels offerts à la mariée (*siṽlónòss*[359]) ainsi que le contrat traditionnel de mariage (*késsubo*). Au moment même où il s'apprête à prononcer ces promesses solennelles, vient se glisser la mention burlesque de sa jolie queue et de ses jolies oreilles pour nous rappeler que nous sommes

---

[359] Le don des *siṽlónòss* donnait l'occasion à une célébration particulière, séparée du mariage lui-même, à un repas et à des réjouissances. Le terme, déjà présent dans le Talmud, pourrait provenir du grec συμβολή (symbole) ou de la racine hébraïque סבל signifiant porter, supporter, souffrir. Voir A. Tendlau 1934, p. 390.

bien dans l'univers de la fable. Le chien, bien sûr, ne manque pas de souligner au passage son *jiḥuś* (יחוס), l'honorabilité de sa famille qui supposait, dans la société ashkénaze, qu'on ait parmi ses ancêtres quelque rabbin ou savant célèbre. C'était là l'une des questions les plus épineuses lors de la conclusion d'un mariage puisque ce dernier associait deux familles avant même d'unir deux jeunes gens. Tous ces éléments, joints à une langue idiomatique (« *bitér as ain gal* », « *mach dich bald an den tanz* ») font de la fable du *Kü' buch* un récit qui plonge profondément ses racines dans la vie quotidienne ashkénaze. Pour cette raison, E. Katz a proposé le terme de « domestication » de la tradition passée (qu'elle soit représentée par l'*Edelstein*, le *Mashal Hakadmoni*, ou par un autre texte[360]). Ce terme nous semble convenir si l'on ajoute que cette domestication se double d'une distanciation comique qui exploite pleinement les ressources du genre de la fable.

Après le *Kü' buch*, un autre récit de la fin du XVIᵉ siècle illustre parfaitement jusqu'à quel degré d'appropriation et d'élaboration les contes ont pu être portés dans la littérature yiddish ancienne : il s'agit de *Beria un Simra*, histoire d'amour de deux jeunes gens contrariée par le refus obstiné d'un père orgueilleux, grand prêtre à Jérusalem[361]. On y reconnaît donc le motif essentiel de la narration du *Paris un Wiene*. Il s'agit là, avec le roman de Lévita, de l'histoire d'amour la plus remarquable en yiddish ancien. Dans ce conte qui fait coexister, assez anachroniquement, le grand prêtre de Jérusalem et le pape de Rome, le héros Simra s'engage dans un voyage pour l'Au-delà afin de retrouver son amante Beria. Leur mariage est finalement célébré au paradis par Dieu lui-même, ses Anges, Moïse et Salomon, ce en quoi il est comparable au mariage d'Éros et de Psyché célébré par Zeus dans l'*Âne d'or* d'Apulée. Cependant Erika Timm a pu montrer, dans sa recherche consacrée aux sources de ce conte, qu'il n'est guère nécessaire de recourir à des influences non-juives pour éclairer ce récit qui reprend

---

[360] E. Katz 1994, p. 19. C'est aussi par cette tendance qu'il explique le titre du livre (*Le livre des vaches*) : plutôt que le renard, sans doute moins familier. Le poète aurait choisi un animal bien connu de tous.

[361] Ce texte conservé par un manuscrit et par plusieurs éditions (Venise, Prague) a été édité à plusieurs reprises : M. Erik 1926, p. 147-178, E. Timm 1987, p. 521-553 et J. C. Frakes 2004, p. 355-367. E. Timm 1973 (p. 45-94) en fournit un commentaire.

bon nombre de motifs présents dans le Talmud et dans la littérature juive ultérieure[362].

Ce dernier exemple constitue donc un cas intermédiaire entre le *Kü' buch*, essentiellement profane par ses sources, et le grand nombre de contes tirés directement de la tradition juive qui ont été écrits et diffusés, souvent pour s'opposer à l'influence des contes d'origine profane. De même que des romans de style chevaleresque à thème biblique ont été écrits pour contrer la diffusion des romans de chevalerie, de même des recueils de contes à visée religieuse et hagiographique ont été composés pour combattre des livres comme le *Kü' buch*[363]. Une source privilégiée de contes est, comme nous l'avons déjà vu, le Talmud et le Midrash. D'autres textes sont tirés de la littérature rabbinique plus tardive, ou de recueils d'histoires hagiographiques.

Cette tradition narrative plus pieuse, parfois même incluse dans des livres de prière, représente la majorité des histoires du XVIe siècle qui nous sont parvenues sous forme manuscrite et a trouvé son apogée dans la publication à Bâle en 1602 du *Ma'ése-buch* qui réunit dans un vaste ensemble des histoires qu'on ne trouvait alors qu'éparses[364]. La plupart des contes qu'il comporte ont connu une incarnation en hébreu, ce qui ne préjuge pas du fait que la transmission orale en langue vernaculaire ait pu être plus ancienne. C'est ainsi que sur les 257 contes que regroupe le *Ma'ése-buch*, seules six histoires n'ont pas pu être rapprochées de textes hébraïques plus anciens, sources que l'ouvrage précise souvent lui-même explicitement[365]. Mais, quelle que soit l'origine de ces récits, la tradition orale n'est jamais absente

---

[362] E. Timm 1973, p. 45-94.

[363] L'introduction du *Ma'ése-buch* (1602) associe expressément les deux genres dans la même réprobation : « *Un' nit zu lai'énen ous dem bichér* [sic] *fun kü'én / Un' fun di-trich fun bern un' meinstér hilda-brànt sol ir ach öuch nit tun mi'én.* » (« Et ne lisez pas le livre des vaches. / Et vous ne devez pas vous embarrasser du *Dietrich von Bern* ni du *Meister Hildebrand*. »), voir A. Starck 2004, p. 5.

[364] S. Zfatman 1983, I, p. 122-123, Idem 1985, p. 11, et l'introduction de contes à la fin de la traduction des *Maximes des pères* par Anshel Lévi (J. C. Frakes 2004, p. 337-349). E. Timm (2004, p. XI-XIII) donne une vue succincte de la tradition narrative qui a précédé le *Ma'ése-buch* et de la façon dont elle nous a été transmise.

[365] E. Timm 2004, p. LIV.

et l'on retrouve les revenants et les loups-garous, que l'on rencontre fréquemment dans le folklore médiéval, jusque dans les hisoires pieuses inspirées du *Sefer Ḥassidim* (XIIᵉ-XIIIᵉ siècles) qui narre l'existence de rabbins mystiques de la région rhénane. Le *Ma'ǵe-buch*, recueil conçu à des fins édifiantes pour défendre et illustrer le mode de vie prescrit par la Torah, offre donc un fascinant mélange de récits hagiographiques anciens et récents, de légendes profanes et d'anecdotes historiques réinterprétées par la fantaisie populaire.

Tous ces textes attestent de la popularité du genre du conte dans la littérature yiddish ancienne mais ils témoignent aussi d'une phase de plus grande élaboration que l'on peut dater de la deuxième moitié du XVIᵉ siècle. Le caractère partiellement écrit de la diffusion des recueils que nous avons envisagés ne semble pas correspondre au mode de transmission des contes auxquels Lévita fait discrètement référence dans ses œuvres quelques décennies auparavant. De même, les destinataires de ces recueils ne sont pas tout à fait ceux que Lévita associait au genre du conte puisque ceux-ci étaient écrits avant tout pour des adultes. C'est ainsi que le prologue du *Ma'ǵe-buch* insiste sur l'importance de l'ouvrage comme instrument de connaissance des sources sacrées. Lévita, quant à lui, associe les contes aux enfants, aux nourrices, aux jeunes filles et il semble se référer à des récits oraux et folkloriques, à des histoires de princes et de trésors. Il fait probablement allusion à une tradition orale qui ne se trouve que partiellement reflétée dans les témoins yiddish de ce genre que nous ont transmis les manuscrits et les éditions anciennes[366]. Les contes semblent incarner à ses yeux le domaine du ludique, ce que l'on perçoit nettement dans l'épisode du *Boṽo Dantóne* où les enfants d'Órïon sont envoyés en otage chez l'ennemi de leur père et où, malgré les pleurs de leur mère et de tout le château, ils rient et croient partir en quête d'un trésor (*mézi'o* : *BD*, 419). Le modèle du conte

---

[366] On trouve peut-être un reflet de ces récits perdus dans une allusion du *Paris un Wiene*. Wiene est en désaccord complet avec son père quant à l'homme que celui-ci souhaite lui faire épouser. La jeune fille insiste sur sa fidélité à Paris et déclare (*PW*, 313) « *è ich ain andérn nem, wolt ich mich henkén / Jéhude un ' sein han werén nit gleich gèdenkén* » (« Plutôt que d'en prendre un autre, je préfère me pendre : / Yehuda et son coq n'auront pas la même opinion ! »). Il semble que cette dernière exclamation fasse référence à une fable animalière qui n'a pas été identifiée.

permet à Lévita d'accentuer certaines suggestions de ses sources italiennes, de les développer en imitant les habitudes narratives d'un genre alternatif.

Les premiers mots, et les premières octaves, du *Paris un Wiene* constituent ainsi une sorte d'ouverture en trompe-l'œil :

> *Es war ain mòlt ain künig ain reichén*
> *As di' mer di do an-hébén di' maidlich*
> [...]
> *Sein haibt-štàt was schön Win géhaišén*
> *In ain mònét kunt màn si nit um-kraišén*
>
> PW, 14

> Il était une fois un roi puissant,
> Ainsi commencent les contes des jeunes femmes,
> [...]
> Sa capitale était nommée la belle Vienne
> En un mois on n'en pouvait faire le tour.

La formule introductive « Es war ain mòlt » qui devait devenir l'ouverture canonique des contes n'était pas encore exclusive, ni même dominante à l'époque de Lévita mais son témoignage permet de voir qu'elle était déjà courante[367]. La fin de cette première octave avec son évocation fantasmagorique concernant les dimensions de la ville montre bien que le conte est, pour Lévita, le domaine de l'exagération et de l'invraisemblable.

Dans ce début de roman, c'est surtout le motif du couple privé d'enfants qui est élaboré avec soin[368]. Alors que la source italienne ne fait qu'évoquer ce thème en passant, Lévita s'arrête sur les difficultés rencontrées par la reine pour avoir un enfant tout au long de neuf strophes. Pourtant, le conte, que le poète utilise pour dévoyer les codes du roman de chevalerie, se trouve lui-même dévoyé par une tendance au réalisme (*PW*, 19 : les caprices de la femme enceinte), et au burlesque (*PW*, 21 : les remèdes de bonne femme des accoucheuses). De même, le dénouement du *Paris un Wiene*

---

[367] On la trouve par exemple, du côté allemand, dans trois chansons de l'*Ambraser Liederbuch* (1582) et, du côté yiddish, dans quelques histoires du *Ma'ése-buch* (1602) (134, 188, 193, 226).

[368] Ce motif est présent dans un très grand nombre de contes. Il suffit de songer à *La Belle au Bois Dormant* ou à *Raiponce*. Il est également présent dans le *Ma'ése-buch* (134).

serait conforme à une conclusion de conte puisqu'il s'arrête longuement sur le mariage des protagonistes, si le narrateur ne venait pas détruire cette impression d'équilibre par une féroce satire du mariage. Le conte est donc pour Lévita tout autant un modèle qu'un repoussoir, un trompe-l'œil qui fait, durant quelques strophes, passer un récit osé pour un conte pour enfants. La popularité du genre auprès des Juifs ashkénazes explique les références récurrentes du poète à une forme littéraire dont les conventions semblent bien définies et bien connues de ses lecteurs.

La relation de Lévita à l'égard des contes est à l'image de sa place dans la littérature yiddish ancienne. Très attentif à l'univers de référence de ses lecteurs, il s'arrange pourtant pour jouer avec les conventions dans une intention critique et parodique. Son projet de réécriture des romans de chevalerie italiens n'est pas, en son principe, différent de celui des poètes qui ont retravaillé le *Widuwilt*. Mais la forme et l'intention qu'il donne à cette réécriture sont entièrement autres. À l'opposé de ces auteurs anonymes, il ne se met pas au service de sa source mais il affirme une écriture individuelle où sa personnalité se fait sentir à chaque ligne. Or, cette attitude est directement héritée de la littérature italienne de la Renaissance, et en particulier d'un de ses terrains d'expérimentation favoris au tournant du XVe et du XVIe siècle : la littérature chevaleresque. Nous verrons que Lévita, en ce sens, est au moins autant un auteur italien qu'un auteur yiddish.

CHAPITRE III

EXPÉRIMENTATIONS CHEVALERESQUES EN ITALIE AU TOURNANT DU XVᵉ ET DU XVIᵉ SIÈCLE

Une centaine d'années avant la composition du don Quichotte, le roman de chevalerie a connu en Italie une première grande période de remise en question, d'interrogations, de réécritures. Aucun autre pays n'a connu un tel engouement de la part des plus grands écrivains de leur siècle. Si le roman de chevalerie a pu attirer des plumes aussi aguerries que celles de Pulci, Boiardo, l'Arioste, Folengo, Berni, Aretino, le Tasse, c'est qu'il a su sortir à la Renaissance du domaine de la simple production populaire pour devenir une matière noble, comparée par les critiques de l'époque à l'épopée antique. Moins intimidant sans doute que cette dernière, il offrait aux poètes une matière connue de tous mais correspondant déjà à une réalité chevaleresque qui n'avait plus aucune correspondance avec la réalité historique, et donnait donc libre champ aux réinterprétations les plus libres et les plus variées. C'est ainsi qu'une vieille tradition s'est vue entièrement remodelée par ces poètes, en fonction des préoccupations de leur temps et de leur tempérament particulier.

III.1. Maturité du roman de chevalerie italien et son rapport au comique

III.1.a. *Formation et physionomie de la matière chevaleresque en Italie et circonstances de sa réappropriation à la Renaissance*

Depuis le Moyen Âge, la vogue du roman de chevalerie était immense dans toutes les classes de la société[1]. Sa diffusion, assu-

---

[1] Pour l'histoire générale du roman de chevalerie en Italie, nous renvoyons en particulier à D. Delcorno Branca 1973 et à M. Villoresi 2000.

rée pendant des siècles par une importante production manuscrite à destination des classes aisées, et en particulier des familles régnantes comme les Este à Ferrare ou les Gonzague à Mantoue, était également forte auprès du peuple grâce aux chanteurs de rues, *canterini da panca*, qui montés sur un banc ou sur toute autre estrade improvisée, racontaient à la foule, contre rémunération, les aventures d'Orlando ou de Fioravante[2]. Le roman de chevalerie, importé de France en Italie aux XIIIe et XIVe siècles a connu un destin particulier de l'autre côté des Alpes. La matière de Bretagne qui relate les histoires d'Arthur et des chevaliers de la Table Ronde a traversé une période d'importante popularité jusqu'à la fin du XIVe siècle et l'Italie a connu une production propre de romans en français (considéré comme la langue la plus noble) et en italien. Au XVe siècle, la matière de France, qui narre les récits des chevaliers groupés à Paris autour de Charlemagne, l'emporte en popularité sur sa cousine celtique et se réserve dès lors la quasi-totalité des nouvelles créations.

La matière carolingienne s'est répandue dans le Nord de l'Italie, en partie grâce à l'invention d'une langue mixte, le franco-italien, adaptation progressive et spontanée des romans français aux auditeurs de la péninsule. C'est dans cette langue hybride que nous sont parvenus, de Lombardie et de Vénétie, certains des romans de chevalerie les plus importants pour l'histoire du genre en Italie, tels que la *Geste Francor* (qui contient une version de l'histoire de Bovo) ou *L'Entrée d'Espagne*. Mais c'est à Florence, au tournant du XIVe et du XVe siècle, qu'a lieu le moment décisif pour l'histoire du genre chevaleresque en Italie : la rédaction par Andrea da Barberino, dans une élégante prose toscane, de très longs cycles visant à réunir en un seul projet des récits jusqu'ici éparpillés, souvent en français, dans des romans divers. Les plus importants de ces cycles sont *I Reali di Francia* (6 livres) et le *Guerrin Meschino* (8 livres).

Andrea da Barberino était chanteur de profession (*cantatore*) près de l'église San Martino del Vescovo qui a été pendant des siècles le haut lieu de diffusion des récits chevaleresques à Florence. Mais il était surtout un collectionneur et un ordonnateur

---

[2] Sur les *cantari*, on consultera : E. Ragni 1973, p. 492-500 et Villoresi 2000, p. 37-45.

infatigable d'histoires qui proposa à la bourgeoisie florentine des versions de romans de chevalerie où elle pouvait reconnaître certaines de ses valeurs et de ses problèmes (réussite individuelle, goût de l'aventure, trahisons sentimentales). Il contribua à donner aux récits chevaleresques italiens la physionomie qu'ils devaient garder jusqu'aux grandes créations qui révolutionneront le genre un siècle plus tard, et qui n'oublieront pas une partie de ses leçons narratives.

Car les grandes recettes du *romanzo cavalleresco* sont alors fixées : les paladins de France, victimes de la perfidie de Gano di Maganza qui a l'oreille bienveillante de Charlemagne, doivent se défendre contre les attaques de rois païens. Partis dans leur jeunesse jusqu'aux confins de la chrétienté, ils tombent amoureux de princesses païennes qui sont prêtes à se convertir pour eux. Après maintes péripéties, ils rentrent en France et défont sur le champ de bataille les manigances des traîtres, en aidant Charlemagne à se défendre contre les infidèles. Ce type de canevas se répète dans la plupart des romans de chevalerie du XVᵉ siècle, en prose ou en *ottava rima*. Car c'est aussi vers l'époque d'Andrea da Barberino que s'impose cette strophe, déjà employée par Boccace dans sa *Teseida*. Composée de huit hendécasyllabes rimant *abababcc*, elle aura dès lors le monopole des *cantari* et plus tard, des grands *romanzi cavallereschi* devenant un signe distinctif du genre chevaleresque en Italie. Pour la prose comme pour les vers, l'imprimerie profitera, dès ses premières années, de cette vogue et contribuera à l'étendre permettant une pratique plus démocratique de la lecture de ces romans[3].

C'est donc dans ce contexte de vaste diffusion et de fixation conventionnelle du genre que le roman de chevalerie se voit réinvesti par un certain nombre d'écrivains, personnalités représentatives de la Renaissance italienne, à des fins esthétiques inconnues jusqu'alors. Le roman de chevalerie est mûr, à la fin du XVᵉ siècle pour une réinterprétaion, ou plutôt, une série de réinterprétations radicales. Celles-ci auraient pu ne pas avoir lieu, comme en France, où le roman de chevalerie, tout aussi stéréotypé et ancien qu'en

---

[3] On ne compte pas moins d'une centaine d'incunables consacrés aux divers romans de chevalerie. Voir : A. Montanari 2005.

Italie, a relativement peu été revisité par la littérature élevée[4]. Ce fait pourrait surprendre, d'autant plus que la matière de ces romans est française, dans son origine littéraire et dans la thématique nationale qui y est traitée. On peut sans doute l'expliquer par la division de l'Italie à l'époque en une multitude de cours qui menaient, entre elles, une concurrence pour leur propre glorification à travers les arts. Or, le roman de chevalerie offrait une matière idéale à la représentation de l'héroïsme et à la création de généalogies mythiques pour les seigneurs. Par conséquent, ce champ a été massivement investi par la littérature qui fleurissait dans le giron des cours seigneuriales.

On peut dire qu'entre les années 1460 et 1540, le *romanzo cavalleresco* fait figure de défi et de grand projet pour un très grand nombre de créateurs de premier rang ou de talents plus modestes. Élia Lévita a, de plein droit, sa place dans la première catégorie mais il faut insister sur deux importantes particularités de la position du poète yiddish à l'encontre de ses grands contemporains Arioste, Folengo ou Berni.

La première concerne les destinataires de son œuvre. Tous les écrivains italiens de la période avaient comme dédicataires et comme patrons des membres des familles aristocratiques au pouvoir en Italie du Nord. Pulci, à Florence, écrit pour Lucrezia Tornabuoni la mère de Laurent le Magnifique et la composition du poème a probablement été liée à des préoccupations de politique extérieure concernant les rapports de la Florence des Médicis avec la France[5]. Boiardo dédie son poème au duc de Ferrare Ercole I d'Este, et l'Arioste au cardinal Ippolito d'Este. Dans un but encomiastique, l'Arioste lie deux personnages essentiels du récit, Ruggero et Bradamante, dont le mariage constitue le point d'orgue du poème, à la fondation de la famille ducale. Folengo, poète mantouan, place naturellement son *Baldus* sous le patronage des Gonzague. L'Arétin dédie son *Angelica* à Marie d'Aragon, la marquise del Vasto.

---

[4] On peut, bien sûr, mentionner Rabelais, mais le roman de chevalerie n'est chez lui qu'un genre parmi les nombreux genres qu'il détourne dans son œuvre foisonnante (et il est dans sa relecture du roman de chevalerie bien sûr très influencé par ses prédécesseurs italiens Folengo et Pulci).

[5] M. Davie 1998, p. 14.

Ainsi, l'écriture des romans de chevalerie italiens de cette époque est inséparable de la vie et de l'horizon de lecture des cours italiennes. Ils sont écrits dans un dialogue constant avec des lecteurs privilégiés de l'aristocratie tels Laurent le Magnifique, pour Pulci, ou Isabelle d'Este, pour l'Arioste. Les bibliothèques des Gonzague et des Este regorgeaient de romans de chevalerie, car la passion pour le genre était ancienne dans ces villes, et les auteurs proches de ces cours pouvaient y puiser largement pour la composition de leurs poèmes[6]. Comme nous l'avons vu, Élia Lévita a lui aussi connu la vie de cour, mais celle-ci rejaillit sur ses travaux d'hébraïste, non sur sa carrière de poète yiddish. Les poèmes qu'il compose le sont à partir de romans publiés sous forme de livres populaires et sont destinés à un public exclusivement juif. Même s'il faut prendre avec précaution la dédicace conventionnelle du *Boṽo Dantòne* aux femmes, où le poète affirme publier son ouvrage pour les divertir le jour du Shabbat, il reste certain que les destinataires des poèmes de Lévita sont à chercher dans toutes les couches sociales des quartiers juifs d'Italie et de la diaspora ashkénaze.

Le deuxième point qui distingue Lévita des auteurs italiens concerne l'attention portée à la poésie chevaleresque. Le *Morgante*, l'*Orlando innamorato*, l'*Orlando Furioso* et même le *Baldus* sont des œuvres qui ont été écrites au long de plusieurs décennies. Poèmes fleuves, ils concentrent l'essentiel des efforts de leurs auteurs, réduisant leurs autres écrits au statut d'œuvres secondaires. Élia Lévita a consacré un an au *Boṽo Dantòne* en 1507 (*BD*, 649), et même s'il a retravaillé le poème trente-quatre ans plus tard avant son impression, sa dimension reste limitée. Nous ne connaissons ni la date, ni les conditions d'élaboration du *Paris un Wiene* mais il est fort comparable dans ses dimensions, et dans ses techniques d'écritures, au poème précédent. On ne trouve pas chez Lévita la logique expansive et accumulative du roman de chevalerie italien qui fait de chaque œuvre un poème-monde. Cette ambition plus modeste est également liée au fait qu'il ne s'inscrit en rien dans la logique cyclique des romans consacrés à la matière de France.

---

[6] Voir les différents inventaires publiés de ces bibliothèques : P. Girolla 1923, p. 30-72 et A. Cappelli 1889, p. 1-30.

À ces différences près, Élia Lévita entre pleinement dans la logique du *romanzo cavalleresco* de la Renaissance dont l'un des traits dominants est la large part qu'il accorde au sourire et au rire. Nous nous proposons d'en tracer ici les grandes caractéristiques qui n'apparaîtront cependant clairement que dans l'analyse respective de chacune des œuvres.

III.1.b. *Formes du rire dans le* romanzo cavalleresco

Le genre se caractérise avant tout par sa propension à réécrire et à réinterpréter tantôt des textes précis, tantôt un ensemble de textes caractéristiques du genre chevaleresque. Nous sommes ici face à une littérature du palimpseste sous toutes ses formes. Lorsque G. Genette publiait en 1982 son ouvrage sur la littérature au second degré, il n'accordait pas grande attention à ce moment de la littérature italienne où une grande partie des options de réécritures qu'il définit ont été expérimentées. Le critique s'arrêtait surtout sur le cas de l'*Orlando Furioso* en ce qu'il constitue une suite de l'*Orlando innamorato*, qui par son succès foudroyant a durablement éclipsé le poème antérieur[7]. Cependant, les deux poèmes consacrés à Roland, qui eux-mêmes réinterprètent avec plus ou moins d'ironie la tradition chevaleresque des cycles carolingiens et bretons, ont été à l'origine d'une grande abondance de réécritures : Folengo, l'Arétin, Lévita écrivent sur le modèle ou contre le modèle de l'Arioste.

De fait, ces romans de chevalerie explorent quasiment toutes les alternatives définies par Genette entre le travestissement burlesque, le poème héroï-comique, la parodie ou la parodie mixte[8]. Il est vrai que la distinction entre les genres nobles et

---

[7] G. Genette 1982, p. 269-270. Genette trouvait amer le destin du poème de Boiardo qui, prolongé, refait, oublié, n'a jamais vraiment été considéré pour lui-même. Depuis qu'il a écrit ces lignes, les recherches sur Boiardo ont connu un important regain. Comme le lecteur contemporain est moins sensible à la force poétique de l'Arioste (ce que Genette notait lui-même, p. 275) le grand poète italien est devenu, lui aussi, l'apanage des spécialistes.

[8] Voir en particulier le tableau que Genette propose à la p. 198. Le travestissement burlesque consiste avant tout à faire agir et s'exprimer des personnages nobles comme s'ils appartenaient aux classes populaires, et le poème héroï-comique consiste au contraire en la relation sous forme épique des aventures insignifiantes de personnages bas. Genette préconise une définition étroite du terme

les genres bas n'était pas aussi tranchée à la Renaissance qu'à l'époque classique et que c'est donc à cette dernière période que les phénomènes décrits par Genette apparaissent avec le plus de netteté et dans leur plus grande pureté. Il n'en reste pas moins qu'il convient de nuancer son affirmation selon laquelle le travestissement burlesque serait « une pratique "parodique" qui semble avoir été inconnue de l'Antiquité classique et du Moyen Âge, une des authentiques innovations de l'âge baroque. Ce ne fut d'ailleurs qu'un feu de paille, aussi vite éteint qu'allumé[9] ». Et il convient aussi bien de nuancer ses propos concernant le poème héroï-comique auquel il accorde un destin aussi éphémère et qu'il qualifie de « genre-comète[10] ».

Ces thèses ne tiennent que si l'on donne des deux genres une définition extrêmement étroite, où le texte qui fait l'objet d'une réécriture est unique et très connu. Des textes médiévaux peuvent déjà difficilement être définis autrement que comme des travestissements burlesques : il en va ainsi d'une étrange parodie de chanson de geste de la fin du XIIe siècle : l'*Audigier* qui, conservant la forme et les grands thèmes du genre épique, présente une vision du monde scatologique où les chevaliers baignent dans les excréments[11]. Les œuvres chevaleresques de la Renaissance italienne,

---

« parodie » : pour qu'il y ait parodie, il faut que soit écrit à nouveaux frais, et pour le dégrader, un texte sérieux qui soit à peine modifié par l'opération parodique. Il nomme « parodie mixte » une réécriture comique d'un texte dont le caractère élevé n'est, au départ, pas univoque et donne l'exemple d'*Harnali*, réécriture d'*Hernani*. Dans cette expression même, il n'est pas fidèle à sa définition étroite du terme parodie. Nous emploierons ce mot dans son sens générique de réécriture comique ou satirique, d'un texte ou d'un ensemble de textes (définissant des conventions fixes) dans le but de faire profiter aux lecteurs, connaissant le texte original, de l'amusement lié au processus de déformation.

[9] *Ibid.*, p. 78.

[10] *Ibid.*, p. 190.

[11] O. Jodogne 1960, p. 495-526. Voir aussi l'article de Ch. Chalumeau (2011, p. 55-71) où la qualification de parodie est interrogée. Paul Zumthor 1972 (p. 104) a bien montré que : « La tradition médiévale est assez puissante pour intégrer sa propre contestation. La densité de ses réseaux associatifs permet en effet d'innombrables jeux de parodie qui constituent l'une de ses constantes [...] ». De fait, le Moyen Âge présente une foule de réécritures comiques de motifs chevaleresques. On peut mentionner la tradition allemande héritée de Neidhart (XIIIe siècle) qui propose une parodie du *Minnesang* (chant d'amour courtois) en confrontant un chevalier avec des paysans et en le plaçant dans la situation de séduire une jeune paysanne. L'une de ses plus complexes illustrations se trouve dans le long poème *Der Ring* de Heinrich Wittenwiler (env. 1400) où des passages didactiques

quant à elles, n'obéissent pas à une qualification générique stable : le *Baldus* tient du travestissement burlesque lorsqu'il présente de façon comique le tournoi des meilleurs chevaliers organisé à Paris et l'*innamoramento* de Baldovina et de Guido (I, 99-233) et il tient du poème héroï-comique lorsqu'il relate avec une emphase teintée de ridicule les combats de deux paysannes de Cipada, Berta et Laena (VI, 256-349). Ces variations mêmes montrent que le modèle chevaleresque devient un espace de jeu qui admet une vaste gamme de formes de réécriture. C'est donc avant tout sous l'angle de ces recréations que nous aborderons l'histoire du roman de chevalerie italien de la Renaissance, car cette approche nous permettra de mieux saisir la place et l'originalité de Lévita.

Comme ces lignes, ainsi que l'ensemble de notre travail, s'appuieront sur l'emploi de nombreux termes ayant trait au comique, il nous faut préciser brièvement dans quel sens nous les employons. Nous essaierons de ne pas leur accorder de signification trop étroite, car la littérature joue sur une infinité de nuances qui se prêtent mal à une conceptualisation trop stricte. On trouve des marques d'humour, d'ironie, de burlesque dans presque toutes les œuvres que nous allons étudier comme dans l'œuvre d'Élia Lévita. Mais chacun de ces auteurs montre une prédilection particulière pour telle ou telle de ces formes.

alternent avec des situations amoureuses et guerrières grotesques (auxquelles participent même Dietrich von Bern et Hildebrand), le tout représenté dans le décor d'un village de paysans idiots nommé « Lappenhausen ». Voir E. Wiessner 1931 et Ü. Gaier 1968, en particulier p. 186-214. Dans la littérature italienne, nous avons déjà mentionné des cas de parodies explicites du *dolce stil novo*. La parodie est toujours présente à l'horizon de la poésie comique-réaliste depuis le XIIIᵉ siècle, mais elle s'incarne en particulier dans la *pastorella* qui, là encore, utilise un décor campagnard pour détourner les conventions de l'amour courtois, voir L. Brestolini-P. Orvieto 2000, en particulier p. 99-126. Cela nous permet de souligner un point important : pendant toute la fin du Moyen Âge, la parodie reste guidée par des conventions génériques et thématiques assez strictes, concernant en particulier les classes sociales mises en scène (paysans, prostituées), tandis qu'à la Renaissance, ces catégories se dissolvent au fur et à mesure (sauf chez certains auteurs tels Folengo) et la parodie en vient à concerner toutes les classes et tous les thèmes même les plus élevés (la noblesse, la religion). Voir P. Eichel-Lojkine 2002, en particulier p. 37-44 et p. 139-142, où l'auteure travaille à une définition de la parodie plus adaptée à l'époque de la Renaissance.

L'ironie littéraire a été adéquatement définie par P. Hamon comme l'art de développer un mode d'écriture « oblique [12] ». Cette métaphore spatiale, qui s'appuie sur l'expression « porter un regard oblique », a l'intérêt de ne pas cantonner l'ironie à une définition trop étroite, comme l'était celle de la rhétorique classique qui, s'appuyant sur l'exemple de l'antiphrase, voyait dans l'ironie un discours qui sous-entendait le contraire de ce qu'il exprimait. P. Hamon souligne que l'ironie, au niveau linguistique, fonctionne avant tout par *mention* (en s'appropriant un discours étranger) et par *scalarisation* (en modifiant la tonalité de ce discours, en le tirant vers le « plus » ou vers le « moins ».) Cette définition a aussi le mérite de ne pas limiter trop étroitement l'objet ou la source de l'ironie. L'ironie peut porter aussi bien sur un discours précis que sur un texte, un genre, un trait de caractère ou une réalité du monde. La parodie, du moins lorsqu'elle est discrète, comporte ainsi de nombreux points communs avec l'ironie puisque son texte recouvre un second texte en supposant sa reconnaissance et en exagérant certains traits distinctifs. L'ironie est avant tout pragmatique : elle vise à créer une connivence avec le destinataire du discours, ou de l'œuvre, et à exclure ceux qui ne savent pas saisir adéquatement son message. Elle s'oppose essentiellement au sérieux, ou plutôt à la gravité, et suppose l'existence d'un interlocuteur fictif, que l'on peut dénommer le tiers, ou le naïf, et qui sera justement incapable de saisir l'ambivalence du discours.

La fameuse ironie de l'Arioste s'exerce parfois à travers des déclarations directes du poète comme dans la célèbre exclamation « *O gran' bontà dei cavallieri antiqui* [13] » (*OF*, I, 22) que l'on peut être tenté d'entendre dans son sens premier quand on la rencontre au début du roman mais que la suite du poème nous apprend rapidement à regarder avec plus de suspicion. Mais elle s'exprime tout autant par des effets de structure, par la contradiction des actions successives des personnages, par la distance qui existe entre leurs intentions déclarées et leurs actions. Les exemples sont innombrables et nous en analyserons quelques-uns dans la suite de notre travail : Ruggiero est fou amoureux de Bradamante qu'il doit épouser, mais il cède aux tentations des femmes trop appétissantes

---

[12] P. Hamon 1996.
[13] « Ah ! La grande bonté des anciens chevaliers ! »

et trop dévoilées qu'il rencontre sur sa route. Rodomonte jure de ne plus jamais céder aux pièges des femmes après la trahison de Doralice et devient bientôt l'agresseur d'Isabelle avant de se faire son chevalier servant après sa mort. Même les enchanteurs ne sont pas à l'abri de cette ironie diffuse de l'auteur, comme l'a parfaitement noté Pirandello, et il n'est pas rare que les sortilèges inventés par Atlante ou par Malagigi se retournent contre eux[14]. L'ironie de l'Arioste n'apparaît jamais aussi clairement que lorsqu'il devient ainsi un enchanteur d'enchanteurs. C'est au rang des procédés ironiques structuraux qu'il faut également ranger la transformation finale du narrateur amoureux en célibataire endurci chez Lévita.

Comme l'a bien noté Jankélévitch qui définissait l'ironie comme un « art d'effleurer », l'ironie suppose une disposition d'esprit qui annule l'effet impératif des instincts et des passions[15]. L'ironiste observe les mouvements du cœur avec le détachement serein de qui ne connaît pas la fatalité. Il arrive à l'Arioste, comme à Lévita, de décrire des scènes pathétiques, comme celle de l'abandon d'Olimpia dans l'*Orlando Furioso* (*OF*, X) ou celle de la séparation des amants dans le *Paris un Wiene* (*PW*, 350-364), mais alors l'ironie disparaît complètement de la voix du conteur, pour réapparaître plus criante dès que ces scènes s'achèvent. La passion et les larmes ont bien sûr laissé leur impression sur le lecteur, mais le sentiment général reste celui de la légèreté des motifs impérieux qui guident nos actions.

La définition de l'humour a occasionné au moins autant de controverses que celle de l'ironie. Dans un ouvrage un peu oublié, où il accorde un long et brillant chapitre au problème du comique dans le *romanzo cavalleresco*, Luigi Pirandello s'en prenait aux définitions édulcorées de ce concept qui, à ses yeux, finissaient par permettre au mot « humour » de désigner quasiment toutes les formes de comique[16]. Il s'attachait au contraire à en défendre une définition étroite voyant dans l'humour littéraire une faculté extrêmement rare, trouvant ses racines dans la structure psychique de l'auteur qui le pousserait à associer en permanence le rire et

---

[14] L. Pirandello 1908, p. 109.
[15] V. Jankélévitch 1964, p. 30.
[16] L. Pirandello 1908, p. 65-120.

les larmes, à ancrer toute vision comique dans un sentiment de son contraire. Pour cette raison, il refusait au *romanzo cavalleresco* toute prétention à l'humour nommant son rapport au sourire et au rire « ironie comique ».

Nous voyons, dans cette tentative, l'inconvénient d'une approche trop abstraite, trop conceptuelle du problème du rire. La notion d'ironie comique est à la fois trop large et trop étroite pour qualifier les multiples nuances que revêt la gaieté dans le roman de chevalerie italien, et dans son héritier yiddish. Pour cette raison, moins sévère et plus pragmatique que Pirandello, nous ferons un usage fréquent du concept d'humour dans nos analyses de textes chevaleresques. Il désigne pour nous une forme de comique émanant d'une voix bien identifiable (souvent la voix de l'auteur) et qui reflète sa capacité à représenter des événements précis d'une manière inattendue ou à émettre des réflexions surprenantes mais pertinentes. Dans ce sens, l'humour apparaît fréquemment dans le *romanzo cavalleresco*. Mais il apparaîtra d'autant plus nettement que l'inversion qu'il effectue n'est pas systématique. Les parodies radicales de l'Arétin sont moins propices à l'humour que des textes mi-comiques mi-sérieux où le facteur de la surprise peut intervenir. C'est ce surgissement soudain du comique, à un moment où l'on peut entendre la voix de l'auteur, ou du moins supposer une inspiration de l'auteur provoquée par la situation qu'il décrit, qui constituent, à nos yeux, le fondement de l'humour. Lorsque Lévita apparaît, sous son nom, au milieu de la scène de sexe du chevalier et de la princesse, c'est un trait d'humour joint à un effet burlesque.

La définition du burlesque, tel que nous l'entendons, paraît plus facile à présenter. Il offre une représentation grotesque, exagérée, de la réalité et recourt volontiers à la dislocation ou à la déformation du corps et aux allusions au bas corporel, au sexuel et au scatologique. Ce qui caractérise avant tout le burlesque, c'est sa grossièreté volontaire, mais une grossièreté stylisée, mesurée afin de répondre aux fins esthétiques que se sont posées les auteurs. Son efficacité pour déclencher le rire sera sans doute mieux comprise si nous utilisons certains concepts que Freud utilisait, à d'autres fins, pour définir le mot d'esprit[17]. Le burlesque, en

---

[17] S. Freud 1992.

dévoilant ce qui devrait normalement être caché, lève une inhibition. Il délivre le corps, mais aussi la langue, car nous plaçons dans la catégorie du burlesque l'usage d'un langage vulgaire ou dégradé. Notre définition du burlesque fait donc un usage très différent des concepts freudiens que celui qu'en faisait Freud lui-même à l'égard du mot d'esprit. Notre définition ne correspond, en partie, qu'à ce que le père de la psychanalyse nommait l'esprit « qui déshabille » qu'il ne faut pas entendre seulement au sens physique mais aussi au sens moral comme un dépassement soudain des limites que le « bon goût », c'est-à-dire la norme sociale, impose.

À l'opposé des concepts précédents, nous faisons, dans nos analyses des romans de chevalerie un usage parcimonieux du terme « carnavalesque » au sens où l'entendait M. Bakhtine. Il nous semble que le critique russe lui donne une extension et une signification sociale plus forte que ce que les textes nous donnent à voir et nous sommes loin d'être certain qu'il s'applique adéquatement à l'ensemble de l'œuvre de Rabelais[18]. De nombreux usages du « bas corporel » ne sauraient être compris comme étant liés au sursaut d'une culture populaire qui se libérerait des canons et des exigences de la culture officielle[19]. Comment l'œuvre savante d'un Immanuel de Rome, pour donner un exemple de la littérature juive, peut-elle être éclairée par cette dichotomie, elle qui fait si souvent intervenir la sphère vitale (la sexualité, la scatologie) ?

M. Bakhtine est éclairant dans son analyse de la réception de Rabelais à travers l'histoire. Il y présente la façon dont l'évocation de telles réalités est plus ou moins bien tolérée par les écrivains, comme par les lecteurs, à travers les siècles. La Renaissance est une période qui, surtout dans un cadre comique, permet le dévoilement du corps et de ses fonctions vitales jusque dans les œuvres les plus ambitieuses. Cela ne signifie pas pour autant que ces œuvres ne choquaient pas. L'Arétin n'est-il pas tombé en disgrâce à cause de ses *Sonneti lussuriosi* inspirés par les gravures explicites de Giulio Romano ? Mais la disgrâce ne fut pas longue et force est de constater, au vu de la pasquinade *Hamavdil* de Lévita ou

---

[18] M. Bakhtine 1982.

[19] Le sens que M. Bakhtine donne à ce terme nous semble d'ailleurs assez vague.

de certains poèmes de Joseph Sarfati, que l'obscénité était alors mieux tolérée qu'elle ne le serait aujourd'hui même. Faut-il voir à ces libertés une origine populaire ou en faire le témoignage d'une liberté propre au peuple dans l'expression libre que lui offre le carnaval ? Nous ne le pensons pas. Les *Sonetti lussuriosi* ont bien peu en commun avec la culture du carnaval. L'œuvre de Lévita, quant à elle, en est plus imprégnée.

Tout en prenant des précautions avec l'aspect systématique du modèle d'explication bakhtinien, on peut suivre le critique russe dans sa vision d'un réalisme grotesque qui reflète non pas un simple défoulement ou une rupture momentanée d'un ordre qui en sortirait conforté mais une véritable affirmation vitale et productive qui s'appuie sur le pouvoir générateur de la nature et sur une vision positive des réalités corporelles. Il y a dans les moments burlesques que nous rencontrerons chez Folengo ou chez Lévita, l'expression d'une confiance joyeuse dans les élans du corps exprimée hors de toute visée critique.

Pour conclure cette analyse préliminaire des formes du comique et des notions que nous utiliserons pour le désigner, nous souhaitons rappeler la définition que Bergson donnait du rire, non parce qu'elle fournirait un modèle explicatif valable pour tous les cas que nous rencontrerons mais parce qu'elle permet de saisir un procédé comique souvent employé par les romans de chevalerie[20]. Bergson définissait l'origine du rire dans la conscience d'une mécanisation intempestive du vivant. L'homme, comme d'ailleurs l'ensemble des organismes vivants, mais à un degré supérieur, ne voit pas son action fixée par des lois systématiques à l'instar des phénomènes du monde physique. Mais il devient comique lorsqu'au lieu de s'adapter à son environnement, son action continue en ligne droite comme si elle était mue par une force insensible. Cela peut se produire dans les cas les plus divers : au moment d'une chute physique, dans l'aveuglement d'une passion, lorsque les actions ou les paroles d'un individu se répètent à la façon d'une horloge. Cette définition conduit Bergson à proposer une série de modèles de mécanisation dont la plupart sont empruntés à des jeux d'enfants : le pantin à ficelles, la diable à ressort, la boule de neige.

[20] L. Bergson 1924.

Or, cette idée de mécanisation nous semble capable de verser quelque lumière sur des caractéristiques centrales des *romanzi cavallereschi* de la Renaissance. Nous serons amené à utiliser à plusieurs reprises la métaphore de la marionnette ou du pantin pour désigner le sort des chevaliers sous la plume des écrivains. Ceux-ci jouent avec leurs personnages de diverses manières : d'abord en leur ôtant toute nuance, en grossissant leurs caractères et leurs gestes comme le font souvent Pulci, Folengo, l'Arétin ou encore Lévita dans le *Boṽo Dantṑne*. Dans ce roman, la transformation des personnages en pantins déréglés et disproportionnés peut même être vue comme le principe directeur de l'écriture. Mais l'auteur peut aussi donner le sentiment qu'il contrôle ses personnages, qu'il ne leur laisse aucune liberté. Son narrateur fait entendre sa voix de façon constante, ne laissant jamais s'installer, ou alors pour bien peu de temps, l'illusion référentielle, et empêchant l'empathie des lecteurs de s'exercer à l'aide de l'ironie. C'est là un principe essentiel chez l'Arioste bien sûr, mais aussi chez Lévita dans le *Paris un Wiene*.

Nous sommes persuadé que ces notions deviendront plus claires par l'usage que nous en faisons en analysant les textes. Nous commencerons donc par ceux du *romanzo cavalleresco* italien en présentant d'abord celui qui est traditionnellement vu comme le rénovateur du genre : Luigi Pulci. Chronologiquement, il est en effet le premier à faire entrer le roman de chevalerie dans la sphère de la littérature élevée, ne se contentant plus de reprendre, de compiler, d'adapter des textes anciens, mais les transformant radicalement pour les adapter à un projet esthétique tout autre. Une dizaine d'années après Pulci, Matteo Maria Boiardo met en chantier son grand poème, l'*Orlando innamorato*, qui ouvre une nouvelle voie à la rénovation du roman de chevalerie, moins critique, reposant au contraire sur l'enrichissement systématique du patrimoine chevaleresque par le mélange des cycles carolingien et breton, par la nouvelle priorité accordée à la thématique amoureuse et au merveilleux, par la création d'un sentiment de légèreté lié à l'entrelacement rapide d'actions variées. C'est la rénovation proposée par Boiardo que l'Arioste porte à la perfection dans les premières décennies du XVIᵉ siècle. Nous étudierons dans un deuxième temps cette « voie maîtresse » du roman de chevalerie que tous les auteurs qui se frottent au genre doivent désormais prendre en compte. Enfin, nous verrons que le modèle ariostéen est aussi celui qui provoque les contestations les plus virulentes, les réécritures les plus critiques et les plus comiques et nous aborderons dans un dernier temps ce que nous nommerons le roman de chevalerie échevelé tel qu'il apparaît sous la plume de Teofilo Folengo et de l'Arétin.

III.1.c. *Luigi Pulci et son* Morgante, *ou l'art de la réécriture semi-comique*

Luigi Pulci (1432-1484) s'empare de la matière chevaleresque à un moment où Florence est donc le centre majeur pour la production populaire des romans de chevalerie et où les Médicis entendent utiliser cette tradition littéraire pour glorifier leur pouvoir et favoriser leurs rapports avec la couronne de France[21]. Pulci est au service des Médicis pour qui il remplit diverses tâches d'ordre domestique ou politique, et il se lie très tôt au jeune Laurent avec qui il entretient une intéressante et vive correspondance nourrie par des goûts littéraires communs. Parmi ces passions partagées, on note un fort penchant pour le carnavalesque et le populaire qui se traduit notamment dans les *canti carnascialeschi*, chants carnavalesques composés à l'occasion de célébrations publiques. Pulci rivalisait dans ce genre, et dans d'autres, avec Laurent, avec Poliziano, et avec d'autres poètes de la cour des Médicis.

Mais dans l'atmosphère de plus en plus raffinée et humaniste qui caractérisait la Florence des années 1470-1480 où s'imposait petit à petit la philosophie néo-platonicienne de Marsile Ficin, Pulci a peu à peu fait figure de marginal en raison de son esprit corrosif et sceptique, porté à l'invective et à la caricature. Il est entré, au cours de ces années, dans de violentes querelles, échangeant avec Matteo Franco des sonnets aigrement satiriques, raillant les académiciens de l'école ficinienne. Cette période de sa

---

[21] M. Villoresi 2000, p. 97-109. L'œuvre de Pulci n'est que l'une parmi une série d'œuvres composées à partir de 1460 visant à glorifier la figure de Charlemagne : la *Vita Caroli Magni* de Donato Acciaiuoli, la *Carlias* d'Ugolino Verino, le *Ciriffo Calvaneo* de Pulci lui-même et de son frère Luca, complétée à la fin du siècle par Bernardo Giambulliari. Si les œuvres latines remplissent bien leur rôle laudatif, les œuvres de Pulci présentent au contraire, malgré leurs déclarations de bonnes intentions, une image dégradée du souverain.

vie a donc été assombrie par une certaine disgrâce aux yeux du pouvoir. Son esprit original et son goût pour les exploits linguistiques apparaissent clairement dans les lettres qu'il a adressées à Laurent le Magnifique, signe que le travail qu'il mènera sur le roman de chevalerie provenait d'une tendance profonde de son esprit[22]. Sa manière de rire des catastrophes est caractéristique d'une fantaisie souvent qualifiée de bizarre et d'excentrique. Il décrit la scène suivante à son protecteur dans une lettre de 1472 :

Erano hoggi in questa terra circa 200 donne et huomini et frati a vigilare una donna intirizzata. Rupesi un santo palco e rovinò in su un altro, e andoronsene così tutti insieme insino al fondo, et fu un fracasso maximamente di donne, che così vi fussi stata mógliama ! [...] É stato un trionfo et cosa parte da piagnere parte da ridere[23].	« Il y avait aujourd'hui en ce lieu environ deux cents femmes, hommes et religieux venus pour veiller une dame rigidifiée. Une sainte estrade se rompit et s'effondra sur une autre, tous furent ainsi précipités jusqu'au fond, et ce fut un grand dégât en particulier de dames. Si seulement ma femme avait pu en être ! [...] Cela a été un triomphe et une chose moitié à faire pleurer, moitié à faire rire. »

L'humour noir et l'utilisation d'un langage populaire agrémenté de saillies comiques (« *intirizzata* », « *mogliama* ») sont les signes de marque de l'auteur florentin et ils joueront un rôle essentiel dans sa réinterprétation du roman de chevalerie.

Pour comprendre la façon dont Pulci retravaille les romans tels qu'ils étaient chantés sur les places de Florence, il faut tenir compte à la fois de l'atmosphère brillante de compétition littéraire qui prévalait à la cour de Laurent le Magnifique (car c'est pour ce milieu aristocratique que le *Morgante* a d'abord été composé), et du pli original du caractère de l'auteur qui modèle son esthétique sur l'esprit citadin, populaire, anti-classique répandu dans la Florence du XVᵉ siècle depuis Burchiello. Le grand historien romantique de la littérature italienne, De Sanctis, écrivait sur Pulci dans sa monumentale *Storia della letteratura italiana* publiée en 1870 : « *Piglia il romanzo come lo trova per le vie*[24] »

---

[22] Voir en particulier P. Orvieto 1978, p. 213-243 et P. Orvieto 1986, p. 158-190.

[23] L. Pulci 1984, p. 974.

[24] F. de Sanctis 1965, p. 395.

(« Il prend le roman comme il le trouve dans les rues ») et, par ces mots, il entendait avant tout souligner le caractère naïf et schématique de la narration, la répétition d'épisodes stéréotypés multipliables à l'infini, qui mêlent le sérieux et le bouffon et se soucient fort peu d'héroïsme. Mais il ne savait pas que sa phrase était vraie dans un sens beaucoup plus littéral.

En effet, un an plus tôt, en 1869, Pio Rajna venait de découvrir le texte qui, selon toute vraisemblance avait servi de modèle direct à Pulci dans la composition de son poème. Il nomma ce texte le *Cantare d'Orlando* en s'inspirant d'une allusion que Pulci lui-même fait à sa source dans le *Morgante* (XIX, 153). C'est un roman de chevalerie en *ottava rima* divisé en 60 chants qui comporte toutes les caractéristiques de la production populaire de la Florence d'alors, et qui correspond, par moments presque littéralement aux 23 premiers chants du *Morgante*[25]. La critique a été depuis lors assez mal à l'aise sur le statut à accorder à ce texte. Même si l'analyse de Rajna, qui voyait dans le *Cantare d'Orlando* l'indéniable point de départ du *Morgante*, a pendant longtemps emporté l'adhésion des interprètes de Pulci, il faut attendre 1958 et le travail de D. de Robertis pour que soit entreprise une analyse comparative systématique des deux textes[26]. Cependant, dans les dernières décennies, le rapport des deux textes a été de nouveau plusieurs fois remis en question. Pour des raisons chronologiques, et notamment parce que le manuscrit retrouvé par Rajna est assez tardif, datant plus ou moins de la même époque que la composition du *Morgante*, on a proposé qu'un troisième texte, en vers ou en prose, avait pu être la source commune du poème de Pulci et du *Cantare d'Orlando*[27]. Ces hypothèses sont pourtant problématiques étant donné le nombre d'endroits où les deux textes sont identiques mot pour mot. L'idée d'une source commune en prose est particulièrement à exclure puisqu'un grand nombre de rimes correspondent parfaitement. L'idée enfin qu'il serait pos-

---

[25] P. Rajna 1869, p. 7-35, p. 220-252, p. 353-384. Le texte a été édité par J. Hübscher 1886.

[26] D. de Robertis 1958.

[27] Cette hypothèse est celle de P. Orvieto 1989 (p. 145-152). La supposition qu'il existerait un hypotexte en prose est de M. Villoresi 2000, p. 128.

sible d'inverser le rapport entre les deux textes, idée selon laquelle le *Cantare d'Orlando* aurait été écrit à partir du *Morgante*, paraît des plus étranges. Dans quel but un auteur aurait-il délibérément gommé tous les passages les plus réussis du poème, que ce soit du point de vue de la langue, des images, de la conception des scènes, ou de la nouveauté des idées ?

Si les chercheurs semblent si attachés à laver Pulci du soupçon de « plagiat », cela pourrait être lié au désir, conscient ou inconscient, de faire correspondre l'œuvre du poète italien à une conception moderne de l'inventivité littéraire, où la création du contenu, de la fiction, est au moins aussi cruciale que la forme du poème, si elle ne prime pas sur elle. Comme on l'a déjà vu, une telle conception n'a pas de signification à la Renaissance mais elle était solidement installée au XIXe siècle. C'est pourquoi Rajna notait le risque de dévaluation littéraire du *Morgante* que pouvait entraîner sa découverte du *Cantare*, et il prenait d'infinies précautions pour convaincre ses lecteurs du rapport d'interdépendance entre les deux textes : « *Il Pulci deve acconciarsi a lasciare il vanto di rinnovatore della nostra epopea cavalleresca per quello, senza paragone piü umile, di rifacitore d'un poema composto da altri*[28]. »

Le travail littéraire de Pulci aurait donc, en particulier dans les 23 premiers chants de son poème, revêtu un caractère assez mécanique, le poète s'appuyant toujours sur sa source pour développer ses inventions, ne s'en écartant jamais très longtemps et la retrouvant après chaque incartade comme on retrouve un guide indispensable. Cependant, considérer ce travail comme mécanique, c'est ne pas saisir le travail permanent d'interprétation et d'élaboration qu'il suppose, l'inventivité dans la lecture autant que dans l'écriture : que ce travail se déroule dans des bornes déterminées n'enlève rien à son pouvoir d'innovation. Ce mode de composition est, pour nous, particulièrement significatif car il correspond à celui que Lévita a mené à partir des romans italiens à cette nuance près que Pulci effectuait un travail au sein de la langue italienne, tandis que Lévita traduisait en yiddish tout en adaptant.

---

[28] P. Rajna 1869, p. 8 : « Pulci doit donc se contenter de perdre le titre de rénovateur de notre épopée chevaleresque pour celui, sans comparaison plus modeste, d'adaptateur d'un poème composé par autrui. »

Dans l'un et l'autre cas, le roman populaire définit, au moins partiellement, pour le poète le point de départ et les limites de son champ d'action : il est la matière première et l'origine de l'inspiration. Les suggestions de la source se trouvent plus ou moins élaborées, plus ou moins raffinées en fonction du goût que l'auteur ressent pour telle ou telle scène.

Le poème sur lequel se fonde Pulci est assez différent des sources de Lévita, par sa longueur bien sûr, mais aussi parce qu'il suppose une connaissance des habitudes narratives du genre, en particulier des rôles traditionnels joués par les personnages : Orlando, le héros pur et invincible, Gano, le traître, Rinaldo, le chevalier impulsif et séducteur, Charlemagne, le vieux roi indécis, Malagigi, l'enchanteur plaisantin. Les épisodes divers semblent être accumulés *ad libitum*, selon les habitudes des chanteurs de rue, prêts à fournir de nouvelles aventures en suivant toujours les mêmes recettes : vastes déplacements géographiques jusqu'en Orient, sièges de villes, combats contre des monstres et des géants, duels de paladins, amours avec de belles païennes, tempêtes et naufrages. Traditions médiévales qui, fixées par une pratique séculaire, ont acquis un pouvoir d'évocation immédiate et permettent une reconnaissance facile par le public des circonstances du récit.

Une attention suivie n'est guère nécessaire face à un récit quasiment dépourvu d'intrigue unifiée[29]. Cette structure explique l'existence de répétitions presque littérales dans la narration : Pulci décrit ainsi longuement la façon dont les perfides Mayençais tentent de mener Astolfo à la potence (*M*, XI), puis plus brièvement mais sans grand changement, la façon dont Ricciardetto subit le même sort (*M*, XII)[30]. Il reste particulièrement proche de

---

[29] La narration de Pulci reprend de nombreuses séries de modules fixes employés dans la littérature médiévale, en particulier des descriptions conventionnelles (de femmes, de chevaux, de pavillons). Ces traditions sont analysées dans P. Orvieto qui présente également l'écriture du poète comme marquée d'un esprit médiéval dans sa façon d'opposer à des *types* des *contre-types* fondés sur l'inversion systématique. Voir P. Orvieto 1978, p. 106-170.

[30] La scène de la pendaison d'Astolfo est justement l'un des ajouts les plus remarquables du premier *Morgante*. Le fait que l'auteur n'a pas senti le besoin, en retrouvant sa source, de supprimer la scène de la pendaison de Ricciardetto, qui faisait alors double-emploi, montre bien que la forme répétitive de l'original ne gênait pas Pulci. Voir M. Davie 1998, p. 41-51.

sa source dans les premiers chants mais la dépendance à l'égard du *Cantare d'Orlando* est continue jusqu'au chant XXIII, sauf pour quelques épisodes comme celui, très célèbre, de Margutte. Du point de vue narratif, on peut noter une différence significative entre le travail de Pulci et celui de son prédécesseur car le personnage du géant a acquis une importance qu'il n'avait pas à ce point dans la source : Morgante réapparaît ainsi dans les chants XVIII à XX alors que le géant disparaissait de la source beaucoup plus tôt pour ne plus revenir. Les cinq derniers chants, que l'on désigne souvent sous le nom de second *Morgante*, suivent une autre inspiration qui remonte à la *Chanson de Roland* (à travers des adaptations italiennes telle la *Spagna*[31]) et narrent les batailles de Charlemagne en Espagne, sa retraite précipitée et l'épisode calamiteux de Roncevaux jusqu'à la mort d'Orlando.

C'est surtout le premier *Morgante* qui nous intéressera ici car il offre l'opportunité de rentrer dans l'officine du poète, d'observer quel a été le labeur quotidien de Pulci, octave après octave, pour élaborer sa source. Nous verrons ainsi que le travail entrepris par l'auteur italien est parfaitement comparable à celui que Lévita réalisera, une trentaine d'années plus tard, à partir du *Buovo d'Antona* italien. Les passages totalement indépendants du *Cantare d'Orlando* ne couvrent pas plus d'un cinquième du premier *Morgante*[32]. La proximité se fait souvent sentir au sein même de la strophe. Pulci fait de l'octave un cadre de référence à l'intérieur duquel doit se dérouler son travail de réinvention. C'est ainsi que J. Hübscher, l'éditeur du *Cantare d'Orlando* a pu indiquer strophe après strophe les correspondances de son texte avec le *Morgante*. Même si ces indications ne doivent pas être considérées de façon trop rigide, car les changements se font parfois à un niveau plus élevé, elles permettent de naviguer entre la source et le poème et d'effectuer un travail de comparaison nécessaire à

---

[31] M. Catallano 1939-1940.

[32] D. De Robertis (1958, p. 35, n. 1) énumère les épisodes les plus importants. Ils sont d'ampleur et de significations variées. Le plus important est l'épisode de Margutte suivi de la prise de Babylone par Morgante (269 octaves). D'autres ne couvrent qu'une dizaine de strophes. Il y a ainsi une demi-douzaine d'ajouts significatifs.

la compréhension de la création chez Pulci dans cette partie du *Morgante*[33].

Le premier souci du poète florentin est d'augmenter la variété et la richesse du langage, évitant les nombreuses chevilles employées par le poète anonyme, en particulier à la rime, les remplaçant par des inventions verbales de son cru, souvent remarquables par leur lexique populaire et leur qualité sonore, par le recours à des proverbes ou à des images frappantes. Il lui arrive aussi de préciser des scènes, d'ajouter des détails comiques, de dynamiser les dialogues. Réagissant aux suggestions du texte qu'il a sous les yeux, il se livre à une sorte d'improvisation permanente, laissant libre cours à son goût du lexique dialectal ou jargonnant, de la fantaisie verbale et de la plaisanterie.

Pour analyser les méthodes de réécriture de Pulci, nous pouvons prendre comme exemple le premier épisode dans lequel le poète fait preuve d'une liberté notable à l'égard de sa source : celui du château enchanté (*M*, II, 19-41). Il s'agit de l'un de ces nombreux épisodes clos sur eux-mêmes, sans lien quelconque avec l'intrigue globale et qui ne vaut donc que comme une aventure divertissante de faible ampleur. C'est aussi l'un des rares épisodes merveilleux du *Morgante* qui évoque davantage les conventions narratives liées à la matière de Bretagne que celles associées à la matière de France. Le récit est exactement le même dans les deux textes : Orlando et Morgante arrivent dans un palais désert richement meublé où les tables sont dressées et où ils font festin avant de se mettre au lit. Au réveil, il leur est impossible de sortir du lieu. Après trois jours d'errance, ils arrivent dans une salle où une voix sortie d'un tombeau les provoque au combat. La pierre soulevée, un démon surgit et empoigne Orlando. Morgante intervient avec le battant de cloche qui lui sert d'arme, force le démon à rentrer dans sa tombe et celui-ci leur explique qu'ils ne pourront sortir

---

[33] La correspondance entre le *Bovo Dantone* et sa source répond à la même logique même si Lévita s'appuie moins que Pulci sur l'architecture des strophes dans sa source italienne. Chez Pulci, on trouve souvent, dans les premiers chants, des correspondances littérales au début et à la fin des strophes. Le poète italien a tout de même tendance à remanier certaines scènes plus amplement que le poète yiddish.

du lieu que si le géant est baptisé. Orlando s'exécute et le château enchanté disparaît.

L'arrivée au château est décrite par Pulci en suivant de près les suggestions de sa source. La liste des mets exposés dans la salle à manger est directement calquée sur le texte de référence avec quelques légères corrections d'ordre linguistique et stylistique : « *Quivi vivande è di molte ragioni : / Pavoni e starne e leprette e faggiani / Cervi e conigli e di grassi capponi, / E vini ed acqua per bere et per mani*[34]. » (*M*, II, 24) Mais alors que la source présentait la réaction de Morgante devant cette abondance comme un simple bâillement causé par la faim (« *E'l gigante, vedendo le vivande / Subito fece uno sbaviglio grande*[35] »), Pulci utilise le même verbe pour créer une image comique, appuyée sur une expression de son invention qui condense bâillement et dévoration : « *Morgante sbadigliava a gran bocconi*[36] », avant d'ajouter un vers qui résume, par une antithèse expressive et efficace, l'immense appétit des compagnons : « *e furno al bere infermi, al mangiar sani*[37]. » Cette strophe illustre parfaitement la façon dont Pulci est capable de rester très proche de sa source tout en produisant, avec une grande économie de moyens, des effets inattendus.

L'utilisation d'expressions idiomatiques, voire idiosyncratiques (propres au seul écrivain dans son goût des figures fantasques), joue un rôle essentiel dans l'enrichissement du texte d'origine. Lorsque les deux compagnons décident de partir le lendemain de leur festin, Pulci suggère qu'ils s'en vont sur la pointe des pieds, comme des voleurs, alors que la source se contente de décrire

---

[34] « Il y avait là des mets de nombreuses sortes : / Des paons, des perdrix, des levrauts, des faisans / Des cerfs, des lapins, et de gras chapons / Des vins et de l'eau pour boire et pour les mains. » Voici l'énoncé de la source (*CO*, III, 24) : « *Elle vivande v'avevano di più raggioni / Pavoni e starne ellepri e faggianj / Cervi, conigli e grassi caponi / Pane bianco e buoni vini sani.* » Seul le quatrième vers montre une réelle variation : « Du pain blanc et de bons vins sains. »

[35] « Et le géant, voyant ces mets / Eut aussitôt un grand bâillement. »

[36] « Morgante bâillait à grandes bouchées ».

[37] « Et pour ce qui est du boire, ils furent malade, et pour ce qui est du manger, ils furent sains. » La traduction ne fait pas justice à la brièveté de l'italien. Pour éclairer pleinement le sens de ce vers extrêmement condensé, il faut le paraphraser : ils burent beaucoup comme boivent les malades et mangèrent beaucoup comme mangent les hommes sains. Ce vers se présente comme un trait d'esprit puisque la même idée (celle d'une grande consommation) est portée par deux métaphores inverses.

leur vaine tentative pour sortir (« *Volendo Orlando trovare el destrieri / Brievemente la porta non trovava*[38] », *CO*, III, 27). L'auteur du *Morgante* développe le comique de la situation en dépeignant ses deux héros comme de mauvais hôtes d'auberge, gloutons et inconsidérés, qui s'enfuient sans payer la note : « *E credonse andar come ermellini / Né per far conto l'oste si chiamava / Che lo volean pagar di bagattini*[39]. » (*M*, II, 25). Pulci est un maître de l'expression imagée multipliant les figures d'une façon particulièrement ludique. C'est ici d'abord l'antiphrase portée par la comparaison des héros avec des hermines, censées symboliser l'innocence, puis l'expression populaire « *pagar di bagattini* », le *bagattino* étant une monnaie vénitienne de faible valeur symbolisant ici, par métaphore, l'absence de paiement. Les figures s'enchaînent les unes aux autres, s'emboîtent les unes dans les autres.

Morgante analyse la situation d'enfermement assez platement dans le poème anonyme[40]. Chez Pulci, les mêmes considérations donnent lieu à un échange d'une extrême vivacité entre le géant et Orlando, et à une suite d'images éloquentes : « *Noi smaltiremo, Orlando, la minestra / Ché noi ci siam rinchiusi e inviluppati / Come fa il brucco su per la ginestra – / Rispose Orlando : – anzi ci siam murati*[41] » (*M*, II, 27). La digestion de la soupe, évoquée par le géant, peut être comprise au sens propre, puisque les compagnons ont fait riche chère dans le palais, mais également au sens figuré : les bons vivants doivent payer pour le plaisir reçu. Quant à l'image du ver à soie, il rabaisse les deux chevaliers autant qu'il évoque efficacement le sentiment d'une absence d'issue.

Le dialogue entre les deux compagnons a déjà quelques nuances comiques dans le *Cantare d'Orlando* : Orlando s'étonne de

---

[38] « Orlando voulant trouver son destrier / Ne trouva pas en peu de temps la porte. »

[39] « Et ils pensent s'en aller comme des hermines [innocemment] / L'on n'appela pas l'hôte pour faire les comptes / Car ils voulaient le payer en petite monnaie [pas du tout]. »

[40] *CO*, III, 28 : « [...] *Noi siamo assediati / Parmi che tutti quanti siamo murati.* » (« [...] Nous sommes assiégés / Il me semble que nous voici entièrement murés. »)

[41] « Nous allons digérer la soupe, Orlando, / Car nous nous sommes enfermés et emberlificotés / Comme le ver à soie accroché au genêt. – / Orlando lui répondit : – Nous nous sommes plutôt murés. »

l'absence d'habitants dans le château et Morgante lui répond qu'il n'en a cure puisqu'il a pu se remplir la panse (*CO*, III, 26). Cette suggestion donne lieu chez Pulci à une suite de saillies et de plaisanteries entre les deux compagnons (*M*, II, 21-23) : Orlando dit craindre un piège qui viserait à les prendre par la gueule comme des grenouilles. Morgante, peu soucieux de ces pressentiments, commence à « raisonner avec les dents », et se propose de faire main basse sur toutes ces richesses car, dit-il, quand il s'agit de voler, il est disposé à porter un château. Orlando regarde l'appétit du géant comme un remède propre à « purger le palais » et se met lui-même à « travailler de la mâchoire ». Et lorsqu'Orlando, une fois conscient d'être enfermé dans un lieu enchanté, se demande si tout cela n'a pas été un rêve (*M*, II, 28), Morgante lui répond que, du moment qu'il était éveillé en mangeant, il lui importe peu que le reste ait été rêvé. Plaisanteries, métaphores burlesques, expressions vives et elliptiques : la source, tout en étant suivie de très près, est métamorphosée en profondeur.

Au-delà de l'expression populaire et personnelle de Pulci, un nouvel univers culturel commence à trouver place dans les vers du roman de chevalerie[42]. Alors que les références des *canterini* étaient stéréotypées et relevaient d'une culture médiévale qui ne sortait guère de l'univers même des romans de chevalerie, Pulci n'hésite pas à faire entrer dans ses strophes des allusions aux classiques ou aux grands modèles italiens : à Boccace, à Pétrarque, à Dante[43].

---

[42] Le mot « populaire » pourrait induire en erreur. Dans son ambition et dans sa destination, c'est bien sûr le *Cantare d'Orlando* qui appartient à la littérature populaire en tant que poème créé par un auteur anonyme pour un vaste public d'auditeurs souvent illettrés séduits par une narration stéréotypée. La langue et le vocabulaire de ce poème sont en réalité plus compassés et, dans l'ensemble, plus soutenus que chez Pulci. Cependant, l'auteur de la cour de Laurent le Magnifique est populaire dans le sens où il emploie un langage ostensiblement parlé, dialectal voire jargonnant, obéissant à une tendance excentrique. Le caractère populaire de la langue de Pulci est, même si cela peut paraître un paradoxe, savamment construit comme l'est celui de la langue de Céline pour prendre un exemple contemporain. Si bien qu'il est évident que bon nombre des expressions qu'il emploie, qui peuvent apparaître comme glanées dans la rue, sont en réalité le produit artificiel du laboratoire poétique de l'écrivain.

[43] Sur la distinction des univers de référence de Pulci et de l'anonyme nous pouvons renvoyer à ce qu'en disait. P. Rajna qui proposait comme exemple la description d'Antea (M, 99 et sq.), ainsi que l'épisode dont il est ici question : P. Rajna 1869, p. 232-234. Le rapport de Pulci avec les grands auteurs du *trecento* a été plus récemment étudié par C. Marinucci 2006.

Les réminiscences de la *Divine Comédie* sont particulièrement fréquentes. C'est ainsi que Morgante, invité par la voix qui sort du tombeau, décide d'aller soulever la pierre en précisant : « *ed escane Cagnazzo e Farferello / O Libicocco col suo Malacoda*[44]. » (*M*, II, 31). La nomenclature des démons est directement tirée de *L'Enfer* (XXI, 119-123).

Et, une fois l'aventure achevée et le château disparu, Morgante se lance dans un monologue vantard et burlesque (*M*, II, 37-40), pure invention de Pulci qui s'éloigne ici notablement de sa source. Le géant dit vouloir suivre l'exemple d'Orphée et descendre en enfer. Il veut s'y rendre pour y faire subir mille outrages aux démons : couper la queue de Minos, peler la barbe de Caron et faire courir Belzébuth plus vite qu'un dromadaire. Les fanfaronnades du géant donnent à Pulci l'occasion de faire à nouveau défiler les créatures dantesques héritées de l'Antiquité mais dans une perspective bouffonne. En inspirant à Morgante l'envie de trouver l'entrée de l'Enfer, Pulci se donne en réalité un prétexte pour faire une incursion dans l'œuvre de Dante et la mettre, le temps d'une octave, sens dessus dessous. Orlando rappelle alors son compagnon à la raison par une suite de proverbes et d'expressions imagées : « *Quando tu puoi, Morgante, ir per la piana / Non cercar mai né l'erta né la scesa / Né di cacciar la testa in buco o in tana*[45] [...] » (*M*, II, 41). C'est par la sagesse populaire qu'Orlando répond aux tarasconnades fantastiques du géant. La chute est digne de l'épisode puisque le merveilleux et l'au-delà perdent chez Pulci toute dimension inquiétante ou fascinante pour être traités avec pragmatisme et nonchalance par les deux compagnons rieurs.

Toute cette scène montre la façon dont burlesque et langage populaire cohabitent avec la culture classique chez le poète florentin sans pour autant que l'intertextualité aille beaucoup plus loin que l'évocation ponctuelle de textes antiques ou du *trecento* : citation de noms, de phrases ou d'expressions, allusions mythologiques. Encore la référence dantesque est-elle, dans la scène que

---

[44] « Même si doivent en sortir Cagnazzo et Farferello / Ou Libicocco avec son Malacoda. »

[45] « Quand tu peux, Morgante, aller par une route plane / Ne va pas chercher la montée ou la descente / Ni chercher à fourrer la tête dans un trou ou une grotte [...] ».

nous venons d'analyser, imprégnée de l'atmosphère burlesque du reste de l'épisode, ce qui n'est pas toujours le cas dans le *Morgante* qui ne manque pas de passages sérieux. Pulci fait prononcer de longues plaintes à Rinaldo en pur style pétrarquiste lorsqu'il est, au chant XV, en proie aux souffrances de l'amour. Dans l'épisode où Astolfo est conduit à la potence (XI, 56-101), Pulci multiplie les références aux Évangiles et à la Bible afin que le parcours du personnage vers l'échafaud soit lu comme une passion christique. Ces quelques épisodes peuvent être vus comme des détournements passagers de la matière de l'*Orlando* vers des sujets plus élevés, procédé qui sera plus fréquent dans les cinq derniers chants du *Morgante* (le « second » *Morgante* : sortie d'Égypte de Rinaldo à l'aide du démon Astarotte sur le modèle détourné de la sortie du peuple d'Israël, réflexions métaphysiques dans le cadre de la polémique de Pulci avec les ficiniens).

Chez l'auteur italien, les œuvres classiques ne viennent pas guider la narration, comme ce sera parfois le cas chez Boiardo et chez l'Arioste, elles servent simplement de miroir où le récit populaire du *Cantare d'Orlando* vient se refléter. Et lorsque Pulci quitte plus longuement le fil conducteur du récit chevaleresque, c'est pour introduire, sous forme de parenthèses, des personnages hautement originaux et personnels tels l'espiègle demi-géant Margutte (XVIII, 112-XIX, 152), ou le démon Astarotte, astrologue et théologien (XXV, 119-XXVII, 88) qui reflètent les fantaisies et les croyances peu orthodoxes de l'auteur le temps de monologues brillants, comiques et capricieux. Mais comme le contenu du récit est, pour l'essentiel, d'emprunt, l'invention de Pulci est surtout concentrée sur la langue : c'est la manière de dire qui fait la force du *Morgante* au point qu'on a pu nommer Pulci un funambule de la parole[46].

Parmi les techniques employées par le poète pour déchaîner la parole, pour la faire sortir de ses cadres habituels, plusieurs sont clairement apparues dans l'épisode du château enchanté : effets sonores (rimes riches ou inattendues, paronomases, allitérations), effets de sens (enchaînement d'expressions idiomatiques ou de

---

[46] L'expression se trouve chez M. Villoresi 2000 (p. 118) mais on trouve également l'adjectif « funambulesco » chez P. Orvieto 1978, p. 171.

proverbes, comparaisons, métaphores), effets de scène (par l'introduction de détails permettant d'heureuses descriptions et de vifs dialogues). Il convient de noter que toutes ces techniques sont également utilisées, comme nous le verrons, par Lévita dans l'élaboration de ses sources. La recherche d'expressivité et d'efficacité dans une veine burlesque et populaire a conduit les deux auteurs à des innovations stylistiques comparables. Les jeux sonores de Pulci ont souvent un but imitatif, comme lorsque la sorcière Creonta meurt tandis qu'on brûle une statue à son effigie :

Ella si storce, rannicchia e raggruppa,	Elle se contorsionne, se regroupe, se recroqueville,
Poi si distende come serpe o bisce,	Puis s'étend comme un serpent ou un aspic,
Poi si raccoglie e tutta s'avviluppa ;	Puis se replie et s'enveloppe entièrement,
Ella si graffia e percuote e stridisce.	Elle se griffe, se frappe et pousse des cris.

M, XXI, 76

C'est l'accumulation de verbes aux caractéristiques sonores communes (préfixe *ra-*, assonances, abondance des consonnes occlusives) qui fait de cette scène une scène décrite au moins autant pour l'ouïe que pour la vue. L'agonie de la sorcière est ici assimilée à celle d'un serpent d'où l'importance des verbes à connotations animales (« *rannicchia* », « *graffia* », « *stridisce* »).

Mais les jeux sonores n'ont pas toujours chez Pulci un but expressif : il arrive qu'ils soient gratuits comme si la phonétique des mots réclamait soudain son indépendance à l'égard de leur sémantique, comme si le son en venait à dominer le sens. À la toute fin du premier *Morgante*, Rinaldo arrive dans la maison d'un ermite. Pulci se lance alors, de but en blanc, dans une strophe entièrement construite sur le principe ludique de la paronomase :

La casa cosa parea bretta e brutta,	La maison semblait laide et hideuse,
Vinta dal vento, e la natta e la notte	Vaincue par le vent. La couverture de jonc et la nuit
Stilla le stelle, ch'a tetto era tutta ;	Distillait les étoiles, car c'était là le seul toit.
Del pane appena ne dètte ta' dotte.	Il ne donna du pain que quelquefois.

M, XXIII, 47

Le jeu a ici une dimension gratuite. La maison insignifiante de l'ermite, n'appelait en rien ce soudain caprice sonore, ce jeu sur le langage qui évoque les expérimentations que menaient en France à la même époque les Grands Rhétoriqueurs. Le poète florentin se permet de tels amusements, sans égards parfois pour la tonalité dominante du récit.

Il lui arrive ainsi de faire rimer les six premiers vers de ses octaves par des sonorités quasiment identiques, mais pas tout à fait, respectant ainsi la règle de l'alternance ababab. Cela crée une sorte de monorime en trompe l'œil qui résonne de façon obsessive et comique. Cet effet sonore ne surprend pas quand la scène est elle-même comique : ainsi, lorsque Morgante, luttant contre Manfredonio, se lance dans la mêlée et se trouve tout percé de flèches :

Egli era come a dare in un pagliaio	Le viser, c'était comme tirer sur une meule de paille,
E gia tutto forato come un vaglio	Et, déjà tout troué comme un tamis,
E' si volgeva come un arcolaio	Il se tournait comme un rouet
A' saracin che faceano a sonaglio[47].	Sur les Sarrasins qui jouaient à colin-maillard.
M, VII, 43	

La proximité entre les rimes en -*aio* et en -*aglio* vient renforcer l'image burlesque de ce géant, comparé à divers objets domestiques, qui se livre à une guerre évoquant les jeux d'enfants. Mais lorsque le même effet sonore est produit au milieu de la scène de la montée d'Astolfo sur l'échafaud, il semble bien que Pulci se laisse entraîner par la suggestion sonore sans prêter attention au fait qu'il détourne pour un moment son lecteur du pathétique de cet épisode christique :

Ma il manigoldo tuttavia punzecchia	Mais le bourreau le moleste encore,
Ed or col piede, or col pugno lo picchia	Le frappe tantôt avec le pied, tantôt avec le poing
Quando nel volto e quando nell'orecchia ;	Parfois sur le visage et parfois sur l'oreille ;
E pure Astolfo meschin si rannicchia.	Aussi le pauvre Astolfo se recroqueville-t-il.
M, XI, 92	

Cette fois, ce sont les rimes en -*ecchia* et en -*icchia* qui alternent comiquement, renforcées par de remarquables séries d'allitérations et d'assonances, dans un parfait contraste avec les tragiques événements racontés. La langue de Pulci a sa liberté, sa logique

---

[47] Nous traduisons le mot par le plus proche équivalent français de ce jeu enfantin. Voir *Acc. Crusca*, I, p. 814, « sonaglio ».

propre. Elle se laisse aller à des caprices, gratuits en apparence, mais qui en réalité font beaucoup pour rendre perceptible la présence du poète tout au long du *Morgante*. L'auteur y revendique le droit de se livrer à des acrobaties verbales selon son bon caprice.

Comme Lévita, mais pour des raisons différentes qui n'ont rien à voir avec des préoccupations philologiques, Pulci était un collectionneur de mots : il a même composé un petit lexique d'argot[48]. Sa passion des mots exotiques, des expressions figées et des proverbes se laisse percevoir tout au long du poème. Et, là encore, Pulci ne se refuse pas certains tours de force, enchaînant les proverbes de façon ludique, plus pour montrer son habileté à les manier que par un souci d'illustrer le sens. Ainsi, quelques strophes après celle que nous avons citée dans laquelle Pulci décrivait Morgante percé de flèches par les ennemis, Orlando exprime de la façon suivante ses doutes sur l'attitude de tête-brûlée du géant :

Tanto andata sarà la capra zoppa,	La chèvre boiteuse sera allée si loin,
Che si sarà ne' lupi riscontrata.	Qu'elle finira par rencontrer les loups.
Questa sua furia alcuna volta è troppa ;	Sa furie est parfois trop grande,
E fece pure inver pazza pensata	Et il a eu en vérité une idée folle
D'ardere un campo come un po' di stoppa,	De vouloir brûler un camp comme un peu d'étoupe.
E come a' topi far colla granata ;	Et donner un coup de balai comme on fait avec les souris.
Ma il topo sarà egli in questo caso,	Mais la souris, dans ce cas-là, ce sera lui,
Al cacio nella trappola rimaso.	Restée dans le piège près du fromage.
M, VII, 46	

Outre l'aspect burlesque de ce géant transformé successivement en chèvre et en souris, c'est ici l'enchaînement des proverbes qui s'affiche comme un morceau de bravoure. Pulci démontre ainsi sa connaissance des adages populaires tout en associant des expressions ordinaires d'une manière calculée et savante.

Au-delà des effets sonores et sémantiques, Pulci raffine le *Cantare d'Orlando* en rendant les scènes plus éloquentes par l'ajout de détails ou de vifs dialogues. Nous avons déjà évoqué les

---

[48] Le *Vocabolarietto di lingua furbesca* se trouve édité, à la suite d'octaves en argot, dans S. Bongi 1886, p. 171-174.

plaisanteries échangées par Orlando et Morgante dans l'épisode du château enchanté. Parmi les scènes où de nombreux détails ont été ajoutés par le poète florentin, nous pouvons choisir comme exemple, dans le premier chant, celle où Morgante rapporte au monastère des sangliers et de l'eau. Pulci y introduit une tonalité satirique à l'égard des moines, selon une tradition déjà fort ancienne, et anime la scène de notations concrètes ayant trait à la vie monacale et à la nourriture :

CO, II, 25-26

Veggendo Orlando el baron caricato
Del porcho grasso e di quella acqua frescha
A ridar cominciò el baron nomato
Et sì dicea : e non mostra che t'increscha.
I monaci l'anno tosto iscarricato
Dicendo ridendo : tu rechi dell'escha
Il modo tutto il gigante dicea,
Orlando coll'abate ongnun ridea.

Di quei porci facevan molta festa
E ferne lessare e arostire
Elle vivande vi fuorono molto a sesta,
Come raconta el mio cantare e dire.

Orlando voyant le baron chargé
Du gras sanglier et de cette eau fraîche
Commença à rire, cet illustre baron,
Et il dit ainsi : « Tu n'as pas l'air d'avoir de regrets ! »
Les moines l'eurent bientôt déchargé
Et disaient en riant : « Tu apportes la pitance. »
Le géant raconta comment cela s'était passé.
Orlando et l'abbé riaient tous les deux.

Ils se réjouissaient beaucoup de ces sangliers
Et les firent cuire et rôtir.
Il y avait largement assez de nourriture
Comme le raconte mon chant et mon récit.

M, I, 65-67

Orlando, che 'l vedea tornar sì tosto
co' porci morti e con quel vaso pieno,
maravigliossi che sia tanto forte ;
così l'abate ; e spalancan le porte.

I monaci, veggendo l'acqua fresca,
Si rallegrorno, ma più de' cinghiali,
Ch'ogni animal si rallegra dell'esca ;

E posono a dormire i brevïali.
Ognun s'affanna, e non par che gl'incresca,
Acciò che questa carne non s'insali
E che poi secca sapessi di vieto ;
E le digiune si restorno addrieto.

E ferno a scoppiacorpo per un tratto,
E scuffian che parean dell'acqua usciti,
Tanto che 'l can se ne doleva e 'l gatto,
Ché gli ossi rimanean troppo puliti.

Orlando qui le vit revenir si tôt
Avec les sangliers morts et le récipient plein
S'étonna beaucoup de le voir aussi fort,
L'abbé également, et ils ouvrirent grand les portes.

Les moines, voyant de l'eau fraîche,
Se réjouirent, mais plus encore des sangliers
Car tout animal se réjouit à la vue de la pitance.
Ils laissèrent dormir les bréviaires.
Tout le monde se donna du mal, et ils n'eurent pas l'air de regretter
Que l'on ne salât pas cette viande
De sorte que, sèche, elle eût eu un goût de rance.
Ils laissèrent derrière eux les jeûnes.

Ils mangèrent pendant un moment à s'en crever la panse
Et s'empiffrèrent comme s'ils sortaient de l'eau.
Au point que le chien et le chat en avaient de la peine
Car les os qu'ils laissaient étaient trop propres.

Cet exemple nous permet de voir la façon dont Pulci s'appuie sur sa source à bien des niveaux mais il met également en évidence que, même lorsqu'il reprend exactement les mêmes mots (« *esca* », « *incresca* »), il les charge d'une nouvelle signification : l'utilisation par les moines dans la source du terme « *esca* » (« nourriture ») est transformée en notation satirique par Pulci qui explicite le fait que ce mot s'emploie, à l'origine, pour les animaux. En lieu et place de la présentation maladroite de la joie de la compagnie dans l'*Orlando* (le verbe « rire » n'apparaît pas moins de trois fois dans la strophe 25 ; « *el baron nomato* » est une cheville évidente pour la rime de même que le vers : « *Come raconta el mio cantare e dire* »), Pulci introduit une remarquable variété dans sa description de la scène par une série de notations concrètes tirées pour certaines de l'univers monastique : les portes grand ouvertes pour laisser passer le géant et sa charge, les bréviaires laissés en « sommeil », la viande qu'on ne salera pas, les jeûnes oubliés, les chats et les chiens attristés par la rareté des reliquats du banquet. Ainsi, les moines se trouvent-ils animalisés non seulement par le vers en forme de sentence : « *Ch'ogni animal si rallegra dell'esca* », mais aussi par la concurrence des bêtes de la maison qui auraient souhaité lécher les os qu'ils ont eux-mêmes trop bien polis.

Face à l'alternance simple, dans la source, de brèves phrases de récit et de brèves interventions au discours direct, Pulci montre une grande maîtrise de la syntaxe, en introduisant indirectement les pensées des moines sur le goût rance de la viande salée, ou encore en créant un effet de surenchère grâce à des hyperbates (« *ma più de' cinghiali* », « *e 'l gatto* »). Il ménage ainsi autant d'effets de surprises en renforçant le sentiment d'abondance et de débordement dans cette scène gargantuesque. Enfin, il a ajouté à sa source des notations satiriques héritées de la poésie comique médiévale en insistant sur la piètre piété des moines (bréviaires et jeûnes oubliés) et sur leur gloutonnerie. Toute cette narration est menée dans une tonalité populaire (« *a scoppiacorpo* », « *scuffian* ») renforcée par l'usage de mots dialectaux (*vieto* pour *vecchio*) et d'expressions idiomatiques imagées (*uscir dell'aqua*). Le monde de ces moines gloutons en ressort bien plus vivant que dans le poème anonyme.

Le travail de Pulci est donc réellement celui d'un relecteur, d'un adaptateur, d'un interprète, ce qui ne diminue en rien la créativité de son écriture. On peut même dire, à la suite de Domenico de Robertis, que la sécurité que le poète tirait de sa source, la certitude qu'il avait de la retrouver après ses moments d'inspiration débridée, était la condition de possibilité de ses coups d'éclats : le caractère figé et stéréotypé de l'*Orlando* exigeait de la part du poète de la cour des Médicis des écarts permanents, linguistiques ou thématiques, afin de lui donner variété et intérêt[49].

Nous avons insisté sur cette première réécriture du vieux genre chevaleresque dans l'esprit de la Renaissance car elle rencontre en

---

[49] D. de Robertis 1958, p. 79. De nombreux textes de Pulci sont des réécritures à tendance parodique. On pensera, par exemple, à la façon dont sa *Beca*, pastorale burlesque, reprend la *Nencia*, texte déjà comique mais moins grotesque longtemps attribué à Laurent le Magnifique. Le goût prononcé pour la littérature parodique à la cour du prince médicéen explique en partie la prédilection de Pulci pour ce type d'écriture.

bien des points le travail qu'Élia Lévita a effectué, quelques décennies plus tard, sur le *Buovo d'Antona* et, dans une moindre mesure, sur le *Paris e Vienna*. Si l'on ne peut pas dire que Pulci ait profondément révolutionné le genre, car il reste trop dépendant des vieilles recettes du *romanzo cavalleresco*, la distance, l'amusement permanent avec lesquels il lit le roman populaire et son goût pour le burlesque et pour l'expression populaire sont à l'origine d'une manière qui fera des émules parmi les poètes les plus anticonformistes du début du siècle suivant, tels Folengo et l'Arétin. Mais, entre-temps, le genre aura subi une véritable refondation, une profonde redéfinition à travers la création de deux poètes : Boiardo et l'Arioste. C'est à cette voie maîtresse du *romanzo cavalleresco* de la Renaissance que nous allons nous intéresser à présent.

III.1.d. *La refondation du* romanzo cavalleresco *par Boiardo et par l'Arioste*

Boiardo

Au moment où Pulci faisait imprimer la première édition du *Morgante* (avant 1478), un autre poète s'était lancé depuis plusieurs années dans un projet de roman de chevalerie de grande ampleur qui devait redessiner en profondeur la conception du genre en Italie. C'est en effet au cours des années 1470 que Matteo Maria Boiardo (1441-1494) entreprend la composition de l'*Orlando innamorato* dont les deux premiers livres ont été publiés entre 1482 et 1483. Le troisième livre du poème, inachevé, sera publié posthume en 1495[50]. C'est une personnalité bien différente de celle du poète florentin qui s'attache alors à revisiter le genre populaire du *romanzo cavalleresco*.

Boiardo est comte de Scandanio et dépend de la famille régnante de Ferrare pour qui il assume d'importantes fonctions politiques (gouverneur de Reggio, de Modène). Issu d'une famille noble et humaniste, il s'illustre d'abord dans la composition de poésies latines et réalise, pour le compte d'Ercule I d'Este la traduction en langue vulgaire d'œuvres antiques telles que l'*Âne*

---

[50] Toutes ces informations sont fournies, par exemple, par M. Villoresi 2000, p. 147-170.

d'or d'Apulée ou les *Histoires* d'Hérodote, œuvres qui auront une influence sur sa réécriture des histoires chevaleresques. Il est également l'auteur d'un recueil de poésies lyriques, sur le modèle pétrarquiste, publiées sous le titre *Amorum libri tres*. Son œuvre majeure, l'*Orlando innamorato*[51], se ressent de toutes les influences littéraires auxquelles il a été soumis : le lyrisme pétrarquisant, le classicisme humaniste, le style formulaire des romans de chevalerie, le tout plongé dans une atmosphère marquée par la civilité courtisane, telle qu'elle régnait alors à Ferrare dans l'entourage des ducs d'Este.

Boiardo, contrairement à Pulci, n'a pas puisé la matière de son roman à une source privilégiée. Il est cependant nourri des histoires des vieux romans de chevalerie dont la bibliothèque de la famille régnante de Ferrare était exceptionnellement bien fournie mais il effectue dans le même temps un travail de contamination du monde chevaleresque par des récits provenant d'univers fort différents : récits d'Apulée, nouvelles de Boccace, comédies de Plaute[52]. Le roman de chevalerie, avec Boiardo, devient un genre ouvert et intégrateur, capable de fournir une matrice narrative intégrant toute une série d'histoires qui n'étaient pas, à première vue, dans l'esprit du genre chevaleresque : il est le premier à introduire, au sein même du récit, des *novelle*, sans doute inspiré en cela par l'esthétique de la variété qui était celle d'Apulée dans l'*Âne*

---

[51] Nous employons la forme la plus répandue du titre. Elle ne correspond pas cependant aux témoignages historiques les plus anciens (même si l'*editio princeps* du poème ne nous est pas parvenue) qui évoquent l'*Innamoramento de Orlando*, titre qui rattache l'œuvre de Boiardo à la tradition médiévale et populaire. Il y avait déjà, à l'époque de Boiardo, un roman portant le titre : *Innamoramento de Carlo Magno*. L'Arioste, quant à lui, rattachera son poème, dès le titre, à la tradition classique, son *Orlando furioso* évoquant l'*Hercules furens* de Sénèque. C'est probablement dans un deuxième temps que le titre de l'œuvre de Boiardo a été refaçonné sur le modèle du poème de l'Arioste.

[52] Le cas le plus étudié de ces adaptations de la part de Boiardo est celui de la nouvelle contée par Fiordispina à Rinaldo, au chant XII du livre I, qui constitue une réécriture d'une nouvelle de Boccace (Dixième journée, cinquième nouvelle). La comparaison des deux textes met en évidence l'ampleur de la transformation : non seulement, la fin de la nouvelle a été changée, mais Boiardo a remplacé la mission imposée au prétendant par l'aventure du jardin de la Méduse qui mêle merveilleux médiéval et merveilleux antique. Chez Boiardo, comme chez l'Arioste, la réécriture suppose une acclimatation à un univers dont la cohérence reste définie par de nouvelles conventions de l'écriture chevaleresque : merveilleux, variété, dépaysement. Sur cette nouvelle, voir D. Alexandre-Gras 1988, p. 101-105.

d'or. Ces histoires mettent en scène, le plus souvent, des aventures amoureuses pimentées de ruses et de tromperies et introduisent sur le fond épique du roman de chevalerie un univers beaucoup plus domestique et bourgeois. Cette innovation sera reprise par presque tous ses successeurs. Avec Boiardo, le roman obéit plus que jamais à la définition qu'en a donnée M. Bakhtine : une structure ouverte mêlant différents langages et différents codes dans un creuset unique [53].

Cette hybridation du *romanzo cavalleresco* n'a pas pour conséquence une perte d'unité ou de cohérence. Car Boiardo, lorsqu'il emploie des modèles classiques ou qu'il imite la forme érotico-réaliste de la nouvelle, fait tout son possible pour en masquer l'origine étrangère et pour revêtir ces récits de diverses provenances du même costume courtois et chevaleresque. L'insertion d'une culture humaniste, au sens large du terme, dans les formes du roman de chevalerie, s'accompagne d'une importante révision du genre : pour la première fois depuis près de deux cents ans en Italie les motifs de la matière de Bretagne reviennent au premier plan et transforment en profondeur les conventions associées à la matière de France. Bien que les héros choisis par Boiardo (Orlando, Ranaldo, Astolfo) appartiennent au cycle carolingien, ils errent à la poursuite de l'amour au lieu de remplir leur mission traditionnelle de défenseurs de la chrétienté contre les Sarrasins.

Le poète lui-même présente la nouveauté idéologique de son poème dans un célèbre prologue au chant XVIII du deuxième livre : « *Fo gloriosa Bertagna la grande / Una stagione per l'arme e per l'amore* [...] // *Re Carlo in Franza poi tenne gran corte / Ma a quella prima non fo sembiante* [...] / *Perché tenne ad Amor chiuse le porte* [54] » (*OI*, II, XVIII, 1). Boiardo rend donc dominante dans le roman de chevalerie une conception courtoise de l'Amour selon laquelle les prouesses guerrières n'ont de valeur que si elles sont réalisées au nom d'une Dame qu'il s'agit d'illus-

---

[53] M. Bakhtine 1978, en particulier le chapitre « Deux lignes stylistiques du roman européen », p. 183-233. Pour une lecture de Boiardo attentive aux problématiques de fusion générique, R. Donnarumma 1996. Pour le traitement des *novelle* du livre I, voir p. 76-100.

[54] « Bretagne la grande fut glorieuse / Une saison pour les armes et une pour l'amour [...] // Puis le roi Charles en France tint une grande cour / Mais elle ne fut pas semblable à celle qui précéda [...] / Car elle tint les portes fermées à Amour ».

trer ou de défendre. La tonalité dominante du poème n'en est pas pour autant lyrique. Elle joue sur la distance entre les différentes composantes, entre les batailles du cycle carolingien, les quêtes amoureuses, et les diverses aventures féeriques (jardins enchantés, mondes souterrains, ogres et mages). C'est qu'avec la thématique amoureuse, Boiardo intègre dans son roman le merveilleux du cycle arthurien qui devient un ingrédient essentiel du récit.

Dominant ces formes et ces thèmes divers, le narrateur du poème montre une personnalité indépendante qui garde une distance constante par rapport aux histoires qu'il conte, d'où la présence d'une dimension comique tout au long du poème. Boiardo se permet même de descendre jusqu'au grotesque en mettant en scène certains personnages caricaturaux, tels Astolfo, chevalier vantard et peu vaillant que le poète dote, par goût du contraste, d'une lance enchantée qui le rend presque invincible ou Brunello, voleur espiègle et trompeur invétéré. Le titre même de l'œuvre peut être vu comme un oxymore, Orlando étant, dans la tradition chevaleresque italienne, un paladin irréprochable, pur et vierge, entièrement dédié à la lutte contre les païens au service de l'Empereur[55]. Malgré sa subite passion pour la belle princesse du Catai, Angelica, Orlando se révèle peu apte aux jeux de l'amour. Boiardo joue avec la tradition en établissant une distance ironique et en encourageant son lecteur à une lecture sceptique : « *Turpino affirma che il conte de Brava* [Orlando] / *Fo ne la vita sua vergine e casto. / Credete voi quel che vi piace ormai ; / Turpin de l'altre cose dice assai*[56] » (*OI*, I, XXIV, 14). Le récit de Boiardo ne fonctionne pas sur le principe répétitif et stéréotypé qui caractérisait encore celui de Pulci. Il est au contraire construit avec grande attention en utilisant de façon raffinée la technique de l'entrelacement, héritée des romans médiévaux français : les fils du récit se multiplient et se déroulent en alternance, le conteur abandonnant un personnage pour suivre un moment d'autres événements

---

[55] Le mot « oxymore » est employé par R. Bruscagli dans son introduction à l'*Orlando innamorato*. R. Bruscagli 1995, p. XVI.

[56] « Turpin affirme que le comte de Brava [Orlando] / Fut, pendant sa vie, vierge et chaste. / Maintenant, croyez ce que bon vous semble. / Turpin raconte bien d'autres choses. » Turpin est le chroniqueur fictif de la geste carolingienne à qui est presque toujours attribuée l'histoire des romans de chevalerie de la matière de France.

avant de le retrouver, créant ainsi des effets d'attente et de surprise et tissant une trame narrative d'une complexité inédite dans le *romanzo cavalleresco*.

Par souci de nouveauté, et par absence de goût pour le tragique, Boiardo ne fonde pas son roman sur le récit classique de la défaite de Roncevaux mais il ne renonce pas pour autant à toute dimension épique : les guerres contre les païens occupent une place de choix dans la trame du récit et ce rôle est encore accentué à partir du deuxième livre du poème lorsqu'est initiée la grande guerre du roi d'Afrique, Agramante, contre Charlemagne. De cette guerre fondamentale, Orlando se voit en général éloigné par l'amour et joue le rôle d'un chevalier errant tantôt à la recherche de sa Dame tantôt à son service. Boiardo, mêle enfin à la perspective du grand conflit entre Chrétiens et Païens un enjeu encomiastique : le chevalier le plus important de l'armée d'Agramante est Rugiero, noble païen destiné à rencontrer en France la guerrière chrétienne Bradamante, à se convertir au christianisme et à l'épouser pour engendrer la noble descendance de la maison d'Este. Le deuxième et le troisième livre de l'*Orlando innamorato* s'inscrivent donc dans un projet de glorification de la famille régnante à Ferrare.

Le roman instaure un dialogue particulier avec la société de Cour. Le public de Boiardo est d'abord constitué d'aristocrates, devant qui il lisait lui-même ses vers, et qui goûtaient à la fois les exploits galants des paladins et leurs prouesses guerrières :

Segnori e cavallieri inamorati,	Seigneurs et chevaliers amoureux,
Cortese damiselle e graziöse,	Courtoises et gracieuses demoiselles,
Venitene davanti et ascoltati	Approchez-vous et écoutez
L'alte venture e le guerre amorose	Les hautes aventures et les guerres d'amour
Che fer' li antiqui cavallier pregiati,	Que firent les antiques chevaliers estimés,
E förno al mondo degne e gloriöse.	Et qui furent, dans ce monde, glorieuses et dignes.
OI, I, XIX, 1	

De cette réception immédiate du poème de Boiardo par la haute société, il existe de nombreux témoignages, en particulier des lettres échangées par la toute jeune Isabelle d'Este avec le poète au début des années 1490, dans lesquelles la nouvelle marquise de Mantoue, plus tard objet des louanges de l'Arioste, réclame avec impatience la suite des pages composées par Boiardo[57].

---

[57] Lettre citée par M. Villoresi 2000, p. 152.

C'est ainsi que le comte de Scandanio, tout en adoptant de propos délibéré le genre populaire du roman de chevalerie, fait en sorte de l'adapter à un public nouveau[58]. L'abondance même des histoires de fées et d'enchantements tirées du cycle arthurien relève de cette stratégie de distinction, puisque les romans qui traitaient de la matière de Bretagne n'étaient pas, pour la plupart, accessibles à un vaste public et subsistaient surtout sous forme de manuscrits dans les bibliothèques princières. La prise de distance à l'égard des anciennes habitudes des chanteurs populaires s'opère aussi à travers la suppression des octaves introductives de chaque chant, pieuses prières adressées à la Vierge ou au Christ qui avaient été conservées par Pulci et que Boiardo remplace par de brefs rappels des événements qu'il vient de conter.

À partir du chant XVI du premier livre, Boiardo introduit une innovation importante : il fait débuter le chant par un prologue dans lequel il se livre à des réflexions de nature morale sur l'inconstance de la Fortune. Il ne fera pourtant pas un usage systématique de ces prologues, préférant alterner les entrées en matière directes, les adresses à son public, les célébrations du printemps selon la tradition héritée des troubadours, et enfin les réflexions sur des thèmes chers aux moralistes : l'amitié, les désirs, la renommée. Par ces interventions réflexives du poète, l'attention du lecteur est temporairement éloignée du récit : les aventures chevaleresques deviennent des figures ou des illustrations de vérités plus générales qui sont censées toucher chacun des destinataires.

Avec Boiardo, le *romanzo cavalleresco* entre donc réellement dans une phase nouvelle marquée par trois grandes qualités qui seront ensuite développées par l'Arioste. Tout d'abord, il existe une cohérence dans l'intrigue qui, malgré sa complexité et le nombre de ses fils distincts, est ordonnée vers un but défini. Cela poussera un certain nombre de poètes à poursuivre le travail laissé inachevé par le comte de Scandiano à sa mort. Ensuite, un jeu subtil est mis en place avec les règles du genre, ce qui permet au narrateur d'observer ses propres inventions avec une distance amusée. Enfin, la contamination du récit chevaleresque par des récits d'origines variées, antique ou médiévale, permet

---

[58] Sur la notion de « cortesia » et la façon dont elle est traitée dans l'*Orlando innamorato*, nous renvoyons à D. Alexandre-Gras 1988, p. 280-285.

une expansion des possibilités narratives du roman de chevalerie qui devient une matrice digne des *Mille et une nuits* capable d'intégrer des histoires de multiples provenances. Il est important pour nous de comprendre comment ces inventions, qui ont eu lieu dans un contexte social si marqué et si éloigné de la communauté juive, ont pu s'imposer au point de laisser leur marque sur la création de Lévita. Pour cela, il nous faut suivre l'impact considérable des innovations de Boiardo sur ses successeurs et en particulier sur la poésie de l'Arioste qui aboutira à la création d'un modèle culturel dépassant de loin les cercles de l'aristocratie.

L'Arioste n'a pas été le seul continuateur de Boiardo. Le succès de l'*Orlando innamorato* a été tel que, dès la fin du XVe siècle, les éditeurs de romans de chevalerie ont cherché à profiter de l'aubaine commerciale qu'il leur offrait pour, dans le meilleur des cas, encourager les continuations de son œuvre, et dans le pire des cas, se livrer à des manipulations sur d'anciens textes et les renommer en introduisant le terme *innamoramento* dans le titre afin de profiter de la nouvelle mode des paladins amoureux[59]. Très rapidement, les éditeurs essaient donc de tirer profit de la nouvelle tendance du genre chevaleresque et l'on ne peut comprendre adéquatement l'évolution postérieure qu'en tenant compte de cette circulation des modèles entre les cours princières et les libraires.

Avec l'imprimerie est apparu un nouveau genre d'écrivains opportunistes, appartenant souvent aux classes intermédiaires (soldats, petits courtisans, bourgeois), disposés à prêter leur plume à toutes sortes d'entreprises lucratives allant des manuels pratiques de calcul et de gestion jusqu'aux textes chevaleresques en tout genre. Pour les éditeurs, les romans de chevalerie font en effet l'objet de juteuses spéculations si bien que les cas de créations

---

[59] Le plus célèbre des continuateurs mineurs de Boiardo est Nicolo degli Agostini, polygraphe vénitien, qui finit les aventures de l'*Orlando innamorato* en trois tomes (1505-1514-1521). D'autres continuateurs, Raffaele Valcieco, Pierfrancesco de' Conti, se sont proposé de mener à bout les aventures initiées par le comte de Scandiano. Malgré leur désir de faire honneur à l'illustre prédécesseur qu'était Boiardo, ils ont tous tendance à retomber dans les anciennes habitudes du genre en limitant la place de la thématique amoureuse et en recentrant l'intérêt sur les trahisons de Gano. Seul l'Arioste saura tirer parti des inventions de Boiardo pour en amplifier la portée. Sur cette tendance rétrograde des continuateurs, voir G. Sangirardi 1993 p. 32-34.

de faux ne sont pas rares au XVIe siècle[60]. Il semble que les éditeurs yiddish n'étaient guère plus scrupuleux comme le laisse entendre une octave du prologue du *Paris un Wiene* :

Wer wert gànzè bücher reimén un ' schreibén
Dàs ir mit làchén wert di' zeit vér-traibén ?

Kain andér mensch tut imś bèfòr.
Er is alain gèblibén
Wi '-wol ich ken menchè vàr-wor
Di' bübérei hàbén gètribén
Un ' nòch für menchè jor
Habén si ' sein buch ous-géschribén
Un ' hàbén sich sölch ding nit welén schemén
Un ' habén drouf gèsigélt ir selbśt nemén.

PW, 5-6

Qui écrira, qui rimera des livres entiers
Pour vous faire passer le temps en riant ?

Aucun autre ne l'a fait avant lui,
Il est resté le seul.
Bien que je connaisse beaucoup de gens, en vérité,
Qui ont cherché à tromper le monde,
Et ce, pendant bien des années :
Ils ont fait copier son livre,
Et n'ont ressenti aucune honte
A le sceller de leurs propres noms.

Bien que le terme « *ous-schreibén* » soit assez vague pour couvrir diverses pratiques de production des textes, l'enjeu de la condamnation est clair. Ce qui est affirmé ici, c'est que Lévita a créé, par

---

[60] Plusieurs exemples ont été mis au jour dans les dernières décennies. En 1501 paraissait à Milan un *Innamoramento di Rinaldo*, qui n'était autre qu'une section d'un très long poème plus ancien, l'*Innamoramento di Carlo Magno*. Pour ce cas et d'autres exemples, voir M. Villoresi 2005, p. 130-174. En 1525-1526, dans la lignée du succès de l'*Orlando Furioso* était publié à Venise un *Rinaldo Furioso* qui n'est en réalité qu'une reprise et prolongation d'un autre poème, *La Dragha de Orlando innamorato* du poète ombrien Francesco Tromba. Le vol est ici d'autant plus éhonté que le nom de l'auteur original du texte est bien connu, et que l'éditeur peu scrupuleux tente, pour obtenir un surcroît de prestige, d'attribuer son texte à un auteur humaniste proche de l'Arioste récemment décédé, Marco Cavallo. Voir à ce sujet, M. Beer 1987, p. 178-185. On pourra comparer l'extrait de Lévita que nous citons au paragraphe suivant (*PW*, 5-6) aux vers publiés, par surcroît d'immoralité, au début du poème plagié : « *E perch'io so ch'oggi / Molti se paschon de l'altrui sudore / Io prego umanamente ogni impressore / Che non voglia adornarsi in l'altrui piume.* » (« Et parce que je sais qu'aujourd'hui / Beaucoup se nourrissent de la sueur d'autrui, / Je prie poliment tous les imprimeurs / De ne pas vouloir s'orner des plumes d'autrui. »).

ses écrits, une mode que l'on s'est empressé d'imiter et d'usurper, exactement comme cela s'était produit avec les inventions de Boiardo et de l'Arioste dont on tâchait d'exploiter le succès en profitant des pratiques encore très peu réglées de l'édition.

L'Arioste

Poursuivant l'œuvre de Boiardo, l'Arioste entend donc se distinguer des autres continuateurs, polygraphes sans grande ambition qui exploitaient le succès de celui qu'ils désignaient comme leur maître. Noble ferrarais, il est dans une position sociale comparable à celle du comte de Scandanio, mais il est plus dépendant des bonnes volontés de ses protecteurs successifs, le cardinal Hippolyte d'Este, puis le duc Alphonse d'Este et il ne manquera pas de se plaindre de l'ingratitude de ses patrons allant jusqu'à intégrer de subtiles reproches entre les lignes de l'œuvre censée les célébrer. L'Arioste commence à travailler à l'*Orlando furioso* aux alentours de 1507 (date de rédaction du *Bovo Dantòne*) et ne cessera pas d'y travailler jusqu'à sa mort en 1533. Le poème a connu trois éditions, en 1516, 1521 et 1532, subissant chaque fois des corrections et des amplifications.

L'Arioste est un continuateur original. Il pousse ainsi la liberté à l'égard de Boiardo jusqu'à ne pas citer son nom tout au long des 46 chants de l'*Orlando furioso*, ce qui a conduit certains, dès le XVIe siècle, à l'accuser d'ingratitude, voire de dissimulation[61]. Mais ce silence de l'Arioste entre en réalité dans une stratégie de différenciation par rapport aux autres continuateurs, et malgré la coquetterie qui consiste à ne jamais mentionner le nom de son prédécesseur, il fait fréquemment référence aux événements contés dans l'*Orlando innamorato*, tout en prenant pour assurée leur connaissance par ses lecteurs. Alors que les autres continuateurs avaient tendance à laisser s'accumuler les épisodes allégoriques, pastoraux, mythologiques, sans parvenir à les hiérarchiser, l'Arioste est le seul à saisir l'importance des grandes lignes directrices du poème de Boiardo et à leur conférer un poids capable d'unifier son récit : l'amour comme cause de quête et d'errance, la guerre entre Charlemagne et les Païens comme toile de fond épique et enfin l'union entre Ruggero et Bradamante, enjeu final du poème et point de départ de la généalogie des ducs d'Este.

---

[61] G. Sangirardi 1993, p. 7.

Puisque Boiardo avait déjà décidé de se moquer de la tradition en rendant Orlando amoureux, l'Arioste décide de franchir un pas supplémentaire dans l'entreprise de désacralisation en rendant fou le plus irréprochable des paladins de France. Fiction érasmienne que celle de ce chevalier, fleuron de vertu, qui, perdant la raison, se met à détruire à coups d'épée le monde idyllique des poésies pastorales et le monde héroïque et courtois des romans de chevalerie. Car l'*Orlando Furioso* se présente avant tout comme un formidable kaléidoscope de situations guerrières, amoureuses, sociales, une représentation du monde diffractée dans l'univers fabuleux des romans de chevalerie. Si bien que ce miroir, que Boiardo s'était proposé de tendre à la société courtisane, Arioste le reprend et tâche d'en rendre l'image encore plus variée et plus nette, confirmant, avec toute la conscience de son art, le pouvoir de représentation, et de réflexion du roman de chevalerie.

Le poète ferrarais rend ainsi systématiques les prologues au début de chaque chant, livrant ses réflexions sur certains grands thèmes abordés par la narration, assumant une figure de narrateur omniprésent, toujours prêt à commenter, à réfléchir sur l'inconstance des passions et des choses de ce monde. Les désirs des chevaliers et des dames sont à l'origine de leurs déplacements. Capricieuses et violentes, les passions empêchent souvent les personnages de se reconnaître eux-mêmes, situation illustrée dans la fable du château d'Atlante, qu'Astolfo détruit au chant XXII, où chaque individu croit suivre ce qu'il a de plus cher et ne suit en réalité qu'un fantôme. Les fables de l'Arioste sont toujours à la frontière de l'allégorie sans pouvoir cependant y être réduites. L'anneau d'Angelica, qui dissipe tous les enchantements, pourrait n'être rien d'autre que le pouvoir de la saine raison, comme l'Arioste nous le laisse entendre au début du Chant VIII :

> *Chi l'anello d'Angelica, o più tosto*
> *Chi avesse quel de la ragion, potria*
> *Veder a tutti il viso, che nascosto*
> *Da finzïone e d'arte non saria.*
>
> OF, VIII, 2

> Celui qui possèderait l'anneau d'Angelica, ou plutôt,
> Celui qui aurait l'anneau de la raison, pourrait
> Voir le visage de tous, sans que celui-ci soit caché
> Par l'art et la fiction.

Ce que nous apprend l'image de l'anneau d'Angelica, c'est aussi la réversibilité des points de vue et des interprétations. Tous les personnages de l'*Orlando furioso* sont travaillés de profondes contradictions : outre la folie d'Orlando qui inverse soudain toutes ses qualités, nous voyons Ruggero tantôt livré au désir (d'Alcina, d'Angelica), tantôt amant fidèle de Bradamante. Angelica, quant à elle, est courtisée par toutes les têtes couronnées de la terre et tombe amoureuse d'un simple écuyer. Rodomonte, païen sans foi ni loi, souffre d'un chagrin d'amour et crée un autel pour honorer la plus pure des jeunes filles (Isabella). La représentation de cette « branloire pérenne » qu'est le monde des personnages ariostéens n'a pas pour conséquence l'affirmation d'un pessimisme.

Car tout est fait par l'Arioste pour maintenir un sentiment de légèreté. D'abord, à travers le narrateur, dont les commentaires amusés présentent une sagesse de la vie nourrie d'une expérience teintée de pragmatisme et peu portée aux jugements péremptoires. Ensuite, par la construction générale du poème : l'Arioste a complexifié la technique de l'entrelacement introduite par Boiardo, déroulant simultanément près d'une dizaine de fils d'action et mettant en mouvement une multitude de personnages dans des quêtes contrastées. Le principe esthétique est parfaitement concerté et multiplie les occasions d'intervention du narrateur :

> *Come raccende il gusto il mutar esca,*
> *Così mi par che la mia istoria, quanto*
> *Or qua or là più variata sia,*
> *Meno a chi l'udirà noiosa fia.*
>
> *Di molte fila esser bisogno parme*
> *A condur la gran tela ch'io lavoro.*
>
> *OF*, XIII, 80-81

> De même que le changement de nourriture réveille le goût,
> De même il me semble que, pour mon histoire,
> Plus elle changera, tantôt par ici, tantôt par-là,
> Moins elle sera ennuyeuse à qui l'entendra.
>
> De nombreux fils me semblent nécessaires,
> Pour mener à bien la grande toile à laquelle je travaille.

Par ce commentaire, l'auteur affirme une esthétique de la variété qui est absolument essentielle à sa création.

Il est aidé en cela par la diversité de ses sources (antiques, chevaleresques, toscanes du *trecento*), par leur utilisation concomitante et par la fusion qu'il parvient à établir entre elles[62]. Si le principe en est pris chez Boiardo, la réalisation est propre à l'Arioste qui donne aux inventions de son prédécesseur une forme éminemment personnelle en renforçant le rôle du narrateur, en augmentant la fréquence des changements de scènes, en poussant l'art du contraste et la variété des sources d'inspiration jusqu'à son plus haut niveau de raffinement. Le narrateur transforme son œuvre en une sorte de labyrinthe dans lequel il joue avec le lecteur comme avec ses personnages.

Les apparitions et les disparitions d'Angelica sont, dans cette perspective, particulièrement représentatives. Après avoir narré dans les premiers chants du poème la fuite éperdue de la jeune princesse devant ses multiples prétendants (fuite et poursuite qui donnent lieu à de nombreuses rencontres imprévues), le poète quitte Angelica au chant XII (au moment où elle rencontre un jeune homme blessé dont on ne connaît pas l'identité (*OF*, XII, 65). Au chant XIX, celui-ci se révèle être le Païen Medoro[63]. Elle tombe amoureuse de lui, l'épouse, et décide de l'emmener dans son lointain pays. Mais le narrateur abandonne le couple au moment où celui-ci rencontre un homme fou dont on ne sait bien sûr pas encore qu'il s'agit d'Orlando (*OF*, XIX, 42). En effet, la narration de sa folie ne survient que quatre chants plus tard (*OF*, XXIII, 121). La rencontre du couple avec le forcené est,

---

[62] L'Arioste a donné lieu à l'étude la plus représentative et la plus brillante de la critique érudite avec l'œuvre du pionnier des études modernes sur le *romanzo cavalleresco* : *Le fonti dell'Orlando Furioso* (P. Rajna 1900). L'approche « archéologique » de P. Rajna a été vivement prise à parti par la critique idéaliste de B. Croce (1920) qui entendait voir dans l'œuvre de l'Arioste une unité organique fondée sur le principe de l'harmonie et sur la mise en exergue du sentiment amoureux. Ces deux œuvres représentent deux jalons essentiels de la critique ariostéenne. La lecture de Croce, si elle a le mérite de produire une interprétation unificatrice de l'œuvre, est peu appréciée de la critique récente en raison de son abstraction et de l'emprise qu'elle a longtemps eue sur les études ariostéennes tandis que l'œuvre de Rajna reste une source majeure d'information sur l'intertextualité dans l'*Orlando Furioso*.

[63] L'Arioste est conscient de la difficulté que ce jeu de cache-cache peut constituer pour son lecteur, c'est pourquoi il écrit avec son sourire d'habile marionnettiste : « *Tanto è ch'io non ne dissi più novella, / Ch'a pena riconoscer la dovreste : / Questa, se non sapete, Angelica era, / Del gran Can del Catai la figlia altiera.* » (« Il y a si longtemps que je n'en ai pas donné de nouvelles / Que vous devriez à peine la reconnaître : / Cette jeune fille, si vous ne le savez pas, était Angelica / L'orgueilleuse jeune fille du grand Khan du Catai » (*OF*, XIX, 17).

en réalité, décrite dix chants après son annonce (*OF*, XXIX, 58) et l'Arioste se débarrasse définitivement du personnage de la princesse au chant suivant prétextant qu'un autre poète chantera mieux que lui ses aventures après son départ d'Espagne (*OF*, XXX, 17)[64].

Le rôle relativement marginal accordé à ce personnage et la façon cavalière dont l'Arioste s'en débarrasse fait aussi partie des stratégies de décentrement utilisées par le poète ferrarais pour se distinguer de Boiardo. S'appuyant sur les sauts capricieux de la narration, le monde dépeint par l'Arioste est un monde fait de revirements brusques et surprenants et la force de son œuvre tient en grande partie à l'extrême variabilité des événements présentés dans un cadre d'une parfaite rigueur : la femme la plus fidèle, Olimpia, est aussi celle qui se voit tromper le plus ignominieusement (*OF*, X, 4-5). Le sauveur héroïque d'Angelica, Ruggiero, devient bientôt son agresseur (*OF*, XI, 1-3). L'homme haïssant les femmes pour avoir été trahi, Rodomonte, tombe éperdument amoureux d'Isabella (*OF*, XXIX, 3-4).

Ces brusques revirements, espièglement soulignés par le narrateur, sont aussi l'occasion pour le poète de dévoiler sa maîtrise des variations stylistiques : il suffit de rappeler que le *Furioso* est une œuvre où se rencontrent d'imposantes listes de combattants dans le plus pur style épique du catalogue (par ex. celui des chevaliers anglais : *OF*, X, 77-88), des plaintes élégiaques directement inspirées des *Héroïdes* (Olimpia abandonnée : *OF*, X, 20-35), des scènes pathétiques de sacrifice (Cloridan et Medoro : *OF*, XIX, 13-15), des combats parodiques (Ruggiero et Marfisa contre les Mayençais *OF*, XXVI, 20-24), des allégories sérieuses (Alcina et Logistilla, *OF*, VI, 43-45), des allégories comiques (La Discorde et l'Orgueil, *OF*, XXVI, 37-39), des lamentations pétrarquisantes (Bradamante au réveil, *OF*, XXXIII, 63-65), des idylles bucoliques (Angelina et Medoro, *OF*, XIX, 33-36). Si donc l'*Orlando Furioso* est le poème du changement et de la variabilité, c'est aussi celui de la diversité des genres et des tonalités dans une logique de composition qui procède par fusion d'éléments disparates[65].

---

[64] La suggestion sera saisie, entre autres, par l'Arétin dans son *Angelica*. Voir *infra*, p. 369-370.

[65] Sur l'existence de purs moments élégiaques et épiques dans l'*Orlando Furioso*, voir W. Binni 1996, p. 251-257.

Plus que jamais avec l'Arioste, le *romanzo cavalleresco* se révèle une structure souple et intégratrice. L'*Orlando innamorato* comprenait sept nouvelles. Le *Furioso* n'en comprend pas moins de douze dont le style est très varié, de l'histoire érotique et comique de Iocondo (*OF*, XXVIII), jusqu'à l'histoire tragique de Lidia contée à Astolfo lors de sa visite en Enfer (*OF*, XXXIV). Elles augmentent encore la complexité de la trame du poème et fournissent aux personnages l'occasion de réflexions générales sur la justice, sur les femmes, sur le pouvoir. Cet ensemble composite relève d'une vision de la création artistique comme miroir du monde, et du travail du poète comme reproduisant celui du Créateur, le *cosmos* naissant de l'harmonie de multiples éléments contraires : le chaud et le froid, le beau et le laid, le juste et l'injuste[66]. Le narrateur ariostéen, véritable créateur d'univers, affirme sa maîtrise de tous ces ingrédients sans attendre de secours d'une instance supérieure.

L'Arioste poursuit donc le travail de distanciation du genre chevaleresque à l'égard de ses racines populaires. Non seulement, il systématise l'usage du prologue et augmente radicalement le rôle du narrateur en faisant de lui une figure bien définie et omniprésente, mais il fait également de son poème un instrument de dialogue avec la cour et les têtes couronnées de Ferrare et d'Europe. De nombreux événements et personnages de son siècle trouvent une place dans les interstices de son récit : éloges des membres de la famille d'Este, des peintres de son temps, des poétesses, des grands navigateurs. L'Arioste commente à plusieurs reprises des problèmes de politique internationale, évoque des batailles qu'il a vues ou dont on lui a fait le récit, se lamente sur le sort de l'Italie dévastée par les guerres que s'y livrent les puissances européennes pour assouvir leurs ambitions (c'est sur cette plainte déjà que s'interrompait l'œuvre de Boiardo). L'*Orlando Furioso* est une trame où certains personnages historiques trouvent également leur place (à travers les prologues, les comparaisons, les généalogies), et le rôle qu'y jouent les contemporains du poète ferrarais n'était sans doute pas ce à quoi les premiers lecteurs prêtaient le moins d'attention. En témoigne une célèbre lettre de Machiavel qui, tout en faisant l'éloge du poème de l'Arioste, regrette de n'y pas voir

---

[66] Voir R. M. Durling 1965, p. 123-132.

apparaître son propre nom[67]. Malgré la « haute fantaisie » qui guide sa création, le poète entend donc offrir à ses lecteurs une représentation sérieuse et maîtrisée d'un monde dominé par les passions et où les contradictions du désir et la folie dominante ne sont pas destructrices car elles sont éclairées par une conscience toujours libre et souriante.

La domination du poète sur son œuvre passe par une profonde attention à la langue et à la forme poétique. L'Arioste fait preuve d'une grande liberté dans son utilisation de l'*ottava rima*, multipliant les enjambements, employant une syntaxe souvent complexe, hypotactique, qui tout en éloignant définitivement le roman de chevalerie de ses origines orales et formulaires, donne à ses strophes irréprochables un rythme qui rappelle par moments celui de la prose. Le soin de la forme passe également chez l'Arioste par une extrême attention aux normes linguistiques développées durant les années où il composait son poème. Comme nous l'avons vu, la question de la langue était vivement discutée au début du XVIᵉ siècle en Italie et le texte qui devait définir les grandes règles de l'italien littéraire, le *Prose della volgar lingua* de Pietro Bembo, a été publié en 1525, entre la seconde et la troisième édition de l'*Orlando Furioso*. L'Arioste a été extrêmement attentif aux règles édictées par Bembo, ce dont témoigne une lettre qu'il lui a adressée le 23 Février 1531 dans laquelle il sollicite son aide pour les dernières corrections à porter à son œuvre[68]. C'est en partie grâce à cette conscience du poète que l'œuvre devait devenir un véritable modèle d'écriture et un succès éditorial inégalé durant tout le siècle.

III.1.e. *Le modèle ariostéen et sa contestation :* *le roman de chevalerie dans tous ses états*

Dès sa publication, le roman de l'Arioste apparaît comme un modèle incontestable, comme un sommet poétique. Avec lui, le *romanzo cavalleresco* s'est élevé à une perfection dont nul ne l'au-

---

[67] Lettre du 17 Décembre 1517 à Lodovico Alamanno, édition en ligne (G. Bonghi 1996, lettre 246) : http://www.classicitaliani.it/machiav/critica/Machiavelli_indice_lettere.htm [consulté en juillet 2013].

[68] A. Stella 1984, p. 457.

rait cru capable. Son succès sera durable et se répandra bien au-delà des classes de l'aristocratie auxquelles le poème était d'abord destiné. Montaigne décrira comment, lors de son voyage en Italie, il a été témoin d'une récitation publique du poème effectuée par une femme du peuple à la campagne[69]. Rappelons aussi que le poème de l'Arioste est, de loin, l'œuvre italienne la plus représentée dans les bibliothèques des Juifs de Mantoue à la fin du siècle. La première victime du succès de l'Arioste a été son propre maître et modèle, Boiardo : aussitôt publié l'*Orlando Furioso*, il a paru nécessaire à grand nombre de lecteurs (et d'éditeurs) de réformer l'*Orlando Innamorato* qui ne correspondait plus aux exigences esthétiques et linguistiques du nouveau siècle. Certaines de ces corrections sont purement grammaticales et visent à remplacer le dialecte émilien de Boiardo par le toscan littéraire qui s'imposait durant ces années sous l'impulsion de Bembo. C'est ce que fit, par exemple, en 1545 Lodovico Domenichi, polygraphe, traducteur de Plutarque et collaborateur de nombreux projets éditoriaux.

Mais la réforme la plus importante est celle réalisée par Francesco Berni qui composa 67 prologues pour les divers chants du poème et ajouta des passages originaux. Sous la pression de ces correcteurs, la version originale de l'*Orlando innamorato* disparut du paysage éditorial à peine 50 ans après la mort du poète et ne fut plus publiée pendant près de 300 ans : le poème a été imprimé pour la dernière fois tel que Boiardo l'a composé en 1544 et n'a été redécouvert qu'en 1830-1831, ce qui constitue en soi, un chapitre intéressant de l'histoire des goûts littéraires et témoigne de la révolution qu'a représentée le développement de la philologie moderne pour l'appréciation des textes anciens[70]. Mais Berni n'a pas été le seul poète de premier rang à vouloir mettre sa plume au service de l'*Orlando innamorato*. Il semble que l'Arétin et Folengo aient eu la même idée que lui, à peu près au même moment, mais aucun des deux n'a mené ce projet à exécution[71].

De façon paradoxale, nous voyons donc que les grandes figures de la poésie satirique et burlesque ont songé à réaliser le travail

---

[69] M. de Montaigne 1906, p. 346.

[70] *DBI*, art. « Boiardo ».

[71] Le premier en parle dans une lettre de 1541, le second dans la préface de l'édition aux *Maccaronées* de 1561. Voir E. Weaver 1987, p. 117-144.

à la fois ambitieux et ingrat qui consiste à réécrire et à ennoblir l'œuvre d'autrui. C'est sans doute là l'un des témoignages les plus éclatants de la force d'attraction et de fascination du poème ariostéen. Et c'est peut-être parce qu'ils ont plus ou moins volontairement renoncé à illustrer la voie noble du *romanzo cavalleresco* que ces auteurs ont produit les exemples les plus frappants du *romanzo cavalleresco* burlesque que nous nous apprêtons à étudier[72]. Berni, l'Arétin, Folengo, tous ces auteurs italiens contemporains de Lévita sont donc liés par la même relation contradictoire au genre chevaleresque. D'un côté, ils ont évidemment un goût pour les histoires des paladins et sont fascinés par la réussite de l'Arioste. D'un autre côté, ils ont une attitude critique à l'égard du genre, peu surprenante quand on prend en compte les personnalités fortes et inclassables de ces poètes comiques, mais qui est aussi liée à un sentiment d'épuisement des ressources de cette forme littéraire. Malgré les merveilleuses fantasmagories de l'Arioste, ces trois écrivains témoignent d'une certaine irritation contre l'usure de conventions que le grand poète ferrarais n'avait pu sauver que grâce à l'habileté d'un art poétique consommé. Alors que l'objet du détournement était, à l'époque de Pulci, le roman populaire, c'est désormais le modèle de Boiardo et de l'Arioste qui est pris pour cible. Signe éloquent du changement de statut du genre et de sa profonde transformation entre 1470 et 1520.

Francesco Berni (1497-1535)
et la révision de l'*Orlando innamorato*

Le travail que Berni a effectué sur l'*Orlando innamorato* est avant tout une mise à jour du poème sur le modèle ariostéen. Il s'agit

---

[72] Berni semble avoir considéré que son expérience dans le style noble n'a pas été couronnée de succès comme le montrent quelques vers du *Capitolo al cardinale De' Medici* où il affirme : « *Provai un tratto a scrivere elegante* » (« J'ai essayé un moment d'écrire élégamment »). Mais Apollon lui aurait alors répondu : « *Arte non è da te cantar d'Achille ; / Ad un pastor poveretto tuo pari / Convien far versi da boschi e da ville.* » (« Ce n'est pas ton art que de chanter Achille. / Pour un pauvre berger tel que toi / il vaut mieux faire des vers des bois et des campagnes. »). C'est peut-être en raison d'une même incompabilité de tempérament, et parce que Berni avait déjà réalisé ce travail, que l'Arétin et Folengo ont renoncé à leur projet.

de corriger la langue du poète ferrarais qui semblait déjà, dans les années 20 du XVIᵉ siècle, fortement vieillie tant la querelle de la langue avait entraîné une modernisation des conventions littéraires sur le modèle toscan. La première mission de Berni sera donc d'adapter la langue aux nouvelles normes du siècle, mais un écrivain aussi conscient ne pouvait pas se contenter d'un simple travail de limage, digne des nombreux polygraphes qui travaillaient alors auprès des imprimeurs italiens. La réécriture comporte, chez lui, une dimension autant littéraire que linguistique, et il sait à bon escient puiser chez Dante, Pétrarque ou Pulci les modèles de vers et de syntagmes qu'il introduit dans l'œuvre, plus dialectale et moins pétrie de conventions, de Boiardo. De plus, il prend garde à éviter les formules typiques des *canterini*, ces rimes stéréotypées auxquelles Boiardo avait encore recours[73].

Le travail de réécriture de Berni mérite notre attention car il peut nous aider à analyser la création de Lévita dans ses romans de chevalerie qui, ne l'oublions pas, sont eux aussi des réécritures, quoique de nature différente. D'une part, il n'est pas impossible que le poète yiddish se soit inspiré de l'un de ses prologues pour composer le prologue du chant 6 du *Paris un Wiene*, comme nous le verrons en étudiant les prologues de cette œuvre. D'autre part, le travail du poète toscan est chargé de contradictions qui permettent de jeter quelques lumières sur l'ambivalence de Lévita lui-même à l'égard de ses sources. Ce qui est certain, c'est que le travail de remaniement n'est pas simplement mécanique et que la personnalité de son auteur se laisse percevoir à maints endroits.

Le passage le plus frappant à cet égard est l'introduction de strophes autobiographiques étonnantes, vers la fin du remaniement, dans lesquelles Berni s'est lui-même représenté au milieu d'une fête, dans un château enchanté de cristal où sont prisonniers Orlando, Ruggiero et Gradasso. Cette fête a lieu au fond du « *fiume del Riso* », fleuve du Rire, et représente un certain nombre de chevaliers enchantés plongés au fond du fleuve et dans un état de profonde béatitude. En s'introduisant fictivement au cœur de cet enchantement, Berni montre de façon éloquente la vision du Rire qu'il nourrit, bien différente de celle de Boiardo : un rire

---

[73] Concernant les grands principes linguistiques et stylistiques de la réécriture de Berni, on se référera à H. F. Woodhouse 1982, p. 1-14.

profondément burlesque dont, cependant, il n'a pas trop imprégné le texte de son prédécesseur en dehors de quelques passages,
comme celui dont il va être question. Pour le reste, il devait lutter contre sa propre nature d'écrivain comique, en raison sans
doute des intentions morales et religieuses qui ont présidé au *rifacimento*[74]. Alors que les chevaliers de Boiardo dansent avec des
Naïades, Berni se représente au cœur de la scène, fatigué d'avoir
trop écrit (allusion à son métier de secrétaire, mais peut-être aussi
au travail de réécriture qui touche à sa fin), couché dans un lit
immense en seule compagnie d'un ami cuisinier et se nourrissant
d'aliments liquides car sa fatigue va jusqu'à l'empêcher de mâcher :

Di lui sola la testa si vedeva,	De lui, on ne voyait que la tête,
La coperta gli andava insin al mento ;	La couverture lui montait jusqu'au menton ;
Un servidore in bocca gli metteva,	Un serviteur lui mettait dans la bouche,
Fatto a quell'uso, un cannellin d'argento,	Une paille d'argent faite à cet usage,
Col qual mangiava ad un tratto e beeva ;	Avec laquelle il mangeait et buvait
OIr, LXVII, 52	simultanément.

Nous quittons cet autoportrait au moment où le poète affirme
consacrer tout son temps à regarder les poutres du plafond et à
compter les trous et les clous qui s'y trouvent. Berni se reproche
souvent, dans ses poèmes et dans ses lettres, sa paresse (*poltrone-
ria*), et jette, à travers cette insertion, une lumière surprenante sur
le travail qu'il a réalisé en révisant Boiardo. Il s'agit d'une signature du *rifacimento*, un peu à la façon dont Boticelli se représentait
dans un coin de son *Adoration des Mages*, mais c'est la signature
d'un auteur essentiellement comique dont on comprend qu'il n'a
pas pu reprendre l'œuvre d'autrui sans y imprimer la marque de
son caractère corrosif et contradictoire.

Berni a passé sa vie au service de puissants ecclésiastiques entre
Rome et l'Italie septentrionale[75]. Il s'est rendu célèbre par ses

---

[74] S. Longhi (1983, p. VII-XIV) consacre à ce passage du *rifacimento* une
grande partie du prologue à son ouvrage dédié à la poésie burlesque italienne au
XVIᵉ siècle.

[75] Sur l'œuvre de Berni et sur la révision de l'*Orlando innamorato* en particulier, nous renvoyons essentiellement à D. Romei 1984 et à N. Harris 1988,
vol. 1, p. 133-157. Signalons aussi l'existence d'un site internet consacré spécifiquement au *rifacimento*, réalisé par M. Taddei (2000) sous la direction de
D. Romei, http://www.nuovorinascimento.org/n-rinasc/ipertest/html/orlando/
frontespizio.htm [dernière consultation 09/2013].

poésies burlesques, éloges paradoxaux (des anguilles, des pêches, etc.) chargés de nombreuses allusions sexuelles, qui lui ont valu une gloire sulfureuse dans la Rome de Léon X. Le projet de révision date de la fin des années 1520 alors que le poète était au service de Gian Matteo Giberti, sévère évêque de Vérone et réformateur de l'Église. C'est une période de rigueur où l'écrivain semble revenir sur ses activités antérieures pour prôner une moralité plus exigeante. Ce travail présente plusieurs énigmes. Tout d'abord, on ne sait pas pourquoi, ayant demandé et obtenu à Venise un privilège pour publier son oeuvre en 1531, celle-ci n'a pas vu le jour avant 1542, soit sept ans après la mort de l'auteur. Le poème a-t-il été désavoué par Berni ? Sa publication empêchée par l'Arétin, son redoutable ennemi ? Autant de questions auxquelles il est difficile de donner une réponse définitive.

À cette mystérieuse histoire du texte viennent se mêler des interprétations très diverses quant à la signification même de la réécriture. Après la redécouverte de la version originale de l'*Orlando innamorato*, la critique a considéré pendant un moment que Berni avait gâté l'œuvre de Boiardo, transformant un poème épique sérieux en œuvre burlesque. C'est là une idée fondamentalement fausse liée à un préjugé fort répandu, au moins jusqu'à la fin du XIXᵉ siècle, selon lequel le poème de Boiardo aurait été noble et sérieux avant que l'esprit extravagant de Berni n'y mêle son empreinte. Le même préjugé conduisait alors à définir l'Arioste comme une sorte de Cervantès italien, révolutionnant par son ironie un genre éculé, alors que, loin de détruire le genre, il l'exploite et le rénove (à la suite justement de Boiardo)[76].

Une lecture attentive de l'*Orlando innamorato* de Berni montre que l'intention première du poète était probablement une

---

[76] C'est à Pio Rajna que l'on doit cette révision cruciale de la critique à l'égard des deux *Orlando*. Voir en particulier P. Rajna 1900, p. 20. On lit encore dans l'encyclopédie Treccani en ligne à l'article Berni : « *L'opera alla quale per molto tempo fu affidata la fama del Berni è il rifacimento in lingua toscana* [...] *dell'*Or-lando innamorato *del Boiardo : le molte manipolazioni trasformarono l'opera, poeticamente notevole, in un poema scherzoso e superficiale, che tuttavia fino al sec. 19 fu preferito all'originale.* » (« L'œuvre dont a pendant longtemps dépendu la gloire de Berni est sa révision en langue toscane de l'*Orlando innamorato* de Boiardo : les nombreuses manipulations transformèrent l'œuvre, poétiquement remarquable, en un poème bouffon et superficiel, qui fut cependant préféré à l'original jusqu'au XIXᵉ siècle »], http://www.treccani.it/enciclopedia/francesco-berni/ [consulté 09/2013].

moralisation des aventures merveilleuses de sa source, moralisation qui s'accompagne bien sûr d'une forte charge satirique liée au tempérament du poète. Berni, qui se montre sévère contre la poésie humaniste dans son *Dialogo contra i poeti* datant de la même époque, laisse transparaître par instants une certaine intolérance pour les fables du comte de Scandonio. Alors que l'Arioste donne finalement assez peu de leçons dans ses prologues qui témoignent d'une sagesse détachée, les prologues de Berni se présentent sous la forme de réflexions moralisantes voire catéchisantes : sagesse de la providence divine, critique de l'amour passionnel et éloge de l'état conjugal, affirmation du libre-arbitre contre l'idée d'une fortune aveugle, dénonciation de l'hypocrisie des prélats : c'est une sorte de stoïcisme chrétien qui ressort de ses réflexions. On reconnaît à l'arrière-plan de cette pensée le programme religieux réformateur et rigoriste du cardinal Giberti.

Mais c'est sans doute l'appel à une lecture allégorisante du poème qui modifie le plus profondément le sens de l'œuvre. La belle histoire ne vaut plus pour elle-même et pour le plaisir qu'elle donne à une société de courtisans choisis, elle ne saurait avoir de valeur que pour celui qui sait l'interpréter moralement. Berni affirme ainsi dans le prologue du chant XXV : « *Questi draghi fatati, questi incanti, / Questi giardini e libri e corni e cani, / Ed uomini salvatichi e giganti, / E fiere e mostri c'hanno visi umani, / Son fatti per dar pasto a gli ignoranti*[77]. » (*OIr*, XXV, 1) L'accumulation des ingrédients merveilleux du poème tourne à la caricature et s'achève logiquement par une dénonciation s'appuyant doctement sur une citation dantesque appelant à rechercher l'enseignement caché (« *la dottrina che s'asconde* ») sous ces images merveilleuses. Et Berni ne se prive pas de proposer des clés de déchiffrement des diverses fables et nouvelles de Boiardo, alors qu'il est clair qu'une telle méthode fonctionne mal pour un poème aussi foisonnant et aussi peu didactique.

On voit donc que, s'il y a chez Berni une tentative d'ennoblissement de la langue et de moralisation (relative) du contenu, c'est aussi le symptôme d'une impatience, d'une insatisfaction à

---

[77] « Ces dragons ensorcelés, ces enchantements / Ces jardins, ces livres, ces cornes et ces chiens, / Ces hommes sauvages et ces géants, / Ces bêtes et ces monstres à visage d'homme / Sont de la pâtée pour ignorants. »

l'égard de certains ingrédients traditionnels du roman de chevalerie. C'est ainsi que, deux chants avant la fin de son *rifacimento*,
Berni, qui a jusqu'ici adapté patiemment les nombreuses batailles
de l'*Orlando innamorato*, révèle sa lassitude en refusant de conter
la bataille que Gradasso mène contre Orlando pour obtenir Durlindana. Il met en évidence la coupe qu'il effectue dans le poème
original (dix strophes, *OI*, III, VII, 44-53) comme Lévita le fait
(plus systématiquement) dans ses deux romans de chevalerie où
il signale presque toujours les coupes qu'il fait subir à ses sources
(voir en particulier *PW*, 140 où la formulation comporte quelque
similitude avec celle de Berni)[78] :

Or eccogli alle mani ; ecco Gradasso	Voici maintenant qu'ils s'empoignent ; voici que Gradasso
C'ha pur trovato il disïato brando.	A trouvé l'épée tant désirée.
L'ira, la furia, il romore, il fracasso	La colère, la fureur, le tumulte, le fracas
Che qui si fece, al pensier vostro mando ;	Que l'on fit : je vous laisse l'imaginer ;
E le minuzie fastidiose passo	Je passe sur les détails ennuyeux
De' colpi di costui, di quei d'Orlando [...]	Des coups de celui-là, de ceux d'Orlando [...]

OIr, LXVII, 71

L'accumulation du troisième vers est là pour rendre perceptible
le sentiment de redondance qui exaspère le poète. Il s'agit d'un
cas particulier et il ne faut pas perdre de vue le fait que Berni a
réécrit, avec assez peu de changements tout compte fait, les 4429
strophes du poème de Boiardo, ajoutant 259 strophes, principalement les prologues, mais aussi des raffinements divers telle la
dizaine de comparaisons homériques s'étendant sur une octave
entière : c'est là un stylème typique de l'Arioste que nous aurons
l'occasion d'étudier. Malgré ce que l'on aurait donc pu attendre
d'un poète aussi réfractaire aux règles et aussi porté au grotesque
et à l'exagération, la révision de l'*Orlando innamorato* laisse assez
peu de place au burlesque.

Un seul ajout est remarquable de ce point de vue, mais il n'est
pas beaucoup plus comique qu'un certain nombre de passages
de l'Arioste. Au chant LIII (59-62), Berni tourne en dérision les
coups stéréotypés que se donnent les chevaliers dans les batailles.
Ceux-ci se coupent sans retenue membres et têtes ce qui conduit

---

[78] Cette condensation du texte original suit de peu l'important ajout que
constituent les strophes autobiographiques dont nous avons parlé. Il semble que
Berni, presque parvenu au bout de ses peines, ne parvienne plus à s'effacer derrière
l'œuvre qu'il est censé servir.

le poète à pousser jusqu'à l'absurde la vertu de l'épée d'Orlando : *Durlindana* tranche si proprement que tout se passe comme si elle cousait dans le même temps qu'elle coupe, si bien qu'un païen se trouve fendu en deux mais, dans le feu de l'action, ne s'en rend pas compte : « *Così colui, del colpo non accorto, / Andava combattendo ed era morto* [79] ». Le pauvre homme continue à donner des coups jusqu'à ce que : « [...] *cadde il busto sopra la cintura, / Proprio ove la persona era ricisa, / E fe' morir chi il vide delle risa* [80]. »

Cette mort qui fait mourir de rire les chevaliers en plein champ de bataille est une scène qui va plus loin dans la tradition burlesque que ne le fait jamais l'Arioste. Le rire s'affiche et se proclame : il se donne en spectacle [81]. Une telle pointe burlesque n'est qu'une brève incartade, un caprice, au sein du *rifacimento* de Berni. Les expériences les plus originales menées à la même époque autour du *romanzo cavalleresco* s'appuient beaucoup plus systématiquement sur cette veine. C'est le cas en particulier de Teofilo Folengo.

Teofilo Folengo (1491-1544), le *Baldus* et l'*Orlandino*

Contrairement à Berni qui ne consacra au roman de chevalerie que quelques années de sa production, Folengo ne s'y est pas moins attaché que l'Arioste, remettant sans cesse sur le métier son œuvre majeure, le *Baldus*. L'auteur mantouan a passé l'essentiel de son existence dans l'ordre bénédictin, occupant diverses charges liées aux nombreux monastères qu'il a fréquentés. Entre 1525 et 1534, il sortit de l'ordre et vécut à Venise, précepteur chez le riche et influent capitaine Orsini et participant à diverses entreprises d'édition. Après ses années défroquées, il passa du temps dans des ermitages afin d'obtenir sa réadmission dans la vie religieuse et l'obtint avant de passer le reste de sa vie dans divers monastères d'Italie.

---

[79] « C'est ainsi que celui-ci, ne se rendant pas compte du coup / Continuait à combattre tout en étant mort. »

[80] « [...] Le buste tomba sur la ceinture / Précisément à l'endroit où la personne était coupée / Et il fit mourir de rire ceux qui le virent. »

[81] Les touches burlesques ne sont pas montrées du doigt chez l'Arioste dans les batailles, elles se fondent dans l'action. Le rire survient chez les personnages seulement dans les passages ouvertement comiques (comme le fou rire d'Astolfo et de Iocondo lorsqu'ils découvrent que la femme qui dormait entre eux a réussi à les tromper).

Malgré les violentes polémiques qu'il a menées à plusieurs reprises contre les moines et malgré les opinions évangélistes, parfois proches du luthéranisme qu'il lui est arrivé d'exprimer, Folengo n'a jamais réellement rompu avec la vie monastique. Les diverses dissimulations qui entourent la troisième édition du *Baldus* (fausse date de publication, lieu imaginaire), sont probablement liées à sa réintégration dans l'ordre bénédictin. De la même façon, Lévita avait sans doute des raisons d'ordre social pour cacher le fait qu'il était l'auteur du *Paris un Wiene*. Des textes aussi légers, et aussi libres, ne conviennent pas à toutes les carrières. Folengo, quant à lui, publia sous son nom, à la fin de sa vie, des œuvres d'inspiration religieuse telle l'*Umanità del Figlio di Dio*.

Même s'il ne faut pas s'exagérer la rigueur de l'état ecclésiastique, qui dans l'Italie du début du XVIe siècle, plus qu'ailleurs, était compatible avec une grande liberté de pensée et de conduite, il y a tout de même une distance assumée entre la figure du bénédictin Folengo et celles de Merlin Cocaïe et de Limerno Pitocco. C'est sous ces deux pseudonymes qu'on été produites les œuvres chevaleresques du poète. Ils dévoilent d'entrée de jeu l'humour fondamental de l'écrivain. Merlin Cocaïe (le nom signifie « bouchon ») cultive la poésie macaronique, s'inscrivant dans une tradition littéraire apparue dans la deuxième moitié du XVe siècle à Padoue. Dans cette ville universitaire importante, une langue hybride était née parmi les étudiants qui, pour se moquer du latin de leurs enseignants, avaient pris l'habitude de composer des poèmes bouffons dans un latin de cuisine truffé de mots dialectaux. Folengo définit cette langue en insistant sur sa mixité et sur le caractère rustre d'une partie de ses composants :

Ars ista poëtica nuncupatur ars macaronica a macaronibus derivata, qui macarones sunt quoddam pulmentum farina, caseo, botiro compaginatum, grossum, rude et rusticanum ; ideo macaronices nil nisi grassedinem, ruditatem et vocabulazzos debet in se continere[82].	Cet art poétique porte le nom d'art macaronique dérivé des macaronis, car les macaronis sont un plat mêlé de farine, de fromage, de beurre : épais, grossier, rustique. C'est pourquoi les vers macaroniques ne doivent avoir en eux rien d'autre que de la graisse, de la rusticité et des mots grossiers.

[82] La citation est tirée de l'*Apologetica in sui excusationem*, de l'édition de 1521 des *Maccaroneae*. On la trouve dans l'édition A. Luzio 1911, T. 2, p. 184.

Cette définition dépréciative est cependant, comme souvent chez Folengo, un trompe-l'œil.

Tout en présentant son œuvre comme une farce, le poète élabore ses poèmes avec la plus grande attention et n'hésite pas à concurrencer, par certains aspects, les épopées les plus nobles. S'il s'appuie donc sur une tradition récente, mi-populaire mi-savante, dont le représentant le plus connu est le padouan Tifi Odasi, Folengo va la perfectionner et la doter de règles strictes de formation lexicale et de prosodie. Le deuxième avatar de Folengo, Limerno Pitocco (Limerno : anagramme de Merlino, Pitocco : « misérable ») écrit, quant à lui, en langue vernaculaire (en italien) mais il refuse l'hégémonie du toscan et affirme haut et fort les particularités lombardes de ses vers.

On le voit, la liberté de Folengo passe par la variation linguistique et son expressivité dépend d'un usage créatif des différentes composantes de sa langue (latinismes, italien littéraire, dialecte mantouan). Le roman de chevalerie est pour lui le modèle narratif fondamental. Même s'il l'emploie toujours en association avec d'autres modèles esthétiques, souvent variés (la nouvelle, l'idylle, l'épopée antique), son œuvre majeure est construite à la manière d'un *romanzo cavalleresco*. On peut, dans une certaine mesure, considérer l'œuvre chevaleresque de Folengo comme un tout organique, car même si l'*Orlandino*, publié en 1526, n'appartient pas au genre macaronique, de nombreux éléments narratifs de ce poème seront repris dans les éditions postérieures du *Baldus*. Nous commencerons par étudier l'œuvre italienne de Limerno Pitocco, qui n'a occupé Folengo qu'en 1526, avant de nous intéresser au chef d'œuvre de Merlin Cocaïe, que le poète n'a cessé de retravailler tout au long de sa vie (la première édition date de 1517, la plus élaborée a été publiée sept ans après la mort du poète en 1552).

Orlandino

L'*Orlandino* est un poème assez peu unifié : profondément burlesque, voire bouffon, il devient sérieux lorsque divers personnages (Berta au chant VI, Rainer au chant VIII) exposent les vifs reproches de l'auteur contre l'Église catholique (contre le dogmatisme, la confession, les indulgences). L'insertion de ces passages idéologiques semble être une des raisons d'être du poème qui porte en exergue : *Mensibus istud opus tribus indigna-tio fecit*[83]. Cependant, l'*Orlandino* reste une œuvre d'amusement dans lequel Folengo apparaît sous le masque d'un mendiant volontiers grossier. Il reprend de nombreux stéréotypes des romans de chevalerie en les renversant constamment. En ceci, Folengo s'inscrit dans une vaine médiévale, illustrée en Allemagne par Heinrich Wittenwiller, qui trouve matière à rire en plaçant les chevaliers dans un décor campagnard[84]. Le ton goguenard et populacier du poète Pitocco (ce « mendiant » qui a quelques traits communs avec le masque d'étudiant de Lévita) apparaît d'entrée de jeu dans un prologue d'une vingtaine de strophes qui éclaire de manière ludique les intentions de l'auteur[85].

L'œuvre a été écrite à l'apogée de la querelle linguistique lorsque l'unification de l'italien sur le modèle toscan des clas-siques du *trecento* (Pétrarque, Boccace) s'affirme de plus en plus nettement après la publication, l'année précédente, des *Prose della volgar lingua*. Folengo, dès les premières strophes de l'*Or-*

---

[83] « L'indignation fit cette œuvre en trois mois. »

[84] On notera cependant que le chevalier de Wittenwiller, nommé Neidhart (en hommage à l'auteur et à la tradition qu'il a fondée), n'est pas ridiculisé. Ce sont les paysans qui sont la cible de la dérision du poète allemand. Folengo plonge les chevaliers dans un univers campagnard (sans paysans) et les raille directement. Le poète de la Renaissance n'est plus tributaire des conventions médiévales même s'il s'en inspire.

[85] Ce prologue présente quelques ressemblances structurelles avec le prologue du *Paris un Wiene*. Il commence par une prière bouffonne au mécène Federico Gonzaga (1-4), se prolonge par une invective adressée au lecteur que le poète sup-pose mécontent de l'impureté linguistique de l'œuvre, avant d'affirmer fièrement sa spécificité de mendiant lombard (5-9). Dans un troisième temps est posée la question de la source du poème, et Pitocco y répond par une fiction assez longue (10-22) disant s'être rendu au pays des sorcières chez les Goths et y avoir trouvé maints volumes volés d'Italie, dont ceux de Turpin. Il affirme alors y avoir trouvé *L'Enfance d'Orlando*. Il dit refuser la convention de l'entrelacement (son récit sera donc d'un seul tenant) et fait une sévère distinction entre les bons romans de che-valerie et les mauvais, ne sauvant que Pulci, Cieco di Ferrara, Boiardo et l'Arioste. Les ressemblances avec le prologue du *Paris un Wiene* sont les suivantes : pré-sentation d'une figure fictionnelle du poète, plainte contre les mauvais lecteurs, révélation de la source du poème et explication de certains procédés narratifs. Ces points communs sont liés à de simples constantes génériques mais il peut être inté-ressant de noter qu'une des premières éditions de l'*Orlandino* a été réalisée en 1527 par l'imprimeur juif Gershon Soncino à Rimini (juste avant l'exil de cette importante famille d'imprimeurs dans l'empire ottoman). Voir l'introduction de M. Chiesa 1991, p. LXI. Élia Lévita a publié sa première œuvre grammaticale chez Soncino dans des circonstances assez compliquées (voir G. Weil 1963, p. 51-52).

landino, refuse de façon tonitruante les tentatives de normalisation. Il se révolte contre l'arrogance des toscans, ramenant le problème bien plus complexe de l'unification linguistique à une forme de querelle de clochers : « *Però Dante, Francesco e Gian Boccacio / Portato han seco tanto che sua prole / Uscir non sa di suo propio linguaccio*[86] » (I, 8). Et il continue de façon aussi comique que virulente :

> *E questo voglio ch'a color sia detto*
> *Che chiaman : « lombarduzzo mangia rape » ;*
> *Serbo l'onor de l'inclite persone,*
> *Ad altri grido : « tosco chiachiarone ».*
>
> Orlandino, I, 9

> Et je veux qu'il soit dit à ceux
> Qui crient : « lombard, mangeur de raves ! »
> (Sauf le respect que je dois aux personnes éminentes)
> Je crie aux autres : « Toscan jacassier ! »

À travers ces invectives comiques, Folengo défend, non sans sérieux, son droit à utiliser des formes linguistiques mineures, dialectales[87]. Il aime la contradiction, voire la provocation, lorsque celle-ci est au service d'une plus grande expressivité. Caché sous son masque de pauvre hère (ou de poète macaronique), il peut se permettre de promouvoir une vision de l'art où ce qui est considéré comme inférieur (les dialectes, la vie paysanne, le comique de farce) a une place de premier ordre. Dans le même temps, Folengo est un humaniste, qui fait de l'*Enéide* un modèle fondamental de son *Baldus*[88]. Dans l'*Orlandino*, il établit une sorte de classification des *romanzi cavallereschi* qu'il juge dignes de passer à la postérité, traçant une ligne de démarcation très nette entre les romans d'origine populaire et les romans produits dans des milieux cultivés et aristocratiques :

---

[86] « Mais Dante, Francesco et Gian Boccacio / Ont tant apporté que leur progéniture / Ne sait pas sortir de sa fichue langue. »

[87] Voir M. Pozzi, 1979, p. 209-229.

[88] La première édition du *Baldus* (1517) se termine sur une imitation du dernier vers de l'*Énéide*, tout comme l'*Orlando Furioso*. Ce fait remarquable illustre l'importance du modèle virgilien et montre à quel point l'*imitatio* d'un même auteur classique à la Renaissance a pu conduire à des créations profondément différentes.

Ma Tribisunda, Ancroia, Spagna, e Bovo	Mais que la *Tribisunda*, l'*Ancroia*, la *Spagna* et *Bovo*
Co' l'altro resto al foco sian donate ;	Avec tout le reste soient données au feu :
Apocrife son tutte, e le riprovo	Elles sont toutes apocryphes et je les renie
Come nemighe d'ogni veritate ;	Comme des ennemies de toute vérité ;
Boiardo, l'Ariosto, Pulci e 'l Cieco	Boiardo, l'Arioste, Pulci et Cieco
Autenticati sono, et io con seco.	Sont authentiques, et moi avec eux.

Orlandino, I, 21

Ainsi, près d'un siècle avant le bûcher allumé par le curé de *Don Quichotte* (Première partie, chapitre VI) nous assistons déjà à un autodafé de romans de chevalerie, dont se voient sauvés, comme ils le seront chez Cervantès, l'Arioste et Boiardo (Folengo leur adjoint Pulci et Cieco da Ferrara). Les œuvres qui sont livrées aux flammes appartiennent toutes à la littérature populaire de l'époque, celle qui est diffusée par les éditions à bon marché. On y notera la présence (peu surprenante) du *Buovo d'Antona*. Folengo ne connaît pas, bien sûr, la version de ce roman écrite par Lévita qui circulait sous forme manuscrite dans le ghetto de Venise, non loin du palais Orsini où il logeait alors. On voit qu'une opposition nette est établie par le poète mantouan entre des œuvres anonymes, représentées par leur simple titre, et une littérature illustrée par des auteurs prestigieux. C. Dionisetti a remarqué que Folengo avait su mettre en avant, avec un goût très sûr, ceux qui passeraient à la postérité[89]. Le fait que Folengo se range parmi ces auteurs montre l'ambition qu'il nourrit pour sa poésie. Même si tout ce prologue est prononcé avec le sourire narquois du miséreux « *pitocco* », il n'est pas difficile d'y déceler une importante part de sérieux, et d'ambition littéraire.

L'*Orlandino* s'appuie en réalité, par endroits assez littéralement, sur un de ces romans populaires voués capricieusement au bûcher : *Lo Inamoramento de Melon e Berta e come naque Orlando e de la sua pueritia*, qui devait être accessible à Folengo dans une édition à bon marché[90]. Encore une fois, nous retrouvons le procédé de réécriture d'une œuvre populaire à l'origine d'un roman de chevalerie plus ambitieux. C'est pourquoi l'*Orlandino* comprend tant de situations typiques illustrées aussi par les romans de Lévita : *innamoramento*, maladie d'amour et

---

[89] C. Dionisotti 1970, p. 239-240.
[90] Voir l'article de M. Chiesa 1979, p. 249-267.

lamentations, blâme des femmes par un ami fidèle pour détourner l'amant de ses sentiments, tournois et naufrages.

Le roman populaire fournit la structure générale du poème mais l'on perçoit très vite que Folengo ne souhaite pas garder le cap de sa narration : il ne s'en tient pas à son sujet. Les digressions sont si nombreuses qu'un seul chant (VII) est, tout compte fait, consacré à l'enfance d'Orlando. Les six premiers chants – nommés étrangement *capituli* (chapitres) par Folengo (à moins qu'il souhaite par là révéler l'ambition polémique du texte ?) – présentent les amours des parents du paladin, eux-mêmes entrecoupés d'épisodes indépendants. Le chant IV tient déjà beaucoup du genre de la nouvelle car il multiplie les touches réalistes dans la description du festin à la cour de Charlemagne et dans la série de situations amoureuses cocaces qui conduit à la génération du héros (Milon, son père, doit se cacher sous le lit de Berta, sa mère, de peur d'être découvert). Le dernier chant, enfin, est entièrement occupé par une nouvelle fortement satirique et anti-ecclésiastique dont le héros principal est le prélat Griffarosto, goinfre et buveur.

Le poème, long de 494 octaves, est donc ouvert et composite. Sans cesse interrompu par la voix éraillée et volontiers vulgaire du « *pitocco* », qui intervient bruyamment au début et à la fin de chaque chant, l'œuvre joue sur un contraste permanent entre les situations décrites et le langage employé : « *Cosí col mio cervello assai lunatico, / fantastico e bizarro sempre i' masino*[91] [...] ». Limerno Pitocco pratique souvent l'inversion des valeurs chevaleresques, même si les habitudes rhétoriques et thématiques du *romanzo cavalleresco* sont également souvent employées. Les lamentations amoureuses de Milon au chant III ne dérogent en rien à la tradition la plus sérieuse et sont même truffées d'échos pétrarquistes. À l'opposé, le début du chant V, fait retentir la voix grinçante du poète dans une parodie brutale du pétrarquisme qui commence par l'apostrophe suivante : « *O donna mia, ch'hai gli occhi, ch'hai le orecchie, / Quelli di pipastrel, queste di bracco*[92] [...] »

---

[91] « C'est ainsi qu'avec mon esprit très lunatique, / fantastique et bizarre je bavasse sans cesse. »

[92] « O Dame, toi qui as les yeux, les oreilles / Ceux-ci de chauve-souris, celles-là de chien braque [...] »

Le premier vers aurait pu se trouver chez Pétrarque, le second renverse brutalement la tonalité lyrique en faisant de la dame une chimère sortie d'un bestiaire grotesque.

La même technique est utilisée au début de la seconde strophe (où s'écarte seulement de la norme la forme septentrionale du substantif « bacio »), tandis que le reste de la strophe est une prière d'amour particulièrement vulgaire et burlesque : « *Ché s'una fiata mi concedi un baso / In quella guancia, qual persutto, rossa, / Et anco ch'un sol tratto i' ficca / In cul non dico già, ma in quella fossa / Di tue mammille sin al bosco raso / ubi Platonis requiescunt ossa*[93] [...] » On voit que l'humour de Limerno Pitocco joue tout autant sur le détournement des codes que sur la variété linguistique. Le latin, et la référence semi-savante à Platon, arrivent au moment où on les attend le moins après que le poète a usé du langage le plus cru. Même lorsqu'il n'écrit pas en macaronique, Folengo ne cesse de faire alterner les niveaux de langue, voire les langues différentes. Ce goût fondamental pour l'hybridation linguistique trouve son équivalent dans l'alternance des passages burlesques et des passages sérieux.

L'un des épisodes les plus significatifs dans cette perspective est le tournoi « pour rire » qui occupe la plus grande partie du deuxième chant. Folengo l'appelle lui-même « *rustico certame de' paladini fatti mulatieri*[94]. » Il s'agit d'une grande bouffonade organisée par Charlemagne lui-même et qui a pour participants les douze pairs de France : véritable spectacle de carnaval qui met en scène de façon originale les plus nobles héros de la tradition chevaleresque. Les paladins se présentent dans des costumes grotesques sur des ânes, des rosses, des bœufs, des vaches. Les heaumes sont des vases, les lances des bâtons de poulailler, les écus des chaudrons, les cottes de maille des lasagnes[95] :

---

[93] « Si tu me concèdes une fois un baiser / Sur cette joue, rouge comme du jambon / Et aussi qu'une fois je fourre mon nez / Je ne dis pas dans le cul, mais dans la fosse / Entre tes deux mamelles, jusqu'au bois coupé ras / *Où reposent les os de Platon* [...] » Et le poète promet, de façon très peu voilée, de lui faire profiter de ses prouesses sexuelles. Ce sexe féminin défini comme tombe de l'amour platonique nous permet aussi de voir comment Folengo sait utiliser un latin pseudo-solennel aux moments les plus inattendus.

[94] II, 62 : « le combat rustique des palladins faits muletiers. »

[95] Cet étrange tournoi rappelle d'une certaine façon la tradition médiévale du détournement chevaleresque à des fins comiques. La grande différence réside

Or son meschiati insieme que' baroni	Maintenant tous ces barons sont mêlés
Su quelli animaluzzi magri e vecchi ;	Juchés sur ces bêtes maigres et vieilles,
Pignate e pignatelle e calderoni,	Les marmites, les casseroles et les chaudrons,
Padelle, zucche, barilloti e secchi	Les poêles, les vases, les barils et les seaux,
Fan gran rumore, mentre co' bastoni	Font grand bruit, tandis qu'avec les bâtons,
Si dan bone derate su gli orecchi,	Ils se donnent de belles rossées sur les oreilles,
Orecchi di destrieri, intendi bene :	Oreilles des chevaux, entendons-nous bien,
Scherzo che doglia tra lor non conviene.	Il ne saurait y avoir entre eux de plaisanterie
Orlandino, II, 30	qui fasse mal.

Le jeu est particulièrement grotesque et fournit l'occasion à Pitocco de rire grassement en évoquant le bas corporel : Morando et Bovo se retrouvent couverts d'étrons (ce qui leur donne l'occasion de détourner des passages latins de la liturgie concernant l'eau bénite), l'âne de Rampal se met à monter la rosse du Danese, ce qui fait rire les dames du public et les chatouille agréablement, déclenchant de surcroît la fuite de Berta, torturée par son amour pour Milon. Si les lamentations de la princesse sont alors on ne peut plus classiques, la cause de la fuite suffit à rabaisser tout le motif des peines d'amour. Malgré ces scènes d'intense défoulement, le jeu reste doté de règles propres. La mise à distance de la tradition du tournoi, aussi délurée soit-elle dans ces pages du poème, ne passe pas par un total dérèglement. De plus, elle n'est que temporaire. Lorsque Berta se sent outragée de voir organisé en son honneur un tournoi de cet acabit, on la rassure bien vite en lui promettant qu'après la plaisanterie aura bien lieu une véritable joute, laquelle est effectivement racontée au troisième chant.

Si l'*Orlandino* se signale par des moments de liberté débridée, c'est aussi qu'il retrouve bientôt le cadre fixe du récit chevaleresque fourni par sa source populaire. L'esprit original de Folengo apparaît dans cette œuvre à l'état brut. De même que les éléments linguistiques différents n'y sont guère unifiés (le latin, le français, l'espagnol apparaissent sous forme de citations) de même, les épisodes de tonalités diverses sont juxtaposés sans entrer dans une architecture poétique d'ensemble très nette. Il faut l'efficacité de

---

dans le fait que ce sont ici les paladins les plus nobles de la tradition qui font l'objet de cette dégradation. Le tradition médiévale est illustrée par le genre des « tournoiements de dames ». Voir l'article correspondant dans G. Hasenohr, M. Zink 1992, p. 1443-1444. En Italie, l'écrivain Franco Sacchetti a écrit au XIVe siècle *La battaglia delle belle donne di Firenze contro le vecchie* qui met en place certaines déformations reprises par Folengo.

la langue macaronique telle que Folengo l'a travaillée toute sa vie, et l'amélioration continue du *Baldus*, version après version, pour que les tendances foncièrement excentriques de l'esprit du poète voient leur énergie canalisée dans la réalisation d'un projet ambitieux et harmonieux.

Baldus

Car le *Baldus* est l'œuvre d'une vie d'écrivain et surtout, d'une vision artistique mûre, réfléchie et originale[96]. Ce long poème héroï-comique de plus de 16000 vers dans sa dernière version a connu pas moins de quatre rédactions : la première, dite Paganini, date de 1517 et la dernière, dite Vigaso Cocaio, est posthume (1552). Entre ces deux versions viennent s'intercaler deux autres : la Toscolana (1521) et la Cipadense à la fin des années 1530. Chaque version du poème a ses caractéristiques propres et reflète une adaptation de Folengo aux évolutions culturelles de son époque, en particulier à la victoire des thèses de Bembo vers la fin des années 1520 concernant l'unification de la langue littéraire, à laquelle Folengo réagit en persistant dans le raffinement de son langage composite[97]. Si la langue des prédécesseurs de Folengo pouvait encore légitimement s'appeler latin macaronique, il est important de noter que le poète mantouan nomme son instrument simplement « le macaronique » : il ne s'agit plus de prendre le latin pour base et pour cible en le déformant et en l'abaissant mais bien de créer un langage tout à fait hybride où les dialectes d'Italie du Nord ont un droit de cité équivalent à celui de la langue noble[98]. Le mélange du haut et du bas, du noble et du vulgaire, est un principe qui se reflète à tous les niveaux du *Baldus*, mais non arbitrairement : ils servent une intention comique qui n'est pas incompatible avec une réelle ambition littéraire. Ainsi, si le latin façonne la forme extérieure des mots, il se trouve sans cesse détourné par des suffixations abusives et des caricatures morphologiques.

[96] Le *Baldus* est inclus dans les *Maccharonées*, un ensemble de poèmes en langue macaronique, qui s'essaie à plusieurs genres classique : l'églogue (*Zanitonella*), l'épopée (*Baldus*), le poème héroï-comique (*Moschaea*) et enfin le genre épistolaire. Le *Baldus* en est la pièce la plus longue et la plus ambitieuse.

[97] Sur les différentes versions des *Maccharonées* de Folengo, on consultera en particulier C. Cordié 1935-1936, p. 151-246 et l'article de M. Pozzi 1993, p. 33-47.

[98] L'analyse la plus fouillée du macaronique, qui reste cependant principalement axée sur le paradigme du latin, a été proposée par U. E. Paoli 1959.

Dans l'importante *Apologetica* publiée en tête de la seconde édition, Merlin Coccaïe affirme : « *Mordebor tamen a multis quod utor carminibus nimium incompetentibus, maxime "se cagat adossum", "passare delaium", "dicendo nientum", "non erat anchoram", "non erat appenam" et innumerabilia quae grossolaniter proferre debemus*[99]. » Parmi les citations que Merlin présente comme ayant fait l'objet de reproches, seule la première est grossière, au sens commun du terme, puisqu'elle recourt au lexique du bas corporel. Les autres ne sont « vulgaires » qu'au sens où l'on parle de langues vulgaires : le poète se contente d'ajouter les terminaisons propres aux adverbes latins à des mots italiens courants. Et il n'hésite pas à dire que ces mots ajoutent de l'élégance (« elegantiam ») à la langue macaronique, tant celle-ci trouve son charme dans la métamorphose du langage commun et de son univers.

Lexique et morphologie sont inséparables dans la création du comique macaronique comme dans le vers suivant : « *Quis fuerit, scitur, Tristanus, Lanzaque lottus*[100]. » (B, XXIV, 62). La conjonction de coordination latine *-que* vient se placer au cœur du nom de Lancelot (ici représenté dans sa forme septentrionale) faisant de la deuxième partie du nom une sorte d'adjectif associé au mot « lance », qui est alors mis en évidence. Est ainsi dévoilée l'étymologie, peut-être populaire, du nom « Lancelot ». Ces créations verbales contribuent grandement à donner tout son sel au poème de Folengo, car, fait rare dans un roman, le rire surgit à un niveau de la langue qui précède la production du sens, même si ces effets langagiers servent souvent à renforcer le comique des scènes représentées. On a beaucoup commenté la richesse lexicale de la langue de Folengo puisant dans toutes les couches, dialectales ou non, de l'italien, mais aussi du latin : antique, médiéval, huma-

---

[99] « De nombreuses personnes m'adresseront des attaques mordantes parce que j'emploie des vers trop déplacés, en particulier "il se chie dessus", "passer outre", "ne disant rien", "il n'était pas encore", "il était à peine", et d'autres innombrables que l'on doit dire grossièrement. » Mise à part la première expression, les autres ne semblent pas grossières dans la traduction : c'est qu'elles ne le sont que par la forme comiquement macaronique des expressions originales. « Grossolaniter » est une formation macaronique typique qui transforme l'adverbe italien « grossolanamente » (« grossièrement ») par la substitution d'un suffixe adverbial latin.

[100] « On sait qui furent Tristan et Lancelot. » On comprend, à cet exemple, que Folengo constitue un cas particulièrement riche dans le cadre d'une réflexion sur les « intraduisibles », voir J. Verger 2013, p. 171-182.

niste[101]. Il sait faire varier le niveau de la langue en fonction des personnages qu'il représente : le paysan Zambellus utilise avant tout le parler, superficiellement latinisé, de la campagne mantouane tandis que le poète Gilbertus prononce des élégies dans un latin humaniste presque irréprochable.

Mais au-delà de ces variations de contenu, rien ne semble prédisposer au choix de tel lexème sinon la recherche du maximum d'expressivité. Cette conception linguistique originale a conduit Folengo à utiliser toutes les ressources imitatives du langage, en particulier les onomatopées : cris d'animaux (le chat : « *gnao, gnao* », le chien : « *bau, bau* »), bruits d'enclume et de soufflet (« *tich, toch* », « *buf, bof* »). Ces bruits s'intègrent joyeusement à la syntaxe latine, effet surprenant mais non pas choquant tant le macaronique parvient à imposer sa logique propre (« *bau bauque* », *B*, II, 157).

Ainsi lorsque la sorcière Gelfora ameute les légions de l'Enfer, nous lisons : « *Fit cridor, armorumque sonus, crepitusque tubarum, / Campanae ad don don fitur concursio gentis, / Intornumque suae calcatur squadra reinae*[102]. » (*B*, XXVI, 35-37) C'est la liberté fondamentale de l'écrivain à l'égard des mots qui pousse à ce genre de manifestations sonores, comme en témoigne le fait que Lévita, dans le *Paris un Wiene*, utilise le même procédé : « *Asò ain gèschüs, asò ain gèklang / Mit gròsén büksén un' mit glòkén / Màn hòrt nöürt "tif tòf, ging gang*[103]". » (*PW*, 632). L'expressivité pré-sémantique du langage produit un effet comique immédiat : chez Folengo, comme chez Lévita, le réel entre de manière brute dans le poème, à travers les onomatopées, à travers les exclamations dialectales et populaires, ou encore, de façon plus stylisée, à travers les comparaisons tirées de la vie quotidienne.

Car le principe d'hybridité ne se limite pas, dans le *Baldus*, à l'utilisation du langage. Il est le fruit d'une conception esthétique générale fondée sur le mélange et le détournement. Pour la construction thématique du poème, Folengo se propose deux

---

[101] Voir, par exemple, l'introduction à T. Folengo 2007, p. CXLV-CXLVI.

[102] « Il se fit un cri, le bruit des armes, le son des trompettes / Au « don, don » des cloches, il y eut un grand rassemblement de gens / Et la garde se pressa autour de sa reine. »

[103] « Quels bruits de tirs et de sonneries / Venant de canons et de cloches / On n'entendait plus que "tif tof, ging gang" ! »

modèles majeurs : l'épopée antique, et en particulier celle de son concitoyen Virgile, et le *romanzo cavalleresco*. À la première, le poète mantouan emprunte, outre la forme de l'hexamètre et un grand nombre d'expressions latines, le caractère unifié de l'intrigue centrée sur Baldus qui, de pauvre garçon de village, devient chevalier et assume l'ambitieuse mission, confiée par son père, de libérer le monde des sorcières en descendant aux Enfers. Du second, Folengo hérite le modèle des personnages et un grand nombre de procédés narratifs que nous aurons l'occasion d'étudier plus en détail. Si seul le premier chant (consacré aux événements qui précèdent la naissance de Baldus) peut sans difficulté être qualifié de parodie de roman de chevalerie, tous les autres sont chargés de *topoi* chevaleresques en tous genres : exploits guerriers, généalogies, descriptions de tempêtes, de chevaux, armes magiques, invectives contre les femmes, plaintes sur la décadence des valeurs courtoises[104].

Dans l'introduction et dans la conclusion des chants du poème, cette hésitation entre l'épopée et le *romanzo cavalleresco* apparaissent clairement. Pour soutenir son inspiration, contrairement aux auteurs de romans de chevalerie (à l'exception de Cieco da Ferrara), Merlin Coccaïe fait appel, comme dans la tradition classique de l'épopée, aux Muses. Mais ce ne sont pas là les Muses classiques, Melpomène ou Thalia qui vivent sur le Mont Parnasse. Ce sont des Muses adaptées au nouveau genre de poésie qu'entend introduire Folengo :

> *Pancificae tantum Musae, doctaeque sorellae,*
> *Gosa, Comina, Striax, Mafelinaque, Togna, Pedrala,*
> *Imboccare suum veniant macarone poëtam,*
> *Dentque polentarum vel quinque vel octo cadinos.*

B, I, 13-16

> Que seules les muses ventrues, sœurs savantes,
> Gosa, Comina, Striax, Malefina, Togna, Pedrala,
> Viennent macaroniquement remplir la bouche de leur poète,
> Et lui donnent cinq ou huit platées de polenta[105].

---

[104] Pour une discussion du terme parodie appliqué au *Baldus*, on lira avec intérêt les réflexions de M. Chiesa 2006, I, p. 18.

[105] Les maccaroni sont alors des sortes de gnocchi. Quant à la polenta, elle n'est bien sûr pas faite de maïs (importé plus tard d'Amérique), mais de céréales variées. Voir L. Messedaglia 1973, p. 109-146.

La métaphore culinaire est essentielle à la définition de la poésie macaronique et ces « Muses pancifiques[106] » habitent dans un pays de Cocagne : « *Hic de materia tortarum mille videntur / Ire redire rates, barchae, grippique ladini, / In quibus exercent lazzos et retia Musae / Retia salsizzis, vitulique cusita busecchis, / Piscantes gnoccos, fritolas, gialdasque tomaclas*[107]. » (*B*, I, 34-36). Malgré l'ampleur du détournement de cette topique de l'invocation aux Muses, celle-ci reste significative car elle ancre le texte dans la tradition épique. Chacune des Muses accompagne Merlin pendant cinq chants et celui-ci les apostrophe régulièrement. Si beaucoup des conclusions de chants mettent également en scène les Muses, elles évoquent en général la fatigue du poète et son besoin de se restaurer tout en rétablissant parfois la fiction de la récitation orale chère au *romanzo cavalleresco* (*B*, XXIII, 717-719) : « *At quia candela est ad virdum usque culamen, / At quia consumpsit vodata lucerna stopinum, / Multa per adessum dixi, damatina venito*[108]. » Pris entre les modèles de l'épopée antique et du roman de chevalerie, les chants du *Baldus* sont dominés par la figure d'un nouveau poète, Merlin Coccaïe, choisi pour être le Virgile de la muse macaronique, qui emploie un instrument encore presque vierge au lieu de s'appliquer comme Sanazzaro (« *Sanque Nazarum* »[109] !) ou Pontano, les auteurs contemporains de la poésie néo-latine, à essayer d'illustrer l'antique muse latine en ne produisant, selon le mot de Folengo, que de l'or faux (« *alchimia* », *B*, XXII, 79).

Au-delà de ces deux modèles majeurs, une multitude d'autres modèles sont exploités et détournés : la nouvelle (dans les chants IV à X qui mettent en scène les ruses et les exploits du voyou Cin-

---

[106] « Muses Pansefiques » est la traduction proposée par l'anonyme français qui a traduit le *Baldus* au début du XVIIe siècle en le présentant comme un prototype de Rabelais (P. L. Jacob, 1859, p. 5).

[107] « Là, on voit aller et venir des milliers de barques / Faites de tourtes, des gondoles latines / Où les Muses exercent leurs filets et leurs lassos / Faits de saucisses et de tripes de veau cousues / Pour pêcher des gnocchis, des omelettes et des boulettes jaunes. »

[108] « Mais puisque la chandelle a brûlé jusqu'à son cul vert / Et puisque la lampe vide a consumé son étouppe, / J'en ai dit assez pour le moment, reviens demain. »

[109] Le pauvre Sanazzaro se trouve transformé, par la magie de la langue macaronique, en une sorte de Saint-Nazaire !

gar), le fabliau (prédilection pour l'humour scatologique), l'idylle (autour du personnage de Berto Panada dans les chants II-III), la satire (des religieux au chant VIII, des aubergistes au chant XI) ou encore les traités d'alchimie (chant XIII) et d'astrologie, souvent versifiés à l'époque de Folengo en Italie (voir le long discours de Cingar sur les astres au chant XIV qui endort tous ses compagnons et qui se poursuit au chant XV). L'abondance et la variété de ces sources d'inspiration montre assez l'ambition du *Baldus* dont l'unité est garantie par la linéarité de l'action, la cohérence des personnages, et la verve comique du poète qui n'exclut pas l'inclusion de passages sérieux.

Car Folengo, dès le départ, entend rivaliser avec les classiques. Cela se perçoit, avant même d'entrer dans le poème, dans la forme matérielle du livre imprimé qui a une grande importance, en ces années où l'imprimerie, encore neuve, définit ses normes. Ainsi, la seconde édition des *Maccharonées* est dotée d'un important paratexte : lettre de l'éditeur, éloge de l'auteur, apologie du poète, prologue, épilogue, notes marginales[110]. Tous ces ingrédients constituaient l'appareil ordinaire des œuvres classiques publiées par les humanistes[111]. Les éléments extra-textuels participent à l'ennoblissement visuel des différents poèmes des *Maccharonées*, mais aussi à leur détournement. Les notes marginales aident réellement à la compréhension d'un texte difficile, même pour le lecteur contemporain. Folengo ne dit-il pas dans l'*Apologia* qu'on s'est plaint qu'il emploie des mots qu'on ne comprend qu'à Mantoue ou à Brescia ? Et de répondre, dans la foulée, que c'est bien à cela que servent les doctes interprètes : c'est à eux de dévoiler l'univers caché du texte. Son œuvre est donc, de l'aveu peut-être ironique de l'auteur, adressée à une élite intellectuelle. Mais d'autres notes marginales de l'édition Toscolana sont de simples divertissements comiques, qui contrefont l'érudition des humanistes. Présentant une série de voyous qui malmènent le jeune Baldus après qu'il les a vaincus au jeu, Folengo explique l'adjectif « *macaronus* » qu'il vient d'employer de la façon suivante : « *Macaronus qui comedit macarones vide plenius Aulium*

---

[110] Sur l'importance du paratexte et les stratégies de détournement qu'il assume dans le *Baldus*, on pourra consulter A. Bayle 2009, p. 83-100.

[111] Voir M. Pozzi 1993, p. 37-40.

Gelium de nominibus derivatoriis[112]. » Ce dispositif est représentatif d'un texte conscient de ses capacités subversives et du public lettré auquel il s'adresse.

Nous ne pouvons, bien sûr, dans le cadre de cette présentation, entrer dans les détails d'un des poèmes les plus complexes et les plus intéressants de la Renaissance italienne. Nous nous contenterons de quelques remarques intéressant la structure globale de l'œuvre, le devenir du *romanzo cavalleresco* et les liens que l'on peut établir entre le *Baldus* et les œuvres de Lévita[113]. Contrairement à ce qui se passe chez Pulci, Boiardo et l'Arioste, le modèle du roman de chevalerie n'a pas une influence majeure sur la construction de l'action du *Baldus* : point d'entrelacements, point d'histoires d'amour entre chevaliers et princesses (sinon au premier chant), point de guerres contre les païens. Dans toute l'œuvre, les batailles sont extrêmement nombreuses, mais Baldus ne combat jamais contre de véritables chevaliers : il affronte des manants, des citadins corrompus, des pirates, des sorcières, des diables, tout un monde sorti des nouvelles, fabliaux et contes populaires. Si l'on excepte le premier chant, le poème peut être grossièrement divisé en trois parties qui disposent de trois décors différents fortement caractérisés :

1) Chants II-XI, entre Mantoue (la ville) et Cipada (la campagne) : les personnages essentiels en sont des paysans et paysannes, des représentants de divers métiers, des notables, des religieux. Baldus est enfermé par les gouvernants corrompus de Mantoue et de sa région pendant une grande partie de cette section, laissant le tzigane Cingar mener la danse. Pour illustrer la veine « réaliste » de toute cette section, il n'y a sans doute pas de meilleur exemple que la représentation acide que Folengo propose des Juifs de Mantoue. Au chant III, Baldus encore enfant s'engage dans un jeu de balle assez complexe avec les garnements de Mantoue[114] mais, comme il n'a pas d'argent pour soutenir le pari, il

---

[112] Voir T. Folengo 1521, *Macaronea secunda*, p. 49 : « Macaronus : qui mange des macaronis, cf. Aulius Gelius, "Des noms dérivés" ».

[113] Notre analyse et les citations qui suivent s'appuient sur l'édition de M. Chiesa 2006.

[114] Ce jeu se dispute en équipes, armé de sortes de battes. Folengo décrit les parties jouées par Baldus avec précision (*B*, III, 229-274). On en lira les règles dans A. Scaino 1555, p. 14-20.

cherche à mettre en gage l'un de ses vêtements et essaie de repérer les bérets jaunes qui distinguent les Juifs[115] :

> *Iudaeo statuit quam primum vendere quidquid*
> *Tunc habet indossum ; guardat per mille beretas*
> *Rossas et nigras populi si gialda videtur.*
> *Non fuit una quidem, sed tres, sed quinque, sed octo,*
> *Sed videt innumeras tinctas gialdedine brettas,*
> *Namque patarinos baganaios Mantua nutrit.*

B, III, 250-255

> Il décide aussitôt de vendre à un Juif l'un des vêtements
> Qu'il porte sur le dos ; il regarde parmi les mille bérets
> Rouges et noirs du peuple s'il en voit un jaune.
> Il n'en vit certes pas un, mais trois, mais cinq, mais huit,
> Il voit une infinité de bérets teints en jaune
> Tant Mantoue nourrit de mécréants juifs.

Un bon nombre d'informations concrètes sont transmises par ces quelques vers du *Baldus* sur les Juifs de la ville : ils sont le seul recours des pauvres en mal d'argent, ils sont immédiatement identifiables à leurs bérets jaunes, et leur nombre est important (même s'il faut faire la part de l'hyperbole malveillante : « *innumeras* »).

La figure du Juif est davantage stylisée dans le chant VIII, puisque celui-ci commence par une sorte de nouvelle dépeignant la ruse de Cingar aux dépens d'un usurier juif du nom de Sadoccus (de l'hébreu *tsadik* : juste)[116]. Comme dans de nombreux textes populaires médiévaux, notamment les *Fastnachtspielen*, le Juif

---

[115] Mantoue comptait l'une des plus grandes communautés juives d'Italie. Ils étaient, à la fin du XVIe siècle, près de 3000, soit 7% de la population, voir S. Simonsohn 1962. Le béret jaune a été imposé aux Juifs de Mantoue durant la vie de Folengo puisqu'Isabelle d'Este écrivait encore à son mari, le 24 Avril 1496, que suite à la venue d'un prédicateur, elle a décidé d'augmenter la taille et la hauteur de la rouelle que portaient les Juifs pour qu'ils soient plus visibles : « *Non ho voluto in abstentia de la Ex. V. mettere ordine di bretta gialda, non parendo di procedere tanto ultra [...]* » (« Je n'ai pas voulu, en l'absence de Votre Excellence, imposer le port du béret, ne pensant pas devoir aller aussi loin [...] »), voir W. Braghirolli 1885, p. 183-186.

[116] La représentation des Juifs est presque aussi vieille que le genre, essentiellement citadin, de la *novella* italienne. On rappellera que les nouvelles II et III de la première journée du *Decameron* représentent le Juif Abraham et le Juif Melchissedec, d'ailleurs tous deux de manière positive.

joue ici le rôle de larron de la farce[117]. Attentif aux détails, Folengo commence par dépeindre sa boutique :

> *Ingreditur plenam varia de merce botegam,*
> *Quam tenet hebraeus, Sadoccum nomine dicunt,*
> *Qui circuncisus pollebat munere trino,*
> *Signatusque Deo fuerat, ne incognitus esset*[118],
> *Lumine sguerzus erat, pede zoppus, tergore gobbus.*
> *Qui centum miseros usurae sfecerat arte.*
> *Vestimentorum pendebat copia grandis :*
> *Cappae, zupones, calzae, variaeque pelandae,*
> *Zacchetti, socchae, guarnelli, sive camorae.*

B, VIII, 46-55

Il entra dans une boutique pleine de marchandises
Que tenait un Juif (on dit qu'il s'appelle Sadoccus).
Ce circoncis était distingué par un triple don,
Et il avait été marqué par Dieu, pour qu'il ne fût pas méconnu :
Il était borgne d'un œil, boiteux d'un pied, et avait le dos bossu.
Il avait ruiné cent pauvres par l'art de l'usure.
Pendait là-bas une grande abondance de vêtements :
Capes, jupons, chausses, diverses sortes de mantes,
Vestes, souquenilles, soutanes, ou casaques.

Dans une tradition antisémite ancienne et vivace, Folengo représente le Juif comme un détrousseur de Chrétiens presque monstrueux. Mais c'est aussi la boutique qui semble l'intéresser. Par l'accumulation des noms de vêtements sur deux vers, l'écrivain suscite l'impression de présenter plutôt le magasin d'un fripier que celui d'un homme qui s'adonne au commerce de l'argent. Cingar emprunte au Juif des vêtements pour se déguiser en imitant l'allure et la démarche de celui-ci. Il le contrefait si bien qu'il réussit à acheter au paysan idiot Zambellus sa vache Chiarina en se faisant passer pour Sadoccus. Mais il ne débourse pas un centime : il lui donne en gage des poissons (qui sont à l'origine de dérangements intestinaux chez le paysan permettant à Folengo de

---

[117] Le personnage du Juif trompé est également courant dans la comédie italienne de l'époque, notamment chez l'Arétin dans *La Cortigiana*, IV, 15-16 et dans *Il marescalco*, III, 1-2, où le Juif joue le rôle de vendeur de parures féminines.

[118] M. Chiesa renvoie, dans les notes de son édition (T. Folengo 2006, I, p. 365) à l'idée, répandue depuis l'Antiquité, selon laquelle les infirmités phyisques seraient la marque d'une punition divine de la méchanceté. Il peut s'agir ici aussi d'un détournement du verset biblique de la *Genèse* (17, 11) qui fait de la circoncision un signe physique de l'alliance divine, et de la distinction du peuple juif.

laisser libre cours à son inspiration scatologique) et écrit une quittance, « à l'envers, à la manière des Juifs » (« *haebreorum more roverso* »). Ayant reçu la vache, il la vend au vrai Sadoccus pour huit ducats. Un peu plus tard, il revient avec Zambellus faire un scandale dans la boutique du Juif en exigeant la restitution de la vache. Il crie si bien, en ameutant tout le quartier, que Sadoccus, terrifié, est obligé de s'exécuter. La conclusion est toute favorable à Cingar même si elle ne manque pas d'ironie : selon Merlin Coccaïe, il a gagné l'argent qu'il a mérité par sa fatigue.

La réunion des Juifs face au scandale orchestré par Cingar est décrite de la manière suivante :

> *Ergo sinagogam iudaeus congregat omnem,*
> *Ut faciunt quando dischiavant foederis arcam.*
> *Barbottant « an ah ay men e ey », faciuntque tumultum,*
> *Ut vellent sagatare ocam, chiamando Mesiam.*
>
> B, 335-339

> Le Juif réunit donc toute la synagogue,
> Comme ils font lorsqu'ils ouvrent l'arche d'alliance.
> Ils marmonnent : « an ah ay men e ey », et font un boucan
> Comme s'ils voulaient tuer une oie en appelant le Messie

Même si les traits de la scène décrite sont forcés en raison de l'intention caricaturale de tout le passage, la référence à des usages rituels juifs bien connus concrétise le tableau. Mais c'est la langue qui joue le premier rôle dans cette intention de *mimesis*. Non seulement parce que l'hébreu (ou le yiddish ?) sont imités par l'accumulation au discours direct de syllabes incompréhensibles, mais aussi parce que Folengo emprunte ici un terme au judéo-italien : « *sagatare* » provient en effet de la racine hébraïque שחט, qui également produit le terme yiddish *shekhtn* (tuer un animal)[119]. Richesse linguistique, goût de la mise en scène et du détail évocateur sont les ingrédients de cette poésie à tendance réaliste que pratique également Lévita.

2) <u>Chants XII-XXI</u> : cette deuxième partie du roman décrit les aventures maritimes de Baldus au cours desquelles il devient progressivement conscient de sa mission et s'élève à son statut de

---

[119] Voir M. Mayer-Modena 2010, p. 155.

héros, instruit d'abord par la fée Manto, fondatrice de Mantoue (chant XIII), puis par son père Guido (chant XVIII) qui veulent tous deux le placer au niveau d'Hector, de Thésée, d'Énée. Dans le même temps, il s'entoure progressivement d'une bande de compagnons hétéroclites, davantage monstres et bandits que personnages de poème héroïque, qui l'accompagneront jusqu'en Enfer : bouffon, poète, centaure, géant, pirates. Il affronte une série d'épreuves à la manière d'Ulysse au cours de ses navigations : il vainc la sorcière Pandraga dont l'île se révèle être une baleine qu'il tue à son tour, il surmonte et convertit à sa cause les pirates sanguinaires, il apprend l'alchimie, l'astronomie, la poésie noble grâce à ses compagnons : c'est toute une formation au monde et à la vertu qui est présentée, à travers la tonalité comique du poème.

3) Chants XXII-XXV : il s'agit d'une catabase (descente aux Enfers) sur le modèle proposé par Homère dans l'*Odyssée* et par Virgile dans l'*Énéide*, et chargée bien sûr de réminiscences dantesques. C'est Merlin Coccaïe lui-même qui accueille la joyeuse bande à l'entrée de la grande entreprise, c'est lui qui confesse les compagnons (malgré les réticences de Cingar qui ne sait même pas faire le signe de croix), et leur fournit des armes héritées des plus grandes épopées (épée d'Hector) et des plus grands romans de chevalerie (battant de cloche de Morgante). Baldus rencontre, au cours de sa descente, principalement des sorcières et des diables. Il est soutenu et guidé par un être divin et néanmoins farceur : Sérapho. Un sorcier, déguisé en Pasquino, lance des flèches contre l'incurie papale. Le nez de Cingar, touché par un magicien, grandit démesurément. Les compagnons se voient transformés en bêtes représentant leurs vices principaux. On le voit : le burlesque a la part belle dans cette descente aux Enfers.

En réalité, la grande entreprise ne va pas beaucoup plus loin que l'Achéron, comme si Folengo souhaitait ainsi marquer les limites au-delà desquelles ne doit pas s'aventurer la muse macaronique. Les rencontres au-delà du fleuve sont de nature allégorique : les Furies se disputent devant un tribunal de Vices présidé par l'Ambition, pour savoir laquelle a apporté le plus de maux à l'humanité. Mégère se vante d'être à l'origine de tous les maux de l'Église et de la papauté ; Alecto d'avoir créé le conflit entre Guelfes et Gibelins ; Tisiphone enfin affirme avoir pu seule introduire la discorde à Cipada. Cependant, tous les démons s'enfuient au fond de l'Enfer à l'arrivée de Baldus.

La boucle est bouclée : le héros vient de chasser celle (Tisiphone) qui avait été à l'origine de son enfermement au début du roman. Il ne lui reste plus qu'à entrer, avec ses compagnons, dans la maison de la fantaisie où volent, comme des mouches ou des fantômes, les créations des écrivains, philosophes, poètes nobles et populaires, astrologues : il s'agit d'une énorme courge (« *Zucca* »), semblable au grelot d'un bouffon, où Merlin Coccaïe doit rester en compagnie d'Homère et de Virgile et, comme eux, se faire arracher autant de dents qu'il a dit de mensonges (c'est-à-dire une infinité puisque les dents repoussent toujours). Le poète macaronique se sépare de sa Muse et de ses lecteurs et laisse le récit de la descente aux Enfers de Baldus à un poète aux épaules plus solides : « *Zucca mihi patria est : opus est hic perdere dentes / Tot, quot in immenso posui mendacia libro*[120]. » (*B*, XXV, 649-650).

Les trois parties du *Baldus* peuvent sembler, au premier regard, quelque peu disparates, mais elles sont en réalité unifiées par l'humour multiforme de Merlin Coccaïe. Les tours de passe-passe des nombreux personnages comiques, les gags innombrables souvent accompagnés du fou rire des personnages accompagnent les héros jusqu'en enfer. Certains font l'objet d'une réelle élaboration. Au chant XV, lors d'un repas particulièrement bouffon sur le bateau, Baldus, Cingar, Leonardus et Boccalus doivent partager un poisson, cuisiné par ce dernier, mais dont on n'a fait que trois parts : la tête, le ventre et la queue. Le repas se transforme en une sorte de rixe d'humanistes, car les trois premiers s'emparent des trois morceaux en citant des vers de la Bible, de Lucain et d'Ovide. Le cuisinier, conscient du tour qu'on vient de lui jouer, asperge ses camarades du jus de cuisson en citant le *Miserere*. Puis, ayant reçu des petits poissons, il se les fourre dans les oreilles. Les amis intrigués lui en demandent la cause. Il leur explique qu'il leur demande des nouvelles de sa femme qu'il a effectivement jetée par-dessus bord lorsque le capitaine avait exigé des passagers de se débarrasser des charges superflues lors d'une tempête (fin du chant XII).

---

[120] « La courge est ma patrie : il me faut ici perdre autant de dents / Que j'ai mis de mensonges dans mon immense livre. »

Mais Boccalus précise que, ces petits poissons étant trop jeunes, ils ne peuvent lui donner aucune information et que le gros ferait mieux l'affaire. Et c'est ainsi qu'il obtient la tête du poisson tant désiré, ayant vaincu par cette plaisanterie populaire toute l'érudition de ses camarades.

C'est ainsi que les plaisanteries s'enchaînent et se répondent[121]. Elles sont soulignées par la créativité verbale de Folengo qui surprend toujours. Pendant la tempête qui a coûté la vie à la femme acariâtre de Boccalus, Cingar est si terrifié qu'il se confesse à Dieu dans l'espoir d'être sauvé : « *Se stessum accusat multas robasse botegas, / sgardinasse casas et sgallinasse polaros*[122]. » (*B*, 534-535). Pour obtenir une paronomase entre « *scardinasse* » et « *sgallinasse* », Folengo se permet un néologisme : si « *scardinare* » veut dire enlever les portes de leurs gonds, « *sgallinare* » doit bien vouloir dire enlever les poules de leur poulailler. Enfin, les comparaisons épiques qui, nous le verrons, constituent un ingrédient essentiel du genre élevé et sont, comme telles, abondamment employées par l'Arioste, se rapportent toujours chez Folengo aux réalités les plus prosaïques du monde paysan. Au chant VI, Berta, poursuivie par son ennemie Laena court se réfugier chez elle :

> *Hinc duplicat cursum per drittum, perque traversum,*
> *Non aliter currens quam gatta domestica pocum*
> *Ad cuius caudam porci vesica tacatur,*
> *In qua sunt favae seu tres seu quinque granelli.*
> *Illa fugit, sentitque fabas post terga sonantes,*
> *Quoque magis properat semper seguitatur ab illa*
> *Vesica, pensatque hominem sibi currere dretum.*
>
> B, VI, 314-319

> Elle double le pas, tout droit et par des détours,
> Courant à la manière d'une chatte peu domestiquée
> À la queue de laquelle on a attaché une vessie de porc
> Dans laquelle se trouvent trois ou cinq fèves.
> Elle fuit et entend les fèves qui résonnent derrière son dos
> Et se précipitant toujours plus, elle est toujours suivie par cette
> Vessie qui lui fait penser qu'un homme lui court derrière.

---

[121] Cette fable ancienne a éta adaptée par La Fontaine dans « Le rieur et les poissons ».

[122] « Il s'accuse d'avoir volé beaucoup de boutiques, / D'avoir forcé des maisons et vidé beaucoup de poulaillers de leurs poules. »

En remplaçant une image canonique de la comparaison homérique (celle de la biche ou du cerf traqués) par l'image d'une plaisanterie de garnements de village, Folengo montre qu'il maîtrise autant les canons de la littérature classique qu'il a de goût pour l'humour de réfectoire : le poème qui résulte de cette étonnante combinaison a une saveur unique [123].

L'humour pénètre donc le texte de Folengo à tous les niveaux : la langue, les formes rhétoriques, la narration. Rien n'y échappe. Le poème macaronique tord et distord les conventions du *romanzo cavalleresco* comme de l'épopée. La méthode de Merlin Coccaïe invite à redéfinir les fondements de la culture de son époque : la langue, les métaphores, les canons littéraires. Elle est foncièrement contestatrice. C'est aussi cette voie qu'a exploré l'Arétin, mais d'une manière plus circonstancielle et plus superficielle.

Les tentatives extrêmes de l'Arétin (1492-1556) dans le champ du *romanzo cavalleresco*

Avant de conclure notre enquête sur le roman de chevalerie italien au début du XVI⁰ siècle, il faut nous arrêter un moment sur les expériences de Pietro Aretino, dit l'Arétin, qui de la fin des années 1520 jusqu'au début des années 1540 a, au moins à quatre reprises, prêté sa plume à diverses tentatives pour illustrer, ou caricaturer, ce genre si populaire. Il n'est pas étonnant de voir un écrivain comme l'Arétin se proposer une telle tâche. Ce personnage hors-norme, très représentatif de l'Italie du début du *Cinquecento*, a su se hisser par la force de sa seule écriture de l'état obscur de fils de cordonnier à celui de poète, proclamé (et auto-proclamé)

---

[123] La comparaison d'un personnage en fuite avec une bête traquée est extrêmement courante dans la poésie épique. On ne trouve pas moins d'une dizaine d'exemples dans l'*Orlando Furioso*. On pourra apprécier la façon dont Folengo a vidé le procédé de toute sa noblesse rhétorique en confrontant la citation précédente à l'exemple suivant de l'Arioste : « *Chi fugge l'un pericolo, rimane ne l'altro, / E paga il fio d'ossa e di polpe. / Così cader coi figli in bocca al cane / Suol, sperando fuggir, timida volpe, / Poi che la caccia de l'antique tane / Il suo vicin che le dà mille colpe, / E cautamente con fumo e con fuoco / Turbata l'ha da non temuto loco.* » « Celui qui échappe à un danger retombe dans un autre / Et paye un tribut de chair et d'os. / Ainsi le renard peureux, croyant s'échapper, / Tombe avec ses petits dans la gueule du chien / Après avoir été chassé de son ancienne tanière / Par le paysan voisin qui lui donne mille coups, / Lequel prudemment, grâce au feu et à la fumée, / L'a troublé dans un lieu où il ne craignait rien. » (*OF*, XXVII, 27).

« divin », entretenant un dialogue constant avec les plus grands esprits et les têtes couronnées de son temps[124]. Craint pour la verve acerbe de sa plume satirique, il a été surnommé, par l'Arioste, le fléau des princes (« *flagello dei principi* »), courtisé autant que haï, jouant de coquetterie avec les puissants comme une belle courtisane, jalouse de son indépendance[125]. Après avoir mené une vie de courtisan auprès d'influents seigneurs et hommes d'église, à Rome notamment où ses pasquinades lui ont valu la gloire en 1521-1522, son inconstance et son irrévérence l'ont conduit très près de la mort puisqu'on tenta de l'assassiner en 1525. Après un bref séjour à la cour de Mantoue, il s'est installé à Venise où il restera presque sans interruption jusqu'à sa mort en 1556, vivant comme un prince, courtisé et fêté, écrivant abondamment dans des genres très variés : poésies encomiastiques, satiriques, dialogues, compositions religieuses, comédies, lettres... Depuis Venise, où il ne souffrait d'aucune dépendance courtisane, il pouvait garder l'équilibre entre ses différents protecteurs : il a ainsi réussi l'exploit de s'assurer, pendant assez longtemps, la protection des deux ennemis irréconciliables qu'étaient François Ier et Charles Quint.

Dans le cadre de notre recherche sur Lévita, la figure de l'Arétin nous intéresse particulièrement pour ses œuvres satiriques et pour son incursion ponctuelle, mais révélatrice, dans le champ du *romanzo cavalleresco*. N'oublions pas que Lévita a vécu à Rome puis à Venise, durant les périodes où se sont développées les activités de l'Arétin (et de Berni) et qu'il connaissait, du moins de réputation (la réputation faisait et défaisait tout dans la société italienne), les personnages qui dominaient la scène publique de son temps.

En s'attaquant au roman de chevalerie, l'Arétin se place directement, et ouvertement, dans les pas de l'Arioste. Sa production, dans ce domaine, est brève et parcellaire, surtout si l'on tient compte de sa prolixité habituelle. Elle se divise clairement en deux séries dont toutes les œuvres sont inachevées, parfois au

---

[124] Concernant la biographie et les œuvres principales de l'Arétin, nous renvoyons à l'article « Aretino » du *DBI*, à C. Marchi 1980 ainsi qu'à E. Bonora 1964, p. 57-91. L'importante monographie de P. Larivaille permet de saisir les aspirations qui traversent la vie et l'écriture de l'auteur : P. Larivaille 1980.

[125] D. Romei voit dans les *Ragionamenti*, qui mettent en scène le dialogue d'une maquerelle et de sa fille prostituée, une sorte d'auto-portrait de l'Arétin, voir son introduction à D. Romei 1995, p. 16.

milieu d'un chant, ce qui ne les a pas empêchées d'être publiées et diffusées par l'Arétin lui-même. Elles ont eu droit à plusieurs rééditions, parfois piratées[126]. La première série se distingue par sa tonalité noble et son intention ambitieuse, si l'on en croit les lettres écrites au premier dédicataire Federico Gonzaga. Elle comprend la *Marfisa* (1532, 3 chants, 325 octaves) et l'*Angelica* (1538, 2 chants, 178 octaves). La seconde est composée de poèmes plus courts, nettement burlesques, et qui sont les témoins d'une certaine intolérance à l'égard du genre chevaleresque : l'*Orlandino* (1540, 1 chant et le début du second, 56 octaves) et l'*Astolfeida* (plus tardive, 3 chants, 121 octaves). La seconde série est, pour nous, plus significative car elle illustre le détournement le plus radical qu'ait eu à subir la matière chevaleresque en Italie au début du XVIe siècle. Mais, comme l'a bien montré la critique la plus récente, on ne comprendrait pas la production chevaleresque de l'Arétin si l'on ne considérait pas ces tentatives dans leur ensemble, comme les deux faces opposées d'une même médaille[127].

Il semble bien, en effet, que l'Arétin ait eu, du moins dans un premier temps, l'intention de rivaliser avec l'Arioste. Les premiers témoignages sur la *Marfisa* datent de 1527. Le poète ferrarais était alors le grand modèle poétique, celui qui avait fondé une nouvelle notion de la poésie élevée. Arétin a sans doute conçu alors l'intention d'écrire un vaste roman de chevalerie à la gloire des Gonzague, comme l'Arioste l'avait fait à la gloire des Este. La *Marfisa*, et plus tard l'*Angelica*, comme l'indiquent les simples noms des person-

---

[126] On se référera à la liste des publications de *romanzi cavallereschi* aux XVe-XVIe siècles fournie par M. Beer 1987, p. 327-384.

[127] On lira les œuvres dans l'édition, déjà citée de D. Romei 1995. Deux analyses ont été proposées à l'occasion d'un colloque de 1992. La première est d'A. Franceschetti 1995 (p. 1027-1052). La seconde, de R. Bruscagli, a été republiée dans R. Bruscagli 2003, p. 119-144. Les deux articles insistent sur l'unité de l'œuvre chevaleresque de l'Arétin mais présentent dans l'ensemble des vues contrastées. A. Franceschetti insiste sur la recherche d'originalité de l'Arétin et sur la haute ambition du poète, qui s'expriment par le sérieux constant et la noblesse rhétorique de ses octaves ainsi que par la grandeur de certaines scènes qui semblent renchérir sur les modèles existants (Rodomonte aux Enfers, scènes d'amour idylliques d'Angelica et Medoro, *locus amoenus* abondamment décrit). R. Bruscagli souligne, quant à lui, l'incapacité de l'Arétin à s'émanciper des modèles existants, reprenant incessamment les recettes de l'Arioste et surtout de Boiardo. Si l'article de Franceschetti a le mérite de mettre au jour la part de réussite de ces poèmes, celui de Bruscagli permet de mieux saisir les raisons de l'échec de l'Arétin dans le genre chevaleresque, prisonnier comme il l'était de quelques recettes stéréotypées.

nages éponymes, se meuvent dans les marges du poème ariostéen. L'Arétin reprend le poème de l'Arioste en deux points différents où la narration de ce dernier avait été interrompue : le mariage de Bradamante avec Ruggiero (*OF*, XLVI), et le départ d'Angelica et de Medoro pour le Catai (*OF*, XXX) effectuant ainsi, plus ou moins, ce que l'Arioste lui-même avait fait pour Boiardo.

Mais, à la différence de l'Arioste, l'Arétin ne parvient pas à se détacher de ses prédécesseurs. Il semble se mouvoir exclusivement dans les cadres définis par le diptyque *Furioso-Innamorato*. Ces deux poèmes lui fournissent un répertoire de personnages, de scènes typiques, de procédés rhétoriques et stylistiques dont il ne s'éloigne jamais. Il est vrai qu'il essaie d'élever, d'ennoblir encore le monde de la chevalerie, en mettant en scène les dieux antiques ou en insistant à outrance sur la beauté divine d'Angelica et de Medoro. Mais les rappels des événements des romans précédents sont constants, transformant la *Marfisa* et l'*Angelica* en une sorte de réminiscence diffuse du cycle d'Orlando dont on ne saurait apprécier les vers que si l'on a en mémoire les poèmes précédents. En suivant les personnages, on visite Paris, détruit par Rodomonte et Albracca qui garde le souvenir de son siège. Certains passages semblent des réécritures d'épisodes connus où l'Arétin se contente de changer le décor ou les personnages : la conquête de l'Enfer par Rodomonte évoque de près l'assaut qu'il a mené à Paris (*OF*, XIV) ; la réunion de 32 rois autour d'Aspromonte est directement calquée sur celle qui était mise en scène, autour du roi Agramonte, au début de la seconde partie de l'*Orlando Innamorato*.

À la fin de ces deux fragments, l'Arétin semble quelque peu s'éloigner des cadres définis par ses prédécesseurs, même si de profondes ressemblances entre ces deux poèmes interrompus ne laissent guère attendre un renouveau de l'inspiration. Dans la *Marfisa*, Angelica, désespérée par l'abandon de Ruggiero, souhaite trouver la mort en se jetant d'une haute tour mais les vents, amoureux d'elle, se battent pour sa possession, et la malheureuse s'exclame : « *Dunch'è morte a chi vuol morir avara ? / Creduto avrei poter in l'aer involta / Morir, morta ch'io fussi un altra volta*[128]. » (III, 110). Dans l'*Angelica*, une jeune femme raconte, sous forme

---

[128] « La mort est donc avare à celle qui veut mourir ? / J'aurais cru pouvoir, enveloppée d'air, / Mourir, toute morte que je fusse déjà [en raison des mille blessures que l'Amour lui a faites]. »

de nouvelle, les mille supplices auxquels l'a soumis un amant cruel sans qu'aucun n'ait pu lui donner la mort. La jeune femme s'était exclamée, elle aussi jetée du haut d'une tour : « *Voi, che dopo di me sete rimasi, / Con chi viene scusatemi, ch'errai d'ogni altra piú / Che piú d'ogni altra amai*[129]" » (II, 61). La jeune femme est, elle aussi, sauvée par le vent et l'amant, adouci par cette série de miracles, finit par épouser celle qu'il avait fait souffrir avant de mourir, au grand désarroi de la jeune fille, en proie lui-même aux mille supplices qu'il a fait subir à son amante éconduite. Les deux poèmes s'arrêtent en ce point, promettant une suite qui ne viendra jamais. Les citations précédentes peuvent donner une idée du style de ces textes : constamment élevé (il n'y a ici pas trace de l'humour de Boiardo, de l'ironie de l'Arioste), l'Arétin tend vers une forme de maniérisme, multipliant les effets de miroir, les antagonismes, les polyptotes, les paronomases. Plus étonnant encore, le poète, contrairement à ses prédécesseurs, ne se permet aucune allusion lascive dans les scènes d'amour alors que l'on sait que l'érotisme, voire l'obscénité, ont toujours été essentiels à sa création.

À la lecture de ces textes, on comprend mieux que, dans ses ébauches de *romanzi cavallereschi* burlesques, l'Arétin caricature tout autant ses propres aspirations à la grandeur que les œuvres des maîtres du genre. Il le dévoile clairement à la fin de l'*Orlandino* où il condamne au silence trois poètes qu'il dénonce comme menteurs : « *State, di grazia, trium virium, cheti, / Boiardi, Ariosti et Aretini*[130] » (II, 5). L'Arétin se sent, de toute évidence, plus à l'aise dans le registre comique. On l'a souvent défini comme l'auteur d'une forme d'antilittérature : la *Cortigiana* inverse les valeurs du chef-d'œuvre de Castiglione, les *Ragiona-*

---

[129] « "Vous, qui restez après moi / Présentez mes excuses aux hommes futurs, car j'ai péché plus que toute autre / Parce que, plus que toute autre, j'ai aimé". »

[130] « Taisez-vous, *trium virium*, les Arioste, les Boiardo, les Arétin. » Arétin, dans ses poèmes burlesques emploie une langue qui mélange allègrement un latin fautif avec l'italien le plus vulgaire. En mentionnant les mensonges interminables des poètes, il condamnait dès le début de l'*Orlandino*, la *Marfisa* à côté des chefs-d'œuvres de ses prédécesseurs, signe, malgré la vitupération généralisée, d'un manque de modestie caractéristique du poète. C'est ainsi qu'il s'adresse à Turpin (I, 3) : « *Per le ciacchere tue e fole tante / Fa dir Marfisa al gran Pietro Aretino, / Vangelista e profeta, tal bugia / Che un monsignor se ne vergognaria.* » (« À cause de tes bavardages et de tes folies, / Marfisa fait dire au grand Pierre Arétin / Évangéliste et prophète, de tels mensonges / Qu'un monseigneur en aurait honte. »)

menti détournent la mode du dialogue humaniste tel que Bembo l'a illustré dans les *Asolani*, le théâtre même de l'Arétin démonte les mécanismes de la comédie classicisante. En ceci, son écriture a quelques points communs avec celle de Lévita dont les pasquinades ne reculent pas devant l'obscénité, dont le *Bovo Dantóne* est fondé sur le principe de la dégradation comique, et dont le *Śeder nośim* (si l'on accepte notre attribution) prend à rebours la poésie biblique et la littérature pieuse. Mais il n'y a pas trace chez Lévita du goût du scandale retentissant qui caractérise l'Arétin.

La radicalité des romans de chevalerie burlesques de l'Arétin, leur tendance à la vitupération et à la dégradation gratuite témoignent, dans un registre proche de l'invective, d'un rejet brutal du genre chevaleresque et des ses monumentales « *coglionerie* » (« couillonneries ») (*Orlandino*, I). Même si ces œuvres inachevées sont probablement des divertissements occasionnels, composés pour amuser un cercle proche, comme en témoignent des références à des contemporains inconnus, elles n'en restent pas moins le symptôme d'une lascitude revendiquée et qui trouvait quelques échos dans le public italien de l'époque. Leur diffusion du vivant de l'Arétin le confirme. Les deux poèmes sont placés sous le signe de l'inversion, à tous les sens du terme : l'*Orlandino* est dédié à un bel éphèbe, sans doute proche de l'Arioste, à qui le poète mendie un baiser. L'*Astolfeida* invoque Tirésias, parce qu'il a connu les deux sexes, parce qu'il était à la fois actif et passif. Mais avant cela, ce poème est dédié à Pasquino et à Marforio, les deux statues parlantes de Rome, symboles éternels, selon l'Arétin, de la poésie satirique et des critiques véridiques.

Les deux poèmes se ressemblent beaucoup dans leur structure narrative : les chevaliers sont présentés sous forme de catalogue, un banquet décadent inaugure la narration, un païen vient provoquer les chevaliers de Carlo (renommés pour l'occasion « chevaliers de la table ronde » dans un syncrétisme ironique), il les fait mourir de peur puis désarçonne Astolfo avec la plus grande facilité. Cependant, entre les deux poésies burlesques, il existe une gradation. L'*Orlandino* se livre à une vitupération systématique, à une inversion de toutes les valeurs chevaleresques : la louange est transformée en invective vulgaire, le courage et la vertu en poltronnerie et en gloutonnerie, la beauté et la noblesse sont muées en lascivité et en prostitution. L'Arétin donne le ton en commençant par insulter le véridique chroniqueur de la geste carolingienne : « *Sta' cheto, ser Turpin, prete poltrone, / Mentre squinterno il vangelo alla gente ; / Taci, di grazia, istorico ciarlone, / Ch'ogni cronica tua bugiarda mente*[131] » (II, 2). C'est parfois à un retournement explicite du récit de l'*Orlando Furioso* que procède l'Arétin, ce qui suppose une connaissance partagée de l'œuvre ariostéenne (et de toute la tradition italienne) de la part du public visé.

Voici, par exemple, le compte-rendu expéditif de la rivalité entre deux terribles rois païens (qui se résout en *OF*, XXVII, 107) pour la fille du roi de Grenade, Doralice (I, 6) : « *Rodamonte, fantastico animale, / Fu un berton di donna Doralice, / Da cui comprò Mandricardo bestiale / La sopradetta e diva meretrice*[132] » Il ne faudrait pas croire que les chevaliers chrétiens sont mieux traités par l'Arétin dans l'*Orlandino* : Rinaldo, pour ne citer qu'un exemple, prétexte qu'il a laissé ses armes en gage à la taverne pour ne pas aller combattre. Mais, au-delà de l'Arioste, c'est toute la tradition qui est tournée en ridicule : Gano rumine la trahison de Ronceveau parce que, lors d'une bataille de nourriture que se livrent les chevaliers avinés, il a été frappé d'une épaule de mouton rôti qui l'a fait tomber à la renverse.

L'*Astolfeida*, qui s'adresse aux bons compagnons buveurs, voleurs et insouciants, mêle l'éloge et l'opprobre. Ce poème montre une certaine sympathie pour les chevaliers tout en décrivant leurs bassesses. Son propos est résumé par cette phrase de l'Arétin adressée aux statues dédicatrices (Pasquino et Marforio) : « *Io so che sapete che i paladini furono valenti e da bene, ma non quanto se ne ragiona*[133]. » Avec son titre pompeusement antiquisant, l'*Astolfeida* se livre à une inversion moins systématique et plus élaborée qui s'appuie sur davantage de conventions génériques : chaque chant est introduit par une interprétation ridiculement allégorique, procédé très à la mode dans le roman de chevalerie de ces années, où l'auteur fait correspondre les événe-

---

[131] « Sois silencieux, sieur Turpin, prêtre paresseux / Pendant que je débite l'évangile aux gens ! / Tais-toi, de grâce, historien bavassier : / car toutes tes chroniques fallacieuses mentent. »

[132] « Rodomonte, fantastique animal, / Fut un client de Dame Doralice / Auquel le bestial Manricardo acheta / La dite divine prostituée. »

[133] « Je sais que vous savez que les paladins furent de braves hommes valeureux, mais pas tant qu'on le dit. »

ments de l'action à des vices et à des vertus. La narration se déroule en hiver, en lieu et place du printemps perpétuel qui caractérise le début des chants dans l'œuvre de Boiardo. Le tirage au sort du premier chant de l'*Orlando innamorato* pour déterminer qui doit partir en premier affronter l'ennemi est inversé puisque les chevaliers se battent non pas pour partir en premier, mais pour ne pas partir. Certains chevaliers sont présentés en des termes honorables mais d'autres sont l'objet de moqueries gratuites. La poltronnerie domine même si Uggieri ne montre aucune peur avant de vaincre le géant provocateur Arcifonfana. Il est vrai que le même Uggieri, Sarrasin converti dans la tradition chevaleresque, a été présenté de la sorte (I, 17) : « *Fu il Danese un uomaccio grossolano : / Per che li piacque il vin si fe' cristiano* [134]. »

Le caractère grotesque des situations est accentué par la vivacité des dialogues, qui rappellent par endroits ceux de Pulci. C'est ainsi que le géant accueille Uggieri au combat et que s'engage un typique échange d'amabilités où l'on notera la rime en –aio (II, 26) : « *I' credo se tu fussi tutto acciaio / Faresti appena un ago damaschino / E se soffiassi il vento di rovaio / Ti porteria come il nibbio un pulcino –. / Ugier rispose : – O stallon da pagliaio, / val per sette giganti un paladino* [135]. » La fin du deuxième chant et le troisième chant traitent plus volontiers du bas corporel : le scatologique et le sexuel. On émascule le géant, qui s'est précédemment conchié, et qui a les testicules gros comme des boulets de canon. Puis les chevaliers font un catalogue des Sarrasins qu'ils ont vaincus en reprenant des informations des récits de l'Arioste, de Boiardo, de Pulci, et ne tarissent pas d'insultes contre leurs ennemis : en ce point le ton du poème a rejoint celui de l'*Orlandino*. Dans l'*Astolfeida*, pourtant, la plaisanterie est (parfois) plus légère : Ulivier justifie de la sorte son refus d'aller au combat (II, 11) : « *– Perché la mamma mia non ne fa piú ; / Se ne facessi non faria piú me* [136]. »

---

[134] « Le Danois fut un gros homme de facture vulgaire, / Il se fit chrétien parce qu'il aimait le vin. »

[135] « Je crois que si tu étais entièrement d'acier, / Tu ressemblerais à peine à une petite épingle. / Et si soufflait la tramontane, / Elle t'emporterait comme le milan fait d'un poussin. / Uggier répondit : – O étalon de meule de paille : / Un paladin vaut sept géants. »

[136] « Parce que ma maman n'en fait plus / Et si elle en faisait encore, elle ne me ferait plus moi. » On notera que Lévita fait une plaisanterie similaire dans le *Bovo Dantòne*, lorsqu'Orion justifie, auprès de sa femme, sa volonté de sacrifier

Pour caractériser les nuances de la production chevaleresque de l'Arétin, il n'y a sans doute pas de meilleure méthode que de confronter l'*incipit* de ces deux poèmes à ceux de la *Marfisa* et de l'*Orlando Furioso* :

ARIOSTE, *Orlando Furioso*, I, 1

Le donne, i cavallier, l'arme, gli amori,
Le cortesie, l'audaci imprese io canto,
Che furo al tempo che passaro i Mori
D'Africa il mare, e in Francia nocquer tanto [...].

Les femmes, les chevaliers, les armes, les amours,
Les courtoisies, les audacieuses entreprises, voilà ce que je chante,
Tout ce qui fut fait à l'époque où les Maures passèrent
La mer d'Afrique, et firent tant de mal en France [...].

ARÉTIN, *Marfisa*, I, 1

D'arme e d'amor veraci fizioni
Vengo a cantar con semplice parole [...].

Les fictions véridiques d'armes et d'amour,
Voilà ce que je m'apprête à chanter en paroles simples [...].

ARÉTIN, *Astolfeida*, I, 1

Le temerarie imprese, i strani effetti,
I cuor bramosi, l'insaziabil menti
De' cavallieri erranti, i gran concetti,
Le sorti, i paragon di tutte genti,
Baron da mensa e campioni da letti,
Di Carlo Magno e tutti i suoi parenti,
De' paladin da ver, di quei da ciance
Canto l'armi, l'amor fra spade e lance.

Les téméraires entreprises, les étranges effets,
Les cœurs pleins de désir, les esprits insatiables
Des chevaliers errants, les hautes conceptions,
Les fortunes, les modèles de tous les hommes,
Les barons de table et les champions de lit,
De Charlemagne et de tous ses parents,
Des paladins véritables, et de ceux qui le sont pour rire :
Je chante les armes, l'amour entre lances et épées.

---

ses enfants plutôt que lui-même : « *Eś is mir libér um di kindér wen um mich /* *Ich kan dir wol andéré machén / Wer mir abér mein kopf' ab-gèschlagén worén /* *Mir wer kain andérér widér gèborén.* » (*BD*, 422) (« Je préfère que cela arrive aux enfants plutôt qu'à moi. / Je peux bien t'en faire d'autres. / Mais si l'on me coupe la tête / Il ne va pas m'en pousser une deuxième. »).

ARÉTIN, *Orlandino*, I, 1

Le eroiche pazzie, li eroichi umori,
Le traditore imprese, il ladro vanto,
Le menzogne de l'armi e de gli amori,
Di che il mondo coglion si innebria tanto,
I plebei gesti e i bestiali onori
De' tempi antichi ad alta voce canto,
Canto di Carlo e d'ogni paladino
Le gran coglionarie di cremesino.

Les folies héroïques, les caprices héroïques,
Les entreprises traîtresses, la gloire usurpée,
Les mensonges des armes et des amours
Dont le monde couillon s'ennivre tant,
Les exploits plébéiens et les honneurs bestiaux
Des temps anciens, voilà ce que je chante à haute voix,
Je chante de Carlo et de tous les paladins
Les grandes couillonneries de toile cramoisie.

Si la *Marfisa* se place directement, et avec le plus grand sérieux, dans la lignée des chanteurs d'arme et d'amour, l'*Astolfeida* et l'*Orlandino* présentent, à divers degrés, une dégradation du prologue ariostéen au point qu'on peut parler ici, même au sens le plus restreint du terme, de parodie.

Non content de caricaturer la forme de la première octave de l'*Orlando Furioso*, avec son énumération si caractéristique, l'Arétin exagère en lui faisant atteindre la mesure d'une strophe entière et en retournant son contenu systématiquement, comme un gant. Si le prologue de l'*Astolfeida* laisse planer le doute, jusqu'au cinquième vers, sur la valeur positive ou négative à attribuer aux épithètes « *temerarie* », « *strane* », « *bramosi* », « *insaziabil* » (qui sont péjoratives mais la grandeur rhétorique de l'ouverture atténue leur sémantisme), l'*Orlandino* place d'emblée la lecture sur le mode de l'inversion comique. On notera que l'Arétin va jusqu'à reprendre la structure rimique de l'Arioste (*-ori / -anto*). La critique est cinglante, allant jusqu'à la reprise sous des formes différentes de la racine « *coglion* » pour désigner, et les actes des chevaliers, et l'attitude des lecteurs qui prennent tant de plaisir à les lire.

La parodie de l'Arétin suppose ce que Lévita ne pouvait pas attendre dans une même mesure de ses lecteurs : une excellente connaissance des grands *romanzi cavallereschi*. Comme l'Arioste, selon les témoignages contemporains, était sur toutes les lèvres, l'Arétin pouvait se livrer à une attaque frontale, de portée certes limitée, mais qui témoigne d'une joie dans la destruction et dans la désacralisation du grand poète qui ne fait, au fond, que confirmer son statut de modèle indépassable. Les fragments de l'Arétin sont, à notre connaissance, la tentative la plus radicale de renversement des formes et des valeurs de la littérature chevaleresque au début du *Cinquecento*. Il faudra attendre la fin de ce siècle et le début du XVIIᵉ siècle pour qu'ait lieu la crise fondamentale du genre, qui s'accompagne de la vogue du poème et du roman héroï-comique dans les œuvres de Giulio Cesare Croce, d'Alessandro Tassoni et bien sûr de Cervantès[137].

Mais, comme nous l'avons vu, les contemporains de Lévita sont déjà allés très loin dans cette remise en question, et le poète yiddish se place au cœur d'une tendance fort répandue dans l'Italie de la Renaissance. S'il faut tracer une distinction entre cette période et celle qui verra le jour une centaine d'années plus tard, c'est sans doute dans le fait que la littérature chevaleresque jouissait encore d'une vogue véritable, et partagée, jusque dans les sphères les plus élevées de la culture et de la société, et que le genre avait su, en Italie particulièrement avec l'Arioste et plus tard avec le Tasse, inventer de nouvelles formes, une nouvelle poétique, qui devaient prolonger la vitalité de son succès et de son inspiration pendant plus d'un siècle.

Mais les tendances à la dévalorisation et à la déconstruction s'étaient déjà bien installées, et Lévita, avec le *Boṽo Dantône* et le *Paris un Wiene*, a été l'un des premiers, et des plus éminents, représentants de cette poétique de la dérision (qui n'exclut pas un goût prononcé pous les aventures chevaleresques). Sa situation de poète yiddish l'y a-t-elle encouragé en raison de sa condition sociale qui l'éloignait nécessairement du monde de la chevalerie ? Sans doute, mais comme en témoignent les nombreuses œuvres de la littérature italienne appartenant à la même tendance, ce facteur social n'a été ni exclusif, ni décisif. Le public ashkénaze lisait encore, plus d'un siècle plus tard, des romans de chevalerie avec grand sérieux. L'œuvre de Lévita n'a en rien entamé la vogue du roman de chevalerie chez les Ashkénazes qui devait persister bien avant dans le XVIIᵉ siècle et même plus tard. Mais elle n'en

---

[137] Voir notamment G. Genette 1982, p. 179-192.

reste pas moins le témoignage d'une conscience littéraire aiguë, précoce, et qui conserve toute sa saveur. Il convient donc d'analyser, dans les romans de chevalerie de Lévita, les formes variées que prend l'entreprise de détournement, tout en les comparant aux usages de la poésie italienne contemporaine, pour mieux en saisir les méthodes et la portée.

III.2. Détournement et appropriation des conventions chevaleresques chez Lévita au regard des pratiques du *romanzo cavalleresco* de la Renaissance

L'intérêt majeur du genre chevaleresque pour Lévita, et pour ses collègues italiens, tient autant au succès des romans qu'au caractère extrêmement conventionnel de leurs narrations. Dans cet univers codifié dont les recettes sont connues de tous, l'individualité de l'écrivain, l'originalité de sa vision, s'affirment par un constant décalage avec les attentes d'un public qui connaît déjà parfaitement, sinon le fil du récit, du moins ses ingrédients majeurs : ses batailles épiques, ses amours courtois, ses nobles chevaliers, ses géants, ses dragons. Que l'hypotexte soit unique, comme chez Lévita, ou pluriel comme chez l'Arioste, l'écrivain se distingue, strophe après strophe, par l'originalité d'un savoir-faire poétique qui est toujours réinterprétation. L'affirmation de l'individualité qui est une des données fondamentales de la Renaissance italienne, peut ici se mesurer en termes d'écart : chaque poète renouvelle par sa pratique ce qui a été écrit cent fois avant lui.

C'est sur la forme de ces multiples détournements des conventions du genre chevaleresque que nous souhaitons maintenant nous concentrer, en analysant d'un côté le regard critique que Lévita porte sur les romans de chevalerie italiens, exprimé par les transformation qu'il leur fait subir, et de l'autre la façon dont cette relecture s'inscrit dans le cadre plus général d'un démantèlement collectif des conventions chevaleresques pour servir des fins poétiques individuelles dans le *romanzo cavalleresco* de la Renaissance. Les romans populaires italiens *Buovo d'Antona* et *Paris e Vienna* servent à Lévita de point de départ constant si bien que les transformations qu'il leur fait subir peuvent être analysées avec précision. En étudiant leur élaboration par Lévita, nous proposons une première approche de l'œuvre chevaleresque du poète yiddish, qui permet de l'inscrire dans l'évolution plus générale du *romanzo cavalleresco* de son époque.

Les sources de Lévita ont pour caractéristique commune d'être tout à fait typiques de la production qui remportait un succès fulgurant auprès du peuple dans des éditions à bon marché[138]. Elles ne remettent aucunement en question les règles du genre telles qu'elles se sont acclimatées en Italie depuis l'arrivée du roman français au XIIᵉ siècle mais appartiennent cependant à des sous-catégories différentes. Le *Buovo d'Antona* est une œuvre tout à fait représentative de la production avant tout orale des *canterini*. Il relate les innombrables aventures de guerre et d'amour d'un chevalier entre Occident et Orient. Le *Paris e Vienna*, œuvre plus propice à la lecture qu'à la récitation, est plus proche du roman courtois d'origine française destiné d'emblée à un public plus raffiné. On y notera une particularité : le merveilleux y est totalement absent. Il n'en reste pas moins que l'une et l'autre de ces œuvres appartiennent pleinement à la littérature chevaleresque italienne à succès du début du XVIᵉ siècle, essentiellement anonyme. On connaît le nom d'adaptateurs particuliers : Guido Palladino (un surnom bien sûr) pour le *Buovo d'Antona*, Carlo del Nero pour le *Paris e Vienna* mais ils ne font que reprendre sans la modifier notablement une matière narrative qui circulait déjà depuis plus d'un siècle[139].

Ce qui a attiré le poète yiddish vers ces œuvres, c'est justement qu'elles étaient représentatives de la littérature chevaleresque et très répandues à son époque, y compris au sein du lectorat juif (comme en témoignent, à la fin du siècle, les listes de censure de Mantoue). Il pouvait ainsi leur faire subir une métamorphose très personnelle, avec de fortes chances pour qu'une partie au moins de son public soit à même d'apprécier l'ampleur des modifications

---

[138] Consulter à ce propos l'ouvrage de M. Beer 1987, p. 207-256.

[139] Guido Palladino est un nom, ou plus probablement un pseudonyme, qui n'apparaît que dans l'édition 1497 du *Buovo d'Antona*. Carlo del Nero, florentin proche du pouvoir des Médicis ayant occupé des fonctions politiques d'une certaine importance, polygraphe et dilettante, a vécu à Montpellier et a donc joué un rôle important pour la diffusion de certains textes français en Italie. Il a traduit presque littéralement le *Paris et Vienne* de Pierre de la Cépède, lui-même élaboré à partir d'une tradition plus ancienne. Sur ce personnage, voir M. Villoresi 2000, p. 106. Sur la tradition antérieure du *Paris e Vienna*, voir A. M. Babbi 1991, p. 11-138.

que ces œuvres ont subies sous sa plume. Mais ces transformations ne prennent sens et relief que si l'on parvient à les relier à un déplacement des normes et conventions qui s'observe chez tous les écrivains originaux de l'époque. Nous nous appuierons, pour mener cette comparaison, essentiellement sur le *Morgante*, le *Baldus* et l'*Orlando Furioso* : chaque poète adopte des solutions qui lui sont propres et que nous tâcherons d'individualiser, mais le principe d'un déplacement des conventions génériques est partagé. Il faut identifier les domaines essentiels ainsi que les orientations les plus remarquables de cette intéressante métamorphose littéraire.

Il ne s'agit pas de voir dans l'intrusion du rire au sein du roman de chevalerie une chose nouvelle. L'imposant travail que P. Ménard a réalisé sur le roman courtois français (mais aussi sur la chanson de geste) a montré la profusion de moments comiques dans les romans médiévaux[140]. Leurs auteurs savaient exploiter l'aspect risible des batailles démesurées ou des enchanteurs malicieux. Ils le faisaient, entre autres, dans un souci de variété, pour éviter la monotonie du récit et pour renforcer l'intérêt de leur auditoire. C'est d'une manière comparable que le comique surgit dans les romans bibliques et midrashiques yiddish, et même encore dans les adaptations yiddish de la geste arthurienne.

Ce qui se produit à la Renaissance en Italie nous semble radicalement différent de ce que P. Ménard a décrit. Tout d'abord, les auteurs s'emparent de cette ancienne matière, qui n'avait plus connu d'innovation importante depuis plus d'un siècle, afin de souligner justement la métamorphose qu'ils lui font subir. Il faut voir ces réécritures comme des déplacements calculés dont le public était à même de juger l'ampleur et l'efficacité car il connaissait parfaitement la matière originelle. Ensuite, les auteurs de la Renaissance modifient le roman de chevalerie pour mettre en avant une écriture personnelle, un talent qui leur est propre et qui n'appartient qu'à eux. Cela passe bien

---

[140] P. Ménard 1969. Il est intéressant de noter que nombre des thématiques que P. Ménard aborde dans son ouvrage comme sources de comique correspondent à celles que nous allons aborder dans cette section. Presque depuis son origine, la matière chevaleresque a certaines tendances fixes qui prêtent à sourire. L'important est de savoir comment les différents auteurs, à différentes époques, exploitent ce potentiel.

sûr par la mise en avant d'un scepticisme qui trouve diverses incarnations.

L'objet du soupçon de la Renaissance est avant tout le monde extérieur et les instruments qui permettaient de le comprendre avant la redécouverte systématique des Anciens et l'extension des limites du monde connu par les grands navigateurs. Le soupçon ne porte pas, comme au XXe siècle, sur l'homme en tant qu'individu créateur. Bien au contraire, il y a sans doute peu d'autre période dans l'Histoire où la confiance dans les pouvoirs de l'esprit humain bien employé ait été plus grande. C'est de cette rencontre entre la disparition d'un monde stable, connu et soutenu par la foi, et la confiance infinie dans les pouvoirs de l'individu créateur que naît la prévalence de l'ironie dans les textes de la Renaissance.

Le roman de chevalerie est, peut-être plus que d'autres réalités, soumis à ce regard détaché, amusé, légèrement supérieur d'hommes qui savent qu'ils racontent des futilités, mais qui dans le même temps, considèrent qu'il n'y peut-être rien de plus sérieux que ces futilités. Le monde lui-même est un spectacle fait de variations et de changements. Pourquoi le roman de chevalerie ne pourrait-il pas le refléter avec sa formidable machine narrative, avec ses aventures toutes prêtes à être exploitées à nouveaux frais ? Ce monde risible, ils sauront l'incarner grâce à leur maîtrise nouvelle de la langue. Car le corolaire de cette confiance dans les pouvoirs de l'individu, c'est un certain culte de la forme, de l'habileté linguistique et narrative qui atteint dès lors des degrés de complexité qu'elle n'avait pas connus jusqu'alors. Le monde décrit est-il risible ? Tant mieux, l'auteur n'en pourra que mieux montrer ce qu'il peut en tirer.

III.2.a. *Les batailles : entre démesure et insignifiance*

Il n'est point de roman de chevalerie qui ne montre de plaisir à raconter des faits d'armes. La *Chanson de Roland*, modèle insurpassé du genre au Moyen Âge et pierre fondatrice de la matière de France, est une longue suite de combats s'inscrivant sur la toile de fond de la guerre de Charlemagne contre les Sarrasins. La bataille, depuis l'*Iliade*, est le moment privilégié de l'épopée, celui où se fonde l'héroïsme des personnages et l'élévation du style et des actions décrites. À l'époque qui nous intéresse, le roman de chevalerie italien avait déjà depuis longtemps, dès avant l'époque d'Andrea da Barberino, perdu la signification d'une lutte d'affirmation nationale telle qu'elle s'exprimait dans les chansons de geste dont il tirait son origine. Le rôle des trahisons intérieures (Gano di Maganza) y avait en réalité plus d'importance structurelle que le combat contre les païens. Ce décentrement l'avait d'ores et déjà éloigné de la définition de l'épopée telle qu'elle a été proposée par Hegel puisque le philosophe situait l'épopée au fondement d'une conscience nationale[141]. Mais, même dans les textes où le sublime d'un grand combat a laissé la place à une multitude de rivalités et de batailles ponctuelles, les actes guerriers demeurent la raison d'être de la chevalerie, un moteur de tension narrative, et donc un ingrédient incontournable et fort attendu des lecteurs.

Il n'est donc pas étonnant que les batailles soient parmi les premières cibles des grandes remises en question du genre par les poètes de la Renaissance. Il ne faut pas oublier que celles-ci avaient été, depuis un siècle, profondément modifiées par l'apparition des armes à feu qui avaient soudain frappé d'inanité la valeur des coups d'épée. L'Arioste, dans un de ses nombreux clins d'œil à la réalité de son temps, choisit donc d'introduire, pour un court instant, un fusil dans son poème, arme qui n'est bien sûr pas désignée par son nom mais par une série de périphrases (canne à feu, foudre terrestre, fer creux). Il introduit le fusil pour mieux en disqualifier l'usage comme étant le fossoyeur des valeurs chevaleresques. Orlando, plus vif même que le soufre et la balle, tue celui qui possédait l'arme diabolique, et décide de jeter « l'abominable engin » au fond de la mer en prononçant ce cri de révolte au nom de l'ancienne chevalerie :

> *Lo tolse, e disse : – Acciò più non istea*
> *Mai cavallier per te d'esser ardito,*
> *Né quanto il buono val, mai più si vanti*
> *Il rio per te valer, qui giù rimanti.*
>
> *OF*, IX, 90

> Il le prit et dit : – Afin qu'il n'y ait plus
> Jamais de chevalier qui ait de l'audace grâce à toi,
> Et qu'aucun méchant ne se vante plus par toi
> De valoir autant qu'un bon, reste là-bas au-fond !

---

[141] G. W. F. Hegel 1997, p. 300 et sq.

Élia Lévita, lorsqu'il en vient à traiter des combats, hésite entre l'exagération et l'évitement. La première stratégie est celle du *Bovo Dantône*. La seconde celle du *Paris un Wiene*. L'exagération consiste à transformer les batailles en caricatures d'elles-mêmes. C'est la solution adoptée par tous les auteurs qui tendent au burlesque, en particulier Pulci et Folengo, mais même l'Arioste ne s'y refuse pas entièrement. On peut mentionner la façon dont Orlando empale, dans le chant cité précédemment, six chevaliers sur sa lance comme des grenouilles, et laisse le septième intact faute de place (*OF*, IX, 68-69).

Le traitement privilégié par Lévita dans le *Bovo Dantône* est assez proche de celui de Pulci : transformer les combats en affrontements mécaniques, ne pas hésiter devant des scènes démesurées, accorder autant d'importance aux insultes qu'aux coups d'épées, renforcer l'impression des coups par un usage explosif du langage, glisser des plaisanteries jusqu'au cœur des épisodes guerriers. Il n'hésite pas à mentionner les canons sur les champs de bataille et le tableau qu'il en fait évoque sans doute davantage les combats meurtriers que les armées se livraient au Nord de l'Italie au début du XVIe siècle que les combats classiques des chevaliers : « *asô lagén si dér-schlagén alsô warm : / Menchén menschén blut wâr vér-gośén, / Dem wâs ab ain bain, dem ain arm, / Un᾽ den hât ain bukś dér-schôśén, / Dem ging herouś der blô᾽ darm*[142]. » (*BD*, 175). L'aspect sanglant des batailles, ici accentué par la précision sur la couleur des intestins, prend cependant une figure plus grotesque qu'effrayante. Lorsqu'un messager, lors de la même bataille, vient porter au sultan la nouvelle de la mort de son fils, il apparaît fort diminué et, à l'instar du messager de Marathon, il rend l'âme avant d'avoir fini son discours : « *Ain arm hat mân im tun ab-hakén : / Vôr blut kunt mân in nit kenén. / Ain grôśé schram hat er im bakén* [...] // « [...] "*öuerén sun hôt mân zu tôt dér-schlagén !..*" / *è er dâś wort hat ous-gèrèt / Do kèrt er ouf di gagén*[143]. » (*BD*, 186-187).

---

[142] « Ils gisaient ainsi, abattus tout chauds : / Le sang de bien des hommes avait été versé. / À l'un il manquait une jambe, à l'autre un bras, / Un autre encore avait été emporté par un canon, / D'un autre sortait l'intestin bleu [...] ».

[143] « On lui avait tranché un bras : / À cause du sang, on ne pouvait le reconnaître. / Il avait une grosse blessure sur la joue [...] // [...] "on a tué votre fils !.." /

Dans le *Boṽo Dantóne*, le caractère familier du langage contribue fortement à dénuer les batailles, et les morts (telle celle du pauvre messager), de toute solennité. À d'autres moments, c'est la force surnaturelle des personnages qui rend les batailles risibles. Lévita exploite pleinement l'aspect caricatural de certaines scènes de sa source pour en tirer un parti comique. Observons par exemple la transformation que le poète yiddish fait subir au combat de Pelukan, personnage mi-homme, mi-chien et de Bovo tel qu'il est décrit dans le roman italien[144]. Pelukan est monté sur Rondela, le cheval enchanté de Bovo, qui l'a précédemment attaqué pour défendre son maître :

BDit, 304-305

Pulican sopra Rondello saltoe,	Pulican sauta sur Rondello
Disse « defender voi lo tuo signore :	Il dit : "Tu veux défendre ton seigneur
Di quel ch'hai fatto te n'impagaroe ! »	Je veux te faire payer ce que tu as fait."
Allor si misse in corso il corridore,	Alors le destrier se mit au galop
E in un folto bosco tosto introe	Et entra dans un bois épais
Che Pulicane ne sentia dolore.	De sorte que Pulican s'en trouvait affligé.
Rondello nel gran bosco si caciava	Rondello se précipitait dans le grand bois
Ma Pulican tutto si strasciava.	Mais Pulican était tout lacéré.
Al suo dispetto Pulican smontone,	Pulican descendit de cheval à contrecœur
E con affanno tutto sgrafignato,	Et, avec difficulté, tout égratigné.
Poi la bataglia a Buovo comincione	Puis il commença à se battre avec Buovo
Ma non ha nissun colpo fallato.	Et aucun de ses coups ne rata son but.
Molto dintorno Buovo si stracone	Buovo s'était beaucoup fatigué de-ci de-là
Che li colpi in fallo havia menato.	Car il donnait ses coups dans le vide.
Unde Buovo pativa una gran pena	C'est ainsi que Buovo souffrait une grande peine
E molto glie venuto men la lena.	Et qu'il était fortement essoufflé. »

Avant qu'il n'eût fini sa phrase / Il cassa sa pipe. » La mort du messager et sa blessure à la joue sont déjà dans la source (*BDit*, 151-152), cependant Lévita ajoute des détails et le trépas au milieu du discours est de son invention, de sorte que dans le roman yiddish, c'est un autre soldat qui doit compléter le message.

[144] Nous travaillons à partir de l'édition : Caligula di Bazalieri, Bologna, 1497. Nous remercions la British Library pour la reproduction de l'ouvrage qu'elle nous a fournie. Pour les pages manquantes de cet exemplaire déficient, nous avons utilisé l'exemplaire conservé à la Bibliothèque Nationale d'Autriche qui reprend le texte de l'édition de Bologne et a été publié sous le titre : *Vita e morte di Buovo d'Antona* sans mention de lieu ni nom d'éditeur. On le trouvera sur le site : www.europeana.eu.

BD, 374-376

Ròndele wáś wild un' gar un-gèzaim,	Rondela était sauvage et déchainé,
Pelukán wolt eś nit ouf im laidén,	Il ne voulait pas garder Pelukan sur son dos.
Eś lóf mit im durch dörnér un' b'aim,	Il courait avec lui parmi les ronces et les arbres.
Sein ponim macht eś im zu-schnaidén.	Il faisait en sorte que son visage en soit déchiré.
Pelukán gèducht : "wer ich widér do haim	Pelukan pensa : « Si je revenais à la maison
Ich welt lóśén Boŏo bei seinér glaidén".	Je laisserais Bovo auprès de sa pute ! »
Aśò vil dàr-weil kunt im köum werdén,	Mais pour le moment, c'est à peine
Dàś er hérab šprang ouf di erdén.	S'il arriva à sauter à terre.
Do er nun hérnidén waś,	Et maintenant qu'il était descendu,
Do hàt er sein schwert vér-lörén :	Il avait perdu son épée.
Eś war im nidér gèvalén in dàś gras ;	Elle était tombée dans l'herbe :
Ous der hànt hàt imś gèriśén ain dörén,	Une ronce la lui avait arrachée de la main.
As bald as Boŏo dér-sach nun dàś,	Aussitôt que Bovo s'en aperçut,
Do maint er Pelukán wer vér-lörén.	Il pensa que Pelukan était perdu.
Do reiś er ouś ain bam mit seinér w'urzéln	C'est alors que celui-ci arracha un arbre avec ses racines
Un' schlug Boŏo an köpf', dàś er da-hin wàś purzéln.	Et frappa Bovo à la tête ce qui le fit tomber à la renverse.
Er törklét da-hin wol in den tan	Il tituba un bout de chemin dans la forêt
Gleich vil er dàr-nidér vŏr Drusïane	Et tomba juste aux pieds de Drusiana,
Un' vŏr widér ouf as ain vrischér man	Et se releva comme un homme vigoureux
Un' begund sich erśt widér zu dér-manén	Mais c'est à peine s'il commençait à reprendre ses esprits.
Un' lóf widér da-hin zu Pelukán	Puis il fonça à nouveau sur Pelukan
Un' widér an anàndér as di beiśigén hanén.	Et à nouveau l'un contre l'autre comme des coqs qui se mordent !

Lévita travaille sa source dans le sens d'une plus grande démesure et d'une plus vive expressivité. Si la scène de « rodéo » sur
Rondela est présente dans le roman italien, Lévita a remplacé
dans la bouche de Pelukan une menace adressée au cheval par
un souhait comique de rentrer à la maison, où vient se glisser
une insulte vulgaire contre Drusiana. Mais la grande nouveauté,
introduite et soulignée par une rime dactylique riche et expressive
(w'urzéln-purzéln), réside dans le spectacle de l'arbre devenant
une massue improvisée et dans la scène de pantomime qui s'en
suit, Bovo titubant, tombant, se relevant. La rapidité de ces actions
successives, soulignée par l'anaphore de « et » (« un' ») culmine
dans la phrase nominale du dernier vers et dans la comparaison
comique des chevaliers avec des coqs de combat. Tout ceci remplace dans la source une scène de bataille stéréotypée. Les personnages sont transformés en pantins dont le caractère bien tranché

apparaît à travers l'expression à haute voix de pensées exagérées. Il s'y mêle, chez Lévita, un goût pour le détail concret produisant un effet réaliste ponctuel. Bovo, après avoir titubé, vient s'effondrer aux pieds de sa dame et se relève avant même d'avoir repris ses esprits.

Pour pimenter des descriptions caractérisées par l'abus de formules consacrées, Lévita n'hésite pas à introduire des détails absents de sa source, à jouer sur les allitérations, ou sur les commentaires humoristiques du narrateur[145]. C'est ainsi qu'il fait monter le personnage de Lucifer, personnage démoniaque et laid, sur un éléphant que l'on ne trouve pas dans la source italienne. C'est ainsi qu'il fait souvent rebondir sur le sol (« *ouf-pralén* », *BD*, 128, 172), les chevaliers qui tombent sous les coups. Le plaisir des batailles consiste aussi en ce qu'elles permettent une explosion d'énergie au sein de la langue par des effets sonores :

Róndele, dáś schnarcht un ' ruhélt un ' murt	Rondela grogne, hennit et gronde
Un ' beiś un ' schlug ouf hintén un ' vorén.	Et mord et frappe derrière et devant.
BD, 176	

C'est fréquemment au moment des combats et dans le couplet qui conclut les octaves, que Lévita utilise ses rimes dactyliques caractéristiques (*tórkèlt/pórkèlt*, *BD*, 602)[146]. Enfin, le sérieux des batailles est remis en question par des remarques humoristiques. Le narrateur note ainsi que les compagnons de Bovo auraient souhaité admirer ses prouesses guerrières, s'ils n'avaient pas été eux-mêmes plongés au cœur de la bataille (*BD*, 177)[147]. Plus loin, les

---

[145] Lévita n'est pas en reste dans l'usage de la formule : jugements hyperboliques (« On ne vit jamais de plus grand combat / Je vous le dis sur ma foi », *BD*, 152), comparaison de Bovo avec un dragon (*BD*, 178 ; *BD*, 371), comparaison plus ironique des chevaliers avec des coqs qui se mordent (*BD*, 158 ; *BD*, 376), mais l'automatisme des formules, qui sert à déréaliser les batailles, est régulièrement montré du doigt avec humour et dégradé par l'utilisation d'un langage prosaïque. Pour une description de la participation émotive du narrateur dans les *cantari* : M. C. Cabani 1988, p. 75-101.

[146] Même si l'on suppose que la syllabe finale n'est pas entièrement prononcée, la rime reste caractérisée par une richesse particulière de phonèmes après l'accent.

[147] La plaisanterie est ici construite sur une de ces formules stéréotypées : « zu-zu-sehén het ainér wol mógen vér-langén » (« C'est une chose qu'on aurait voulu observer »). Lévita en use et en abuse : elle est ainsi présente dans trois strophes presque consécutives de *BD* (539 ; 540 ; 542). La façon dont il

ennemis qui le fuient jusque dans la mer se voient, contre toute attente, transformés en baigneurs : « *Dáś waśér ging in inś moul si lerntén schwimén* » (*BD*, 606) [148].

L'animation de ces scènes est favorisée par la présence de personnages surdimensionnés (Luzifer, Pelukan, le cheval enchanté Rondela) et c'est selon les mêmes principes que Pulci construisait des scènes de bataille qui ont beaucoup contribué à la popularité de son poème, porté comme il est par la figure du sympathique géant. Car, Morgante, lorsqu'il se déchaîne avec le battant de cloche qui lui sert d'arme, donne à Pulci l'occasion de déployer toute sa verve :

> *E cominciò a sciorinare il battaglio*
> *E fa veder più lucciole che agosto ;*
> *E saracin di lui fanno un berzaglio*
> *Di dardi e lance, ma gettan discosto ;*
> *Tanto che, quando dove è il conte venne,*
> *Un istrice coperto par di penne.*
>
> *M*, III, 5

> Son battant de cloche commença à vibrer
> Et à faire voir aux ennemis plus de lucioles qu'au mois d'août.
> Les Sarrasins font de lui la cible
> De leurs dards et de leurs lances mais ils visent de loin,
> Au point que quand il arriva à l'endroit où se trouvait le conte.
> Il ressemblait à un hérisson couvert de plumes.

Les hyperboles des combats, chez Pulci, comme chez Lévita, font souvent pencher les batailles vers le grotesque et l'invraisemblable, tout en permettant au langage de profiter de l'énergie des coups pour montrer ses propres capacités expressives. Le *topos* de la bataille trouve donc une nouvelle jeunesse sous forme de jubilation langagière. La bataille est particulièrement comique, nous l'avons vu, quand elle perd toute dimension humaine, que les chevaliers sont réduits à des marionnettes, et que les massacres s'assimilent à un jeu de quille :

remotive la formule à la strophe 176 en lui faisant désigner un désir des compagnons de Bovo est une bonne illustration de sa capacité à prendre en dérision certains aspects de sa propre écriture. Sur cette formule dans les *cantari*, M. C. Cabani 1988, p. 90-91.

[148] « L'eau leur rentrait dans la bouche, ils apprenaient à nager. »

E spesso avvenne ch'un capo spiccòe,	Il arriva souvent qu'il fît sauter une tête
e poi quel capo a un altro percosse	Et puis que cette tête heurtât quelqu'un d'autre
sì forte che la testa gli spezzòe,	Si fortement qu'elle lui rompait le crâne
e morto cadde che più non si mosse.	Et que l'homme tombait mort, immobile.

M, VII, 51

Il s'agit donc d'un monde où le sang coule pour provoquer le rire des lecteurs car toute évocation de douleur physique en est exclue et parce que la démesure empêche toute confrontation à une référence objective, parce que les chevaliers sont transformés en pantins, en personnages de carton-pâte. C'est dans le même esprit que Bovo transforme un ennemi en toupie :

Bōvo héb im dáś schwert im köpf'	Bovo lui frappa la tête avec son épée
Un' špélt im bis mitén in gumén	Et la lui fendit jusqu'au milieu du palais,
Dáś er sich um-dre't as ain töpf'.	De sorte qu'il tourna comme une toupie.

BD, 270

Plus la langue employée est sonore (notez la rime en -opf) plus elle favorise ces effets. Le macaronique de Folengo est, dans ce sens, particulièrement efficace :

Nil nisi per celsum camerae troncata solarum
Bracchia cernebas, testas gambasque volantes.

B, XI, 264-265

Tu n'aurais rien vu sous le plafond élevé, sinon
Des bras coupés, des têtes et des jambes qui volent.

La souplesse de la syntaxe macaronique permet à Folengo de séparer l'adjectif « *troncata* » du substantif qu'il qualifie en le plaçant dans le vers précédent et d'appuyer ainsi l'impression d'isolement de ces membres détachés du corps. Quelle que soit donc la langue employée par le poète, les scènes de combat permettent d'en exploiter au maximum les capacités expressives et mimétiques.

Les batailles réjouissaient beaucoup les auditeurs des *cantari* au point que certains de ces poèmes populaires ne sont – pour nous – qu'une fastidieuse suite de sièges et de duels. Elles restent un ingrédient essentiel dans le *romanzo cavalleresco* de la Renaissance, revisitées par l'humour et par le brio langagier des auteurs. Elles occupent en général des moments-clés dans l'architecture globale de ces longs romans. Il suffit de penser à la bataille de Roncevaux qui sert de point d'orgue au *Morgante* (*M*, XXVI-XXVII), à la bataille de Mantoue, livrée pour la libération de Baldus (*B*, XI), qui sépare le volet campagnard du roman de la quête épique, ou au siège qu'Agramante fait subir à Charlemagne dans l'*Orlando Furioso* (*OF*, XIV, XVI, XVIII), qui prélude à la rencontre amoureuse d'Angelica et donc à la folie d'Orlando. Dans le *Bovo Dantone*, les combats restent très nombreux même si Lévita montre déjà une fatigue à leur égard à la fin du roman et abandonne le plus long épisode guerrier de sa source, la bataille autour de Paris (*BDit*, 563-653).

Dans le *Paris un Wiene*, Lévita choisit de passer sous silence les scènes de combat de sa source (et de mettre en scène ce silence). Il s'agit d'une des évolutions les plus significatives dans la perception du genre par le poète yiddish. Le *Paris e Vienna*, roman d'inspiration courtoise, se concentre sur les relations amoureuses de Paris et de Vienne [149]. La ruse est plus utile au héros que la force ou la bravoure. Il n'en reste pas moins que la gloire de Paris s'assoit d'abord sur quelques coups d'éclats réalisés l'épée à la main. Or, le narrateur, chatouillant le lecteur avec ironie, laisse miroiter les combats sans les raconter. Il en va ainsi dans la scène où Paris et Odoardo parviennent à se défaire des dix sbires envoyés par le Dauphin pour les capturer alors qu'ils jouaient de la musique sous les fenêtres de sa fille Vienne :

> *In ainém wort, in ainém schwank*
> *Warén si gémain ūun ledér zihén.*
> *Màn hòrt nit mén wort nòch minér tadérn ;*
> *Si schlugén ouf anàndér, dàs es was pladérn.*
>
> *Ich wolt, dàs nit wer nacht géwesén*
> *Dàs man dòch het künén zu-sehén*
> *Wi' di zwèn degén ous-der-lesén*
> *Sich werètén vrei' gègén ïen zehén.*
>
> *PW*, 71-72

[149] Nous travaillons à partir de l'édition Agostino Bindoni, Venise, 1549, exemplaire de la Bibliothèque Nationale de France, Réserve Y² 1459. Nous avons introduit la numérotation des pages.

En un mot, en un geste,
Ils tirèrent tous ensemble l'épée du fourreau.
On n'entendit plus un mot ni, à plus forte raison, de bavardage,
Ils se frappèrent les uns les autres et ça fit du boucan.

J'aurais voulu qu'il ne fît pas nuit noire
Pour que nous ayons pu contempler
Comment les deux excellents chevaliers,
Se défendirent contre ces dix-là.

La vivacité de ce début de combat, soulignée par le parallélisme, et l'expression idiomatique « *ūun ledér zihén* » (littéralement « tirer du cuir », du fourreau) laisse attendre une violente escarmouche. On reconnaît à la fin de la strophe 71, une rime dactylique (*tadérn/pladérn*) semblable à celles que l'on a vu souvent associées par Lévita aux combats du *Boōo Dantóne* en raison de leur sonorité frappante. Le début de l'octave suivante apparaît donc comme une déception brutale puisque le narrateur intervient et prend prétexte de l'obscurité – qui ne l'a pas empêché de décrire en détail tout ce qui a précédé – pour ne pas montrer la victoire improbable des deux héros contre ces dix hommes. La plaisanterie est ici une façon de mettre en évidence un silence, une absence, et peut-être une dose d'incrédulité à l'égard d'un tel exploit[150].

Lévita, par ce type de ruses narratives, recentre l'intérêt du lecteur sur le cœur de son récit : l'histoire des sentiments des deux amants, mais il joue aussi avec espièglerie de son pouvoir discrétionnaire de conteur. La volonté d'évitement est encore plus criante quelques octaves plus loin, lorsque le roi de France, ayant organisé un grand tournoi pour désigner la princesse qui doit remporter le prix de beauté, Lévita en vient à passer sous silence le plus

---

[150] Le narrateur de l'Arioste emploie un prétexte assez proche, sans toutefois préciser la cause exacte de son silence, pour ne pas raconter ce qu'il s'est passé lors de la première nuit que Doralice et Manricardo ont passé ensemble : « *Quel che fosse dipoi fatto all'oscuro / tra Doralice e il figlio d'Agricane, / a punto raccontar non m'assicuro / si ch'al giudicio di ciascun rimane.* » (« Ce qui s'est ensuite produit dans l'obscurité / entre Doralice et le fils d'Agrican, / je n'ose pas le dire avec certitude / Aussi la question reste ouverte à la sagacité de chacun » (*OF*, XIV, 63). L'Arioste, comme souvent, fait ici semblant de suspendre son jugement car il oriente ensuite fortement l'opinion de ses lecteurs en précisant que les amants se sont réveillés de bonne humeur. De même, lors de la débâcle des Sarrasins à Paris, le narrateur affirme ne pas pouvoir compter le nombre des fuyards car, dit-il, la nuit a empêché Turpin de compter (*OF*, XXXI, 79).

long combat de sa source italienne (*PVit*, 24-27) qui s'étend sur près de quatre pages :

> *Man hub nun an in ainer móś –*
> *Ich mag es nit vil štèn zu kröüséln*
> *Wi' màn do schnàid un ' štach un ' schóś*
> *Wi' si' sich warén razén un ' zurzöüséln*
> *Sòlt ich sagén wi' màn dàś blut ū̀r-góś*
> *Den vrawén wurd ich machén gröüséln.*
> *Drum wil ich in dem hàndél nit mèn südéln*
> *Dérwortén dàś ich nit màch nimét wüdéln.*

PW, 140

> On commença alors d'une telle façon –
> Je ne veux pas rester longtemps à décrire joliment
> Comment on coupait, perçait, frappait,
> Comment ils s'écorchaient et s'arrachaient les plumes.
> Si je devais dire comment on versait le sang
> Je ferais horreur aux femmes.
> Ainsi je ne veux pas me souiller plus longtemps dans cette affaire,
> Car je ne souhaite rendre personne bouillant de colère.

Une fois de plus l'effet déceptif est inscrit dans la syntaxe et dans la métrique : le premier vers de l'octave annonce le début du combat et s'achève même par une formule d'intensification, mais brusquement, le « je » capricieux du narrateur intervient pour interrompre la phrase en cours.

Cette interruption elle-même, ou aposiopèse, n'est pas sans ambivalence car elle fonctionne comme une prétérition : tout en affirmant sa volonté de ne pas raconter, Lévita fait pendant deux vers (3-4) la démonstration de sa capacité à exprimer de façon éloquente et colorée les coups du tournoi en multipliant à l'envi les allitérations. (en « sch » et en « z »). Toute la strophe est exceptionnellement riche en rimes dactyliques (pas moins de cinq) mais un seul des verbes ici employés à la rime sert à évoquer le combat, d'ailleurs de manière burlesque (« *zurzöüséln* ») ; tous les autres servent à appuyer la volonté de ne pas raconter.

La violence de la bataille est ici remplacée par la violence supposée des réactions du public (« *gröüséln* », « *wüdéln* »). Le prétexte avancé pour ce silence (la sensibilité des dames) est une coquetterie de la part d'un narrateur qui s'adresse aux femmes en faisant mine de les ménager mais ne se prive pas, par la même occasion, de souligner leur excessive sensibilité. Le refus de raconter le tournoi

391

est donc mis en scène et exprimé ironiquement avec les moyens mêmes qui sont traditionnellement utilisés par Lévita pour raconter les batailles. On soulignera enfin que le tournoi, décrit dans la source italienne, n'est absolument pas sanglant au contraire de ce que le narrateur laisse ici supposer (« *blut vür-goś* », la blessure la plus grave évoquée dans la source est un bras cassé !). On est loin ici de certaines scènes violentes que Lévita lui-même décrivait dans son *Boōo Dantóne*.

De fait, l'excuse avancée par le narrateur, par son caractère humoristique, se dénonce elle-même comme factice : ce qui a sans doute fatigué Lévita dans sa source, c'est la liste fastidieuse des noms des participants au tournoi et l'énumération tout aussi lassante des coups qu'ils se portent. Nous pouvons citer les premières phrases de cette description :

E dato el sono della trombetta chiamando li cavallieri a la giostra primamente venne sul campo Ioanne figliol del duca di Fiandra per aspettare chi fusse colui che volesse andar con lui a ferire. Et subito mosso Zanon fratello del re di Boemia, li quali ferendosi con le lanze per tal modo che Ioanne ando per terra. Poi venne Philipo de Borbon il quale fu similmente abbatuto per terra. Poi venne Antonio fratello del Conte Analdo, e poi Corado figliol del Duca di Bergogna : questi quatro furono abattuti duramente per Zanon.	Et une fois qu'on eut sonné la trompette qui appelait les chevaliers à la joute, vint en premier lieu sur le champ Ioanne, fils du duc de Flandres, pour attendre celui qui voudrait venir se battre avec lui. Et Zanon, frère du roi de Bohème, s'étant soudain mis en mouvement, tous deux se frappèrent de leurs lances et Ioanne tomba à terre. Puis vint Philippe de Bourbon qui fut, lui aussi, abattu à terre. Puis vint Antonio, frère du Conte Analdo, puis Corado, fils du duc de Bourgogne : ces quatre-là furent durement abattus par Zanon.

PVit, 24

Devant cette avalanche de noms, et d'actions stéréotypées, Lévita préfère souligner l'ellipse qu'il fait subir au récit de sa source : « *In wénig rèd un ' kurzé wort / Wil ich öuch iz dáś end do sagén*[151] » (*PW*, 141) et il profite de l'intervention de son narrateur pour plaisanter avec son public, en particulier son public féminin. Le traitement varié des batailles dans les deux romans de chevalerie de Lévita illustre bien l'évolution que l'esthétique de l'écrivain

---

[151] « En peu de mots, en un bref discours / Je veux vous dire maintenant la conclusion. »

392

a subi entre les deux romans, et que nous étudierons plus particulièrement dans notre quatrième chapitre. La technique du détournement burlesque qui prévalait dans le *Boōvo Dantōnẹ* a fait place, sans pour autant totalement s'effacer entièrement, à une technique plus raffinée de liberté narrative et d'ironie subtile inspirée de l'Arioste. Mais que les batailles soient dégradées ou tues, leur réécriture est la conséquence d'une crise de l'héroïsme chevaleresque qu'il convient d'étudier à présent.

III.2.b. *Noblesse et valeur chevaleresque : quand le héros devient picaro*

Le chevalier se reconnaît à son sang et à son nom, ensuite à son comportement. La chevalerie des romans est à la fois une caste et une éthique. Dans ces deux domaines, le *romanzo cavalleresco* de la Renaissance prend plaisir à se moquer des conventions. Lévita, en raison de son public juif et, en partie, non-italien, prête assez peu d'attention aux diverses généalogies des familles qui viennent structurer le vaste répertoire des personnages des romans italiens. Les chevaliers du cycle carolingien sont en général organisés autour de quelques lieux et de quelques familles dont la valeur est connue de tous les lecteurs : Paris et Charlemagne, centre du pouvoir et lieu des conflits internes à la cour de France, Montalbano (Rinaldo et les siens) fief d'une lignée de preux et de belles princesses, Maganza (Gano et les siens) patrie des traîtres.

De cette organisation, Lévita ne garde presque rien même si elle est bien présente dans la structuration du *Buovo* italien. Alors qu'on observe, dans tous les *romanzi cavallereschi*, une tendance à multiplier les noms, les relations de cousinages, les alliances selon la loi sérielle typique du genre, le poète yiddish choisit ostensiblement de passer sous silence cet aspect de ses sources en prétextant l'ignorance de ses lecteurs (et dans ce cas, le prétexte n'est sans doute pas entièrement fallacieux) :

Ich wolt öuch wol i ain un' ain	Je vous aurais volontiers nommé un à un
Der herén bei' sein namén nenén ;	Les seigneurs par leurs noms.
Abér ich waiś, dàs ir der kain	Mais je sais que vous n'avez vu
Ni' hot gèsehén noch wert kenén.	Ni ne connaissez aucun d'eux.

PW, 90 – cf. *PVit*, 10

Si pour ce qui est de « voir » les paladins, les lecteurs chrétiens italiens n'étaient pas plus avantagés que les lecteurs juifs, il y a fort à parier que leur familiarité avec leurs noms était beaucoup plus grande. Le choix par Lévita de passer sous silence tout l'épisode qui mettait en scène le roi Pépin et le petit Charlemagne dans le *Boṽo Dantônẹ* est très révélateur : tout l'aspect cyclique des aventures des paladins de France, qui plaisait tant aux lecteurs et aux auteurs italiens, s'en trouve effacé.

Au prestige des noms est bien sûr lié le prestige de la naissance et le motif de la généalogie est volontiers détourné dans le *romanzo cavalleresco* burlesque. Chez Folengo, la sorcière Gelfora, charmée par la prestance de Baldus, lui demande son identité. Il s'agit là d'un passage obligé, dans la littérature chevaleresque, quand vient à se présenter un palladin inconnu :

> *Tu quoque, qui sensum te prodis habere superbum,*
> *da prolem, nomenque tuum, genus atque tuorum ».*
> *Baldus respondet : « Caposeccus nomine dicor,*
> *natus adulterio monachae fratrisque Caponis,*
> *qui conceperunt me chiesae retro pilastrum. »*

B, XXIV, 155-159

> « Toi aussi, qui sembles avoir un fier courage,
> Dis-moi ton ascendance, ton nom, et la condition des tiens »
> Baldus répond : « Je m'appelle Caposeccus,
> Je suis né de l'adultère d'une nonne avec frère Capon
> Lesquels m'ont conçu derrière le pilier d'une église. »

Baldus est en réalité irréprochablement noble, fils de Guido de Montalbano et de Baldovina, fille du roi de France, mais Folengo l'a fait grandir dans le village de Cipada et l'a doté d'une bande de compagnons dont le plus fidèle, Cingar, est un tzigane voleur et facétieux. Malgré le sérieux (relatif) de sa quête, Baldus participe aux plaisanteries de ses compagnons et ressemble alors davantage à un personnage de nouvelle qu'à une figure épique. C'est d'ailleurs lui qui, avant cet épisode, avait exorté ses compagnons à jouer la comédie devant la reine des sorcières, en feignant de mourir de peur. Il ajoute donc ici plaisanterie sur plaisanterie, en s'inventant une origine digne d'un personnage du *Decameron*, alors que Gelfora, frappée par sa noble prestance, n'a pas manqué de tomber amoureuse de lui.

Dans le *Buovo d'Antona* italien, le héros qui s'est enfui d'Antona pour échapper aux volontés meurtrières de sa mère est recueilli, à moitié mort de faim, par des marins. Quand ceux-ci l'interrogent sur son identité, il s'invente des origines populaires et se dit fils d'un meunier et d'une lingère. Un peu plus tard, devenu garçon d'écurie, il reçoit la visite de la princesse Drusiana qui, amoureuse de lui, souhaite connaître son identité. Il répète alors le même mensonge. Mais il ne faut pas voir là une volonté d'abaissement du chevalier : la fausse généalogie est à l'image du destin des héros des *cantari*, (dont le plus populaire était Guerrin Meschino) qui devaient passer par un temps de pauvreté et d'obscurité afin de reconquérir par leurs propres forces des titres de noblesse. D'ailleurs, la princesse Drusiana n'est pas dupe de la réponse du jeune homme et reconnaît la noblesse de Buovo :

A lei rispose quel giuven soprano	Le fier jeune homme lui répondit :
« *D'uno munaio povero sire*	« D'un meunier, pauvre sire,
Che per altrui masinava il grano »	Qui moulait le grain pour autrui »
E ella disse « *per la gola ne menti*	Et elle lui dit : « tu mens impudemment,
Non li dimostran i tuoi fatti possenti	Tes faits puissants ne montrent pas cela.
Anci mi mostri di gentil nazione	Au contraire tu m'apparais de noble lignage,
Fratel di quelli che son in paradiso. »	Frère de ceux qui sont au paradis. »

BDit, 120-121

La façon dont Élia Lévita modifie ce passage révèle au contraire une profonde volonté de dégradation du *topos* où l'esprit de plaisanterie est comparable à celui de Folengo. Dès la première mention de la généalogie de Bovo (sur le bateau *BD*, 86), il s'éloigne du texte italien puisque le héros se dit fils d'un Hongrois et d'une Française, vieille peau acariâtre (« *ein karge haut ein böse* ») qui l'affamait et qu'il aurait préféré conchier plutôt que de rester chez elle. Pour répondre à la demande de Drusiana, Bovo s'invente une nouvelle origine misérable aux connotations encore plus juives[152]. C'est ainsi qu'il présente ses parents :

---

[152] Le mot *hekédeš* désigne une institution à caractère religieux ayant pour rôle, dans les communautés juives de la diaspora, d'accueillir et de nourrir les indigents. Le mot lui-même provient de la racine קדש qui signifie « sacré ».

« [...] *Dem betël tunén si nóch-jogén,*
Im land si hin un ' her um-wandérn
Un ' voren ūun ainém hekédeš zum andérn. »

Drusïanẹ šprách : « Ich hàlt nischt dàr-ūun,
Du löügśt werlich in dein ruzén !
Dein gëśtalt dàś tut nischt weisén nun
Dàś du hòśt geśén vil hebérn-gruzén.
Du biśt werlich kaineś betlérś sun :
Dein mutér hòt sich lòśén nüzen
Un ' hòt haimlich dàś ir kenén schafén
Mit dem neśtén schulér òdér pfafén. »

BD, 140-141

« [...] Ils vont à la recherche d'aumônes,
Vagabondent de-ci de-là dans le pays,
Et se rendent d'un hospice au suivant. »

Drusiana dit : « Je n'en crois rien
Tu mens vraiment avec ton nez morveux !
Ton allure ne montre certes pas
Que tu as mangé beaucoup de gruau d'avoine.
Tu n'es vraiment pas un fils de mendiant :
Ta mère s'est laissé abuser,
Et a, en secret, réalisé son caprice,
Avec le premier étudiant ou le premier prêtre. »

Dans la réponse de Drusiana, Lévita fait subir à sa source une véritable inversion. À la déclaration d'amour et d'admiration de la princesse pour la noble origine qui se trahit dans les actions du jeune homme, a succédé une suite de plaisanteries grasses évoquant l'univers des nouvelles italiennes. La réécriture présente ici différents degrés de détournement : il s'agit parfois d'une simple dégradation comique du langage de la source. Ainsi l'expression idiomatique italienne « *per la gola ne menti* », littéralement « tu mens par ta gorge » qui signifie « impudemment », est imitée ou plutôt caricaturée dans une expression burlesque évoquant la jeunesse de Bovo : « tu mens dans ton nez morveux ». La rime « *ruzén / gruzén / nüzén* », par sa sonorité et par les réalités prosaïques qui s'y trouvent évoquées, produit le sentiment d'une plongée dans la matérialité la plus basse. Voilà tout ce qui reste des « *fatti possenti* » (puissants faits d'armes) et de la « *gentil natione* » (race noble) de la source.

Mais cette dévaluation thématique révèle surtout la disparition du *topos* de la noblesse des preux chevaliers que tout un chacun est censé reconnaître dès le premier regard. Comme Lévita refuse d'appuyer la dénégation de Drusiana sur ce cliché des romans de chevalerie, il ne lui reste plus qu'à la transformer en une série de plaisanteries sur l'alimentation du jeune homme et sur la lascivité proverbiale des étudiants et des prêtres. Enfin, la juxtaposition de l'image des mendiants juifs et de celle des prêtres adultères, relève du métissage culturel burlesque caractéristique d'une écriture qui aime jouer sur le choc des contraires. Lévita prend plaisir, plus que l'auteur italien, à représenter son héros comme un pauvre hère, comme un garnement pour qui les coups ne sont jamais perdus (*BD*, 96), comme un garçon d'écurie égaré (*BD*, 109), comme un misérable vagabond (*BD*, 207). Il accentue ainsi à plusieurs reprises les traits qui dégradent le héros.

Non seulement la noblesse d'un chevalier apparaît dès le premier regard, mais elle est essentiellement innée. Le fils est l'héritier direct des prouesses de son père et il n'est pas plus tôt sorti du ventre maternel que son destin glorieux est déjà annoncé par l'auteur de romans de chevalerie. Le chevalier, contrairement au picaro ou au héros des futurs romans d'apprentissage, n'est pas un homme commun : il porte en lui, dès la naissance, ce qui le distingue et le place au-dessus de la foule. C'est pourquoi le fait qu'Orlando ou Ferraù sont enchantés (« *fatati* ») et insensibles à (presque) toutes les blessures chez Boiardo et chez l'Arioste ne gêne en rien le lecteur habitué aux romans de chevalerie : ce n'est que l'expression, teintée de magie, de cette force extraordinaire qui justifie leurs existences et leurs destins supérieurs.

Dans le *Buovo d'Antona* italien, cette règle est respectée avec ponctualité. Au moment de la naissance des fils de Buovo. Les jumeaux Guido et Sinibaldo (dont Lévita introduit le nom après la scène de la circoncision, *BD*, 499) ont un rôle important à jouer dans le cycle des *Reali di Francia*. Andrea di Barberino leur consacre tout le livre V de son cycle. Ce sont eux qui assurent la vengeance de leur père. Dans le *Buovo d'Antona*, l'accouchement de Drusiana, qui a lieu au milieu de la forêt, est relaté en cinq vers, signe du désintérêt du genre chevaleresque pour ce type de scènes féminines :

A Drusiana gran doglie piglione :	Drusiana fut prise de grandes douleurs :
Del partorire gran dolor portava,	Elle souffrait beaucoup de l'enfantement
Tanto che Buovo gli ha compassione.	Au point que Buovo en ressentit de la compassion.
Drusiana sí fece dui bei figli	C'est ainsi qu'elle fit deux beaux fils,
Prodi ne l'arme e belli come gigli.	Preux dans les armes et beaux comme les lys.
BDit, 373	

Les jumeaux semblent sortir tout faits du ventre de leur mère. L'auteur du *cantare* ne semble pas même sentir ce qu'il y a d'incongru dans l'attribution à des nouveaux-nés d'épithètes qui ne s'appliquent qu'à des chevaliers mûrs : le *topos* n'est jamais si net dans ce genre de texte que lorsqu'il se suffit à lui-même et semble s'imposer en dépit de toute logique.

Lévita, qui prend un plaisir tout particulier aux détails quotidiens de la vie féminine (ce qui serait amplement confirmé par l'attribution du *Seder nošim*), consacre au contraire à cette naissance près de trois strophes où disparaissent entièrement les allusions aux futures prouesses des enfants et où l'accouchement est mis en scène avec un goût du concret qui va jusqu'au grotesque. Drusiana commence par se plaindre de ne pas disposer du confort qu'une parturiente est en droit d'attendre, en particulier d'une accoucheuse. Pelukan, son compagnon mi-homme, mi-chien, la rassure : Bovo lui tiendra le dos, et lui-même tirera l'enfant. C'est alors que commence réellement l'accouchement :

In dem begund si zu gelegen nun :	Alors elle commença à accoucher :
Ain schönés kind kam hérous-gegangén.	Un bel enfant vint à sortir.
Pelukàn der must as ain hèb-am tun,	Pelukan devait jouer le rôle d'accoucheuse,
Dàs kind must er anpfàngén.	Il devait recevoir l'enfant.
Do géwan si ain schönén vainén sun	Elle reçut donc un fils, beau et bien fait,
Ain grósén, ain waidlichén, ain langén.	Grand, magnifique, long,
Si schrei' : « Öu wè, ich mus mèn géwinén	Elle cria : « Aïe, je dois encore enfanter
Mich ducht es štèkt mir nòch ainś dinén ! »	Je crois bien qu'il en reste un coincé à l'intérieur ! »
È si dàs wort hàt ous-gerèt	Avant même qu'elle eût fini sa phrase,
Do géwan si nòch ainén schönén knabén.	Elle accoucha encore d'un beau garçon.
BD, 443-444	

La situation est comique en elle-même et Lévita ne se prive pas d'en accentuer l'incongruité. Pelukan, personnage chimérique, se trouve obligé de jouer un rôle typiquement féminin (le mot « *hèb-am* » ne permet pas d'avoir de doutes sur le sexe). Les adjectifs qui viennent qualifier le premier-né produisent un effet comique, non plus parce qu'ils sont inadaptés, mais par leur accumulation. Le dernier (« *ain langén* ») produit une nette chute de registre. On pourra comparer cette naissance à celle de Wiene car une même série d'adjectifs vient qualifier la petite fille (*PW*, 23). Mais c'est surtout la surprise de la deuxième naissance, la façon prosaïque dont Drusiana la décrit (« *stèkt...dinén* »), et le fait qu'elle survient avant la fin de la phrase de la pauvre mère, qui fait tomber la scène dans le burlesque.

On trouve, chez Folengo, une solution à mi-chemin entre la description de la situation concrète d'accouchement et le caractère extraordinaire de la naissance d'un chevalier, lors de l'enfantement de Baldus (*B*, II, 435-475). Sa mère, Baldovina, est prise de douleurs alors qu'elle est toute seule dans la chaumière du paysan Bertus. Comme Drusiana, elle doit se passer du secours d'une accoucheuse : « *Non commater adest, solitum quae porgat aiuttum*[153] » (*B*, 443). Mais alors que la princesse recevait chez Lévita les consolations de l'homme-chien, Baldovina a beau appeler, nul ne l'entend sinon la chatte : « *At vocat indarnum, quia tantum gatta valebat / Respondere gnao sed non donare socorsum*[154]. » (*B*, 446-447).

Malgré le cadre prosaïque de la scène, Merlin Coccaïe souligne que cette naissance est particulièrement difficile car elle doit mettre au jour un homme extraordinaire. Suit alors, dans la plus pure tradition chevaleresque, l'énumération des attributs typiques du paladin, déformés comme il se doit par la langue macaronique : « *Nascitur hic robur finaliter omne prodezzae, / Flosque gaiardiae, Baldus, fulmenque bataiae, / Jus spadae, targhaeque vigor*[155] [...]. » (*B*, 453-457). La solennité de cette venue au monde du chevalier, accentuée par une longue série de métaphores ampoulées, ne permet qu'un court moment d'oublier le cadre domestique et rural de cette naissance. Baldovina se trouve moulue, après la naissance, « semblable à un vieux tonneau aux cercles déglingués » (« *sicut zerla vetus, discinctis undique circhis* ») et titubant, va faire chauffer une marmite d'eau avant de laver l'enfant et de le mettre dans

---

[153] « Il n'y a pas là d'accoucheuse, de celles qui portent secours d'habitude. »

[154] « Mais elle appelle en vain car il n'y avait là que la chatte / Qui était bonne à répondre « miaou » mais non pas à donner du secours. »

[155] « Nacquit alors finalement le rempart de la prouesse / La fleur de la gaillardise, Badlus, le foudre de bataille / La justice de l'épée, la force du bouclier [...] ».

ses langes. Baldus est, dès sa naissance, à la fois un héros d'épopée et un garnement du petit village de Cipada.

Si le preux chevalier se reconnaît à la prestance de son allure, il se signale également par la noblesse de son langage. Les insultes, plus ou moins grossières, sont depuis longtemps permises dans les *cantari* quand il s'agit d'abaisser quelque vil païen ou quelque traître, mais le chevalier doit s'exprimer avec courtoisie face à ses pairs et, à plus forte raison, face aux dames. Faire descendre les chevaliers et les princesses de leur hauteur, passe donc également par un abaissement intempestif de leur langage. C'est même là une des techniques distinctives du travestissement burlesque : Scarron fait s'exprimer Didon comme une harengère et décrit ses actions à l'avenant. L'effet produit est d'autant plus efficace qu'à la dégradation de la langue est associée une dégradation de la condition sociale. Dans l'un des moments du *Paris un Wiene* où Lévita laisse libre cours à sa fibre burlesque, le double abaissement, social et langagier, se présente de manière exemplaire.

Au terme d'un tournoi, les chevaliers se prennent de querelle sur la beauté respective des princesses. Le texte italien cite le nom des différentes prétendantes au titre de femme la plus gracieuse et le narrateur yiddish feint de ne pas se souvenir de tous ces noms (*PW*, 103). La querelle, dans la source, est présentée dans des termes nobles et compassés, sans recourir au discours direct : « *E procedendo questa rissa tra tanti nobili Cavallieri ciascuno desiderava di essere a la prova*[156] » (*PVit*, 19). Chez Lévita, au contraire, la querelle s'exprime au discours direct et de manière bien plus imagée :

> Un' šprachén : « Er sein mèn as drei'
> Do Wienés schönhait nit wurd an-raichén :
> Her Hansén töchtér un' andér löuts ön im
> Sein hüpschér in arsch as si untérm ponim ! »
>
> *PW*, 102

> Et ils dirent : « Il y en a plus de trois
> Avec qui la beauté de Vienne ne peut rivaliser :
> La fille du père Hans et celles de bien d'autres encore,
> Ont le cul plus joli que ne l'est son visage ! »

---

[156] « Et comme cette dispute se prolongeait entre tant de nobles Chevaliers, chacun désirait faire ses preuves par les armes. »

Par l'évocation du père Hans, nom emblématique des petites gens en Allemagne, et la grossièreté de la comparaison, la querelle des seigneurs se voit soudain transformée en une rixe de village. Mais c'est surtout toute une civilité, celle de la galanterie, qui exige des chevaliers de se porter garant de la prééminence de leurs dames l'épée à la main, qui se trouve réduite à néant par l'injure brutale faite à l'héroïne du roman. Tout cela dans un roman qui, par ailleurs, ne manque pas d'épisodes où la passion amoureuse est exprimée avec beaucoup d'élévation.

La chevalerie est avant tout une éthique, un ensemble de règles de conduite auxquelles ses membres s'astreignent : respect de l'adversaire au combat, défense du faible, service des dames. Le mot « *cavalleria* » n'est employé par l'Arioste que dans ce sens éthique. Pour le poète de l'*Orlando Furioso*, on manque à la chevalerie comme on manque à la morale. Le rôle des chevaliers, chez le poète ferrarais, consiste à lutter pour maintenir ces lois de chevalerie contre les menées de personnages malveillants, contre leurs propres passions, contre leurs propres folies. Pulci, en raison de son esprit provocateur, se plaisait au contraire à faire renverser toutes les valeurs chevaleresques à la fleur des chevaliers de France. Dans le *Morgante*, Rinaldo, qui vient de se faire exiler de la Cour de Charlemagne en raison d'une querelle, décide par vengeance de devenir bandit de grand chemin :

E poi diceva : – Caro cugin mio,	Et puis il disait : – Mon cher cousin,
So che tu m'ami, e pertanto m'ascolta :	Je sais que tu m'aimes, donc écoute-moi :
Io vo' che tutto il paese rubiamo	Je veux que nous volions tout le pays
E che di mascalzon vita tegnamo ;	Et que nous vivions une vie de fripouilles ;
E se san Pier trovassimo a camino,	Et si nous trouvions Saint-Pierre en chemin,
Che sia spogliato e messo a fil di spada ;	Qu'il soit dépouillé et passé au fil de l'épée !
e Ricciardetto ancor sia malandrino.	Et que Ricciardetto soit aussi malandrin.

M, XI, 19-20

On reconnaît le goût du poète florentin pour le détournement radical. Les vers de Pulci sont saturés de termes qui désignent les contraires les plus radicaux de la chevalerie (« *rubiamo* », « *mascalzon* », « *malandrino* ») mais c'est surtout l'image sacrilège du saint volé et dépouillé qui transforme les chevaliers de Charlemagne en véritables monstres et, par la même raison, désigne ces vers comme férocement comiques.

Lévita montre le même mépris amusé pour les règles éthiques de la chevalerie lorsqu'il réinterprète radicalement un moment important du *Buovo* italien : la vengeance du héros contre le traître Dudon. Du point de vue narratif, il s'agit d'éviter les 90 strophes qui décrivent la longue bataille de Pépin. Dans la source italienne, Buovo, déguisé en médecin, a réussi à s'introduire auprès de Dudon qu'il a lui-même blessé au combat. Il se fait reconnaître, mais le laisse fuir car celui-ci n'a pas les moyens de se défendre :

« Riguardo tua persona maledetta	« Je ménage ta personne maudite,
Perché tu sei ferito cosi forte	Parce que tu es si grièvement blessé
Che darti morte non me seria honore. »	Que cela ne me porterait pas honneur de te donner la mort. »
Dudon meglio che pote n'ando fore.	Dudon sortit le mieux qu'il put.
BDit, 554	

Le discours de Buovo s'appuie sur une règle élémentaire de la chevalerie : le combat doit avoir lieu entre deux adversaires de même force physique. Profiter de la faiblesse d'autrui est un déshonneur, et pour cette raison le chevalier tuera Dudon en combat régulier sur le champ de bataille lorsque celui-ci s'escrimera aux côtés de Pépin et des perfides *Maganzesi* (*BDit*, 645).

Cette circonstance ne gêne absolument pas Lévita. Il préfère au contraire expédier la vengeance avec une nonchalance affichée. Les vers dans lesquels le faux médecin se fait reconnaître au blessé sont proches de la source, Bovo rappelle à Dodon ses crimes passés mais il n'a aucun scrupule à le frapper malgré son état de grabataire :

« [...] dein rechtén lōn wil ich dir gebén »	« [...] Je veux te donner ta juste récompense ! »
Sein schwert waś er vlukś her-vōr-zukén	Il tira rapidement son épée,
Un ' héb den bóswicht zu klainén stükén.	Et coupa le vilain en petits morceaux.
BD, 578	

Les coups d'épée de Bovo expédient Dodon en enfer (en le coupant en petits morceaux, risque fréquemment couru par les chevaliers dans le *Bovo Dantōne*) et permettent à l'auteur de faire une coupe sèche de quatre-vingt-dix strophes dans sa source. On peut gager que le soulagement est aussi grand chez l'auteur que chez le personnage.

En ce qui concerne les lois de la chevalerie, Lévita semble donc faire preuve d'une indifférence qui confine à la parodie. Il conserve l'essentiel de la scène d'armement de Bovo par la main de Drusiana, même si cet épisode perd beaucoup de sa solennité : « *So wil ich dich harnèschén bis in di' zèn*[157] » (*BD*, 163). Il passe ainsi sous silence le discours que la jeune fille prononce dans la source italienne, véritable guide de conduite à l'attention du futur chevalier : « *Dissegli : in cotal modo debi fare / Sempre abassare il torto e villania / E la christianità debi inalciare*[158] » (*BDit*, 141). Il conserve le don de l'épée, Pomela, mais désigne sa puissance de la façon la plus prosaïque qui soit : « *Mit dem schwert het màn hòr gèschòrén / Un ' hèt getailt ain vadén*[159] » (*BD*, 167). Il mentionne de même le cheval enchanté (Rondela), décrit comme « *destrier fadato* » dans la source (*BDit*, 143), et qui a la particularité de ne se laisser monter que par des chevaliers nobles (« *di gran natione* »), mais le poète yiddish ne décèle dans la puissance extraordinaire du destrier qu'une forme de diablerie : « *Mit dem tòüvèl hàt màn eś tun banén*[160] » (*BD*, 167).

Pour autant, la scène n'est pas tout à fait grotesque, contrairement à ce qui se passe chez Pulci ou chez Folengo qui se livrent tous deux à de véritables parodies de scènes d'armement. Le premier prend plaisir à décrire la prise d'armes de son géant, dont l'équipement hétéroclite est l'un des signes distinctifs. Morgante ne peut monter sur un cheval car au premier essai, sa monture s'écrase sous son poids. En revanche, il se munit de son fameux battant de cloche et trouve un couvre-chef à son goût :

> *Un gran cappel d'acciaio usa trovare,*
> *Che rugginoso si dormia in un canto.*
> *Orlando, quando gliel vide provare,*
> *Disse : – Morgante, tu pari un bel fungo ;*
> *Ma il gambo a quel cappello è troppo lungo.*
>
> M, III, 9

> Il trouve alors un grand chapeau d'acier,
> Qui dormait, tout rouillé, dans un coin.
> Quand Orlando le vit l'essayer,
> Il dit : – Morgante, tu ressembles à un beau champignon
> Mais le pied est trop long pour pareil chapeau.

---

[157] « Je veux t'harnacher jusqu'aux dents. »
[158] « Elle lui dit : "tu dois agir ainsi / : toujours réprimer le tort et la villénie / Et tu dois élever la chrétienté". »
[159] « Avec l'épée, on aurait pu tondre des cheveux / Et diviser un fil. »
[160] « On l'a ensorcelé à l'aide du diable. »

L'aspect burlesque du géant est souligné par la comparaison plaisante d'Orlando qui n'est jamais en reste quand il s'agit de commenter les frasques de son compagnon. Il arrive que Lévita s'amuse aussi de l'armement de Bovo, mais seulement lorsqu'il s'agit d'un équipement de fortune. C'est ainsi qu'avant que Drusiana ne lui fournisse Pomela, il doit combattre Makabrun avec une simple barre : « *Eś war ain langér, schwerér, dikér rigél / un ' waś krump' un ' lam, un ' rouch as ain igél*[161] » (*BD*, 125). Il saisit là une suggestion de la source (« *una stanga fitta torta*[162] », *BDit*, 110) qu'il développe à l'aide d'une accumulation d'adjectifs sonores renforçant la vision d'une barre de bois presque animalisée. Le détournement n'est pas direct puisque Bovo n'est pas encore chevalier et qu'il combat avec des armes de fortune.

Au contraire, Folengo se place directement et explicitement dans la lignée de Pulci, lorsque la bande des compagnons de Baldus, accueillie par Merlin au moment d'aller combattre les sorcières, entre dans une grotte remplie d'armes célèbres. Le géant Fracassus hérite du battant de cloche de Morgante : « *Fracassus piat hunc, licto bastone, sonaium / cum quo campanas inferni rumpere sperat*[163] » (*B*, XXI, 280-281). Et tous les autres personnages héritent d'armes de guerriers célèbres anciens ou récents (Hector, Nemrod, Rodomonte) faisant de la compagnie hétéroclite de Baldus un aboutissement de siècles d'héroïsme épique. Il n'est pas jusqu'au bouffon Boccalo qui n'hérite de la dague de Margutte dans le but non de combattre les démons mais de décortiquer les anguilles et les grenouilles, qui pullulent en enfer et serviront de pitance à ce glouton invétéré.

Le modèle épique, même dévoyé, a laissé d'importantes marques chez Folengo, et la fin du *Morgante* consacrée à la bataille de Roncevaux montre qu'il n'était pas non plus totalement étranger au projet de Pulci. Cependant l'héroïsme auquel ces auteurs se réfèrent est une simple image d'Épinal : point d'admiration réelle pour la force des personnages, point de recherche du sublime dans ces poèmes. Les héros sont des matadors faillibles dans le *romanzo*

---

[161] « C'était une longue, lourde et grosse barre / qui était tordue, déformée et hirsute comme un hérisson. »

[162] « Une barre épaisse et tordue. »

[163] « Fracassus, ayant laissé son baton, prend le battant / avec lequel il espère sonner les cloches de l'enfer. »

cavalleresco : Rinaldo devient brigand chez Pulci, Baldus reste enfermé pendant près d'un tiers du poème, Orlando perd la raison et devient une bête sauvage chez l'Arioste.

Que reste-t-il alors de l'héroïsme des premières chansons de geste ? Une image de marque que Folengo désigne avec toute l'efficacité plaisante dont est capable le macaronique au moment où il s'apprête à aborder la grande bataille de Mantoue : « *Nunc stringare licet gaiardis carmina stringhis, / unde valenthomi celebranda est forza baronis, / quo non Haectorior, quo non Orlandior et quo / non tulit in spalla portas Sansonior alter*[164] » (*B*, XI, 18-21). Le héros grec, le héros du Moyen Âge, et le héros biblique sont ici présents dans la plus pure tradition médiévale, telle qu'elle a été incarnée par les *Neuf Preux*, qui consiste à convoquer les grands guerriers des temps passés pour soutenir l'idéal de la chevalerie. Mais l'humour avec lequel il a transformé ces noms propres en adjectifs comparatifs désigne automatiquement ces noms comme relevant du cliché. Dans la même veine, Folengo emploie ailleurs l'adverbe « *orlanditer*[165] » (*B*, XVI, 85).

Orlando est une figure figée de l'héroïsme : il n'existe plus pour lui-même, mais uniquement comme un condensé de traits caractéristiques, de clichés. Par la seule force déformatrice de la langue composite, ce qui aurait dû être noble devient au contraire risible. Il n'en demeure pas moins que le modèle épique reste très prégnant chez les auteurs italiens. Nous avons vu combien Folengo et l'Arioste étaient redevables au modèle virgilien.

Le poète yiddish ne revendique pas un tel héritage. Pour lui, l'héroïsme est un thème secondaire. Les combats de Bovo, comme de Paris, sont des combats individuels, où la ruse joue un rôle au moins aussi important que la force et où l'enjeu véritable est amoureux. Les comparaisons avec des héros célèbres sont conventionnelles et interchangeables et l'héroïsme, lui-même, semble bien fragile. Le *Boṿo Dantóne* présente, dans ses états successifs, une intéressante évolution des modèles héroïques depuis la source italienne, en passant par la version manuscrite du poème

---

[164] « Maintenant, [...] ma muse, il convient de lier mes chants de fils plus gaillards, / Là où je dois célébrer la force d'un baron / Face à qui nul n'est plus hectoresque, nul plus orlandesque / Et nul ne porta des portes sur ses épaules de façon plus samsonesque. »

[165] « Orlandement ».

yiddish, jusqu'à l'édition de 1541[166]. Dans le texte italien, Buovo se fait remarquer, comme il se doit, par les soldats de Terigi qui distinguent d'emblée sa prestance de chevalier. Terigi, impressionné, interroge l'aubergiste sur ce chevalier et prononce une série de comparaisons stéréotypées appartenant au répertoire des *canterini* :

« *Dimmi chi è questo nobile cavallieri*	« Dis-moi qui est ce noble chevalier
Che si mostra si pien di gagliardia ?	Qui se montre si plein de bravoure ?
Resuscitato mi pare Fioravante	Il me semble que voici ressuscité Fioravante,
Octavian che hebbe tanta balia	Octaviano qui eut tant de puissance
Over Hector con sue forze tante. »	Ou Hector, avec ses forces si grandes. »
BDit, 474	

Le *Buovo* fonctionne selon la logique stéréotypée que nous venons d'observer chez Folengo qui consiste à convoquer des héros de diverses provenances afin d'affirmer l'excellence du chevalier.

Lévita, et ses lecteurs, connaissaient également un certain nombre de chevaliers célèbres, mais le poète yiddish ne puise spontanément que dans la tradition du roman de chevalerie (la plus répandue), sans recourir à l'Antiquité, et encore moins à la Bible. Voici ce que cette liste est devenue dans l'édition yiddish de 1541 :

Ainér špràch : « *kain sòlchén man*	L'un d'eux dit : « Je n'ai pas vu
Hön ich gèsehén in làngén zeitén,	Un homme pareil depuis longtemps,
Freilich er muś sein ain gróśér han	Il doit être, ma foi, un grand preux
Mit fechten un` mit streitén	À l'escrime et au combat.
Ich hàlt eś sei widér ouf-gèstandén	J'ai l'impression que voici ressuscités
Ditrich vun Berén	Dietrich von Bern
Òdér Hildébrant di selbigén herén. »	Ou Hildebrand en personne. »
BD, 512	

Le manuscrit de Paris possède, à la place de Hildebrand, le nom de Rinaldo ce qui montre que ces références héroïques ont pour seul but de faire appel à la culture chevaleresque (d'origine italienne ou germanique) la plus répandue chez les lecteurs et de placer Bovo sous le signe de cet héroïsme stéréotypé. Voulant élargir le public de son roman à des Ashkénazes vivant hors d'Italie, Lévita a, tout naturellement, remplacé le héros italien par un héros germanique.

---

[166] Voir E. Timm 1991, p. 61-81.

Quelques strophes plus loin, il n'hésite pas à renverser radicalement cette image noble. On trouve, pour cet abaissement, une simple suggestion dans la source italienne puisque Terigi, fâché de la voracité de Buovo, dit à ses soldats qu'il le fera pendre si celui-ci ne se montre pas vaillant (*BDit*, 478). Élia Lévita donne à ce motif une plus grande importance car il s'agit pour lui de retrouver une image qui lui est chère, celle du héros-mendiant, et dans le même mouvement d'évoquer pour son héros (après l'Allemagne et la Hongrie) une origine typique de la diaspora ashkénaze :

Ich hàlt dás des dósigén bèstè kunst sei'	Je pense que le plus grand talent de celui-ci est
Štez zu v̄resén un' zu v̄ölén,	Sans cesse de bouffer et de s'emplir la panse,
Er éšt vol as vil as meinér drei'	Il mange trois fois plus que moi,
Ich hàlt in v̄ór ain schlechtén trólén !	Je le tiens pour un vilain drôle !
Ich hàlt dás er nurt v̄ór betlérei'	Je pense que c'est seulement pour mendier,
Un' v̄ór hungér sei kumén ous Pólén.	Et à cause de la faim, qu'il est venu de Pologne.

BD, 518

Voici donc l'homme qui ressemblait, six strophes plus haut, aux plus nobles des paladins transformé en mendiant polonais : figure familière aux lecteurs du *Bōvo Dantōnẹ* puisque certains membres des communautés juives polonaises venaient chercher subsistance dans les riches communautés italiennes, tel Gumprecht von Szczebrzeszyn, poète yiddish vénitien héritier de Lévita[167].

Lorsque Lévita se permet ainsi de rabaisser le chevalier, il le fait donc avant tout parce qu'il souhaite arracher le personnage à l'univers classique du *romanzo cavalleresco* pour l'inscrire de force dans l'univers de référence citadin et bourgeois qui est celui de ses lecteurs. Le fait que le décalage ainsi produit fasse rire correspond parfaitement à la création volontiers burlesque du poète. L'héroïsme conventionnel des romans de chevalerie est modifié chez Lévita, non pas en s'appropriant comiquement l'héritage des grandes fresques chevaleresques, comme c'est le cas dans certaines pages de Pulci ou de Folengo, mais par son goût du détail comique, du langage familier, et par son désir d'introduire dans le monde chevaleresque des traits de la vie domestique et de la morale coutumières des Juifs de l'époque. Il est pourtant une thématique qui lui inspire de réelles pages parodiques : c'est la thématique amoureuse. De façon révélatrice pour la diversité et la richesse de son

---

[167] Voir M. Stern 1922.

écriture, ce sont aussi les relations amoureuses qui inspirent ses pages les plus nobles et les plus lyriques. Dans les deux cas, sa source italienne se trouve profondément revue au point d'en être métamorphosée.

III.2.c. *La thématique amoureuse :*
entre érotisme bouffon et élévation lyrique

Les relations amoureuses se trouvent tout aussi stylisées dans le roman de chevalerie que les actions guerrières. Imprégnées de tradition courtoise médiévale et de pétrarquisme, la description des relations sentimentales entre hommes et femmes se fait selon des recettes bien établies que le *romanzo cavalleresco* de la Renaissance tourne fréquemment en dérision. Pulci, réagissant à sa source qui obéit platement aux conventions habituelles, fait percer dans les dialogues de ses chevaliers concernant les dames des pointes grivoises allant même jusqu'à résumer toute une nouvelle de Boccace en l'espace d'une octave[168] (*M*, XVI, 58). Toute rencontre amoureuse a donc tendance, chez lui, à inspirer des pointes aux chevaliers qui s'éloignent fort de l'idéal courtois.

C'est ainsi qu'Ulivieri, alors que les chevaliers se voient proposer la mission de sauver la princesse Fiorisena des dents d'une bête sauvage, s'exclame : « *"Questa non è" dicea "carne da darla / A divorare alla fera crudele, / Ma a qualche amante gentile e fedele*[169] " » (*M*, IV, 51). Et Rinaldo, qui se rend compte des sentiments de son compagnon et qui n'est pas non plus insensible aux charmes de la belle s'exclame : « *Ma parmi questo chiaro assai*

---

[168] Il s'agit là d'un de ces tours de force dont Pulci est coutumier. Orlando résume cette nouvelle à Ulivieri au moment où celui-ci se propose de tancer Rinaldo parce qu'il est tombé amoureux d'Antea. Comme Ulivieri a lui-même tendance à se pâmer devant la première princesse sarrasine venue, Orlando lui rappelle l'histoire de l'abbesse qui, voulant surprendre une nonne en compagnie de son amant, se coiffe, sous l'effet de la précipitation, des braies du prêtre avec qui elle couchait. La nonne qui devait être tancée, demandant à l'abbesse d'ajuster son voile, se voit tirée d'affaire (Boccaccio, *Decameron*, IX, 2). Toute la conversation qui tourne autour de l'*innamoramento* de Rinaldo est chargée de proverbes et de pointes comiques. Voir M. Davie 1998, p. 51-62 et *infra*, p. 464 pour une analyse plus complète du contexte de cette strophe.

[169] « Ce n'est pas là, disait-il, une viande que l'on doit donner / À dévorer à une bête cruelle / Mais à quelque amant gentil et fidèle. »

vedere, / *Che noi sarem due impronti a un tagliere*[170] » (*M*, IV, 55). La métaphore culinaire est l'une des plus courantes dans les détournements de la rhétorique amoureuse. Elle est également utilisée par Lévita lorsque son héroïne Drusiana organise un banquet où elle se fait servir par Bovo dont elle est tombée amoureuse. La source italienne est particulièrement loquace lorsqu'il s'agit d'accumuler les clichés concernant l'amour :

Drusiana per amor lassa il mangiare.	Drusiana, sous l'effet de l'amour, ne mange pas.
Tutta infiamata d'amoroso fuoco,	Toute enflammée d'un feu amoureux,
Pallida e rossa è fatta diventare	Elle est devenue pâle et rouge
D'amor sentendo dilettoso gioco.	En sentant de l'amour le jeu délicieux.

BDit, 99

Élia Lévita laisse de côté les longues descriptions du martyre amoureux, les spasmes et les transes décrites par Guidone Palladino, et aborde la situation nettement plus prosaïquement :

Drusïanę liś ūun Boōo nit ir ougen,	Drusiana ne quittait pas Bovo des yeux,
Den gànzen tisch aś si' kain biśén.	Pendant tout le repas, elle ne mangea pas un morceau.
Ir luśt kàm ir è lengér è véśtér,	Son désir devenait plus profond et plus fort,
Si het gern géhàt ain andéré muneśtér[171] *!*	Elle aurait bien goûté d'une autre soupe !

BD, 108

La rime entre le terme d'origine allemande et le terme d'origine italienne (*muneśtér* / *véśtér*) accentue ici l'effet de surprise et rend cette fin d'octave d'autant plus savoureuse.

L'innamoramento et la force des sentiments

Les situations amoureuses suivent des stéréotypes fortement ancrés. L'*innamoramento* se fait dès le premier regard, avant même que les amants aient pu échanger la moindre parole, et il occasionne des souffrances immédiates qui rendent faibles les

---

[170] « Mais une chose me paraît assez évidente / Que nous serons deux gloutons pour une assiette. »

[171] Lévita utilise ici, pour désigner la soupe le terme italien « *minestra* » sous une forme yiddish. C'est donc une expression idiomatique comprise uniquement par les Ashkénazes italiens et c'est, par conséquent, l'un des mots qu'il éclaire dans son glossaire à l'intention de ses lecteurs vivant hors d'Italie. Il est piquant de penser que, pour comprendre ses pointes, certains des premiers lecteurs de Lévita devaient vérifier le sens des mots à la fin de l'ouvrage.

plus fiers guerriers. Folengo rit de ce *topos* au début de son poème lorsqu'il décrit le premier regard que Guido porte sur Baldovina :

> *Iamque alzans vistam madamas voce salutat,*
> *Et Baldovinam simul improvistus adocchiat,*
> *atque incontratis occhis utrinque fogatis*
> *in trapolam cascat, scoccante Cupidine frizzam :*
> *cui tandem scaccus datus est ex tempore mattus.*
>
> B, I, 189-193

> Alors, levant les yeux, il salue ces dames à haute voix
> Et porte son regard, à l'improviste, sur Baldovina,
> Et les yeux, de part et d'autre, s'étant rencontrés et enflammés
> Il tombe dans le piège car Cupidon a décoché sa flèche :
> Et le voici enfin, en un instant, échec et mat.

La soudaineté du processus d'*innamoramento* est mimée par le troisième vers qui exprime de façon concentrée, grâce à la concision de l'ablatif absolu, la rencontre des regards et la flamme réciproque qui en naît. Le vers suivant débute au contraire par une expression italienne populaire (*cascare in trapola*) à peine recouverte par un vernis de déclinaison latine, engendrant un effet de contraste comique, accentué par la forme dialectale du mot « *frizzam* » (flèche) et par l'image du jeu d'échec. L'humour se glisse jusque dans la syntaxe du macaronique puisque Folengo exploite la souplesse du latin pour séparer des termes naturellement inséparables : « échec » et « mat » (ce qui laisse entendre, par un jeu de mot, sous le terme « *mattus* » l'italien « *matto* » : fou).

Le *Buovo* italien présente l'*innamoramento* de Drusiana avec une verve involontairement caricaturale. La pauvre jeune fille, qui observe de sa fenêtre le jeune homme montant à cheval (la situation est canonique), sait aussitôt qu'elle est touchée : « *Chi ha provato amor ben certo sallo / E gli occhi con suo ochio riscontrava / Come lo vide ne fu inamorata*[172] » (*BDit*, 85). La convention se désigne ici elle-même, faisant de l'amour non pas un processus de découverte mais un processus de reconnaissance. Il s'en suit six longues octaves de plaintes amoureuses dans lesquelles

---

[172] « Celui qui a connu l'amour le reconnaît à coup sûr. / Ses yeux rencontrèrent les siens : / Aussitôt qu'elle le vit, elle en fut amoureuse. »

Drusiana interpelle l'Amour dans les termes les plus attendus : « [...] *oime tu mai ferito amore ! / Oime che sento già al cor pena dura ! / La tua saetta mi trapassa il core*[173] » (*BDit*, 86-91).

De ces effusions sentimentalo-mythologiques, Lévita n'a que faire et réduit donc la plainte de Drusiana à une seule strophe beaucoup plus sobre (*BD*, 101). Surtout, il s'arrange pour parsemer la description des peines amoureuses de la princesse de remarques burlesques, toujours bien mises en évidence dans les couplets de fin d'octave. La première exclamation de la princesse, après avoir porté son regard sur le beau jeune homme se distingue par son caractère oral et populaire : « *Òdér ich muś da-hin-ab v̄um venśtér plazén : / Mein leb-tàg sàch ich kain hupschérén régazén*[174] ! » (*BD*, 100). Ici, à nouveau, la rime sonore entre le terme d'origine allemande et le terme d'origine italienne (*regazen* < it. *ragazzo*) souligne l'effet de pointe. Tout est fait pour ôter à cette exclamation le moindre soupçon de noblesse : le caractère burlesque du serment, l'aspect direct et peu pudique de l'affirmation adressée à ses dames de compagnie, et bien sûr le rappel de la condition sociale actuelle de Bovo (que Drusiana prend bien soin d'occulter dans la source).

Un peu plus loin, c'est le narrateur qui reprend à son compte l'image employée par la princesse afin de qualifier l'intensité du désir de celle-ci, transformant la menace irréelle en désir bien concret : « *Ir herz dàs brent ir nòch dem jungén / Si wer gern her-ab zu im gèśprungén*[175] » (*BD*, 102). Le désir hyperbolique, tel qu'il est décrit traditionnellement en termes abstraits et métaphoriques, se trouve ici systématiquement illustré par des gestes physiques exagérés et irréalisables qui transforment la princesse en pantin amoureux.

L'autre source italienne de Lévita, le *Paris e Vienna*, tombe dans l'excès inverse lorsqu'il s'agit de présenter l'*innamoramento* du héros principal. Comme dans le *Buovo d'Antona*, l'amour du personnage débouche sur une longue et cruelle langueur, entraîne

---

[173] « Hélas tu m'as blessé, amour ! / Hélas, je ressens, dans mon cœur, une dure peine ! / Ta flèche me traverse le cœur. »

[174] « Que je me précipite avec fracas du haut de la fenêtre / Si ce n'est pas le plus beau garçon d'écurie que j'aie vu de ma vie ! »

[175] « Son cœur brûle pour le jeune homme : / Elle aurait volontiers sauté par la fenêtre. »

bien des plaintes et des lamentations, et ne trouvera de résolution qu'en toute fin de narration par un mariage. Comme dans l'autre roman, l'amoureux n'a pas échangé la moindre parole avec l'objet de sa passion et souffre du seul fait de l'avoir vu. Mais contrairement au cas précédent, cet acte fondateur du récit est traité sans grands effets par l'auteur italien, comme en passant. Il semble être une simple exigence préalable à la narration, ce qui le désigne également, mais par un chemin inverse, comme une convention : « [...] *ma Paris non avea portato amore a donna del mondo salvo che uno anno avea donato il suo amore a Vienna figliuola del Signor Dolfino, e a lui gli pareva che de hora in hora crescesse più il suo amore*[176] » (*PVit*, 3). Que l'amour fondateur de toute la narration soit présenté dans une simple proposition concessive montre assez qu'il s'agit là d'un épisode considéré comme réalisé d'avance dans un roman courtois (tout jeune seigneur *doit* donner son amour à une dame, et de préférence en début de récit).

Lévita, que cette convention n'intéresse guère, choisit au contraire de souligner la survenue de la passion avec une expression gentiment ironique et propose une évocation rapide, mais concrète, de l'état fébrile de Paris :

Nun kam Pàris dem êdlén gröv	Il arriva à Paris, le noble comte,
Ain liplich laidlich štük zu handén :	Soudainement une aimable redoutable affaire.
Óft sach er Wiene̹ bei dem künig sizén,	Il voyait souvent Vienne, assise auprès du roi,
Dárṽun bégan imś herz ser zu dér hizén.	Et son cœur commença alors à s'échauffer.
Er ging hinöüf zu-weilénś vir	Il montait quelque fois jusque quatre
Mól, das erś süśt untér-wegén het gélöśén,	Fois, alors qu'il aurait autrement négligé de le faire,
Un' gab ain plik un' gab ain kwir.	Et lançait un coup d'œil, et lançait un regard.

PW, 41

Le fait même de l'*innamoramento* est désigné par une expression populaire, mais raffinée par l'usage d'un oxymore allitératif : « *ain liplich laidlich štük* » (« une aimable redoutable affaire ») concentrant efficacement l'aspect contradictoire des sentiments de l'amant. Ce cœur qui « s'échauffe » présente une métaphore moins noble que celle des habituelles flammes de l'amour.

---

[176] « [...] mais Paris n'avait donné son amour à personne sinon qu'une année il avait donné son amour à Vienne la fille du Seigneur Dauphin, et il lui paraissait que d'heure en heure croissait son amour. »

La petite saynète (totalement absente de la source) présentée au début de l'octave suivante, et qui décrit Paris en train de monter et de remonter chez le roi pour observer à la dérobée son aimée (remarquer l'enjambement « *vir/mòl* » qui souligne l'effort et la transgression) transforme cet *innamoramento* en une aventure concrète et vivante.

Lorsqu'il traite de l'amour, dans le *Paris un Wiene*, Lévita semble plutôt s'orienter sur le modèle esthétique de l'Arioste : il porte un regard chargé d'une ironie amusée sur les aventures et mésaventures de ses personnages, tout en jouant avec son lecteur, mais l'amour n'en reste pas moins le sujet essentiel de ce roman et atteint même un haut degré d'idéalisation. Le rire de Lévita, dans ce roman, ne descend plus qu'assez rarement jusqu'au burlesque. On compte seulement une douzaine de cas où le comique procède véritablement du bas matériel, comme lors de la querelle, citée plus haut, des seigneurs concernant la beauté des dames. Dans le reste de la narration, Lévita semble influencé par le principe auquel obéissait l'Arioste : « *basso ma non troppo* [177] ». Il se contente souvent d'un sourire entendu.

Mais le tempérament burlesque de l'auteur le pousse à quelques saillies remarquables. C'est ainsi qu'ayant décrit la fuite de Vienne et de Paris à travers vent et pluie, le narrateur fait arriver les héros chez un prêtre, qu'il ne se prive pas, dans la grande tradition des nouvelles italiennes, de présenter comme un bon buveur. La source italienne décrit l'organisation du couchage des protagonistes pour la nuit dans les termes suivants (*PVit*, 72) : « *Venuta la notte volse Paris per suo honore e per portar più reverentia a Viena star fuori e dormir col capellano* [178] ». Le poète yiddish rapporte cet arrangement vertueux mais il met sévèrement en doute la crédibilité de sa source :

Dàś buch, dàś špricht, wi' er es tet –	Le livre raconte qu'il fit cela –
Ain mamser wer im drum wil glabén !	C'est un bâtard, celui qui le croirait !
Ich wolt mir es nit selbért getröü'én	Moi-même je ne veux pas y porter foi,
Un' tet erś den, sò mòcht es in gèröü'én.	Et s'il le fit vraiment, ils durent bien
PW, 336	le regretter.

---

[177] « Bas mais pas trop ».

[178] « La nuit venue, Paris voulut, pour son honneur, et pour montrer plus de révérence à Vienne, aller à l'extérieur et dormir avec le chapelain. »

L'intervention du narrateur sous forme d'insulte familière au lecteur trop crédule appartient bien au registre burlesque. Le reste de la citation, et la posture du narrateur relève plutôt de cette nouvelle esthétique ariostéenne, faite d'allusions s'appuyant sur une forme de détachement moral que Lévita a en partie emprunté à son modèle.

L'attitude, quelque peu libertine, que sous-entend l'affirmation selon laquelle Paris aurait été bien imbécile de ne pas profiter de cette première nuit passée en compagnie de Vienne, est une posture que le narrateur de l'*Orlando Furioso* adopte à maintes reprises. On peut rappeler, comme exemple frappant, la façon dont le poète italien évoque le comportement de Ruggiero après que le chevalier, monté sur l'hippogriffe, a sauvé la pauvre Angelica, attachée nue sur un rocher, pour servir de pâture à un monstre marin :

Qual ragion fia che 'l buon Ruggier raffrene,	Quelle raison aurait pu retenir le bon Ruggiero,
Si che non voglia ora pigliar diletto	Pour qu'il ne veuille pas à présent prendre plaisir,
D'Angelica gentil che nuda tiene	D'Angelica qu'il tient toute nue
Nel solitario e commodo boschetto ?	Dans ce petit bois solitaire et commode ?
Di Bradamante più non gli soviene,	Il ne se souvient plus de Bradamante
Che tanto aver solea fissa nel petto :	Qui lui était jadis si ancrée dans le cœur :
E se gli ne sovien pur come prima,	Et même s'il s'en souvient autant qu'autrefois,
Pazzo è se questa ancor non prezza e stima.	Il serait bien fou de ne pas encore apprécier et estimer celle-là.
OF, XI, 2	

Pour comprendre à quel point l'indifférence bienveillante affichée par l'Arioste à l'égard des frasques de son personnage n'allait pas de soi, il faut se rappeler que le mariage de Ruggiero et de Bradamante est défini comme point de mire de tout le poème, que de ces deux héros doivent naître les membres de la famille d'Este dont ils représentent la glorieuse ascendance. La question rhétorique qui débute la strophe et l'énumération des circonstances favorables (*nuda, solitario, commodo*) font déjà beaucoup pour asseoir le droit du chevalier à profiter de la belle. Le poète semble ensuite écarter la raison principale qui aurait pu servir de frein au chevalier déchaîné : le souvenir de sa promise, à qui il a juré, dès Boiardo, de consacrer son amour. Mais dans un mouvement typiquement ariostéen, il affirme ensuite que cette raison n'en est pas une, et que même s'il se souvenait de Bradamante, il aurait été bien fou de ne pas profiter d'Angelica. L'Arioste traite donc de fou l'amant vertueux, et Lévita de bâtard le lecteur qui croit en la vertu du personnage : les postures des deux poètes sont celles d'hédonistes rieurs.

Le *Bovo Dantone* ne se contente jamais de ce type d'allusions et n'hésite pas à recourir au burlesque le plus franc. Pour saisir jusqu'où va la liberté de Lévita dans son premier roman, il faut considérer de plus près la verve comique qu'il déploie en traitant de l'amour, et cette tendance profonde sera confirmée par l'étude de ses satires. Le *Buovo* italien s'efforce de maintenir un sentiment de décence en cherchant à justifier le comportement, pourtant peu pudique, de la princesse Drusiana par le caractère impitoyable de son amour qui, s'il n'obtenait satisfaction, la conduirait à la mort. À nouveau, les plaintes désespérées adressées à l'Amour, divinité cruelle, se multiplient. La princesse descend retrouver Buovo à l'écurie, et après bien des résistances du jeune homme, obtient qu'il se laisse embrasser :

E ella stretto lo corse abbraciare	Et elle courut l'embrasser fortement,
Dicendo « amor, perche mi fai morire ? »	Disant : « Amour, pourquoi me fais-tu mourir ? »
Il suo viso d'amor getta faville	Son visage jette des étincelles d'amour
E poi le basia delle volte mille.	Puis, elle le baise mille fois.
Diceva : « amor, crudel, spietato e fello	Elle disait : « Amour, cruel, impitoyable et félon,
Che m'hai condotta a cosi fatto porto ?	Pourquoi m'as-tu conduit à une telle situation ?
Tu m'hai ferito amor col tuo coltello [...] ».	Tu m'as frappé le cœur avec ton couteau [...] ».

BDit, 122-123

La lamentation amoureuse, bien ancrée dans la tradition poétique médiévale depuis les troubadours et les poètes du *dolce stil novo*, est ici utilisée sans le moindre raffinement : il s'agit d'effacer l'expression du désir dans une rhétorique figée, masquant l'érotisme derrière la violence de blessures occasionnées par une divinité abstraite. Cette image de la blessure amoureuse est directement parodiée par Folengo, lorsqu'il fait décrire par Cingar, les sentiments (fictifs) de Berta pour Tognazzus (*B*, VII, 50-52) : « *Non tantos crevellus habet fundamine busos / nec quae formaium grattat grattucchia matellum / quantos illa suo fert pro te in ventre forato*[179]. » On voit que la parodie de Folengo recourt dans ces vers, comme souvent, à la rhétorique habituelle du genre, tout en se référant à des instruments de la réalité campagnarde dans laquelle sont plongés les personnages.

---

[179] « Le fond de la passoire n'a pas autant de trous / Ni la râpe qui permet de râper le fromage dur / qu'elle n'a le ventre percé pour toi. »

Chez Lévita, il ne reste plus rien de ces images à caractère mytho-logique, de ces métaphores stéréotypées, de cette accumulation de plaintes larmoyantes. C'est peut-être le passage du roman où l'adaptation s'oppose le plus radicalement à sa source : un tel degré de réécriture suppose nécessairement une intention parodique de la part de l'auteur yiddish, mais la parodie ne s'appuie pas sur une connaissance étroite de la tradition (que Lévita possédait mais qu'il ne supposait pas chez ses lecteurs). Elle procède à un renversement radical du texte de sorte qu'il est impossible que les lecteurs du poème yiddish, même s'ils ignoraient tout du *Buovo* italien, ou de la tradition de la plainte amoureuse, n'aient pas perçu à quel point le poème de Lévita s'éloigne des attendus de ce type de littérature. La scène de l'amante transie se transforme en une gigantesque farce où l'esprit de détournement atteint son plus haut degré :

> « *Du brèchśt main herz asò ganz zu stukén,*
> *Bin ich dòch nit asò schöuzlich,*
> *Hòn ich dòch do zwai vainér zöuzlich ! »*
>
> *Hérous zòch si' ir zwén schnèweiśé tutén*
> *Un' śpràch : « sein dàś biśén ous-zu-schlagén ? »*
> *Vòr gèlèchtér wolt si sich ousschutén.*
> *Si śpràch : « Wi' kanśtu eś den vòr-sàgén ? »*
> *Boṽo tet eś zu-mòl nit kròtén :*
> *Untér-schlug er sein zwai ougen.*
> *Er mòcht si' vòr-schandén nit an-sehén*
> *Abér wi winzig wer eś Elia Boḥur gèschehèn !*
>
> BD, 135-136

> « Tu me brises le cœur en petits morceaux
> Je ne suis pourtant pas si repoussante,
> C'est que je possède une paire de jolis tétons ! »
>
> Elle sortit ses deux seins blancs comme neige
> Et dit : « Est-ce que ce sont là des morceaux qu'on peut rejeter ? »
> Elle voulut éclater de rire.
> Et dit : « Comment peux-tu donc refuser cela ? »
> Bovo pourtant n'y fit guère attention :
> Il baissa ses deux yeux.
> Il ne pouvait pas regarder tant il avait honte,
> Ah, comme cela ne serait pas arrivé à Élia Lévita !

On assiste ici à un enchaînement de plaisanteries où le geste accompagne la parole. L'alternance rapide entre les mots et les actions vise à une augmentation du rythme : le personnage a un comportement de plus en plus incontrôlé, mécanisé. Si la forme de la plainte amoureuse est dans un premier temps conservée, c'est pour mieux la voir interrompue par une affirmation joyeuse du corps féminin. Ce qui n'était dans la source qu'une série d'images stéréotypées, transformant le désir en une fatalité désincarnée, devient chez le poète yiddish un dévoilement comique de l'érotisme. Les mots familiers désignant la poitrine sont deux fois placés à la rime, en fin et en début d'octave et Drusiana emploie elle-même la métaphore culinaire (« *bišén* »).

Toute cette scène est, sans interruption, placée sous le signe du rire : burlesque des seins dévoilés impudiquement et désignés comme des morceaux de viande, éclats de rire du personnage qui renversent radicalement le caractère désespéré de la demande amoureuse, et bien sûr, mention finale de l'auteur à la troisième personne qui entre sur scène à la place du héros afin de profiter du spectacle érotique dont son personnage ne sait pas jouir. Cette étonnante métalepse, selon la terminologie de G. Genette, cette traversée du rideau par l'auteur, n'est que la conséquence extrême d'un récit qui se plaît à dévoiler ses propres fils[180]. Le rire de Drusiana n'est pas ici convoqué par la situation : elle est, dans cette scène, à la fois actrice et spectatrice, elle s'amuse du rôle que le poète lui fait jouer et des mots qu'il met dans sa bouche. L'entrée en scène d'Élia Lévita n'est plus après cela, qu'une rupture supplémentaire de l'illusion narrative, et son introduction dans une posture libertine fait de l'auteur une figure située, par l'humour, au-dessus des règles de la morale : plus qu'une parodie, la réécriture est ici un prétexte à l'affirmation d'une liberté individuelle par le rire et une incarnation de l'auteur sous un masque bouffon.

Amour et sexualité

Certains parmi les premiers commentateurs de Lévita ont été embarrassés par le traitement que le poète réserve à la sexualité, thème pourtant constant dans son œuvre et dans l'ancienne tradition satirique italienne, allemande et même hébraïque. Nous aurons l'occasion de voir en quoi Lévita peut être associé à des formes d'écriture telles que les *Fastnachtspielen* allemands

---

[180] G. Genette 1982, p. 243-246.

où la transgression des tabous liés à la sexualité joue un rôle absolument central. Judah A. Joffe, l'éditeur du *Boṽo Dantonẹ*, tout
en se défendant de vouloir blanchir le poète, déploie beaucoup
d'énergie pour montrer qu'il n'y avait, dans son traitement des
thèmes érotiques, rien de particulièrement grivois[181]. Il affirme
notamment : « *I can assure the readers that the description of the
culminating love-scene in the Italian prototype* [...] [*is*] *truly and
prosaically coarse and matter-of-fact in comparison with the passage
in* Bovobuch[182] [...] » Cette analyse est intéressante en ce qu'elle
révèle davantage l'embarras du critique qu'une lecture attentive
des deux textes. En effet, en décrivant la scène d'amour entre
Buovo et Drusiana, le poème italien est, comme souvent, schématique et maladroit mais il n'est certainement pas grossier :

E quivi il matrimonio hebbeno a usare	Et là, ils consommèrent le mariage
L'un con l'altro con grande dolzore.	L'un avec l'autre avec grande douceur
Con l'arme in dosso Buovo naturale	Avec ses armes sur le dos, le noble Buovo
Dua volte il fece e non si fece male.	Le fit deux fois sans se faire mal.
De dua fanzulli Drusiana bella	De deux enfants, la belle Drusiana tomba enceinte,
Ingravido che fun pien di belleze.	Lesquels furent pleins de beauté.
De loro a tempo il libro favella	D'eux le livre parle en son temps
Peroche ferno di molte prodezze	Car ils furent de très preux chevaliers.
Guidon per nome l'un di lor s'apella	L'un, de son nom, s'appelle Guidon
E l'altro Sinibaldo. D'adorneze	Et l'autre Sinibald. Tous deux
Ciascun di lor di gagliardia fu fonte :	Furent source de grâce et de gaillardise :
Questi refen la ca di Chiaramonte. »	Ils reconstituèrent la maison de Chiaramonte.

BDit, 279-280

Nous retrouvons, cette fois dès le moment de leur conception, le
rôle des deux futurs héros dans le cycle chevaleresque, preuve s'il
en était besoin que le destin des paladins s'écrit dès la matrice : la
grossesse de la princesse n'a de sens que parce qu'il en provien-
dra les sauveurs de Chiaramonte (la famille de Buovo, comme de
Rinaldo, dans le cycle carolingien). La scène sexuelle ne peut donc
être décrite que comme parfaitement mécanique, écrite maladroitement dans une syntaxe contournée (contre-rejet d'*adorneze*).

---

[181] J. A. Joffe, introduction au *Bovo*, 1949, p. 14-15.
[182] *Ibid.*, p. 14 : « Je peux assurer les lecteurs que la description de la scène
de culmination amoureuse dans le prototype italien est réellement et platement
grossière et prosaïque en comparaison du passage dans le *Bovobuch* ».

Il ne faut pas se méprendre sur le sens du vers « *Due volte il fece e non si fece male* ». Il ne saurait y avoir ici d'intention grivoise mais bien une naïveté sur le processus de conception : il est évident que le *canterino* est persuadé que, pour faire naître des jumeaux, il faut faire l'amour deux fois de suite. Ce qu'un lecteur moderne pourrait prendre comme une allusion lascive à la vigueur sexuelle du héros, n'est en réalité qu'une illustration de sa force chevaleresque : il se montre aussi vaillant dans le combat amoureux que sur le champ de bataille. Le fait même que Buovo ait gardé son armure ne vise pas, comme on pourrait le croire, à faire saisir l'urgence du désir mais bien à renforcer l'impression qu'il s'agit là d'un héros guerrier qui engendre deux autres héros guerriers, dans la logique cyclique presque infinie des héritages et des vengeances qui forment la trame narrative de la matière de France en Italie.

Dans son adaptation de ce passage, Élia Lévita montre au contraire, à nouveau, une véritable verve dans l'érotisme comique et il établit, une fois de plus, une interaction complice avec son lecteur :

Dàr-nòch hub sich di vraid erśt al :	C'est alors que commença tout à fait la joie,
Boṽo der tet wàś er hàt zu schikén.	Bovo fit ce qu'il avait à faire.
Drusìane schrei' as ain dib' in śtàl,	Drusiana criait comme un voleur dans l'étable
Ach durft er si in kàmp' nit pikén	Aussi n'avait-il pas besoin de la piquer sur la crête,
Wen si' wàś im zu-mòl nit ous-weichén.	Car elle ne cherchait certes pas à l'éviter.
Wàś si dran gewanén dàś sòltu an di zèn	Qu'est-ce qu'ils y ont gagné ? Crache toi-même
streichén.	le morceau [183] !

BD, 350

On voit que la scène amoureuse n'est pas en soi l'objet d'une description mais bien plutôt un prétexte pour déployer une habileté linguistique et une joie dans l'enchaînement d'expressions

---

[183] Nous avons traduit ces proverbes en essayant de ne pas trop nous éloigner du sens littéral. Pour une explication linguistique plus précise, nous renvoyons à Rosenzweig (2007, p. 323). Certains proverbes restent d'interprétation difficile. Si le sens de « *schrei'én wi ain dib' in śtàl* » est clair (crier très fort), il n'est pas facile de définir à partir de quelle référence elle a été construite. L'expression apparaît aussi dans le *Śeder nošim*, dans une circonstance tout à fait comparable. « *In kamp' pikén* », renvoie à l'attitude du coq en rut lorsqu'il poursuit la poule. « *An di zèn streichén* », expression elle aussi difficile à traduire, peut éventuellement être rendue par l'expression moderne « cracher le morceau ».

idiomatiques. L'orgasme est beaucoup plus verbal que visuel. Lévita enchaîne en cascade les proverbes et les expressions imagées (nous les soulignons dans la citation). Que tous ces proverbes renvoient au domaine du corps et de l'animalité n'est pas un hasard : la sexualité est bel et bien ramenée à ce qu'elle a de plus naturel, des gestes vifs, des cris, et un engendrement dont Lévita délègue la révélation au lecteur, s'éloignant radicalement de sa source qui, nous l'avons vu, se livre à un effet d'annonce aussi solennel que stéréotypé. L'engendrement n'apparaît plus que comme une conséquence involontaire, et gênante (« *dran gĕwanén* »), des ébats amoureux. Les chevaliers ne font plus figure, comme dans une vulgaire relation adultérine, que de rejetons accidentels, bien loin des héros aux destins glorieux de la tradition.

Ce même type d'écriture avait déjà été déployé au début du roman pour décrire la conception de Bovo : « *Si' wermt in mit gutén mŏdén. / Ich kan öuch nit mèn gèsagén, / dem schimpf' brach ous der bŏdén : / Di' schŏn Brandŏniĕ di w'ur trăgén*[184] » (*BD*, 7). Là encore Lévita utilise les ressources d'une langue populaire et imagée. Dans la source, il était précisé, que Brandonia avait enfanté « [...] *sí nobil schiatta / [...] / Ch'ebbe nel'arme la dextra molto atta*[185] » (*BDit*, 4). C'est là une remarque qu'on chercherait en vain dans l'adaptation yiddish. Au lieu de cela, l'arrivée de Bovo est présentée comme une sorte de catastrophe liée à une mauvaise plaisanterie[186]. Bien sûr l'image du fond percé revêt une connotation particulière quand il est question de la naissance d'un enfant. L'image apparaît d'autant plus décalée que la strophe suivante relate la joie du père devant le nouveau-né. Elle ne devient compréhensible, si l'on ne veut pas la lire que comme un cliché

---

[184] « Elle le réchauffe avec de bonnes méthodes. / Je ne peux pas vous en raconter plus, / Ce fut la fin des plaisanteries : / La belle Brandonia devint enceinte. »

[185] « [...] Une si noble engeance / [...] / Qui eut, dans les armes, la dextre fort habile. »

[186] L'expression « *dem schimpf' brach ous der bŏdén* », peut être traduite à peu près : « en raison de cette plaisanterie, le fond du tonneau se perça ». On peut rappeler l'explication citée par *DWB*, art. *boden*, 2 : « *Ein gefäsz, ein sack, welchen der* boden *fehlt, sind unbrauchbar, die redensart* dem fasz ist der boden aus *bezeichnet heftig, mit gewalt ausbrechendes oder zu ende gegangenes* » (« un récipient, un sac, dont il manque le fond est inutilisable. L'expression "le tonneau n'a plus de fond" décrit une chose qui survient ou qui se termine brutalement, avec violence »).

volontairement plaqué sur le récit, que si l'on prend en compte les traitements funestes que cette mère ingrate fera subir à Bovo. Il n'y a pas, dans ces scènes, de vulgarité : elles permettent plutôt à l'auteur de dévoiler toute sa science parémiologique. La fête des corps se transforme en fête du langage.

Même si ses principes esthétiques y sont autres, Lévita n'a pas entièrement renoncé, dans le *Paris un Wiene*, à cette forme de liberté qui s'appuie sur l'évocation de la sexualité. L'influence de l'Arioste, qui n'était pas, comme on l'a vu, beaucoup plus prude que le poète yiddish, même s'il ne recourait pas à un langage si direct, ne pouvait que le confirmer dans cette tendance. Le poète ferrarais se plaît à souligner les scènes érotiques par des réflexions sur son rôle de narrateur. Ayant fait succomber Ruggier aux charmes dangereux de la sorcière Alcina, l'Arioste reprend à son compte une plaisanterie faite par Boiardo lorsque celui-ci racontait les amours de Brandimarte et de Fiordispina (*OI*, I, XIX, 61). Le narrateur feint de céder la parole aux personnages pour qu'ils racontent eux-mêmes le plaisir qu'ils tirent de leur nuit d'amour : « *Del gran piacer ch'avean, lor dicer tocca ; / che spesso avean più d'una lingua in bocca*[187] » (*OF*, VII, 29). Toute l'efficacité de la pointe tient ici à la confusion entre la langue comme emblème métonymique de l'éloquence et la langue comme organe des jeux érotiques. Dans le même temps, le poète souligne une ellipse : il ne racontera pas lui-même ce plaisir car il ne possède pas l'avantage (supposé) de ses personnages, n'ayant qu'une langue dans la bouche. Où l'on voit que pour des poètes comme l'Arioste ou Lévita, la liberté érotique qu'ils mettent en scène dans leurs poèmes n'est bien sûr pas le reflet d'un quelconque libertinage.

Ce serait un contresens que de les percevoir comme des Casanova du XVIᵉ siècle. Elle est bien plutôt à l'image de la liberté

---

[187] « C'est à eux de raconter le grand plaisir qu'ils prenaient / Car ils avaient souvent plus d'une langue dans la bouche. » La citation de Boiardo est la suivante : « *Lor lo dican per me, poi che a lor tocca, / Che ciascaduno avea due lingue in bocca* » (« Qu'ils le disent à ma place, puisque cela les concerne, / Car chacun avait deux langues dans la bouche ») (*OI*, I, XIX, 61). À propos de ce passage, et de sa reprise, voir l'intéressante réflexion de G. Sangirardi 1993 (p. 77-79) qui montre la façon dont l'image a été employée par plusieurs continuateurs de Boiardo sans que ceux-ci comprennent nécessairement la saveur de la plaisanterie.

narrative : le conteur joue avec ses personnages et avec leurs désirs, débarassés de tout sentiment de honte ou de condamnation. C'est un trait typique de la Renaissance et qui ne s'est sans doute pas reproduit dans la société occidentale à un tel degré depuis lors. Dans le même temps, il joue avec son lecteur en transgressant les normes de pudeur et de morale établies, d'une façon plus ou moins voilée et sophistiquée pour l'Arioste, d'une façon plus directe pour Lévita qui cultive une esthétique du renversement et un langage populaire, coloré, et riche.

Le narrateur du *Paris un Wiene*, arrivé au terme de son roman, et ayant enfin réuni les deux amants, se reproche d'avoir presque oublié d'évoquer leur nuit de noces : « *Ich bin deś schreibén asó sat / Dáś ich schir het dáś beśt vŏr-geśén / Ich mus nun schreibén nŏch ain blat / V̄un Wien̄e cale un' ir ḥessen*[188] » (*PW*, 704). Il y a bien sûr de la coquetterie dans cette affectation de fatigue car la scène n'est pas présente dans la source et, de fait, l'auteur ne se presse pas particulièrement d'arriver au terme de son ouvrage puisqu'il va se lancer, quelques strophes plus tard, dans une assez longue satire des femmes et du mariage. Lévita crée ainsi un effet d'attente. Cette « page » qu'il doit encore écrire, et qui est la « meilleure », trouve son incarnation dans l'octave 705 où l'on observe le mélange d'humour et d'érotisme si caractéristique du poète. Comme toujours dans ces scènes, la voix du narrateur devient très perceptible, et l'originalité de la strophe est d'emblée visible, au niveau linguistique, par la multiplication des hébraïsmes que nous soulignons :

Her gŏt, wi' war in das ain vraid	Mon Dieu, comme c'était peur eux une joie !
Wi' war in di' kamér ain ŏśer !	Comme la chambre était pour eux une richesse !
Kain šŏmer durft di' édél maid	La noble jeune fille n'avait pas besoin de gardien :
Dáś maśel wolt, dáś si' was cŏśer	La chance avait voulu qu'elle fût cachère
Si' légtén sich ŏt alé baid,	Ils s'allongèrent là tous les deux,
Un' sŏl ich ŏuch sagén den jŏśer –	Et si je dois vous le dire tout honnêtement :
Si traibén sogàr vil der géberdén	Ils firent même beaucoup de mouvements
Im bet do si' lagén di' bulér werdén.	Dans le lit où ils couchaient, les nobles amants.

PW, 705

---

[188] « Je suis si fatigué d'écrire / que j'ai presque oublié le meilleur / Je dois encore écrire une page / Sur la fiancée Vienne et sur son fiancé. » On verra que cette page oubliée fait passer les amants du statut de « fiancés » à celui, bien concret, de mari et femme.

La strophe commence et s'achève, selon un principe de contraste cher à Lévita, par des mots qui appartiennent au registre élevé : une apostrophe à Dieu « Her got » et un rappel de la noblesse des amants (« di' bulér werdén »). La rime « géberdén » / « werdén » illustre la cohabitation du bas et du haut qui fait la particularité du *Paris un Wiene*. Cette scène d'amour ne présente certes pas une mise à nu explicite du corps mais les allusions aux ébats ne sont pas voilées. S'il y a une part de burlesque, c'est sans doute dans l'évocation de l'état physique de Vienne, dans la mention d'un détail quotidien et profondément juif : l'amante est « cachère », autorisée par la religion, c'est-à-dire qu'elle n'est pas dans la période, pendant et après les règles, où les relations sexuelles sont interdites par les principes de la *halaḥa* (lois pratiques de la vie quotidienne définies par le Talmud).

Le véritable détournement est cependant d'ordre culturel, plus que d'ordre thématique : aucune strophe du poème n'est aussi chargée de mots d'origine hébraïco-araméenne, sinon la strophe 200, qui, évoquant la maladie de Jakom, plonge dans le registre scatologique. Ce n'est pas qu'il y ait ici une nécessité linguistique à la présence de ces termes. Seul le mot *còšer* relève de la religion et n'aurait pu naturellement être exprimé par aucun mot de la composante germanique du yiddish. L'abondance des mots hébreux (cinq, dont trois à la rime) tend à placer cette scène d'amour dans le domaine du privé, du familier, la composante hébraïco-araméenne de la langue ayant toujours servi aux Juifs à s'exprimer dans la sphère domestique[189].

Les chevaliers sont donc, au moment de la jouissance érotique, plus juifs que jamais, et le plaisir qu'ils tirent l'un de l'autre est le véritable aboutissement du roman comme le laisse entendre le début de l'octave suivante (*PW*, 706) : « *Das tribén si' an mench zeit un' jor / dàs ir libshàft ni' war dér-kaltén*[190]. » L'ambiguïté du pronom « *das* » et du verbe « *triben* » contribue à faire entendre que ce sont bien les ébats des protagonistes qui durent si longtemps. Contrairement à sa source qui insiste finalement sur la

---

[189] Ch. Shmeruk 1988, p. 24-25, où il est question en particulier du bilinguisme des premières correspondances privées qui nous sont parvenues.

[190] « Et ils continuèrent ainsi pendant de nombreuses années / sans que leur amour ne se refroidisse. »

piété des amants et les cinq enfants qu'ils engendrent (*PVit*, 156), Lévita dit clairement qu'il ne veut pas parler de la descendance des amants (*PW*, 707) : « *Es is génuk dás ich si' her / háb alé baid gébrócht zusamén*[191]. » La narration s'achève sur une note décidément comique et hédoniste.

Pourtant, dans les octaves qui suivent, le poète surprend à nouveau son lecteur en reprenant sa satire des femmes et en faisant l'éloge du célibat (*PW*, 714). Le véritable plaisir n'est-il pas, en dernier recours, dans le jeu de ce poète capricieux ? Lévita, comme l'Arioste, ne se livre jamais dans une partie isolée de son poème. Il faut savoir saisir ensemble tous les fils contradictoires de l'œuvre : le poète se reconnaît au sourire qui domine les contradictions.

Lyrisme, émotion et idéalisation de l'amour

On ne peut apprécier la valeur esthétique du *Paris un Wiene* que si l'on prête attention au fait que Lévita ajoute à sa source tout autant dans les registres lyrique et pathétique que dans les registres comique et sensuel. C'est, chez lui, le domaine de l'amour qui voit l'opposition la plus remarquable, la plus tranchée. L'alternance des tonalités est une caractéristique de tous les *romanzi cavallereschi* de la Renaissance car, nous l'avons vu, l'opposition classique des styles ne s'y était encore qu'imparfaitement imposée.

C'est cette originalité esthétique, au regard des conventions classiques, qui a poussé Lord Byron à qualifier Pulci de « *sire of half-serious rhymes*[192] » (« seigneur des rimes mi-sérieuses »), tandis qu'il se référait au modèle de la Renaissance italienne pour asseoir les nouvelles ambitions esthétiques du romantisme. Le passage du comique au pathétique n'était pas perçu comme une rupture, mais bien au contraire comme une richesse des œuvres. Ainsi Pulci introduisait-il d'une manière plutôt plaisante les longues lamentations de Rinaldo, touché par le mal d'amour : « *Or ci convien tornare a dar conforto / a Rinaldo, ch'a letto se n'andava, / e non pareva già vivo né morto, / ma con sospiri Antea sua richia-*

---

[191] « Il est suffisant que je / les aie tous deux réunis ici. »
[192] Lord Byron, *Dom Juan*, Canto IV, v. 43.

mava[193] » (XVI, 29). Le poète italien met alors dans la bouche du paladin douze strophes on ne peut plus sérieuses de plaintes amoureuses qui recourent massivement à des exemples antiques ou tirés de Boccace (comme auteur d'éloges donc dans le style élevé) et de Pétrarque[194]. Rinaldo y déplore la trahison d'Amour, avant qu'Orlando et ses autres compagnons ne viennent l'interrompre dans un dialogue bouffon qui fait allusion à la nouvelle de Boccace évoquée plus haut (et Boccace est cette fois convoqué comme maître du style médian).

Même Folengo, malgré le caractère intrinsèquement comique de sa langue, a des passages élégiaques. Chez lui, le mélange des larmes et du rire produit des effets surprenants. C'est le cas en particulier lorsque Baldus pleure le décès de son ami Leonardus tué par la sorcière Pandraga : « *Proh superi ! qualem voluistis perdere, qualem / fata trucidastis ! dolor, heu dolor, heu dolor, heu dol..." / "Or" tacuit Baldus ; sed iam nudaverat ensem / in se conversum, ferro iam pectus adhaeret*[195] » (*B*, XVII, 707-710). En réalité Baldus s'endort en ne finissant ni sa plainte ni son geste suicidaire et trouve consolation dans le sommeil. On ne peut certes pas prendre cette élégie tout à fait au sérieux. La saveur du langage (« trucidastis »), la répétition soporifique du mot « dolor », tout cela pimente la plainte d'un sourire moqueur. Enfin, l'interruption abrupte, au milieu du mot « dolor », fait figure de libération comique. Mais réduire cette longue lamentation au burlesque serait méconnaître les ambitions de Folengo : il y a chez lui aussi

---

[193] « Il nous convient maintenant de retourner consoler / Rinaldo qui s'est allé mettre au lit / et qui ne paraissait ni vif ni mort / mais appelait son Antea avec des soupirs. »

[194] Voir M. Davie 1998, p. 57.

[195] « Oh Dieux ! Quel homme vous avez voulu perdre /, destins quel homme vous avez massacré ! / Hélas quelle douleur, hélas quelle douleur, hélas quelle dou..." / Baldus ne dit pas "leur" ; mais il avait déjà dénudé son épée / et l'avait retournée contre lui, le fer collant déjà à sa poitrine » L'idée d'une interruption tragique du discours a pu être inspirée à Folengo par la mort mémorable de Brandimarte, dans l'Arioste (*OF*, XLII, 14). Le héros expire en prononçant le nom de sa fidèle amante, mais sans pouvoir l'achever : « *Né men ti raccomando la mia Fiordi... – / Ma dir non poté : – ... ligi –, e qui finio* » (« Et je ne te recommande pas moins ma Fiordi... / Mais il ne put pas dire : – ...ligi –, et expira en cet instant »). S'il s'agit réellement d'une reprise de la part de Folengo, comme la forme très semblable des vers semble le suggérer, il y aurait là une pointe de parodie car Baldus ne fait que s'endormir.

bien des accents tragiques que des accents épiques qu'il entend imposer sur fond de plaisanterie.

Le *Paris e Vienna* est dominé par une tonalité élégiaque. Les amants sont sans cesse contrariés dans leurs sentiments et restent séparés pendant l'essentiel du roman. Certains des longs passages de lamentation ont été conservés par Lévita en les épurant de clichés rhétoriques et en tâchant d'en rendre l'expression à la fois plus simple et plus concrète. Lorsque Paris s'éloigne de Vienne, au début du roman, sur les conseils de son ami Odoardo, la distance ne profite pas à l'amant. Le poète yiddish saisit cette occasion pour se livrer à une réflexion autour d'un proverbe connu :

> *Niméz waiś derś nit vér-sucht,*
> *Wi' vrawén-libschâft is ain schmerzén.*
> *Etlichè śprechén, es sei ain vlucht :*
> *Weit ūun agén, weit ūun herzén.*
> *Der selbig, der di' hülf ous-sucht,*
> *Der is mit seinér libén scherzén !*
> *Ain rechtén huld gèdenkt mân alè zeitén,*
> *Noch vôr-gist si nit bei nôhét noch ūun weitén.*
>
> PW, 196

> Nul ne le sait qui n'en a fait l'expérience
> À quel point l'amour des femmes est une souffrance.
> Certains prétendent qu'il est fuyant :
> « Loin des yeux, loin du cœur ! »
> Celui qui cherche dans ces mots un secours,
> Plaisante avec son amour.
> On se souvient toujours d'une véritable affection ;
> On ne l'oublie pas, ni de près, ni de loin.

On perçoit dans ce commentaire une volonté d'aborder le sentiment amoureux avec simplicité, à partir d'un proverbe, tout en lui accordant une réelle importance puisque cette maxime de la sagesse populaire se voit commentée et niée. On se situe clairement à un niveau de sérieux, et d'attention, portée au sentiment amoureux, qui nous éloigne des détournements bouffons du *Boṽo Dantône*. Nous avons affaire à un narrateur doté de bon sens qui s'adresse à des lecteurs qui n'ont pas en mémoire une vaste littérature amoureuse. Plutôt que de se référer à Vénus ou à Cupidon, il s'appuie sur un proverbe, et choisissant une approche critique, il construit cette octave comme un petit syllogisme. Dans le même temps, le ton presque pédagogique de la remarque accentue la distance avec la source qui, au même endroit, traite les sentiments en faisant retentir les grandes orgues de la rhétorique amoureuse.

Dans le roman italien en effet, Paris se lance dans de longues lamentations sur son sort : « *O Vienna amor mio dolcissimo quando sera quel giorno chio ti possa veder. Oime che se io troppo tardo si sento l'anima far partita dal doloroso corpo*[196] [...] » (*PVit*, 37). La plainte, qui est trois fois plus longue, est entièrement construite sur cette hyperbole de l'âme prête à quitter le corps. Elle utilise également un grand nombre de termes abstraits selon l'ancienne tradition qui apparente la rhétorique amoureuse à la rhétorique de la chaire : douleur, angoisses, piété, espérance (« *doglia* », « *angustie* », « *pietade* », « *speranza* »). Le poète yiddish ne renonce pas totalement à la rhétorique amoureuse, mais il la tempère en insistant sur l'état physique du héros et sur ses insomnies :

Wen Òdòardò mainet, er schlif,	Quand Odoardo pensait qu'il dormait,
Do schlug es echt un' nöün un' zehén	Alors les cloches sonnaient huit et neuf et dix
Dàs er « Wiene, ouwë, Wiene ! » rif	Et il criait : « Vienne, hélas, Vienne ! »
« Wen wer ich dich widér an-sehén ?	Quand vais-je te revoir ?
Sòlstu nòrt schawén di' wund di tif,	Si tu voyais seulement la profonde blessure
Di' mir ūun deinén wegén is géschehén !	Que j'ai reçue à cause de toi !
As du' mir hòst mein herz tun tailén	De même que tu m'as divisé le cœur,
Asò tröü ich dir du wurst mirs hailén ! »	De même j'ai confiance dans le fait que tu me le
PW, 198	guérirais. »

La strophe, par le rythme qu'elle met en place, fait correspondre aux sons des cloches les plaintes du personnage. L'inclusion de l'exclamation « Wiene, ouwë, Wiene ! » entre le sujet « *er* » et le verbe « *rif* », met en évidence son rythme ternaire qui répond aux heures successives mentionnées dans le vers précédent et la question concernant l'heure des retrouvailles, détachée de l'apostrophe par le verbe « *rif* », résonne plus nettement comme un cri. Dans la plainte de Paris, on reconnaît l'image traditionnelle du cœur blessé, mais le souhait qu'il émet de dévoiler sa peine est exprimé sobrement, l'amant insistant simplement dans le couplet final sur la symétrie de la blessure et de la guérison.

---

[196] « O Vienne, mon très doux amour, quand sera venu le jour où je pourrai te voir ? Hélas pour moi si je tarde trop car je sens déjà l'âme se détacher de mon corps douloureux. »

Ce que sa source tâchait d'exprimer en prose par l'accumulation et par l'hyperbole, Lévita tâche de le faire ressentir en
évoquant la situation concrète d'insomnie et en exploitant habilement les ressources du vers et de l'*ottava rima*. L'utilisation calculée du cadre de l'*ottava rima* est une des leçons de l'Arioste que
Lévita emploie avec le plus de réussite lorsqu'il s'agit de mettre en
valeur les sentiments amoureux.

L'octave, constitue pour les deux poètes une unité organique
dans laquelle parallélismes et oppositions permettent d'accentuer
toute la complexité de la passion ou toute l'agitation du personnage. L'Arioste utilise en maître les ressources de cette strophe
avec un raffinement que l'on peut juger maniériste tant il se plaît
à certains effets de miroir et de paradoxe. Ainsi Bradamante, qui
pleure l'absence et la trahison supposée de Ruggiero, se réveille-
t-elle après un songe où son amant lui est apparu bienveillant :

> *Il dolce sonno mi promise pace,*
> *Ma l'amaro veggiar mi torna in guerra :*
> *Il dolce sonno è ben stato fallace,*
> *Ma l'amaro veggiare, ohimè ! non erra.*
> *Se 'l vero annoia, e il falso sì mi piace,*
> *Non oda o vegga mai più vero in terra :*
> *Se 'l dormir mi dà gaudio, e il veggiar guai,*
> *Possa io dormir senza destarmi mai.*

OF, XXXIII, 63

> Le doux sommeil m'a promis la paix,
> Mais la veille amère me rend à la guerre :
> Le doux sommeil a été bien trompeur,
> Mais la veille amère, hélas ! ne trompe pas.
> Si la vérité m'ennuie, et le mensonge me plaît tant,
> Que je n'entende ou ne voie plus rien de vrai sur terre :
> Si le sommeil me réjouit, et la veille me peine,
> Que je puisse dormir sans m'éveiller jamais.

Toute cette strophe, inspirée du poète néo-latin contemporain de
l'Arioste Girolamo Angeriano, fait entrer dans le roman de chevalerie la poésie amoureuse la plus raffinée produite en Italie au
temps du poète[197]. Par ses parallélismes, ses oppositions, ses paradoxes, par la confusion du sommeil et du songe, par l'appel final à
un trépas tissé de rêves heureux, cette lamentation de Bradamante

---

[197] Voir P. Rajna 1900, p. 500, n. 2.

fait rivaliser le *romanzo cavalleresco* avec ce que la poésie amoureuse a de plus raffiné. Dans le même temps, la comparaison avec
la strophe précédente de Lévita montre à quel point le poète yiddish s'appuie sur un univers culturel différent des poètes italiens.
On est loin des références antiques de Pulci ou du pétrarquisme
humaniste de l'Arioste[198]. Chez le poète yiddish, les métaphores
ne prétendent pas à la même complexité et le goût du détail concret
(comme le son des cloches imité par l'énumération des heures) se
fait sentir à tout moment.

Lors de la première rencontre en tête à tête des amants, Vienne
se voit obligée de prier Paris d'avouer ses sentiments car il lui
cache obstinément son amour. Dans le roman italien, elle le fait
dans les termes suivants :

O Paris, fratello carissimo, io vedo e conosco ben che infino a qui voi havete tenuto coperto e celato molto sotilissi-mamente la vostra volunta : ma da qui avanti non potete più tener celato il vostro amore.	O Paris, mon très cher frère, je vois et je reconnais bien que jusqu'à main-tenant vous avez tenu couvert et très discrètement caché votre volonté : mais à partir d'aujourd'hui vous ne pouvez plus garder caché votre amour.
PVit, 49	

Dans son style contourné et emphatique, le roman italien présente
la prière de l'amante comme une argumentation opposant le passé
(« *infino a qui* ») et le futur (« *da qui avanti* ») et accumulant les
doublets (« *vedo e conosco* », « *coperto e celato* ») et les hyperboles
(« *molto sotilissimamente* », adverbe d'intensité + suffixe superla-
tif !). De cette adresse pesamment rationnelle, Lévita va faire un des
moments les plus lyriques du poème. Wiene s'adresse donc à Paris :

> « *Ich waiś, dáś dich ach brent ain vlam,*
> *Un' hóśt es lang nun tun vōr-helén*
> *Vér-hel es nun nit lengér leib mein tröuter,*
> *Sàg mir héröüś dein herz vrölich un' löüter !*
>
> *Sag mirś, dáś dich der bóre vrài*
> *Mit deiném vatér un' dein mutér,*
> *Dáś dich gŏt mit deinér bul dérmài !*
> *Sag mir es, du mein leib sŏ gutér !*
> *Sagśtu mir, das mit alér-lài*
> *Wert śtez dein lebén sein gèrutér. »*
>
> *PW*, 256-257

---

[198] Nous renvoyons au chapitre d'E. Bigi 1953, p. 47-76, intitulé « Petrar-
chismo ariostesco ».

« Je sais qu'une flamme te brûle aussi
Et que tu l'as longtemps caché.
Ne le cache pas plus longtemps mon cher ami,
Ouvre-moi ton cœur librement, à voix haute !

Dis-le moi que le Créateur te libère
Ainsi que ton père et ta mère,
Et que Dieu te réjouisse avec ton amante !
Dis-le moi, toi mon si bon ami !
Si tu me le dis dans tous les détails,
Ta vie en sera pour toujours plus tranquille. »

La demande d'aveu que Vienne adresse à Paris prend dans le poème yiddish la forme d'une véritable déclaration d'amour. Ce qui n'était dans le roman italien qu'une demande prudente, où Vienne ne dévoilait pas encore ses propres sentiments, est devenu un discours où la passion de la jeune fille éclate à chaque ligne. Un petit mot est d'une particulière efficacité pour afficher cette réciprocité des sentiments dès le premier vers du discours de Vienne, il s'agit de l'adverbe « *ach* » (« aussi »). L'insertion de ce mot à l'ouverture du discours transforme, avec la plus grande économie de moyens, la demande d'aveu en aveu personnel de la part de Vienne. La flamme n'est plus seulement celle que Paris doit déclarer, c'est avant tout celle que la jeune fille dévoile. C'est ainsi qu'elle peut, plus loin, se désigner à la troisième personne sous le terme « *bul* » (« amante ») qui sert de complément au verbe « *dérmai'én* » (« réjouir ») : malgré la distanciation de la troisième personne, l'offre d'amour est ici tout à fait explicite. Dès lors, le discours prend naturellement un caractère tendre et emphatique. Elle adresse deux apostrophes à l'amant, soulignées par deux adjectifs postposés (« *tröuter* », « *gutér* »). Elle mentionne Dieu, à deux reprises (dont une fois de la façon juive la plus traditionnelle « *bòre* », le créateur), comme garant de l'amour.

Contrairement à ce qui se produit dans le roman italien, ce discours ne relève pas d'une rhétorique figée : c'est un discours amoureux qui s'invente, faute d'antécédents littéraires en yiddish, ayant recours aux mots tendres dont dispose la langue, et à des discours proches, et plus fréquents, comme celui de la prière. Mais son efficacité tient aussi à la façon dont les vers appuient le sens : le couplet final, parce qu'il est constitué de pentamètres, au lieu des tétramètres du sextet, produit un effet d'amplification au moment où Vienne prie son amant de s'exprimer à voix haute (« *löüter* »). L'anaphore de l'impératif « *såg mir* » qui traverse les deux octaves, crée une continuité dans la prière de l'amante qui se poursuit avec fluidité sur plusieurs strophes. Un peu plus loin, l'efficacité de la versification est encore plus frappante quand elle est utilisée pour appuyer le dialogue entre les personnages. Paris a finalement avoué à Vienne qu'il était son mystérieux amant. Il demande à la jeune fille de lui pardonner et conclut de la sorte :

« Un' nemt mich nöürt vür ain knecht	« Et prenez-moi seulement comme esclave,
Nischt mén bin ich vun öuch begerén. »	Je ne désire rien de plus de votre part. »
Wiene̦ språch : « Es is wol recht	Vienne dit : « Il est sans doute juste
Dás du sölst sein mein édél herén ! »	Que tu sois mon noble seigneur ! »

PW, 262

Le dialogue est rendu presque théâtral par l'opposition directe des deux premiers vers de la strophe, placés dans la bouche de Paris, et des deux suivants qui appartiennent à Vienne. La réponse de Vienne est d'autant plus courte qu'une partie du troisième vers est occupée par la formule introduisant le discours direct. Deux termes placés à la rime (« *knecht* » et « *herén* ») marquent l'enjeu du désaccord : la brève phrase de Vienne annule celle de Paris, et cette fin de dialogue (car les adieux suivent directement cet échange) fait véritablement figure d'intronisation de l'amant. Rien de tel dans la source où Vienne se contentait de répondre : « *O Paris mio, io al presente non ho tempo di poter rispondere alle vostre dolcissime parole* [...] »[199] (*PVit*, 51). La jeune fille de la version italienne est décidément plus timide que son homologue dans le poème yiddish. Ce dernier prouve qu'il ne faut pas beaucoup de temps, ni de mots, à une femme amoureuse pour déclarer l'essentiel.

Inventer une rhétorique amoureuse est donc un des défis principaux relevés par le poète yiddish dans le *Paris un Wiene*. Il refuse les solutions canoniques de la littérature italienne de son temps et se voit obligé d'inventer les siennes propres. Dans le roman italien, lorsque Vienne découvre que Paris est le mystérieux amant qui a fait tant d'exploits en son nom, elle tient à Isabelle le discours suivant :

---

[199] « O mon Paris, je n'ai pas le temps à présent de répondre à vos très douces paroles. »

431

O amantissima sorella laudato sia sempre el nostro signore Idio e la sua madre vergine Maria che m'ha donato tanta gratia che in questo giorno m'ha tanto consolata, e datomi rimedio al mio adolorato vivere.	Ô ma sœur très aimée, que notre seigneur Dieu et sa mère la Vierge Marie soient toujours loués, eux qui m'ont fait une telle grâce qui m'a tant consolée en ce jour, et qui ont donné un remède à ma vie endolorie.

PVit, 41

Le poète yiddish garde le principe des remerciements adressés à la divinité mais le discours de Vienne est rendu plus emphatique et plus lyrique. Lévita choisit de recourir à une métaphore concrète qu'il emploie fréquemment : celle de la blessure d'amour. Si cette image est classique, dans son principe, elle ne l'est pas dans sa formulation. En effet, la blessure d'amour, dans la littérature italienne de l'époque, qui hérite de la littérature antique et de la poésie pétrarquiste, est presque toujours infligée par la flèche de Cupidon. Elle se présente dans sa forme canonique chez l'Arioste (*OF*, XXV, 54) : « *Tu puoi pensar s'allora la saetta / dirizzi Amor, s'in mezzo il cor mi tocca*[200]. » Selon la convention, les blessures d'amour sont stylisées, elles ne versent pas de sang. Lévita, construisant sa métaphore, ne se fonde sur aucune convention : il fait de Paris (et non de l'Amour) le responsable direct des blessures. Paris s'est illustré au combat lors des tournois qu'il a combattus pour Vienne et par métonymie autant que par métaphore, c'est la jeune femme qui s'est trouvée blessée et qui s'exprime donc ainsi :

« *Gelöbt sŏl sein der gŏt im himel hôhén Der mein herz v̄un pein hŏt ous-gézôhén !*	« Dieu soit loué, dans le ciel élevé Qui a tiré mon cœur de la douleur !
Hab ich gehàt ain lebén hert ! Habén mich sein pfeilén tun dérschiśén ! Hŏt mich geštŏchén sein blôś schwert ! Hŏt er mein blut nun tun v̄ŏr-giśén ! Der edél her der iś wol wert Iz is mich nischt zu môl vér-driśén. »	J'ai vécu une vie difficile ! Ses flèches m'ont touchée ! Son épée nue m'a percée ! Il a ainsi versé mon sang ! Le noble seigneur en vaut bien la peine À présent, cela ne me navre plus. »

PW, 218-219

Les métaphores de Lévita ont un caractère quelque peu déroutant pour un lecteur habitué aux conventions du discours amoureux : les flèches que l'on attribuerait spontanément à l'Amour doivent

---

[200] « Tu peux penser alors si Amour / Dirigea sa flèche, et s'il me toucha au milieu du cœur. »

en réalité être rapportées à Paris. L'épée, le sang versé, n'appartiennent pas traditionnellement au discours amoureux. Ces métaphores sont représentatives de la position de Lévita et de ses lecteurs à l'égard de la culture chrétienne : l'expression de l'amour s'oriente clairement sur le modèle vernaculaire italien mais leur forme n'est pas arrêtée sur ce modèle[201]. Il y a une spontanéité de l'image liée à la position de Vienne qui se trouve, au moment où elle prononce ce discours enflammé, au milieu des objets et des armes de Paris qu'elle évoque ainsi pour décrire ses souffrances amoureuses.

Dans le même temps, cette élévation du discours chez Lévita, n'est jamais à l'abri d'un brusque retournement. La brûlante action de grâces de Vienne s'achève par une pointe, ou plutôt par une chute, qui n'aurait aucunement sa place dans la poésie lyrique traditionnelle : « *Mein unglük is mich nit töü'érn / Ūun èdél màn es mir gèschàch nit ūun ain pöü'érn*[202] ! » (*PW*, 219). L'amour courtois suppose l'idéalisation de la dame qui passe aussi, sur le modèle de la relation féodale, par l'abaissement du chevalier. Il est donc coutumier que ce dernier soit d'un niveau social légèrement inférieur à celui de son amante, ce qui est bien le cas de Paris. Mais aucune princesse de roman courtois n'aurait l'idée d'imaginer que son prétendant qui, de plus, a fait la preuve de son talent musical et de ses prouesses guerrières, puisse être un paysan. La Vienne de Lévita franchit ce cap sans même y prêter gare : après la noblesse métaphorique du discours précédent la chute est brutale et se trouve dotée d'une saveur comique.

Dans le poème yiddish, le langage amoureux peut également s'appuyer sur une rhétorique beaucoup plus familière aux lecteurs juifs : celle de la prière. La liaison que Lévita établit entre le discours religieux et le discours amoureux est peut-être le signe le plus éloquent de la valorisation de l'amour dans le *Paris un Wiene*. L'amour courtois a été lié, très tôt, à la religion. C'est ainsi que

---

[201] Une certaine influence de la poésie hébraïque, et en particulier d'Emmanuel de Rome dans la création de ces métaphores ne doit pas être totalement exclue. La comparaison de l'amour avec une blessure mortelle est en effet courante chez le poète romain. Lors d'une prière d'un amant à son amante dans le troisième livre, il écrit, paraphrasant le vers de la Genèse qui se rapporte au meurtre d'Abel (Gn 4, 10) : « קוֹל דְּמֵי הַחֲשָׁקִים צוֹעֲקִים מִן הָאֲדָמָה » : « La voix du sang des amants crie depuis la terre. »

[202] « Mon malheur ne me pèse pas / Il m'est venu d'un homme noble et non d'un paysan ! »

Georges Duby pouvait dire à propos de l'amour courtois : « N'oublions pas non plus la simultanéité entre l'efflorescence de ces forces amoureuses et celle du culte marial. La Dame, c'est Notre Dame[203]. »

Ce rapport intrinsèque de l'idéalisation religieuse et de l'idéalisation amoureuse est particulièrement bien illustré par le fait que, dans le *Paris e Vienna*, le jeune homme a créé, dans un petit oratoire privé une sorte d'autel où il a déposé tous les présents qu'il a obtenus de la main de Vienne, que celle-ci découvre ensuite :

E guardando trovorono un loco che andava in una guardacamera con una salvarobba, nella quale era uno altare con una Maiestade del nostro Signor Giesu-Christo con lampade d'argento dove ogni sera e mattina andava ad orare con gran riverentia. E guardando Vienna piu oltra vide in quello luoco sobra una stanga la bandiera blancha che Paris aveva guadagnata nella città di Parigi, e le gioie di quelle donne, e il capello di Vienna.	Et alors qu'elles regardaient dans la chambre, elles trouvèrent un lieu qui menait à une réserve dotée d'une garde-robe dans laquelle se trouvait un autel avec une Majesté de notre Seigneur Jésus-Christ ainsi que des lampes d'argent, où tous les soirs et tous les matins Paris allait prier avec grande piété. Et en y regardant de plus près, Vienne vit en ce lieu, sur une perche, la bannière blanche que Paris avait remporté dans la ville de Paris, les joyaux de ces dames et le chapeau de Vienne.
PVit, 40	

Ce lieu de prière entretenu avec tant de ferveur par le jeune chevalier est l'endroit où il a placé les reliques de son amour[204]. De même, l'évêque joue un rôle d'entremetteur : il facilite la première rencontre des amants, et s'il n'est pas le confident immédiat de leur amour, il n'en reste pas moins un soutien essentiel des deux jeunes gens pendant tout le roman.

Le personnage de l'évêque n'est pas supprimé par Lévita. Il devait servir de marqueur d'étrangeté, et de fiction, pour le lecteur yiddish[205]. L'idée d'un oratoire privé de Paris, consacré à

---

[203] G. Duby 1983, p. 185.

[204] Voir A. Schulz 2000, p. 63-64.

[205] Le genre du conte, sauf dans le cas du conte hagiographique, était naturellement ressenti comme provenant de l'étranger. Contrairement aux tendances générales de la littérature yiddish, et particulièrement de la littérature chevaleresque qui essayait au maximum d'effacer les marques chrétiennes présentes dans les sources, le conte s'en accommodait plus facilement. Voir M. Rosenfeld 1984, p. 18, où le personnage du prêtre, certes négatif, aurait pu aisément être remplacé sans nuire au récit.

la fois à Jésus et à Vienne, est complètement supprimé dans une logique ordinaire de déchristianisation, et remplacé par un motif de conte (*PW*, 215-216), celui de la chambre secrète : Vienne, fouillant dans les vêtements du jeune homme trouve, par le plus grand hasard, une poignée de porte bien dissimulée derrière eux. Celle-ci conduit à un long et profond escalier qui donne sur une pièce où se trouvent tous les trésors de Paris.

Mais l'occultation des connotations chrétiennes de l'amour courtois dans cet épisode fondateur est largement compensée, à la fin du roman, par une assimilation plus directe du discours amoureux avec une thématique profondément juive. Au moment même où vont avoir lieu les retrouvailles tant attendues des protagonistes, Lévita saisit une occasion fournie par la source pour transformer les phrases passionnées de Vienne, adressées directement à son amant dissimulé, en un calque des prières juives traditionnelles concernant la venue du Messie.

Dans le roman italien, Vienne conclut ainsi le discours où elle énonce sa ferme volonté de ne pas se marier : « *Ma di volermi maritare non ne parlate, perche non è anchora venuto il tempo che io aspetto continuamente con la voluntà di Dio*[206] » (*PVit*, 146). Le texte italien, suivant sa rhétorique pieuse coutumière, associe donc déjà la venue de Paris à la volonté divine : Vienne est aussi pieuse qu'elle est fidèle. Par un ajout d'autant plus remarquable qu'il suivait jusqu'ici de près sa source, le poète yiddish prolonge cette idée et l'approfondit dans une tonalité immanquablement juive :

> *Ich wil leidén das bös un`nóch vil bösér*
> *Bis dás mir gŏt wert schikan mein dérlösér !*
>
> *Ouf ainén menschén ich štets bàit,*
> *Dem hab ichś herz un`di' tröü gebén.*
> *Mein leib der sòl im sein bérait*
> *As lang as dinén štekt das lebén.*
> *V̄un im hóf ich zu sein dér-v̄ràit*
> *Wen es wert gŏt ain mòlt sein ebén.*
> *Un`kumtér nit hàb ich dérwegén v̄ór lengén*
> *In disér keich mein lebén zu v̄ór-brengén.*
>
> *PW*, 656-657

---

[206] « Mais ne me parlez pas d'accepter un mariage parce que n'est pas venu le temps que j'attends sans cesse avec la volonté de Dieu. »

Je veux souffrir des maux et bien pire encore
Jusqu'à ce que Dieu m'envoie mon sauveur !

J'attends en permanence un homme
À qui j'ai donné mon cœur et ma foi.
Mon corps doit être prêt pour lui
Aussi longtemps que la vie l'habitera.
J'espère être libérée par lui
Lorsque cela conviendra à Dieu.
Et s'il ne vient pas, j'ai depuis longtemps résolu
De passer ma vie dans cette cellule.

Toutes les formulations de cette prière de Vienne jouent sur des motifs anciens de la mystique juive. La relation d'Israël à Dieu est comprise comme la relation d'une amante à son amant depuis les lectures talmudiques du *Cantique des Cantiques*. L'utilisation du terme « *dérlösér* » (« sauveur ») ne laisse aucun doute sur la volonté qu'a Lévita de transformer, ne serait-ce que pour la durée de ces deux strophes, le destin de Vienne en une figuration du destin du peuple juif. Non seulement, l'assimilation de Dieu (et souvent du Messie) à l'amant est ancienne et répandue, mais la comparaison de l'Exil avec une prison est tout aussi classique dans la pensée juive[207]. La fidélité de Vienne à l'égard de son amant se trouve ainsi assimilée à celle du peuple juif à l'égard de son Dieu. Les termes utilisés dans cette prière correspondent au vocabulaire employé par Lévita, et par les autres poètes yiddish, dans les prières pour la venue du Messie qui concluent traditionnellement leurs œuvres[208].

---

[207] Voir *EJ*-2007 : art. « Song of Songs » et « *Galut, golah* ». La conception de l'Exil come une prison se trouve exprimée dans l'interprétation traditionnelle du destin de Joseph, de la prison à la royauté, comme allégorie du destin du peuple juif. La posture de la souffrance assumée face aux séductions extérieures est également traditionnelle dans le martyrologue juive. Elle est exprimée, dans le *Bovo Dantone* au sein de la profession de foi du héros qui résiste aux tentatives de conversion (*BD*, 246) : « *Vun seine wegén wil ich mich lösén hengén un' brenén* » (« En son nom, je veux me laisser pendre et brûler »).

[208] Nous pouvons renvoyer, pour le lexique employé, à la prière conclusive de l'*Akêdass Jizḥak* dont nous avons montré qu'elle pouvait être de la main de Lévita (J. C. Frakes 2004, p. 327-328) : « *un' sòl schikén* mošiaḥ *zu dér-lösén* Jiśro'él *sein érśté kind* » (« et qu'il envoie le Messie pour sauver Israël son premier-né », v. 79) ou encore : « *un' schik uns* mošiaḥ *do mir lang ouf habén gébait* » (« Et envoie-nous le Messie que nous avons longtemps attendu », v. 84).

Ce détournement, même ponctuel, de la rhétorique religieuse dote l'œuvre d'une dimension idéaliste et l'amour de Vienne est associé à ce qui, dans la vision juive du monde, est le plus élevé. La jeune fille prête à mourir dans sa cellule plutôt que de trahir sa foi est, ne serait-ce que pour un instant, comparable à ces martyrs qui se sont sacrifiés pour le *kidush hashem* (la sanctification du nom divin). Par ces strophes, la figure de Vienne, son amour, sa souffrance, trouvaient donc sans doute pour le lecteur contemporain de Lévita un pendant dans les relations du peuple d'Israël avec son Dieu : il ne s'agit pas ici, à notre avis, de donner une dimension religieuse au récit des aventures des deux amants mais bien plutôt d'élever la narration amoureuse au niveau de ce que la pensée juive a de plus noble, sa conception de la rédemption.

Il y a donc chez Lévita, dans le *Paris un Wiene*, une réécriture qui bien loin de rabaisser sa source l'ennoblit, cherchant à raffiner son expression, à augmenter sa force émotionnelle, à élever son lyrisme et sa valeur éthique. Lorsqu'il s'agit de souligner le pathétique d'une scène, le poète yiddish n'hésite pas à employer les leçons poétiques de l'Arioste et transforme l'octave en unité rhétorique particulièrement efficace[209]. Le moment le plus dramatique de *Paris un Wiene* est sans doute celui de la séparation des amants, rattrapés par les soldats du roi dans leur fuite (*PW*, 350-368). Lévita, à la suite de sa source, laisse les personnages exprimer d'abondantes lamentations. Paris refuse de quitter son amante et pointe une épée sur son torse. Vienne, par une ruse, lui arrache l'arme des mains, la retourne contre elle-même et menace de s'en frapper si Paris ne s'enfuit pas. Le jeune homme accepte, elle lui confie une bague et lui fait promettre qu'il lui écrira. Tous ces événements suivent d'assez près le récit des faits dans le roman italien mais Lévita utilise la souplesse de l'octave pour mimer la passion des dialogues et des gestes, multipliant les rejets et les enjambements.

La véritable innovation de l'auteur yiddish consiste cependant dans l'introduction d'octaves, qui n'ont aucun équivalent dans

---

[209] Nous abordons plus précisément le modèle rhétorique de l'Arioste dans notre quatrième chapitre.

la source, et qui ont pour seule fonction de renforcer le pathétique de la scène. Les deux premières décrivent la façon dont Vienne se décompose en apprenant la nouvelle (*PW*, 355-356). Les deux dernières concluent l'épisode en présentant le malaise des amants à l'heure du départ (*PW*, 367-368). Dans ces strophes, le modèle esthétique ariostéen est très perceptible :

Wer do het gëhört di' bulér baid,	Qui aurait entendu les deux amants
Di' zu ainém leib wol sein gëglichén ;	Qui sont avec justesse comparés à un seul corps,
Wer do het gësehén den jomér laid	Qui aurait vu leurs malheureuses lamentations
Un' ir gëstalt asó vör-blichén,	Et leurs visages ainsi pâlis,
Wer do het gësehén ir iz gëschaid,	Qui aurait vu leur présente séparation,
Di' rëd, di' wenk, di' kraft éntwichén,	La parole, les gestes, la force évanouis,
Wer es het gësehén un' wer nit wáinén,	Qui aurait vu cela et n'aurait pas pleuré,
Dem wer sein leib un' herz ouś śtainén.	Celui-là aurait un corps et un cœur de pierre.

PW, 367

Cette strophe a une fonction expressive forte tout en étant fermée sur elle-même, comme une parenthèse dont la narration pourrait se passer.

Dans ce cas particulier, les propositions relatives sont accumulées et forment une très longue protase. Elles décrivent l'aspect des amants affaiblis au moment de leur séparation tandis qu'ils sont observés par un hypothétique spectateur (le lecteur) : les six premiers vers n'ont pour objectif que ce portrait d'amants idéalisés et souffrants, portrait qui lui-même repose sur le proverbe qui attribue aux amants un seul corps, ainsi que sur une série d'énumérations concernant leur état physique. La proposition relative du septième vers englobe celles qui précèdent et les complète d'une précision essentielle (« *un' wer nit wáinén* ») sans laquelle la proposition principale et l'apodose finale ne serait pas compréhensible. Tout cela crée un effet de tension et produit une forte impression de pathétique. Lévita entend convaincre le lecteur que ce moment du récit est propice aux larmes.

L'Arioste est coutumier de ce type de coups de force rhétoriques. Ils ont souvent une valeur en eux-mêmes, petits poèmes à l'intérieur du poème qui cherchent à renforcer l'intensité du récit, tout en créant une pause temporaire dans son déroulement. C'est le cas, par exemple de la strophe qui précède et prépare l'attaque de Paris par les troupes païennes d'Agramante :

Chi può contar l'esercito che mosso
Questo dì contro Carlo ha 'l re Agramante,
Conterà ancora in su l'ombroso dosso
Del silvoso Apennin tutte le piante ;
Dirà quante onde, quando è il mar più grosso,
Bagnano i piedi al mauritano Atlante ;
E per quanti occhi il ciel le furtive opre
degli amatori a mezza notte scuopre.

PW, XIV, 99

Qui peut compter l'armée qu'a mis en mouvement,
Ce jour-là le roi Agramante contre Charlemagne
Comptera aussi sur le dos ombragé
Des Appenins boisés toutes les plantes ;
Dira combien de vagues, quand la mer est la plus grosse,
Baignent les pieds du mont Atlas,
Et par combien d'yeux le ciel découvre
Les actions furtives des amants à minuit.

La strophe de l'Arioste, comme celle de Lévita, forme un tout organique du premier au dernier vers et présente une hypothèse isolée. Même si la syntaxe ne produit pas l'effet de tension observé dans l'exemple précédent, l'accumulation est employée dans le même but persuasif : il est absolument impossible de dénombrer l'armée d'Agramante comme il était impossible d'observer Paris et Vienne sans pleurer. Dans les deux cas, l'hypothèse à caractère général fondée sur l'emploi du pronom relatif indéfini « qui », force le lecteur à prendre du recul face à la scène, à la contempler de plus loin ou de plus haut, position contemplative qui est aussi propice à l'observation de la prouesse poétique de l'auteur.

Dans le même temps, cet exemple permet de comprendre ce que le poète yiddish n'a pas pris de son modèle italien : le langage de l'Arioste est chargé de figures de style traditionnelles, héritées de conventions poétiques anciennes : références géographiques connues (Appenins, Atlas) épithètes quasi-homériques (« *silvoso Apennin* »), métaphores convenues (les yeux du ciel pour les étoiles), petite saynète des amants surpris à minuits par le regard des étoiles. Il y a chez l'Arioste une forme de maniérisme qui est étrangère au poète yiddish en raison de la nature opposée de leurs lectorats et de leurs arrière-plans culturels différents. Lévita transporte l'univers ariostéen, chargé d'intertextualité et d'onirisme, dans une vision du monde plus concrète qui s'appuie volontiers sur la sagesse populaire des proverbes. Il est remarquable que la majorité des octaves d'intensification rhétorique présentes dans le *Paris un Wiene* (*PW*, 259, 355, 541) ont un rapport avec les sentiments des amants, avec la description de leurs émotions à des moments critiques du récit, preuve supplémentaire que ce roman accorde à la passion le tout premier rang.

Cependant, même dans ces moments pathétiques, la veine concrète et comique du poète yiddish n'est jamais très éloignée si bien qu'à plusieurs reprises, il semble qu'il veuille mêler le rire et les larmes sans qu'un sentiment doive annuler l'autre, sans que l'humour vienne gâter l'émotion. Voici la réaction de Vienne au moment où Paris vient de lui annoncer leur prochaine arrestation, le premier vers se réfère au visage de la jeune fille :

V̄un ròt un' weiś es grün-gel was	De rouge et blanc il devint jaune-vert
Dò si' Pàrisén hat v̄òr-numén,	Quand elle eut entendu Paris,
Un' v̄il in òmecht ebén das	Et elle tomba évanouie si bien
Si' nit kunt rèdén as di' štumén.	Qu'elle ne pouvait pas plus parler que les muets.
Er tet ir eśik untér di' nas	Il lui mit du vinaigre sous le nez,
Bis dàś si' war zu kröftén kumén.	Jusqu'à ce qu'elle reprît des forces.
Dàś eršt wort dàś kam ous irén möülén	Le premier mot qui sortit de sa bouche
Dàś war « Pàris, Pàris ! » un' hub an zu höülén.	Fut « Paris, Paris ! » et elle se mit à hurler.

PW, 356

La description de la dégradation du visage (« grün-gel ») de l'amante relève bien d'un détournement de la convention[210] : le rouge et le blanc sont les couleurs de la beauté physique (cf. *BD*, 93 et *PW*, 222, les auteurs italiens utilisent à outrance la métaphore stéréotypée « *gigli e rose* » : « les roses et les lys », par exemple *OF*, XII, 94). La description de cet enlaidissement subit et la comparaison de la jeune fille avec les muets, rabaisse soudain la figure de la princesse. Ce malaise pousse également le

---

[210] Un rapprochement avec le *Bov̄o Dantòne̜* peut éclairer le caractère comique de cette métamorphose. Un pèlerin propose à Bovo de s'enduire d'une potion qui le fera entièrement changer de couleur. S'il se l'applique, « *untér dem ponim w'urd er grün un' gel* » (« son visage deviendrait vert et jaune »). Lorsque Bovo en fait l'essai, le pèlerin s'esclaffe de rire : « *Er hàt ain ponim dàś der betlér sein lacht* » (« Il a un tel visage que le mendiant se moque de lui ») (*BD*, 310).

poète yiddish à céder à son goût de la mise en scène concrète et du détail réaliste. Le vinaigre utilisé par Paris pour faire revenir son amante à ses sens transporte soudain la scène dans un univers domestique et quotidien. Enfin, l'appel désespéré de Vienne à Paris, isolé au milieu du vers final et le hurlement (« *höülén* »), peu noble, qui accompagne le retour à ses sens de la jeune fille contribuent à accentuer le caractère mi-tragique, mi-comique de cette strophe. Cela n'empêche pas Lévita d'insister sur le caractère pathétique du réveil de la jeune fille et de ses sentiments. L'appel à l'amant résonne comme un cri au cœur du vers final et les strophes suivantes sont une longue lamentation sur le thème du malheur (« *unglük* ») poursuivant la jeune femme. Ce passage remplace dans la source (*PVit*, 76) des plaintes conventionnelles sur les caprices de la fortune. Et la lamentation culmine en un bel oxymore. « *Un ' al tag šterbén mit leib gésundén*[211] » (*PW*, 358).

On vient d'observer une des méthodes de réécriture les plus constantes chez Lévita qui consiste à transporter les chevaliers et les princesses dans le monde domestique familier à ses lecteurs. Ce changement d'univers sociologique est une ressource fréquemment employée dans le *romanzo cavalleresco* de la Renaissance : il ne s'agit pas seulement de faire quitter aux personnages leur monde aristocratique dans une volonté d'abaissement, il s'agit aussi, chez les poètes, d'un véritable goût pour la représentation de classes et de mœurs qui n'ont pas traditionnellement leur place dans le roman de chevalerie[212].

III.2.d. *Déracinement social du roman de chevalerie : des chevaliers bourgeois et paysans*

L'inflexion du genre chevaleresque en fonction de ses nouvelles catégories de lecteurs est un phénomène ancien. Comme nous l'avons déjà évoqué, les romans français, en s'implantant sur le sol italien, ont vu leurs récits influencés par le genre typiquement bourgeois et citadin de la nouvelle. Andrea da Barberino écrivait

---

[211] « Et mourir chaque jour avec un corps sain. »
[212] Sur le caractère fermé et exclusif du roman courtois traditionnel on pourra se reporter à E. Auerbach 1968, p. 142-143.

d'abord pour un public de riches marchands florentins et ses romans reflètent leur univers et leurs valeurs : réussite individuelle, goût pour le voyage dans des contrées lointaines, importance accordée à l'argent[213]. Mais ces transformations sont réalisées spontanément, sans regard critique ni distance particulière avec les sources. C'est là la conséquence d'une évolution du goût et de la vision du monde. Ce qui se produit, lors de la période qui nous intéresse, est d'une autre nature : il s'agit d'introduire de force dans les romans, souvent avec humour, des scènes tirées d'univers évidemment contraires à celui de la chevalerie. L'auteur sait qu'il plonge ainsi ses personnages dans un milieu qui n'est pas originellement le leur et se donne, par la même occasion, la possibilité de dépeindre un monde qu'il connaît bien.

Vie du foyer

Folengo est l'auteur qui réalise ce transfert social de la façon la plus marquée puisque dix chants du Baldus se déroulent entre Cipada, une bourgade de la campagne de Mantoue, et la ville elle-même. L'auteur macaronique se révèle un fin observateur de la vie rurale, mentionnant les plantes cultivées, évoquant avec délectation l'élevage, les fêtes villageoises, les diverses traditions rurales au point que son œuvre a pu servir de base à des études historiques concernant, entre autres, les habitudes alimentaires dans la campagne lombarde au début du XVIᵉ siècle[214]. Folengo est certes nourri de la tradition médiévale de satire des paysans, mais il y joint un véritable sens de l'observation et chante, dans sa veine burlesque, la campagne qui entoure Mantoue. Il se plaît à confronter l'univers rural et l'univers urbain dans une satire aiguë de ces deux mondes opposés.

L'arrivée du père de Baldus, Guido, dans la modeste bicoque du paysan Bertus est un de ces moments où se trouve exploité le décalage comique entre l'identité du paladin et la situation dans laquelle l'auteur le plonge. Voici le chevalier qui n'hésite pas à

---

[213] M. Villoresi, 2000, p. 74-75.
[214] A. Messedaglia 1973. L'auteur y analyse, entre autres, l'origine et la composition de nombreux plats qui sont mentionnés dans le *Baldus*, telle la polenta ou la « *panizza* ».

mettre la main à la pâte au moment de la préparation du repas sous le regard amusé de la princesse Baldovina :

> Ne tamen indarnum tantus simul ignis avampet
> Admovet ad flammam poca satis arte padellam,
> Boientumque oleum pro assando pisce parecchiat.
> Baldovina virum submisse guardat et omni
> Libera cordoio prorrumpit in omnia risu
> Plena cachinnisono, retinens vix pectore milzam,
> Tantum namque hominem contemplat, quam sit ineptus
> Ille coquinalem manibus manegiare padellam ;
>
> B, II, 212-219

> Mais afin qu'un si grand feu ne brûle pas en vain,
> Il approche de la flamme la casserole, avec bien peu d'habileté.
> Et prépare l'huile bouillante pour faire cuire le poisson.
> Baldovina regarde discrètement son homme et libérée
> De toute tristesse éclate d'un rire tonitruant à tout propos,
> Retenant à peine la rate dans sa poitrine :
> C'est qu'elle voit à quel point un si grand homme est incapable
> De manipuler avec ses mains une casserole de cuisine.

La rencontre des deux mondes est propice au rire. Folengo insiste sur le caractère ridicule de ce chevalier aux fourneaux. Le roman de chevalerie s'invente alors une nouvelle fonction : il sert à célébrer une vie simple et rustique. Le paysan Bertus se sent plus heureux, avec ses champs et son bétail, que tous les papes et les rois. La maladresse de Guido est aussi significative que l'hilarité de la princesse dont la rate est près d'exploser sous l'effet du rire : le monde paysan et la vie domestique jouent un rôle libérateur, d'autant plus qu'ils sont directement opposés aux conventions de la vie courtisane décrites dans le premier chant du poème. C'est pourquoi l'opposition entre l'héroïsme de Guido et sa maladresse à manier la casserole (« Tantum hominem » / « ineptus » en début et en fin de vers) est au cœur de la poétique de Folengo qui vise à dépayser les valeurs épiques comme il métisse la langue noble qu'est le latin. La mise au vert des chevaliers est un acte symbolique fort au début du Baldus : le héros éponyme s'engagera certes dans une vaste quête qui le mènera jusqu'en enfer, mais il n'en reste pas moins un enfant de Cipada.

Élia Lévita montre une grande prédilection pour les scènes à caractère domestique. Son univers de référence n'est certes pas celui du poète mantouan, mais comme chez Folengo, c'est la vie

quotidienne qui se trouve soudain intégrée au roman de chevalerie. Dans le *Boˉvo Dantòne̠*, lorsque la princesse Drusiana a accou-
ché de deux enfants dans la forêt, Pelukan part dérober, dans un
monastère, de quoi lui permettre de prendre soin d'elle-même et
de ses nouveaux-nés. Il revient avec tout le nécessaire et le foyer
s'organise :

> *Do machtén si ain gróś vöüer an*
> *Un᾿ wermtén waśér di᾿ kindér zu badén.*
> *Zu ainem kòch w'ur Boˉvo der èdél man :*
> *Er màcht gutè paśtèdén un᾿ vladén*
> *Un᾿ mandèl-reis un᾿ krepflich un᾿ gutè gèretlich*
> *Apfèl-muslich un᾿ küchlich un᾿ warmè bretlich.*
>
> BD, 466

> Alors ils allumèrent un grand feu
> Et chauffèrent de l'eau pour baigner les enfants.
> Le noble Bovo devint un cuisinier,
> Il fit de bonnes tourtes, des galettes,
> Du riz d'amande, des raviolis, et de bons plats,
> Des compotes de pomme, des gâteaux et des petits pains chauds.

La source, au même endroit, décrit la préparation par Pelukan de
poulets rôtis et d'un cerf (*BDit*, 400). Il y manque la mention du
bain des bébés : le soin des nouveaux-nés étant un thème accentué par le *Boˉvo Dantòne̠*. Il y manque la participation de Bovo
que souligne Lévita en établissant un contraste entre les termes
« *kòch* » (« cuisinier ») et « *èdél man* » (« l'homme noble »),
opposition que l'on rapprochera de l'exemple de Folengo cité
précédemment. Il y manque bien sûr l'énumération des plats qui
constituent un véritable répertoire de la cuisine juive en Italie du
Nord au début du XVIᵉ siècle[215]. Cette liste visait à produire chez
le lecteur une impression de familiarité, renforcée dans les deux
derniers vers par l'accumulation des diminutifs en *-lich*.

C'est dans le même esprit que Lévita a chargé l'un des épisodes
les plus comiques de son roman, celui du pillage du monastère,
d'un grand nombre de détails concrets issus de la vie quotidienne,
faisant de l'action de cette scène quelque peu vengeresse, une
manière d'assurer, aux dépens des moines, la subsistance maté-

---

[215] Pour une approche historique de la cuisine juive, voir M. Kosover 1958,
p. 1-145.

rielle de ses héros judaïsés. L'homme-chien dérobe ainsi une série d'ustensiles indispensables au ménage[216] :

> *Dàr-nòch nam er v̄un gèschir menchérlai',*
> *V̄un schuśéln, laféln, un ' telér,*
> *Un ' ain keśéln un ' ain hev̄lén òdér zwai'*
> *Di màn gibt ainś um drei' helér,*
> *Un ' ain pfendlén do màn inén bàcht ain ai.*
> *Un ' dàr-nòch ging er hinab in kelér*
> *Un ' zòch im wein zwau gròsér vleschén*
> *Un ' do nam er ain shefèln windéln zu weschén.*

BD, 460

> Ensuite il prit beaucoup de vaisselle :
> Des bols, des cuillères et des assiettes
> Une marmite et une ou deux casseroles,
> Que l'on vend pour trois haller l'unité,
> Et une poêle dans laquelle on fait frire un œuf.
> Et ensuite il descendit dans la cave
> Et en sortit deux grosses bouteilles de vin
> Et il y prit un petit bassin pour y laver les langes.

On note à nouveau la multiplication des diminutifs (cette fois en *-len*) qui soulignent l'appartenance de tous ces objets à la sphère privée. La mention de la valeur marchande des casseroles, le détail de l'œuf et enfin la précision sur l'usage du bassin (pour laver les langes), en rapport avec l'accouchement récent de Drusiana font de cette strophe une évocation de ce qu'il y a de plus concret dans un ménage.

La vie quotidienne peut être reflétée au détour d'une strophe ou d'une situation par l'introduction de détails intimes. Lévita transforme ainsi remarquablement la scène du *Bov̄o Dantòne* dans laquelle Brandonia feint la maladie. Dans la source, Brandonia se fait passer pour enceinte ce qui explique son envie subite de nourriture recherchée (de gibier) (*BDit*, 20) : « *Gravida son e gran volonta hone*[217] ». Lévita préfère décrire en détail la scène de maladie jouée par la reine : « *Lung un ' lebér màcht si' sich spei'én*[218] »

---

[216] C. Rosenzweig 1997 propose une étude comparée de tout ce passage avec sa source.

[217] « Je suis enceinte ce qui me donne une grande envie. »

[218] Pour le sens de l'expression : *DWB*, art. « speien » 6 : « Elle se fait vomir jusqu'aux entrailles ».

(*BD*, 24) et la malade propose une description populaire de son mal qui pourrait laisser entendre qu'il s'agit là aussi d'une grossesse : « *Di' mutér wil mir dàś herz ab-stòśén*[219] ! » (*BD*, 24). Mais c'est surtout la réaction à la fois tendre et attentionnée du roi Guidon, et l'introduction d'un détail absent de la source, qui transforme cette scène en une peinture du quotidien :

« *Du libè kròn, waś is dir widér-varén ?* »	« Mon cher trésor, que t'est-il arrivé ? »
Dàś harén-glas tet er ir langén	Il lui donna le verre à urine :
« [...] *libéś herz do ṽang dein harén* [...] »	« Mon cher cœur : mets ton urine là-dedans [...] »
BD, 25	

L'accumulation des mots tendres dans la bouche de Guidon a pour but de renforcer l'indignation du lecteur pour la trahison de Brandonia, mais elle crée aussi efficacement le sentiment d'une scène conjugale. Le détail du prélèvement d'urine a une portée burlesque. L'observation des urines est un passage obligé dans la tradition de la satire médicale : dans une liste où Folengo mentionne les activités déployées au petit matin par toutes les professions d'une ville, il dépeint aussi celle du médecin : « *Percurrens urbem medicus contemplat orinas*[220] » (*B*, II, 10).

C'est dans cette même perspective, à la fois burlesque et réaliste, que Lévita dépeint avec force détails la maladie du père de Paris, Jakom, dans le *Paris un Wiene*. Et l'on remarque à cette occasion une multiplication des termes de la composante hébraïco-araméenne (nous les soulignons) qui n'a d'équivalent, dans ce poème, que lors de la scène d'amour finale entre les deux héros, le corps et l'intimité étant deux domaines où la langue fait appel à sa composante la plus secrète et la plus technique :

Es war wol wor er hàt di' ritén	C'était bien vrai, il avait la fièvre
Un' hàt gar ain ròtè <u>haśthone</u>.	Et son urine était tout à fait rouge.
Drum war er nòch Pàris énpitén	C'est pourquoi il faisait mander Paris,
As alè vrumè vetér tòne.	Comme tous les bons pères font.
Er hàt si' abér übér den dritén,	Mais il l'avait tous les trois jours :
Es war <u>śeṽah</u> <u>lo'el</u> *kain* <u>śacone</u>.	Il n'y avait, Dieu soit loué, aucun danger.
Er kunt nit scheiśén, war ergér as <u>kadohess</u>,	Il ne pouvait chier, c'était pire que la fièvre,
Al tag muśt màn im blòsén ein zum <u>thohess</u>.	Tous les jours on devait lui souffler dans le derrière.
PW, 200	

---

[219] « La matrice veut me faire sortir le cœur ! »
[220] « Parcourant la ville, le médecin contemple les urines. » Le détail est aussi souvent utilisé dans les *Fastnachtspielen*, voir A. von Keller 1858, n° 120, p. 4.

L'abondance des détails médicaux concernant la fièvre tierce donne au poète l'occasion d'exprimer son goût pour l'évocation du bas corporel dans un poème où cette tendance est pourtant beaucoup plus limitée que dans le *Boṽo Dantṏne*. Mais il évoque aussi en passant la sollicitude paternelle du malade, l'inquiétude de la famille (dans le sixième vers, le plus chargé en termes de la langue sacrée). L'univers de la maladie est aussi, par excellence, celui des soins prodigués et donc celui de la maison.

Mœurs et coutumes féminines

À travers la vie domestique, c'est un monde plus féminin qui trouve sa place dans les pages du roman de chevalerie. Les femmes ne sont plus seulement représentées sous les traits de princesses longuement courtisées : elles deviennent tantôt des maîtresses de maison, tantôt des jeunes filles naïves. Folengo, qui fournit sa contribution à la querelle des femmes, omniprésente dans l'Italie du début du XVIe siècle, fait prononcer à Tognazzus une diatribe contre le beau sexe qui s'appuie sur tous les clichés hérités d'Aristote et de la Bible (*B*, VI, 361-409) et à Berta une défense de la femme, qui s'appuie au contraire sur l'expérience de la vie domestique et quotidienne[221]. En voici un extrait représentatif :

At si voltamus chartam, bona foemina sola est,
Quae stentare domi solet, ac ter mille facendas
Misterum facit hic ut in una commodet hora.
Dum sternit lectum, saltat brodus extra lavezum,
Sgnavolat in cuna mamolettus, lacve domandat,
Rodere vult toccum panis maiusculus alter [...].

B, VI, 501-506

Mais tournons la page, seule la femme est bonne à quelque chose,
Elle qui déploie ses efforts à la maison et est obligée
D'y faire trois mille choses dans le même moment.
Pendant qu'elle fait le lit, le bouillon déborde de la casserole
Le bébé pleurniche dans son berceau ou demande du lait,
Un autre, qui est un peu plus grand, demande à ronger un bout de pain [...].

---

[221] Pour plus d'informations sur la querelle des femmes et sur la position adoptée par Lévita, voir *supra*, chapitre II, p. 164 et, *infra*, chapitre V, p. 656.

Le foyer ici décrit est un foyer campagnard. Le poète macaronique insiste notamment, dans la suite du plaidoyer, sur l'alimentation des bêtes. Il vise à un certain réalisme du tableau : la casserole déborde, les enfants crient à qui mieux mieux. Cette attention aux détails du quotidien évoque des genres plus descriptifs tels la nouvelle et la satire[222]. C'est que les chants II à X du *Baldus* s'apparentent grandement à ces genres littéraires très prisés en Italie du Nord depuis le XIIIᵉ siècle. Il ne s'agit pas, chez Folengo, comme dans la plupart des *romanzi cavallereschi* de son époque, d'intercaler des nouvelles isolées dans le récit mais bien de faire participer des personnages de son roman à une série d'aventures qui pourraient être des nouvelles isolées.

Lorsque Lévita tire son récit vers une représentation de la vie quotidienne, il n'est pas certain qu'il prenne appui sur le modèle littéraire de la nouvelle. Il est plus probable qu'il réponde à un goût personnel, très perceptible dans ses satires, pour l'observation des détails concrets, des attitudes particulières. Ce sont rarement des éléments de narration que le poète yiddish modifie, mais il introduit des touches précises et éloquentes, comme lorsque Drusiana, abandonnée à elle-même dans la forêt, gobe deux œufs avant de nourrir ses enfants, sans doute pour satisfaire à une prescription traditionnelle visant à améliorer la qualité du lait maternel : « *Der kindér géret waś si zu-anàndér bindén* / *Zwai' vrischér aier si' ous-sôf* / *Dàr-nóch gab si zu sougen den kindén* / *Un' band ainś ouf den rukén un' ainś ouf den arm*[223] » (*BD*, 482).

Le passage dont cette citation est extraite fait l'objet d'une modification plus vaste de la source. Le *Buovo* italien décrit très brièvement le retour de Drusiana chez ses parents après le départ de Buovo et la mort de Pelucane. Son parcours jusqu'à la mer, sa rencontre avec des marins envoyés par son père, son retour au sein de sa famille, tout cela est expédié en l'espace de quatre octaves (*BDit*, 415-418). Lévita développe notablement le récit de ces événements dans la version yiddish puisqu'ils ne couvrent pas moins de vingt strophes (*BD*, 480-500). Il semble que l'auteur ait voulu

---

[222] On comparera avec intérêt cette peinture des mille soucis de la femme du peuple à celle qui est proposée dans le *Šeder nošim* (en particulier *SN*, 152-191) où l'on reconnaîtra plus d'une similitude.

[223] « Elle rassembla les affaires des enfants / Et avala deux œufs / Ensuite elle donna le sein aux enfants / Et noua l'un sur le dos et l'autre sur le bras. »

transformer ce retour de la jeune fille chez les siens en une sorte de parabole à l'usage des demoiselles dévoyées dont la significa-tion est résumée par Drusiana elle-même, à travers un proverbe : « *Ich mag nun wol dàs šprich-wort sagén / dàs mir dàs hèlsén ouf den hals is gèschlagén*[224] » (*BD*, 483).

Le retour de Drusiana est dès lors présenté comme dévoilant les tribulations d'une fille-mère livrée à elle-même : un berger essaie de profiter de sa détresse en lui faisant des avances qu'elle repousse scandalisée, elle réussit à se faire embaucher sur un navire en se proposant comme cuisinière, et lorsqu'elle est enfin revenue chez elle, son père lui livre la moralité de son aventure : « *Un ʿ sei ʿ vun izund un ʿ vorbas vrum / un ʿ sòlst dich erbérlich hal-tén / un ʿ gè nit mèn mit narhait um / so werstu mit érén altén*[225] » (*BD*, 497). Une telle intention morale relève du caractère volon-tiers pédagogique de la littérature populaire, très perceptible dans les *cantari*. Mais il convient de noter qu'elle ne passe pas ici, comme c'est le cas en général, par un commentaire du narrateur : c'est la fable qui est modifiée et façonnée pour servir l'intention morale et les personnages eux-mêmes qui tirent les conséquences de leurs mésaventures.

C'est que les jeunes filles ont bien des mauvais penchants et qu'elles méritent donc de recevoir des leçons de vie quand elles ne font pas l'objet de moqueries plus ou moins affectueuses. Lévita les peint curieuses et bavardes. Lorsque le père de Vienne lui demande de rendre visite à celui de Paris qui est tombé malade, elle s'y rend volontiers : « *Dés wàr si' vrò' er hàts gèsagt kain tabén / As alè maidlich tunén wen si' zu ròlén habén*[226] » (*PW*, 201). La curiosité féminine est proverbiale, surtout dans une société où les femmes avaient bien peu de liberté de mouve-ment. Ce trait gentiment satirique, souligné par l'emploi du verbe

---

[224] « Je peux bien dire à présent le proverbe / selon lequel embrasser m'a bien embarrassée. » Ce proverbe joue sur le verbe *helsén* (embrasser) dérivé du substantif *hals* et sur l'expression *ouf den hals schlagén* signifiant « tuer » (voir *DWB*, art. « Hals », 4f) au sens propre ou figuré. R. G. Warnock 1999, p. 186, l'interprète un peu différemment mais le sens du proverbe reste clair : il s'agit d'une mise en garde contre les séductions amoureuses.

[225] « Sois sage dès maintenant et à l'avenir, / Conduis-toi honnêtement, / Et ne va plus faire de bêtises, / Alors tu vieilliras avec honneur. »

[226] « Elle en était contente, il ne l'a pas dit à une sourde / Comme toutes les jeunes filles quand elles doivent aller faire un tour. »

légèrement péjoratif « *rölén* », nous éloigne de l'univers aristocratique de la source en faisant de Vienne une jeune écervelée qui aime à traîner dans la rue. D'une façon semblable, Folengo se moque de la curiosité des bourgeoises de Mantoue en les montrant attirées à leurs fenêtres par le chahut que fait le paysan Zambellus (*B*, VI, 125-128) : « *Hae cito, sentita Zambelli voce cridantis, / se se scoprierant, velut est usanza donarum, / more galanarum testas buttare deforam, / et quoquo strepitu se se affazzare fenestris*[227] ». Un regard satirique sur l'univers des femmes ne peut manquer de souligner leur coquetterie et leur goût pour les mondanités.

Fêtes et mondanités

Le roman de chevalerie traditionnel s'appuie sur une civilité aristocratique fortement codifiée. Les femmes, toujours gracieuses et courtoises y sont chargées, par le seigneur maître des lieux, de recevoir le chevalier nouveau-venu, de le vêtir plus commodément, de lui faire des dons, de veiller à son confort, et de le conduire au riche festin organisé en son honneur. Les fêtes et les cérémonies y sont nombreuses mais ne sortent que très rarement de schémas préétablis : joutes, danses, concerts. Pulci en présente une version assez canonique dans l'épisode du couronnement à Paris de Rinaldo, sinon qu'il donne à la fête décrite une orientation plus familière par le genre des chansons qui y sont entonnées :

> *Fecionsi fuochi assai per la cittate,*
> *fecionsi giostre e balli e feste e giuochi ;*
> *furon tutte le dame ritrovate*
> *e gli amador, che non ve n'era pochi ;*
> *tanti strambotti, romanzi e ballate*
> *che tutti i canterin son fatti rochi ;*
>
> M, XII, 36

On fit dans la ville de nombreux feux,
On fit des joutes, des danses, des fêtes, des jeux,
On alla chercher toutes les dames
Et les amants, qui n'y étaient pas peu nombreux ;
Tant de strambotti, de romances, de ballades
Que tous les jongleurs en sont devenus rauques.

---

[227] « Celles-ci s'étaient montrées, aussitôt qu'elles eurent entendu les cris de Zambellus, / selon l'habitude des dames / qui tendent la tête vers l'extérieur à la façon des tortues / et viennent à la fenêtre au moindre bruit. »

Le grand nombre des amants présents à Paris et les chanteurs qui perdent la voix à force de s'époumonner sont les deux notes comiques (parce que caricaturales) que Pulci impose à un modèle qui ne déroge pas aux règles du genre. Folengo inclut sans hésiter, dans la partie du roman macaronique inspirée du genre des nouvelles et des fabliaux, une fête villageoise fort animée pendant laquelle Cingar fait perdre son pantalon au méchant notable Tognazzus :

> *Iamque aderat festum, quo turba vilana sub ulmo*
> *Ballat, et ad pivae numerosa sonamina balzat.*
> [...]
> *Est qui saepe rotat propter stancare puellam,*
> *Est qui saepe cridat sbraians : « Sona piva pavanam ! »*
> [...]
> *Multi, pro nimio stracchi sudore, frequentant*
> *vicinas betolas, zainos sine fine tracannant.*
> B, VII, 211-212, 221-222, 225-226

> Mais était venu le temps de la fête où la foule des paysans
> Danse et saute sous l'orme aux nombreuses notes du pipeau.
> [...]
> L'un n'arrête pas de tourner pour fatiguer sa jeune fille,
> L'autre n'arrête pas de brailler : « Sonne, pipeau une pavane ! »
> [...]
> Beaucoup, épuisés d'avoir trop sué, fréquentent
> Les tavernes voisines et vident sans fin les verres.

C'est donc une toute autre sociabilité, celle du peuple, qui se trouve ici illustrée dans le roman de Folengo.

Lévita, qui est plus sensible aux scènes de réjouissances privées qu'aux scènes publiques traite ces dernières sur un ton marqué de dérision et les situe dans un univers clairement citadin. L'épisode du tournoi à Paris dans le *Paris e Vienna* est l'un de ceux que Lévita a le plus remaniés. Ce ne sont pas moins de cinq pages du texte en prose (*PVit*, 22-27) qui sont résumées en une dizaine de strophes (*PW*, 133-144). Si l'on exclut le combat lui-même, dont nous avons déjà traité, le texte italien est particulièrement attentif à l'ordonnancement de la cérémonie : organisation du terrain, tribune royale au centre, processions solennelles pour apporter les bannières, long discours du roi, placement des chevaliers somptueusement parés sous chacune des bannières. De tout cela, Lévita ne garde que le strict nécessaire mais il prête une attention amusée à la foule qui se presse pour assister au tournoi :

Un ' do der tag kam v̄un dem zil –
Der war glaich zéhén in s̀etémér –
Haimisch un ' vrömd warén dòrt vil :
Wi ' war ain g̀eschrai ' un ' ain g̀etemér !
Kaf-löüt, édél-löüt štundén um den zil
Un ' ach di hant-löüt un ' di kremér,
Un ' arm un ' reich un ' mit kind un ' kégél
Gleich as di judén štundén um dás̀ egel.

PW, 137

Et quand vint la date fixée pour le tournoi –
C'était exactement le dix Septembre[228] –
Les parisiens et les étrangers étaient nombreux :
Comme il y eut du tumulte et des cris !
Les marchands, les nobles étaient réunis autour de la piste,
Aussi bien que les artisans et les boutiquiers,
Les pauvres et les riches avec leurs enfants, leur famille,
Pareils aux Juifs qui se tenaient autour du veau d'or.

Contrairement à ce qui se passe dans le roman italien, la société est représentée dans toute sa diversité, désordonnée, bruyante, variée (l'expression « *kind un kégél* » appartient au registre courant). Le tout est couronné par la comparaison avec l'épisode biblique du veau d'or, symbole par excellence de la vanité collective. Lévita poursuit, dans la strophe suivante, en accentuant encore la caricature qu'il propose de cette foule : tout le monde veut y mettre le nez, c'est un joyeux spectacle (*PW*, 138) : « *Es wurdén dòrt zu-kwetscht wol drei'* / *Un denòcht sis̀ es als gerén laidén*[229] ! »

Mais, plus qu'à ces grandes occasions, Lévita est sensible aux mondanités privées dans ce qu'elles ont de typiquement citadines et bourgeoises, et effectue une transposition de certaines scènes (qui étaient présentées dans un contexte purement aristocratique dans sa source) dans ce nouvel environnement. Ce sont des peintures chargées d'effets réalistes, pleines de tendresse pour ces bourgeois ashkénazes des ghettos italiens, qui n'ont bien sûr pas d'équivalent dans le *romanzo cavalleresco*.

---

[228] Lévita a transformé la date de sa source, le 8 Septembre, qui est le jour de la nativité de la Vierge. On voit que le poète yiddish est, sur certains points qu'il juge importants, très attentif à la déchristianisation de sa source.

[229] « Il y en eut bien trois qui furent écrasés / Et pourtant ils le souffrirent volontiers ! »

C'est ainsi que la visite de Vienne chez le père de Paris a été amplement modifiée par rapport à la source italienne. La conversation de Vienne avec le malade est rendue avec une particulière vivacité, sans épargner aux femmes un nouveau cliché sur leur prolixité :

> *Wiene̜ hub an ain gèschwaz un ʾ ain gèbrum,*
> *As den di' vrawén al tun pflegén.*
> *Si' vrougét in wi' un ʾ wen un ʾ warum*
> *Er an der krankèt wer gélegén.*
>
> *PW*, 203

Vienne commença un bavardage, un papotage,
Comme les femmes en mènent toutes.
Elle lui demanda comment, quand, pourquoi,
Il s'était trouvé en proie à la maladie.

Lévita imite le flot de paroles de la jeune fille par le doublet de substantifs « *gèschwaz* » et « *gèbrum* » (le dernier terme évoque avant tout un bruit sourd) ainsi que par l'accumulation des adverbes interrogatifs. La remarque sur le bavardage des femmes émule les piques contre le beau sexe dont l'Arioste est coutumier. Le regard ironique du poète italien sur les habitudes féminines, ainsi que sur les conventions sociales, a laissé sa marque sur le poète yiddish.

La méthode narrative du grand modèle italien apparaît clairement dans l'octave où est décrite l'arrivée d'Orlando dans la grotte où se trouve enfermée Isabella sous la garde de Gabrina :

> *V'era una vecchia ; e facean gran contese*
> *(come uso feminil spesso esser suole),*
> *ma come il conte ne la grotta scese,*
> *finiron le dispute e le parole.*
> *Orlando a salutarle fu cortese*
> *(come con donne sempre esser si vuole)* [...].
>
> *OF*, XII, 92

Il y avait là une vieille ; et elles se disputaient beaucoup
(Comme c'est souvent l'habitude des femmes)
Mais lorsque le comte descendit dans la grotte
Les disputes et les paroles cessèrent.
Orlando fut courtois en les saluant :
(Comme il faut toujours l'être envers les femmes) [...].

C'est bien sûr dans l'opposition entre les deux parenthèses soulignant chacune un commentaire du narrateur, que se situe toute l'ironie de l'Arioste. L'une et l'autre de ces parenthèses renferment des sentences à portée universelle (soulignées par la rime entre deux verbes marquant la généralité « *suole* » / « *si vuole* »), mais la première se moque des femmes et la seconde affirme au contraire qu'il faut être courtois avec les dames.

Chez Lévita également, les remarques anti-féminines sont toujours à mettre en relation avec la posture ironique du narrateur. Le tableau que le poète propose de la jeune fille lors de sa visite chez le père de Paris n'est, en réalité, pas dépourvu d'une certaine tendresse amusée en raison, en particulier, de la jeunesse de l'héroïne. Le poète yiddish se donne ainsi l'occasion d'évoquer l'esprit spontané et enfantin de la jeune fille, à un moment inattendu. La mère de Paris, Diane, a emmené les jeunes filles faire le tour du propriétaire. Le roman italien mentionne avec plus de détails que le roman yiddish les attributs d'une demeure aristocratique, la salle d'armes, la volière, et décrit ainsi la chambre de Paris, « [...] *tutta quanta relucea di gran splendore con uno bello e triomfante letto, che certamente non era più ricco quello del re di Francia*[230] » (*PVit*, 39). Le poète yiddish rend cette description moins solennelle et plus intime, en glissant une remarque surprenante, que l'on ne peut rapporter qu'aux pensées de Vienne : « *Ain bet štund dòrt ala kòrtèsanẹ / dàś machét gleich luśt drouf zu gagèln*[231] » (*PW*, 207). Lévita joue sur le contraste entre la qualification italienne du lit (« *alla cortisana* »), quelque peu pompeuse, et la remarque enfantine et comique du vers suivant concernant l'envie d'y faire des pirouettes. Même s'il précise à la fin de l'octave que cette chambre est digne d'un fils de roi, l'impression de familiarité et de légèreté l'emporte.

Cet épisode, parce qu'il relève de la sphère privée, a donc été remanié avec une attention toute particulière. L'accueil de la jeune fille était décrit très sobrement dans le roman italien : « *E Vienna fu ricevuta da lui e dalla sua donna con grandissimo*

---

[230] « [...] Elle brillait entièrement d'une grande splendeur avec un beau lit triomphal qui n'était certainement pas moins riche que celui du roi de France. »

[231] « Il s'y trouvait un lit à la courtisane / qui donnait aussitôt l'envie d'y faire des galipettes. » Il ne faut sans doute pas voir là une plaisanterie à connotation sexuelle (sauf si on l'attribue à l'auteur lui-même, à la façon de sa métalepse dans le *Bŏvo Dantône*, *BD*, 136). Si la réflexion est le fait de Vienne, elle connote la fraîcheur d'une jeune fille espiègle.

piacere[232] » (*PVit*, 38). Lévita décide au contraire de présenter une véritable scène de mondanités, où se multiplient les hébraïsmes et les italianismes, signes de naturel et d'attention à la conversation quotidienne, ainsi que les détails concrets (vêtements, meubles). Vienne arrive avec ses dames : « *asò ain gĕküś aso ain um-vang / Un᾿ namén in al ab irĕ pàniselén*[233] » (*PW*, 202). L'auteur utilise le mot italien *pannicello* dans la prononciation vénitienne (petit morceau de tissu, foulard), de même que, lors du départ de Vienne quelques strophes plus loin, il mentionne son « *krespon* », son foulard de crêpe, et fait entendre les adieux d'une manière aussi vive qu'il avait présenté l'accueil. On notera la reprise de la syntaxe exclamative (« *aso ain* ») et les expressions au discours direct introduites par l'article indéfini qui les désigne comme des formes typiques de la conversation : « *Asò ain "śtĕ kòn di᾿ò" un᾿ "gran mĕrzĕ" / Un᾿ "zu lib un᾿ zu vraidén sòl màn zu öuch kume*[234]" » (*PW*, 226). La façon dont il associe ici des formules de politesse italiennes et yiddish devait refléter la langue des Ashkénazes d'Italie du Nord, mais il n'est pas exclu que l'usage de l'italien dans ce contexte ait pour but de créer une impression de civilité, de politesse plus grande, puisque la scène se passe dans un contexte aristocratique.

Le mélange du domaine privé et du domaine public, du familier et du mondain entrait dans ce jeu du poète sur les différentes composantes de la langue. Les adieux de Vienne au père de Paris sont particulièrement éloquents car ils ajoutent aux deux composantes déjà mentionnées la composante hébraïco-araméenne : « *Si śpràch : "śtĕ kòn di᾿ò libér et / ünsér her gŏt schik öuch* réfu᾿e *śélĕme*[235] !" » (*PW*, 205). Ce jeu sur les différentes composantes linguistiques et culturelles du yiddish devait créer un sentiment de familiarité chez les lecteurs italiens de Lévita tandis que l'usage de l'expression hébraïque contribue, ici comme souvent, à sortir le récit de la source de son ancrage chrétien.

---

[232] « Et Vienne fut reçue par lui et par sa femme avec un très grand plaisir. »

[233] « Quelles embrassades, quelles accolades / et on leur enleva à toutes leurs foulards. »

[234] « Et ce furent des "Dieu soit avec vous !", des "Mille mercis" / Des "Que l'on vienne chez vous avec plaisir et bonheur !" »

[235] « Elle dit : "Dieu vous garde, mon cher père ! / Que notre Dieu vous envoie une complète guérison !" »

Déjà dans le *Bòvò Dantòne̠*, l'accueil réservé aux personnages dans le château d'Òrïon donnait lieu à un déploiement de locutions familières. La source (*BDit*, 315) précise à cet endroit que Drusiana est une cousine de la femme du seigneur. Lévita en profite pour transformer ces retrouvailles en une scène familiale et familière : « *Si šprāch : "Es is bei dem bòre òlem / Mein kéròvò Drusïane̠ ich wil ir gèn gebén šolòm ! // Un ' as töü 'ér as ich ain judin bin / Si hòt mit ir Bòvo den schònén knabén*[236]" » (*BD*, 386-387). La femme du seigneur parle ici comme une Ashkénaze d'extraction modeste du Nord de l'Italie lorsqu'elle rencontre une parente : elle truffe son discours d'hébraïsmes et jure à toutes les phrases.

Préoccupations bourgeoises

La question du mariage, centrale dans bon nombre de romans de chevalerie même si l'amour qui est mis en scène dans le roman courtois est souvent adultérin, pose avant tout la question des alliances dynastiques entre souverains, de l'union de familles qui sont aussi des réunions de territoires. Seulement, lorsque l'auteur décrit la jeune fille au sein de la sphère domestique, prise entre les exigences de ses parents et la fougue de ses désirs, il peut y trouver le prétexte d'une peinture qui soit nettement plus orientée sur la réalité d'un amour sentimental contrarié par des intérêts matériels que sur les problématiques féodales. L'Arioste, lui-même, malgré le caractère aristocratique de son écriture, n'est pas exempt de cette tendance qui lui permet de regarder avec ironie les valeurs du monde auquel il appartient. Dans certaines de ses pages les plus riches en observations psychologiques, il en vient ainsi à représenter la redoutable guerrière Bradamante, un des nobles personnages de la famille Chiaramonte (et l'ancêtre de ses patrons), comme une jeune fille timide attendant éperduement à la maison son amant peu ponctuel, se consumant sous l'effet de

---

[236] « C'est, par le Créateur / Ma cousine Drusiana, je veux aller lui donner le bonjour ! // Et, aussi vrai que je suis une Juive / elle est en compagnie de Bovo, le beau garçon. » Sur le caractère familier du juron « *as töü 'ér as ich ain judin bin* » (« aussi vrai que je suis une Juive »), on peut renvoyer à un passage de la vingt-neuvième nouvelle du *Kü ' buch* où une jeune Juive emploie maints prétextes pour éviter d'aller à la synagogue afin de mieux tromper son vieux mari et jure en utilisant exactement la même formule, M. Rosenfeld 1984, p. 102.

la jalousie et tremblant devant ses parents[237]. Arrivée par erreur à Montalbano au chant XXIII, la guerrière n'ose plus en sortir pour ne pas attrister sa mère. Lorsqu'elle apprend la fausse nouvelle du mariage de Ruggiero avec Marfisa, la voici qui se jette sur son lit, éperdue de chagrin :

E senza disarmarsi, sopra il letto,	Et sans se désarmer, sur le lit,
Col viso volta in giù, tutta si stese,	Le visage vers le haut, elle s'entendit de tout son long,
Ove per non gridar, sì che sospetto	Et pour ne pas crier, au risque
Di sé facesse, i panni in bocca prese.	D'éveiller les soupçons, elle mit les draps dans sa bouche.
OF, XXXIII, 36	

L'Arioste s'amuse de cette redoutable guerrière, fléau des païens, qui se trouve soudain en proie à un chagrin d'amour et pour rendre plus criant le contraste, il lui laisse son armure sur le dos tandis qu'elle se jette sur le lit en mordant les draps.

Le fait que Bradamante, dans ces moments sentimentaux, se trouve dépeinte comme une jeune fille de bonne famille, selon des conceptions plus bourgeoises qu'aristocratiques, nous est confirmé par la fin de l'*Orlando Furioso*, lorsque les parents de la jeune guerrière s'opposent à son mariage avec Ruggiero pour des raisons, semble-t-il, plus financières que réellement dynastiques. Ils souhaitent marier la jeune fille à l'empereur de Byzance, mais le motif de l'argent est nettement plus accentué que celui de la noblesse :

La madre, ch'aver crede alle sue voglie	La mère qui croit que sa fille généreuse a des volontés
La magnanima figlia, la conforta	Conformes aux siennes, l'encourage
Che dica che, più tosto ch'esser moglie	À dire que, plutôt que d'être la femme
D'un pover cavallier, vuole esser morta.	D'un pauvre chevalier, elle préfère être morte.
OF, XLIV, 38	

C'est là un comportement que le brave Ruggiero, qui a maintes fois montré sa valeur au combat, qualifie de vulgaire (XLIV, 50, 51), mais la jeune fille, extrêmement consciente de ses devoirs, n'ose désobéir à ses père et mère. Et pour accentuer le paradoxe comique, l'Arioste fait trouver à l'honnête jeune fille, si timide devant ses parents, une échappatoire digne d'une vraie guerrière : elle n'ac-

---

[237] Cette caractéristique du passage a été soulignée par Rajna 1900, p. 472.

ceptera d'épouser que l'homme qui sera capable de la battre en combat singulier. Le poète italien représente, même si le trait est discret, l'entrée en scène des valeurs bourgeoises et leur rôle destructeur pour l'héroïsme chevaleresque : les parents de Bradamante jettent leur dévolu sur un riche paladin au détriment de Ruggiero, fleuron de l'héroïsme chevaleresque. Avec la désinvolture qui lui est propre et son goût du mélange des styles, il fait jouer à Amon et Beatrice, les parents de Bradamante, le rôle de méchants vieillards de comédie. Le canevas de cette histoire d'amour contrarié rend la fin de l'*Orlando Furioso* assez semblable, en ce qui concerne le moteur de la narration, à celle du *Paris un Wiene*.

Bien entendu, la source italienne de Lévita, le *Paris e Vienna*, ne joue en aucune façon sur de telles références sociales tant elle est attachée au modèle de l'amour courtois auquel elle associe un discours teinté de piété. Avec son langage ampoulé et son imperturbable sérieux, le roman italien lie la problématique du mariage forcé aux visées dynastiques du père de Vienne et au mépris qu'il entretient pour l'un de ses vassaux. Plus tard, lorsque le Dauphin trouve pour sa fille un parti qui lui semble convenable, il insiste sur la splendeur de son lignage : « [...] *dicoti in verita che la figliola del Re di Franza si potria molto ben contentare d'havere per marito uno cosi bello e gentil cavallieri figliolo del Duca di Bergogna, il quale come tu sai e in piu degno parentado di tutta la Franza*[238] [...] » (*PVit*, 100).

Lévita, comme signe de son désintérêt pour les questions dynastiques, résume avec nonchalance toutes les tractations (*PVit*, 97-99) qui ont mené à cette glorieuse alliance : « *Vil überigė wort loś ich nun štekén*[239] » (*PW*, 428). Il sait, comme nous l'avons vu, que son public n'entend guère à ces querelles aristocratiques. Quand il s'agit de traduire dans des termes plus familiers l'orgueil du noble Dauphin, le poète yiddish recourt tout naturellement à l'argument financier, ce qui produit un mélange qui n'est pas dénué de comique.

---

[238] « [...] Je te dis en vérité que la fille du Roi de France pourrait être très heureuse d'avoir pour mari un chevalier si beau et si noble, fils du duc de Bourgogne, lequel, comme tu le sais, appartient au lignage le plus digne de toute la France [...]. »

[239] « Je laisse tomber bien des mots superflus. »

Le Dauphin renvoie le père de Paris, qui vient de lui demander la main de sa fille pour son fils, dans des termes caricaturaux, mêlant les considérations de richesse avec une vision des relations féodales qui relèvent plus de l'univers du conte que de la réalité historique : « *Is dôch mein štul mein krôn mèn wert / As alés das du hôst dein aigén ! / Wilśtu nun deinén sun mit ainém schlóś gleichén / Gégén meinér tôchtér mit ain künig-reichén*[240] ? » (*PW*, 301). Les synecdoques enchaînées (la couronne, le trône comme attributs de la royauté ; le château comme représentant du fief) sont d'une grande efficacité car elles mettent en évidence le caractère matériel des prétentions du Dauphin, ce qui n'aurait pas été le cas si Lévita avait employé des termes abstraits. Et lorsque, plus loin dans la narration, il doit raconter la façon dont le roi de France ordonne au Dauphin de seconder son projet de croisade, il croit bon, avec son souci pédagogique habituel, d'ajouter toute une octave (*PW*, 497) pour expliquer que malgré la couronne qu'il porte sur la tête, le Dauphin est tout de même inférieur au roi de France.

Dans la source italienne, la confidente Isabelle essaie de convaincre Vienne qu'elle ne peut aimer Paris : « *Tu sai bene che Paris non è equale alla tua condizione. A te non mancherà de nobili baroni i quali seriano convenienti alla tu qualità*[241] » (*PVit*, 41). Lévita, ne néglige pas de mentionner la distance sociale, mais c'est l'argent qui prend le dessus, comme le montre la réponse de Vienne aux phrases d'Isabelle : « *Was sôlén mir vil herzégé sün / di' tag un' nacht im gelt um-schürén*[242] ? » (*PW*, 222). Et son plaidoyer se termine par une phrase où elle conspue violemment, et vulgairement, la richesse avant de faire l'éloge de Paris : « *In gelt un' gut ich mit urlab scheiś*[243] » (*PW*, 223). Ce type de plaidoyers contre les mariages d'intérêt sont remarquablement récurrents chez Lévita aussi bien dans ses récits que

---

[240] « Mon trône et ma couronne ont bien plus de valeur / Que tout ce que tu possèdes ! / Veux-tu comparer ton fils et son château / Avec ma fille qui possède un royaume ? »

[241] « Tu sais bien que Paris n'est pas d'une condition égale à la tienne. Tu ne manqueras pas de nobles barons qui conviendront mieux à ta qualité. ».

[242] « À quoi me servent tous les fils de ducs / Qui jour et nuit se roulent dans l'argent ? »

[243] « Sur l'argent et sur la richesse, sauf ton respect, je chie ! »

dans ses satires[244]. Ils constituaient un problème particulièrement sensible dans une société juive où la famille était le noyau dur de toute sociabilité. Nous voyons donc, dans ce passage, une princesse qui ne manque pas d'un certain franc-parler populaire et qui s'oppose aux intérêts bourgeois qu'on tente de lui imposer. La force de ce langage populaire constitue pour Lévita une arme essentielle dans son entreprise de déplacement social du roman de chevalerie.

Langage populaire

La prédilection pour un mode d'expression populaire n'est pas uniquement liée, chez le poète yiddish, à la condition sociale du personnage. Le langage parlé caractérise aussi bien la voix narrative et se révèle de façon privilégiée dans des situations privées et domestiques ou dans des querelles particulières. Nous verrons qu'il s'agit là d'un des traits stylistiques les plus constants du *Bōvo Dantōnẹ* mais il est loin d'être absent du *Paris un Wiene*.

On observe un phénomène semblable chez Folengo (et ce n'est pas un hasard que ces deux œuvres soient fondées, du moins en partie, sur des formes dialectales). Le poète macaronique se plaît plus systématiquement à lier le registre de langue à la situation sociale des personnages. Les paysans, tel Zambellus, ont un parler typique, parsemé de jurons particulièrement vulgaires. C'est ainsi que le bonhomme s'exclame, voyant la ville pour la première fois : « *Potta meae matris, quam granda est ista facenda*[245] ! »

---

[244] Ce thème est abordé dans des termes comparables dans le *Bōvo Dantōnẹ* (*BD*, 208), le *Paris un Wiene* (*PW*, 221 à 223, 303 à 308), le *Purim-špil* (*PS*, 8 et 11-12). Lévita est particulièrement sarcastique à l'encontre des gendres indignes que choisissent les parents pour des intérêts (financiers ou de prestige – *jiḥuś*) autres que la valeur personnelle de l'élu. Ces gendres ineptement choisis sont, selon les mots de Vienne (*PW*, 222) : « [...] *nit gut un' sein nit kün / vir meil zu gēn vūr irẹ türén* » (« [...] mauvais et incapables / d'aller à quatre milles de leurs portes »). Plus loin dans le *Paris un Wiene* le gendre riche est défini comme « Un manchot, un bouffon, un nain, un demeuré ». De même, dans le *Bōvo Dantōnẹ*, le père de Drusiana s'exclame (*BD*, 208) : « *Wáś sólt mir deś neśtén künigś sun / der nóch pi nóch pe kunt jehén ?* » (« Qu'ai-je à faire du premier fils de roi, / Qui ne peut prononcer ni « pi » ni « pé » ? »). La satire de ces mariages contre-nature est toujours féroce. Cette continuité d'inspiration et les termes semblables dans lesquels cette question est abordée font partie des arguments en faveur de l'attribution de toutes ces œuvres à Élia Lévita.

[245] « Chatte de ma mère, comme cette ferme est grande ! »

Ce type d'expressions grossières, ainsi que la référence grotesque à la ferme, contribue grandement à l'efficacité du portrait de ce paysan qui n'est jamais sorti de sa campagne. La vulgarité n'est cependant pas le privilège des paysans, et tous les héros du *Baldus* (à l'exception notable du poète humaniste Gibertus) utilisent un langage dégradé qui paraît d'autant plus comique qu'il est intégré à la métrique, à la syntaxe et à la morphologie latines.

Lévita, quant à lui, tend à multiplier les exclamations populaires dans les scènes de dispute ou de désarroi et aucun des personnages nobles (même Vienne) n'est exempt de ce type de rabaissement. Les jurons, qui s'appuient souvent sur des termes d'origine hébraïque, sont monnaie courante dans le *Boṽo Dantòne* et n'ont pas tout à fait disparu du *Paris un Wiene*[246]. Les insultes utilisent les trois composantes de la langue, signe de spontanéité et de naturel[247]. Le bas corporel est très présent. Le terme *thoḥess* (derrière) est l'un des termes d'origine hébraïque les plus présents dans les romans de Lévita[248]. La peur, chez le poète yiddish comme chez Folengo, est en général exprimée par une image scatologique. Dès les premiers vers du *Baldus*, le poète macaronique affirme que sous l'effet de la gloire du chevalier, « *Terra tremat baratrumque sibi cagat adossum*[249] » (*B*, I, 4). Expression vulgaire de la peur que Lévita emploie de façon burlesque, à propos d'un des lions lors du combat avec Pelukan : « *Ṽòr angstén war er sich géleich bèkakén*[250] » (*BD*, 476). Mais il l'emploie aussi à un des moments de

---

[246] Les jurons s'appuient sur des noms particuliers de maladie, par exemple la peste, *dever* (2 occurrences dans *BD*), la diarrhée *hilich* (2 dans *BD*, 1 dans *PW*), ou sur des termes plus génériques désignant des maladies mortelles : *ḥole* (précédé de « böse », maladie grave, 2 dans *BD*), *misso méšune* (mort violente, 1 dans *PW*).

[247] L'insulte d'origine hébraïque la plus utilisée est le mot *mamser* signifiant « bâtard » (2 occurrences dans *BD*, 2 dans *PW*). Pour exprimer le mot « pute », on trouve le terme d'origine italienne *putana* (1 dans *BD*) et les termes d'origine allemande *hur* (3 dans *BD*, 2 dans *PW*) ou *gleide* (1 dans *BD*).

[248] On rencontre *thoḥess* (derrière) 4 fois dans *BD* et une fois dans *PW*.

[249] « La terre tremble et l'enfer se chie dessus. » Folengo écrit dans son *Apologetica in sui excusationem* de l'édition *Toscolana* (A. Luzio 1911) : « *Dicimus "se cagat adossum" ; melius (fateor) dici potuerat "timet". Sed cur, inquam, fuit repertum macaronicon ? causa utique ridendi ; ergo "se cagat adossum" positum est causa ridendi et non orandi [...].* » : « Nous disons "il se chie dessus", nous aurions mieux fait de dire, je l'avoue, "il craint". Mais pourquoi, dis-je, le macaronique a-t-il été inventé ? Pour qu'on puisse rire. On écrit donc "il se chie dessus" pour rire et non pour faire un discours solennel. [...] »

[250] « De peur il se chia aussitôt dessus. »

plus grande tension du *Paris un Wiene*, en l'appliquant, de façon totalement opposée à la tonalité de l'épisode, à la noble princesse Vienne et à sa nourrice Isabelle lors de leur fuite en compagnie de Paris (*PW*, 331). Il crée ainsi une détente comique au cœur d'un épisode pathétique et prouve une fois de plus que le langage familier n'est pas, chez lui, incompatible avec l'élévation du style.

Dans le second roman de chevalerie de Lévita, c'est surtout dans la relation au discours direct des paroles des personnages que les expressions idiomatiques et familières sont nombreuses, de sorte que ceux-ci, aussi nobles soient-ils, parlent comme de simples particuliers, assez grossiers de surcroît, des ghettos d'Italie septentrionale. Lorsque Paris exprime à son père le souhait qu'il aille, en son nom, demander Vienne en mariage au Dauphin, malgré les terribles conséquences que ce geste peut entraîner, il s'exclame ainsi : « *Übér den arsch zòch ichs selbst di rutén*[251] » (*PW*, 293). Et le pauvre père, dans une occasion encore plus solennelle, puisqu'il s'adresse au Dauphin pour exprimer cette demande, jure d'une façon fort courante dans le *Bovo Dantòne* où elle correspondait d'avantage à la tonalité de l'œuvre : « *Ich sagś un' waiś dàrzu, mich gè' der hilich !* / *Dàs es nit müglich is noch minér bilich*[252] » (*PW*, 297).

Pulci montre une tendance comparable à exploiter un langage populaire (fortement stylisé) même dans des épisodes dramatiques[253]. Rinaldo est amoureux d'Antea, la belle guerrière, à qui il doit livrer un combat singulier. C'est alors qu'il prononce la longue lamentation amoureuse que nous avons déjà évoquée, à la suite de laquelle Orlando vient le voir dans son lit pour s'enquérir de la raison de son absence. Comme Rinaldo veut le tromper en évoquant un songe, Orlando lui raconte une nouvelle comique (*M*, XVI, 42-43) dans laquelle un moine prétend pleurer la mort de ses compagnons alors qu'il pleure parce que sa soupe est trop chaude. Il poursuit en affirmant que Rinaldo

---

[251] « J'ai moi-même préparé les verges pour me frapper le cul ! »

[252] « Je le dis, et le sais moi-même fort bien – que la diarrhée me frappe ! – / Que ce n'est pas possible ni encore moins souhaitable. »

[253] Pour une analyse complète de la scène dans son rapport au *Cantare d'Orlando* on se reportera à M. Davie 1998, p. 51-62. On y verra que Pulci parvient, tout en restant très proche de sa source, à la tordre par un certain nombre d'ajouts, de modifications, d'intercalations. Lévita emploie souvent les mêmes procédés.

souffre d'une chaleur d'un autre genre (« *Ma questo è altro caldo veramente*[254] », *M*, XVI, 43) et prouve à son ami qu'il est au courant de sa passion puisqu'il a entendu une partie de ses lamentations.

Rinaldo, se voyant pris en flagrant délit, avoue tout, mais il ajoute quelques strophes pathétiques et rhétoriquement raffinées sur l'impossibilité qu'il y a pour lui de combattre son amante car ce serait lever l'épée contre lui-même. Et il refuse de parler avec Orlando parce que celui-ci (selon toute la tradition italienne avant Boiardo) n'a jamais connu la passion des femmes. Orlando, désemparé (Pulci utilise l'adjectif comique « *spennechiato* » : « déplumé »), va rendre compte de la situation à ses amis chevaliers et la résume avec une concision efficace : « [...] – *Il nostro Rinaldo è già armato, / Ch'aspetta alla battaglia Antea nel letto*[255] » (*M*, XVI, 57). On devine que, pour cette bataille au lit, Rinaldo n'a pas besoin d'être armé d'autre chose que de ses atours naturels.

Les chevaliers craignent que l'amant transi ne risque son honneur en refusant d'aller au combat. La strophe que nous allons citer met en scène le dialogue d'Ulivieri et d'Orlando. Pulci y fait montre de toute sa maîtrise dans le maniement d'un langage idiomatique, imagé, d'origine populaire. Ulivieri se propose d'aller faire la morale à Rinaldo. Le second l'en dissuade vivement car son compagnon est notoirement aussi sensible aux charmes des dames que Rinaldo :

> *Ma Ulivier con Orlando dicea :*
> *– Io gli ho a cantar poi il vespro, s'io mi cruccio[256].*
> *– Deh, taci ! – Orlando tosto rispondea*
> *– ché ti direbbe : "Néttati il cappuccio".*

---

[254] « Mais ceci est vraiment une autre chaleur. »

[255] « [...] – Notre Rinaldo est déjà armé / Et il attend Antea pour la bataille dans son lit. »

[256] L'expression « *s'io mi cruccio* » est désignée comme idiomatique et populaire par Pulci lui-même dans son poème rustique, érotique et comique, *La Beca* (str. 8), qui met en scène les prières qu'un paysan adresse à sa belle : « *Ma s'io mi cruccio, come dicon quegli, / io ne farò un dì duo tranconcegli* » (« Mais si je m'énerve, comme disent ceux-là, / J'en ferai un jour deux gros morceaux »). Tout le passage fait allusion aux exploits sexuels des deux amants. Le poète parle, de cette façon cavalière, de son amante qui lui demande de se montrer plus vigoureux au jeu de l'amour.

A me, che ignuno error di ciò sapea,
m'ha rimandato indrieto come un cuccio.
Chi vi cercassi trito a falde a falde,
né l'un né l'altro è farina da cialde.

M, XVI, 63

Mais Ulivier disait à Orlando :
– Je vais lui sonner les cloches, si je m'énerve.
– Eh ! Tais-toi ! – répondit aussitôt Orlando
– Car il te dirait : « Lave ton linge sale d'abord ! »
Moi qui n'ai pas fait d'erreur dans ce domaine
Il m'a renvoyé comme un chien
Car pour qui y regarderait de près,
Ni l'un, ni l'autre n'est blanc comme neige.

Nous avons souligné les expressions populaires dans le texte italien. Elles renvoient toutes à des domaines du quotidien : messes, habillement, agriculture, animaux. Notre traduction cherche à rendre autant que possible ces formules et ne vise pas à la littéralité.

La strophe suivante est celle dans laquelle Orlando résume la nouvelle de l'abbesse venant tancer une religieuse lascive avec les braies d'un prêtre sur la tête (*Decameron*, IX, 2). La nouvelle fonctionne donc comme une illustration de l'expression « *Nettati il cappuccio* ! » (« Lave-toi le capuchon ! »). L'explication linguistique se double alors d'un parallélisme littéraire puisqu'Ulivieri, voulant tancer Rinaldo, se trouve dans la même situation que cette abbesse. On voit, dans tout cet épisode, à quel point Pulci mêle les genres et les registres et rabaisse les chevaliers en leur attribuant un langage bien peu courtois.

Pourtant, il n'y a pas chez lui, contrairement à ce qui se passe souvent chez Lévita, la volonté de produire un effet de conversation familière. Toutes les expressions enchaînées à la rime reflètent au contraire la volonté de réaliser un tour de force : Pulci est, comme l'ont noté divers critiques, un véritable funambule de la langue et, nous ajouterions, un funambule de la littérature tant il fond les textes d'autrui, avec un art impressionnant de la condensation, dans la grande toile de son roman de chevalerie. Le poète yiddish a, si on le compare à Pulci, le même goût pour les dialogues fortement empreints d'oralité, mais on note chez lui une volonté plus nette de produire des effets réalistes, de rappeler à ses lecteurs des scènes de tous les jours.

Dans le *Boōo Dantōne*, l'épisode de la reconnaissance du héros, qui se cache sous le nom d'Agustin, par sa nourrice et par son parrain a été retravaillé afin d'en rendre le dialogue à la fois plus vivant et plus vulgaire. Dans cette scène, de mémoire homérique (cf. *Odyssée*, 19, 386-475), le poète yiddish remplace d'abord la croix que Buovo porte sur l'épaule dans le roman italien par des signes intimes et anodins, dénués de toute signification chrétienne et évocateurs de scènes domestiques : une ancienne brûlure ronde derrière le mollet et deux verrues sur l'épaule (la brûlure a été faite par la nourrice). La marque corporelle du roman italien faisait au contraire allusion au rôle de défenseur de la chrétienté qu'assume le grand chevalier. Le dialogue dans lequel Tiriz s'enquiert avec une fausse naïveté de l'origine de la blessure tandis qu'il prend son bain avec le héros (il connaît, grâce à sa mère, l'existence du signe distinctif) est plein de naturel : « *Ei wė' is dås asō ain grósėr schad / Wi is dir an dem bain gėschehén*[257] ? » (*BD*, 554).

Mais Lévita reconfigure surtout le dialogue qui met en scène les soupçons de Sinibald et de sa femme concernant l'identité de leur jeune filleul et transforme leur conversation en une dispute conjugale. Dans la source, c'est le parrain qui croit reconnaître le jeune homme : « *Mirando le sue membra relucente / Alcuna somiglianza gli vedea / Di Buovo al volto e poi non li parea*[258] » (*BDit*, 520). C'est alors sa femme qui lui rappelle en pleurant que Buovo a été tué par sa mère. Dans le poème yiddish, Lévita a interverti les rôles : c'est la marraine qui a des soupçons. Cette interversion, qui peut paraître anodine, a pourtant une certaine importance structurale : la femme, chez Lévita, est associée à la sphère de la sensibilité, de la domesticité, de la famille. À la fin du second roman, c'est aussi la mère de Paris qui le reconnaît en premier sous son déguisement alors que les hommes restent perplexes.

Mais revenons à la scène du *Boōo Dantōne*. Sinibald oppose à sa femme, la marraine de Paris, des objections brutales à son identification : « *Sinibåld šprach zu der selbigén herin / "Du bist bei' bók ain rechtè nerin // Boōo der is léngst gèworén hin-gèricht*[259]" »

---

[257] « Aïe, comme c'est dommage ! / Comment cela t'est-il arrivé à la jambe ? »

[258] « Regardant ses membres brillants / il lui voyait quelque ressemblance / Avec Buovo quant au visage, et puis il ne lui semblait plus. »

[259] « Sinibald dit à la noble dame / "Tu es, parbleu, une vraie idiote // Bovo a depuis longtemps été assassiné." »

(*BD*, 548-549). Comme nous avons déjà eu l'occasion de le voir, il emploie ici le juron courant « *bei' bŏk* » (« par le bouc ! »), altération vulgaire de « *bei' gŏt* » qui, comme le « parbleu » français, cherche à masquer le blasphème. Après avoir rudoyé sa femme il conclut : « *Abér Aguśtin Boṽo asŏ enlich sicht / As wer er im ous dem thoḥess gĕśtigén*[260] » (*BD*, 549). L'expression vulgaire entre en contraste direct avec le deuil ressenti pour la disparition. L'épisode, dans son ensemble, chargé d'émotion et de force dramatique, ne laissait pas attendre cette explosion d'expressions vulgaires. L'usage d'un tel langage a une importante fonction de dédramatisation et transporte toute la scène du milieu aristocratique où elle se joue vers le peuple, quelque peu caricaturé dans le cadre d'une scène conjugale où volent les insultes et les jurons.

Ce langage bas, expressif et comique appartient à une stratégie plus globale qui consiste à faire régner sur le récit des romans de chevalerie une forme de bon sens sceptique. Chez le poète yiddish, le goût pour la sphère domestique et pour le quotidien s'accompagne d'une remarquable distance à l'égard du merveilleux et du surnaturel, en contraste flagrant avec les tendances des romans de chevalerie italiens contemporains.

III.2.e. *Le merveilleux et le surnaturel :*
entre plaisanterie et incrédulité

C'est avec Boiardo et l'*Orlando innamorato* que le merveilleux devient un ingrédient incontournable du roman de chevalerie italien même s'il n'était pas absent de la tradition des *canterini*. En fusionnant les thèmes et les recettes narratives de la matière de Bretagne et de la matière de France, l'auteur ferrarais a aussi considérablement augmenté la part du merveilleux dans le roman : objets enchantés, mages, sorcières, êtres surnaturels. Cet ingrédient, présent dans le cycle carolingien parce qu'il a été très tôt contaminé par le cycle arthurien, n'y jouait pourtant pas un rôle moteur. Nous trouvons quelques épisodes merveilleux dans le *Morgante*, comme celui du château enchanté que nous avons étudié plus tôt (*M*, II, 19-41), mais ils restent isolés et ne jouent aucun

---

[260] « Mais Agustin ressemble à Bovo / Comme s'il lui était sorti du derrière. »

rôle structurel. Le seul élément merveilleux qui occupe une place centrale dans l'œuvre de Pulci est la taille démesurée du géant éponyme et les exploits qu'il réalise grâce à elle. Le *Buovo d'Antona* fait un usage comparable du surnaturel : il s'agit seulement d'un ingrédient qui pimente le récit à des moments déterminés.

Chez Boiardo, et bien sûr à sa suite chez l'Arioste, le merveilleux et les enchantements deviennent absolument primordiaux : ils participent à la plupart des aventures et orientent parfois le récit vers des interprétations allégoriques. Il suffit de rappeler que c'est en buvant à la fontaine de Merlin dans les Ardennes qu'Orlando, Rinaldo et d'autres personnages tombent tour à tour follement amoureux d'Angelica ou sont pris d'une haine farouche pour elle qui les pousse à la suivre ou à la fuir jusqu'au bout du monde. C'est ce motif fantastique et capricieux qui met toute la narration en mouvement (*OI*, I, III, 32-42 ; *OI*, II, XV, 26-27). Les objets magiques de Boiardo passent, pour la plupart, inchangés dans le roman de l'Arioste, tel l'anneau d'Angelica qui fait disparaître celui qui le tient dans la bouche et qui le prémunit contre les sorts.

L'*Orlando Furioso* pousse cette tendance de son précurseur à son apogée. Le merveilleux est une donnée essentielle de l'invention ariostéenne : toutes les armes des chevaliers majeurs sont enchantées et impénétrables (ce qui ôterait beaucoup à leur mérite si nous nous trouvions dans une logique traditionnelle de l'héroïsme), les métamorphoses et les sortilèges sont innombrables. On peut même dire qu'avec l'épisode de la folie d'Orlando et de la quête par Astolfo de sa raison perdue dans la lune, le merveilleux est devenu l'ingrédient le plus remarquable du *romanzo cavalleresco* au début du XVIᵉ siècle, celui qui a été le plus systématiquement repris par les imitateurs de l'Arioste et qui a grandement contribué au succès durable du genre[261].

---

[261] Dans son ouvrage consacré au poème ariostéen, Italo Calvino compare la figure de l'auteur à celle d'Astolfo, personnage toujours en mouvement à dos d'hippogriffe, entouré d'objets magiques (une corne qui provoque la panique, un livre qui déjoue tous les sortilèges), personnage toujours aux frontières du réel et du merveilleux : I. Calvino 1970. Pour bien comprendre le rôle de la fantaisie surnaturelle dans le succès de l'Arioste, on peut rappeler que c'est cet aspect de son œuvre qui était mis à l'honneur lorsque le poète faisait fureur à la cour de Louis XIV dans les festivités organisées à Versailles. Voir par exemple la description des fêtes des *Plaisirs de l'Île enchantée* dans A. Cioranescu 1939 p. 394-396.

Un scepticisme affiché

Il est, dans ces circonstances, d'autant plus remarquable que Lévita, si influencé par ailleurs par le poète italien, n'ait été en rien inspiré par cette veine merveilleuse. Au contraire, le poète yiddish affiche dans toutes ses œuvres une nette propension au scepticisme. Un des facteurs décisifs qui a poussé Lévita à choisir le *Paris e Vienna* a sans doute été l'absence totale d'éléments surnaturels dans ce roman d'amour. L'incrédulité radicale du narrateur apparaît jusque dans la brève scène de la source où Vienna, ayant eu pendant la nuit un cauchemar dans lequel un loup la poursuivait, conçoit des craintes pour la survie de Paris et demande à Isabelle d'en éclairer le sens. La nourrice lui répond qu'il ne faut pas croire aux cauchemars, en particulier quand l'esprit est passionné (*PVit*, 88). Lévita saisit cette occasion pour se lancer dans une digression sur les rêves. Il fait mine ici de s'opposer à sa source alors qu'il reprend le discours d'Isabelle à son compte :

> *Ich mag öuch nit schreibén ūun trem*
> *Wen ich hab dran ain klainen glabén.* [...]
> *Ich hàlt was bei tag mit vleiś is mumèln*
> *Dàś is aim bei nacht im hirén drumèln.*
>
> *Òft génén in den köpf di' denf*
> *Wen ainér hòt zu vil in magén*
> *Ich hàlt eś tuts der selbig senf,*
> *Siśt glab ich nischt dàś di' trem tagén.*
>
> PW, 401-402

Je ne veux pas vous écrire à propos des rêves,
Car j'y crois bien peu. [...]
Je pense que ce qui se bredouille dans la journée avec constance
Cela tourne dans le cerveau des gens pendant la nuit.

Souvent les vapeurs montent à la tête
Quand on a trop de choses dans l'estomac.
Je pense que c'est la moutarde qui agit comme cela,
Sinon je ne crois pas que les rêves aient de la valeur.

Voltaire adorait l'Arioste (R. P. Legros, 1927, p. 157-161) : dans son *Candide* (Chapitre XXV), il met dans la bouche du personnage de Pococouranté, qui doute de la valeur de toutes les épopées, la phrase suivante : « J'aime mieux le Tasse et les contes à dormir debout de l'Arioste ». Ce personnage sauve les poètes italiens de la condamnation générale des prétentions de la littérature, en raison justement du merveilleux de leurs œuvres, qui les sauverait de toute prétention excessive au sérieux (contrairement, notamment, à ce qui se passe chez Milton).

Cette tirade contre les rêves fait tout pour ridiculiser l'absence de rationalité de leur interprétation, depuis la rime expressive « *muméln* » / « *druméln* » qui mime le ressassement des idées dans la tête du rêveur, jusqu'à la mention burlesque de la moutarde dans l'estomac jointe à l'assimilation des songes à des vapeurs. Tout cela vise à réduire ce phénomène mental à ce qu'il y a de plus physique. La position du narrateur reflète ici, sans le moindre doute, la personnalité d'Élia Lévita bien plus qu'une réticence particulièrement juive[262]. Comme il se montre aussi peu sensible aux rêves (et clame haut et fort son incrédulité), il semble moins étonnant que le poète yiddish ne se soit pas laissé tenter par les « contes à dormir debout de l'Arioste », selon le mot de Voltaire, par ses enchantements, ses fées et ses mages. C'est même un phénomène littéraire original que celui de ce poète qui reprend les leçons narratives et poétiques d'un de ses contemporains sans partager ses sources d'inspiration.

Dès le *Bōvo Dantóne̱*, Lévita montre une relation ambiguë au merveilleux. Il en a généralement diminué la présence par rapport à sa source en donnant à son narrateur l'attitude sceptique que nous venons d'observer. C'est ainsi que l'auteur yiddish fait une première grande coupe dans le *Buovo Dantona* en supprimant une série d'aventures merveilleuses survenues à Buovo pendant

---

[262] Il existe de nombreux témoignages du scepticisme de l'auteur dans ses œuvres hébraïques. Nous pouvons, par exemple, renvoyer à l'article Lilith de son *Sefer Hatishbi* où il conclut son texte consacré à la reine des démons et aux superstitions populaires qui l'entourent (1542, 181) : « כל זה מבאור היטב בספר בן סירה יעיין שם מי שמאמין בו » (« Tout ceci est écrit dans le livre du Siracide. Qu'il aille voir là-bas celui qui y croit. »). La position d'Élia Lévita est d'autant plus remarquable qu'elle s'oppose radicalement aux croyances répandues parmi les Juifs telles qu'elles sont décrites par Léon de Modène un siècle plus tard : « Ils ont grande créance aux songes, à cause de ce qui est dit sur ce sujet dans l'Écriture touchant Jacob, Joseph, Pharaon, Nabuchodonosor, Daniel, et autres et de ce qui est écrit au trente troisième chapitre de Job verset 15 [...]. Aussi ils ajoutent une si grande foi aux songes que si quelqu'un songe quelque chose de mauvais, et qui lui cause de l'ennui, particulièrement si son songe se rapporte à une des quatre espèces que les rabbins ont expliquées, ils ont accoutumé de jeûner ce jour-là. », L. Modena 1998, p. 27. E. Timm (1996, p. CXXIX), évoquant les condamnations des « *törichte bücher* » (« les livres idiots ») par un certain nombre de préfaces de livres yiddish, utilisait cet argument pour expliquer le choix par Lévita d'une histoire dont le surnaturel est totalement absent. Mais ces préfaces attaquent la littérature à sujet profane. Aucune d'elle ne mentionne, par exemple le *Melochim Buch* qui, nous l'avons vu, est, comme les récits midrashiques qui l'inspirent, rempli d'histoires surnaturelles.

son errance dans la forêt, après la mort de Pulicane et le retour de Drusiana chez ses parents. Ce ne sont pas moins de 45 octaves qui sont totalement passées sous silence (*BDit*, 422-467). Le roman italien raconte la façon dont Buovo trouve refuge dans la cabane d'un chasseur qui le trahit en le livrant aux menées meurtrières de malandrins. Ces derniers ont à souffrir du caractère enchanté de Rondello, le cheval de Buovo, qui tue toute personne l'approchant de trop près. Survient alors un géant qui interrompt les bandits dans leur volonté assassine. Ce géant une fois tué par le héros, c'est la géante qui survient pour subir le même sort que son mari. Enfin, Buovo assiste aux combats d'un serpent avec un léopard, et d'un ours avec un gryphon. Face à cette série d'épisodes merveilleux mécaniquement juxtaposés, Lévita choisit de couper court et ne s'en cache pas :

> *Er reit un ' w 'uśt nòch weg nòch šteg,*
> *Im bégégnét menchér lint-w 'urm*
> *Un ' reit durch mench wild géheg.*
> *Er vand mench tir mit wildén furm.*
> *Ain gróśér ris bégégnét im ouf dem weg :*
> *Da bèštund er mit ain šturm.*
> *È er in dér-schlug gab er im štreich génugén*
> *Ich màg eś nit schreibén ich hàlt eś vor lugén.*

BD, 507

> Il chevaucha sans connaître ni chemin ni sentier
> Et rencontra maints dragons.
> Il traversa maints territoires sauvages
> Et trouva bien des animaux avec des formes étranges.
> Il rencontra un grand géant sur le chemin
> Qu'il vainquit en l'assaillant.
> Avant de le tuer, il lui donna un bon nombre de coups
> Je ne veux pas l'écrire, je pense que ce sont des mensonges.

Lévita produit dans cette strophe un sentiment d'accumulation d'aventures par la répétition du terme « *mench* » (maints). Il joue également sur le sens de l'adjectif « *wild* » qui peut signifier « sauvage » et « étrange ». En mentionnant dans le désordre presque tous les épisodes de la source, mais en n'accordant guère plus d'un vers à chacun d'eux, il fait preuve d'une nonchalance dans le résumé qui débouche sur une caricature des réflexes du genre : un chevalier, seul dans la forêt, rencontre nécessairement dragons et géants en grand nombre. La révocation de tout ce passage, comme mensonger, constitue en réalité une infraction aux règles du genre chevaleresque : l'infaillibilité de la source est une convention narrative essentielle des romans de chevalerie qui maquillent leur aspect fictionnel sous le masque d'une chronique historique. La sacro-sainte vérité de la *bella istoria* est, sans complexe, foulée aux pieds par le narrateur.

Or, Lévita n'hésite pas à employer les protestations de vérité si coutumières aux *canterini*. Mais il le fait d'une manière si caricaturale que celles-ci ne peuvent apparaître que comme des antiphrases. Racontant le départ de Bovo pour Babylone, il insiste longuement sur sa rapidité extraordinaire et précise, comme nous avons déjà eu l'occasion de le mentionner : « *Vil lengér muś uns alén wol sein, / Asó sàgt màn in den merén den kindérn, / Dàś is werlich war, bei meinén aidén*[263] ! » (*BD*, 221). L'expression tautologique et enfantine « *Dàś is werlich war* » est utilisée à d'autres moments dans le *Boṽo Dantòne* (par ex. : *BD*, 76) et ne désigne pas nécessairement des faits incroyables : elle est utilisée comme la reprise exacerbée d'un tic des chanteurs de rue sous une forme naïve qui la décrédibilise[264]. Dans la citation que nous venons de proposer, où elle est appuyée par un serment emphatique, elle est d'autant plus vidée de substance qu'elle suit l'aveu, par le poète, qu'il vient d'utiliser une formule courante des contes pour enfants. De plus, telle qu'elle se présente, on ne sait plus à quoi elle se rapporte : qu'est-ce qui est vrai, la rapidité extraordinaire de Bovo, ou le fait que cette formule appartient aux contes pour enfants ?

Le narrateur, volontiers ironique, est donc un sceptique convaincu. Il ne peut pas s'empêcher de critiquer ce en quoi il ne croit pas (comme s'il croyait au reste de son récit !). Mais ce refus de raconter des « mensonges » n'est peut-être qu'un prétexte pour cacher une motivation esthétique plus profonde. Tout ce passage, long et répétitif, ne contribue en rien au développement de la narration : c'est une série d'épisodes merveilleux, juxtaposés les uns aux autres sans réelle nécessité narrative, dans la logique purement accumulative qui est souvent celle des *cantari*[265].

---

[263] « Nous aurions tous eu besoin de beaucoup plus longtemps, / – C'est ainsi qu'on dit aux enfants dans les contes – / C'est vraiment vrai sur ma foi ! »

[264] Pour les formules d'authentification de l'histoire du type « *questo è certo vero* » (« ceci est certainement vrai »), M. C. Cabani 1988, p. 121-134.

[265] Le passage du *Buovo d'Antona*, ici négligé par l'auteur yiddish, relève du

Elle ne trouvait pas sa place dans un roman qui met l'accent sur la rapidité de la narration et s'intéresse principalement aux effets de symétrie proposés par les aventures.

Le merveilleux pour rire

Mais Lévita ne choisit pas systématiquement de passer sous silence les éléments merveilleux de sa source. Assez souvent, il adopte une attitude contraire, plus courante dans le *romanzo cavalleresco* de la Renaissance, qui consiste à transformer les phénomènes sur-naturels en objets de plaisanterie. Même l'Arioste, pour qui les enchantements ne sont pas, en principe, des sujets risibles, peut être surpris en train de plaisanter sur ses inventions les plus extravagantes. Dans l'épisode d'Orrilo, sorcier qui a la capacité de réunir ses membres lorsqu'ils sont coupés au combat par l'épée des chevaliers, Astolfo parvient à lui emporter la tête et le narra-teur souligne comiquement l'aspect grotesque de ce démembre-ment : « *Volea gridare : – Aspetta, volta, volta !* / *Ma gli avea il duca già la bocca tolta*[266]. » (*OF*, XV, 84). Le corps sans tête se met donc, silencieusement, à la poursuite du chevalier qui a volé sa bouche.

Cet amusement à l'égard du merveilleux, ponctuel chez l'Arioste, est au contraire l'attitude systématique d'auteurs tels que Pulci ou Folengo. La taille du géant Morgante est, pour le poète florentin, une source inexhaustible de notations comiques. L'épisode où le héros éponyme rencontre le demi-géant Margutte, haut de « seulement » huit mètres, est l'un des plus longs ajouts que Pulci réalise par rapport à sa source et il mime, sur bien des points, les habitudes mécaniques des épisodes merveilleux, tel celui que nous venons d'évoquer dans le *Buovo d'Antona*. Errant dans une forêt déserte, les compagnons sauvent une jeune fille prisonnière de deux géants, tuent une licorne, une tortue géante, un dragon, un éléphant. Ces aventures enchaînées se répètent sur le même modèle : il s'agit pour Pulci de fournir à Morgante

---

style du chanteur de rue dont l'invention stéréotypée ne craint pas les répétitions : il est absent de la version en prose d'Andrea da Barberino qui a peut-être servi de source secondaire à Lévita.

[266] « Il voulait crier : – Attends, reviens, reviens ! / Mais le duc lui avait déjà retiré la bouche. »

d'immenses bêtes à dévorer et de les lui faire avaler sans laisser la moindre miette à Margutte. Celui-ci fait entendre, à chaque épisode, des récriminations tonitruantes.

L'aventure merveilleuse est donc transformée, dans tous ses éléments, en épisode exploitant un comique simple et populaire. C'est ainsi que Morgante promet à Margutte de conserver intact l'éléphant qu'ils viennent de capturer le temps que son ami aille chercher à boire. Il tient sa promesse en le « conservant » tout entier dans son estomac (*M*, XIX, 84). Il nargue ensuite son compagnon et lui explique en riant la façon qu'il a eu de tenir sa parole tout en se curant les dents à l'aide du pin qui a servi pour faire cuire l'animal à la broche : démesure, tromperie, répétition mécanique, le *Morgante* devient, dans tout ce passage une vaste plaisanterie.

Comme nous l'avons déjà vu dans la scène de l'armement, la simple présence du géant Morgante fournit à Pulci mille prétextes pour introduire des notations comiques : mais tout au long des quelque 240 octaves où le poète lui adjoint la figure transgressive du demi-géant Margutte, le roman de chevalerie semble chercher à produire le rire de façon ininterrompue au point que, pour rejoindre le cours du *Cantare d'Orlando* qu'il avait abandonné et pour retrouver une tonalité plus sérieuse, le poète se voit contraint de faire disparaître le personnage du demi-géant (*M*, XVIII, 112 à XIX, 152). Pour s'en débarrasser sans changer de tonalité, il le fait littéralement mourir de rire (*M*, XIX, 148) : « *Allor le risa Margutte raddoppia, / e finalmente per la pena scoppia*[267]. » Quelques octaves plus loin, Morgante meurt à son tour dans une page qui n'est pas moins comique. L'auteur se moque une dernière fois de la taille de son personnage : après avoir sauvé un navire de l'attaque d'une baleine, le géant succombe à la morsure d'un petit crabe. Le caractère burlesque de ce contraste est souligné par le personnage lui-même (*M*, XX, 51-52) : « *E cominciava con Orlando a ridere / Dicendo : – un granchio m'a voluto uccidere : // Forse volea vendicar la balena / tanto ch'io ebbi una vecchia paura*[268]. » Le géant a beau plaisanter, Pulci le fait réellement mourir à la fin

---

[267] « Alors les rires de Margutte redoublent / et finalement, pour la peine, il en éclate. »

[268] « Et il commençait à rire avec Orlando / En disant : – un crabe a voulu me tuer : // Peut-être voulait-il venger la baleine. / J'ai ai eu une bien grande peur ! »

de la strophe, façon légère et grotesque de régler son compte au personnage le plus populaire du poème[269].

Il s'agit bien pour le poète de la Renaissance de s'emparer d'une figure connue, celle du géant, qui n'avait rien d'essentiellement comique dans la tradition des anciens *romanzi cavallereschi* et d'en faire évoluer les traits et les actions pour provoquer un sentiment de démesure, d'absurdité et un rire irrésistible.

C'est un traitement comparable que Lévita réserve à Pulicane, l'homme-chien de sa source. Il serait faux de dire que le rédacteur de la version italienne de 1497 est totalement insensible au potentiel comique de cette figure. Déjà, Andrea da Barberino dans les *Reali di Francia* (IV, 27) utilisait pleinement la nature hybride du personnage en montrant la façon dont il utilisait son odorat pour retrouver les fuyards. Mais le ton du prosaïste florentin reste imperturbablement sérieux.

Les *canterini* plus tardifs sont moins attachés à ce ton uniforme et mêlent à l'improviste quelques plaisanteries isolées à leur narration[270]. C'est ainsi que dans la source de Lévita, Buovo s'efforce de rassurer Drusiana à l'arrivée de Pulicane en réduisant le personnage à sa nature canine au moment où celle-ci lui décrivait en tremblant la nature sauvage du personnage : « *Buovo dice che paura non hane / De mille can non che d'un mezzo cane*[271] » (*BDit*, 293). La plaisanterie est reprise presque littéralement par Lévita : « *Ich ūurchtét mich ni' ūōr hundért hund / Sōlt ich mich den nit wéran gégén ainém halbén*[272] » (*BD*, 368). Cette reprise, et d'autres indices, laissent peu de doutes sur l'utilisation du *Buovo* 1497 par Lévita. Dans tous les épisodes qui mettent en scène le personnage, Lévita s'amuse de sa nature pour accroître le potentiel comique de son poème.

---

[269] La popularité du géant est attestée par le fait que le titre de l'œuvre semble avoir été choisi davantage par suffrage populaire que par l'auteur lui-même : c'est du moins ce que laisse entendre l'avertissement de l'édition Ripoli de 1481. L'épisode de Margutte a été édité séparément par cette même maison d'édition ce qui témoigne du succès particulier du passage. (M. Davie 1998, p. 24-25).

[270] Sur l'introduction de ce type de notes comique dans une autre version du *Buovo d'Antona* (édition de Bologne 1480), voir D. Delcorno Branca 2008, p. 24.

[271] « Buovo dit qu'il n'a pas peur / De mille chiens et pas plus d'une moitié de chien. »

[272] « Je n'aurais pas peur de cent chiens / Ne dois-je donc pas me défendre contre une moitié ? »

La plaisanterie reste cependant isolée dans la source italienne : l'auteur du *Buovo d'Antona* exploite peu le caractère chimérique du personnage qui finit par se comporter comme un chevalier doté d'une puissance peu commune. Lévita saisit au contraire de nombreuses occasions pour mettre en scène ce corps et cette nature mixtes. Comme pour Morgante chez Pulci, la mort du personnage est l'occasion de souligner comiquement le caractère extraordinaire de Pelukan. La source décrit de la façon suivante la fin tragique du chevalier, qui trépasse, attaqué par des lions, tout en priant pieusement : « *Appena ch'el disse "Aiutami Maria !" / E morto cade in terra a capo torto / E quel Leon gli cade allato morto*[273] » (*BDit*, 413).

Lévita choisit tout d'abord de transformer cette mort en une scène violente d'abattage, soulignant ainsi l'animalité du personnage : « *Un' [der léb] štiś im ain pfot bis mitén in rukén / Un' kòne un' wéśét reiś er im zu štukén*[274] » (*BD*, 478). Dans cette fin de strophe, Lévita traduit une suggestion de la source (« *E la gola in do parte li partia*[275] ») mais il introduit subitement deux termes talmudiques qui offrent une allusion surprenante à une réalité juive éloignée des combats chevaleresques : celle de l'abattage rituel. Les mots *kòne* (קונה) et *wéśét* (וישט) sont en effet deux termes utilisés pour décrire le processus de la *šéḥito* (שחיטה), l'abattage rituel juif, qui n'est considéré comme valable que si les tubes digestifs et respiratoires ont été sectionnés simultanément par le couteau du boucher[276]. Vue la façon dont le lion déchire (« *reiś zu štukén* ») ces parties de son anatomie, Pelukan ne sera sans doute pas *casher* selon la loi juive ! Par l'emploi décalé de la composante hébraïco-araméenne du yiddish, Lévita transforme la mort de Pelukan, mort digne et chevaleresque dans la source italienne, en une mort d'animal de boucherie.

---

[273] « Il eut à peine dit "Aide-moi, Marie !" / Qu'il tomba mort, la tête de travers / Et le lion tomba mort à côté de lui. »

[274] « Et le lion lui enfonça une patte jusqu'au milieu du dos / Et lui déchira en morceau *trachée* et *œsophage*. »

[275] « Et il lui coupa en deux la gorge. »

[276] Voir en particulier l'article « *Shehitah* » dans *JE* 1906. Lévita explique le terme וושט dans son *Sefer Hatishbi* (1541, p. 93). C'est l'un des rares termes dont il affirme ne connaître la traduction ni en allemand, ni en italien, ce qui confirme son caractère technique et son usage limité à des domaines aussi précis que l'abattage ou l'anatomie.

Il poursuit alors en décrivant le sort que le lion réserve au cadavre : « *Dáś vodér-tail aś er ouf gànz glàt / nit ain biśén het er da gèlóśén*[277] » (*BD*, 479). C'est à présent le caractère double du personnage qui est souligné de manière comique : le lion dévore, avec une gourmandise particulière, la partie supérieure du personnage, c'est-à-dire sa partie humaine, laissant intouchée la partie canine qui semble être moins à son goût. L'événement tragique perd beaucoup du pathos dont il était revêtu dans la source. Lévita coupe en deux la chimère, la dissèque et la réduit mécaniquement à ses deux fragments détachés. Mais ce n'est pas tout : lorsque Bovo trouve, quelques strophes plus loin, le cadavre de son ami, le poète yiddish n'oublie pas de préciser qu'il ne s'agit là que de sa partie arrière (« *dáś hintér tail v̄un Pelukàn* », *BD*, 501). Le lecteur comprend donc que ce n'est que l'arrière-train d'un chien que Bovo enterre en versant moultes larmes. Ce détail discret laisse bien peu de pathétique à cet hommage funèbre.

En s'inspirant directement de la figure de Pulicane, Folengo a lui aussi créé un personnage d'homme-chien, Falchettus qui appartient à la bande composite des compagnons de Baldus, entre le géant Fracassus (héritier de Morgante), le tzigane Cingar (héritier de Margutte) et d'autres figures typiques rencontrées au fil de la quête : le bouffon Boccalus, le poète humaniste Gilbertus, etc.[278]. Les traits de chacune de ces figures sont accentués par la verve caricaturale du poète mantouan mais il présente Falchettus d'une façon particulièrement burlesque :

> *Vidi ego Falchettum duplicato corpore natum,*
> *Quippe viri buccas usque ad culamen habebat,*
> *Ex inde ad caudam veltri sibi forma dabatur.*
> *Nescio si brancas, lector placidissime, cosam ;*
> *Clarius hoc dicam : mangiabat dente virorum*
> *Smaltitosque cibos mastini ventre cagabat.*

> *B*, IV, 134-139

---

[277] « Il dévora proprement sa partie antérieure / et n'en aurait pas laissé une miette. »

[278] Folengo renvoie explicitement à Pulicane dans l'édition Toscolana (T. Folengo 1521 : chant II, str. 466-467) : « *Namque Pulicano Falchettus venit ab illo / Quem scripsere virum medium, mediumque catellum.* » (« Car Falchettus vient de ce Pulicanus, / Dont on a écrit qu'il était à moitié homme, à moitié chien. »). Il s'agit là d'un bon témoignage de la popularité du personnage puisqu'il se trouve mis en parallèle avec les personnages de l'œuvre de Pulci.

> J'ai vu Falchettus, né avec un corps double,
> Car il avait l'allure d'un homme jusqu'au cul
> Et de là jusqu'à la queue, la forme d'un chien.
> Je ne sais, mon aimable lecteur, si tu saisis la chose :
> Je vais le dire plus clairement : il mangeait avec des dents d'homme
> Et il chiait les aliments digérés par le ventre d'un chien.

Merlin Coccaïe choisit l'un des personnages les plus extraordinaires de son roman pour se poser ironiquement en témoin visuel (« *Vidi ego* »). Adoptant la posture traditionnelle du poète véridique, il feint de prendre un ton pédagogique qui lui donne le loisir de décrire deux fois de suite la nature hybride de Falchettus, insistant sur les aspects les plus physiques, et les plus bas, du personnage (« *culamen* », « *caudam* », « *ventre cagabat* »). C'est en suivant le chemin des aliments de la bouche humaine jusqu'au derrière de chien qu'il met en évidence sa nature. Cette explication burlesque relève de la maturité de Folengo car elle n'apparaît que dans la troisième rédaction du *Baldus*. Dans la suite du roman, le caractère composite du personnage est souligné par l'auteur macaronique à tout propos. Lorsque les héros doivent se confesser avant d'entamer le grand combat contre les sorcières, Falchettus n'avoue que les péchés commis par la partie supérieure de son corps : « *Post quem Falchettus quidquid commiserat ipse / Parte viri (ut naso, gustu, visuque) fatetur, / Sed quae parte canis, tacuit, tenuitque budellis, / Namque canes Gesiae non confessare tenentur, / Et Falchettus erat vir ante, canisque dedretum*[279] » (*B*, XXII, 186). La casuistique macaronique sait rendre justice à chacun selon la nature de ses vices et de ses obligations envers Dieu !

Lévita, comme Folengo, n'est pas homme à laisser échapper une plaisanterie suscitée par le caractère double du personnage. Pelukan est tour à tour chien de chasse (*BD*, 365), chien de garde (*BD*, 391), chien de compagnie (*BD*, 471-472). Ses mouvements révèlent son animalité : « *Er sucht in alé hekén gróś un' klain / Recht wi' ain hunt er umétum schmékt / Er murt un' höült un' wáś*

---

[279] « Ensuite Falchettus avoua tout ce qu'il a commis lui-même / Quant à sa partie humaine (c'est-à-dire, par le nez, le goût, la vue) / Mais il tut ce qu'il avait fait quant à sa partie canine et le garda dans ses viscères / Car les chiens ne sont pas tenus de se confesser à l'Église, / Et Falchettus était homme par sa partie antérieure et chien par sa partie postérieure. »

vōr sich schreitén / Den grōśén rumòr hòrt màn ūun weitén[280] »
(*BD*, 365). De même que Lévita insiste sur le flair, sur les mouvements et les cris distinctifs de l'homme-chien, Folengo représente
son habileté à la chasse : « *Se citat ad cursum Falchettus, more-
que veltri / pulverulentus abit, pedibusque viluppat arenam, / unde
brevi cursu caprettos strangulat ambos*[281] [...] » (*B*, XVI, 425-427).
Quand ils insistent sur de tels détails physiques, tâchant de reproduire au mieux le comportement des chiens, les deux auteurs font
du personnage une figure immédiatement reconnaissable. Et par
la fidélité dont il fait preuve dans les deux romans, l'homme-chien
chimérique est un être attachant comme un chien de compagnie.

Il n'est donc pas surprenant que la nature canine du personnage soit soulignée dans la scène de la visite de Pelukan au monastère, dans laquelle Lévita prend de grandes libertés avec sa source
pour créer un épisode éminemment comique. Les moines, effrayés
par la présence de l'intrus, se précipitent pour le chasser :

Un' śprächén zu im : « Màch dich dàr-ūun,	Et ils lui dirent : « Va-t-en d'ici,
In dem klōśtér sòlśtu nit bleibén !	Tu ne dois pas rester dans le cloître !
Wàś sòl ain hunt bei unś tun ?	Que ferait donc un chien parmi nous ?
Wilśtu lernén òdér wiltu schreibén ? »	Veux-tu étudier ou bien veux-tu écrire ? »
BD, 450	

Lévita s'amuse de l'opposition frontale entre l'animalité de Pelukan et l'humanité (faillible) des moines qui mettent en avant
leur formation culturelle tout en agissant comme des poltrons et
d'avides mangeurs. Dans tout cet épisode, l'homme-chien joue
le rôle d'un voleur espiègle et vengeur. Sa façon de se déplacer à
quatre pattes est constamment rappelée (*BD*, 446, 448, 464).
Plus la scène est comique, plus l'aspect extraordinaire du personnage passe au premier plan. La conséquence est claire : le merveilleux, quand il est conservé par Lévita, est toujours objet de
plaisanterie, alors que chez Boiardo, chez l'Arioste, et même à certains moments chez Folengo, il peut faire l'objet d'une véritable
fascination.

---

[280] « Il les cherche dans tous les fourrés, les petits et les gros / Il renifle
partout, tout à fait comme un chien / Il grogne et hurle en avançant toujours /
On entend de loin le vacarme qu'il fait. »

[281] « Falchettus se précipite en courant, à la façon d'un lévrier / Il s'en va
couvert de poussière, soulevant le sable de ses pattes / Si bien qu'après une brève
course il étrangle les deux chevreaux [...] ».

Nous avons une confirmation de cette association permanente du surnaturel avec le comique dans le très rationnel *Paris un Wiene*. Lévita, pour conjurer ironiquement le caractère quelque peu invraisemblable du récit de sa source, introduit en effet une explication surnaturelle au charme de Paris. Le personnage vient de séduire les deux gardiens de la prison où est enfermé le Dauphin qu'il souhaite libérer. Il a, précédemment dans le récit, fait la conquête des fauconniers du sultan et du sultan lui-même. Il semble que ces séductions en série du personnage réveillent le scepticisme du narrateur qui, badin, attribue à ces succès une origine merveilleuse :

> *Der mensch der hàt ein sölchén ḥen,*
> *Dás ich wol halt nóch meinér de 'e –*
> *Un ' niméz geb mirś andérś zu v̄òr-štèn –*
> *Er hat am hals di ' bešt kamè 'e.*

> *PW*, 585

> Cet homme est doté d'un tel charme,
> Que je pense bien – c'est là mon opinion
> Et nul ne peut me donner d'autre moyen de le comprendre –
> Qu'il a autour du cou la meilleure amulette.

Comme dans beaucoup de strophes comiques de Lévita, la composante hébraïco-araméenne de son yiddish occupe une position remarquable à la rime. On a de fortes raisons de douter de la sincérité d'une telle hypothèse chez un narrateur aussi sceptique[282]. Que la plaisanterie soit située au sein du récit ou qu'elle s'effectue aux dépens même de ce récit dans la bouche d'un narrateur ironique, le merveilleux est toujours pour Lévita matière à rire. Dans cette strophe, l'ironie apparaît dans la subite distance que

---

[282] Lévita ne glisse aucune remarque critique quant à cette pratique dans l'explication qu'il donne du mot קמיע (amulette) dans le *Sefer Hatishbi* (1541, p. 205-206). Il se contente de réfléchir sur l'origine du mot. Mais il est peu probable qu'il croyait à ces méthodes apotropaïques. Il est vrai cependant que Lévita écrit à la fin d'un des manuscrits hébraïques qu'il a copiés : « J'ai fini de copier ce saint ouvrage, mercredi jour de Hoshanah Rabbah 27 [6 ?] où j'ai eu le bonheur de voir l'ombre de ma tête à la lumière de la lune. Béni soit Dieu, car je suis assuré de ne point mourir cette année » (cité par G. Weil 1963, p. 75). Cela ressemble bien à une forme de superstition. Toujours est-il que, dans le texte que nous discutons, l'adoption d'une posture critique à l'égard de la source est assez contraire aux règles du genre chevaleresque pour qu'on n'y puisse voir autre chose qu'une intention comique.

le poète affecte à l'égard de son personnage (« *der mensch* ») et dans l'insistance avec laquelle il pose l'hypothèse d'une amulette, seule explication vraisemblable, selon lui, aux événements contés. Sans cette hypothèse, nous dit ce narrateur espiègle, il faudrait considérer toute mon histoire comme un mensonge. Quand on se rappelle la façon dont ce même narrateur avait révoqué en doute l'interprétation des rêves au nom d'un rationnalisme sceptique, on comprend que ce recours à la superstition ne saurait être qu'une moquerie provoquée par le schématisme de la source.

Il est un domaine cependant où Lévita concède une part remarquable à l'invraisemblable dans son œuvre chevaleresque : c'est le domaine religieux. Circoncision, mariages, professions de foi, les chevaliers dont l'identité chrétienne est indubitable agissent fréquemment selon les règles du judaïsme. Il nous faut donc prêter une attention particulière à la façon dont l'excentricité religieuse s'exprime dans ces textes.

III.2.f. *La religion : opposition des croyances, professions de foi et hybridation*

Le *romanzo cavalleresco* traditionnel, tel qu'il est incarné par les chanteurs de rue, met en scène la guerre des Chrétiens contre les Sarrasins, même si celle-ci n'est plus réellement au centre de l'action et qu'il serait erroné d'y voir l'affirmation forte d'une identité religieuse et nationale. Ancrés dans une religiosité chrétienne assez naïve, qui s'exprime notamment dans les *incipit* des chants, les *cantari* affichent une foi de convention (ce qui ne l'empêche pas d'être sincère) qui s'incarne à travers les exploits des paladins chrétiens. Les croisades sont déjà loin. Les guerres contre l'empire ottoman ont déjà une forme si différente de ce lointain passé qu'elles ne peuvent être évoquées par les narrations chevaleresques que comme objet de vagues comparaisons (*OF*, XVI, 73). L'islam est représenté d'une manière assez fantaisiste et qui s'appuie sur des conceptions populaires fort éloignées de la réalité : les Musulmans sont censés adorer une trinité païenne, Trivigante, Apollino et Macone. Les Chrétiens ont un mépris affiché pour les mœurs de ces incroyants, ce qui s'exprime par quelques clichés.

Au début de son poème (*OI*, I, 13), Boiardo représente les Sarrasins assis par terre sur des tapis « *come mastini* » (« comme des chiens », la comparaison est omniprésente dans le genre chevaleresque). Pulci, qui ici comme souvent est très proche de la tradition des *canterini*, se moque de l'interdiction de boire de l'alcool et met en scène Morgante qui, après la conquête de Babylone, fait voler un muezzin à plus de cent mètres de haut en le visant de son battant de cloche en haut du minaret (*M*, XIX, 179-180). Par ailleurs, les belles princesses païennes sont toujours prêtes à sauver les chevaliers chrétiens et à abandonner leur religion au nom de leur amour. Il est traditionnel qu'un guerrier musulman, surtout s'il fait preuve d'une réelle valeur, ce qui n'est pas rare (n'oublions pas que Brandimarte et surtout Ruggiero sont, au départ, musulmans), se convertisse au christianisme en cas de défaite comme le fait le noble Sobrino à la fin de l'*Orlando Furioso* (*OF*, XLIII, 193). Les frontières entre les religions, si elles ne sont pas effacées par le *romanzo cavalleresco*, revêtent une dimension fantaisiste qui les éloigne de la réalité.

Cette représentation fortement stylisée des guerres religieuses a sans doute contribué à la légèreté avec laquelle Lévita a abordé le thème. Vient s'ajouter à ces données narratives, la liberté de pensée et de critique propre à l'époque, qui conduit les auteurs à présenter une image de la religion que l'on peut définir comme excentrique, sans pour autant avoir à mettre en doute leur foi[283]. Sous la notion d'excentricité, ici ramenée à son sens étymologique d'éloignement du centre et vidée de toute connotation péjorative, nous entendons aborder le statut des textes traitant le thème religieux, chez des auteurs dont la fidé-

---

[283] Beaucoup d'encre a coulé, depuis Burckhardt (1906, p. 221-347), sur l'important problème de la croyance et de l'incroyance à la Renaissance. L'un des ouvrages les plus éclairants reste celui que L. Febvre a consacré à Rabelais où il affirme (2003, p. 218) : « On peut en 1532 se dire, se croire, être chrétien et vouloir, avant tout, libérer les fidèles, les simples croyants, de terreurs enfantines et de superstitions grossières. » On peut, *mutatis mutandis*, appliquer cette phrase à beaucoup de poètes ici analysés et à Lévita tout en se souvenant que l'auteur juif n'a jamais considéré la question de la foi comme un objet de questionnement. Sa pratique, comme philologue des textes bibliques et comme poète, laisse entrevoir un homme réellement croyant et, dans le même temps, indépendant des conventions religieuses qui imposaient des frontières rigides à la pensée et à la création. Pour une réflexion sur l'état de la critique concernant le sujet, nous renvoyons au chapitre de D. J.-J. Robichaud 2013, p. 179-195.

lité à la religion a été maintes fois proclamée[284]. La foi juive, chez Lévita, paraît indéniable et trouve le moyen de s'exprimer éloquemment au cœur de ses romans. Si les *excipit* appelant de leurs vœux la venue du Messie sont, comme nous l'avons vu, avant tout des jeux littéraires s'amusant à détourner une convention de la littérature yiddish ancienne, la fervente prière de Vienne qui reprend la même tradition dans le contexte amoureux nous est apparue comme une tentative de sublimation de l'amour à travers le discours religieux. Par ailleurs, dans le *Bovo Dantóne*, Lévita a remplacé par une intense profession de foi juive la brève réponse que Buovo adresse au sultan, lorsqu'il veut le forcer à la conversion, dans la source : « *Disse Buovo : « La morte voglio io / Inanci ch'io rineghi el vero dio*[285] » (*BDit*, 191). Le poète yiddish ajoute deux strophes (*BD*, 246-247) au cœur de cet épisode dramatique à travers lesquelles le personnage loue Dieu et affirme sa foi inébranlable en lui. Il l'y qualifie de sublime et grand « *achpér un grós*[286] ». Il y affirme sa fidélité aux commandements, sa reconnaissance envers son « Créateur », sa confiance dans le « Saint-Nom » et conclut sa déclaration par une pointe où l'on peut sans doute reconnaître une attaque anti-chrétienne[287] : « *Dás ich in lós sólt ir nit rótén / Ich wil nit gebén ain lebédigén um ain tótén*[288] ».

Lévita n'attaque jamais la religion juive de façon à provoquer un scandale, comme le fait par exemple Pulci pour la religion chrétienne. Il est, de tous les auteurs chevaleresques, celui dont on peut à plus juste titre mettre en doute l'orthodoxie. La position de Lévita est plus proche de celle d'un Arioste, cultivant une distance amusée, mais indolore, avec les textes saints, avec la sévérité des dogmes et des pratiques. Nous aurons l'occasion de revenir sur le célèbre passage de l'*Orlando Furioso* (XXXVI, 18-30) où Saint-

---

[284] Nous nous appuyons sur ce terme, tel qu'il a été mis en lumière par P. Eichel-Lojkine 2002, p. 11-45.

[285] « Buovo dit : « Je veux la mort / Plutôt que de renier le véritable Dieu. »

[286] Le mot « *achpér* » est un mot typique du yiddish ancien pour désigner une grandeur autre que physique. Il provient de la racine du moyen-haut-allemand : « *ahtbære* » signifiant « estimable » mais n'est pas associé à Dieu dans la tradition chrétienne. Voir E. Timm 2005, p. 151.

[287] Voir Rosenzweig 2012, p. 201-202.

[288] « Vous ne devez pas me recommander de le quitter / Je ne veux pas échanger un vivant pour un mort. »

Jean se présente à Astolfo comme l'archétype des poètes, créateurs d'une vérité qui n'a que faire de la réalité historique. C'est là en effet une scène qui jette ironiquement sur la vérité de l'Évangile un voile de doute, mais dont l'objectif le plus clair est la glorification des poètes et de la poésie.

Cependant, c'est l'attitude de Pulci qui mérite sur cette question le plus d'attention car le poète florentin est le seul à utiliser le roman de chevalerie pour incarner un discours religieux dévastateur, radicalement inversé, et auquel il serait sans doute faux de retirer toute prétention au sérieux[289]. C'est dans ses sonnets, en particulier composés entre 1474 et 1476, que Pulci a le plus violemment pris à parti les dogmes religieux[290] : l'immortalité de l'âme, dans le sonnet « *Costor che fan si gran disputazione* » où il s'oppose avant tout aux ficiniens, la création divine, dans le sonnet « *In principio era buio, e buio fia*[291] », où il caricature les pèlerinages du jubilée de 1475, et enfin dans le sonnet « *Poich'io partii da voi, Bartolome*[292] », où il s'attaque à l'autorité de la Bible. Ces poèmes, et sans doute d'autres prises de position de Pulci, ont entraîné un tel scandale qu'il s'est attaché à l'auteur une solide réputation d'hérésie qui lui vaudra l'éloignement de la cour médicéenne et le refus d'un enterrement en terre consacrée. Il aura beau revenir sur ses provocations au sein même du *Morgante* (*M*, XXVIII, 42-46) et dans un poème intitulé *Confessione*, la marque de son esprit acide et contestataire ne s'effacera pas.

Nous souhaitons ici nous arrêter sur la comique profession de foi présentée par Margutte dans le grand roman de chevalerie. Le personnage a beau être épisodique, il n'en possède pas moins un relief inoubliable dans l'œuvre, confirmé par sa grande popularité. Le demi-géant incarne l'irréligion, la réunion de tous

---

[289] La position de Pulci est bien sûr d'interprétation difficile. P. Orvieto (1978, p. 196-205) y voit plutôt l'incarnation d'un simple jeu littéraire, d'origine médiévale, fondé sur la parodie du discours religieux.

[290] « Ceux qui font tant de disputes » (sur l'immortalité de l'âme), Voir L. Pulci, « sonetti di parodia religiosa », 1986, p. 194-196.

[291] « Au commencement était l'obscurité, et que l'obscurité soit ! », cf. L. Pulci (1986, p. 198) On lira avec intérêt le commentaire proposé par D. Romei, http://www.nuovorinascimento.org/n-rinasc/didattic/html/romei/pulci198/indice.htm [consulté le 24 Décembre 2013].

[292] « Depuis que je vous ai quitté, Bartholomé. »

les péchés sur un mode comique et attachant. Margutte, irrécupérable depuis l'enfance, parricide, tricheur, ruffian, nomme trois vertus cardinales : la gourmandise, le cul, le dé, auxquelles il faut ajouter le vol et le parjure[293]. De sa longue profession de foi (*M*, XVIII, 115-142), on retiendra surtout l'initiale inversion du *Credo*. Margutte répond à Morgante qui vient de lui demander s'il est chrétien ou sarrasin :

Rispose allor Margutte : – A dirtel tosto,	Margutte répondit alors : – Pour te répondre vite,
Io non credo più al nero ch'a l'azzurro,	Je ne crois pas plus au noir qu'à l'azur,
Ma nel cappone, o lesso o vuogli arrosto ;	Mais au chapon, qu'il soit cuit ou, si tu veux, rôti,
E credo alcuna volta anco nel burro,	Et je crois aussi parfois au beurre,
Nella cervogia, e quando io n'ho, nel mosto,	À la bière, et quand j'en ai, au vin,
E molto più nell'aspro che il mangurro ;	Et beaucoup plus au sec qu'au doux,
ma sopra tutto nel buon vino ho fede,	Mais j'ai surtout foi dans le bon vin,
E credo che sia salvo chi gli crede.	Et je crois au salut de celui qui y croit.

M, XVIII, 115

Tout le passage est fondé sur une inversion des valeurs ecclésiastiques. Il y a une telle délectation dans l'énumération de ses vices par Margutte, dans l'accumulation de détails culinaires (la cuisson du foie est une vraie science), de techniques de tromperies, de mots tirés de l'argot des voleurs, que le lecteur est séduit par ce personnage anti-chevaleresque par excellence.

Or, Margutte est à l'origine d'une longue série de personnages du *romanzo cavalleresco*, du voleur Brunello de Boiardo, au brigand Cingar de Folengo (*B*, IV, 82-83) : « *Cingar scampasoga, cimarostus, salsa diabli, / accortusque, ladro, semper truffare paratus*[294]. » Ces figures sont différentes incarnations du *trickster*, fripon incorrigible mais souvent sympathique dans lequel s'incarnent toutes les tendances réprimées par la morale et par la société. Lévita en propose une intéressante variation dans la figure de Pelukan, l'homme-chien, lors de sa visite au monastère qu'il infléchit dans un sens de vengeance anti-chrétienne. Le pillage auquel le

---

[293] Il s'agit ici de l'apogée d'une vieille tradition de la poésie réaliste comique. Elle a été illustrée de manière exemplaire par Cecco Angiolieri où il affirme : « *Tre cose solo mi so' in grado* / [....] / *Cio è la donna, la taverna e 'l dado.* » (« Trois choses seulement m'agréent / [...] / En l'occurrence : la femme, la taverne et les dés. »), C. Agioleri 1979, sonnet LXXXVII.

[294] « Cingar, gibier de potence, vaurien, chair à diable / habile, voleur, toujours prêt à gruger. »

compagnon de Bovo se livre dans l'abbaye tourne à l'entreprise de ridiculisation des moines (*BD*, 444-465). Dès le moment où il annonce son intention de procurer à Drusiana de quoi se sustenter après son accouchement, Pelukan apparaît comme un voleur dans une phrase programatique : « *Pelukàn špràch : "Ich wil gèn ous-lafén / Un ' wil al ding achtén un ' wil es̀ dàr-zu nit kafén*[295]*"* » (*BD*, 444). Il trouve alors un monastère qu'il décide aussitôt de « nettoyer » (« ous-roumen », *BD*, 445) et commence l'un des épisodes les plus remarquables du *Bovo Dantone*.

Si la satire antimonastique est on ne peut plus courante dans la littérature italienne depuis le Moyen Âge, si tous les romans de chevalerie s'y livrent à un moment ou à un autre, elle prend chez l'auteur juif une coloration plus radicale. L'abbé, terrifié, propose au personnage de se servir librement dans le monastère, et Pelukan livre alors le message essentiel de tout le passage, et la justification de son comportement irrespectueux : « *Pelukàn špràch : "Asò wil ichś hàbén / Wen an ain hailigén der nit zaichnét welt ir nit glabén"*[296] » (*BD*, 457). Il s'agit là du détournement d'un proverbe courant. Mais dans la bouche d'un personnage sympathique, qui vole pour nourrir des enfants qui seront bientôt circoncis, il se peut fort bien que ce proverbe ait ici une valeur plus radicale et qu'il critique la vision chrétienne de la sainteté.

La conversion au christianisme était considérée comme une forme de malheur capital, comme en témoigne le serment que Bovo adresse à Drusiana, qui craint qu'il ne revienne pas après être parti se battre avec l'armée du sultan : « *Bovo schw'ur òdér er muś sich tafén*[297]*.* » (*BD*, 159). Ce serment au discours indirect libre, comique bien sûr dans un roman qui n'a pas tout perdu de ses origines chrétiennes, est particulièrement efficace par son caractère elliptique. C'est là un engagement sur ce que le héros a de plus cher, sous-entendu : sa religion juive. Même si la tendance anti-chrétienne de Lévita dans ses romans de chevalerie

---

[295] « Pelukan dit : "Je cours à l'extérieur, / Je vais m'occuper de tout et ne veux, de plus, rien acheter." »

[296] « Pelukan dit : "C'est ainsi que je veux faire / Car vous ne voulez pas croire à un saint qui ne fait pas de miracle." » Le personnage s'appuie ici sur un proverbe allemand (Wander, art. « heiliger », 81) : « *Man glaubt den Heiligen nicht ehe, sie thun den zeichen.* » (« On ne croit pas au Saint avant qu'il fasse de miracle. »)

[297] « Bovo jura ou il devait se baptiser. »

n'est pas forte, on voit qu'il profite du caractère comique de son œuvre pour laisser libre cours à un certain esprit de vengeance auquel le monstre Pelukan se prête admirablement. Ce sentiment est d'autant plus compréhensible chez Lévita que le *Buovo d'Antona* qui lui sert de source ne manque pas de notations anti-judaïques, comme cela était courant dans la tradition des *canterini*. Voici par exemple l'invocation initiale du chant IX, située justement au cœur de l'épisode du monastère : « *Signor Giesu, Re de l'universo / Che per recuperarci creatore / Fusti contento in croce esser somerso / Da gli Giudei pieni di molti errori*[298] [...] » (*BDit*, 387).

Dans la source italienne l'épisode est déjà doté d'un certain potentiel comique et les moines n'y sont pas exemplaires[299]. L'abbé blasphème lorsqu'il voit l'homme-chien entrer dans le cloître, Pulicano fait festin avec un vieux sacristain goutteux, les moines sont bien dotés en poules et en chapons et l'homme-chien leur en laisse bien peu après son départ. Cependant, Pulicano est, tout compte fait, plutôt bienveillant avec les moines. Il leur rend deux visites successives. Lors de la première, il se voit contraint d'emmener son butin sur son dos. Lors de sa deuxième visite, il est déjà accueilli à bras ouvert (alors que dans la version yiddish, les moines font tout pour que le monstre ne revienne pas, et il n'y a donc qu'une visite du monastère). Il ne tue personne, ne cesse de rassurer les moines et multiplie les déclarations de bonne volonté (*BDit*, 385) : « *L'Abbate prego che faci venire / Che altro dishonore gia non li farone*[300]. » Mieux encore, lors de sa deuxième visite, il offre aux pauvres moines, qui se sont fait voler leur âne par des malandrins, quatre mules qu'il a précédemment dérobées dans le camp de Macabruno (épisode supprimé par Lévita) et pousse la piété jusqu'à leur demander de prier pour lui : « *Quattro de queste muli volio ch'abiate / [...] / Accio che Christo per me pregate*[301]. »

---

[298] « Seigneur Jésus, roi de l'univers / Qui pour nous racheter, créateur, / Acceptas d'être englouti sur la Croix [*sic*] / Par les Juifs, remplis d'erreurs [...] »

[299] L'épisode du monastère n'est présent ni chez Andrea da Barberino, ni dans l'édition du *Buovo d'Antona* de 1480. C'est apparemment une invention du *canterino* à l'origine de la version de 1497.

[300] « Je prie que vous fassiez venir l'Abbé / Car je ne lui ferai plus d'autre déshonneur. »

[301] « Je veux que vous ayez quatre de ces mules / [...] / Afin que vous priiez le Christ pour moi. »

(*BDit*, 395). Lui et les moines se quittent finalement bons amis : « *E poi la mano a tutti lor toccava*[302] » (*BDit*, 396).

Rien de tel chez Lévita qui fait de Pelukan un voleur, un assassin et, pour couronner le tout, un farceur. Les religieux ont une figure particulièrement comique : le petit moine (« *monchlain* ») qui, le premier, voit cet effrayant visiteur « sur quatre pattes » (« *ouf vir bainén* ») tombe à la renverse de frayeur (*BD*, 446). Une dizaine de ses camarades viennent, le visage ruisselant de sueur. Devant leur refus d'ouvrir, Pelukan saute à l'intérieur, comme un bouc. Les religieux préviennent l'abbé, sonnent le bourdon, et reviennent armés de fouets et de bâtons. Ils sont maintenant une vingtaine, le menacent, retroussent leurs robes. L'un d'eux lui lance un sabot qui le fait tomber. Pelukan, hors de lui, sort son épée et commence à les frapper et à les tuer : « *Wen er hat si geschlagén ouf iré platén / Daś si di veśpér zum arsch ousgéłóśén hatén*[303] » (*BD*, 451).

Les références à la tonsure et à la prière du soir montrent clairement que l'attitude vengeresse de l'homme-chien est spécifiquement dirigée contre des religieux. L'abbé, pour éviter de se faire mettre le grapin dessus (« *dér-schnapt* ») par Pelukan, prend la fuite et se réfugie dans sa chambre qu'il ferme avec trois barres. De là, il entame un dialogue avec l'encombrant visiteur qui lui demande à manger (*BD*, 452). Trop heureux de s'en tirer à si bon compte, l'abbé fait tuer des poules et des oies. On cuisine même un veau de lait et les moines qui s'étaient dispersés, attirés par la nourriture, reviennent en rampant (« *gékróchén* », *BD*, 455). Pelukan se remplit la panse puis demande à l'abbé la possibilité d'emporter à boire et à manger pour ses compagnons, menaçant de faire venir ces derniers au monastère. Effrayé, l'abbé lui dit de prendre ce qu'il veut et c'est alors que Pelukan prononce le proverbe, que nous avons cité, lequel met en cause la conception de la

---

[302] « Puis il leur serra la main à tous. »

[303] « Car il les a frappés sur leur tonsure / Au point qu'ils avaient laissé fuir leur repas du soir par le cul. » Le mot « *vesper* » en est venu à désigner, en allemand, le repas léger pris à l'heure des vêpres, voir *DWB*, art. « *vesper* », 3. Mais le sens de l'expression n'est pas certain. Si Lévita songeait aux prières des vêpres, on pourrait traduire « ils ont chanté les vêpres par le cul ». Le mot est absent du glossaire fourni par Lévita. Quoi qu'il en soit, l'injure à caractère religieux (renforcée par la référence aux tonsures) est tout à fait claire.

sainteté par les moines, et qu'il décide de faire main-basse sur tout ce qu'il trouvera.

L'homme-chien se sert donc amplement (« *Di pfafén muśén wol stil schweigén*[304] ! », BD, 458). Suit alors une liste détaillée des mets qu'il trouve : fèves, riz, raisins secs, mûres, crème, pain, sel, langues fumées, un tonneau de vin cuit (« *di raif warén im schir ab-gëśprungén*[305] », BD, 459) grâce auquel il se promet de faire une bonne beuverie. Vient s'y ajouter la liste des ustensiles de cuisine que nous avons déjà évoquée. Il vole ensuite un lit, utilise les moines comme déménageurs, puis s'exclame qu'il ne se donnera pas la peine de porter tout cela. Il se rend dans l'écurie où il prend une rosse qui, dans une parenthèse comique ajoutée sans doute pour la rime, se révèle être une mule (« *eś war kain pferd eś war ain moul*[306] », BD, 463). Les moines, pour leur grande peine (« *zu al irén schadén* », *ibid.*) doivent alors tout charger sur l'animal. Au moment de partir sans un adieu, Pelukan ajoute à ses innombrables méfaits une ultime injure à caractère religieux. Il voit dépasser, derrière une pierre, les pieds d'un des moines qu'il a tués : « *Da zóch er im vlukś ouś di kótén / W'ölén-win-déln drouś zu máchén vör di scheiś-putén*[307] » (BD, 464). Et afin qu'on ne pense pas que cette injure ait échappé à son destinataire, Lévita précise bien que l'abbé a vu faire en silence. L'abondance des injures liées directement au costume des moines ne laisse guère de doute quant à la volonté de tirer contre eux des flèches acérées dans ce cadre comique[308].

---

[304] « Les prêtres doivent bien se taire ! »

[305] « Ses cercles avaient presque explosé. » On notera comme cette notation est efficace pour suggérer l'âge du vin.

[306] « Ce n'était pas un cheval, c'était une mule. »

[307] « Alors il lui retira rapidement sa robe / Afin de faire des langes en laine pour les enfants chieurs. »

[308] Il n'est sans doute pas inutile de rappeler que les moines ont joué un rôle majeur dans la diffusion de l'anti-judaïsme en Italie à partir du XVᵉ siècle. Des prêcheurs itinérants, tels les franciscains Bernardino da Siena et Bernardino da Feltre, allaient de ville en ville proférer les pires accusations contre les Juifs ce qui échauffait fortement la population locale contre la communauté juive du lieu. Ces menées culmineront dans l'affaire de Simon de Trente en 1475. Ces pratiques étaient loin d'avoir disparu du temps de Lévita si bien que Marin Sanudo rappelle, le 6 avril 1515, les violentes prédications du prêtre de l'église Santa Maria gloriosa dei Frari contre les Juifs. M. Sanudo 1887, vol. 20, col. 98. Voir aussi I. Checcoli, R. M. Dessi 2010, p. 464-476.

Comme on le voit, toute cette scène est amplement remaniée par rapport à la source. Les moines, dont les attributs physiques et religieux sont détaillés, y jouent un rôle particulièrement ridicule. Le poète sait ménager des effets de foule : ils sont d'abord une dizaine, puis une vingtaine ; ils se dispersent tous de frayeur puis reviennent en rampant pour avoir leur part du festin. L'abbaye est abondamment dotée de richesses en tout genre. L'abbé doit essuyer les reproches et les injures successives de Pelukan. Ces dernières ne sont pas verbales, mais reposent entièrement sur les éloquentes actions de l'homme-chien. La transformation finale de la robe du moine pour faire des langes pour les bébés est soulignée par une construction lexicale burlesque « *scheiś-putén* », la deuxième partie du mot provenant de l'italien « *putto* ». Il est difficile de ne pas voir une pointe de vengeance dans ce costume chrétien employé pour servir de couches à des enfants supposés juifs puisqu'ils seront bientôt circoncis.

Il y a, chez Lévita, un goût pour la description concrète des effets religieux chrétiens qui lui permettent d'accroître encore la richesse des composantes de son yiddish en y ajoutant, ponctuellement, le latin. Nous avons vu la façon dont il utilise comiquement le terme « *veśpér* ». Un peu plus tôt, dans le *Boṽo Dantóne*, le chevalier rencontre un pèlerin chargé de sacs et de besaces (*BD*, 302). Dans le poème yiddish, le pèlerin est présenté comme un véritable professionnel de la mendicité qui explique, fait absent de la version italienne, qu'il ne peut échanger ses vêtements avec le chevalier car plus personne ne lui donnerait d'aumônes s'il était richement vêtu (« *almósén* », de l'italien « *elemosina* », *BD*, 303). L'homme se révèle être le charlatan qui a, plus tôt dans le roman, volé à Bovo épée, cheval et bague. Après l'avoir dûment frappé, notre héros lui prend ses vêtements qui sont décrits avec force détails :

Dàr-nòch nam er im sein braitén hut	Il lui prit ensuite son large chapeau
Mit vil blàién-aṽorim umher štekén.	Piqué de nombreuses enseignes de bronze.
Dàr-nòch nam er im sein màntél, der wàr	Ensuite il lui prit son manteau qui n'était
nit gut	pas bon :
Er hàt lecht tousént vlekén,	Il avait peut-être mille taches,
Un` ain pòtér nòstér den màn an den hàls' tut,	Un patenôtre que l'on met autour du cou,
Un` in di hànt sein welér-štekén,	Dans la main son bourdon de pèlerin.
Un` óbén drouf knupft er ain vàtschólén	Il attacha par-dessus un foulard,
Un` ging hérein as ain španiölén.	Et entra dans la ville comme un Espagnol.
BD, 311	

Des attributs du pèlerin, le *Buovo* italien ne mentionne que trois éléments qui ne sont qualifiés par aucun adjectif : « *schiavina* », la robe, « *capello* », le chapeau et « *bordone* », le bâton. Lévita, au contraire, accumule les détails, tout en étant obligé d'inventer un vocabulaire adapté en yiddish, ce qui comporte quelques difficultés. Les pèlerins portaient un large chapeau sur lequel ils épinglaient des médailles, ou enseignes, qui témoignaient des lieux de pèlerinage qu'ils avaient visités. Plus elles étaient nombreuses, plus le pèlerin avait de mérite ayant pris le chemin de nombreux lieux saints, d'où l'importance de la précision « *vil*[309] » (« de nombreuses »). La satire est renforcée par l'évocation des mille taches du manteau qui, on l'aura compris, servent à ce pèlerin, autant que les médailles, de témoignages quant à la perfection de son art de mendiant : plus il paraît sale et négligé, plus ses recettes seront grosses[310]. Pour désigner les enseignes, Lévita utilise le mot : « *blàién-avòrim*[311] », formation lexicale composite fondée sur un mot d'origine allemande et un mot d'origine hébraïque, tous deux désignant le plomb. Plus problématique encore pour le poète juif semble avoir été l'évocation des patenôtres ou chapelet. Le terme désignant directement et sans ambiguïté la divinité chrétienne, tout auteur juif devait avoir une forte réticence à l'écrire. C'est pourquoi, dans les deux manuscrits conservés du *Bovo Dantòne*, en lieu et place de « *Pòtér nòstér* » nous trouvons

[309] S. Heath (1912, p. 128) cite un extrait du poème allégorique classique anglais du Moyen Âge, *Piers Plowman*, datant de la fin du XIVᵉ siècle, qui présente une satire de mendiant professionnel fort comparable à celle de Lévita. On en trouvera une traduction et un commentaire par A. Mairey dans l'ouvrage W. Langland 1999, p. 89 : « Il tenait un bourdon autour duquel s'enroulait une large bande d'étoffe, entortillée comme du chèvrefeuille. À son côté, il tenait un bol et un sac, sur son chapeau étaient une centaine de fioles minuscules, des emblêmes du Sinaï et des coquillages de Galicie [...] afin que tout le monde sache par ces signes tous les lieux de pèlerinage qu'il avait visités. » Grâce à cette citation on peut mieux saisir quel est le foulard « *vazòlén* » (< it. *Fazzolo*) noué par Bovo sur son bourdon. Nous supposons que le mot « espagnol » qui achève la strophe de Lévita se rapporte non pas à l'origine géographique, mais désigne un pèlerin de Saint-Jacques-de-Compostelle.

[310] Il est intéressant de noter que, dans le *Paris un Wiene*, la strophe (*PW*, 505) décrivant le déguisement du Dauphin en pèlerin est plus ou moins un calque de celle du *Bovo Dantòne*, là encore sans aucune correspondance dans la source. Un vers en est presque repris à l'identique : « *Un' ain mantel der war nit gut* » (« Et un manteau qui n'était pas bon »).

[311] Nous suivons la leçon proposée par C. Rosenzweig (2007, p. 303, n. 1), et non l'émendation du texte par Joffe.

« *Pòtér hevel* », ce qui, traduit littéralement, signifie « père-vanité[312] ». Voici donc dans cette strophe, deux termes d'origine hébraïque (l'un certes à fonction désacralisatrice) pour décrire un costume de pèlerin chrétien.

Mais on sera encore plus surpris quand on verra les mots que Lévita met dans la bouche de ce Chrétien peu scrupuleux. Bovo ayant découvert l'identité de son voleur, lui demande ce qu'il a fait de son cheval et de son anneau, la réponse du mendiant est doublement burlesque : « *Der betlér šprách : "Ich wil öuch al-ding / Bëkenén, ir degén vrum un᾿ werdén : / Dáš pferd ich mit špil vér-tòpèlt / Dáš vingérlén gàb ich ainém der mir ain gòjo kòpèlt[313]"* » (*BD*, 306). Bien sûr, rien de tout cela n'est présent dans la source. L'anneau y est encore en possession du pèlerin et le cheval a simplement été vendu. Les deux vers du couplet final sont organisés pour produire le maximum d'effet comique : rimes dactyliques des deux verbes évoquant les péchés du mendiant, concision des deux propositions juxtaposées où le pèlerin joueur et libidineux avoue ses vices, mention des deux objets litigieux en début de vers. Mais le plus surprenant est sans doute l'emploi du mot « *gòjo* » pour désigner la femme achetée par l'homme grâce à l'anneau. Même s'il faut sans doute l'interpréter ici comme signifiant « prostituée », le mot désigne une femme non-juive. Qu'un pèlerin aille voir un entremetteur pour se procurer une « non-Juive » a déjà de quoi faire sourire. Mais un peu plus loin, alors que le chevalier poursuit le Chrétien en le couvrant de coups et en le traitant de fils de pute (« *hurén-sun* »), ce dernier implore sa clémence en s'exclamant : « *E' tòt mich nit durch den abònai[314]* ! » (*BD*, 308). « *Abònai* » est l'altération du nom de Dieu « *adonai* », particulièrement sacré car c'est le mot utilisé dans les prières juives pour prononcer le tétragramme, absolument tabou. Le pèlerin pécheur fait donc appel au Dieu juif pour lui sauver la vie.

---

[312] C. Rosenzweig (2007, 303, n. 2). Le mot est expliqué par Lévita dans son glossaire : « *Da di gòjim an-betén.* ». (« Ce avec quoi les non-Juifs prient. »).

[313] « Le mendiant dit : "Je vous veux tout / Avouer, pieu et noble chevalier : / Le cheval, je l'ai perdu au jeu, / L'anneau, je l'ai donné à un homme qui m'a fourni une pute." »

[314] « Eh ! Ne me tuez pas au nom de Dieu ! » « *Abònaï* » finit toutes les strophes d'une des pasquinades, le *Šéréfo-lid* d'Élia Lévita.

Nous sommes ici bien loin des innocentes prières qu'aux moments de grande frayeur, Folengo met dans la bouche du bouffon Boccalus (*B*, XIX, 305-307) ou de l'imbécile paysan Zambellus qui, déguisé en moine confesseur, frère Hérinius, est entraîné par Cingar jusque dans la prison de Baldus (*B*, X, 306-309) : « *Cingar it, hunc sequitur devotio fratris Herini / Atque paternostros barbottat aveque marias, / Nam castronazzus se fratrem pensat Herinum, / sperat et in curtum messam cantare novellam*[315]. » Folengo n'entend que caricaturer les prières de l'ignorant naïf. Encore, cette naïveté n'est-elle pas dépourvue de force, dans un esprit tout évangélique, car c'est le bouffon Boccalus qui, tout ignorant du *Credo* qu'il est, réussit à chasser Lucifer et ses démons par la seule force d'un crucifix saisi par hasard[316]. Lévita, en faisant jurer son pèlerin comme un Juif, met en place une esthétique originale où les religions se trouvent inextricablement mêlées dans ce qu'on pourrait appeler une forme de macaronisme culturel.

Nous abordons ici le problème central de la judaïsation par Lévita de la matière chevaleresque. Ce processus est absolument naturel, comme nous l'avons vu, pour tout auteur juif qui adapte une œuvre étrangère à sa culture[317]. Tous les romans de chevalerie

---

[315] « Cingar avance et il est suivi de frère Hérinius, plein de dévotion / qui marmotte des *Pater Noster* et des *Ave Maria*, / Parce que l'imbécile se prend pour frère Hérinius / Et qu'il espère bientôt chanter la première messe. »

[316] Comme l'a bien noté M. Chiesa dans son introduction à l'édition du *Baldus*, Folengo (M. Chiesa 2006, p. 19). Folengo, qui place la poésie entièrement du côté de la *levitas* et du divertissement ne peut donner à son chevalier un crédit aussi important que la victoire sur le Diable. C'est au bouffon, et surtout au Christ représenté par le crucifix, que revient le mérite de chasser Lucifer. Le poète macaronique n'a absolument pas l'intention de remettre en question les principes essentiels de la foi chrétienne : il les illustre.

[317] Peut-on affirmer, avec J. A. Joffe (1949, p. 16), que l'emploi des mots hébraïques dans la bouche des héros du *Bovo Dantone* ne contribuent en rien à la judaïsation de l'œuvre ? L'éditeur moderne de l'œuvre affirme, par exemple, que Lévita n'avait pas d'autre expression naturelle que « *mazel tov* » pour faire entendre les félicitations adressées aux héros au moment de leur mariage. Cela, à la limite, pourrait être vrai dans des épisodes isolés et si Lévita ne faisait pas un usage conscient de ces termes juifs pour produire un effet comique. Mais dans le cas du pèlerin que nous venons d'analyser, l'argument de Joffe ne tient pas. On voit bien qu'il faut chercher à définir autrement que comme une technique mécanique (« *mechanical devices* ») l'emploi concerté de mots hébreux à des moments où on les attendrait le moins (et où il aurait été très facile de les remplacer).

traduits en yiddish ancien s'efforcent d'effacer les marques chrétiennes présentes dans leurs sources[318]. Par ailleurs, que les héros des épopées midrashiques telles que le *Šému'el-buch* ou le *Mélochim-buch* parlent une langue où les éléments juifs sont très présents ne pouvait surprendre aucun des lecteurs ashkénazes étant donnée la matière traitée. Quand la source du texte adapté provient au contraire de légendes, les auteurs juifs doivent faire preuve de davantage d'inventivité pour rendre les récits plus proches de leur lectorat. Le roman d'Alexandre a été adapté plusieurs fois en hébreu au Moyen Âge, le plus souvent à partir de sa version latine, mais les auteurs juifs y ont mêlé nombre de légendes juives concernant le conquérant connues dès le Talmud. Comme il se trouvait déjà dans l'original grec du roman des épisodes mettant en scène des Juifs, les auteurs médiévaux n'ont eu qu'à puiser dans des légendes propres à leur culture pour narrer l'histoire d'un Alexandre qui finit par se circoncire et par croire en leur Dieu[319]. Il ne faut pas grand-chose pour donner au lecteur le sentiment qu'un personnage de récit est juif. L'évocation ponctuelle d'un rite ou d'une fête ou tout simplement l'emploi d'une expression juive colore le texte à sa surface sans en changer fondamentalement la signification.

L'auteur du *Kü' buch* procède ainsi, nous l'avons vu, tout au long de son ouvrage. Nous pouvons prendre encore un exemple révélateur : l'adaptation qu'il propose de la célèbre fable ésopique du corbeau et du renard (Fable II[320]). L'histoire est celle que nous connaissons tous. Mais le corbeau se réjouit des louanges du renard car il pense que grâce à elles, tous les oiseaux vont vouloir s'allier avec lui par le mariage (« *misḥassén sein* ») : référence aux usages de la société juive. Le renard, surveillant le corbeau, ressemble, nous dit l'auteur, aux Juifs qui prient lorsqu'ils bénissent la lune (« *mékadésch di' lévonẹ* »). Il rappelle au corbeau que le lendemain doit avoir lieu le nouvel an juif (« *rosch haschonẹ* ») et qu'il aimerait voir comment il entonne les mélodies traditionnelles des chants liturgiques (« *nigunim* ») : références rituelles. Enfin, lorsque le renard a attrapé le fromage, il s'exclame que la

---

[318] Shmeruk 1988, p. 36-38, p. 117.
[319] Voir *EJ*-2007, art. « Fiction (Hebrew) ».
[320] M. Rosenfeld 1984, p. 17.

manne (« *man* ») lui est tombée du ciel : référence culturelle. On voit comment procède, en général la judaïsation. Elle consiste dans l'introduction d'allusions spécifiques, ponctuelles, à la culture et à la vie juive des contemporains de l'auteur sans incidence sur le déroulement du récit. Il y a, de plus, fort à parier que ces allusions à la culture juive produisaient dans tous les cas un effet comique pour les lecteurs originels, l'ampleur du comique dépendant du degré de décalage créé par ces éléments familiers dans la matière étrangère[321].

Ceci est aussi vrai, en règle générale, pour les romans de chevalerie de Lévita. L'introduction de détails juifs, de dialogues tirés de la rue juive, n'altère pas le récit des sources dans sa structure. Il faut préciser néanmoins, que les transformations motivées par l'identité juive de l'auteur sur certains épisodes vont parfois au-delà d'une simple allusion ponctuelle et qu'elles peuvent expliquer des changements importants dans le déroulement de l'action, comme dans le cas de l'épisode du monastère que nous venons d'étudier. Si l'on ajoute à cela les professions de foi juives des héros chevaleresques (celle de Bovo ou, à un autre niveau, celle de Vienne), qui ne produisent aucun comique, prononcées comme elles sont avec ferveur et dans des moments de grande intensité dramatique, on voit que l'inflexion donnée par Lévita à ses sources peut prendre une signification juive profonde. Il ne faut pas sous-évaluer ces phénomènes, ni d'ailleurs les surestimer car ce type d'interventions reste ponctuel. Parmi les méthodes « sérieuses » de judaïsation, il faut aussi mentionner la façon dont Lévita introduit dans ses poèmes des citations plus ou moins longues de la Bible, du Talmud ou de la liturgie qu'il laisse implicites, confiant à son lecteur juif la charge et le plaisir de les reconnaître[322].

Prenons un exemple qui risque d'échapper au lecteur moderne mais qui était absolument clair pour les destinataires originels.

---

[321] Le cas des fables animalières est bien sûr un peu particulier car le genre même repose sur le principe du décalage. Dès lors que les animaux parlent, pourquoi ne seraient-ils pas juifs de surcroît ? On remarquera que la fable suivante du *Kü' buch* (p. 18-19) qui met en scène un prêtre ne comprend aucun élément juif, ni même aucun hébraïsme.

[322] E. Timm (1996, p. CXXII, n. 1) donne une liste de ces références dans le *Paris un Wiene*.

Dans le *Bovo Dantone*, le père de Drusiana se trouve emprisonné par le Sultan et son terrible fils Lucifer. Libéré par Bovo, il retrouve les siens. Son parent Ugolin lui rend alors visite dans l'intention peu louable de diffamer le héros du jour et sa réplique commence par la phrase suivante : « *Gelobt muś der sein / Der ledigt di da sein gevangen*[323] ! » (*BD*, 206). Il s'agit là, dans la bouche d'un traître, d'une forme altérée de l'une des bénédictions que chaque Juif pieu prononce plusieurs fois par jours. Elle est donnée dans le premier livre de prières en yiddish à avoir été imprimé, en 1544, sous la forme : « *Gelobt seiśtu got, unsér got, künig der welt, der da macht ledig di gevangen*[324] » (*BD*, 206). Tout lecteur du *Bovo Dantone* reconnaissait évidemment cet emprunt. Il avait pour effet de mettre en évidence la tartufferie d'un personnage qui, deux vers plus tôt, avait juré la perte de Bovo (et l'échec de son mariage avec Drusiana) dans les termes les plus crus : « *Da muś ich ja den hiluch gewinén / Sol der dosig hissun numér geschehén*[325] ! » (*BD*, 205). Mettre une prière dans la bouche d'un tel personnage n'est bien sûr pas anodin. Cela augmente la proximité du personnage à l'égard des lecteurs originels, tout en mettant plaisamment sa perversité en évidence.

La grande majorité des procédés de judaïsation des romans de chevalerie de Lévita est liée à une intention comique. Ceux-ci contribuent à l'esthétique de la légèreté qui caractérise ses œuvres. À notre connaissance, Lévita est le seul auteur de la littérature yiddish ancienne à se moquer de toute vraisemblance en attribuant à des personnages clairement désignés comme chrétiens des paroles et des comportements juifs[326]. C'est vrai bien sûr pour le pèlerin étudié plus haut. Mais c'est vrai aussi pour Paris dont un moine affirme : « *Er is ain krist, mag ich öuch schwerén*[327] » (*PW*, 591). Et c'est vrai en définitive de tous les personnages qui figurent

---

[323] « Loué soit celui / Qui libère celui qui est prisonnier ! »

[324] « Loué sois-tu Dieu, notre Dieu, Roi du monde, qui rend libre les prisonniers. » Voir J. C. Frakes 2004, p. 252.

[325] « Que la diarrhée m'emporte ! / Ce mariage n'aura jamais lieu. »

[326] Si d'autres chevaliers sont, après Lévita, dotés de caractères juifs, il n'est jamais dit explicitement que ceux-ci sont chrétiens et la plupart des éléments chrétiens des textes originels sont soigneusement évités. De plus, pour les *Volksbücher* de rédaction plus tardive, une influence du *Bovo Dantone* n'est pas à exclure. Voir les exemples de judaïsation fournis par A. Paucker (1961, p. 302-317).

[327] « Il est un Chrétien, je peux vous le jurer. »

dans ses deux romans de chevalerie. Puisque Lévita n'a pas rechigné à écrire, noir sur blanc, que son protagoniste est chrétien, il affiche sans fard, en se moquant de la pratique répandue, l'origine culturelle chrétienne de sa narration et entend que cette identité originelle reste bien visible. Dès lors, on comprend qu'il ne soit pas embarrassé lorsque Vienne déclare qu'elle veut se confesser devant l'évêque. Malgré tout cela, les deux amants reçoivent pour leur mariage un anneau où se trouve gravé « *mazel tov* » et respectent les règles juives de pureté conjugale au moment de leur nuit de noces !

La judaïsation originale conçue par Lévita dans ces deux œuvres fonctionne donc sur le princpe du décalage permanent. Tous ses héros parlent, réfléchissent, agissent régulièrement comme des Juifs, et pourtant le lecteur sait pertinemment qu'ils sont chrétiens. Il n'y a pas ici d'utopie mais bien la volonté d'assumer le caractère foncièrement irréaliste, ludique et comique de son œuvre, ce qui ne l'empêche pas bien sûr, dans une époque où l'idée d'une séparation des styles commence à peine à s'imposer, de soigner le « réalisme » de certaines scènes, de traiter certains événements avec le plus grand sérieux, ou d'insister sur leur caractère pathétique (c'est vrai surtout pour le *Paris un Wiene*).

C'est dans le même esprit de légèreté que Folengo fait aboutir ses héros, Merlin Coccaïe en tête, dans une grande courge (ou sonaille de bouffon) en compagnie d'Homère et de tous les grands poètes des temps passés. Il souligne ainsi que la poésie appartient au domaine de la *levitas*, honnête passe-temps détaché de toutes les questions graves de l'existence qui restent, pour le bénédictin Folengo, du ressort de la religion. Dans le même esprit également, l'Arioste fait dire à San Giovanni sur la lune que tous les poètes sont intrinsèquement menteurs, lui-même, le saint évangéliste, en tête ! Cela n'empêche pas l'Arioste d'avoir une très haute vision de la poésie. En ce début de XVIe siècle, la poésie ne se prend pas au sérieux et c'est sans doute ce qui lui permet tant d'audaces, tant d'originalité, et en fin de compte, ce qui la rend capable de toucher, sans en avoir l'air, à des problèmes d'une grande profondeur.

Les procédés de judaïsation employés par Lévita appartiennent à toutes les catégories que nous avons identifiées dans l'exemple de la fable du *Kü' buch* : évocation d'us et coutumes, de fêtes et de pratiques rituelles (mariages, circoncision, etc.), emploi de références culturelles proprement juives (légendes, sagesse talmudique, etc.), références au quotidien (diète, lieux familiers, etc.). Les marques d'oralité y contribuent grandement : salutations, jurons, bénédictions, serments. Pour citer l'une des moins évidentes, lorsque le Dauphin demande à ses sujets d'accepter Paris, alors déguisé, comme souverain après sa mort, ceux-ci acceptent en lui répondant : « *Un' übér hundért jor, wen ir seit tòt, / an öur štat is er ünś ebén*[328] ! » (*PW*, 637). La formulation du premier vers est typiquement yiddish. Sous une forme plus classique, que Lévita n'emploie pas ici sans doute pour des raisons métriques, nous aurions dû avoir une expression encore courante en yiddish moderne : « *biz hundert un tsvantsik yor*[329] ! ». On l'emploie lorsqu'on évoque la mort, l'âge ou la santé de quelqu'un pour lui souhaiter une longue vie. Elle tire sans doute son origine de la Génèse (10, 1-3) où Dieu affirme fixer la durée de vie des hommes à 120 ans. En ce qui concerne les légendes juives qui risquent d'échapper au lecteur pour qui cette culture est étrangère, nous pouvons mentionner la réponse que le duc de Bourgogne fait au Dauphin lorsque celui-ci lui avoue que Vienne refuse de l'épouser : « [...] *ich waiś wol das bésundér : / Was an-gèbirt zu nemén manén un' weibér, / Daś kumt ūun himel, dòrt is der schreibér*[330] » (*PW*, 466). Il est ici fait référence à l'ancienne légende selon laquelle les mariages sont décidés par Dieu dans le Ciel et consignés dans un grand registre avant même la venue des âmes sur la terre[331].

Ce qui rend ce type d'allusions si discrètes pour un lecteur contemporain, c'est qu'en l'absence de signe linguistique clair (utilisation de la composante hébraïco-araméenne), le caractère juif de l'œuvre s'inscrit immédiatement dans la composante germanique de la langue. Dès lors, seul un lecteur familier de certaines tournures yiddish, ou un connaisseur des croyances juives, sont à même de les identifier. Il est frappant d'observer, dans les poèmes

---

[328] « Quand vous serez mort, à plus de cent ans, il nous conviendra à votre place ! »

[329] « Jusqu'à cent-vingt ans ». C'est l'âge atteint par Moïse dans la Bible.

[330] « Je sais bien ce qu'il en est : / Quand il s'agit de prendre mari et femme / La décision vient du ciel, c'est là qu'est l'écrivain. »

[331] Voir L. Ginzberg 1910-1946, vol. V, p. 75-76, p. 262, p. 374.

de Lévita, à quel point le yiddish si idiomatique de l'auteur a déjà une individualité tranchée à l'égard de tous les dialectes allemands contemporains, ce qui en fait un objet d'observation fascinant pour les spécialistes de cette langue[332].

Nous pouvons encore citer un exemple anodin à première vue. Lorsque Bovo, désespéré parce qu'il croit avoir perdu Drusiana, décide de quitter la mer où il avait d'abord cherché un navire, il s'exclame : « *Un* ' [*ich*] *wil gleich lósén štén dáš mér / Dáš im gŏt ain gutš jor muš gebén*[333] » (*BD*, 506). Rien ne semble, au premier regard, identifier la langue du chevalier comme particulièrement juive. Mais l'exclamation : « que Dieu lui donne une bonne année ! » n'aurait aucun sens dans ce contexte en allemand. Tout connaisseur du yiddish moderne sait pourtant que le vœu « *a gut yor* » connaît un emploi bien plus large que son sens premier le laisse supposer : c'est la réponse courante à n'importe quelle salutation, même quand l'interlocuteur vient simplement de souhaiter une bonne journée. Cette utilisation originale de l'expression, dont nous ne connaissons aucun équivalent dans une autre langue, pas même en hébreu, est liée à l'importance, dans la religion juive, de la croyance selon laquelle Dieu décide, au commencement de chaque année du sort, funeste ou favorable, de chaque individu[334]. Par conséquent, l'année représente l'unité de temps fondamentale pour tout souhait de bonne ou de mauvaise chance. Quand on connaît par ailleurs la tendance qu'a le yiddish à procéder par antiphrases pour éviter de prononcer des paroles fâcheuses, le souhait « *a gut yor* » en vient souvent à signifier l'exact contraire : une année funeste, c'est-à-dire le pire des sorts[335]. En définitive, la traduction la plus juste de la phrase que nous venons de citer serait la suivante : « Et [je] veux laisser tomber la mer, qu'elle aille au Diable[336] ! »

---

[332] La meilleure étude sur la langue de Lévita et sa spécificité par rapport aux variétés contemporaines de l'allemand est présentée (en hébreu) par E. Timm, dans l'appendice I de Shmeruk 1996, p. 303-320.

[333] « Et [je] veux laisser tomber la mer, que Dieu lui donne une bonne année. »

[334] J. A. Matisoff 2000, p. 27.

[335] Sur cette tendance du yiddish, voir l'amusant et instructif ouvrage de M. Wex (2006, p. 91-117).

[336] J. A. Matisoff 2000, p. 75-76.

Pour citer enfin un détail au caractère juif plus évident, puisqu'il a trait au calendrier traditionnel, nous remarquerons que le mariage de Bovo avec Margarita (qui n'aura pas lieu et qui est en réalité la prémisse du mariage des héros principaux Bovo et Drusiana) est signalé comme ayant lieu le premier jour du mois de Nissan : « *Un' di bröüläft sòl werén bémazol tòv / Izundér gleich zu roš ḥodoš nišon*[337] » (*BD*, 612). Tout d'abord, l'expression idiomatique (« *bémazol tòv* ») devait donner le sentiment au lecteur que ce mariage aurait pu être celui d'une de ses connaissances (c'est la formulation d'un faire-part d'invitation !). Mais en plus, le jour choisi est considéré dans la tradition juive comme constituant une date particulièrement propice aux mariages. Le mois de Nissan est un mois joyeux, prélude de la délivrance de la Pâcque juive (*Peysekh*) qui a lieu le 14e jour du mois. Le premier jour de ce mois, heureux comme tous les premiers du mois, est de plus défini dans la Bible (*Exode*, 12, 1-2) comme étant le premier jour de l'année selon la volonté divine, temps de renouveau et de joie. Mais c'est aussi, selon le Talmud, le jour où la construction de l'arche sainte a été achevée (Midrash *Bamidbar Rabba*, 13), jour de l'alliance de Dieu avec le peuple où la grâce divine est particulièrement présente. Les noces du chevalier avec la princesse sont donc organisées à l'un des meilleurs jours du calendrier, comme tous les mariages juifs traditionnels pour lesquels on prend bien soin de choisir une date propice.

En définitive, l'usage le plus frappant des procédés de judaïsation reste lié aux épisodes où ils produisent une forte charge comique en raison de leur caractère inattendu. Dans le *Bōvo Dantòne*, lorsqu'un berger tente de profiter de la faiblesse de Drusiana pour lui faire des avances, celle-ci lui lance à la face : « *jimaḥ šemécho vé-zichérecho*[338] ! » (*BD*, 486). Cette malédiction, la plus forte sans doute qui soit en yiddish, tire son origine des Psaumes (109, 13). Elle est en général utilisée contre les ennemis capitaux du peuple juif, comme le personnage d'Haman dans le rouleau d'Esther. Appliquée à ce berger séducteur, elle paraît bien grave et solennelle. Elle perd tout à fait de sa solennité lorsque le séducteur

---

[337] « Et le mariage doit avoir lieu, et que tout lui soit propice !, / Très bientôt le premier jour du mois de Nissan. »
[338] « Que ton nom et que ton souvenir soient effacés ! »

rabroué répond, bon perdant, par une phrase qui a l'allure d'un proverbe : *Der hirt špràch : « ir sòlt mirś vér-tragén, / ain man magś mutén ain vrou' magś vér-sagén*[339] » (*BD*, 486).

Enfin, dans le *Paris un Wiene*, lorsque le Dauphin organise un tournoi pour distraire Vienne de sa mélancolie amoureuse, tous les plus grands seigneurs sont invités. L'invitation est présentée de la sorte : « *Dò war er col Jiśro'el prai'én*[340] » (*PW*, 84). Dans un contexte juif, l'expression « tout Israël », employée plusieurs fois dans la Bible (*Deutéronome*, 51 ; *Rois 1*, 13, etc.) est synonyme de tout le monde. Mais employée pour désigner l'ensemble des nobles seigneurs invités au tournoi, ces mots ont la saveur d'une efficace plaisanterie.

En définitive, la judaïsation trouve parfaitement sa place au sein des stratégies de détournement générique de Lévita et de ses contemporains. Pour tous ces auteurs, il s'agit de déplacer le centre de gravité d'une pratique littéraire rodée depuis des siècles pour mieux en désigner les routines et les mécanismes, obligeant ainsi les lecteurs à développer un regard critique sur leur passion pour ce riche filon littéraire. Dans cette perspective, on observe une évolution marquée dans la production du poète yiddish. Ayant d'abord, dans le *Boṿo Dantòne̦*, appuyé cette pratique du détournement sur l'usage d'un langage parlé, voire argotique, savamment élaboré, Lévita développe dans le *Paris un Wiene* des stratégies plus complexes, fondées sur l'emploi d'une puissante ironie et l'intervention d'un narrateur capricieux et spirituel. Avec ses deux romans de chevalerie, Lévita se trouve être à la fois le témoin et l'acteur d'une évolution de la littérature italienne. Après avoir observé, dans son ensemble, le mouvement critique auquel est soumis le genre chevaleresque chez Lévita, il nous faut à présent raffiner notre analyse pour saisir les évolutions qui affectent son œuvre. Nous verrons ainsi comment le poète yiddish passe de ce que nous appelons le paradigme de Pulci au modèle de l'Arioste.

---

[339] « Le berger dit : "Vous devez me le pardonner / Un homme peut bien le proposer, une femme peut bien le refuser." »

[340] « Il y invita tout Israël. »

CHAPITRE IV

L'ÉVOLUTION
DE L'ŒUVRE CHEVALERESQUE
DE LÉVITA : DU PARADIGME
DE PULCI AU MODÈLE DE L'ARIOSTE

Qu'un auteur yiddish soit l'un des meilleurs témoins de l'évolution du goût et des techniques littéraires dans le genre chevaleresque en Italie au début du XVIᵉ siècle est un phénomène qui a de quoi intriguer. Nous avons vu à quel point le roman de l'Arioste constitue une rupture dans la production chevaleresque. Lue par toutes les strates de la société, l'œuvre est diffusée aussi bien par d'ambitieuses éditions, ornées de notes, de louanges et de commentaires qui lui donnent la forme d'un ouvrage classique et par des éditions à bon marché propres aux *canterini* imprimées en caractères gothiques. Elle a suscité une rupture dans la perception du genre en le scindant entre un roman élevé, ambitieux, et une série de textes tels le *Buovo d'Antona*, le *Fioravante*, l'*Altobello* qui sont de plus en plus considérés comme une littérature de bas niveau réservée au petit peuple[1].

Les lettrés se lancèrent dès les années 1530-1540 dans une sorte de querelle des Anciens et des Modernes (dont les représentants principaux sont G. Giraldi Cinzio et G. B. Pigna) pour décider si le grand roman pouvait soutenir la comparaison avec les épopées de l'Antiquité[2]. Mais il était lu aussi par des semi-lettrés, entrepre-

---

[1] Sur cette question et sur la diffusion différenciée des romans de chevalerie dans la société italienne, voir l'important ouvrage de M. Beer 1987, p. 227-256 La première à avoir étudié la fortune du poème ariostéen est G. Fumagalli 1912, p. 133-497. La première édition « savante » de l'*Orlando Furioso* a été celle de Ludovico Dolce à Venise chez Pasini et Bindoni en 1535, soit trois ans à peine après la publication de la version définitive du poème.

[2] Sur cette querelle, qui ne concerne que de loin la création de Lévita, on consultera D. Javitch 1991.

neurs de librairie, courtisans moyens, qui parmi d'autres projets de refonte et de réécriture de romans de chevalerie populaires, tentèrent de prolonger et d'exporter la manière ariostéenne avec un certain succès[3]. Il était lu enfin par le peuple qui y voyait un trésor d'aventures et de fantaisies nouvelles, mettant en scène des héros déjà connus et aimés.

Après la parution de l'*Orlando Furioso*, les anciens *cantari*, sous leur veste linguistique et stylistique des XIVe-XVe siècles, n'étaient plus guère lus par les classes privilégiées. Une telle distinction n'existait pas au tournant du siècle. C'est à ce moment que, sous l'impulsion de Pulci et de Boiardo, les livres « d'auteurs » (c'est-à dire de polygraphes associés aux entreprises éditoriales) commencent à se diffuser à côté des productions anonymes anciennes. La matière des vieux *cantari* est remaniée par des écrivains qui signent leurs ouvrages et qui y laissent une empreinte plus nette, appliquant souvent bien imparfaitement les leçons des grands auteurs. Cela n'empêchait pas Isabelle d'Este, en 1491, de réclamer la lecture de nombreux poèmes anonymes[4]. Trente ans plus tard, la bibliothèque de son mari, le duc de Mantoue, ne comprend presque plus que des versions « d'auteurs », signées par quelque adaptateur, preuve que la littérature « populaire » et la littérature « élevée » ont subi un processus de distinction lié à plusieurs facteurs : évolution du goût, normalisation linguistique, rejet progressif de l'oralité. M. Beer place la rupture précisément dans les années 1520-1530, années qui séparent la composition du *Boṽo Dantóne̩* de celle du *Paris un Wiene*.

Après cette période, les écrivains italiens sont non seulement marqués par le modèle de l'Arioste, mais ils se font en général une autre idée du genre chevaleresque, plus hiérarchisée, plus sélective.

---

[3] À ces semi-lettrés, tels N. degli Agostini, G. B. Dragoncino, Cassio da Narni, Francesco Tromba, il Celebrino, M. Beer consacre des pages instructives (1987, p. 147-206) qui permettent d'observer chez ces auteurs et entrepreneurs du livre intéressés par les succès éditoriaux l'influence de l'Arioste mêlée à une culture humaniste parcellaire, à des motifs du folklore, à un esprit provincial. Les titres mêmes de leurs livres affichent sans ambage l'héritage ariostéen : *Marfisa bizzarra*, *Rinaldo Furioso*. Ces auteurs avaient souvent une abondante production dans des domaines variés, utilisaient volontiers les anciens romans de chevalerie auxquels ils mêlaient des allégories, des pastorales, des références mythologiques, pour les adapter aux goûts de lecteurs porteurs, comme eux, d'une culture moyenne.

[4] M. Beer 1987, p. 240.

Peu à peu les matières vont évoluer : on va rejeter les histoires provenant des vieux *cantari*, ou si on les adopte, on fera en sorte de les mettre au goût de l'Arioste, soit en les reliant à la trame du grand poème dans une logique de sérialisation, soit en adoptant des motifs chers au poète ferrarais (en particulier le plus reconnaissable, celui de la folie, de même que Boiardo avait entraîné une foule d'*Innamoramenti*). On se tournera aussi plus souvent vers les romans espagnols (en particulier les différentes branches de l'*Amadis de Gaule* dont l'adaptateur le plus célèbre est le père de Torquato Tasso, Bernardo) qui en cette période d'hégémonie impériale avaient envahi le marché italien. L'imitation de l'Arioste se traduit à différents niveaux : par les passages encomiastiques (tous ces écrivains sont aussi courtisans), par la reprise de la tradition du prologue, par l'usage de stylèmes empruntés au grand modèle, telles les comparaisons homériques, que l'on retrouve, par exemple, chez le faussaire Celebrino, éditeur du *Rinaldo Furioso*.

En 1554, l'humaniste Giraldi Cinzio conseille aux nouveaux auteurs de puiser à de nouvelles sources, en particulier à des matières antiques, comme à la figure d'Hercule « *che non tentò Virgilio perche a suoi tempi non erano venute meno commune che siano hoggidi le finte di Rinaldo e di Orlando e di tali altri ; che si danno a descriverle infino i Zabatai*[5]. » Comme le note M. Beer, « i Zabatai » désignent peut-être les Juifs. À quoi Giraldi se réfère-t-il ? La Ferrare de son époque avait une importante communauté juive, et même une presse hébraïque. Il n'est pas impossible que Giraldi ait eu vent de la publication, une dizaine d'années plus tôt,

---

[5] G. Giraldi Cinzio 1554, p. 14 : « qui ne tenta pas Virgile parce qu'à son époque elle n'était pas moins commune que ne le sont aujourd'hui les fictions de Rinaldo, d'Orlando et d'autres personnages semblables, que se donnent à décrire même les Juifs. » On ne peut interpréter le terme « Zabataio », comme cela a été fait parfois comme signifiant « cordonnier » (< *it.* « ciabbataio »). Non seulement, une forme dialectale de ce type n'aurait aucun sens chez Giraldi (elle est présente dans la *Cassaria* de l'Arioste, v. 1296, mais dans la bouche d'un personnage populaire), mais en plus la majuscule deviendrait incompréhensible. De plus, qu'y aurait-il d'étonnant pour Giraldi à ce que les cordonniers s'intéressent à ce type de personnages ? L'affirmation de M. Beer selon laquelle ce mot se rapporte aux Juifs nous paraît convaincante même si elle ne précise pas d'où vient sa lecture du mot. Elle ajoute p. 214 (nous traduisons le texte italien) : « Je ne suis pas en mesure d'identifier l'auteur probable (ou les auteurs) auxquels Giraldi fait allusion, et ceci pourrait très bien être une hyperbole renforcée par une connotation antisémite qui n'est pas inhabituelle en ces années. »

du *Bōvo Dantònẹ*, lequel, s'il ne rentre pas dans la veine majeure du cycle de Charlemagne, appartient bien à ce type d'ouvrages et pourrait correspondre aux « *tali altri* » mentionnés par l'humaniste.

IV.1. CONSTANTES ET ÉVOLUTIONS DANS L'ÉCRITURE CHEVALERESQUE DE LÉVITA

IV.1.a. *Le choix des sources par Lévita et ses motivations*

Le *Buovo d'Antona* a été, de tous les *cantari*, l'un de ceux qui a remporté le plus de succès[6]. Cette fortune particulière est sans doute due au fait qu'au-delà des ingrédients indispensables aux romans de chevalerie (batailles, amours, trahisons, voyage en Orient), le récit comporte en abondance des motifs tirés du folklore : la marâtre assassine, la servante fidèle qui protège l'enfant (cf. Œdipe), l'empoisonnement révélé par l'intermédiaire d'un chien, la princesse amoureuse d'un écuyer, la lettre de condamnation portée au bourreau par la victime ignorante, la reconnaissance du maître par son fidèle animal domestique (motif courant depuis l'*Odyssée*), le héros qui croit à la mort de son amante dévorée par les lions (cf. Pyrame et Thisbée), la reconnaissance du héros longtemps absent par des marques corporelles (une fois de plus l'*Odyssée*), la princesse déguisée en chanteuse de rue faisant le récit de ses propres aventures. Tout cela fait du *Buovo d'Antona* un roman de batailles et d'aventures légèrement plus varié que d'autres mais il

---

[6] D. Delcorno Branca 2008, p. 15. Nous renvoyons à la bibliographie essentielle proposée dans cet ouvrage p. 41-44. Le *Beuve d'Hanstone* est une chanson de geste dont la première version, anglo-normande, date de la fin du XIIᵉ siècle ou de la première moitié du XIIIᵉ siècle. Elle a été éditée par A. Stimming (1899). On en connaît trois versions françaises. Il peut être intéressant de noter que le récit, dès ces versions originales, a été ressenti comme propice à l'introduction d'épisodes burlesques, en particulier dans la première version continentale, autour d'Açopart (l'ancêtre de Pelukan) et de Beatrix (l'ancêtre de Brandonia), voir M. G. Grossel 1995, p. 255-268. Ce type de mélange des styles était tout à fait courant au Moyen Âge. Les versions italiennes, elles aussi nombreuses, peuvent être classées en deux traditions principales. Elles ont pour point commun d'insister sur les effets de série : les épisodes se répondent souvent deux à deux. Cette caractéristique sera exploitée par Lévita.

reste fondé sur un enchaînement de modules fixes sans souci de vraisemblance et sans crainte de répétitions[7].

Lorsque Lévita décide de l'adapter, en 1507, il avait déjà connu au moins 6 éditions, et il ne fait aucun doute que son choix a été guidé par la popularité de cette matière auprès du public juif. C'est une période que M. Beer définit comme ayant connu un relatif reflux dans la production chevaleresque et qui ne sera interrompue que par la publication de la première édition du poème de l'Arioste[8]. Ne s'attaquent au genre que des écrivains italiens de moyen et de bas niveau. Le modèle majeur, pour ces hommes, est alors Boiardo : les continuations de l'*Orlando innamorato* se succèdent. Pulci, quant à lui, n'a guère eu de postérité, éclipsé par son successeur de quelques années, jugé plus noble et moins excentrique.

Or, on ne voit dans l'adaptation de Lévita absolument aucune trace de la mode qui a suivi la diffusion de l'*Orlando innamorato* et, au contraire, bien des facteurs permettent de rapprocher son œuvre de celle de Pulci. Il est impossible de savoir si Lévita avait lu le poète florentin dont l'œuvre avait été republiée à maintes reprises. C'est pourquoi nous ne parlons pas de modèle, en tâchant de définir le rapport de Lévita à Pulci, mais bien de paradigme : un ensemble de facteurs communs ont pu conduire les deux écrivains à inventer des solutions littéraires équivalentes malgré la quarantaine d'années qui séparent leurs créations et la différence de leurs situations sociales.

---

[7] Le *Buovo d'Antona* était devenu un tel archétype du « mauvais roman » que, lorsque Pio Rajna, le premier, décida à la fin du XIXe siècle de se pencher scientifiquement sur cette matière méprisée, il écrivait : « *Uno studio che prende argomento da un personaggio qual è Buovo d'Antona deve in verità far sorridere parecchi ; in Italia siàmo da secoli così avvezzi e sentir citare il romanzo in rima che ha nome da costui come la cosa più rozza ed insulsa di questo mondo, che appena sembrerà credibile possa trovarsi oggidì chi all'asinina pazienza di leggere cotali scempiaggini aggiunga l'ardire sfacciato di volerne informare altrui* » : P. Rajna 1872, p. 114 (« Une étude qui prend pour sujet un personnage tel que Buovo d'Antona doit, à vrai-dire, faire sourire un certain nombre de personnes ; en Italie, nous sommes, depuis des siècles, si habitués à entendre cité le roman en vers qui tire son nom de celui-ci comme la chose la plus grossière et la plus inepte de ce monde, qu'il semblera à peine croyable qu'on puisse trouver quelqu'un de nos jours qui, à la patience d'âne de lire de tels échantillons, ajoute l'audace effrontée de vouloir en informer autrui. »).

[8] M. Beer 1987, p. 231.

Tous deux choisissent de traiter une source d'origine populaire qu'ils suivent de très près, caractérisée par la répétition mécanique de modules fixes bien connus et dont le public des places et des rues était friand. Tous deux, par leur vaste culture, par leur pratique littéraire fondée sur le rire et la satire, entretiennent une distance amusée à l'égard des récits qui distraient le peuple. Tous deux se sont formés dans un cadre urbain doté d'une forte culture littéraire locale, proprement citadine, illustrée avant tout par le milieu des métiers de l'artisanat et qui cultivait le grotesque, le burlesque ainsi qu'un langage marqué par l'argot et les formes dialectales. Dans le cas de Pulci, il s'agit de la Florence des Médicis qui, avec la tradition des *canti carnascialeschi* et des héritiers de Burchiello, est nourrie d'une poésie satirique originale et omniprésente caractérisée par un goût prononcé pour la parodie. Dans le cas de Lévita, il s'agit avant tout de la rue juive, illustrée par la tradition satirique existant déjà en yiddish qui portait elle-même des traces de la tradition comique allemande, en particulier de la riche production littéraire de Nüremberg, région d'origine du poète. Cette ville était le foyer très actif, pendant tout le XVe siècle, d'une poésie populaire incarnée par les *Volkslieder* et les *Spruchdichtungen*, souvent produite et consommée par des hommes issus du monde artisanal. C'est une poésie de la moquerie et du rire, volontiers scatologique et obscène[9].

Lorsqu'il écrit en Italie (probablement à Padoue), le poète yiddish est confronté à un public ashkénaze citadin qui ne pouvait qu'être sensible aux tendances venues d'Allemagne. S'attaquant à la matière chevaleresque, Lévita et Pulci utilisent naturellement la langue et les images qu'ils ont coutume d'employer dans leur propre production satirique, celle qui les a formés et qu'ils ont raffinée selon leur propre fantaisie et leurs propres préoccupa-

---

[9] Nous utilisons le terme *Volkslied* (chant populaire) comme appellation générique sans préjuger de l'origine, populaire ou non, de ces textes. On peut ajouter à cette liste le *Fastnachtspiel* même s'il n'a pu avoir qu'une influence indirecte sur Lévita. Étant donnée la pratique du *Fastnachtspiel* et du *Meisterlied* dans des cercles fermés, il n'est guère envisageable qu'un Juif ait pu y être exposé directement. Mais ces genres ont eu de fortes répercussions sur la chanson populaire, qui elle, ne connaissait pas de frontières sociologiques, et que Lévita a sans aucun doute bien connue puisqu'il fonde le *Purim-špil* que nous lui attribuons sur une forme, et une mélodie, qui en est héritée. Sur la pratique du *Fastnachtspiel* et son contexte social, nous renvoyons à H. Bastian 1983, en particulier p. 11-50.

tions esthétiques. Par conséquent, le *Morgante* et le *Boṽo Dantóne* sont tous deux des romans qui s'appuient sur l'exaspération systématique des stéréotypes des *cantari*, et tous deux sont fondés sur une langue expressive, mixte, riche, volontiers populaire, à laquelle incombe l'essentiel du travail de transformation de la source. Si l'on relit les pages que Pirandello a consacrées à l'analyse du comique de Pulci, on verra qu'un grand nombre de ses réflexions peuvent, *mutatis mutandis*, s'appliquer au *Boṽo Dantóne*[10]. Il s'agit en effet, dans les deux œuvres, de réinterpréter une tradition populaire avec ce que Pirandello appelle une « ironie comique », exagérant les tics de narration, parodiant les thématiques courantes, métamorphosant la matière chevaleresque tout en demeurant fidèle à ses règles et à ses habitudes.

Lorsque, plus de vingt ans plus tard, Lévita compose le *Paris un Wiene*, l'époque est différente. Il a lu l'*Orlando Furioso* et, infléchissant la tendance burlesque de sa langue et de son style, sans la supprimer, il assimile les leçons du poète ferrarais. Dans ce cas, on peut sans le moindre doute parler de modèle et nous aurons amplement l'occasion de le démontrer. De fait, en choisissant le *Paris e Vienna*, Lévita s'éloigne des formes maîtresses des *cantari*, et semble, dès le départ, se proposer un objet qui n'est plus fondé sur le modèle dominant de la littérature populaire, mais appartient à une branche plus raffinée de la littérature de consommation.

Certes, l'œuvre a connu de multiples éditions et une fortune presque aussi grande que le *Buovo d'Antona*[11]. Elle se diffuse en Italie sous son ancienne forme du *cinquecento*, très proche de la traduction originale de Carlo del Nero. Mais il s'agit là d'un roman en prose qui se rattache au modèle du roman courtois jusque dans son style, s'efforçant de maintenir une tonalité élevée et concentrant son attention non plus tant sur les aventures et leurs successions rocambolesques que sur l'expression pathétique des sentiments des amants. L'aventure y joue un rôle secondaire et n'a pour fonction que d'appuyer le drame essentiel : celui qui a lieu dans le cœur des protagonistes.

---

[10] L. Pirandello 1908, p. 72-84.

[11] La première version conservée de ce roman, composée par Pierre de la Cépède est française et date de 1432. Elle a eu sans doute des versions précédentes, peut-être catalanes, et qui ne sont pas parvenues jusqu'à nous. Cette version diffère fort peu de celle qui s'est diffusée en Italie. A. M. Babbi 1991, p. 11-15.

Malgré ces différences, un fait est particulièrement significatif pour appuyer l'idée d'une continuité d'inspiration chez le poète yiddish. Dans la première édition de la version française du *Paris et Vienne*, l'héroïne, par une sorte de mise en abyme de son aventure, compare explicitement sa situation à celle de Iusiana (Drusiana), tombée amoureuse d'un chevalier inconnu pour le seul mérite de ses exploits[12]. Ce rapprochement étonnant montre qu'il y avait, pour le lecteur contemporain de Lévita, une certaine parenté entre ces deux récits, dont la caractéristique la plus marquante était, semble-t-il, le rôle crucial joué par l'héroïne, son indépendance et son esprit d'initiative. Cependant, les points communs entre les protagonistes des deux romans ne concernent que la structure générale de leurs relations : un *innamoramento* rapide, une séparation forcée, un enlèvement avorté par une mésaventure, des retrouvailles finales au terme de maintes péripéties. Si l'on observe dans les détails chacun de ces épisodes, les différences sont plus frappantes que les similitudes. De plus, si l'action du *Paris un Wiene* est à peu près entièrement contenue dans les grandes étapes que nous venons d'énumérer, celle du *Boṿo Dantône* est beaucoup plus foisonnante, plus désordonnée, plus aventureuse.

En réalité, le *Paris e Vienna* appartient à un autre genre de roman de chevalerie. Il entre dans une tradition semi-courtoise illustrée par la légende de la belle Maguelone, avec laquelle on a remarqué que *Paris e Vienna* présente de nombreuses similitudes[13]. Il suit un développement linéaire qui est contraire aux

---

[12] Voici le passage du roman français tel qu'il est cité par A. M. Babbi 1991, p. 20 : « Et pource ne soyes pas esbahie se iay mis mon amour a luy car le cas pareil est advenu a plusieurs aultres nobles dames et damoiselles Comme nous lisons de la fille du noble roy darmenie nommee iusiana qui sestoit enamouree de son chambellan sans riens sauoir de son lignaige ou extraction. [...] Car elle sapercheuoit bien par ses vaillans fais darmes quil debuoit estre de noble et vertueuse generation fit tant par plusieurs subtilitez e temptations quelle sceut son nom le quel estoit bauduyn dauston, filz du conte dauston. »

[13] A. M. Babbi 1991, p. 18-19 ; A. Schulz 2000, p. 14. Nous utilisons le terme d'amour courtois dans un sens large qui vise à mettre en évidence l'idéalisation de l'amour et la force de l'engagement des amants l'un envers l'autre, ainsi que les notions de respect, de prouesse et d'honneur qui sont illustrées tout au long de ces textes. Mais ces histoires d'amour plus tardives ne correspondent qu'imparfaitement aux données essentielles de l'amour courtois dans les romans du XIIᵉ-XIIIᵉ siècle. De fait, ni Maguelonne, ni Vienne ne sont mariées. Or l'amour courtois se réalise dans l'adultère. D'autres aspects, comme la fuite décidée par les amantes

tendances majeures du *romanzo cavalleresco* contemporain dans lequel le procédé d'entrelacement, tel qu'il a été développé par Boiardo et par l'Arioste, prend une importance vertigineuse. La prose du *Paris e Vienna* se développe en périodes, fortement hypotactiques, multipliant les gérondifs, et vise, même maladroitement, à plonger l'ensemble de l'œuvre dans une atmosphère de noblesse et de courtoisie. On peut donc supposer que l'œuvre était avant tout destinée à un public de moyenne culture, bourgeoisie ou petite aristocratie, qui se distinguait, au moins partiellement, des auditeurs des *canterini*. Les nombreuses éditions dotées de gravures confirment le caractère divertissant de ces livres, de même que le soin accordé aux costumes et aux scènes aristocratiques qui correspond au désir de présenter un univers plus raffiné[14].

Comme sa matière est tout à fait différente et ne se rattache en rien aux aventures des chevaliers du cycle carolingien, Lévita apparaît d'emblée comme un imitateur original de l'Arioste. Contrairement aux polygraphes italiens, il n'adopte pas la tendance générale à l'inclusion dans le roman de chevalerie de multiples formes annexes : nouvelles, récits pastoraux, fables mythologiques, allégories. La culture et les intentions du poète yiddish sont fondamentalement autres. Il a beau vivre en Italie, il a beau être comme ses contemporains un lecteur attentif et un admirateur du poète ferrarais, l'originalité de son assimilation du modèle de l'*Orlando Furioso*, ne peut se comprendre que si l'on accepte qu'il écrit « d'ailleurs », car ce concept n'est pas seulement géographique mais aussi social et culturel.

---

des deux romans pour s'opposer à la tyrannie de leurs pères entrent mal dans le cadre canonique du roman courtois. Il est bien évident que des histoires comme celle de *Pierre de Provence et la belle Maguelonne* et celle de *Paris et Vienne* constituent déjà une nette inflection du modèle ancien vers des valeurs plus bourgeoises, en particulier la vision du mariage comme aboutissement et couronnement de l'amour. Sur ces questions, on se reportera à B. Lafond-Kettlitz 2005, en particulier p. 93-122.

[14] La liste et la description des éditions est fournie par A. M. Babbi 1991, p. 87-116. On notera en particulier l'existence de deux adaptations italiennes en vers (Mario Teluccini, 1571, et Angelo Albani, 1626) plus tardives que celle de Lévita. Mario Teluccini est également un continuateur de l'Arioste puisqu'il a composé *Le pazzie amorose di Rodomonte secondo*. Les extraits cités par A. M. Babbi (p. 108-115) confirment la distance qui sépare un auteur tel que Lévita des polygraphes qui se livraient, souvent en marge des cours princières, au remaniement des œuvres chevaleresques.

Si l'Arioste a eu une influence thématique sur le poète yiddish, c'est seulement dans le choix de la source où le sentiment amoureux joue un rôle dominant. À part cela, les leçons que Lévita tire du poète ferrarais sont avant tout d'ordre formel et structurel : importance de la figure du narrateur, introduction de prologues à visée réflexive et morale, emploi de figures rhétoriques élaborées, ironie complexe. Il est frappant de voir à quel point ces qualités du poème ariostéen imitées par Lévita correspondent à ce que la critique contemporaine met en avant dans l'œuvre de l'auteur ferrarais[15]. Nous étudierons tous ces emprunts dans le détail. Lévita n'imite ni les thèmes, ni les fantaisies, ni la volonté de tisser une toile immense et bigarrée, bref tout ce qui a fasciné les émules italiens contemporains de l'auteur.

C'est avant tout le ton de l'Arioste et sa variété que Lévita réussit à rendre avec succès, sa façon de passer du grandiose ou du pathétique, à la plaisanterie la plus légère. De tous les imitateurs de l'Arioste, Lévita est sans doute le seul à avoir pu approcher cette qualité du poète ferrarais (tout en l'infléchissant vers un humour plus populaire et plus concret). Il est sans doute le seul à qui pourrait s'appliquer, avec des réserves bien sûr, la phrase par laquelle Voltaire caractérisait l'art de l'Arioste dans l'article « épopée » de son *Dictionnaire philosophique* : « Ce qui m'a surtout charmé dans ce prodigieux ouvrage c'est que l'auteur, toujours au-dessus de sa matière, la traite en badinant. Il dit les choses les plus sublimes sans effort, et il les finit souvent par un trait de plaisanterie qui n'est ni déplacé ni recherché[16]. » Mise à part l'idée de sublime, qui correspond mal à un auteur si peu porté sur les scènes guerrières, et même si certaines scènes amoureuses, certaines déclarations des amants ne manquent pas de grandeur, la définition de Voltaire correspond assez bien aux qualités du *Paris un Wiene* : maîtrise de la matière, badinage, facilité du vers, alliance d'élévation et de plaisanterie.

Il y a donc une nette évolution dans l'œuvre chevaleresque de Lévita entre le *Boṽo Dantónẹ* et le *Paris un Wiene*. Mais il ne faudrait pas la rapporter uniquement à des facteurs extérieurs et

---

[15] Voir en particulier I. Calvino 1970, qui aspire à ces mêmes qualités dans sa propre production littéraire.

[16] Voltaire 1878, p. 573.

à la seule influence de l'Arioste. Une étude attentive des poèmes montre qu'il y a eu chez lui un raffinement progressif de la langue et des techniques d'écriture qui mérite d'être analysé sur l'arrière-plan des constantes de sa poétique et de son style.

IV.1.b. *L'évolution de la métrique*

Lévita fait preuve d'un sens unique de la forme poétique qui le distingue remarquablement des auteurs yiddish de son temps. B. Hrushovski, dans un article fondateur, a analysé dans le détail l'évolution des contraintes métriques dans le *Boṽo Dantóne* et le *Paris un Wiene* en les replaçant dans le contexte plus général de l'évolution des poésies européennes (allemande, anglaise, russe) vers l'invention d'un mètre tonique-syllabique (associant des contraintes sur le nombre d'accents par vers et des contraintes sur leur nombre de syllabes[17]). Nous reprenons ici ses conclusions majeures. Les langues caractérisées par des accents libres (contrairement au français par exemple), développent spontanément une métrique accentuelle. C'est le cas en particulier dans la poésie et la chanson populaire : seul le nombre d'accents par vers a de l'importance. Entre les syllabes accentuées, un nombre variable de syllabes non accentuées est toléré : par conséquent la longueur des vers peut varier grandement. Mais ces langues ont souvent adopté, en raison d'influences extérieures, des mètres syllabiques qui étaient, en règle générale, associés à des formes plus nobles (influence de la poésie française sur la poésie allemande ou anglaise au Moyen Âge par exemple). Cette contrainte est moins naturelle mais a connu dans ces langues différentes vogues en fonction des époques tout en étant dotée d'un prestige particulier.

Influencé par la tradition italienne qu'il imite, Lévita a fait du roman de chevalerie un champ d'expérimentation formelle qui l'a conduit à l'adoption, pionnière en son temps, d'un mètre tonique-syllabique, en l'occurrence le tétramètre (et le pentamètre) iambique. Jusqu'à lui, la poésie yiddish était uniquement fondée sur un principe accentuel. En reprenant l'*ottava rima* (ababcc) Lévita ne s'est pas fondé sur l'hendécasyllabe mais il a

---

[17] B. Hrushovski 1964, p. 108-146. Les réflexions de B. Hrushovski sont reprises et approfondies par E. Timm 1996, p. XXXIV-XLIX.

choisi de composer le *Boṽo Dantȯnẹ* sur des vers à quatre accents, unité la plus longue permettant d'éviter la partition des vers en césures (comme c'est le cas, par exemple dans le *Šẹmu'el-buch* et dans de nombreux mètres épiques allemands). Il gardait donc un œil (ou plutôt une oreille) sur la tradition allemande du *Volkslied* tout en adoptant son modèle italien.

Parmi les découvertes que Hrushovki a faites en analysant de près les strophes du *Boṽo Dantȯnẹ*, il faut mentionner l'adoption progressive de l'alternance entre rimes féminines et masculines dans le sextet (ababab), elle aussi pratiquée dans le *Volkslied* mais inexistante en italien qui, en raison de la structure de la langue, privilégie les rimes féminines. Hrushovski met en évidence l'adaptation progressive de Lévita à son instrument poétique, ce qu'il appelle son « *work in progress*[18] ». Ayant débuté le poème avec des rimes exclusivement féminines (sur le modèle italien et contrairement aux conventions allemandes), Lévita privilégie, à partir de la strophe 200, l'alternance rimique et, à partir de la strophe 300, toutes les strophes présentent cette caractéristique sans exception.

Ce n'est pas là la seule évolution remarquable. On note en effet une tendance à l'individuation progressive des couplets finaux (cc). Cette distinction est essentielle à la nature « musicale » et rythmique de l'octave. Les sextets présentent la mélodie dominante avec l'alternance régulière des rimes tandis que les couplets viennent, à intervalle fixe, interrompre cette « basse continue ». Deux facteurs permettent aux couplets, dans les poèmes yiddish, d'être immédiatement identifiables. Tout d'abord, le fait qu'ils privilégient, à peu d'exceptions près, les rimes féminines. En conséquence le schéma rimique d'une strophe-type est le suivant (les lettres en gras désignent les rimes féminines) : a**b**a**b**a**bcc**. Comme on le voit, le passage au couplet est souligné, dès le septième vers, par l'enchaînement de deux rimes féminines. Mais Lévita semble avoir senti le besoin d'un signal supplémentaire pour marquer le rôle rythmique particulier des couplets : il a donc progressivement allongé leur mesure. Plus on avance dans le poème, plus la distinction entre les longueurs respectives des vers du sextet et de ceux des couplets est nette. Alors que la longueur

---

[18] B. Hrushovski 1964, p. 125. Pour une vue globale des évolutions tout au long du poème, on se reportera aux tableaux proposés dans cet article, p. 133-135.

moyenne des vers des couplets est à peine différente de celle qu'on observe dans les sextets pour les 200 premières strophes, celle-ci devient nettement supérieure (d'au moins une syllabe) à partir de cette zone décisive du poème. Loin donc d'avoir mécaniquement repris la forme italienne de l'*ottava rima*, Lévita l'a adaptée aux contraintes de sa langue maternelle et à ses propres ambitions esthétiques.

Entre le *Boṽo Dantône* et le *Paris un Wiene*, on observe une systématisation de toutes les innovations précédentes. On retrouve l'alternance des rimes féminines et masculines dans les sextets (avec quelques exceptions, surtout au début du poème[19]). L'augmentation de la longueur des vers du couplet est désormais inscrite dans le mètre puisque les derniers vers comportent presque toujours cinq accents. Enfin, la tendance iambique déjà observable dans le premier roman devient presque irréprochable dans le second. Certes, comme le notait déjà Hrushovski, le poète se permet des libertés avec le schéma directeur (surtout dans les positions plus faibles du vers : le premier et le troisième iambe) et il faut également supposer diverses enclises et proclises qui ne sont pas toujours signalées par l'orthographe de l'édition du *Paris un Wiene*, mais le principe même du mètre iambique, et sa nature consciente, ne font aucun doute. Notons que, chez Lévita, le décompte syllabique n'est pas déterminant (comme il le sera par exemple dans l'adoption de ce mètre en allemand à l'époque d'Opitz, ou comme c'est le cas lorsque des auteurs allemands, comme Sebastian Brant, tendent à introduire le schéma accentuel dans un mètre syllabique). C'est l'iambe qui a été choisi par Lévita pour des raisons esthétiques de régularité qui, en fixant le nombre des syllabes non-accentuées, a abouti, comme résultat secondaire, à une fixation du nombre de syllabes par vers (huit dans les sextets et dix dans les couplets, en comptant jusqu'à la dernière syllabe accentuée). Cela explique, lorsqu'une des mesures n'est pas un iambe, qu'un certain nombre de vers dépassent encore ce compte, même si, contrairement à ce qui se passait dans le *Boṽo Dantône*, ceux-ci sont désormais minoritaires.

Ce souci de régularité apparaît clairement dans les strophes où l'équilibre est le plus soigné comme lorsque Vienne célèbre ses

[19] E. Timm 1996, p. XXXVIII.

retrouvailles avec Paris. Voici son discours (nous mettons en évidence les syllabes accentuées) :

Un ' špràch « Ò gòt das is ain špil	Elle dit : « O Dieu, c'est un plaisir
Dàś sòlt màn dòch nümér mèn lezén !	Que l'on ne doit jamais plus gêner !
Das is ain vraid òn zal òn zil,	C'est une joie sans bornes, sans fin,
Den luśt kan màn dòch nit dérschezén !	On ne peut estimer un tel bonheur !
Iz hab ich al das dàś ich wil,	J'ai maintenant tout ce que je veux,
Ouf ain mòl tet mich gòt dérgezén.	Dieu m'a réjouie tout d'un coup.
Nun sei al zeit gèlòbt sein hailigér namén,	Eh bien, que soit toujours loué son saint Nom,
Der üns hòt dòch gèbròcht widér zu-samén !	Qui nous a à nouveau réunis !

PW, 679

Les entorses au schéma iambique sont rares dans cette éloquente action de grâces. On note seulement au deuxième vers et au huitième vers les accentuations trochaïques de « *nümer* » et « *wider* », qui sont situés dans une position « faible » (la troisième) et le mot dactylique « *heiliger* » du septième vers pour lequel il faut peut-être supposer une apocope. On sera souvent confronté à ce type de problèmes si l'on veut absolument faire entrer les vers de Lévita dans le schéma idéal.

Mais là n'est pas l'essentiel. Le plus important, comme nous l'avons dit, est que ce schéma soit clairement perceptible tout au long du poème et que, par conséquent, partant d'un principe accentuel, le *Paris un Wiene* aboutisse à une régularité syllabique qui fait de cette œuvre l'une des toutes premières en Europe à se fonder sur un mètre tonique-syllabique (encore perfectible mais généralement respecté[20]). Il convient aussi de souligner que la continuité frappante dans l'élaboration d'une métrique rigoureuse entre le *Boṽo Dantònẹ* et le *Paris un Wiene* constitue l'un des arguments les plus convaincants pour les attribuer au même auteur. Comment un étudiant de Lévita, aussi doué soit-il, aurait-il pu pousser jusqu'à leurs dernières conséquences toutes les innovations qui se font jour dans le premier roman de chevalerie ? Cela est d'autant plus difficile à imaginer que certaines de ces évolutions (comme la

[20] On notera une subtilité supplémentaire dans le choix de l'ordre des rimes dans le sextet. La rime *a* est masculine tandis que la rime *b* est féminine : cela permet de préserver le flot iambique tout au long des deux vers. Chaque groupe *ab* est théoriquement composé de huit iambes (la rime féminine fait ensuite s'enchaîner deux syllabes non accentuées).

longueur des couplets) semblent avoir été de nature inconsciente et ne se sont affirmées que progressivement.

D'autres tendances de la première œuvre sont encore confirmées dans la seconde. On a déjà eu l'occasion de remarquer la richesse et la variété des rimes chez Lévita. Cette inventivité est d'autant plus nécessaire que la forme de l'*ottava rima* est exigeante : trouver pour chaque strophe trois rimes *a* et trois rimes *b* est plus ardu en yiddish qu'en italien où les terminaisons des mots sont beaucoup plus régulières. Pour cette raison, Lévita utilise absolument toutes les composantes de son yiddish faisant rimer volontiers deux à deux des mots d'origine allemande, hébraïque, italienne en respectant la prononciation alors en vigueur dans la population ashkénaze. Il n'y a plus de traces chez lui des conventions qui voulaient que les mots d'origine hébraïque riment, comme dans la poésie religieuse, sur la dernière syllabe tout en incluant nécessairement la consonne qui précède la dernière voyelle. Comme le note E. Timm, Lévita avait deux barrières à surmonter afin d'utiliser librement ce type de rimes : il allait à l'encontre de la tradition poétique yiddish qui tendait généralement à éviter les mots hébraïques à la rime et, de surcroît, il réformait la pratique qui voulait que ces mots soient employés comme dans la poésie en langue sainte[21].

Lévita n'hésite pas non plus à utiliser des pronoms en position d'enclise pour obtenir des rimes féminines. Ce procédé, qui mime les habitudes du langage parlé, n'était sans doute pas exempt d'une certaine note comique : « *Er hiś grōv Ugolin déś küniǵś v̄etér / Un' dáś dòsig als gèsehén het er*[22] » (*BD*, 169). De même, nous avons vu que Lévita emploie volontiers des rimes dactyliques dans un but expressif, surtout dans des positions particulièrement visibles comme dans les couplets finaux[23]. Elles aussi pro-

---

[21] E. Timm 1996, p. XLIV.

[22] « Il s'appelait Comte Ugolin, le parent du roi / Et tout cela, il l'avait vu. » On trouvera une liste exhaustive de ce type de rimes dans les deux romans de chevalerie dans E. Timm 1996, p. XLII, n. 19.

[23] Nous avons utilisé le terme « rime dactylique » dans un sens large qui ne correspond peut-être pas précisément à l'état de la langue à l'époque de Lévita. Ainsi, alors que B. Hrushovski 1964, (p. 129) considère la rime « *tatérn / patern* » (« Tatarie / se débarrasser » < racine hébraïque פטר) (*PW*, 672) comme dactylique, E. Timm pense qu'il ne faut pas supposer l'existence de deux syllabes après l'accent dans ce cas. Cela est donc tout aussi vrai pour d'autres rimes que

duisent, par leur richesse, un sentiment d'incongruité qui installe le comique jusqu'au sein du langage.

Cette maîtrise de la langue, dans toutes ses variations, devient particulièrement évidente quand Lévita combine différents effets en créant une rime mixte (associant différentes composantes du yiddish) qui est également une rime dactylique (*BD*, 318) : « *Er šprâch : "ich wil dir gebén ain sup', ain šôméné, / Ich sich wol, du biśt ain wildér dôméné*"[24]. » Le terme d'origine hébraïque *šôméné* (< héb. שמן) rime ici avec le terme d'origine latine *dôméné* (< lat. *dominus*). Le mot *domino* existait en italien mais était archaïque et son emploi ne saurait être ici qu'ironique. L'effet de surprise comique est donc double : au niveau sonore par le surcroît d'une syllabe à la rime, au niveau lexical par l'association étonnante de deux domaines linguistiques que tout sépare puisque l'un est spécifiquement juif, et l'autre spécifiquement chrétien.

Lévita produit régulièrement ce type d'effets, doublant le comique de ses vers d'un comique purement linguistique. C'est ainsi que, lorsque le père de Paris se plaint que son fils fréquente trop l'évêque plutôt que de s'adonner à ses exercices guerriers, il se livre à une diatribe dont le couplet final fait rimer « *pischôf* » (« évêque ») avec « *cišuf* » (« ensorcellement », héb. : כשוף, *PW*, 160). Il y a parfois une véritable virtuosité dans l'emploi des rimes mixtes. Lorsque Vienne essaie d'attirer chez elle l'évêque pour qu'il favorise ses amours, elle commence par faire mine de se confesser pour mieux « faire passer la pilule » : « *apôśéma fat* » (= *aposema fatto* : langage médical désignant une forme de sirop). L'évêque se rend alors chez elle « *cifšat* » (< héb. כפשט : « en toute simplicité », *PW*, 242). Rien dans le contexte n'appelait particulièrement ce jeu mais l'association du terme hébraïque, bien intégré semble-t-il dans le yiddish de Lévita qui l'emploie à plusieurs reprises, et du terme médical italien, souligne de façon

---

nous avons décrites comme dactyliques, par ex. « *w'urzéln-purzéln* » (*BD*, 375). Même s'il n'y a pas, au sens strict, deux syllabes après l'accent, il nous semble tout de même que ce type de rimes offre un surcroît de sonorités après l'accent qui les rend remarquables. En définitive, E. Timm 1996 (p. XXXIX) ne compte qu'un cas absolument certain de rime dactylique dans le *Boŏo Dantône*, et six cas dans le *Paris un Wiene*.

[24] « Il dit : je veux te donner une soupe bien grasse / Je vois que tu es réellement un sieur sauvage ! »

comique la ruse que Vienne met en place à l'insu de l'évêque, attiré naïvement comme un malade par un sirop. L'effet produit sur le lecteur originel devait être aussi étrange et aussi surprenant qu'il l'est aujourd'hui pour nous.

Cette technique est autant employée dans le *Bōvo Dantòne̲* que dans le *Paris un Wiene*. Elle appartient aux caractéristiques les plus constantes, et les plus novatrices, du style de Lévita. Il sait créer la surprise au niveau de la langue, avant même que le sens ne parvienne à l'esprit de son lecteur. S'il y a une évolution métrique dans l'œuvre de Lévita, elle tient avant tout à l'acquisition d'une maîtrise remarquable de son instrument poétique : l'*ottava rima*. Au début du *Bōvo Dantòne̲*, le poète ne semble pas encore tout à fait à son aise avec la mesure de l'octave. Les enjambements entre strophes ne sont pas rares et la structure syntaxique ne reflète pas nettement l'opposition entre les sextets et les couplets. Souvent, un discours direct, ou un nouvel épisode, commence au milieu d'une strophe pour se poursuivre à la strophe suivante, effaçant ainsi la séparation entre les deux unités métriques (*BD*, 12-13 ; 13-14, 20-21 ; 21-22 ; 27-28, etc.). Aux strophes 13 et 23, l'adverbe *nun* qui signale le passage à un nouvel épisode, apparaît au sixième vers si bien que l'articulation logique contredit l'organisation des strophes. Ce type de transgressions est assez fréquent dans ce roman même s'il va diminuant plus avant dans le travail. Les enjambements ne sont que rarement motivés par une accélération de l'action ou du drame (voir par ex. *BD*, 348-349).

Dans le *Paris un Wiene*, les enjambements strophiques ne se font presque jamais aux dépens de la distinction entre couplets et sextets. L'octave, dans ce second roman, a des contours plus stables de sorte que toute entorse à sa clôture est mise en évidence. Le poète utilise donc l'enjambement principalement dans deux cas : au début ou à la fin d'une intervention d'un personnage au discours direct et lorsque l'action narrée devient très intense. Dans le premier cas, il met en exergue le début du discours en fin de strophe ou sa fin en début de strophe, mais il installe aussi un sentiment relatif de prosaïsme en ne permettant pas la pause qui devrait intervenir après le couplet[25]. En règle générale, ces enjambements correspondent également à des discours passionnés : le

---

[25] *PW*, 48-49 ; 158-159 ; 261-262 ; 274-275 ; 300-301, 311-312-313, etc.

trouble ou la joie du personnage se reflète dans la transgression de la structure strophique.

Il n'y a donc pas une distinction tranchée entre ce type d'enjambements et celui qui correspond à une intensification de l'action, sinon que dans le second cas, la rupture formelle est encore plus forte et le brouillage peut atteindre jusqu'à l'indépendance du couplet par rapport au sextet. C'est le cas dans la scène dramatique où Paris désire se suicider plutôt que de quitter Vienne. Il a pointé son épée contre son ventre. Notre citation commence au sixième vers de la strophe : « *Abér Wiene di' édél maidén / Di' vil im drein bald un' gar béhendén / Un' sprach : "Gibś schwert in meiné hendén ! // Tötśtu dich selbśt asò géring / Du' vérlirśt den leib, di' sél dárnebén*[26] [...]" » (*PW*, 361-362). Aussi bien la distinction entre le couplet et le sextet que celle entre les deux strophes se trouvent effacées par le mouvement et le discours désespérés de la jeune fille. Le discours se poursuit jusqu'à la fin du sextet de la strophe 362. Le début du couplet de cette strophe est donc bien individué par le retour à la narration à la troisième personne, mais celle-ci se poursuivant dans la strophe suivante, sa fin n'est guère perceptible : « *Si' sagèt im sò vil un' was in wäichén / Bis si' im ous der hánt dáś schwert was láichén // Un' sazt irś selbért an ir brüśt / Un' sprách zu im : "Du' muśt hin-wekén ! / Vérhaiś mirś iz un' tu' es süśt / Wil ich dáś schwert dò in mir śtekén*[27]*."* » (*PW*, 362-363).

La vivacité de l'action, l'intensité des passions évoquées, le désordre enfin des gestes improvisés sont exprimés par la rupture de l'équilibre strophique. L'*ottava rima*, si bien dessinée dans ce roman, déborde de toute part dans cette scène pathétique. Seul le respect général de la forme peut permettre à ce type d'entorses de produire leur effet expressif. Cela est tout aussi vrai pour les enjambements au niveau du vers (et leur version réduite que constituent les rejets et les contre-rejets). S'ils sont rares dans le *Bovo Dantòne* (par ex. *BD*, 386, v. 5-6), ils deviennent un phé-

---

[26] « Mais Vienne, la noble jeune fille / Lui tomba aussitôt dessus avec promptitude / Et dit : « Donne-moi cette épée // Si tu te tues toi-même aussi vivement / Tu perds ton corps, et ton âme de surcroît [...] ».

[27] « Elle lui dit tant et l'adoucit si bien / Qu'elle lui tira l'épée de la main, // La plaça contre sa propre poitrine / Et lui dit : "Tu dois partir ! / Promets-le mois et fais-le sinon / Je veux planter l'épée en moi." »

nomène récurrent dans le *Paris un Wiene*[28]. Dans la citation précédente, le troisième vers de la strophe 363 s'achève, en dépit de la structure syntaxique, sur l'adverbe : « *süšt* » (« sinon ») : la menace est ainsi rendue dans toute sa tension ; si l'on maintient la pause de fin de vers, l'idée d'un suicide de la jeune fille apparaît avec un léger retard qui la rend encore plus terrible. Ce type d'enjambements est souvent intégré (mais pas exclusivement) au discours direct des personnages pour rompre la monotonie du vers et lui donner un peu de la spontanéité de la prose.

L'influence de l'Arioste nous semble décisive dans ce domaine puisque l'enjambement est un phénomène omniprésent dans son poème au point qu'on a pu parler de la qualtié prosaïque de ses vers, même si le poète ferrarais a tenté de limiter leur nombre dans les versions plus tardives de son œuvre dans une volonté d'ennoblissement[29]. Nous verrons que la syntaxe de Lévita gagne en complexité sous l'effet du modèle ariostéen : les plus fréquentes subordinations imposent au vers une plus grande flexibilité. Mais là encore, c'est en général un souci d'expressivité qui conduit Lévita à rompre l'équilibre des vers : il s'agit donc d'une technique motivée par les contraintes esthétiques internes à l'œuvre. Voici les paroles de Vienne lorsqu'elle découvre les armes que Paris a portées au tournoi, et donc l'identité de son amant : « *Un*ʼ [si] *šprach zu Isàbele* : « *Wet / Der dòsig štach ūun meinén wegén*[30] » (*PW*, 214). La joie quelque peu enfantine de la jeune fille est éloquemment rendue par le contre-rejet de l'impératif : « Parie ».

Il est une technique inverse à l'enjambement strophique que Lévita utilise par moments : il s'agit d'une forme d'anadiplose par laquelle une portion du dernier vers (ou du dernier couplet) d'une strophe est reprise dans le premier vers de la strophe suivante. Marquant ainsi nettement l'artificialité de la division strophique, ces répétitions donnent à la narration un aspect litanique et solennel. Assez rare dans le *Boōvo Dantōne*, ce procédé devient plus fréquent dans le second roman de chevalerie dont la tonalité

---

[28] On trouvera une liste de 25 cas dans E. Timm 1996, p. XLVIII, n. 21. La liste n'est pas exhaustive. Elle ne tient pas compte des rejets et des contre-rejets qui augmentent ce nombre.

[29] A. Casadei 2003, p. 63.

[30] « Et [elle] dit à Isabelle : « Parie / Que celui-ci a combattu en mon nom ! »

est, en général, plus élevée même si ces reprises sont parfois décalées et ironiques[31].

Cependant, l'évolution la plus remarquable entre le *Boṽo Dantóne̦* et le *Paris un Wiene* est, à notre avis, le raffinement de l'usage des couplets finaux de chaque strophe. Nous sommes ici à la frontière de l'étude stylistique et de l'étude de la métrique proprement dite, mais les deux niveaux sont inséparables en ce point. Lévita a d'emblée saisi l'avantage qu'il pouvait tirer de la clôture de la strophe pour mettre en évidence certaines pensées, certains paradoxes, certaines plaisanteries. Dès le début du *Boṽo Dantóne̦*, un grand nombre de strophes s'achèvent sur des pointes comiques. Quelques exemples tirés du début du roman suffiront à éclairer notre propos. La strophe 6 s'achève sur un vers qui résume à lui seul le nouvel état conjugal de Brandóni̦e̦ avec le vieux Gwidón : « *Si hàt gutè teg un˙ bósè nacht*[32] ». La strophe 12 s'achève sur une plainte burlesque de la jeune femme contre ses parents : « *Wi' hàbén si' gèhàt di' bóstén herzér / Dàś si' mir hàbén gebén den altén verzér*[33] ! » Le couplet final de la strophe 18 exprime à nouveau une pensée comique de la traîtresse après qu'elle a décidé de faire assassiner son mari par son amant : « *Un˙ tag un˙ nàcht wil ich an im hengén / Wàś ich vòr-soumt han wil ich ein-brengén*[34]. »

Nous pourrions multiplier les exemples car le couplet final, ou le seul dernier vers, est, dans près d'un sixième des strophes du *Boṽo Dantóne̦*, le lieu d'une réflexion hyperbolique, décalée, burlesque ou caricaturale. Ce procédé permet, de façon générale, de doter la strophe d'un dynamisme particulier. L'attention du lecteur, ou de l'auditeur, est toujours tendue vers la conclusion. Une attente est créée et la pointe, malgré la régularité du procédé, ne manque pas de surprendre. Tout en sachant que l'apogée de la tension, ou du comique, surviendra probablement en conclusion de strophe, on n'est jamais certain de la présence ou non d'un

---

[31] Voir *BD*, 218-219 ; 309-310 ; 525-526 et *PW*, 43-44 ; 60-61 ; 93-94 ; 186-187 ; 193-194 ; 212-213 ; 233-234, etc.

[32] « Elle a de bons jours et de mauvaises nuits. »

[33] « Comment ont-ils eu le cœur assez mauvais / Pour me donner ce vieux péteur. »

[34] « Et jour et nuit je veux me pendre à lui. / Et je vais compenser tout ce que j'ai manqué. »

trait d'esprit ou d'une plaisanterie finale. C'est pourquoi nous avons pu parler, dans le cas de Lévita, d'une esthétique de la surprise. L'octave est utilisée pour créer le cadre régulier dans lequel les plaisanteries trouveront un maximum d'efficacité, appuyées comme elles le sont par les rimes plates du couplet qui, à elles seules, apportent une rupture dans le flot des rimes croisées. Bien sûr, les plaisanteries et les hyperboles ne sont pas cantonées à cette position dans la strophe mais le couplet offre un lieu privilégié pour leur expression.

D'un autre côté, la conclusion des strophes n'est pas uniquement réservée à la production du comique. Déjà dans le *Boṽo Dantône*, mais de façon beaucoup plus nette dans le *Paris un Wiene*, elles offrent aux maximes, aux sentences et aux proverbes une place de choix. Ces vérités portant le sceau de la « sagesse populaire » offrent ainsi un couronnement aux strophes, tout en les éclairant d'une lumière extérieure, qui dispense l'auteur par leur formulation efficace et souvent imagée de plus longues réflexions. Lévita est friand de proverbes et utilise volontiers la structure de l'octave pour les mettre en valeur. Quand ils sont ainsi présentés en position conclusive, on les nomme, à la suite de P. Zumthor, des épiphonèmes proverbiaux[35]. Ils dotent alors le discours, au moment crucial de l'exorde, de l'*auctoritas* d'une pensée que les lecteurs ont déjà en mémoire et à laquelle est attachée, outre le plaisir de la forme poétique, le plaisir de la reconnaissance. Vers 1500, l'usage des proverbes en poésie a connu une véritable vogue, en particulier dans les genres didactiques de la poésie morale, au point qu'un certain automatisme et une monotonie menaçaient les auteurs qui recouraient à ce procédé[36]. Lévita, dans ses romans de chevalerie, fait un usage beaucoup plus humoristique de cette figure mais il ne renonce pas tout à fait à leur fonction d'enseignement.

Le *Boṽo Dantône*, qui comporte peu de passages à visée morale, ne présente qu'un petit nombre d'épiphonèmes proverbiaux. Si on leur adjoint les strophes qui s'achèvent sur des sentences à prétention universelle, on arrive à une petite dizaine d'exemples[37].

---

[35] P. Zumthor 1976, p. 313-329.
[36] Voir par exemple F. Cornilliat 2005, p. 47-61.
[37] *BD*, 22 ; 94 ; 173 ; 208 ; 247 ; 288 ; 457 ; 483 ; 486 ; 497.

Il n'en reste pas moins que la tendance qui s'affirmera pleinement dans le *Paris un Wiene* est déjà en germe dans le premier
roman. Plus ambitieux et plus sérieux, le second roman de chevalerie fait un usage un peu moins fréquent des pointes comiques et
plaisantes, et utilise plus régulièrement l'épiphonème proverbial.
Il convient cependant de souligner que la distinction que nous
venons de proposer est factice : très souvent un proverbe est utilisé par Lévita à des fins ironiques ou humoristiques. Les couplets
ou les vers finaux qui s'appuient sur des sentences, des maximes,
des images courantes (nous joignons ici des phénomènes quelque
peu différents mais qui on pour trait commun de souligner la pensée en s'appuyant sur des expressions familières au public) sont
environ une quarantaine tout au long du roman[38]. Que leur effet
soit didactique ou comique, ces figures s'appuient toujours sur la
force rhétorique que leur confère la culture partagée par l'auteur
et le public.

Ce qui est remarquable et nouveau dans le *Paris un Wiene*,
c'est la façon dont Lévita s'amuse à enchaîner les proverbes ima-
gés (phénomène que nous avons déjà observé chez Pulci). Leur
usage prend alors la forme d'un automatisme qui, plutôt que
de renforcer leur efficacité rhétorique, nous semble produire
un effet de saturation comique[39]. Ainsi, Odoardo, cherchant à
convaincre Paris de renoncer à son amour pour Vienne, insiste
sur le fait qu'elle ne sait rien des sentiments du jeune homme,
que rien ne garantit leur réciprocité, et qu'elle est d'un rang bien
plus élevé que lui. Il combine tous ces arguments dans deux proverbes enchaînés, créant ainsi davantage une suite étourdissante
d'images qu'un soutien logique au discours : « *Es is bös zu eśén
mit herén kirschén / Un' zu vōr-kafén höut é màn hot den hirschén*[40] » (*PW*, 166).

---

[38] En voici une liste qui ne prétend pas à l'exhaustivité (elle ne comprend
bien sûr pas les proverbes, assez nombreux, situés à l'intérieur des strophes) :
PW, 4 ; 75 ; 83 ; 106 ; 131 ; 154 ; 166 ; 177 ; 181 ; 196 ; 199 ; 201 ; 211 ; 222 ; 223 ;
249 ; 250 ; 282 ; 285 ; 294 ; 303 ; 307 ; 313 ; 316 ; 320 ; 401 ; 457 ; 466 ; 515 ;
516 ; 567 ; 596 ; 599 ; 606 ; 607 ; 619 ; 712.

[39] Voir notamment *PW*, 567, 607 et, en début de strophe 646.

[40] « Il est mauvais de manger des cerises avec des seigneurs / Et de vendre la
peau avant d'avoir le cerf. » Le premier proverbe est présent sous sa forme traditionnelle (Wander, art. « Herr », 612 : « *Mit Herrn ist bös Kirschen essen* »).
Pour le second, la forme courante du proverbe en allemand semble être, comme

Ces deux proverbes concluent une argumentation soignée et de tonalité plutôt élevée. Ils apportent donc une chute du discours dans un univers concret et animalier. C'est un phénomène qu'on rencontre souvent chez Lévita, qui donne aux proverbes un statut mi-sérieux, mi-comique. Ainsi, lorsque les parents de Vienne, désemparés de voir leur fille refuser obstinément le mariage qu'on lui propose, l'enferment définitivement dans un cachot, le conteur s'exclame : « *Un' wen di' ku' nun is ganz gar vérlórén / Só schlíst màn zu den štal hintén un' vórén*[41] » (*PW*, 457). La description du sort de Vienne qui précède dans toute la strophe est pathétique. Le proverbe convient à la situation puisqu'il exprime la nécessité de se résigner dans une situation désespérée. Mais l'assimilation soudaine de la jeune princesse à une vache ne saurait produire qu'un effet de contraste comique, à moins qu'il s'agisse pour l'auteur d'une façon discrète de critiquer le traitement bestial que le Dauphin réserve à sa fille. De plus, l'interprétation littérale du proverbe (abstraction faite de sa signification métaphorique) produit une sorte de court-circuit avec la situation concrète dans laquelle se trouve le personnage : Vienne n'est ici « perdue » que métaphoriquement et ce que son père ferme, c'est le cachot dans lequel elle se trouve bel et bien prisonnière.

On le voit, tout autant – et peut-être plus – qu'un instrument rhétorique, l'épiphonème proverbial est chez Lévita un prétexte de jeu, une façon de créer des contrastes étonnants. Le burlesque, qui trouvait directement sa place dans le *Bovo Dantóne* trouve ainsi régulièrement un moyen de s'exprimer par une voie détournée, et plus raffinée, dans les vers du roman plus tardif (ce qui n'empêche pas par ailleurs l'emploi ponctuel d'un burlesque plus franc et plus direct). Une telle réflexion nous invite à analyser l'évolution du style de Lévita entre ses deux romans.

---

en français : « il ne faut pas vendre la peau de l'ours avant de l'avoir tué » (Wander, art. « Bärenhaut », 1). Nous soupçonnons donc Lévita d'avoir modifié le proverbe pour les bienfaits de la rime produisant ainsi un effet comique supplémentaire, comme le Bartholo de la trilogie de Beaumarchais qui a l'habitude d'accomoder certains proverbes à sa façon.

[41] « Et quand la vache est tout à fait perdue / On ferme l'étable devant et derrière. » Voir Wander, art. « Kuh », 384, 387.

IV.1.c. *L'évolution du style*

La différence stylistique entre le *Boʋo Dantóne* et le *Paris un Wiene* est bien sûr frappante mais elle ne nous semble en rien justifier qu'on suppose deux auteurs différents comme on le fait encore parfois dans la recherche à la suite de Ch. Shmeruk[42]. Outre les similitudes d'ordre purement linguistique qui ont déjà été notées en abondance mais qui peuvent être interprétées comme des habitudes de langage caractéristiques de deux hommes proches partageant la même culture (rimes semblables, extraits de vers et expressions identiques), d'autres facteurs nous semblent rendre extrêmement douteuse l'attribution du *Paris un Wiene* à tout autre auteur qu'à Lévita[43].

La parenté des deux romans

Tout d'abord, c'est la nature du travail de l'écrivain. Dans les deux romans, sa méthode de composition est exactement la même : gardant en permanence un œil sur le roman italien qu'il adapte, il se laisse entraîner par le récit à certains endroits précis et décide de raffiner une scène, de la modifier burlesquement, d'insérer une plaisanterie inattendue. Quand il modifie sa source, il se plaît à le signaler clairement, affirmant qu'il saute une page ou un passage superflu ou peu crédible (*BD*, 507, 645-646 / *PW*, 90 ;

---

[42] Ch. Shmeruk 1996, p. 32-38. Shmeruk émet l'hypothèse que l'auteur du *Paris un Wiene* pourrait être un converti ce qui expliquerait sa volonté de dissimuler son nom. Il interprète l'affirmation du prologue (*PW*, 4) selon laquelle Elia Baḥur aurait quitté le pays comme une référence probable à son trépas. Nous aurons l'occasion de revenir sur l'anonymat du livre, justifié de façon ironique par l'auteur en s'appuyant sur son amour pour une jeune fille : il s'agit d'un jeu littéraire et il est évident que l'écrivain savait qu'il serait reconnu (et qu'il le souhaitait). Quant à l'hypothèse d'un auteur converti, elle nous paraît difficile à soutenir pour des raisons (certes difficiles à démontrer) d'ordre psychologique : pour quels motifs un Juif converti aurait-il eu le souhait de composer un livre profane, comique, afin de distraire ses anciens coreligionnaires dans leur langue maternelle ? Par ailleurs, une satire aussi brillante et incisive que celle des Juifs du Ghetto de Venise au début du chant 7 témoigne, à notre avis, davantage d'un sentiment d'appartenance que d'un sentiment de distance. L'auteur se sentait parfaitement à son aise parmi les Juifs du Ghetto, ce qui lui permettait de diriger contre eux des flèches acérées (mais non dénuées d'une dose d'affection pour les faiblesses trop humaines de ses proches).

[43] Il convient de rappeler ici les pages (p. CXXXVI-CXLV) très riches en arguments convaincants qu'E. Timm 1996 a consacrées à la question.

401 ; 468 et d'autres). Il s'agit, dans les deux cas, d'un auteur yiddish qui se targue, non sans raison, d'avoir « amélioré » un récit italien que ses lecteurs sont susceptibles de connaître.

Parenté linguistique

La langue idiomatique et populaire du poète contribue pour une part importante au travail de métamorphose. Lévita n'est jamais à court d'expressions colorées et imagées. Beaucoup de ces formules nous semblent encore familières aujourd'hui. Dans ses romans, on ne peut rien « bâtir » sur un discours mensonger (*BD*, 378 / *PW*, 171, 277), un chevalier est armé « jusqu'aux dents » (*BD*, 163 / *PW*, 75), il combat « comme un dragon » (*BD*, 371 / *PW*, 101). Abandonner se dit presque toujours « laisser tomber » (« *lôśén štekén* », *BD*, 590 / *PW*, 12 et d'autres). Les personnages qui se sentent mal « tombent sur un banc » (*BD*, 338 / *PW*, 368). Les femmes à la conduite répréhensible se font traiter de « putes » (*BD*, 170 / *PW*, 456). Quand une personne méprise un objet ou une personne, elle « chie » dessus (*BD*, 147, 181 / *PW*, 223). Une amante « se frotte » contre son amant (*BD*, 198 / *PW*, 174). Une personne qui reste sans voix « parle autant que les muets » (*BD*, 244 / *PW*, 356). Quand une action échoue lamentablement, on « montre le flanc » (« *légén ain blôśén*[44] », *BD*, 266 / *PW*, 566). Lorsqu'on essaie de tenter quelqu'un avec un appât trompeur, cela se dit dans les deux romans « *légén ain ludér* » (*BD*, 389 / *PW*, 172). Une compagnie enthousiaste porte son favori « sur ses bras » (*BD*, 79 / *PW*, 195). Un chevalier risque toujours d'être « coupé en petits morceaux » (*BD*, 262, 578 / *PW*, 268). Un homme qui meurt « tend les jambes vers le ciel » ou « allonge ses (quatre) membres » (« *ouf-kerén / vôr-kerén di gagén*[45] » – *BD*, 48, 187, 266, 451 / *PW*, 664 ; « *štrekén das gébain / alé vir* » – *BD*, 476 / *PW*, 636).

Ces expressions, dont on pourrait enrichir la moisson, animent en permanence le récit et le rapprochent du quotidien des auditeurs ou des lecteurs originels. Makabrun, abandonné par Drusiana au moment de la nuit de noces, s'exclame : « Comme

---

[44] *DWB*, art. « bloss », 8, b.
[45] *DWB*, art. « gagen », 1, c.

on dit, c'est un mariage sans fiancée » (*BD*, 359). Il s'agit sans doute d'une expression utilisée, dans la conversation ordinaire, dans un sens général, et non littéral comme ici, pour désigner un rassemblement auquel manque quelque chose ou quelqu'un d'essentiel[46]. Il y a un véritable art dans la remotivation des proverbes lorsqu'ils sont employés dans un contexte où ils peuvent être entendus littéralement. L'effet de reconnaissance est alors doublé d'un effet de composition car l'image stéréotypée convient particulièrement bien au contexte narratif. Un proverbe dont il est difficile de retracer l'origine est utilisé pour traduire une action contrainte : « Le prêtre récolte ce dont il a besoin[47] » (*PW*, 366). Lévita l'emploie justement pour décrire le comportement désespéré d'un prêtre qui craint d'être fait prisonnier par les soldats du roi.

L'usage de telles expressions est, comme on le voit, tout aussi courante dans le *Paris un Wiene* que dans le *Bovo Dantone*, même si elles y alternent avec des métaphores plus soignées et plus originales. Quand il s'agit de décrire le travail du temps qui passe, « l'eau coule » sous les ponts (*PW*, 374). Quand une décision est entérinée, « la cloche est coulée » (*PW*, 432). Quand une personne suit les instructions d'une autre : « elle danse au son de sa flûte » (*PW*, 599). Quand les amants sont sur un pied d'intimité, ils ont « brisé la glace » (*PW*, 268). Paris rend visite aux mamelouks qu'il entend corrompre « les mains pleines » (*PW*, 584). Il leur promet de boire abondamment en leur compagnie en les assurant qu'il viendra les voir « bien à sec » (*PW*, 616). Tous ces exemples, qui ne constituent qu'une petite sélection, ont pour but de montrer à quel point l'emploi d'un langage idiomatique et familier est une des armes principales de l'auteur dans sa stratégie d'appropriation de la matière étrangère.

Outre ces expressions qui exploitent un sémantisme métaphorique, Lévita sait se servir avec adresse de la qualité sonore des mots.

---

[46] Nous interprétons cette expression comme apparentée à l'expression yiddish moderne : « *a khasene on klezmorim* » (« un mariage sans musiciens »).

[47] « *Der pfaf las was im gebrach.* » Nous n'avons pu trouver l'expression dans les dictionnaires de proverbes, mais elle se rencontre dans différents textes yiddish du XVIe siècle. Tout d'abord dans le *Seder nošim* (*SN*, 269) puis dans la légende d'une gravure du *Kü' buch* (M. N. Rosenfeld 1984, p. 18). Dans tous les cas, elle s'applique à des prêtres, ou à des personnes qui pouvaient être vus comme telles (dans *SN*), puisqu'Aaron est un *cohen* (destiné à devenir prêtre du Temple).

Les vers chargés d'allitérations ne sont pas rares, en particulier dans les moments comiques. Lorsque Makabrun se fait humilier par le jeune Bovo qui le fait tomber de son cheval lors d'un tournoi : « *Idérmán hub an zu schmuzérn un' zu juchzén / Un' lachén un' pfeifén un' zu pfuchzén*[48] » (*BD*, 128). Quand les amants en fuite arrivent dans la demeure du prêtre : « *Wás si hatén menkélérei' warén si krechéln / Un' bei' ain vöuer warén si sich bechéln*[49] » (*PW*, 335). L'utilisation couplée de deux verbes ou de deux substantifs quasi-synonymes (« *juchzén un' schrai'én* », « *schlagén un' rafén* », « *vresén un' vulén*[50] »), phénomène courant en yiddish ancien, est particulièrement fréquente chez Lévita. Ces associations de mots, que l'on peut nommer dittologies, servent tout autant à renforcer le sens qu'à créer des effets récurrents d'allitération et d'assonance.

Au niveau syntaxique, les deux romans présentent aussi des particularités similaires. L'un et l'autre font usage de phrases ou de propositions nominales dans l'intention de donner au récit une plus grande vivacité : « *Si kunt köum wartén bis eś her tagat / Un' vlukś in irś vatérś kamér gégangén*[51] » (*BD*, 104) ; « *Špráng er in satél un' si hintér sich génumén*[52] » (*BD*, 348). Le *Paris un Wiene* fait un usage plus fréquent et plus raffiné de cette technique. Il l'utilise, comme le *Bovo Dantóne*, pour dénoter la promptitude d'un mouvement : « *Só zóch er as er im bévól / Un' hin zum mer ain weg ain krumén*[53] » (*PW*, 329). Mais il l'emploie aussi pour exprimer l'intensité d'un état psychologique, la force d'une passion : « *Di' [mutér] bat si' vaśt mit gróś géwain / Un' war ir gróś gébrei vür-machén / Wiene úmérdár : "Náin, nain, nain !" / Nischt ging ir súśt ous irén rachén*[54] » (*PW*, 437).

---

[48] « Tous commencèrent à sourire et à glapir / À rire, à siffler et à huer. »

[49] « Ce qu'ils avaient à manger, ils le dévoraient à grand bruit / Et près du feu, ils se réchauffaient. »

[50] « Crier et glapir » ; « frapper et cogner » ; « bouffer et s'empiffrer ».

[51] « Elle put à peine attendre que paraisse le jour / Et vite dans la chambre de son père. »

[52] « Il sauta en selle et elle placée derrière son dos. »

[53] « Il s'en alla comme il le lui avait ordonné / Et à la mer par un chemin tortueux. »

[54] « Sa [mère] la priait instamment avec maints pleurs / Et lui faisait de longs prêches. / Vienne toujours : "Non, non, non !" / Rien d'autre ne sortait de sa gorge. »

Rien ne saurait mieux traduire la constance, l'obstination et le laconisme de Vienne que le contraste ici établi entre les longs discours de sa mère et ses réponses monosyllabiques intégrées, au discours direct, dans une phrase nominale.

Cet exemple nous invite à porter notre attention sur la façon dont les deux romans emploient les formes du discours. On trouve dans les deux œuvres des cas d'interventions au discours direct qui miment le naturel de la conversation. Il en est ainsi du dialogue entre Bovo et Drusiana lorqu'ils craignent la venue de Pelukan, l'homme-chien, lancé à leur poursuite. La jeune fille attire l'attention de son compagnon : « N'entends-tu pas le bruit ? ». Il s'arme et monte à cheval. « Je vois un homme seul qui approche en courant. » Drusiana s'exclame : « N'est-ce pas Pelukan ? Il pourrait nous nuir ! » Bovo : « Il marche à quatre pattes. » Elle se met à pleurer (*BD*, 367). Les différentes répliques reflètent, d'un côté, l'évolution de la perception de Bovo qui voit de mieux en mieux le poursuivant, et de l'autre l'accroissement de la crainte de la jeune princesse. Il s'agit là d'un procédé de dramatisation efficace.

Mimer la conversation ordinaire suppose une capacité à reproduire des expressions spontanément employées. Le *Paris un Wiene* est particulièrement habile dans ce domaine. Lorsque Paris s'encquiert de l'identité du prisonnier du sultan, il demande au groupe des moines, ses interlocuteurs : « Savez-vous comment il s'appelait ? » L'un d'eux lui répond : « Je crois Dauphin, mais je ne peux pas te l'assurer. » Un autre intervient alors : « Il vient de Vienne » (*PW*, 561). Le tâtonnement des réponses, l'intervention successive des interlocuteurs, la constitution progressive d'une information complète, tout cela rend la scène extrêmement vivante, et l'on se rendra bien compte de l'efficacité du procédé si l'on compare cette strophe au passage correspondant de la source : « [...] e [*Paris*] *dimandando a quelli frati se sapevano el nome di quel tal Signore, quelli Frati gli resposeno che era chiamato per nome il Dolfino di Viena*[55] » (*PVit*, 128).

Le langage mimétique peut produire des effets de théâtralisation et être un excellent véhicule d'informations psychologiques

---

[55] « Et [Paris] ayant demandé s'ils connaissaient le nom de ce seigneur, les frères lui répondirent qu'il portait le nom de Dauphin de Vienne. »

sur les personnages. Il vaut la peine dans cette perspective d'analyser le dialogue entre Wienne et Isabelle lorsqu'elles commentent le tournoi auquel participe Paris, incognito, et tout vêtu de blanc. Là encore, une comparaison avec la source est très instructive. Toutes les répliques sont déjà présentes dans le roman italien, mais elles sont si bavardes et si compassées qu'elles apparaissent dépourvues de vie :

PW, 96

Un ' zu Isàbelẹ dòch si' sait :
« Welchés štechén is dir hỏut mèn èbén ? »
Si' špràch : « Der iz dò vür unś reit
Der ouf dem helém tragt den lébén. »
Wienẹ šprach : « Der in weiś gèklait !
Kainér is sich nit gègén im an-hèbén,
Mich dücht nun kainér is aso dérwegén,
Di' èr zu habén hòut vun meinén wegén. »

Et à Isabelle elle dit donc :
« Quelle façon de combattre te plait le mieux aujourd'hui ?
Elle dit : « Celui qui combat maintenant devant nous,
Qui porte le lion sur son heaume. »
Vienne dit : « Celui vêtu de blanc !
Personne n'arrive à sa hauteur,
Il me semble qu'aucun n'a autant d'audace
Pour obtenir l'honneur aujourd'hui en mon nom ! »

PVit, 13

Hor torniamo a Viena laquale parlando con la sua compagna Isabella dicendogli : « Che ti pare di questi cavallieri, conoscitu alcuno di questi cavallieri, e qual ti pare che sia piu valente ? » Rispose Isabella dicendo : « A me pare quello cavalliero che porta quello corno doro con quello Leone azurro in campo dargento, lui combatte molto per tuo amore. » Disse Vienna : « Io non posso iudicare iustamente, ma secondo lo mio intelletto molto piu se accosta alla mia volonta quello cavalliero tutto coperto de biancho che non porta alcuna insegna. »

Revenons à présent à Vienne qui, s'entretenant avec son amie Isabelle lui disait : « Que penses-tu de ces chevaliers ? Connais-tu quelqu'un d'entre eux, et lequel te semble le plus vaillant ? » Isabelle répondit par ces mots : « Il me semble que le chevalier là-bas qui porte la corne d'or avec le lion d'azur sur champ d'argent combat beaucoup pour ton amour. » Vienne dit : « Je ne peux pas juger avec justesse mais, selon mon opinion, celui qui se rapproche le plus de ma volonté est ce chevalier là-bas tout couvert de blanc et qui ne porte aucune enseigne. »

Il n'est pas besoin de longs discours pour montrer à quel point le dialogue trop long, surchargé de modalisateurs (« *A me pare* », « *Io non posso iudicare* », « *secondo lo mio intelleto* »), encombré de détails héraldiques et de formules courtoises (« *se accosta alla mia volonta* »), a été transformé en dialogue vif, naturel, où les déictiques (« *höut* », « *vür unś* ») ont remplacé les déterminations inutiles. Et comment mieux exprimer la spontanéité de la jeune fille admirative et amoureuse que par cette réponse elliptique portée par la phrase nominale : « *Der in weiś gĕklait* ! », réponse adressée à la suite d'une autre phrase nominale de son interlocutrice, phrase plus longue et moins passionnée ? Ce ne sont plus deux stéréotypes de femmes nobles qui, avec toute la prudence et toute la componction dues à leur condition, discutent de faits d'armes dont, parce que femmes, elles ne saisissent pas bien les subtilités, mais bien deux jeunes filles concrètes qui commentent un combat qu'elles observent en y investissant leurs sentiments.

Les deux romans intègrent parfois de façon dynamique de petits extraits de phrases au discours direct dans la narration : « *Er hĕt im nit "gluk zu im" gĕvlucht*[56] » (*BD*, 182), mais le *Paris un Wiene* en fait un usage plus fréquent et plus raffiné : « *Mĕn as ir "jo'" wert sein mein "nàin*[57]*"* » (*PW*, 360). Il atteint parfois, par cette technique, des sommets de concision et d'expressivité. Ainsi, lorsque le narrateur évoque, dans le prologue du sixième chant, les riches qui perdent toutes leurs possessions et se retrouvent nus comme « de vulgaires bovins », il affirme : « *Un' hilft den nit "Ich hàt, ich bin gĕwesén*[58] *!"* » (*PW*, 308).

De même, les deux romans font usage du discours indirect et du discours indirect libre, avec cependant une fréquence bien plus grande pour le second qui se plaît à enchaîner de façon fluide discours indirect et discours direct (par ex : *BD*, 287, 570-571 / *PW*, 100-104 ; 171-172 ; *PW*, 408-409 et d'autres). Le discours indirect tend parfois à mimer de très près les formules du discours direct. C'est le cas notamment quand il s'agit de retranscrire des jurons de façon elliptique : « *Boṽo schw'ur ōdér er muś*

---

[56] « Il n'aurait pas juré "Qu'il ait de la chance !" »
[57] « Mon "non" vaudra plus que leurs "oui". »
[58] « Et n'aident pas alors les "J'ai eu, j'ai été". »

sich tafén[59] » (*BD*, 159). C'est le cas encore lorsqu'on devine que le discours indirect reprend une conversation qu'on devine assez vulgaire. À cette occasion, il s'établit un transfert inté-ressant et c'est le récit lui-même qui assume les expressions du langage parlé. Lorsque le Dauphin convoque Isabelle pour lui demander de rendre des comptes sur la fuite de Vienne, le com-portement des deux interlocuteurs est rendu de façon très idio-matique : le Dauphin « grimpe sur son toit[60] » (il lui tape sur la tête, métaphoriquement bien sûr). Isabelle « se couvre avec un pantalon[61] » (elle se justifie ; *PW*, 386). La jeune fille continue : « *Un' [si] schwur dem töüvěl ab ain băin / Wiene wer gěblibén vrumén / Un' wer ain pülzĕl aso rain / As si' ous irém bōuch war kumén*[62] » (*PW*, 387). Le langage d'Isabelle transparaît à travers le discours rapporté : que ce soit le juron évoquant le diable ou la comparaison de la pureté actuelle de Vienne à son état après la naissance.

Plus original que cette méthode courante de présenter le dis-cours rapporté (mais qui dénote une maîtrise de la syntaxe qui n'est pas fréquente en yiddish ancien), on notera dans les deux romans la présence d'interventions au discours direct qui n'en sont pas réellement. On peut donc nommer cette structure syn-taxique « faux discours direct. » Dans les deux romans, elle apparaît au moment où un personnage doit résumer des événe-ments déjà connus du lecteur et dont la relation n'est donc pas nécessaire. Lorsque Tiriz informe ses alliés de la venue de Bovo et de son plan de conquête d'Antona, il s'adresse ainsi à eux : « *Wolt ir schweigén as ain mous / So mŏcht öü'ér sach nŏch gut werén. / Ich wil öüch sagén gar ain shmu'o tŏvo / Aso un' aso is her-kumén Bŏvo // Un' ich bin Sinibáldś sun. / Den Dŏdon welén mir nemén sein lebén / Un' aso un' aso welén mir im tun*[63] »

---

[59] « Bovo jura [qu'il le ferait] ou il devrait se baptiser. »

[60] *DWB*, art. « Dach », 9.

[61] *DWB*, art. « Hose », 5, a et art. « Flicken », 8.

[62] « Et [elle] jura sur la jambe du diable / Que Vienne était restée sage, / Et qu'elle était une pucelle aussi pure / Que lorsqu'elle était sortie du ventre de sa mère. » Voir *DWB*, art. « Teufel », 17, c.

[63] « Si vous voulez vous taire comme des souris / Votre situation peut encore s'arranger. / Je veux vous dire une très bonne nouvelle : / Comme ceci et comme cela, Bovo est rentré // Et je suis le fils de Sinibald. / Nous allons prendre la vie de Dodon / Et nous allons lui faire comme ceci et comme cela. »

(*BD*, 567-568). Bien entendu, le personnage n'a pas dit « *asò un ' asò* ». C'est ici le conteur qui s'immisce dans son discours afin d'éviter d'avoir à donner des informations qui sont déjà connues de ses lecteurs.

Le même phénomène apparaît à plusieurs reprises dans le *Paris un Wiene*. Quand un des soldats qui est parti à la poursuite des amants en fuite décrit leur signalement au prêtre qui les héberge, son discours est rendu ainsi : « *Sag mir, hòstu gesehén hi' / [...] / Zwai vrawén-bild un ' ach mit si' / Ain man selb-andér òdér-dritén ? Asòdér un ' asò sein di' s 'imonim, / Asò habén si' zure un ' asò ponim*[64] » (*PW*, 345). Il est clair que le lecteur doit restituer mentalement au discours du soldat la description effective des fugitifs en lieu et place des concepts abstraits (ici rendus par des termes d'origine hébraïque). L'usage d'une telle technique a sans doute un effet légèrement comique car elle met en évidence, avec une certaine désinvolture, la façon dont le narrateur abrège les paroles de son personnage.

Cette nonchalance dans la mise en évidence des résumés apparaît clairement dans le *Paris un Wiene* à travers des énumérations d'adverbes interrogatifs. Voici comment est rendu le discours du traître qui révèle au sultan la mission d'espionnage du dauphin : « *Asò énpòt er im ach das / Si' ouf im hatén tun dértrachtén / Un' wi' un' wen un' w'u un ' was / Si' woltén tun mit gròsér machtén*[65] » (*PW*, 527). La façon dont cette liste d'adverbes occupe tout l'espace d'un vers dénote la complétude du rapport du traître mais révèle aussi, de façon comique, la quantité de choses que le narrateur se permet d'abréger. Le procédé se répète à plusieurs reprises (*PW*, 530 ; 564 ; 586, etc.).

Parenté des thèmes et des modes de narration

Souvent, la griffe de l'écrivain apparaît au-delà du simple niveau linguistique. Le goût du détail éloquent le pousse à introduire des

---

[64] « Dis-moi, as-tu vu par ici / [...] / Deux femmes et aussi avec elles / Un, deux ou trois hommes. / Tel est leur signalement, / Telle est leur allure et tels leurs visages. »

[65] « Et c'est ainsi qu'il lui annonça aussi que / Ceux-ci avaient fait des plans contre lui / Et comment et quand et où et quelles choses / Ils voulaient entreprendre avec de grandes forces. »

éléments absents de ses sources. C'est le cas notamment dans sa représentation du *mundus muliebris*. Les travaux d'aiguille de Vienne sont évoqués précisément (*PW*, 26) de même que, nous l'avons vu, les civilités qu'elle prodigue au père de Paris. Elle lui conseille des remèdes de bonne femme (*PW*, 205) comme les commères avaient proposé les recettes et les enchantements les plus extravagants au moment de l'accouchement difficile de sa mère (*PW*, 21). Drusiana gobe deux œufs frais pour se fortifier avant de donner le sein à ses bébés (*BD*, 482) et, quand ils ont grandi, elle les peigne avec amour comme deux poupées (l'auteur précise burlesquement qu'ils n'ont pourtant pas de poux ! ; *BD*, 624).

On soulignera aussi l'introduction de détails physiques que l'on peut qualifier de réalistes. Le traître Ugolin apparaît devant le roi, après s'être fait rosser par Bovo : « *mit dem kópf vȯr-bundén un' der arm in der schlingén*[66] » (*BD*, 205). Le Dauphin, libéré après son long séjour en prison, ne peut plus tenir sur ses jambes et doit être soutenu : « *Si' hatén in mü' hér-nȯch zu zihén / Er war éntwȯnt zu gén un' wȧr tȯrkéln*[67] » (*PW*, 626). Certains de ces détails « réalistes » sont riches en informations psychologiques. Bovo, lorsqu'il retrouve sa mère Brandonia, qui l'a trahi et a voulu l'assassiner, est incapable de la regarder ou de lui adresser la parole : « *Si wolt im ja gebén mit géwalt di hȧnt, / Abér er wolt eś nit lȯsén géschehén. / Er kért sich umédȧr gégén der want*[68] » (*BD*, 573). Le moine qui est chargé de libérer le Dauphin de ses chaînes n'arrive pas, sous l'effet de la panique et de l'excitation, à trouver le trou de la serrure : « [...] *Un' [er] was wi' lang um dȧś schlȯś grütéln, / Der trȯpf kunt nit vindén dȧś lȯch, / Asȯ war imś herz un' di' hent schütéln*[69] » (*PW*, 625). On notera l'efficacité du zeugme dans le dernier vers qui associe un tremblement métaphorique (le cœur) à un tremblement concret (les mains).

---

[66] « Avec la tête bandée et le bras en écharpe. »

[67] « Ils avaient du mal à le tirer derrière eux / Il avait perdu l'habitude de marcher et titubait. »

[68] « Elle voulut de force lui donner la main / Mais il ne voulut pas se laisser faire : / Il se tournait toujours contre le mur. »

[69] « [...] Et [il] s'activa anxieusement autour du cadenas, / Le pauvre ne pouvait pas trouver le trou, / Tant son cœur et ses mains tremblaient. »

Parmi les détails éloquents que le poète invente pour orner son récit, on accordera une place particulière à ceux qui ont pour fonction de souligner l'exotisme du récit et dont la mention répétée contribue à rendre perceptible son univers étranger. Le fils du sultan, Lucifer, combat sur un éléphant (*BD*, 153, 183). Bovo, qui vole les vêtements de ses geôliers, s'habille en sarrasin : « *Un' dér-nóch nam er ainém ain tulpan / Den wikélt er um lecht hundért vechtén*[70] » (*BD*, 263). Ce turban caricatural trouve un écho dans l'allure de Paris lorsqu'il erre dans les pays musulmans : « *Nóch ïeném sit trug er gėwant / Den tulpan hàt er nun tun gėwėnén. / Den bart as glat as ouf der hant / Un' drübér ain par langé grėnén*[71] » (*PW*, 544). Ces longues moustaches deviennent ensuite le signe distinctif du jeune homme, lui permettant de garder l'incognito et de se faire passer pour un maure (*PW*, 590, 685).

Si l'on cherche à saisir l'étroite parenté des deux romans, il convient aussi de souligner à quel point les tendances d'élaboration sont identiques dans les deux œuvres. Le *Paris un Wiene* est certes plus raffiné et plus noble dans sa composition et dans sa tonalité, mais il ne manque pas pour autant d'épisodes grotesques évoquant la tradition populaire des *novelle* italiennes et du *Schwank* allemand. Les endroits qui déclenchent cette verve populaire chez l'auteur appartiennent presque toujours aux mêmes domaines : la caricature des religieux, les scènes de fête et de banquet (description de foules, de festins), la vie familiale et privée (mariages, naissances mais aussi maladies).

Le costume du pèlerin est détaillé dans les deux œuvres avec la même attention et en utilisant les mêmes expressions[72]. Les moines sont toujours de bons mangeurs et de bons buveurs (*BD*, 454-455 / *PW*, 335). Les scènes de foule sont systématiquement l'occasion de plaisanteries. Dans le *Bovo Dantóne*, tout le monde se précipite vers Bovo pour le féliciter de sa victoire contre le sultan : « *Wer Bovo nit di hànt kunt gebén / Den ducht gleich*

---

[70] « Ensuite, il prit à l'un d'eux un turban / Qu'il enroula peut-être cent fois. » Le mot *tulpan*, d'origine italienne, est expliqué dans le lexique final : « ce que les turcs mettent autour de la tête. »

[71] « Il portait des vêtements selon la mode locale. / Il s'est acquis un turban, / La barbe aussi lisse que sur la main / Et par-dessus, une paire de longues moustaches. »

[72] *BD*, 311 / *PW*, 505.

er kunt nit lebén[73] » (*BD*, 194). Au moment où son mariage est annoncé, tout le monde lui « tire le chapeau » en lui souhaitant « *Mazel tov* » (*BD*, 204). Dans le *Paris un Wiene*, une foule compacte se précipite pour assister à un tournoi : « *Es wurdén dòrt zu-kwetscht wol drei' / Un' denòcht siś als gerén laidén*[74] » (*PW*, 138). Quand une jeune princesse entre au bal, l'auteur insiste chaque fois sur ses allures de diva (*BD*, 320 / *PW*, 396)[75]. Cela n'empêche pas les mêmes princesses de se soulager dans leurs robes quand elles ont trop peur (*PW*, 331), ou de se retirer dans une pièce écartée comme si elles allaient pisser (*BD*, 321).

La maladie du père de Paris est détaillée, avec le même goût pour les notations corporelles et domestiques que la maladie (feinte) de Brandonia au début du *Bovo Dantòne* (*BD*, 24-26 / *PW*, 200). Les mariages sont toujours une occasion pour évoquer les coutumes nuptiales juives (*BD*, 344 ; 612 ; 638 / *PW*, 696 ; 705). L'épisode de la naissance de Vienne (*PW*, 19-23) est un chef d'œuvre de peinture réaliste et comique qui évoque, parfois littéralement, l'accouchement de Drusiana dans le *Bovo Dantòne* (*BD*, 441-444)[76]. Les festins sont décrits avec un évident plaisir dans l'énumération des mets et dans la mise en scène du désordre des réjouissances (*BD*, 466-467 / *PW*, 617-619)[77].

---

[73] « Celui qui ne pouvait donner la main à Bovo / Pensait tout de suite qu'il ne pouvait plus vivre. »

[74] « Là-bas, il y en eut bien trois qui furent écrasés / Mais ils souffrirent tout bien volontiers. »

[75] *Bovo Dantòne*: « *Da sach er si' ein-her-schwanzén : / Si' hàt an gòld un' perlich òn zal / Un' ain güldén rök ain ganzén.* » (« Il la vit entrer d'un pas chaloupé : / Elle portait de l'or et des perles sans nombre / Et une robe entièrement dorée. » ; *BD*, 320). *Paris un Wiene* : « *Di' erśt war si' al mòl bei dem tanz / Un' ging herein zu brangén herlich / Mit rök di' warén güldén ganz / Un' gut gèśtain un' hupschè perlich.* » (« Elle était toujours la première au bal / Et entrait en fanfare avec superbe / Couverte de robes entièrement dorées / De belles pierres et de jolies perles. »; *PW*, 396).

[76] Le nouveau-né est décrit ainsi dans le *Bovo Dantòne*: « *ain schönén, veinén sun / Ain gròśén, ain waidlichén, ain langén.* » (« un fils beau et fin / Grand, puissant, long », *BD*, 443) et dans le *Paris un Wiene* : « *ain gròśé, ain diké, ain schönè maid.* » (« Une grande, grosse, jolie fille », *PW*, 23).

[77] *Bovo Dantòne*: « *Untér-weilén da hubén si an ain gèjeg / Un' vingén hirschén un' hasén, / Un' asén un' trankén als nòch dem beśtén, / Un' gleich as di' söü' warén si sich meśtén.* » (« De temps en temps, ils se mettaient à chasser / Et attrapaient des cerfs et des lapins. / Ils mangeaient de tout pour le mieux / Et se goinfraient comme des truies. »; *BD*, 467). *Paris un Wiene* : « *[...] Un' menklétén nòrt vür sich vrei / Hünér, kapöün un' kiz un' lemér / Mit*

Dans le *Boŏo Dantóne*, comme dans le *Paris un Wiene*, certaines scènes éveillent soudain l'inspiration de l'auteur qui suivait jusqu'alors sa source sans y apporter de modification notable dans le déroulement des événements. Il n'hésite donc pas, le cas échéant, à ajouter quelques strophes à sa source pour raffiner une scène, pour développer une suggestion, pour pousser jusqu'à leur terme toutes les conséquences de l'action. C'est le cas, par exemple, lorsque Bovo a réussi, grâce à une potion magique, à enlever Drusiana au nez et à la barbe de Makabrun. Lévita transforme une suggestion du *Buovo* italien en véritable saynète burlesque. Le roman italien narre brièvement la façon dont le chevalier empoisonné se réveille par terre le matin, sans pantalon, alors que toute la compagnie vient en chantant et en jouant de la musique pour le réveiller joyeusement. Il se précipite au dehors en leur ordonnant de cesser la sérénade et en leur narrant son malheur (*BDit*, 281-282). La situation est d'autant plus croustillante que la strophe précédente (qui décrit une tout autre scène) narrait la façon dont Buovo et Drusiana consommaient leur union.

Lévita ne pouvait pas laisser passer une scène si riche en potentiel comique à peine exploité par son modèle. L'amusement qu'il se promet de cet épisode se fait sentir dès la transition qu'il intercale entre la strophe (hautement comique) des ébats des jeunes protagonistes, et le retour au mari abandonné : « *Nun lósén mir di dósigén sizén nun / Un ' ir kurz-weil mit anándér treibén / Un ' ŏun unsérém libén herén Mákábrun / Wolén mir ain weil schreibén*[78] » (*BD*, 351). Non seulement le contraste entre le plaisir des amants, et la triste situation du chevalier est souligné, mais, en plus, le conteur se tourne vers lui avec une cinglante ironie, lui donnant du « cher seigneur » au moment même où il va lui faire subir la pire humiliation. Les quatre strophes qui suivent sortent de la fantaisie de Lévita et la correspondance avec la source italienne reprend à la strophe 362.

---

ain géjichz, mit ain géschrei, / Mit ain géklöpf, mit ain gétemér. » (« Ils dévoraient entre eux sans frein / Des poules, des chapons, des chevreaux, des agneaux / Avec des glapissements, des cris, / Des claquements, un vacarme ! » ; *PW*, 618).

[78] « Laissons à présent ceux-ci tranquilles / En train de prendre du plaisir l'un de l'autre, / Et au sujet de notre cher seigneur Makabrun / Nous allons écrire un moment. »

Alors que le *Buovo* italien retrouvait Macabruno déjà éveillé, Lévita préfère mettre en scène la surprise de ses proches qui ne voient aucun des jeunes mariés sortir de la chambre trois heures après le lever du jour. Le père de Makabrun est scandalisé que tout le monde doive les attendre pour manger. Imaginant sans doute quelques excès sexuels, il les maudit en déclarant qu'ils se sont « oubliés l'un avec l'autre » (*BD*, 352). Il se rend à la porte de la chambre, y fait du vacarme : pas un mouvement. Il s'exclame alors : « Ils se livrent sans doute à de drôles d'actions à l'intérieur ! » (*BD*, 353). Il enfonce la porte. La découverte de la scène est savamment ménagée. On suit le regard des témoins. Les bons chevaliers qui se sont précipités à l'intérieur remarquent d'abord, stupéfaits, la couverture qui n'a pas été touchée. Puis, ils voient Makabrun : « *ouf seiném moul dòrt ligén*[79] » (*BD*, 354). Il a le pantalon baissé « comme si on devait lui souffler dans le cul ». La strophe suivante raconte vigoureusement la réanimation du héros : on le secoue, le place près du feu, le frotte, on lui verse du vin dans la gorge. Il se réveille et son premier réflexe est bien sûr de demander : « Où est Drusiana ? » (*BD*, 356).

On voit comment une situation, à peine exploitée dans la source, est devenue une scène où abondent les détails d'ordre psychologique (soupçons scabreux du père, regards tout de suite portés sur la couverture, sans doute pour confirmer ces soupçons, premier réflexe de l'amant berné qui s'enquiert de sa belle) et les notations d'ordre physique (position grotesque de Makabrun, série de soins qui lui sont prodigués). C'est en ce sens que Lévita peut être dit « réaliste ». Non pas bien sûr qu'il se soit donné pour but de dépeindre le réel, mais bien parce que des situations de la vie concrète, certes caricaturées (mais n'en perçoit-on pas mieux ainsi les traits saillants ?), sont intégrées à la matière romanesque avec la précision d'un satiriste qui laisse, à des moments précis, libre cours à ses talents d'observation.

C'est l'association entre le grotesque et le raffinement psychologique qui constitue la marque la plus sûre du style de Lévita. Il est capable de combiner les scènes les plus caricaturales avec des éléments isolés de peinture de mœurs d'une grande jus-

---

[79] « Couché, là-bas, la tête la première. »

tesse. Observons encore l'épisode du *Boṽo Dantònẹ* où Drusiana feint d'avoir perdu un couteau sous la table pour trouver une façon d'embrasser Bovo son serviteur. La situation est tendue car la compagnie s'est rendu compte des regards transis qu'elle pose sur le jeune homme et se scandalise de son attitude envers « un garçon d'écurie égaré » (*BD*, 109). Dans le roman italien, le *canterino* fait tout pour justifier le comportement bien peu pudique de la princesse. Il a décrit en des termes pathétiques pendant une dizaine de strophes les souffrances amoureuses de la jeune femme. Il insiste sur le fait que la ruse du couteau est un geste désespéré car Drusiana est aux abois : « *Se durato gli fosse il dolor forte / Per amor certo receveva morte*[80] » (*BDit*, 98). Seul le baiser qu'elle vole sous la table lui permet de retrouver quelque vigueur et elle s'exclame : « As-tu eu le couteau ? » Buovo se relève rouge et honteux.

Tout ce pathétique de pacotille disparaît bien sûr chez Lévita qui annonce simplement que Drusiana a décidé de mieux satisfaire son désir en laissant tomber son couteau. Bovo, en serviteur empressé, se précipite vers elle, demande à la jeune femme de s'écarter, se met à quatre pattes et Drusiana ne tarde pas à se pencher à son tour. Suit alors une véritable saynète, partiellement cachée des convives, mais exposée à la vue du lecteur pour son plus grand plaisir :

> *Un' [si] šprȧch : « Ai dȧś du múśt dér-blindén !*
> *Kȧṅśtu erśt dȧś meśér nit vindén ? »*
>
> *Un' untér den tisch si in kuscht,*
> *Gleich as hèt si nòch dem meśér gègrifén.*
> *Un' ain andérè šmúo si da hérein muscht :*
> *« Ai wi is dȧś meśér asa übèl gèschlifén ? »*
> *Boṽo ṽòr ouf un' sein bakén w'uscht :*
> *Eś war im aś hèt in ain gans an-gèpfifén !*
> *Un' vlukś schlug er sein ougén untér*
> *Un' war vil rotér wen ain zuntér.*
>
> BD, 110-111

> Et elle dit : « Hé ! Faut-il que tu sois aveugle ?
> Tu ne peux donc pas trouver le couteau ? »

---

[80] « Si cette forte douleur avait duré / Elle serait certainement morte par amour. »

Et sous la table elle l'embrassa,
Comme si elle avait cherché à saisir le couteau.
Et elle plaça encore une autre parole :

« Ah ! Comment se fait-il que ce couteau soit si mal aiguisé ? »
Bovo se redressa et s'essuya la joue :
C'était comme si une oie avait sifflé dans sa direction [81] !
Il baissa rapidement les yeux
Et était plus rouge qu'un tison.

Comme on le voit, la plupart des éléments de narration sont déjà dans la source. Mais Lévita a décidé de supprimer le motif de la douleur amoureuse qui dominait tout dans la source et a développé, bien plus habilement, la mise en scène de la ruse et la réaction bien peu dégourdie du héros. Ce qui n'était dans le roman italien qu'à l'état de fragments disposés un peu au hasard, est ici organisé selon une éloquente dynamique. Les interventions répétées de Drusiana au discours direct, finement réparties avant et après le baiser et toutes prononcées sur un ton de feint agacement (d'abord contre Bovo, ensuite contre le couteau) dévoilent une fine stratégie de diversion. Face à l'habileté de la jeune fille, la réaction de grand enfant de Bovo (qui s'essuie la joue !) n'en apparaît que plus ridicule. Les symptômes de la timidité, décrits de façon hyperbolique et sur un ton moqueur (le proverbe de l'oie) achèvent le portrait de ce chevalier qui apparaît bien balourd dans sa jeunesse naïve.

Le *Paris un Wiene* comporte, lui aussi toute une série de scènes de ce genre où les personnages se mettent soudain à vivre d'une vie plus incarnée, plus familière que dans le roman italien qui maintient, quant à lui, laborieusement sa tonalité « courtoise ». Parmi, ces scènes, on peut mentionner la seconde visite du fils du duc de Bourgogne chez les parents de Vienne qui la lui ont proposée en mariage. Une première visite s'étant heurtée au refus de la jeune fille (qui a été dissimulé au prétendant), celui-ci ne peut s'empêcher de revenir tâter le terrain. Son attirance est expliquée par le proverbe imagé : « *Wen es zicht mén ain vérstë'-mich-hor / As dò zihén drei vir óksén-wegén* [82] » (*PW*, 459).

---

[81] Expression proverbiale qui dénote l'embarras. Voir Wander, art. « Gans », 277 et *DWB*, art. « anpfeiffen ».

[82] « Car un poil de comprends-moi / Tire plus que trois quatre chariots à bœufs. » Le proverbe, dans cette forme, est quelque peu énigmatique. Les recueils

Il est accueilli chaleureusement par la famille, même s'ils ont le cœur en morceaux, sachant bien que sa requête n'aboutira à rien. Le jeune homme délicat n'ose pas poser de question mais il épie à travers toute la maison comme le chat qui flaire la souris. La motivation sexuelle de la visite, l'amabilité forcée des hôtes, la gêne du jeune homme, la quête de prédateur qu'il mène sur la pointe des pieds, tout cela forme un tableau chargé de nuances psychologiques et d'humour dont on chercherait en vain la trace dans la source[83].

Comme dans le *Bovo Dantone*, le poète saisit quelques suggestions du roman italien et les élabore pour en tirer un maximum d'effets « réalistes » et comiques. Bien d'autres exemples pourraient être cités. La scène de beuverie avec les mamelouks (*PW*, 617-620), si elle n'est pas aussi raffinée psychologiquement, rejoint les sommets de comique burlesque du premier roman de chevalerie. L'écrivain nous offre un véritable spectacle de taverne où les joyeux compagnons boivent des vins à se casser la tête (« *köpf-brechér* »), où le langage employé reflète la délicatesse des convives : « [...] *Schaut nöurt hinein / As vrei'e löut, as gutė zechér*[84] ! » (*PW*, 619).

---

anciens de proverbes italiens donnent la version « *Tira più un pelo di benevolenza* [ou *di favore* ou encore *di donna*], *che cento para di buoi.* » (« Un poil de bienveillance [ou de faveur ou de femme] tire davantage que cent paires de bœufs. ») Voir par exemple G. Varrini 1672, p. 256. Mais il semble bien que le terme « *benevolenza* » soit ici utilisé pour masquer une réalité bien moins noble : la version « non censurée » dit en effet « un poil du pubis de la femme » (ou tout simplement « *pelo di fica* »). Voir T. Franceschi 2000, p. 14. On comprend dès lors mieux la censure faussement pudique mise en place par le poète sous les mots « comprends-moi ».

[83] *PVit*, 107 : « [...] *ando a Viena domesticamente come genero del Dolfino, el quale fu recevuto pur mostrando haver gran dolore conoscendo non poter trovar alcun remedio pur lo ricevette caramente, e lui domesticamente andava per tutto el palazzo risguardando se per alcu modo potesse veder Vienna, e piu volte havea pregato madonna Diana che li volesse far tanta gratia che la potesse veder.* » (« [...] il alla à Vienne familièrement en tant que gendre du Dauphin et fut reçu ; même si on lui montrait la grande douleur qu'on ressentait dans l'ignorance où l'on se trouvait d'un remède, on le reçut aimablement, et, lui, allait familièrement par tout le palais espérant par quelque moyen voir Vienne, et il avait prié Dame Diane à plusieurs reprises qu'elle lui fît la grâce de la pouvoir voir. »).

[84] « [...] Regardez le fond du verre, / Comme de braves gens, comme de bons buveurs ! »

Mais la caricature est plus efficace encore quand elle est faite de sous-entendus et qu'elle raffine les pensées des personnages. À la fin du roman, Paris, qui était jusqu'ici déguisé sous son costume de Sarrasin, demande au moine et à l'évêque qui l'accompagnent de le laisser seul avec Vienne dans son cachot, alors qu'elle s'obstine toujours à refuser la main de l'inconnu. Comme il a fait mine jusqu'ici de ne pas parler italien (« *welsch* »), il leur annonce qu'il communiquera avec elle par signes (« *töütén* » ; *PW*, 670). Aussitôt seul, il révèle son identité et convainc bien sûr la jeune fille de le suivre. La surprise des deux religieux devant ce succès inattendu est mise en scène avec finesse :

[...]	[...]
Dò dèrštundén gleich di' gutén pfafén.	Les bons religieux se figèrent de stupeur.
Ainér gèdòcht es wer ain bübérei	L'un pensait que c'était une ribauderie,
Der andér war sich schir vür-glafén,	L'autre regardait avec les yeux écarquillés,
Der münch der machèt hundért kröüzlich.	Le moine faisait cent signes de croix.
Pàris špràch : « štelt öuch nit asò schöüzlich !	Paris dit : « Ne faites pas une tête si effrayée !
Ich waiś nit was ir seit vür löut :	Je ne sais pas quel type de gens vous êtes :
Ir hàt vil rèd nun tun vòr-zetén,	Vous avez usé bien des discours,
Un' ich hab nòrt mit ir gètöut	Moi je n'ai fait que quelques signes
Un' hàb si' künén übér-betén.	Et j'ai pu la persuader. »
PW, 682-683	

Pour mieux comprendre la signification de la scène, il faut se souvenir que Vienne est enfermée depuis des années dans sa prison, qu'elle refuse obstinément tous les prétendants, qu'elle a déjà à deux reprises, en présence des religieux qui lui servaient d'avocats et d'interprètes, rejeté les avances de ce jeune homme moustachu qui prétend ne parler que le langage maure. L'étonnement des prêtres est bien compréhensible, et il est évoqué, dans une phrase fort brève et sans autre élaboration, dans le roman italien[85]. Dans cette version cependant, point de détails sur les suppositions et les gestes des témoins, point d'allusion au langage des signes (au contraire le héros dit avoir « prêché » Vienne alors qu'ils ne sont pas censés parler la même langue), et bien entendu, point de réflexion badine de Paris.

---

[85] *PVit*, 152 : « *E veduto questo il Frate che aspettava di fuora gli parse una nova cosa maravegliandosi di tanta domesticheza che si presto haveano fatto insieme.* » (« Et lorsque le Frère qui attendait dehors vit cela, cela lui sembla un mystère, étonné qu'il était de la familiarité qu'ils avaient si rapidement acquise. »)

Dans le roman yiddish, la scène a été chargée d'une ironie et d'un humour fondés sur une peinture vraisemblable, mais exagérée, de l'état d'esprit des personnages. Les prêtres (désignés ici ironiquement comme les « bons religieux ») pensent bien sûr tout de suite à quelque acte de débauche (c'est l'un des sens les plus courants du terme *büberei*). Et cela est bien compréhensible : par quel autre moyen un jeune homme peut-il « en langage des signes » convaincre une jeune femme qui est restée, depuis des lustres, sourde à tous les raisonnements et insensible à toutes les souffrances ? Les cent signes de croix du petit moine représentent une caricature de la pruderie ou de la superstition du religieux (il se peut que le personnage songe à quelque sorcellerie). Paris, conscient de sa supériorité et, sans doute, des suppositions éhontées de ses compagnons, décide de les taquiner : il devient bien sûr, pour un court instant, le porte-parole de l'auteur. Et le voilà qui, bien loin de rassurer les bons prêtres, se moque d'eux avec familiarité (« *was ir seit vür löut* ») en raillant l'impuissance de leur discours face au pouvoir de son mystérieux langage des signes !

Cet exemple attire notre attention sur une caractéristique majeure du style des deux romans de chevalerie : l'humour constant du narrateur. À tout moment, celui-ci peut intervenir pour proposer une remarque décalée, absurde ou caricaturale, soit directement, soit à travers une comparaison ou une remarque inattendue. Parfois ces notations sont intégrées au discours des personnages, ce qui, loin d'effacer le rôle du narrateur, confirme son omniprésence. Nous ne pouvons citer que quelques exemples. Lorsque Bovo s'enfuit de la prison où l'avait placé sa mère avec « l'âme qui lui tient à peine dans le nez » (*BD*, 68), le conteur nous dit qu'il va se coucher, épuisé, près de la mer et il précise qu'il dort alors toute une nuit « sans qu'on ait besoin de le bercer » (*BD*, 74). Les marins, lors d'une tempête, ont de l'eau jusqu'au milieu du dos, et sont « semblables à des garçons de bains publics » (*BD*, 89). On se souvient bien sûr de la façon dont le nom d'Elia Baḥur apparaît de but en blanc à la fin d'une strophe qui relate les piètres performances érotiques de Bovo (*BD*, 136). Les exemples sont si nombreux qu'il ne vaut guère la peine de les accumuler. Souvent placés en position de pointe à la fin d'une strophe, ils rappellent en permance au lecteur, ou à l'auditeur, que tout ceci n'est pas sérieux, que cette histoire est destinée à les faire rire.

Dans le *Paris un Wiene* ces remarques ne sont guère moins nombreuses. L'évêque se rend très volontiers chez Wiene, « parce qu'il est aussi attiré par les jolies jeunes filles » (*PW*, 241). Quand Paris rentre à Vienne avec le Dauphin qu'il vient de libérer, tout le monde se précipite à leur rencontre « du moins tous ceux qui ont deux jambes » (*PW*, 631). Dans le second roman, l'humour se fait souvent plus subtil et nous verrons en étudiant l'influence de l'Arioste, qu'il joue sur des mécanismes narratifs assez complexes. Nous pouvons d'ores-et-déjà citer un exemple de clin d'œil complice au lecteur : quand Paris vient de saoûler les Mamelouks et de leur administrer un somnifère à la fin d'une beuverie mémorable, il s'entretient un moment avec le prisonnier puis retourne vers les gardiens pour leur prendre la clé du cachot. Le changement ayant intervenu dans les relations entre les compagnons de beuverie est souligné par le narrateur avec une impressionnante économie de moyens : « *Un ' [er] lôf widér zu sein nit-mén-gèselén*[86] » (*PW*, 622).

Il nous faut tirer des conclusions de cette analyse stylistique comparée des deux romans. Si l'on peut imaginer que, pour certains passages précis, un auteur qui admire un de ses prédécesseurs s'appuie sur son œuvre (comme c'est le cas de Lévita dans son rapport avec l'Arioste), est-il réellement envisageable que deux écrivains différents soient toujours inspirés par le même type de scènes, qu'ils aient exactement le même type d'humour, que leurs façons de réagir à leurs sources soient en tout point identiques ? Peut-on imaginer que deux auteurs différents soient, de la même façon, obsédés par le thème des mariages arrangés par intérêt pour qu'ils les condamnent dans les mêmes termes (*BD*, 208 / *PW*, 222 ; 304) ? Tous ces traits s'ancrent trop dans les profondeurs d'une personnalité pour qu'on puisse supposer qu'ils proviennent d'auteurs différents.

Malgré tous les points que nous venons de souligner, il n'en reste pas moins que le *Boṽo Dantòne* et le *Paris un Wiene* sont des œuvres très différentes. Une trentaine d'années s'est écoulée entre la composition du premier et celle du second. Entre temps, Lévita a lu l'Arioste et a su profondément s'imprégner de ses thé-

---

[86] « Et il s'en retourna en courant à ses compagnons-qui-ne-l'étaient-plus. » Il est difficile en français de rendre la concision du yiddish.

matiques d'élection (l'amour et les passions), de son style (le raffinement rhétorique), de sa tonalité (l'ironie). Le travail de l'écrivain reste le même (raconter dans un style entièrement neuf et pour un nouveau public un roman italien), sa personnalité n'a pas changé mais son écriture, elle, a connu une profonde révolution. D'écriture essentiellement comique, burlesque, explosive, faite d'excès et de joie facile, elle est devenue une écriture qui, si elle n'a pas perdu toutes ses caractéristiques originelles, est plus nuancée, plus savante, plus complexe, une écriture qui, à côté des plaisanteries grasses, sait mettre en scène des sentiments contradictoires et les subtilités du cœur. Si les deux romans sont donc si différents, ce n'est pas parce qu'ils ont différents auteurs, mais bien parce que les goûts et la culture esthétique de Lévita ont évolué.

Deux projets esthétiques distincts

Le *Bōvo Dantóne̦*

Le *Bōvo Dantóne̦* est un roman qui assume pleinement la légèreté et la naïveté de son intrigue. L'intention de Lévita étant particulièrement de caricaturer (voire de parodier) sa source, il n'avait aucune raison d'en raffiner l'histoire pleine de rebondissements, de personnages taillés au couteau et d'invraisemblances. Les transformations structurelles qu'il fait subir au roman italien ne sont pas très nombreuses mais ne sont pas, pour autant, dénuées d'intérêt. On note trois tendances majeures dans le roman yiddish : un détachement de la logique cyclique, une insistance sur les effets de symétrie, et une accentuation de la signification morale (non dénuée d'ironie).

La première tendance est sans doute la plus naturelle pour un auteur yiddish. On a vu de quelle manière les récits chevaleresques étaient intégrés dans de vastes cycles relatant les aventures de familles entières, génération après génération, dans leurs luttes intestines et contre les ennemis de la chrétienté. Le *Buovo d'Antona* fait partie de l'un de ces cycles, peut-être même du plus productif, celui qu'Andrea da Barberino a réuni sous le titre de *Reali di Francia*. Même à supposer que les Juifs connaissaient les romans italiens, il est peu probable qu'ils aient eu la même familiarité que les Chrétiens avec la complexité des généalogies et, surtout, avec la logique d'ensemble de la geste chevaleresque qui entendait représenter le combat de Charlemagne au nom de la chrétienté.

C'est pourquoi, nous l'avons aussi souligné, la plus grande coupe que Lévita effectue dans sa source (que d'ailleurs, une fois n'est pas coutume, il ne signale pas *BDit*, 563-653), concerne le combat que Buovo mène contre Pépin et Dudone, qui constitue un épisode crucial de la guerre ancestrale entre Chiaramonte (Buovo est le grand-père de Chiaramonte, l'un des ancêtres de Rinaldo) et Maganza (Ganon fait bien sûr partie de la bande perfide qui participe à la guerre, *BDit*, 565). De cette vaste saga, il ne reste plus rien dans le roman yiddish, sinon des traces semblables aux fossiles qui dénoncent l'origine lointaine de couches de terrain : Dodon vient bien de Maganza et, lors de la bataille autour d'Antona, on remarque l'exclamation : « *Wért öüch ir vör-retér ūun Mágánzén*[87] » (*BD*, 535). Pour cette même raison, Lévita abandonne le récit de sa source (qui se poursuit pendant près de 600 strophes et narre les batailles menées par le héros après la reconquête de son royaume) au moment où il a achevé sa vengeance contre le meurtrier de son père.

La seconde tendance de développement narratif, celle qui pousse Lévita à accentuer les effets de symétrie, est une conséquence de la première. Alors que le roman italien est fondamentalement ouvert sur le reste du cycle, le roman yiddish offre une narration close. Comme le récit originel présentait déjà divers effets de répétition, Lévita a décidé de les souligner afin de mettre en évidence l'équilibre de son œuvre. Dès les premières strophes, les amis de Bovo (son parrain, sa marraine) se réfugient dans la forteresse de Śanśimòn dont la libération marquera la fin du roman. Le poète profite de cette symétrie pour placer une annonce des événements futurs : « *Asò wert der krig menchè tágén / As ir hintén nòch wol wert hörén*[88] » (*BD*, 56). Lorsque, à la fin du roman, Bovo rentre à Śanśimòn pour livrer la grande bataille, sa marraine lui rappelle qu'il lui a sucé le sein (*BD*, 556).

Dans la source, les événements se répondent souvent deux à deux. Lévita prend soin de mettre en évidence ces correspon-

---

[87] « Défendez-vous, traîtres de Mayence ! »
[88] « La guerre dura de nombreux jours / Comme vous allez encore l'entendre plus loin. »

dances par l'emploi d'expressions identiques. Ainsi, lorsque Bovo décide de monter au château de Makabrun pour interrompre la noce que celui-ci se promet de célébrer avec Drusiana, il s'exclame : « *Zu bruchim hajöšvim wil ich gleich kumén*[89] » (*BD*, 300). Cette bénédiction hébraïque (prononcée en l'occurrence ironiquement par un hôte peu désiré par Makabrun) se retrouve employée exactement dans le même contexte par Drusiana lorsqu'elle décide de se rendre au mariage que Bovo a prévu de célébrer avec Margarita : « *Ich wil im kumén as er kam mir / Zu bruchim hajöšvim zu rechtér zeitén*[90] » (*BD*, 614). On voit que l'effet de symétrie pourrait difficilement être souligné avec plus de clarté. Drusiana peut donc conclure au moment des retrouvailles effectives, en rappelant le parallélisme de leurs actions : « *Nun lósén mir eś gén anándér sein wét*[91] » (*BD*, 633). Un peu plus tôt, Margarita avait déjà pu insister sur le fait qu'elle était prête à prendre la religion de Bovo contrairement à lui puisqu'il avait obstinément refusé de se convertir (*BD*, 610).

La troisième tendance, dans les modifications de la source, est celle que nous avons nommée « moralisation ». Le mot n'est cependant pas tout à fait adapté. Il ne s'agit en aucune manière de transformer ce roman distrayant en texte didactique. Nous désignons simplement par là la tendance de l'écrivain à accentuer (jusqu'à la caricature) la caractérisation des personnages dans sa source italienne : les traîtres doivent être absolument noirs et les bons sont dotés d'un cœur à toute épreuve. De même, toute action répréhensible se voit dûment punie, en accentuant volontairement le schématisme de cette justice immanente. Cela justifie le premier ajout majeur que Lévita fait subir à sa source : la découverte de la dénonciation d'Ugolin, sa condamnation à mort, et le projet de mariage avec Makabrun, accepté à contre-cœur par Drusiana (*BD*, 278-296). Cet ajout constitue, de plus, une analepse (un retour dans le passé de la narration) : procédé assez rare dans le roman de chevalerie populaire.

[89] « Je veux venir pour la bénédiction : "bénis soient ceux qui sont assis" ». Il s'agit là de la bénédiction que prononce un hôte quand il salue une compagnie assise à table.

[90] « Je veux venir pour lui, comme il est venu pour moi / À la bénédiction : "bénis soient ceux qui sont assis", juste au bon moment. »

[91] « À présent, laissons cela, nous sommes quittes ! »

On chercherait en vain le récit de ces événements dans la source. Ugolin n'y est jamais puni et l'on apprend par incidence le nouveau projet de mariage de la princesse. Lévita a, semble-t-il, senti un manque, non seulement dans l'absence de châtiment pour le traître, mais aussi dans la facilité avec laquelle la jeune princesse oublie son valeureux amant. Il introduit donc cette vingtaine de strophes dans lesquelles il détaille les recherches désespérées que la jeune fille entreprend pour retrouver son amant perdu. Le traître s'y voit – c'est bien naturel – à son tour trahi par l'un de ses complices. Drusiana accepte avec dégoût son nouveau prétendant : « *Er hub si an zu halsén un' zu kuschén nun / Dás eś gleich an ir waś klebén. / In ducht er nam ni kain besérén geschmak ein / Abér Drusïane der ging eś ain gleich as sak-wein*[92] » (*BD*, 294).

Il faut au conteur populaire, dans la peau de qui Lévita s'est glissé, des distinctions nettes et tranchées, des actions rondement menées et des caractères sans complexité particulière. C'est dans cette même logique, nous l'avons déjà remarqué, que Lévita ajoute une nouvelle fois une vingtaine de strophes (*BD*, 479-498, ou plutôt développe les trois strophes expéditives de sa source, *BDit*, 414-417) pour narrer dans le détail le retour de Drusiana chez ses parents avec ses deux petits enfants qu'elle croit orphelins. Il ne pouvait rater l'occasion de mettre en scène cette jeune fille-mère livrée à tous les dangers auxquels s'expose une jeune personne égarée. Ce n'est donc sans doute pas une morale bien sérieuse qu'il livre à ses lecteurs, mais c'est la morale qu'ils attendent, celle qu'on trouve à satiété dans les romans de chevalerie, une morale simple où le mal échoue et le bien triomphe.

Lévita s'attache donc avant tout à forcer le trait, à accentuer les contours jusqu'à la caricature. On a le sentiment de se trouver devant un théâtre de marionnettes, une sorte de grand Guignol avant la lettre. Les figures de traîtres sont encore plus nombreuses dans le roman yiddish que dans le roman italien[93]. On a vu comme

---

[92] « Il commença alors à l'enlacer et à l'embrasser / Au point que ça lui donnait l'impression de coller à sa peau. / Lui avait l'impression de n'avoir jamais goûté chose meilleure / Mais Drusiana l'avalait comme de la piquette. »

[93] Ce développement de la figure du traître fait partie des arguments (encore un !) qui renforcent notre thèse selon laquelle Lévita est bien l'auteur du *Paris un Wiene*. En effet, on y trouve une figure caricaturale de traître « *bös vôr-retèr* »,

Lévita a introduit un nouveau traître pour qu'il trompe à son tour le traître Ugolin. Il ajoute également six strophes (*BD*, 392-397) pour mettre en scène le paysan qui dénonce le lieu où se sont réfugiés Bovo et Drusiana à leur ennemi Makabrun. Les traîtres sont toujours bassement intéressés, et Lévita s'amuse à les représenter dans des postures ridicules. C'est ainsi que le paysan se fait une haute idée du fruit de sa trahison : il espère pouvoir s'acheter un cheval et une charrette (« *ròs un' wagén* », *BD*, 394). Mais l'avare Makabrun ne lui offre, comme récompense de son forfait, que quelques toises de mauvais tissu pour porter le deuil : « [...] *Un' gib im ouch vir élén gris / Dáś er im mácht ain rok vür tröu'érn*[94] » (*BD*, 397).

Ce sont là des figures mineures qui formulent toujours clairement, comme au théâtre de marionnettes, leurs noirs desseins. Le personnage de Rizàrd qui dénonce les hommes fidèles à Gwidon auprès de Dodon (*BD*, 41) est à peine plus approfondi. Mais il a un trait commun avec les véritables méchants : son incroyable hypocrisie. Ainsi, sa dénonciation faite, il favorise la poursuite des ennemis en conseillant à ses « chers compagnons » (*BD*, 44) de ne pas chevaucher trop vite de peur de nuir à Bovo qui est encore un jeune enfant, et encourage au contraire les poursuivants à hâter le pas. Car les méchants, dans le *Bovo Dantòne* sont véritablement atroces : ils dégoulinent de bons sentiments envers les personnes auxquelles ils ont décidé de nuire. Brandonia est d'une horrible tendresse envers son mari qu'elle a projeté d'assassiner. Pour que Dodon puisse mieux lui percer le ventre, elle lui conseille (de peur qu'il n'ait trop chaud !, *BD*, 28) de sortir sans son armure. Elle promet de pleurer à l'annonce du meurtre, s'il lui est possible de réprimer son envie de rire (*BD*, 18). Et il faut la voir accumuler les mots tendres à l'égard de son fils qu'elle a enfermé pour le faire mourir de faim : « *Si śprách : "Ich hòn, bei meiném aid, / Bovo mein sun, mein libén leibén, / Dáś lib mein kind, dáś ḥefez grósén / Da nidén alain in ain*

PW, 526) qui dénonce au sultan la mission d'espionnage du Dauphin. Ce personnage est, bien sûr, absent de la source qui ne parle que d'informations recueillies par le sultan (*PVit*, 121).

   94 « "Et donne lui aussi quatre coudées de toile / Pour qu'il se fasse un habit de deuil !" »

kamér gélósén[95] *!"* » (*BD*, 66). L'opposition entre cette indigeste énumération de douceurs et l'acte scélérat dont elle retarde l'annonce exprime, d'une façon on ne peut plus claire, la méchanceté crasse de Brandonia.

Un autre personnage, qui est d'abord une figure sympathique avant de se transformer en traître, se comporte avec un cynisme du même acabit. Il s'agit d'Órïon dans le château duquel Bovo et Drusiana ont trouvé refuge. Fait prisonnier par Makabrun, il décide de sacrifier ses enfants et de livrer ses hôtes à leur ennemi. Pour obtenir de sa femme qu'elle envoie ses fils sous prétexte de les voir avant d'être exécuté, il lui envoie une lettre pleine de pathos et dégoulinante d'affection paternelle : « *Lós mich si sehén vór meiném end, / Mein libé ḥefezim alsó süsén / Lós mir si vor-gebén ir libé hend, / Lós mich si vor-halsén un' küsén*[96] *!* » (*BD*, 417). Mais, aussitôt sorti de sa prison, le brave homme oublie toute son affection pour ses bambins et lorsque sa femme se plaint auprès de lui du sort qu'il a réservé à sa progéniture, il s'exclame en partant d'un rire cynique : « *Éś is mir libér um di kindér wen um mich : / Ich kan dir wol andéré machén. / Wer mir abér mein kópf' ab-géschlagén warén / Mir wer kain andérér widér-géborén*[97] » (*BD*, 422). On ne s'étonne plus, après cela qu'Órïon, batte sa femme « comme une truie » en lui donnant des claques à faire résonner le palais.

Les méchants du *Boṽo Dantónẹ* sont donc réellement ignobles et l'on rit à leurs dépens avec d'autant plus de bonne humeur. Le narrateur ne se gêne d'ailleurs pas pour nous faire comprendre quels sentiments il nourrit à leur égard. Il intervient à tout bout de champ pour les maudire dans les termes les plus vulgaires, leur souhaitant d'attraper la diarrhée, la peste, et toutes sortes d'autres aimables maladies. Il ne se gêne pas pour appeler Brandonia

---

[95] « Elle dit : "J'ai, par ma foi, / oublié Bovo mon fils, mon être chéri, / Mon enfant adoré, mon grand trésor, / En bas, tout seul, dans une chambre. »

[96] « Laisse-moi les voir avant ma fin, / Mes chers trésors si doux, / Laisse-moi auparavant prendre leurs chères mains, / Laisse-moi les serrer dans mes bras et les embrasser ! »

[97] « Je préfère sacrifier les enfants plutôt que moi-même : / Je peux bien t'en faire d'autres, / Mais si l'on m'avait coupé la tête / il ne m'en serait pas poussé une nouvelle. »

« *di bös höut*[98] » (*BD*, 65). Il brûle ainsi l'herbe sous les pieds de son public qui, s'il voulait réagir comme celui du Grand Guignol, n'a même plus la prérogative d'envoyer lui-même les scélérats au Diable.

Si d'un côté, les mauvais sont absolument perfides, il ne faut pas, de l'autre côté, que les bons prêtent le flanc à la critique. C'est pourquoi, nous l'avons vu, Lévita a ajouté des strophes pour exposer à quelles conditions et dans quelles dispositions d'esprit Drusiana accepte de se marier avec Makabrun. Les sentiments de la jeune fille pour le héros sont immuables et l'auteur n'hésite pas à introduire quelques notes sentimentales pour nous en persuader. Lorsque Bovo, déguisé en mendiant, et donc méconnaissable, veut faire croire à Drusiana que son cher amant a disparu, il le fait avec un pathos auquel le roman ne nous a pas habitué : « *Asò war er as krank, dás gŏt dér-barm ! / Sein sèl di ging im ous an meiném arm*[99] » (*BD*, 322). Et la réaction de la princesse à cette nouvelle est présentée avec une finesse psychologique qu'on chercherait en vain dans la source puisqu'elle se cache pudiquement afin de ne pas faire étalage de sa douleur : « *Drusiäne di kèrt sich zu-ruk / Un ' ging an ain venstér wainén*[100] » (*BD*, 323).

On voit comment l'évocation, même minime, d'un mouvement peut être dotée d'une puissance d'évocation réaliste. La réaction, somme toute fort mesurée de Bovo face à sa traîtresse de mère entre dans la même logique (*BD*, 573 ; 584). Quant à Margarita, l'autre amante de Bovo, elle est également irréprochable et le narrateur ne manque pas de le souligner. Malgré les refus obstinés que Bovo oppose à ses propositions de conversion, elle est heureuse à la nouvelle de son évasion des oubliettes (*BD*, 267) et lorsqu'elle apprend qu'il a définitivement échappé à ses poursuivants, sa réaction est éloquemment opposée à celle du méchant sultan : « *Es war laid dem sòldan un ' lib Màrgàrite*[101] » (*BD*, 277). Ces petites touches d'approfondissement psychologique, si modestes soient-elles, montrent que Lévita, contrairement à sa source où

---

[98] « la vilaine peau ».

[99] « Il fut alors si malade, Dieu nous ait en pitié ! / Que son âme s'est échappée dans mes bras. »

[100] « Drusiana recula / Et se rendit près d'une fenêtre pour pleurer. »

[101] « Le sultan en eut de la peine et Margarita de la joie. »

elles sont absentes, cherche à donner une cohérence minimale à ses personnages pour les faire entrer sans confusion possible dans le schéma manichéen de l'opposition entre les bons et les mauvais.

Mais l'intérêt du *Bōvo Dantōne̲* n'est pas, on l'aura compris, dans la peinture psychologique des personnages. Il s'agit d'un roman populaire, ou plutôt d'une caricature de roman populaire. Ce qui domine, c'est l'action débordante, extravagante. Ce sont les aventures incroyables de ce chevalier obligé de parcourir la moitié du monde et d'échapper aux pires embûches pour reconquérir son royaume et obtenir la main de sa bien-aimée. Le traitement de la géographie dans le roman est, sur ce point, révélateur en ce qu'il offre une véritable caricature des conceptions fantastiques du monde dans les romans de chevalerie. Le récit commence en Lombardie. Ayant embarqué dans un navire et souffert d'une tempête Bovo se retrouve sur une île qui se révèle être la Flandre (*BD*, 90) ! Envoyé chez le sultan par des traîtres, il traverse à pied le Brabant et la Bourgogne avant de se retrouver à Babylone (*BD*, 231) ! Et lorsque Drusiana revient chez son père en Flandre après une longue errance, elle longe en bateau le célèbre pays de Barbarie. (*BD*, 493). Lévita s'amuse, de toute évidence, à traiter la géographie avec une naïveté désarmante.

Si c'est l'action qui compte, il faut qu'elle soit rapide, que le tempo ne diminue jamais. Il n'y a, pour cette raison, que fort peu de strophes réflexives dans le *Bōvo Dantōne̲* (*BD*, 32, 94). Les événements s'enchaînent à un rythme effrenné (plus encore que dans la source), et Lévita ne cesse d'insister sur leur vivacité. D'où l'abondance des adverbes dénotant la rapidité : « *vlukś* », « *géschwindén* » (vite), « *wi' bald* », « *gleich* » (aussitôt), « *zu-hant* » (soudain), et surtout l'emploi récurrent des propositions temporelles du type « *ė..., da* » (avant que..., il). Toutes les hyperboles sont permises dans ce domaine. Un messager venant de la bataille que livre Bovo contre les païens parvient à grand-peine, le bras coupé, une joue blessée, ensanglanté, à s'adresser au sultan : « *Nit andérś der śóldan v̄un im hèt / Wen "Öüern sun hòt màn zu tòt dér-schlagén" / Ė er dáś wort hàt ous-gèrèt / Da kèrt er ouf di gagén* [102] » (*BD*, 187).

---

[102] « Le sultan ne put obtenir plus de lui / Que : "On a tué votre fils". / Avant même qu'il eût fini sa phrase / Il cassa sa pipe. »

Ainsi tout semble exagéré dans ce drôle de roman : les actions vont trop vite, les bateaux vont trop loin, les amantes sont trop entreprenantes, les méchants sont trop cruels, le narrateur est trop vulgaire et les chevaliers sont trop juifs ! Il ne faut pas chercher plus loin le principe esthétique du *Boṽo Dantṓnẹ*. C'est un roman de chevalerie pour rire, détournement avoué d'un texte chrétien connu par une partie de ses lecteurs, une œuvre de divertissement qui offrait, pour la première fois à la population ashkénaze, un roman entièrement retravaillé, ou plutôt refondu, pour elle : c'est là la clé de son succès et dans la mesure des objectifs qu'il s'était fixés, ce roman est parfaitement réussi.

Le *Paris un Wiene*

L'ambition du *Paris un Wiene* est autre et, selon tous les commentateurs de la littérature yiddish ancienne, son niveau esthétique est également plus élevé[103]. Entre les deux romans, Lévita n'a pas perdu son style ni ses habitudes d'écriture comme nous l'avons vu, mais il a formé un projet différent. Nous accorderons toute une section à l'influence de l'Arioste qui mérite

---

[103] Le plus grand raffinement du second roman a été noté par plusieurs critiques sans jamais être expliqué dans le détail. C'est ainsi que Max Erik écrivait : « *Farglikhn mitn* Bovo Bukh, *shteyt* Pariz un Wiena, *on a farglaykh hekher ; di dikhterishe tekhnik iz rayfer, dem mekhabers gemit frayer, ruiker, fraylekher ; efter kumen oykh perzenlekhe bamerkungen un intermetsos* » (M. Erik 1928, p. 186 : « En comparaison avec le *Bovo Bukh, Pariz un Wiena* est sans conteste plus élevé ; la technique poétique est plus mûre, l'esprit de l'auteur plus libre, plus tranquille, plus joyeux ; plus souvent sont exprimées des remarques et des intermèdes personnels. »). Cette intuition trouve une explication satisfaisante lorsqu'on observe la dette de Lévita à l'égard de l'Arioste, ce qu'Erik ne pouvait pas faire puisqu'il datait la composition du roman du début des années 1510. Pour citer un autre des premiers critiques importants de Lévita, Zinberg notait : « *Es iz oyser sofek, az* Paris un Wiene *hot Elye Bokher geshribn shpeter fun* Bove-Bukh. *Deroyf zogt eydes di hoykhe tekhnishe madrege, vos antplekt zikh ersht in dem dozikn verk.* [...] *Ersht in* Pariz un Wiene *bavayzt zikh in zayn gantser sheynkeyt der pikanter ironisher shmeykhl fun der renesans-tkufe* » (Zinberg 1967, p. 80 : « Il est hors de doute qu'Elye Bokher a écrit *Paris un Wiene* plus tard que le *Bove-Bukh*. En témoigne le haut niveau technique qui ne se révèle que dans cette œuvre. [...] Ce n'est que dans le *Paris un Wiene* que se dévoile le sourire ironique et narquois de la période de la Renaissance. »). Enfin, Ch. Shmeruk (cité par J. C. Frakes 2014b, p. 391) : « Paris un Viena *is not only the most important and enjoyable literary work of the sixteenth century but of all early Yiddish literature.* » (« *Paris un Wiene* n'est pas seulement l'oeuvre littéraire la plus importante et la plus distrayante du XVIᵉ siècle mais aussi de toute la littérature yiddish ancienne. »)

d'être considérée à part. Il nous faut, pour le moment, considérer l'œuvre en elle-même et définir à grands traits sa composition et son style. Le roman « populaire » italien *Paris e Vienna* a, comme nous l'avons vu, des caractéristiques bien différentes du *Buovo d'Antona*. Centré sur les sentiments des personnages, il place l'action au second plan, cette dernière ne servant qu'à éprouver les premiers. Il n'y a plus, ici, de monstres, de batailles surhumaines, d'aventures empilées les unes sur les autres. Le roman italien n'offre donc pas, comme dans le premier cas, le flanc à une caricature franche et débridée, et telle n'était pas l'intention de Lévita en l'adaptant. Si son style n'a rien perdu de son humour ni de son goût du burlesque, le *Paris un Wiene* est indéniablement plus sérieux que le roman antérieur, et les relations sentimentales y sont traitées sans volonté de dégradation. Au contraire, il semble bien que le poète yiddish ait désiré représenter l'amour et l'amitié dans toute leur noblesse.

Dans ce deuxième roman de chevalerie, la source a été encore moins modifiée structurellement que dans le cas du *Buovo d'Antona*. On ne note ici, en dehors des prologues (ajout fondamental mais qui sera traité à part) peu d'ajouts importants. Il s'agit bien plutôt d'élaborer et de raffiner des scènes à peine ébauchées dans la source. Il faut tout de même mentionner les premières strophes du récit qui ancre celui-ci dans l'univers des contes alors que l'original commence sur le modèle de la chronique historique[104]. Un autre ajout d'intérêt particulier est la description burlesque et réaliste de la grossesse et de l'accouchement difficiles de la mère de Vienne (*PW*, 19-23). Le roman italien ne fait qu'évoquer brièvement les difficultés des parents à obtenir un descendant (*PVit*, 1). En ce qui concerne les autres modifications, on remarque surtout

---

[104] « *Nel tempo che viveva Carlo Re di Francia, era Dolfin de Viena uno chiamato per nome Gottofredo di Lanzoni* [...] » (« Dans le temps où vivait Charles le roi de France, était Dauphin de Vienne un homme nommé Godefroy di Lanzoni [...] », *PVit*, 1). Le poète yiddish, qui sait très bien que le titre de Dauphin ne signifie rien pour ses lecteurs, le transforme en nom propre. Le personnage s'appelle désormais *Dölfin*. Il introduit d'ailleurs son nom fort tard (*PW*, 104), le désignant dans un premier temps simplement comme roi. Puisque les hiérarchies féodales se trouvent dès lors quelque peu brouillées, car le Dauphin est un roi tout comme le roi de France, Lévita se voit obligé d'introduire toute une strophe fort pédagogique (*PW*, 497) dans laquelle il explique à ses lecteurs que le premier est soumis au second et forcé de lui obéir.

des suppressions de scènes et d'informations qui n'intéressaient ni l'auteur ni son public : listes de chevaliers et batailles répétitives (*PVit*, 23-26), arrangements dynastiques (*PVit*, 97-99), décision de Paris de vivre religieusement, voyage à Rome, et longs prépara-tifs de départ en Orient (*PVit*, 113-116), pèlerinage au tombeau du Christ (*PVit*, 123-124). Il ne s'agit pas, somme toute, de modi-fications ayant une signification structurale mais un rôle symbo-lique essentiel : elles ôtent au récit son ancrage dans la réalité his-torique chrétienne et féodale.

Certains changements mineurs dans l'ordre du récit semblent avoir été motivés par la nécessité d'introduire les prologues. Comme le chant VII commence par une satire sur le manque d'hospitalité des Juifs du Ghetto de Venise, Lévita avance d'envi-ron huit pages (du roman italien) le récit du bon accueil que Paris reçoit à Gênes de la part des habitants du lieu (*PW*, 372-373). De même, il retarde d'une dizaine de pages le récit du stratagème qu'Odoardo invente pour secourir Vienne dans sa prison, sans doute parce qu'il considérait que cette initiative était plus vrai-semblable après le départ du Dauphin pour sa mission d'espion-nage, mais aussi parce qu'il a décidé de commencer le chant IX par un prologue consacré à la fidélité en amitié. Ce ne sont là que des modifications de détail, qui ont de l'importance dans l'atelier de l'écrivain, pour la construction du poème, mais qui ne changent en rien le message essentiel de l'œuvre.

Le *Paris un Wiene* est, beaucoup plus que sa source, un poème à la rhétorique extrêmement soignée. Les discours des personnages y occupent une très grande place et ils sont rédigés avec le plus grand soin. Ils ont, pour la plupart une tonalité noble, emphatique, qui est rendue par toute une série de procédés totalement absents du *Boṽo Dantṑne*. Les accumulations, oppositions, les parallélismes, les chiasmes les anaphores font partie de l'arsenal du poète pour donner de l'ampleur aux paroles solennelles prononcées par les héros. Il n'est donc pas rare de le voir déployer toutes les fleurs de la rhétorique, grande nouveauté en yiddish ancien.

Paris déclare ainsi à propos de Vienne : « *Ir laid is mein tòt, ir vraid mein lebén*[105] » (*PW*, 411). Les métaphores et les métony-mies sont nombreuses, dans le domaine amoureux bien sûr comme

---

[105] « Sa souffrance est ma mort, sa joie ma vie. »

nous l'avons souligné (les flammes, les flèches, les blessures, la corde nouée), mais également dans bien d'autres domaines : une épée est une « lame tranchante », le roi est « la couronne », le fourreau de l'épée est « le cuir », le foyer est « le nid ». Lorsqu'un amant voit sa belle, ce sont des « fleurs et des roses ». Les discours charmants sont prononcés par une « langue de miel ». Le poète utilise volontiers la surenchère : « *Ich wil leidén das bös un ' nöch vil bösér*[106]. » (*PW*, 656). Les oxymores ne sont pas rares et permettent au poète de nuancer sa représentation des sentiments. Il arrive fréquemment aux personnages de « s'effrayer de joie ». Vienne se lamente qu'elle doive « *al tag šterbén mit leib gésundén*[107] » (*PW*, 358).

Les discours sont savamment structurés dans leur composition et dans leur progression. Lorsque Paris appelle au secours Odoardo, désespéré qu'il est par son amour qu'il juge impossible, celui-ci lui répond : « [...] *Mein hülf, mein leib, mein lebén | Is dir al-mòl bèrait zu alén zeitén | Zu gén, zu štén, zu ʋarén un ' zu reitén*[108] ! » (*PW*, 50). On voit par ailleurs à ce type de vers, qui cultive toutes les ressources de l'amplification rhétorique, à quel point le développement du mètre iambique soutient l'équilibre du discours. Lorsque les deux amis risquent leur vie après avoir été découverts par les soldats du Dauphin, au moment où ils allaient jouer de la musique sous les fenêtres de Vienne, Odoardo fait la déclaration suivante : « *Kain sòrg darfštu ʋür mich nit habén. | Wen wu' du štirbst dö štirb ich ach | Un ' dörtén wil ich werdén bégrabén | Was da gèschicht daš mus gèschehén uns baidén, | Alain der tòt der sòl zwüschén uns schaidén*[109] ! » (*PW*, 68). L'emphase donnée à ces vers est totalement nouvelle dans le roman yiddish[110]. Elle est soutenue par le beau chiasme du deuxième vers et

[106] « Je veux supporter le mal et encore bien pis. »

[107] « Mourir chaque jour avec un corps sain. »

[108] « [...] Mon aide, mon corps, ma vie / Sont toujours et en tout temps à ta disposition / Qu'il s'agisse de marcher, d'être immobile, de voyager ou de chevaucher. »

[109] « Tu n'as pas besoin de te faire de souci pour moi / Car là où tu meurs, je meurs aussi / Et en ce lieu je veux être enterré / Ce qui arrive doit arriver à nous deux, / Seule la mort doit nous séparer ! »

[110] Voici la réponse, moins emphatique, d'Odoardo dans le roman italien : « *O Paris, piglia pur che partito a te pare che sia utile che io mai non me partirò dal tuo comandamento e quello che sera di te sera di me si che fa pur arditamente quello*

par le polyptote du verbe (« *géschehén* ») dans le quatrième vers. Le discours est porteur d'absolu et vise à une forme de sublime. On est fort loin dans ce genre de passage de la tonalité bouffonne du *Bōvo Dantōne̱* !

Mais ne nous y trompons pas : de tels discours cohabitent avec des interventions au discours direct sur un ton familier, pour ne pas dire vulgaire. Le même Odoardo, lorsque Paris envisage la possibilité de ne pas participer au tournoi organisé au nom de Vienne, n'épargne pas les sarcasmes à son ami : « [...] *Zichśtu nit ich schwer, / Bei' bōk, es wert dich nōch vōr-driśén. / Is dáś Wiene̱ nit hōt di er, / Sō habén mir es wol géschiśén ! / Den śprich : "wen ich dō géwesén wer, / "Ich het si' dérworbén géwiś géwiśén" ! Dérwirbt si ain vremdér sō gë' in kemérlén / Un' sich wi mit dir wert um-gén maiśtér Hemérlén*[111] » (*PW*, 131). Autant la réplique précédente d'Odoardo brillait par la noblesse de ses propos, soulignée par l'équilibre parfait des vers, autant celle-ci se distingue par sa vulgarité (à laquelle correspond une dislocation du vers : voir l'enjambement au milieu du juron) et par la façon dont elle mime les attitudes de la conversation la plus commune : la façon narquoise dont il imagine les futures protestations de Paris, la référence à la figure folklorique de Meister Hemerlein, l'invitation qu'il fait à son ami d'aller pleurer dans sa chambre et de se battre avec ses démons.

Une cohabitation de styles aussi opposés peut surprendre un lecteur habitué à la littérature héritée de la division classique des genres. Elle ne gênait guère au XVIe siècle, et encore moins un auteur qui écrivait dans une langue « dialectale » comme le yiddish. Par conséquent, l'auteur du *Paris un Wiene* peut jouer sur une très vaste gamme de registres et ne se prive pas d'accentuer les contrastes. Pour décrire la force de l'amitié qui noue Paris et

---

che a ti piace. » (« O Paris, prends donc le parti qui te paraît utile car je ne m'écarterai jamais de ton commandement et ce qui t'adviendra m'adviendra aussi. Dès lors, fais donc ardiment ce qui te plaît. », *PVit*, 6). Point ici d'évocation du trépas ni de sacrifice de soi annoncé dans les termes les plus pathétiques.

[111] « [...] Si tu ne t'y rends pas, je jure / Par le bouc, tu en seras encore bien dépité. / Si Vienne n'emporte pas l'honneur / Nous aurons bien chié ! / Tu auras beau dire alors : " Si j'y avais été, / Je l'aurais emporté, c'est sûr, c'est certain !" / Et si un étranger l'emporte, va t'enfermer dans ta chambre / Et vois comment le Diable se comportera avec toi ! » Sur la figure de Meister Hämmerlein qui désigne d'ordinaire un démon ou la mort, voir *DWB*, art. « Hämmerlein » et Wander, art. « Hämmerlein ».

Odoardo, Lévita propose donc d'abord un vers d'une évidente noblesse : « *Wen sein leib war an sein leib gebundén* [112] » (*PW*, 264) et, à une strophe de distance, un vers nettement plus prosaïque : « *Un' werén si' kumén ous ainém lóch / Só küntén si' jo' nit sein gétröüer* [113] » (*PW*, 265). Deux vers appartenant à des niveaux de langue opposés peuvent très bien être placés côte à côte. Voici le portrait de Vienne à l'annonce du départ de Paris : « *Ir herz wainèt blut, ir agén trehérn / Un' ir gèstalt as sòlt màn si' gleich tehern* [114] » (*PW*, 520). La métaphore du cœur pleurant du sang, le parallélisme proposé avec les larmes des yeux, l'équilibre enfin du vers qui met en facteur commun le verbe « *wainén* », ne laissent guère attendre la chute brutale que constitue le vers qui suit, elliptique du verbe, qui compare la jeune fille à un cadavre. L'emploi, dans ce contexte, d'un mot provenant de la composante hébraïque (*tehern* < טהר : purifier, en l'occurrence, un cadavre) entérine cette descente dans le domaine du quotidien et du familier.

Il n'en reste pas moins que la tonalité noble de ce roman de chevalerie n'est jamais dominée par sa tonalité burlesque et que l'auteur vise à créer un équilibre entre le rire et les larmes, entre le divertissement et l'émotion, entre le sérieux et le comique. Lévita avait peut-être besoin du registre bas, familier à ses lecteurs, pour faire accepter la nouveauté que constituait le registre élevé. Mais il n'est pas nécessaire de supposer une telle motivation. Certains des meilleurs effets du poème sont produits par l'association du langage le plus familier avec la rhétorique la plus élevée. Pour autant le grotesque, le bouffon, ne prennent jamais le dessus dans ce roman. Ils assaisonnent la narration des événements et les dotent d'une vie plus colorée et plus variée.

Il n'est donc plus question d'accumuler les plaisanteries et les aventures extraordinaires comme dans le *Boṽo Dantòne̞*. L'auteur du *Paris un Wiene* soigne la vraisemblance de son roman. Il n'hésite pas à formuler des séries d'hypothèses lorsqu'une action semble s'éloigner de la logique des événements, comme lorsque la mère de Paris oublie qu'elle a fait visiter la chambre

---

[112] « Car son corps était lié à son corps ».

[113] « Et s'ils étaient venus du même trou / Ils n'auraient pas pu être plus fidèles. »

[114] « Son cœur pleure du sang, ses yeux des larmes / Et son allure : comme si on devait aussitôt lui faire la toilette mortuaire. »

de ce dernier (*PW*, 233) ou lorsque le jeune homme réussit à traverser le fleuve déchaîné qui avait causé la mort de son serviteur. (*PW*, 370). Point ici de géographie fantaisiste : les déplacements de Paris sont au contraire décrits avec précision et l'auteur n'hésite pas à ajouter des informations qui peuvent aider ses lecteurs à situer les lieux de l'action comme lorsqu'il écrit sur le sultan : « *Un' [er] küniget di' štet un' al di' landén / Di iz der türkésch kaisér hot vör-handén*[115] » (*PW*, 492).

Lévita prend également grand soin de la psychologie des personnages. Il se plaît à supposer des ruses et des finesses là où sa source n'évoquait rien de tel. Lorsque Vienne dit se trouver mal dans la chambre de Paris et affirme vouloir s'allonger un instant, il précise qu'il ne s'agit selon lui que d'une simulation. Et pour mieux appuyer son hypothèse il nous dit qu'elle ne reste pas sur le lit : « *as lang as [er hat] dár-vun gèret*[116] » (*PW*, 214). Lorsque Paris rentre de voyage et traîne à proximité du château pour la voir, son projet est couronné de succès mais le poète précise que la jeune fille a bien pu faire en sorte que l'échange de regards tant désiré ait effectivement lieu (*PW*, 230). Dans le même esprit, Lévita ajoute à sa source la scène où Paris, fraîchement amoureux, monte à maintes reprises au château, sans nécessité, caché de tous, pour entrevoir l'aimée (*PW*, 41). Il ajoute également toutes les réflexions de l'évêque sur la tendance des hommes à accuser autrui à tort lorsqu'ils sont victimes d'un vol (*PW*, 245). Et pour illustrer l'embarras dans lequel se trouvent, d'abord Paris, ensuite son père, au moment de demander la main de Vienne, il montre de façon assez comique comme ils noient leur déclaration dans une masse de paroles inutiles. (*PW*, 288 ; 299).

Les personnages du *Paris un Wiene* sont donc bien vivants, excessifs sans doute, emphatiques parfois, mais leurs aventures sont rendues avec un sens des nuances sentimentales et admirablement servies par un instrument poétique parfaitement maîtrisé. Nous saisirons mieux d'où vient ce raffinement rhétorique, entièrement neuf dans la poésie yiddish, en analysant

---

[115] « Et [il] règne sur les villes et sur tous les pays / Que l'empereur turc a, à présent, en sa possession. »

[116] « Aussi longtemps qu'il ne [lui] a fallu pour le dire. »

les rapports qui lient l'œuvre de Lévita à celle de l'Arioste. Car c'est, sans aucun doute possible, à la source de la grande poésie italienne qu'il a puisé ses modèles esthétiques. Nous verrons par là également que, malgré la dette qui le lie à son modèle, le poète yiddish a des qualités qui lui sont propres : en particulier un sens du concret, du quotidien, et un goût du langage populaire qui marquent clairement sa position, et celle de son public, par rapport à la culture « dominante » que représente le poète ferrarais.

IV.2. L'INFLUENCE DE L'ARIOSTE SUR LE *PARIS UN WIENE*

L'empreinte de l'Arioste sur le roman de chevalerie de Lévita le plus tardif, *Paris un Wiene*, a été considérable au point qu'on peut affirmer que cette œuvre a été composée à partir de deux sources : d'une part le roman populaire en prose *Paris e Vienna*, d'autre part l'*Orlando Furioso*. Cette influence est entièrement nouvelle par rapport au *Bovo Dantone*, écrit près de dix ans avant la première édition du poème de l'Arioste, et permet d'expliquer d'importantes évolutions dans la pratique d'écriture de Lévita. Le *Paris un Wiene* est, sous bien des aspects, un poème ariostéen et, en ce sens, il possède une grande importance culturelle, témoignant d'un haut degré d'appropriation de modèles esthétiques créés au sein de l'aristocratie italienne, par un auteur juif à destination d'un public avant tout populaire[117].

Le poème de l'Arioste a, tout d'abord, pu jouer un rôle dans le choix de la source. S'il ne fait pas de doute que Lévita se proposait avant tout de retravailler les romans populaires qui étaient alors publiés avec une grande fréquence, en particulier à Venise, le *Paris e Vienna* est un roman dont toute l'action est centrée autour d'une intrigue amoureuse. Le thème moteur de l'*Orlando Furioso*

---

[117] Cette destination « populaire » ressort notamment de la liste des œuvres mentionnées dans le prologue du roman (*PW*, 5) et qui constitueraient l'essentiel de la production littéraire de Lévita, tels que les « purim-spil » (saynètes de carnaval) ou les « *kale*-lider » (chants de mariage), genres circonstanciels, essentiellement comiques et oraux. Le *Paris un Wiene* est donc explicitement placé dans la continuation de cette production.

est donc aussi celui de ce modeste roman que Lévita va tâcher d'embellir en suivant les leçons esthétiques du poète ferrarais. C'est ce qui donne au *Paris un Wiene* son visage caractéristique, situé comme il l'est, à mi-distance entre le modèle populaire de la « belle histoire » contée pour elle-même, pour sa charge d'aventures, de voyages et de péripéties (et Lévita reste, pour le récit, très proche de sa source populaire), et le savant jeu de miroirs orchestré entre la fiction et la réalité par un conteur subtil, ironique et omniprésent. Nous tâcherons ici d'analyser l'usage par Lévita des leçons de l'Arioste, de l'utilisation directe d'extraits de l'*Orlando Furioso* au sein de son propre poème, jusqu'à l'adoption des méthodes narratives ariostéennes, tout en prêtant attention aux évolutions que ces techniques subissent sous la plume du poète yiddish.

IV.2.a. *Modèle populaire et modèle courtois*

Que Lévita ait eu l'*Orlando Furioso* sous les yeux au moment de la composition de son poème ne saurait faire le moindre doute car il traduit et cite des octaves et des extraits d'octaves provenant de divers endroits du poème, comme nous aurons l'occasion de le voir. Contrairement à l'usage qu'il fait du *Paris e Vienna*, travail d'adaptation linéaire, assumé comme tel, le recours à l'Arioste n'est pas déclaré, discrétion qui a de l'importance puisque Lévita insiste au contraire sur l'existence de sa source populaire dont il affirme même que beaucoup l'ont lue en italien :

> *Ich sag das buch dáś ich do mach*
> *Dáś fint màn for in špròch der krištén.*
> *Un ' fil habén es gelait un ' werén es kene,*
> *Es haíśt un ' ich haíś es ach « Pàris un ' Wiene ».*
>
> *PW*, 10

> Je le dis, le livre que je compose ici,
> On le trouve déjà dans la langue des Chrétiens
> Et beaucoup l'ont lu et vont le reconnaître,
> Il s'y nomme et je le nomme aussi *Paris et Vienne*.

Il semble donc que le poète yiddish considère comme probable une connaissance du *Paris e Vienna* par ses lecteurs. Plus loin dans le roman, Lévita prétend ne pas avoir dénaturé l'œuvre originale

même s'il l'a raccourcie, reprenant la convention des récits chevaleresques parsemés de protestations d'authenticité à l'égard de
leurs sources (réelles ou fictives) :

> *Vil überigė wort lôś ich nun štekén,*
> *Süśt wurd mir mein büchlén zu hôch*
> *Un' di' zeit wurd mich dàrzu nit klekén.*
> *Drum wer es hôt gėlait vôr-an in welschén*
> *Màin nit dàś ich eś dôhérum wil velschén !*

PW, 428

> Je laisse tomber bien des mots superflus,
> Sinon mon petit livre deviendrait trop gros
> Et le temps me manquerait pour l'achever.
> Que ceux qui l'ont lu auparavant en italien
> Ne pensent pas pour autant que j'aie voulu le fausser.

Il est vrai que Lévita, en ce point du roman, passe sur quelques
détails donnés par la source (*PVit*, 97-98) concernant les arrangements dynastiques entre le Dauphin et les souverains d'Europe
pour trouver un digne prétendant à la main de Vienne, mais la
suppression est, somme toute, fort modeste en comparaison de
l'annonce (« *vil überigė wort* ») et le prétexte avancé ne peut
paraître que fallacieux à qui compare le texte yiddish au texte italien, le premier étant plus long que le second. Il s'agit plutôt ici
d'affirmer ironiquement la liberté de l'adaptateur qui traite sa
source avec une certaine désinvolture, (« *lôś...štekén* »), tout en
faisant mine de la respecter et d'avoir des égards pour ceux parmi
ses lecteurs qui auraient lu le livre italien.

Mais s'il affirme que le roman en prose est connu de beaucoup, faisant de sa popularité une caractéristique essentielle de
l'œuvre choisie pour l'adaptation, Lévita semble au contraire
supposer une ignorance, de la part de ses lecteurs, des grandes
innovations poétiques italiennes, en particulier de l'usage du
prologue, si caractéristique de l'*Orlando Furioso*[118]. C'est ainsi

---

[118] Un usage systématique du prologue présentant des réflexions sur des
thèmes moraux, n'existe pas en Italie avant l'Arioste. Cette tradition, avant lui,
s'est développée très progressivement. Après Boiardo, les 45 chants du *Mam-
briano* de Cieco di Ferrara sont certes dotés de prologues, mais ceux-ci sont tous
brefs (deux strophes en moyenne) et cultivent un style mythologisant, appelant
le secours de diverses divinités antiques et des muses (tendance qui sera ensuite

que le poète yiddish, avec une attention caractéristique pour la réception de ses œuvres (celle-là même qui l'a conduit à inclure un lexique italien-yiddish dans l'édition du *Boṽo Dantóne*), prend bien soin d'instruire ses lecteurs concernant l'innovation des prologues et leur demande de ne pas s'en montrer trop décontenancés. Il utilise, pour ce faire, dans la strophe que nous avons citée en introduction, une périphrase qui montre assez la nouveauté du procédé par le besoin d'utiliser une métaphore afin de le désigner :

Wen ich ain tail an-héb un ' reim	Si je débute en rimant une nouvelle partie
Un ' das ich ging krunp ' ous der štrósén	Et que je fais un détour hors de ma route,
Só wundért es nit kainér noch kaim	Que cela n'étonne ni lectrice ni lecteur,
Lai ' ét fort un ' seit öuch nit an-štósén !	Lisez la suite et ne trébuchez pas !
Ich wer wol widér kumén haim	Je reviendrai bien à la maison
Un ' wer öuch drum nit štekén lósén.	Et ne vous laisserai pas tomber comme ça.

PW, 12

L'innovation du prologue est présentée comme une chose inédite qui risque de rebuter le lecteur. Même la division en chants ne devait pas sembler naturelle aux lecteurs yiddish. En effet, aucun texte chevaleresque qui nous ait été conservé en yiddish ancien ne présente ce type de divisions. Alors que la source du *Boṽo Dantóne* était organisée en chants, Élia Lévita les avait supprimés du roman yiddish.

La nouveauté de la pratique est aussi perceptible dans le terme employé par Lévita pour désigner les sections de son poème. Les Italiens ont, eux aussi, hésité sur la meilleure terminologie à adopter. Boccace, dans sa *Teseida*, prenait exemple sur les Anciens, et en particulier sur *L'Énéide* pour nommer les douze divisions de son poème des livres. Les chanteurs de rue (ou *canterini*) nommaient

---

parodiée par Folengo). Les prologues de Cieco répondent à des schémas fixes et à un nombre limité de thèmes : appel aux divinités, célébration du printemps, hommages à ses patrons (de la famille Gonzague). Il commente également la progression de son œuvre et les aléas de sa composition, insistant sur les difficultés liées à la guerre que les Français avaient répandue, dès 1494, dans l'Italie septentrionale. *L'Orlando innamorato* s'achevait déjà de façon brutale sur une lamentation sur le sort du pays, sorte de chant du cygne au moment où la mort emportait le poète : « *Mentre che io canto, o Iddio redentore, / Vedo la Italia tutta a fiama e a foco / Per questi Galli* [...] » (« Tandis que je chante, o Dieu rédempteur, / Je vois l'Italie livrée aux flammes et au feu / A cause des Français [...] »)

chaque section des œuvres qu'ils présentaient lors d'une séance de lecture « *cantari* », et comme Pulci s'orientait fortement sur la culture populaire, c'est ce terme qu'il a adopté pour le *Morgante*. Boiardo et l'Arioste ont choisi une solution intermédiaire entre la version antiquisante et la version populaire, nommant les sections de leurs poèmes comme Dante celles de la *Comédie*, des chants : « Canti ». L'absence d'une tradition apparaît nettement chez le poète yiddish qui se contente de nommer les sections de son œuvre, de la façon la plus descriptive et la plus prosaïque qui soit, « tailén » (« parties[119] »).

Ces interruptions, Lévita les présente de façon stéréotypée (*PW*, 11) comme visant à permettre au poète de soulager sa fatigue[120]. Le prétexte est tiré des poèmes populaires où il est très répandu. Ces divisions ont été en réalité introduites pour permettre à Lévita d'imiter l'Arioste dans la pratique du prologue, pour le laisser développer des réflexions sur des thèmes généraux plus ou moins liés aux événements qu'il vient de conter. Comme le notait Pirandello à propos de l'Arioste, il s'agit avant tout de faire entrer le monde réel au cœur de l'univers fictionnel[121].

Mais, de façon frappante, au moment même où Lévita évoque ce qu'il doit à son grand modèle, il multiplie les tournures appartenant au registre populaire. Tandis que l'Arioste a quasiment supprimé de son poème la fiction de la récitation orale, encore très présente chez Boiardo dans le cadre de la société courtoise, Lévita entend au contraire insister sur cette fiction assumant à plusieurs reprises le rôle du chanteur populaire confronté, de surcroît, à un public particulièrement indiscipliné : « *Ich hör wi' ir begund zu schrei'en. / Mich dücht es špricht izunén öuer mund : "Der hot gešpai' für andéré drei'én[122]"* » (*PW*, 13). Nous sommes ici bien loin de l'auditoire des chevaliers et nobles dames décrits dans le poème de Boiardo. C'est bien plutôt un

---

[119] Par commodité de langage, nous suivons ici (et dans notre traduction) l'usage français et nommons les sections du *Paris un Wiene* des chants.

[120] Voir à ce propos E. R. Curtius 1973, p. 162-166.

[121] L. Pirandello 1908, p. 105.

[122] « J'entends que vous commencez à crier, / J'ai l'impression d'entendre sortir de votre bouche : / "Celui-là bavasse autant que trois !" »

public de taverne que semble mettre en scène Lévita, sans d'ailleurs que le caractère fictionnel de cette oralité soit masqué (« *mich dücht* » : « j'ai l'impression »), puisqu'il vient d'expliquer à ses lecteurs comment lire (« *lai'ét weiter* » : « lisez plus avant ») son livre.

L'interaction avec le public prend donc une forme plus vive et plus concrète dans le poème yiddish. L'Arioste adresse son poème avant tout à ses patrons Ippolito d'Este et Alfonso d'Este. Il dialogue ensuite avec les artistes, les femmes, les courtisans. Ses adresses sont caractérisées par un goût de la mesure et de la discrétion même s'il ne s'interdit pas de parler franchement à ses destinataires et même si ses éloges ne sont jamais dépourvus d'ambiguïté[123]. C'est parce qu'il s'éloigne du modèle populaire que les fins de chants, lieu privilégié des appels au public dans la tradition des chanteurs de rue, sont en général très brefs chez l'Arioste (deux vers en moyenne), et lorsqu'ils sont plus longs, ils se réfèrent à la juste mesure et témoignent d'une attention polie à l'égard du seigneur[124] (*OF*, X, 115) : « *Ma troppo è lungo ormai, Signor, il canto, / e forse ch'anco l'ascoltar vi grava : / sì ch'io differirò l'istoria mia / in altro tempo che più grata sia*[125] ».

Lévita recourt plus simplement au motif de la fatigue et traite son auditoire avec moins de considération, introduisant l'idée d'une interaction directe avec le public[126] : « *Ich wil öuch sagén*

---

[123] Voir notamment, l'éloge fait à Ippolito pour sa lucidité face aux courtisans (*OF*, XVIII, 1-2) que l'on peut confronter à la première Satire de l'Arioste et, de façon encore plus frappante, au passage de l'*Orlando Furioso* dans lequel Astolfo observe sur la lune des corbeaux, représentant les courtisans, et des cygnes, représentant les vrais poètes, qui les uns et les autres essaient de sortir les noms des princes du fleuve de l'oubli. Par la voix de Saint-Jean, l'Arioste fait entendre d'amers reproches contre les princes qui ne savent pas apprécier la vertu des cygnes (*OF*, XXXV, 22-23). Voir M. Santoro, p. 59-62. Tout le chapitre III (p. 51-81), consacré en particulier aux prologues de l'Arioste, présente des réflexions intéressantes pour notre sujet.

[124] Voir aussi *OF*, XXII, 136 ; XXVIII, 102 ; XXXIX, 86.

[125] « Mais mon chant est trop long désormais, Seigneur / Et il se peut que vous soyez las d'écouter : / C'est ainsi que je différerai mon histoire / Jusqu'à un temps où elle sera bienvenue. »

[126] Qui n'est pas non plus absent de l'Arioste, mais introduit dans des termes moins familiers. Voir notamment *OF*, XIV, 134 ; XXV, 97 ; XXXIII, 128, XLII, 104. Et comparer à *PW*, 104, 167, 512.

*mèr, seit mich nit eilén / Iz bin ich müd un' wil ru'én ain wei-
lén*[127] » (*PW*, 104). C'est surtout cette fiction d'une réaction
immédiate du public face aux dires du conteur qui est maintenue
chez Lévita, et qui soutient l'impression d'un spectacle de rue,
tout en visant à produire des effets comiques[128]. Ainsi, lorsqu'il
présente l'arrivée de Paris au tournoi organisé pour défendre
la beauté des dames, le narrateur décrit les trois bannières sous
lesquelles se rangent les divers chevaliers. À ce moment, il se
tourne vers son auditoire fictif pour lui demander sous quelle
bannière Paris s'est rangé. La chose est si évidente qu'elle ne
peut appeler qu'une réponse unanime et Lévita l'exprime sous
la forme d'une devinette complice : « *Untér welchés war gèri-
tén Pàris der bidér / Dàś sagt mir vòr do sag ich öuchś widér*[129] ! »
(*PW*, 139).

Comme la fiction de l'adresse directe au public est effacée par
l'Arioste, il peut être utile de se tourner vers Boiardo qui maintient davantage l'idée, et les structures rhétoriques d'une récitation publique. Les destinataires de l'Arioste et ceux de Boiardo
ont la même identité sociale et il est instructif de faire un détour
par l'œuvre de ce dernier, pour observer tout ce qui éloigne Lévita
des poètes courtisans. Nous pouvons, à ce porpos, nous arrêter sur
l'un des tout derniers prologues (*OI*, III, 8) du poème de Boiardo
et le confronter au prologue qui introduit le dernier chant de
Paris un Wiene[130]. L'intention des deux auteurs est la même : il

---

[127] « Je veux vous dire davantage, ne me pressez pas ! / Maintenant je me sens
fatigué et veux me reposer un instant. »

[128] Il y a chez l'Arioste quelques traces d'une réaction du public fictif, mais
elles sont rares et n'ont pas d'intention comique. Ainsi, dans les fins de chant où
le poète demande qu'on revienne l'écouter selon des formules tirées des chanteurs
de rue, par ex. *OF*, XI, 133 et XVI, 139. C'est le cas également dans des passages
isolés, tel *OF*, XXIV, 53 : « *Se mi domanda alcun chi sia, perch'ella / Così s'affligge,
e che dolor la preme, / Io gli risponderò che è Fiordiligi* [...] » (« Si quelqu'un me
demande qui elle est, pourquoi / Elle s'afflige ainsi, et quelle douleur l'oppresse /
Je lui répondrai que c'est Fiordiligi [...] ») ou encore *OF*, XXVI, 8 : « *Parmi veder
ch'alcun saper desia / Il nome di costui* [...] » (« Il me semble voir que certains
voudraient savoir / Le nom de celui-ci [...] »).

[129] « Sous quelle bannière l'honnête Paris s'est-il rangé ? / Dites-le moi
d'abord et je vous le confirmerai ! »

[130] E. Timm 1996 (p. LXVII), dans son analyse des rapports du poème yiddish avec la littérature italienne, présente le prologue de Lévita comme une réécriture du prologue de Boiardo. Il ne nous semble pas évident que Lévita ait eu sous

s'agit d'inciter le public à la patience, de l'exhorter à être attentif à la suite du récit. Boiardo s'en acquitte en louant la noblesse
de son auditoire, et en lui souhaitant quelque récompense
divine pour son ardeur à écouter son œuvre. Tous les sentiments
ici présentés sont élevés et les personnages mis en scène appartiennent à la plus haute société :

Dio doni zoia ad ogni inamorato,	Puisse Dieu donner la joie à tous les amoureux,
Ad ogni cavallier doni vittoria,	Et donner la victoire à tous les chevaliers.
A' principi e baroni onore e stato,	Aux princes et aux barons, honneur et position,
E chiunque ama virtù, cresca di gloria :	Et que quiconque aime la vertu, voie sa gloire augmenter !
Sia pace ed abundanzia in ogni lato !	Que la paix et l'abondance règne en tout lieu !
Ma a voi, che intorno odeti questa istoria,	Mais à vous, qui, tout autour, écoutez cette histoire,
Conceda il re del cel senza tardare	Puisse le roi du ciel vous donner sans tarder,
Ciò che sapriti a bocca dimandare.	Ce que, de votre bouche, vous saurez demander !

OI, III, 7, 1

Il s'agit ici pour Boiardo d'inscrire sa pratique poétique parmi
les nobles occupations et préoccupations du monde courtisan.
La strophe qui suit celle que nous venons de citer fait de tous
les désirs ici mentionnés des équivalents du désir d'entendre le
roman, désir que Boiardo lie explicitement aux qualités de bonté
et de courtoisie. Vertu, pouvoir, amour et victoire sont parmi les
thèmes essentiels de la narration dans laquelle la noble société fer-
raraise pouvait reconnaître, métamorphosés par le pouvoir de la
fable, ses intérêts principaux.

L'appel que Lévita lance à son public fictif est autrement satirique et, s'il ne reflète que de façon stylisée son lectorat, il fait clairement référence à la société, bourgeoise et populaire, des ghettos
d'Italie du Nord :

---

les yeux, ou en mémoire, le texte de Boiardo au moment où il composait son prologue. Seul l'*Orlando Furioso* nous paraît être une source indéniable du *Paris un
Wiene*. L'équivalence établie par la chercheuse (p. LXVIII-LXIX), entre le prologue du chant LVI de la réélaboration par Francesco Berni de l'*Orlando innamorato* (II, 27 dans la numérotation de Boiardo) et le prologue du chant 6 du poème
yiddish, nous semble également incertaine malgré la ressemblance des deux textes :
le thème de l'avarice et son rapport aux mariages d'intérêt est assez courant pour
avoir suscité ces deux traitements parallèles sans qu'une connaissance du texte de
Berni par Lévita doive être supposée.

Ò legén dò ain haufén śküd	Ah s'il y avait là un tas d'écus,
Un ' dáś mir al di' hend drein tetén !	Et que nous y puisions tous à pleines mains !
Kain kind kain jüdin nòch jüd	Il n'y a point d'enfant, point de Juive ni de Juif,
Wurd sich zu nemén drübér setén !	Qui s'en montrerait rassasié !
Iz sein mir al gèworén müd	Nous sommes à présent tous fatigués
V̄un disén buch wil ich wol wetén.	De ce livre, je veux bien le parier,
Ir müd zu hörén zu in disén rai'én	Vous fatigués d'écouter dans ces rangs,
Un ' ich bin müd un ' sat öuch v̄ür-zu-lai'én.	Et moi fatigué et las de vous faire la lecture.

PW, 602

Nous retrouvons ici la satire, coutumière à Lévita, de la cupidité[131]. Loin d'être mis en parallèle avec les désirs les plus chers de ses auditeurs, le désir de poursuivre l'histoire est, avec ironie, dénoncé comme cruellement absent. Notons que le poète ne s'exclut pas du cas général. Il ajoute même dans la strophe suivante (*PW*, 603) qu'il a déjà été tenté à plusieurs reprises d'arrêter sa narration, mais il précise avec humour qu'il doit s'acquitter d'une dette envers ses personnages et qu'il ne peut pas les abandonner dans leurs tristes positions. Tout le passage rabaisse donc comiquement la valeur du récit, tout en augmentant l'indépendance des personnages, dans un jeu entre la fiction et la réalité que Lévita emprunte à l'Arioste mais auquel il donne une saveur populaire tout à fait absente de son modèle.

En observant la grande différence de ces deux prologues, dont l'intention rhétorique est pourtant très proche, il apparaît clairement que Lévita ne cherche pas, par son discours, à ennoblir le statut du poète ou de son œuvre, réduisant plutôt l'activité poétique à une sphère modeste, ludique, participant de la simple distraction, et ne parvenant même pas, en l'occurrence, à remplir son rôle. Le poète fait constamment preuve d'autodérision et se présente comme un gêneur qui conte des futilités, quand il ne prétend pas révéler à ses lecteurs des vérités que ceux-ci préféreraient ne pas entendre[132]. Cette posture nous apprend beaucoup sur la

---

[131] Des remarques amères sur le pouvoir de l'argent se trouvent dans le *Śéréfo-lid* (20-21) et dans le *Purim-špil* (9-11) ainsi que dans le prologue du chant 6 du *Paris un Wiene* (*PW*, 303-309).

[132] On voit que, s'il fallait supposer que Lévita s'est inspiré de Boiardo pour écrire ce prologue, il s'agirait là d'une véritable parodie tant l'intention et le contenu du discours sont différents. Seule la fiction d'un appel à l'auditoire est commune aux deux textes mais Boiardo en appelle courtoisement à l'intérêt

différence profonde des représentations sociales du poète, telles qu'elles apparaissent chez l'auteur yiddish et chez ses contemporains italiens. Mais ce point mérite une analyse particulière que nous mènerons plus loin dans notre étude.

Il apparaît d'ores et déjà clairement, qu'écrivant sur le modèle de poètes courtisans, Lévita, qui par sa fréquentation des grandes personnalités chrétiennes de son temps devait lui-même bien connaître la vie courtisane (quoique dans un statut subalterne d'étranger et de Juif), modifie ses emprunts à l'intention de son public et des attentes littéraires de celui-ci. Il affirme que son poème est destiné à un public populaire ou, pour utiliser des catégories qui conviennent mieux à la société juive, au public qui n'appartient pas à cette élite intellectuelle qui consacre son attention au seul savoir véritablement valorisé : l'étude des textes sacrés en hébreu ou en araméen. Cela ne manque pas de créer d'intéressants paradoxes lorsque le poète réalise une satire aiguë du comportement des courtisans (prologue du chant IX) ou lorsque, suivant le modèle ariostéen, il s'adresse aux dames sur un mode courtois, se lamentant de leur cruauté devant les souffrances de leurs amants (prologue du chant II). Cette dernière situation correspond bien peu à ce que nous savons des relations hommes-femmes dans une société juive plus patriarcale et moins libre que la société chrétienne[133].

Il semble, dans tous les cas, que loin d'être une fierté assumée (comme elle l'était évidemment pour les premiers imitateurs italiens de l'Arioste), le recours au modèle « noble » ne peut pas être dévoilé au même titre que le recours au modèle populaire, sans

des auditeurs pour son histoire, tandis que Lévita, dans son rôle habituel de censeur ironique, ne laisse pas le choix à ses auditeurs, affirmant qu'ils sont, autant que lui, obligés de suivre les personnages pour les faire sortir de leurs piètres situations.

[133] L'image du chevalier servant, telle qu'elle est par exemple introduite dans le prologue du deuxième chant du *Paris un Wiene* (*PW*, 105-106), suppose une idéalisation de la femme, qui, dans la culture chrétienne, trouve son origine dans la poésie des troubadours, sans doute influencée par le culte marial. Il n'y en a guère d'équivalent dans la culture juive du Moyen Âge. Mise à part l'exception intéressante du conte *Beria un Simra* (dans lequel l'idéalisation de l'héroïne est liée à son rapide trépas), il faut attendre la fin du XIXᵉ siècle, pour trouver une telle posture amoureuse dans la littérature yiddish. Voir, en particulier, l'œuvre d'I. L. Peretz et son premier poème publié en langue yiddish, la ballade *Monish* datant de 1888.

doute parce qu'il appartient à une sphère foncièrement étrangère au lecteur juif[134]. Tout en adaptant les leçons de l'Arioste, Lévita va donc leur donner une tonalité autre, utilisant certaines des inventions de son modèle dans une intention plus burlesque que le poète italien. Il en va ainsi de la mise en scène du narrateur dans sa fonction de régie, et dans son rapport avec les personnages.

IV.2.b. *La science narrative*

L'Arioste compose son poème à partir de matériaux extrêmement divers qu'il associe et fait alterner avec le plaisir d'un jongleur démontrant un maximum d'habileté. Il peut y avoir jusqu'à une dizaine de changements de fils narratifs dans un seul chant. Pour en illustrer la complexité, nous prendrons l'exemple du long chant XVIII de l'*Orlando Furioso*. Il s'agit avant tout de montrer de quelle façon les récits y sont enchevêtrés. Pour plus de clarté, nous divisons ce chant en ses grandes étapes, soulignant en particulier les changements de scènes.

1) 3-7 : Le chant XVIII commence, après un prologue de deux strophes, par la continuation d'une aventure contée à la fin du chant XVII, celle de Grifone, noble chevalier qui, trompé par la perfide Origille et par son amant secret Martano, a été exposé au déshonneur par le roi de Damas, Norandino. Au début du nouveau chant, Grifone se livre à de grands massacres sur les gens du roi pour venger sa réputation.

2) 8-25 : Nous revenons alors à Charlemagne, abandonné depuis le début du chant XVII, qui réunit ses meilleurs chevaliers pour empêcher le farouche Sarrasin Rodomonte de poursuivre ses massacres contre le peuple de Paris.

3) 26-37 : Rodomonte finit par s'enfuir, et le narrateur nous fait retrouver un personnage allégorique finement comique : la Discorde, chargée au chant XIV par l'archange Michel de semer la pagaille dans le camp des païens. Celle-ci décide d'accompagner un nain, serviteur de Doralice, l'amante de Rodo-

---

[134] M. Beer 1987, p. 141-206.

monte. Le nain annonce à ce dernier que la jeune femme a été enlevée (chant XIV) par un autre roi païen Mandricardo. À cette nouvelle, Rodomonte, furieux, part à la recherche de sa belle et du ravisseur.

4) 38-58 : Nous revenons à Charlemagne et aux Chrétiens (38-47) qui, après le départ de Rodomonte, réussissent à mettre les païens en déroute. Le narrateur concentre alors son attention sur le païen Dardinello (47-58) qui retient les soldats païens dans leur déroute et réalise maints exploits pour leur redonner courage. Il décide de changer de scène juste au moment où il vient d'annoncer que Dardinello sera tué par Rinaldo[135].

5) 59-69 : Nous revenons à Grifone, qui trouve grâce aux yeux du roi Norandino par ses grands exploits contre son peuple.

6) 70-93 : Nous les quittons, réconciliés, pour retrouver le frère de Grifone, Aquilante, que nous avions quitté à la fin du chant XV. Il part à la recherche de Grifone et, en chemin, tombe sur Martano et Origille, les deux traîtres dont il découvre la fraude, qu'il fait prisonniers, et qu'il mène chez le roi Norandino. Ce dernier organise un tournoi pour rendre à Grifone sa gloire.

7) 94-145 : Non loin de là, les chevaliers Sansonetto et Astolfo apprennent la nouvelle du tournoi et décident d'y participer, ils rencontrent en chemin Marfisa, personnage qui fait sa première apparition dans l'*Orlando Furioso* mais qui est déjà bien connue du lecteur (du moins au temps de l'Arioste) car c'est un personnage essentiel de l'*Orlando innamorato*. Tous trois

---

[135] Ce personnage était déjà présent chez Boiardo et sa mort avait été prédite (*OI*, II, XXIX, 16). L'Arioste la rappelle aussi plus tôt (*OF*, XIV, 27). L'on voit par là que l'intrication de la trame est rendue encore plus complexe par le renvoi à des œuvres extérieures, et en particulier à l'*Orlando innamorato*. Comme dans le cas de l'arrivée de Marfisa, un peu plus tard dans le chant, l'Arioste s'appuie très volontiers sur la trame et sur les personnages du poème de Boiardo, mais n'hésite pas à les déformer ou à les biaiser. Un personnage comme Brunello, qui n'est quasiment pas exploité par l'Arioste, n'a pour rôle dans l'*Orlando Furioso* que de rappeler une série de désordres et de disputes qu'il avait introduites par ses vols dans l'*Orlando innamorato*. Si la régie, parfaite, du *Furioso* ne laisse quasiment subsister aucun angle mort, ou aucune contradiction, au sein du poème, l'Arioste se permet plus de liberté à l'égard de son prédécesseur.

se rendent au tournoi mais Marfisa reconnaît dans les armes qui sont l'enjeu de la bataille, ses propres armes qu'elle avait abandonnées dans le roman de Boiardo (*OI*, II, XVI, 6-7). Elle s'en empare créant une mêlée collective qui s'achève néanmoins sur une réconciliation lorsque la cause de cette discourtoisie est éclaircie. Après avoir fêté leurs retrouvailles avec Norandino, tous les paladins décident de s'embarquer vers la France pour mesurer leurs forces sur le champ de bataille, dans la guerre qui s'y déroule, mais leur bateau est pris dans une tempête.

8) 145-164 (suite de 4) : Rinaldo combat avec Dardinello et le tue. Les Sarrasins sont complètement en déroute et rentrent en se lamentant dans leurs campements.

9) 165-197 : Deux amis exemplaires du camp païen, Medoro et Cloridano décident de profiter de la Nuit pour se faufiler dans le camp chrétien et retrouver le cadavre de Dardinello pour lui donner une digne sépulture. Ils font un grand massacre de Chrétiens endormis, retrouvent leur roi, mais au moment où ils le chargent sur leurs dos, ils sont découverts par une troupe chrétienne. Le chant s'achève sur leur fuite désespérée, ralentie par la charge du cadavre.

Nous avons choisi de nous arrêter sur ce chant, particulièrement complexe, afin de montrer à quel point les changements de fils narratifs sont fréquents chez l'Arioste selon le principe qu'il rappelle dans ce chant-même : « *Or l'alta fantasia, ch'un sentier solo / non vuol ch'i'segua ognor, quindi mi guida*[136] [...] » (*OF*, XVIII, 65). Étant donné le nombre de fois où le narrateur intervient pour passer d'un élément de la narration à un autre, on pourrait s'attendre à ce que l'Arioste en tire parti pour brouiller fréquemment la distance entre le conteur et les personnages, le domaine de la narration et celui de l'histoire, selon la terminologie de Genette[137]. Or, on constate que l'auteur italien, s'il ne dédaigne pas totalement de tels effets, en fait un usage dans l'ensemble assez parcimonieux. Les changements de fils narratifs sont plutôt sobres, le

---

[136] « Maintenant la haute fantaisie qui ne veut pas / Que je suive toujours un seul sentier, m'entraîne loin d'ici [...] »
[137] G. Genette 1972, p. 72.

conteur se contentant d'annoncer, de manière variée et parfois spirituelle, qu'il laisse un sujet pour en suivre un autre.

C'est le cas, dans le chant étudié, entre les parties 7 et 8 où la transition s'appuie sur un jeu de mots : « *Mentre Fortuna in mar questi travaglia, / Non lascia anco posar quegli altri in terra, / Che sono in Francia*[138] [...] ». Les cas où l'univers de l'écriture et l'univers de la fiction sont volontairement confondus ne sont guère plus nombreux dans l'*Orlando Furioso* que dans le *Paris un Wiene*, malgré les différences de longueur et de structure des deux poèmes. Cela prouve que ces effets, s'ils ont été empruntés par le poète yiddish à son modèle italien, ont été développés par lui avec plus de constance et de prédilection afin d'exploiter leur efficacité comique. C'est sans doute dans un souci de mesure, pour ne pas rompre à tout propos l'illusion de la fiction et pour ne pas donner à son narrateur une figure trop badine, que l'Arioste se contente de plaisanteries éparses dans ce registre, tandis que le poète yiddish profite pleinement de cette ressource pour amuser son lecteur.

Lévita ne travaille pas avec une matière aussi diverse et aussi complexe que l'Arioste. Sa source lui fournit cependant un certain nombre de changements de scènes qu'il cherche à exploiter au maximum. Ces alternances de fils narratifs sont liées, pour l'essentiel, dans le *Paris e Vienna*, à la nécessité de suivre parallèlement le destin d'amants séparés pendant la plus grande partie du roman. La source s'acquitte de ces changements, soit sans les souligner particulièrement, soit d'une façon mécanique en introduisant les passages d'un sujet (et d'un personnage) à l'autre par un simple impératif à la première personne du pluriel[139] : « *Torniamo a misser lo Delfino il quale* [...] » (*PVit*, 56), « *Hora lasciamo questo dire e torniamo a Viena laquale*[140] [...] » (*PVit*, 80). Lévita suit sa

---

[138] « Pendant que la Fortune tourmente ceux-ci sur la mer / Elle ne laisse pas non plus se reposer ceux qui sont à terre / Là-bas en France [...] » Le mot « *fortuna* » en italien peut signifier « tempête » (sens qui vient d'abord à l'esprit du lecteur dans ce contexte puisque le navire qui emporte les chevaliers est confronté à un de ces caprices de la mer qui constituent presque un passage obligé du roman de chevalerie) mais aussi « destin », sens qui seul convient pour le deuxième membre de la comparaison.

[139] C'est une méthode d'entrelacement que l'Arioste ne méprise pas non plus en raison de sa simplicité et de sa brièveté.

[140] « Revenons à Messire le Dauphin qui [...] », « Maintenant, laissons ce sujet et retournons à Vienne qui [...] »

source assez ponctuellement, et il lui arrive de changer de scène de cette façon rudimentaire[141]. Mais il se plaît souvent à laisser son narrateur intervenir de manière plus élaborée. Presque tous les procédés d'entrelacement qu'il emploie trouvent un précédent chez l'Arioste. Il est possible de classer ces interventions en fonction du degré d'indépendance et d'influence accordée aux personnages par le narrateur.

En dressant leur typologie, nous commencerons par examiner le statut des sources auxquelles les œuvres font référence et le rôle qui leur est attribué par le narrateur. Nous verrons que les protestations de fidélité sont en réalité une concession ironique à la tradition et qu'elles masquent une attitude très libre à leur égard. Dès lors, nous pourrons étudier la façon dont le narrateur se met en scène dans une position de toute-puissance en agissant comme un marionettiste tenant les fils de ses personnages qu'il meut à sa guise. Nous aborderons ensuite les cas où le narrateur se déclare, inversement, influencé par l'action des personnages ce qui les dote à son égard d'un certain degré d'indépendance, d'assez de vie pour provoquer chez le conteur diverses émotions et diverses réactions. Nous verrons enfin que ces deux attitudes en apparence contradictoires du narrateur à l'égard des personnages contribuent en réalité à le poser comme un ordonnateur tout puissant du récit capable de se jouer de ses lecteurs autant qu'il joue avec ses personnages.

1) Les romans de chevalerie se réfèrent toujours traditionnellement à une source, texte parfois réel mais le plus souvent fictif qui relaterait une version première de l'histoire, traduite ou simplement retranscrite par le poète. Gage d'ancienneté du récit et d'authenticité de la narration, cette source est comparable à une partition que le narrateur se contenterait de jouer. La fidélité à sa matière « historique » limite nécessairement la liberté du narrateur qui se contente en principe d'en suivre le récit. Dans les romans italiens du cycle carolingien, l'auteur fictif constamment mentionné est Turpin, archevêque et guerrier,

---

[141] Par exemple : « *Di' lós ich dò in zórn un' gift / Un' ūun Pàris mir singén welén.* » (*PW*, 482 : « Je laisse ceux-ci en proie à la colère, à la rage / Et nous voulons chanter au sujet de Paris. »)

parent de Charlemagne, ayant participé à la campagne de l'empereur en Espagne puis écrit son histoire[142].

De Pulci à l'Arioste, aucun auteur de roman de chevalerie de la Renaissance ne manque de faire référence à Turpin. Mais le statut du saint auteur ne cesse de se dégrader. L'ancienne *auctoritas* du vieux clerc, qui constituait pour les récits traditionnels et populaires un garant d'authenticité, devient au fur et à mesure un objet de risée, emblème d'une tradition à laquelle nul ne prête foi. À partir de Boiardo, toutes les références qui sont faites à l'archevêque sont ironiques. En utilisant cette tradition de manière nonchalante, les écrivains soulignent leur propre créativité et assument pleinement la responsabilité du récit. Tous ces auteurs ont, bien sûr, des sources qui leur sont propres. Cependant, même dans les cas où elles jouent un rôle crucial, comme le *Cantare d'Orlando* pour Pulci, ces sources sont rarement désignées comme telles alors que Lévita affirme d'entrée de jeu traduire des œuvres populaires italiennes[143]. Des auteurs comme l'Arioste et Boiardo qui mêlent et transforment des récits tirés de sources extrêmement nombreuses au point de les rendre méconnaissables, ne déclarent jamais leurs dettes, laissant à la critique des sources un vaste champ pour exercer sa sagacité. Les poètes renvoient immanquablement, et ironiquement, à Turpin, auteur irremplaçable de tous les récits qui mettent en scène les paladins de France[144].

---

[142] Cette attribution date au moins du XIIe siècle lorsqu'a été composée l'*Historia Karoli Magni et Rotholandi* dont Turpin se présente comme l'auteur.

[143] Pulci fait une mention discrète de sa source après l'épisode de Margutte : « *Tanto è ch'io voglio andar pel solco ritto, / Ché in sul Cantar d'Orlando non si truova / Di questo fatto di Margutte scritto, / Ed ècci aggiunto come cosa nuova.* » (« Il n'en reste pas moins que je veux marcher droit / Puisqu'on ne trouve rien dans le *Cantar d'Orlando* / Sur cette histoire de Margutte / Et qu'elle s'y trouve ajoutée comme chose nouvelle. ») (*M*, XIX, 153). Mais l'allusion est si discrète, et l'appellation *Cantar d'Orlando* si vague, qu'elle a pu pendant des siècles passer pour une référence fictive jusqu'à ce que Pio Rajna retrouve le manuscrit du poème en question (qu'il a par ailleurs nommé en fonction même de la mention que nous venons de citer). Quant à l'histoire de Margutte, Pulci lui donne une origine comiquement complexe (écrite en Egypte, par Alfamenone, elle a été traduite dans 6 langues avant d'être rendue en florentin), passage digne d'être comparé avec le premier chapitre du deuxième livre du premier tome de *Don Quichotte*.

[144] Pio Rajna a dénombré plus d'une centaine de sources de l'*Orlando Furioso*, certaines fournissant de simples motifs, d'autres des nouvelles entières. Qu'elles proviennent d'anciens romans français, tels le *Palamedès*, ou des auteurs clas-

On voit donc l'Arioste déclarer, dans la plus pure tradition : « *Turpin, che tutta questa istoria dice, / fa qui digresso*[145] [...] » Mais dans une stratégie de dérision, il lui arrive plus souvent de se référer à Turpin pour légitimer les détails les plus insignifiants. Lorsqu'Orlando chasse les malandrins qui ont fait prisonnière Isabelle dans une caverne en lançant sur eux une table, scène en elle-même comique, le narrateur précise : « *Quei che la mensa o nulla o poco offese / (E Turpin scrive a punto che fur sette), / Ai piedi raccomandan sue difese*[146] » (*OF*, XIII, 20). Sous forme de plaisanterie, il lui arrive également de mentionner d'autres auteurs, qu'il laisse anonymes. Seulement, il est pris de tels scrupules d'historien consciencieux au sujet de personnages de second ou de troisième rang, ridiculisant ainsi cette prétention à l'exactitude[147]. Sur la mort de Gabrina, l'Arioste écrit : « *Non si legge in Turpin che n'avvenisse ; / Ma vidi già un autor che più ne scrisse*[148] » (XXIV, 44). Il précise alors, en une strophe, que la vieille scélérate a été pendue par Odorico, non moins odieux personnage, lequel se retrouve pendu à son tour à la fin de la même strophe. Ces pendaisons en série qui débarassent le poète et le lecteur de deux des plus grands scélérats du *Furioso* ne méritaient apparemment guère plus qu'un auteur anonyme pour les légitimer.

Le nom de Turpin apparaît, de façon caractéristique aux moments les plus franchement burlesques du poème (qui évite en général de descendre dans ces « basses zones » du comique). Ayant décrit la rencontre, dans les Pyrénées, d'Orlando fou à lier et de deux paysans guidant un âne, l'Arioste expose la façon dont le chevalier envoie l'âne d'un coup de pied jusqu'au ciel comme

---

siques, le narrateur ne livre jamais l'origine exacte de tel ou tel récit. P. Rajna 1900, en particulier p. 3-64.

[145] « Turpin, qui raconte toute cette histoire, / Fait ici une digression [...] ».

[146] « Ceux que la table blessa peu ou pas du tout / (Et Turpin écrit précisément qu'ils furent sept) / Confient leur survie à leurs pieds. »

[147] L'anonymat de ces sources peut sembler contredit par l'identification de Gian Francesco Valerio (*OF*, XXVIII, 137) comme étant la source de l'histoire grivoise d'Astolfo et Iocondo contée au chant XXVIII. Il s'agit là d'un ami vénitien du poète. Mais quelques strophes plus loin, l'Arioste attribue l'histoire à Turpin (XXVIII, 2), montrant clairement que ce jeu d'attributions n'est rien d'autre qu'un jeu.

[148] « On ne lit pas chez Turpin ce qu'il en advint / Mais j'ai vu un auteur qui en écrit davantage. »

un oiseau, puis s'attaque à l'un des jeunes gens en l'attrapant par les pieds, l'écartelant si bien qu'il l'ouvre comme un poulet. L'autre paysan s'étant jeté dans le ravin survit miraculeusement et le narrateur s'exclame alors : « *Quanto è bene accaduto che non muora / Quel che fu a risco di fiaccarsi il collo ! / Ch'ad altri poi questo miracol disse, / Sì che l'udì Turpino, e a noi lo scrisse*[149] » (*OF*, XXIX, 56). On voit bien à cet exemple que l'Arioste fait de la tradition du vieil auteur carolingien un pur objet de plaisanterie. Cervantès n'aura plus qu'à lui emboîter le pas en évoquant le noble historien arabe du *Don Quichotte*.

Lévita se place, comme nous l'avons dit, dans une position différente à l'égard de ses sources puisqu'il donne, dès l'introduction de ses poèmes, le titre précis des romans italiens qu'il adapte. Il n'y a pas chez lui de secret, ni de dissimulation concernant l'origine de son inspiration. Il pousse même à plusieurs reprises l'honnêteté, digne du philologue qu'il était, jusqu'à souligner les manipulations qu'il fait subir au texte italien qu'il a sous les yeux. Il affirme enfin, en conformité avec les pratiques du genre, qu'il ne souhaite en rien fausser ses sources italiennes[150]. Malgré ces protestations de fidélité, Lévita donne au narrateur du *Paris un Wiene* une liberté et une désinvolture qui n'est pas différente de celle qui caractérise le narrateur ariostéen. C'est là une innovation majeure que le poète yiddish a introduite dans sa pratique romanesque après le *Boṽo Dantòne* dans lequel la figure du narrateur est nettement moins raffinée.

Dans son adaptation yiddish, le *Paris e Vienna* se transforme en objet d'amusement et de plaisanterie au même titre que l'œuvre fictive de Turpin pour l'Arioste. La source de Lévita est bien réelle mais, quand il ne se moque pas de ses invraisemblances, son narrateur s'affiche comme entièrement responsable

---

[149] « Quelle chance que ne soit pas mort / Celui qui risqua de se briser le cou ! / Car il raconta à d'autres ce miracle / De sorte que Turpin l'a entendu et nous l'a écrit. »

[150] Si bien que, lorsque l'on compare ses poèmes yiddish à leurs sources, il n'est pas difficile de trouver les endroits qui ont fait l'objet de coupes, ou de condensations. Dans le *Paris un Wiene*, c'est le cas par exemple pour le récit des rêves de Vienne (*PW*, 401-402) ou pour le contenu des lettres de Paris (*PW*, 407-413). Mais les protestations contre les longueurs de la source deviennent une sorte réflexe chez le narrateur de Lévita et il lui arrive de prétendre raccourcir le texte italien alors qu'il ne le fait pas (par exemple, au dixième chant).

de l'évolution du récit. Il instaure ainsi une relation directe avec les personnages, oubliant le livre qu'il est censé suivre et respecter. Le « je » du conteur est si présent que ce sont les quelques références à ce livre-source sous la forme canonique « le livre dit » (« *das buch špricht* » : *PW*, 139, 337, 703) qui surprennent et semblent incongrues. Par ailleurs, ces rappels du roman italien ont souvent pour rôle d'introduire une critique ou de souligner une déviation par rapport à l'hypotexte (*PW*, 139, 337).

2) Dès lors, le narrateur, chez l'Arioste comme chez Lévita, joue le rôle d'un grand ordonnateur, d'une sorte de marionettiste, qui tient les fils du récit et les arrange comme bon lui semble. Le conteur affirme à plusieurs reprises son pouvoir discrétionnaire. Il donne le sentiment que l'action ne peut évoluer sans sa présence. Les personnages, lorsqu'il tourne son attention vers une autre partie du récit, semblent plongés dans une inaction imposée. Ainsi, à la fin du chant XXXII de l'*Orlando Furioso*, l'Arioste a laissé Bradamante en compagnie d'un seigneur et d'une dame alors qu'ils s'étaient promis d'admirer les fresques d'un château. Il les quitte le temps de commencer un nouveau chant par un prologue sur les peintres antiques et modernes et revient en déclarant : « *Ma ritornando ove aspettar mi denno / quei che la sala hanno a veder dipinta*[151] [...] » (*OF*, XXXIII, 5). L'attente des personnages est ainsi une métaphore de la pause narrative qui vient d'avoir lieu.

S'il le souhaite, l'auteur peut souligner son pouvoir en la matière. C'est ce que fait Lévita, lorsqu'il vient de décrire la venue de chevaliers au tournoi organisé par le Dauphin : « *Nórt dáš wil ich öuch sagén alain / Wi' di' gleich iz zu der štech renén / Abér si' sólén wartén, hab ich bévólén / Bis ich Òdóardó un' Páris gé' hólén*[152] » (*PW*, 90). Lévita est encore plus explicite que l'Arioste : les personnages n'ont pas d'autre choix que d'obéir aux ordres du narrateur qui feint de leur adresser directement ce com-

---

[151] « Mais revenant où doivent m'attendre / ceux qui ont à voir la salle peinte [...] »

[152] « Je veux seulement vous dire / La façon dont ceux-ci courent à présent au tournoi. / Mais ils doivent attendre – je le leur ai ordonné, / Le temps que j'aille chercher Odoardo et Paris. »

mandement. Il les active et les immobilise à son bon plaisir et selon les nécessités de son récit[153].

3) Une autre marque de la liberté du narrateur chez les deux auteurs est sa capacité à se déplacer dans l'espace sans la moindre contrainte. La scène des romans de chevalerie est toujours vaste, s'étendant dans tout le monde connu entre l'Europe, l'Afrique et l'Asie (à l'exception de l'Amérique, que l'Arioste, malgré son goût pour les anachronismes, n'introduit pas dans son poème). Les personnages parcourent d'immenses distances et le narrateur à leur suite. Celui-ci peut se donner une part dans ces déplacements en se définissant métaphoriquement comme sujet des verbes de mouvement. Ainsi, le narrateur de Lévita, après avoir quitté Vienne et Isabelle en France, se met en route pour retrouver Paris en Italie : « *Drum lóś ich si' un' zich gen Ïenf / Un' ūun Páris wil ich öuch sagén*[154] » (*PW*, 402).

La scène sur laquelle se meut l'Arioste est encore beaucoup plus vaste et le poète italien ne peut résister, au cœur de l'épisode qui voit Astolfo monter sur la lune, à la tentation de souligner avec quelle facilité le narrateur réussit à se mouvoir de la lune à la terre : « *Resti con lo scrittor de l'evangelo / Astolfo ormai, ch'io voglio far un salto, / Quanto sia in terra a venir fin dal cielo ; / Ch'io non posso più star su l'ali in alto*[155] » (*OF*, XXXV, 31). Le grand saut que le narrateur nous fait faire est présenté facétieusement comme une faiblesse (« *non posso più* ») mais il met au contraire en évidence l'extraordinaire liberté que donne au poète sa fantaisie qui prend ici des couleurs lucianesques. À un autre endroit, le poète souligne le fait que, contrairement à ses personnages (ceux qui n'ont pas d'hippogriffe, l'une des plus vives incarnations

---

[153] L'Arioste utilise exactement la même méthode lorsqu'il demande, au chant XLIV, à Ruggiero, Rinaldo et toute la compagnie d'attendre qu'il aille chercher Astolfo (*OF*, XLIV, 18) : « *Ma quivi stiano tanto, ch'io conduca / Insieme Astolfo, il glorioso duca* ». (« Mais qu'ils restent là aussi longtemps / que j'amène Astolfo, le duc glorieux. » Le subjonctif à la troisième personne du pluriel marquant la volonté du narrateur apparaît cependant comme un ordre moins direct que le verbe « *bevelen* », employé par Lévita.

[154] « C'est pourquoi je les laisse et voyage jusqu'à Gênes / Et je veux vous parler de Paris. »

[155] « Qu'Astolfo reste avec l'auteur de l'Évangile / Désormais, car je veux faire un saut / Assez grand pour aller du ciel à la terre ; / C'est que je ne peux plus rester en l'air sur mes ailes. »

romanesques de la fantaisie voyageuse), il n'a pas besoin de navire pour passer la mer : « *Ma differendo questa pugna alquanto, / Io vo' passar senza navilio il mare*[156] » (*OF*, XXXIX, 19). Ainsi, d'un coup de plume, le narrateur ariostéen fait un grand bond au dessus de la Méditerranée.

4) De même qu'il maîtrise les déplacements dans l'espace, le narrateur met en évidence sa maîtrise du temps. Connaissant le récit dans son ensemble, il ne se prive pas d'annoncer la suite des événements ou de rappeler des événements passés quand il le juge nécessaire. Ces prolepses et analepses sont utilisées de manière savante. Cela crée des effets vertigineux chez l'Arioste en raison même de la complexité des trames entremêlées. Nous avons vu de quelle façon le narrateur pouvait annoncer la rencontre d'Angelica et de Medoro avec un chevalier forcené, quatre chants avant qu'on apprenne la folie d'Orlando et dix chants avant que la rencontre ait effectivement lieu. Les annonces sont souvent utilisées pour aiguiser la tension du récit, lorsque le narrateur l'a laissé en suspens à un moment dramatique (c'est le cas au chant XVIII lorsque la mort de Dardinello est prédite près de cent strophes avant d'avoir lieu), ou au contraire pour rassurer le lecteur sur la suite des événements. Ainsi lorsque le traître Martano s'enfuit après avoir traitreusement livré Grifone au déshonneur, le narrateur précise : « *Lasciànlo andar ; ch'io vi prometto certo, / che la mercede avrà secondo il merto*[157] » (*OF*, XVII, 130).

Lévita utilise aussi ces deux types d'annonces. Il accroît l'inquiétude des lecteurs en prédisant la fin prochaine du bonheur des amants (*PW*, 271) et les rassure en promettant que Vienne, Isabelle et Odoardo sont destinés à se retrouver. Au moment de cette annonce, les jeunes filles doivent encore rester enfermées dans leur cachot pendant plus de 150 strophes : « *Di' lóś ich al ain weil dö štén / Mit dem vör-genkniś zu vör-schmachén / Un' wil vun in nicht sagén mèn / Bis ich si' mach vrölichén lachén*[158] » (*PW*, 525). On notera la façon dont le narrateur insiste sur son rôle dans le

---

[156] « Mais retardant ce combat pour quelque temps, / Je veux passer la mer sans navire. »

[157] « Laissons-le partir car je vous promets / Qu'il aura la récompense qu'il mérite. »

[158] « Je les laisse tous en ce point un moment / Souffrir d'une lente dégradation / Et ne veux pas dire davantage à leur sujet / Avant de les faire rire dans la joie. »

retournement de la situation à l'aide de verbes transitifs à la première personne (« *lóś* », « *wil* », « *mach* ») et la façon dont il oppose, en s'appuyant sur le rythme et sur les sonorités – alitérations et paronomase – leur état malheureux (« *vŏr-genkniś zu vŏr-schmachén* ») et leur futur bonheur (« *vrölichén lachén* »).

5) Le narrateur peut dès lors mettre en scène son pouvoir de régie et commenter les choix narratifs qui sont les siens. Il souligne ainsi la ponctualité avec laquelle il honore les promesses faites à ses lecteurs. Après avoir quitté les personnages au moment où Odoardo vient de percer un trou dans le mur de la prison de Vienne et d'Isabelle, Lévita déclare au début du neuvième chant : « *Ich waiś dáś ich öuch dörtén liś / Dáś er ain löchlén hat gěśpaltén / Un' mén zu sagén ich öuch vérhiś / Nun wil ich es jŏ' izund haltén*[159] » (*PW*, 519). C'est, comme toujours, à un moment de révélation, et donc de tension, que le récit a été interrompu. Il est fidèlement repris et le narrateur en profite pour souligner ironiquement son attention envers son lecteur, bien marri qu'il se soit interrompu à un moment aussi crucial.

L'Arioste, dont la narration est bien plus complexe, tire profit de ce type de commentaires pour retarder à plusieurs reprises l'accomplissement de ses promesses et accentuer indéfiniment l'effet d'attente. Il a ainsi conté, à la fin du chant XXX (*OF*, 87 et sq.) la façon dont Bradamante a été saisie d'un soupçon jaloux à l'égard de Marfisa, puis il a promis, au début du chant XXXI (7), de raconter une circonstance qui a aggravé la jalousie de la jeune fille mais il s'interrompt en ce point pour s'occuper de Rinaldo. Au début du chant XXXII, il fait mine de se souvenir de sa promesse :

> Soviemmi che cantar io vi dovea
> (Già lo promisi, e poi m'uscì di mente)
> D'una sospizion che fatto avea
> La bella donna di Ruggier dolente [...]
>
> *OF*, XXXII, 1

Je me souviens que je devais vous raconter,
(Je vous l'ai promis plus tôt, et puis cela m'est sorti de l'esprit)
Une suspicion qu'avait conçue
La belle dame souffrante de Ruggiero [...]

---

[159] « Je sais que je vous avais laissé là-bas / Au moment où il avait percé un petit trou, / Et je vous avais promis de dire davantage : / Je veux à présent tenir ma promesse. »

Il rappelle alors le récit qu'il a consacré à Rinaldo et à sa rencontre avec Guidon Selvaggio, puis il précise :

> *D'una cosa in un'altra in modo entrai,*
> *Che mal di Bradamante mi sovenne :*
> *Sovienmene ora, e vo' narrarne inanti*
> *Che di Rinaldo e di Gradasso io canti.*
>
> *OF*, XXXII, 2

> Je me suis laissé entraîner d'un sujet à l'autre,
> De sorte que je me suis mal souvenu de Bradamante :
> Je m'en souviens à présent et je veux en parler avant
> Que je ne chante au sujet de Rinaldo et de Gradasso.

Le narrateur interrompt donc le combat singulier entre Rinaldo et le païen Gradasso, combat lui aussi vivement attendu puisqu'il s'agit de la réalisation d'un projet qui n'avait pas pu avoir lieu au début de l'*Orlando innamorato* (*OI*, I, VI, 54). Une attente en chasse une autre et l'on croit que le narrateur va, du moins, revenir à Bradamante. Mais, au lieu de tenir sa promesse, il tourne aussitôt le regard vers l'armée sarrasine en déroute qu'il avait abandonnée un peu plus tôt dans le chant XXXI : « *Ma bisogna anco, prima ch'io ne parli, / Che d'Agramante io vi ragioni un poco*[160] [...] » Heureusement, le détour n'est cette fois pas de longue durée et le narrateur revient à Bradamante sept strophes plus loin. Le prologue du chant XXXII, unique en son genre, n'a pour but que de passer en revue les différents fils narratifs récemment suivis par le conteur. Sous prétexte de trous de mémoire et de priorités narratives, le récit de la jalousie de Bradamante est sans cesse retardé, et la soif du lecteur sans cesse aiguisée. À ce récit aurait pu correspondre le prologue du chant XXXI consacré à la jalousie. Comme s'il s'agissait d'une maladresse, d'un oubli, l'Arioste fait étalage de son habileté narrative et de son pouvoir discrétionnaire dans l'ordonnancement des différentes parties du récit.

Lévita ne se livre pas à des alternances aussi complexes car sa matière, plus simple, ne s'y prête guère mais cela ne l'empêche pas de mimer les mouvements rhétoriques de l'Arioste et ses jeux avec

---

[160] « Mais il faut encore, avant que je n'en parle, / Que je vous entretienne un peu au sujet d'Agramante [...]. »

le lecteur. Il profite ainsi de l'interruption entre les deux derniers chants, pour reprendre son récit en embrassant du regard toutes les parties de la narration et la situation des principaux personnages :

Ich sich Dôlfin in grósér nòt,	Je vois le Dauphin en grande détresse
Un' sich Pàris vür sòrgén keichén,	Et vois Paris éreinté par les soucis,
Un' sich di' künigin schir tòt	Je vois la reine à moitié morte
Vür grósén laid, un' sich deś-gleichén	Tant elle souffre et je vois de même,
Di' mü' di' angśt di' Òdòardò hòt	La peine, la peur qu'Odoardo ressent,
Mit ïenén vrawén in der keichén :	Avec les femmes qui sont là-bas dans le cachot :
Ich sich si in ain śtànd oufś alér-bóśtén	Je les vois tous dans une situation des plus lamentables,
Nun wil ich ain un' ain sehén zu tröstén,	Maintenant je vais tâcher de les consoler un à un.
PW, 604	

Le caractère systématique de ce passage en revue des personnages est souligné par l'anaphore (« *ich sich* ») et par le distributif (« *ain un' ain* »). Il intervient au début de la dernière partie dans la volonté d'offrir une vue générale de l'action au moment où l'intrigue est sur le point de se dénouer.

Dans la strophe suivante, le narrateur insiste sur le fait qu'il s'agit là de la dernière partie, qu'il ne veut plus se fatiguer à raconter l'histoire dans tous ses détails et qu'il promet de se hâter vers la fin de l'histoire. Mais il ajoute :

Ich waiś noch wol ûu ich vòr blib	Je sais bien encore où j'en étais resté
Di' sach lòś ich nit mer dér-kaltén –	Et ne laisse plus la chose refroidir –
Alain ain ròt ich öuch vòr gib	Je veux seulement vous donner un conseil auparavant :
Schreibt in oufś herz, seit in bèhaltén.	Écrivez-le dans votre cœur, conservez-le bien.
PW, 606	

Malgré sa promesse de se hâter d'arriver à la fin du récit (promesse fallacieuse pour qui compare le poème yiddish à sa source), Lévita insère une digression morale de trois strophes avant de reprendre la narration. Ce type de retardements suit le modèle ariostéen : l'introduction intempestive d'un conseil est une prolongation du prologue à fonction réflexive et éthique. Il laisse précisément « refroidir » l'action à un de ses moments les plus chauds, lorsque Paris s'apprête à mettre à exécution son plan risqué de libération du Dauphin. Le jeu avec les personnages se double donc d'un jeu avec les lecteurs. On voit comme le poète yiddish a su s'inspirer des espiègleries narratives de son maître italien[161].

6) Cependant, prenant à rebours la fiction de toute-puissance du narrateur, il arrive à l'Arioste et à Lévita de faire subir à leurs conteurs les aléas du monde des personnages. La conduite du récit semble alors dépendre d'émotions ou d'actions d'êtres fictifs qui se voient dotés d'une réalité extérieure au conteur dont ils n'attendent plus les ordres pour agir. Ceci est valable pour les déplacements de certains personnages : le narrateur de l'Arioste quitte Ruggiero au chant IV juste après que celui-ci est monté, en France, sur l'hippogriffe qui l'entraîne dans son envol. Il le laisse alors poursuivre seul sa route sur l'animal ailé. Quand nous le retrouvons deux chants plus loin (*OF*, VI, 17), il a déjà survolé une grande partie de l'Atlantique et s'apprête à se poser sur l'île d'Alcina. Ruggiero a bien cheminé tandis que le narrateur, occupé par

---

[161] L'Arioste a lui aussi une tendance à passer en revue les différents fils de sa narration quand il approche du terme de son poème : il s'agit de clore méthodiquement toutes les intrigues entamées. Orlando, après sa victoire décisive sur Agramante et Gradasso à Lampedusa voit arriver un navire (qui transporte Rinaldo, guéri entre temps de son amour pour Angelica comme nous l'apprenons à la strophe 151 de ce même chant), mais il s'interrompt pour passer en revue certains personnages chrétiens essentiels après la victoire sur les Sarrasins : « *Di chi si fosse, io non voglio or contare / Perch'ho più d'uno altrove che m'aspetta : / Veggiamo in Francia, poi che spinto n'hanno / I Saracini, se mesti o lieti stanno.* » (« Je ne veux pas raconter maintenant de qui il s'agissait / Parce que j'ai plus d'une personne qui m'attend ailleurs : / Voyons en France, depuis qu'ils en ont repoussé / Les Sarrasins, s'ils sont tristes ou heureux. ») (*OF*, XLII, 23). Il se tourne rapidement vers Bradamante qui se lamente du départ de Ruggiero, puis continue sa revue en suivant Rinaldo : « *Or ch'abbiam vista Bradamante in pena, / Chiamar Ruggier pergiuro, empio e superbo ; / Veggiamo ancor, se miglior vita mena / Il fratel suo [...]* » (« Maintenant que nous avons vu Bradamante dans sa peine / Appeler Ruggiero un parjure, un impie et un orgueilleux / Voyons encore si son frère mène / Une meilleure vie [...] ») (*ibid.*, 28). Il s'agit en réalité, après le dénouement d'un des fils principaux du récit de l'Arioste (le fil « épique » de la guerre contre les Sarrasins), de se pencher sur les deux autres fils fondamentaux : le fil « dynastique et sentimental » de l'amour entre Bradamante et Ruggiero (qui ne trouvera sa conclusion qu'au tout dernier chant du poème) et le fil « romanesque » de l'amour des chevaliers pour Angelica : Orlando guéri, il ne restait plus que Rinaldo épris de la belle étrangère. Ce fil narratif connaît également sa conclusion dans ce chant lorsque l'Arioste conduit le paladin aux fontaines de l'Amour et de la Haine qui, chez Boiardo, avaient créé sa passion. Quand on songe qu'il a seulement été question de l'amour de Rinaldo au chant I de l'*Orlando Furioso*, on se rend compte qu'il s'agit là pour l'Arioste d'un double retour aux sources : retour au commencement de son poème, et retour au commencement de l'*Orlando innamorato*.

d'autres personnages, ne faisait plus attention à lui : « *Lasciamlo andar, che farà buon camino, / E torniamo a Rinaldo paladino* [162] » (*OF*, IV, 50).

Si l'on va plus loin dans cette logique, le personnage peut comiquement s'affranchir de tout contrôle au point que le narrateur risque de le perdre de vue. Lévita en fait l'hypothèse lorsqu'ayant décrit le départ de Paris pour l'Orient (*PW*, 488), il décide de retrouver le personnage cinquante strophes plus loin. Après avoir présenté l'enfermement du Dauphin par le Sultan, il continue :

In lôs ich in der keich gar schwach	Je laisse celui-ci dans le cachot, très faible
As er lis̆ sein tŏchtér un' kindén,	De même qu'il a laissé sa fille, son enfant,
Un' Pàris wil ich gên suchén ach	Et je veux également aller chercher Paris
È er mir is ganz gar vŏr-schwindén.	Avant qu'il ne me soit totalement échappé.
Es is as lang dàs̆ ich in nit sach	Cela fait si longtemps que je ne l'ai pas vu,
Dàs̆ ich in schir nit wais̆ zu vindén.	Que je ne sais presque pas où le retrouver.
PW, 538	

Paris est doté d'une indépendance si grande que le narrateur risque de ne plus pouvoir le suivre. Il s'agit d'une limitation, ironique bien sûr, à son pouvoir discrétionnaire.

Selon cette conception qui brouille les frontières entre le niveau de l'histoire et celui de la narration, certains événements peuvent donc avoir lieu dans le monde de la fiction sans que le narrateur n'ait de contrôle sur eux. Celui-ci se trouve alors soumis aux lois du monde qu'il décrit. L'Arioste fait un usage comique de ce brouillage des plans à la fin du neuvième chant. Alors qu'il vient de raconter la première partie de l'histoire d'Olimpia, il suit brièvement Orlando parti à la recherche d'Angelica puis revient vers le couple d'amants dont le lecteur attend le mariage en déclarant : « *Prima che più io ne parli, io vo' in Olanda / Tornare, e voi meco a tornarvi invito ; / Che, come a me, so spiacerebbe a voi, / Che quelle nozze fosson senza noi* [163] » (*OF*, IX, 93). Le poète italien invite ainsi ses lecteurs aux noces

---

[162] « Laissons-le aller car il fera bonne route / Et retournons au paladin Rinaldo. »

[163] « Avant que d'en parler davantage, je veux retourner / En Hollande, et je vous invite à y retourner avec moi / Car, comme à moi, je sais qu'il vous déplairait / que ces noces aient lieu sans nous. »

des personnages et leur fait craindre, comme à des noces réelles, d'y arriver en retard. Invitation littéraire et invitation mondaine se superposent et se confondent avec humour. Le temps de la narration et le temps du discours deviennent inséparables l'espace d'un instant. C'est dans la même logique que, racontant la bataille de Paris, le narrateur ariostéen s'exclame : « *Deh perché a muover men son io la penna, / Che quelle genti a muover l'arme pronte*[164] ? » (*OF*, XIV, 108). La plume du poète serait donc censée suivre, en temps réel, le mouvement des soldats déchaînés aux portes de Paris.

L'idée que le temps de l'écriture, ou de la lecture publique, correspond à celui du récit peut mener à l'invention d'effets encore plus complexes. Dans le *Paris un Wiene*, à la fin du cinquième chant, le narrateur quitte le Dauphin au moment où celui-ci tance vertement le père de Paris qui a eu, à ses yeux, l'audace injustifiable de demander pour son fils la main de Vienne. Après six strophes d'un prologue satirique qui dénonce le pouvoir de l'argent, le narrateur retrouve le fil du récit sur ces mots : « *Ich liś den altén man bei in* [*Dolfin*] / *Mit aim géschrai, ich hält noch schreitér*[165] » (*PW*, 309). La remarque est d'autant plus comique que, selon la fiction de la récitation orale du poème, l'assemblée est censée, à la fin du chant précédent, s'être séparée pour laisser au récitant le temps de se reposer (« *Un' wolt ir hörén mén, so kumt den widér*[166] ! » (*PW*, 302). Si l'on prend à la lettre l'idée d'une lecture publique, et qu'on accepte l'équivalence de sa temporalité avec celle du roman, le pauvre père de Paris est censé subir les cris du Dauphin furibond au moins plusieurs heures.

7) L'idée selon laquelle les actions des personnages pourraient aller plus loin que le narrateur ne le souhaiterait si celui-ci tardait à intervenir rend soudain son pouvoir conditionnel et limité. Il reste, bien sûr, supérieur aux personnages mais il doit prendre en compte leur liberté. Leurs relations sont, pour un instant, assi-

---

[164] « Hélas, pourquoi suis-je moins rapide avec ma plume / Qu'ils ne le sont avec leurs armes ? »

[165] « J'ai laissé le vieil homme chez lui [le Dauphin] / En train de crier, je crois qu'il crie encore. »

[166] « Et si vous voulez entendre davantage, revenez donc ! »

milables à celles qu'un père entretient avec ses enfants : même s'il les contrôle, il ne peut les empêcher de se montrer dissipés. C'est de cette façon que Lévita présente un groupe de chevaliers qui, dans le *Paris un Wiene*, se sont engagés dans un vif débat sur la beauté respective de princesses. Le narrateur vient de conter les inquiétudes des parents de Paris à son propos mais se voit obligé de quitter cette scène : « *Ich wil öuch izund lösén dó / Un' iené löut wil ich gén schaidén / Wen sint ich di' šému'ess hab tun sagén / Habén si' sich dórtén schir zu tót géschlagén*[167] » (*PW*, 121). Il semble que le narrateur soit forcé de quitter son public pour aller séparer en personne les chevaliers qui se disputent avant que ceux-ci ne commettent l'irréparable.

Mais ce n'est qu'une impression passagère car c'est bien avec sa plume et par l'entremise d'un autre personnage, le roi de France, que le poète sépare les chevaliers querelleurs : « *Dó der franzén künig das dérhórt / zu dem gékrig wolt er ach schawén / Wen het sich dás gézenk mén ein-gérisén / Si' hetén sich zu-hakt zu klainé bisén*[168] » (*PW*, 122). Il y a donc confusion entre l'acte de plume (ou de voix), et l'action physique, entre le cabinet du poète et le monde où se déroule la fiction. Si l'on suit les conséquences de ce brouillage, il n'est pas étonnant que les sens du narrateur perçoivent des signaux produits dans le monde de la fiction : lorsque les chevaliers ont commencé à se disputer, le narrateur de Lévita s'était déclaré assourdi par leurs hurlements : « *Si hatén ain géschrai dás si mich warén dértabén / Drum lös ich si bis si' ous-géschri'en habén*[169] » (*PW*, 103). Le narrateur ne les retrouve pas plus calmes une vingtaine de strophes plus loin et doit se précipiter pour les séparer.

Plus il est donné de chair aux personnages, plus leurs actions peuvent être représentées comme ayant une influence directe sur le narrateur. L'Arioste, au moment où il décrit la bataille de Paris,

---

[167] « Je veux maintenant vous laisser ici, / Et je veux aller séparer ces gens-là / Car depuis que je vous ai parlé de leur *affaire* / Ils se sont là-bas presque entre-tués. »
[168] « Quand le roi de France eut vent de cela, / Il voulu aussi jeter un œil sur cette querelle / Car si cela avait dégénéré davantage, / Ils se seraient découpés en petits morceaux. »
[169] « Ils poussaient de grands cris au point de m'assourdir, / C'est pourquoi je les laisse jusqu'à ce qu'ils aient fini de hurler. »

fait mine d'entendre Astolfo qui se trouve sur l'île d'Alcina au milieu de l'Atlantique l'appeler au secours : « *Di questo altrove io vo' rendervi conto ; / Ch'ad un gran duca è forza ch'io riguardi, / Il qual mi grida, e di lontano accenna, / E priega ch'io nol lasci ne la pena*[170] » (*OF*, XV, 9). Le narrateur de l'Arioste appartient donc à la fois au monde de la fiction et au monde de l'écriture. Son personnage l'appelle de loin, car son « maître » se trouve alors à Paris en train de décrire la grande bataille qui y a lieu. Mais pour que cet appel puisse traverser les milliers de kilomètres qui séparent ces deux points, il est bien évident que le narrateur conserve ses facultés exceptionnelles de conteur. Il joue ainsi ironiquement sur les différents plans mais ne traverse jamais le rideau, ni ne laisse aucun personnage sortir du monde de la fiction. Nous ne sommes pas encore dans le roman de Cervantès où les personnages sont amenés à lire et à commenter le récit de leurs propres aventures inventées par un écrivain de peu de goût que Cervantès s'amuse à ridiculiser. Le livre réel devient alors non seulement un ingrédient de la fiction mais l'un de ses acteurs principaux et le *Don Quichotte* s'affirme comme une œuvre essentiellement méta-littéraire, comme une fiction réfléchissant sur les pouvoirs de la fiction[171].

Chez l'Arioste comme chez Lévita, lorsque le conteur se voit contraint à agir par ses personnages il ne fait en réalité qu'accentuer par contraste, sa position de démiurge. Nous verrons un peu plus loin (9) les conséquences de cette présence simultanée sur les deux plans : il nous faut d'abord présenter les différentes situations où le monde des personnages se confond avec celui de l'écriture à travers les émotions et les sentiments que ceux-ci inspirent au narrateur.

8) Que conteurs et lecteurs participent émotionnellement au récit est une conséquence universelle du pouvoir d'identification

---

[170] « Je vous rendrai compte de cela ailleurs ; / Car il faut absolument que je m'occupe d'un grand duc / Qui me lance des cris et me fait des signes de loin, / Et prie que je ne le laisse pas dans la peine. »

[171] Cette suite a été publiée par un auteur qui se cache sous le pseudonyme de Avellaneda. Elle est évoquée à plusieurs reprises dans le tome II du *Don Quichotte* et dénoncée comme fausse en particulier dans le chapitre LXX. La confusion entre le monde de l'écriture et celui de la fiction est beaucoup plus forte chez l'auteur espagnol.

de la fiction. Un lecteur peut refermer le livre qu'il juge trop violent ou trop impudique. Mais que le narrateur prenne prétexte de ses propres émotions pour orienter ou pour interrompre son récit, s'arrêtant sous l'effet de l'émotion que lui inspire la scène qu'il est en train de décrire, cela signale une mise à distance de l'écriture, une forme de coquetterie comique du poète qui souligne sa propre sensibilité et met en scène ses accès de faiblesse. Il prétend, à cause même des scènes décrites, devoir abandonner les commandes. Effet de trompe-l'œil bien sûr, puisque c'est une façon pour lui d'abandonner son lecteur haletant au moment où la tension est la plus forte, tout en soulignant l'intensité de l'action. L'Arioste et Lévita ont tous deux recours à ce procédé. Le premier l'utilise dans la scène célèbre où Angelica est attachée à une roche au milieu des flots, livrée par un peuple cruel à une bête marine qui doit la dévorer. Le poète est alors submergé par une émotion incontrôlable :

Chi narrerà l'angosce, i pianti, i gridi,	Qui racontera l'angoisse, les pleurs, les cris,
L'alta querela che nel ciel penetra ?	La grande lamentation qui pénètre jusqu'au ciel ?
[...]	[...]
Io nol dirò ; che sì il dolor mi muove,	Moi je ne les dirai pas ; car la douleur m'émeut tant,
Che mi sforza voltar le rime altrove	Qu'elle m'oblige à diriger mes rimes ailleurs.
E trovar versi non tanto lugubri,	Et à trouver des vers moins lugubres,
Fin che 'l mio spirto stanco si riabbia.	Jusqu'à ce que mon esprit fatigué se reprenne.

OF, VIII, 66-67

Si l'on suit la logique de ce discours, l'ordonnancement du récit serait lié non pas au jugement esthétique et à la maîtrise du poète (comme le narrateur le suggère par ailleurs en comparant son travail à celui du musicien, ou à celui du tapissier) mais bien au caprice de ses émotions. Lévita utilise le même prétexte pour interrompre son cinquième chant au moment où le vieux père de Paris se fait violemment réprimander par celui de Vienne : « *Vun dem ich nit mèn singén mag, / Wen übér im ich mich dér-barum*[172] » (*PW*, 302). L'émotion causée par la scène cruelle est présentée comme la cause d'une modification des projets de narration.

---

[172] « Je ne veux plus chanter à ce sujet / Car j'ai pitié de lui. »

D'autres formes de sentiments et de réactions sont inspirées par le récit. L'action des personnages a, dans ces moments, un pouvoir d'inspiration mimétique. Lorsque le poète yiddish présente à son lecteur le dialogue entre Paris et le moine, son complice, où ils décident d'aller se coucher avant de mettre à exécution leur plan d'évasion, cela donne au narrateur une subite envie de dormir (et donc d'interrompre son chant) :

Mich mant gleich iz der dasig schwank,	Cette histoire me rappelle à l'instant,
Dás si' ūun schlōfén tunén sagén,	Puisqu'ils parlent de dormir,
Dás mir übér disén gèsank	Qu'à force de travailler sur ce chant,
Ain schwindél kumt vür meiné agén.	Un vertige est venu me saisir.
Ich hab es jò' gèhältén lank,	Je l'ai prolongé pendant longtemps,
Ir künt jò' nit übér mich klagén !	Vous ne pouvez pas vous plaindre de moi !
Lòst mich štrekén ach as si' iz tünén	Laissez-moi m'allonger comme ils le font à présent,
Den wil ich sagén mén wer ich nòrt künén.	Puis je vous dirai plus, dès que je le pourrai.

PW, 601

Nous voyons qu'il s'agit d'une déclinaison comique du motif de la fatigue fréquemment employé par Lévita en fin de chant. La forme même de l'excuse dénonce son caractère factice. Comment est-il possible que soit rappelée à la mémoire (« *mant* ») une réaction physique par définition incontrôlable, le vertige (*schwindél*) ? On frôle le non-sens, ce qui accentue le comique de cette interruption. Lorsque le poète retrouve les personnages, après le long prologue du chant X, il dit les avoir quittés au moment où ceux-ci se retournaient dans leur lit : « *dás si' sich ouf dem bet um-wandén*[173] » (*PW*, 609). Il suggère ainsi efficacement l'idée d'une insomnie à la veille de l'entreprise périlleuse. Il les retrouve éveillés après l'interruption, soulignant par le déictique « maintenant » l'ellipse de la nuit qui s'est écoulée pendant la pause qu'il a ménagée entre les deux chants : « *Iz sein si' widér ouf-gèštandén*[174] » (*PW*, *ibid.*). Si l'on en croit la confusion établie entre le monde des personnages et celui du narrateur, pour le temps comme pour la situation, le sommeil du narrateur et celui des personnages ont eu sensiblement la même durée.

---

[173] « Tandis qu'ils se retournaient dans leur lit. »
[174] « Ils sont maintenant à nouveau debout ».

Plus encore que le motif de la fatigue, l'Arioste emploie en fin de chant le thème de la juste mesure. C'est pourquoi il trouve, dans la figure de l'ermite du chant XXVIII, un reflet de sa propre situation et l'utilise comme prétexte pour interrompre son chant. Le pauvre religieux, en effet, agace si fort le sauvage Rodomonte par ses paroles moralisatrices que celui-ci s'empare de lui pour lui montrer, à force de coups, le cas qu'il fait de son discours. Le poète déclare alors : « *Ma le parole mie parervi troppe / Potriano omai, se più se ne dicesse : / Si che finirò il canto ; e mi fia specchio / Quel che per troppo dire accade al vecchio* [175] » (*OF*, XXVIII, 102). À son habitude, le poète interrompt son chant à un moment de haute tension. Rodomonte vient de saisir l'ermite au collet, tandis que celui-ci veut empêcher le géant barbare de séduire la pauvre et fidèle Isabelle.

La peur d'ennuyer dans un moment de tension aussi forte n'est évidemment qu'un prétexte fallacieux. Cette interruption est, soi-disant, inspirée par le destin de l'ermite, personnage plus comique que sérieux malgré son triste destin. Le pauvre homme, incapable d'évaluer la dangerosité du guerrier sauvage qu'il a en face de lui, connaît un triste sort : les lecteurs (associés ici ironiquement au barbare) feront-ils subir au narrateur de l'*Orlando Furioso* le même destin, s'il n'arrête pas son chant à temps ? Le conteur nous apprend au chant suivant (*OF*, XXIX, 6-7), dans l'un de ces moments où il mime absurdement l'attitude d'un historien scrupuleux, que les auteurs se disputent sur la question de savoir si, une fois lancé par Rodomonte, l'ermite s'est écrasé sur un rocher, s'il s'est noyé dans la mer, ou s'il a été sauvé par un autre religieux. Le transfert de la situation des personnages sur celle du narrateur tire, pour un instant, tout le poème dans la sphère du comique.

Un jeu permanent est donc établi entre l'histoire et la narration (suivant les moments présentée comme une lecture publique ou comme l'écriture d'un poème). Dans cette perspective, les narrateurs de l'Arioste et de Lévita n'hésitent pas à exposer les émotions qu'ils ressentent devant le comportement ou le destin de certains personnages. Si ces émotions ne conduisent pas toujours à un changement de direction du récit, elles conduisent parfois

---

[175] « Mais mes paroles pourraient désormais / Vous paraître trop profuses si j'en disais plus. / Aussi, je finirai ce chant : que me serve de miroir / Ce qui arrive au vieux pour avoir trop parlé. »

le conteur à s'adresser directement aux personnages comme s'ils étaient situés dans le même univers que lui. Devant la perfidie de la vieille Gabrina qui fait croire à Zerbino que son amante, Isabelle, a été violée par vingt hommes, le poète ariostéen s'exclame : « *Ah vecchia maladetta, come adorni / La tua menzogna ! e tu sai pur se menti*[176] ! » (*OF*, XX, 141). Une forme de dialogue s'établit entre le narrateur et Gabrina. Le premier apostrophe la seconde à la deuxième personne du singulier, mais cette apostrophe a pour véritable destinataire le lecteur qui sait que Gabrina ment car, contrairement à Zerbino, il a été témoin de la façon dont Orlando a sauvé Isabelle.

Le procédé est répété à l'identique lorsque Rodomonte et Mandricardo se précipitent à Paris à la poursuite de Doralice. Le narrateur s'adresse alors à Charlemagne pour le prévenir du danger : « *Guardati, Carlo, che 'l ti viene addosso / tanto furor, ch'io non ti veggo scampo*[177] » (*OF*, XXVII, 7). Oubliant un moment son rôle de chef d'orchestre, il devient un spectateur passionné et s'improvise conseiller du vieil empereur, comme les enfants au spectacle de Grand Guignol qui s'absorbent si bien dans l'action qu'ils poussent des cris pour prévenir le héros du danger qui le menace. De cette façon, il augmente la tension du récit en soulignant l'imminence et l'ampleur du danger.

D'une façon similaire, le narrateur de Lévita se dit fâché contre le Dauphin pour la cruauté qu'il a montrée envers sa fille et affirme ne pas le plaindre lorsque celui-ci se trouve, à son tour, jeté en prison : « *Ich bin im jö' ain wénig veint / Ich mág im nit ḥanifess treibén / Im gèschach recht, bei meiném lebén ! / Dás er Páris nit wolt Wiene gebén*[178] » (*PW*, 537). La familiarité du ton, l'idée d'une légère brouille (« *ain wénig veint* »), le refus de flatter le personnage appuyé par un juron, enfin l'idée quelque peu enfantine qu'il s'agit là d'une juste revanche, tout transforme le destin tragique du Dauphin en une sorte de querelle familière : l'inter-

---

[176] « Ah vieille maudite, comme tu tournes bien / Ton mensonge ! Et tu sais pourtant comme tu mens ! »

[177] « Prends garde, Carlo, une telle fureur vient vers toi / Que je ne vois pas comment tu peux en réchapper. »

[178] « Il faut dire que je lui en veux un peu : / Je n'ai pas envie de le flatter. / C'est bien fait pour lui, par ma foi ! / Parce qu'il n'a pas voulu donner Vienne à Paris. »

vention du narrateur éloigne le personnage du rôle de martyr de la chrétienté qu'il jouait dans la source, et le transporte soudain du monde de l'histoire (de son cachot à Alexandrie) au monde de la narration. L'aspect populaire du yiddish employé assimile le ressentiment exprimé ici à celui d'une querelle de voisinage[179].

9) Comme nous l'avons déjà noté, les déclarations de colère, de faiblesse, de crainte du narrateur qui, à première vue, semblent un renoncement à la toute-puissance du poète sur son œuvre, sont en réaltié, par leur ironie, la plus claire manifestation de son rôle de grand ordonnateur. Il est temps maintenant de rentrer plus précisément dans les détails de ce mécanisme. Chez l'Arioste et chez Lévita, le narrateur impose, par ses interventions, son contrôle sur la matière narrative. Qu'il mime la colère, la joie, ou la pitié, il guide la lecture du récit en laissant entendre sa voix à des moments cruciaux si bien qu'une légèreté souriante domine les instants les plus dramatiques. La fiction d'une intervention des personnages sur le narrateur aboutissant à une déviation du cours du récit est un procédé chargé d'humour : c'est au moment où il maîtrise le mieux son récit et l'interrompt de façon à laisser son lecteur sur sa faim, que le poète fait mine de ne plus posséder le contrôle. Lorsqu'il donne au personnage les prérogatives d'un être de chair et d'os et qu'il dit lui obéir, le poète manipule en réalité le désir de son lecteur : l'envie d'en savoir plus et de connaître le dénouement de la crise est titillée pour ne pas être satisfaite.

---

[179] Pour mieux saisir à quel point ce type d'intervention modifie radicalement le ton originel du roman italien, en faisant du personnage une sorte d'égal du narrateur (c'est-à-dire un Juif du ghetto de Venise), il peut être utile de lire le récit de l'emprisonnement du Dauphin dans le *Paris e Vienna*, correspondant à la strophe 534 du poème yiddish, elle aussi assez pathétique, mais bientôt détournée par l'irruption du narrateur : « [...] *fu mandato in Alessandria in una forte pregione con li ferri ali piedi e male havea da mangiare e pegio da bevere : unde quel pover gentilhomo el quale era usato di stare tanto bene e havere li suoi piaceri e diletti e menare vita regale e al presente non havere pur del pane a sufficientia gli pareva molto strania cosa, e molto bene conosceva che la sua vita non poteva esser molto longa, per l'amor di Dio portava patientemente ogni cosa.* » (*PVit*, 122: « Il fut envoyé en Alexandrie dans une forte prison avec les fers aux pieds. Il mangeait mal et buvait encore moins bien, si bien que ce pauvre gentilhomme, habitué qu'il était à voir ses plaisir et ses goûts comblés et à mener une vie royale, se trouvant à présent manquer même de pain, trouvait la situation fort désolante, et voyait bien que sa vie ne pouvait pas durer fort longtemps. Pour l'amour de Dieu, il supportait patiemment toute chose. »)

Les poètes se livrent à un tel jeu dans l'intérêt même du récit, parce que la satisfaction du lecteur sera d'autant plus forte que son désir aura été aiguisé par le retard. Mais dans l'instant, l'auteur fait mine de renoncer à satisfaire l'intérêt du lecteur pour répondre aux besoins d'un personnage. Par cette manipulation ironique de leur public, les deux poètes mettent en scène leur propre habileté narrative. Lorsque le narrateur de l'Arioste s'apprête à conter le combat décisif sur Lampedusa, triple duel entre trois héros chrétiens et trois héros sarrasins qui doit déboucher sur la résolution définitive du conflit central de l'*Orlando Furioso*, il s'arrête au moment où l'assaut est donné :

> *Non vi fu indugio, non vi fu intervallo,*
> *Che i ferri de le lance hanno abbassati.*
> *Ma mi parria, Signor, far troppo fallo,*
> *Se, per voler di costor dir, lasciassi*
> *Tanto Ruggier nel mar, che v'affogassi.*
>
> *OF*, XLI, 46

> Il n'y eut aucun retard, il n'y eut aucun délai,
> Les fers des lances ont été abaissés.
> Mais il me semblerait, Seigneur, faire une trop grande faute,
> Si, parce que je veux parler de ceux-ci, je laissais
> Ruggiero si longtemps dans la mer qu'il s'y noyait.

Le narrateur se déclare soudain saisi d'un scrupule moral à l'égard de Ruggiero qu'il a laissé vingt-cinq strophes plus haut au mileu des flots. N'oublions pas que le « *Signor* » ici interpelé est, au premier chef, le patron du poète qui voit dans le personnage de Ruggiero l'ancêtre fondateur de sa lignée et qui est censé avoir une inquiétude particulière concernant sa survie. Le personnage est doté d'un tel degré de réalité que le narrateur peut se déclarer moralement dépendant de lui (« *far troppo fallo* ») tandis qu'il sous-entend que le destin du personnage pourrait lui échapper, auquel cas il aurait sa mort sur la conscience. Au même titre que les nobles seigneurs d'Este, ce sont tous les lecteurs du poème qui se voient ainsi promenés par le poète d'un sommet de tension à un autre sommet de tension, grâce à de savants brouillages des frontières du récit. La fiction du scrupule moral envers le personnage suppose une double habileté : par l'évidente fausseté du prétexte, d'un côté, elle met en avant le pouvoir d'interruption discrétionnaire du narrateur, et à travers l'idée qu'il y a urgence à sauver le personnage, d'un autre côté, le narrateur rappelle qu'il avait laissé cet autre fil du récit en un point d'extrême tension.

Si Lévita ne montre pas une liberté aussi grande que l'Arioste dans l'ordonnancement de la fiction narrée (car celle-ci est plus simple et plus linéaire), il a su si bien interpréter les leçons du poète italien qu'il a pu rendre la fiction de narration plus complexe et plus ironique encore que chez son modèle. C'est le cas, en particulier, dans le prologue du dixième chant. Nous avons déjà vu la façon dont le narrateur y déclarait être las de son récit et dont il prétendait percevoir chez ses auditeurs un même sentiment de fatigue. Il affirmait qu'au lieu d'entendre des histoires, ceux-ci préféreraient certainement puiser dans un tas d'écus, et que de cela ils ne se lasseraient jamais : faible poids des mots (et de l'art) contre les espèces sonnantes et trébuchantes (*PW*, 602). La fiction de narration met donc en scène une fatigue collective à un moment où celle-ci est peu probable, puisque nous nous trouvons en début de chant, et que le narrateur avait justement quitté le neuvième chant en affirmant qu'il allait dormir[180]. L'interruption de ce chant a eu lieu à un moment de grande tension, lorsque Paris était sur le point de mettre à exécution son dangereux projet de libération du Dauphin. En ce point, le lecteur entrevoit la possibilité d'un dénouement heureux mais il reste conscient de l'ampleur des obstacles que le personnage doit franchir. S'il doit y avoir une fatigue du récit, ce n'est sûrement pas en cet endroit. Il ne s'agit pas de l'un de ces points morts du récit qui représentent un danger de perte de rythme et d'enlisement et Lévita le sait parfaitement.

Il commence donc ce nouveau chant en prenant à contrepied les attentes du lecteur. Mais il va plus loin dans son entreprise de déstabilisation : il déclare que, pour le bien de tous, il a souvent été tenté d'abandonner son récit. Il suppose chez le

---

[180] Structurellement, la déclaration de fatigue trouve sa justification dans le fait qu'il s'agisse là du dernier chant du roman. Le narrateur de Lévita semble donc donner à son achèvement une justification subjective et contingente (sa fatigue de conteur), indépendante des nécessités internes du récit, alors qu'en réalité il prépare son lecteur à la mise en place du dénouement. C'est également parce que le motif de la fatigue joue ici un rôle avant tout rhétorique que l'affirmation selon laquelle il entend désormais faire bref (*PW*, 605) ne correspond à aucune abbréviation significative de la source, contrairement à l'habitude de Lévita qui indique souvent fidèlement les modifications qu'il fait subir à ses sources.

lecteur un désir qu'il n'a pas : celui de laisser en plan cette histoire. Ce « coup de théâtre » dans la narration, sorte de sabotage comique du récit par lui-même, est alors annulé par un prétexte tout aussi ironique, fondé une fois de plus sur le brouillage entre la narration et l'histoire : le conteur ne peut pas se permettre de démissionner, il est lié moralement à ses personnages qu'il ne saurait laisser dans la peine sans leur porter secours. Dès lors, voici le lecteur, qui n'attendait que cela, « forcé » d'écouter la suite du récit :

Mir is inś hirén kumén schòn	Il m'est déjà venu à l'esprit
– Sòlt ich nöürt vür schandén tören –	– Si seulement la honte me le permettait –
Dáś dòch izund dò ous-zu-lòn	D'abandonner le récit en ce point,
Unś überig alś zu vür-stören.	Et de détruire tout ce qu'il en reste.
Ich tar nun nit, was sòl ich tòn ?	Je n'en ai pas le droit, que dois-je faire ?
Ir müśt mir noch ain weil zu-hören.	Vous devez encore m'écouter un petit moment.
Ich sich mein löüt vòr-śprait in alén ekén	Je vois mes gens dispersés dans tous les coins,
Mich dücht ich tu' sünd lòs ich si' śtekén.	Ce serait un péché, me semble-t-il, de les laisser en plan.
PW, 603	

La façon dont Lévita manipule son lecteur est parfaitement illustrée dans le court-circuit qu'on observe entre le cinquième et le sixième vers de cette strophe. La question rhétorique « *was sòl ich tòn ?* » se rapporte au narrateur. La phrase suivante, placée en position de réponse, concerne le lecteur : « *ir müśt* ». Par un tour de passe-passe, ce sont maintenant les lecteurs qui se trouvent moralement liés aux personnages. L'auteur semble leur dire : « Cela n'est pas volontaire, vous êtes embarqués. » Malgré l'invention d'une responsabilité morale du narrateur à l'égard des personnages (v. 5), responsabilité bientôt reportée sur le lecteur (v. 6), le narrateur trahit sa position d'ordonnateur dans le couplet final, en désignant les personnages à l'aide de l'adjectif possessif (v. 7, « *mein löüt* »).

Cette strophe précède la strophe 604 que nous avions présentée comme un archétype de celles où le narrateur joue un rôle de marionettiste. Ce prologue se révèle donc particulièrement éloquent : plus le narrateur fait mine d'être lié à ses personnages, et de voir ainsi sa liberté diminuée, plus en réalité il met en scène un pouvoir illimité sur eux, et transitivement sur le lecteur, qu'il satisfait ou frustre selon son caprice.

IV.2.c. *La figure du narrateur amoureux*

La narration est rendue encore plus riche par une caractéristique essentielle de la personnalité du narrateur. Nous avons vu la façon dont Lévita brouille les pistes quant à l'identité de l'auteur du poème. Il donne au « je » poétique la forme et la fonction d'un masque opaque et va jusqu'à revendiquer cet anonymat dans le prologue du *Paris un Wiene*. Or, la cause alléguée pour cette dissimulation volontaire est la plus ariostéenne qui soit, le poète est amoureux :

> *Ich solt nit sagén selbst mein schánd*
> *Dóch mus ich öuch mein sünd békenén.*
> *Ich mach es nórt ainér junkfrau' wegén*
> *Di' mir im herzén gégrábén is al-wegén*
>
> PW, 8

Je ne dirais pas, en mon propre nom, ma honte
Cependant, je dois vous reconnaître mon péché.
Je l'écris [mon livre] seulement à cause d'une jeune fille
Qui est toujours enfouie dans mon cœur.

La définition du narrateur comme poète amoureux est un emprunt essentiel de Lévita à l'Arioste, qui avait lui-même hérité cette convention de Boiardo et dont le premier représentant dans un poème épique, en Italie, était Boccace dans sa *Théséide*[181]. Tous les éléments caractéristiques de cette figure sont déjà présents chez le poète italien mais Lévita en fait un usage très personnel, surtout lors du spectaculaire revirement de la fin du roman, puisque le narrateur s'y déclare brusquement un fervent partisan du célibat.

Cette contradiction finale, qui n'a pas jusqu'ici été analysée en profondeur et qui nous semble très significative, ne saurait être le fait d'un oubli ou d'une négligence de la part de Lévita qui se montre au contraire très conscient des effets produits par les

---

[181] Boccace exprime dans une lettre en prose au début de la *Teseida*, l'espoir de voir sa belle Fiammetta céder à ses désirs en suivant l'exemple des amants présentés par le poème. Lévita donne le même prétexte à son poème sans nommer l'amante. L'Arioste et Boiardo utilisent différemment le motif érotique, voir à ce propos G. Sangirardi 1992, p. 313-328. L'Amour de la dame n'est présenté chez Boiardo que comme un principe positif d'inspiration (*OI*, II, IV, 1), origine du chant courtois et du récit des belles actions. Chez l'Arioste au contraire, c'est dès le départ, un principe douloureux, présenté comme une faute et une folie, prétexte aux plaintes du poète.

prises de position de son narrateur tout au long de l'œuvre. Dans ces strophes conclusives (*PW*, 713-716), la convention se dévoile comme telle. Tout se passe comme si le poète retirait son masque et dévoilait, par cette apparente incohérence, sa véritable identité en renonçant au rôle poétique que la convention ariostéenne lui avait fait assumer jusque-là[182].

La figure du narrateur amoureux est révélatrice de la nature des emprunts que Lévita fait à l'Arioste : ils font toujours l'objet d'une adaptation, d'une relecture. La figure du narrateur amoureux nous est présentée dans la neuvième strophe du prologue qui poursuit les vers que nous venons de citer :

Un ' is si' schòn fun mir gàr weit,	Et elle est déjà fort loin de moi,
Sò hóf ich es wert zu ir vlihén	J'espère donc qu'il [mon livre] volera jusqu'à elle
Un ' wert ir weisén mit der zeit	Et lui montrera avec le temps
Das ich bin gànz ouf ir gédihén.	Que je pense constamment à elle.
Leicht wert es ach ir hertkait	Peut-être cela pourra-t-il aussi
Ous irém herzén künén zihén,	Retirer de son cœur la dureté,
Dàs si mich ach ain mòlt wert dér-frai'én	Afin qu'elle me réjouisse aussi un jour,
As di bulér di ir in disén buch wert lai'én.	Comme les amants du livre que vous allez lire.
Wen ich gèdenk an di hertè sàch	Quand je me souviens de cette dure réalité,
Dò muś ich gleich sifzén un ' hischtén.	Il me faut aussitôt soupirer, hoqueter.

  PW, 9-10

La situation du narrateur comporte trois données essentielles. Tout d'abord, il a honte de son état amoureux qu'il considère comme un péché. Ensuite, l'amante est lointaine, cruelle, et l'on ne connaît rien de son identité. Sa figure est à ce point stylisée qu'elle ne semble avoir d'autre fonction que de fournir un prétexte aux plaintes amoureuses du poète. Enfin, le poème doit contribuer à changer l'attitude de cette femme, à la rendre sensible aux prières du poète. Cette posture amoureuse, chez l'Arioste comme chez Lévita, ne joue pas un rôle essentiel dans le déroulement du récit

---

[182] N'oublions pas, comme le rappelle E. Timm 1996 (p. CXLIV) que Lévita signe ses œuvres yiddish du nom de *Bòḥur* (בחור) qui signifie, entre autres, « jeune homme célibataire ». Ce revirement final apparaît donc bien comme une forme, discrète, de signature. Bien sûr cette figure auctoriale est également un masque. L'écriture de la Renaissance est bien un jeu où les masques ne font que se succéder les uns aux autres. Ce n'est, chez Lévita comme chez l'Arioste, qu'en embrassant toutes les métamorphoses qu'on peut toucher à une forme supérieure d'authenticité.

mais elle fournit le prétexte à une série d'interventions remarquables du narrateur. Quand Lévita fait dire à son narrateur qu'il
espère voir son amante suivre l'exemple de Paris et Vienne, il
reprend la leçon de l'Arioste qui se plaît à mettre en parallèle la
situation de son narrateur et celle de ses héros, particulièrement
d'Orlando.

Dès la seconde strophe de l'*Orlando Furioso*, le poète annonce
la nouveauté de son entreprise : raconter la folie d'Orlando, mais
il ajoute une condition à sa réussite : « *Se da colei che tal quasi
m'ha fatto, / Che 'l poco ingegno ad or, ad or mi lima / Me ne serà
però tanto concesso / Che mi basti a finir quanto ho promesso*[183] »
(*OF*, I, 2). L'amante est introduite dans le poème très tôt, mais
comme par une entrée dérobée, à l'intérieur d'une proposition
hypothétique, et sous la forme du pronom imprécis « *colei* »
(celle). Il n'en reste pas moins que la fiction de cet amour du narrateur apparaît chez l'Arioste avant même qu'un hommage soit
rendu, à la troisième strophe, à la famille d'Este, ce qui souligne
l'importance narrative du procédé.

Dans le prologue du chant IX, l'Arioste réitère sa comparaison. Après s'être étonné du pouvoir de l'Amour qui a la force
de détourner le sage et pieux Orlando de ses devoirs envers Dieu
et envers son seigneur, le poète se réjouit de posséder un tel
compagnon d'infortune : « *Ma l'escuso io pur troppo, e mi ralle-
gro / Nel mio difetto aver compagno tale ; / Ch'anch'io sono al mio
ben languido et egro, / sano e gagliardo a seguitare il male*[184] »
(*OF*, IX, 2). La mise en parallèle du poète avec le personnage (dans
le cadre particulier d'une réflexion sur le pouvoir de l'Amour) sert

---

[183] « S'il m'est cependant concédé / De parvenir à remplir ma promesse /
Par celle qui m'a presque rendu tel [fou comme Orlando] / Et qui me lime l'esprit
à chaque instant. » On notera aussi que cette deuxième strophe du poème comporte la rime « *rima / lima* ». Une rime semblable est présente dans la seconde
strophe du *Paris un Wiene*, mais elle conclut une prière à Dieu pour la réussite du
poème et les deux termes s'appliquent au travail poétique : « *[Ich bet göt] das ich as
er mein bichlén kan reimén / Un' al di' réd asò schmitén un' leimén.* » (« [Je prie
Dieu] de pouvoir, comme lui [comme Élia Lévita], faire rimer mon petit livre /
Et de pouvoir aussi bien forger et limer mon discours ») Malgré la différence de
sens de la rime, il n'est pas impossible qu'il y ait chez le poète yiddish une réminiscence du prologue de l'Arioste.

[184] « Mais je l'excuse hélas, et je me réjouis / D'avoir un tel compagnon dans
mon défaut, / Car je suis, moi aussi, malade et languissant quand il faut faire le
bien, / Sain et gaillard pour suivre le mal. »

à une stratégie de disculpation. La faiblesse humaine est illustrée par la réécriture d'un adage ovidien[185]. Si le plus grand des héros est coupable d'une telle faiblesse, que fera le pauvre poète ?

Lévita utilise la comparaison dans la même intention rhétorique, mais dans un autre contexte : pour disculper Odoardo, et disculper son narrateur, de tout soupçon de misogynie, au moment où il va se lancer dans un long discours contre les femmes : « *Afile er dáś dósig mólt / Hót nischt mit herzén sagén künén. / As wol as ich hàt er ainé hólt / un ʾ gutś un ʾ ér war er ir günén*[186] » (*PW*, 170). Le poète a déjà tenté de se justifier auprès des dames, dans la strophe précédente, en rejetant toute la faute de l'invective sur le personnage. Pour renchérir sur cette excuse, il sauve le personnage de tout reproche par un alibi qui vaut également pour lui-même : deux amants aussi dévoués ne sauraient se livrer sincèrement à un discours misogyne. Mais le caractère comique de la première disculpation, perceptible jusque dans sa formulation emphatique, accompagnée d'un juron (« *Wen ich schoun ezwáś bös tet dérzélén / Ich réd Ódoardó nóch bei meinér sélén*[187] ! », *PW*, 169) rejaillit sur la seconde qui apparaît dès lors tout aussi factice et contribue à souligner le caractère fictionnel et conventionnel de ce narrateur amoureux et serviteur des dames.

Or, l'expression d'accusations contre les femmes, suivies ou précédées de plates excuses, est un jeu chargé de coquetterie que Lévita a emprunté à l'Arioste et que nous étudierons en son temps. Nous pouvons, dès maintenant, noter que le poète italien emploie, comme le poète yiddish, le prétexte des sentiments amoureux qu'il nourrit pour sa dame afin de se laver du reproche de misogynie. Il le fait d'une manière rigoureusement inverse à celle de Lévita, prétendant que c'est la cruauté de sa dame à son égard qui le conduit à des accès de colère déraisonnée et à des accusations intempestives[188] (*OF*, XXX, 3). Dans les deux cas, la

---

[185] « Video meliora proboque, deteriora sequor », *Métamorphoses*, VII, 20. Nous nous appuyons ici sur l'ouvrage de R. M. Durling 1965, p. 160-162.

[186] « Et même lui, en cette occasion / Ne pouvait pas parler du fond du cœur / Il aimait une femme, tout comme moi, / Et lui offrait ses biens et son honneur. »

[187] « S'il m'arrive de raconter quelque chose de méchant, / Je suis les paroles d'Odoardo, sur mon âme ! »

[188] Le narrateur regrette amèrement, à la fin du chant XXIX, qu'Orlando, dans sa folie, n'ait pas tué Angelica, se vengeant ainsi de ses refus hautains et

figure de l'amante est utilisée à des fins rhétoriques : source de colère ou d'amour respectueux, elle est toujours un prétexte pour le narrateur pour faire entendre sa voix passionnée.

C'est qu'à un niveau littéral, l'expérience amoureuse du narrateur sert à asseoir sa légitimité comme conteur des malheurs amoureux des personnages. Il prétend ainsi renforcer la crédibilité de ses descriptions en se portant garant de la véracité de telles passions. L'Arioste l'affirme au moment même où il narre le début de la folie d'Orlando quand ce dernier découvre les traces indubitables de l'amour d'Angelica pour Medoro : « *Credete a chi n'ha fatto esperimento / che questo è 'l duol che tutti gli altri passa*[189] » (*OF*, XXIII, 112). Ce ne sont là que de brèves remarques, jetées en passant, mais qui maintiennent le sentiment d'une participation active du narrateur au récit dans ses moments les plus dramatiques. Celui-ci prétend nourrir son œuvre de sa propre expérience.

Lévita procède d'une façon similaire lorsque son narrateur se solidarise avec la douleur de Vienne au moment où elle attend le retour de Paris « *Si' liś denôch mèn süfz as si' hat hor / Di' zeit dò si' was ouf in wartén* [...] / *Wol glab ich dáś ir warén lang di' tegén / Wen an dem hòle bin ich ach gèlegén*[190] » (*PW*, 227). L'intervention du narrateur est d'autant plus remarquable qu'elle suit la comparaison comique du nombre des soupirs avec celui des cheveux et que la maladie d'amour est désignée par un terme hébraïque appartenant au langage quotidien[191]. Il y a chez Lévita,

---

vengeant par la même occasion tous les amants victimes des femmes ingrates. Ce coup de colère a en réalité pour rôle de permettre à l'auteur de commencer le chant XXX par un prologue consacré à la colère : il arrive que le contenu des chants soit aménagé en vue des prologues, ceux-ci étant soigneusement intégrés à l'œuvre. La responsabilité de la colère du poète est ensuite rejetée sur l'amante selon le modèle pétrarquiste de l'aimée-ennemie : « *Ben spero, donne, in vostra cortesia / aver da voi perdon, poi ch'io vel chieggio. / Voi scusarete, che per frenesia, / vinto da l'aspra passion, vaneggio. / Date la colpa alla nimica mia* [...] » (« J'espère bien, Mesdames, que dans votre courtoisie / Vous m'accorderez votre pardon, puisque je vous le demande. / Vous excuserez que, dans ma frénésie, / Vaincu par la dure passion, je divague. / Rejetez-en la faute sur mon ennemie [...] »).

[189] « Faites confiance à qui en a fait l'expérience : / C'est là une douleur qui passe toutes les autres. »

[190] « Mais elle poussa plus de soupirs qu'elle n'avait de cheveux / Pendant le temps qu'elle passa à l'attendre [...] / Je peux bien croire que les jours lui semblèrent longs / Puisque j'ai souffert de la même maladie. »

[191] Cette comparaison pourrait avoir été inspirée à Lévita par l'Arioste, qui l'utilise, dans un but tout aussi comique, dans la nouvelle grivoise du chant

dans la figure du narrateur-amant éploré, une pointe de parodie qui était perceptible dès le prologue avec l'emploi du doublet expressif « *sifzén un' hischtén* » (« soupirer et sangloter » ; *PW*, 10) pour désigner le triste état dans lequel le poète se trouve. Plus loin, il pousse la plaisanterie jusqu'à prétendre ne pas pouvoir, en raison de son propre malheur, continuer à raconter le bonheur des amants au moment où le récit expose la façon dont ils se rencontrent en secret pour se confesser leurs sentiments. Il lui faut, dit-il, passer à un moment de l'histoire où leurs aventures se dégradent :

Di' hönig-wort, di' édlén wenk,	Les mots de miel, les gestes précieux,
Di' wil ich öuch iz al nit sagén :	Je ne veux pas à présent tous vous les dire :
Wen wàrum, wen ich dran gèdenk,	C'est que, quand je me souviens de telles choses,
Dò mus ich meinés unglük klagén.	Je suis poussé à me plaindre de mon malheur
Wi' ich mein herz un' leib hin-schenk	Puisque j'offre mon cœur et mon corps,
Un' is mir nit ain dank ous-tragén.	Sans que cela me rapporte le moindre merci.
Asò wil ich fun den ̄vel schreibén den böstén,	C'est pourquoi je veux écrire sur les événements les plus tristes,
Wen nòrt mit bösè ding mus ich mich tröstén.	Car seul ce qui est triste m'apporte de la consolation.
PW, 271	

Comme souvent, Lévita fait plus que dévoiler le pouvoir de régie du narrateur. Il dévoile le travail de l'écrivain en avouant une ellipse : sa décision de ne pas inclure dans son adaptation un passage de sa source. C'est en effet toute une page du roman italien, racontant les rencontres des héros, leurs jouissances et leurs inquiétudes (*PVit*, 54), qui ne trouve aucune correspondance dans le poème yiddish. La fiction du narrateur amoureux sert à justifier l'ellipse tandis que cette remarque rend en partie responsable le conteur de la dégradation de la situation des personnages. Le narrateur amoureux se livre donc à un jeu capricieux : il sert tantôt à garantir la bienveillance du poète envers les femmes, tantôt à expliquer sa malveillance à l'encontre des personnages. La figure qui se dessine en filigrane du récit à coup d'interventions imprévisibles, paraît pour le moins lunatique.

XXVIII pour affirmer qu'aucun mari ne saurait garder l'œil sur sa femme : « *Se più che crini avesse occhi il marito, / Non potria far che non fosse tradito.* » (« Si le mari avait plus d'yeux que de cheveux / Il ne pourrait pas faire en sorte de ne pas être trahi. » ; *OF*, XXVIII, 72).

Le conteur de l'Arioste prétend également orienter sa narration en fonction de sentiments éveillés en lui par l'attitude d'un personnage. Après que Rodomonte s'est laissé aller à de violentes imprécations contre les femmes, le poète assure, avec galanterie, vouloir punir le Sarrasin « *con penna e con inchiostro* » (« avec la plume et l'encre ») : « *Donne gentil, per quel ch'a biasmo vostro / Parlò contra il dover, sì offeso sono, / Che sin che col suo mal non gli dimostro / Quanto abbia fatto error, non gli perdono*[192]. » (*OF*, 29, 2). Les sentiments du narrateur sont mis en jeu (et en spectacle) dans le déroulement de la narration. Pourtant, ce chant qui s'ouvre si galamment, s'achève sur une violente invective contre les dames (XXIX, 73-74). Le narrateur de l'Arioste est galant à condition d'oublier sa position d'amant malheureux. De telles sautes d'humeur font partie d'une mise en scène du poète, pleine de badinerie et de coquetterie.

La figure du poète amoureux connaît, chez l'auteur italien, une élégante apothéose dans le prologue du chant XXXV, qui suit directement le récit de l'ascension d'Astolfo dans la lune pour y retrouver, enfermée dans une fiole, la raison perdue d'Orlando. Comme nous l'avons vu, le narrateur de Lévita a lié, dans le prologue du *Paris un Wiene*, son destin à celui des deux protagonistes de son œuvre car l'heureuse conclusion de leur amour doit garantir la réussite de sa requête. Mais au moment de l'épilogue, loin de rappeler sa demande, il oublie même qu'il est amoureux pour encenser le célibat. Le poète ariostéen fait du destin d'Orlando (et surtout de sa guérison miraculeuse) un modèle espéré pour la résolution de ses souffrances amoureuses (*OF*, XXXV, 1) : « *Chi salirà per me, madonna, in cielo / A riportarne il mio perduto ingegnio*[193] ? » En réalité, la métaphore de l'ascension au ciel devient le contrepoint précieux d'une délicate poésie lyrique et érotique :

---

[192] « Gentes dames, pour ce que, vous blâmant, / Il a dit contre son devoir, je suis si offensé, / Qu'avant de lui avoir démontré à ses dépens / Combien il s'est trompé, je ne lui pardonne pas. »

[193] « Qui montera pour moi, Madame, jusqu'au ciel / Afin de rapporter mon esprit égaré ? »

Per riaver l'ingegno mio m'è aviso	Pour reprendre mon esprit, il me semble
Che non bisogna che per l'aria io poggi	Qu'il n'est pas besoin que je monte dans les airs,
Nel cerchio de la luna o in paradiso ;	Dans le cercle de la lune ou au paradis,
Che 'l mio non credo che tanto alto alloggi.	Car je ne pense pas que le mien loge si haut.
Ne' bei vostri occhi e nel sereno viso,	Dans vos beaux yeux, dans votre clair visage,
Nel sen d'avorio e alabastrini poggi	Dans votre sein d'ivoire et sur vos monts d'albâtre,
Se ne va errando ; ed io con queste labbia	Il erre sans cesse ; et moi, avec ces lèvres,
Lo corrò, se vi par ch'io lo riabbia.	Je le poursuivrai, s'il vous semble bon que je le reconquière.

OF, XXXV, 2

Le jeu établi par l'Arioste entre son récit et son narrateur est construit ici avec grande finesse puisque le récit fantastique et épique (v. 1-4), est opposé avec une affectation de modestie à un court poème érotique, situé à égale distance de Pétrarque (v. 5-6) et de Catulle (v. 7-8). Le poète n'est somme toute pas Orlando et sa maladie n'exige pas de remède aussi dramatique que celle de son héros. Il ne demande pas la lune mais quelque chose qui, dans la poésie amoureuse, est souvent plus inaccessible encore : les dernières faveurs de l'amante. Délicat jeu d'équilibrisme entre le genre épique et le genre lyrique, cette dernière apparition importante de la figure du narrateur amoureux chez l'Arioste nous en dévoile l'essentiel : elle est avant tout un facteur de légèreté, permettant l'irruption plus ou moins longue, plus ou moins ironique, d'une voix lyrique au cœur des diverses tonalités du roman [194].

IV.2.d. *La métamorphose finale du narrateur amoureux dans le* Paris un Wiene

Chez Lévita, pour qui la tradition lyrique n'avait pas le même attrait, il n'est pas étonnant que le narrateur amoureux finisse par céder sous le poids de la verve satirique du poète. Mais, même dans ce passage conclusif, très personnel, Lévita n'oublie pas la

---

[194] Cette mention du poète amoureux n'est en réalité pas la dernière : la figure lyrique du poète se retrouve, à demi-masquée, dans la description de la fontaine du palais que Rinaldo visite au chant XLII (93-95). À travers la description de ce monument, l'Arioste fait l'éloge de plusieurs femmes appartenant aux familles régnantes d'Italie du Nord, et des poètes qui les ont honorées en vers (parmi lesquels il cite Bembo et Castiglione). Il s'y représente enfin sans dévoiler ni le nom de sa dame, ni son propre nom. Cet autoportrait de l'Arioste en poète dont l'esprit rustre (« *rozzo ingegno* ») ne peut satisfaire sa dame confirme le statut exemplairement lyrique du narrateur dans son rôle d'amant éconduit.

leçon ariostéenne. La métamorphose du narrateur en célibataire endurci intervient à la fin d'une satire des femmes qui trouve son origine dans une remarque misogyne de la source italienne[195]. La strophe 713 de *Paris un Wiene* est une traduction presque littérale de cette remarque. Elle la modifie juste assez pour pouvoir donner au discours un mouvement palinodique caractéristique : le narrateur affirme, dans un premier temps, avoir entendu dire qu'il y aurait beaucoup de femmes pieuses et les exclut de sa condamnation. Dans un deuxième temps, il assure en trouver bien peu, et demande ingénument où elles sont toutes passées. Ce mouvement d'affirmation et de rétraction trouve lui-même son origine chez l'Arioste et cette correspondance permet d'apprécier la façon dont Lévita sait marier les inspirations tirées de sa source populaire et celles qui proviennent de son modèle noble.

Le début du chant XXII de l'*Orlando Furioso*, lui aussi consacré aux femmes, en est la meilleure illustration. La première strophe énonce : « *Cortesi donne e grate al vostro amante, / Voi che d'un solo amor sète contente, / Come che certo sia, fra tante e tante, / Che rarissime siate in questa mente ; / Non vi dispiaccia quel ch'io dissi inante*[196] [...] » (*OF*, XXII, 1). Après cette excuse qui dissimule une condamnation, l'Arioste se contredit joyeusement à la troisième strophe en affirmant vouloir louer cent femmes pour une seule qui mérite d'être condamnée et il se lave au passage de la responsabilité de l'attaque sur sa source, l'anonyme « histoire », comme Lévita reportait la responsabilité du discours contre les femmes, au prologue du chant IV, sur le personnage d'Odoardo : « *Per una che biasmar cantando ardisco / (Che l'ordinata istoria così vuole), / Lodarne cento incontra m'offerisco, / E far lor virtù chiara più che'l sole*[197]. »

---

[195] « *Et questo non dico in dispregi delle altre donne, perho che anchora adesso se ne trovaria alcuna de bone avenga che siano rare. Ma largamente io sono de questa opinione che nel presente tempo non se ne trovaria nesuna.* » (*PVit*, 156-157 : « Et je ne dis pas cela pour blâmer les autres dames, car il s'en trouverait aujourd'hui encore quelques-unes de bonnes bien qu'elles fussent rares. Mais moi, je suis franchement d'avis que, de nos jours, on n'en trouverait aucune. »)

[196] « Dames courtoises et aimables à votre amant, / Vous qui vous contentez d'un seul amour / Bien qu'il soit certain, parmi tant de femmes / Que vous êtes fort peu nombreuses dans cette disposition d'esprit ; / Ne soyez pas fâchées contre ce que j'ai dit auparavant [...] »

[197] « Pour une femme que je me permets de blâmer en chantant / (Car

Mais plus que la palinodie de la strophe 713 du *Paris un Wiene*, qui correspond à la duplicité du narrateur cultivée tout au long du poème, c'est ici la conclusion qui nous intéresse car elle met brutalement en cause le comportement de ce même narrateur depuis le début de l'oeuvre : « *Drum såg ich : wol dem knab un ' dem jungén / der zu kainém weib sein lusťt ni' hôt bèzwungén*[198] ». La strophe suivante développe cette idée. Mais la strophe 715 propose un intéressant tournant dont le modèle se trouve, à nouveau, dans l'Arioste :

Ich hat ôt stez di de'e im köpf	J'ai toujours eu cette idée en tête,
Mån sicht mirś an un ' mag mirś glabén.	On le reconnaît en me voyant, et l'on peut me croire,
Wi' wol mån möcht mir sagén : « stôpf	Quoique l'on pourrait me dire : « Ferme
Dein mund ôdèr rèd mit den tabén.	Ta bouche ou parle avec les sourds.
Es macht nun dås du bist ain trôpf	Le fait est que tu es un pauvre type,
Un ' waist kainé di' dich wil habén. »	Et que tu ne connais pas de femme qui veuille de toi ! »
Nun mächt es wi' ir welt di dôsig prèdig :	Eh bien ! Prêchez ce que vous voulez :
Gèlôbt sei gôt ich bin nòch vrei' un ' lèdig !	Dieu soit loué, je suis encore libre et célibataire !

PW, 715

La voix du satiriste se fait clairement entendre, avec sa tendance à l'expression vive et familière, chargée d'expressions populaires. Le célibat est présenté comme faisant partie de l'identité profonde du poète et cette tournure (« *man sicht mirś an* ») pousse le lecteur à se rappeler que le nom *Baḥur* (jeune homme célibataire) est le nom de plume de Lévita.

L'irruption soudaine d'une voix critique au sein du raisonnement du poète est calquée sur le commencement du chant XXIV de l'*Orlando Furioso*. Cet important prologue suit le déclenchement de la folie d'Orlando et présente l'Amour comme un piège dans lequel l'homme serait condamné à laisser sa raison. Seulement l'usage personnel du mouvement rhétorique de l'Arioste par Lévita est d'autant plus frappant que, même si les deux poètes se présentent en avocats de l'indépendance des jeunes gens et de leur solitude, le sens du conseil a été profondément modifié dans l'œuvre yiddish. Lisons d'abord le texte du *Furioso* :

l'histoire que je conte est ainsi ordonnée) / Je m'offre en échange d'en louer cent / Et de rendre leur vertu plus claire que le soleil. »

[198] « C'est pourquoi je dis : heureux le jeune homme, heureux le garçon / Qui n'a pas attaché son désir à une femme ! »

Per concludere in somma, io vi vo' dire :
A chi in amor s'invecchia, oltr'ogni pena,
Si convengono i ceppi e la catena.

Ben mi si potria dir : – Frate, tu vai
L'altrui mostrando, e non vedi il tuo fallo. –
Io vi rispondo che comprendo assai,
Or che di mente ho lucido intervallo ;
Ed ho gran cura (e spero farlo ormai)
Di riposarmi e d'uscir fuor di ballo :
Ma tosto far, come vorrei, nol posso ;
Che 'l male è penetrato infin all'osso.

OF, XXIV, 2-3

En conclusion, je veux vous dire en somme :
À l'homme qui vieillit dans l'amour, en plus des autres peines,
Conviennent les entraves et les chaînes.

On pourrait bien me dire : – Frère, tu montres
À autrui son erreur, et ne vois pas la tienne propre. –
Je vous réponds que je comprends bien des choses,
Maintenant que j'ai un intervalle de lucidité :
Et je fais des grands efforts (j'espère désormais y arriver)
Pour me reposer et sortir de cette danse :
Mais je ne peux le faire aussitôt que je le souhaiterais
Car le mal a pénétré jusqu'à l'os.

La construction du discours est exactement la même dans le poème italien et dans le poème yiddish. Tout d'abord, les deux poètes exposent une thèse pour laquelle tous deux sont prêts à s'engager fermement : (« *io vi vo'dire* » ~ « *màn [...] mag mirś glabén* »). Cet engagement personnel entraîne justement, de la part d'un interlocuteur imaginaire, une attaque *ad hominem* contre le poète, dans des termes assez familiers chez l'Arioste, très familiers chez Lévita (« *Ben mi si potria dir : Frate, tu vai / L'altrui mostrando e non vedi il tuo fallo.* » ~ « *Wi' wol màn möcht mir sagén : « štopf dein mund ödër rëd mit den tabén.* »).

Chez le poète italien, la familiarité de l'objection portée par l'apostrophe « *Frate* », est tempérée par la complexité de la construction syntaxique qui imite la sytaxe des vers latins avec la mise en facteur commun des possessifs « *l'altrui* » et « *il tuo* » au substantif « *fallo* ». La familiarité de l'interlocuteur fictif est liée à la connaissance, bien établie à ce stade du poème, de l'amour du narrateur. Chez Lévita, ces deux vers suivent exactement la même syntaxe et le même rythme : introduction de l'objection par une tournure impersonnelle, irruption du discours direct en fin de vers sur un terme fortement accentué (impératif « *Stopf* » en lieu et place de l'apostrophe « *Frate* »), enjambement et second vers construit en deux temps séparés par une conjonction de coordination. Mais là où l'Arioste maintenait un fort sentiment d'écriture littéraire, Lévita recourt à l'oralité la plus franche, enchaînant deux expressions aussi imagées qu'impolies. La figure du poète a, elle aussi, subi une dégradation puisque le narrateur amoureux, figure lyrique conservant une certaine noblesse chez le poète italien, a été remplacée par celle d'un pauvre garçon (« *tropf* ») incapable de trouver chaussure à son pied.

La réponse du poète suit immédiatement, dans le poème italien comme dans le poème yiddish. Introduite plus prosaïquement chez l'Arioste par le discours indirect (« *Io vi rispondo che* »), elle survient chez Lévita comme une prolongation vive du discours direct : reprise des paroles de l'objecteur (« *Nun màcht es* ») suivie de leur rejet (« *wi' ir welt* »), dans une attitude de simple refus du dialogue et de fière et joyeuse affirmation de la première thèse : le bonheur du célibat. Chez l'Arioste, au contraire, le narrateur adopte une attitude de contrition : acceptant l'objection, il prétend connaître une rémission dans sa maladie, et multiplie les preuves de bonne volonté (« *gran cura* », « *spero farlo* »), avant de conclure que la maladie est sans doute trop avancée pour qu'il puisse en guérir[199]. On remarque ici un phénomène dont nous verrons d'autres exemples : le poète yiddish, qui n'écrit pas pour une société courtoise, encadrée par des règles précises de savoir-vivre, peut pousser l'impertinence plus loin que ne le fait le poète italien. L'audace, déjà franche de l'Arioste, devient chez lui une réelle verve insolente.

Il nous faut désormais apprécier la portée du changement de masque du narrateur chez Lévita. Entre l'amoureux mélancolique

---

[199] R. M. Durling 1965 (p. 164-165 et 168-169) donne à cette idée de « *lucido intervallo* » (intervalle de lucidité), une grande importance dans la conception même de l'*Orlando Furioso* et dans la définition du rôle du narrateur. La folie amoureuse est, dans ce prologue, présentée comme une forêt où l'on s'égare. Cette forêt, similaire à celle qui apparaît au début de *La Divine Comédie* est celle où errent les personnages du poème à la poursuite de leurs passions (le prototype de toutes ces forêts est bien sûr la forêt d'Ardennes où coulent les fontaines de l'Amour et de la Haine). Seul l'intervalle de lucidité du poète lui permet de suivre leurs routes complexes sans s'égarer, et de fournir dans les prologues de son œuvre ses échantillons de sagesse désabusée.

et fataliste de l'Arioste et le joyeux célibataire de la fin du *Paris un Wiene*, il y a une grande distance qui reflète la position ambiguë du poète yiddish. Sans exagérer l'importance des trois strophes (*PW*, 713-715) qui introduisent la transformation, il nous semble qu'elles mettent au jour un aspect essentiel de l'écriture de Lévita. Le poète yiddish construit son poème sur le modèle ariostéen en adoptant en grande partie les règles rhétoriques, et l'esthétique de son modèle. En cela, il montre, plus qu'une simple faculté d'imitation, une véritable compréhension du modèle rhétorique courtisan fondé sur la nuance, le double-sens, le paradoxe. Le poète de cour doit faire preuve d'une faculté d'observation d'autrui et d'auto-observation sans jamais se dévoiler totalement, en recourant à divers masques pour éviter les attaques[200]. Cette maîtrise de soi, et ce sens de l'expression juste, sont accompagnés chez Lévita par un goût pour le détail concret, pour le geste saillant, propre au satiriste d'extraction bourgeoise et citadine. L'auteur du *Paris un Wiene* est véritablement un écrivain *bifrons*, d'un côté courtisan, de l'autre Juif du ghetto de Venise. La métamorphose du narrateur reproduit cette dualité, en transformant le narrateur amoureux du roman courtois en poète célibataire, figure sous laquelle Lévita apparaît dans ses poèmes affichés sur les murs de Venise, ou dans son *Purim špil*[201].

Chez l'Arioste, les réflexions morales des prologues s'appuient avant tout sur une habileté oratoire recourant volontiers à l'allégorie, à l'abstraction, aux parallélismes, comparaisons et métaphores dont les rhéteurs classiques ornent leurs discours. Sans y renoncer totalement l'auteur yiddish aura tendance à tirer ses observations vers une description plus détaillée de la comédie du réel. Nous pourrons observer de plus près cette adaptation en étudiant les emprunts directs de Lévita à l'Arioste, qui concernent pour une grande partie les prologues, mais ne se limitent pas à ceux-ci. Avant de nous pencher sur les prologues qui, par leur position extranarrative constituent un lieu privilégié d'écarts par

---

[200] Le mode d'être courtisan passe nécessairement par cette maîtrise de soi qui suppose un don d'observation particulièrement développé (voir N. Elias 1985, en particulier p. 98-101), tandis que le goût du paradoxe est le reflet langagier d'une manière d'être qui suppose nécessairement une forme de dissimulation. Le prologue du chant IV de l'*Orlando Furioso*, consacré à l'art de simuler, est en ce sens révélateur d'une orientation profonde du poème.

[201] L'assimilation du poète aux jeunes gens célibataires apparaît, comme nous l'avons vu, dans le *Śerefo-lid* (*SL*, 25), ainsi que dans le *Purim-špil* (*PS*, 20).

rapport à la source et qui renferment la plupart des traductions/ adaptations directes de l'*Orlando Furioso*, il nous faut souligner la façon dont les emprunts nourrissent aussi le corps de la narration, notamment sous forme de procédés d'amplification rhétorique.

IV.2.e. *Les procédés d'amplification rhétorique*

Lévita n'emprunte pas indistinctement toutes les habitudes rhétoriques de l'Arioste. Il en est certaines qui, trop associées à la culture chrétienne, ou à des habitudes humanistes (les comparaisons ou métaphores mythologiques) ne tentent pas notre écrivain. La définition d'un espace culturel propre reste essentielle. Les dieux païens de la Grèce et de Rome appartenaient de façon trop marquée à la culture de l'autre, et des procédés extrêmement courants dans les textes italiens de l'époque, en particulier l'allégorie, n'inspirent absolument pas le poète juif. Pour autant, il n'hésite pas à utiliser certains procédés, avant tout formels, qu'il a appréciés chez l'Arioste. Nous avons déjà vu à quel point cela était vrai au niveau narratif. Mais cela est tout aussi net à un niveau microtextuel.

L'Arioste, tout au long de l'*Orlando Furioso*, fait un emploi intensif des comparaisons dites homériques[202]. Ce procédé, employé par Homère dans l'*Iliade* comme dans l'*Odyssée*, consiste à renforcer l'impression faite par la narration par des comparaisons, parfois assez longues, qu'il tire le plus souvent du domaine de la vie rurale[203]. Elles constituent de véritables petits tableaux, voire des mini-narrations qui, fondées sur une analogie parfois éloignée, créent un effet de suspension, le plus souvent lors de scènes particulièrement intenses (batailles, tempêtes). Pouvant s'étendre sur une dizaine de vers, ces comparaisons constituent des exercices de style, et ont été adoptées par tous les poètes épiques après Homère, devenant une marque caractéristique du genre à l'époque classique. C'est surtout de son grand modèle, Virgile, que l'Arioste s'inspire dans ce domaine. Mais la comparaison homérique avait eu droit à une renaissance remarquable en Italie, en particulier dans la *Divine Comédie* où elle fait tant pour concrétiser le monde

---

[202] Voir K. O. Murtaugh 1980. L'auteur y propose une approche de l'esthétique ariostéenne centrée sur ce phénomène des comparaisons.

[203] On note, dans les deux poèmes homériques, pas moins de 231 comparaisons de ce type. Voir à leur propos, B. Morin, 2007, p. 109-147.

de l'au-delà[204]. Les comparaisons de l'Arioste s'appuient pour la plupart sur la forme de l'octave, occupant souvent une strophe entière. Elles sont un lieu privilégié de l'intertextualité puisque l'Arioste les traduit souvent, plus ou moins fidèlement, d'Ovide, d'Horace, de Pétrarque, de Dante. Leur fréquence (au moins deux par chant), habitue le lecteur à voir la narration interrompue par des analogies tirées pour la plupart du monde de la nature (feu, eau, vent, animaux) et crée ainsi une distance contemplative et réflexive par rapport à l'action narrée[205].

Les comparaisons peuvent être liées aux actions ou aux affects (description des passions). Les premières, surtout employées pour illustrer les actions guerrières, n'ont pas intéressé Lévita qui limite la part des batailles. Il fait au contraire un usage intéressant des secondes, ce qui lui permet de donner un relief particulier à certains phénomènes psychologiques qui ont une importance remarquable dans le *Paris un Wiene*. C'est ainsi que, pour mettre en évidence la fébrilité du jeune amant chassé loin de l'objet de sa passion, il reprend une comparaison que l'Arioste avait employée pour décrire l'état de Rodomonte après qu'il a été trahi par sa compagne Doralice. Les deux personnages, différents en tout point, ont cependant en commun de ne pouvoir trouver le calme en raison d'une douleur sentimentale, et de changer de lieu continuellement sans pour autant trouver la sérénité, ce que l'Arioste exprime par un chiasme efficace : « *né può stato mutar, per mutar loco*[206] » (*OF*, XXVIII, 89).

La comparaison avec le malade s'étend sur une strophe entière en s'appuyant sur la structure de l'octave : le comparant est développé tout au long du sextet (et jusqu'au premier vers du couplet chez Lévita), le comparé est introduit dans le couplet ou dans le vers final. Cette forme crée un important effet d'attente qui reflète le sentiment d'absence de repos du personnage[207] :

---

[204] On se référera à l'ouvrage classique de Luigi Venturi qui tâche également de passer en revue tout ce que l'Arioste doit à Dante en ce domaine : L. Venturi 2008.

[205] La tendance à introduire ce type de comparaisons dans le *romanzo cavalleresco* s'était déjà timidement affirmée dans les *cantari* : voir M. C. Cabani 1988, p. 101-115.

[206] « Ni ne peut changer d'humeur en changeant de lieu. »

[207] La strophe du *Paris un Wiene* remplace un passage du roman italien dans lequel Paris visite le Saint-Sépulcre à Jérusalem. La source italienne n'est pas avare

Come l'infermo, che dirotto e stanco	Comme le malade, qui brisé et fatigué
Di febbre ardente, va cangiando lato ;	Par la fièvre ardente, change sans cesse de côté ;
O sia su l'uno o sia su l'altro fianco	Tantôt sur un flanc, tantôt sur l'autre,
Spera aver, se si volge, miglior stato ;	Il espère, en se tournant, se sentir mieux ;
Né sul destro riposa né sul manco,	Mais il ne se repose ni sur le côté droit, ni sur le gauche,
E per tutto ugualmente è travagliato :	Et se trouve tourmenté également en toute position :
Così il pagano al male ond'era infermo	De même, le païen, pour le mal dont il souffre,
Mal trova in terra e male in acqua schermo.	Peine à trouver remède sur la terre comme sur l'eau.
Non puote in nave aver più pazienza,	Il ne put plus garder patience sur le bateau,
e si fa porre in terra Rodomonte.	Rodomonte se fit ramener à terre

OF, XXVII, 90-91

Gleich as ain mensch der dò is krank,	Comme un homme qui est malade
Wen in di' hiz, di' kelt is drukén	Lorsque la chaleur, le froid l'oppresse
Ouf kainér seit ligt er nit lank,	Qui ne repose longtemps d'aucun côté,
Dò ouf den böuch, dò ouf den rukén,	Tantôt sur le ventre, tantôt sur le dos,
Dò wil er ouf ain kiśt, dò uf ain bank :	Tantôt sur un coffre, tantôt sur un banc :
In dücht der krankait ous-zu-rukén	Il croit ainsi se libérer de la maladie
Un ' dòch kan er der wétäg nit génesén,	Et ne peut cependant soigner sa douleur,
Asòdér gleich war ach Pàrisén wesén	De même Paris se comportait.
Gar bald wurd er an ainém òrt sat	Il était vite lassé de rester au même endroit,
Dò-hin dò-her war er sich rüren.	Et se déplaçait deci, delà.

PW, 541-542

en bons sentiments dans le domaine religieux. Le poète yiddish supprime bien sûr toutes ces références, non pas seulement parce qu'elles ont trait à la religion chrétienne mais également parce qu'il n'a pas d'ambition édifiante contrairement à l'auteur du *Paris e Vienna* : « *Partito Paris de Damasco e navigando con prospero vento agiunse con la gratia del nostro altissimo Iddio in Hierusalem, e con grandissima devotione visito el santo sepulchro del nostro Signore e tutti quelli altri santissimi luochi pregando sempre lo pietoso Iddio che gli dovesse dare remedio alle sue fatiche e conservatione della sua persona e subito poi ritorno in quello santo loco in bonissima dispositione, e li stette piu giorni con grande devotione piangendo amaramente la passione del nostro Signore el quale per merito di quella gli facesse gratia che anchora el se vedesse haver qualche bene al mondo, e che sempre mai la gratia fusse in suo adiutorio.* » (« Paris ayant quitté Damas et navigué avec bon vent arriva à Jérusalem avec la grâce de Dieu, le Très-Haut, et visita avec une très grande dévotion le saint sépulcre de notre Seigneur et tous les autres lieux très saints priant toujours Dieu miséricordieux afin qu'il fournisse un remède à ses fatigues et qu'il veille au salut de sa personne et aussitôt après il revint au lieu saint dans une excellente disposition, et il y resta plusieurs jours avec grande dévotion pleurant amèrement la passion de notre Seigneur afin que celui-ci, au nom de celle-ci, lui fît grâce de pouvoir encore connaître quelque bien dans ce monde, et que sa grâce lui fût toujours propice. » ; *PVit*, 123-124).

611

La proximité des deux strophes, vers à vers, est si grande qu'il n'y a pas le moindre doute concernant le modèle de Lévita. Même au cœur des chants, le poète yiddish se livre donc à des insertions d'éléments ariostéens. Reprenant l'essentiel des techniques de son modèle (oppositions, accumulations), il a tendance à introduire des éléments plus concrets : alternance des sensations du fiévreux (« *di' hiz, di' kelt* ») détails corporels (« *böuch* », « *rukén* »), objets domestiques (« *kist* », « *bank* »), tandis que l'Arioste maintient un langage poétique élevé et s'inspire de la liberté syntaxique des vers latins.

Il s'agit là de la seule longue adaptation de l'*Orlando Furioso* réalisée en dehors des prologues. Mais des imitations plus libres viennent compléter la dette rhétorique de Lévita à l'égard du poète italien. Une strophe est particulièrement remarquable à ce propos. Elle vient, elle aussi, souligner un phénomène d'ordre psychologique : la stupeur de Vienne lorsqu'elle apprend, lors de sa fuite avec Paris, que les soldats du Dauphin les ont rattrapés. La force de son désarroi est rendue par une série de comparaisons enchaînées, procédé que l'Arioste affectionne particulièrement. Chez le poète italien, la strophe qui souligne le dévoilement du visage de Bradamante lors de l'épisode du château de la roche de Tristan nous fournira le meilleur point de comparaison même s'il n'existe pas, en l'occurrence, d'intention psychologique : les comparaisons enchaînées, dans les deux cas concernent un visage, et une transformation l'affectant. De plus, un des comparants est semblable chez le poète yiddish et chez le poète italien :

Quale al cader de le cortine suole	De même que, lorsque le rideau tombe,
Parer fra mille lampade la scena,	La scène apparaît au milieu de mille lampes,
D'archi e di più d'una superba mole,	D'arcs et de plus d'un superbe édifice,
D'oro e di statue e di pitture piena ;	Pleine d'or, de statues et de peintures ;
O come suol fuor de la nube il sole	Ou comme, au sortir de la nuée, le soleil
Scoprir la faccia limpida e serena :	Dévoile sa face limpide et sereine :
Così, l'elmo levandosi dal viso,	De même, ôtant le casque de son visage,
Mostrò la donna aprisse il paradiso.	La noble dame sembla ouvrir le paradis

OF, XXXII, 80

Cette strophe, dotée d'une intertexualité complexe, nous intéresse surtout pour l'enchaînement des deux comparaisons disparates, et pour le caractère original de la première d'entre elles qui, une

fois n'est pas coutume, emprunte au domaine des beaux-arts[208].
Si l'on confronte la strophe de Lévita, à celle de l'Arioste, on sera
tout de suite frappé par la disparité des comparants, plus grande
encore chez le poète yiddish :

> *Sich an ain haibt-man jomér tun*
> *Wen im der veint dérschlagt sein ōlkén*
> *Sich an ain milch gėglivért nun*
> *Wen si' gėrint un ' wert zu mólkén*
> *Sich an di' ròt un ' löitér sun*
> *Wen drübér gèt ain dikér wolkén*
> *Asò war sich Wienés gėštalt ōr-wekṡeln*
> *Dáś het màn nit hüpschér künén drekṡeln !*

> *PW*, 355

> Observe un general qui se lamente,
> Quand l'ennemi abat ses hommes,
> Observe le lait qui se durcit,
> Quand il se condense et devient du petit lait,
> Observe le soleil rouge et brillant,
> Lorsqu'il il se couvre d'un gros nuage,
> C'est ainsi que s'est transformé le visage de Vienne,
> On n'aurait pas pu le sculpter plus joliment !

L'accumulation des objets de comparaison, soulignée ici par
l'anaphore des impératifs, fait alterner les réalités les plus nobles
(« *haibt-man* », « *sun* ») et les réalités les plus prosaïques
(« *mólkén* »). L'homme de guerre et le soleil mentionnés en fonction de comparant ne surprennent pas : ces réalités entrent dans le
répertoire classique des comparaisons de la Bible et des Anciens[209].

---

[208] C. Segre, dans son édition du *Furioso* (Milano, « I meridiani », Mondadori, 1976) identifie l'origine de ces deux comparaisons dans les *Métamorphoses*
d'Ovide (III, 111-114 et V, 570-571). Le geste de Bradamante, et la révélation de
sa beauté, reprend un épisode de l'*Innamorato* (III, V, 40-41).

[209] Il est difficile de dire si Lévita s'est inspiré de l'Arioste pour un certain
nombre de comparaisons tant celles-ci devaient être courantes. C'est le cas bien
sûr pour l'image ici employée du soleil, semblable à celle utilisée par l'Arioste
dans la strophe citée et reprise vingt strophes plus loin pour décrire la transformation du visage de la dame islandaise lorsqu'elle apprend qu'elle doit dormir
dehors : « *Come si vede in un momento oscura / Nube salir d'umida valle al*
cielo, / Che la faccia che prima era sì pura / Cuopre del sol con tenebroso velo. »
(« Comme l'on voit en un instant / Sortir une nuée d'une humide vallée vers le
ciel / Qui couvre la face auparavant si pure / Du soleil avec son voile ténébreux
[…] » ; *OF*, XXXII, 100). Parmi ces comparaisons stéréotypées dont on ne peut
garantir l'origine littéraire, on peut aussi mentionner celle du désir amoureux,

La référence au petit-lait est au contraire nettement décalée et rappelle la comparaison utilisée dans le long prologue du quatrième chant par Lévita pour décrire (encore !) le visage de la femme avant qu'elle ne se soit maquillée : « *Wer si' den sicht zu mörgéns-vrü' / È si' sich ouf-muzén un' lekén / Ain dür vlaisch in der gelén brü' / is sich gégén ainém énplekén*[210] » (*PW*, 179). Au milieu des comparaisons nobles, survient donc une référence à un objet alimentaire soumis à un processus de dégradation. Il semble donc que le poète emploie ce type d'image, dans l'exemple que nous venons de citer, dans une intention de caricature. Cette incongruité prépare l'introduction du commentaire ironique final du narrateur.

Lévita utilise la comparaison homérique à des fins amplificatrices dans un premier temps, mais elle aboutit, en définitive, à un retournement plus brutal et plus comique au dernier vers, à une subite distanciation du narrateur à l'égard du personnage qui fait l'objet d'un commentaire moqueur. Le procédé rhétorique noble sert donc, sous la plume du poète yiddish, à une dégradation progressive de la tonalité. L'action décrite était, avant cette strophe, très pathétique. Paris vient de proposer à Vienne qu'il se donnent la mort de concert, car il voit dans ce geste désespéré la seule échappatoire à leur série de malheurs. Il avait conclu son dis-

---

ou érotique, rapproché du feu qui s'attaque à la paille. Lévita et l'Arioste l'emploient tous deux à deux reprises (*PW*, 109 et 430 / *OF*, XXIII, 39 et 91). Chez les deux auteurs le deuxième usage est comique : le vieil ermite qui recueille Isabelle après qu'elle a perdu Zerbino, ne se fie pas à sa propre chasteté et évite donc sagement de la mener dans son ermitage : « *fra sé dicendo : – Con periglio arreco / in una man la paglia e la facella.* » (« Disant, dans son for intérieur : – Il est dangereux de réunir / Dans une seule main la paille et la flamme. »). L'image est ici présentée sous forme de métaphore, au discours direct, comme étant tout à fait naturelle dans ce contexte. Elle est exprimée de façon encore plus allusive et comique chez Lévita, sous forme de clin d'œil aux lecteurs, lorsque celui-ci décrit l'appétit que le fils du duc du Bourgogne a conçu pour Vienne : « *Un' wen dás vöûer schmekt dás štro' / Dö wüšt ir vör wol di' hawaïe !* » (*PW*, 430) : « Et quand le feu goûte à la paille / Alors vous savez bien comment cela se passe ! » Tout aussi stéréotypée, apparaît l'image de l'homme frappé par la foudre telle qu'elle est utilisée par Lévita pour décrire la stupeur de Paris au moment de la déclaration amoureuse de Vienne : « *Wer dö ain mensch dérštandén sach / Wen dö blizt un' schlagt ein grös dunér / Der kum un' sich Páris iz ach* [...] » (*PW*, 259 : « Qui a vu un homme se dresser / Lorsqu'il y a des éclairs et que frappe un grand tonnerre / Qu'il vienne voir Paris également [...] »). La même comparaison est particularisée et amplifiée dans l'*Orlando Furioso* (*OF*, I, 65).

[210] « Qui les voit le matin, / Avant qu'elles ne soient maquillées et léchées, / C'est une viande rassie dans un bouillon jaune / Qui se découvre à lui. »

cours par une phrase, absente de la source, qui résonne comme une éloquente oraison funèbre : « *Un' as mir di leib zu haf habén tun wélén / Aso wurdén bei' anàndér sein di' sélén*[211] » (*PW*, 354). C'est alors qu'intervient la strophe étudiée.

Au terme de la série de comparaisons la tonalité s'est tant abaissée que la strophe suivante propose le portrait grotesque de la pauvre Vienne que nous avons déjà cité : « *V̄un ròt un' weiś es [ir geštalt] grün-gel was / Dò si' Pàrisén hat vòr-numén / Un' v̄il in òmecht ebén das / Si' nit kunt rèdén as di' štumén*[212] » (*PW*, 356). La longue lamentation de Paris qui précède ce passage s'étend sur quatre strophes et avait amené le récit à un sommet de pathétique. Elle se voit soudain inversée par l'intervention du narrateur en une scène concrète et cocasse. Rien n'exprime mieux cette subite dégradation que le changement de couleur de Vienne qui passe du rouge et blanc, couleurs de la beauté selon le cliché pétrarquiste, au jaune-vert, couleur du petit-lait, dénotant la laideur. La jeune fille évanouie est alors ranimée par Paris à l'aide de vinaigre, un de ces détails concrets et quotidiens qui rapprochent Lévita des auteurs italiens de nouvelles.

Il faut noter que cette descente dans le comique n'est que de courte durée, interlude ménagé par le narrateur entre la lamentation de Paris et celle de Vienne qui sont, toutes deux, prononcées sur un registre élevé et touchant. Ces deux strophes ne changent pas fondamentalement la tonalité du passage, qui reste l'un des plus émotionnellement intenses du roman et qui précède la scène dramatique où Paris tente de se donner la mort avec son épée. Mais Lévita a tout de même voulu faire entendre la voix grinçante du comique, celle qu'il nomme dans ses satires « *mein bös kòl*[213] », au cœur d'un pareil épisode. Il est intéressant que cette inversion de la tonalité se fasse par l'intermédiaire du procédé ariostéen des comparaisons enchaînées car cela confirme un fait que nous

---

[211] « Et de même que nous avons voulu unir nos corps / Nous pourrons ainsi unir nos âmes. »

[212] « De rouge et blanc qu'il était, il [son visage] devint jaune-vert / Lorsqu'elle eut entendu Paris / Et elle tomba insconsciente / De sorte qu'elle ne pouvait pas plus parler que les muets. » L'association « jaune-vert » dénote la laideur et l'étrangeté (cf. *BD*, 310).

[213] « Ma méchante voix », deuxième vers du *Séréfo-lid*, J. C. Frakes 2004, p. 141.

avons déjà observé : c'est souvent lorsqu'il est le plus proche de son modèle noble que Lévita produit le plus efficacement les effets comiques, de tonalité populaire, qui le caractérisent : son inspiration naît de la recherche du contraste avec ses modèles qu'il combine de façon inattendue[214].

Les comparaisons homériques ont pour fonction traditionnelle d'augmenter l'efficacité de la narration en soulignant ses moments cruciaux. Nous avons vu qu'une partie de leur efficacité tenait à l'effet de suspension et de retardement qu'elles produisent. Or, elles ne sont pas les seules à produire ce type de retardement. Le bon conteur ménage ses effets et ne livre pas froidement les révélations les plus importantes. Chez l'Arioste, la folie d'Orlando, elle-même annoncée dès la deuxième strophe du poème, n'arrive pas avant la fin du vingt-troisième chant, c'est-à-dire au milieu de l'œuvre. En plus d'être un des moments où l'Arioste montre le plus grand raffinement dans la mise en scène des états psychologiques, la description du déclenchement de cette folie au moment où Orlando découvre les signes de l'amour d'Angelica

---

[214] Il arrive aussi à l'Arioste de faire un usage de cette habitude rhétorique dans des contextes fort éloignés des situations épiques, tant il est vrai que chez lui, les procédés de l'épopée sont sortis de leur contexte originel pour participer à l'efficacité de passages qui tendent vers les genres de la nouvelle ou du roman. Il se peut même que l'emploi des comparaisons homériques permette de « racheter » certains épisodes particulièrement osés du poème qui risqueraient de le faire plonger dans le trivial. Dans ce cas, elles jouent un rôle exactement inverse à celui que Lévita fait ici jouer au procédé en le rendant complice d'une trivialisation du récit. L'Arioste s'en sert, dans les nouvelles insérées, pour montrer qu'il n'oublie pas ses ambitions épiques. Ainsi, dans l'un des nombreux épisodes où le poète joue sur l'ambiguïté des sexes, Ricciardetto fait croire à Fiordespina qu'il est sa sœur Bradamante, à laquelle il ressemble beaucoup, transformée en homme. Une longue comparaison suit la découverte, dans le lit, par la jeune fille du sexe du jeune homme (ce que l'Arioste exprime élégamment : « *Trovò con man la veritade expressa.* » (« Elle trouva avec la main la vérité expresse. » ; *OF*, XXV, 65). La comparaison cherche à rendre la stupeur de la jeune fille qui, même en touchant l'objet désiré, a peine à croire en sa réalité. Mais déjà plus tôt (*OF*, XXV, 43), une comparaison longue d'une strophe avait assimilé Fiordespina à un malade assoiffé qui croit saisir l'eau en rêve. Là aussi, la main de Fiordespina avait tenté de saisir ce qui n'était alors qu'une chimère puisqu'elle partageait véritablement son lit avec Bradamante : « *Si desta ; e nel destar mette la mano, / E ritrova pur sempre il sogno vano.* » (« Elle se réveille, et à peine éveillée met la main / Et trouve que son songe était vain. ») Qu'il soit recouvert par les termes « songe » ou « vérité », le sexe n'est jamais nommé : le comique naît du contraste entre l'ampleur des comparaisons homériques et l'objet allusivement désigné qui est la cause du désespoir et des souffrances de Fiordespina.

pour Medoro, peut être présentée comme un long effet de retardement : il faut une vingtaine de strophes (*OF*, XXIII, 101-121), des preuves répétées, des doutes accumulés avant que le palladin ne perde tout à fait la raison.

L'effet de suspens est créé, à d'autres moments, au sein d'une phrase en séparant le verbe exprimant la découverte de son complément effectif. C'est ainsi que, dans la nouvelle de Iocondo, la révélation cruciale est habilement préparée. On apprend que la reine trompe le plus beau des rois avec le plus laid des nains. Mais avant de dévoiler la réalité, le poète crée un effet de retardement long de quatre vers. Iocondo colle son œil à une faille dans le mur de sa chambre. Le verbe « voir » qui introduit le spectacle étonnant n'est pas complété par la description de la scène mais par une série de réflexions du narrateur sur son caractère incroyable :

> *Pon l'occhio quindi, e vede quel che duro*
> *A creder fôra a chi l'udisse dire :*
> *Non l'ode egli d'altrui, ma se lo vede ;*
> *Ed anco agli occhi suoi propri non crede.*
>
> *OF*, XXVIII, 33

> Il y met l'œil, et il y voit ce qui semblerait dur
> A croire à qui l'entendrait raconter :
> Lui ne l'entend pas dire par autrui, mais il le voit ;
> Et il n'en croit pas pour autant ses propres yeux.

La série des commentaires retarde la révélation tandis que, dans le même mouvement, elle accroît la curiosité des lecteurs. Le verbe « *vede* » est comme laissé en suspens. Le spectacle est désigné par le pronom relatif vague « *quel che* », puis par un « *lo* » (au troisième vers), pronoms imprécis dont le référent n'est pas connu avant la strophe suivante. Cette-dernière commence par quatre vers qui décrivent le cadre de la scène au lieu de présenter l'action qui, seule, est ici intéressante. Ce n'est donc que huit vers après sa première apparation que le verbe « *vide* » reçoit le complément que le lecteur attend : « *Quindi mirando vide in strana lutta / Ch'un nano aviticchiato era con quella*[215] » (*OF*, XXIII, 34). Ce type de tours narratifs suppose une intromission du narrateur

---

[215] « En regardant là-bas, il vit qu'une étrange lutte / avait lieu entre elle et un nain qui lui était enlacé. »

qui, une fois de plus, montre qu'il sait exciter la curiosité de son lecteur tout en l'amusant.

De tels effets ont été cultivés de façon plus systématique par l'Arioste que par ses prédécesseurs, c'est pouquoi il ne serait pas étonnant que Lévita soit également redevable de cette pratique à son grand modèle italien. Alors que Vienne visite la chambre de Paris, elle comprend que celui-ci est son mystérieux amant en trouvant une entrée masquée conduisant à une petite salle où sont conservés les objets que le jeune homme a remportés lors de combats livrés en son nom. Le narrateur sait faire attendre la révélation de la découverte des trophées :

Wiene ging vrischlich hinab :	Vienne descendit vivement :
Do vand si' ouf ainém tisch dört ligén,	Et elle trouva là-bas étalée sur une table,
Si' vand un' sach dörten mit irén agén,	Elle trouva et vit là-bas de ses propres yeux,
Ach gŏt ! Ich kanś ūr grösén vraid nit sagén !	Ah mon Dieu ! Je ne peux pas le dire tant je suis heureux !
Si' vand di' schilt di' ous kriśtal	Elle trouva le bouclier de cristal,
Un' vand ach dört den hüpschén kranzén	Elle y trouva aussi la jolie couronne,
Un' vand därnóch di' bainér al	Elle trouva encore toutes les bannières
Di' er hat géwunén in Franzén.	Qu'il avait remportées en France.

PW, 216-217

L'effet de retardement est assez semblable, dans son principe, à celui que nous venons d'analyser chez l'Arioste. Le verbe « trouver » (« *vand* ») est répété deux fois pour insister sur l'importance de la découverte mais le complément direct ne vient pas. Il n'est pas, comme chez le poète italien, représenté par des pronoms qui dissimulent l'essentiel, il est tout simplement absent : la phrase reste suspendue, incomplète. L'arrivée du complément direct est retardée par une série de compléments circonstanciels, puis par une brutale et comique intervention du narrateur qui, faisant sienne la joie du personnage, prétend ne plus pouvoir parler. Plus clairement assumée que chez l'Arioste, cette diversion du narrateur, est suivie d'une révélation en fanfare où le verbe précédemment incomplet, se voit répéter trois fois de suite. C'est donc une découverte artistement mise en scène que celle de l'amour de Paris par Vienne, où l'acumulation et l'anaphore viennent combler la curiosité éveillée par l'effet d'attente de la strophe précédente.

618

On voit que Lévita a été un interprète créatif des leçons rhétoriques de l'Arioste. Celles-ci contribuent au raffinement esthétique de son art romanesque, à l'évolution de son style entre le *Boṽo Dantṓnẹ* et le *Paris un Wiene*. Mais nous n'avons pas encore pris en compte les passages du poème dans lesquels Lévita est le plus redevable des leçons du poète italien, mais aussi le plus remarquablement libre à l'égard de son modèle : il s'agit des prologues qui introduisent systématiquement les dix chants du roman (à l'exception du premier dont l'introduction hérite du modèle du conte).

IV.2.f. *Les prologues*

Signification esthétique des prologues

Les prologues sont, comme nous l'avons déjà souligné, l'une des grandes innovations esthétiques de l'Arioste. Il n'est quasiment aucun des 46 chants de l'*Orlando Furioso* qui ne soit doté d'une introduction de la part du poète, dans laquelle il fait entendre librement des réflexions d'ordre moral sur un ton plus ou moins sérieux[216]. Il s'agit d'une nouveauté réelle, qui ne trouve pas d'exemple dans les épopées de l'Antiquité et elle entraînera, tout au long du XVIe siècle et plus tard, d'abondants commentaires. Giraldi Cinzio, l'un des premiers théoriciens du genre, et lui-même écrivain humaniste de premier plan, définissait ainsi le nouveau rôle qu'assume le poète des *romanzi* : « *L'officio adunque del nostro Poeta, quanto ad indurre il costume, è lodare le attioni virtuose, e biasimare i vitii, e col terribile, e col miserabile porgli in odio a chi lui legge. Nelle quali due cose si sono molto più estesi gli scrittori di i Romanzi della nostra lingua, che non ferono gli Heroici Greci e Latini*[217]. » Giraldi fait remonter cette pratique à Dante.

---

[216] Pour une analyse des prologues, on consultera M. Santoro 1989, p. 25-80 ainsi que R. M. Durling 1965.

[217] G. Giraldi 1554, p. 59 « Le rôle de notre Poète, en ce qui concerne son influence morale, est de louer les actions vertueuses et de blâmer les vices, et par le spectacle de la terreur et de la misère, les rendre odieux à celui qui le lit. Et dans ces deux choses, les écrivains des Romans de notre langue se sont beaucoup plus étendus que ne le firent les Héroïques Grecs et Latins. »

Malgré cet illustre précédent, la nouveauté a pu gêner, surtout à partir du moment où, vers le milieu du XVIᵉ siècle, la lecture de la *Poétique* d'Aristote commence à s'imposer parmi les écrivains italiens. Ces reproches s'appuient sur l'idée selon laquelle l'imitation, exigée du poème épique par le philosophe grec, se trouve brisée par l'interruption soudaine de la voix du conteur qui s'interpose entre ses personnages et les lecteurs. Les oppositions à cette pratique peuvent être illustrées par certaines réflexions de Giraldi lui-même, pourtant traditionnellement considéré comme un farouche défenseur du poète ferrarais, qui critique le fait que : « *posposto l'ufficio di narratore, che era suo proprio, imprenda l'ufficio di predicatore e di correggitore de' costumi fuori di tempo*[218] ». Cette critique, tirée des notes que Giraldi avaient prises en préparation des leçons qu'il donnait à Ferrare sur le *Furioso* dans les années 1540, sont sans doute inspirées par des auteurs plus nettement critiques à l'égard de la poétique ariostéenne, tels Pigna et Castelvetro. Elle a été nuancée, sinon niée, dans son ouvrage théorique classique que nous avons cité plus haut, dans lequel il loue au contraire l'Arioste pour le bienfait moral et la fonction de transition que jouent ces prologues entre les chants : « *Cosi anco i poeti nostri, cercando di canto in canto nuova attenzione, con qualche bello cominciamento, destano gli animi di chi ascolta, e poi se ne vengono alla continuatione della materia : legando un canto con l'altro con maravigliosoa maestria*[219]. » Giraldi justifie cette innovation moderne par la nécessité d'accommoder une plus grande variété d'actions dans la matière chevaleresque que ne le faisaient les anciens dans leurs épopées. Et celui qu'il trouve le plus digne d'éloge dans ce domaine est justement l'Arioste.

Lévita, qui écrivait *Paris un Wiene* peu de temps avant que le débat sur la valeur des prologues ne s'enflamme dans la Ferrare des années 1540-1550 était bien sûr loin de tous ces débats d'humanistes dont l'intérêt pour Aristote témoigne de préoccupations

---

[218] « Ayant mis de côté le rôle de narrateur, qui était le sien propre, il prenne le rôle de prédicateur et de censeur des mœurs à contre-temps. » Cité par S. Jossa 2011, p. 61.

[219] G. Giraldi Cinzio 1554, p. 41 : « C'est ainsi encore que nos poètes, cherchant de chant en chant à renouveler l'attention, réveillent les esprits de qui écoute avec quelque beau commencement, avant d'en venir à la continuation de la matière : liant chaque chant au suivant avec un art merveilleux ».

spécifiques au monde chrétien (rappelons que la *Poétique* a été redécouverte à la fin du XVᵉ siècle). Il n'en reste pas moins intéressant de voir que, sans disposer de la justification de la grande variété des fils narratifs, Lévita a jugé bon d'introduire cette pratique dans un récit globalement linéaire et y a vu, pour son œuvre, un instrument d'embellissement et d'ouverture. Profitant pleinement de la liberté romanesque héritée du *Quattrocento* italien, le poète yiddish utilise les prologues afin de concilier ses deux pratiques poétiques favorites : celle du romancier et celle du satiriste. Il n'est donc pas étonnant que, même lorsqu'il imite de très près l'Arioste, il adapte le style de son modèle en accentuant les notations concrètes et donne libre cours à son langage populaire et coloré.

Questions morales et sociales

Les prologues ont pour but premier de donner au poète la possibilité d'exprimer des vérités morales générales et universelles, aussi valables dans le temps révolu de la fiction, cette « *antiqua etade* » qui voyait s'exercer la vertu des chevaliers et de leurs dames, que pour le temps présent, représenté dans le cas de l'Arioste par la vie et la société de la cour des princes d'Este à Ferrare. Les prologues de l'*Orlando Furioso* s'attachent donc à mettre en parallèle les événements contés et des réalités observées dans le monde qui entoure le poète. Un bon quart d'entre eux traite le sujet de l'amour. Si on leur ajoute les prologues qui traitent la question de la nature des femmes et ceux qui s'adressent plus spécifiquement à elles, près de la moitié des prologues du poème est concernée, de près ou de loin, par les questions amoureuses, signe éloquent des nouvelles priorités esthétiques du poète : l'intérêt pour les batailles et la guerre se trouve concurrencé, depuis Boiardo, par celui des relations, souvent malheureuses, entre les hommes et les femmes[220]. Comme la représentation des relations amoureuses est fortement stylisée par la tradition littéraire, et qu'elle est associée

---

[220] Traitent directement le sujet de l'amour les prologues des chants suivants : II, V, IX, X, XI, XIII, XVI, XXIV, XXV, XXXI, XXXV. Ceux qui s'adressent aux dames ou réfléchissent sur leur nature concernent les chants : X, XX, XXII, XXVI, XXVII, XXVIII ; XXIX, XXXVII, XXXVIII.

à la fiction du narrateur amoureux et à une certaine coquetterie du poète face à son public féminin, ces prologues méritent une attention particulière et un traitement séparé[221]. Nous nous arrêterons ici sur tous les prologues qui traitent des autres thèmes moraux concernant les relations de l'homme à son prochain, indépendamment de son sexe.

L'Arioste y aborde des questions variées mais on note des thèmes récurrents. Les sujets suivants tiennent particulièrement à cœur au poète : l'hypocrisie et la dissimulation (*OF*, VI, VIII, XVIII), l'amitié et la fidélité (*OF*, XIX, XXI, XLIV), la méchanceté et la cruauté (*OF*, VI, XVII, XXIII, XLII), la colère (*OF*, XXX, XLII), l'avarice (*OF*, XXVI, XLIII). Contrairement à ce que l'on observe dans les romans populaires (le *Paris e Vienna* italien, par exemple), ces questions morales ne sont pas abordées à travers le prisme de la religion : les mots « vices », « péché » ou « piété » ne sont que rarement employés. C'est une morale laïque et mondaine, au sens noble du terme, qui nous est présentée par le poète courtisan.

De plus, l'ironie ariostéenne trouve matière à s'incarner jusque dans l'enchaînement des prologues. Celui du chant X est un éloge inconditionnel d'Olimpia fondé sur la rhétorique de la surenchère : Bireno est condamné pour avoir abandonné la plus fidèle et la plus admirable des amantes. Mais au chant XI, Ruggiero se voit excusé par l'auteur de trahir son amante Bradamante, car aucun frein n'est capable de s'opposer au désir qu'un homme peut ressentir pour une femme telle qu'Angelica. Le chant XII présente une relecture ironique du mythe de Cérès qui descend en enfer pour retrouver Proserpine, affirmant qu'Orlando serait prêt, par amour, à en faire tout autant. Le chant XIII, enfin, présente un prologue comique qui s'appuie sur le *topos* des heureuses époques passées, en affirmant que les chevaliers avaient jadis la chance de trouver de jolies jeunes filles dans les cavernes alors qu'on n'y trouve aujourd'hui que des ours et des bêtes sauvages. On voit clairement que les prologues ont pour l'Arioste une fonction de jeu rhétorique : ils peuvent sans difficulté livrer des enseignements contradictoires. Le discours se prend au jeu

---

[221] Voir *infra*, p. 656.

de sa propre puissance et met en scène ses capacités de détournement.

En dehors des prologues de l'*Orlando Furioso*, qui constituent
sans le moindre doute la source privilégiée de Lévita, nous étudierons également certains des prologues de la réécriture de l'*Orlando innamorato* par Berni. Celui-ci nous offre l'exemple d'une
adaptation personnelle du modèle ariostéen réalisée pratiquement au même moment que celle de Lévita. Avec les 69 chants
de l'*Orlando innamorato*, Berni a disposé d'un large éventail d'occasions pour exprimer des réflexions d'ordre moral en marge du
récit de Boiardo. Ses réflexions reprennent certains des thèmes
déjà traités par l'Arioste – l'amour, les femmes, la fortune, l'avarice, l'hypocrisie – mais son intention est nettement plus morali-
satrice. Ses prologues se contentent moins d'observer et cherchent
d'avantage à prescrire que ceux de l'Arioste. Leur intention est
moins ludique, plus critique et plus satirique. Ils cherchent à
défendre, une philosophie assez cohérente, que l'on peut qualifier
de stoïcisme chrétien.

Ce christianisme rigoureux a été inspiré à Berni par la sévère
morale de son patron, Giberti, l'évêque de Vérone. Cette philosophie se fait jour dans les fréquentes références à la volonté
divine (au chant VIII, Berni dit même prononcer une homélie),
dans la défense du mariage chrétien traditionnel (LXVIII), dans
la condamnation de l'homosexualité (LXIX) alors qu'une grande
partie de la gloire de Berni, homosexuel notoire, venait de textes
célébrant ouvertement les amours masculines[222]. Même la satire
mordante contre les religieux, qui sert de prologue au chant XX,
doit être rapportée aux tendances réformatrices et aux critiques
des ordres monastiques exprimées dans l'entourage de Giberti.
Quant à l'influence du stoïcisme, elle apparaît non seulement dans
les nombreuses références aux philosophes de l'Antiquité (Héra-
clite et Démocrite au chant XVI, Platon au chant XLVI), mais
aussi dans l'essentiel du message transmis par Berni : l'homme est
responsable du sort qui lui échoit, aussi variées que soient les circonstances et les destinées. Il doit maîtriser ses passions, se libérer
de ses ambitions. Il ne doit jamais se plaindre de la fortune mais

---

[222] En dehors des célèbres *Capitoli*, on se référera par exemple au poème
« *A messer Antonio Bibbiena* », S. Longhi 2001, n° I.

faire preuve de prudence et de jugement face aux coups du sort. Le message du poète s'appuie donc sur une certaine abstraction (d'où le retour de termes tels que « *filosofia* », « *dottrina* », totalement absents chez l'Arioste) et reste teinté d'un pessimisme typiquement chrétien qui le distingue du stoïcisme antique (voir en particulier le chant XXXI et le chant LXIII, où il est question du péché originel)[223]. On le voit, l'*Orlando* de Berni est un Orlando moralisé principalement parce que les prologues suivent une doctrine cohérente : ils sont moins ludiques, moins capricieux et moins légers que ceux de l'Arioste[224].

En ceci, Lévita se montre autant ariostéen que bernesque. D'un côté, ses prologues font preuve d'une assez grande variété mais, de l'autre, il exprime, dans la plupart de ses réflexions morales, un message social clair contre l'arrogance et l'égoïsme des riches, ainsi que contre le pouvoir de l'argent. Le *Paris un Wiene* ne compte que neuf prologues auxquels on peut ajouter l'épilogue qui assume la même tonalité et fait entendre la voix du poète d'une façon similaire. Deux des prologues et l'épilogue abordent la question de la femme et de l'amour (*PW*, III, IV). Nous leur accorderons une attention particulière dans une section distincte. Les autres abordent des questions morales qui ont toutes leurs précédents dans l'Arioste : l'amitié et l'hypocrisie (*PW*, II, IX), la fortune (*PW*, V), l'avarice et l'ambition (*PW*, VI), l'arrogance (*PW*, VII), la fidélité à la foi donnée (*PW*, IX) et l'action juste (*PW*, X). Mais il est un thème qui distingue d'emblée le poète yiddish des deux poètes courtisans : l'insistance sur les ravages occasionnés par la toute-puissance de l'argent. Il semble que, quel que soit le thème traité, l'action délétère de l'argent doive être rappelée par Lévita. C'est pourquoi six prologues, et l'épilogue, mentionnent explicitement les biens ou la richesse (*PW*, II, V, VI, VII, IX, X). C'est un reflet éloquent des conditions d'écriture du poète : son public est plus bourgeois et les conditions de la vie juive en Italie à la Renaissance supposaient de grandes différences de richesse, en particulier parce que l'usure était une pratique

---

[223] Les autres chants qui transmettent ce message sont très nombreux. En voici les principaux : IX, X, XI, XVI, XXXI, XXXII, XXXVI, XXXVIII, XXXIX, XLVII, LIX, LX, LXVI.

[224] Nous renvoyons, une fois de plus, à l'article de D. Romei 1997.

ancienne et l'une des seules à être traditionnellement réservées à la population juive.

Il semble donc logique de commencer l'analyse des prologues par celui du chant 6 qui s'ouvre par l'exclamation : « *vör-vlucht mus sein dás gelt un ' gut*[225] » (*PW*, 303). Il se trouve, par ailleurs, que ce prologue est celui dont l'origine est la plus difficile à retracer. E. Timm, à qui l'on doit les premières recherches, et les premières trouvailles, concernant l'origine des prologues du *Paris un Wiene*, suppose que Lévita a pu s'inspirer du prologue du chant LVI du *rifacimento* de Berni[226]. La chose est possible mais elle n'est pas certaine. Contrairement aux cas où Lévita s'inspire de l'Arioste, il n'y a ici aucune correspondance littérale.

L'avarice est un thème courant et qui n'est pas négligé par les poètes courtisans même s'il lui est donné, chez eux, une place bien moindre que chez le poète yiddish. L'Arioste lui consacre deux prologues, celui du chant XXVI et celui du chant XLIII. Le premier n'aborde le sujet qu'incidemment lorsque le poète fait l'éloge du désintéressement de Bradamante dans le choix de son amant. Le second commence par les mots : « *O esecrabile Avarizia* » (« O, Avarice exécrable »). Le poète s'y plaint que le vice n'épargne personne, ni l'homme savant, ni le guerrier courageux, ni même la femme qui cède au séducteur par goût de l'argent sans se soucier de l'amour. Il n'est pas impossible qu'un motif de ce prologue ait intéressé Lévita : l'idée selon laquelle l'argent entraîne les unions les plus inégales et les plus absurdes. On comparera ainsi la fin de la quatrième strophe de ce chant chez l'Arioste, et celle de la deuxième strophe chez Lévita. La première partie de la strophe chez le poète italien insiste sur la dureté des femmes face à leurs amants[227]. Chez Lévita, le poète se plaint qu'aucun père ne se

---

[225] « Maudits soient l'argent et la richesse. »

[226] E. Timm 1996, p. LXVIII.

[227] E. Timm 1996 (p. LXIII) propose un rapprochement entre le début de cette strophe et la strophe 105 (prologue du troisième chant) du *Paris un Wiene*. Dans le premier cas, l'Arioste évoque « les belles et grandes dames » qui sont dures et immobiles « plus que des colonnes » face à la beauté, à la vertu et aux services de leurs amants. Dans le second, Lévita parle du cœur des amantes qui est plus dur et plus froid que « les pierres d'un mur ». Ce rapprochement illustre bien les difficultés que l'on rencontre dans pareille recherche de source. Il est tout à fait possible que Lévita ait eu en mémoire le texte de l'Arioste mais

soucie des talents, en particulier intellectuels, de son futur gendre. Tous deux concluent sur les mariages insensés que provoque l'appât du gain :

OF, XLIII, 4

Veggo venir poi l'Avarizia, e ponne	Je vois venir ensuite l'Avarice qui peut
Far sì, che par che subito le incanti :	Faire en sorte que, soudain, elles se trouvent enchantées.
In un dì, senza amor (chi fia che 'l creda ?)	En un jour, sans amour (qui le croirait ?)
A un vecchio, a un brutto, a un mostro le dà in preda.	A un vieux, à un laid, à un monstre, elle les livre en proie.

PW, 304

Nòrt ouf dàs gelt dò trift der zan,	Ils n'ont d'appétit que pour l'argent,
Un ' wen er wer ain ésélś-treibér,	Même s'il [le gendre] était un conducteur d'ânes,
Ain zwerg, ain nar, ain štunpf, ain lapén,	Un nain, un idiot, un petit gros, un bouffon,
Hòt er nòrt gelt, dò is màn nòch im schnapén.	S'il a de l'argent, on met le grappin dessus.

La parenté des prologues se limite à l'énumération des amants (ou maris) ridicules que les femmes prennent (ou qu'on leur donne) par intérêt. On remarquera, chez Lévita, le caractère burlesque de l'énumération renforcé par le fait que le troisième vers n'est composé que de monosyllabes aux sonorités caractéristiques, le goût pour les réalités concrètes (« *ésélś-treibér* »), l'absence d'allégorie (disparition systématique quand Lévita imite les poètes italiens), et l'accumulation d'expressions idiomatiques populaires (« *trift der zan* », « *schnapén* »).

Mais si la formulation de cette strophe évoque l'Arioste, il est vrai que la structure d'ensemble du prologue s'approche plus nettement du prologue du chant LVI de l'*Orlando innamorato* dans la version de Berni : en effet, non seulement le poète italien y lie le problème de l'avarice à la question des mariages arrangés, mais il détaille aussi les conséquences néfastes de ces mariages contre-nature motivés par l'argent. Ce n'est pas le seul passage de Berni consacré au thème de l'avarice. Il en est question dans les prolo-

la ressemblance pourrait être due au hasard, les deux auteurs reprenant des comparaisons tout à fait courantes dans leurs cultures. Nous n'ignorons pas que nous encourons aussi ce reproche. Cependant l'énumération qui forme l'objet de notre comparaison dans cette strophe est un stylème plus rare, et l'inspiration paraît donc plus probable.

gues des chants XXII et XXIII, commentant la nouvelle des balles d'or. Berni, avide lecteur de Pulci, recourt comme lui, et contrairement à l'Arioste, à certaines expressions populaires, et en ceci, Lévita est proche de lui. Au chant XXII, il constate avec étonnement que la jeune fille de la nouvelle, éblouie par l'or, « *piantò un porro a amore* » (« a envoyé promener l'amour » – littéralement : « a planté un poireau à l'amour »). Au chant XXIII, Berni insiste sur le fait que le thème de l'avarice est terriblement rebattu et que l'homme reste incorrigible (XXXIII, 2) : « *Meglio è ch'anch'io con gli altri me la passi. / Ch'hanno dell'avarizia assai parlato*[228] ». Il revient pourtant au thème dans le prologue du chant LVI, en commentant la nouvelle de Fugiforca (ravisseur et voleur), et s'accuse, pour cela, d'ineptie : « *Avarizia crudel, poi che conviene / Ch'ancor la terza volta inetto io sia*[229] [...] ».

On remarquera que la question de l'avarice apparaît, chez l'Arioste comme chez Berni, toujours en rapport avec le récit des nouvelles insérées dans le cours des aventures chevaleresques. Comme le genre de la nouvelle est d'origine citadine et bourgeoise, cela confirme le fait que le thème de l'argent, si sensible pour Lévita, n'est pas spontanément associé aux romans de chevalerie. Pour le traiter à satiété, le poète yiddish doit réinterpréter le problème du mariage de Vienne, et le refus du Dauphin, dans des termes financiers, alors que, dans la source, la question est d'ordre purement hiérarchique et féodal. L'illustration la plus nette de ce déplacement est sans doute l'exclamation comiquement naïve, et relevant de l'univers des contes, que le poète met dans la bouche du père de Vienne juste avant le prologue dont il est ici question : « *Is dòch mein štul, mein kròn mèn wert / As alés das du hòst dein aigén ! / Wilštu nun deinén sun mit ainém schlòs' gleichén / Gégén meinér tòchtér mit ain künig-reichén*[230] ? » (*PW*, 301). Les symboles de pouvoir sont transformés en symboles de richesses,

---

[228] « Il est mieux que je me repose sur les autres / Qui ont beaucoup parlé de l'avarice. »

[229] « Avarice cruelle, puisqu'il convient / Que je me montre inepte une troisième fois [...] »

[230] « Mon trône, ma couronne, ont plus de valeur / Que tout ce que tu possèdes ! / Veux-tu comparer ton fils doté d'un château / Avec ma fille dotée d'un royaume ? »

et le Dauphin, à qui Lévita donne le titre de roi contrairement à la source, compare un château à un royaume comme il aurait pu comparer un pfennig à un écu d'or[231].

Dans le prologue qui suit, Lévita s'éloigne encore plus de l'univers féodal du *Paris e Vienna*, pour se plonger dans ce que la question des mariages arrangés a de plus juif et pour retrouver l'univers de ses satires[232]. Le lexique d'origine hébraïque qu'il emploie en parlant des gendres privilégiés pour leur richesse est particulièrement éloquent : « *Dåś gelt dekt ain itlichė bösė mide / Wen es schoun wer ain mamser ben hanide*[233] » (*PW*, 305). Outre la vulgarité comique de l'expression, c'est tout un univers juif familier au lecteur qu'elle fait surgir et impose en marge de l'action chevaleresque.

Comme nous l'avons dit, ce prologue a une construction proche de celle du prologue du chant LVI chez Berni : dénonciation de la soif d'argent et de ses maux (LVI, 1 // 303), description et condamnation du choix intéressé d'un époux (LVI, 2-3 // 304-306), mauvaise conséquence du choix pour la jeune fille avec une moralité à tonalité religieuse (LVI, 4 // 307). Le prologue s'achève chez Lévita, comme il avait commencé, par l'une de ses fréquentes remarques sur la versatilité du sort et sur le caractère éphémère de la richesse. Chez Berni (LVI, 5), il s'achève par la condamnation des pères avares qui mettent une foule (« *una frotta* ») de filles au couvent, les obligeant à satisfaire leurs désirs auprès des prêtres et des abbés. L'image relève de l'univers des nouvelles italiennes et du cliché anti-monastique. La misère sexuelle des filles est aussi envisagée par Lévita à l'aide d'une image qu'il avait déjà employée au début du *Boṽo Dantònẹ* en évoquant les mauvaises nuits passées par la jeune Brandonia entre les bras du vieux Gwidon (*BD*, 6).

---

[231] A. Schulz 2000 (p. 82-88) a souligné ce changement de statut du mariage, et l'importance de l'argent dans le récit de Lévita.

[232] Les strophes 8, 11 et 12 du *Purim-špil* de Lévita condamnent vertement les abus du mariage arrangé.

[233] « L'argent couvre toutes les mauvaises qualités / Même si l'on a à faire à un bâtard conçu pendant les règles de sa mère ! » L'injure ici employée désigne, par son caractère hyperbolique, une double dégradation, un absolu de l'indignité. Le *mamser ben hanide* doit son existence à la non-observance de deux commandements essentiels : il est né en dehors d'un mariage consacré, et il a été conçu lors d'un rapport sexuel qui a eu lieu pendant les règles de sa mère, période durant laquelle la femme est considérée comme impure par la religion juive.

Toute cette strophe mérite d'être mise en regard avec une strophe de Berni :

<table>
<tr><td>

PW, 307

Ain altér man in disér welt
Hòt òft was dò sòlt habén ain jungér,
Un' nòrt dàrum dàs er hot gelt
Ain jungé dirén im bézwungér.
Der-nòch er si' bei' nacht dérkelt
Un' in sein armén štirbt si' hungér.
Ünsér weisén habén es wol vòr vür-bòten
Wen jung mit alt kan nümér mén recht hòten

Un vieil homme, en ce monde,
Obtient souvent ce que devrait obtenir un
   plus jeune,
Et pour la seule raison qu'il possède de l'argent,
Il se soumet une jeune pucelle.
Ensuite, il la rend glacée la nuit,
Et dans ses bras, elle meurt de faim.
Nos sages nous l'ont bien interdit autrefois
Car jeune avec vieux ne peuvent jamais pros-
   pérer.

</td><td>

LVI, 3

Ditemi, padri ch'avete figliuole,
E v'ha Dio d'allogarle il modo dato
Onestamente, qual raggion poi vuole
Che le diate ad un qualche infranciosato ?
O ad un vecchio, perché all'ombra e 'l sole
Abbia terra e tesoro ? Onde il peccato
A giusta penitenzia poi vi mena
E da Dio ve n'è data degna pena.

Dites-moi, pères qui avez des filles,
Et à qui Dieu a donné le moyen de les
   placer
Honnêtement, quelle raison vous conduit
A les donner à quelque syphilitique ?
Ou à un vieux, parce qu'à l'ombre et au
   soleil
Il a terre et trésor ? De ce péché
Vous vient une juste pénitence
Et Dieu vous en donne la juste peine.

</td></tr>
</table>

Les deux auteurs concluent leurs condamnations des mariages d'intérêt, par un message d'ordre religieux. Mais une forme de burlesque cohabite, dans les deux cas, avec la recommandation pieuse. Berni évoque le « mal français » du gendre élu, c'est-à-dire la syphilis, maladie récemment apparue et très présente dans la littérature satirique de l'époque (le même Berni, dans ses *Rime*, en faisait un argument en faveur de la pédérastie et de la masturba-tion[234]), et il propose dans la strophe suivante une description des jeunes filles transformées en monstres par leur immoralité et leur maladie. Quant à la façon dont Lévita évoque le manque sexuel par les métaphores de la faim et du froid, c'est un procédé dont il est coutumier et qu'il utilise pour rendre la référence à la sexualité plus discrète, mais non moins claire.

Dans ses recherches, E. Timm désigne un deuxième prologue de Berni comme source d'inspiration de Lévita. Le prologue du chant II du *Paris un Wiene* proviendrait du chant V du *rifaci-*

---

[234] Dans le « *Capitolo a suo compare* » (S. Longhi 2001, n° I) et dans le « *Sonetto delle putane* » (S. Longhi 2001, n° XXIX).

mento. Ce rapprochement est plus problématique que le précédent. L'amitié est un des grands thèmes des romans de chevalerie, au point que Stendhal, au XIXᵉ siècle, se proposait encore les héros de l'Arioste comme des modèles d'amitiés guerrières[235]. Dans le prologue de Berni, ni la structure, ni le langage employé ne présentent de similitudes réelles avec le texte de Lévita. Seule la thématique est semblable : il s'agit d'une comparaison des liens d'amitié avec les liens de parenté. Même si aucune dépendance directe n'est avérée, une comparaison du traitement de ces thèmes est instructive dans la mesure où Berni se permet un degré d'abstraction et de conceptualisation qui est totalement étranger au poète yiddish dont le traitement concret et réaliste des thèmes moraux ressort alors clairement.

Lévita construit ce prologue d'une façon très simple : la première octave envisage une sagesse proposée par la *vox populi* qu'il rejette brutalement : les parents seraient d'un secours précieux dans l'adversité. Dans la seconde octave, il propose au contraire un éloge de l'amitié véritable, bien que celle-ci, précise-t-il malicieusement, soit fort rare à présent. Berni, quant à lui, après avoir fait de l'amitié un don divin (V, 1), et après avoir loué l'amitié en la plaçant au sommet de toutes les affections (V, 2), met en place une fine dialectique entre l'amité qui provient de la parenté, et celle qui provient du libre choix[236] (V, 3). Les deux dernières strophes (V, 4-5) affirment que l'amitié atteint son plus haut degré lorsque s'y adjoint la parenté, permettant ainsi à Berni d'encenser l'affection de Rinaldo pour son cousin Ricciardetto, les deux chevaliers étant liés à la fois par une affection librement choisie (*elezione*) et par le sang (*natura*). La seule critique exprimée contre la parenté concerne l'idée selon laquelle celle-ci imposerait un devoir d'amitié. Mais peut-on réellement mettre en rapport le traitement hautement abstrait de ce thème par Berni, inspiré du traitement cicéronien de la question, avec l'invective satirique de Lévita contre les parents ?

---

[235] Stendhal décrit ainsi les fantasmes de Fabrice à la bataille de Waterloo dans le chapitre 2 de *La Chartreuse de Parme* : « Il commençait à se croire l'ami intime de tous les soldats avec lesquels il galopait depuis des heures. Il voyait entre eux et lui cette noble amitié des héros du Tasse et de l'Arioste. »

[236] Berni s'appuie ici sur le traitement du thème de l'amitié par les philosophes antiques, référence qui, bien sûr, ne saurait trouver sa place chez le poète yiddish.

PW, 45

Ich hab gëhört ūun löutén münd,
Wi' kéróvim tunén guts̓ in nötén.
Jo' ! wen man ain der dósigén vünd,
Der ain armén tröpfén nört wolt bërötén !
Ich sich si' ergér as di' hünd ;
Ich halt, si' lis̓én ain wol tötén.
es hilft kain kunschäft nit nóch alé hüldén,
wen es nöu'ért an-trift zwai' par güldén.

J'ai entendu les gens raconter
Que les parents font du bien quand on est en détresse.
Ça oui ! si seulement on pouvait seulement trouver
Un d'entre eux pour donner un conseil à un pauvre garçon !
Je les vois pires que des chiens,
Je pense qu'ils le laisseraient se faire tuer !
La parenté ne sert à rien, ni toute leur affection,
Dès lors que deux paires de pièces d'or sont concernées.

OIr, V, 3

Da due cause procede [l'amicizia] e da dui fonti :
Elezïon è l'un, l'altro natura ;
Quella ad amar fa gli uomini più pronti,
La legge di quest'altra per più dura ;
Perché quando intervien che non s'affronti
L'un con l'altro voler, l'amor non dura,
E cosa iniqua molto e strana pare,
Che stretto da natura un debbia amare.

Elle [l'amitié] procède de deux causes et de deux sources :
Le choix d'un côté, la nature de l'autre ;
Celui-ci rend les hommes plus disposés à aimer,
Celle-la semble avoir une loi plus dure ;
Car, lorsqu'il arrive que ne correspondent pas
Les volontés de l'un et de l'autre, l'amour ne dure pas,
Et cela semble une chose dure et injuste,
Que par la loi de nature, on se voie forcé d'aimer.

Il y a une distance remarquable entre le ton posé et réfléchi de Berni, sa sagesse quelque peu sentencieuse, et la virulence caricaturale de Lévita. En employant le mot de loi (« *legge* »), en distinguant doctement entre des causes abstraites de l'amité (« *elezione* », « *natura* »), Berni adopte l'attitude du philosophe moraliste, qui connaît les lois du cœur humain et sait qu'elles ne correspondent pas toujours aux lois de la nature ni à celles de la société[237]. Lévita, quant à lui, se place directement sur le terrain de l'invective. La tonalité populaire de ses exclamations en série, la force des injures (« *hünd* »), l'origine elle-même populaire de la croyance critiquée (« *ūn löütén münd* »), le caractère bassement matériel des motivations dénoncées (« *zwai' par güldén* »), tout tend à placer ce prologue sur le terrain de la provocation d'autant plus que les liens de parenté jouent un rôle crucial dans une société juive plus fermée que la société chrétienne et contrainte à plus de solidarité par l'hostilité du monde extérieur.

Nous touchons ici à un problème important dans l'analyse des sources d'inspiration de Lévita. La liberté qu'il conserve systématiquement, même lorsque nous sommes certains qu'il avait le texte d'un poète italien sous les yeux, rend souvent toute conclusion tranchée hasardeuse, d'autant plus qu'il lui arrive de mettre en pratique une esthétique de l'inversion et de la parodie. Pour Berni, nous l'avons vu, la supposition d'une inspiration directe semble aussi probable que celle d'une création *ex nihilo* de la part de Lévita à partir de thèmes traditonnels. Mais pour l'Arioste, la dérivation de certains prologues ne fait pas le moindre doute. La correspondance littérale des constructions ou de certaines images, permet d'apporter à cette question une réponse définitive. Le plus intéressant, même lorsque le travail d'imitation est avéré, consiste à observer la façon dont celui-ci se double d'un travail de correction : les métaphores nobles se voient remplacées par des métaphores plus basses, les références mythologiques ou historiques, par des scènes tirées de la vie concrète, les réflexions abstraites sont incarnées par des proverbes populaires.

Il est indéniable que le prologue du chant V du *Paris un Wiene*, consacré à la versatilité du sort, est dérivé du prologue du chant XLV de l'*Orlando Furioso*, que le prologue du chant VIII, consacré à la question de la fidélité aux promesses, provient d'*OF*, XXI, que le prologue du chant IX qui traite de la manière dont la richesse rend impossible la connaissance des vrais amis, répond à *OF*, XIX et enfin qu'une partie du prologue du chant X abordant l'impératif d'agir selon la justice est une élaboration d'*OF*, XXIII. Nous aborderons plus loin les

---

[237] Dans tout ce prologue, il s'appuie sans doute en définitive sur Aristote, *Éthique à Nicomaque*, VIII, 9, peut-être à travers Cicéron.

rapprochements concernant la question des femmes. Tout doute concernant ces correspondances peut être dissipé par les extraits suivants :

<table>
<tr><td align="center">OF, XXI, 2</td><td align="center">PW, 445</td></tr>
</table>

La fede unqua non debbe esser corrotta,	*Di' tröü, di' is èrlich gëwiś*
O data a un solo, o data insieme a mille ;	*Zu reichén, armén, jungén, altén.*
E così in una selva, in una grotta,	*Wol dem, der al zeit redlich iś*
Lontan da le cittadi e da le ville,	*Un' sein rèd glat un' nit mit ṽaltén!*
Come dinanzi a tribunali, in frotta	*Wen ainér aim ain ding vör-hiś*
Di testimon, di scritti e di postille,	*In ainém wald, sò sòl erś haltén*
Senza giurare o segno altro più espresso	*As wol, as wen eś wer vür hundért zöügén.*
Basti una volta che s'abbia giurato.	*Was màn ain mòl zu-sagt, sòl màn nit löügén.*

La foi ne doit jamais être rompue,	La foi doit certes être respectée,
Qu'elle soit donnée à un seul, ou à mille personnes ;	Jurée aux riches, aux pauvres, aux jeunes, aux vieux.
De même dans une forêt, dans une grotte,	Béni l'homme qui est toujours prêt à parler,
Loin des villes et des villages,	Et dont le discours est lisse, et non couvert de plis !
De même devant les tribunaux, avec une foule	Quand quelqu'un a promis quelque chose à autrui
De témoins, d'écrits et d'apostilles,	Dans une forêt, il faut qu'il s'y tienne,
Sans jurement ou autre signe expresse,	Comme si cela s'était passé devant cent témoins.
Qu'il suffise d'avoir juré une fois !	Ce à quoi on s'est une fois engagé, on ne doit plus le refuser.

<table>
<tr><td align="center">OF, XXIII, 1</td><td align="center">PW, 606-607</td></tr>
</table>

Studisi ognun giovare altrui ; che rade	[...]
Volte il ben far senza il suo premio fia :	*Tut idérmàn, was im is lib,*
E se pur senza, almen non te ne accade	*Arum un' reich un' jung un' altén.*
Morte né danno né ignominia ria.	*Wen màn ṡpricht : di berg sein sich nümér règén*
Chi nuoce altrui, tardi o per tempo cade	*Abér di' löüt kumén sich òft èntgègén.*
Il debito a scontar, che non s'oblia.	
Dice il proverbio, ch'a trovar si vanno	*Tut nümér, was dem menschén schat,*
gli uomini spesso, e i monti fermi stanno.	*Nòch mit den werk, noch mit den mundén* [...]

Que chacun s'applique à faire le bien à autrui ; car	[...]
Il est rare que la bonne action n'apporte sa récompense.	Faites à chacun ce qui lui plaît
	Aux pauvres, aux riches, aux jeunes, aux vieux !
Et si c'est le cas, au moins il ne t'en viendra pas	Car on dit que les montagnes ne se déplacent jamais
La mort, ni nul mal, ni nulle méchante ignominie.	Mais que les hommes se rencontrent souvent.
Celui qui nuit à autrui, tôt ou tard il lui faut	
Payer sa dette, car on ne l'oublie pas.	Ne faites jamais ce qui nuit à autrui,
Le proverbe dit que les hommes se rencontrent	Ni par vos actions, ni par vos paroles [...]
Souvent et que les montagnes restent immobiles	

Les réécritures prennent en partie la forme de simples traductions, et nous avons souligné les passages qui offrent des correspondances presque littérales avec l'original. Lévita choisit les prologues qu'il adapte en fonction des nécessités du récit du *Paris e Vienna* : il s'agit, au chant VIII, d'encenser la fidélité qu'Odoardo montre à l'égard de Paris. Au chant X, il s'agit d'utiliser *a contrario* les retrouvailles improbables de Paris et du Dauphin : celui-ci aurait pu avoir à se reprocher d'avoir tant maltraité le jeune homme. Heureusement, Paris est l'un des rares hommes qui sache que, selon la sagesse populaire, il n'est pas bien de répondre au mal par le mal : « [...] *es is nit recht / dáś mán sòl bös mit bös vòr-geltén* » (*PW*, 608).

On note, en général, une plus grande simplicité du langage et de la syntaxe chez Lévita. Contrairement à l'Arioste qui fait un usage très libre du vers, multiplant les enjambements, le poète yiddish témoigne d'une moins grande flexibilité : la syntaxe, chez lui, correspond en général à la métrique. Il faut également souligner chez Lévita l'utilisation de vers-formules (les deux énumérations : pauvres, riches, jeunes, vieux), procédé typique de la poésie populaire que l'Arioste s'interdit d'employer. Le poète yiddish en fait un usage parcimonieux et ces énumérations lui permettent de souligner l'universalité du précepte énoncé tout en introduisant l'idée-maîtresse de la plupart de ses prologues, idée selon laquelle les inégalités de traitement entre les hommes en fonction de leurs conditions sociales sont injustifiées.

Mais c'est en nous penchant sur les strophes qui encadrent celles que nous venons de citer que nous pourrons véritablement apprécier l'originalité de Lévita par rapport à l'Arioste. Dans le prologue consacré à la foi jurée, le poète italien débute par une série de comparaisons et de métaphores (*OF*, XXI, 1) : la foi d'une belle âme est un nœud plus solide qu'un clou planté dans une planche ou qu'une corde enroulée autour d'une charge. Il ajoute que les Anciens n'ont jamais représenté la sainte Foi que vêtue de blanc, immaculée. La personnification de cette notion abstraite est un procédé tout à fait étranger à Lévita. En lieu et place de cette strophe, il propose une sorte de petite scène concrète (*PW*, 444) : un homme a promis « *ébig un' ümérn* » (« pour toujours et à jamais ! »). Le poète yiddish emploie de façon expressive et concise le discours direct pour animer cette scène. Mais dès que l'argent s'en mêle, la promesse tombe en ruines. Lévita introduit alors un impératif adressé à son lecteur : « *sich !* » (« vois ! »), procédé très courant chez lui quand il propose un tableau tiré de l'expérience. Vois, lui dit-il, comme cet homme joue la comédie des larmes (« *er ïemérlich štelt / un' is sich ṽaśt dàrum békümérn* ») et comme il veut bourrer le crâne de son interlocuteur (« *er den géselén wil blöü'én in di' örén* ») avec l'idée qu'il ne peut faire autrement.

Ce goût pour la représentation concrète se double d'un jeu constant sur les différents niveaux de langue et sur l'alternance d'images nobles et d'images prosaïques. Dans le prologue consacré à la justice des actions (chant X), Lévita traduit de l'Arioste un proverbe, (« les montagnes sont immobiles, mais les hommes se rencontrent ») qui existe également en araméen et qui était donc connu parmi les Juifs de son époque, autant que chez les Chrétiens[238]. Alors que le prologue de l'Arioste se limite à cette strophe (c'est l'un des plus brefs de l'*Orlando Furioso*), Lévita poursuit en revenant sur l'idée de l'instabilité de la fortune, ramenant la leçon universelle de l'Arioste au cas particulier de l'injustice des riches et des puissants. Il achève l'octave sur une série de proverbes à la tonalité d'abord élevée puis franchement populaire : « *es is kain sach, di' nit hòt ain štat / Un' kain mensch, der nit hòt ain štundén, / Lòt öuch an armè un' an ain kindlén ligén ; / Wen òft dérštikt ain ris an ainér vligén*[239] » (*PW*, 607). Au dernier vers, et donc dans une position parallèle à celle du proverbe de la strophe précédente, Lévita place l'image comique du géant étouffé par une mouche. Les proverbes se répondent l'un à l'autre en position conclusive, dessinant une sorte de sagesse simple et imagée. L'opposition entre l'immobilité des montagnes et la mobilité de l'homme est mise en parallèle avec l'opposition entre la grandeur du géant et la petitesse de la mouche.

À chaque idée correspond une image : de là vient chez le poète yiddish que les proverbes jouent un rôle essentiel dans les prologues, ils appuient l'intention didactique de l'auteur, et servent

---

[238] C. Shmeruk 1996, p. 261.

[239] « Il n'est pas de chose qui n'ait son lieu / Ni d'homme qui n'ait son heure. / Ayez de la compassion pour les pauvres et pour l'enfant / Car un géant s'étouffe souvent avec une mouche. » Il est piquant de noter que l'équivalent chrétien de ce proverbe fait référence au pape : « *Er erstickt daran wie jener Papst an einer Fliege.* » Voir Wander, art. « ersticken », 5.

autant d'illustration que de conclusion frappante, grâce à l'à-propos avec lequel ils sont amenés. L'effet de surprise est renforcé par la construction rigoureuse d'un proverbe plus noble dans la même strophe. S'appuyant sur des notions abstraites et sur un parallélisme rigoureux, ce proverbe élève pour un moment la tonalité : « Il n'est de chose qui n'ait son lieu / Ni d'homme qui n'ait son heure ». L'intérêt éthique pour les faibles (les pauvres et le petit enfant), s'accompagne d'une chute esthétique vers des réalités grotesques et comiques (la mouche et le géant).

Il y a donc une forme de didactisme chez Lévita qu'on ne rencontre pas chez l'Arioste, en raison bien sûr de la différence de leurs publics. Ce didactisme est accompagné d'une grande rigueur esthétique dans la construction des prologues. Celui du chant V nous confirmera dans cette idée en montrant l'attention avec laquelle Lévita fait se répondre symétriquement les deux strophes de l'exorde : la leçon exprimée s'appuie alors, comme dans le modèle italien, sur un jeu rhétorique parfaitement maîtrisé. Ce prologue est consacré à la Fortune et à ses caprices, thème essentiel chez Lévita, et fréquent dans les romans de chevalerie pour des raisons narratives évidentes : tous tirent leur intérêt des coups du sort auxquels les héros sont successivement soumis.

On a vu que le premier prologue réflexif de la littérature chevaleresque italienne, chez Boiardo, lui était consacré (*OI*, I, XVI, 1). Berni traite le thème pas moins de cinq fois (*OIr*, VIII, IX, XI, XXXI, XXXVIII) et fait de la prudence et du libre-arbitre un fil directeur dans son travail de moralisation de la matière chevaleresque. L'Arioste, qui n'a pas de programme moral clairement défini, fait de la variabilité du sort un thème moins central. Plus intéressé par les mouvements du cœur dont il se fait l'observateur délicat, il préfère insister sur la variabilité et la force des passions humaines (voir entre autres *OF*, IX, XXIX). Il n'aborde donc le thème de la Fortune que dans l'avant-dernier chant du poème pour souligner l'extraordinaire retournement de la situation de Ruggiero qui, juste après avoir remporté une éclatante victoire à la tête des Bulgares, se retrouve prisonnier et menacé de mort. Ce changement brutal, une fois n'est pas coutume, ne doit rien aux passions mais à la malchance d'une dénonciation.

Chez Lévita, les coups du sort sont au contraire, comme nous l'avons vu, un thème absolument central car ils lui permettent de plaider contre l'arrogance des riches et des puissants. Il n'y a cette fois, aucune correspondance littérale qui permettrait d'être catégorique quant à la dépendance du prologue de Lévita. Cependant la structure des deux premières strophes chez les deux poètes est parfaitement identique : on peut donc se prononcer pour une inspiration directe avec une forte probabilité[240].

---

[240] Cette question, qui peut sembler au premier abord d'un intérêt purement philologique, a au contraire une importance biographique et historique comme E. Timm l'a bien souligné (E. Timm 1996, p. LXII). En effet, le prologue du chant XLV, n'a été publié, en même temps que les derniers chants du poème, que dans la troisième et dernière édition de l'*Orlando Furioso* du vivant de l'Arioste, en 1532. Avoir la certitude que c'est cette dernière édition du poème que Lévita avait sous les yeux au moment de l'écriture du *Paris un Wiene* permet donc de prendre cette date tardive comme *terminus post quem* de la composition du poème. Lévita avait alors plus de 60 ans. Cela permet de rejeter définitivement l'opinion exprimée très longtemps par la critique (jusqu'à la biographie de Weil comprise) selon laquelle les œuvres yiddish de Lévita auraient été des passe-temps de jeunesse, des sortes de *delicta juventis meae*. Nous ajouterons ici qu'un autre passage du roman yiddish présente des similtudes avec un prologue publié dans la troisième édition de l'*Orlando Furioso*, il s'agit de l'éloge de Vienne qui introduit l'épilogue du roman, et qui pourrait être inspiré par l'éloge d'Olimpia d'*OF*, X :

OF, X	*PW*, 708
Fra quanti amor, fra quante fede al mondo	*Wiene vér-dinet nóch ain krón*
Mai si trovar, fra quanti cor constanti,	*Fun irén grósén tröu'én wegén,*
Fra quante, o per dolente o per iocondo	*Un' drum gab ir gŏt irén lón,*
Stato, fer prove mai famosi amanti ;	*Dàs si mit gutś vér-schliſ ir tegén.*
Più tosto il primo loco ch'il secondo	*Wer is di vrau', di es iz wird tón,*
Darò ad Olimpia : e se pur non va inanti,	*Wer is di maid, di dò wird pflegén*
Ben voglio dir che fra gli antiqui e nuovi	*Sölch huld ŏdér sölch trei' zu irén dinér ?*
Maggior de l'amor suo non si ritruovi ;	*Ich sag : di helft, ain vir-tail un' nòch minér.*

Parmi les amours, parmi les fidélités qui se trouvèrent	Vienne mérite encore une couronne
Jamais dans le monde, parmi les cœurs constants	En raison de sa grande fidélité.
Parmi les amants fameux qui, dans les peines	C'est pourquoi Dieu lui a donné sa récompense,
Ou dans les agréments, firent jamais leurs preuves ;	En lui permettant de finir ses jours dans le bonheur.
Je donnerai plutôt la première place que la seconde	Quelle est la femme, qui ferait cela ?
À Olimpia : si elle ne doit pas être placée devant tous,	Quelle est la jeune fille, qui conserverait
J'affirme que, parmi les amours antiques et modernes	Un tel amour ou une telle fidélité à son serviteur ?
On n'en trouve pas de plus grand que le sien.	Je dis : la moitié, un quart, ou encore moins.

L'éloge de Vienne se trouve déjà dans la source italienne, le *Paris e Vienna* (156), lorsque l'auteur se demande quelle autre femme aurait subi tant de malheurs pour son amant, et répond bien sûr qu'aucune ne l'aurait fait, se défendant d'inclure

La structure générale du prologue est assez particulière pour pouvoir attirer l'attention : les deux strophes, chez l'Arioste, comme chez Lévita, se répondent l'une à l'autre de façon strictement symétrique. La première envisage les hommes favorisés par le sort et les prévient du risque de chute, la seconde envisage au contraire les malheureux, et cherche à leur insuffler l'espoir d'une rapide amélioration de leur sort. Dans les deux cas, l'opposition entre les deux strophes est marquée très nettement par les conjonctions placées au début de la seconde strophe, marquant la similitude et l'opposition : « C'est ainsi qu'à l'inverse ». Chez Lévita c'est tout le premier vers qui est occupé, éloquemment, par ces marqueurs logiques : *OF*, XLV : « *Così all'incontro* » / *PW*, 250 : « *Asòdér ach widér-hérum* ».

Les constructions syntaxiques des deux strophes sont symétriques chez le poète italien comme chez le poète yiddish. Dans le cas de l'Arioste, nous observons une structure comparative (*OF*, XLV, 1) : « *Quanto più* [...] *in alto* [...] *tanto più tosto* » / (*OF*, XLV, 2) « [...] *quanto più depresso* [...] *tanto più* [...] *appresso*[241] ». Dans le cas de Lévita nous avons deux phrases prescriptives suivies d'une explication (*PW*, 249) : « *Kain mensch sòl* [...] *wen im sein werk schoun al béglükén* [...] *wen òft géschicht* [...] » / (*PW*, 250) : « *Sòl ainér numér mèn* [...] *wen im sein glük schòn gèt schlim krum* [...] *wen in kurzér štund*[242] [...] » L'opposition est donc précisément marquée lexicalement et syntaxiquement.

Deux procédés distinguent nettement le poète italien du poète yiddish. Tout d'abord, l'Arioste s'appuie, dans les quatre

---

dans son accusation les femmes honnêtes bien que celles-ci soient rare. L'idée est littéralement reprise par Lévita à la strophe 713. Mais plus que le principe de cet éloge, c'est sa forme qui fait penser à une possible influence de l'Arioste : l'accumulation des amours pris comme points de comparaison, le principe de la gradation et de l'exclusion (qui se poursuit chez Lévita à la strophe suivante).

Même si l'imitation ici ne peut faire l'objet que d'une présomption, il nous semble que cette strophe mérite d'être versée au dossier en faveur d'une influence directe de l'édition de 1532 de l'*Orlando Furioso* sur le *Paris un Wiene*.

[241] « Plus élevé est [le pauvre homme] [...], plus tôt [...] » / « Plus en profondeur est [l'homme] [...], plus près [...] »

[242] « Aucun homme ne doit [...] quand ses affaires sont toutes heureuses [...] car il arrive souvent [...] » / « L'homme ne doit jamais [...] quand sa chance va tout à fait de travers [...] car en peu de temps [...] »

premiers vers de chaque strophe, sur l'image de la roue de la Fortune : allégorie banale mais qu'il réussit à animer par la vivacité des images (« avoir les pieds là où il avait la tête ») et des expressions : (« *fare il tomo* » : « faire la culbute »). Lévita connaît bien cette allégorie universelle. Il l'emploie en passant dans le prologue du chant IX (*PW*, 514 : « *went sich das rad* » : « si la roue tourne »). Mais dans ce cas, l'allégorie est lexicalisée, l'image est entrée dans la langue : elle n'est ni développée ni remotivée. Nous avons vu en effet qu'il montre en général une prévention contre cette figure de style. Il transforme donc l'allégorie fortement stylisée de l'Arioste en une série de conseils de bon sens, encourageant le riche à montrer de la compassion, le pauvre à prier Dieu.

La deuxième grande différence entre le prologue de l'Arioste et celui de Lévita concerne la conclusion de chaque strophe. Le poète italien présente, à la fin de chacune de ses octaves, une série d'*exempla* classiques de grands hommes de l'Antiquité qui ont connu un renversement subit de leur sort : exercice d'humaniste chrétien que Lévita ne pouvait reprendre à son compte. Il remplace donc ces *exempla*, au dernier vers de chaque strophe, par des images à connotation religieuse et biblique (*PW*, 249) : « [...] *dáś er kumt ab bis in grund der helén.* » / (*PW*, 250) « [...] *is er* [*got*] *in vun dem miśt in himel hébén*[243]. »

On peut ici attirer l'attention sur la différence qui existe entre les exemples proposés par les poètes italiens et ceux que donne le poète yiddish. L'Arioste et Berni puisent largement dans l'histoire antique, sinon directement à partir des grands auteurs dont beaucoup leur étaient connus, du moins à partir des recueils d'anecdotes qui fleurissaient à l'époque humaniste[244]. C'est ainsi que l'Arioste propose dans la première strophe de ce prologue, l'exemple de trois tyrans grecs déchus (Polycrate, Cyrus et Denys II). Dans la deuxième strophe, l'exemple de trois Romains (Servius Tullius, Marius, Publius Ventidius) grimpés au sommet du pouvoir depuis les plus bas échelons de la société. L'opposition frontale entre trois Grecs et trois Romains plaide en

---

[243] « [...] de sorte qu'il chute jusqu'au tréfond de l'enfer. » / « [...] il [Dieu] l'élève du fumier jusqu'au ciel. » Cf. *Psaumes*, 113, 7 : « du fumier il relève l'indigent. »

[244] Sur ces recueils, voir l'ouvrage A. Moss 2002.

faveur d'un usage par l'Arioste des recueils qui servaient de piliers à l'éducation humaniste. L'Arioste, qui lie systématiquement le passé au présent, confronte, dans une troisième strophe, ces exemples antiques à deux exemples modernes (Louis XII et Matthias Corvin). Il ne faut jamais oublier que le public de l'Arioste (et de Berni) était avant tout l'élite intellectuelle et politique de son époque : humanistes, écrivains, seigneurs pour qui ce type de références, si elles n'étaient pas toujours connues, constituaient un *requisit* de la culture raffinée.

Lévita adresse ses textes yiddish à un public vaste à dominante populaire, si bien qu'il ne fait qu'assez peu montre de son érudition dans ses écrits en langue vulgaire, alors que ses œuvres en hébreu révèlent une connaissance rare des textes sacrés[245]. Lorsqu'il fait référence aux textes saints (parfois discrètement sous forme de simples réécritures), il s'agit presque toujours de passages extrêmement célèbres que la plupart de ses lecteurs (et non seulement les plus cultivés) devaient avoir en mémoire. C'est ainsi qu'au chant IX, dans le prologue consacré à la question de l'amitié sincère (indépendante de la richesse), il propose deux exemples bibliques pour illustrer la fidèle amitié d'Odoardo : un exemple négatif et un exemple positif (*PW*, 516) : « *Di' libscháft hing nit an der sach, / As di' ūun Amnón mit der schweśtér. / Wen der im dinén sólt, ūun hönig sóger. / Dás war di' huld ūun Dovid mit sein schwóger*[246]. » Les deux références sont tirées du livre de Samuel (2 Samuel XIII et 1 Samuel XVIII) mais elles ne témoignent pas d'une érudition particulière. En effet, la double référence est tirée d'un des livres les plus populaires du Talmud, *Les Maximes des pères*, où les deux relations sont déjà prises comme exemples de la

---

[245] Si l'on avait le moindre doute à ce sujet, il suffirait de lire le témoignage de Paulus Fagius placé en tête du *Sefer Hatishbi* 1541, « *Praefatio ad lectorem* » : « *In sacris Bibliis,* [...] *adeo versatus est* [...] *ut non tantum capita omnium librorum Bibliacorum sed et singulos versus, dictiones, apices, accentus, etc. et quidquid ejus modi est, in recenti habeat memoria, quod plane mirum est in homine tam seni.* » (« Il est si versé [...] dans la sainte Bible, [...] qu'il connaît par cœur non seulement les chapitres de tous les livres bibliques, mais aussi les simples versets, les mots, les longueurs, les accents, etc. et toutes les choses de ce genre, ce qui est tout à fait étonnant chez un homme de cet âge. »)

[246] « L'affection ne dépendait pas des circonstances / Comme celle d'Amnon pour sa sœur. / Devoir lui rendre service lui était doux comme miel; / C'était l'amour de David pour son beau-frère. »

fausse et de la véritable amitié[247]. Ce texte est étudié chaque année, dans les synagogues, entre les fêtes de Pessaḥ et de Shavuoth. C'est l'une des bases de l'éducation juive. Il est même accessible à l'étude des femmes contrairement à la plupart des traités du Talmud[248].

Nous y voyons une illustration du didactisme que nous avons déjà observé chez Lévita et qui est absent des textes des poètes courtisans italiens. Les prologues sont une des sections du texte qui s'adapte le plus à l'identité du public. La relation que le poète entretient avec lui y apparaît clairement : celui qui a été professeur une grande partie de sa vie, y retrouve un réflexe d'enseignant. Mais le prologue du chant IX mérite aussi d'attirer notre attention dans la mesure où il révèle la capacité qu'a Lévita, en fin satiriste qu'il était, d'évoquer en peu de mots des scènes, des comportements, des types tirés de la vie quotidienne.

L'impossibilité, pour les puissants, de connaître leurs amis véritables est un *topos* moins courant que celui de la variabilité de la fortune, mais tout de même répandu. Il a une pertinence particulière dans la société chrétienne du Nord de l'Italie où de nombreux potentats entretenaient des cours aussi brillantes que soumises. La critique de la vie courtisane a donc une place logiquement importante chez l'Arioste et chez Berni, qui prennent garde à ne pas mettre directement en cause leurs patrons. L'Arioste évoque la fausseté des courtisans à trois reprises (*OF*, XVIII, XIX et XLIV). Dans le dernier cas, il désigne sans ambages les « *Corti regali e splendidi palagi, / Ove la caritade è in tutto estinta / Né si vede amicizia, se non finta*[249] ». Au chant XVIII, l'Arioste

---

[247] *Maximes des pères*, V, 20 : « Toute affection qui dépend de quelque chose, si la chose disparaît, l'affection disparaît. Toute affection qui ne dépend pas de quelque chose, ne disparaîtra jamais. Qu'est-ce une affection qui dépend de quelque chose ? C'est l'affection d'Amnon pour Tamar. Et qu'est-ce une affection qui ne dépend pas de quelque chose ? C'est l'affection entre David et Jonathan. »

[248] C'est pour cette raison qu'il a été traduit précocement et fréquemment en yiddish. On avait coutume de le lire le jour de Shabbat. Une traduction est publiée par Joseph bar Yakar dans son *Sidur* de 1544, une autre par Kalman ben Simon Pascal en 1554. Deux autres versions remarquables sont celles d'Anshel Lévi publiée en 1579 et celle de Gitele, une des premières femmes à publier en yiddish, à la fin du XVIe siècle. Voir J. C. Frakes 2004, p. 337-349 et 468-471.

[249] « Les cours royales et les splendides palais / Où la charité est tout à fait éteinte / Et où il n'y a pas d'amitié sinon feinte. »

loue son patron Ippolito d'Este parce qu'il a l'habitude de ne pas prêter foi aux mauvaises langues.

On comprendra à quel point ce thème a de l'importance pour le poète si l'on adjoint à ces prologues ceux qui traitent la question de l'hypocrisie (*OF*, IV, VI, VIII). On peut également rappeler que l'une des seules clés de déchiffrement symbolique que nous fournit l'Arioste concerne l'anneau d'Angelica, capable d'annuler tous les enchantements. Il serait donc, nous dit-il au chant VIII, fort utile pour percer à jour les hypocrites. Le manque de sincérité est une plaie évidente des cours aristocratiques. On ne sera donc pas étonné que Berni lui accorde à son tour une part importante. Sept de ses prologues abordent, plus ou moins directement, le sujet (*OIr*, VII, XX, XLVII, XLVIII, LV, LVIII, LXV). Dans le dernier Berni raille les gentilhommes, imbus de leurs origines et « *Uccelator d'inchini e di berrette, / Che vi fate de' quali e de' cotali / E sete, a dir il ver, grandi animali*[250]. » Les poètes italiens parlent d'expérience. Ils ont tous deux eu à souffrir des aléas de la Cour, de ses racontars, de ses mensonges.

On pourrait être étonné de trouver la même critique chez le poète yiddish. Son public est en général fort éloigné d'un tel monde. Mais il faut rappeler que Lévita en était très familier, ayant fréquenté, auprès de Gilles de Viterbe, la cour du pape Léon X et de ses successeurs, ayant toute sa vie entretenu des relations avec d'influents ecclésiastiques. Par ailleurs, il n'était pas difficile pour Lévita de transposer les hypocrisies courtisanes dans le monde juif : il n'est pas question, dans le chant IX, des seigneurs, mais bien des riches, et la communauté juive ne manquait pas de riches personnages qui n'hésitaient pas à jouer aux grands seigneurs[251]. Et c'est ainsi qu'il revient au poète juif de nous proposer le portrait le plus vivant des hypocrites adulateurs, tout en s'inspirant directement du chant XIX de l'*Orlando Furioso* :

---

[250] « Pêcheurs de révérences et de coups de bérets / Qui vous prenez pour Celui-ci ou pour Celui-là / Et qui êtes, en vérité, des grands animaux. »

[251] On peut rappeler l'exemple de Naftole Hertz Wertheim de Padoue, qui s'était fait construire une synagogue privée toute couverte d'or et avait voulu faire imprimer son blason sur le rideau de l'arche sainte, s'attirant ainsi les foudres du rabbin Yehuda Minz, voir M. A. Shulvass 1950, p. 177-178.

PW, 513-514	*OF*, XIX 1-2

Wen ainér is selig un' reich,
Sein rechté vröünd kan er nit kenén ;
Wen vil der valschén ében gleich
Di' gétröü'én um in štenén :
Der hót in ouf der akšél ain géštreich,
Der knit, wen er in nòrt is nenén,
Der schmaichélt in mit wort un' gètedér,
Un' der klöübt im vum rók ain vedér.

Wi'-vil der šténén um in dòrt,
Di' im vum herzén gerén bišén,
Un' erén in mit wenk un' wort,
Schlecht ezwáš seinér zu gènišén !
Went sich das rad un' sein glük nòrt
Un' dáš sein gelt is vun im vlišén,
Den kent er di' gétröü'én mit zaichén
Vun ïen, di' in mit valschè schmaichél làichén.

Alcun non può saper da chi sia amato,
Quando felice in su la ruota siede :
Però c'ha i veri e i finti amici a lato,
Che mostran tutti una medesma fede.
Se poi si cangia in tristo il lieto stato,
Volta la turba adulatrice il piede ;
E quel che di cor ama riman forte,
Ed ama il suo signor dopo la morte.

Se, come il viso, si mostrasse il core,
Tal ne la corte è grande e gli altri preme,
E tal è in poca grazia al suo signore,
Che la lor sorte muteriano insieme.
Questo umil diverria tosto il maggiore :
Staria quel grande infra le turbe estreme.
[...]

Lorsqu'un homme est riche et prospère
Il ne peut pas connaître ses amis véritables ;
Car de nombreux hypocrites se trouvent
Autour de lui aussi bien que les fidèles :
Celui-ci lui caresse l'épaule,
Un autre s'agenouille pour peu qu'il le nomme,
Un autre le flatte par ses paroles, ses bavardages
Un autre enfin enlève de son pourpoint une plume.

Combien sont-ils parmi ceux qui l'entourent
Qui le mordraient de gaieté de cœur,
Et l'honorent par leurs gestes et leurs paroles,
Simplement pour obtenir de lui quelque faveur !
Il suffit que la roue tourne, que sa chance le fuie
Et que son argent se retire à flots,
Pour qu'il distingue à coup-sûr les fidèles
De ceux qui le trompent par de faux sourires.

Nul ne peut savoir qui l'aime,
Quand il est heureux, au sommet de la roue :
Car il a, à ses côtés, les vrais et les faux amis
Qui lui montrent tous une fidélité égale.
Puis, si l'heureux sort se gâte,
La foule adulatrice lui tourne le dos ;
Et celui dont l'affection vient du cœur reste constant
Et aime son seigneur après sa mort.

Si le cœur se montrait, comme le visage,
Un tel qui, à la cour, est grand et oppresse les autres
Et un autre qui n'a pas la grâce de son seigneur
Verraient tous deux leurs positions inversées.
L'humble deviendrait aussitôt le plus élevé,
Et le plus grand se retrouverait au plus bas de la foule.

On peut voir que l'objet de Lévita n'est pas exactement le même que celui de l'Arioste malgré la proximité de l'inspiration (nous avons une fois de plus souligné ce qui relève de la traduction presque littérale). De fait, les deux strophes de Lévita que nous avons citées n'adaptent que la première strophe de l'Arioste ci-dessus. Celui-ci entend ensuite mettre en évidence l'injustice des positions à la cour[252]. Lévita, quant à lui, en reste à l'idée que

---

[252] Les plaintes de l'Arioste concernant l'ingratitude de ses patrons sont un thème connu et bien étudié. Outre les témoignages qu'on en trouve dans sa

la richesse déforme l'amitié (en ce sens il se rapproche du prologue d'*OF*, XLIV). C'est le pouvoir délétère de l'argent que le poète yiddish désire une fois de plus dénoncer. Mais ce qui distingue profondément l'approche de Lévita dans ce prologue, c'est son goût du détail concret, le regard aigü qui lui permet de peindre, entre réalisme et caricature, le portrait des adulateurs.

L'Arioste se maintient à un niveau de généralité qui sied à un auteur noble dont les observations peuvent être rendues par des concepts bien frappés (« *finti amici* », « *turba adulatrice* »). Lévita commence son prologue sur le même ton, mais rapidement, il en vient à illustrer sa pensée par une série d'attitudes ridicules décrites avec concision, vers après vers, dans un langage expressif et coloré. La foule des courtisans simplement évoquée par l'Arioste, ou illustrée par des idées abstraites (« *tal è grande* », « *tal è in poca grazia* ») prend vie dans l'accumulation des quatre derniers vers de la première strophe de Lévita. Le nombre des adulateurs n'est plus exprimé par un seul et même terme (« *turba* »), mais par la répétition, au début de chaque vers, du pronom « *der* », permettant de présenter ces hommes dans des postures représentatives qui sont autant de stratégies de séduction (« *gèštreich* », « *knit* », « *gètedér* »), la plus belle image étant sans doute celle du flatteur penché sur le pourpoint du riche pour en retirer une plume. La fausseté, elle-même, simplement nommée par l'Arioste, est illustrée par Lévita dans la deuxième strophe par une image concrète et comique tant elle paraît enfantine : celle de la morsure, infligée de surcroît du fond du cœur (« *ūum herzén gerén bišén* »).

La différence de tempérament, et de public, des deux poètes ne se montre jamais si bien que dans ce type de comparaisons : lorsque le modèle est évident et que la distance n'en est que plus remarquable. L'Arioste ne cultive guère la caricature. Cela d'au-

---

correspondance et dans ses *Satires*, il suffit de rappeler le fait que les premières éditions de l'*Orlando Furioso* s'ornaient de la devise *Pro Bono malum*. Voir M. Beer 1987 (p. 161-166). L'Arioste se plaignait souvent de la pingrerie du cardinal Ippolito d'Este son premier patron, on y trouve sans doute une allusion au terme de son prologue consacré à l'avarice (*OF*, XLIII, 5) : « *Non è senza cagion s'io me ne doglio : / Intendami chi può, che m'intend'io.* » (« Ce n'est pas sans raison que je m'en plains, / Me comprenne qui peut, moi je me comprends ») Le dernier vers est emprunté à Pétrarque, *Rime*, CV, 17.

tant moins que, dans son œuvre maîtresse, l'*Orlando Furioso*, malgré toute son ironie, et quelques incursions dans le burlesque, il préserve un style élevé, pour ne pas démentir ses ambitions de poète épique. Mais même dans ses *Satires*, où le langage est plus débridé que dans son roman de chevalerie et où les détails de la vie quotidienne sont plus nombreux, il ne s'attarde que peu dans des descriptions visant à produire un effet de réalisme. Chez lui, le discours et le jugement sont maîtres, et c'est dans leurs tours et leurs détours qu'il révèle l'acuité de son regard.

Il faut se tourner vers un poète au tempérament nettement plus satirique, Berni, pour trouver des strophes assimilables à celles que nous venons de citer chez Lévita. Le poète florentin, dans les prologues du *Rifacimento*, offre trois satires de caractère social : l'une contre les religieux (*OIr*, XX), la deuxième contre les courtisans (*OIr*, XLVIII) et la troisième contre les gentilshommes (*OIr*, LXV). Toutes trois touchent, par certains aspects, au problème de l'hypocrisie. La satire contre les courtisans s'appuie essentiellement sur une vaste allégorie développée au long de six strophes, ceux-ci étant comparés aux Lestrygons, géants dévoreurs provenant de l'*Odyssée* et que le roman de Boiardo s'était réappropriés. Chaque difformité physique des monstres représente un travers moral du courtisan et Berni se plaint de ne pas connaître de héros tels qu'Orlando et Brandimarte pour dompter ces nouveaux ogres. Ce type de procédés, transposition comique des lectures allégoriques dont était si friand le Moyen Âge, ne pouvait pas séduire Lévita.

Mais l'on trouvera, chez le poète florentin, un réel goût pour le portrait caricatural dans une autre satire, frappante pour son réalisme, celle qu'il dirige contre les religieux[253]. Dans ce prologue qui précède la narration de l'infâmie perpétrée contre Brandimarte et Fiordiligi par un vieux pèlerin, Berni retrouve le ton du poète citadin, railleur et médisant, qu'il cultive dans ses *Rimes*. Le sujet des moines s'y prête beaucoup mieux que les thèmes directeurs du roman de chevalerie, les armes et l'amour. Voici donc le portrait vivant qu'il nous offre de ceux-ci :

---

[253] Thème récurrent dans l'œuvre de Berni, en particulier durant sa période de contrition auprès du réformateur Giberti. Voir *Rime*, 34 « Sonetto in descrizion d'una badia », et 42, « Sonetto contra i preti », D. Romei 1984, p. 22-28.

Né per gli abiti bigi, azzurri e persi,
E non se lo toccar se non col guanto,
Avere il collo torto, e gli occhi bassi ;
E 'l viso smorto, in paradiso vassi ;

Né per portare in mano una crocetta,
Vestir di sacco, andar pensoso e solo,
E con una vitalba cinta stretta
Arrandellarsi come un salsicciuolo ;
Aver la barba lunga, unta e mal netta,
Un viso rincagnato di fagiuolo [...]

OIr, XX, 1-2

Ce n'est pas parce qu'on a des habits gris, bleus, bruns,
Parce qu'on ne touche à rien sans mettre de gants,
Parce qu'on a le cou tordu, les yeux baissés,
Et le visage blême, qu'on va au paradis ;

Ce n'est pas parce qu'on garde à la main une petite croix,
Qu'on s'habille de toile, qu'on marche pensif et seul,
Et ceinturé étroitement avec de la clématite,
Qu'on s'empaquète comme un saucisson,
Qu'on a la barbe longue, grasse et malpropre,
Un visage camard comme un fayot [...]

Dans ces strophes, Berni remotive le vieux proverbe populaire
« *l'abito non fa il monaco* » (« L'habit ne fait pas le moine »)
en le prenant à la lettre et en le développant pour lui donner une
dimension de sévère satire sociale. En marge du roman de chevalerie, il donne libre cours à son goût pour la caricature, accumulant les détails physiques, les habitudes de comportement
et utilisant maintes expressions populaires imagées (« *toccar-*
selo col guanto », « *viso rincagnato di fagiuolo* »). Il n'y a point
d'abstraction ici, mais une série d'images vivement tracées par
des épithètes expressives qui aboutissent, au-delà du caractère
burlesque de certaines comparaisons, à un portrait moral des
moines dont les traits essentiels sont la négligence, l'extravagance
et l'insincérité.

On voit là comme les prologues donnent une liberté particulière à l'écrivain : tout se passe comme si, à travers le carcan
moralisateur et sentencieux qu'il s'impose dans le *Rifacimento*,
le fond de caractère de Berni perçait dans ce prologue qui tend
vers le burlesque. La réflexion de l'auteur a laissé place, fût-ce pour

un bref instant, au plaisir du réel et du détail concret. Car Berni revient, dès la troisième strophe, à un langage plus abstrait, au ton doctrinal qui domine les prologues, et demande aux religieux de ne pas s'éloigner de la voie ordinaire, de ne pas chercher à tromper autrui, de se guérir de leurs passions. La caricature s'introduit comme par effraction dans les marges du roman de chevalerie : les prologues profitent à Berni, comme à Lévita, pour lui donner droit de cité.

Dans une autre satire, celle qu'il dirige contre les gentils-hommes au chant LXV, il laisse à nouveau quelque liberté à son goût pour l'observation concrète. Si l'on suppose que Lévita a pu avoir le *Rifacimento* comme source (ce qui ne peut rester qu'une hypothèse), il n'est pas impossible qu'il ait trouvé là quelque inspiration pour le prologue du chant VII du *Paris un Wiene* : il s'agit, dans les deux cas, de dénoncer l'arrogance de certains per-sonnages. Berni se moque des gentilshommes qui, parce qu'ils ont un beau blason, hérité du mérite de leurs ancêtres, se croient supérieurs à tous : « *Gli altri son appo lor tutti canaglia : / Come si dice gentiluom, le poste / Son salde tutte, ed è pagato l'oste*[254] » (*OIr*, LXV, 3). Le mépris universel qui caractérise ces arrogants, et le sentiment que leur seul titre leur permet de s'acquitter de tous les devoirs, est vivement rendu par les deux expressions idiomatiques du couplet final. Lévita, de façon assez inattendue, attribue le même type de sentiment, et la même attitude aux Juifs de Venise au regard des Juifs des autres cités[255]. Ils auraient ainsi la fâcheuse habitude de prendre l'étranger pour un bouffon : « *Wen si' nöu'ért machén den klip un' klap, / Do haltén si' sich tragén den preisén / Un' herén v̄un V̄enédig mit sein möu'érn / Un' üns̄ v̄ür irè knecht un' pöu'érn*[256] » (*PW*, 377). Nous voici

---

[254] « Les autres sont tous, auprès d'eux, des vauriens. / Quand on se dit gen-tilhomme, tous les comptes / sont réglés, et l'addition est payée. »

[255] L'arrogance des Ashkénazes en général (dont Venise était peuplée en grande majorité) et des Vénitiens en particulier est confirmée par certaines preuves historiques qu'apporte M. A. Shulvass 1950 (p. 166). Elle apparaît encore dans un débat poétique du XVIIᵉ siècle entre un Juif d'Allemagne, un Juif de Pologne et un Juif de Prague. Ce sont les Allemands qui sont dénoncés pour leur mauvaise hospitalité. Voir M. Weinreich 1929, p. 537-554.

[256] « Quand ils lui jouent un tour de passe-passe, / Ils croient avoir remporté le grand prix / Et se prennent pour les maîtres de Venise et de ses murs / Et nous prennent pour leurs serviteurs, leurs paysans. »

mis en présence d'une forme d'aristocratie juive, usurpée et ridicule. Le caractère risible de la prétention de ces hommes au titre pompeux de « seigneurs de Venise et de ses murs » est soulignée par le poète dans les vers qui précèdent notre citation lorsqu'il précise que ces mêmes Juifs vénitiens tremblent devant un personnage vêtu d'un manteau à capuchon (« *inér bösén kap*[257] ») et qu'ils fuiraient la ville sous sa menace.

Ce prologue mérite une attention toute particulière pour plusieurs raisons. Il occupe une position centrale dans le roman (*PW*, 374-380) car les premiers chants sont plus brefs que les derniers. Contrairement aux autres prologues, il n'a pas une portée morale générale. La critique est d'ordre local, voire anecdotique : ce sont les Juifs de Venise qui sont visés, l'absence d'hospitalité et l'arrogance ne sont soulignées que parce qu'elles contribuent au portrait de ces personnages. Il s'agit donc, au cœur du roman de chevalerie, d'une représentation fort vivante d'un préjugé juif de l'époque que Lévita reprend à son compte et qu'il élabore avec un plaisir évident : les habitants du ghetto de Venise sont, non seulement imbus d'eux-mêmes, mais ils se montrent insupportables à l'égard de leurs coreligionnaires. Lévita cite, à la fin de ce prologue, toute une série de villes italiennes où les Juifs se comporteraient mieux : Mantoue, Ferrare, Udine, Padoue, Vérone[258] (*PW*, 380). Au début de ce chant, il dit à nouveau prêter l'oreille à la *vox populi* (« *vil löut* »), mais au contraire de ce qui s'était passé

---

[257] « Dans un vilain manteau à capuche ». Le terme *kap* provient de l'italien *cappa*. Il s'agit sans doute des personnages officiels de la république de Venise, responsables de l'ordre dans le Ghetto, les *Ufficiali al Cattaver* ou *Cattaveri*.

[258] L'Italie, plus encore au XVIᵉ siècle qu'aujourd'hui, est caractérisée par la forte individuation du caractère de ses cités et du sentiment d'appartenance de leurs habitants. Il est intéressant d'observer comment cette particularité a pu être adoptée jusque dans les communautés juives. En guise d'illustration de ce phénomène chez les Chrétiens, on pourra se reporter à l'amusant voyage à travers les villes d'Italie que propose Folengo dans le deuxième livre du *Baldus*, et qui n'est en réalité qu'une liste de stéréotypes associés aux différentes villes : « *Intra ceretanos portat Florentia vantum, / Non nisi leccardos vestigat Roma bocones, / Quantos per Napolim fallitos cerno barones, / Tantos huic famulos dat ladra Calabria ladros*, etc. » (« Florence tient la première place pour les charlatans, / Rome ne cherche rien sinon les bons morceaux, / Je vois à Naples autant de barons déchus / Que la Calabre voleuse lui donne de serviteurs voleurs, etc. », *B*, II, 96-128). Ce ne sont pas moins de 32 villes et régions à qui sont ainsi attribuées des « spécialités ».

au chant II, concernant le secours procuré par les parents, il ne rejette pas l'opinion commune, du moins dans un premier temps, et s'appuie sur elle pour croquer sur le vif les Juifs vénitiens.

La scène est introduite, comme ailleurs, par un verbe de perception à l'impératif : « *Nun merk* » (« Observe à présent »). On notera que le poète ne se définit pas lui-même comme un Juif de Venise. Mais Élia Lévita n'avait-il pas un souvenir de sa propre arrivée dans la ville qu'il a quittée à plusieurs reprises dans sa vie[259] ? En utilisant la première personne du pluriel « *mir* », il s'assimile aux Juifs étrangers maltraités par les Vénitiens, tout en témoignant d'une parfaite familiarité avec leurs coutumes. Le prologue est construit de manière à faire partager au lecteur (ou à l'auditeur) l'expérience d'un nouvel arrivant dans le ghetto :

Kumt in di' štat ain vremdér gaśt,	S'il arrive dans la ville un hôte étranger,
Do is er in gleich ébén štinkén.	Ils se comportent avec lui comme s'il puait.
Er müśt wol habén lang gévaśt,	Il faudrait qu'il ait longtemps jeûné
Dáś man im geb ain trunk zu trinkén.	Pour qu'on lui donnât quelque chose à boire.
Es dücht si' sein ain gróśér laśt,	Cela leur semble une charge bien lourde
Wen si' im mit dem köpf' tun winkén ;	De le saluer par un signe de tête ;
Wen den mund tetén si zu gróś gédrangén,	Car ce serait faire trop grande violence à leur bouche
wen si' in mit ain „šolem" sóltén énpfängén.	De l'accueillir avec un « Shalom ».

PW, 375

L'efficacité de cette strophe tient à la simplicité candide des observations. Il s'agit pour Lévita de reprendre des reproches populaires, si spontanés que beaucoup nous semblent encore familiers aujourd'hui : la puanteur pour expliquer qu'on fuie le nouveau-venu, la bouche arrachée par le moindre « bonjour ». Une fois de plus, c'est la minutie du détail qui crée l'effet de réel : ainsi les pauvres signes de tête accordés à l'étranger paraissent le fruit d'un effort incommensurable.

Continuant son évocation, le poète suppose que le visiteur est resté assez longtemps pour obtenir quelque compagnie (« *er müśt wol lang um-gén im get*[260] »). Deux cas de figures sont alors envi-

---

[259] Dans la préface du *Meturgeman*, publié en 1542 à Isny, Lévita définit Venise comme sa ville : « ואלך לי אל ארצי אשר יצאתי משם / היא מדינת וונציה » (« J'irai dans ma nation que j'ai quittée / L'état de Venise. »)

[260] « Il lui faudrait longtemps errer dans le ghetto. »

sagés, tous deux aussi peu désirables. Dans le premier cas (*PW*, 376-377), on s'approche de lui pour obtenir quelque profit ou pour le tourner en bourrique : « *òdér wolt in irgéz mit hazrochess jukén / dò štèt màn um im as di hünlich um di klukén !*[261] » Lévita anime cette scène par la comparaison burlesque des poules qu'il affectionne particulièrement (cf. *PW*, 4). Dans le second cas (*PW*, 378), un Vénitien daigne, par extraordinaire, rendre service au visiteur, mais plus rien, dès lors, ne peut lui donner le sentiment d'être suffisamment payé pour sa bonté. Ce prologue ne s'ancre pas sur un *topos* mais bien sur le réel d'une expérience vécue ou observée. Les Vénitiens sont comiquement caractérisés par une série de traits moraux aussi peu enviables que banals : antipathie, arrogance, bouffonnerie et intolérance.

L'horizon d'écriture, le profil des lecteurs :
fonction interlocutoire des prologues

En reconstituant, au milieu du roman de chevalerie, cette visite comique et critique dans le ghetto de Venise, Lévita nous éloigne fort de l'univers de son récit. La digression est vaguement justifiée par l'arrivée de Paris à Gênes, et par le bon accueil que lui réservent les habitants de la ville : le manque d'hospitalité des Juifs vénitiens est ainsi condamné par contraste. Mais il n'en reste pas moins que le portrait de ces Juifs peu amènes, sortis tout droit des œuvres satiriques de Lévita, fait étrange figure au sein du récit des souffrances amoureuses des nobles héros, et qu'il en est d'autant plus remarquable. Ce prologue doit nous permettre de mieux saisir quel type de dialogue Lévita entretient avec ses contemporains, d'autant plus qu'en ceci il diffère remarquablement des poètes italiens.

L'Arioste utilise bon nombre de ses prologues dans un but encomiastique. Leur rôle d'invocation est hérité de la poésie

---

[261] « Ou bien l'on veut le titiller avec des bouffonneries, / Alors on l'entoure comme les poules entourent les poussins. » Le terme d'origine hébraïque *hazrochess* a donné lieu à des interprétations contradictoires par les éditeurs. E. Timm 1996 l'interprète selon le sens hébraïque courant (p. 108 : exigences, nécessités). Ch. Shmeruk renvoie à un sens particulier du mot en yiddish qui nous semble mieux convenir dans le contexte : bouffonneries, plaisanteries, paroles en l'air. Pour ce sens, voir D. Sadan 1986, p. 158-164.

antique, il s'agit de rendre hommage, pour diverses raisons, dont la dépendance financière n'est sans doute pas la moindre, à des personnalités contemporaines remarquables[262]. Le poète loue les seigneurs dédicataires de l'œuvre et la famille d'Este dans son ensemble, et commémore, à l'occasion des guerres du récit, certaines de leurs batailles les plus marquantes (*OF*, III, XIV, XV, XVIII, XXXVI, XLI, XLII). D'un autre côté, il s'agit d'établir un dialogue (par le biais de l'éloge) avec tout ce que la société italienne a de plus brillant[263] : nobles femmes (*OF*, XX, XXXVII, XLVI), peintres (on rappellera le vers célèbre où l'Arioste joue sur le nom de Michel-Ange : « *Michel, più che mortale, Angel divino*[264] » *OF*, XXXIII), et surtout écrivains (*OF*, XXXVII, XLVI). Le long dernier prologue, qui décrit le retour de la barque du poète dans le port, présente un impressionnant comité d'accueil, où les belles dames, si elles sont les premières nommées, laissent rapidement la place aux écrivains contemporains mentionnés en très grand nombre. C'est une véritable *Respublica literaria*, au sens érasmien du terme, qui vient féliciter l'Arioste pour l'achèvement de son grand poème[265].

Dès Boiardo, les romans de chevalerie ont eu pour rôle d'exalter une forme de société courtoise qui se reconnaissait dans les histoires d'amour et de valeur chevaleresque, tout en jouissant de la fantaisie et de l'humour qui caractérisent l'histoire du genre à la Renaissance. Avec l'Arioste, l'ambition poétique atteint son sommet. Il a la volonté de rivaliser avec les épopées antiques, et les lecteurs convoqués par le poète sont les membres d'une vaste élite politique, aristocratique et intellectuelle. Même si les éloges de

---

[262] Ici, comme souvent, l'Arioste et Berni entrent dans une traduction rhétorique fort ancienne et bien établie. Voir E. R. Curtius 1973, p. 258-276

[263] Ce dialogue n'est pas le fait des seuls prologues mais ils y ont une place privilégiée. Il arrive à l'Arioste de se livrer à des digressions assez longues au cœur des chants, justifiant ses anachronismes par différents artifices, le plus souvent grâce au pouvoir prophétique de divers enchanteurs et magiciennes : au chant III, c'est Merlin lui-même qui, depuis son tombeau, fait prophétiquement la généalogie des princes d'Este. Au chant XV, c'est la magicienne Andronica qui prophétise les grandes découvertes des navigateurs. Au chant XXXIII, c'est par le procédé classique de l'*ekphrasis* qu'il commente les guerres d'Italie peintes, par Merlin une fois de plus, dans l'une des salles du château de Tristan.

[264] « Michel, plus que mortel, Ange divin ».

[265] Le terme même commence à s'imposer dans les années de rédaction de l'*Orlando Furioso*. Voir F. Waquet 1989, p. 473-502 (en particulier p. 476).

l'Arioste, qu'ils concernent les actions militaires ou les initiatives politiques, sont toujours nuancés par l'ironie inséparable de sa narration et de ses discours, il n'en reste pas moins que le dialogue, parfois ambigu, mis en place par le poète avec ses contemporains, implique ce qu'il y a de plus élevé dans la société qui l'entoure[266]. Il se dessine, en toile de fond du poème, une sorte de compagnie idéale qui ne connaît guère les frontières et qui se distingue par le mérite de la naissance ou des talents[267].

Berni emboîte le pas de l'Arioste mais ses invocations, moins nombreuses que celles de l'auteur du *Furioso*, sont également moins ambitieuses. Elles restent plus dépendantes de la biographie du poète et ne visent pas à dessiner les contours d'une société idéale. Berni se livre surtout à l'éloge de certaines nobles dames avec qui il a entretenu des relations plus ou moins proches, Isabelle d'Este, Vittoria Colonna, Beatrice Pio, Maria Caterina Cybo : l'éloge féminin est une matière noble et la grâce des femmes chantées est censée rejaillir sur le poème. Dans le prologue du chant XXX, Berni chante Vérone, la ville où il compose son *Rifacimento* et où il croyait (à tort) pouvoir réformer sa vie. En ce qui concerne les actions guerrières, les exemples contemporains donnés par Berni sont tous négatifs : il critique, comme l'Arioste, les luttes auxquelles se livrent les armées étrangères en Italie, fait plusieurs fois référence au sac de Rome par les armées impériales en 1527, qui semble l'avoir beaucoup marqué (*OIr*, XIV, 23-28 ; XVII, 1-4). Il s'amuse, en dehors des prologues, pour le plaisir de son cercle d'amis le plus proche, à introduire dans le récit certains personnages historiques au rôle anecdotique, un bouffon de Léon X (*OIr*, LIII, 62), un page de Caiazzo (*OIr*, XII, 82) ou encore le cuisinier de son patron Giberti, Piero

---

[266] Voir la façon dont G. Sangirardi 2012 propose de relire et de nuancer l'éloge de Charles Quint présenté dans le chant XV de l'*Orlando Furioso*.

[267] D'où la virulence quelque peu vulgaire de la plainte, déjà mentionnée, adressée par Machiavel à l'Arioste dans une lettre à Alammani (poète dûment nommé dans le *Furioso*) pour avoir été exclu de cette société idéale : « [...] *dite lui che io mi dolgo solo che, avendo ricordato tanti poeti, che m'abbi lasciato indietro come un cazzo* » (« [...] dites lui que je me plains seulement que, ayant rappelé tant de poètes, il m'ait laissé tomber comme une queue »). L'habitude de faire l'éloge des seigneurs est devenue, après l'Arioste, une règle du genre et Bernardo Tasso se plaindra d'avoir dû y sacrifier dans son *Amadigi*. Voir M. Beer 1987, p. 157.

Buffet, dont on a vu qu'il jouait un rôle tout particulier dans les strophes autobiographiques (LXVII, 36-57).

Les références de Berni au monde extérieur à la fiction sont donc en général plus personnelles et moins ambitieuses que celles de l'Arioste. Il n'en reste pas moins que, dans son rôle de moralisateur, c'est aux princes qu'il s'adresse au premier chef. Il fait allusion, à plusieurs reprises mais jamais explicitement, aux erreurs de jugement du pape Clément VII qui ont conduit au désastre du sac de Rome. Il s'adresse aux seigneurs pour leur rappeler le jugement de Dieu (*OIr*, LVIII, 3) : « *Or intendete, re, che giudicate / La terra, e sete poi posti in tanto onore : Dice Dio, che temendo a lui serviate*[268] [...]. » Le poète italien n'hésite pas à parler aux seigneurs sur un ton de réprobation. Sa fonction morale et le pouvoir d'attraction des fictions qu'il écrit, lui donnent une forme d'ascendant sur les têtes couronnées.

Alors que Berni appuie ce type de discours sur l'autorité de la religion (à laquelle il essaie alors, tant bien que mal, de se soumettre lui-même), l'Arioste va très loin dans l'affirmation de l'autorité du poète, faisant intégralement dépendre la réputation des souverains de leur capacité à se concilier les bonnes grâces des écrivains : « *Oh bene accorti principi e discreti, / Che seguite di Cesare l'esempio, / E gli scrittor vi fate amici, donde / Non avete a temer di Lete l'onde*[269] » (*OF*, XXXV, 22). C'est Saint-Jean qui adresse ces mots à Astolfo au Paradis. Il s'agit de l'un des passages les plus ironiques du roman mais aussi, l'un de ceux qui affirment le plus nettement la haute dignité du poète. Selon les mots de l'apôtre, les poètes sont avant tout courtisans, et peuvent transformer en monuments les mensonges de leur plume. En conséquence, n'ont été honorés dans l'histoire que les amis des poètes, et cela au mépris même de la réalité.

La leçon est radicale, puisque le poète donne, par la voix de Saint-Jean, le conseil suivant pour connaître le vrai : « *Tutta al converso l'istoria converti*[270] » (*OF*, XXXV, 27). Les Grecs ont été

---

[268] « Écoutez à présent, roi, qui jugez / La terre, et à qui est échu tant d'honneur : / Dieu dit que vous devez le servir en le craignant [...] »

[269] « Oh, princes avisés et prudents / Qui suivez l'exemple de César / Et qui faites des écrivains vos amis, de sorte que / Vous n'avez pas à craindre les eaux du Léthé. »

[270] « Transforme l'histoire en son contraire. »

vaincus, les Troyens vainqueurs et Pénélope était une prostituée. L'ironie de l'Arioste est d'autant plus évidente que Saint-Jean lui-même se déclare poète affirmant ainsi qu'il n'a eu pour but et pour fonction que de servir son maître, le Christ : l'Évangile se trouve ainsi soumis au même soupçon de fausseté qu'Homère. Toutes les autorités de la culture occidentale, même les plus sacrées, sont mises en doute par l'affirmation du pouvoir poétique ! Le jeu de l'Arioste est d'autant plus intéressant qu'il impose une lecture à divers degrés. Le prendre au pied de la lettre serait faire de lui un auteur blasphématoire. Il joue certes avec le scandale mais, par l'artifice de l'ironie, parvient à rendre son message assez ambivalent pour ne pas prêter le flanc aux critiques les plus dévotes. En proposant avant tout un éloge des poètes, il affirme le pouvoir infini d'invention de la poésie, et dans le même temps, sa capacité à dénoncer son propre pouvoir : la vérité en sort, certes, écornée mais elle reste entre les mains de la poésie. Dans le même temps, et c'est là l'essentiel du message, il menace d'un oubli éternel (ou pire, d'une éternelle calomnie) les princes qui préfèrent les corbeaux aux cygnes, c'est-à-dire, les vains courtisans aux poètes.

En définitive, le dialogue entretenu par l'Arioste et Berni avec leurs lecteurs en marge du récit chevaleresque concerne une société choisie à laquelle les poètes appartiennent, mais où ils occupent une position fragile, ce qui entraîne chez le premier une revendication de son excellence et la définition d'une société idéale fondée avant tout sur les talents artistiques et, chez le second, une alternance entre des strophes moralisatrices, catéchisantes, et des strophes plus personnelles à tendance burlesque. Il faut noter que, même lorsque Berni se lance dans des prologues plus franchement satiriques, la distance entre le monde qu'il y présente et le monde de la fiction n'est jamais aussi grande que chez Lévita. Le prologue du chant XX, contre les religieux, répond directement à l'action du roman qui met alors en scène un pèlerin scélérat.

Pour l'auteur yiddish, il n'existe point de patron ni de dépendance courtisane[271]. Lévita est donc dans une position tout autre

---

[271] Contrairement à ce qui se passe pour son œuvre hébraïque qui n'aurait pu exister sans le soutien de Chrétiens influents auxquels Lévita rend systématiquement hommage. Cette absence de dépendance à l'égard d'un patron n'est pas systématique dans le champ de la poésie yiddish. Elle est due aux particularités

à l'égard de ses lecteurs juifs, public indifférencié mais conçu comme plutôt populaire. Il s'adresse souvent à eux directement dans les prologues du *Paris un Wiene*, rappelant au chant IV, que ni Juif ni Chrétien n'a tiré profit de l'amour des femmes, ou dans le prologue du chant X, en dépeignant son public juif, hommes, femmes, enfants, comme infiniment attirés par l'argent, tandis qu'ils ne sont que très médiocrement intéressés par les histoires qu'il raconte. Le monde de ces hommes et de ces femmes est nettement plus éloigné des histoires de chevaliers que celui de la noblesse italienne qui entretenait une familiarité avec toute la mythologie et l'éthique chevaleresque. Lévita a beau doter ses personnages de quelques traits juifs, le caractère merveilleux de ces transformations, et leur intention comique, saute aux yeux et provoque une indéniable prise de distance.

C'est pourquoi le prologue du chant VII a une signification toute particulière qui mérite d'être soulignée. Lorsque le poète écrit ce prologue consacré aux Juifs de Venise, il s'éloigne à mille lieues du récit fictionnel. Mais dans le même temps, il oblige ses lecteurs des ghettos d'Italie du Nord à s'approprier les questions morales soulevées par la fiction. Grâce à ce prologue, le Juif concret (et non pas un chevalier artificiellement judaïsé) en vient à trouver sa place dans les pages du roman de chevalerie italien. On peut même voir dans ce plaidoyer en faveur de l'accueil de l'étranger une forme de plaidoyer *pro domo* : accueillir l'autre, c'est aussi accueillir la culture de l'autre, c'est assimiler jusque dans les murs du Ghetto, ce que la culture italienne propose et ce que le poète adapte. Ce prologue joue pleinement son rôle d'implication du lecteur, non pas sous une forme encomiastique comme c'était le cas chez l'Arioste, mais sous une forme satirique qui correspond mieux à un lectorat indifférencié à dominante populaire. La satire

---

biographiques de Lévita et au fait qu'il ne dépendait en rien de ses œuvres vernaculaires pour vivre (ce qui devait constituer l'un des charmes essentiels du yiddish pour lui). Menaḥem Oldendorf dédicace son recueil poétique, transcrit en 1516, à une certaine Frau Hannelen. Gumprecht von Szczebrzeszyn consacre ses chants de Hanuka et de Purim à Sorele fille de Simḥo. Mais plus que de patrons au sens propre, il s'agit sans doute simplement des maîtresses de maison dont émanait la commande ponctuelle des manuscrits. Pour trouver un mécénat de type aristocratique, il faut aller chercher dans la littérature hébraïque où Leone Sommo dédicace son *Magen Nashim* à la très puissante banquière juive séfarade Dona Gracia Nasi.

pique la susceptibilité de sa cible et provoque la complicité de ceux qui ne se sentent pas directement concernés par ses dards : elle est donc un puissant vecteur d'intérêt pour le texte littéraire.

Il est une autre série de passages éminemment satiriques dans le *Paris un Wiene* et qui visent, conformément à l'ancienne tradition médiévale, les femmes. Ces strophes ont une position si particulière dans l'œuvre de Lévita qu'elles méritent un traitement approfondi : le beau sexe est la cible des prologues du chant II, du chant IV (le plus long prologue du roman), ainsi que de l'épilogue. L'inspiration des modèles italiens s'y fait sentir dans toute sa force.

La satire des femmes

Le traitement que l'Arioste réserve à la question des femmes est si central qu'il a, à juste titre, attiré une abondance d'interprétations[272]. Comme nous l'avons écrit précédemment, la querelle des femmes s'inscrit dans une tradition littéraire fort ancienne qui a connu un regain d'intérêt dans l'Italie septentrionale au début du XVIe siècle. L'Arioste donne à cette question une importance cruciale dans la structure même de son poème. Puisque l'amour est le thème moteur de l'*Orlando Furioso*, le désir des chevaliers pour leur dame est constamment situé dans la perspective d'une réflexion sur la nature féminine, sur l'honnêteté, la fidélité ou la cruauté des femmes. On a noté à maintes reprises que l'Arioste se présente alternativement comme un défenseur des dames et comme un franc misogyne. Les deux partis de la fameuse querelle ont voix au chaptire, se répondent et se superposent tout au long des 46 chants, laissant au lecteur le sentiment d'un joyeux relativisme où le sentiment misogyne est contrebalancé par des figures de femmes nobles et pures, indéniablement fidèles, telles qu'Isabella ou Bradamante. La place essentielle occupée par les femmes guerrières, véritables androgynes, ajoute à la complexité de la vision ariostéenne puisque des personnages comme Marfisa

---

[272] Nous citerons en particulier N. Ivanoff 1932-1933, p. 262-272, R. M. Durling 1965, p. 150-176, D. Shemek, 1989, p. 68-97. Il convient également de noter que cette question a attiré bon nombre d'analyses dans le cadre des *gender studies*, voir C. Jordan 1999, p. 295-314 et plus récemment I. Mac Carthy 2007.

ou la même Bradamante assument alternativement des attitudes masculines et féminines.

Les positions contradictoires de l'Arioste dans le débat sur la femme sont présentes aussi bien dans les nouvelles (qui demeurent cependant, selon les règles du genre, majoritairement misogynes[273]), dans le récit des aventures, et dans les différents prologues et interventions du narrateur. L'Arioste exprime dès le quatrième chant sa condamnation des injustices faites aux femmes par la bouche de Rinaldo : « *Perché si de' punir donna o biasmare, / Che con uno o più d'uno abbia commesso / Quel che l'uom fa con quante n'ha appetito, / E lodato ne va, non che impunito*[274] ? » (*OF*, IV, 66). C'est en opposant aux ennemis des femmes la propre inconstance des hommes qu'il rétablit à plusieurs reprises l'équilibre de la balance. Ainsi, après la violente diatribe de Rodomonte contre les femmes qui suit la trahison de Doralice (*OF*, XXVII, 117-124) et après la nouvelle cocasse racontée par l'hôtelier sur l'incorrigible versatilité du beau sexe (*OF*, XXVIII, 4-74), un vieil homme prend la parole pour rappeler aux hommes leur propre incontinence[275] (*OF*, XXVIII, 76-83).

Dans les prologues, le narrateur prend fréquemment les dames de son public à témoin. Celles-ci font donc figure de destinatrices privilégiées, au même titre que les patrons du poète. L'Arioste se dote, plus nettement que Boiardo, d'une posture galante et courtoise. Mais les éloges de femmes, nombreux dans l'*Orlando Furioso*, ne sont sans équivoque que lorsqu'ils s'adressent à des dames contemporaines de l'Arioste comme Isabelle d'Este ou

---

[273] Rinaldo refuse de se soumettre au test du vase enchanté qui doit lui révéler la vérité sur la fidélité de sa femme car : « *Mia donna è donna, ed ogni donna è molle* » (*OF*, XLIII, 7). Qu'on songe également à Anselmo, le mari de la nouvelle du même chant, qui désire tuer sa femme après qu'elle l'a trompé par goût de l'or mais qui se fait lui-même appâter par la perspective d'obtenir un magnifique palais et accepte pour cela de coucher avec un nain hideux.

[274] « Pourquoi faut-il punir ou blâmer une femme / Qui a commis avec un ou plusieurs hommes / Ce que l'homme fait autant qu'il en a envie / Et s'en sort, non seulement impuni, mais même loué ? »

[275] Rodomonte se voit deux fois démentir dans son aversion pour les femmes. La première fois par le discours du vieillard. La seconde, non plus par des mots mais par les faits puisque, lui qui affirmait croire ne jamais pouvoir rencontrer une femme honnête, tombe bientôt amoureux d'Isabella qui préfère mourir plutôt que de tromper sa foi pour son amant mort Zerbino. Le narrateur de l'Arioste souligne coquettement cette seconde dénégation en s'en attribuant le mérite (*OF*, XXIX, 3).

Lucrèce Borgia : le poète joue alors son rôle de courtisan et ces passages, liés à des prophéties prononcées de vive voix ou déchiffrées sur des monuments par le procédé de l'*ekphrasis*, forment des excursus qui s'appuient davantage sur une tradition rhétorique que sur une prise de position personnelle.

Le prologue du chant XXXVII, qui se présente directement comme une tentative pour rendre aux femmes la gloire qu'elles méritent, se mue subrepticement en un éloge des poètes. En effet, l'Arioste, fidèle à sa conception emphatique du rôle de l'écrivain dans l'établissement de la renommée, affirme que les dames n'obtiennent pas la réputation qui leur revient car ce sont, en général, des hommes qui écrivent. Heureusement, les poètes contemporains de l'Arioste, Pontano, Bembo, Alamanni et d'autres, remédient à ce grave manquement en chantant dignement les femmes. L'éloge promis à ces dames est en réalité chanté à la gloire de ceux qui les célèbrent, et l'Arioste en profite pour saluer une dizaine de ses compagnons de plume.

De dames, il n'en cite qu'une, sous prétexte qu'il n'en viendrait jamais à bout s'il devait louer toutes celles qui le méritent, mais l'élue a, selon ses dires, un statut incomparable, une prééminence incontestable, et l'on comprend, même s'il ne le dit pas explicitement, que c'est parce qu'elle écrit. Il s'agit de Vittoria Colonna, qu'il porte aux nues. L'Arioste salue son style et sa puissance poétique. Ce panégyrique se révèle donc être, avant tout, une louange du pouvoir d'écrire, et l'Arioste le confirme en conclusion du prologue, en encourageant les dames à prendre la plume : « *Donne, io conchiudo in somma, ch'ogni etate / Molte ha di voi degne d'istoria avute ; / Ma per invidia di scrittori state / Non sete dopo morte conosciute : / Il che più non sarà, poi che voi fate / Per voi stesse immortal vostra virtute*[276] » (*OF*, XXXLVII, 23). En attendant, le poète reste homme et les références d'ordre général aux dames sont imprégnées d'une certaine malice, ou du moins d'une taquinerie dans laquelle l'ironie de l'Arioste se déploie librement.

Il y a d'abord les allusions malicieuses à certaines qualités des dames qui, vues par un homme, peuvent paraître comme autant

---

[276] « Dames, je conclus en somme, que toutes les époques / Ont connu des femmes dignes d'histoire ; / Mais en raison de l'envie que vous portent les écrivains, / Il n'y en a pas sept qui sont restées connues après leur mort : / Ce qui n'aura plus lieu, puisque vous rendez / Par vous-mêmes immortelles vos vertus. »

de défauts. Dans le prologue du chant XXVII, l'Arioste, brodant autour du stéréotype de l'intuition féminine, affirme que les décisions des femmes sont bien meilleures lorsqu'elles les prennent dans le feu de l'action (« [...] *Che questo è speziale e proprio dono / Fra tanti e tanti lor dal ciel largiti*[277] ») tandis que celles des hommes doivent absolument venir d'une mûre réflexion. Il l'écrit afin de critiquer le tour de Malagigi qui, pour sauver Ricciardetto qui se trouvait en mauvaise posture face aux païens, a expédié Mandricardo et Rodomante vers Paris, événement fort utile au déroulement du poème tel que l'Arioste l'a conçu, mais fort gênant pour Charlemagne qui voit ces deux foudres de guerre fondre sur son armée. Cette réflexion sur le privilège naturel (ou divin) de la nature féminine, qui n'est en rien justifié par le contexte, tourne en réalité au détriment des dames qui, si elles se voient attribuer le don de l'intuition, se voient dans un même mouvement retirer celui de la réflexion.

Dans le prologue du chant XXXVIII, la malice de l'Arioste repose tout entière dans l'adresse particulière qu'il fait aux dames. C'est dans ce type d'adresses aux femmes que le poète rétablit la fiction de l'énonciation directe, héritée des romans populaires qu'il a plutôt tendance à éviter dans l'ensemble du poème[278]. Il dit observer sur le visage des dames qu'elles sont mécontentes du comportement de Ruggiero, lequel vient d'abandonner (pour la ennième fois) son amante Bradamante afin qu'on ne puisse pas l'accuser d'avoir trahi son seigneur Agramante au cœur de la tourmente. Rien ne justifie ici une adresse particulière aux dames, sinon l'idée reçue d'une certaine solidarité féminine, et d'une plus grande sensibilité du beau sexe face aux trahisons amoureuses. Le stéréotype est volontairement convoqué par le poète ferrarais : les femmes, et les destinatrices du poème en particulier, sont décidément placées du côté de l'intuition et des sentiments.

---

[277] « Car il s'agit d'un don spécial et particulier / Que le ciel leur a donné parmi d'autres très nombreux. »

[278] « *Cortesi donne, che benigna udienza / Date a' miei versi, io vi veggo al sembiante, / Che quest'altra sì subita partenza / Che fa Ruggier da la sua fida amante, / Vi dà gran noia* [...] » (« Dames courtoises, qui écoutez avec bienveillance / Mes vers : je vois bien à votre allure / Que cette nouvelle séparation subite / De Ruggier à l'égard de sa fidèle amante / Vous est pénible [...] »). Cette observation sur la réaction des dames de l'auditoire, en réactivant la fiction de la lecture publique, est un signe, à elle seule, de l'aspect comique de ce début de prologue.

C'est au poète, à l'homme donc, de leur rappeler ce qu'exige la raison. L'Arioste s'empresse de défendre son personnage en soulignant que les exigences de l'honneur passent celles de l'amour.

Même lorsque le poète ferrarais semble se placer, tout uniment, dans le rang des défenseurs des femmes, il arrive souvent qu'un dard soit dissimulé au milieu des roses. C'est là une forme d'ironie particulière que Lévita saura parfaitement imiter. Dans le prologue du chant XXII, qui appartient à la série des prologues qui présentent des excuses aux dames pour des propos misogynes précédemment tenus, l'Arioste semble ainsi demander pardon pour son emportement contre le personnage de la mégère Gabrina. Cependant entre l'adresse élogieuse aux dames et les excuses proprement dites est venue se glisser une pointe satirique :

> *Cortesi donne e grate al vostro amante,*
> *Voi che d'un solo amor sète contente,*
> *Come che certo sia, fra tante e tante,*
> *Che rarissime siate in questa mente ;*
> *Non vi dispiaccia quel ch'io dissi inante,*
> *Quando contra Gabrina fui sì ardente.*
>
> OF, XXII, 1

Courtoises dames, bonnes pour votre amant,
Vous qui vous contentez d'un seul amour,
Bien qu'il soit certain que, parmi tant de femmes,
Vous soyez fort rares dans une telle disposition,
Ne soyez pas mécontentes de ce que j'ai dit précédemment,
Quand j'ai été si ardent contre Gabrina.

L'introduction d'une proposition concessive qui affirme la rareté des femmes fidèles au cœur même de la phrase de contrition donne le sentiment que l'Arioste accentue les griefs que les « courtoises dames » pourraient avoir contre lui, plutôt qu'il ne les diminue.

Ces excuses biaisées illustrent bien la forme des relations que le narrateur de l'*Orlando Furioso* entend établir avec son public féminin : il s'agit d'une complicité faite d'agacements récurrents, de taquinerie et de provocation. Ne le voici-t-il pas qui se contredit allègrement deux strophes plus loin en affirmant vouloir louer cent femmes pour une seule qu'il blâme ? Où les trouvera-t-il puisqu'il vient de dire qu'elles sont si rares ?

Per una che biasmar cantando ardisco	Pour une femme, qu'en chantant, j'ai l'audace de blâmer
(Che l'ordinata istoria così vuole),	(Car l'histoire que je suis le veut ainsi),
Lodarne cento incontra m'offerisco,	Je m'offre en retour d'en louer cent,
E far lor virtù chiara più che 'l sole.	Et de faire voir leur vertu plus claire que le soleil.

OF, XXII, 3

Le narrateur plaisantin se dédouanne, comme nous l'avons déjà noté, sur « l'histoire » : celle-ci ne lui laisse pas de choix puisqu'elle présente des femmes atroces.

Nous voyons qu'à travers ce mouvement constant d'accusations suivies d'excuses (prologues des chants XXII, XXVIII, XXIX, XXX) se dessine la figure d'un narrateur versatile, joueur : avec un tel défenseur, les femmes n'ont guère besoin de procureur. Dans le prologue du chant XXVI, il affirme que bien peu de femmes placent les intérêts de l'amour au dessus de ceux de l'argent. À la fin du chant XXVII, après la violente diatribe de Rodomonte contre les femmes, le narrateur lui donne tort : « *Che per una o per due che trovi ree, / Che cento buone sien creder si dee*[279] » (*OF*, XXVII, 122). Avant de préciser, nouvelle volteface, que lui-même n'en a rencontré que des perfides : « *Ma mia fortuna vuol che s'una ria / Ne sia tra cento, io di lei preda sia*[280] » (*OF*, XXVII, 123).

Le poète yiddish est plus univoque que son modèle italien. Si, comme l'Arioste, il fait mine de s'engager à plusieurs reprises pour les femmes (*PW*, 169, 183, 713), la voix misogyne est largement dominante chez lui. Pour défendre le beau sexe, le narrateur de Lévita n'avance que deux raisons : un souci de justice (qu'il ne tarde pas lui-même à mettre en doute) et le fait que lui-même se trouve être un amant inconsolable (identité qui s'effondre à la fin du poème, comme nous le savons). De même que son modèle italien, le poète yiddish se plaît à enfiler des gants de

---

[279] « Car si tu en trouves une ou deux qui soient mauvaises / Il faut croire qu'il y en a bien cent qui sont bonnes. »

[280] « Mais mon destin veut que s'il en existe une mauvaise / Parmi cent, je sois la proie de celle-là. » L'Arioste ajoute dans la strophe suivante qu'il n'a pas perdu l'espoir d'en rencontrer une honnête, et que, s'il l'a trouve, il ne se fatiguera jamais de la louer. C'est là le destin qu'il fait subir à Rodomonte puisqu'il lui fait rencontrer Isabella et que celui-ci l'honore en lui bâtissant un mausolée particulier après sa mort.

velours pour mieux dissimuler ses griffes. C'est ainsi qu'il conclut le long prologue misogyne du chant IV du *Paris un Wiene* par une défense des femmes qui, elle-même, s'achève sur une réserve, fort propre à mettre en doute toutes les belles paroles prodiguées auparavant :

Ich sag öuch wol : er hàt nit recht,	Je vous le dis clairement : il a tort
Dàś er rèdét aso herb un ' herbér.	De parler ainsi des femmes de mal en pis.
Sein der bösén vünf, sekś, sibén, echt,	S'il y en a de mauvaises cinq, six, sept, huit,
Di' selbén štróf er un ' vér-derb er !	Qu'il les blâme et nuise à celles-ci !
Er sein dàrgègén hundért lecht	Il y en a au contraire cent, peut-être,
Di do sein gètröu' un ' vrum un ' erbér.	Qui sont fidèles, pieuses et honnêtes.
Ich sag wol 'lecht' un ' wilś nit bèzöügén ;	Je dis bien « peut-être » mais je ne m'en porte pas garant,
Wen sagèt ichś gèwiś, so möcht ich löügén.	Si je l'affirmais catégoriquement, je risquerais de mentir.
PW, 184	

Cette strophe pousse l'art de la défense perverse encore plus loin que chez le poète ferrarais. En effet, alors que l'Arioste affirmait qu'il y avait peut-être une ou deux mauvaises femmes contre cent bonnes, Lévita, introduit au cœur de son plaidoyer une gradation comique dans le nombre des malhonnêtes (« *vünf, sekś, sibén, echt* »). À ce rythme-là, on ne voit guère pourquoi on s'arrêterait si tôt : le chiffre de cent sera vite atteint. Mais c'est la pointe finale qui met en pièce tout le plaidoyer puisque le poète refuse de se porter garant de sa défense des femmes. Il insiste sur l'adverbe « *lecht* » (« peut-être »), situé à la rime pour mieux l'accentuer et, pris d'un scrupule dévastateur pour la solidité de son argumentation, refuse d'affirmer catégoriquement ce qu'il vient d'avancer, de crainte de proférer un mensonge. Au terme donc de ce prologue, défendre les femmes semble être une entreprise fort hasardeuse, sinon vouée à l'échec.

Dans sa position univoque, Lévita est plus proche de Berni que de l'Arioste. Le poète florentin se devait, sur le modèle ariostéen, de consacrer particulièrement quelques prologues aux femmes. C'est ce qu'il fait dans les chants XI, XVIII et XLI. Les critiques aux femmes se font sous la forme de pseudo-conseils et les blâmes se voient perversement retournés en éloges. Au chant XI, Berni dépeint la vanité de la beauté qui disparaît bien vite. On y rencontre l'usage d'un procédé d'accumulation qui est fréquemment employé par Lévita :

Però s'afflige un Cristiano e s'ammazza	Ainsi un Chrétien s'afflige et se tue
Intorna ad una donna imbellettata	Auprès d'une dame toute fardée :
Fa versi, fassi bello e si profuma	Il fait des vers, se rend beau, se parfume,
E se e lei ad un tratto consuma.	Il se consume soi-même en même temps qu'elle.
Dall'altra parte viene un concorrente	D'un autre côté vient un concurrent
E due, e tre, e quattro, e cinque, e sei […]	Et deux, et trois, et quatre, et cinq, et six […]

OIr, XI, 3-4

Au bout du compte, un amant dédaigné défigure par vengeance la belle que tout le monde aimait et c'en est fini de toute cette vanité. La ronde des amants ici dépeint rencontre, pour sa forme, celle que Lévita met en scène dans les strophes 710-712 de son roman.

Le prologue du chant XVIII s'appuie sur Aristote pour affirmer platement mais dans un cadre éminemment comique : « *È la donna da se animal imperfetto*[281] » (*OIr*, XVIII, 3). Berni attribue cette triste réalité à une tendance farceuse de la Nature : « *La natura, ch'a forse del buffone*[282] ». Et il conclut sa théorie sur le paradoxe suivant : « *Una donna eccelente in qualche cosa / Può dirsi creatura mostruosa* » (*OIr*, XVIII, 4). C'est ainsi que Marfisa, selon le poète, peut être dite monstrueuse pour son courage extraordinaire. Ici, point d'excuses de la part de Berni pour ses mauvaises paroles, mais une pirouette finale adressée à son public féminin afin de désarmer (ou de faire mine de désarmer) toute animosité :

E voi, donne, che questi versi miei	Et vous, dames, qui écoutez
O ver leggete o ver state ad udire	Ou qui lisez mes vers
Siate mostri, non bravi come lei,	Vous êtes des monstres, non courageuses comme elle
Né siate brutte, io non vo' cosi dire,	Et vous n'êtes pas laides, je ne veux pas dire cela,
Ma d'amor, di virtù, di leggiadria,	Mais d'amour, de vertu, de grâce,
Ch'è 'l più bel mostro e 'l più dolce che sia.	Et c'est là le plus beau monstre et le plus doux qui soit.

OIr, XVIII, 5

Par cette plaisanterie paradoxale, Berni se dispense de présenter ses excuses. Les lectrices ne savent plus si elles doivent se fâcher ou être flattées. Comment peut-on prendre en mauvaise part le

---

[281] « La femme est, par nature, un animal imparfait. »

[282] « La nature, qui a peut-être, quelque chose du bouffon. »

fait d'être traitée de monstre de charme ? La malice de Berni est éclatante et l'on remarquera qu'il laisse le mot « monstres » en suspens pendant un vers et demi avant de le préciser, jouant ainsi sur la crainte des pauvres lectrices qui ne peuvent plus se mettre en colère après les galanteries des deux derniers vers.

Il arrive même à Berni, sur le modèle de l'Arioste, de demander des excuses aux dames, mais celles-ci sont si piètrement assaisonnées que la malveillance du poète misogyne n'en paraît que plus indéniable. C'est ainsi que, dans le prologue du chant XLI, le poète florentin affirme que seul un fou confierait un secret aux dames car celles-ci ne savent pas tenir leur langue. Il s'adresse alors à ses lectrices pour un semblant d'excuse qui est, en réalité, une pointe brutale :

Perdonatemi, donne, in questo caso	Pardonnez-moi, mesdames, en cette occasion
Parlo del tener vostro solamente :	Je ne parle que de votre capacité à tenir les secrets :
Avete troppi buchi al vostro vaso	Vous avez trop de trous à votre vase
E sete ragionevol bestialmente.	Et êtes bestialement raisonnables.

OIr, XLI, 5

L'oxymore final n'est pas propre, cette fois, à tromper les lectrices. C'est l'animalité qui a le dernier mot. L'insulte domine chez Berni qui, dans ses prologues contre les femmes, retrouve la verve violente du satiriste qui prônait dans ses *Rimes* l'amour homosexuel. Il couvre à peine ses attaques d'une fine gaze de courtoisie, imposée par le genre du roman d'armes et d'amour. Mais cette gaze est bien trop transparente pour ne pas plutôt mettre en évidence les contours d'une acide moquerie.

Lévita a-t-il pu être influencé dans ce domaine par le poète florentin ? Il n'est pas possible de trancher. Ce qui est certain, c'est que le prologue du chant IV est celui qui illustre le mieux la façon dont Lévita sait naviguer entre différentes sources, puisant librement dans l'*Orlando Furioso*, intercalant des idées provenant du *Paris e Vienna*, et aboutissant à une composition organique tout à fait originale dont les sources diverses ne se laissent plus sentir. On notera d'abord qu'il a intégré, en conclusion du discours d'Odoardo contre les femmes, l'adaptation d'une strophe de l'Arioste, qui n'est, une fois n'est pas coutume, pas tirée d'un prologue du roman italien mais de la fin du chant XXVII, de l'invective de Rodomonte contre le beau sexe. Il s'agit de retirer aux dames l'honneur qu'est censé leur apporter la responsabilité de l'enfantement :

OF, XXVII, 121	*PW*, 182
Non siate però tumide e fastose,	*Kain andér èr ain vraw' nit hòt,*
Donne, per dir che l'uom sia vostro figlio ;	*As dás mir manén sein ʋun in géborén.*
Che de le spine ancor nascon le rose,	*Das wörfén si' únš ʋür gar dròt ;*
E d'una fetida erba nasce il giglio :	*Abér ir recht is dò ach vérlôrén :*
Importune, superbe, dispettose,	*Sich ach ain ròs schmekédig un' ròt,*
Prive d'amor, di fede e di consiglio,	*Di' wakšt dòch ʋun ainém röuchén dörén ;*
Temerarie, crudeli, inique, ingrate,	*Un' ʋun ain štinkédigén gras kumén di lilgén –*
Per pestilenza eterna al mondo nate.	*Di blumén hòt mán lib – unš kröut vér-tilgén !*
Ne soyez donc pas orgueilleuses et pompeuses,	Une femme n'a pas d'autre mérite
Femmes, sous prétexte que l'homme est votre fils ;	Sinon que nous, les hommes, soyons nées d'elles.
Car c'est aussi des épines que naissent les roses,	Elles nous le jettent franchement à la figure ;
Et d'une herbe fétide que naît le lys :	Mais leur droit n'est pas plus fondé en ceci :
Importunes, superbes, méprisantes,	Vois aussi la rose, odorante et rouge,
Dépourvues d'amour, de foi, et de réflexion,	Elle pousse sur une épine hérissée ;
Téméraires, cruelles, injustes, ingrates,	Et d'une herbe puante viennent les lys –
Nées pour empester éternellement le monde.	On aime les fleurs – on rejette la plante.

Lévita développe dans cette strophe les quatre premiers vers de la strophe de l'Arioste. Alors que Rodomonte s'adresse directement aux femmes selon la convention rhétorique, mais contre la vraisemblance puisqu'il voyage seul, Odoardo présente l'argumentation féminine à la troisième personne pour la discréditer d'une façon plus circonstanciée que dans le poème italien qui se montre elliptique. La longue série d'adjectifs négatifs employée par Rodomonte pour décrier les femmes rend sa vitupération plus virulente et plus radicale que celle d'Odoardo. Chez Lévita, l'opposition entre les douces fleurs et les viles plantes est pédagogiquement résumée dans le dernier vers et elle est rendue plus saillante dans l'exposé des comparaisons par l'usage d'épithètes expressives (« *schmekédig* » / « *štinkédig* »). Le « recyclage » de cette strophe de l'Arioste est d'autant plus intéressant qu'il s'inscrit dans un prologue à la structure complexe où la maîtrise des différentes références de Lévita apparaît au grand jour.

En effet, alors que les autres prologues du roman sont entièrement assumés par la voix du poète, celui-ci inclut un long discours d'Odoardo qui avait commencé au chant précédent (*PW*, 162-167). Ce discours est introduit par quatre strophes prononcées par le poète (*PW*, 167-170) et commenté par deux strophes supplémentaires (*PW*, 183-184). Cela a pour conséquence de brouiller la distinction entre l'espace du prologue et celui de la fiction. Pour mieux comprendre la structure de ce prologue complexe, un tableau de ses différents moments et de ses sources variées peut éclairer le lecteur.

Structure du prologue du chant IV de *Paris un Wiene* :

Strophes de *PW*	Contenu	Source certaine ou probable
I) 168-170	Demande d'excuses aux dames. Déresponsabilisation du poète. Déresponsabilisation d'Odoardo qui n'utiliserait ce discours qu'à des fins rhétoriques.	167-168 puisent à divers niveaux dans *OF*, XXII, 1-3 ; XXVIII, 1-3, XXX, 3
II) 171	Reprend et complète au discours indirect la fin de l'argumentation d'Odoardo au chant précédent	*PW*, 167, *PVit*, 34 : « *Io per mia parte dico e confesso non esser in donna alcuna bonta ne virtu, ma principio e mezo e fine d'ogni male* [...] *in loro non e fede, ne bonta, anzi sono piene di falsitade, e lo suo parlare pieno d'inganni* [283] »
III) 172-174	Discours d'Odoardo qui suit d'assez près le *PVit* en l'animant de détails et de notations concrètes. 172 : « *Wen du' würśt máinén zu sizén hóch / Só möcht si' dir légén ain ludér* [284]. » Le seul plaisir des femmes est d'attirer un pauvre homme qu'elles trahissent bien vite pour un autre.	*PVit*, 35 : « *tu crederesti essere a cavallo, e saresti molto da lungi del tuo viagio* [285] »

---

[283] « Pour ma part, je dis et je confesse qu'il n'y a, chez la femme, aucune bonté ni aucune vertu, mais commencement, milieu et fin de tout mal [...] en elle il n'est point de foi, ni de bonté. Au contraire, elles sont pleines de fausseté et leurs paroles sont pleines de tromperies. »

[284] « Quand tu penserais être placé au sommet / C'est alors qu'elle pourrait te rouler dans la farine. »

[285] « Tu croirais être à cheval, et serais bien loin du but de ton voyage. »

Strophes de *PW*	Contenu	Source certaine ou probable
IV) 175	Transition entre l'idée de cruauté des femmes, et la peinture des soins de beauté. « *Un ' si ' sein ergér as bösè tir / As wölf un ' berén sein si' wildér* [286].. »	S'appuie peut-être sur un trait d'*OF*, XXVII, 119 : « *come ha produtto anco il serpente rio / E il lupo e il orso* [287] [...] »
V) 176-180	Satire des soins de beauté des femmes présentés, avec force détails, en opposition à leur apparence réelle. Sont envisagés à tour de rôle le maquillage, le soin des cheveux et sourcils, les vêtements et chaussures, l'apparence au réveil et les ravages de la vieillesse.	Lévita s'éloigne ici de références littéraires directes, s'appuyant, comme il le fait toujours dans ses satires, sur ses observations personnelles. On peut néanmoins mentionner une série de sources possibles, en particulier : Boccaccio, *Il Corbaccio*, Bernardo Giambullari, *Il Sonaglio delle donne*, L'Arioste, *Satire* V.
VI) 181-182	Conclusion du discours d'Odoardo concernant la nécessité de fuir les femmes. Elle s'appuie d'abord sur les phrases de l'Ecclésiaste concernant les femmes : « *Der dò is gut der is dàrvun entrinén / Un ' ain sündigér der wert gèvàngén dinén* [288] », puis sur une reprise de la strophe de l'Arioste pour dénier aux femmes le mérite de l'enfantement.	*Ecclésiaste*, 7, 26 : וּמוֹצֵא אֲנִי מַר מִמָּוֶת, אֶת-הָאִשָּׁה אֲשֶׁר-הִיא מְצוֹדִים וַחֲרָמִים לִבָּהּ--אֲסוּרִים יָדֶיהָ ; טוֹב לִפְנֵי הָאֱלֹהִים, יִמָּלֵט מִמֶּנָּה, וְחוֹטֵא, יִלָּכֶד בָּהּ [289]. Il est fort possible que cette citation ait été inspirée par *PVit* où l'on lit : « *Non sai tu che, anche Salomone, il qual fu si savio, da lor fu ingannato* [290]. ». La strophe 182 s'appuie directement, comme on l'a vu sur *OF*, XXVII, 121. Un souvenir des *Mahberot* (*MI*, 17, l. 96-112) d'Immanuel de Rome est ici également envisageable.

[286] « Et elles sont pires que de méchantes bêtes, / Elles sont plus sauvages que des loups ou des ours. »

[287] L'Arioste affirme que la Nature a produit la femme pour le tourment de l'homme, « comme elle a aussi produit le serpent mauvais / Le loup et l'ours [...] »

[288] « Celui qui est bon en réchappe / Et le pécheur s'y retrouve prisonnier. »

[289] « Et j'ai trouvé plus amère que la mort la femme dont le coeur est un piège et un filet, et dont les mains sont des liens ; celui qui est agréable à Dieu lui échappe, mais le pécheur est pris par elle. » Lévita, dans cette même strophe, reprend à l'Ecclésiaste l'image du filet tendu à l'homme par la femme.

[290] « Ne sais-tu pas que Salomon, qui était si sage, fut trompé par elles ? »

Strophes de *PW*	Contenu	Source certaine ou probable
VII) 183-184	Commentaire du narrateur sur ce discours misogyne qu'il dit abréger pour épargner les dames tout en rappelant qu'il est lui-même un amant malheureux. Défense malicieuse des femmes honnêtes. On peut affirmer que le prologue s'arrête en ce point. Mais le discours d'Odoardo continue.	Le rappel de l'amour malheureux peut s'appuyer sur *OF*, XXX, 3 et la défense des femmes honnêtes sur *OF*, XXVII, 122, parmi d'autres (cf. *OF*, XXVIII, 77-78). L'idée se trouve déjà exprimée en passant dans *PVit*, 35.
VIII) 185-187	Fin du discours d'Odoardo qui reprend directement l'adaptation de *PVit*.	186 adapte *PVit* : « [...] *pregote non voler seguitare a questa tal fantasia per amor del tuo caro padre, della tua cara madre*[291] [...] ».

Comme on le voit, un tel prologue est une mosaïque de réminiscences et de créations originales. L'inspiration est parfois complexe : la mention de Salomon dans le *Paris e Vienna* a probablement transmis à Lévita le désir de paraphraser les mots de l'Ecclésiaste consacrés aux femmes, qui lui étaient bien plus familiers qu'à l'anonyme italien, sans pourtant les désigner explicitement, ce qui laisse au lecteur le plaisir de les reconnaître.

De ces différentes parties du prologue, certaines méritent un commentaire particulier, à commencer par l'adresse aux femmes (**I**). Lévita fait ici des lectrices, comme l'Arioste dans l'*Orlando Furioso*, des destinatrices privilégiées. Il convient de souligner à quel point cette adresse est différente de celles qui sont monnaie courante dans la littérature yiddish ancienne (et notamment dans le prologue du *Bovo Dantòne*). Il ne s'agit pas là des omniprésentes « *vrumé vrawén* » (femmes pieuses) à qui s'adressent les livres en langue vernaculaire, mais bien de jeunes filles sensibles aux flatteries et aux blâmes auxquelles le poète est censé s'adresser, en raison de sa posture galante et

---

[291] « Je te prie de ne pas vouloir suivre cette fantaisie pour l'amour de ton cher père, de ta chère mère. »

du sujet même de son roman, avec courtoisie (« *Ich kan öuch izund nit hövirén*[292] », *PW*, 168). C'est pourquoi le narrateur les apostrophe, multipliant les synonymes et les épithètes, avec une emphase trop solennelle pour ne pas paraître quelque peu ironique : « *Ó junk-vrawén gut, ò schöné dirén, / Ò pülzélś vrum, ò édél maidlich*[293] ! » (*PW*, 168). Le tableau que nous venons de présenter rappelle également que, à la différence des autres chants du *Paris un Wiene*, ce prologue trouve sa source directe dans un excursus inattendu de la source italienne, à savoir le discours misogyne d'Odoardo[294]. Le personnage se livre, en marge de la fiction, à un discours misogyne sans concession dans la plus pure tradition médiévale. Son argumentation s'appuie sur des thèses de natures diverses mais dont l'empreinte religieuse chrétienne est évidente. C'est ainsi que les femmes seraient l'instrument du diable : « *Elle sono armadure dello nemico dell'humana generatione, la dove egli non puo vincer co suoi assalti, incontinente pone una di loro, acioche'l suo intendimento non gli venga fallito*[295]. » Les arguments du jeune homme, dans la source italienne, sont donc essentialistes : ils tournent autour de l'idée de la nature perverse des femmes, corrompue et corruptrice, ce que Lévita ne reprend pas littéralement. Celui-ci oriente cette attaque, froidement sérieuse dans l'original, dans un sens nettement plus humoristique.

Il est pour cela particulièrement instructif d'observer la façon dont il adapte (**III**) l'arguement platement énoncé dans la source selon lequel les femmes n'auraient qu'un plaisir : celui

---

[292] « Je ne peux pas à présent vous faire la cour. »

[293] « Ô braves jeunes filles, ô belles demoiselles, / Ô pucelles honnêtes, ô nobles jeunes dames. »

[294] Il s'agit là d'une innovation des éditions de la version en prose du *Paris e Vienna* par rapport à la tradition manuscrite. A-M. Babbi 1991 (p. 89) la présente ainsi : « *[Odoardo] gli [a Parigi] spiega i motivi per cui deve allontanarsi da Vienna facendo ricorso a un' invettiva del tutto inattesa contro le donne che si riallaccia per altro a una tradizione medivale largamente sfruttata.* » (« [Odoardo] lui [à Paris] explique les motifs pour lesquels il doit s'éloigner de Vienne en employant une invective tout à fait inattendue contre les femmes qui se rattache par ailleurs à une tradition médiévale largement exploitée. »)

[295] « Elles sont les armes de l'ennemi du genre humain : lorsqu'il ne peut pas vaincre par ses assauts, il place sans tarder l'une d'elles afin que son intention ne manque pas de se réaliser. »

de tromper les hommes. Il commence par exposer (173) l'image comique du cœur en feu d'un amant, que la femme cruelle ne daignerait pas éteindre en y versant une cuillère d'eau. L'humour est ici contenu dans la remotivation du *topos* du cœur ardent car Lévita le tire vers la sphère la plus prosaïque en munissant la femme d'un étrange instrument de guérison : une cuillère. C'est l'imagerie stéréotypée de l'amour-passion qui se trouve ainsi tournée en ridicule. Mais c'est surtout dans la strophe suivante que Lévita dévoile toute sa capacité à donner vie aux froides évo-cations du roman italien :

PW, 174

Kain andérn lust habén si' nit	Elles n'ont pas d'autre désir
As dás si' ain un' ain um-treibén.	Que de faire tourner en bourrique l'un après l'autre.
Wen si' ain habén an-géschmit	Quand elles en ont mis un dans les chaînes,
Do lósén si' in štekén bleibén,	Elles l'y laissent en plan,
Ain andérn nemén si' in di' mit	Elles en prennent un autre dans le même mouvement,
Un' an in sein si' sich ach reibén ;	Et elles se frottent tout autant à lui ;
Den sein si' sich bërümén un' zu haf lachén :	Alors, elles se vantent et rient toutes ensemble :
"Ò wi' wil ich abér ein mésuge machén !"	« Ah ! Comme je vais rendre fou un de plus ! »

PVit, 35

E piu oltra te dico che tutto il suo diletto sie	Et je te dis encore que tout leur plaisir est de pouvoir
quando loro si ponno laudare e avantare di ha-	se louer et se vanter d'avoir trahi quelque pauvre et
vere tradito qualche poverello e fidele amante	fidèle amant et de l'entraîner bien loin avec leurs
e tirarlo bene ad alto con il sue false lusinghe,	fausses flatteries, alors elles ont tout leur plaisir et
allhora elle hanno tutto il suo piacere e diletto e	contentement, et puis elles le laissent pour un autre
poi lo lasciano per un'altro piu tristo assai.	bien pire encore.

La source italienne évoque l'amour-propre (« *laudare e avan-tare* ») et l'hypocrisie (« *false lusinghe* ») comme causes pre-mières de la trahison. Lévita reprend cette idée mais transforme une évocation centrée sur le problème de l'immoralité en une petite scène dans laquelle il multiplie les expresions idiomatiques imagées. Ce qui était abstrait devient concret et visible, grâce à l'efficacité des choix lexicaux, en particulier à la rime : on observe la ronde des amants (« *ain un' ain um-treibén* »), la pauvre vic-time jetée dans les fers (« *an-géschmit* »), la séduction vulgaire et physique du nouvel amant (« *reibén* »), avant d'être confronté à une scène de complicité féminine dans la moquerie (« *zu haf lachén* »), à laquelle il est donné une grande animation par l'ex-clamation finale au discours direct. Et le tout s'achève sur l'em-ploi d'un terme hébreu à connotation populaire (« *mésuge* ») pour présenter la déchéance des pauvres hommes qui tombent sous leurs griffes.

La vie qui anime soudain le discours misogyne pour en faire une véritable caricature, s'impose encore plus nettement dans la cinquième partie du prologue (**V**). De la deuxième partie de la strophe 175 jusqu'à la strophe 180, Odoardo s'attarde à dépeindre tous les tours que jouent les femmes pour masquer leur apparence réelle. Lévita se détache alors totalement de sa source italienne pour se lancer dans l'un des morceaux les plus « réalistes » et les plus comiques du *Paris un Wiene*. Il ne nous semble pas indispensable, pour ce passage, de chercher une particulière inspiration littéraire. L'œuvre satirique de Lévita montre bien, par ailleurs, son goût pour l'observation du détail concret et la mention de *realia* en utilisant librement la composante italienne de son yiddish.

E. Timm a mené une intéressante recherche concernant les possibles sources, littéraires et extra-littéraires, de l'énumération des substances chimiques, utilisées pour confectonner maquillages et lotions, mentionnées par Lévita dans les strophes 176-177[296]. La liste des auteurs chez lesquels paraissent ce type d'énumération (qui correspondent souvent en partie ou totalement aux ingrédients cités par Lévita) est impressionnante : Cecco Angiolieri, Boccaccio, Pulci, Laurent le Magnifique, Giambullari (proche de Laurent), l'Arioste. Comme on le voit, les plus importants écrivains ayant développé une fibre comique se sont attachés à traiter le sujet, ce qui nous permet de tirer deux conclusions : le maquillage était extrêmement répandu dans l'Italie de la fin du Moyen Âge et de la Renaissance et le thème avait acquis droit de cité en littérature dès la fin du XIIIe siècle. On peut ajouter à cette liste le témoignage de Folengo, qui entraîne Baldus dans le monde des sorcières, où celles-ci (la femme de Baldus, Berta, en tête), cultivent les soins de beauté comme autant d'enchantements :

---

[296] E. Timm (1996, LXXV-LXXX). Cette recherche s'appuie en priorité sur la liste précise des ingrédients chimiques mentionnés et sur leurs apparitions dans des textes d'origines variées.

Illic meschinae stant se doniare puellae,
Imponuntque genis, fronti, colloque biaccas,
Atque coralinos faciunt parere labrettos,
Increspantque comas ferro, ciliique tosantur,
Streppantur ve pili, strazzis stuppaque dedentrum
Ingrossant humeros, slargantque ad pectora mammas,
Ut, quam pensamus sembianzam Palladis esse,
Sit saccus paiae, vel forma sit illa puvoni,
Qui discazzandos ad osellos ponitur hortis.

B, XXIII, 554-562

Là, de pauvres jeunes filles sont en traint de s'orner :
Elles se mettent de la céruse sur les joues, le front et le cou,
Elles donnent une couleur de corail à leurs lèvres,
Elles bouclent leurs cheveux avec le fer, tondent leurs cils
Ou arrachent leurs poils. Avec des torchons et des bourres,
Elles grossissent les épaules, élargissent les seins de leurs poitrines
De sorte que ce qui nous semble ressembler à Athéna,
N'est qu'un sac de paille, ou la forme d'un de ces mannequins
Que l'on place dans les jardins pour en chasser les oiseaux.

On reconnaît là plusieurs des méthodes décrites par Lévita pour embellir la face ou améliorer la silhouette et pour tromper les hommes : ces techniques sont présentées comme autant de diableries inventées par la reine des sorcières Gelfora. Un autre fait, noté également par E. Timm, a une importance primordiale : toutes les sources littéraires et historiques montrent que les femmes juives étaient particulièrement actives dans la confection et la vente de produits de beauté[297]. Lévita n'avait donc pas à sortir du ghetto pour acquérir son savoir en la matière[298].

Comme ce passage peut paraître le plus cru, et d'une certaine façon le plus misogyne du poème, il peut être utile d'insister sur le caractère humoristique de cette inspiration chez Lévita. Pour ce faire, une comparaison avec la cinquième Satire de l'Arioste est particulièrement instructive. Étant donnée la familiarité de notre

---

[297] Voir, outre les références d'E. Timm, C. Roth 1959, p. 48-49, où il est question des recettes que la grande Caterina Sforza a obtenues d'une Juive de Rome nommée Anna.

[298] Un autre témoignage de l'intérêt personnel de Lévita pour les produits de beauté se trouve dans un manuscrit autographe datant de 1543. Ce commentaire à la grammaire de Moïse Kimchi s'achève par quelques notes personnelles, dont trois recettes cosmétiques, en particulier pour des lotions capillaires. Voir S. Iakerson 2006, p. 182.

auteur avec le poète italien, il ne serait pas étonnant que Lévita ait connu ce texte, même si rien ne permet de l'affirmer[299]. L'Arioste, beaucoup plus libre linguistiquement que dans la matière noble de l'*Orlando Furioso*, y prodigue ses conseils à l'un de ses cousins, Annibale Malaguzzi, qui entend se marier. Cette satire, assez différente par ailleurs des six autres composées par l'Arioste, entre directement dans la tradition des conseils prodigués aux hommes sur les mœurs des femmes. L'Arioste y montre un goût pour les détails concrets (abus de la confession, goût pour les carosses somptueux) et n'hésite pas à descendre dans la vulgarité, en particulier dans le passage qui nous intéresse, celui où il aborde les soins de beauté (202-231)[300].

Il commence, comme Lévita, par se lamenter des illusions que se font les hommes sur les femmes. Pour décrire cette erreur, le poète yiddish se contente du sens de la vue : « *Wen mir in gebén nòrt ain kwir, / Sò dücht uns sehén rechtė bildér : / Wol sein si bildér un' dáś is nit vòr-hòlén, / Wen as di bildér sein si' sich verbén un' mòlén*[301]. » (*PW*, 175). L'Arioste, quant à lui, fait appel à des sens plus intimes (le goût, l'odeur, le toucher) et propose une description bien plus effrayante (208-210) : « *Se sapesse Erculan dove le labbia / Pon quando bacia Lidia, avria più a schivo / Che se baciasse un cul marzo di scabbia*[302]. »

Dans la description du poète yiddish, chaque strophe est organisée pour produire un effet de surprise : elles sont orientées vers la pointe du couplet final. L'amusement est autant dans la forme poétique que dans la caricature dépeinte. C'est pourquoi l'octave 176, qui propose une longue énumération de produits chimiques désignés par leurs noms italiens, s'achève par une brève

---

[299] Les satires de l'Arioste ont été pour la première fois publiées de manière posthume en 1534 mais elles ont été composées entre 1517 et 1525 et ont dû circuler sous forme manuscrite. Voir G. Davico Bonino 1990.

[300] Lorsqu'un certain P. Méchin-Desquin a adapté en alexandrins cette satire au XIXᵉ siècle, il en a censuré le passage consacré aux cosmétiques, ne le traduisant tout simplement pas. La pruderie de ce siècle ne pouvait accepter qu'un grand auteur tel que l'Arioste descende si bas. P. Méchin-Desquin 1846, p. 12.

[301] « Quand on ne leur donne qu'un coup d'œil / Il nous semble voir de vrais tableaux. / En vérité, ce sont des tableaux, cela n'est pas un secret, / Car comme les tableaux elles se peignent et colorent. »

[302] « Si Erculan savait où il pose les lèvres / Quand il baise Lidia, il serait plus dégoûté / Que s'il baisait un cul pourri par la gale. »

exclamation à tonalité populaire qui fait rimer un terme d'origine hébraïque avec un terme d'origine italienne (« *zukarinẹ* ») : « *der vér-flucht šine*[303] ! ». C'est pourquoi également, l'octave 178 se termine sur un couplet réaliste et comique après qu'a été décrit tout l'appareil vestimentaire des femmes (corsets, hauts talons) : « *Wer si' sech schlöfén gén aso vér-schwigén, / Der sech ūun vir tail drei ūürm bet ligén*[304]. » Lévita réussit dans ce couplet à mêler un aspect psychologique (« *vér-schwigén* »), la femme se couchant en silence pour qu'on ne la voie pas sans ses atours, et le caractère physique de la caricature : la femme est comme une grosse masse de vêtements dont les trois quarts restent au pied du lit. L'hyperbole est plus amusante qu'inquiétante. Le poète yiddish cherche certes à éveiller le dégoût à la strophe suivante (179) en comparant le visage non maquillé du matin à une viande séchée dans son bouillon, mais là encore, il ne force pas le trait comme le fait l'Arioste. Il n'est certes pas délicat lorsqu'il dépeint la décadence des vieilles femmes et les compare à des démons (traditionnel *vituperium in vetulam* : 180), mais c'est avant tout pour les rendre sujets d'une suite de verbes aux sonorités expressives produisant un effet d'exagération comique : « *Si štinkén, möchzén, un' si' grünén, gelén*[305] ». L'effet de surprise lié au langage est au moins aussi important que la crudité de la description.

L'Arioste, quant à lui, cherche avant tout dans la cinquième satire à produire une série de détails provoquant le dégoût et n'hésite pas, pour cela, à s'appuyer sur l'antisémitisme de son époque (211-216) : « *Non sa che 'l liscio è fatto col salivo / De le giudee che 'l vendon ; né con tempre / Di muschio ancor perde l'odor cattivo. // Non sa che con la merda si distempre / di circoncisi lor bambini il grasso / D'orride serpi che in pastura han sempre*[306]. » La préparation du maquillage est présentée comme une véritable sorcellerie dont les Juives se rendraient coupables. Et l'Arioste conclut

---

[303] « La maudite transformation ! »

[304] « Qui le verrait aller dormir dans le plus grand silence / Verrait de quatre parties, trois rester au pied du lit. »

[305] « Elles puent et pourrissent, elles grognent, elles hurlent. »

[306] « Il [l'amant] ne sait pas que le maquillage est fait de la salive / Des Juives qui le vendent ; et que même en y mêlant / Du musc, il ne perd pas sa mauvaise odeur. // Il ne sait pas qu'est dissoute avec la merde / De circoncis, leurs enfants, la graisse / d'horribles serpents qu'elles élèvent en permanence. »

d'une strophe qui vise sans doute plus à provoquer l'horreur que le rire (220-222) : « *Si che quei che le baciano, ben ponno / con men schivezza e stomachi più saldi / baciar lor anco a nuova luna il conno*[307]. » Le maquillage (« *solimaco* ») est ensuite décrit par l'Arioste comme favorisant les rides et la bouche des vieilles dames, fétide et corrompue (« *fetida e corotta* »), n'a plus que quelques dents noires mal ajustées. Le tableau misogyne peint par l'Arioste est à la hauteur de son dégoût pour le maquillage et s'il force le trait c'est, semble-t-il, pour en dissuader l'usage. Sur d'autres points, le poète italien fait preuve d'une plus grande douceur et compréhension (condamnation des violences conjugales : 264) et surtout d'un plus grand humour, en particulier dans l'apologue final, qui n'en reste pas moins exemplairement misogyne puisqu'il insiste sur l'incorrigible infidélité des femmes[308].

Le thème de l'insatiabilité amoureuse des femmes reste, pour Lévita également, le cœur du discours misogyne et comique. C'est pourquoi il y revient dans l'épilogue du *Paris un' Wiene* avant de chanter le célibat. Une fois de plus, il y a été invité par sa source italienne qui, après avoir loué Vienne pour sa constance, souligne l'absence de telles femmes à son époque : « *Dove al presente si trovaria una si fatta Donna copiosa di tante virtude che volesse patire e stentare tanto tempo in una terribile e cosi obscura prigione, [...] per osservar la promessa fede fatta al suo diletto amante che fu Paris, e voler prima morire cosi miseramente [...] che mai pigliare altro homo, che Paris suo sposo e marito*[309] ? » De cette

---

[307] « De sorte que ceux qui les baisent peuvent bien, / Avec moins de dégoût et l'estomac mieux accroché, / leur baiser le con à la nouvelle lune. » Il fait ici sans doute allusion aux règles.

[308] L'apologue qui conclut cette satire (298-328) raconte l'histoire du peintre Galasso à qui le diable apparaît en rêve et promet de lui offrir un anneau qui le garantira, s'il le conserve au doigt, de toute infidélité de la part de sa femme : le peintre se réveille le doigt dans le sexe de celle-ci. « [...] *si sveglia il mastro, e truova / che 'l dito alla moglier ha ne la fica.* » (« [...] le maître se réveille et trouve / Qu'il a le doigt dans le con de sa femme »). La Fontaine, qui a repris cette histoire dans son conte « L'anneau de Hans Cravel » se montre moins crû selon les normes du Grand Siècle : « Il se trouva que le bon homme / Avait le doigt où vous savez. »

[309] « Où, à présent, trouverait-on une Dame telle, si pleine de vertu qu'elle préfère souffrir et peiner si longtemps dans une prison terrible et si obscure [...] pour observer la foi promise à son amant chéri, qui fut Paris, et qu'elle préfère mourir si misérablement plutôt que de prendre un autre homme que Paris, son époux et mari ? ».

conclusion sentencieuse et solennelle, Lévita tire prétexte pour présenter l'ordinaire infidélité des femmes dans la plus pure tradition comique et réaliste (708-712).

Cette reprise du thème du prologue du quatrième chant donne à la satire des femmes une position unique dans le roman, qui se trouve donc être, dans le même temps, un apologue de l'amour et de la constance de l'héroïne, et une œuvre où le narrateur, typiquement ironique, ne cesse d'adresser ses flèches au beau sexe. La vertu de Vienne sert alors au poète à souligner *a contrario* les vices ordinaires des dames qui ne sauraient renoncer à une robe, à une danse. Une fois de plus, le couplet final des octaves permet de souligner la critique. Le poète répond lui-même à sa question concernant les femmes vertueuses : leur nombre se réduit comme peau de chagrin : « *Ich sag di helft, ain vir-tail un ' nôch minér*[310] » (*PW*, 708). De façon symétrique, dans la strophe suivante, le poète demande combien de femmes auraient pu ainsi se sacrifier : « *Ain ainzig jor, ain mônet ôdér zwai' wuchén*[311] ? » (*PW*, 709). Nous retrouvons alors la valse des amants telle qu'elle avait été décrite dans les strophes 173-174. Cette fois, Lévita décrit, en trois strophes (710-712), l'arrivée successive de trois amants. Le premier se fait proprement échauffer (« *dér-hizt* »), avant de se voir trahir cruellement (710) : « *un ' libt ain andérén dôrt vàr sain agén*[312]. » Un deuxième (711), s'il a de beaux vêtements, se trouve rapidement élevé jusqu'aux cieux. Mais un troisième (712) se présente alors qui porte une jolie chaîne en or, et la dame abandonne le précédent. Lévita conclut sur un proverbe courant : « *Si' habén ain štand gleich as di bletér / Di dô sein ouf dem baim mit wind un ' wetér*[313]. »

---

[310] « Je dis : la moitié, le quart ou encore moins. »

[311] « Une seule année, un mois ou deux semaines ? »

[312] « Et elle en aime un autre, là, sous ses yeux. »

[313] « Elles ont une nature semblable à celle des feuilles / Qui sont sur l'arbre exposées au vent et au mauvais temps. » La même comparaison est utilisée par l'Arioste pour dépeindre l'infidélité de Gabrina : « *Ma costei, più volubile che foglia / Quando l'autunno è più priva d'umore, / Che l' freddo vento gli arbori ne spoglia / E le soffia dinanzi al suo furore ; / Verso il marito cangiò tosto voglia.* » (*OF*, XXI, 15) (« Mais celle-ci, plus changeante qu'une feuille / Lorsqu'en automne elle est plus dépourvue de sève / Et que le vent froid en dépouille les arbres / En les soufflant au loin selon son caprice, / Changea bientôt de désir envers son mari. »)

Il ne faut sans doute pas voir, dans ce *topos* de la femme infidèle beaucoup plus qu'un thème comique répandu. Lévita l'exploite car il lui permet de mettre en scène des actions concrètes et d'y déployer son goût du détail. Quand le *topos* inverse lui est utile, il ne se prive pas d'y avoir recours. Il s'agit alors du thème de la femme insensible aux souffrances de son serviteur, si prisé par la poésie pétrarquisante. C'est ce qui se passe dans le prologue du chant II qui commence sur un ton badin, souligné par le recours à la composante italienne (« *Es is ain gros ding zertò zert*[314] », *PW*, 105), et qui présente la cruauté de la femme à l'aide d'une rime riche fondée sur une paronomase dans le couplet final : son cœur ne saurait se réchauffer « *dér-warmén* », ni son âme ressentir de pitié « *dér-bármén* ». De même que nous avions vu, au chant IV, l'image du cœur ardent prosaïsée par celle de la cuillère d'eau, nous voyons, dans ce prologue, l'image du serviteur d'amour, prêt à se transpercer le cœur de son épée nue, dégradée par une comparaison finale s'appuyant sur un proverbe animalier : « *Un' alés an-gélègt, ich mus dòch sagén / As wer ain ésélś kòf' mit saif' is zwagén*[315] » (*PW*, 106). Lévita utilise les codes littéraires de la rhétorique amoureuse afin de mieux pouvoir les transgresser. Qu'il y ait une contradiction fondamentale entre les conventions pétrarquistes et courtoises de la belle dame cruelle, et la convention réaliste et comique de la femme infidèle, cela ne le dérange guère : ceux-ci peuvent cohabiter dans la grande matrice du roman qui trouve son unité grâce à la voix ironique du conteur.

En définitive, les prologues offrent à Lévita une liberté au sein de l'univers de la fiction pour exercer ses talents de satiriste. En confrontant l'univers du roman de chevalerie au présent de l'auteur et de ses destinataires, ils lui permettent d'actualiser le récit étranger, de le rendre familier, de l'ancrer dans la société juive pour laquelle il écrit son œuvre. Ils n'en restent pas moins

---

[314] « C'est, ma foi, une grande affaire ». La répétition de l'adverbe « certo certo » (ici présenté sous la forme vénitienne : zerto ») est tout à fait naturelle en italien, mais l'est moins dans les langues germaniques. De plus l'adaptation sur le modèle germanique de la forme du deuxième adverbe à la rime « zert » crée un effet de surprise comique et souligne la liberté linguistique.

[315] « Et tout est employé, je dois bien le dire, / Comme lorsque quelqu'un veut laver la tête d'un âne avec du savon. » Le proverbe se trouve chez Wander, art. « Esel » (622).

677

imprégnés de conventions provenant de la littérature contemporaine si bien que la satire doit elle-même être lue à travers le
filtre raffiné de jeux artistiques supposant la connaissance de codes
parfois complexes : tradition courtoise et pétrarquiste, tradition
de la querelle des femmes, tradition du prologue moral. La satire
n'apparaît donc pas dans les romans de chevalerie à l'état brut.
Il faut savoir la déchiffrer en tenant compte de la posture, toujours ironique du poète. Mais Lévita, quand il a composé le *Paris
un Wiene*, avait déjà une longue expérience de satiriste qui lui a
permis d'atteindre à la plus grande efficacité, et à une certaine
immédiateté, en dépit de la force des conventions qu'il reprenait.
C'est à cette œuvre satirique que nous devons, en dernier lieu,
accorder notre attention.

CHAPITRE V

L'ŒUVRE SATIRIQUE DE LÉVITA, ENTRE INVECTIVE BURLESQUE ET DÉRISION COMPLICE

La satire est, par nature, un genre mixte. Même sans insister sur l'étymologie du mot (lat. « *satura* » : pot-pourri), il s'agit de l'un des genres les moins codifiés, et donc les plus souples de la littérature, et ce depuis l'Antiquité où la satire a été représentée par de grands modèles tels Juvénal et Horace. Genre spontané, du moins dans ses origines, fruit d'une réaction individuelle (plus ou moins stylisée) contre les défauts d'une personne, ou plus généralement d'une communauté, elle naît volontiers dans l'univers urbain car elle suppose une proximité particulière entre l'écrivain et son public, le partage d'un univers de références communes qui n'est pas toujours facile à reconstruire à plusieurs siècles de distance. Bien entendu, l'écrivain, qui parle à la première personne, se cache parfois derrière une *persona*, une image fictive de lui-même et la satire est donc dotée d'une complexité particulière qui demande à être analysée. C'est un genre mixte également quant à sa portée : fondamentalement comique, la satire est fondée sur la déformation, la caricature, l'exagération des vices. Mais la satire transmet également un enseignement moral, elle exagère pour mieux dénoncer, pour mettre en garde contre des attitudes, des procédés, des coutumes : elle est donc fondée sur une certaine vision idéale à laquelle le monde se dérobe ce qui provoque chez le poète une indignation plus ou moins marquée[1].

---

[1] Pour une vue théorique sur la satire (considérée comme forme d'écriture et non seulement comme genre poétique), on pourra se référer à l'influent chapitre que N. Frye 1969 (p. 272-291) y consacre dans son *Anatomie de la critique*.

Réfléchissant sur les formes de la satire en Europe, au XVIᵉ et au XVIIᵉ siècles, P. Debailly a mis en évidence l'hésitation entre deux modèles majeurs : celui d'Horace d'un côté, et celui de Juvénal de l'autre[2]. La satire horacienne place le rire au cœur de sa poétique : un rire bienveillant nourri de sympathie pour les défauts humains malgré leur condamnation. Le poète adopte « une attitude de nonchalance et de familiarité clémente avec le monde et les hommes[3]. » La satire se distingue alors par le recours fréquent à l'humour et à l'autodérision qui accroissent le sentiment de complicité entre le poète et ses lecteurs/auditeurs. Ceux-ci sont supposés partager les mêmes valeurs que lui. L'autre grand parangon satirique, Juvénal, est fort différent : son rire n'est pas un rire complice mais un rire de dégoût et d'indignation, un rire nerveux qui marque une fracture entre le poète, qui joue le rôle de procureur, et un monde gangrené par le vice. À ces deux modèles majeurs vient s'ajouter un troisième pôle qui peut, de façon diverse, s'associer aux deux précédents : il s'agit de la satire fondée sur le rire burlesque, sur la caricature grotesque peu soucieuse de vraisemblance. Cette tendance, qui plonge profondément ses racines en Italie dans la tradition médiévale de la poésie réaliste-comique, a trouvé un nouveau souffle au XVIᵉ siècle avec l'influent modèle du *capitolo* de Berni. Au-delà des origines historiques de ces formes satiriques, on peut voir dans ces trois tendances majeures une division essentielle au genre satirique, indépendante du lieu ou de l'époque, fondée sur les différents rôles que peut assumer le « je » poétique : celui de l'homme du monde, celui du procureur (ou du prêcheur), et celui du bouffon.

Où Lévita se situe-t-il dans ce paysage ? C'est, entre autres, à cette question que cherche à répondre le présent chapitre. Il est évident que, contrairement à ses contemporains chrétiens, Lévita ne se référait pas directement aux modèles latins. Mais il n'en reste pas moins vrai que l'influence des modèles antiques a pu rejail-

---

[2] P. Debailly 1994, p. 695-717. Les œuvres satiriques ont également souvent été liées, à la Renaissance, à une libération de la parole comique qui pouvait se permettre une certaine lasciveté. À ce propos, la fausse étymologie qui liait alors le genre poétique à la figure mythologique du satyre renforçait, chez les écrivains, le sentiment de pratiquer un genre où la transgression (de type dionysiaque) avait naturellement sa place. Voir F. Lavocat 2005, p. 234-280.

[3] P. Debailly 1994, p. 699.

lir sur son œuvre à travers la lecture des poètes italiens ou allemands. Le début du XVIᵉ siècle était principalement marqué par le modèle horacien. De fait, le rire satirique de Lévita est avant tout un rire complice. Fondé sur le jeu, il suppose la participation active de lecteurs capables de faire la part du sérieux et de l'ironie. On a pu l'observer dans les prologues satiriques du *Paris un Wiene* qui, à travers le modèle ariostéen, retrouvaient beaucoup de la distance souriante, de la supériorité bienveillante, de l'autodérision insouciante qui caractérisent la satire horacienne. De même, une œuvre comme le *Šeder nošim* se nourrit avant tout de la complicité qu'elle établit avec ses lecteurs. Elle cherche à leur faire partager l'amusement du poète face aux contradictions de la réalité. Si la critique morale franche et le rire bouffon sont également présents dans l'œuvre satirique de Lévita, l'indignation et le burlesque sont rarement univoques et le poète invite son public à développer des stratégies d'interprétation plus diversifiées.

Les pièces que nous étudierons dans ce chapitre datent de périodes différentes de l'existence de Lévita. Même si l'on ne peut sans difficulté réunir toutes les satires yiddish du poète sous le même modèle, elles se signalent toutes par une certaine complexité dans la mise en scène de la parole poétique. Les deux pasquinades, ainsi que le *Purim špil* que nous attribuons à Lévita, sont des œuvres brèves composées pour des occasions précises : un incendie dans le ghetto de Venise, un combat de plume contre un adversaire, un repas de Purim. Dans ces formes de satire, le lieu de l'écriture et ses destinataires sont précisément définis (même si un horizon plus vaste que celui de la production du texte n'est bien sûr pas à exclure). La quatrième œuvre que nous considérerons, le *Šeder nošim*, si elle emploie bien des techniques de l'écriture satirique, se situe à la frontière du genre. Poème plus long et plus complexe, cette œuvre ne porte pas un projet de critique morale clairement défini mais offre une description amusée, et incisive, de la vie quotidienne des femmes juives ashkénazes. Elle comporte également une longue partie héritée de la poésie biblique qui oscille entre le sérieux et la parodie, imposant une analyse attentive de ses nuances et de son aspect composite.

La satire avait, à la fin du Moyen Âge, des formes et des conventions bien définies. La littérature yiddish, à l'époque que nous étudions, était encore très redevable de cette ancienne tradition.

Nous tâcherons d'offrir un tableau aussi complet que possible de ce genre tel qu'il a été illustré en yiddish ancien au XVIᵉ siècle car il n'a jamais été étudié systématiquement. Nous verrons ainsi que, dans son ensemble, il s'appuie sur des *personae* poétiques assez simples : celle du prêcheur ou celle du bouffon. Sur cet arrière-plan, la création de Lévita n'en apparaîtra que plus originale. Dans les langues chrétiennes, la Renaissance est une période de mutations de la satire dues en particulier à une meilleure connaissance de l'histoire du genre et à l'imitation productive des modèles antiques. L'œuvre satirique de Lévita brouille, elle aussi, les frontières de la satire telle qu'elle était pratiquée avant lui. Après avoir présenté la littérature satirique en yiddish ancien telle qu'elle est parvenue jusqu'à nous, nous analyserons d'abord les satires dont l'attribution à Lévita est certaine avant de nous intéresser aux pièces dont l'attribution n'est que probable. Pour chaque œuvre, il faudra se montrer attentif aux influences variées qui se sont exercées sur les poètes, qu'elles proviennent de la littérature hébraïque, de la littérature allemande ou de la littérature italienne.

V.1. LA POÉSIE SATIRIQUE
DANS LA LITTÉRATURE YIDDISH ANCIENNE

La satire est multiforme et traverse des œuvres de natures diverses. Le *Kü' buch*, dont nous avons précédemment étudié des extraits, comporte bien des qualités satiriques dans sa façon de déformer des fables pour illustrer la vie quotidienne et les préoccupations des Ashkénazes. Cependant, nous nous intéresserons ici plus particulièrement aux poèmes brefs dont le message est exprimé par l'auteur sans l'artifice d'une métaphore suivie. Ils ont sans doute été produits en bien plus grand nombre que la demi-douzaine d'exemples que nous allons présenter, cependant comme il s'agissait de poèmes occasionnels, bien peu nous ont été conservés.

Comme tous les textes satiriques, ils ont rencontré des résistances. Il existe des témoignages de l'opposition des rabbins contre ce type d'écriture et cette opposition a sans doute eu une influence négative sur la conservation des textes, voire même sur leur production[4]. Ce sont surtout les pamphlets attaquant des per-

---

[4] Ch. Shmeruk 1966 (p. 349) cite un de ces édits rabbiniques, publié à Craco-

sonnes identifiables (comme les deux pasquinades de Lévita) qui étaient soumis à ce genre d'interdictions. Les satires plus générales (comme son *Purim špil*) devaient être mieux tolérées. Nous présentons donc ici une série de poèmes yiddish brefs à visée satirique en nous concentrant sur les œuvres composées avant le milieu du XVIᵉ siècle. Certains de ces poèmes seraient plus adéquatement nommés, dans une perspective littéraire juive, « poèmes d'intention morale » (*musar-lider*), mais comme ils entendent faire passer leur enseignement par une représentation critique de la réalité, nous ne pensons pas trahir leurs intentions ni leur nature en les désignant comme des satires.

Cet examen nous permettra de mettre en évidence plusieurs faits importants : tout d'abord, la double influence de la tradition allemande (en particulier le chant populaire, *volkslied*) et de la tradition hébraïque (en particulier la poésie liturgique, *piyut*) qui se fait sentir dès les commencements de la poésie yiddish et dont l'écheveau est, dans ce genre plus qu'ailleurs, difficile à démêler[5]. Ensuite, il nous donnera une idée plus précise sur le statut social de ces poètes.

Si la tradition manuscrite provient à coup sûr d'auteurs instruits, copistes, enseignants, secrétaires communautaires, qui appartenaient à la classe intermédiaire des « intellectuels » (en dessous des rabbins), il semble aussi qu'il ait existé des conteurs et des amuseurs dont le statut est, aujourd'hui, difficile à définir. Nous en trouvons une trace dans le *Hamaṽdil lid*, où Élia Lévita mentionne à plusieurs reprises ce type de chanteurs qui devaient être bien connus de la société juive vénitienne puisqu'il les désigne par leurs noms : « *Kusi Móntäniäṇe un ' Šému'el Singér / Mócht ainér gern zu-hörén ain ganze lailo // Wi' si' habén gëtent ṽör in menchén schwank só gutén*[6]. » (*HL*, 42-43). Sans même considérer

---

vie en 1595, dont nous traduisons un extrait : « Si quelqu'un compose un poème qui dénigre autrui, ou dit des paroles ou produit un écrit qui contient en son sein un dénigrement, les autorités [*roshim ve-tovim*] le puniront d'une amande pour son action et tout le peuple entendra et verra. »

[5] Sur ce sujet, le chapitre II du livre de Ch. Shmeruk reste essentiel : Ch. Shmeruk 1988, p. 50-96.

[6] « Cusi Montaniana un' Shmuel Singer, / On aimait les entendre toute la nuit, // Quand ils entonnaient sur lui de si bonnes facéties. » Si Ch. Shmeruk a eu totalement raison de nier la théorie dite du « *Spielmann* » dans la forme où Max Erik l'avait popularisée, il semble cependant indéniable à cet exemple

ces derniers, puisque nous avons très peu d'informations sur eux, il apparaît clairement que les auteurs et copistes des manuscrits qui contiennent les satires vivaient dans une situation sociale précaire, difficile, ce qui faisait naître en eux une amertume propice à la création de vers satiriques.

Nous en trouvons plusieurs excellents témoignages dans les manuscrits connus. Dans un manuscrit de la bibliothèque de Parme (Ms. Pol. 2513), copié par un certain Moshe ben Mordechai Barlag, dont une partie a été composée à Brescia en 1511 et qui a été achevé à Mantoue en 1521, nous lisons le texte suivant, écrit en prose rimée et intercalé entre une version du *Sefer šoftim* (adaptation en vers du livre des Juges) et une satire dont il sera question plus loin. Il mérite d'être cité intégralement tant il illustre bien les conditions de vie des copistes ashkénazes en Italie au début du XVIᵉ siècle. Il est, de plus, truffé de mots d'origine italienne que nous soulignons[7].

> *Dås bouch hòt ouś-géschribén ain mån dẹswẹ̇nturàt,* / *Wol nöünzéhn mònàt noch dem śak.* / *Bé-'a<vonosenu>ha<rabim>, zu brẹsche hòt mån unś übel trẹtert.* / *Aber der almẹchtig gòt hòt unś gétòn beśér widẹ́r wir hàbén gẹ́mẹrétert,* / *Ouch ain tail beśér widẹ́r der andẹ́r,* / *Drum dåś si hàbén kònan klòbén dåś un dåś andẹ́r zu andẹ́r,* / *Ubifé-rat di dò sein wròlich un' hàbén gélacht.* / *Dåś hàbén alś di hòvoss gé-macht.* / *Un' si' sein al weisér géwesén widẹ́r Moše Hunt.* / *Gràmàrzẹ̇ hòt er sein ròba gebén dem Kunt !* / *Drum muś er stẹ̇nterẹ́n, lernén, un' schreibén tag un' nacht.* / *Wer het ain sòlchéś ouf Moše Hunt der-tracht ?* / *Adẹ̇, adẹ̇, gòt geb ouch alén gute nacht. Omen.*

Parme Ms. Pol. 2513, fol. 208v

---

qu'il ait existé (à titre individuel et non comme une classe organisée) des chanteurs publics, peut-être sur le modèle des *canterini* italiens. Dans son argumentation contre M. Erik, Ch. Shmeruk 1988 (p. 100) lui reprochait d'avoir interprété le nom « Singer » comme désignant une forme de chanteur, précisant que ce nom n'apparaît que rarement dans les manuscrits et affirmant qu'il se rapportait, selon toute probabilité, à la fonction de chanteur rituel (*khazn*). Voici au moins un exemple troublant qui aura échappé à la sagacité du chercheur israélien.

7 Le texte de cette note a été publié par Ch. Turniansky 1982 (p. 593-594) après une description du contenu du manuscrit de Parme. Le manuscrit a également été décrit, avec des imprécisions, par M. Weinreich 1928, (p. 112-139). Nous avons pu également consulter les photographies d'un extrait du manuscrit (contenant les satires et des louanges de Dieu, section *vav* de l'article de Turniansky, fol. 208r-217v) que les bibliothécaires de Parme ont eu la gentillesse de nous faire parvenir. Nous les en remercions sincèrement.

> Ce livre a été écrit par un homme malchanceux, / Bien dix-neuf mois après le sac. / Pour nos péchés, on nous a maltraités à Brescia. / Dieu tout-puissant a agi avec nous mieux que nous l'aurions mérité, / Et avec certains mieux qu'avec d'autres – / Car ils ont pu réunir une chose et une autre, l'un à l'autre – / Et en particulier ceux qui sont joyeux et qui ont ri. / Ce sont les dettes qui ont fait tout cela. / Et ils ont tous été plus sages que Moshe Hunt. Merci bien ! Il a donné ses affaires à Kunt ! [au client ?]. / C'est pourquoi il doit souffrir, enseigner et écrire jour et nuit. / Qui aurait pensé une telle chose de Moshe Hunt ? / Adieu, adieu, Dieu vous donne à tous une bonne nuit. Amen.

On voit que ce texte occasionnel ne manque pas entièrement d'élaboration. Il s'achève sur une formule stéréotypée que l'on trouve couramment dans le *Volkslied* allemand, avec l'ajout du « amen », qui lui nous semble bien juif en conclusion d'une telle pièce[8]. L'abondance des italianismes dans ces quelques lignes, même s'il ne faut pas exclure une part de stylisation sous la plume d'un écrivain qui assume une *persona* comique (le surnom « *hunt* » : chien), témoigne sans aucun doute d'une forte intégration de la composante italienne dans le yiddish des Ashkénazes d'Italie, et cela dès le tout début du XVIᵉ siècle[9]. L'attitude même de l'écrivain qui, tout en se plaignant sur son sort, se moque de lui-même et déclare que d'autres se sont comportés plus sagement que lui, donne à cette confession une tonalité assez légère. Le poète ne critique pas frontalement ceux qui ont « ri » du malheur collectif. Il regrette simplement, peut-être avec une dose de cynisme ironique, de ne pas faire partie de ces gens-là. L'utilisation du terme *gràmàrzè*, forme septentrionale de l'italien *gran merce* (merci beaucoup) est ici bien évidemment ironique. Cette impression de légèreté est encore renforcée par l'interrogation finale, pleine d'incrédulité, où il se désigne à la troisième personne sous son surnom comique en avouant sa

---

[8] On en trouvera des exemples dans l'ouvrage R. F. Liliencron 1884, p. 84, en conclusion du chant « *die heiligen drei könige* », p. 161, en conclusion du chant « *Shlaftrunk* », p. 189, en conclusion du chant « *Kranzsingen* », p. 196, en conclusion du chant « *Abschied* », etc.

[9] Outre les œuvres de Lévita et de Menaḥem Oldendorf, on rappellera l'abondance d'italianismes dans le *Kü' buch* et dans la traduction des *Maximes des Pères* par Anshel Lévi datant de 1579, J. Meitlis 1978. Voir aussi J. C. Frakes 2004, p. 337-349.

piètre condition actuelle. Il s'agit bien là d'une forme d'humour noir.

Le sac dont il est ici question a eu lieu le 15 Mai 1509, au moment où les armées françaises sont entrées à Brescia. Les habitants de la ville, qui s'étaient rebellés contre les Vénitiens, avaient profité du désordre causé par la guerre pour envahir les maisons juives et piller leurs biens. Par la suite, le roi de France a octroyé aux Juifs l'espace de deux ans pour récupérer tout ce qui leur avait été volé[10]. Moshe Hunt (nous pensons qu'il s'agit d'un surnom pour Moshe Barlag[11]) est donc resté après le sac, dont il a été victime, mais n'a pas réussi, comme d'autres Juifs, à récupérer ses affaires et il est demeuré criblé de dettes. Dans le commentaire qu'elle a proposé de ce texte, Ch. Turniansky suppose que notre copiste était alors banquier et pratiquait l'usure sur gage[12]. Mis en faillite par le pillage de sa boutique, il aurait alors dû se résoudre à devenir copiste et enseignant (*melamed, sofer*). Elle interprète donc logiquement le mot « *kunt* » comme s'il signifiait « client ». Ayant perdu les gages qu'il avait en dépôt, il est en effet logique qu'il ait été forcé de laisser ses propres biens à ses clients (notez que le singulier est ici surprenant).

Cette interprétation est possible pour ce texte difficile et allusif. Mais il nous semble que ce mot peut aussi être lu comme un nom propre ou un pseudonyme. En effet, dans la marge du texte que nous venons de citer, on peut lire quelques lignes, écrites de toute évidence par une autre main (la forme des ע y est particulièrement étrange, ils y ressemblent à des ש). Le contenu de ces lignes, que Ch. Turniansky qualifiait d'illisibles, nous semble particulièrement intéressant. La note marginale commence au niveau de la phrase « *Der almechtig gòt hòt unś gétòn beśér widér wir hàbén gémérétert* » (« Dieu tout-puissant a agi avec nous mieux que nous l'aurions mérité »). Voici le commentaire :

---

[10] F. Glissenti 1891, p. 34-35. On pourra lire aussi le récit des événements de Brescia chez E. Capsali 1977, T. 2, p. 278-280.

[11] Ch. Turniansky 1982 (p. 595) doute de l'identité des deux personnes. Il pourrait en effet s'agir du nom du traducteur de la dernière pièce du manuscrit. En tout état de cause, l'hypothèse du surnom nous semble la plus probable étant donné le cadre comique où cette appellation apparaît.

[12] Ch. Turniansky 1982, p. 595.

Als besér wen er mérétert hòt, wen as er den šolom hòt štimert asò hòt màn in mérétert gànz wil streich hòn. Dem hunt sòl màn mit kòlbén löusén süst tout er nit gout. No'um Kunt, wè mir dás covòd [?].

Tant mieux s'il l'a mérité, car de même qu'il a estimé la paix, de même on l'a récompensé avec de nombreux coups. Il faut épouiller le chien [Hunt] avec un bâton sinon il ne se comporte pas bien. Paroles de Kunt, ô le vilain honneur [?].

La lecture du texte est ardue et nous ne sommes pas sûr de l'interprétation de certains mots. Cependant, le sens général de cette note est tout à fait clair. La personne qui a ajouté ce commentaire sarcastique se réjouit du malheur de Moshe Hunt. Il semble volontairement imiter le style de la note, reprenant certains de ses termes et multipliant à outrance les italianismes. Il attaque Moshe Hunt non sans une certaine dose d'esprit malveillant puisqu'il adapte un proverbe courant au surnom du pauvre copiste. Ce proverbe allemand est le suivant : « *Ein Narr muss man mit Kolben lausen*[13] » (« Il faut épouiller un idiot à coups de bâton »). Les poux représentent ici les lubies de l'idiot, et le bâton, le seul moyen de lui rendre la raison. L'image est bien sûr comique car on ne voit guère comment l'on pourrait chasser de si petites bêtes à l'aide d'un bâton. L'absurdité voulue du proverbe entend refléter l'absurdité du comportement de l'idiot. Comme les chiens sont naturellement associés aux poux (ou aux puces), la substitution de *Narr* par *Hunt* est méchante, mais efficace.

Que lui reproche donc cet homme qui signe Kunt, lui qui semble de surcroît avoir obtenu les biens du pauvre homme ? De ne pas avoir estimé la paix (encore un italianisme : *štimert*). Mais quelle paix ? Moshe Hunt a-t-il pris des positions qui ont favorisé la guerre et donc le sac ? C'est peu probable étant donnée l'influence des Juifs sur les mouvements des grandes puissances. Peut-être lui reproche-t-il d'avoir troublé la paix sociale par ses satires, car il se pourrait bien que les satires présentes dans ce manuscrit soient de sa plume ? Son humour mordant lui aurait-il valu le surnom de Hunt[14] ? Il est bien sûr très difficile de répondre à ces questions lorsque l'on dispose de si peu d'indices.

Mais ce dialogue esquissé sur les pages d'un manuscrit n'en demeure pas moins très significatif. Comme Ch. Turniansky le

---

[13] Voir *DWB*, art. « Kolbe » II.1.a.ε.

[14] C'était là une hypothèse avancée par M. Weinreich 1928, p. 139.

notait déjà, nous ne sommes pas loin ici du style et des intentions des pasquinades de Lévita[15]. Nous avons à faire à un commentaire, de tonalité humoristique, sur une catastrophe ayant affecté la communauté juive de Brescia. Comme dans le cas du *Sérèfo-lid* de Lévita, ces réflexions entraînent une réponse qui, malgré sa brièveté et le fait qu'elle soit dissimulée dans les pages d'un manuscrit, semble bien s'adresser à un public plus large que le cadre d'une simple famille. Ce public devait connaître Moshe Hunt et pouvoir saisir la pointe sarcastique du proverbe détourné. Ce manuscrit, qui comprend des textes religieux (*Psaumes*), des poésies bibliques et midrashiques (*Sèfer Jéhôšua, Sèfer šôfṭim*), des satires (voir plus loin), était-il destiné à un usage communautaire ? Peutêtre. Nous avons dans tous les cas ici, à un stade embryonnaire, ce qui ressemble bien à un débat « poétique » ancré dans l'actualité. Les pasquinades de Lévita et celles (perdues) de Hillel Cohen, ne sont donc plus un cas tout à fait isolé en ce début du XVIᵉ siècle[16].

Mais revenons à nos considérations sur la condition sociale des copistes et consorts, laquelle a été présentée dans ce poème comme un pis-aller peu enviable, désigné par le verbe *sténterén* (< it. *stentare* : peiner, vivre dans la gêne). La difficulté du travail ingrat est un thème récurrent. Dans la collection Oldendorf (1517), on trouve une plainte rimée en hébreu par un *melamed* nommé dans l'acrostiche : Shmuel ben Yakov Ḥazan[17]. L'auteur s'y lamente sur son sort, sur son travail épuisant, sur sa pauvreté constante et il décoche des flèches aigües contre les maîtres de maison (*ba'alejha-bothim*), ses employeurs, qui se réservent les bons morceaux et qui le traitent comme un intouchable en ne lui laissant que des miettes. Évoquant son destin et celui de ses frères il s'exclame : « על פני הארץ נטושים \ מלמדים סופרים ושמשים \ בסדר ברכה לא נזכרו שמותם »[18]. Dans la liste des métiers ici mentionnés, on peut

---

[15] Ch. Turniansky 1982, p. 594, n. 30.

[16] Ch. Shmeruk 1966 (p. 351-352) propose une liste de textes assimilables aux pasquinades de Lévita, qui sont caractérisés par leurs attaques *ad personam* et un style qui ne recule pas devant la vulgarité. Il ne relève que quatre textes, composés entre le XVIᵉ et le XVIIIᵉ siècles, tout en précisant que beaucoup d'autres ont sans doute été perdus. Le plus ancien d'entre eux, composé par Moshe Cohen de Talheim et conservé dans le manuscrit d'Oxford (Can. Or. 12), sera considéré plus loin.

[17] Il s'agit du texte édité par L. Löwenstein 1890 (n° 31, p. 133-135).

[18] « Dispersés sur la face de la terre, / Enseignants, copistes, bedeaux, / Dans l'ordre de la bénédiction, leurs noms ne sont pas mentionnés. » L'expression

reconnaître les auteurs les plus probables de la littérature yiddish ancienne. Ce texte plein d'esprit, mêlant adroitement l'hébreu et l'araméen, utilisant des citations de textes du Talmud et de la Bible (mais pas aussi systématiquement que dans la poésie d'origine espagnole), reflète éloquemment la position sociale dévalorisée de ces hommes instruits dans un monde régi par l'argent. Ce poème, très probablement écrit par un Ashkénaze, montre que les premiers auteurs de satires yiddish pouvaient déjà compter sur une tradition hébraïque bien établie dans leur culture.

Au-delà des plaintes personnelles, Shmuel ben Yakov propose une satire féroce du comportement des maîtres de maisons (*ba'alej-ha-bothim*), qui laissent peiner les enseignants jour et nuit et les nourrissent de soupes passées ; il attaque aussi les dirigeants de la communauté (*manéhigim*) qui contribuent à dévorer le peu d'argent qu'ils possèdent : « נפשי תאבל יכאב בשרי \ על סדר מנהיגינו \ גם כי תבא על שכרי \ וחצו את כספנו \ [...] \ אל התקופה תכילנה עינינו \ הננו נחשב כמת \ ברוך דיין האמת. » [19]. Le troisième vers est un détournement du verset *Deutéronome*, 24, 5, qui précise les devoirs de l'homme envers le pauvre. Nous supposons que le sujet du verbe תבא est sous-entendu : שמש. Le cinquième vers que nous avons cité reprend le verset *Lamentations*, 4, 17, où est exprimée l'attente vaine d'un secours. Le sixième vers fait allusion à un célèbre dicton du Talmud : « Le pauvre est considéré comme mort » (*Nedarim* 64b) et le poète conclut donc logiquement sur la bénédiction consacrée lorsqu'on apprend la mort d'un homme en exprimant sa confiance en la justice divine. On voit que Shmuel ben Yakov, mêlant habilement différents niveaux de la tradition juive, formule une critique sévère à l'encontre des dirigeants communautaires qui promettent beaucoup et donnent bien peu.

On comprend mieux dès lors pourquoi la thématique de l'argent est omniprésente dans les textes satiriques de la littérature yiddish ancienne, ceux de Lévita compris. Il est vrai que Lévita travaillait à un tout autre niveau que ces hommes qui vendaient leur

---

seder berakhah, littéralement « l'ordre de la bénédiction », désigne sans doute un livre où sont recensées les bénédictions. En tout état de cause, on comprend que les métiers que le poète vient de mentionner sont bien loin d'avoir été bénis.

[19] « Mon âme est en deuil et ma chair souffre, / En raison de la conduite de nos dirigeants. / Le soleil se couche sur mon salaire / Et ils ont divisé notre argent / [...] / Nos yeux se sont consumés dans l'attente de cette période. / Nous voici semblables à des morts. / Béni soit le juge de la vérité. »

plume et leur savoir à des chefs de familles juives plus aisés qu'eux, mais après tout, il vivait lui aussi de ces biens immatériels et a sans doute affronté, à certains moments de sa vie, le même sentiment d'injustice. En tout état de cause, la *persona* littéraire qu'il s'est choisie, celle du *bokher*, pouvait logiquement être scandalisée par le règne de l'argent.

V.1.a. *L'appui de l'hébreu : les poésies bilingues*

Comme d'autres poèmes en yiddish ancien (*chants de Shabbat, louanges à Dieu, cale-lidér*), certaines satires se présentent sous une forme double : le texte vernaculaire est accompagné d'un texte en langue sacrée[20]. Comme l'a bien montré Ch. Shmeruk, une partie importante de la production lyrique en yiddish ancien a assumé la tâche ardue d'adapter des chants liturgiques hébreux en yiddish pour la portion des fidèles qui ne comprenait pas la langue sacrée[21]. Le yiddish apparaissait alors avant tout comme un auxiliaire et pouvait même, grâce à sa fonction de transmission d'un texte liturgique, bénéficier d'une part de la sacralité réservée à la langue hébraïque.

Cette catégorie de poésies yiddish à caractère religieux apparaît, dès les premiers témoignages dont nous disposons, aux côtés de créations bilingues de nature clairement profane. Il ne s'agit donc plus, dans ce cas, de réaliser un travail facilitant la pratique religieuse. Quel était donc le but des auteurs de pareilles productions ? Il s'y mêlait sans doute deux intérêts simultanés : d'un côté, offrir à leur œuvre un lectorat plus vaste que ne l'aurait permis le seul texte hébraïque, de l'autre côté, asseoir la légitimité d'un poème vernaculaire en l'associant à un texte composé dans la langue de prestige. Souvent, comme nous le verrons, les deux textes se complètent et il s'établit entre eux un dialogue particulier. La possibilité de ce jeu devait, lui aussi, motiver la création d'œuvres bilingues qui incarnaient parfaitement la situation linguistique des Juifs ashkénazes. Néanmoins, en raison de la distance qui sépare ces langues, les deux volets de ces poèmes ont des caractéristiques bien différentes l'un de l'autre. Ce n'est qu'au cas par cas et par une étude attentive des deux textes qu'on peut

---

[20] Pour une liste de ces productions, on consultera Ch. Turniansky 1985, p. 168-171.

[21] Voir Ch. Shmeruk 1988, en particulier p. 50-79.

essayer d'établir plus précisément la logique de composition de l'œuvre dans son ensemble.

Il existait chez les Ashkénazes une tradition hébraïque profane, certes bien moins développée que chez les Séfarades ou chez les Italiens, mais qui avait ses propres caractéristiques héritées de l'influence allemande, en particulier des chants populaires, et venue se mêler aux règles ancestrales du *piyut*. Comme les Juifs ont, de tout temps, adopté les mélodies de leur environnement, celles-ci en sont naturellement venues à influencer la composition d'œuvres hébraïques[22]. Le manuscrit de Frankfurt, que nous allons considérer à présent, en est une excellente illustration. Un certain nombre des œuvres hébraïques qu'il contient ont été composées sur la mélodie du roman de chevalerie Herzog Ernst, qui impose un schéma rimique complexe inconnu de la poésie hébraïque traditionnelle : aabccbdedeff. La pièce la plus intéressante, dans cette perspective, est un poème composé par un rabbin pour aider l'étudiant de yéshiva à mémoriser certaines subtilités juridiques du Talmud (la prééminence des décisions de certains rabbins sur d'autres). Ce rabbin devait considérer qu'il n'y avait pas de meilleure méthode pour faciliter l'apprentissage de ces matières difficiles que de les adapter sur une mélodie que tout le monde avait en mémoire. Plutôt que de fredonner la mélodie avec ses vaines paroles originelles, les étudiants étaient invités à joindre l'utile à l'agréable en l'employant pour approfondir leur connaissance du Talmud.

Le manuscrit de Frankfurt a été copié par Menaḥem Oldendorf et comporte aujourd'hui 25 poèmes mais il est incomplet et en réunissait originellement 43[23]. Sur ces 25 œuvres, la plupart sont associées à la célébration de Shabbat : louanges, *piyutim* (poèmes religieux), *zmires* (chants pour honorer le jour saint). Mais d'autres, comme la satire hébraïque précédemment citée sont profanes. Cinq œuvres sont des poèmes bilingues hébreu-yiddish : un débat entre l'eau et le vin composé par Zalman Sofer (le copiste),

---

[22] Voir à ce propos Ch. Shmeruk 1988, p. 83, n. 41.

[23] Frankfurt, Stadt- und Universitätsbibliothek, MS. hebr. Oct. 17, *olim* cod. Merzbacher 25. Voir aussi E. Timm-Ch. Turniansky 2003, p. 118-119. Ce manuscrit a été décrit par L. Löwenstein 1890, p. 126-144 et 1894, p. 78-89. Nous avons utilisé cette édition (qui transcrit le yiddish en allemand) tout en la comparant systématiquement au manuscrit consultable en ligne : http://sammlungen. ub.uni-frankfurt.de/mshebr/content/titleinfo/1828426 [dernière consultation 08/2014].

un éloge de Shabbat de R. Selmelin d'Erfurt (sur la mélodie de *Herzog Ernst*), une satire contre le jeu de Shmuel Hugerlen et deux œuvres d'Oldendorf lui-même : un débat entre le bon penchant et le mauvais penchant et une satire contre le goût de l'argent[24].

Comme Menaḥem Oldendorf est le seul auteur de poésie yiddish ancienne du début du XVIᵉ siècle, à côté de Lévita, sur lequel nous ayons quelques informations et dont plusieurs œuvres nous ont été conservées, il convient de nous arrêter un moment sur sa personnalité. Il a écrit ce manuscrit en 1516 à l'âge de 67 ans et affirme être lui-même l'auteur de quatre poèmes qu'il a composés dans sa jeunesse (sur les 43 originellement présents, un des éloges de shabbat en hébreu conservé pourrait bien être de sa plume puisqu'il porte son prénom en acrostiche). D'après les notes autobiographiques qu'il a laissées dans un manuscrit hébraïque, il est originaire de Frankfurt-am-Main et a émigré en Italie aux alentours de 1474[25].

Très représentatif de cette classe moyenne intellectuelle que nous venons de présenter, Oldendorf a fréquemment changé de lieu de vie et a occupé des fonctions variées : copiste, poète, prédicateur, boucher rituel. Observateur des événements de son temps, Oldendorf se réjouit de la capture de Ludovic le More,

---

[24] Ch. Shmeruk 1988 (p. 83-84) analyse la différence entre le volet hébraïque et le volet yiddish du chant en l'honneur de Shabbat composé par R. Selmelin. Nous ne traiterons ici que des textes dont l'appartenance au genre satirique ne pose pas de problème. Le genre du poème-débat, représenté par deux textes dans ce manuscrit, se présente toujours en yiddish comme un poème bilingue et comporte par moment des accents satiriques. Ce genre, hérité d'une longue tradition médiévale représentée en hébreu et dans la plupart des langues européennes, fait alterner strophe après strophe, des répliques assumées par des entités abstraites (le bon et le mauvais penchant) ou générales (le vin et l'eau). L'enjeu étant de découvrir laquelle de ces deux entités a le plus de valeur, le débat ne manque pas de notations satiriques, l'eau reprochant par exemple au vin tous les excès qu'il a fait commettre à l'homme. Le texte du débat entre le vin et l'eau et un débat entre Ḥanukah et les autres fêtes ont été édités par J. C. Frakes 2004, p. 162 et 328.

[25] Les informations sur Menaḥem Oldendorf sont conservées dans les notes autobiographiques qu'il a incluses dans un manuscrit hébraïque aujourd'hui conservé à Moscou (collection Günzburg 109). Elles ont été publiées par E. Kupfer 1967 (p. 212-223). Il est également l'auteur d'une série de réflexions sur la mort, écrites en prose rimée, que l'on trouve dans la troisième section du manuscrit qui nous conserve le *Šeder nošim*. (Cambridge, University Library, Add. 547). J. J. Lewis en a très récemment publié le texte en ligne : https ://toytgedanken.wordpress.com/ [consulté 08/2014]. La générosité avec laquelle M. Lewis partage le fruit de ses recherches avec la communauté scientifique mérite d'être saluée et nous l'en remercions.

duc de Milan, par les Français et de sa mort en exil, qu'il interprète comme une punition divine contre ce souverain car il avait ordonné de brûler les livres juifs de son dûché en 1490, dont plusieurs des manuscrits qu'Oldendorf avait lui-même copiés.

Il a connu de graves problèmes financiers qui l'ont conduit à passer quelque temps en prison, ce qui éclaire le rôle prépondérant de l'argent dans sa production poétique, aussi bien dans les deux poèmes bilingues du manuscrit de Frankfurt, que dans ses « réflexions sur la mort » du manuscrit de Cambridge. Tous les textes d'Oldendorf ont une forte tonalité critique. On reconnaît en eux le prêcheur (*darshan*). La mort y est un thème constant ainsi que la lutte contre les passions mondaines. On peut identifier chez lui, *mutatis mutandis*, ce qu'E. Auerbach nommait un « réalisme créaturel », cette forme de pessimisme, de rejet des biens de ce monde, qui s'exprime dans bien des textes du XVe siècle et dans l'art pictural allemand sous la forme des danses macabres[26]. Quand il se plaît à dépeindre la réalité qui l'entoure, c'est toujours pour la priver de toute valeur au regard de l'Au-delà.

Nous en trouvons une illustration dans sa satire contre le goût de l'argent qui porte le numéro 22 dans le manuscrit[27]. Elle a été composée, comme il l'indique lui-même dans son en-tête, sur une mélodie allemande : « *Hoch rief der Wächter*[28] ». Les strophes hébraïques et yiddish alternent, au nombre de dix dans chaque langue. Il s'agit de douzains construits sur le schéma rimique suivant : aabcccbddddb. Le poème se présente sous la forme d'une suite d'invectives contre les hommes qui ne pensent qu'à s'enrichir, qui ne trouvent jamais de repos, occupés qu'ils sont à amasser toujours plus d'agent par des moyens honnêtes ou malhonnêtes,

---

[26] E. Auerbach 1968, p. 254. Le chapitre d'Auerbach portant sur cette question est très influencé par l'ouvrage de J. Huizinga 2015 (première édition : 1919).

[27] L. Löwenstein 1890, p. 130. Dans le manuscrit, elle est présente aux fol. 3r-6r. On comparera cette satire avec les lamentations sur la mort composées par Isaac Wallich au début du XVIIe siècle, voir J. C. Frakes 2004, p. 482-485. Le thème de l'argent est, dans les deux cas, absolument central.

[28] Nous n'avons pas été capable d'identifier l'origine de ce *volkslied*. Il semble, par son *incipit*, être lié à la catégorie des *Wächterlieder*, sous-catégorie des *Tagelieder*. Ce genre, hérité des troubadours, était une forme de poésie d'amour dans laquelle le veilleur (*wächter*), éveille les amants afin que leurs relations ne soient pas découvertes, ce qui occasionne une discussion entre eux sur l'avancée du jour. On en trouve des exemples dans R. F. Liliencron 1884, p. 296, p. 324. Quoi qu'il en soit, il est clair qu'Oldendorf a bien éloigné cette mélodie de son emploi originel.

qui laissent de côté la piété et oublient la mort qui les privera de tout. Le poème s'achève sur l'évocation du roi Salomon qui, après avoir tout possédé, a dû affronter la pauvreté la plus totale selon l'interprétation midrashique du texte de l'Ecclésiaste. Voici un extrait représentatif du ton du poème. Nous présentons à la suite l'une de l'autre les strophes hébraïques et yiddish pour mieux mettre en évidence leurs similitudes et leurs différences. Le texte hébraïque n'est pas pourvu de ponctuation (*nikud*) :

אין קץ לכל עמלו [29]:	Il n'y a pas de fin à tout son labeur :
יקבץ כל שללו,	Il rassemblera tout son butin[38].
חביב עליו ממון [30],	L'argent lui est cher,
עיניו בשלו צרה [31].	Il est jaloux de ses possessions.
כשמש ברה [32]	Celui qui est brillant comme un soleil
ימות בנפש מרה [33].	Mourra l'amertume dans l'âme.
מי אהב בהמון [34]	Celui qui aime les richesses
לאדם אחריו יניחנו.	Les laissera à un homme après lui.
חיל בלע ויקיאנו [35].	Il a avalé une fortune et doit la recracher.
אלהים לא ישלטנו	Dieu ne lui donnera pas le pouvoir
לאכל ממנו [36]	De manger de son bien.
עשר שמור לבעליו רעתו [37].	La richesse gardée par son propriétaire est son malheur.

Frankfurt, MS hebr. Oct. 17, fol. 4v, str. 12

---

[29] *Ecclésiaste*, 4, 8.

[30] *Sanhédrin*, 74, 1.

[31] Peut-être dérivé de *Maximes des Pères*, 5, 13, consacré à la charité.

[32] La comparaison dérive de *Cantique des Cantiques*, 6, 10 (dans sa forme originelle ברה כחמה) où elle s'applique à la beauté de la jeune fille. Il semble ici qu'elle désigne l'homme rendu splendide par sa richesse et qu'il faille sous-entendre אשר (celui qui). Sous forme de poème, la comparaison est comprise dans un *piyut* d'Éléazar Hakalir (*kerovah* de Pessaḥ), couramment chanté par les Ashkénazes le jour de Pessaḥ, où elle désigne le peuple d'Israël qui a été « obscurci » par le Pharaon. L'idée d'une splendeur obscurcie devait donc spontanément jaillir à l'esprit des lecteurs.

[33] *Job*, 21, 25, où il est question de la mort du riche.

[34] *Ecclésiaste*, 5, 9 dont voici la traduction complète : « Qui aime l'argent n'est jamais rassasié d'argent ; qui aime l'opulence n'en a aucun profit : cela aussi est vanité ! »

[35] *Job*, 20, 15 : « Il a dévoré une fortune et il faut qu'il la rejette : Dieu l'expulsera de ses intestins. »

[36] *Ecclésiaste*, 6, 2. Traduction du verset complet : « Voici un homme à qui Dieu a donné richesse, biens et honneurs ; il ne manque personnellement de rien qu'il puisse désirer. Mais Dieu ne le laisse pas maître de jouir de ces avantages : c'est un étranger qui en jouira. Quelle vanité et quelle souffrance amère ! »

[37] *Ecclésiaste*, 5, 12.

[38] Suivant la ponctuation, qui n'est pas donnée dans le manuscrit, on pourrait aussi interpréter ce vers : tout son butin sera rassemblé, lui sera enlevé.

Eś hòt kain acht	On ne peut estimer
Wáś gelt er macht,	L'argent qu'il gagne :
Di pfeil seint al seiné śpérànzén	Les flèches sont son seul espoir[39]
Gout zu dérwerbén.	Pour obtenir de l'argent.
Er v̄urcht zu v̄òr-derbén,	Il craint de décatir,
Jemérlich zu šterbén :	De mourir lamentablement :
Der malé'och hamovess wert mit im tànzén.	L'Ange de la Mort va danser avec lui.
Sein gout muś er sich móśén.	Et il doit se passer de ses biens.
Gòt hòt im ni[40] ḡewalt gélòśén	Dieu n'a pas plus tôt laissé en son pouvoir
Ain gutén biśén klain òdér gróśén	Un bon morceau, qu'il soit petit ou gros,
Ein-zu-štóśén	À avaler,
Weg er è di guldén ouf der bòlanzén.	Il pèse d'abord ses deniers sur la balance.

Frankfurt, MS hebr. Oct. 17, fol. 4v-5r, str. 13

Même si les textes, en yiddish comme en hébreu, ne sont pas dénués de difficultés d'interprétation, nous pouvons avancer les remarques suivantes. Comme nous en avons maintenant l'habitude, le poème hébraïque est une mosaïque de citations bibliques et talmudiques. Mais Oldendorf n'a pas pour autant cherché la difficulté ni entendu créer de surprises. Les extraits de versets proviennent presque tous de passages extrêmement connus du texte sacré qui traitent précisément du malheur menaçant les riches inconscients : de Job, de l'Ecclésiaste ainsi que de quelques passages talmudiques, eux aussi très connus, ayant trait à l'argent. Le poème hébraïque s'en trouve donc, de part en part, imprégné d'éloquence biblique et hérite d'elle une tonalité « prophétique » de réprobation et d'exhortation à la piété. Le message est à peu près le même tout au long de ses douze vers : l'homme riche qui aime sa richesse ne jouira pas de ses possessions. Il en sera privé par la justice divine et par la mort.

---

[39] Nous lisons « ni » dans le manuscrit et non « nit » comme le fait Löwenstein.

[40] Nous gardons, par défaut, pour ce vers, l'interprétation de L. Löwenstein. Le mot « *pfeil* » est ici difficile à comprendre. Est-il vraiment question de flèches pour acquérir la richesse ? La métaphore semble étrange. On peut peut-être voir cette strophe yiddish comme un détournement des premiers versets du chapitre 6 de *Job*. Dans ce passage biblique, Job est soumis aux flèches de Dieu (ses coups) et demande à ce que ses malheurs soient pesés dans une balance. La réécriture serait alors ironique puisque c'est le riche qui lance des flèches et qui finit par peser ses deniers dans la balance.

Le message du texte yiddish, s'il n'y est pas opposé, nous semble cependant placer autrement l'accent du discours. Les quatre premiers vers mettent en évidence l'avidité constante du riche. Elles correspondent à peu près, dans leur signification aux quatre premiers vers du texte hébraïque. Mais dans les vers 5-6, on voit apparaître une inflexion : alors que le poème en hébreu annonce, s'appuyant sur Job, l'amertume du riche au moment de sa mort, le poème yiddish ajoute « *er v̄urcht zu v̄ŏr-derbén* » : on voit clairement que ce dont il a peur, c'est non seulement de mourir mais aussi de perdre tous ses biens par la même occasion. Les vers 7-8 présentent à nouveau un sens équivalent mais le yiddish, qui n'est pas limité au répertoire des métaphores bibliques (certes très riche mais correspondant à une vision du monde datant de plus d'un millénaire), emploie une image extrêmement populaire en Allemagne à l'époque où Oldendorf y passait sa jeunesse : celle de la danse macabre, que nous avons déjà évoquée pour illustrer son « réalisme créaturel ».

C'est cependant dans les quatre derniers vers qu'apparaît la variation la plus notable entre les deux volets du poème. En hébreu, Oldendorf enchaîne des portions de versets de l'Ecclésiaste et de Job renforçant par cette accumulation l'idée principale du poème : la jouissance du riche ne vaut rien, il lui faudra payer l'écot, il ne possède tant de biens que pour son malheur. Le volet yiddish se fait ici beaucoup plus matériel et semble proposer un message différent : il ne s'agit plus d'évoquer l'Au-delà, ou la mort mais, dans une vision plus mondaine et plus concrète, d'expliquer que le riche n'a, de toute façon, pas le temps de profiter des bienfaits de ce monde (*ain bisén ein-štósén* : avaler un morceau) car il est trop occupé à peser son argent. La représentation concrète de cet avare affairé, si elle n'était pas impossible en hébreu (Immanuel de Rome en témoigne !), exigeait d'autres moyens que ceux employés par Oldendorf qui se contente d'enchaîner les sentences bibliques. La langue vernaculaire s'éloigne donc de la réprobation morale générale pour nous offrir un portrait caricatural du riche avare.

On aura bien sûr remarqué la différence de tonalité des deux parties du poème. C'est un phénomène que nous avons déjà observé quand un texte vernaculaire est directement confronté à un texte en langue sacrée. On soulignera seulement ici la plus grande liberté syntaxique du yiddish, surtout dans les quatre derniers vers dont les trois premiers ne font que présenter une proposition circonstancielle. L'usage de sentences accumulées en hébreu force Oldendorf à la parataxe. On remarquera aussi l'emploi de plusieurs italianismes (*spèrànzén* < it. *speranza* ; *bòlanzén* < it. *bilancia* ou plutôt sa forme septentrionale : *balanza*) qui riment avec *tanzen*. La langue d'Oldendorf est déjà riche, ouverte aux mots des composantes variées de son yiddish afin de mieux refléter la vie des Ashkénazes d'Italie du Nord.

Lequel de ces textes Oldendorf a-t-il écrit en premier ? La question n'a pas réellement de sens. On a vu que les deux parties du poème s'appuient l'une sur l'autre, qu'elles transmettent, en règle générale un message similaire, mais avec des nuances variées. On pourrait dire, en forçant le trait, que le poème hébraïque s'ancre davantage dans la vie du savant, du connaisseur des textes saints, et que le poème yiddish reflète mieux la vie de l'homme de tous les jours, mais cette partition ne rend pas compte du fait que ces deux parties appartiennent au même poète (et à ses lecteurs), du fait qu'elles sont inextricablement liées.

Peut-être y verra-t-on plus clair sur le rapport complexe qu'entretiennent les deux langues dans les poèmes bilingues lorsque nous aurons analysé un autre exemple : la deuxième satire conservée dans le manuscrit de Frankfurt, celle du jeu par Shmuel Hugerlen. Il s'agit-là d'un poème qui, nous semble-t-il, a une plus grande valeur littéraire que celui que nous venons d'étudier. Son auteur ne nous est connu que par son nom mais celui-ci est, en lui-même, intéressant. En effet « Hugerlen » signifie « bossu » : il s'agit donc d'un surnom à connotation négative (comme Hunt), peut-être adopté pour désigner la figure comique assumée par le poète[41]. Ce poème bilingue est une satire du jeu, en particulier du jeu de dés. Il porte le numéro 29 dans le manuscrit (fol. 14r-20r)[42]. C'est une œuvre pleine d'esprit, en particulier

---

[41] Voir *DWB*, art. « hoger ». Le mot a préservé ce sens en yiddish moderne : *hoyker*.

[42] Le poème est édité, avec des erreurs et toujours en adaptation allemande, par L. Löwenstein 1890, p. 138-144. Löwenstein a, de plus, eu la mauvaise idée de publier le texte hébreu et le texte yiddish séparément, ce qui rend difficile une confrontation strophe à strophe. Heureusement, ce poème a fait l'objet d'une excellente édition d'I. Rivkind dans le cadre de sa recherche plus vaste concernant

dans sa partie hébraïque où le poète multiplie les jeux de mots, les transformations inventives de versets bibliques, les variations sur les sons et sur les sens. Mais le yiddish n'est pas non plus dépourvu de jeux de mots : les lieux où Hugerlen dit avoir perdu son argent sont les suivants : Beinheim (la demeure des dés), Bretheim (la demeure de la planche de jeu) et Heisenstein (la demeure des jetons du jeu[43]).

Le poème est, dans son ensemble, composé de 30 strophes (15 en hébreu et 15 en yiddish). Celles-ci comportent treize vers et ont un schéma rimique très proche de celui qu'exige la mélodie du *Herzog Ernst* : aabccbdedefff (le couplet final est remplacé par un tercet monorime). Les vers du volet hébraïque sont, pour la plupart, composés de citations, en général bibliques, bien plus rarement tirées du Talmud et de la liturgie. Mais contrairement au poème d'Oldendorf, qui pouvait s'appuyer facilement sur des versets bibliques, puisque le message qu'il portait se trouvait à foison dans le texte sacré, Hugerlen est forcé par son sujet à une inventivité constante.

À vrai-dire, comme nous le verrons, le texte hébraïque serait difficilement compréhensible sans le secours de la version yiddish. Ce qui prouve que l'interaction entre les deux langues est ici bien différente de celle que nous avons observée dans le poème d'Oldendorf. D'un autre côté, la composition bilingue a peut-être été entreprise, dans son ensemble, pour jouer sur des nombres évoqués par les textes sacrés : les deux textes ont, dès le départ, été conçus pour aller main dans la main. La curiosité du lecteur originel devait être la suivante : comment le poète fera-t-il pour transmettre cette idée en utilisant les sources saintes ? Et Hugerlen ne devait pas manquer de le surprendre par son inventivité. Même si les strophes yiddish viennent à la suite des strophes hébraïques (sans doute pour des raisons de prestige), il y a donc fort à parier que le poème yiddish a été composé en premier, ou du moins, que

les jeux de hasard chez les Juifs : I. Rivkind 1946, p. 155-177. Voir aussi son commentaire, p. 13-19.

[43] De *bein*, *bret* et *stein*, voir I. Rivkind 1946, p. 160. I. Rivkind ajoute que ces noms correspondent à des localités situées en Alsace. Même si la chose n'est pas impossible, le jeu de mots a certainement plus d'importance que l'emplacement géographique de l'action.

Hugerlen avait formulé le message à transmettre dans la langue vernaculaire avant de trouver des solutions pour le revêtir du costume de la langue sacrée.

Cette œuvre appartient à une ancienne tradition médiévale, héritée des goliards, puisqu'on trouve déjà dans les *Carmina Burana* un poème (*CB*, 207), ou plutôt une suite de courts poèmes, consacrés également aux dés (mais rappelons qu'Abraham ibn Ezra avait déjà composé en hébreu au XIIe siècle, un poème entièrement consacré au jeu d'échecs). Dans les *Carmina Burana* (env. 1230), comme dans notre texte, le jeu est directement apostrophé pour dénoncer ses méfaits : « *Tessera, blandita fueras michi, quando tenebam, / Tessera perfida, concava, res mala, tessera grandis*[44]. » Dans les deux sections suivantes, elles aussi des couplets, le jeu est présenté comme la source de tous les vices et de tous les maux. Cette série s'achève sur un quatrain, cette fois entonné par un joueur chanceux, qui loue son gagne-pain en comparant les trois dés à trois chiens lui rapportant un merveilleux butin.

Dans notre poème yiddish, mais de façon beaucoup plus développée, les dés se trouvent également animés. Plus encore, chaque résultat qu'ils peuvent fournir (3/18, 4/17, 5/16, etc.) se voit représenté comme la cause volontaire des déboires du joueur[45]. Le jeu est directement apostrophé par le poète qui a décidé d'en révéler les méfaits au monde entier. Près d'un tiers du texte est consacré à passer en revue les vols successifs que les nombres révélés par les dés font subir au poète (str. 5-12). Composée sur un principe de répétitions et de variations, cette partie semble avoir été écrite principalement pour permettre à Hugerlen d'utiliser des nombres évoqués par la Bible en les détournant pour qu'ils décrivent, de près ou de loin, la réalité du jeu. Voici le commencement de cette section :

[44] « Dé, tu m'étais doux quand j'avais de l'argent / Dé perfide, creux, chose mauvaise, gros dé ! » Nous citons le texte proposé en ligne par le Projet Gütenberg : http://gutenberg.spiegel.de/buch/4492/1 [consulté 08/2014].

[45] D'après les informations fournies par I. Rivkind, on jouait avec trois dés. Les nombres qui apparaissaient sur le dessus des dés étaient additionnés et annonçaient le score du lanceur. Les nombres opposés (1 pour 6, 2 pour 5, etc.) correspondaient au score de son adversaire.

שמונה עשר טריפות הנה[46]	*Achzehn un ' drei'*
ושלשה פשעי ישראל.	*Dás seint di minśten un ' di meiśten.*
ועל ארבעה לא אשיבנה[47]	*Vir màchén mich meinéś geltś vrei'.*
ושבעה עשר אינני שואל.	*Sibén zehn śtén ouf mich zu leiśtén*
מכל מקום מעצמן באו	*Wi wol ich ir nit béger,*
מרעה אל רעה יצאו[48]	*Sö kumén si doch selwért her :*
כל אשר בכיס"י ראו[49].	*Dáś màcht mir öft den böutél ler.*

Voici les dix-huit impuretés	Dix-huit et trois
Et les trois crimes d'Israël.	Ce sont le plus petit et le plus grand
À quatre, je ne répondrai pas,	Quatre me libèrent de mon argent.
Et je ne demande pas les dix-sept.	Dix-sept s'activent sur moi
Ils sont venus de partout de leur propre chef,	Bien que je ne les souhaite pas,
Ils sont allés de méfait en méfait	Ils viennent de leur propre chef.
Et ont vu tout ce qu'il y avait dans ma poche.	Cela me vide souvent la bourse.

Frankfurt, MS hebr. Oct. 17, fol. 15r, str. 5	Frankfurt, MS hebr. Oct. 17, fol. 15r-15v, str. 6

Avouons que le texte hébreu serait difficilement compréhensible sans le secours du poème yiddish. Les termes repris de la Bible et du Talmud (impuretés, crimes d'Israël) ne prennent sens que si on saisit qu'il faut les interpréter comme des métaphores du résultat néfaste des dés. Le texte yiddish le montre clairement en rappelant que 18 est le plus haut score et 3 le plus petit. Dans le poème yiddish l'animation de ces nombres, réalité abstraite s'il en est, et l'influence très concrète qu'ils ont sur la poche du poète produit certes un effet comique, mais nous pensons que l'intérêt du poème repose, dans cette section, d'avantage sur l'hébreu qui surprend, à chaque vers, par les solutions inventées pour forcer la tradition sainte à refléter une réalité aussi mondaine.

Mais la satire des joueurs commence, à proprement parler, à la treizième strophe. Hugerlen s'attache à décrire leurs mœurs,

[46]   *Talmud Ḥulin*, 42, 1, qui décrit les dix-huit facteurs qui rendent un animal impur et impropre à la consommation.

[47]   *Amos*, 2, 6, pour ce vers et le vers précédent. Il existe ici un jeu de mots sur le sens du verbe אשיבנה. Dans le verset biblique, il signifie « révoquer » mais en raison de la construction syntaxique, complètement transformée par rapport à la Bible, le verbe doit avoir le sens de « répondre ».

[48]   *Jérémie*, 9, 2.

[49]   *Isaïe*, 39, 4. Les " reproduisent une marque écrite dans le manuscrit pour souligner la présence d'un jeu de mots sur le verset biblique. Celui-ci présente le mot ביתי : « ma maison ». Pour mieux sentir la ressemblance phonétique entre les deux termes, il faut prendre en compte la prononciation ashkénaze : *ciśi* au lieu de *baissi*.

leur malhonnêteté, leurs mensonges. S'appuyant sur une règle du Talmud qui stipule que les joueurs n'ont pas le droit de se porter témoin dans un procès (*Mishnah Sanhedrin*, 3, 2), il insiste sur leur oubli de Dieu et de ses commandements. Le début de ce portrait satirique mérite quelque attention :

יום ולילה לא ישבותו[50]	*Mórgént un ' óvént ón-abgélón*
אך בזאת יאותו[51]	*Kain andér kurz-weil si nit hón*
האנשים לשבת עת"מ.[52]	*Wen dás si di zeit übér-sizén.*
רעבים גם צמאים[53] בחומם ממקוממם[54]	*Hungérik un ' durśtik un ' var-schmacht*
לא נרעבו יומם	*Baidé' teg un ' di nacht*
וגם ער"ב ר"ב עלה אתם.[55]	*Śpilén si wen si dér-hizén.*
איש באחיו יתקוטטו	*Si schwerén, greinén un ' beiśén,*
להטיב לא ידעו[56].	*Si wiśén vun kainem gutén zu sagén.*

Le jour et la nuit, ils [les joueurs] n'arrêtent pas,	Soir et matin sans interruption,
Mais à la condition que	Ils n'ont pas d'autre distraction
Les gens perdent aussi leur temps :	Que de passer leurs temps assis à jouer.
Affamés et assoiffés, dans la chaleur, ils ne sont pas chassés de leur place	Affamés, Assoiffés, et affaiblis
Par la faim, des jours entiers	Le jour comme la nuit,
Et même de nombreux soirs les ont surpris.	Ils jouent quand ils s'échauffent.
Chacun se dispute avec son prochain,	Ils jurent, grimacent, mordent,
Ils ne savent pas faire le bien.	Ils n'ont pas idée du bien.
	Frankfurt, MS hebr. Oct. 17, fol. 16v-17r, str. 14
Frankfurt, MS hebr. Oct. 17, fol. 16v, str. 13	

Là encore, le sens de la strophe hébraïque et celui de la strophe yiddish sont très proches. L'intertexte biblique de la première

---

[50] *Genèse*, 8, 22. La citation est extraite de la promesse de Dieu après le déluge lorsqu'il assure qu'il n'interrompra plus le cours des choses. Le sens a bien sûr été bien modifié.

[51] *Ibid.*, 34, 22. Extrait de la condition formulée par les frères de Dina pour accepter son mariage avec Sichem. Malgré cette condition, faussement amicale, tous les proches de Sichem seront passés par le fil de l'épée. Le verset évoque donc un contrat malveillant, comme l'invitation nocive des joueurs.

[52] *Ibid.* עתם remplace אתנו, il ne s'agit pas ici de s'installer dans le même lieu mais de passer le temps dans l'oisiveté.

[53] *Psaumes*, 107, 5.

[54] *Job*, 6, 17. Job y évoque ses mauvais amis. Là encore, la thématique convient à la description.

[55] *Exode*, 12, 38. ערב רב signifie dans la Bible la foule. Hugerlen transforme l'expression pour signifier : de nombreux soirs.

[56] *Jérémie*, 4, 22. Reproches de Dieu contre le peuple d'Israël dans la prophétie.

suggère la nocivité de la compagnie des joueurs. Certaines constructions hébraïques paraissent étranges (par exemple : « ערב רב עלה
אתם »), et sont sans doute quelque peu forcées afin d'entrer dans
leur nouveau contexte. Nous trouvons dans ces vers la confirmation de notre supposition selon laquelle le poème yiddish précède
le poème hébraïque dans sa formulation. En effet l'expression, peu
naturelle en hébreu : « ישבתו עתם » paraît être un calque de la
formule yiddish : « *di zeit über-sizén* ». Le poème hébraïque n'en
demeure pas moins beaucoup plus clair, par lui-même, que dans
la section concernant les scores des joueurs. Comme chez Oldendorf, le volet hébraïque place davantage l'accent sur la condamnation morale, en raison même de ses résonances bibliques.

Ce qui frappe au contraire dans le poème yiddish, c'est la libération d'une parole satirique prenant plaisir à offrir une peinture
expressive de la réalité en utilisant particulièrement des accumulations d'adjectifs hyperboliques (*hungérik, durśtik, v̄arschmacht*),
ou de verbes aux sonorités et au sémantisme éloquents (*schwerén,
greinén, beisén*). L'expressivité du vers comprenant ces verbes (l'efficacité visuelle des grimaces, l'allusion comique aux morsures
qui animalisent les joueurs) n'apparaît que mieux lorsqu'on le
confronte au vers hébraïque correspondant, purement factuel.
L'idée de chaleur était naturellement associée au jeu en allemand
comme en témoignent plusieurs proverbes anciens[57]. Il est donc
clair que les joueurs s'échauffent tant ils sont pris dans la partie.
Mais dans la partie hébraïque, cette connexion n'est pas évidente
et l'on aurait plutôt tendance à interpréter le mot בחומם selon le
sens qu'il a dans le livre de *Job* où il désigne la chaleur de l'atmosphère. Ce n'est qu'à travers le yiddish qu'on comprend qu'il est
ici question de la chaleur du jeu. On le voit, le poème en hébreu
subit un processus de « yiddishisation », si l'on nous permet l'expression. Quant au poème yiddish, il a toute la spontanéité et le
naturel pour animer une scène du quotidien grâce à des expressions et des images familières. Le poète yiddish recourt volontiers

---

[57] Ces proverbes sont rappelés par I. Rivkind 1946, p. 165. Voir Wander,
art. « spielen », n° 40 : « *Spielen hitzt wohl und kleidet übel* » (« Jouer réchauffe
bien mais habille mal ») ; et art. « Spiel » n° 46 : « *Das Spiel treibt unnatürlich
hitz, gibt angst und macht den beutel spitz* » (« Le jeu produit une chaleur qui
n'est pas naturelle, donne des angoisses et rend la bourse maigre »).

à des proverbes : « *Màn špricht dàś ain špilér / Iśt deś andérén bòutèl tragér*[58] » (fol. 17v-18r, str. 18).

La prérogative de la langue yiddish n'apparaît jamais si bien que lorsqu'il est question de réalités propres à l'univers même du jeu. Il en va ainsi lorsque le poète aborde le sort du pauvre joueur inexpérimenté qui est victime des trucages :

להכות באגרוף רשע[59]	*Ach der grösén velschérei'*
כנטול דמי כל יותרת[60]	*Di drouf sein dérdenkt !*
אזניו הכבד ועיניו השע[61]	*Mit kwek-silbér un' mit blei'*
אל כסף חי מאנס צללו כעופרת[62]	*Seint si vòr-kleibt un' ein-gésenkt.*
לא יראו ועינים להם[63]	*Si hàbén ougen un' sein doch blint,*
כמוהם יהיו עושיהם	*Ir mechér muśén werdén as si sint,*
וכל אשר בוטח בהם[64]	*Un' al der sich ir untér-wint !*

C'est frapper d'un poing brutal	Ah, les grandes tromperies
Que de prendre tout surcroît d'argent.	Qu'on invente à ce sujet !
Ses oreilles sourdes et ses yeux hébétés.	Avec du mercure et du plomb
Plongent vers le mercure qui les y force.	On les a collés et orientés.
Ils ne voient pas et ils ont des yeux.	Ils ont des yeux et sont pourtant aveugles.
Que deviennent comme eux ceux qui les font	Que ceux qui les ont faits deviennent comme ils sont
Et tous ceux qui ont confiance en eux !	Et tous ceux qui se soumettent à eux !
Frankfurt, MS hebr. Oct. 17, fol. 17r, str. 15	Frankfurt, MS hebr. Oct. 17, fol. 17r-17v, str. 16

Une fois de plus, l'hébreu serait bien difficilement compréhensible sans le yiddish, qui lui-même est assez allusif. Pour mieux saisir le sens de ces vers, il faut savoir que les points des dés sont désignés en yiddish par le mot *ougén* (« les yeux »). Ce n'est que dans la partie yiddish qu'on comprend sans peine qu'il est ici

---

[58] « On dit qu'un joueur / Est le porteur de la bourse de l'autre. » Ce proverbe apparaît sous une forme légèrement différente chez Wander (art. « Spieler », n° 21) : « *Ein Spieler ist des andern Säckelträger.* »

[59] *Isaïe*, 38, 4.

[60] *Talmud Ḥulin*, 58, 2. Il s'agit, à l'origine, d'un proverbe araméen : « כל יתר כי נטול דמי » : « tout surplus ressemble à un manque ». Le poète exploite en permanence les nombreuses homonymies de la racine דם et de ses dérivés : il peut désigner le sang, le verbe « ressembler », mais aussi l'argent. C'est bien sûr vers ce sens qu'il détourne de nombreux versets.

[61] *Isaïe*, 6, 10.

[62] *Exode*, 15, 10.

[63] *Psaumes*, 115, 5.

[64] *Ibid.*, 115, 8, pour ce vers et le vers précédent. Il est ici question des idoles dans la Bible.

question des dés pipés à l'aide de métaux tels le plomb et le mercure. La référence à une technique de trucage connue des joueurs (mais sans doute aussi d'une bonne part des lecteurs originels) ne laisse aucun doute sur le référent du pronom « *si* » (« ils »), qui désigne les dés, sans pourtant que cela ne soit jamais dit explicitement.

Dès lors le verset biblique des *Psaumes* qui, une fois n'est pas coutume, fournit la matière de tout un vers yiddish prend un sens entièrement nouveau : les yeux aveugles sont en réalité les points inscrits sur le dé qui ne se laissent jamais voir puisque le dé est pipé. Comment comprendre cela à partir de l'hébreu qui mentionne aussi, verset biblique oblige, les oreilles ? De même, le plomb n'est plus présenté comme un ingrédient de faussaire mais il est transféré dans une comparaison qui laisse entendre que les dés plongent comme les armées de Pharaon au fond de la Mer Rouge, lesquelles, nous dit la Bible, ont coulé comme du plomb ?

Même si l'inventivité du poète est remarquable dans sa façon d'employer tous les éléments du vers yiddish sous le carcan des versets bibliques et que cette inventivité même devait beaucoup amuser les lecteurs bilingues, le poème hébraïque ne pourrait décidément pas se suffire à lui-même. Mais inversement, le poème yiddish se trouve enrichi par le volet hébraïque. Grâce à lui, on perçoit immédiatement que la malédiction finale contre les tricheurs (qu'ils deviennent aveugles comme les dés qu'ils ont créés) est une reprise directe de la malédiction que le Psalmiste adresse aux faiseurs d'idoles. Par cette éloquente référence, le jeu est assimilé à une idolâtrie et la condamnation, comique en raison du sens nouveau qu'a pris le mot « yeux », n'en est pas moins très puissante puisqu'elle s'appuie sur la dénonciation d'un des péchés les plus graves (sinon le plus grave), dans la Bible et dans la pensée juive.

En définitive, nous avons vu que la satire qui s'exprime dans les poèmes bilingues est intimement nourrie d'une double tradition. D'un côté, nous trouvons la tradition comique médiévale, en particulier allemande, qui chante le jeu, le vin ou qui critique la richesse. D'un autre côté, la pensée et la vision biblique, véhiculée par la langue sainte, approfondit la portée morale de ces satires. À cette double tradition correspond une double logique de composition, le volet yiddish imitant les habitudes linguistiques quotidiennes tandis que le volet hébraïque procède par accumulation de références. Enfin, nous sommes arrivé à la conclusion que ces poèmes bilingues doivent absolument être regardés comme un tout organique : chacune des incarnations du message poétique renforce et éclaire l'autre. Que la présence d'une version hébraïque renforce le prestige du poème yiddish, cela nous semble indéniable. Dans le même temps, le yiddish permet à l'hébreu de s'aventurer dans des domaines où ce dernier, en particulier celui des Ashkénazes, ne pourrait pas pénétrer sans son secours.

Il existe cependant, dès le début du XVIᵉ siècle, des satires composées intégralement en yiddish. Moins sophistiquées sans doute, elles n'en sont pas moins le reflet d'une littérature qui affirme son indépendance dans des genres controversés en s'appuyant sur des modèles courants dans la littérature européenne à cette période. C'est à ces satires que nous allons nous intéresser à présent.

V.1.b. *Les satires yiddish*

Les poèmes satiriques en yiddish datant du début du XVIᵉ siècle nous ont malheureusement été conservés en très petit nombre, enfouis dans des manuscrits parmi d'autres œuvres de genres très variés. Il nous faut avant tout préciser qu'en raison même de la rareté de ces témoignages (qui correspondent sans aucun doute à une production plus abondante), nous adoptons dans cette section une signification large du terme « satire ». Certaines des œuvres dont il sera question ne sont pas satiriques au sens strict du terme. Elles présentent certes des personnages ridicules en les caricaturant, mais il serait assez difficile d'en tirer le moindre enseignement moral. Elles appartiennent au champ plus large de la poésie occasionnelle comique à laquelle la satire morale peut prendre part tout en ne le faisant, somme toute, qu'assez rarement. La rareté des textes nous poussera également à faire des références occasionnelles à des œuvres datant de la fin du XVIᵉ siècle (jusqu'aux œuvres contenues dans la collection « Wallich » datée de 1602). Il existe en effet une continuité de ton et de style à travers ces créations.

Comme nous l'avons vu dans le cas de la note de Moshe Hunt au manuscrit de Parme, la poésie comique brève est, par excellence, un genre inscrit dans un cadre social défini. Comme leurs contemporains chrétiens, les Juifs ne manquaient pas d'occasions où il était coutumier de lire des poèmes distrayants face à un public défini. Cela vaut d'abord, bien sûr, pour la fête de Purim. Une bonne partie des textes dont il sera question dans cette section, et dans la suivante, a été composée à l'occasion de cette festivité. Il s'agit alors, au sens propre comme au sens esthétique, d'une écriture carnavalesque, libérée des contraintes sociales qui régissent la parole en temps ordinaire. Il existait aussi d'autres occasions qui présentaient certains points communs avec cette fête : les mariages notamment où la présence d'un bouffon pour distraire le couple et l'assemblée paraît avoir été déjà bien établie[65]. Cette tradition se poursuivra dans le monde yiddish à travers le personnage du *badkhn* (amuseur de noces). Contrairement aux satires bilingues, qui étaient évidemment destinées à la lecture, et même à une lecture particulièrement attentive, presque toutes les satires que nous évoquerons étaient destinées à une récitation orale, à une représentation devant un public[66].

Nous pouvons d'abord nous arrêter sur un poème qui a, jusqu'à présent, très peu attiré l'attention de la critique[67]. Il a, pour notre étude, un intérêt particulier puisqu'il se trouve dans l'un des manuscrits qui nous a transmis les deux pasquinades de Lévita (Oxford, Can. Or. 12 datant de 1554) et qu'il y suit directement le *Hamavdil lid*[68]. Ce texte a été écrit, et très probablement récité, par un certain Moshe Cohen, lors du mariage du fils d'Anshel avec la fille de Shimshon, mariage organisé par le *šadéchon* (marieur) Süslen (str. 33). L'action se passe dans les

---

[65] Nous nous arrêterons en particulier sur le cas de Moshe Cohen de Talheim. Mais les *cale-lidér*, dont on a conservé plusieurs versions de la fin du XVIᵉ siècle, présentent souvent des allusions sexuelles. Voir J. C. Frakes 2004, p. 385-393.

[66] Il y a trois exceptions : les deux pasquinades de Lévita et les satires du manuscrit de Parme. Les pasquinades sont un cas-limite car elles ne sont bien sûr pas destinées à une lecture privée.

[67] À notre connaissance, seul Ch. Shmeruk 1966 (p. 351) lui consacre quelques lignes dans l'introduction à son édition du *Sérèfo-lid*.

[68] Pour une description du manuscrit, voir N. Shtif 1928a, p. 141-158 ; S. Neuberg 2012, p. 139-146 ; E. Timm-Ch. Turniansky-E. Timm 2003, p. 96-99. Le poème de Moshe Cohen se trouve aux fol. 207v-211r.

environs de Heilbronn et de Talheim, un hameau voisin, dans le sud-ouest de l'Allemagne. Le poème mentionne d'autres localités (Ustelving, Solim) qui pourraient avoir été inventées pour les besoins de l'action. À la fin du poème, le récitant invite toute la compagnie à danser puis se présente dans l'ultime strophe (qui a peut-être était ajoutée par l'auteur en vue de la transmission écrite du poème) :

Der unś dàs lid ain nöu' gésàng,	Celui qui nous a fait cette nouvelle chanson,
Mośe Cohen is er gènànt	Se nomme Moshe Cohen
Dàs màn hàb zu klòfén.	Pour qu'on ait de quoi bavasser.
Dés-zu treit er ain narén klait,	De plus, il porte un habit de bouffon
Zu Taléham sucht er seiné' weidt,	Il cherche sa pâture à Talheim,
Er hàt wol andérś zu schafén.	Il a bien d'autres choses à faire.

Oxford MS Can. Or. 12 fol. 211r, str. 34

Comme on le voit, le schéma rimique est le suivant : aabccb (*Schweifreim*), forme très courante dans le *Volkslied* allemand. D'après cet autoportrait, Moshe Cohen est donc un amuseur qui gagne sa vie, du moins en partie, en récitant des poèmes lors des mariages vêtu d'un costume de bouffon. La figure se place dans une tradition comique, courante en Allemagne, et affichée par le personnage même du récitant. Le *Narr* (sot) est une figure constante du *Fastnachtspiel*[69].

Tout ce poème raconte une histoire dont le héros principal est un jeune imbécile qui tente d'obtenir la main de la jeune fille de Shimshon, Vrumtlen. Il s'agit donc d'une forme de préhistoire du mariage qui est en train d'être célébré dans la réalité, une préhistoire bouffonne car le père de la mariée a bien failli obtenir le plus ridicule des gendres. Même si tous les protagonistes de cette histoire sont précisément nommés, nous tendons à croire qu'il s'agit là d'une pure invention du poète. Elle porte trop les caractéris-

---

[69] Il n'est pas certain que les acteurs du *Fastnachtspiel* portaient un costume particulier. Voir E. Catholy 1966, p. 19. Mais il est possible qu'ils aient eu quelques attributs distinctifs : costumes de paysans, chapeau de fou, étant données certaines références internes aux pièces. Voir aussi H. Bastian 1983, p. 74. Il est fait allusion à la couleur bleue du costume des *Narren* dans le *Fastnacht-spiel* n° 93 : « Die ploben farb vastnacht », publié par A. von Keller 1853, vol. 2, p. 728-730. L'habit de fou (avec un chapeau à cornes muni de clochettes) se retrouve dans des illustrations juives de la *Haggadah*, mais aussi, par exemple, dans le *Śefer Minhogim* publié à Venise en 1593 pour illustrer la fête de Purim.

tiques du conte comique, tel qu'il était très répandu dans la littérature européenne depuis les fabliaux, pour ne pas être un produit fictif. Moshe Cohen a pu, pour renforcer le comique, insérer dans la fiction des personnes familières à son public.

Le récit se rapproche le plus du genre connu en Allemagne sous le nom de *Schwankdichtung*[70]. On en retrouve tous les ingrédients. Tout d'abord l'histoire : un héros, Dovid vun Ustilving, imbécile et vicieux, est soumis à une suite de mésaventures dont la cause principale est sa propre bêtise. Comme l'idiot ne peut pas être représenté, comme il l'est en général dans la littérature allemande, par le paysan (puisqu'il n'y avait pas de paysans juifs), c'est un mauvais serviteur qui en joue le rôle : « *Der ḥosson war ain nübsén knecht*[71] » (Oxford MS Can. Or. 12, fol. 208r, str. 8). Notons que l'histoire n'est pas unifiée : le poète mentionne d'abord très rapidement, en deux strophes (str. 5-6), une autre mésaventure de Dovid liée au vol d'un tonneau de bon vin, découvert par la maîtresse de maison. Les récits d'actions pendables et ridicules peuvent s'enchaîner *ad libitum* dans ce type de narrations.

De la *Shwankdichtung*, cette histoire a également la langue et le goût pour le burlesque. Le bas corporel y a toute sa place. Voici le portrait qui est donné du héros principal :

Vil ma'éśi '[m] tòvim er an im hèt,	Il a beaucoup de bonnes qualités,
Er schlòfi gern làng un' brunzt in dàs bet,	Il dort volontiers longtemps et pisse au lit,
Špilén, eśén, un' trinkén.	Jouer, manger et boire[72].

Oxford MS Can. Or. 12, fol. 207v, str. 4

L'emploi des termes hébraïques « *ma'éśi '[m] tòvim* » est bien sûr ironique dans ce cadre. Lorsque sa supercherie est découverte, le malheureux David essaie en vain de se cacher dans l'étable. Mené contre son gré dans la maison, Shimshon lui ôte son chapeau pour montrer à sa femme le beau gendre qu'elle a failli obtenir :

---

[70] Voir H. Rüprich 1994, p. 106-108.

[71] « Le fiancé était un serviteur méprisable. » L'emploi du mot « fiancé », ici, est ironique car le personnage n'est fiancé que dans sa propre fantaisie. Le terme *nibsig* est construit à partir du mot hébraïque נבזה. Ce terme est employé, sous d'autres formes, par Lévita dans ses satires.

[72] Le dernier vers semble avoir été mal retranscrit par le copiste. L'absence de verbe y est étrange et il n'a pas quatre accents comme la plupart des vers du poème.

Er hât den grint biś übér di orén.	Il a la teigne jusqu'au-dessus des oreilles.
Irś bégreifén Šiméšon seinén zórén[73] :	Cette vue met Shimshon hors de lui :
Ain štóś w'urd im gebén,	Un coup lui fut donné,
Er traf` in ebén in der mit.	Il porta pile au milieu.
Sein schwerén hénd di velén nit ;	Ses lourdes mains ne ratent pas leur cible ;
Eś géhörén noun zum tót ṽōm lebén.	C'est à les faire passer de la vie à la mort[74].

Oxford MS Can. Or. 12, fol. 210v, str. 28

Ce coup placé au pire endroit n'est que le début des déboires du malheureux. Il se précipite jusqu'aux portes de la ville qu'il trouve fermées, une averse lui tombe dessus et il est obligé de dormir dans la léproserie. Comme dans la *Schwankdichtung*, l'essentiel du comique repose donc sur la suite d'avanies, exposées grassement et avec délectation, que subit le benêt.

Si la forme narrative de ce poème évoque une tradition qui n'a rien de spécifiquement juif, le contenu en est au contraire profondément ancré dans la réalité religieuse du judaïsme. L'idée même de la supercherie de Dovid s'appuie sur les lois juives concernant le mariage. En effet, pour qu'un mariage soit légalement engagé (par la cérémonie appelée *kiddushin*), il suffit de trois choses : une bague (symbolisant un don financier), deux témoins, et la prononciation d'une formule rituelle. Si ces trois éléments sont réunis, si le fiancé a offert la bague à la promise, que celle-ci l'a acceptée, et qu'il a prononcé la phrase fatidique en présence de deux témoins visuels, la jeune fille lui est réservée selon la loi sans que d'autres actions soient nécessaires, ni la présence d'un rabbin indispensable[75]. Le plan de Dovid est donc simple : donner une bague à Vrumtlen en présence de deux garnements de la maison qu'il a subornés par avance. Il obtient une bague auprès d'un forgeron de sa connaissance (« *rótén schmit* », str. 8). Celle-ci est, on l'aura deviné, de bien piètre qualité.

---

[73] La forme de ce vers est étrange mais nous ne voyons pas d'autre manière de déchiffrer le manuscrit.

[74] Nous interprétons la forme plurielle du verbe comme s'il fallait sous-entendre un sujet au pluriel (ici, bien sûr, les testicules).

[75] Voir *EJ*-2007, art. « Marriage », section « Legal aspects ». Les règles peu contraignantes de conclusion d'un mariage selon la loi talmudique sont une source de comique volontiers exploitée par la littérature juive. La comédie de Yehuda Sommo, *Tsahut Bediḥuta dekidushin*, s'appuie sur le même motif, en particulier à la fin de l'Acte III.

Ce projet de mariage burlesque donne au poète l'occasion de souligner, avec une ironie efficace, le détournement des coutumes sacrées du mariage. La première source du comique tient au fait que, le *šadéchon* (l'entremetteur) et le *ḥosson* (le fiancé), sont une seule et même personne : Dovid lui-même. L'accent est donc alternativement placé sur son rôle d'organisateur ou sur son rôle de bénéficiaire. Les deux témoins qu'il a tenté d'embarquer dans son stratagème, Meir Levi et Izek, se récrient contre le projet. Même si Dovid, face à leurs cris d'orfraies, fait mine d'avoir voulu plaisanter, ceux-ci décident de prévenir la jeune fille de n'accepter aucun présent de sa main, sans pour autant révéler le plan car ils en ont fait le serment. Ils craignent cependant d'avoir à souffrir de leur implication dans cette affaire :

Di jungén tórštén nit lengér dó sein :	Les jeunes gens ne pouvaient pas rester là plus longtemps :
Si ūurchtén si müštén nemén šadéchonóss ein	Ils craignaient d'encaisser l'argent
Dàs màn dem šadéchon w'urd gebén.	Qu'on donnerait à l'entremetteur.

Oxford MS Can. Or. 12, fol. 209r, str. 17

Par le terme *šadéchonóss* (prix payé à l'entremetteur pour son service) il est bien sûr ici fait ironiquement référence aux réprimandes qui menacent Dovid (désigné par le mot *šadéchon*), une fois que son mauvais tour sera découvert. Les deux complices craignent d'en obtenir également leur part.

Izek, réfugié à Heilbronn, éveille les soupçons de son beau-père, Salkint, qui lui tire les vers du nez. Celui-ci envoie alors son fils, Jusef, prévenir Shimshon de la manigance :

As ich ain jud bin, Jóséf špràch,	Sur ma foi de Juif, dit Joseph,
Gròsér ding ich ni' gésach :	Je n'ai jamais vu une chose pareille :
Dovid wolt öuer tòchtér ous-gebén	David aimerait donner votre fille
Gàr ainém hupschén veinén knàbén	À un fiancé aussi bon et aussi joli
As màn in ainém lànd màg hàbén.	Qu'on puisse trouver dans n'importe quel pays.
As var-war sò muś er lebén !	Dieu lui donne vie, ma parole !

Oxford MS Can. Or. 12, fol. 209v, str. 22

Ce discours est entièrement traversé d'ironie. Tout d'abord parce que Jusef fait mine de séparer l'organisateur du mariage (Dovid) et le fiancé (« *hupschén veinén knàbén* ») alors que

710

ceux-ci ne font qu'une seule et même personne. Cela lui permet, par les deux adjectifs dont il qualifie le prétendant, d'exprimer par antiphrase son appréciation pour le jeune homme. L'abondance des jurons et des hyperboles fait passer pour de l'enthousiasme ce qui est en réalité de l'indignation. Enfin, la réplique se conclut par une bénédiction, traditionnelle en yiddish jusqu'à aujourd'hui (*zol er lebn !*), qui, comme tout ce discours, doit être affecté d'un signe négatif et se transforme bien sûr en malédiction.

Lorsque Dovid réussit à échapper aux coups vengeurs de son maître, après sa nuit dans la léproserie, il s'empresse de quitter la ville : « *Dò kam er vrü' gèn Taléham gègàngén / Sein tno'im hört er lesén. / Pfüch un' pfiu der gróśén sam[76] !* » (Oxford MS Can. Or., fol. 211r, str. 31). Le détournement qui est ici effectué par le poète concerne la lecture à haute voix du contrat de mariage (*tno'im*). C'est là un moment solennel et crucial du processus d'engagement nuptial car il doit garantir l'accord (avant tout financier) des deux familles qui vont s'unir par le mariage. Ici, cette lecture (dès le lendemain de sa mésaventure) ne peut guère représenter que le récit même du projet manqué de Dovid dont la rumeur a déjà porté la nouvelle pour sa grande honte. Le solennel contrat de mariage s'est transformé en l'histoire d'une ridicule déconfiture. Enfin, pour conclure en beauté le récit de cet anti-mariage, le poète effectue un « gros plan » sur le lamentable anneau que Dovid avait préparé :

Sein sivlònòss var-ruśtèt vaśt,	Son present de mariage était rouillé,
Sein śpòsén-ring wàs wordén naś :	Sa bague de mariée s'était mouillée :
Sein varb wàs im vàr-blichén.	Elle avait perdu sa couleur.
Un' dàs wàs sich di calo vro	La fiancée s'en réjouissait
Un' das der śadéchon wàs wordén blo'	Et de ce que le marieur s'était fait rosser
Un' der ḥosson mit ḥerépo weichén.	Et de ce que le fiancé s'effaçait honteusement.

Oxford MS Can. Or. 12, fol. 211r, str. 32

---

[76] « Alors il vint à Talheim / Il y entend raconter son contrat de mariage / Pouah ! La grande honte ! » Le poète (ou le copiste) semble utiliser le mot hébraïque סם (*sam* : le poison, la drogue, le médicament), dans le sens de l'allemand *Scham* (la honte), en raison probablement de la ressemblance sonore des deux termes. Nous ne connaissons pas d'autre usage comparable de ce mot en yiddish ancien.

Cette strophe conclut l'aventure pitoyable de Dovid vun Ustvi-ling avant la présentation des conditions du mariage réel à l'oc-casion duquel le poème a été composé. Toute cette histoire a donc pour but de présenter un mariage inversé, un mariage pour rire afin de distraire les participants au mariage célébré entre la fille de reb Shimshon et le fils de reb Anshel. Pour souligner l'effet de la représentation de son anti-mariage, Moshe Cohen accumule donc, dans cette strophe, les références aux réalités matrimoniales, tout en les ridiculisant vers après vers. Il le fait quitte à dédoubler des désignations qui ont le même référent (l'évocation des éléments traditionnels du mariage peut se satis-faire de ce nominalisme). *Sivlónòss* et *šposén-ring* désignent bien sûr le pitoyable anneau en métal que Dovid avait acquis au début de l'aventure et qui ne ressemble plus à grand-chose à son terme. *Šadéchon* et *ḥosson* désignent tous deux Dovid, battu et honteux après sa débandade. Et pour couronner le tout, Vrumtlen, la fian-cée rêvée du *shlimazl* (pauvre malchanceux), est ici désignée iro-niquement comme « *di calo* » (mais rappelons qu'elle est aussi la fiancée du mariage réel !) et elle exulte du sort qui a été réservé à celui qui voulait être son fiancé par caprice personnel et contre son gré à elle.

On le voit, ce poème d'occasion, sans grande ambition, n'est pourtant pas dénué d'esprit ni de savoir-faire dans l'organisa-tion du matériel poétique. Il témoigne d'une tradition qui, s'ap-puyant sur les recettes de la *Schwankdichtung*, adapte le matériel de celle-ci aux conditions de vie et aux célébrations de la popu-lation juive ashkénaze. Les nombreux dialogues insérés dans ce poème renforcent sa valeur théâtrale. La recherche a souligné le fait qu'il existe un *continuum* entre ce type de poèmes et les textes théâtraux dont les premiers témoignages en yiddish apparaissent à la fin du XVIᵉ siècle (collection Wallich)[77]. Les chercheurs se sont appuyés sur le modèle d'évolution du *Fastnachtspiel* tracé par E. Catholy, les pièces allemandes ayant probablement dérivé d'abord de monologues (*Einzelvortrag*) qui se sont ensuite orga-nisés sous forme d'une suite de monologues récités par différents acteurs (*Reihenspiel*) avant d'assumer la forme d'une action dans

---

[77] Ch. Shmeruk 1979, p. 128-130 ; E. Butzer 2003, p. 155-167.

laquelle, la plupart du temps, un acteur central servait de répondant à tous les autres (*Handlungsspiel*)[78].

Le *Fastnachtspiel* constitue un cas particulier et fascinant pour les études littéraires, car on dispose d'une quantité imposante de textes, produits dans un cadre social bien défini (parmi les artisans de Nüremberg, pour leur majorité), sur une relativement courte période (de 1430 à 1600[79]). Ces pièces cultivent un comique fondé sur le réalisme grotesque, les métaphores sexuelles, les injures, les références scatologiques[80]. Étant données les conditions d'émergence de ce genre, il est fort peu probable que des Juifs aient assisté aux pièces et une influence directe paraît donc exclue. Les parallélismes qui existent entre les débuts du *Purim špil* et le *Fastnachtspiel* laissent essentiellement conclure à une logique similaire de développement dramatique (vers la création d'une dramaturgie plus close affirmant peu à peu l'indépendance de la représentation théâtrale), et à une communauté de mentalité qui trouve son expression, notamment, dans la prédilection pour le comique du bas corporel. Le *Purim špil* a une nature plus composite que le modèle théâtral allemand et son développement ne peut être étudié que sur une plus longue période. Nous pen-

---

[78] E. Catholy 1966, p. 26-40.

[79] En réalité, une étude sur le *Fastnachtspiel* peut à bon droit se concentrer sur les textes du XVe siècle car le genre subit une importante métamorphose au moment où il est repris par un auteur tel Hans Sachs. Le *Fastnachtspiel* présente un comique brut, presque toujours tourné vers le sexuel et le scatologique, narrant de façon brève et répétitive les aventures (en général sexuelles) d'idiots représentés par des paysans. Mais cette simplicité thématique se double d'une certaine sophistication dans l'usage de métaphores très variées pour évoquer les sujets scabreux. Voir J. Müller 1988. Nous sommes assez de l'avis de H. Bastian 1983 (p. 94-113) selon qui les premiers *Fastnachtspiele*, en ce qu'ils représentent une expression « pure » du comique grotesque, ne doivent pas être considérés inférieurs aux œuvres plus tardives, et plus raffinées d'un Hans Folz. Dans sa volonté de transmettre un enseignement moral, l'auteur de la fin du XVe siècle fait entrer dans le *Fastnachtspiel* une volonté didactique qui le dénature, et en profite aussi pour laisser libre cours à son antisémitisme féroce. Ses pièces mettant en scènes des Juifs sont d'un intérêt particulier pour l'étude du judaïsme ashkénaze, car il y insère des prières en hébreu en caractères latins (sans doute retranscrites par quelque converti). Voir en particulier sa pièce « *Die alt und neu ee* » dans A. von Keller 1853, vol. 1 : la prière *Adon olam* se trouve à la p. 7. Voir aussi E. Wenzel 1992, p. 189-265, sur la façon dont Folz réutilise dans ses pièces d'anciens argumentaires de l'Église contre la foi juive.

[80] E. Butzer 2003 (p. 189-193) propose une analyse de la recherche récente concernant le *Fastnachtspiel* et, en particulier, de son rapport à l'obscénité.

sons que la littérature yiddish ancienne n'a été influencée par la littérature allemande qu'à travers des productions qui étaient facilement accessibles à la population juive : essentiellement les *Volkslieder* et les *Volksbücher*, ainsi que certaines formes poétiques brèves et populaires.

Nous souhaitons simplement ajouter aux résultats des recherches précédentes l'idée que la *Schwankdichtung*, directement ou simplement par la diffusion de ses thèmes narratifs, a sans doute fourni sa contribution aux récits insérés dans les *Purim špilén*, notamment à travers des œuvres telles que celle que nous venons d'étudier. Un poème comme le *Taub Jeklein*, contenu dans le manuscrit « Wallich », reprend toutes les recettes de ce type de narration : une famille de sots est soumise à une succession de mésaventures ridicules (achat d'une vache trop maigre, rixes conjugales, repas qui dégénèrent en pugilat, jeune fiancé qui entre par mégarde dans le bain des femmes, etc.)[81]. Or, il semble bien que, d'une façon ou d'une autre, il s'appuie sur une représentation de type théâtral[82]. Le *Purim špil* intégrera diverses tendances narratives et thématiques que l'on trouve déjà en œuvre au XVIe siècle dans les brefs poèmes comiques écrits en yiddish, en particulier dans ceux de Lévita.

Il est un autre genre, très populaire en Allemagne à la fin du Moyen Âge, qui a laissé sa trace sur les premières satires yiddish : *die Ständesatire*. Cette forme de satire, qui prend pour cible les différentes conditions sociales, connaît une remarquable diffusion à la fin du Moyen Âge, en particulier en Allemagne où son modèle imprègne des œuvres et des arts variés : le drame sacré, les revues de sots (*Narrenrevue*, le *Narrenschiff* de Sebastian Brant puise également dans cette tradition) et, dans le domaine pictural, les danses macabres ou certains détails des toiles de Bruegel et de Bosch[83]. Si la société juive était organisée

---

[81] On trouvera ce poème dans Ch. Shmeruk 1979, p. 121-127 et D. Matut 2011, vol. 1, p. 104-129 (voir aussi son commentaire, vol. 2, p. 166-192). Le nom « Taub Jeklein » est, comme souvent dans ce type de textes, un nom parlant : l'adjectif comme le substantif signifient « sot ».

[82] Ch. Shmeruk 1979 (p. 127) pense qu'il s'agit d'une pièce effectivement représentée, laquelle aurait été transformée en poème. E. Butzer 2003, p. 73, considère qu'il s'agit plus probablement d'un monologue inscrit dans une pièce plus longue.

[83] Pour un compte-rendu de ce développement, voir H. Rosenfeldt 1952,

en classes moins rigides que la société chrétienne, il n'en reste pas moins que les conditions de chaque groupe social étaient bien définies et bien différenciées dans l'esprit de chacun. On distinguait les *baḥurim*, étudiants souvent de passage dans une communauté, les *balé-bathim*, simples chefs de famille appartenant à un lieu précis de résidence, les *lomdim* ou *thâlmidim ḥachomim*, personnes versées dans les études talmudiques, les *rabonim*, rabbins dûment agréés qui avaient pour charge d'assurer le bon déroulement de la vie religieuse mais aussi juridique de la communauté, les *parnosim*, ou notables, hommes riches qui géraient les affaires courantes de la communauté, sous l'œil averti des rabbins, et assumaient la rude responsabilité de faire appliquer les exigences des autorités chrétiennes et de négocier avec elles[84].

À ces catégories constantes, viennent s'ajouter suivant le point de vue de l'observateur, d'autres groupes sociaux que l'on peut aussi faire entrer sous le concept allemand de *Stände* en acceptant de ne pas lui donner un sens trop étroit (cette acception large vaut d'ailleurs aussi pour nombre de *Ständesatiren* allemandes) : les représentants de métiers tels les *mélamdim* (enseignants) ou les *sòfrim* (copistes), les serviteurs domestiques (*knecht*, *pülzël*), les femmes (dont l'univers et les responsabilités étaient centrés sur le foyer), les habitants temporaires de la communauté (*gést*, *'órḥim*), les pauvres (*'aniim*). Dans la *Ständesatire* le poète passe en revue les différentes catégories sociales en soulignant leurs vices et leurs imperfections. Nous connaissons deux satires de ce genre en yiddish ancien composées avant 1550 selon toute probabilité : le *Purim špil* que nous attribuons à Lévita et une satire conservée dans le manuscrit de Parme copié par Moshe Barlag. C'est à cette dernière satire que nous allons nous intéresser maintenant.

p. 196-207. La satire allemande élevée sera fort influencée par l'œuvre de Sebastian Brant, ce qui accentuera sa tonalité morale ainsi que sa volonté de présenter un tableau général des vices affectant la société, en utilisant, de façon plutôt souple, la ressource de l'allégorie. Les satires de Brant sont donc moins portées à la reconstitution de scènes concrètes que celles de Lévita. Voir H.-J. Mähl 1964. Thomas Murner marche directement dans les pas de Brant lorsqu'il fait la satire des Luthériens.

[84] Moritz Güdemann 1888 (vol. 3, p. 89-94), dans son analyse ancienne mais éclairante de la société ashkénaze à la fin du Moyen Âge, appelait ces différentes catégories *Stände*.

La satire de Parme (ou plutôt les satires, car le manuscrit comprend deux textes successifs pouvant être rattachés à ce genre) n'a jusqu'à présent quasiment pas attiré l'attention de la critique, et ce pour des raisons plus compréhensibles que dans le cas du poème de Moshe Cohen de Talheim. En effet, son niveau littéraire est modeste au point que Ch. Turniansky pouvait affirmer : « [...] מכתם זה [...] ערכו וחשיבותו מוגבלים מאוד. »[85]. Les cinq courts poèmes de cette section du manuscrit (deux satires, trois poèmes pieux) sont en effet écrits dans un style pauvre. Les rimes sont insuffisantes quand elles ne viennent pas à manquer tout à fait. Le manuscrit nomme ces poèmes pour la plupart *Spruch* et il semble donc qu'ils appartiennent au genre didactique de la *Spruchdichtung*. Il est cependant difficile de juger, en raison du peu de cas qu'ils font du rythme et même par moment de la rime, s'il s'agit ici de prose rimée ou de poèmes en vers libres rimant deux à deux (*Reimpaarspruch*). Contrairement à la grande majorité des poèmes satiriques et comiques qui nous sont parvenus en yiddish ancien, ceux-ci ne semblent pas avoir été destinés à une récitation orale, mais plutôt à la lecture : point de mélodie (comme le nom *špruch* l'indique en général), une tonalité souvent réflexive, une tendance à délayer le discours au lieu de le concentrer.

Malgré toutes ces réserves, les deux satires du manuscrit de Parme nous semblent pourtant valoir la peine d'être abordées dans le cadre de notre description du genre à l'époque de Lévita[86].

---

[85] Ch. Turniansky 1982, à la fin de la description du manuscrit de la bibliothèque de Parme Ms. Pol. 2513, p. 595 : « Ce court poème a une importance et une valeur très limitées ». Le propos de Ch. Turniansky se réfère spécifiquement au dernier court poème de la sixième section (*vav*) mais le style de la série de cinq courts poèmes qui composent cette section est assez proche pour qu'on puisse supposer qu'ils proviennent du même auteur et nous ne pensons pas déformer sa pensée en appliquant son jugement à toute la série. Ces poèmes sont nommés « *špruch* » ou, pour l'un d'entre eux, « *götlich lôb* ». Seuls les deux premiers poèmes de la section peuvent être nommés satires, les autres sont des poèmes pieux : prière à Dieu, profession de foi, incitation à se lever pour louer l'Éternel dès le matin. Cette dernière pièce est signée « Moshe ». S'agit-il de Moshe Hunt / Barlag ? Ch. Turniansky répond par la négative et nous pensons qu'elle a raison tant le style de ces textes est différent de celui de la note autobiographique qui précède le premier d'entre eux. On note en particulier l'absence totale d'italianismes.

[86] M. Weinreich 1928 (p. 138-139) offre une brève paraphrase des meilleurs moments de ces deux satires, tout en faisant comme si elles n'en constituaient qu'une seule. Sa conclusion laudative nous semble fort exagérée : « *Do redt tsu undz a geboyrener satiriker, mit a yoderdiker shprakh, ongepropt mit vertlekh* »

Tout d'abord, il s'agit du seul témoignage en yiddish ancien d'œuvres portant l'appellation générique *špruch*, et nous savons par la préface du *Paris un Wiene* que Lévita s'est illustré dans ce genre (*PW*, 5). Ensuite, la première satire au moins n'est pas dénuée de certaines qualités humoristiques et, comme elle s'appuie sur la structure de la *Ständesatire*, elle nous offre un point de confrontation avec le *Purim špil* de Lévita. De plus, elle propose une représentation vivante des préoccupations des différentes catégories de la société ashkénaze au début du XVIᵉ siècle. Enfin, malgré leurs faiblesses de style, ces satires emploient un langage naturel comportant quelques proverbes et expressions idiomatiques qui méritent d'être notés.

La première satire est précédée de l'indication : « *Ain andér špruch ouf di welt* » (« Un autre poème sur le monde »), ce qui laisse supposer que, dans le manuscrit que le copiste avait sous les yeux, elle était précédée d'un autre poème du même genre et que, n'ayant pas repris le premier poème, il a mécaniquement recopié l'en-tête[87]. Même si elle reprend le principe de la *Ständesatire*, passant en revue toute une série de catégories sociales, elle le fait de manière originale. En effet, le poète ne se place pas en position de juge des manquements et des vices de ses contemporains. Il assume une stratégie inverse : ce qu'il veut mettre en évidence, c'est qu'il n'y a pas de membre de la société, quel que soit son statut, qui puisse satisfaire le monde. Les critiques n'émanent donc pas directement du « je » poétique mais de la *vox populi* à qui il est systématiquement donné la parole. Finalement, le poète se pose, sans presque prendre la parole en son propre nom, en critique désabusé de l'insatisfaction constante des hommes et de leurs plaintes

---

(« C'est un satiriste né qui s'adresse à nous, avec une langue vigoureuse, bourrée de proverbes »). Malheureusement, en particulier dans la deuxième satire, la langue de l'auteur n'est guère vigoureuse et ressemble plus à des jérémiades qu'à des pointes incisives de satiriste. La première satire est plus inspirée et correspond mieux à l'appréciation de Weinreich (peut-être est-elle d'un autre auteur ?) et nous concentrerons principalement notre attention sur elle.

[87] Cette satire se situe aux fol. 209r-210v du manuscrit. Le texte a été publié et traduit en hébreu (nous divergeons en certains endroits pour la lecture et l'interprétation du texte) dans S. Assaf 1948, p. 17-18 pour la traduction et p. 337-338 pour le texte yiddish. L'historien israélien était en effet conscient de sa signification pour l'histoire sociale juive. La lecture et l'interprétation ont été réalisées par N. Leibowitz qui s'est occupée du manuscrit dans le cadre de ses recherches sur les traductions de la Bible en yiddish ancien. Voir N. Leibowitz 1931, p. 22.

intarissables. Il commence par faire la liste de toutes les catégories sociales qu'il va passer en revue pour les exposer à la rumeur collective. Comme le poème présente une structure répétitive, son propos apparaîtra plus nettement dans un tableau :

Catégorie sociale	Hypothèses de comportement	Critiques de la rumeur publique
Rabbin (רב) v. 11-19	S'il enseigne jour et nuit et ne peut satisfaire les exigences des maîtres de maison,	« Nous voulons chercher un autre rabbin qui ne nous lésera pas. »
	S'il n'enseigne rien,	« Aucun étudiant ne le recherche. Il passe son temps à s'empiffrer avec les maîtres de maison[88]. »
Étudiant (בחור) v. 20-27	S'il part étudier avec un ou deux serviteurs,	« Quelle vanité ! » [ou « Quelle dépense ! » suivant le sens donné à *hôfàrt*]
	S'il prend la route tout seul,	« Il le fait à contrecœur ! »
Notable, dirigeant communautaire (פרנס) v. 28-53	S'il a le pouvoir de forcer les gens à donner de leur argent, certains fuient :	« Nous serions bien restés, cet homme nous a chassés ! »
	S'il n'exerce pas son pouvoir et laisse les gens faire ce qu'ils veulent,	« Que d'injustices sont commises ! Tout cela est manigancé par ce méchant qui ne punit pas les mauvais. »
	S'il est sage et sérieux et qu'il s'engage auprès des autorités chrétiennes sur les contributions communautaires[89],	« Si nous nous en étions chargés nous-mêmes, nous nous en serions mieux sortis. »
	[Commentaire du poète : Même si ces gens-là n'ont ni la carrure ni la sagesse de parler au pouvoir, ils disent :]	« Cela lui va comme un tablier à une vache[90] ! »

---

[88] Le sujet de cette phrase n'est pas clair dans le manuscrit. Il pourrait aussi s'agir des étudiants. Nous émendons le manuscrit qui présente le mot « vŏr-zèrt » (בור צירט) en « vŏr-zecht » (בור צעכט) pour obtenir une rime avec le verbe « wecht » (וועכט).

[89] Nous interprétons ainsi l'expression « *muḥsak mit der srore* » (v. 43).

[90] L'expression yiddish est la suivante : « *Es ūugt as zu im as ain bŏk zu ainém gertner* » (v. 52-53). Elle se trouve expliquée dans *DWB*, art. « Bock », 8.

Catégorie sociale	Hypothèses de comportement	Critiques de la rumeur publique
Maître de maison (בעל הבית) v. 54-62	Si un maître de maison nuit aux Chrétiens, toute la communauté le déteste, même les enfants :	« Quel mal il nous fait ! »
	S'il fait du bien aux Chrétiens,	« Il veut posséder la ville à lui tout seul[91] ! »
Copiste (סופֵר) v. 63-67	S'il écrit des lettres brisées[92],	« C'est vieilli ! »
	S'il écrit gros,	« Il faut que ce soit plus petit ! »
	S'il écrit petit,	« Ce sont des pattes de mouches[93]. »
Pauvre[94] (עני) v. 68-74	S'il boit du vin pour honorer le Shabbat,	« Il fait des dépenses inutiles ! »
	S'il n'ose pas boire,	« Il ne sait pas bien vivre ! »
Enseignant, précepteur (מלמד) v. 75-85	Un maître qui frappe volontiers les enfants sans mauvaise intention,	« C'est un tueur d'enfants[95] ! »
	S'il est bon et qu'il ne les frappe pas,	« Les enfants sont mal élevés, ils n'ont pas peur de lui. Il nous vole notre argent, qu'il le dépense en tombant malade[96] ! »

[91] « *Er wil di štat al hàbén alain* » (v. 62).

[92] « גברוכן מעשיט ». M. Weinreich interprète cette expression comme signifiant une écriture fine. Suivant le contexte, cela nous semble plutôt désigner un style d'écriture passé de mode. Sur le nom de l'écriture, on pourra se référer aux propos de Lévita dans son *Sefer Hatishbi* 1541, p. 105 [205], art. משקיט. Il y dit, avec désarroi, avoir demandé à des Juifs de toute provenance (italiens, français, espagnols, grecs, arabes) sans avoir réussi à trouver l'origine du mot.

[93] « *Eś seinén wligan ṽüś al gémein.* » (v. 67).

[94] N. Leibowitz saute étrangement cette section dans sa traduction, voir S. Assaf 1948, p. 18.

[95] « *der kindér mòrdér* » (v. 78).

[96] Nous interprétons, comme N. Leibowitz, la menace formulée contre le précepteur comme une forme de malédiction : « *Er wert eś in ainér krànkhait vòr-zérén !* » (v. 83).

Catégorie sociale	Hypothèses de comportement	Critiques de la rumeur publique
Artisan, ouvrier (גזעל) v. 86-95	S'il s'habille bien,	« Quelle vanité ! Il dépense tout ce qu'il a. »
	S'il est un homme simple et porte de mauvais habits,	« Quelle mauvaise mine[97] ! Comme il s'habille simplement : son cœur ne correspond pas à son allure ! »
Hôte de passage (גשט) v. 96-105	S'il s'habille somptueusement,	« Pourquoi ne vend-il pas ses vêtements ? Il n'aurait pas à affronter la honte de demander l'aumône aux gens ! »
	S'il a usé ses vêtements et qu'il va en haillons,	« Où sont passés ses biens ? Trois dés les lui auront pris[98] ! »

Comme on le voit, même si le style du poète est assez modeste, cette satire ne manque pas de fraîcheur ni d'originalité. Par sa façon de laisser le devant de la scène aux paroles de la rumeur publique, le poète nous fait entendre le discours quotidien des Juifs ashkénazes, en mimant certains de ses stéréotypes. Les bonnes gens utilisent des proverbes malveillants (« *Eś ṽugt as zu im as ain bök zu ainém gertner.* », v. 53), des hyperboles et des images vives exprimant l'indignation (« *der kindér mördér* », « *ẇligan ṽüś* »), des malédictions (« *Er wert eś in ainér kránkhait ṽör-zérén !* »), des clichés et des préjugés (« *Er wil di štat al hábén alain* » ; « *Drei' w'urfèl háb* [sic] *eś im génumén* »).

Nous apprenons ainsi qu'un homme qui avait de trop bonnes relations avec les Chrétiens était soupçonné de vouloir acquérir du pouvoir sur ses coreligionnaires, qu'une personne d'allure trop modeste était soupçonnée de s'être ruinée au jeu (avec trois dés bien sûr, comme chez Hugerlen), qu'un hôte de passage était vu comme un mendiant. Nous apprenons aussi qu'un rabbin devait trouver un équilibre entre l'enseignement qu'il devait prodiguer aux étudiants et la gestion de questions communautaires pour

---

[97] Nous trouvons ici un terme difficile à déchiffrer et à interpréter dans le manuscrit : בעקקהרט ou בעזההרט.

[98] « *Drei' w'urfèl háb* [!] *eś im génumén.* » (v. 105).

les chefs de familles, qu'un notable devait satisfaire à la fois aux exigences des Chrétiens et à celles, bien sûr contradictoires, de sa communauté, qu'un pauvre devait savoir concilier ses devoirs religieux (honorer le Shabbat) et la faiblesse de ses moyens[99]. Cette satire est donc riche en informations pour l'histoire sociale comme pour l'histoire des mentalités.

Mais sa forme littéraire présente, elle aussi, quelque intérêt. Le poète a adopté une structure simple, mais efficace, qui lui permet de dévoiler, non sans humour, les contradictions de la rumeur publique. Même si les rimes sont souvent pauvres ou fautives, le recours au discours stéréotypé anime la caricature. Dans le tableau précédent, nous avons retranscrit la *vox populi* au discours direct. C'est la forme où elle apparaît le plus souvent dans le manuscrit (où ces interventions sont assez mécaniquement introduites par « *si šprechén* » ou par une variation de cette formule) mais l'auteur a su faire preuve de variété en utilisant parfois le discours indirect, voire le simple discours rapporté si bien que la voix du poète se fond avec le discours collectif au point qu'il est parfois difficile de les départir : « *Ain sófer der gébróchén ma'šet schreibt, dáś iśt vör-altèt*[100] » (v. 63). Les propos de la foule s'annulent les uns les autres sans que l'auteur n'ait quasiment besoin de glisser le moindre commentaire. La vanité collective n'en ressort que plus clairement. Et il produit ainsi un portrait vivant des occupations et des préoccupations d'une communauté ashkénaze au début du XVIe siècle.

La seconde satire du manuscrit est, par sa longueur même, moins vive et moins caustique[101]. Elle est écrite dans une tonalité

---

[99] Le thème du pauvre qui sacrifie ses quelques possessions pour rendre hommage au jour saint est très courant dans la littérature juive depuis le Talmud. On rappellera l'histoire célèbre de Yosef Mokir Shabbat (Joseph qui chérit le Shabbat) narrée dans le Talmud de Babylone (Shabbat, 119, 1), où l'on rencontre un pauvre homme qui, ayant acheté un poisson pour honorer la venue du Shabbat, trouve un diamant à l'intérieur. Ce motif sera très fréquent également dans la littérature yiddish moderne.

[100] « Un copiste qui écrit des lettres brisées, c'est vieilli ! ».

[101] Elle n'a, à notre connaissance, jamais été publiée et se trouve aux fol. 210v-214r du manuscrit. Elle est précédée par l'en-tête : « *Abér ain hupschén špruch ûn dem 'ólom* » (« Encore un joli poème sur le monde »). Nous avons renoncé à numéroter les vers car l'imperfection des rimes rend parfois difficile leur délimitation.

très différente, celle d'un prêcheur, d'un homme pieu qui se désole de la vanité de son temps. La voix de l'auteur s'y fait entendre du début à la fin du poème, entre plaintes, sévères remontrances et incitations à la piété. On n'y trouve aucune intervention au discours direct, elles qui contribuaient tant à la réussite de la première satire. Le poème, qui s'apparente plus à la tradition de la poésie morale (שיר מוסר), présente néanmoins quelques pointes satiriques qui ne sont pas sans intérêt car le langage s'y fait plus imagé et plus idiomatique. Les critiques du poète, plus ou moins incisives, alternent avec des moments de vaticination, de rappel à l'ordre, et d'imploration de la clémence divine. La lamentation qui traverse tout le poème s'appuie sur le motif courant de la domination des vaniteux et des sots qui écrasent les sages en les regardant de haut : « *Dò bei' wint màn mengèn narén, / Der wiz noch sin ni' géwan, / Waś der selbig màn greift an, / Dàs schlàgt alś zu hail. / Er iśt sò gògèl un' sò gail, / Er went dàs er wolér weiśhait stèkt. / Der selbig nar den weisén gekt*[102] » (Parme Ms. Pol. 2513, fol. 211r). Ce passage, qui utilise un langage expressif (« *gògèl un' gail* » ; « *gekt* »), semble rapprocher l'inspiration de l'auteur de la *Narrenlitteratur* qui florissait à l'époque en Allemagne, pas seulement dans la grande œuvre de Sebastian Brant mais aussi dans une série de feuillets illustrés, porteurs de vers d'inspiration populaire, dont la diffusion était grande pendant le XVe siècle[103].

On retrouve, comme dans cette littérature allemande et comme dans les « Réflexions sur la mort » de Menachem Oldendorf, l'image du trépas inévitable prêt à punir les riches pour leur vanité : « *Sòlt dàs gelt helfén vòr dàs śterbén / Sò muśtén di' armén vòr-derbén*[104] » (Parme Ms. Pol. 2513, fol. 211r). Les réflexions du poète à ce sujet entrent clairement dans cette tradition du « pessimisme créaturel » : ceux qui prétendent diriger des pays entiers, sont bientôt couchés dans le sable ; la mort égalise tout, le riche comme le pauvre. Sa langue devient alors imagée, et presque naïve :

---

[102] « On trouve dans le même temps plus d'un sot, / Qui n'a jamais possédé une once de sens, / Tout ce que celui-là entreprend, / Lui réussit entièrement. / Il est si fier et si content, / Il pense qu'il est empli de sagesse. / Ce sot-là se moque du sage. »

[103] H. Rosenfeld 1954, p. 66-75.

[104] « Si l'argent aidait contre la mort, / Les pauvres devraient être perdus. »

« *Er [der tod] kèrt sich nit an kain gril / Un' an kain seitén-špil. / Het ainér šterk asò wil dàś er mòcht tragén ain berg, / Er warft in nidér as ain šperk* [105] » (Parme Ms. Pol. 2513, fol. 211v). Rien n'est aussi grand que la mort, nous dit l'auteur, aucune échelle, aucun escalier ne l'atteint. Aussi haut que l'individu construise dans les airs, la mort peut l'atteindre.

À ces images simples sont associées des réflexions pieuses, sur la charité, sur les méfaits de l'orgueil. L'auteur va même jusqu'à s'appuyer sur une autorité livresque : « *Ain buch dàś iśt ouś-der-wèlt / Dàś sagèt ūun al'ér löutén sit / Dàś hòt gésezt hòfàrt in der mit / Zwischén unsin un' tòrhait* [106] » (Parme Ms. Pol. 2513, fol. 212r). On ne se trompera sans doute pas en affirmant que ce poème s'appuie sur la rhétorique du sermon, non pas de la *drošhe* (type de sermon qui visait avant tout à éclairer une portion de la Torah), mais bien du sermon à visée morale, comme on le rencontre aussi dans le monde chrétien.

L'auteur se retourne alors, sans originalité excessive, contre les coutumes vestimentaires de ses contemporains et il se glisse à nouveau dans son discours une pointe de satire : « *Di wrò'én lòsén ouch ūun in klafén, / Recht gleich aś di afén, / Un' si' trabén in di' schoul mit den langén špizan, / Dàś brèngèn si' ūun wizan* [107] » (Parme Ms. Pol. 2513, fol. 212r). Et les hommes n'ont pas meilleure allure : « *Di manén sicht màn schöudérlich gén / Mit irén kurzén géwant, / dàś si' ir aigén schant / Nit mögén bédékén* [108] » (Parme Ms. Pol. 2513, fol. 212r). Mais ces moments satiriques débouchent immédiatement sur un prêche concernant les ter-

---

[105] « La mort ne recule pas devant le moindre hurlement / Ni devant la musique des instruments à cordes. / Même si un homme a assez de force pour porter une montagne, / Elle le jette à bas comme un moineau. »

[106] « Un livre qui est excellent, / Qui parle de toutes les mœurs des gens, / A placé l'orgueil au milieu / Entre la folie et la bêtise. » Il s'agit probablement d'un livre de morale (*sefer musar*) du type du *orahot tsadikim* (אורחות צדיקים), datant du XVᵉ siècle, qui connaîtra une grande popularité chez les Juifs ashkénazes et sera traduit et publié en yiddish (avant même d'être publié en hébreu) en 1542 sous le titre *Šefer midöss* (ספר מידות).

[107] « Les femmes se livrent à bien des papotages / Tout à fait comme des singes / Et elles entrent dans la synagogue avec leurs longues robes [en dentelle ?] / Au point qu'elles rendent fou. » Nous ne sommes pas certains du sens qu'il faut accorder à *Spizen*. Il s'agit, dans tous les cas, d'un long vêtement de femme.

[108] « L'allure des hommes est effrayante / Avec leurs habits courts / Au point qu'ils ne couvrent même pas / Leurs parties honteuses. »

ribles conséquences de l'impudeur, l'abondance des péchés qui sont commis et les malheurs qui en découlent. Avant d'être un peintre de la société, l'auteur se veut son censeur.

Il recourt donc à un proverbe d'origine hébraïque bien connu qu'il inverse comiquement pour souligner son idée fixe selon laquelle le monde est sens dessus dessous : « *Der jöschér der gèt ouf ain bain, / Der scheker der gèt ouf zwai'én*[109] » (Parme Ms. Pol. 2513, fol. 212v). Les sots et les vicieux font marcher le monde de travers. Eux qui veulent mettre en ordre le pays : « *È si aineś géschlechtén, / Só habén si zwai' vör-nichtén*[110] » (Parme Ms. Pol. 2513, fol. 212v). Quand le poète s'appuie sur ce type de proverbes, il montre une certaine efficacité rhétorique (héritée de la forme même des sentences). Mais lorsqu'il introduit des images de son propre cru, elles brillent surtout par leur simplicité : ces idiots qui veulent tout contrôler réussiraient plutôt à passer une porte blindée, même dotée de quatre verrous, que de rendre un bon jugement.

La passion pour les dés impurs (« *di un-rain w'urfèl* »), que le diable leur met entre les mains, tombe aussi bien entendu sous le feu de sa critique. Mais son propos revient toujours à la défense de la piété et sa voix exprime alors une réelle détresse : « *Di thóro schreit mit bitér štimén / Un' si' hòt géklait ain sàk*[111] » (Parme ms. Pol. 2513, fol. 213r). Recourant, comme il le fait à plusieurs reprises (pour l'orgueil, pour la mort) à une personnification du livre saint, le poète reprend une technique courante de la littérature morale de la fin du Moyen Âge. Ce deuil de la Torah devant la dépravation universelle est au cœur de tout le poème, il en est même la fondation. Et l'auteur se plaint que beaucoup d'eau aura

---

[109] « L'honnêteté marche sur une jambe, / Le mensonge marche sur deux. » La forme originelle de ce proverbe est la suivante en hébreu : « לשקר יש רגל אחת לאמת יש שתיים » (« Le mensonge n'a qu'une jambe ; la vérité en a deux »). Un commentaire traditionnel de ce proverbe affirme que son propos est reflété par la forme des lettres : les lettres ש, ק, ר, ont une base étroite ou un seul pied (rappelons que le ש s'écrivait souvent avec une base pointue) tandis que א, מ, ת, ont une base large ou deux pieds. *Spiritus flat ubi vult.* On trouve en allemand un proverbe proche, voir *Wander*, art. « Lüge », 101 : « *Lüge hinkt auf einem Bein, Wahrheit steht auf zwei'n.* »

[110] « Avant qu'ils aient arrangé une seule chose, / Ils en ont détruit deux. »

[111] « La Torah crie avec une voix amère / Et elle s'est revêtue d'un sac. »

coulé sous les ponts (« *es̀ mus̀t wil was̀ér zu tal wlis̀én* » (Parme Ms. Pol. 2513, fol. 213v) avant que Dieu n'envoie le Messie.

Le discours débouche donc naturellement sur une prière dont l'objectif principal est d'insister sur la différence entre les pieux et les sots que la venue du Messie ne semble pas préoccuper le moins du monde, qui mangent des aliments interdits et dont le poète ne se réjouit guère de la compagnie. Malgré cette prière, qui ne s'interrompt plus guère jusqu'à la fin du texte, ce drôle de prêcheur ne peut s'empêcher de glisser des pointes satiriques, amusantes par leur tonalité populaire : « *Unsér ainér hais̀t den andérén génós̀ / Un' wir hàbén dòch s̀tets gédenkén : / Wi' dò mòcht ainér den andérén trenkén / In ainém lòfèl mit was̀ér*[112] » (Parme Ms. Pol. 2513, fol. 213v). C'est donc là un prêcheur doté d'une certaine verve qui n'hésite pas à agrémenter son discours, essentiellement lugubre, de pointes visant à tirer un sourire amer de son auditoire. S'incluant finalement parmi les pécheurs, le poète fait un portrait décidément pessimiste du monde dans lequel il vit. Nous sommes, là encore, dans la perspective de ce qu'Auerbach appelait le « réalisme créaturel ». Il n'y a pas d'espoir face à la vanité du monde. Seul Dieu peut sauver l'homme, qui ne le mérite guère.

Nous verrons que les satires de Lévita reprennent un grand nombre des thèmes abordés dans les œuvres que nous venons d'étudier. Si nous avons pris soin d'analyser en détail un certain nombre de textes satiriques en yiddish ancien, c'est que la plupart d'entre eux n'avaient pas fait l'objet, jusqu'ici, d'études littéraires quand ils n'avaient pas entièrement été ignorés par la recherche. Or, il nous semble qu'une évaluation de l'originalité de Lévita dans ce domaine n'est possible qu'en tenant compte de ces rares témoignages d'une pratique qui devait être bien plus répandue parmi les Juifs ashkénazes que les quelques textes survivants ne le laissent supposer.

Les satires de Lévita présentent en effet une tonalité bien distincte de celle que nous avons observée jusqu'ici. La joie et la confiance y dominent. Même lorsque le poète se fait moralisateur, le plaisir du regard caustique qu'il jette sur la réalité et

---

[112] « L'un d'entre nous appelle l'autre son compagnon / Et nous n'avons qu'une pensée : / C'est de savoir comment l'un pourra noyer l'autre / Dans une cuillère d'eau. »

l'affirmation d'un comique libéré (la plupart du temps) d'amertume font régner dans ses satires un tout autre esprit. La figure du
poète y assume des formes plus complexes que celles, courantes
jusqu'alors, du prêcheur ou du bouffon. Il nous semble que cette
remarquable évolution reflète assez bien les changements profonds qui ont signalé le passage de la fin du Moyen Âge au début
de la Renaissance, si l'on prend ces concepts non comme des marqueurs strictement temporels, mais comme des notions témoignant d'un rapport particulier au monde et au langage.

V.2. LÉVITA SATIRISTE : LES PASQUINADES

Les courts poèmes satiriques signés par Lévita sont au nombre de
deux. Le premier a été composé à l'occasion de Purim et le second
en est une prolongation, composée elle au moment du nouvel an juif. Ils ont donc recours, comme on pouvait s'y attendre
dans un contexte carnavalesque, à la rhétorique de l'inversion.
Poèmes comiques, ils sont aussi des créations circonstancielles et il
importe de définir précisément l'occasion qui a présidé à leur écriture. Ces deux œuvres n'ont pas, bien sûr, l'ampleur ni l'ambition
des romans de chevalerie. Mais par l'audace de leurs allusions, par
la façon dont elles reflètent des faits de la vie quotidienne, elles
nous donnent à voir l'écriture de Lévita sous une forme plus brute
et plus concrète que le cadre narratif hautement stylisé de ses
romans. Elles permettent aussi de mieux comprendre pourquoi
Lévita, dans ses grandes œuvres, montre une telle prédilection
pour l'observation du quotidien et pour les notations satiriques.

Ce qu'on a contume de nommer les pasquinades sont deux
poèmes composés en 1514, alors que Lévita avait environ 45 ans.
Tous deux sont profondément ancrés dans la réalité de la population juive de Venise. Le Ghetto n'avait pas encore été formé (il
devait être institué le 29 Mars 1516) mais en raison de la guerre
de la ligue de Cambrai qui dévastait la terre ferme, les Juifs étaient
venus en assez grand nombre s'installer dans la lagune et étaient
encore dispersés à travers la ville. Sanudo parle d'une population
d'environ 500 personnes à cette époque mais ce nombre devait
rapidement augmenter. La grande majorité d'entre eux étaient
des Juifs ashkénazes. Ils avaient été officiellement autorisés à tenir
sur le pont du Rialto neufs boutiques d'habits usagés (*strazze-*

ria), information d'importance pour mieux saisir les événements décrits par Lévita lors de l'incendie de ce même pont[113].

V.2.a. *La question du genre*

En raison de leur caractère local, de la pratique du *vituperium ad personam*, du mode de diffusion par affichage public, les deux satires de Lévita ont naturellement été nommées *pashkviln* (« pasquinades ») par les premiers historiens de la littérature yiddish[114]. Cette appellation a une certaine validité : comme les pasquinades qui venaient de tirer leur nom à Rome de la célèbre statue installée en 1501 au pied du palais Orsini, il s'agit de poèmes virulents affichés dans un lieu public. Comme dans ces pasquinades, des personnes sont nommément attaquées et raillées. Mais contrairement à celles-ci, qui étaient presque toujours anonymes, Lévita signe clairement son propos.

Pourtant, les deux pamphlets de Lévita sont, au sens strict, inassimilables à la production des pasquinades italiennes qui prenaient forme précisément dans ces années. En effet ils n'y correspondent ni par leur forme poétique, ni par leur intention, ni même par leur style. Les pasquinades étaient en majorité, pour la production italienne (non latine), écrites sous forme de sonnets caudés. Elles avaient pour théâtre et pour cible la curie romaine, les cardinaux, et elles se déchaînaient particulièrement au moment des conclaves lorsque les différents partis s'opposaient pour défendre leur candidat. Elles étaient en général plus brèves que les deux poèmes de Lévita et fonctionnaient en utilisant des modules fixes : dialogues, énumérations de personnalités affublées de tous les vices, ironie et antiphrase. Enfin, elles représentaient la voix de la bourgeoisie romaine et des courtisans qui cherchaient à défendre ou à promouvoir leurs intérêts pour obtenir leur part de bénéfices du système pontifical. L'Arétin, au moment du conclave de 1522 associera son nom à Pasquin par sa verve inimitable, mais le type de propagande malveillante (mais aussi parfois élogieuse)

---

[113] Pour une mise au point générale sur les Juifs à Venise à cette période, on se référera au deuxième chapitre du livre de R. Callimani 2001 : « The birth of the Ghetto : the "German Nation", 1516 ».

[114] M. Weinreich 1928, p. 142-143 ; M. Erik 1928, p. 180-181.

qui devait faire la célébrité de la statue parlante existait avant même son arrivée à Rome[115].

Rien de tout cela, bien sûr, dans les pasquinades de Lévita. Nous leur conservons cependant cette appellation pour nous inscrire dans les pas des chercheurs qui nous ont précédés mais aussi parce qu'il serait, somme toute, injuste de limiter le mot « pasquinade » au sens qu'il avait à l'époque de Lévita alors que celui-ci s'est par la suite élargi pour désigner, de façon générique, tout texte critique ou satirique affiché dans les lieux publics. Mais si ces deux satires du poète yiddish ne doivent rien à la tradition des pasquinades de son temps, n'ont-elles pour autant aucune relation avec des traditions poétiques italiennes ?

Cette question est difficile à trancher. Ces œuvres sont, avant toute chose, redevables de la tradition yiddish que nous venons d'étudier. Lévita ne doit rien à la tradition satirique italienne élevée qui ne connaîtra une évolution décisive qu'après la période qui nous intéresse. D'un côté, celle-ci se tourne vers un burlesque sophistiqué, s'appuyant sur des métaphores obscènes et sur l'éloge paradoxal : cette tradition est initiée par Francesco Berni au début des années 1520 et poursuivie par ceux qu'on appellera à sa suite *i berneschi*[116]. D'un autre côté, la satire vernaculaire émule les satires classiques (en particulier le modèle d'Horace) en assumant une forme épistolaire et en raffinant la mise en scène d'un « je » poétique écrivant sur le mode familier de la conversation. La figure de proue de cette nouvelle tendance sera, une fois de plus, l'Arioste avec la composition de ses *Satires*, qui, elles aussi, ont commencé à se diffuser dans les années vingt du XVIᵉ siècle[117]. Mais si Lévita ne doit rien à ces œuvres majeures, et encore moins à la satire courtisane qui les a précédées, il n'est pas certain qu'il n'ait pas connu des formes plus anciennes et plus populaires de la poésie comique italienne.

Répondre à cette question est d'autant moins aisé que, malgré leur proximité dans le temps et leur parenté de style, les deux pasquinades de Lévita n'appartiennent pas tout à fait au même

---

[115] Sur les pasquinades romaines, nous renvoyons d'abord à leur édition de référence : V. Marucci-A. Marzo-A. Romano 1983. Sur le rôle de l'Arétin, voir D. Romei 1992, p. 67-92.

[116] Voir S. Longhi 1983.

[117] On se reportera à P. Floriani 1988.

genre. Le *Séréfo-lid*, par certains traits et par son prétexte de création, s'apparente à la poésie historique. Tandis que le *Hamaṽdil lid*, qui s'adresse directement à un adversaire dans une logique de vitupération, évoque le genre italien de la *tenzone*. Pour renforcer la difficulté de cette définition générique, il faut noter que ces deux poèmes s'affichent clairement comme des parodies de chants liturgiques hébraïques (*piyutim*). Mais il ne faudrait pas se tromper sur le sens accordé à ce mot. Tout d'abord, il convient de préciser que le fait de reprendre la forme poétique et la mélodie de poèmes liturgiques était une pratique courante, et innocente, qui s'explique bien sûr par la familiarité du public avec ces structures qui facilitait la réception et la diffusion des œuvres[118]. Les textes de Lévita vont plus loin que cette reprise formelle puisqu'il cite explicitement des vers des poèmes parodiés et qu'il conclut chaque strophe de ses deux pasquinades par le mot hébreu (parfois légèrement modifié) qui concluait déjà les strophes des poèmes hébraïques. Il n'y a donc aucun doute sur la validité de l'emploi du terme « parodie ».

Cependant, la conception moderne de la parodie ne doit pas nous égarer. En effet, dans la forme que nous lui connaissons, la parodie à visée satirique (cas le plus courant) s'offre deux objets de raillerie : d'un côté, la cible de la satire, de l'autre la forme imitée. Parfois, toutes deux peuvent se confondre lorsque c'est l'auteur de l'œuvre originelle qui est visé par les flèches satiriques. Cela est lié au fait, comme le note bien P. Eichel-Lojkine, que nous avons, depuis le romantisme au moins, une vision des œuvres littéraires comme étant nécessairement liées à un créateur et que les faiblesses de ces formes rejaillissent donc sur ceux qui les ont assumées[119]. Or, à la fin du Moyen Âge, durant une bonne partie de la Renaissance et même plus tard, une telle conception de l'auteur n'existait pas. Les formes, et les genres qu'elles représentaient, étaient vues comme fixes, stables, non soumises à la responsabilité des créateurs individuels. Celles-ci n'étaient donc pas, en elles-mêmes, touchées par la raillerie. Cette perception commence

---

[118] Parmi les poèmes historiques conservés en yiddish (des XVIIᵉ-XVIIIᵉ siècles) au moins cinq s'appuient certainement sur des modèles et plus d'une vingtaine peuvent en être rapprochés. Voir Ch. Shmeruk 1988, p. 95.

[119] P. Eichel-Lojkine 2003, p. 140.

justement à évoluer à la période que nous étudions comme nous l'avons constaté pour les romans de chevalerie. Mais, dans ce cas même, la critique n'était pas aussi franche qu'elle le sera un siècle plus tard dans le *Don Quichotte* : la dérision s'y mêlait à l'adhésion ce qui contribuait à l'ambiguïté comique des œuvres considérées.

Dans tous les cas, cette possibilité de reprendre une forme sans la rabaisser le moins du monde explique la grande vogue de la parodie religieuse à la fin du Moyen Âge. Dans ces siècles où la religion était au centre de la vie sociale, si la moindre intention blasphématoire avait pu être décelée dans ces détournements, ils n'auraient tout simplement pas pu avoir lieu. Quand ces parodies étaient soumises à la censure, ce n'était pas, en soi, parce qu'elles s'appuyaient sur des modèles pieux, mais parce qu'elles étaient jugées, par leur contenu, obscènes ou immorales. J. Koopmans, qui a édité les sermons joyeux français, insiste à juste titre sur le fait que la parodie était alors étroitement liée aux pratiques de la fête et que l'inversion carnavalesque était dans ces occasions non seulement naturelle, mais attendue[120]. Comme il l'affirme en utilisant un anglicisme que nous nous permettons de reprendre, ces créations doivent être perçues dans une « perspective performantielle », dans le cadre et dans les circonstances de leur apparition, et de leur première « représentation ». Il est impossible de les saisir comme le fruit d'une simple intertextualité : le contexte historique joue ici un rôle de premier plan et il convient, au cas par cas, de lui accorder toute l'attention qu'il mérite.

Seule la conscience de cette particularité de la parodie à l'époque étudiée peut nous permettre de saisir pourquoi celle-ci a été une pratique constante dans la littérature yiddish ancienne. Ce phénomène peut nous surprendre par ce que nous nommerions aujourd'hui son audace : mais ce serait là un anachronisme. Dans les premiers *Purim špilén*, bien analysés par E. Butzer, les textes religieux les plus volontiers détournés sont aussi les plus graves et les plus solennels[121]. Il s'agit en particulier des *slikhes* (poésies de repentance) récitées avant la cérémonie de Yom Kippur, le jour du Grand Pardon, de *khatonu* (prière de confession), de *kines* (prières de lamentation sur la destruction du temple), ou même encore du

---

[120] J. Koopmans 2008, p. 87-98.
[121] E. Butzer 2003, p. 109-153. Voir aussi J. Baumgarten 2005.

kadish (prière des morts)[122]. Ce sont ces parodies qui, par l'intercalation de vers hébraïques, fournissent leur structure à des poèmes burlesques comme celui de *Taub Jeklein* et, plus tard (fin XVIIᵉ-début XVIIIᵉ siècle), elles jouent un rôle significatif dans les *Purim špilén* inspirés du rouleau d'Esther. Le comique de ces détournements est assez simple : il naît avant tout de la libération de la parole taboue liée à la fête et s'appuie sur la juxtaposition du sacré et du vulgaire, sur la reconnaissance d'une structure liturgique bien connue dans laquelle viennent s'immiscer des récits fondés sur la tradition du *Schwank*, des jurons, des injures, des obscénités. Y avait-il là de quoi choquer les âmes pieuses ? Probablement. Mais il n'y avait pas la plupart du temps, de la part des auteurs, d'intention blasphématoire.

La parodie, dans les pasquinades de Lévita, n'a guère plus de portée que dans les textes plus tardifs. Il s'agit avant tout d'un marqueur d'inversion. Le lien entre le *piyut* « *Tsur mishelo hakhalnu* » qui sert de modèle structurel au *Séréfo-lid* et le contenu du poème yiddish est très vague. On peut certes avancer, si l'on veut absolument établir une connexion, que ce chant entonné à la fin du repas de Shabbat pour rendre grâce au Seigneur de nous avoir rassasiés et comblés de ses bienfaits, constitue la figure inversée d'un poème qui dénonce les richesses mal acquises lors de l'incendie du Rialto. Mais cette liaison, on le voit, est quelque peu forcée. Comme dans nombre de parodies en yiddish ancien, ce n'est pas tant le sens de la prière ou de la poésie religieuse détournée qui prime (même s'il est parfois possible de trouver un lien thématique entre le texte originel et son détournement) mais surtout la conscience qu'ont les auditeurs de l'occasion sacrée dans laquelle une telle mélodie est habituellement entonnée, où tels mots sont d'ordinaire prononcés. C'est l'action qui compte : le *faire* prime sur le *dire*.

Dans le *Hamavdil lid*, en revanche, le lien entre la signification du *piyut* et la pasquinade est essentiel. Ce chant entonné à la fin du Shabbat pour remercier Dieu d'avoir distingué le jour saint des autres jours de la semaine reflète directement la distinc-

---

[122] La pratique existait déjà, bien sûr, dans la poésie hébraïque : au XIIIᵉ siècle, Yehuda Ibn Shabbtai, dans une satire acide contre des notables de Saragosse (*Divrei ele ha-nidui*) réalisait une parodie de la prière pour les morts. Voir D. Pagis 1976, p. 220. On consultera l'ouvrage classique d'I. Davidson 1907 qui étudie les textes parodiques majeurs de la littérature hébraïque.

tion que le poète entend établir entre lui et son adversaire dans le duel poétique, entre le talent poétique d'un côté et la nullité du graphomane de l'autre, entre la vertu et le vice. C'est pourquoi, contrairement à ce qui se passe dans nombre de parodies plus tardives comme le *Taub Jeklein*, le premier vers qui est emprunté mot à mot à l'intertexte sert non seulement comme marqueur de parodie, mais aussi comme porteur de sens. Alors que, dans d'autres textes le vers hébraïque ne s'insère ni par sa syntaxe ni par son sens dans le poème yiddish, les deux premiers vers de la pasquinade forment une unité indissociable et hautement significative :

> *Hamaῡdil bèn kôdeš le-ḥol*
> *Zwischén mir un ' Hilel den nibése knol* [...]
>
> *HL*, 1
>
> Celui [Dieu] qui distingue le sacré et le profane
> [Fait la différence] entre moi et Hillel le gredin méprisable [...]

Le parallélisme doit être pleinement actualisé : *kôdeš* (le sacré) s'associe à *mir*, à Lévita, et *ḥol* (le profane) à Hillel, son adversaire. Le lien avec le *piyut* original est maintenu tout au long du poème car le mot *lailo* qui conclut toutes les strophes donne l'occasion à Lévita de citer à plusieurs reprises des vers ou des expressions qui en proviennent, particulièrement dans le vers final, ce qui signifie que le poème yiddish est encadré par des vers de la poésie religieuse[123]. Malgré tout, au-delà de la reprise de la signification symbolique et rituelle du *piyut*, la pasquinade ne reflète pas le détail de son contenu puisqu'il s'agit essentiellement d'une prière de repentance.

Il est un autre point sur lequel les pasquinades de Lévita diffèrent de la tradition parodique ultérieure, c'est par leur souci de la forme. Alors que la plupart des parodies en yiddish ancien s'embarrassent assez peu des contraintes poétiques (rimes simples, procédés mécaniques comme l'anadiplose, ou *shirshur*, assez souvent employée dans la poésie sacrée hébraïque, insertions de citations hébraïques complètement détachées du sens du poème yiddish),

---

[123] Voici les strophes où apparaissent des vers ou des portions de vers du piyut qui excèdent la reprise du simple terme *lailo* : *HL*, 1 ; 4 ; 18 ; 25 ; 31 ; 34 ; 43 ; 47 ; 68 ; 70 ; 75. Certaines de ces allusions font néanmoins plus directement référence à des versets de la Bible.

Lévita choisit au contraire la difficulté. Non seulement il respecte avec scrupule la forme métrique du poème parodié mais il s'attache aussi à terminer chaque strophe par le terme (toujours identique) qui concluait les strophes de ses modèles : *abónai* (déformation d'*adonai*, nom de Dieu) dans le *Śérḗfo-lid* et *lailo* (la nuit) dans le *Hamaūdil lid*[124]. Cette contrainte ne va pas sans difficultés (qui sont d'ailleurs, il faut l'avouer, parfois surmontées par l'usage de chevilles ou de répétitions) dans des poèmes nettement plus longs que leurs originaux.

Nous avons donc à faire, avec les pasquinades de Lévita, à deux poèmes satiriques s'inscrivant par leur forme dans une tradition essentiellement juive, mais par leur contenu s'inspirant grandement des codes des poésies allemandes et, peut-être, italienne. C'est ce que nous allons observer à présent en analysant séparément ces deux textes.

V.2.b. Śérḗfo-lid

Le poème sur l'incendie du Rialto, ou *Śérḗfo-lid*, se rapproche des compositions, d'inspiration populaire, écrites pour commémorer un événement particulier, une catastrophe ayant des causes naturelles ou humaines. Ces œuvres, qui ne reculaient ni devant le pathétique ni devant le sensationnel, avaient bien sûr pour but de fixer dans les mémoires des faits dignes d'intérêt, mais elles étaient aussi, journaux avant la lettre, un moyen de faire circuler des informations au-delà du lieu de leur origine par le biais du chant ou de la récitation. Peu après la composition des pasquinades de Lévita, en 1520, Francesco Berni parodiera ce genre dans l'un de ses *capitoli* où il commémore des inondations dévastatrices dans la région de Florence : « *Sopra il diluvio di Mugello*[125] ».

Le genre est bien représenté dans la littérature yiddish ancienne. On a conservé près d'une cinquantaine de ces poèmes histo-

---

[124] Ch. Shmeruk 1966 (p. 353-354) a noté avec justesse que Lévita a légèrement modifié la forme métrique du *Śérḗfo-lid* pour la rapprocher de mètres plus pratiqués dans les chansons populaires allemandes. Au lieu du schéma rimique ababbbr de l'original, il a adopté le schéma suivant : ababcbcr qui apparaît dans les *Volkslieder* du temps (r désigne le mot final de la strophe qui est le même dans toutes les strophes).

[125] Voir le poème dans S. Longhi 2001, n° II.

riques (*historishe lider*) mais seulement à partir du XVIIe siècle[126]. Il est impossible de dire si Lévita s'appuie sur une tradition de poésie historique yiddish qui ne serait pas arrivée jusqu'à nous. Ce qui est certain, c'est qu'une influence de la très riche tradition allemande dans ce genre se perçoit jusque dans l'*incipit* de la chanson, de même que l'intention parodique y est affichée d'emblée. Il suffit pour s'en rendre compte de comparer le début du *Séréfo-lid* à celui d'une chanson historique allemande datant de 1516, choisie presque au hasard tant ces formules initiales sont fixes et se retrouvent dans un grand nombre de pièces du genre :

Nun wil ich ain winzig singén	*Mit lust so wil ich singen*
Mit meiném bösén kòl	*Frölichen heben an*
V̄un nöu' géschehén dingén	*Von neuw geschehen dingen,*
Di idérmàn wiśén sòl.	*Als ich vernomen hon.*
Maintenant je veux chanter un peu	Avec entrain je veux chanter,
Avec ma méchante voix	Commencer joyeusement,
Au sujet de nouvelles	Au sujet de nouvelles
Que tout le monde doit savoir.	Que j'ai entendues.
SL, 1	R. F. Liliencron 1867, n° 300, p. 197

La reprise intégrale des formules consacrées, en particulier au premier et au troisième vers, ne laisse guère de doute sur l'influence directe de ce type de chanson populaire allemande sur le poète yiddish (ou sur ses prédécesseurs en langue yiddish ?). Dans le même temps, on perçoit très nettement le détournement comique du second vers, avec cette méchante voix qui s'élève et ne correspond ni à l'entrain traditionnel des chanteurs populaires ni à leurs plaintes quand ils évoquent des malheurs. C'est là la voix du satiriste et du poète comique.

Les chercheurs ont beaucoup hésité quant à la date de l'incendie du Rialto qui sert de cadre et de cause aux événements narrés dans le poème. La référence que Lévita fait à la guerre dans l'avant-dernière strophe (*SL*, 24) a conduit M. Erik et Ch. Shmeruk à le lier directement à la guerre de la Ligue de Cambrai commencée en

---

[126] Ch. Shmeruk 1988, p. 93-95. Shmeruk préfère le terme *khidushim-lider*, poèmes de nouvelles, qui reflète en effet mieux le caractère de chroniques destinées à témoigner et à informer.

1509, étape décisive dans le destin des Juifs ashkénazes italiens, comme cela a été démontré par ailleurs[127]. Pour des raisons peu claires, ils font s'arrêter le conflit en 1513 et supposent donc que le poème a été composé avant la fin de cette année. S'il est vrai que le danger s'était alors éloigné pour la Sérénissime à la suite d'une série de victoires, le conflit ne devait finir qu'en 1516 et les Vénitiens étaient loin de se sentir en paix après cette date, tant la situation était volatile. En réalité, comme l'a déjà noté C. Rosenzweig, la date de l'incendie du Rialto dont il est ici question ne fait aucun doute : il a eu lieu dans la nuit du 10 au 11 Janvier 1514[128]. Cette date a de plus l'avantage de ne pas trop éloigner dans le temps les deux pasquinades de Lévita qui sont explicitement liées l'une à l'autre (elles sont ainsi séparées d'à peine six mois).

Sur l'ampleur et la gravité du désastre, nous sommes informés en détail par les journaux de Marin Sanudo qui décrit longuement, non seulement le déroulement de l'incendie, mais aussi ses conséquences :

> *Il foco ardeva e non se li reparava perchè tutti atendevano a svudar le botege, volte e magazeni e oficii di Rialto chi potevano. Assa' forestieri vi erano corsi e altri venuti per robar sentendo esser fuogo in Rialto che è il principal loco di Veniexia e il più ricco : adeo era tante persone che non si poteva andar. Chi portava via le loro mercadantie e robe di le botege, di le qual parte erano robate ; chi nolizava barche piccole [...] e niun al foco remediava, che zà feva gran profito [...]*[129].

La scène correspond parfaitement au tableau que présente Lévita au début du *Séréfo-lid*, mais celui-ci concentre son attention sur l'attitude des Juifs :

---

[127] M. A. Shulvass 1950, p. 180. Des réflexions concernant la date du poème sont proposées par M. Erik 1928 (p. 180-181) et par Ch. Shmeruk 1966 (p. 346-348).

[128] C. Rosenzweig 2010, p. 39.

[129] « Le feu brûlait et l'on n'y remédiait pas parce que tous étaient occupés à vider les boutiques, les étals, les entrepôts et les administrations du Rialto qu'ils pouvaient atteindre. Beaucoup d'étrangers étaient accourus et d'autres étaient venus pour s'adonner au vol dès qu'ils eurent entendu qu'il y avait le feu au Rialto, lieu le plus important de Venise et le plus riche, de sorte qu'il y avait tant de personnes qu'on ne pouvait pas se frayer un chemin. Certains emportaient les marchandises et les objets des boutiques dont on avait volé une partie ; d'autres louaient de petits bateaux [...] et personne ne luttait contre l'incendie qui avait déjà gagné beaucoup de terrain [...]. »

Es wás ain grósen jomérn	Ils poussaient de grands cris
Der dò brent der Rialt	En disant que le Rialto brûlait,
ūun köuf-löut un ' ūun ïentélömérn	Les marchands comme les gentilshommes,
ūun judén jung un ' alt	Les Juifs jeunes et vieux.
Judén ruft judén	Les Juifs appelaient les Juifs
Dàs si' kemén bàld	Afin qu'ils viennent vite
Un ' wluks grèt ouf-lüdén	Et qu'ils chargent rapidement les affaires
Lema'an abònai.	Au nom de Dieu !

SL, 2

Alors que Sanudo se plaint que nul ne songe à éteindre l'incendie, tous étant occupés à sauver leurs biens, Lévita, en fin satiriste, exprime la même idée d'une façon elliptique et efficace : « *Etlich lifén leschén mit sekén : / Si' hetén es gern génumén als*[130] » (*SL*, 4). Le syntagme « éteindre avec des sacs » laisse d'abord supposer que les Juifs se précipitent pour étouffer le feu à l'aide du tissu grossier des sacs, mais le second vers présente un retournement inattendu : les sacs seront bien utilisés dans leur fonction première pour amasser des richesses. C'est donc plutôt le désir ardent du gain que ces personnages souhaitent éteindre : ces deux vers résument de manière comique et concise la critique du poète yiddish.

La catastrophe était immense et Sanudo, qui d'ordinaire, dans l'immense matériel de son journal (près de vingt mille pages !), peint les choses avec le calme consciencieux de l'administrateur qu'il était, trouve des inflexions épiques pour décrire ce qu'il a vu : « [...] *non si vedeva altro che barche piene di robe e burchi e navili, e li patroni e fachini vadagnono ben per portar robe chi in qua e chi in là, che pareva la ruina di Troia e il saco che vidi di Padoa*[131]. » Lévita, qui lui aussi a vu, et subi, le sac de Padoue est loin de cette tonalité pathétique au début de son poème et insiste sur le ridicule d'un voleur clownesque et malchanceux.

C'est là l'objet de la première partie de la pasquinade (*SL*, 1-6). La suite des aventures de ce pauvre hère qui, au lieu de mettre le grappin sur de véritables richesses, s'empare d'objets dérisoires (des bassins, des ciseaux de tailleur) et les perd aussitôt qu'il les a

---

[130] « Plusieurs accoururent éteindre le feu avec des sacs / Ils auraient volontiers tout pris. »

[131] M. Sanudo 1886, p. 462 : « [...] On ne voyait rien d'autre que des bateaux remplis d'objets, des barques, des navires, et les patrons et les porteurs faisaient beaucoup de profit en transportant les choses qui par ici, qui par là, si bien que cela ressemblait à la ruine de Troie et au sac que j'ai vu à Padoue. »

saisis, évoque, une fois de plus, l'univers du *Schwank* et ses plaisanteries accumulées aux dépens d'idiots malchanceux. Si le langage de ce récit est simple et populaire comme l'exige le genre,
le comique est direct comme en témoigne la relation vive de la
chute du bonhomme sous le poids de son sac rempli de bassins :
« *Di lüd er ouf sein hals / Un᾽ wil mit ab di štigén / Dás der Rialt
der-klàng deś falś*[132] » (*SL*, 4). Non content de perdre l'objet de
ses vols, il perd aussi ce qu'il achète puisque, ayant réglé une mar-
chandise (sans doute volée, la transaction se passe « *in ain ek* » :
dans un coin, *SL*, 5), un Chrétien lui la reprend en lui assénant
des coups.

Mais le poème a aussi un objet plus sérieux qui est abordé dans
sa deuxième partie (*SL*, 7-19) puisqu'il y est question des délits
commis par certaines personnes pendant la catastrophe et des profonds différends qui ont émergé à leur suite. Là encore, Sanudo
nous permet de mieux comprendre l'atmosphère dans laquelle
s'est déroulé tout ce débat. Il semble en effet que les autorités de
Venise aient voulu, après la catastrophe, obtenir la restitution de
tous les biens dérobés, incitant les témoins et les coupables à la
délation. Sanudo reproduit dans son intégralité un décret publié
le 15 Janvier par le Doge et par le Conseil des Dix, dans lequel il
est demandé à toutes les personnes, de quelque condition qu'elles
soient, qui auraient obtenu des objets volés de venir se dénoncer
dans un délai de deux jours sous peine, s'ils ne le faisaient pas, de
se voir condamner à la potence[133]. De plus, toute personne dénonçant un voleur, même si elle a elle-même volé, devait obtenir le
quart des biens qui seraient récupérés grâce à sa dénonciation.

On comprend mieux, dès lors, l'atmosphère de méfiance réciproque et d'accusations à tout-va qui devait régner jusque parmi
les Juifs de Venise. Le retour régulier, en fin de strophe du terme
abónai, permet à Lévita de faire entendre, comme un refrain,
toutes les formes d'appels à Dieu : prières, serments, bénédictions,
malédictions, jurons. On apprend, dans le *Śéréfo lid* que les autorités rabbiniques avaient lancé une excommunication (*ḥerem*)
contre tous les individus impliqués dans des vols. C'était l'arme

---

[132] « Il les chargea sur son cou / Et tomba avec eux au bas des escaliers /
Au point que le Rialto résonna de la chute. »
[133] M. Sanudo 1886, p. 476-477.

majeure des rabbins qui ne disposaient pas de moyens de coercition plus graves[134]. Les Juifs, qui craignaient d'attirer sur eux des persécutions, auraient préféré n'avoir pas affaire aux autorités civiles, comme le déclare une victime dans la pasquinade souhaitant (*SL*, 9) « *dàs màn nit mit goim sòlt hàbén zu schàfén*[135]. » Malgré tout, il semble bien que des accusations aient été portées devant les autorités. Ceci nous est prouvé par la seule évocation de la prison, violence d'État, étrangère aux prérogatives de la société juive.

La situation est d'une grande complexité et les allusions de Lévita sont parfois elliptiques. Le texte, de surcroît, semble par endroits corrompu. Enfin, il est évident que toute reconstitution des événements ne peut se faire qu'au sein du texte, sans préjuger de la correspondance de ce récit avec la réalité. Même si nous pensons qu'une certaine ressemblance du *Sérèfo-lid* avec des faits historiques est probable, il faut toujours faire la part de l'exagération, de la déformation, de la caricature. Si l'on prend en compte le fait que la population juive de Venise ne devait sûrement pas dépasser 1000 habitants (en considérant un chiffre élevé), on voit sans peine que les références qui nous paraissent aujourd'hui obscures devaient être très claires pour les contemporains de Lévita[136]. On peut distinguer six catégories de personnes mentionnées dans le poème : 1) les voleurs : Morédéchai Jizhak, Hillel Cohen, 2) les victimes de vol : Michàl Pòrt, Aysik Kòlpi, 3) les victimes d'accusation de vol : Lévita et sa femme, 4) les auteurs de fausses rumeurs : Mendèn Vizn, Péssahéjo, Esther Pòrt, 5) les victimes de fausses rumeurs : le fils de rav Anšil, Michàl Limt, Jòsef Kàstélfrànk, 6) et enfin un des rabbins qui est à l'origine du décret d'excommunication : reb Hajo[137].

---

[134] R. Bonfil 1995, p. 109-110. Lévita cite un rabbin particulier, reb Hajo qu'on peut sans doute identifier avec un rabbin qui a travaillé dans l'imprimerie de Bomberg. Voir Ch. Shmeruk 1966, p. 346, n. 4.

[135] « Qu'on ne doive pas avoir à affaire aux non-Juifs. »

[136] On dispose d'un chiffre à peu près sûr pour la population juive de Venise à la fin du XVIᵉ siècle : 2500 habitants, voir R. Bonfil 1995, p. 63. Près de cent ans plus tôt et lorsque les Juifs venaient à peine d'obtenir l'autorisation de résider dans la cité lagunaire, la population devait être bien moindre comme en témoigne l'estimation de de Sanudo qui ne parlait que de 500 âmes.

[137] Peut-être aussi identifiable à un rabbin loué par Capsali 1977 (T. 2, p. 248).

Cette avalanche de noms a de quoi étourdir : elle marque avant tout le caractère local, communautaire du poème. Mais on peut risquer quelques identifications qui nous aideront à mieux saisir la nature de ce conflit interne. Celui qui est ici désigné avec respect comme *harav rabi Anšil* (notre maître rabbin Anshel) est probablement un personnage que nous avons déjà mentionné pour son importance dans l'histoire des Juifs vénitiens : Asher Meshullam, Anselmo del Banco qui, lors du sac de Padoue en 1509, s'était mis à la tête des Juifs venus se réfugier à Venise. Doté d'une fortune considérable, il a joué un rôle central dans les négociations avec les autorités de Venise dans les premières années de l'installation des Juifs dans la cité lagunaire, avant et après l'institution du Ghetto en 1516[138]. Quant à Jòsef Kàstėl-frànk (Joseph Castelfranco), il peut lui aussi être identifié avec une certaine probabilité à l'un des notables juifs les plus influents de l'époque, longuement loué par Elyahu Capsali pour sa richesse, sa piété et sa générosité[139]. Si ces identifications sont justes, on voit que le *Šėrėfo lid* est plus qu'un poème anecdotique : il reflète un conflit qui a impliqué les notables de la communauté juive autour d'un grave problème de dénonciations aux Chrétiens. Ignorant l'origine de la « fuite », il semble que les Juifs se soient rangés en deux partis opposés qui ont dû jouer un rôle particulier dans les négociations avec les autorités vénitiennes.

Nous pensons que les responsables de fausses rumeurs, Mendėn Vizn, Es̀ther Pòrt, appartenaient, eux aussi, aux classes supérieures de la société juive, et que leur rôle dans cette affaire est jugé sévèrement par Lévita qui accuse le premier de ces personnages d'être à l'origine de son enfermement et de nombreuses dénonciations mensongères[140]. La centralité du thème de la médisance est soulignée par la composition d'une strophe entière (*SL*, 10) pour condamner ce péché. Dans cette strophe, Lévita s'appuie sur la

---

[138] Voir à son propos *EJ*-2007, art. « Anselmo del Banco » ainsi que E. Capsali 1977, T. 2, p. 248.

[139] E. Capsali 1977, T. 2, p. 258.

[140] Non pas sans doute parce qu'il l'a accusé de vol – c'est Hillel Cohen qui l'a fait – mais parce qu'il est probable que les Juifs aient dû livrer des coupables pour calmer la justice de la Sérénissime et que Menden Vitsn a placé Lévita dans cette liste.

Torah et sur son interprétation midrashique pour affirmer que les médisants sont frappés par la lèpre[141]. Si notre interprétation est correcte, il faut comprendre que Mendėn Vizn a reçu la veste en renard du pauvre Aysik Kòlpi comme récompense pour ses dénonciations (*SL*, 16) puisqu'il est dit clairement que ce n'est pas lui qui l'a volée mais Hillel Cohen. Ce dernier, dont on apprend qu'il a aussi volé un sac rempli de rasoirs pourrait bien être la cible principale et le *shlimazl* (malchanceux) présenté en début du poème sans qu'il y soit nommé[142]. Dans tous les cas, lorsqu'on a fouillé sa maison, on y a trouvé sous une planche la fameuse veste en renard :

Mit hösén er sich wlikt	Il couvre sa honte
Un' špràch dàs dòsig gret	Et dit : « ce vêtement
Hòt mir Elio Baḥur weib géschikt	M'a été envoyé par la femme d'Elye Bokher,
Asò hilf im der abònai !	Que Dieu lui vienne en aide ! »
SL, 19	

L'expression du premier vers cité, qui signifie littéralement « il se couvre d'un pantalon », est également employée dans le sens de se justifier dans le *Paris un Wiene* (*PW*, 286). C'est cette déclaration qui, à notre sens, aurait entraîné la dénonciation de l'auteur par Mendėn Vizn.

Ce poème de Lévita n'est donc pas l'œuvre d'une personne appartenant aux marges de la société juive, et correspond mal au portrait-type des auteurs de pasquinades dessiné par Shmeruk, mais d'un homme qui prend parti dans un conflit qui oppose certains notables de la société juive, et qui satirise vivement ses adversaires[143]. Si dans la dernière partie du poème (*SL*, 20-25), Lévita change de ton et laisse paraître l'indignation du moraliste

---

[141] Voir *Nombres*, 12, 10. Comme le note à juste titre C. Rosenzweig 2010 (p. 81), il se peut qu'il y ait dans cette strophe un jeu de mot bilingue de la part de Lévita, puisque le verbe גשלגן (« *géschlàgén* » : frappé) comporte la racine שלג (« neige ») utilisée comme comparant de la lèpre dans le verset qui narre la punition de Myriam pour avoir médit de Moïse.

[142] Mais est-ce vraiment des rasoirs ? On lit en effet le terme רעזר, or le mot se dit dans le dialecte vénitien *rasaor*, ce qui correspond mieux à la forme donnée par Lévita dans son *Sefer Hatishbi*, à l'article « ספר » : ראזור. C'est l'une des nombreuses énigmes de ce texte rendu décidément difficile par la distance des siècles et par son caractère local.

[143] Ch. Shmeruk 1966, p. 348.

en condamnant le mauvais sort fait aux pauvres, c'est qu'il défend l'attitude charitable de certains responsables de la communauté juive, et qu'il reproche à d'autres la facilité avec laquelle ils s'attaquent aux plus faibles :

Nit andérś tut mir zórén	Rien d'autre ne me met en colère,
Dàs wen ain armér ezwàs tout,	Sinon que lorsqu'un pauvre fait quelque chose
Sò is er hi' un ' dòrt vòr-lòrén	Il est perdu de toute part,
Idérmàn trenk gern sein blout.	Chacun voudrait boire son sang.
Wàs do tunén di reichén	Ce que font les riches,
Dàs is màn in alś gout :	On le prend toujours à bon compte,
Màn lòśt es alś hin-schleichén,	On laisse tout passer en douce,
Dàs dér-barm der abònai !	Que Dieu nous ait en pitié !

SL, 21

C'est là sans doute la voix de l'homme blessé par une mésaventure personnelle, mais c'est surtout celle de l'accusateur d'une société sans justice. Par deux expressions idiomatiques et imagées (« boire le sang », « laisser passer en douce »), il marque le contraste existant entre le traitement des favorisés et celui des déshérités. On trouve ici les recettes essentielles de la satire, en particulier cette indignation, marque essentielle du genre, qui n'est pas toujours aussi clairement exprimée dans les poésies comiques.

V.2.c. Hamav̄dil lid

La deuxième pasquinade de Lévita n'a pas une visée aussi nette et, pour cette raison, est sans doute mieux décrite par le terme de *vituperium* que par le terme de satire. Hillel ayant répondu en vers à la pasquinade que nous venons d'analyser, Lévita s'en prend directement à sa personne. L'intervention d'une parole poétique concurrente fait nettement basculer l'écriture de Lévita dans le domaine du jeu. Il s'agit à présent de discréditer à tout prix l'adversaire, quitte à raconter des fables malveillantes. Par la même occasion, voulant mettre en évidence l'ignorance de son adversaire et sa maladresse poétique, Lévita donne à son poème une structure savamment concertée selon un procédé qui est beaucoup plus courant dans la poésie hébraïque que dans la poésie yiddish. De plus, il utilise un procédé qui provient directement de la création en langue sainte en détournant des versets de la Bible, ou des citations de la liturgie, pour les inclure dans les derniers vers des strophes du poème. Par conséquent, il existe un contraste permanent entre la structure semi-savante de la pasquinade et son contenu extrêmement prosaïque.

Jouant sur la valeur numérique des lettres hébraïques, Lévita fait du chiffre 75 le principe directeur de la composition du poème et il l'annonce clairement dans les strophes 72-74. 75 constitue en effet, selon la *gematria*, la valeur numérique du mot לילה (*lailo*), la nuit, sur lequel s'achèvent toutes les strophes du poème (comme de son modèle hébraïque). Il constitue aussi la valeur numérique du prénom et du nom de l'adversaire de Lévita, directement attaqué par cette œuvre, Hillel Cohen (הילל כהן). Hillel a de plus l'avantage d'être, en hébreu, une anagramme du mot *lailo*. Enfin, 75 est le nombre de l'année qui commence dans le calendrier hébraïque puisque l'œuvre a été composée à l'occasion du nouvel an, *Rosh Hashana*, 5275 (c'est-à-dire en Septembre 1514). On le voit, grâce à l'habitude qu'a Lévita de jouer sur les mots et sur les chiffres, nous disposons d'informations inhabituellement précises quant à la composition de ce poème.

L'œuvre constitue donc la deuxième étape (à nous avoir été conservée) de la *tenzone*, au sens italien du terme (une guerre de pamphlets poétiques), qui a opposé Élia Lévita à Hillel Cohen. Sur ce dernier, nous ne savons rien en dehors de ce qu'en dit, sarcastiquement, son ennemi. Comme beaucoup de *tenzoni*, c'est une œuvre extrêmement libre de ton, qui s'attarde longuement sur les déboires et les perversions sexuelles de l'adversaire. La première étape de cette bataille est constituée par le *Śérèfo-lid* auquel il est directement fait référence à propos des tours pendables d'Hillel (*HL*, 4) : « *In meiném erśtén reim hòt màn wol gélesén / Wi' er in der śérèfo hòt gèvürt ain wesén*[144] ». Ces vers sont donc une prolongation du poème précédent, mais aussi une réponse à un autre poème composé par le piètre rimeur qu'est Hillel (*HL*, 3) : « *Er hòt widér ein reim ouf mich gèmacht / Abér nit vil löut habén sein gèlacht*[145]. » On notera l'adverbe « widér » (« à nouveau ») qui témoigne du fait que le débat poétique s'est déroulé en plusieurs étapes et que nous n'en avons conservé

---

[144] « Dans mon premier poème, on a bien pu lire / Comme il s'est conduit lors de l'incendie. »

[145] « Il a de nouveau fait un poème sur moi / Mais peu de gens en ont ri. »

qu'une petite partie. Ces pamphlets poétiques étaient d'abord destinés à être affichés sur un mur du quartier juif de Venise et la plupart des actions décrites se déroulent dans des lieux connus de la cité lagunaire (*HL*, 69) : « *Ò iniöránt, ò fòrfant / dò sich den zètél an di want* [146]. » Dans l'esprit de la *tenzone*, Lévita invite enfin son adversaire à lui répondre dans la même nuit.

Le poème est clairement organisé en deux parties et les manuscrits reflètent cet état de fait puisque celui d'Oxford ne comprend essentiellement que la deuxième partie. La première partie du poème (*HL*, 4-25) décrit la personnalité ridicule et les louches activités d'Hillel. La seconde partie (*HL*, 26-65), la plus savoureuse sans doute pour un public en quête d'histoires croustillantes, raconte les mésaventures conjugales et sexuelles du personnage, son impuissance et les tours qu'il invente pour la masquer, ses perversions qui vont jusqu'à la zoophilie et même à la pédophilie. Cette section est introduite par deux vers qui marquent une coupure nette (*HL*, 26) : « *Nun dáś ich ouch di' zeit wil recht vor-treibén, / Sò wil ich ouch singén ūun seinén drei' weibén* [147]. » À ces deux parties viennent s'ajouter un prologue (*HL*, 1-4) et un épilogue (*HL*, 66-75) qui présentent le contexte de la *tenzone* en soulignant sa nature de défi poétique.

Nous utilisons volontairement le terme italien car il nous semble reconnaître dans cette pasquinade de Lévita le clair reflet d'une tradition de la péninsule : celle qui associe le *vituperium* à la condamnation de vices sexuels et cela d'autant plus volontiers qu'il s'agit de mettre en doute les capacités intellectuelles de l'adversaire. Si ces duels poétiques ne constituent pas, bien sûr, une spécificité italienne (qu'on pense au genre allemand des *Rügelieder*), il nous semble que les attaques contre un ennemi personnel qui se concentrent sur sa vie sexuelle, et en décrit toutes les obscénités, étaient une pratique particulièrement fréquente en Italie

---

[146] « O ignorant, o vaurien, / Vois le papier fixé là au mur ! » Les insultes font partie de la composante italienne du yiddish de Lévita. Ce type de mots était facilement adopté : on trouve « *bastardo* » dans un des manuscrits du *Boṽo Dantòne* (*BD*, 10) et « *bèstardén* » dans le *Šeder nošim* (*SN*, 745). Ils entrent aussi volontiers dans la pratique italienne du *vituperium* comme en témoigne l'exemple de l'Arétin cité un peu plus loin.

[147] « Maintenant, comme je veux vraiment passer le temps à m'amuser / Je vais vous raconter l'histoire de ses trois femmes. »

depuis le XIIIe siècle. Bien sûr, il y avait dans ces violents échanges, une grande part de plaisanterie qui permettait à chaque participant de laisser libre cours à son imagination, et de charger autrui des perversions les plus fantaisistes. C'est pourquoi ils ont pu être désignés sous le terme, emprunté à une tradition latine médiévale, de *vituperatio iocosa*.

Une *tenzone* emblématique de ce genre a eu lieu, à la fin du XIIIe siècle, sous la forme d'un échange de sonnets entre le jeune Dante et un de ses parents plus âgé, Forese Donati[148]. Si l'on en croit la représentation que le poète donne de lui dans la *Divine Comédie* (Purg. XXIII-XXIV), Forese était un ami de Dante et même si une brouille temporaire entre les deux hommes n'est pas à exclure, l'hypothèse d'un jeu littéraire entre proches reste la plus probable. Ce qui est intéressant pour nous, c'est qu'un certain nombre des accusations que Lévita adresse à Hillel se trouvent déjà dans les trois invectives comiques que Dante a composées pour ce débat poétique : impuissance sexuelle, pauvreté, gourmandise, malhonnêteté, vols. C'est là le témoignage du caractère stéréotypé, codifié, de pareilles diffamations : l'intérêt de ce jeu littéraire tenait à la façon dont elles étaient exprimées (leur formulation, leur intégration dans le poème) et appliquées à un personnage concret souvent connu des auditeurs ou des lecteurs originels. Il va sans dire que beaucoup de ces accusations étaient en totale contradiction avec la personnalité de leurs cibles et que cette incompatibilité contribuait au comique des pièces.

Ce type de *tenzoni* a connu son plus grand développement en Toscane et la personnalité de Burchiello n'a pas peu contribué à l'évolution de cette tradition[149]. Le langage érotique y est toujours aussi présent mais il apparaît sous une forme indirecte, qui ne pouvait être comprise que par les initiés tant les métaphores

---

[148] F. Alfie 2011 a récemment publié une étude approfondie de cette *tenzone* qui a fait couler beaucoup d'encre. On y trouvera également les textes des poèmes, ainsi que des commentaires détaillés. Certains critiques ont été si gênés par l'attribution de ces pièces, qu'ils jugeaient vulgaires, à l'auteur de la *Divine Comédie,* qu'ils ont essayé de lui en refuser la paternité. C'était méconnaître le caractère conventionnel et ludique d'une bonne part de la littérature médiévale.

[149] On se référera à G. Crimi 2002, en particulier p. 290-295, où l'auteur fournit d'éloquents exemples non seulement de Burchiello mais aussi de poètes contemporains et antérieurs. Cette tradition existait déjà bien avant ce dernier : voir le sonnet de Rustico Filippi cité par Crimi.

et les allusions obscènes cryptées y foisonnaient[150]. Les *capitoli* burlesques de Berni puiseront à pleines mains dans ce répertoire constitué depuis plus d'un siècle. La culture de l'équivoque était bien sûr totalement étrangère à Lévita mais tous les textes n'utilisaient pas des mécanismes aussi complexes (même chez Burchiello et chez Berni) et les attaques ne se voilaient pas systématiquement sous une savante codification. Il est donc fort possible que de tels débats poétiques effrénés et immoraux soient parvenus jusqu'aux oreilles du poète yiddish et l'aient guidé dans la composition de sa seconde pasquinade.

Nous prendrons pour exemple de ces invectives poétiques chargées d'obscénités (très peu masquées par l'équivoque) le « dialogue » entre Berni et l'Arétin auquel a donné lieu le sac de Rome en 1527. À cette occasion, l'Arétin a écrit une pasquinade d'une rare violence, intitulée « *Pas vobis brigate* », dans laquelle il s'attaque à un grand nombre d'hommes influents de la ville pontificale[151]. Sous les lamentations de Pasquin qui incarne le « je » poétique et qui récite ses vers sous la forme d'une longue *frottola* (795 vers), on sent toute l'exultation de l'Arétin, ravi des malheurs du Pape et de Rome. L'un et l'autre en effet n'avaient pas voulu de lui. Cela faisait déjà plus de deux ans que le poète, après avoir un moment servi Clément VII, avait dû quitter la ville suite à la tentative d'assassinat dont il avait été victime de la part d'Achille della Volta et dont il avait failli mourir. Abandonné de ses anciens protecteurs, l'Arétin a donc vu le sac de Rome comme l'incarnation d'une vengeance personnelle et en a profité pour clouer au pilori tous ses ennemis de la cité éternelle, en premier lieu le pape et toute sa bande. C'est ainsi qu'il reproche au Christ d'avoir laissé Constantin octroyer tant de pouvoir à toute cette prêtraille. Sans cet empereur, anachroniquement décrit comme syphilitique, « *Né un beco cardinale /*

---

[150] Sur ce phénomène, on pourra consulter l'imposante et passionnante thèse de J. Toscan 1981, en particulier son premier volume, p. 59-138.

[151] Publiée dans A. Marzo 1990, p. 65-100. Pour plus de détails sur ce poème retrouvé récemment, D. Romei 2007, p. 55-106. L'Arétin ne signe pas l'œuvre à proprement parler mais il s'y livre à un exercice qui lui est coutumier : l'éloge de soi. De plus, Pasquin y affirme que le pape a connu pareil châtiment parce qu'il n'a pas su se montrer reconnaissant envers l'Arétin. On ne peut guère être plus explicite.

Né un papa furfante / Né un vescovo ignorante   il calteria[152] »
(v. 343-345).

Le poème s'appuie, à la marge, sur la tradition du poème historique puisqu'il relate avec un certain détail la suite des événements
qui ont conduit au sac de Rome. Mais au-delà du récit du sac et
de ses atrocités que Pasquin-Arétin rapporte avec une certaine
délectation (en particulier les exactions sexuelles en tous genres
des soldats allemands et espagnols), on trouve dans cette pasquinade une flopée d'accusations contre ceux qui sont dénoncés, en
apparence, parce qu'ils ont causé le malheur de la ville, en réalité,
parce qu'ils ne portent pas l'Arétin dans leur cœur. Et parmi ces
accusations, un bon nombre sont, bien sûr, de nature obscène :
« *Ognuno è ermafrodito, / E, per dirla in volgare, / Lo fanno e se'l
fan fare   a tutto pasto*[153] » (v. 361-363). On notera au passage que
le patron de Lévita, Gilles de Viterbe (Egidio da Viterbo), ne sort
pas indemne de ce jeu de massacre car il se trouve mentionné dans
une liste de cardinaux : « *Un Monte contadino, / Un Egidio poltrone / Che per ciurmar persona il grado ottene ; / Rangon, che per
il cul venne / Cardinal della Chiesa, / Fottuto afforza e preso   al suo
dispetto*[154] » (v. 373-378). On voit, à ces vers, à la fois la violence
des attaques et leur gratuité. Quand on connaît un tant soit peu la
vie de Gilles de Viterbe, le qualificatif de « *poltrone* » est bien le
dernier qui vient à l'esprit. Mesurée à cette aune, la pasquinade de
Lévita ne paraît plus si déchaînée.

Parmi les victimes de la plume acérée de l'Arétin se trouve
aussi Berni, qui ne souffre cependant pas tant que d'autres (Hillel
Cohen, après tout, n'était aussi qu'un acteur parmi d'autres du
Śéréfo-lid). L'Arétin mentionne son grand adversaire, en littérature et dans la vie, au sein d'une liste des fidèles de Gian Matteo
Giberti, le sévère évêque de Vérone et dataire apostolique, qui est
accrédité d'avoir commandité son assassinat manqué, réalisé par
la main d'Achille della Volta :

---

[152] « Ni un cardinal cocu, / ni un pape escroc, / ni un évêque ignorant   ne le
[le Christ] ruinerait. » Les espaces supplémentaires reflètent la mise en page de
l'édition consultée.

[153] « Chacun est hermaphrodite / Et, pour le dire en langue vulgaire, / Ils le
font et se le font faire   à tout bout de champ. »

[154] « Un Monte paysan, / Un Egidio paresseux / Qui en bernant les gens   a
obtenu la pourpre, / Rangon, qui par son cul est devenu / Cardinal de l'Église /
Foutu de force   et pris contre son gré. »

Non fanno più le spose	Ils ne font plus les damoiseaux
E cortigiani galanti	Les courtisans galants
Anzi come forfanti stanno i giotti,	Mais les bandits ont figure de voyous,
In tradimenti dotti	Savants dans l'art de trahir
(Dico la ladra setta).	(Je parle de la bande traîtresse).
In causa maledetta è Gianmatteo	Dans une situation maudite se trouve Gian Matteo
Il Sanga arciplebeo,	Sanga l'ultra-plébéïen
Ch'ha la suora in bordello,	Dont la sœur est au bordel,
E 'l Berna, suo fratello, e 'l traditore	Et Berni son frère, et le traître [Achille della Volta]
Anch'egli è 'n gran favor :	Est, lui aussi, en grande faveur :
Per fottere il padrone	Parce qu'il fout son maître
E perchè il bardassone all'Aretino	Et parce que le giton à l'Arétin
Diede, per uom divino	A donné du poignard, pour un homme divin
L'ha 'l datario tenuto.	Le dataire apostolique le tenait.
Ora a Dio n'è incresciuto tanto male	Maintenant Dieu a regretté tant de mal
E vanno allo spedale.	Et ils vont à l'hospice.

v. 403-418

Cette longue invective contre la bande rivale ne donne bien sûr que très peu d'informations réelles (à part l'allusion à la tentative d'assassinat qui a bien eu lieu au grand dam de l'Arétin). Sous le masque de Pasquin, on voit poindre la joie méchante de la vengeance personnelle. Il s'agit avant tout d'accumuler les injures (qui pullulent à chaque vers) et les allusions aux mœurs sexuelles dépravées des ennemis. C'est ici d'abord l'homosexualité qui est utilisée comme une marque infamante (les termes qui la dénotent sont nombreux : *spose, fottere il padrone, bardassone*) mais pas seulement : c'est justement l'allusion à la sœur prostituée du poète latiniste Sanga que Berni (qui n'est bien sûr pas le frère de ce dernier) s'attachera à nier[155].

Dans son *capitolo « Contra Pietro Aretino »*, le poète florentin répond à l'insulte par l'insulte en ajoutant aux thèmes classiques du *vituperium*, l'ingrédient lugubre de la menace de mort puisqu'il insiste sur le fait que, tôt ou tard, un poignard sera plus chanceux que celui d'Achille della Volta[156]. Les échos directs de la pasquinade de l'Arétin ancrent ce poème dans la tradition de la

---

[155] L'accusation d'homosexualité est l'une des plus fréquentes dans la tradition, mais la gamme des insultes possibles était très large, et même l'accusation de sodomie se trouvait raffinée par des spécifications diverses qui font de certains de ces poèmes de véritables *Kama-Sutra* de l'opprobre.

[156] S. Longhi 2001, n° XLIV.

tenzone : « *Hai un pie' in bordello, e l'altro allo spedale, / Storpia-taccio, ignorante e arrogante*[157] ». Mettant en lumière le caractère factice des accusations de son ennemi, Berni produit lui-même des accusations semblables : ainsi le veut le jeu littéraire (qui ici prend des inflexions presque effrayantes tant les deux hommes se détestent cordialement) :

Vergognati oramai,	Soit honteux à présent,
Prosontuoso, porco, mostro infame,	Présomptueux porc, monstre infâme,
Idol del vituperio e della fame,	Idôle de la vitupération et de la faim,
Ché un monte di letame	Car un monceau d'ordures
T'aspetta, manegoldo, sprimacciato,	T'attend, brigand, bien dressé
Perché tu moia a tue sorelle allato ;	Pour que tu meures à côté de tes sœurs ;
Quelle due, sciagurato,	Ces deux-là, malheureux,
C'hai nel bordel d'Arezzo a grand'onore,	Que tu gardes à grand honneur dans le bordel d'Arezzo
A gambettar : "Che fa lo mio amore ?"	En train de remuer les jambes : « Que fait mon amour ? »
Di quelle, traditore,	C'est à leur propos, traitre,
Dovevi far le frottole e novelle	Que tu devais faire des poèmes et des récits,
E non del Sanga che non ha sorelle.	Et non à propos de Sanga qui n'a pas de sœurs.
Queste saranno quelle	C'est sans doute elles qui,
Che mal vivendo ti faran le spese,	Par leur mauvaise vie, pourvoient à tes dépenses,
E 'l lor, non quel di Mantova, marchese.	Ainsi que leur marquis, et non celui de Mantoue.

> S. Longhi 2001, XLIV, v. 18-32

Les anathèmes de Berni reprennent assez systématiquement ceux qu'avait développés l'Arétin pour les retourner contre lui. L'idée de l'enterrement infâme est courante dans les *tenzoni* (elle apparaîssait déjà dans celle de Dante avec Forese). Alors que l'Arétin, dans sa pasquinade, louait le marquis de Mantoue, alors son protecteur, comme unique lumière vertueuse dans l'obscure corruption de l'humanité qui avait conduit au sac de Rome, ce mécénat est remplacé par celui des clients des sœurs prostituées de son adversaire. Comme Sanga n'a pas de sœur, ce qui met à jour l'imposture de l'accusation de l'Arétin, Berni saute sur l'occasion pour retourner cette accusation contre son ennemi qui, lui, a réellement des sœurs. Mais l'allusion malveillante, et le plaisir avec lequel Berni décrit la condition de ces sœurs soi-disant prostituées (noter la force concrète du verbe « *gambettare* »,

---

[157] « Tu as un pied au bordel et l'autre à l'hospice, / Ridicule invalide, ignorant et arrogant. »

et l'ambiguïté de la question placée dans la bouche des sœurs) dévoilent clairement le caractère diffamatoire de cette affirmation qui correspond au procédé habituel du *vituperium* consistant à rabaisser non pas l'individu seul, mais toute sa famille. Dans les poèmes de cette *tenzone*, la langue est riche allant du discours élevé (la pronomination : « *idol del vituperio e della fame* »), à l'injure la plus basse (*porco, manegoldo*) et elle privilégie les références à l'univers quotidien : *sprimacciato* s'applique d'ordinaire à un lit ou à un coussin dont on a bien réparti les plumes mais, appliqué à un monceau d'ordures, il produit évidemment un effet comique.

C'est sur l'arrière-plan de tels textes et de telles conventions qu'il faut lire et comprendre le *Hamaūdil lid*. Et il nous semble que le contexte italien, avec sa liberté dans l'injure comique contre des individus bien identifiés (du moins autrefois), fournit les meilleurs instruments pour entrer dans un poème de ce type. On pourra peut-être nous objecter qu'il existe, dans la poésie yiddish ancienne un poème peut-être plus obscène encore que le *Hamaū-dil lid*. Or, ce poème ne doit absolument rien à une quelconque tradition italienne et nous doutons qu'il doive quoi que ce soit à Élia Lévita : nous voulons parler de la parodie de l'*Akêdass Jizḥak*, qui appartient à la collection « Wallich ». Nous souhaitons ici l'aborder brièvement pour montrer que ce cas ne nous semble pas remettre en cause notre hypothèse, même si nous n'excluons pas qu'une tradition allemande de la vitupération ait aussi pu avoir quelque influence sur Lévita.

Le poème en question est la parodie d'une chanson yiddish liée à la célébration de Rosh Hashana et de Yom Kippur[158]. Comme tout texte yiddish, il ne s'agissait pas bien sûr de prononcer ces vers à la synagogue mais dans un cadre plus domestique. Toujours-est-il qu'il s'agit, comme dans beaucoup de parodies yiddish anciennes de détourner une composition liée à des fêtes solennelles du calendrier juif. Ce poème de 27 strophes présente, sous forme de litanie répétitive, les incartades sexuelles de 16 individus avec des femmes juives ou chrétiennes (servantes, cuisinières, prostituées).

---

[158] Nous avons évoqué le texte parodié, *supra*, p. 109 et p. 225. E. Butzer s'est à plusieurs reprises attachée à l'analyse et au commentaire du poème. Voir E. Butzer 2003, p. 145-149 et p. 217-223 (édition du texte) ; E. Butzer-N. Hüttenmeister-W. Treue 2005, p. 25-53. Nos réflexions s'appuient sur ses analyses éclairantes.

Une à trois strophes sont consacrées à chaque personne. Les descriptions des événements sont donc fort limitées et se contentent en général d'évoquer l'acte sexuel de manière comique, imagée et vulgaire, puis les conséquences fâcheuses que celui-ci a eues pour ces hommes (procès, amandes, naissance d'enfants illégitimes).

Le poète s'identifie sous le terme *gesel* (compagnon, qui peut se rapporter à différents milieux d'extraction modeste : étudiants, artisans, voire bouffon) et assume une figure comique puisque, après avoir maudit les débauchés qu'il vient de nommer (str. 26), l'auteur sous-entend par une image (« rouler sur de telles brouettes ») qu'il se livre aussi volontiers, avec ses compagnons, à de tels exercices. Puisque les actions évoquées sont répétitives et écrites sans grande fantaisie, l'intérêt principal du poème semble reposer sur les variations d'expressions pour dénoter le sexe. Voici, sous leur forme allemande moderne, certains des termes employés pour l'acte sexuel : *geheien* (frapper, pousser) et sa version déformée *geschneien* qui apparaît aussi dans le *Boⅴo Dantòne* (*BD*, 315), *mausen* (chercher des souris, chatouiller), *kratzen* (gratter), *wetzen* (frotter) ; pour le vagin : *pfanne* (la casserole), *geige* (le violon) ; pour le pénis : *fleischbeil* (littéralement : hâche de chair) mais aussi le terme hébreu *sirḥo* סירחה qui vient soit de סירכא (une forme de tumeur) ou qui évoque l'expression טיפה סרוחה (une goutte puante : une goutte de sperme). Les lieux de l'acte sont aussi en général des lieux peu nobles : la cuisine, derrière un tonneau, au bain. Tout l'intérêt du poème tient donc dans la formulation et dans la mise en scène, aussi minimaliste soit-elle, des obscénités. Le langage doit être décodé (ce qui n'est pas fort difficile étant donné qu'il est toujours question de la même chose). Nous nous permettons de citer la strophe la plus originale et la plus inventive dans ce domaine, puisqu'elle se réfère précisément à la liturgie de la fête de Yom Kippur :

Do màn hat gèhàltèn an der ḥoto'nu,	Quand on entonnait le *ḥatonu,*
Hat er ir gégrifén an di' vé-tsivonu.	Il l'a saisie au *vetsivonu,*
Do màn hat gèhàltèn an al-ḥet',	Quand on entonnait le *al-ḥet,*
Hat er sich gèlégt mit ir in dàś bet.	Il s'est couché avec elle dans le lit[159].

E. Butzer 2003, p. 218-219, str. 8

---

[159] Nous nous sommes volontairement abstenu de traduire le mot « וצוונו » (« il nous a commandé ») qui appartient à la formulation d'un grand nombre de bénédictions juives. Il désigne nécessairement ici un attribut sexuel de la femme.

Mais c'est là la seule strophe où l'auteur contraste frontalement l'univers du sacré avec l'obscénité ; dans le reste du poème il se contente d'évoquer des scènes burlesques en utilisant des métaphores facilement déchiffrables.

Les « affaires » dont il est ici question ont, en général, pour décor le sud de l'Allemagne entre le lac de Constance et Hanau. Parmi les 16 personnes mentionnées, 4 ont pu être identifiées, ce qui nous permet d'avoir des idées plus claires sur les circonstances et les motivations de la composition d'un tel poème[160]. Ces 4 hommes (Isaak Stühlingen, Aberle Treuchtlingen, Isaak Langheim, Löw zum Roseneck) ont au moins deux points communs : ils appartenaient à la classe aisée de la société juive et ils ont été confrontés à de longs procès qui ont impliqué les autorités juridiques chrétiennes (raison pour laquelle les archives mentionnent leurs noms). D'après la documentation, seuls deux procès sur les quatre avaient réellement un lien avec des affaires de mœurs : une affaire de viol, et une affaire de viol et d'enfant illégitime. Ces informations nous laissent tirer les conséquences suivantes : le poète évoque principalement des personnes notables et qui avaient des chances d'être connues de tous (comme Lévita dans le *Séréfo-lid*). Il semble avoir réuni des hommes qui ont vraiment eu des démêlés avec la justice et dont les procès ont eu un certain retentissement. Toutes les affaires n'étaient pas liées à des histoires d'ordre sexuel.

Nous en venons maintenant à la question qui nous intéresse principalement : ce poème pourrait-il être rapproché de la tradition du *vituperium* ? Il est évident qu'il s'agit de prendre en dérision des hommes qui, semble-t-il, ont prêté le flanc à la critique. Que leur est-il reproché exactement ? Le poème dit « *Dás si' uns so' ain jekoruss drein máchèn*[161] ». Il est sans doute fait référence au prix (financier mais pas seulement) que ce type de procès devant les autorités chrétiennes coûtait aux communautés juives.

Peut-être s'agit-il du vagin car l'acte sexuel lui-même est considéré comme une *mitsve* (un commandement). *Ḥatonu* et *al-ḥet* sont des prières solennelles de repentance (les mots signifient « nos péchés » et « sur le péché »).

[160] Toutes les informations historiques proviennent de l'article E. Butzer-N. Hüttenmeister-W. Treue 2005, p. 25-53. Nous reprenons l'orthographe des noms tels qu'ils apparaissent dans ce travail.

[161] E. Butzer 2003, p. 223, str. 26 : « [...] qu'ils nous imposent un si haut prix ».

Une des conséquences lointaines du procès de l'un des hommes identifiés a été l'expulsion des Juifs de la ville. On comprend dès lors le ressentiment qui en découle. Le poète entendait bien sûr railler ces hommes dont les affaires avaient pu arriver jusqu'aux oreilles de ses auditeurs/lecteurs. Pour cela, indépendamment de la réalité, il a transformé tous ces procès en affaires de mœurs obtenant ainsi une structure comique simple qui, selon nous, n'évoque pas celle du *vituperium* mais bien celle du *Fastnachtspiel*, à la différence près que les « héros » des mésaventures sexuelles ne sont pas les traditionnels *Narren* ou *Pauren* mais des personnes réelles[162]. Comme dans le *Reihenspiel*, nous avons ici une série de personnages dont les mésaventures sont contées sur un principe de répétition et de (légère) variation. Comme dans le genre allemand, le comique repose en grande partie sur les expressions et métaphores qui traduisent l'obscénité. Il nous semble donc que c'est bien plus à certaines formes populaires de la *Narrenliteratur* que ce poème doit être rapporté, qu'à celle du *vituperium*.

En effet, ce qu'on observe dans le *Hamaṿdil lid* est d'une autre nature. Ici, tous les vices sont attribués à une seule et même personne, Hillel Cohen, avec une insistance particulière sur les conséquences de son impuissance sexuelle et de sa perversion. L'insulte, et c'est là un point important, lui est directement adressée : le poème s'inscrit donc dans une structure dialogique en prenant de temps à autres d'autres lecteurs à témoin. Les deux parties centrales du poème (*HL*, 4-25 et *HL*, 26-65) présentent des formes distinctes. On peut qualifier la première de partie descriptive et la seconde de partie narrative. Lévita s'attache d'abord à décrire tous les vices qui accablent Hillel : gourmandise (*HL*, 4-5), famille mécréante (son frère serait moine, *HL*, 5), absence de pratique religieuse (*HL*, 6), ignorance dans les études bibliques jointe à un orgueil déplacé (*HL*, 7-8), ignorance de la grammaire de la langue hébraïque (*HL*, 9-11), pauvreté (*HL*, 12), incompétence dans son travail de précepteur (*HL*, 13-15), paresse (*HL*, 16), malhonnêteté, vols (*HL*, 17), lubricité (*HL*, 18), vice du jeu, (*HL*, 19), maille à partir avec les autorités judiciaires (*HL*, 20), trahison

---

[162] Nous pourrions citer de nombreux *Fastnachtspiele* qui fonctionnent sur le principe de la narration d'une série de mésaventures sexuelles. On consultera notamment A. von Keller 1853, vol. 1, n° 32, 38, 86, 94, etc.

(*HL*, 21-23), faux témoignages (*HL*, 24), complots (*HL*, 25). La liste est longue, comme on le voit, et elle regroupe un grand nombre de *topoi* de la vitupération.

Mais Lévita sait les animer de façons diverses et cette liste ne paraît guère répétitive. Ainsi, il présente Hillel en train de se torturer l'esprit une nuit entière sur un problème de la section biblique hebdomadaire digne de l'esprit d'un enfant, avant de montrer comment il se précipite à la synagogue, tout fier, pour présenter sa trouvaille, et y parler comme en délire. Lorsqu'il aborde son ignorance de la grammaire, il l'interpelle comme un maître d'école mécontent, déclare qu'il ne connaît pas le paradigme des verbes les plus simples et lui pose une colle élémentaire sur le genre du mot לילה, lequel constitue (habileté poétique) le fil directeur de la pasquinade[163]. Lévita est d'autant plus mécontent, lui le grammairien passioné, qu'Hillel a été, selon ses dires, son élève en la matière et qu'il y a perdu ses nuits. Lorsqu'il présente le « spectacle » de son enseignement, le tableau ne manque pas de vie :

> *Er lernt durch anándér klain un' grós*
> *Ainér lernt töutsch der andér schlôft,*
> *Ainér šir-ha-širim der andér di lös,*
> *Ainér sagt jöm, der andér lailo.*

HL, 14

> Il enseigne aux petits et aux grands dans le plus grand désordre,
> L'un apprend à traduire la Bible, l'autre dort,
> L'un le *Cantique des Cantiques*, l'autre la *Haggadah*,
> L'un dit « jour », l'autre « nuit ».

---

[163] La satire de l'ignorance de l'adversaire est un thème constant des *tenzoni*. Il s'agit, en général, de mettre en doute l'habileté poétique du concurrent. Immanuel de Rome a inclus dans la huitième de ses *Maḥberot* une longue lettre qu'il adresse à un certain Joab Sar Hatsava, qui dit être son élève en poésie, dans laquelle, à la façon de Lévita, il se transforme en maître d'école qui corrige toutes les fautes commises par ce cancre : « מֶה חָטָא לְךָ הַדִּקְדּוּק וְהַפְּעָלָה \ כִּי הֵבֵאתָ עֲלֵיהֶם \ וְעַל מַמְלַכְתָּם חַטָּאָה גְדוֹלָה \ לְתִתָּם לְדִרָאוֹן לְכָל בָּשָׂר \ וְלֹא נָהַגְתָּ בָּהֶם דֶּרֶךְ מוּסָר » (« Que t'ont fait la grammaire et la conjuguaison / Pour que tu pèches ainsi contre elles et contre leur pratique / Et que tu les livres ainsi à la vue horrifiée de tous / Et que tu ne te comportes pas avec elles moralement ? », *MI*, 8, 802-805). Il n'est pas impossible que cette *tenzone* d'Immanuel soit déjà influencée par la tendance italienne au *vituperium* obscène puisque son invective se termine sur un sonnet à la pointe éloquente (il s'adresse à Joab) : « [תִּגְנֹב] מֵהַזְּבוּבִים שִׁיר וּמֵעֲשׂ מִסְכְּנוּת \ [...] \ הַגַּאֲוָה מִן גִּיד וּמִן עֶרְוָה גְנוּת » (« [Tu as volé] aux mouches leur chant et à l'insecte sa petitesse / [...] / La fièreté au pénis et à la nudité sa honte. », *MI*, 8, 1025-1027).

Le brouhaha et le désordre sont ici rendus de façon expressive et le vers final laisse entendre (en fournissant le terme de fin de strophe) les exclamations contraires des élèves, ou du moins de ceux qui ne dorment pas. Lévita mêle à ses descriptions des plaisanteries : Hillel se démène « vingt-cinq heures » par jour et ne gagne pourtant pas grand-chose. Par ce type de procédés, il parvient à donner à son énumération de vices une impression de diversité qui n'apparaît pas toujours dans ce type de poésie.

La partie narrative du *Hamaṽdil lid* est plus répétitive. C'est toujours, à quelques détails près, la même histoire qui est relatée. Ici, Lévita semble introduire dans la structure globalement italienne de son poème la forme allemande du *Schwank* (le mot est d'ailleurs utilisé, comme nous l'avons vu, pour désigner les récits que des amuseurs chantent sur la vie d'Hillel, *HL*, 43). Une partie du comique devait naître de cette répétition des malheurs conjugaux d'Hillel avec ses trois femmes. La partie obscène du poème prend donc une forme qui n'est pas courante dans la poésie italienne : celle du récit comique relatant des déboires sexuels (c'est en prose et dans la *novella* qu'on trouve en Italie ce modèle narratif). L'histoire de la première femme est expédiée en deux strophes (*HL*, 27-28). L'impuissance d'Hillel à remplir ses devoirs conjugaux est évoquée fort brièvement et de façon métaphorique (« il n'a pas parcouru un mille avec elle »). Ils divorcent, et la femme se jette dans les bras d'un nouvel amant la première nuit pour rattraper le temps perdu.

L'histoire de la seconde femme est un peu plus détaillée (*HL*, 29-36). Pour cacher son impuissance (et ne pas être obligé de divorcer, car l'accomplissement de l'acte sexuel est un commandement, ne l'oublions pas, et un devoir stipulé dans le contrat de mariage), Hillel achète une carpe dont il tire le sang pour en maculer les draps : « *Er meint di' vröü'én wolt er bétrigén : / Si' vandén di schüpén ouf dem leilich ligén*[164] » (*HL*, 32). Image éminemment comique bien sûr que ces femmes chargées de vérifier que le devoir conjugual a bien été réalisé et qui trouvent des écailles dans le lit nuptial. Les lamentations de la pauvre femme sont eux-mêmes burlesques en raison de la façon concrète dont

[164] « Il pensait tromper les femmes : / Elles trouvères les écailles sur les draps. »

elle décrit ses efforts nocturnes : « *Ain ganzė nàcht rürt er mich nit an, / Rük ich mich schòn zu im sò' rükt er sich hin-dan*[165] *!* » (*HL*, 34). Après s'être fait voler tous ses biens par son impuissant de mari, elle rentre chez son père à Ferrare et y meurt.

Hillel se met en quête d'une nouvelle femme sans effectuer une seule des coutumes juives du deuil qui sont énumérées par Lévita (*HL*, 37). Le récit concernant cette troisième femme est le plus long (*HL*, 38-57) selon une logique d'accroissement. Si c'est toujours, plus ou moins la même histoire qui se répète, Lévita y ajoute chaque fois de légères variations et de nouveaux détails. Comme personne ne veut de lui à Venise, il part chercher à Mantoue : « *Dér-nòch vand' er ainé dòrt zu Mantò / Ain òrt dò er nit wàs gėkant dò / Si' gab im abér nòch gelt nòch ffantò*[166] » (*HL*, 39). La forme *ffantò* (< all. *Pfand*) se trouve dans les deux manuscrits. Il ne fait donc aucun doute qu'il s'agit là d'une plaisanterie linguistique de la part de Lévita. Pour obtenir la rime, il ajoute artificiellement la terminaison italienne au substantif allemand. La scène de la nuit de noces se répète mais, là encore, des détails sont ajoutés. Il essaie d'abord de lui prendre son pucelage avec le doigt. Cette technique ne lui réussissant pas, il achète une dinde (de crainte des écailles sans doute, mais a-t-il pensé aux plumes ?) et demande à sa femme, qui pour une fois a été nommée (Esther), de réaliser le truc des draps maculés. Il se tire ainsi d'affaire, semble-t-il, mais la jeune femme s'est promis de lui échapper à la première occasion. Pour qu'il n'essaie pas à nouveau de la « gratter » elle prétend avoir toujours ses règles et ils commencent à se disputer jour et nuit.

À la première occasion, elle prend la poudre d'escampette avec un complice dans un bateau (une gondole ?). Il la poursuit, la rejoint, et lui pose la question que tous les enfants doivent prononcer le soir de Pessaḥ : « Qu'y a-t-il de différent cette nuit ? » (« מה נשתנה הלילה ? », *HL*, 50). Un débat s'ensuit et la jeune fille lui crache ses quatre vérités à la figure (presque littéralement puisque Lévita se laisse aller à d'expressives allitérations) :

---

[165] « De toute la nuit il ne me touche pas, / Si je me décale vers lui, il se décale plus loin. »

[166] « Il s'en alla alors à Mantoue, / Un lieu où il n'était pas connu, / Elle ne lui donna ni argent ni gages. »

Ich mag nit leidén dàs du mich bèsüdèlśt,
Un ' bègaivèrśt un ' bèschnüdèlśt,
Un ' mit dem vingér dinén wüdèlśt,
'Aso col ha-lailo.

HL, 53

Je ne peux pas supporter que tu me pollues,
Que tu me baves dessus, que tu me souilles,
Et qu'avec ton doigt tu farfouilles là-dedans,
Impétueux toute la nuit.

La très riche rime en « *-üdèlśt* », répétée à un rythme si rapproché (comme le mètre l'exige) est parfaitment adaptée à l'expression du dégoût irrépressible de la pauvre Esther, d'autant plus qu'elle est portée par des verbes au sémantisme fort traduisant la salissure. Le verbe *wüdèln* s'emploie en général pour des insectes et le verbe *bègaivérn* renforce à la fois la densité sémantique (en concrétisant la nature de la pollution) et la densité sonore de la strophe. Ce type d'effets pouvait être saisi par tous les auditeurs.

Mais Lévita leur adjoint dans le vers hébraïque final une plaisanterie assez salée qui ne pouvait être saisie que par les personnes les plus éduquées de son public, capables de comprendre non seulement l'hébreu, mais aussi de se rappeler l'origine de la citation biblique (il faut dire qu'il s'agit d'un verset connu). « עזה כל הלילה » est en effet une portion d'un verset d'*Exode* (14, 21) dont voici la traduction complète : « Moïse étendit sa main sur la mer et l'Éternel fit reculer la mer par un vent d'est impétueux toute la nuit, et il mit la mer à sec et les eaux furent divisées. » Oui, c'est bien en détournant le verset de la Bible qui relate la division des eaux de la Mer Rouge par la main tendue de Moïse, que Lévita qualifie la façon dont Hillel tente de se frayer un chemin avec son doigt entre les jambes de sa pauvre troisième femme. Ce qui semblait être une brusque élévation de style avec l'emploi de la langue sacrée est en réalité plus vulgaire que les trois vers yiddish qui ont précédé.

L'altercation entre les deux époux débouche sur une rixe et Hillel assomme Esther. Il a loué les bras de quatre Chrétiens féroces qui ramènent la malheureuse à Venise. Le mari abandonné essaie d'obtenir justice auprès des rabbins et des notables. Mais ils finissent par lui imposer le divorce. Ainsi s'achève l'histoire du troisième mariage d'Hillel. La dernière section de la partie narrative (*HL*, 58-66) témoigne d'une descente du personnage vers une

756

abjection toujours plus grande, et par conséquent, d'un accroissement dans la virulence du *vituperium*. Comme Hillel ne réussit
plus à trouver de femme (« Il ne trouve plus de bateau qui veuille
le prendre à bord »), il se livre à des perversités avec des chiens,
des poules (à chaque fois que Lévita avance ce type d'affirmations,
il en appelle à des témoins dont il cite le nom). Il s'attaque aussi
aux petites filles : une vieille Juive lui a juré qu'elle a vu comment
il entraînait la sienne dans les latrines. La partie narrative s'achève
sur le traditionnel *topos* de l'indicible : l'auteur aurait bien voulu
en écrire d'avantage mais, s'il lui fallait tout écrire, il n'aurait
pas assez de quarante jours et quarante nuits (temps que dura le
déluge).

Lévita s'adresse enfin à Hillel, en lui souhaitant de bien profiter
des vers qu'il vient de lui offrir : « *Hab dir daś, iś dò di gribén ! /
Mit dem kröpf léb ouf di lailo*[167] *!* » (*HL*, 67). Grasse métaphore
pour un poème assez gras mais qui ne manque cependant ni d'originalité, ni d'humour, ni d'esprit. Il conclut en expliquant, assez
pédagogiquement, le principe de construction du poème autour
du chiffre 75, mêlant jusqu'au bout l'astuce savante à la grossièreté ludique dans cet exercice, unique en son genre, de *vituperium*
en yiddish.

V.3. LES SATIRES D'ATTRIBUTION PROBABLE

Parmi les satires en yiddish ancien, deux textes ont récemment
attiré l'attention de la recherche. Ils méritent une étude particulière car de nombreuses qualités rendent probable leur attribution
à Élia Lévita. Riche de l'enseignement que nous a apporté l'analyse
du genre satirique dans la littérature yiddish ancienne, nous pouvons, d'un côté situer ces deux textes dans le tableau général de ces
productions afin d'évaluer dans quelle mesure ils correspondent
à des tendances générales observables chez d'autres poètes de ce
temps. D'un autre côté, nous appuyant sur la connaissance que
nous avons acquise des caractéristiques majeures des œuvres de
Lévita, nous tenterons de voir si ces œuvres peuvent trouver leur
place au sein de ce corpus.

---

[167] « Prends ça, mange ces rillons ! / Délectes en ton gosier cette nuit ! »

V.3.a. Purim špil

Le poème est préservé, comme nous l'avons noté, dans un manuscrit composé essentiellement de contes en prose datant de la fin du XVIe siècle. Isolé de la sorte, sans en-tête ni signature, son attribution est bien sûr délicate. Nous ne pouvons guère nous appuyer que sur son style, au sens large du terme : usage de la langue, métrique, choix des thématiques, *persona* du poète. De ce point de vue, cette œuvre présente des qualités rares dans le genre satirique en yiddish ancien : soin de la forme, maniement habile des tournures idiomatiques de la langue et en particulier des proverbes, jeux de mots, représentation sophistiquée du poète par lui-même. Ce sont certaines de ces qualités qui ont conduit S. Neuberg, en 1992, à attribuer l'œuvre à Lévita[168].

Il nous faut reconnaître d'emblée deux arguments qui pourraient jeter quelque doute sur cette paternité. Premièrement, l'œuvre est presque totalement dépourvue d'italianismes alors que toutes les œuvres de Lévita en comportent une quantité notable. Nous n'en avons noté qu'un seul : « *Dàs selbig git fòrz dràn*[169] » (*PS*, 5) où le mot *forz* provient de l'italien *forza* (la force). Deuxièmement, le poème propose bien peu de mots d'origine hébraïque à la rime alors que Lévita était féru de cet usage qui enrichissait la variété de ses rimes, en particulier en créant des rimes mixtes qui associent la composante hébraïque avec une autre composante (allemande ou italienne) de son yiddish. Ceci dit, les rimes en question, concentrées dans la dernière strophe du *Purim špil*, sont toutes d'une grande originalité au point qu'elles constituent, malgré leur rareté, un argument favorable à l'attribution de l'œuvre à Lévita. Ce sont là, à nos yeux, les deux obstacles majeurs à notre hypothèse qui, sans en annuler nécessairement la validité, la soumettent cependant à un doute qui ne pourra être dissipé que si l'on trouve d'autres témoins textuels de cette œuvre.

---

[168] Voir *supra*, p. 105, n. 156.
[169] « Cela lui donne de la force pour s'y confronter. »

Structure du poème

Même si le nom de *Purim špil* n'y est pas mentionné, il ne fait aucun doute que le poème appartient à la catégorie des œuvres monologiques qu'on avait alors l'habitude de composer pour les célébrations de Purim. Il présente un grand nombre de signes d'oralité qui rendent extrêmement probable une récitation lors du repas de fête[170]. Il est organisé sur un principe très simple : passant en revue les différents membres de la société juive, le poète leur adresse des critiques diverses : condamnation de l'appât du gain, de l'habitude de contracter des dettes, des coutumes matrimoniales, du goût du luxe vestimentaire, de l'impiété, de la paresse, de l'ivrognerie et du jeu. Dans le même temps, il oppose aux mœurs dégradées d'aujourd'hui la modestie vertueuse et ascétique des Juifs d'autrefois. Cibles de la verve du poète sont tour à tour, les maîtres de maison (בעלי בתים, *PS*, 2-14), les femmes (ווייבר, *PS*, 15-16), les jeunes filles employées de maison (פוילצלש, בתולות, *PS*, 17) et, *last but not least*, les étudiants (בחורים, 18-20) auxquels l'auteur s'identifie, comme nous l'avons souligné. Le poème est encadré par une strophe d'introduction, qui présente le récitant et les conditions de sa lecture, à savoir le repas dont il souhaite jouir, et deux strophes de conclusion qui reviennent sur la figure du poète, dévoilant le plaisir qu'il prend à exercer son art satirique et exposant le principe alphabétique de la construction du poème.

Le poème fonctionne donc par suite et opposition de tableaux. Exposant clairement l'un des présupposés de la satire (une vision

---

[170] Il est sans doute possible de préciser encore le moment de la lecture. En effet, la dernière strophe nous offre une indication précieuse. On y lit : « *Mir welén sagén vé-atem* » (*PS*, 22). Nous pensons que ואתם est une façon de désigner, par métonymie, la lecture de la méguila, le rouleau d'Esther. En effet, il est non seulement obligatoire d'entendre cette lecture la veille de Purim au soir et le jour même de Purim, mais on est aussi obligé de garder le silence pour en entendre chaque mot. Ce commandement est résumé par une formule extraite d'un verset de la Bible (*Exode*, 14, 4) qui se rapporte à la sortie d'Égypte, miracle directement lié par les commentateurs au miracle de Purim : « ואתם תחרישון » (« Et vous serez silencieux »). Si cette supposition est juste, le repas où le poème a été lu n'est pas le repas de Purim proprement dit, qui a lieu après la deuxième lecture de la méguila, mais le repas de la veille de Purim avant d'aller à la synagogue. L'allusion du poète peut aussi relever d'une plaisanterie puisqu'il affirme dans cette strophe qu'il est temps qu'il se taise.

de l'idéal), l'auteur oppose à la société corrompue dans laquelle il vit la société d'autrefois, une société qui ne connaissait ni le culte de l'argent, ni les abus de la boisson, ni le vice du jeu. Il prend plaisir à décrire, et à mettre en scène, ces personnes de l'ancien temps et leur consacre plusieurs strophes (*PS*, 6, 7, 8, 18). Le tableau qu'il en donne n'est pas dénué de touches burlesques qui cependant contribuent à mettre en valeur la simplicité des gens d'autrefois : « *Si' saichtén wol fun supén un' süfén*[171] » (*PS*, 6). Tous les détails qu'il propose pour illustrer ce temps idyllique sont les témoins d'une vie simple mais saine : le hareng salé, l'eau dans le cruchon, les noix et le fromage sur la table, le pot de bière à un demi-pfennig, le bois dans la cave, le pain sur le poêle. C'est le portrait concret d'un foyer simple et sans prétentions auquel vient s'ajouter, vers la fin du poème (*PS*, 18), celui des étudiants d'autrefois : modestes, couverts d'habits usés, exposés aux poux et au froid (l'idéal exige des sacrifices !), ignorant les tavernes et les jeunes gens de mauvaise vie.

À chaque élément du tableau va être opposé une série d'abus de la société contemporaine : au lieu d'hommes qui ne cherchaient pas à amasser une fortune (« *merén den hüfén* » *PS*, 6) et qui enterraient leur fortune s'ils en avaient une (*PS*, 7), nous trouvons des individus qui contractent des dettes sans pouvoir rembourser (*PS*, 9, 10) et des femmes qui s'habillent luxueusement et sont prises par le démon du jeu (*PS*, 15, 16). Au lieu d'hommes qui se satisfont d'un régime frugal, il n'y a plus que des buveurs débauchés (*PS*, 13, 14). Des concours d'ivresse ont remplacé le modeste pot de bière. Le foyer bien tenu a été mis sens dessus dessous des jeunes servantes négligentes et effrontées (*PS*, 17). Les étudiants ascétiques et vertueux ont laissé la place à des étudiants coquets, pomponnés et buveurs. (*PS*, 19, 20).

Le poète fait ainsi alterner les tableaux descriptifs (il se plaît en particulier à détailler les vêtements des femmes et des étudiants, en ne négligeant pas de préciser les matières, les coupes) et les scènes où le discours direct joue un rôle majeur. Exemplaire de ce point de vue est la strophe consacrée aux jeunes servantes (*PS*, 17) : sa première partie est dédiée à la description de l'état du ménage : avec tant de gâchis et de saletés, la maison ressemble à un grenier

---

[171] « Ils pissaient bien des soupes et des bouillons. »

à blé (« *wi' ain schöu'ér* »). La fin de la strophe retranscrit une vive réplique de la jeune insolente qui exige une augmentation de salaire, l'autorisation d'aller danser tous les Shabbats, et qui menace son patron d'aller chercher le bourreau. Elle lui promet encore d'aller trouver un autre patron tout en affirmant que son père ne tarderait pas à la marier. Il s'agit certes d'une caricature, étant donnée l'accumulation des clichés, mais la réalité n'en reste pas moins reflétée à l'état brut par cette série de doléances typiques à la première personne du singulier.

L'un des contrastes que l'auteur s'attache le plus à développer et à mettre en scène concerne la conclusion des mariages qui sont vus, naturellement, comme des contrats de nature financière. Les mariages d'antan sont présentés aux strophes 7 et 8 tandis que ceux des temps modernes sont décrits dans les strophes 11 et 12. Ces deux réalités antagoniques sont mises en scène en donnant la parole aux négociateurs eux-mêmes. Une première différence notable apparaît dans l'identité de ces derniers : dans le passé, les maîtres de maison s'accordaient sans intermédiaire sur les conditions de l'union. Aux temps du poète, la présence d'un entremetteur (שדכן) paraît indispensable. La distinction entre les deux scènes est rendue très concrète par les sommes qui sont avancées. Alors que le mariage du temps jadis supposait que l'on dépense entre 100 et 150 Gulden, celui du présent suppose l'investissement d'au moins 500 à 600 Taler[172]. Le nouveau règne de l'argent est évoqué de façon expressive par des images concrètes : « [...] *wer nit hòt ain schweré taschén / Der derf alhi' kain wilprèt naschén*[173] » (*PS*, 11).

Ce qui a changé également, au grand dam du poète, c'est l'âge auquel on décide le mariage des enfants[174]. Dans le monde idéal du passé, on les laissait grandir en faisant fi de l'opinion publique :

---

[172] Il est difficile de définir exactement l'équivalence de ces valeurs avec la distance du temps. Mais il semble qu'un Gulden valait environ 2/3 d'un Taler (*Brockhaus Enzyklopädie*, art. « Gulden ») et que la somme exigée aux temps du poète était donc 5 à 8 fois plus élevée que dans le passé idéalisé. Bien sûr, ces difficultés d'appréciation n'existaient pas pour le lecteur/auditeur original.

[173] « [...] celui qui n'a pas les poches bien remplies / Ne va pas ici se repaître de gibier. »

[174] Le fait que les Juifs ashkénazes mariaient leurs enfants extrêmement jeunes au Moyen Âge, parfois même avant leur maturité sexuelle, est bien connu de la recherche, voir A. Grossman 2004, p. 33-48.

« *Di kindér werén grós dàs idérmàn w'undért*[175] » (*PS*, 8). Dans le monde actuel la situation est présentée elliptiquement dans toute la force de son ridicule : « *Di šadéchonim is mechtig gòch / Asò bàld ous der schalén krichén di' kindér*[176] » (*PS*, 11). On notera bien sûr le caractère burlesque de ces enfants qui rampent à peine et qu'on promet déjà en mariage. Mais on notera aussi la polysémie de l'adjectif *gòch*, qui signifie aussi bien la hâte que le désir ardent, en l'occurrence le désir d'argent qui sera exprimé en termes emphatiques dans la suite de la strophe.

Cette question sociale semble particulièrement préoccuper le poète au point qu'il consacre une strophe entière à exposer son opinion sur l'attitude à adopter. C'est là le plus long des assez nombreux commentaires moralisateurs qu'il propose dans ce texte. Il s'appuie sur l'autorité des commandements divins pour affirmer que les garçons doivent être mariés à dix-huit ans[177]. Et précise que « les livres » (cette expression peut se référer aussi bien aux autorités talmudiques que rabbiniques plus tardives) fixent l'âge de quinze ans pour le mariage d'une fille[178]. Mais au cœur de cette strophe éminemment sérieuse vient se glisser une remarque sarcastique qui semble révéler une certaine pitié du poète à l'égard du sort des femmes : « *Ir goluss kem in noch zu bàld / Wàs si' sich mit irén mànén gènitén*[179] » (*PS*, 12). Rappelons que « *goluss* » ne désigne pas seulement l'éloignement physique (et il est vrai que les jeunes filles étaient brutalement arrachées au milieu familial) mais aussi une souffrance permanente, à l'image du sort du peuple juif en exil. Cette note de commisération suppose une empathie dont nous retrouverons l'expression dans le *Seder nošim*. La vision de

---

[175] « Les enfants deviennent grands au point que tout le monde s'en étonne. »

[176] « Les marieurs sont fort pressés / Aussitôt que les enfants rampent en dehors du berceau. »

[177] En réalité, cette idée (qui n'est pas un commandement comme le prétend l'auteur) est formulée dans les *Maximes des pères* (5, 21), au cœur d'une liste où sont énumérées les différentes activités qui conviennent à l'individu en fonction de son âge. On y lit : « שמונה עשרה לחופה » (« Dix huit ans pour le dais nuptial »).

[178] Nous n'avons pu trouver aucune autorité qui mentionne un tel âge. Le Talmud dit qu'une femme peut être mariée dès qu'elle a atteint la majorité sexuelle, c'est-à-dire vers douze ans et demi. Mais le conseil du poète semble correspondre à la coutume italienne (qui diffère sur ce point de la coutume ashkénaze). Voir à ce sujet R. Weinstein 2004, p. 61-67.

[179] « L'exil viendra bien assez tôt / Qu'elles doivent subir avec leurs maris. »

l'idéal dans le *Purim špil* passe donc soit par l'intervention directe du poète, qui présente des recommandations personnelles, soit à travers la représentation d'un « âge d'or » depuis longtemps révolu.

Particularités métriques et stylistiques

Si la structure de l'œuvre est assez simple, sa forme est au contraire complexe. Tout d'abord, en raison du schéma rimique choisi. Il se présente de la sorte (les lettres en gras indiquent les rimes féminines) : aa**b**cc**b**ded**eff**gg. Le poème est donc composé de strophes de quatorze vers et les rimes féminines et masculines y sont soigneusement réparties. Il s'agit d'une forme qui tire son origine du *Meisterlied* et qui a plus précisément été inventée par Jörg Schiller, chanteur et poète professionnel dont la présence est attestée à Augsburg au milieu du XVᵉ siècle. On l'appelle pour cette raison le *Schillers Hofton*. Un assez grand nombre de chansons populaires allemandes nous ont été conservées composées sur cette mélodie[180]. Les poètes allemands respectent dans l'ensemble l'alternance des rimes féminines et masculines ce qui n'est pas le cas de la plupart des poètes yiddish[181].

L'auteur du *Purim špil* est fidèle, la plupart du temps, à la structure qu'il a adoptée : sur les 22 strophes du poème, 15 y répondent parfaitement[182]. Les strophes 2 et 17 remplacent les

---

[180] R. W. von Liliencron 1866-1869, vol. 2, n° 130 et 144 ; vol. 3, n° 274. Il présente également la partition de la mélodie dans son vol. 4, p. 80-81. Ces trois chansons appartiennent au genre des chansons historiques, mais on trouve la mélodie également employée pour des poésies plus légères, relevant davantage du genre de la nouvelle ou du *Schwank*, voir A. Classen 2001, p. 25-27. Cet article est intéressant dans son ensemble car il montre l'omniprésence du thème de l'argent dans les chansons populaires allemandes, ce qui nous permet de mettre en perspective le rôle très fort qu'il joue également dans la poésie yiddish ancienne.

[181] Parmi les exemples que nous avons analysés, si l'on trouve une tendance à l'alternance chez Oldendorf, celui-ci se permet de nombreuses entorses. Quant à Hugerlen, ses strophes, très proches de celles du *Purim-špil* (un tercet monorime remplace seulement les deux couplets finaux) ne sont en général régulières que dans les 6 premiers vers. Les 7 derniers vers présentent un très grand nombre de variations. Si bien que le schéma idéal (là encore proche de celui que nous étudions à présent : aa**b**cc**b**ded**e**fff ne se retrouve que dans trois des quinze strophes yiddish que contient le poème.

[182] En raison de l'état de la transmission (erreurs du copiste, dégradation du manuscrit), nous avons supposé dans notre édition la présence originale à la rime de trois mots (chaque fois des monosyllabes) qui n'apparaissent pas dans le

rimes croisées (v. 7-11) par des couplets à rimes plates. Les autres strophes déviantes se permettent, de façon ponctuelle, d'ignorer l'alternance des rimes féminines et masculines. Mais la régularité est assez grande, et les variations assez conscientes et assez limitées pour qu'on puisse parler de licences poétiques alors que dans de nombreux poèmes yiddish (comme ceux d'Hugerlen ou d'Oldendorf) on ne peut guère parler que de négligence de la forme (ce qui ne préjuge pas, par ailleurs, des autres qualités de chaque pièce).

Pour poursuivre nos réflexions sur la forme métrique, il convient de noter que l'auteur du *Purim špil* a ajouté une contrainte à celles que supposait la forme allemande : il commence presque systématiquement le dixième vers de ses strophes par le mot : « *nun* », qui peut signifier « maintenant » mais que nous préférons traduire par « eh bien » pour mettre en évidence sa fonction à la fois logique (dont la valeur est variable : conséquence, opposition) et phatique (appel à l'attention du public). Toutes les strophes du poème présentent cette particularité à l'exception des strophes 6, 10 et 16. Ce « *nun* » qui introduit le dernier quatrain à rimes plates impose une structuration du discours dans chaque strophe puisqu'il suppose soit un tournant dans le fil des pensées, soit la formulation d'une conclusion. Cette nouvelle contrainte, inconnue de la poésie allemande, sera reprise par Gumprecht von Szczebrzeszyn qui imite directement, en lui rendant hommage, le poème que nous analysons dans son propre *Purim špil* composé vers 1553[183].

---

manuscrit mais donnent une tournure plus naturelle aux phrases concernées et pallient l'absence de rime. Ces ajouts hypothétiques sont bien sûr signalés en leur lieu et place. Même sans les prendre en compte, le nombre des strophes régulières excède nettement celui des strophes déviantes.

[183] Gumprecht avoue sa dépendance en définissant la mélodie de son propre poème par un renvoi à : « *Der nigun is gleich gẽmesén / As ṽun dem kàlb dàs den lanz-knecht hat ouf-gesén / Un` ouf ain lid daś hat den preis : / Abér héb ich an mein altẽ weis.* » (« La mélodie est conçue sur le modèle de : "Un veau qui a mangé un lansquenet" / Et sur une chanson digne d'éloge : / "Je commence à nouveau à mon ancienne façon" »), M. Stern 1922, p. 18, v. 493-496. La chanson allemande, qui est ici mentionnée avant le *Purim-špil*, a peut-être été le modèle premier de notre poète. Une de ses versions est intitulée : « *Von einem Freyhart und Kuntz Zwergen* », voir J. Bergmann 1845, p. 171-176. Elle est typiquement construite sur le modèle du *Schwank* et comporte, stylistiquement, bien des traits que Lévita a introduits dans le roman de chevalerie italien. Elle narre l'histoire d'un vagabond (qui apparemment était un lansquenet dans la version connue

La forme strophique joue dès lors un rôle majeur dans la production et dans la réception des paroles du poète. La conclusion des strophes est isolée formellement comme c'était le cas dans les romans de chevalerie de Lévita, en particulier dans le *Paris un Wiene* qui pratiquait l'allongement systématique des couplets finaux de l'*ottava rima*. Nous verrons que, dans ce poème comme dans les romans de Lévita, les fins de strophe sont également un lieu privilégié pour introduire des proverbes dans une fonction d'épiphonèmes.

Il est encore un point de structure que nous n'avons pas abordé. Nous voulons parler de l'acrostiche qui présente toutes les lettres hébraïques dans l'ordre alphabétique. Il fonctionne bien sûr comme un signe d'ancrage dans la tradition juive. Extrêmement courant dans la poésie religieuse hébraïque depuis l'époque biblique (on pense notamment au chapitre 31 des *Proverbes* : אשת חיל), l'acrostiche a été adopté dans la poésie yiddish depuis ses débuts : le poème sur Joseph du manuscrit de Cambridge en présente un. Comme le notait Ch. Shmeruk, les premiers poètes yiddish se heurtaient à une difficulté dans la réalisation de cette convention car certaines lettres (ת, ס, כ, ה) ne sont pas employées en yiddish ancien pour transcrire la composante germanique de la langue. Or, la plus ancienne poésie yiddish s'interdisait d'employer la composante hébraïque[184]. C'est pourquoi ils étaient obligés de contrevenir aux conventions orthographiques de la langue en utilisant les lettres réservées à l'hébreu pour des mots d'origine allemande.

L'auteur du *Purim špil* n'est pas confronté à ce problème de façon si nette car, à l'époque que nous étudions, la composante hébraïque était déjà beaucoup plus librement employée en yiddish. C'est donc tout naturellement que la huitième strophe commence par חיתונים (mariage) et la onzième par כבד (l'honneur).

---

de Gumprecht) qui, torturé par le froid, décide de voler le pantalon d'un pendu. Celui-ci étant congelé, il n'arrive pas à le lui prendre et se décide à lui couper les jambes. Puis il trouve un abri chez le paysan idiot Kuntz Zwergen qui lui donne une place, à l'étable, à côté de son veau. Le vagabond réussit dans l'étable à retirer le pantalon à la moitié de corps et s'en va au petit matin en laissant derrière lui les jambes. La suite de la chanson est remplie d'épisodes burlesques narrant la réaction des paysans qui sont persuadés que le veau a dévoré le vagabond et en conçoivent une peur bleue.

[184] Ch. Shmeruk 1988, p. 87-90.

Le poète commence la quinzième strophe par סמוט (le satin), qui aurait sans doute dû s'écrire שמוט, selon l'orthographe courante en yiddish ancien, et dans ce manuscrit en particulier, mais le mot est assez exotique pour que cela ne choque pas, et ce d'autant moins que l'évitement du ס était beaucoup moins systématique que celui des autres lettres. Mais c'est l'introduction du ת qui constitue le cas le plus intéressant : l'auteur du *Purim špil* se tire de difficulté en interpellant directement la lettre : « *Thov, du bíšt di lezt buch-stab* » (*PS*, 22). Isolant ainsi le signe de l'alphabet, il le tire de sa fonction ordinaire, de même que Lévita vidait le mot *lailo* de son sémantisme en l'utilisant en guise d'exemple grammatical dans le *Hamaṽdil lid*. Cet isolement de la lettre met non seulement en évidence (même pour l'auditeur éventuel) l'application de la convention de l'acrostiche, mais il évoque en plus directement une expression (que Lévita utilise souvent) pour dénoter la complétude d'un discours : « *ṽun der alef bis an di' thoṽ* » (par ex. *PW*, 634). Le poète insiste sur le fait qu'il a passé au crible (« *idérman gélóšén durch di rol*[185] », *PS*, 22) toutes les catégories de la société, établissant ainsi un parallèle entre la structure thématique de l'œuvre, et la contrainte formelle de l'acrostiche hébraïque.

C'est qu'on reconnaît également, dans le modèle de construction du poème l'influence de la *Ständesatire* telle que nous l'avons déjà vue illustrée dans le manuscrit de Parme. L'intention satirique est affichée d'emblée d'une façon assez sophistiquée. Le vieil homme (c'est ainsi que se présente le poète) prend la parole « *Dàs alér géschmeidigšt dàs* [*er*] *kan* / *Di löut zimlich zu štrafén*[186] » (*PS*, 2). Le contraste entre le soin, ou la souplesse (« *géschmeidig* ») de la forme, et la rudesse de l'intention (« *štrafén* ») constitue une sorte d'oxymore semblable à ceux que Lévita

---

[185] « Passé tout le monde au crible. » En réalité, le sens exact de l'expression est difficile à définir. *DWB*, art. « Rolle », 4, b, donne deux usages : « durch die rolle lassen laufen » veut dire « maltraiter » (ce qui correspondrait assez bien au contexte) mais il donne enocre, comme sens de « durch die rolle lassen » : laisser passer à travers les mailles du filet. Nous avons opté pour une troisième solution qui correspond à l'un des sens du mot « Rolle » : « crible ». Le poète précise, au vers suivant, que son registre (*gülden*) est plein, puis il énumère les différentes catégories sociales qu'il a traitées (ou plutôt maltraitées).

[186] « Aussi délicatement [ou aussi joliment] qu'[il] peut, / À tancer un peu les gens. »

affectionne, en particulier dans le *Paris un Wiene*[187]. Mais la *persona* que l'auteur crée est en décalage avec les attentes du public. Ce n'est pas là un vieil homme sage qui, du haut de son expérience, peut se permettre de juger le monde mais il avoue être, lui-même, un méchant bonhomme :

Al tag wert ain nöü'e welt :	Le monde change chaque jour,
Der bös sich zu dem bösén gèselt,	Le méchant s'allie au méchant,
Di' gutén welén mir entlöfén.	Les bons vont me fuir :
Ich bin ouch gèwatén bis übér di' schu'	J'y ai aussi trempé jusqu'au-dessus des souliers
Wi' wol ich mich izundér rain dér-tu	Bien que je me fasse maintenant passer pour pur
As het ich ni' kain wàsér bètrübt.	Comme si je n'avais jamais fait de grabuge.
Alé bübérei' hab ich gèübt.	Je me suis adonné à toutes les frasques.
Nun kan ich ainém dèstér besér uf den	Eh bien ! Je peux d'autant mieux attraper rudement
schwerén greifén :	les gens :
Ich hàlt ich wil in recht uf-pfeifén !	Je crois que je vais bien les faire danser !

PS, 2

Le poète prend son lecteur à contre-pied. Alors qu'on s'attend à une lamentation sur le nouveau cours des choses, sur la dégradation de ce monde, selon le *topos* habituel qui sera en effet beaucoup employé dans la satire, nous trouvons un autoportrait du poète en chenapan et en vaurien[188]. Le tournant s'effectue au troisième des vers que nous avons cité (« le méchant s'allie au méchant ») qui a la forme d'un proverbe, ou d'une idée reçue et qui paraît d'abord être la suite directe des lamentations sur ce « nouveau monde »[189]. On croit que le poète va accomplir sa promesse et tancer les gens. Mais c'est là qu'intervient un virage inattendu : la formule n'avait pas le référent que nous lui attribuions. Elle s'applique en réalité au poète qui déclare à ses lecteurs vertueux qu'ils voudront naturellement le fuir. Ce n'est dans tous les cas pas chose commune qu'une satire (car c'est bien une satire que

---

[187] Dans ce cas l'oxymore est une figure de l'ironie. On se référera par exemple à *PW*, 41.

[188] Il est vrai que l'aveu, par le poète, de son indignité est aussi un *topos*. Cependant, celle-ci introduit alors, comme dans le manuscrit de Parme ou chez Oldendorf, une série de formules de contrition et des lamentations sur la faiblesse humaine. Ce n'est pas du tout le cas dans le *Purim-špil*.

[189] *Wander* (art. « Böser », Add. 1) cite le proverbe : « *Wer mit Bösen umgeht, wird böse* » (« Qui fréquente les méchants devient méchant. » Voir aussi art. « Gleich », 51 : « *Gleich und gleich gesellt sich gern.* » C'est là l'équivalent de notre proverbe français : « Qui se ressemble s'assemble. »

nous allons lire) provenant de la bouche d'un tel personnage. La suite de la strophe présente un paradoxe dont le lecteur devra bien s'accommoder : celui qui a été le plus mauvais peut d'autant mieux s'ériger en censeur d'autrui.

Mais ce n'est pas seulement par son propos que cette strophe est originale : c'est aussi par l'enchaînement constant d'expressions idiomatiques qui prennent la forme de métaphores. « *Watén* », au sens propre, signifie « passer un gué » et donc « tremper ». Il a plus ou moins le même usage figuré que lorsque nous disons « tremper dans le vice ». Comme une image en appelle une autre, l'auteur affirme que, malgré son air hypocritement innocent, il a bien des choses à se reprocher. Il évoque alors une expression qui existe aussi en français : « On dirait qu'il ne sait pas troubler l'eau. » L'eau qu'il trouble est associée, par le réseau des images, à l'eau dans laquelle il trempait jusqu'au dessus des souliers dans l'expression précédente. Les réprimandes qu'il promet à son public sont également exprimées de façon très concrète en se référant à des actions physiques : « *greifén* » (se saisir, attraper) et « *ouf-pfeifén* » : littéralement, faire danser au son de la flûte, mais ici, par son sens, l'expression évoque plutôt, avec une nuance différente, notre « persiffler ». On notera aussi l'utilisation du verbe « *vòr-pfeifén* » dans le *Boṽo Dantòṇe* (*BD*, 41) dans le sens de « dénoncer » (sens, que nous ne lui trouvons pas dans les dictionnaires allemands). On le voit, aussi bien le contenu que la forme du propos avaient de quoi surprendre et amuser les auditeurs.

Cet usage ludique et virtuose des expressions et des proverbes s'observe tout au long du poème. Il assume différentes formes. La plus élaborée est sans doute celle qui fait allusion au proverbe tout en jouant sur ses termes. Lorsque le poète évoque le sort lamentable de l'homme riche après la mort, thème extrêmement courant et que nous avons déjà rencontré chez Oldendorf, il évoque la vision, elle aussi classique, du corps dévoré par les vers : « *As nadéln si' den štechén*[190] » (*PS*, 5). La comparaison n'a rien que de très ordinaire. Mais il précise ensuite que si cet homme a pratiqué la charité durant son existence : « *Dàs spürt er uf der štech-ban*[191] ». Le terme *Stechbahn* désigne originellement l'arène

---

[190] « Ils le percent comme des aiguilles. »
[191] « Cela l'aide sur la piste de combat. »

où les chevaliers se livrent au tournoi. Le mot évoque donc l'univers de la chevalerie, de ses combats (un des sens dérivés du mot *stechen*), de ses lances. Mais l'expression est ici détournée pour désigner la lutte des vers avec le cadavre et *stechen* ne doit plus être compris dans le sens de combattre mais bien dans son sens propre : piquer, percer. La vision lugubre est ainsi éclairée par l'introduction d'un jeu de mot comique.

On observe un autre jeu de mot plus loin dans l'œuvre. Lorsque le poète critique sévèrement la tenue des étudiants, il insiste en particulier sur le fait que leurs vêtements sont composés de bouts de tissus découpés en tous sens et les accuse de gâcher de bons tissus. Mais il précise : « *Doch wil ich si' nit habén géschmizt / Mit irém zu-schnizén un' zu-kneifén / Ous irém hòlz bin ich ouch géschnizt*[192] » (*PS*, 20). La rime *géschmizt / géschnizt* s'appuie sur une paronomase et ces deux vers sont riches en phonèmes consonnantiques enchaînés (*schm-schn-kn-lz-zt*). Mais c'est surtout l'usage de *schnizén / zu-schnizén* qui surprend car il est d'abord, littéralement, employé pour désigner la façon dont ont été produits les vêtements, puis métaphoriquement pour désigner la façon dont a été façonnée toute la personne du poète et des étudiants[193]. Doit-on supposer que le vieux poète, taillé dans le même bois que les jeunes gens, est lui aussi revêtu de vêtements taillés dans tous les sens ? Sans doute, puisqu'il précise ensuite qu'on doit suivre la mode. Dans tous les cas, le comique naît ici autant de l'usage des mots que du message.

En dehors de ces jeux lexicaux, le poète utilise principalement deux techniques pour mettre en valeur les proverbes et les expressions imagées : il les enchaîne l'un à l'autre ou les utilise en fin de strophe en position d'épiphonème. La première technique vise avant tout à donner à sa langue un tour familier et spontané. Il n'est donc pas étonnant qu'on la trouve employée, entre autres, lorsque l'auteur fait parler les personnages qu'il met en scène. C'est ainsi que les chefs de famille d'autrefois, qui n'accordaient pas d'importance à l'argent, exprimaient leur philosophie de manière colorée : « On boit aussi à sa soif à la fraîche fontaine » ; « Je n'ai pas envie de faire du tintamarre (« *mit gròsém géschrai'* ») ; « Faut-il

---

[192] « Mais je ne veux pas trop les frapper / Avec leur manie de détailler et de découper / Car je suis taillé dans le même bois. »

[193] *Wander*, art. « Holz », 284 : « *aus demselben Holz geschnitten* ».

qu'un Juif devienne un chevalier ? » (*PS*, 7). Si l'effet de spontanéité de telles expressions semble évident, la façon dont elles se suivent en cascade est un signe d'artificialité poétique.

L'auteur ne s'y trompe guère qui prend plaisir à mettre l'une après l'autre des expressions dont les images ne sont guère compatibles. À propos de l'homme qui contracte des dettes pour vivre sur un grand pied, il note : « *Ouf antlihénén pferdén rait màn ouch weit, / Màn vint ir ouch vil di an der pfanén klebén bleibén*[194] » (*PS*, 10). La juxtaposition des chevaux et de la casserole produit un sentiment de bric-à-brac, alors que le sens véhiculé par les expressions est tout à fait logique : celui qui emprunte et construit sa vie avec l'argent d'autrui, n'arrive plus, bien souvent, à sortir de ses dettes. Cette façon de dissocier au sein du poème la surface du langage (le sens premier des mots) et sa profondeur (leur sens dans le contexte) témoigne d'une relation quelque peu ironique du poète à l'égard de son outil linguistique. Une telle tendance sera poussée à l'extrême par un auteur comme Rabelais (qu'on songe à la parabole des paroles gelées dans le *Quart Livre*, chapitre LVI). Nous pouvons donner un autre exemple de ce phénomène dans la dernière strophe du *Purim špil*. Après s'être félicité d'avoir critiqué toutes les catégories sociales, le poète affirme qu'il devrait se critiquer lui-même, ce qu'il formule « *ich sölt mich selbert nemén bei' der nas*[195] » (*PS*, 22). Puis, évoquant le discours d'autres personnes qui disent qu'il se trouve des poètes sarcastiques qui pourront mieux s'en charger que lui, il laisse entendre qu'il est prêt à recevoir la critique : « *Mein rüken is brait un' dik-haitig*[196] » (*PS*, 22). Au-delà de l'enchaînement tout à fait logique des pensées, l'association des images crée un autoportrait burlesque du poète : il se voit doté d'un long nez que l'on peut saisir et d'un dos épais que l'on peut frapper.

Nous passerons plus rapidement sur le cas de l'épiphonème que nous avons déjà étudié dans le cadre des romans de chevalerie de Lévita. Au moins cinq strophes (*PS*, 4, 9, 10, 16, 20), s'achèvent sur des expressions imagées, des proverbes, ou des sentences. En cette position, elles fournissent l'appui d'une vérité

---

[194] « On voyage aussi loin sur des chevaux d'emprunt / On en trouve aussi beaucoup qui restent collés à la casserole. »

[195] « Je devrais me prendre moi-même par le nez. »

[196] « J'ai un dos large à la peau épaisse. »

partagée au contenu de toute la strophe, et attirent l'adhésion du public en lui proposant un propos qu'il connaît déjà, ou bien dont la formulation efficace est frappée au coin du bon sens. Nous nous arrêterons seulement sur le cas le plus remarquable puisqu'il associe deux proverbes. Il s'agit de la conclusion de la strophe 4, l'une des strophes les plus difficiles à interpréter du texte.

Nous pensons qu'elle décrit les difficultés dans ce monde des personnes qui manquent d'argent. L'homme impécunieux doit craindre la vengeance de sa femme (il n'est pas en sécurité dans son propre lit s'il lui parle méchamment) et se voit obligé d'emprunter à droite et à gauche pour financer sa maison. La conclusion est la suivante : « *Nun sölt màn eś alś schou'én, / W'ürd kainér kain hous bou'én / Noch kainér nemén kain weib. / Gutér mut is hàlbér leib*[197]. » Les premières réflexions sont dérivées du proverbe suivant : « *Wer ein Haus baut und ein Weib nimmt, der muss eine volle Börse haben*[198]. » (« Celui qui veut posséder maison et femme, doit avoir une bourse pleine ») et il est probable que la strophe, dans son ensemble, soit construite pour refléter ce proverbe. La conclusion éclaire le fait que le pauvre ne recule pas devant pareille difficulté, le faible (de corps) se voit soutenu par sa bonne disposition d'esprit. Il est intéressant de noter qu'il existe une version plus longue du proverbe qui correspond bien à la situation décrite : « *Guter Mut ist halber Leib, hüte dich, Narr, und nimm kein Weib*[199] ». Comme on le voit, les proverbes font plus qu'orner ou soutenir le discours, ils informent son propos.

Il est encore un trait stylistique remarquable dans le *Purim špil*. C'est la familiarité de son auteur avec le langage (d'origine germanique) de la boisson et du jeu. Dans le premier cas, l'emploi d'un vocabulaire spécifique montre la familiarité de l'auteur avec le genre allemand du *Zecher- und Schlemmerlied* (chansons à boire ou chansons de buveurs)[200]. La langue utilisée est en effet celle, très

---

[197] « Eh bien, s'il fallait qu'on regarde à tout, / Personne ne construirait de maison / Et personne ne prendrait de femme. / Un bon courage vaut une moitié de corps. »

[198] *Wander*, art. « Haus », 452. « Celui qui construit une maison et prend femme, doit avoir la bourse pleine. »

[199] *Wander*, art. « Muth », 58 : « Un bon courage vaut une moitié de corps, garde-toi, sot, et ne prends pas femme ! »

[200] Voir M. Steidel 1914.

idiomatique, de ces chansons qui font l'éloge de la boisson et des banquets entre bons compagnons (*PS*, 13, 14) : « *schlemér* » (bon buveur), « *zu dem tag di nàcht setzén* » (fêter jusqu'au bout de la nuit), « *reišén posén* » (faire des bouffonneries), « *untén un ' óbén ligén* » (se livrer aux excès). Ce goût pour le lexique spécialisé et les détails des pratiques festives apparaît encore plus nettement dans l'expression « *drei' klé'bletér* » pour désigner trois bons buveurs et dans l'évocation du verre long d'une coudée (*PS*, 13)[201].

Quant au jeu, qui devait bien sûr trouver sa place dans une telle satire, il est ici représenté par les cartes et ce sont les femmes qui sont accusées de s'y livrer particulièrement. Il n'est pas facile d'identifier les jeux précis auxquels il est ici fait référence. On trouve en effet deux désignations (*PS*, 16) : « *dàs hundértén* » et « *dén zéhntén turn* ». Le premier est connu en français sous le nom de « jeu de cent », appellation sous laquelle il est mentionné par Rabelais, et se nomme également piquet. Le second est évoqué par Hans Sachs et pourrait avoir quelque rapport avec le jeu de trente-et-un[202]. L'identification de ces jeux relève de l'anecdote mais il est intéressant de noter que les références du poète sont tout à fait concrètes et surtout qu'il fait du processus du jeu un tableau particulièrement vivant. Il met en rapport la façon dont les femmes sont prises au jeu et le « combat » que se livrent les cartes : « *Da zicht künig un ' künigin zu feld / Mit dén pöu'érn hébén si' an zu krigén*[203] » (*PS*, 16). Le jeu se transforme en véritable guerre menée par des êtres animés et prélude ainsi au conflit, tout à fait réel, que vont se livrer, à la fin de la strophe, la femme et son mari qui doit payer l'addition contre son gré (« *dàs bad ous-gisén*[204] »).

---

[201] *DWB*, art. « Kleeblatt », où il est précisé « *eigen in den schlemmerkreisen des 16. Jahrhunderts* » (« spécifique aux compagnies de buveurs du XVIe siècle »). Quant à la coudée (« Elle »), sa longueur pouvait varier entre 50 et 80 cm.

[202] La longue liste de jeux dans le *Gargantua*, chapitre XXII, ne mentionne pas moins de 215 noms différents. Il n'est donc pas étonnant d'y retrouver le jeu du *Purim-špil*. Pour le jeu nommé *thurn*, voir *DWB*, art. « Turm », 8e. On notera qu'est paru en 1646 à Frankfurt-am-Main un ouvrage anonyme allemand qui associe les deux jeux : *Le jeu du Picquet, Das Picket Sambt dem Munth oder Thurn Spiel*.

[203] « Alors, le roi et la reine entrent sur le champ de bataille / Et commencent à se battre avec les valets. »

[204] Littéralement : « vider le bain ». L'expression se trouve également dans le *Paris un Wiene* (*PW*, 291). Voir *Wander*, art. « Bad », 28.

Les exemples de la boisson et du jeu nous permettent de mieux comprendre pourquoi le poète affirmait que, comme il avait lui-même l'expérience du vice, il pouvait mieux le dénoncer. C'est là bien sûr, avant tout, une connaissance littéraire assumée par un auteur comique qui, par son talent à décrire les situations concrètes propres aux abus en tous genres, sait proposer une satire vivante et spirituelle. L'ambiguïté même de la *persona* du poète, censeur digne de censure, nous semble un argument décisif pour l'attribution de cette œuvre à Lévita. Nous ne connaissons pas d'autre texte yiddish que ceux de notre auteur (en particulier le *Paris un Wiene*) qui jouent sur la figure dégradée de l'énonciateur pour plonger toute une œuvre dans le domaine du rire et du divertissement. Il convient donc de revenir sur les arguments qui nous poussent à proposer cette attribution.

La question de l'attribution à Lévita

Le style de l'œuvre entre pour une grande part dans notre hypothèse. Nous sommes confrontés à une œuvre qui joue sur les mots, sur les proverbes, à une œuvre où les dittologies abondent et jouent leur rôle pour renforcer l'expressivité des vers, à une œuvre où la forme métrique est considérée avec une attention qui n'est pas courante en yiddish ancien, à une œuvre enfin qui apprécie les tableaux fourmillants de détails. Mais il existe également des arguments relevant du traitement de certaines thématiques. Nous ne reviendrons pas sur l'identification de l'auteur avec les étudiants qui, en elle-même, est assez éloquente. L'intérêt particulier porté aux ravages causés par l'argent est très courant en yiddish au début du XVIe siècle, mais ce qui l'est moins, c'est la liaison forte qui est établie entre celui-ci et les mariages arrangés.

Il s'agit là d'un thème omniprésent chez Lévita. Or, il est abordé avec une grande constance dans l'usage des notions-clés : Lévita oppose systématiquement la valeur du *keren* (< héb. קרן) : le cœur, la nature profonde d'un individu, à tous les arguments extérieurs qui pourraient présider au choix du conjoint, que ce soit les raisons de prestige de la famille (יחוס) ou les questions d'argent[205].

---

[205] Le terme קרן est doté en hébreu d'une riche polysémie. Le sens qui convient le mieux dans ce contexte est celui d' « essence ». Le terme est surtout utilisé pour

C'est ainsi que, dans le *Boṿo Dantône*, le père de Drusiana justifie le choix de Bovo comme époux pour sa fille dans les mots suivants : « *Unséré weisé habén ouch géseit dàr-ṿun / Dàś màn sòl an gut keren an-sehén, / Wen wàś hilft der jiḥuś ṿun vatér un ' mutér / Wen er nit selbśt is ain mensch ain gutér*[206] ? » (*BD*, 208). Dans le *Paris un Wiene*, la jeune héroïne s'insurge contre l'idée de prendre un autre mari que Paris : « *Di' édél er is al zeit grün, / Dàś keren gut kan nümér düren. / Gelt un ' gut un ' land mag man vér-lirén ; / Ain mensch, ain guté, dàś kan nümér perirén*[207] » (*PW*, 222).

Dans le *Purim špil*, outre les passages que nous avons analysés concernant la conclusion des mariages, le poète revient sur ce thème, qui lui tient visiblement très à cœur, après avoir décrit les mauvaises mœurs des étudiants : « *Nun wen màn ainém ain weip sòlt gebén, / Wer denòch gut dàs er wer weltlich dàr-nebén, / Dàs er nit wer géglichén zu ainém tir dés veld, / Ain gut keren is beśér den al dàs gelt*[208] » (*PS*, 20). On le voit, ce sont toujours les mêmes mots, toujours les mêmes thèmes, toujours le même contexte. Même si l'on peut supposer que le sujet était brûlant à l'époque, il n'en reste pas moins qu'une idée fixe semble se dessiner qu'il paraît raisonnable d'attribuer à un seul individu. Et dans ce cas, pourquoi Lévita aurait-il été si préoccupé par cette question ? La réponse semble assez simple ; les mariages arrangés, conclus par intérêt, incarnaient tout ce qu'il honnissait : le culte des apparences, la fascination pour les biens matériels, le mépris pour l'individu et le manque de considération pour la volonté personnelle. C'est bien ici la voix d'un homme pour qui les impératifs sociaux, qu'ils soient traditionnels (l'honneur familial ou *jiḥuś*) ou plus récents (la soif d'argent), sont méprisables lorsqu'ils s'opposent

---

désigner dans le domaine financier le capital, mais il correspond dans notre cas au terme עצם, utilisé pour parler de la substance, de l'essence d'un homme.

[206] « Nos sages ont aussi dit à ce sujet / Qu'il faut considérer la bonne nature de l'homme, / Car à quoi bon l'honneur de père et mère / Si l'individu lui-même n'est pas un homme bon ? »

[207] « L'honneur noble est toujours vert / Une bonne nature ne peut pas flétrir / On peut perdre l'argent, les biens, les domaines / Mais un homme bon, cela ne peut jamais disparaître. »

[208] « Eh bien, lorsqu'on doit donner une femme à quelqu'un, / Il serait pourtant bien qu'il soit un homme du monde, / Qu'il ne ressemble pas à un animal des champs, / Une bonne nature vaut mieux que tout l'argent. »

à la volonté personnelle et à la valeur individuelle. Humaniste, Lévita l'est sans doute tout autant dans des prises de position de ce genre que dans sa production scientifique.

Mais c'est la fin du poème qui nous fournit les arguments les plus convaincants pour affirmer la paternité de Lévita. Les vers finaux mettent en évidence un auteur dont le masque poétique, fort élaboré, était sans doute familier à ses auditeurs. Voici la vingt-et-unième strophe où le poète prétend, comme dans le prologue du *Paris un Wiene*, que les auditeurs sont déjà bien fatigués de l'entendre :

Schenkèt mir ein ain vrischén trunk !	Servez-moi une boisson fraîche !
Ich main ir het meinér lengśt gènunk !	Je pense que vous en avez assez de moi depuis longtemps !
Ich hab öüch schir gèschwezt ain böülén,	Je vous ai presque bavassé tout un tonneau,
Der wein der màcht mich mench mal gouglén,	Le vin me fait souvent tanguer,
Ich hab gèśpot alér võuglén.	Je me suis moqué de tous les oiseaux.
Gleich wi' do tun di öülén,	À la façon des chouettes,
Alsò vlich ich ouch ous gègén der nàcht	Je prends mon envol lorsqu'arrive la nuit
W'o ich waiś ain vér-sòténé henén.	Où je sais que se trouve un poulet bien cuit.
Do derf ich ouch ainém livérn ain schlacht	Alors il me faut livrer un combat contre quelqu'un
Mit meinér tintén un ' penén.	Avec l'encre et la plume.
Nun leicht-sinig lòśt es gòt wàltén,	Eh bien ! Insouciants, laissez Dieu décider,
Ir sòlt öüch noch der mòśén hàltén,	Vous devriez vous conduire selon la mesure,
Noch in-hàlt dés alef-bet,	Selon l'ordre de l'alef bet,
Dàs gèbit ich öüch bei' meinér purim-ret !	Je vous en prie par mon discours de Purim !

PS, 21

Si la figure du chanteur qui demande qu'on lui serve une boisson est tout à fait traditionnelle, ce qui l'est moins, c'est la dégradation ironique de ce chanteur en ivrogne moralisateur. Dans une strophe où le poète se permet de prêcher la mesure, il apparaît lui-même comme un personnage qui se livre à tous les excès. La chose est claire dans l'éloquente ellipse : « *gèschwezt ain böülén* » (« bavassé un tonneau ») qui réunit avec une certaine audace dans la création verbale, le motif de la parole excessive et celui de l'ivresse. On notera, à la suite de S. Neuberg, que la rime dactylique originale *gouglén / võuglén* se trouve déjà dans le *Paris un Wiene* (*PW*, 545). La métaphore animale, qu'on retrouvera fréquemment employée dans le *Śeder nośim*, s'applique au public puisque tous les membres de la société juive ont été raillés (« *gèśpot* ») par la langue affûtée du poète. Notre chanteur se trouve ensuite assimilé à une chouette. C'est un poète nocturne qui, comme le Lévita des pasquinades, trouve dans l'ombre de la nuit les meilleures conditions pour exercer son art vengeur. Passons sur la première motivation de ses sorties, le désir de dévorer un bon morceau, qui elle aussi est traditionnelle dans ce type de poésie, et arrêtons-nous sur la seconde motivation. Cet oiseau nocturne doit livrer des batailles de plume et d'encre. Sous cette métaphore se cache sans doute à nouveau le Lévita des pasquinades, celui qui sortait afficher sur les murs de Venise des textes assassins contre ses adversaires.

On voit ici comment les métaphores sont enchaînées avec art : « bavasser un tonneau » introduit le motif de l'ivresse, les moqueries adressées à tous les oiseaux préludent à la transformation du poète en chouette, et l'on retrouve même la plume de cette chouette parmi les armes poétiques de l'écrivain. C'est alors que ce personnage poétique, qui n'a pas peur des contradictions, se transforme en moralisateur, apostrophe les membres de son public en les traitant d'insouciants (« *leicht-sinig* ») et leur demande de se comporter avec modération (« *noch der mósén* »). Mais cet enchaînement d'images ne s'arrête pas là. Le mot « *mósén* » (mesure) subit à son tour une métamorphose : la mesure devient le contenu de l'alphabet (« *noch in-hàlt der alef-bejss* »), lequel sert de principe de construction au poème puisque chaque strophe commence avec une lettre de l'alphabet hébraïque. En définitive, être mesuré signifie suivre les recommandations que le poète a adressées dans les strophes précédentes.

Le dernier vers de cette strophe pose problème. Nous lisons dans le manuscrit : « *Dàs gébit ich öüch bei' meinér purim-reś* ». La présence d'un ש à la fin du mot ריש rend ce vers obscur. S'il s'agissait de la lettre *resh* de l'alphabet hébraïque, il faudrait supposer qu'elle était prononcée *rejs* pour rimer avec *alef-bejss*, et dans ce cas, on devrait comprendre que le chanteur pronçait bizarrement ses « r » (*Purim-rejs*), mais aussi ses *shin*. Ce serait sans doute exagérer son ivresse ! C'est pour cela que S. Neuberg a proposé une émendation que nous avons reproduite ici. Il pense qu'il faut lire *purim-rèt* (discours de Purim). Dans ce cas, il faut croire que l'auteur du poème attendait que l'on prononce le mot *alef-bet* à la manière italienne et séfarade (et non à la manière ashkénaze « *alef-beys* ») afin que la rime soit correcte. Le copiste n'aurait pas compris cette subtilité et transformé un ט en un ש afin de sauvegarder la rime ashkénaze mais détruisant ainsi le sens (ou il a simplement confondu les deux lettres qui peuvent se ressembler dans les manuscrits).

Ce type de jeux sur la langue et sur ses variations serait déjà une signature assez convaincante de la part du linguiste Lévita. D'autant plus que l'exemple que nous venons de citer n'est pas le seul. Dans la strophe suivante qui conclut le poème, nous trouvons le traditionnel appel à Dieu pour qu'il fasse venir le Messie. Mais il se présente sous une forme bien étrange :

Nun bёscher uns, bёschefér kwï'ós,	Eh bien ! Donne-nous, Créateur, de la constance,
Un ' shik uns den vér-haisénén mòšïoš,	Et envoie-nous le Messie que tu as promis.
Un ' ё du brengśt dàs folk zu ein,	Et avant que tu ne rassembles le peuple,
Las uns dar-weil bé-šolóm hi' sein !	Laisse-nous vivre en paix ici !

PS, 22

Les deux formes que nous avons transcrites, *kwï'ós* et *mòšïoš*, se présentent, dans le manuscrit, de façon très étrange : קוווייאוס et מוסייאס. S. Neuberg a proposé l'interprétation suivante qui nous paraît tout à fait convaincante. La première forme désigne le mot d'origine hébraïque קביעות, prononcé à la manière ashkénaze (*kvies*) qui signifie constance, persévérance. La seconde forme doit désigner la forme latine (employée aussi en allemand) du nom du messie : « *messias* » (le *a* final se ferme en *e* en raison de l'accent sur la pénultième). Si le mot *kvies* n'a pas été orthographié selon la norme yiddish, c'est-à-dire en conservant l'orthographe hébraïque, c'est sans doute que le copiste (ou plus probablement déjà le poète) a voulu écrire les mots phonétiquement pour en assurer la bonne prononciation. Une telle rime entre un mot d'origine hébraïque et un mot d'origine latine, de surcroît dans une position aussi consacrée que l'épilogue et sur un thème aussi sacré que la venue du Messie, n'est imaginable que chez Lévita. La remarque finale qui demande à Dieu, en attendant, de laisser les Juifs vivre en paix a, par sa tonalité cavalière, l'aspect d'une plaisanterie. Or, on se rappelle qu'il s'agit là d'une habitude de Lévita qui aime détourner de façon humoristique la traditionnelle prière finale.

Jusqu'à aujourd'hui aucun autre auteur de la littérature yiddish ancienne ne nous est connu qui aurait pu faire preuve d'une telle liberté de ton ni montrer un tel goût du jeu dans la mise en scène de son poème. Nous considérons donc que l'hypothèse de

777

l'attribution du *Purim špil* à Élia Lévita présente une forte probabilité. Il nous reste à étudier une autre œuvre, elle aussi remarquable, dans laquelle on peut trouver bien des marques distinctives du style du poète yiddish : il s'agit du *Šeder nošim*.

V.3.b. Šeder nošim : *essai d'analyse et d'attribution*

Ce long poème est difficile à classer dans le paysage de la littérature yiddish ancienne. Original par son ton, par sa forme, par son histoire même, puisqu'il n'a été jusqu'ici que très peu commenté, il mérite une analyse approfondie afin de mettre au jour sa signification. Il exige une prudence particulière, puisque nous ne possédons ni son introduction ni sa conclusion, qui auraient pourtant fourni des informations extrêmement précieuses sur les intentions de son auteur, sans parler même de son identité. C'est cette analyse que nous entendons à présent mener, sans préjuger, dans un premier temps, de la paternité de l'œuvre. Pour réaliser ce travail, nous nous appuyons sur la précieuse édition du texte publiée en 2011 par Harry Fox et Justin Jaron Lewis[209]. Celle-ci est riche en informations concernant le contexte culturel et historique de la production du poème. Nous ne suivons pas toujours les conclusions des éditeurs, en particulier en ce qui concerne l'interprétation littéraire de l'œuvre, mais il leur revient le mérite d'avoir rendu accessible à la communauté scientifique ce qui nous paraît être l'une des œuvres les plus importantes de la littérature yiddish ancienne.

Le *Šeder nošim* est un poème hybride qui mêle des éléments de satire et de poème midrashique, le tout sous l'apparence d'un éloge (semi-ironique) des femmes. En ce sens, il se place directement dans la tradition de la querelle des femmes que nous avons déjà rencontrée à plusieurs reprises au cours de notre étude. Cependant il occupe dans cette querelle une place problématique car le propos du poète est difficile à synthétiser en raison de l'ironie permanente avec laquelle il traite son sujet. Si l'orientation

---

[209] H. Fox-J. J. Lewis 2011. Il est possible que le texte proposé par ces deux auteurs comporte quelques lectures discutables du manuscrit. N'ayant pu consulter ce dernier, nous travaillons directement sur leur édition. Les lectures alternatives ne concerneraient, en tout état de cause, qu'un petit nombre de vers et n'influeraient pas sur l'interprétation littéraire de l'œuvre.

comique du texte est indéniable, l'intention d'énumérer les vertus féminines est sans cesse affirmée. Dans le même temps, elle se voit remise en question par la forme satirique des descriptions et les commentaires humoristiques d'un poète omniprésent. Il en ressort un portrait des femmes, à la fois temporel et intemporel, à la fois mythique et ultra-réaliste, empreint d'une tendresse amusée mais chargé d'une dérision difficile à définir et de notations burlesques qui provoquent le rire aux dépens du beau sexe.

La construction de l'œuvre peut être comparée à celle d'un triptyque dont le panneau central serait constitué par les récits d'inspiration biblique et midrashique, et les deux volets latéraux décriraient des scènes de la vie contemporaine (en cela, il est comparable à des œuvres picturales de l'époque). La charge comique n'est pas égale tout au long du poème : très forte dans les « volets latéraux », elle se fait plus discrète dans la partie centrale mais sa présence n'en demeure pas moins indéniable. Le cœur du poème est caractérisé par une tonalité semi-ironique, signe à la fois de participation et de distance et, en cela, elle est tout à fait comparable à celle d'un roman comme le *Paris un Wiene*. Il ne s'agit pas bien sûr, pour le poète, de remettre en question la sainteté des héroïnes, ni de railler leurs histoires, mais bien d'insérer la tradition yiddish du poème biblique dans un cadre comique. Sans aller jusqu'à la parodie, le poème prend appui sur les récits hérités de la tradition pour provoquer le rire. Il ne renonce peut-être pas tout à fait à la visée instructive de ce type de poèmes, mais son centre de gravité est, de toute évidence, ailleurs : il cherche à divertir ses lecteurs en jouant avec les conventions des récits traditionnels. C'est pourquoi il nous semble très problématique de nommer ce poème une « œuvre hagiographique » comme le font les éditeurs sur le quatrième de couverture de leur ouvrage[210].

---

[210] Le livre y est désigné ainsi : « *this hagiographic work on the lives of biblical women* » (H. Fox-J. J. Lexis, 2011, quatrième de couverture) ; J. C. Frakes 2004 (p. 116) dans sa presentation de la partie centrale du manuscrit correspondant à notre poème la définissait comme « *a eulogy of virtuous women* » (« *un éloge des femmes vertueuses* »). M. Krutikov et G. Esteraykh présentent notre œuvre comme « *a didactic poem which was composed in Venice in the early 16th century* » (« *un poème didactique composé à Venise au début du XVIᵉ siècle* » ; G. Esteraykh-M. Krutikoc 2013, p. 417). Toutes ces designations sont incorrectes car elles ignorent l'aspect fondamentalement comique de l'œuvre.

Pour cette même raison, nous ne reprenons pas le titre qu'ils ont attribué au poème : *Many pious women* (« De nombreuses femmes pieuses »). Si les exploits des femmes bibliques sont narrés avec le sourire, la piété des femmes contemporaines est sérieusement remise en question : coquetterie, caprices et folies sont mis en scène dans un portrait qui n'est pas pour autant tout à fait dénué d'admiration. Dès lors, nous nous sommes décidés pour le titre *Seder nošim* qui a un double avantage : c'est sous ce nom que cette œuvre (certes confondue avec celle qui la précède dans le manuscrit) a été désignée tout au long du XXᵉ siècle. En reprenant le titre du traité moral, nous désignons, par là même, l'aspect partiellement parodique du texte. Voici un *Frauenbüchlein* qui ne ressemble guère à ceux qu'on désigne d'habitude sous ce nom : au lieu de décrire la façon dont les femmes pieuses doivent se comporter, il décrit, avec humour, la façon dont les femmes juives se comportent dans la réalité tout en rappelant, dans des récits parsemés de remarques cocasses, les faits de bravoure et les actes vertueux des femmes bibliques[211].

Deuxièmement, ce titre nous semble parfaitement convenir au contenu de l'œuvre : car le mot *Seder* ne désigne pas seulement l'exposition ordonnée des commandements, mais bien aussi les coutumes et les habitudes d'une population, que celles-ci soient bonnes ou mauvaises[212]. Si l'hypothèse que nous formulons selon laquelle Lévita serait l'auteur de ce texte est juste, celle-ci rentre parfaitement dans la logique de sa création. De même qu'il reprend la tradition du roman de chevalerie italien et l'illustre avec un réel plaisir de conteur tout en la détournant pour provoquer le rire, de même il reprendrait ici une série de traditions littéraires yiddish (celle de l'ouvrage de mœurs, celle du poème biblique, celle de la satire) dans une intention mi-sérieuse, mi-comique[213].

---

[211] Sur ce genre des guides de conduite féminine, voir E. Fram 2007.

[212] Comme le montre clairement l'emploi que Lévita fait de ce terme dans le *Paris un Wiene*. Décrivant les vilaines coutumes des Juifs vénitiens il s'exclame (*PW*, 379) : « [...] *sò tragtś ir śeder* » (« [...] ainsi le veut leur coutume »).

[213] En attribuant cet assez long poème à Lévita, nous nous sommes nécessairement posé la question de savoir s'il ne pouvait pas s'agir du fameux ouvrage de notre auteur dont on a perdu toute trace : *Dàs buch der schönen glükén*. Nos réflexions à ce sujet ne sont pas concluantes même si la question nous semble valoir la peine d'être posée. Le premier problème auquel on doit se confronter est celui de l'interprétation du titre. M. Weinreich 1928 (p. 150) propose de le comprendre ainsi :

La modeste histoire de la critique du texte présente une amusante coïncidence. Comme nous l'avons noté, lorsque Max Weinreich a décrit le manuscrit de Cambridge en 1928, il n'a pas nettement distingué sa première partie de la seconde, décrivant l'œuvre centrale comme si elle appartenait au *Frauenbüchlein* qui la précède alors qu'elles sont extrêmement différentes, par leurs styles et leurs intentions[214]. Il avait cependant remarqué l'originalité de certains feuillets du manuscrit, qui appartiennent à l'œuvre que nous analysons et il en cite de longs passages, remplis d'humour, qui décrivent certaines coutumes féminines au moment du mariage et de la circoncision. Ces extraits ne sont pas passés inaperçus. Dans son introduction à l'édition fac-similé du *Boₒvo Dantₒne*, J. Joffe y faisait brièvement référence dans une tentative, quelque peu désespérée, de laver Lévita de tout soupçon de vulgarité, affirmant que même un guide éthique pour les femmes juives employait des expressions d'une grande crudité. Mais J. Joffe ne pouvait pas soupçonner, en raison même de la confusion de la notice de Weinreich, que le texte qu'il citait n'appartenait guère à un traité pieux mais bien à une œuvre qui pourrait bien venir de la plume de ce même Élia Lévita[215] !

« Le livre de la chance de la jeune fille ». J. Shatzky 1949 (p. 51-53), qui consacre tout un chapitre à cet ouvrage mystérieux, traduit « Le livre de la chance » ou « La chance de la belle jeune fille ». On voit que les auteurs sont embarrassés par la présence de l'article féminin devant le substantif « gluk ». Ch. Shmeruk 1988 (p. 44) semble résoudre ce problème en supposant qu'il s'agit là d'un nom propre féminin, supposition qui nous semble aussi très plausible. Il traduit donc en yiddish moderne : « *dos bukh fun der sheyner Glikn* ». Le nom était courant dans la population ashkénaze. L'écrivaine la plus célèbre de la littérature yiddish ancienne se nomme Glikl fun Hameln (1646-1724). La découverte de notre poème nous a fait envisager une autre hypothèse : le mot ne doit-il pas être interprété comme étant le pluriel du substantif *Glucke* « la poule ». Dans ce cas le titre se traduirait : « Le livre des belles poules » et pourrait être interprété comme une désignation ironique des femmes décrites dans le poème (la métaphore animalière y est constante). Cette interprétation, qui peut prêter à sourire, ne nous convainc pas nous-même entièrement car le mot apparaît deux fois dans le *Paris un Wiene* (*PW*, 4, 376) sous la forme « *kluken* ». Les deux variantes sont attestées dialectalement et la forme *Glucke* semble plus courante au XVIᵉ siècle dans la région natale de Lévita (voir Grimm, art. « Glucke »), mais il n'en reste pas moins que cela affaiblit une telle hypothèse. Il est évident qu'en l'absence de tout livre portant ce titre, et dans l'ignorance de toute source ayant pu l'inspirer, nous raisonnons sur des bases fragiles. Le titre *Šeder nošim* est donc, en l'état actuel de nos connaissances, le seul qui nous paraisse refléter adéquatement le contenu de notre poème.

[214] M. Weinreich 1928, p. 145-148.
[215] J. A. Joffe 1949, p. 14-15.

H. Fox a noté certaines ressemblances entre le poème qu'il éditait et l'œuvre de Lévita (en particulier le *Boṽo Dantóne*) mais il manquait d'une connaissance approfondie de cette dernière pour identifier plus que des similitudes ponctuelles qu'il attribue à l'emploi d'expressions populaires courantes à l'époque[216]. Il a par conséquent proposé une identification de l'auteur du poème qui ne nous paraît pas exacte. Si le folio 82 de notre manuscrit a disparu, le folio 83 nous conserve les quatre dernières lignes du colophon du *Šeder nošim*. Elles s'achèvent sur les deux vers suivants : « *Dás sag ich dir un-gëṽer / Asò sagt Šému'el Levi der schreiber*[217] ». Postulant que ce Shmuel Levi est l'auteur du poème, H. Fox l'identifie avec Samuel Levi di Caravaggio, l'auteur du *Mikhlol Yofi*, un glossaire biblique écrit à Fiorenzuola en 1547[218]. Nous n'avons pas d'informations sur cet auteur et rien, sinon l'homonymie, ne permet d'identifier ces deux personnes.

Mais nos réserves sont fondées sur un argument plus solide : si même il était possible de confondre ces deux Samuel Levi, il est pratiquement certain que cet homme n'a été que le copiste de notre texte, et non son auteur[219]. Nous en voulons pour preuve la rime incorrecte de ces deux vers (*un-gëṽer/schreiber*) alors que le *Šeder nošim* emploie, en règle générale, des rimes suffisantes. Pourquoi un auteur aussi soigneux et aussi raffiné, qui fait rimer avec virtuosité des termes des composantes hébraïque, italienne et germanique du yiddish, se serait-il soudain relâché au moment de signer son œuvre au point de produire une aussi mauvaise rime ? Shmuel Levi est donc, selon nous, un simple copiste, soit du manuscrit que nous étudions, soit plus probablement d'un manuscrit précédent qui conservait le poème et qui a été reproduit littéralement jusqu'à son colophon. On voit donc qu'aucun témoignage textuel ne vient contredire l'hypothèse d'une attribution de cette œuvre à Lévita.

---

[216] H. Fox-J. J. Lewis 2011, p. 36-37.

[217] « Je te le dis sans aucun doute / Ainsi parle Shmuel Levi, l'écrivain [le copiste ?]. »

[218] Ch. Turniansky-E. Timm 2003, p. 2.

[219] Le mot « schreiber » peut certes désigner l'auteur d'une œuvre, comme c'est le cas dans le *Hamaṽdil-lid* de Lévita, mais il désigne le plus souvent un simple copiste, traduisant le terme hébreu *sofer* (ספר). Selon Ch. Shmeruk 1988 (p. 116-117), il est probable que de nombreux auteurs de la littérature yiddish ancienne remplissaient également la fonction de copiste.

Avant de nous lancer dans une analyse plus détaillée, il est bon d'offrir au lecteur une vision d'ensemble de cette œuvre. Elle se présente comme une accumulation de tableaux et de narrations censés chacun représenter la condition et les vertus des femmes. Comme l'ont noté H. Fox et J. J. Lewis, le texte peut être divisé en trois parties[220]. La première et la troisième représentent les contemporaines du poète. La partie centrale, plus longue, est une suite d'évocations de figures et de scènes bibliques. La structure d'ensemble apparaîtra clairement dans un tableau :

DÉBUT DU TEXTE MANQUANT		
PARTIE	TABLEAU / NARRATION	MÉRITES ET VERTUS DES FEMMES
PREMIÈRE PARTIE : SOUCIS LIÉS À L'ENFANTEMENT ET AUX ENFANTS	Grossesse, v. 1-53.	Désirs et patience : « *Noch habén si götlich bézénzio un' shweigén*[221] » (12).
	Accouchement, v. 54-81.	Souffrance et risque de mort. : « *So wer eś doch kain w'undér / Dáś si asò lebéndik in dáś gan eden kemén doch*[222] » (79-80).
	Isolation après l'accouchement et retour à la vie ordinaire, v. 82-127.	Isolement, faiblesse, rejet par le mari : « *Nun iśt 'enio halbér noch sich un' krank*[223] » (114).
	Allaitement et soin des enfants, v. 128-191.	Souffrance, préoccupations, affairement : « *Eś wer nit w'undér vòr löüt si sóltén sich selwért schechtén, / Aśò vil habén si mit den kindérn an-vechtung*[224]. » (152-153).
	Conclusion de la première partie, v. 192-205.	Sacrifice de soi : « *Ich zél al unséré nošim / Wol as di lebéndigén kodòšim*[225] » (200-201).

---

[220] Dans l'analyse qui suit, nous nous appuyons généralement sur l'édition d'H. Fox et J. J. Lewis. Par commodité, nous y avons ajouté une numérotation des vers. Il faut garder en mémoire que celle-ci est fondée sur une transmission incomplète du poème.

[221] « Mais elles ont une patience divine et se taisent. »

[222] « Ce ne serait donc pas étonnant / Qu'elles entrent, toutes vives, au Paradis. »

[223] « Mais la pauvre est encore à moitié souffrante et malade. »

[224] « Les gens ne seraient pas étonnés si elles se tuaient de leurs propres mains / Tant elles doivent se démener avec leurs enfants. »

[225] « Je considère toutes nos femmes / Comme de vivants martyrs. »

PARTIE	TABLEAU / NARRATION	MÉRITES ET VERTUS DES FEMMES
DEUXIÈME PARTIE : VERTU ET PIÉTÉ DES FEMMES BIBLIQUES	Le veau d'or, v. 206-224.	Pas de participation des femmes au péché : « *Kain vrou' word ni b'ei kalp' gèsehén, / Dás in wol müś gélingan* [226] ! » (223-224).
	Sortie d'Egypte, v. 225-241.	C'est grâce à la piété des femmes que le peuple d'Israël a été libéré : « *Er zok ous di' gèŭanganén ŭun wegén der vrou'én gèrechtikait* [227] » (231).
	Les accoucheuses et Jocabed, v. 242-300.	Les accoucheuses n'ont pas obéi à Pharaon et Jocabed a convaincu Amram de ne pas renoncer à concevoir ce qui a permis la naissance de Moïse.
	Tamar, v. 301-379.	Tamar obtient par ruse de Judas qu'il s'accouple avec elle. Son esprit de justice l'a rendue digne d'être l'ancêtre du roi David.
	Construction du Tabernacle, v. 380-430.	Les femmes ont offert pour sa construction leurs bijoux et même leurs miroirs qui, d'abord refusés par Moïse, ont été acceptés par Dieu car ils ont favorisé l'accroissement du peuple d'Israël.
	Les espions en Terre Promise et le droit des femmes à l'héritage, v. 431-471.	Les femmes n'ont pas été découragées par les espions envoyés en terre promise. Elles ont obtenu le droit d'hériter grâce aux mérites des filles de Celofhad.
	Ruth, v. 472-518.	Résumé de l'histoire de Ruth et de la façon dont elle obtient la main de Boaz. Insistance sur sa modestie et sur sa piété.
	Déborah, v. 519-544.	Modestie et justice de Déborah, son règne de paix.
	Yaël, v. 545-576.	Yaël tue Siséra sans utiliser d'arme par piété.

[226] « Aucune femme n'a été vue auprès du veau d'or, / Qu'elles soient récompensées pour cela ! »

[227] « Il [Dieu] a libéré les prisonniers grâce à la justice des femmes. »

PARTIE	TABLEAU / NARRATION	MÉRITES ET VERTUS DES FEMMES
(cont.) DEUXIÈME PARTIE : VERTU ET PIÉTÉ DES FEMMES BIBLIQUES	Bethsabée, v. 577-644.	Bethsabée met en garde son fils Salomon contre les femmes et les excès de table. Rappel de son rôle dans l'accession de Salomon au trône.
	Judith, v. 645-764.	Résumé de l'histoire de Judith telle qu'elle est évoquée lors de la célébration de Ḥanukah. Meurtre d'Holopherne.
	Esther, v. 764-1049.	Résumé de l'histoire d'Esther telle qu'elle est narrée lors de la célébration de Purim. Les Juifs sauvés de la conspiration d'Haman.
	Conclusion de la deuxième partie, v. 1050-1081.	Toutes les femmes bibliques n'ont pu être citées. Les femmes participent aux commandements les plus importants : « *Nun wolén mir b'ei-špil nemén b'ei der thòro un' ūun dem altén géschichtén / Dàs man di nošim nit asò sòl vér-nichtén*[228] » (1080-1081).
TROISIÈME PARTIE : EMPRESSEMENT DES FEMMES DANS LA RÉALISATION DE COUTUMES PARA-RITUELLES	Honneur fait aux Shabbats particuliers, v. 1082-1114.	Accueil splendide réservé aux jours saints.
	Coutumes lors des mariages, v. 1115-1166.	Empressement des femmes à réaliser toutes les traditions matrimoniales.
	Couture d'objets funéraires et religieux, v. 1167-1196.	Les femmes prodiguent leurs efforts pour coudre linceuls, châles rituels, etc. « *Ich sag öuch : mit mizvòss treiben si pelòòss*[229] ! »
	Coutumes lors des circoncisions, v. 1197-1220.	Empressement des femmes à réaliser toutes les traditions liées à la circoncision.
Fin du texte manquante sauf quatre vers de conclusion.		

[228] « Il nous faut donc prendre exemple sur la Torah et sur l'ancienne histoire / Et ne pas réduire les femmes à néant comme nous le faisons. »

[229] « Je vous le dis : elles font des miracles avec les commandements divins ! »

785

L'organisation tripartite du poème ne fait aucun doute. Elle est parfaitement assumée par l'auteur qui prend soin de conclure chaque moment de son œuvre par des vers récapitulatifs (*SN*, 192-205 et *SN*, 1050-1081), qui soulignent l'intention argumentative du propos. Tel qu'il nous est parvenu, le poème est dominé par sa partie centrale (près de 70% de l'ensemble) et donc par une série de récits inspirés de la Bible et du Midrash. Cependant, par leurs positions introductive et conclusive, les vers consacrés par le poète à ses contemporaines créent une forte impression sur le lecteur et nous verrons que leur tonalité franchement comique trouve certains échos dans les récits midrashiques.

Si le genre des poèmes bibliques et midrashiques est largement représenté dans la littérature yiddish ancienne, comme nous l'avons vu, il convient tout de suite de noter que le *Seder nošim* fait un usage de ces récits versifiés qui se distingue nettement des autres textes de ce type[230]. En effet, les auteurs de telles œuvres se proposaient en général de rendre accessible la littérature sacrée en langue vernaculaire, sous une forme attirante et familière en s'inspirant des modèles populaires de la littérature allemande contemporaine. Pour ce faire, ils adaptaient des livres entiers de la Bible ou des récits appartenant à une tradition post-biblique (histoire de Judith, *Midroš Va-Jéhošua*) et leurs poèmes suivaient scrupuleusement l'ordre du récit des textes sacrés en insérant, suivant la culture et les sources des poètes, un nombre variable d'histoires que la tradition rabbinique a développées pour éclairer certaines contradictions ou certaines difficultés des textes originels[231].

Ces textes obéissent donc à un principe de composition simple : la ligne de la narration est fournie par le livre biblique proposé à l'adaptation (*Juges, Rois, Daniel, Josué, Esther*, etc.) et le poème yiddish ne s'écarte pas du texte traité, le but des auteurs étant de fournir aux lecteurs ashkénazes des récits à la fois instructifs et divertissants, tirés de la tradition juive et capables de concurrencer les romans « étrangers », profanes, contant par exemple

---

[230] Voir à ce sujet, *supra*, chapitre II, p. 233 et sq. Rappelons qu'une vue synthétique de cette littérature est proposée par J. Baumgarten 2005 (p. 128-155) et par Ch. Shmeruk 1988 (p. 157-171).

[231] On trouvera une précieuse description de la tradition midrashique et de son emploi dans les poèmes yiddish anciens consacrés à Esther dans l'ouvrage de J. Baum-Sheridan 1996.

les aventures d'Hildebrand ou de Dietrich von Bern[232]. L'adaptation rimée de récits canoniques a une fonction pratique définie lorsque le texte en question est associé à une fête religieuse. C'est le cas de l'*Akêdass Jizḥak* pour les jours de pénitence, de l'histoire de Judith, pour la fête de Ḥanukah, ou bien sûr du récit d'Esther dans le cas de Purim. Les poètes n'hésitent pas alors, comme le fait Gumprecht von Szczebrzeszyn, à rappeler explicitement l'occasion para-liturgique qui a motivé la composition de leur œuvre en soulignant l'importance de ces textes pour la pratique religieuse des personnes les moins instruites[233].

Les narrations du *Seder nošim* ont ceci de particulier qu'elles sont utilisées comme *exempla* et qu'elles ne sont donc pas proposées pour elles-mêmes mais inscrites dans un discours plus vaste se présentant comme un éloge général et intemporel des femmes juives. Les récits ne sont donc pas fournis dans leur ensemble, tels qu'ils apparaissent dans les livres bibliques, mais correspondent à des portions plus ou moins longues de ceux-ci, allant du simple épisode à la relation de longs extraits, en passant par des résumés succincts de faits marquants[234]. Dès lors, les narrations traditionnelles se trouvent bien sûr détachées de tout usage liturgique. Même la fonction pédagogique qui reste évidente dans toutes les adaptations rimées des livres bibliques qui entendaient trans-

---

[232] Dans l'introduction de son adaptation du rouleau d'Esther publiée à Amsterdam en 1649, Ephraim Yehuda Gumprecht Levi affirme clairement qu'il a composé ce livre pour détourner la jeunesse de son désir de lire les *galkhes-bikher*, des livres en caractères latins.

[233] Voir l'édition M. Stern 1922 des œuvres de Gumprecht pour le poème consacré à Ḥanukah, p. 1, l. 9-10 : « *Ouf daś józer vun ḥanuco hab ichś gètracht / Dàś ir sòlt wiśén warum màn ḥanuco macht.* » (« J'ai composé [ce poème] à partir du yotser [poème liturgique] de Hanuka / Afin que vous sachiez pourquoi l'on célèbre Hanuka »). Et pour le poème adaptant le rouleau d'Esther, p. 17, l. 481-485 : « *Darum hab ich asò lang gètracht / Dàs ich di' mégilo hab ouś tòûtz gèbracht. / Ain tail hab ich dem targum òb-gèstòlén, / Ain tail hab ich ouś der gémoro tun hòlén / as ich mit dem józer vun ḥanuco hab gètòn.* » (C'est pourquoi [en raison de l'autodafé de 1553 à Venise] j'ai longtemps réfléchi / Jusqu'à ce que je traduise en allemand [yiddish] le rouleau d'Esther. / J'ai volé une partie au Targum [traduction araméenne de la Bible], / J'ai apporté une autre partie du Talmud, / Ainsi que je l'avais fait avec le Yotser de Ḥanukah. »). L'originalité de Gumprecht consiste dans le fait que, contrairement à la plupart des poètes yiddish ancien, il mentionne explicitement les sources midrashiques qui lui ont servi pour la composition des poèmes (sans entrer pourtant dans les détails).

[234] Le récit d'Esther (le plus long du *Seder nošim*, il représente près d'un quart du poème) couvre l'essentiel des chapitres 3-10 du livre biblique.

mettre les récits sacrés au plus grand nombre, passe ici au second plan : les figures de femmes bibliques sont présentées les unes après les autres au cœur d'un poème dont la visée séculière de divertissement ne fait aucun doute.

Si toute intention pédagogique ne peut être exclue dans le *Seder nošim* (nous y retrouvons bien des traits de la poésie biblique traditionnelle : références précises aux textes sacrés, généalogie des fêtes et des pratiques religieuses, commentaires « historiques » sur les lignées des prophètes, etc.), il n'en reste pas moins que l'humour omniprésent et la tonalité satirique des passages consacrés aux femmes contemporaines rattachent l'œuvre à une tradition comique qui n'est pas d'inspiration religieuse. L'inscription, même indirecte, de ce texte dans la querelle des femmes en est le plus clair symptôme. Les femmes bibliques ne sont pas mentionnées pour elles-mêmes, mais pour servir le discours d'un poète malicieux et souvent médisant, de même qu'elles l'étaient un peu plus tôt dans les poésies hébraïques d'Abraham da Sarteano et d'Elia da Genazzano[235]. À notre connaissance, aucun autre texte de la littérature yiddish ancienne n'entraîne les récits bibliques et midrashiques aussi loin de leur sphère originelle où le texte sacré était vu comme une fin suprême.

C'est pourquoi les volets latéraux du *Seder nošim* jouent un rôle absolument essentiel. Ce sont eux qui, de la façon la plus nette, inscrivent l'œuvre dans le cadre de la vie quotidienne des contemporains du poète. Ils sont étroitement liés à sa partie centrale. Dans la conclusion de la première partie, l'auteur définit (toujours avec une certaine dose d'ironie) les femmes juives de son temps comme des « *lebéndigé kodóšim*[236] ». Le thème de la sainteté offre une transition idéale vers la partie suivante qui traite des femmes bibliques et qui débute par le vers (*SN*, 206) : « *Nu hab ich ir vrumkait nit dérzilt halp'*[237] ». De même, le poète inclut

---

[235] Voir *supra*, chapitre II, p. 164 et sq.

[236] *SN*, 201. L'expression peut être traduite en prenant le terme *kodóš* dans son sens propre : « des saintes vivantes », mais il faut sans doute l'entendre dans le sens le plus courant lorsqu'il est employé pour désigner un être humain : est *kodóš* celui qui a perdu la vie au nom de sa foi juive, le martyr. C'est d'ailleurs ce que suggère l'adjectif « *lebéndigé* » qui crée ici un expressif oxymore : « de vivants martyrs ».

[237] « Je n'ai pas raconté la moitié de leur piété. »

dans la troisième partie une brève référence, non dénuée de malice, à un récit midrashique, au moment où il expose le zèle des femmes à distraire la mariée avant la cérémonie nuptiale (*SN*, 1135-1142). Il rappelle que, selon le Midrash, Jézabel a été dévorée par les chiens en raison de sa vie corrompue mais que ses mains et sa tête ont été épargnées car elle avait dansé pour réjouir les mariés, ce qui constitue une action louable[238]. Les femmes juives contemporaines sont donc bien, dans cette œuvre, placées sur le même plan que les figures bibliques, et comme les premières ne sont pas toujours présentées sous un jour très favorable, il n'est pas certain que l'ironie du poète ne rejaillisse pas sur les secondes.

Le portrait des femmes contemporaines est en lui-même du plus grand intérêt. Il se détache dans le paysage de la littérature yiddish ancienne par son fort degré de réalisme, par l'attention portée aux menus faits et gestes de la vie ordinaire. Même si la première et la troisième partie ont pour but d'offrir un portrait vivant et comique des femmes juives, ces sections du poème se distinguent entre elles par les différentes sphères d'activité qu'elles prennent en considération. La première partie concentre son attention sur la sphère domestique. Le poète y traite les thèmes universels de la grossesse, de l'enfantement, de la maternité, même si son regard, toujours attentif à la particularité, mentionne certaines coutumes qui distinguent les femmes juives des femmes chrétiennes de leur entourage. La troisième partie, quant à elle, porte en général sur des occasions publiques qui impliquent l'ensemble de la communauté juive et pendant lesquelles les femmes jouent un rôle particulier : fêtes religieuses, mariages, funérailles, circoncisions. C'est avec l'œil d'un folkloriste avant l'heure, d'un observateur des croyances, des coutumes, des superstitions, que l'auteur aborde ces matières. Ces tableaux reposent sur un savant équilibre entre la distance et la participation.

---

[238] Ce midrash se trouve dans le *Pirkei de-Rabbi Eliezer*, chap. 17. La référence est malicieuse car Jézabel est considérée, dans la tradition juive, comme une figure extrêmement négative parce qu'elle pratiquait l'idolâtrie. Le poète du *Šeder nošim* débute son évocation par le vers (*SN*, 1136) : « *Nemt b'eišpil ṿun izéṿel* » qui, par sa soudaineté et parce que l'acte précis qui mérite d'être imité n'est exposé que par la suite, ne pouvait manquer de surprendre un public qui savait à quel point cette reine était peu exemplaire. Ce n'est pas là le seul endroit où la présentation du récit midrashique par notre auteur peut être définie comme tendancieuse.

Il faut revenir sur la classification générique de ces parties du poème. Nous avons pu les nommer satires en raison de la peinture sans concession qui y est proposée, mais il serait plus juste ici de parler de « réalisme comique » à la façon dont on désigne tout un pan de la poésie italienne à partir du XIIᵉ siècle (*poesia comica-realista*). En effet, contrairement à ce qui se passe dans les textes satiriques de Lévita que nous avons étudiés précédemment, on ne perçoit pas ici un engagement net du poète au nom de valeurs morales. Si le *Seder nošim* avait cherché à enjoindre aux femmes d'être plus vertueuses, il se serait sans doute arrêté à défendre les commandements essentiels que doivent respecter les femmes juives, lesquels forment le centre des traités éthiques qui leur sont adressés : les *seder-nošim* ou *frau'én-bichlein* dont l'une des versions les plus anciennes nous est conservée dans le même manuscrit que le poème[239]. Ces commandements sont représentés par trois termes hébraïques : נר (*ner*), l'allumage des bougies de Shabbat, חלה (*khale*), la cuisson du pain pour la bénédiction qui précède le repas du Vendredi soir et נידה (*nide*), l'obéissance aux règles de pureté conjugale (éloignement du mari pendant et juste après les règles, après l'accouchement, etc.). Ces commandements sont bien mentionnés dans notre poème, mais d'une façon révélatrice, puisque le poète n'entend pas encourager les femmes à leur observance mais se contente de décrire l'usage de chanter des chansons (*cale-lidér*) pour la future mariée et le contenu de ces chansons (*SN*, 1118-1122) : « *Ir ainés tails singan ir gàr löut / Di alér hupschtén calo-lidér. / Si seint génumén ṽun pésukim ouś der śidér : / Dàś si sòl hàltén nido un' ir lichtér zu an-zundén, / zu nemén ḥalo un' zu machén drei' brochòss kuchén dunén*[240]. » Le poète continue ensuite à décrire le texte des chants de mariage qui encourageaient la femme à ne pas s'opposer à l'acte conjugal[241].

---

[239] Voir J. Baumgarten 2005, p. 226-228. Pour un approfondissement, voir. A. Romer-Segal 1986, p. 37-59 et E. Fram 2007.

[240] « Une partie d'entre elles chantent tout haut / Les plus jolies chansons de fiancées. / Elles sont composées de versets empruntés au livre de prière : / il faut qu'elle respecte les règles de pureté conjugale et allume ses bougies, / qu'elle prenne la pâte et fasse trois fines brioches de Shabbat. »

[241] L'exactitude de cette description des *cale-lidér* est frappante lorsqu'on compare le contenu ici évoqué à celui d'une des chansons les plus anciennes de ce type à nous avoir été conservées (mais dans un ouvrage plus tardif que le *Seder*

Ainsi, le seul moment du *Šeder nošim* où sont évoquées les obligations religieuses féminines correspond en réalité à une brève allusion à des chants traditionnels (qui ne sont eux-mêmes pas dénués de sous-entendus grivois). Il est vrai que le poète ne se prive pas d'intervenir pour proposer des commentaires à caractère moral, mais ceux-ci ont pour but affiché, non pas le blâme, mais l'éloge. Que nombre de ces interventions doivent être prises par antiphrase, nous fait certes retomber dans le domaine de la satire, mais non d'une satire franche, nette, clairement énoncée. L'ironie du poète, qui n'est pas toujours facile à interpréter, ne permet pas de lire ses vers comme une condamnation des mœurs féminines. Certains thèmes canoniques de la satire anti-féminine sont certes bien présents : la gourmandise, la coquetterie, l'insouciance, le penchant pour la volupté, mais il ne s'y mêle aucune note de dédain. Au contraire, ces défauts des femmes juives sont placés sur le même plan que des actions que le poète devait réellement considérer comme louables : leur attention pour les enfants, le soin qu'elles réservent aux morts, leurs nombreux travaux de couture pour la communauté.

Il semble en définitive que considérer le *Šeder nošim* comme un poème moral, ou même comme un poème pédagogique, ne saurait qu'induire en erreur. Ce qui ressort d'une lecture d'ensemble, c'est le double plaisir d'un auteur sûr de ses pouvoirs comiques : le plaisir de décrire la réalité qui l'environne et le plaisir de conter des histoires (en l'occurrence d'origine biblique et talmudique). Comme la réalité concrète et quotidienne pouvait principalement être abordée à travers le genre comique, selon les règles littéraires

---

nošim) : le poème bilingue de Jacob ben Eliezer Ulma publié à la fin d'un ouvrage de *Minhogim* (coutumes) en 1593. Il a été publié par J. C. Frakes 2004, p. 385-393. La chanson en question ne devait certes pas être récitée seulement devant la fiancée mais devant les conjoints réunis à la fin du banquet nuptial, cependant les parties adressées à la jeune fille correspondent point pour point à la description du *Šeder nošim* : str. 8 : respect de la pureté conjugale, str. 9 : allumage des bougies et préparation du pain de Shabbat (les strophes 7 et 10 évoquent des obligations qui ne sont pas mentionnées dans le *Šeder nošim* : respect du mari et charité). Jacob ben Eliezer encourage enfin les jeunes époux avec humour à bien s'ébattre pendant leur nuit de noce (str. 11-12, 14-15). Lorsqu'il est question des versets tirés des livres de prière, il s'agit sans doute d'évoquer la partie hébraïque de ce type de poèmes qui se présente souvent comme un centon de citations bibliques et liturgiques. Pour l'expression *brochöss kuchén* qui désigne, dans notre poème, les pains de shabbat, voir A. Klepsch 2004, p. 322-324.

qui prévalaient dans toute la littérature occidentale au XVIᵉ siècle, c'est tout naturellement ce ton qu'il adopte. Que son propos lui permette d'offrir à ses lecteurs et à ses auditeurs des enseignements sérieux concernant l'histoire et la tradition juive ne remet nullement en question cette orientation primordiale et relève plus du fait que sérieux et plaisanterie n'étaient guère incompatibles pendant le Moyen Âge et la Renaissance [242].

Au terme de ces réflexions générales sur le poème, nous nous proposons de l'étudier plus en détail. Pour ce faire, nous analyserons d'abord les volets latéraux consacrés aux femmes contemporaines avant de nous pencher sur la partie centrale inspirée de la Bible et du Midrash. Enfin, nous apporterons les arguments qui nous poussent à rattacher cette œuvre à la création d'Élia Lévita.

Une peinture vivante des femmes juives ashkénazes au début du XVIᵉ siècle

Les deux sections du poème qui sont ancrées dans la vie contemporaine de l'auteur sont aussi celles où son ironie se fait sentir de la manière la plus prononcée. Le monde qu'il présente est familier à ses premiers destinataires. Étant donné ce que l'on sait de la réception de la littérature yiddish ancienne, il est probable que ce premier public était aussi bien composé de femmes que d'hommes, mais le poète s'adresse plus nettement à un auditoire (ou à un lectorat) masculin auquel il conseille *cum grano salis* de rendre aux femmes l'hommage qui leur est dû. L'éloge n'est jamais adressé directement aux représentantes du beau sexe. Elles restent l'objet d'un discours distancié filtré par la compassion, l'admiration ou la moquerie. Si le poète décrit un monde connu, c'est dans son sens du détail et surtout dans la manière qu'il a de les présenter, que se situe tout l'intérêt de sa création. Le burlesque, le bas corporel, au sens bakhtinien du terme, y jouent un rôle essentiel. Mais il n'est pas certain qu'il efface totalement la fiction d'éloge qui sert de socle à cette création.

---

[242] Il suffit de se rappeler ici le précédent allemand que constitue *Der Ring* d'Heinrich Wittenwiller (début du XVᵉ siècle), dans lequel un propos cette fois clairement pédagogique est inséré dans une narration comique qui touche souvent à la farce. Pour une vue globale sur cette question pendant le Moyen Âge nous renvoyons à E. Curtius 1973, p. 440-459.

Le *Šeder nošim* présente tout un répertoire d'habitudes, d'attitudes, de croyances telles qu'on ne pouvait les trouver dans la littérature yiddish ancienne que dans les traités éthiques et religieux (*Minhogim*), c'est pourquoi il conviendra pour certains passages d'effectuer des rapprochements avec ce type de littérature même si les intentions des auteurs, dans les deux cas, sont extrêmement différentes[243]. On pourrait même considérer que le poème constitue, par moments, un détournement des livres de *Minhogim* puisqu'il expose toute une série de coutumes que les puristes pouvaient regarder comme blâmables, sous le masque de l'éloge[244].

Premier volet

La première partie du poème (v. 1-205), consacrée aux soucis de la grossesse, de l'enfantement et de la maternité, présente avant tout les souffrances physiques des femmes, mais aussi leurs jouissances, durant les deux-trois ans qui séparent la conception de l'enfant de son sevrage. Les souffrances sont les plus nombreuses. Le corps de la femme apparaît soumis à toutes les épreuves et à toutes les déformations. Pendant la grossesse, les seins sont gonflés, le ventre énorme. Les femmes sont tourmentées par des désirs incontrôlables. Pendant l'accouchement, leurs hurlements traduisent leur souffrance. Le poète s'attarde sur les complications possibles : le bébé qui se présente par le siège (v. 63-64), la nécessité d'évacuer rapidement le placenta (v. 73), les risques liés aux fausses-couches (v. 74-77).

Après la naissance viennent les épreuves liées à l'allaitement : la durée de cette période (18 ou 20 mois, v. 129-130), les douleurs occasionnées par un bébé qui tète trop vigoureusement (v. 131-134). Si, au contraire, le bébé ne tète pas suffisamment, les femmes se voient obligées (détail curieux !) de donner le sein à un chien de peur que leur poitrine ne s'alourdisse trop. Les chiens, bien sûr, leur font encore plus mal que les bébés (v. 137-143). Selon sa technique accumulative, le poète empile les maux sur les maux : fissures apparaissant sur les seins (v. 144), impureté rituelle pen-

---

[243] À ce propos, les notes de l'édition H. Fox-J. J. Lewis 2011 sont éclairantes.

[244] En ceci, le *Šeder nošim* s'inscrit dans une tradition courante à la fin du Moyen Âge. Le célèbre texte satirique français du début du XVe siècle, *Les Quinze Joyes de mariage,* se présente explicitement comme un détournement d'un texte d'inspiration religieuse : *Les Quinze Joyes de la Vierge.*

dant l'allaitement (v. 146-147) ou même, comble d'infortune, nouvelle grossesse pendant cette période (v. 148).

Sont ensuite énumérés les soucis liés aux soins des enfants en bas âge : les pleurs, les langes sales, l'envie d'être porté sur les genoux ou dans les bras, et tout cela, bien sûr, au moment même où la mère désire manger un morceau (v. 151-163). À cela s'ajoutent les maladies et les besoins des enfants dont les mères doivent s'occuper (v. 164-185) : ils grattent leurs cicatrices, leur peau pèle, ils ont mal au ventre ou hurlent parce qu'ils ont faim ; il faut les bercer longtemps en chantant des berceuses ; ils font leurs dents, attrapent la varicelle et il faut prendre soin qu'ils ne se grattent pas ; ils sont atteints par des vers, des diarrhées... En définitive, la pauvre mère ne ferme plus l'œil de la nuit.

Cette accumulation de détails sur les préoccupations variées des femmes, cette attention presque clinique à leurs troubles quotidiens signalent le poète comme un excellent connaisseur du monde féminin et de ses soucis domestiques. Au-delà du comique créé par la langue et par la simple accumulation des peines, perce une réelle empathie qui mitige la distance de l'ironiste. On comparera avec intérêt ces vers du poète yiddish avec le passage du *Baldus* de Folengo dans lequel Berta énumère les innombrables tâches d'une femme dans un foyer campagnard[245]. On y trouve le même intérêt pour le détail réaliste, le même goût de l'accumulation comique, mais il existe une différence importante entre les deux textes : chez Folengo, le simple fait de plonger ses héros dans le monde villageois crée une distance que des siècles de moquerie littéraire à l'égard du monde paysan rend immédiatement per-

---

[245] Voir *supra*, Chapitre III, p. 447. Voici la suite de ce passage où l'on verra immédiatement la ressemblance avec les passages équivalents du *Šeder nošim* à la différence près que c'est ici Berta, une femme, qui s'exprime pour défendre son sexe (*B*, VI, 510-516) : « *Ac ita mille operas opus est insemma redrizzem : / qua pignata bulit, stizzos tiro praesto dabandam, / Tunc quoque cum semolis meschio brotalia porco, / Mittigo puttellum dans lac, pezzasve cacatas / smerdolo, fanciullum maiorem pane tasento, / atque tut an trattum clamans pronuncio pit, pit, / currunt galinae solitum beccare granazzum.* » (« Mais de cette façon, il faut que j'arrange mille choses à la fois : / Aussitôt que la casserole bout, je retire vite les tisons, / Dans le même temps, je mélange la bouillie de son pour le cochon, / Je calme le bébé en lui donnant du lait, je nettoie les langes / De leur merde, je fais taire l'enfant plus âgé avec de pain, / Et tout d'un coup je dis en criant « pit, pit » / Et les poules accourent picorer les graines habituelles. ») Dans le poème yiddish, comme dans l'œuvre macaronique, la femme aurait besoin de plus de bras qu'elle n'en a.

ceptible. Le poème macaronique accumule les notations qui rappellent l'ancrage campagnard de la scène : les besoins du porc et des poules viennent s'ajouter aux soucis créés par les enfants. Ce décor ne correspond guère à la vie quotidienne du public éduqué que visaient les vers de Folengo. Dans le poème yiddish ancien, une telle stylisation n'existe pas : c'est bien la vie des femmes des rues juives d'Italie qui est représentée, ce qui confère à l'œuvre une immédiateté à peine parasitée par l'ironie et la tonalité burlesque de la voix poétique.

Pour renforcer l'effet de la caricature, les maris sont dépeints comme durs (« *hart* ») et méchants (« *bös* »). Ils ont des exigences impérieuses et égoïstes : économiser de l'argent (v. 45-50), obtenir de leurs femmes un garçon et non une fille (v. 118-121) et profiter sexuellement de leurs corps (v. 122-127). De façon révélatrice, les femmes n'interviennent presque pas au discours direct, tandis que les maris font entendre grossièrement leurs doléances (v. 9) : « *Schweik mit deiném géschluschtén ! Sölstu mich nit dér-taibén*[246] *!* » (voir aussi : v. 17-19, v. 45-49). Face à toutes ces épreuves, la femme garde au contraire, selon le poète, une attitude de résignation, de silence et de piété (v. 22) : « *Si schweigt un' hôt gédult*[247] » même s'il lui attribue, de manière indirecte, des pensées moins soumises (v. 24-25) : « *Eś gèt ir nèw'uch abér gàr sou'ér ein / dáś si ubér jor müś sein šamośiss sein*[248] ».

De façon inattendue, au milieu de ce tableau de souffrances et de peines, le poète décrit une période caractérisée par l'abondance, les plaisirs et les caprices : les semaines d'alitement et de repos qui font suite à l'accouchement (v. 82-127)[249]. La femme

[246] « Tais-toi donc, avec tes gémissements ! Tu ne vas pas me rendre sourd, non plus ! »

[247] « Elle se tait et garde patience. »

[248] « Mais c'est pour elle, la pauvre, une pilule amère à avaler / Que de devoir être toute l'année sa boniche. » L'obligation pour la femme de servir son mari est un thème constant des livres d'éthique religieuse (*Minhogim*) et des chansons de mariées. Le terme hébraïque שמשית qui désigne une femme chargée de réaliser des travaux de bas étage devait avoir une connotation péjorative.

[249] La tradition de garder le lit après l'enfantement pendant de longues semaines semble avoir été beaucoup plus répandue en Allemagne qu'elle ne l'était en France. En témoigne à lui seul le lexique de l'allemand qui comporte toute une série de termes pour désigner cette période et la femme qui s'y soumet : *Wochenbett, Wöchnerin* ou *Sechswöchnerin*. Comme ce terme l'indique, l'usage était pour l'accouchée de rester alitée pendant six semaines afin que l'organisme,

y est représentée couchée dans son lit, cachée derrière un rideau, accompagnée d'une servante (« *pfelegérin* »). Elle profite du lit et des étuves (v. 106-107) : « *Wáś zicht mer an sich wen dáś bet, / Sólt nit sein den schwaiś-bad un ' di gout wartung di si het*[250] *?* ». Derrière le rideau, les aliments les plus gourmands lui sont apportés : poules et chapons, bouillons au safran, compotes de pomme, rue-de-chèvre, dragées diverses, macis, blanc-manger couvert de cassis, cerfeuil musqué bouilli avec du sucre et du vin. C'est tout l'arsenal médicinal et culinaire de l'époque pour les soins de l'accouchée qui se trouve ainsi énuméré avec une insistance particulière sur l'abondance des remèdes délicats et sur le fait que rien n'est refusé à la jeune femme[251].

Significativement, il n'y a plus ici de mari grognon alors que celui-ci a menacé sa femme, quelques vers plus haut, de la priver de poule après l'accouchement. Le poète n'est guère embarrassé par cette (légère) contradiction : il cherche avant tout à donner à sa représentation la charge comique la plus efficace. Lorsque la femme souffrait, il fallait au tableau un mari tyrannique ; lorsque celle-ci jouit au contraire des soins les plus délicats, ce triste personnage disparaît avant de reparaître brutalement à la fin de l'épisode (v. 118-127) pour faire valoir ses exigences de père (obtenir un fils) et de mari (faire l'amour avec sa femme). Significativement aussi, c'est là le seul moment dans cette partie où la mère prend la parole au discours direct (v. 98). Plus loin, lorsqu'est venu le temps des relevailles et que la femme, bien engraissée, sort pour la

affaibli par la naissance, reconstitue ses forces (le poème yiddish ne fait état que de quatre semaines). Le repos devait être complet et la nourriture consistante. On comparera ce passage du *Šeder nošim* à la « Tierce joye de mariage » (éd. Jean Rycher, Genève, Droz, 1999, p. 20-26) dans laquelle sont décrites les affres pour le mari (!) durant les couches de sa femme en raison principalement du nombre de commères qui l'assistent et de la grande chère qu'elles font. De façon révélatrice, le mari demande à sa femme de se relever au bout de quinze jours (p. 22-23), ce qui devait être considéré comme un temps raisonnable en France à l'époque.

[250] « Qu'est ce qui est plus attirant que le lit / Sinon les étuves et les bons soins qu'elle reçoit ? »

[251] Comme dans l'introduction du *Kü' buch* (voir *supra*, p. 274-275, mais aussi la liste des cosmétiques du *Paris un Wiene*), on notera ici l'abondance des termes d'origine italienne employés par le poète qui reste au plus proche de la langue des Juifs ashkénazes d'Italie du Nord. Il est naturel que ces termes relativement spécialisés, pour lesquels les locuteurs n'avaient pas d'équivalents immédiats d'origine germanique, soient entrés directement dans le yiddish qu'ils parlaient.

première fois de la maison pour se rendre à la synagogue, elle fait mine d'être encore malade et ses simagrées sont vivement rendues au discours indirect libre (v. 115-117) : « *Si bėdarf ain vrou' zu dem v̄or-gank : / Eś hėbt sich nit an, eś iśt um kain, / Si kan clal nit gėn alain*[252] ! »

Malgré sa condition enviable, et qui devait même paraître dispendieuse pour une bonne partie du public contemporain, la femme se voit plainte par le poète, dans des commentaires compassionnés qui résonnent comme un leitmotiv durant toute cette partie du *Šeder nošim*. Si ces expressions d'apitoiement peuvent paraître crédibles dans les tableaux peignant la souffrance des femmes, elles semblent ici complètement déplacées. Mais dès le début de cette première partie, le doute a pu effleurer le lecteur. Lorsque les futures mères sont en proie aux désirs des femmes enceintes (v. 5 : « *ir antailś di alérlai' gėluśtén*[253] »), le poète concentre son attention sur leur insatiable envie de poules. Il semble que la femme veuille cuire des poules en tout temps et à tout prix : « *so hėbén si sich an mit irén hunérn zu der-gezén*[254] ». Cette insistance sur la consommation de volailles a un sens particulier pour l'auteur ashkénaze car les poules et les bouillons de poules étaient privilégiés par les femmes juives pour l'alimentation des personnes affaiblies, des malades, et dans les occasions festives[255].

Même lorsque le poète décrit des thèmes aussi universels que la grossesse et la maternité, l'ancrage du texte dans une réalité juive demeure évident. Il insiste (ironiquement) sur le respect de

---

[252] « Elle a besoin d'une femme pour avancer : / Elle ne peut s'y mettre, c'est impossible, / Elle ne pourra jamais y aller seule ! » Ces expressions enchaînées miment bien sûr le langage parlé.

[253] « Elle est en proie à toute sorte de désirs. »

[254] « Alors, elles commencent à se réjouir avec leurs poules. »

[255] Elles étaient aussi, depuis le Talmud, considérées comme un symbole de fertilité. Les poules n'étaient sans doute pas à la portée de toutes les familles juives et sûrement pas en aussi grande quantité que la femme du *Šeder nošim* semble en consommer. Le fait de préparer des bouillons de poules (plus tard appelés en yiddish *hindl-yoykh* ou *goldene yoykh*) est associé, dans la culture ashkénaze jusqu'au XXᵉ siècle, aux moments importants de la vie domestique. Nous pouvons rappeler ici que J. A. Joffe 1949 (p. 16) voyait dans la préparation de poules pour la princesse Drusiana après son accouchement l'un des traits les plus significativement juifs du *Bov̄o Dantóne*. Sur l'importance de l'animal et des plats qu'il permet d'élaborer, voir G. Marks 2010, art. « *chicken* » et « *chicken broth* ».

la femme enceinte pour le Shabbat[256] (v. 41-42). Au moment de l'accouchement, par l'intermédiaire de métaphores frappantes, il fait allusion à la règle talmudique (*Ohalot*, 7, 6) selon laquelle, en cas de grossesse difficile, la vie de la mère prévaut sur celle de l'enfant :

> *Śkampert nöu'ért di mutér ganz,*
> *Wi' gern gibt man dáś kind in di schanz !*
> *Kan man nöu'ért di mütér haltén b'ei dem zam,*
> *Eś iśt besér um den apfél den um den bam.*
> *Di gout baḥuro*
> *Vér-lirt nichś wen di vature.*
>
> SN, 66-71

Mais si la mère s'en sort complètement,
Comme on met volontiers en jeu la vie de l'enfant !
Si l'on a la moindre chance de tenir la mère par la bride,
Il vaut mieux perdre la pomme que perdre l'arbre.
La bonne fille
Ne perd que la façon.

L'aride paragraphe de la Mishna donne lieu à un véritable feu d'artifice de proverbes et d'expressions idiomatiques (« *gebén in di schanz* », « *haltén b'ei dem zam* »). Les mots d'origine italienne (*śkampert* < *scampare*, *vature* < *fattura*) accentuent le naturel de cette langue. Le second terme rime même avec un mot d'origine hébraïque (*baḥuro*) produisant un effet de surprise. Et les deux mots sont associés dans une expression (d'ailleurs elliptique) dont le sens peut être rendu en français : « Pour l'ouvrière, il vaut mieux perdre la façon que l'étoffe. » Il y a une légèreté éton-

---

[256] L'ironie est ici, comme dans le cas de la référence à Jézabel, assez complexe et profondément ancrée dans les représentations culturelles de son public. Le poète affirme que la femme met à cuire une demi-poule tôt avant l'entrée du Shabbat pour prévoir un bouillon (indispensable semble-t-il) en cas d'accouchement afin que personne ne soit obligé d'enfreindre les commandements du jour de repos en faisant la cuisine pour elle. Mais les auditeurs juifs savaient bien que, selon le Talmud (*Shabbat*, 18, 3), toutes les lois de Shabbat sont suspendues pour réaliser les tâches inhérentes à l'enfantement. La prévoyance de la femme peut donc être interprétée comme inutile ou, plus probablement, il faut comprendre qu'elle sait que son avare de mari ne considérera pas la préparation de ce bouillon comme une tâche indispensable et se prévaudra du Shabbat pour ne pas lui fournir ce réconfort. Dans tous les cas, ce qui est salué par le poète comme un souci de la femme pour le jour saint est indirectement désigné comme un souci pour son estomac et son confort.

nante dans la façon dont le poète rend compte d'un événement tragique, de plus lié à une prescription religieuse. Seul le caractère éminemment comique du texte, et la virtuosité langagière de l'auteur, permettent de rendre acceptable, et même plaisante, l'assimilation par l'intermédiaire des proverbes de l'enfant sacrifié à une pomme ou à un objet de fabrication.

C'est ainsi que, de manière constante dans le *Šeder nošim*, les pratiques et les commandements religieux liés à la vie quotidienne se trouvent entraînés dans la sphère comique. Un peu plus loin (v. 122-125), le fait pour la femme de se livrer, juste après ses relevailles, au bain rituel (*tvile*) est vu comme la seule ressource dont elle dispose pour se réconcilier avec son mari, furieux qu'elle ne lui ait pas donné un fils. Comme nous l'avons déjà observé dans la poésie satirique hébraïque (*supra*, p. 178, n. 137), le bain rituel est, par métonymie, associé à l'acte sexuel qu'il rend possible. Et le poète conclut que, sitôt cette démarche réalisée : « *Dáś iśt widér di góldén nacht*[257] ».

Troisième volet

On le voit, la religion est bien présente dans le *Šeder nošim* et l'on perçoit à quel point elle est indissociable de la vie quotidienne. Mais c'est en particulier dans la troisième partie du poème qu'elle est placée au centre de l'attention puisque le poète y aborde une série de coutumes ayant spécifiquement trait à la vie religieuse. Pour bien comprendre la représentation de la religion dans cette œuvre, il convient de rappeler certains concepts essentiels du judaïsme qui sont employés de façon libre et volontairement ambiguë par notre auteur : il s'agit des concepts de מצוה (*mitsve*) et de מנהג (*minheg*), tous deux absolument centraux lorsqu'il s'agit de comprendre le mode de vie juif.

La *mitsve* est un commandement divin imposé à l'individu et à la communauté en fonction d'interprétations de la loi écrite (la Torah) et de décisions prises par les rabbins à des époques ultérieures (principalement à l'époque du Talmud). L'ensemble des *mitsves* constitue la *halokhe* (l'ensemble des lois de conduite juive). Le *minheg* est la coutume pratiquée par une communauté juive en un certain lieu et à une certaine époque. Comme l'interprétation

---

[257] « Revient alors la nuit dorée. »

de la loi écrite a donné lieu à de nombreuses divergences, comme celle-ci est elle-même fondée en partie sur une coutume antérieure que les rabbins ont tâché de définir, les concepts de *mitsve* et de *minheg* sont inextricablement liés[258]. De nombreuses coutumes concernent simplement différentes formes d'interprétation des commandements. C'est pour cette raison sans doute que le terme *mitsve* a vu son sens élargi et affaibli : il peut désigner toute bonne action pouvant, de manière plus ou moins directe, être rattachée à un commandement divin et peut donc s'appliquer à de simples coutumes. À l'inverse, le terme *minheg* ne saurait être employé pour désigner un commandement : il reste cantonné au domaine humain de leur interprétation par le biais des traditions.

Les deux termes sont employés, sous leur forme hébraïque, par le poète du *Šeder nošim*. L'un et l'autre sont chargés, à un degré légèrement inférieur pour le terme *minheg*, d'une connotation de sainteté. Or, le poète en fait un usage malicieux qui est, par moments, chargé d'une ironie dont il est difficile de définir le champ d'application et les limites. Le terme *minheg* n'est utilisé qu'une seule fois dans le poème, dans la première partie (v. 52), où il semble servir d'équivalent au terme d'origine germanique « *sit* », employé plus haut (v. 34)[259]. Il y désigne l'habitude des femmes juives de manger des poules et du bouillon de poule à la fin de leur grossesse. Dans la scène imaginée par l'auteur, le mari refuse ce luxe à sa femme, ce qui entraîne le commentaire suivant : « *Un' wer der minéhag noch asò gout, / Si müs leidér lebén noch irś man mout*[260] ». On pourrait supposer une totale sécularisation du terme en l'occurrence, mais nous pensons que son emploi n'est pas anodin car le poète instaure volontairement une confusion entre ce qui relève du domaine du sacré et ce qui relève du profane, voire de l'abus. Cela apparaît encore plus nettement dans l'usage qu'il fait du mot *mitsve* dans la troisième partie.

---

[258] Sur la relation entre coutume et commandement, nous renvoyons à *EJ*-2007, art. « Halakhah ».

[259] Le terme « *sit* » est encore employé à la fin du poème pour décrire l'une des coutumes de la circoncision (v. 1205) et il ne fait aucun doute qu'il s'agit, en l'occurrence, de désigner un *minheg*.

[260] « Et même si la coutume était tout à fait bonne, / Il lui faut vivre selon l'humeur de son mari. »

Comme nous l'avons déjà remarqué, il n'y mentionne les commandements essentiels pour les femmes qu'à travers l'évocation des *cale-lidér*. Il s'arrête plus volontiers sur des coutumes qui peuvent, au sens large, être considérées comme des *mitsves*, mais qui donnent lieu à des débordements et à des exagérations auxquelles il ne manque pas de faire allusion : bien s'habiller le jour du Shabbat (v. 1082-1114), s'efforcer de réjouir la mariée (v. 1115-1166)[261]. Lorsqu'il décrit les coutumes qui entourent la circoncision, il semble trouver un malin plaisir à insister sur certaines formes de superstition (v. 1193-1220).

Mais avec ce mouvement caractéristique qui lui fait accepter une certaine dose de contradictions dans ses discours, le poète utilise parfois le mot et l'idée de *mitsve* sans arrière-pensées. Lorsqu'il désigne les travaux de couture que les femmes effectuent pour le bienfait du service et des cérémonies religieuses (v. 1167-1195), le terme revient avec une insistance particulière et il ne semble pas qu'on puisse mettre en doute l'intention élogieuse de l'auteur. Si l'acte de couture en lui-même n'est pas un commandement, il peut être désigné comme une *mitsve* quand il rend possible des actions rituelles : pour cette raison, le *Sefer Brant-špigél*, livre d'éthique publié au début du XVIIᵉ siècle qui a connu une grande popularité pendant plusieurs siècles, comporte un chapitre (42) intitulé : « *der perek béschaid daś ain ètlich'é is schuldig zu habén im hous ziziss garén un' fodén un' ain nadél*[262] ».

L'auteur du *Seder nošim* ne se prive pas d'énumérer, sans rechigner sur le vocabulaire spécialisé, tous les objets saints que les femmes contribuent à confectionner ou à réparer, rendant ainsi possible l'accomplissement des commandements lors du rituel funéraire (*tachérichim* – linceul, *sargéniss* – longue chemise blanche qui couvre le mort, etc.), dans la vie religieuse courante (*ziziss* – franges rituelles, la couture liée aux *théfilin* – phylactères,

---

[261] Le fait de bien s'habiller à Shabbat est clairement associé dans des textes fondamentaux du judaïsme au respect que l'on doit au jour saint. Voir *Shabbat*, 110, 3 ; *Shulḥan Arukh*, « Oraḥ ḥaym », 262, 2. Quant au commandement de réjouir la mariée, il est explicitement mentionné dans la liste des 613 commandements bibliques établie par Maïmonide (n° 214). Voir *EJ*-2007, art. « Commandment ».

[262] « Le chapitre explique que chaque femme est obligée d'avoir à la maison du fil pour les franges rituelles, de la ficelle et une aiguille. »

ainsi qu'aux rouleaux de la Torah, *sifrej-thòro*), dans le rituel syna-
gogal (*talejssòss* – châles rituels, *porochess* – rideaux qui couvrent
l'arche sainte, *mapòss* – bandes de tissu entourant le rouleau de la
Torah, *michsò'òss* – manteaux de la Torah). Cette énumération
à elle-seule fait plonger le lecteur ou l'auditeur dans le monde de
la pratique rituelle et de l'obéissance aux commandements. Force
est de noter le souci de précision dans la description des *realia* qui
caractérise le poème tout au long de cette partie.

Il n'en reste pas moins que, dans le reste de cette partie, le
poète associe l'idée de « commandement » à une atmosphère
qui semble loin de dénoter la piété. Nous citerons d'emblée l'occurrence la plus révélatrice. L'acte sexuel est bien sûr une *mitsve*
puisqu'il permet de réaliser un des commandements essentiels de
la Torah, פרו ורבו : « Enfantez et démultipliez-vous ». Comme
il fallait s'y attendre, son évocation arrive à la fin de l'énumération des nombreuses réjouissances du mariage décrites en insistant sur l'empressement quelque peu chaotique des femmes
à « se frotter » (« *reiben* ») à la mariée, à danser avec elle, à la
faire rire. L'attention du poète se concentre alors sur les vieilles
femmes qui ont accompagné la jeune fille jusqu'à la chambre nuptiale et sont restées près de la porte pour écouter le bruit des ébats.
C'est ce que l'on comprend à la description fort imagée qui est
proposée de la façon dont elles témoignent à la pauvre jeune fille,
qui ne s'y est rendue qu'à reculons et qui s'est défendue comme
elle a pu, de la façon dont elle a crié au milieu de ses tourments
(*jissurim*). Ces derniers ont semblé bien doux aux vieilles femmes
(« *sanft* »). Le poète présente leurs pensées comme suit (v. 1161) :
« *B'ei der mizvo wolén si jo ouch štekén*[263] » Il ne fait aucun doute
qu'il désigne par le terme *mitsve* la consommation du mariage,
emploi d'ailleurs courant dans les livres d'éthique et assorti de
bien des recommandations sur la façon dont le sexe doit être
associé à la crainte de Dieu[264]. Mais pour qu'on ne se trompe pas
sur la volupté qui emplit alors l'esprit des vieilles accompagna-

---

[263] « Elles veulent aussi s'y fourrer pendant la bonne action. »

[264] Voir par exemple le chapitre 35 du *Šefer Brant-špigél* intitulé : « Le chapitre explique la façon dont, lorsqu'on va sa coucher, on doit se comporter modestement dans le lit ».

trices, le poète s'exclame (v. 1162) : « *Ó di altén gaiś, vi' gern si lekén*[265] ! »

On voit donc que, ce qui relève de la *mitsve* se trouve sans scrupule métamorphosé en son exact contraire dans l'atmosphère joyeuse et déconcertante du poème. Mais l'inversion n'est pas toujours de règle, et c'est ce qui fait la plus grande originalité de cette œuvre. Il est clair en effet que l'auteur prend un soin tout particulier à décrire, jusque dans les moindres détails, certaines des coutumes qu'il évoque. Et il serait faux de croire qu'il le fait avec un esprit critique ou moralisateur. Ce ne sont certes pas les coutumes essentielles qui ont droit à son attention : pas un mot sur ce qui se passe sous le dais nuptial (*khupe*), pas un mot sur le déroulement même de la circoncision (cela s'explique d'ailleurs par le fait qu'il s'agissait d'une cérémonie entièrement masculine à laquelle les femmes n'assistaient pas). Ce qu'il décrit cependant avec un plaisir communicatif, ce sont les coutumes annexes qu'il présente avec une attention que l'on ne peut guère comprendre que comme un hommage à des pratiques pour lesquelles il a de l'affection et qui concernent, pour l'essentiel, les moments critiques de l'existence (mariage, mort, naissance). Le tableau est souvent burlesque, mais il ne tombe que par moments (comme dans le passage précédemment cité ou dans l'évocation des toilettes féminines pour les jours de Shabbat) dans la franche satire.

Le passage le plus satirique est sans doute celui qui est consacré à la façon dont les femmes honorent les jours de Shabbat particulièrement sacrés (« *goutér šabass*[266] ») et il permet au poète d'aborder le thème, extrêmement classique, des parures féminines. Si, comme nous l'avons signalé, le fait de porter des habits

---

[265] « Ah, les vieilles chèvres, comme elles lèchent volontiers ! » Le proverbe, ici adapté à la forme exclamative, se trouve chez *Wander* 1867, art. « Geiss » 54 et chez I. Bernstein 1908, art. « ציג » 3.

[266] Il s'agit des jours de Shabbat qui sont liés à des célébrations particulières ou qui commémorent des événements précis. Le poète mentionne le *shabbes shire* (שבת שירה) comme étant l'un des seuls où les femmes sont « informées » du caractère particulier de la fête. On y lit la section de la Torah où se trouve le chant entonné par Myriam et les femmes juives après la sortie d'Egypte et le miracle de la Mer Rouge. Si les femmes sont au courant de ce Shabbat particulier, c'est sans doute parce qu'il était de coutume de donner les restes du repas shabbatique aux oiseaux, d'où la remarque du poète, v. 1102 : « *zu ṽogél gésank* » (« au chant des oiseaux »).

soignés le jour du Shabbat est une *mitsve*, il semble bien, dans la description que nous propose l'auteur du *Šeder nošim*, que les femmes n'attendent le Shabbat que pour faire parade de leurs plus belles parures et qu'il s'agisse là de la raison principale pour laquelle elles se pressent à la synagogue (v. 1082-1114). L'énumération des attributs féminins n'a, en soi, rien d'original même si elle est intéressante pour ce qu'elle nous apprend des vêtements d'apparat portés alors par les femmes juives : foulards de différents types (*schlai'ér, vechlén*), plissés, ornés de perles, piqués d'épingles en or, manteaux de laine, colliers ou cols de vêtements composés de perles (*kolarine* < dialecte vénitien : *colarina*), abondance de bagues, ceintures et chaînes en argent.

La satire apparaît nettement dans la tendance du poète à l'exagération. Elles ont tant de bagues qu'elles ne peuvent plus plier les doigts, elles se couvrent de maquillage (v. 1096-1098) : « *Èſśar mit ḥérósess sei' si ouch béklekt / ódér het sich jo ain winzik mit bólèt béštrichén / Dáś si an dem hailigén šabass nit ging asó vor-blichén*[267] ». L'humour et la caricature du poète apparaissent clairement dans l'usage, comme métaphore du maquillage, du mot חרוסת (*ḥérósess*) qui désigne une pâte de couleur brunâtre, faite de pommes et d'amandes, que les Juifs consomment le soir de la Pâque juive en souvenir du mortier utilisé par les esclaves en Egypte. En tout état de cause, ce terme ne saurait désigner un maquillage d'une grande finesse. Le goût de la variation linguistique fait associer au poète ce mot d'origine hébraïque au mot *bólèt* (ou *belét*, la lettre *vav* étant à plusieurs reprises utilisée dans le manuscrit là où on attendrait un *ayn* ou un *yod*), d'origine italienne (*belletto* : toute forme de poudre cosmétique).

On avouera que cet abus de maquillage et de bijoux n'est pas une manière fort pieuse de rendre hommage au saint Shabbat. Mais l'originalité du texte ne tient pas tant dans l'énumération de vêtements luxueux et de produits de beauté, que dans l'ironie qui le traverse et qui tient tout entière dans la structure syntaxique du passage : en effet, le texte est au conditionnel, car les pauvres femmes ne peuvent pas rendre un hommage éclatant au jour saint comme elles le souhaiteraient, car personne ne les tient au cou-

---

[267] « Peut-être se serait-elle tartinée de compote, / Ou se serait-elle un peu couverte de poudre, / Afin de ne pas aller aussi pâle le jour du saint Shabbat. »

rant du fait que ces jours de Shabbat sont particulièrement sacrés. En effet, rien ne les distingue d'un jour de Shabbat ordinaire, sinon les prières spéciales qu'on y entonne : si les femmes portaient autant d'intérêt à la liturgie qu'à leurs parures, elles ne rateraient pas de telles occasions. Mais le poète les lave de toute responsabilité (v. 1106-1107) : « *Abér si seind leidér as v̄or-schmecht ! / Man sagt in nichśt darum muśén si wol velén*[268] ». La faute retombe entièrement sur ceux qui ne les informent pas, sur les hommes, sur leurs maris dont on comprend indirectement qu'ils se gardent bien de répandre la nouvelle étant donné l'étalage de luxe qui s'en suivrait. Cela nous ramène à la thématique du mari avare qui avait déjà été utilisée au moment où le poète évoquait la grossesse des femmes et les envies irrépressibles qu'elle causait. Et l'on peut aussi y voir, éventuellement, un reproche concernant le défaut d'éducation des femmes de la communauté. On le voit, l'auteur n'utilise ici la fête du Shabbat que comme prétexte pour introduire une satire de la coquetterie féminine. Mais la satire n'est pas son but, ou pas son unique but : lorsqu'il aborde d'autres cérémonies religieuses, comme le mariage ou la circoncision, pour lesquelles il prend soin de mentionner toute une série de coutumes sur lesquelles il porte un regard amusé, mais non dénué d'attachement.

Parce que ces coutumes sont secondaires, on chercherait en vain leur description dans les traités de *Minhogim* les plus courants[269]. Mais elles sont connues, pour celles qui ont survécu, comme la tradition de veille avant la circoncision, des folkloristes du XIXe et du XXe siècles[270]. Elles étaient désignées par des noms particuliers et le bedeau des diverses communautés appelait spécifiquement les fidèles à réaliser ces traditions, qui étaient

---

[268] « Mais elles sont, hélas, si méprisées ! / On ne leur dit rien, c'est pourquoi il leur faut ainsi fauter. »

[269] Par exemple dans le *Sefer Minhogim*, illustré de belles gravures, publié à Venise en 1593.

[270] On notera que dans *EJ*-2007, art. « Minhag », ce type de coutume est présenté avec une note de dédain : « *This situation, whereby nonsensical customs found a home in Jewish life, still remains and has possibly even been strengthened in modern times. It is sufficient to mention the demonological customs connected with birth and circumcision (the night of vigil before the circumcision)* [...] ». (« Une telle situation, où des coutumes absurdes ont pu s'installer dans la vie juive, est encore d'actualité et s'est peut-être même renforcée aux temps modernes. Il suffit de mentionner les coutumes démonologiques liées à la naissance et à la circoncision (la nuit de veille avant la circoncision) [...] »).

regardées comme des *mitsves* : *di cale flechtén* (faire des tresses à la mariée, action pendant laquelle était pratiqué l'*einwerfén* : le fait de jeter des bijoux et d'autres objets de valeur dans une coupe sur les genoux de la jeune femme), *di mai'* (la fête du matin du mariage[271]), *rumpéln* (le fait de se rendre en fanfare, comme le nom l'indique, accueillir les mariés[272]), la *mizvo-tanz* (danser avec les mariés pour les réjouir, pratique encore courante et considérée comme particulièrement sacrée par les Juifs orthodoxes), la *weiś* ou *weiśnacht* (la nuit de veille avant la circoncision[273]). Toutes ces coutumes sont nommées sans insistance ni commentaire dans le poème car elles étaient bien connues du public originel du *Seder nošim*. Mais certaines sont évoquées avec méthode et précision, l'auteur prenant soin de mentionner le rôle de chaque participant, comme lors de la coutume du tressage des cheveux de la mariée pour laquelle il s'arrête sur toute une série d'actions : « *Ir ainéś tailś singan*, [...] / *Ir ain tail ligén ir ain cale-houb*, [...] / *Di andérén štrelén*, [...] / *Ir ainéś tailś werfén ir di vingarlicht ein* / *Un' schwezén mit ir dàś si si méśameaḥ sein* [...][274] » (*SN*, 1118-1133). Quel était donc le but du poète en présentant ces gestes traditionnels avec tant d'attention ? Nous pensons qu'il souhaitait en offrir une description aussi vive que possible : il ne s'agissait ni réellement de les défendre ni de les critiquer, mais de leur rendre l'hommage d'une représentation directe et colorée.

D'autres textes juifs avaient pour but explicite de les défendre, comme les traités de *Minhogim* les plus détaillés rédigés afin de conserver la trace de coutumes auxquelles on accordait une signification sacrée et qui risquaient de se perdre si personne ne prenait la peine de les mettre par écrit. C'est le cas, par exemple, du traité de *Minhogim* rédigé en hébreu à Worms au milieu du XVIIᵉ siècle par le *shames* (bedeau) local, nommé d'après sa fonction Jusep Schammes (1604-1678), homme qui comme beaucoup de bedeaux à cette époque, était doté d'une réelle érudition[275].

---

[271] Voir B. S. Hamburger 2009, p. 108-109.

[272] Voir M. Weinreich 1923, p. 235.

[273] Voir M. Weinreich 1928, p. 354).

[274] « Une partie d'entre elles chante, [...] / Une partie lui pose une coiffe de mariée, [...] / Les autres peignent, [...] / Une partie d'entre elles lui jettent des anneaux [dans une coupe] / Et papotent avec elle pour la réjouir [...] ».

[275] H. Fox et J. J. Lewis 2011 (en particulier p. 133) attirent à juste titre l'at-

Il mentionne la plupart des coutumes que nous trouvons décrites dans le *Seder nošim* dans une intention de conservation : il s'agissait de décrire toutes les actions qui relevaient d'une interprétation locale du sacré, celle qui avait cours à Worms en son temps.

On trouvera également la trace de ces coutumes dans un certain nombre de textes qui avaient pour but, direct ou indirect, de les critiquer et la comparaison de ces textes avec le *Seder nošim* met clairement en évidence que ce n'était pas là l'intention de l'auteur du poème yiddish. Parmi ces textes, on peut mentionner les œuvres de certains auteurs chrétiens dont le but premier était d'informer, de témoigner des coutumes juives dont ils avaient entendu parler ou auxquelles ils avaient eux-mêmes assisté. On peut mentionner, dans cette catégorie, la somme remarquable de l'érudit hébraïste Johannes Buxtorf (1564-1629) qui, installé à Bâle, entretenait des rapports étroits avec les communautés juives. Dans son exposition des coutumes juives de son temps, Buxtorf fait preuve d'une profonde connaissance, mais aussi d'une dévastatrice ironie contre des pratiques qu'il jugeait absurdes, voire blasphématoires. On y trouvera une description du tressage de la mariée qui correspond presque en tous points à celle du *Seder nošim*[276]. Buxtorf s'arrête volontiers sur les excès qu'entrainent les réjouissances du mariage malgré l'obligation de modérer sa joie en souvenir de la destruction du temple de Jérusalem[277].

---

tention sur cette œuvre, restée longtemps manuscrite. Elle a été éditée assez récemment : J. Schammes 1988, en particulier vol. 2, p. 1-79. La distance géographique et chronologique entre ce traité et notre poème ne prête guère à conséquence étant donnée la diffusion et la permanence de ce type de coutumes dans la tradition ashkénaze.

[276] J. Buxtorf 1641, p. 406. Dans ses explications sur l'obligation de réjouir la mariée, Buxtorf s'appuie grandement sur le chapitre 32 du *Sefer Brant-špigél* intitulé : « *Der perek bešchaid di' mizvo zu helfén der calo untér di' ḥupo.* » (« Le chapitre explique le commandement d'aider la mariée à se rendre sous le dais nuptial. »)

[277] Les critiques de Buxtorf portent à la fois sur les mœurs et sur la pensée juive. Il est scandalisé par le midrash selon lequel Dieu aurait lui-même tressé les cheveux d'Ève avant de la présenter à Adam. Il décrit (1641, p. 410-411), de façon fort vivante, la tradition d'apporter une poule et un œuf juste après la célébration du mariage comme symbole de fertilité et d'enfantement sans douleur. Les Juifs, semble-t-il, s'amusaient à casser un œuf cru sur la tête de quelqu'un pour faire rire les mariés : « *Ovum incoctum apponitur, sibi illud mutuo, vel potius Christiano spectanti, in faciem projicunt.* » (« On apporte un œuf cru et on le jette sur son propre visage, ou sur le visage d'un autre, ou plutôt sur celui d'un Chrétien qui

Mais on trouvera également des descriptions critiques de ces coutumes dans des textes juifs qui mettent au jour, avec colère, les abus dont ont pu être témoins leurs auteurs et contre lesquels ils fulminent. C'est le cas, par exemple d'un poème, bien plus tardif que le *Seder nošim*, qui décrit les mêmes coutumes en les condamnant pour les excès qu'elles occasionnaient. Il s'agit du traité éthique d'Elḥanan Kirchhahn nommé *Šimḥass Ha-nefeš*, dont le premier volume a été publié à Amsterdam en 1722, et le second à Fürth en 1727[278]. C'est le second volume qui nous intéresse particulièrement car il s'agit d'un recueil de chansons composées sur des mélodies connues, dont l'auteur propose même la partition.

On y trouve le reflet de certaines pratiques qui apparaissent dans le *Seder nošim*. Elles y sont présentées sous la forme de poèmes de tonalité sérieuse, voire sévère, mettant en garde les Juifs, et surtout les Juives, contre les péchés et les incitant à la piété et à l'observance des commandements. On y lit des chansons destinées aux principales fêtes religieuses (la chanson de Ḥanukah – fol. 6v-7r – évoque l'histoire de Judith, et celle de Purim – fol. 7r-9v – l'histoire d'Esther, ce qui prouve que même la partie narrative du *Seder nošim* se trouve indirectement liée aux *minhogim*). On y trouve des chansons pour le mariage et pour la circoncision qui s'opposent expressément aux chants « scandaleux » que les Juifs avaient tendance à entonner : « *Dàś màn ḥuzpo'-lidér sòl lòsen bleibèn, / Hàb dàś gésang zu ḥassuno un bériss-milo tun an-schreibèn*[279] » (fol. 13v-14r). Il s'y trouve également une chanson que la mariée doit chanter « pieusement » pendant qu'on la tresse (fol. 14v-15v).

Enfin, dans une longue chanson conclusive (15v-18v) de mise en garde morale, Kirchhahn encourage son public à la piété, à penser au trépas, à réaliser les prescriptions divines qu'il énumère consciencieusement. Cette chanson a un intérêt particulier pour notre sujet car l'auteur, dans son désir d'inciter les Juifs au respect des commandements, attaque un certain nombre d'abus dont il a

---

observe la scène. »). Serait-ce là le reflet d'une mésaventure vécue par l'érudit hébraïste ?

[278] E. Kirchhahn 1727.

[279] « Pour qu'on laisse de côté les chansons scandaleuses, / J'ai écrit ce chant pour le mariage et pour la circoncision. »

été témoin dans les villages (*yishuvim*) où règnent l'ignorance et la négligence ; il offre, par la même occasion un portrait coloré des coutumes (mal interprétées ou mal respectées selon lui) qu'il y a observées. Il s'arrête en particulier sur les comportements répréhensibles à l'occasion des mariages (fol. 17v) :

> *Hanhogòss ha-ḥassunòss / seinèn nit alè zu meldèn [...] // Menich mal tunèn si štiftén un ʾ romurèn, / Un ʾ nošim u-béssulòss ir kólòss lòsen herèn wi' di' hurèn, / Un ʾ lòsen sich nit ap-werèn / Dáš màn mitèn in der drošo mus ouf-herèn. // Wen di' drošo is fér-bei', / Kumèn widér di' ḥuzpo'-lidér arbei'. / Tunèn juchzèn un ʾ schalèn un ʾ singén / Mit hend un ʾ fis tunèn klapèn un ʾ ouf dem tisch springén. // Màn kan bé-dòḥak zu anàndér treibèn menschén, / Dáš màn kan mézumon benschén. / Dáš lermé treibèn si' an di' ganz nacht bis zu mòrgèn dáš krè't der han. / Dribér far nein ou'r kan màn nit kumèn firèn zum man. // Di' ḥupo nacht romurèn dáš gleichèn un ʾ bleibèn noch ibér šabass un ʾ suntig dàr-zu. / Der ba'al-sé'udo un ʾ kechin un ʾ śérvér is schwer den si' habèn kain ru'. / Do aribér seinèn kumèn nei'è gésèròss : / Machèn loroṽ di' ḥassunòss am šabass da-ribér géschehén tousént 'avèròss*[280].

La description d'Elḥanan Kirchhahn, si elle correspond, sous bien des aspects, à l'image des célébrations nuptiales présentée par le *Šeder nošim*, ne laisse aucun doute, par l'abondance des termes péjoratifs (*ḥuzpo'*, *hurén*, *'avèròss*) sur la condamnation par l'auteur des personnages représentés. Les choses sont bien moins claires dans le poème que nous étudions. Si l'on ne peut méconnaître le burlesque, l'exagération, la tonalité parfois satirique, le tout reste présenté sous forme d'éloge et ce dernier garde le dernier mot.

---

[280] « Les comportements pendant les mariages / ne peuvent pas tous être signalés [...] // Ils font souvent du chahut et du boucan. / Les femmes et les jeunes filles laissent entendre leur voix comme des putes, / Et ne se laissent pas dissuader / Par le fait qu'on doit s'arrêter au milieu du sermon. // Quand le sermon est achevé, / Les chants scandaleux recommencent. / Ils poussent des cris de joie, des exclamations, ils chantent, / Ils tapent avec les mains et les pieds et ils sautent sur la table. // C'est à peine si l'on peut réunir les gens / Pour pouvoir faire la bénédiction après le repas. / Ils continuent leur vacarme toute la nuit jusqu'à ce que chante le coq. / À cause de cela, on ne peut mener la fiancée à son mari avant neuf heures. // La nuit qui suit le mariage, ils font autant de boucan / Et ils restent tout au long du Shabbat et le dimanche de surcroît. / L'hôte, la cuisinière et le serveur ont bien du mal car ils ne peuvent prendre de repos. / En plus de cela, on a introduit de nouvelles calamités : / En général, les mariages se font le Shabbat ce qui entraîne de nombreux péchés. »

Même lorsque le poète désigne, de toute évidence, des superstitions, il ne laisse guère entendre de réprobation. C'est le cas dans la représentation qu'il donne de la circoncision. Celle-ci s'attarde avant tout sur deux réunions féminines qui l'encadrent : la veille de la cérémonie et la visite des femmes trois jours après celle-ci. La première est nommée de son nom traditionnel (v. 1119) : « *di nacht ūun der weiŝ*[281] ». Cette nuit était accompagnée de craintes particulières car la superstition voulait qu'elle fût particulièrement dangereuse pour la vie de l'enfant ainsi que tout le huitième jour durant lequel avait lieu la circoncision. Pour dissiper cette crainte, hommes et femmes se réunissaient (mais il n'est ici question que des femmes) pour se réjouir près de la mère, la distraire en jouant aux cartes, en chantant, en buvant.

Buxtorf, en évoquant cette tradition, force le trait en décrivant les excès de boisson qui avaient lieu pendant cette nuit, sauf pour le *mohel* (homme chargé de la circoncision), précise-t-il, car les Juifs craignaient qu'il n'eût les mains tremblantes[282]. Les auteurs chrétiens décrivent, avec une prolixité particulière les nombreuses superstitions qui entouraient la naissance de l'enfant (dont il faut se souvenir qu'il avait incomparablement moins de chance de survivre qu'aujourd'hui). Après s'être longuement attardé à décrire les croyances juives concernant le succube Lilith et les divers charmes et formules déployés pour protéger le nouveau-né, il évoque aussi la crainte qui accompagne la septième nuit[283]. Mais

---

[281] Sur l'étymologie du terme, M. Weinreich 1928, p. 354.

[282] J. Buxtorf 1641, p. 76. Le ton de Buxtorf, dans ce chapitre, est en général à la plaisanterie. Le sujet, facilement burlesque, du membre coupé s'y prête et le poète du *Ŝeder noŝim* ne manque pas non plus d'en profiter. Buxtorf commence le récit de la circoncision (p. 69) par le détournement d'un célèbre vers d'Horace (*Ars Poetica*, v. 5) : « *Nunc lectum admissi risum teneatis amici.* » (« Maintenant, amis qui êtes amenés à lire, contenez votre rire. ») Et lorsqu'il évoque (p. 77) la réticence des Juifs riches à confier leur enfant à un *mohel* novice, ce qui oblige à s'essayer sur des enfants pauvres, Buxtorf ironise en citant l'ancien proverbe français : « À barbe de fol on apprend à raire [raser] ». Montaigne, dans son *Journal de voyage en Italie* nous offre une peinture beaucoup plus neutre de la circoncision à laquelle il a assisté le 28 Janvier 1581.

[283] Rappelons les mots de Lévita dans le *Sefer Tishbi* (art. Lilith) où il cite l'*Alphabet de Ben Sira* qui attribue la question suivante à Nabuchodonosor : « מפני מה הבנים מתים כשהם בני שמנה ימים ? אמרו לו : מפני שלילית הרגת אותם. » (« Pourquoi les fils meurent-ils à l'âge de huit jour ? On lui répondit : parce que Lilith les tue »). Lévita précise qu'il a considérablement raccourci sa source car il n'y croit pas une seconde. Et il poursuit en décrivant un « מנהג בינינו האשכנזים »

c'est le converti Anthonius Margarita (1492-1542) qui insiste le plus clairement sur ces peurs dans son ouvrage qui servira long-temps référence pour l'argumentation anti-judaïque chrétienne :

> *Es gibt auch die erfarung, das die selbige Nacht fast misslich mit dem kind stehet, denn viel kinder sterben zu nacht so man sie zu morgens soll zu Beschneidunge tragen. Auch in Ungern gar gewonlich ist, auch in Welchen landen mehr denn im Teutschen land. Darumb denn auff diese nacht viel gelerte zusammen kommen, hencken der Kindtbetterin viel zauberen umb das Bett, sprechen viel segen damit dass das Kindlein nicht sterben soll* [284].

Il faut garder à l'esprit ces craintes, qui apparaissent dans tous les témoignages de l'époque, pour saisir tout l'humour du poète du *Šeder nošim*. Il évoque très brièvement les femmes, réunies pour la veillée, qui mangent de petits gâteaux chauds. Cette coutume apparaît déjà dans le *Maḥzor* de Vitry datant du XIᵉ siècle [285]. Il passe ensuite au jour de la circoncision (v. 1201-1203) : « *Wen man sòl dáś kint zu jutschén bréngan / Si al an di kumarè hengan. / Si habén ouf irém herzén ain gróś leidén* [286]. » Étant donné le contexte, le public originel du poème associait très pro-bablement cette peine aux croyances que nous venons d'évo-quer. Mais le poète trompe immédiatement son attente par une

---

(« une coutume parmi nous les Ashkénazes ») qui consiste à dessiner un cercle sur les murs de la pièce où se trouvent la mère et de l'enfant, et à écrire sur chaque paroi en hébreu : « Adam, Ève, Lilith dehors ! ». Et sur le seuil on écrivait les noms de trois anges devant lesquels Lilith recule. Ce goût de l'observation des coutumes qui transpire jusque dans les ouvrages savants de Lévita n'est sans doute pas anodin pour la question de l'attribution du *Šeder nošim*.

[284] A. Margaritha 1561 (fol. 35v) : « On sait aussi d'expérience que, durant cette nuit, les choses se passent fort mal pour l'enfant, car beaucoup d'enfants meurent dans la nuit qui précède le jour où l'on doit les porter à la circoncision. Il est aussi fort courant, en Hongrie et en Italie, plus qu'en Allemagne que de nombreux savants se réunissent, et pendent de nombreux talismans autour du lit de l'accouchée et disent de nombreuses bénédictions pour que l'enfant ne meure pas. »

[285] Il y est question de gâteaux désignés par leurs noms en ancien français : oublies, cantilles ; voir E. Baumgarten 2004, p. 100.

[286] « Quand on doit apporter l'enfant pour la circoncision, / Elles sont toutes pendues à la marraine / Elles ont sur le cœur une grosse peine. » Le terme transcrit ici « kumare » vient sans doute du vénitien *comare* : « marraine » (yiddish moderne : *kvaterin*). Est désignée par-là la femme qui portait l'enfant, avec des accompagnatrices, jusqu'à la synagogue où avait lieu la cérémonie : voir, L. Modena 1637, p. 98.

remarque humoristique (v. 1204) : « *Si ūurchtén, man mócht dem kind zu vil ab-schneidén*[287] *!* »

L'empressement des femmes autour de la marraine semble avoir été un objet d'amusement récurrent, puisqu'on en retrouve une peinture sarcastique dans l'un des tout premiers *Purim špilén* qui met en scène des vendeurs de cédrats[288] (v. 225-233) : « *Menché nárhait senén im 'olom. / Nun mecht menchér láchén. / Warum di' weibér so selzámé mizvóss máchén / Wen mán in gibt ain géfatérscháft. / So dinén si' got mit gánzér mácht, / Un' tunén dáś kind zum judschén tragén, / So tunén ir alé weibér nach-jagén / Un' lófén gár géschwind / Un' greifén an dáś kint*[289]. »

Se presser autour de l'enfant que l'on va circoncire ou qui vient d'être circoncis, le toucher, était supposé avoir de nombreuses vertus. Aujourd'hui encore dans les milieux juifs orthodoxes, on pense que la femme qui porte l'enfant est récompensée par la promesse d'enfanter bientôt un fils pieux et vertueux. L'auteur du *Śeder nośim* donne de ce type de superstition une représentation comique, en concentrant son attention sur la réunion du troisième jour après la circoncision[290]. Les femmes sont, comme précédemment, agglutinées autour du bébé. Chacune d'entre elles veut toucher son membre et lui jeter des sorts (« *schurmén*[291] ») pour qu'il

---

[287] « Elles craignent qu'on ne coupe trop à l'enfant ! »

[288] Ce *purim-špil* appartient à la collection Wallich, *supra* p. 223 n. 229. Le texte, incomplet, a été publié par Ch. Shmeruk (1979, p. 106-113). La citation se situe à la fin de la pièce et est empruntée à une parodie de sermon (*droshe*) où des actions burlesques de la réalité quotidienne sont présentées comme s'il s'agissait de profonds problèmes tirés du Talmud. Voir E. Butzer 2003, p. 149-153 et 173-175.

[289] « Il y a dans le monde beaucoup de stupidités, / Nombreux sont ceux qui peuvent rire / De la façon dont les femmes accomplissent d'étranges *mitsves* [commandements] / Quand on leur donne le rôle de marraines. / Elles servent Dieu de tout leur pouvoir / Et portent l'enfant à la circoncision. / Et toutes les femmes la poursuivent / En courant bien vite / Et en touchant l'enfant. » Le texte poursuit, dans sa veine burlesque, en narrant le cas d'une femme qui s'est cassé le cou à cette occasion et que les autres femmes ont enviée car elle a mérité sa place au Paradis en mourant pour une si belle action.

[290] Aussi appelée שלישי למילה. Voir B. S. Hamburger 2009, p. 89. Des femmes « honorables » étaient choisies pour donner un bain à l'enfant. Les trois jours qui suivaient la circoncision, la vie de l'enfant était considérée comme toujours en danger. Pour cette raison, les bougies mentionnées dans le *Śeder nośim* (v. 1198) devaient brûler trois jours après la cérémonie.

[291] C'est l'interprétation que M. Weinreich 1928 (p. 148) donne de ce verbe.

grandisse et devienne un homme de valeur. Si ce comportement devait effectivement exister et devait être lié à la crainte que la circoncision ait pu nuire à l'enfant, le poète le charge de sous-entendus érotiques qui n'étaient bien sûr pas présents dans ces gestes. Quand les femmes saisissent le membre circoncis (« milo »), il fait le commentaire suivant (v. 1210) : « Libér tetén si eś wer eś alt[292] ! ». Il évoque ensuite le désir qu'ont ces femmes de s'assurer que leurs futures filles aient un bon mari. En touchant ainsi le sexe du bébé, elles s'assurent, selon le poète (v. 1218) : « dáś ir tŏchtér bĕśtĕt mit ĕrén[293] ». Et il conclut, avec une franche ironie, en affirmant que ces femmes ont bien raison (v. 1219-1220) : « Di sévoro' iśt jŏśer un' war : / Wer waiś wer deś andérén schwagér wert ubér jor[294] ? » L'ironie est ici renforcée par l'emploi du lexique talmudique (sévoro, jŏśer) pour appuyer un dicton populaire et par le décalage entre le sens littéral de ce dicton (« ubér jor » : « dans un an ») et la réalité d'un vœu réalisé pour l'âge adulte d'une fille qui n'est pas encore née !

La troisième partie du poème (tel qu'il nous a été conservé) s'achève donc sur une représentation des soins accordés au nouveau-né, établissant ainsi un lien avec la première partie consacrée à l'enfantement. Au terme de cette œuvre, l'image des femmes est enfermée dans un cercle, vicieux ou vertueux suivant que l'on accorde créance aux critiques amusées du poète ou à ses éloges explicites. Mais au cœur de ce cercle, nous trouvons une série de narrations et de commentaires consacrés à des figures bibliques. C'est donc bien la femme « éternelle » qui constitue l'objet du Śeder nośim, les femmes du début du XVIe siècle étant directement mises en rapport avec les femmes du texte saint, avec les héroïnes de la vieille histoire (« ṽun dem altén géschicht », v. 1080).

---

[292] « Elles le feraient plus volontiers s'il était plus âgé ! »

[293] « Que leur fille sera traitée avec honneur ». Il est possible que de telles superstitions aient existé et que les femmes aient réellement jeté des sorts pour que leurs filles soient dotées de bons maris, respectueux de la Torah. Dès la naissance d'une fille, il était coutumier de formuler ce souhait. Voir M. Diemling 2009, p. 105-106. Dans un texte comme le Śeder nośim, ce vœu comporte bien sûr une connotation érotique : être traitée honorablement par le mari semble ici directement lié à la façon dont celui-ci se conduira au lit, d'où le désir des femmes d'en avoir un signe (« simen ») en touchant le sexe de l'enfant.

[294] « La supposition est juste et vraie : / Qui sait qui sera la belle-mère de l'autre dans un an ? »

Cette association n'allait pas de soi car, comme nous l'avons vu, ces-dernières faisaient l'objet d'un tout autre genre de poésie : celle qui paraphrase la Bible et le Midrash. C'est donc en étudiant le cœur du poème, sa partie centrale, qui est aussi la plus développée, que nous pourrons acquérir une vision adéquate de l'intention de l'auteur de cette œuvre.

L'éloge des femmes bibliques : entre goût de la narration comique et respect pour la tradition des récits midrashiques

Pour un lecteur coutumier de la littérature yiddish ancienne, la partie centrale (v. 206-1081) du *Seder nošim* paraît à la fois familière et déconcertante. Familière, parce que la mise en vers yiddish d'aventures bibliques, enrichies d'ajouts midrashiques, s'appuie sur une longue et riche tradition. Déconcertante, car il ne s'agit pas ici de traiter un texte biblique unique, ou même un épisode précis, mais une série de figures auxquelles sont associées divers récits et commentaires, qui plus est dans une tonalité légère et parfois grotesque. Cette dernière caractéristique n'est pas, en elle-même, surprenante. Les poèmes bibliques et midrashiques yiddish se donnent pour tâche, depuis leur commencement, d'adapter les récits du texte saint au goût esthétique de la population ash-kénaze de la fin du Moyen Âge et de la Renaissance. Il nous suffit de rappeler les longs récits de batailles et les insultes grossières que l'on trouve dans le *Šemu'el-buch*, ou l'abondance de proverbes et le langage idiomatique expressif du *Mélochim-buch*. Le *Seder nošim* semble pourtant, au moins par moments, traiter ses sources bibliques avec une liberté et un humour que l'on rencontre rarement ailleurs. Mais l'analyse de ces caractéristiques demande une prudence particulière, qui est de mise pour toute lecture des poésies bibliques et midrashiques.

Nous illustrerons brièvement ce problème en prenant pour exemple un des tout premiers textes du genre, que l'on ne peut nullement soupçonner d'être influencé par l'esprit de la Renaissance. Il s'agit du plus long poème (105 quatrains) conservé dans le manuscrit de Cambridge qui porte le titre *Avrohom Avinu* (Abraham, notre père). Il relate l'enfance d'Abraham (dont le récit ne nous est transmis que par le Midrash) et la lutte qu'il mène contre son père Térah, sculpteur d'idoles, à qui il entend démontrer qu'il n'existe qu'un unique Créateur[295]. Abraham y est présenté comme un petit enfant, forcé par son père d'aller vendre des sculptures de dieux sur le marché. Comme il connaît leur inanité, Abraham maudit ces lourdes statues de bois qui lui cassent le dos.

Le texte est composé d'une série d'épisodes de structure semblable commençant, chaque fois, par une mission confiée par le père à l'enfant. Dans le premier épisode, Abraham brise les idoles et se justifie auprès de son père en affirmant qu'elles se sont disputées. Dans le second, il se moque d'une vieille cliente qui veut acheter un petit dieu (bien plus jeune qu'elle) et la convainc de la vacuité de sa foi. Dans le troisième, il jette les idoles dans un fleuve en les encourageant à trouver un gué. Dans le quatrième, il brûle les statues du temple qu'il était censé garder. Enfin, il survit lui-même par miracle au châtiment par le feu que lui a infligé le roi Nimrod. Ce texte ancien est écrit dans une langue fluide, idiomatique. Les nombreux dialogues donnent vie aux scènes décrites. Abraham s'adresse aux idoles, plus lourdes et plus grandes que lui, en se plaignant que ce serait bien plutôt leur rôle de le porter. Il demande à la vieille cliente si elle n'a pas passé l'âge de jouer à la poupée. En arrivant dans le temple dont il doit garder les idoles, il se plaint de leur manque d'hospitalité car personne ne vient l'accueillir.

Un lecteur moderne perçoit dans toutes ces scènes une certaine dose de comique. Il est difficile de savoir si le public original avait le même sentiment mais la vivacité des dialogues, les brusques retournements de situation, la mise en scène de l'absurdité à travers la fausse naïveté du petit Abraham plaident en faveur d'une volonté de divertir, et sans doute de provoquer le rire. Il n'est pas anodin qu'en conclusion de son poème, celui-ci s'adresse d'abord aux enfants, et ensuite aux adultes, pour les inciter à suivre l'exemple d'Abraham. Mais il faut aussi se souvenir qu'aucune de ces histoires ne vient de la fantaisie du poète, qu'elles sont tirées du Midrash, et donc dotées d'une autorité sacrée et d'une intention pieuse[296]. De nombreux récits du Midrash peuvent,

---

[295] Le texte a été publié par J. C. Frakes 2004, p. 11-25.

[296] Une brève recherche montre que l'auteur n'a pas puisé à une seule source midrashique. Certains motifs du poème se trouvent dans *Bereshit Rabba* (38, 13) mais dans un ordre différent (le combat des statues, la comparaison de

par leur incongruité, susciter une impression comique même s'il est évident que leurs auteurs n'avaient nullement l'intention de la produire et lorsque ces histoires sont reprises dans les traités éthiques tels le *Brant-špigél* ou le *Ze'ena Ure'ena* (qui narre l'enfance d'Abraham en suivant le récit de *Bereshit Rabba*), le lecteur n'est bien évidemment pas supposé y trouver matière à rire.

Le choix et le traitement des sources bibliques et midrashiques

Ce qui est vrai pour le poème *Avrohom Avinu*, qui précède le *Seder nošim* de plus d'un siècle, l'est également pour l'œuvre que nous étudions. Dans son cas, la présence d'un humour, qui ne recule pas devant une certaine vulgarité, ne fait aucun doute. Mais le sérieux de la matière traitée est tout aussi évident. En effet, un certain nombre de passages de cette section font un éloge sans ambiguïté des femmes en s'appuyant sur le récit biblique, et particulièrement sur les interprétations qu'en a fournies le Midrash, souvent lu à travers le commentaire fondamental de Rashi, et restent très proches de ces sources [297]. Aucun récit ne provient de l'imagination de l'écrivain [298]. Ce qu'il propose, c'est un compte-rendu informé de lectures traditionnelles de la Bible, et il n'hésite pas à renvoyer précisément aux versets bibliques qui motivent les légendes narrées (contrairement à l'habitude de la plupart des poésies yiddish midrashiques qui se contentent d'intégrer ces récits sans en préciser l'origine [299]).

Notre auteur est donc un fin connaisseur du texte biblique et de certains textes rabbiniques. Il montre une tendance, plus courante dans les écrits semi-savants et savants de la littérature morale

---

l'âge des clients et de celui des statues). Un autre motif important (les idoles brûlées dans le temple) se trouve dans le livre apocryphe des Jubilées (12, 12).

[297] L'édition H. Fox-J. J. Lewis 2011 propose un relevé instructif des sources midrashiques des différents récits dans les notes qu'elle a jointes au texte. Nous y renvoyons donc pour de plus amples informations.

[298] Rashi, qui a vécu en Champagne au XIᵉ siècle, a écrit ce qui est jusqu'à aujourd'hui le commentaire le plus influent de la Torah et d'une grande partie du Talmud. Il éclaire avant tout le sens simple (*pshat*) des versets mais n'hésite pas non plus à rapporter les légendes que ceux-ci ont inspirées aux autorités rabbiniques. Il est rare que la Torah soit imprimée sans son commentaire qui est considéré d'inspiration divine. Pour plus d'informations, voir *EJ*-2007, art. « Rashi ».

[299] Voir notamment les références proposées en *SN* 222 ; 230 ; 233 ; 350 ; 379 ; 425 ; 569.

(*muser-literatur*) que dans la poésie, à s'appuyer sur l'autorité de sources déclarées (toujours les sources « premières », le texte saint lui-même, et non ses commentateurs). Notre poète est également très au fait des habitudes des traductions du texte biblique pratiquées en yiddish ancien, lesquelles employaient un lexique et une syntaxe spécifiques, afin de satisfaire aux exigences de fidélité à l'original hébreu (traductions mot à mot désignées par le terme *töutsch*) [300]. On remarque pourtant, dans la plupart des récits, une tendance à la concentration et une recherche particulière de vivacité, comme si l'auteur voulait placer des histoires, souvent déjà connues de son public sous une lumière nouvelle. Il semble, somme toute, avoir pour intention de fournir sur les figures citées un grand nombre de vérités transmises par la tradition afin d'offrir à ses auditeurs / lecteurs une liste assez riche de leurs mérites dans l'histoire du peuple juif, sans pour autant renoncer à glisser des plaisanteries au cours de ses récits.

Cette tendance à la concentration apparaît clairement dans le passage consacré à Déborah (*SN*, 519-544, un des rares passages où n'apparaît pas d'élément particulièrement comique) : on y apprend la légende, tirée de l'interprétation de l'appellation biblique de Déborah *eshet lapidot* (voir Rashi), selon laquelle elle réalisait des mèches pour le sanctuaire, sa qualité de prophétesse, son activité de juge exercée en public pour ne pas contredire aux règles de pudeur, ses exploits de guerrière, la façon dont elle a chanté sa victoire pour honorer Dieu sur le mont Tabor [301], la paix qu'elle a fait régner quarante ans sur Israël, et enfin le fait que, grâce à son chant, toute sa génération a vu ses péchés pardonnés (encore selon Rashi qui s'appuie sur la tradition rabbinique antérieure).

Cette longue liste de mérites n'est pas tout à fait représentative de la pratique usuelle de l'auteur du *Seder nošim*, qui préfère se

---

[300] L'édition H. Fox-J. J. Lewis présente d'assez nombreuses correspondances mot-à-mot avec les premières éditions de traductions yiddish de la Bible, comme celle de Crémone (1560). Sur cette méthode de traduction et ses conséquences linguistiques, voir E. Timm 2005.

[301] Le poète note au passage, selon le commentaire de Rashi, la façon dont elle a prononcé deux fois dans son chant « anokhi » – אָנֹכִי : « je » – ce que le Midrash interprète comme une affirmation emphatique de la majesté de Dieu, car ce mot n'a été prononcé qu'une fois sur le Mont Sinaï, dans le premier commandement : « Je suis l'Éternel votre Dieu ».

concentrer sur un épisode précis des Écritures (quand il ne relate pas à grands traits les faits essentiels d'une légende, comme c'est le cas pour Judith et Esther), mais elle met clairement en évidence son intention : il s'agit de réunir, de façon souvent succincte, des histoires relatant les actions méritoires de femmes ayant influencé le destin du peuple juif. Pour ce faire, il s'appuie sur des récits consacrés par la tradition et qui, pour la plupart, ne nécessitaient pas une érudition approfondie, puisque beaucoup d'entre eux (mais pas tous) proviennent du commentaire de Rashi[302].

Est-il donc nécessaire de supposer à l'auteur une culture livresque qui sorte de l'ordinaire ? Probablement pas, mais nous verrons qu'il sait jouer avec ses sources et qu'il les traite avec une dose d'ironie qui le différencie des autres auteurs qui ont traité cette matière. Il est en général difficile de saisir de quelle manière les auteurs de poèmes midrashiques ont obtenu leur connaissance des différentes légendes[303]. Il semble, par ailleurs, que notre poète possède une connaissance plus que médiocre de la langue hébraïque puisque le récit qu'il propose de l'histoire de Judith est fondé sur un poème religieux (*Yotser*), à l'hébreu difficile, que l'on chante à l'occasion du Shabbat de Ḥanuka[304]. L'auteur paraît également,

---

[302] C'est le cas, entre autres, de l'histoire de Bethsabée et en particulier de l'épisode de sa réprimande à Salomon (*SN*, 577-619) qui s'appuie presque entièrement sur le commentaire de Rashi à *Proverbes*, 31.

[303] J. Baum-Sheridan 1996 propose une étude très fouillée des versions poétiques principales de la légende d'Esther en yiddish ancien (elle ne connaissait pas la version du *Šeder nošim*). Son précieux travail permet de mettre en perspective les sources potentielles des différents auteurs qui offrent souvent un récit beaucoup plus long et détaillé que celui que nous trouvons dans notre poème. Il ne permet pas cependant de se faire une idée précise du mode de transmission : par voie orale, par la consultation directe des différents midrashim, par le recours aux anthologies ? Il faut sans doute supposer le recours simultané à ces trois canaux d'information.

[304] Nous ne savons pas si ce poème, présent dans de nombreux livres de prière ashkénazes, avait déjà été traduit en yiddish au début du XVIᵉ siècle. Ce qui est certain, c'est que l'auteur du *Šeder nošim* en offre par endroits une traduction tout à fait littérale. On prendra pour exemple une comparaison qu'on pourrait mésinterpréter comme ayant l'intention de produire un effet burlesque et qui est, en réalité, une traduction précise du poème hébraïque. Lorsque Judith coupe la tête d'Holopherne, le poète écrit : « *si schnaid im ab sein kŏp' aldo / Grinklich as ain 'ehér vun ainém strŏ'.* » (« Elle lui coupa alors la tête / Aussi facilement qu'un fétu de paille ») (*SN*, 720-721). Le vers correspondant dans le *Yotser* est : « קצצה גלגלתו כראש שבולת » (« Elle lui coupa le crâne comme un épi de blé ».). Strophe 18 (ק) : nous utilisons le texte publié dans le livre de prière *Seder Tikun*

818

à d'autres endroits, se moquer gentîment du yiddish étrange des traductions ultra-littérales de la Bible[305].

En tout état de cause, l'auteur du *Seder nošim* parvient à concentrer avec efficacité et vivacité toute une série de légendes ayant un lien avec les mérites des femmes, parmi lesquelles il s'oriente librement et dont il est souvent capable de retracer l'origine biblique. L'exercice est plus ardu que celui qui consiste à épuiser un maximum de légendes sur une figure ou un événement précis, comme c'est le cas dans les autres poésies midrashiques. Cette habileté, et la nonchalance dont il fait preuve à maintes reprises dans la conduite du récit, nous paraissent être l'indice d'un poète à la culture peu ordinaire.

Il nous reste à essayer de comprendre selon quels critères l'auteur a sélectionné les histoires qu'il relate et pourquoi il les propose dans l'ordre étrange où elles se présentent dans le *Seder nošim*. En effet, la succession des récits ne semble justifiée ni par leur ordre d'apparition dans la Bible, ni par un quelconque principe chronologique (même si les histoires les plus tardives, celles de Judith et d'Esther, sont placées en dernier). Le poète fait référence aussi bien à des mérites collectifs des femmes (non-participation au péché du veau d'or, célébration de la sortie d'Egypte, rôle positif dans l'accroissement du peuple juif à travers leurs miroirs, non-participation au péché des espions de Canaan, présence des femmes au moment des pèlerinages au Temple) qu'à des mérites de femmes particulières : Myriam, les accoucheuses

---

Shlomo publié à Sulzbach par Arnstein en 1834. Gumprecht von Szczebrzeszyn utilise la même source dans son poème sur l'histoire de Judith mais ne traduit pas littéralement ce passage (M. Stern 1922, p. 13). Il n'est pas impossible que Gumprecht ait connu le *Seder nošim*. Dans tous les cas, on est tenté de penser qu'il avait Lévita à l'esprit lorsqu'il écrivait, au début du même poème : « *Un' wert öüch seinér nit derfén schemén : / Kain unzichtig wort bèderft ir inś moul nemén.* » (« Et vous n'aurez pas à avoir honte : / Il ne vous faudra pas mettre dans votre bouche de mots vulgaires. », M. Stern 1922, p. 1, v. 5-6).

[305] Ce fait a été noté par H. Fox-J. J. Lewis 2011, p. 264, n. 297. Dans l'épisode des espions envoyés à Canaan, la légende évoque la peur que ceux-ci ont conçu à la vue des habitants gigantesques du pays qui sont désignés dans le verset (*Nombres*, 13, 32) *anashey midot* : אנשי מדות. Cette expression qu'on traduirait en français « hommes de taille » (littéralement : « hommes de mesures ») est expliquée par Rashi : « גדולים וגבוהים וצריך לתת להם מדה » (« Grands et hauts, il faut leur donner une mesure. ») L'auteur du *Seder nošim* propose la version ultra-littérale : « *Manén di' man müś meśén mit der mòś* » (« Des hommes que l'on doit mesurer avec une mesure », *SN*, 443).

en Egypte, Yokébed, Tamar, les filles de Celofhad, Ruth, Déborah, Yaël, Bethsabée, Judith, Esther. Il précise lui-même, à la fin
de cette section, qu'il a dû laisser de côté bien des femmes (Sara,
Rébecca, Rachel, Hannah, Abigaïl, *SN*, 1053) de peur d'excéder la
mesure. Il convient de noter également que, dans le cas de Judith
et d'Esther, où la légende est contée de façon plus systématique
qu'ailleurs, il ne reprend qu'une partie du récit canonique, supposant probablement la connaissance du contexte large par ses
lecteurs[306].

Certaines liaisons entre récits sont évidentes : l'évocation des
accoucheuses entraîne logiquement le rappel des mérites de Yokébed qui est traditionnellement considérée comme l'une d'elles.
De même les hauts-faits de Déborah et Yaël sont contés dans le
même livre de la Bible et le droit des filles de Celofhad à l'héritage
est directement lié, par le texte sacré et par ses commentateurs,
à la non-participation au péché causé par les espions de Canaan.
Il semble à d'autres moments que le poète procède par association
d'idées. Les récits enchaînés de Yokébed, Tamar et de l'affaire des
miroirs sont trois histoires dans lesquelles les femmes ont obtenu
des hommes de satisfaire leurs obligations maritales (ou de leur
donner des enfants). Les histoires de Judith et d'Esther sont deux
récits qui relatent la libération du peuple juif d'un oppresseur par
l'entremise d'une femme courageuse.

Mais dans d'autres cas, il nous semble qu'il n'y a pas de motivation particulière à l'enchaînement des histoires : pourquoi Ruth
est-elle évoquée entre les filles de Celofhad et Déborah ? Pour-

---

[306] Pour le récit de Judith, l'auteur du *Šeder nošim* ne reprend pas, contrairement à Gumprecht von Szczebrzeszyn, l'ensemble de la narration du *Yotser*.
Il commence au milieu de la quinzième strophe (sur 22) et concentre son récit sur
les actes de l'héroïne, n'évoquant pas le rôle des Maccabées pourtant essentiel à la
généalogie de la fête de Ḥanukah. Contrairement donc à sa source, il ne porte pas
l'accent sur la tragédie nationale du peuple juif mais sur la bravoure de la jeune
fille. Ce commencement *in medias res* l'oblige, au milieu du récit à rappeler brière-
ment des événements qui ont eu lieu avant le début de sa narration, comme le fait
qu'Holopherne a attaché son général Achior à la porte de la ville pour le punir de
s'être opposé à l'engagement de cette bataille. La rapidité avec laquelle il effectue
cette analepse prouve à quel point il comptait sur une connaissance préalable de
l'histoire par son public. Il en va de même pour l'histoire d'Esther. Tout ce qui
précède l'entrée en action d'Esther dans le texte biblique ne l'intéresse pas et il
débute donc son récit au troisième chapitre, ce qui l'oblige à rappeler très succinctement la conjuration de Bigtan et Teresh.

quoi Bethsabée l'est-elle entre Yaël et Judith ? Si le poète prend souvent garde à lier une section à la suivante par le secours de la forme poétique, le dernier vers de l'une rimant avec le premier vers de l'autre, il ne paraît pas s'être proposé de système précis : les femmes et les épisodes sont proposés sous forme de liste et les transitions volontairement, et parfois comiquement, brutales marquent bien l'absence de liaison logique : « *Nun schlagén mir tóchtér Zéloféḥod zu-ruk / Russ ha-mo'oṽio di waś öuch ain vrum štuk*[307]. » (*SN*, 472).

L'auteur a simplement pris soin d'encadrer cette seconde partie du poème par l'évocation de mérites collectifs liés à des circonstances emblématiques par leur importance dans l'histoire du peuple juif : l'épisode du veau d'or et les pèlerinages au Temple de Jérusalem. Il rappelle avec constance les récompenses (personnelles ou collectives) que les femmes ont, selon la tradition, reçues comme prix de leurs actions vertueuses (descendance prestigieuse, consécration de fêtes en leur nom, obtention de droits ou de pardons particuliers). Quant au choix des figures et des épisodes traités, il semble ne pas avoir voulu aborder les épisodes (trop sacrés ?) qui mettent en scène les matriarches et avoir jeté plus volontiers son dévolu sur des récits liés à des célébrations rituelles observées par les Juifs tout au long de l'année : le premier jour de chaque mois (ראש חודש), Shabbat shira, Shavuot (Ruth), Ḥanuka (Judith), Purim (Esther). Il remplissait ainsi, de façon secondaire, l'une des fonctions traditionnellement dévolues à la poésie midrashique : éclairer la signification et l'origine des fêtes religieuses.

Si la structure même de cette partie du *Seder nošim* révèle un respect indéniable pour la tradition et pour les légendes qu'elle véhicule, il n'en reste pas moins que chaque récit est assumé par un poète dont l'écriture est dotée de qualités comiques qui ne se font discrètes que par moments. Non seulement, la langue est toujours familière, mais on perçoit aussi, même au cœur des histoires saintes, des marques d'humour, d'ironie et de burlesque. Les histoires bibliques ne sont pas, à proprement parler, déformées : elles sont narrées fidèlement et selon les versions transmises dans les commentaires autorisés. Il n'est pas impossible que le poète ait

---

[307] « Maintenant nous renvoyons les filles de Celofhad / Ruth la Moabite était aussi un pieux morceau. »

été particulièrement attiré par les récits, et les midrashim, comportant un potentiel comique, telles les histoires de femmes qui poussent, d'une façon ou d'une autre, des hommes à coucher avec elles, mais ce n'était pas là un critère déterminant[308].

Le poète a également, bien entendu, sélectionné les épisodes qui servaient son propos élogieux : il relate la façon dont Myriam a chanté après la sortie d'Egypte mais tait l'épisode peu glorieux où elle a médit de la femme de Moïse en compagnie d'Aaron (*Nombres*, 12). Cependant, ces choix ne peuvent pas vraiment être qualifiés de tendancieux comme ils l'étaient parfois dans le cadre de la querelle des femmes dans la poésie hébraïque. Il n'en reste pas moins qu'un sourire est fréquemment provoqué par les récits : la Bible et le Midrash sont lus à travers le tempérament, et l'écriture, d'un poète comique.

La Bible et le Midrash sous la plume d'un poète comique

Rappelons, une fois de plus, qu'il n'y a de la part du poète aucune intention de moquerie à l'encontre des sujets traités. Mais l'écrivain qui aborde les actions des héroïnes bibliques est bien celui qui fournit un portrait cocasse des femmes juives dans la première et dans la troisième parties de l'œuvre. Nous ne pouvons guère mieux présenter sa logique créative qu'en la comparant à celle d'un peintre tel que Pierre Brueghel l'Ancien. Lorsque le flammand aborde un sujet biblique tel la construction de la tour de Babel ou Jésus Christ chassant les marchands du Temple, son sens du grotesque et de l'exagération continuent à se faire sentir, de façon certes moins insistante que dans ses scènes de village et de vie quotidienne, mais le pinceau du peintre ne perd pas pour autant ses couleurs vives, son rendu expressif des mouvements corporels et des expressions du visage, son traitement si particulier des foules, du paysage et de leurs proportions respectives, son goût pour les scènes cocasses.

De même l'auteur du *Seder nošim*, s'il ne laisse pas son tempérament burlesque s'exprimer aussi constamment dans cette section que dans celle consacrée aux femmes contemporaines, pré-

---

[308] Si cela avait été un critère déterminant, il n'aurait pas manqué de signaler qu'un midrash célèbre suppose que Yaël a épuisé Sisra avant de le tuer en faisant sept fois l'amour avec lui (Yebamot, 103a).

sente avec une plume alerte les épisodes les plus propices au rire, insiste volontiers sur certains traits grotesques et conserve une distance permanente à l'égard des interprétations traditionnelles. C'est peut-être sur cette distance qu'il faut nous arrêter d'abord car elle représente l'aspect le plus original de son traitement du Midrash.

Le conteur se pose étonnamment en témoin de la danse de Myriam et des femmes juives après la sortie d'Egypte (*SN*, 234), reprenant ainsi une tournure traditionnelle des chanteurs populaires, mais soulignant dans le même temps la vacuité de ces formules en l'employant pour un événement qui a eu lieu près de 2000 ans plus tôt. Il se permet également de nombreux commentaires, plus ou moins intempestifs et souvent humoristiques. Quand Dieu conseille à Moïse d'accepter les miroirs des femmes, car elles ont à travers eux obtenu des relations sexuelles de leurs maris, il s'exclame : « Personne n'avait eu cette idée ! » (*SN*, 403). Lorsque Moïse n'arrive pas à résoudre tout seul la question des filles de Celofhad, il met en garde son public : « Ne croyez pas qu'il s'agisse là d'une chose de rien du tout ! » (*SN*, 466). Les ennemis des Juifs qui sont mis en déroute après l'assassinat d'Holopherne sont décrits comme ayant le dos aussi mou que le ventre. Lorsqu'il évoque le désir qu'a Tamar d'obtenir un enfant de Shelah, il souligne que bien des femmes auraient eu la même envie (*SN*, 305). Le texte est ainsi parsemé d'allusions, de clins d'œil, adressés à un public averti. L'acte sexuel, souvent évoqué, est toujours présenté de manière détournée ou métaphorique : « *dåś ma'éśe* » (*SN*, 260 : l'acte, l'histoire), « *dåś špil* » (*SN*, 266 : le jeu) « *sòlché tenz* » (*SN*, 336 : de telles danses), « *andéré sachén* » (*SN*, 396 : d'autres choses).

De façon comparable, mais plus élaborée, rapportant qu'Holopherne a une demande spécifique à présenter à Judith, le conteur feint de ne pas vouloir exprimer la nature de cette demande mais la façon dont il se dérobe est plus éloquente, et plus comique, que toute relation explicite : « *Di bet lòśén mir nun štekén : / Er het di schnupfan der dåś nit sòlt schmekén, / Wåś man pflégt zu bitén ṽun sòlchén löuten ! / Drum darf ich eś ouch nit bétöutén*[309] » (*SN*, 682-

---

[309] « Nous laissons tomber la demande : / Il aurait un sacré rhume, celui qui ne pourrait pas sentir / Ce que l'on demande à ce type de gens ! / C'est pourquoi je n'ai pas besoin de vous faire une image. »

685). C'est là une expression fort burlesque pour déclarer que seules les personnes « bouchées » ne sentiront pas les intentions sexuelles d'Holopherne.

Le poète traite son héroïne biblique de façon bien cavalière en la désignant par un collectif précédé d'un déterminant péjoratif : « *ūun sólchén löutén* » (« de telles gens » : il faut dire que Judith joue alors le rôle d'une traîtresse auprès de l'ennemi afin de se gagner les faveurs du tyran). Il ajoute alors « *vé-dai lémeūin* », expression rabbinique équivalente à notre expression française « à bon entendeur », mais qui semble avoir été employée avec prédilection pour masquer (ou pour désigner par prétérition) les thèmes obscènes[310]. Il précise encore sa pensée par le dicton : « La paille près du feu s'enflamme volontiers » (*SN*, 687). Et lorsque, quelques vers plus loin, Judith déclare vouloir prendre un bain, le conteur espiègle s'exclame : « Parce que l'eau doit éteindre le feu ? » (*SN*, 691). En voilà bien des raffinements pour ne pas dire ce que l'on brûle de dire, et ce que le public brûle d'entendre !

Parfois le procédé est utilisé de manière encore plus fine car il nous semble que le poète jette un regard ironique sur certaines interprétations midrashiques. C'est le cas dans l'épisode de Tamar. Lorsque la jeune fille s'est placée à la croisée des chemins pour obtenir de Yehuda un enfant, son beau-père, qui la prend pour une prostituée, vient vers elle et lui fait des avances en lui promettant un agneau comme récompense. Elle lui demande alors des gages qui sont énumérés dans la Bible : « Ton sceau, ton cordon et le bâton que tu as à la main » (*Genèse*, 38, 18). Ces objets sont devenus dans notre texte : ton châle rituel (talith), ton bâton et ton sceau » (*SN*, 343). La transformation du « cordon » en talith est traditionnelle[311]. Elle est liée au fait que, pour rendre moins

---

[310] L'expression apparaît dans le *Šeder nošim* soit sous sa forme complète, soit sous sa forme abrégée ול"ד : *SN*, 260 ; 264 ; 396 et 686. Fait révélateur, elle n'est employée que dans la partie consacrée au récit biblique alors que les deux autres parties, plus proprement satiriques, ne manquent pas non plus d'évocations sexuelles. Il est fort possible que l'auteur entende, dans le contexte plus religieux de cette partie biblique et midrashique, parodier la langue rabbinique et sa manière de ne pas aller trop avant dans les histoires scabreuses.

[311] Le mot hébreu פתיל est aussi utilisé pour désigner les franges bleues du châle rituel. Les trois objets sont présentés de la même façon, de même que l'idée d'un mariage entre Tamar et Yehuda, dans le *Ze'ena Ure'ena*, dans le commentaire de la section *Vayeshev* (dans l'édition Sulzbach, Arnstein, 1826, fol. 47v).

flagrant le péché narré dans la Bible, le don des trois objets a été interprété, depuis les Tossafistes, comme signifiant qu'un mariage a eu lieu entre les deux protagonistes (et que le péché repose seulement sur le fait d'avoir négligé d'y inviter deux témoins)[312]. Le sceau représente la bague. Le bâton et le châle rituel permettent de former le dais nuptial.

Le poète du *Seder nošim* joue ironiquement avec cette interprétation. Il décrit d'abord, en des termes assez crus, le marchandage qui a lieu entre les deux protagonistes[313]. La négociation à peine achevée, la désignation de l'action en cours change subitement puisqu'apparaît le champ lexical du mariage tandis qu'il est toujours question d'une pulsion sexuelle incontrôlable : « *Jéhudo tet eś alś è er ab-liś gén dáś šadéchonòss / Er wáś zu ver dér-hintér kumén eś war im hálbér ònéś*[314] » (*SN*, 346-347). Il s'agit là d'un bien étrange accord de mariage (*šadéchonòss*) auquel nous venons d'assister. Il ne fait pas de doute que le poète désigne par là la négociation sur le prix de la passe, mais il est probable également qu'il suppose chez son lecteur une connaissance de l'interprétation rabbinique de cet épisode. Seulement, au lieu de laver cette histoire de ce qu'elle avait d'immoral, l'utilisation ironique du vocabulaire du mariage ne fait qu'accentuer l'aspect trivial de cette union entre Yehuda et celle qu'il prend pour une prostituée.

---

[312] Les Tossafistes sont des commentateurs médiévaux héritiers de Rashi. La question du mariage de Tamar avec Yehuda est traitée dans l'ouvrage de commentaires bibliques *Da'at Zekenim* (דעת זקנים) dans l'interprétation du verset en question où le sceau est présenté comme la bague de mariage.

[313] L'idée d'un marché est clairement mise en valeur. Tamar déclare d'abord : « *Lóś unś vor mit anándér markén.* » (« Faisons auparavant un marché tous les deux » ; *SN*, 329) et conclut la négociation : « *Sò wolén mir déś márkś ainéś sein* » (« Alors nous aurons conclu le marché » ; *SN*, 345). Tamar affirme sur le ton gouailleur d'une vraie prostituée qu'elle ne danse pas ce genre de danses à crédit (*SN*, 336-337). Le métier qu'elle exerce (ou plutôt prétend exercer) est plusieurs fois rappelé, d'abord de façon euphémistique : « *gutè dirén* », (« bonne fille », *SN*, 317) ; puis de façon nettement plus vulgaire :« *glaidén* » (« putain », *SN*, 357, 359), mot que l'on retrouve dans le *Boṽo Dantòne* dans une intention clairement insultante (*BD*, 374).

[314] « Yehuda fit tout cela plutôt que de laisser tomber l'entremise [de mariage] / Il l'avait suivie trop loin, il s'y voyait à moitié forcé. » Le terme hébreu *onéś*, désigne toute action imposée, mais son usage le plus fréquent concerne les affaires sexuelles, en particulier le viol. Il n'est pas impossible qu'il y ait une pointe d'ironie de la part du poète qui présente ainsi l'homme qui demande les relations sexuelles à une femme inconnue de lui comme s'il y était « à moitié contraint. »

Si l'on avait le moindre doute sur son intention, le détournement du poète est encore accentué dans les deux vers qui suivent ceux que nous venons de citer : « *Ich waiś nit wi' man zu der brocho rif,* / *Tantò dàś Tomar der bouch ouf-lif*[315] » (*SN*, 348-349). Tout est comique dans ces vers brefs, dynamiques et elliptiques : l'expression « *rufén zu der brocho* » qui désigne la façon dont le bedeau invite les habitants d'une communauté à se rendre à la cérémonie nuptiale ; l'aveu d'ignorance du poète, formule courante dans la poésie populaire mais ici chargée de sens puisqu'on peut l'interpréter comme un doute exprimé quant à l'idée même de « mariage », le syntagme hybride « *tantò dàś* » qui unit la composante italienne à la composante germanique, et enfin la façon grotesque et fort expéditive dont est présentée la grossesse de Tamar. Si le poète imite la rapidité du verset biblique (*Genèse*, 38, 18 : « Il les lui donna, il approcha d'elle et elle conçut de son fait »), l'effet produit est autrement divertissant.

Ce n'est pas là la seule occasion où l'auteur du *Śeder nośim* semble s'amuser des sources qu'il utilise. Lorsqu'il s'excuse de ne pas rapporter le chant de Déborah parce qu'il est trop long (*SN*, 539), on soupçonne qu'au-delà de la formule courante des conteurs populaires, il regarde avec un sourire amusé la longueur inhabituelle de ce poème biblique (qui occupe tout le chapitre 5 du livre des *Juges*). Quand il mentionne, à la fin du récit consacré à Esther, le nombre des hommes qui ont été tués lors de la vengeance des Juifs contre leurs ennemis, au lieu de l'annoncer au cas par cas comme dans le Chapitre 9 du texte biblique (300 à Shushan le premier jour, 500 le second, et 75000 dans les autres provinces du royaume), le poète donne tout de suite le chiffre de 75800 et s'exclame fièrement : « *Den ḥeśbòn ich wol machén kan*[316] ! » (*SN*, 1023), ce qui est peut-être une manière de montrer ironiquement qu'il trouve déplacées ces statistiques du massacre.

L'aspect ludique et distancié de ces vers apparaît également dans l'emploi de jeux de mots. Toujours dans l'épisode de Tamar, lorsque celle-ci se présente aux yeux de tous au milieu du carrefour, la tête nue, le poète nous dit qu'elle n'a pas honte « *as um*

---

[315] « Je ne sais pas comment on appela à la bénédiction, / Toujours est-il que le ventre de Tamar gonfla. »

[316] « Je peux bien faire l'addition ! »

ain hör[317] » (*SN*, 321). Cette formule stéréotypée qui appartient à une longue série de formules du même type souvent utilisées dans la littérature populaire (pour les bienfaits de la rime) est ici remotivée puisque Tamar montre effectivement ses cheveux[318]. Mais on ne peut s'empêcher de penser qu'étant donné le contexte, le mot devait également provoquer une association comique puisqu'il est orthographié הור et qu'on peut donc aussi le lire « hur » : prostituée.

Dans l'épisode animé qui raconte la façon dont les miroirs des femmes étaient utilisés en Égypte pour provoquer le désir des maris épuisés par le travail de Pharaon, la scène est présentée de façon très vive. Les épouses agaçaient les hommes en disant : « Regarde, je suis plus jolie que toi ! » (*SN*, 412). Il ne faudrait pourtant pas prendre cette saynète domestique pour une invention du poète. Tout ce passage est une adaptation fidèle du commentaire de Rashi au verset *Exode*, 38, 8. On voit que la sanctification de la sensualité n'est pas une invention de notre auteur ! Mais celui-ci précise, et cela est un commentaire typique de sa part, qu'elles ajoutaient bien des paroles caressantes comme c'est leur usage jusqu'à ce que les hommes cèdent : « *Un hübén sich mit in an zu rumpéln un' zu štóśén, / Un' béginén mit in zu schimpfan un' zu špilén, / Asó lang bis baid da-hin vilén : / Der thöüfél ging si über-anándér an*[319] » (*SN*, 417-420). Outre l'aspect burlesque et sonore de ces vers, outre la façon dont le jeu érotique des femmes, déjà mentionné par Rashi, est ici développé en véritable bataille de polochons, nous nous demandons si l'orthographe particulière du mot תיפיל (= all. *Teufel*) qui, au lieu d'un ת aurait dû avoir un ט, n'est pas liée à l'intention de créer un jeu de mot pour évoquer le verbe hébreu הפיל : faire tomber, faisant ainsi écho à l'expression

---

[317] « Pour un cheveu ». L'espression se trouve aussi dans le *Bovo Dantóne* (*BD*, 77).

[318] Lévita fait un usage fréquent de ce type de formules. Nous trouvons par exemple dans le *Bovo Dantóne* « pas pour un pois chiche » (*BD*, 44) et dans le *Paris un Wiene* : « pas pour deux sous » (*PW*, 54) ; « pas pour une châtaigne » (*PW*, 56). On remarquera aussi plus loin dans le *Śeder nośim* la forme, quelque peu différente, « pas un orteil » (*SN*, 783). Cette liste n'est pas exhaustive.

[319] « Et se mettaient à les attaquer bruyamment et à les pousser, / Et commençaient à plaisanter et à jouer, / Jusqu'à ce qu'ils tombent à la renverse : / Le diable les poussait l'un sur l'autre. »

colorée, d'origine germanique, du vers précédent « *da-hin vilén* » (« tomber là-bas [sous-entendu dans le lit] »)[320].

On voit que l'auteur sait développer au mieux le potentiel comique des récits dont il a hérité et il utilise pour cela des moyens variés qui ne manquent pas de surprendre. Sa mise en scène de la « victoire » de Yokébed sur Amram ressemble beaucoup à celle des femmes aux miroirs sur leurs maris mais la façon dont se présente la conclusion de cette section est plus inattendue. Évoquant les conséquences de l'accouplement des deux époux, le poète s'attarde sur la figure de Moïse et se lance dans une liste, très traditionnelle, de tous les bienfaits que le grand homme a apportés au peuple juif (sortie d'Égypte, victoires guerrières, don de la Torah, miracles de la manne et du rocher). Ce long éloge de Moïse n'a en soi rien d'étonnant sinon qu'il n'est pas tout à fait à sa place dans un poème consacré à l'éloge des femmes, mais en réalité, il semble que le poète a créé cette longue liste de tonalité emphatique avant tout pour sa conclusion, en forme de chute brève et prosaïque : « *Er wer bös dö hintén blibén*[321] » (*SN*, 300). C'est là l'essentiel du mérite de Yokébed : elle n'a pas laissé Moïse dans les limbes (littéralement « là-derrière », c'est-à-dire « en plan »).

Comme on le voit, le poète du *Šeder nošim* ne manque pas de ressources pour provoquer le rire ou le sourire. Il n'est sans doute pas nécessaire de s'attarder longuement sur les effets qu'il tire des évocations burlesques : Ruth craint que son cul ne passe au-dessus de son dos si elle se penche pour ramasser les épis dans le champ. Elle ne laisse pas porter atteinte à sa virginité, désignée par un mot dialectal, sonore (פפיפ < all. *Pfiffis*, membrane, hymen), *SN*, 481 ; 513), Holopherne a tellement bu qu'on pourrait faire déborder un fleuve avec lui, puis il se met à ronfler avant de se faire décapiter (*SN*, 706 ; 714).

Si l'on veut se persuader de la prédilection de l'auteur pour ce type de comique, il suffit de comparer, dans notre poème et chez Gumprecht von Szczebrzeszyn, l'épisode dans lequel la fille d'Haman renverse un pot de chambre sur la tête de son père,

---

[320] H. Fox-J. J. Lewis 2011 (p. 263, n. 281) supposent une influence du substantif תפלה, signifiant impureté (et utilisée en yiddish ancien de manière fréquente pour désigner, péjorativement, une église). Leur hypothèse, et celle que nous proposons, me semblent pouvoir cohabiter sans s'annuler mutuellement.

[321] « Il aurait été mauvais qu'il soit resté en plan ».

épisode d'origine midrashique et intégré par bon nombre de versions en yiddish ancien de l'histoire d'Esther[322]. Gumprecht traite la scène, somme toute, assez modestement en désignant le pot de chambre par « *ain topf mit unlust on-géfilt*[323] ». L'auteur du *Seder nošim*, quant à lui, s'attarde longuement sur cet épisode (alors qu'il traite l'essentiel du récit nettement plus brièvement que Gumprecht), le transformant en un véritable déchaînement scatologique et vulgaire, multipliant les désignations variées des excréments (souvent d'origine hébraïque) et s'exclamant à la vue de cette « joyeuse fête » : « La salope a chié dans son nid ! » (*SN*, 941).

Si les anachronismes sont monnaie courante dans la poésie biblique et midrashique, nous ne pouvons imaginer qu'un poète tel que celui du *Seder nošim* n'était pas conscient de leur incongruité et qu'il ne les utilisait pas à des fins comiques. C'est bien sûr le cas lorsqu'il s'exclame, après le meurtre de Sisera par Yaël, que celui-ci était bon à enterrer dans la cour de l'Église (« *ouf den tifélo-hóf* », *SN*, 559). C'est peut-être également le cas lorsqu'il évoque des croyances populaires, comme lorsque Boaz, effrayé par la présence de Ruth à ses pieds pendant la nuit, croit recevoir la visite du succube Lilith et s'apprête à lire la prière *Hashkivenu*, regardée comme un exorcisme efficace contre les démons (*SN*, 495)[324]. Il n'est pas impossible enfin que l'auteur ait été conscient de l'anachronisme lorsqu'il fait entonner l'hymne *Adon Olam*, composé probablement vers le XIe siècle mais intégré dans la liturgie au XVe siècle, aux Juifs après leur victoire sur Holopherne (*SN*, 733).

Comme tous les auteurs de poésie biblique et midrashique, le poète place sa narration dans un cadre correspondant à l'univers de la fin du Moyen Âge : les hommes importants sont des contes, des ducs et des chevaliers. Il donne aux héroïnes bibliques le titre de « *vér* » : « Dame ». Mais cet ancrage est encore enrichi par des références à des réalités plus proprement italiennes et, là

---

[322] Voir J. Baum-Sheridan 1996, p. 219.

[323] « Un pot rempli d'ordure ». M. Stern 1922, p. 43, v. 1262-1263.

[324] *Hashkivenu* est une bénédiction qui accompagne la lecture du *Shema* et correspond à une demande de salut. Sur l'efficacité de la prière contre les démons on pourra consulter le chapitre consacré à cette prière dans l'ouvrage, un peu plus tardif, de Haïm Vital : *Pri Ets Ḥaim* (פרי עץ חיים).

encore, sans pouvoir être catégorique, il n'est pas impossible que cette nouveauté ait créé une impression de décalage. Holopherne promet à Judith de faire des ses proches des « *gran maiśtér* » (< it. *gran maestri*, SN, 675), terme qui désignait en particulier les hommes influents dans les Cours princières italiennes. Haman est décrit comme un « partisan » et un « courtisan » d'Ahasvérus (*SN*, 890 ; 898). Mais c'est surtout par l'emploi insistant de la composante italienne de son yiddish que le poète devait créer des effets de déplacement, même si leur portée est difficile à évaluer. Il semble qu'une phrase, comme celle que Ruth adresse à Boaz, lorsqu'elle craint qu'il ne la nourrisse de belles paroles (selon un commentaire de Rashi), ne devait guère être perçue comme soutenue, tant elle accumule les italianismes : « *Jo ! Mit zanzé wiltu mich ménerén*[325] ! » (*SN*, 510). Les deux termes d'origine italienne (de *ciancie* et de *menare*) devaient, en tout état de cause, appartenir au registre parlé de la langue et ils contribuent à doter d'une vivacité particulière cette exclamation indignée.

On voit donc en définitive que cette seconde partie du *Śeder nośim*, si elle comporte bien des caractéristiques courantes dans la poésie biblique et midrashique, se signale par son originalité structurelle autant que par son ton. Elle est traversée d'un humour et d'une ironie tels qu'on les retrouvera, à bien moindres doses, dans certains poèmes plus tardifs, ceux de Gumprecht von Szczebrzeszyn, par exemple, ou certains passages du *Śefer Jéhośua* publié à Cracovie. Une telle originalité, sa probable composition à Venise, la liberté avec laquelle est employée la composante italienne du yiddish, tous ces éléments et bien d'autres nous poussent à soutenir l'hypothèse d'une attribution de l'œuvre à Élia Lévita. C'est sur cette question que nous entendons revenir dans un dernier temps.

Arguments pour une attribution de l'œuvre à Élia Lévita

Plusieurs tendances que, dans la littérature yiddish ancienne, l'on ne rencontre que dans l'œuvre d'Élia Lévita ont déjà été reconnues au cours de l'analyse des différentes parties du poème. Nous souhaitons en offrir un relevé raisonné en faisant le bilan des caracté-

---

[325] « Oui ! Tu veux me faire marcher avec tes vains bavardages ! »

ristiques saillantes de l'écriture du poète et en les confrontant aux vers du *Seder nošim*. Pour ce faire, nous commencerons au niveau « microtextuel », soulignant d'abord les éléments relevant du mot et des idiomatismes en évoluant vers le niveau macrotextuel (thématiques récurrentes, effets de structure et de narration). Il convient bien sûr de souligner qu'aucun de ces éléments ne saurait, à lui seul, permettre de trancher en faveur de notre hypothèse d'attribution. Ce n'est qu'en les considérant tous ensemble, et en gardant en mémoire les traits généraux de la littérature yiddish ancienne tels que nous les avons étudiés, que se dessine un faisceau de présomptions permettant d'affirmer, avec une assez grande probabilité, que Lévita est l'auteur de cette œuvre originale.

Nous verrons que les traits de style que nous allons mettre en évidence correspondent plutôt à la première période de la création d'Élia Lévita, la période du *Bovo Dantone* et des pasquinades. Dans une création qui a connu une si grande évolution (tout en préservant certaines caractéristiques fondamentales), le *Seder nošim* se rattache aux œuvres les plus « populaires », celles qui tendent le plus vers une réappropriation des tendances contemporaines de la littérature yiddish ancienne, avec son oralité et son mélange des registres, tout en leur imprimant une marque originale.

1) On soulignera d'abord l'emploi d'une langue expressive fondée sur un choix de mots provenant de la langue populaire. C'est, comme nous l'avons vu, un trait répandu dans toute la littérature yiddish ancienne mais seul Lévita cherche à créer un effet de saturation et d'accumulation en enchaînant les termes aux sonorités et au sémantisme frappants. Nous ne pouvons ici mentionner qu'un certain nombre de ce type d'expressions telles qu'elles apparaissent dans le *Seder nošim* et dans d'autres œuvres de Lévita.

Les verbes ont des formes particulières soit par leur phonétique, soit par leur sémantisme. En voici quelques exemples : les femmes du *Seder nošim* arrivent de façon éclatante à la synagogue certains jours de Shabbat, comme Drusiana arrive au banquet qu'elle a préparé pour voir Bovo : dans les deux cas est utilisé le verbe composé : « *Kumén zu brangén* » (*BD*, 118 / *SN*, 1086). Le fait de manger avec voracité est exprimé, dans les deux œuvres par le terme « *einštóśén* [*ain biśén*] » (fourrer à l'intérieur un morceau *BD*, 517 / *SN*, 93). Le verbe « *schmazén* » qui traduit un bruit de bouche, est utilisé à plusieurs reprises dans le roman de chevalerie pour représenter un baiser, et dans le *Śeder nošim* dans le cas surprenant où les femmes donnent à téter à des chiens pour éviter que leurs seins ne se trouvent trop alourdis par le lait maternel (*BD*, 138 ; 495 / *SN*, 143).

Pour exprimer la bonne santé d'un visage, le *Boṽo Dantóne̞* utilise le terme « *oufgéblósén* » (gonflé) et le *Śeder nošim* le terme « *géschw'ólén* », (enflé, *BD*, 98 / *SN*, 111). Une souffrance physique ou une violence est volontiers exprimée par le verbe « *krachén* » (craquer, *BD*, 151, 262, etc. / *SN*, 407). Le verbe « *sich reibén* » (se frotter) est utilisé dans les deux romans de chevalerie, comme dans notre poème, pour désigner l'empressement et l'affection que se témoignent différentes personnes (*BD*, 198 / *PW*, 174 / *SN*, 1144). Le substantif d'origine hébraïque « *bilbul* », signifiant trouble, bouleversement, et dont on comprend pourquoi la sonorité remarquable attire un tel poète, est utilisé, au singulier ou au pluriel, dans les deux romans de chevalerie et dans le *Śeder nošim*, toujours dans un contexte où il ne peut être interprété que comme une locution familière (*BD*, 637 / *PW*, 716 / *SN*, 162).

Les verbes de mouvement sont particulièrement variés et colorés : « *schnurén* » (aller à la vitesse d'une flèche bourdonnante : *BD*, 173, 440 / *PW*, 612 / *SN*, 650) ; « *her-ṽor-krichén* » (s'approcher en rampant, pour désigner l'approche discrète de toute une foule : *BD*, 455 / *SN*, 1153 / *PW*, 145), « *drólén / trólén* » (aller à petits pas, avec une connotation comique : *BD*, 458 / *SN*, 110), etc. Dans tous les textes de Lévita, des mots comme « *schwank* », « *schimpf* », « *štuk* », « *špil* », qui servent souvent à dénoter une forme de plaisanterie, paraissent régulièrement et renforcent la légèreté du récit (par ex : *BD*, 142, 338 / *SL*, 14 / *PW*, 242, 590, 601 / *SN*, 267, 418, 1050, 1112, 1133).

2) Si l'on passe maintenant au-delà du niveau du simple mot, on rencontre très fréquemment dans les œuvres d'Élia Lévita des associations de verbes quasi-synonymes (dittologies) qui expriment, en les mimant, des actions vives. Par exemple pour l'action de se lamenter, on trouve, dans le *Boṽo Dantóne̞* : « *schrei'én*

un ' zanén » (crier et grimacer) ; « *schrei'én un ' brumén* » (crier et gronder) ; « *kruchzén un ' klagén* » (grogner et se plaindre) ; « *murén un ' brumén* » (râler et gronder) ; « *wenén un ' klagén* » (pleurer et se plaindre) ; « *schrei'én un ' greinén* » (crier et gémir : *BD*, 154, 194, 215, 358, 494). Dans le *Ṡeder noṡim* on trouve : « *zanén un ' flenén* » (grimacer et pleurnicher) ; « *wainén un ' greinén* » (pleurer et gémir) ; « *schimpfén un ' gailén* » (râler et demander plaintivement) ; « *wainén un ' hischén* » (pleurer et soupirer : *SN*, 56, 150, 1175, 1177)[326].

Ces dittologies sont fréquentes dans la littérature yiddish ancienne car elles sont appréciées pour leurs qualités sonores mais elles ne sont jamais utilisées, nous semble-t-il, avec une telle variété, et un tel sens de l'à-propos que dans l'œuvre de Lévita. On trouve des concordances remarquables : dans le *Paris un Wiene* comme dans le *Ṡeder noṡim*, l'usage par les femmes du maquillage est désigné par la dittologie : « *sich ouf-muzén un ' leckén* » (se pomponner et se lécher : *PW*, 179 / *SN*, 394). Lévita se montre dans ce domaine particulièrement créatif en associant des termes de la composante italienne et de la composante germanique. On lit ainsi dans *BD* : « *fechtén un ' schkàrmuzéln* » (combattre et s'escrimer, le second terme provient de l'italien *scarmuccia*, escarmouche : *BD*, 17). Le *Ṡeder noṡim* présente plusieurs exemples de ces dittologies mixtes : « *wé-teg un ' ṡtent* » (les douleurs et les tourments, le second mot venant de l'italien *stenti*), ou plus vulgaire : « *hurén-kindér un ' béṡtardén.* » (fils de putes et bâtards : *SN*, 82, 744)[327].

3) Si l'on passe encore au niveau supérieur, celui des expressions idiomatiques, leur richesse et leur variété dépassent chez Lévita celles des autres œuvres contemporaines. De ce point de vue encore, le *Ṡeder noṡim* présente des parallélismes frappants avec les autres œuvres de Lévita. Nous avons déjà vu que, pour dire « mourir », les deux romans de chevalerie utilisent l'expres-

---

[326] On trouve une variation du dernier couple dans le *Paris un Wiene* : « *sifzén un ' hischtén* » (*PW*, 10, voir aussi 278, 577).

[327] Même si le mot Bastart est entré en allemand, nous considérons plus probable que Lévita le considérait comme un mot italien. Nous en voulons pour preuve qu'il l'a supprimé du *Boṽo Dantòne̲* quand il en a préparé l'édition.

sion : « *štrékén al vir* » (« tendre les quatre [membres] »). On la retrouve dans notre poème (*SN*, 564). L'expression, en forme de litote : « *nit un-gerén sehén / hörén* » (ne pas voir / entendre sans joie) se trouve aussi bien dans le *Boṽo Dantône* que dans le poème sur les femmes (*BD*, 165 / *SN*, 311). De même l'empressement auprès d'une personne est exprimé sous forme d'antiphrase par la formule : « *Si' w'uśt nit waś si' mit im sòlt treibén*[328] » (*BD*, 10, voir aussi *BD*, 645) dont le sens est plus nettement explicité dans le *Seder nošim* : « *Nun wiśén si nit ṽun gerén wol tun wàs śi sòlén treibén*[329] » (*SN*, 1143).

Se précipiter au coude à coude se dit, dans le *Boṽo Dantône*, dans le *Hamaṽdil-lid*, et dans le *Seder nošim* : « *loufén um di wet* » (courir à qui mieux mieux : *BD*, 157 / *HL*, 28 / *SN*, 1145). Être pendu au cou de quelqu'un est exprimé, dans le *Boṽo Dantône* comme dans le *Seder nošim* « *hengan as ain klet* » (*BD*, 336 / *SN*, 1146 : pendre comme du lierre). Se montrer insatisfait se dit, dans le *Boṽo Dantône* : « *ein-gèn übél* » (rentrer avec un mauvais goût) ; et dans le *Seder nošim* : « *ein-gèn sou'ér* » (rentrer avec un goût acide : *BD*, 161 / *SN*, 25). « Être aux anges » se dit « *im narén-gartén gehén* » (aller dans le jardin des idiots), dans le *Paris un Wiene* comme dans le *Seder nošim* (*PW*, 227 / *SN*, 907). « Cacher » sa peine se dit dans les deux mêmes œuvres : « *in sich ṽor-beiśén* » (mordre en soi, entre ses dents) (*PW*, 286 / *SN*, 2, 10). Comme ces expressions idiomatiques sont souvent des formes de comparaison ou de métaphores, on peut noter que, dans les mêmes œuvres, la complicité de deux femmes est rendue par la même comparaison : « comme des oiseaux dans leurs nids » (*PW*, 25 / *SN*, 96).

D'autres expressions sont spécifiques au *Seder nošim* mais correspondent parfaitement au type d'images, centrées sur le corps, que Lévita affectionne : les femmes, débordées par les soucis que leur donnent leurs enfants, ont du « travail sur le dos » tandis que le père de Paris, navré de ne pouvoir obtenir le gendre qu'il souhaite a « une montagne sur le cœur » (*SN*, 181 / *PW*, 450). Dans le même esprit, Haman a les cheveux qui se dressent sur la tête dès

[328] « Elle ne savait pas comment se comporter avec lui. »
[329] « Elles ne savent pas comment se comporter tant elles veulent bien faire. »

qu'il voit Mardochée (*SN*, 849). Et dans le *Bo̅vo̅ Danto̅ne̲* comme dans notre poème, la sueur sert à symboliser le danger (*BD*, 379 / *SN*, 801).

Peut-être est-il temps d'évoquer une thématique très présente dans toutes les œuvres de Lévita et qui inspire beaucoup d'expressions idiomatiques : nous voulons parler bien sûr de la thématique sexuelle. La formule « *muté̲n cach vécach* » (« encourager comme ci et comme ça »), pour désigner des avances sexuelles, semble avoir été bien répandue dans le yiddish de l'époque : on la rencontre dans le *Mélochim-buch*, dans le *BD* et dans le *SN* (*MB*, 344 / *BD*, 486 / *SN*, 323). Si l'expression « *schrei'é̲n as ain dib' in štal* » (crier comme un voleur dans l'écurie) se trouve dans le *Še̲mu'el-buch*, c'est dans un tout autre contexte que dans le *Bo̅vo̅ Danto̅ne̲* ou que dans le *S̲eder no̅šim*, où elle désigne les cris de la femme pendant l'amour (*SB*, 1629 / *BD*, 350 / *SN*, 1166). Plus remarquable, parce que nous ne l'avons rencontrée que dans l'œuvre de Lévita, est la formule « *vé̲rdiné̲n di fisch* » : gagner le poisson, qui est utilisée dans le *Hama̅v̅dil-lid* et dans le *S̲eder no̅šim* pour parler du dépucelage d'une jeune fille[330] (*HL*, 42 / *SN*, 1159). Encore dans le domaine sexuel, le désir masculin est désigné comme le feu qui dévore la paille aussi bien dans le *S̲eder no̅šim* que dans le *Paris un Wiene*.

4) Quittons à présent ce répertoire d'expressions idiomatiques, qui pourrait encore être enrichi, pour passer à l'usage original des proverbes, qui n'en sont après tout qu'un développement avec une intention morale. Ils sont très nombreux, comme nous le savons déjà, dans toutes les œuvres de Lévita et ils y ont une caractéristique particulière : Lévita les emploie souvent pour renforcer une argumentation (en conclusion de réplique, en fin de strophe comme épiphonèmes) ou encore il les associe, les enchaîne avec virtuosité.

---

[330] J. J. Lewis-H. Fox 2011 (p. 298, n. 753) rapportent cette expression à une coutume selon laquelle les Juifs consommaient traditionnellement du poisson le lendemain de la nuit de noces, explication plausible puisque cette expression ne se retrouve pas dans les *Fastnachtspielen* allemands qui sont pourtant un véritable trésor de métaphores érotiques, voir J. Müller 1988. Cette coutume serait elle-même liée au verset biblique פרו ורבו, « croissez et multipliez vous », puisque les poissons sont un symbole de fertilité.

On trouve un usage rhétorique du proverbe dans le *Šeder nošim* au début de la réplique que Béthsabée adresse à Salomon pour lui reprocher de l'avoir déshonorée en restant endormi près de la fille de pharaon : « *Der wein schmeckt nach dem vaś* » : le vin a le goût du tonneau (*SN*, 589). Il s'agit là, une fois de plus, d'une adaptation du commentaire de Rashi à *Proverbes*, 31, 2, mais l'idée selon laquelle Salomon a dû hériter ses mauvais penchants de sa mère, son père étant au-dessus de tout soupçon, est exprimée d'entrée de jeu par cet éloquent proverbe avant d'être explicitée. De plus, le proverbe a un rapport avec l'objet de la réprimande puisque la mère reproche, entre autres, à son fils d'abuser de la boisson. Lorsque Yokébed essaie de convaincre Amram de coucher avec elle malgré la menace de Pharaon de tuer tous les enfants mâles, elle utilise un proverbe apprécié pour son usage de la paronomase : « *Wen der štrank am štrènkśtén iśt, sò pflègt er gern zu brechén*[331]. » (*SN*, 277).

Mais le phénomène le plus remarquable est sans doute l'enchaînement de proverbes, phénomène que nous n'avons rencontré que chez Lévita. Il est assez fréquent, comme nous l'avons vu, dans le *Paris un Wiene*. Le poète du *Šeder nošim* est un virtuose en la matière, en particulier dans les parties les plus satiriques. C'est le cas, bien sûr, lors de l'évocation de l'acte sexuel : les expressions et proverbes : « gagner le poisson », « les vieilles chèvres lèchent volontiers », « crier comme un voleur dans l'étable » s'enchaînent en l'espace de quelques vers (*SN*, 1159-1166). Le monde du sexe se voit sérieusement animalisé ! On se souvient peut-être également de la façon dont était décrit l'accouchement difficile : « Si l'on peut tenir la mère par la bride, / Il est mieux d'être privé de la pomme que d'être privé de l'arbre : / La pauvre jeune fille / Ne perd que la façon. » (*SN*, 68-71) Tant d'images, d'expressions et de proverbes mis les uns à la suite des autres produisent un effet finement comique qui ne manque pas cependant de mordant, en raison du cynisme de certaines métaphores.

---

[331] « Quand la corde est la plus serrée, c'est alors qu'elle rompt le plus facilement. » Voir Wander, art. « Strick », 39. Notons que le proverbe ici employé joue davantage sur la proximité de *Strang* et de *streng* que la version citée par Wander qui utilise le terme *Strick*.

5) Le dernier exemple nous permet de passer à la question des rimes, qui est peut-être l'originalité la plus remarquable et la plus évidente de la création poétique de Lévita. En effet, la traduction que nous venons d'en proposer masque (malheureusement) les résultats surprenants que le poète obtient en faisant rimer deux à deux différentes composantes de son yiddish. Mais puisque nous l'avons cité dans l'original plus tôt, qu'il nous suffise de rappeler qu'il associe le terme d'origine hébraïque « *baḥuro* » (jeune fille) au terme d'origine italienne « *vature* » (façon). Dans les deux vers suivants, l'auteur du *Šeder nošim* fait rimer « *filio* » (< it. *figlio* : le fils) avec « *šilio* » (< héb : le placenta ; *SN*, 72-73). Inutile de préciser que pour produire une telle rime, il faut non seulement faire preuve d'une grande liberté linguistique, mais aussi disposer d'une connaissance de l'hébreu plus qu'élémentaire.

Faire rimer des termes hébraïques avec des termes italiens oblige bien sûr à les accentuer sur la pénultième. Contrairement donc à la pratique courante de la poésie yiddish ancienne, notre poète fait rimer entre eux les termes de la composante hébraïco-araméenne selon leur prononciation ashkénaze. On trouve bien des exemples de ce type de rimes dans le *Šeder nošim*, par exemple : « *lidér* », les chants, rime avec « *šidér* », le livre de prière (*SN*, 1119-1120) ; « *regel* » (< héb. רגל : la fête de pèlerinage), rime avec « *kègèl* », l'enfant (*SN*, 1072-1073) ; « *maso u-mathon* » (< héb. : la négociation commerciale), rime avec « *malén-schlósén* » : le verrou (*SN*, 389-390). Il s'agit là d'une rime riche et d'un jeu de mot bilingue, étant donnée la ressemble phonétique des deux syntagmes en fin de vers[332]. De telles rimes rappellent bien sûr des inventions typiques de Lévita, tels les deux vers du *Boṽo Dantòne*, déjà cités, qui font rimer « *šòméné* » (< héb. שמן : grasse) avec « *dòméné* » (< lat. *dominus*).

Le poète du *Šeder nošim* emploie donc avec brio les différentes composantes de la langue. Il joue avec elles avec une grande liberté pour produire des effets de surprise souvent comiques. Il vaut la peine de donner quelques exemples supplémentaires. Lorsque

---

[332] Notre transcription, fondée sur une reconstitution hypothétique du développement « canonique » du yiddish, ne reflète sans doute pas la prononciation effective et il faut supposer, si l'on ne veut pas sacrifier la rime qui est presque toujours respectée dans ce poème, qu'on prononçait : « mase umosen ».

Tamar demande à Yehuda de lui donner des gages avant de coucher avec lui, elle s'exclame : « *Wen ich tanz nit sŏlchĕ tenz / ouf bŏrg un' ouf grĕdenz*[333] » (*SN*, 336-337). Bien des choses sont remarquables ici : la cadence binaire, la métaphore sexuelle, la dittologie mixte (*bŏrg / grĕdenz*) et enfin la rime entre la composante germanique « *tenz* », et la composante italienne « *grĕdenz* » (< it. « *credenza* » : le crédit). Il s'agit là d'une série d'inventions originales que l'on ne peut mettre au crédit que d'un poète de premier plan et, de surcroît, d'un poète éminemment comique. Voici encore un exemple du même type : après que Judith a coupé la tête d'Holopherne, ses soldats se précipitent dans la chambre du roi et le trouvent décapité. La situation est dépeinte par le poète avec un humour qui, une fois de plus, peut compter sur le secours d'une grande créativité linguistique : « *Do ṽundén si in do ligén muz : / Eś bracht im winzik nuz*[334] » (*SN*, 740-741). Le terme « *muz* » provient de l'italien « *mozzo* » : dont on a coupé le bout, usage en soi comique pour désigner une personne décapitée, et le commentaire sur l'utilité de l'arrivée des soldats est bien sûr une intervention intempestive du narrateur. Il s'agit là, nous nous en souvenons, d'une des caractéristiques saillantes du style de Lévita.

Mais avant de quitter la question des rimes, il faut encore noter qu'il n'est pas nécessaire de chercher parmi les rimes mixtes pour trouver des cas remarquables. Lorsque Yokébed parvient finalement à convaincre Amram qu'il est idiot de ne plus lui faire d'enfants, le poète souligne sa victoire par ces deux vers : « *Mit vil sŏlchér wort si Amérom doch übér-hŏpélt / Dáś si in doch lésŏf widér zu ir kŏpélt*[335] » (*SN*, 284-285). La rime dactylique est d'autant plus expressive que le poète joue sur le sens physique du mot « *über-hŏpélt* » (« sauter dessus ») et le sens moral qu'il lui donne (« convaincre à force d'arguments »). Cette rime comique, n'est-elle pas la cousine d'une autre rime, tout aussi comique, que l'on trouve dans le *Boṽo Dantŏne* : « *Dáś pferd ich mit špil vér-*

---

[333] « Car je ne danse pas de telles danses / Sur emprunt et à crédit. »
[334] « Ils l'on trouvé là raccourci : / Ça lui fut de peu d'utilité ! »
[335] « Avec bien des mots de ce genre, elle finit par renverser Amram / De sorte qu'il s'accouple de nouveau avec elle. »

tôpélt / *Dáś vingérlén gáb ich ainém der mir ain goio kôpélt*[336] »
(*BD*, 306) ? Ainsi parle le pèlerin voleur qui avait emporté le cheval et l'anneau de Bovo et qui lui explique, bien candidement,
quel a été le destin de ses possessions, désignant comiquement
(et péjorativement) la prostituée qu'on lui a fourni sous l'appellation « une non-Juive » !

6) Au cas où l'on ne serait pas encore convaincu de la très grande
probabilité de l'hypothèse selon laquelle l'auteur du *Śeder nošim*
est bien Lévita, il nous faut aborder certains traits stylistiques
particuliers. Le narrateur dans la poésie yiddish ancienne affirme
souvent raccourcir le livre qu'il a pris pour source et Lévita utilise fréquemment les formules consacrées pour marquer ce type
d'abrègements, réels ou fictifs. C'est ainsi que, dans le *Paris un
Wiene*, au moment où il s'épargne la peine de conter une bataille
(abrègement réel), Lévita commence une strophe « *in wénig réd
un 'kurzé wort* » (*PW*, 141). Dans le *Śeder nošim*, on trouve une
version mixte, presque macaronique, de cette formule : « *Poké
parôlé mit kurzén wortn* » (*SN*, 248) où l'italien « *poche parole* »
rencontre le reste de la formule stéréotypée. Ce *topos* apparaît de
manière particulièrement fréquente tout au long du poème.

Le narrateur s'attache également à accentuer le dramatisme
des actions et à émettre des commentaires sur leur signification
morale, traits dont nous avons analysé l'importance dans le *Boṽo
Dantône*. Comme dans ce roman, il se plaît à dévoiler, vers après
vers, les pensées de Tamar au moment de sa négociation avec
Yehuda. Quand celui-ci commence à lui faire des avances, elle
s'exclame : « L'affaire est en bonne voie ! » (*SN*, 327). Et quand
Yehuda lui demande quelles garanties elle souhaite : « Sur mon
âme de Juive pieuse, je ne vais pas me laisser avoir, je vais l'attacher bien solidement ! [lit. Je vais pousser un verrou sur lui] »
(*SN*, 340-342). Le même procédé est employé au moment où la
fille d'Haman, qui se rattache à la figure du traître, chère à Lévita,
s'apprête à jeter un pot de chambre sur la tête de son père (qu'elle
prend pour Mardochée). Elle s'exclame dans son for intérieur :
« Je vais lui faire un grand honneur ! » (*SN*, 935). Le narrateur

---

[336] « Le cheval, je l'ai perdu au jeu / Et l'anneau, je l'ai donné à un homme
qui m'a accouplé à une non-Juive. »

se plaît aussi à commenter l'action s'exclamant, par exemple, au moment où Holopherne s'apprête à jouir d'un bon repas et de la compagnie d'une jolie fille telle que Judith : « Qui se sentirait mieux que lui ? » (*SN*, 703), puis au moment de la décapitation : « Dommage pour lui, cette fête ! » (*SN*, 719). Et il affirme enfin que l'héroïne a bien récompensé le tyran pour la honte qu'il a voulu lui infliger (*SN*, 729).

On remarque également, dans le *Seder nošim*, plusieurs tics d'écriture de Lévita. Ses narrateurs (ou le poète lui-même) se plaisent à dire qu'une chose est tellement élémentaire, que même un enfant la comprendrait. On en trouve un exemple lorsque le poète raille Hillel en affirmant qu'il bute sur des problèmes, dans la Torah, que comprendrait même un enfant (*HL*, 7). Quand Paris apprend le dur sort qui est fait à Vienne dans sa prison, sa douleur serait évidente, même pour un enfant (*PW*, 484). Dans le *Seder nošim*, le trait est encore un peu plus forcé : il n'est pas question, nous dit-il de raconter les histoires de Sarah, Rébecca, Rachel, etc. car « même les enfants dans leurs berceaux » savent à quel point elles étaient pieuses.

Parfois, ces réflexes d'écriture apparaissent à un niveau plus « microtextuel ». Il en est ainsi de l'habitude de notre auteur de fournir des idées de grandeur en juxtaposant deux chiffres comme dans la phrase du *Boōo Dantōne* : « *Er lait den brif zwai' drei mōlén* [337]. » (*BD*, 20). On trouve un certain nombre de cas semblables dans les deux romans de chevalerie [338]. Le *Seder nošim* présente au moins un cas de ce genre (*SN*, 1095). Dans le *Boōo Dantōne*, Lévita traite au cas par cas les opinions de différentes catégories de gens quant à la disparition de Bovo. Les opinions de chaque groupe (ils sont au nombre de trois) sont présentées l'une après l'autre, et chacun de ces groupes est introduit par l'expression : « *ain tail* » (« une partie [d'entre eux] », *BD*, 290). De même, dans le *Seder nošim*, les femmes autour de la mariée sont réparties en plusieurs équipes suivant les actions qu'elles effectuent : chacun de ces groupes (ils sont à nouveau trois) est présenté par la formule : « *ir ainés tail* » (« une partie d'entre elles », *SN*, 1118, 1127, 1131).

---

[337] « Il lut la lettre deux trois fois. »
[338] Voir par ex. *BD*, 10, 326, etc. / *PW*, 60, 178, 328, 451, 459, etc.

Plus créative est la façon dont Lévita, dans ce même roman de chevalerie, emploie des nombres, choisis de façon fantaisiste, pour le seul bienfait de la rime. L'aspect aléatoire de ce choix, qui saute aux yeux, produit bien sûr un effet comique : le poète avoue explicitement qu'il avait besoin d'une rime. Un château est situé à « un ou dix » milles de distance quand il s'agit de créer une rime en -ehén (« zehén », BD, 9). On traverse « une ou quatre » chambres quand le poète attend une rime en -irén (« virén », BD, 63). Le chevalier passe par « un ou trois » sentiers pour donner à l'écrivain sa fin de vers en -ei'én (« drei'én », BD, 121). Des pilleurs prennent « un ou sept » troupeaux pour les bienfaits de la rime en -ibén (« sibén », BD, 531). On retrouve cette technique humoristique dans le Seder nošim : le mari accorde à sa femme « huit poulets sur vingt », car cela permet commodément de terminer le vers par « echt » (SN, 16). Judith veut adresser à Holopherne « un ou trois » mots ce qui fournit une rime en -ei (« drei », SN, 655).

7) Mais après nous être arrêté sur ces détails qui peuvent sembler anodins, venons-en à l'essentiel : au cœur du style de Lévita. Commençons par son goût de la vie quotidienne et des détails concrets. Si l'on a en mémoire les énumérations d'ustensiles volés par Pelukan dans le Boṽo Dantṍne (BD, 460), les mets préparés par Bovo pour Drusiana après l'accouchement, dont certains ne sont pas sans rappeler le poème sur les femmes, et le bain préparé pour les enfants (BD, 446), la liste des ingrédients de maquillage du Paris un Wiene (PW, 176-177), qui multiplie les italianismes, comment ne pas reconnaître la même inspiration dans la liste des aliments consommés par l'accouchée (SN, 85-105) ou dans les détails donnés sur la parure des femmes qui se rendent à la synagogue lors des shabbats particuliers (SN, 1085-1110) ? Et cela, sans même évoquer les parures détaillées dans le Purim-špil (puisque son attribution est aussi incertaine), où l'on trouve pratiquement la même hyperbole burlesque pour désigner une main couverte de bagues, sinon que dans ce poème les bagues sur les mains des femmes sont si nombreuses qu'on ne peut pas les retirer (PS, 15), et dans le Seder nošim, les doigts en sont si pleins qu'ils ne peuvent pas se plier !

C'est d'ailleurs après la lecture du poème sur les femmes, si rempli d'informations sur la vie quotidienne des Ashkénazes au XVIᵉ siècle, qu'on prend conscience de certains détails des romans de chevalerie qui autrement auraient pu sembler anodins. On saisit mieux pourquoi Lévita précise, au moment du mariage (raté) de Makabrun avec Drusiana, que les invités ont bien chanté pour le fiancé et la fiancée (*khosn-kale*), avant de les accompagner joyeusement jusqu'à leur chambrée (*BD*, 344). On ne regarde plus comme un détail le fait que Drusiana, après avoir mis au monde ses deux enfants, se repose en compagnie de Bovo et de Pelukan pendant trente jours (*BD*, 468). On accorde tout son poids à la strophe du *Paris un Wiene* qui nomme toute une série de coutumes de mariage (par prétérition, puisque c'est pour dire que ces coutumes ne sont pas respectées) : les chants, le tressage des cheveux de la mariée, le discours du rabbin (*PW*, 696).

8) Mais le trait d'écriture le plus flagrant, celui qui nous a accompagné pendant toute notre étude de Lévita, reste son esthétique de la surprise portée par un narrateur omniprésent, toujours prêt à faire des remarques humoristiques. Et celles-ci ne manquent pas dans le *Seder nošim*. Qu'il précise que la femme enceinte souffre en silence parce que son mari lui a « rempli le ventre » (*SN*, 23), qu'il dise que si les femmes savaient ce qui les attend lors de la maternité, elles s'uniraient à un « bâton sec » avant de « goûter » à un homme (*SN*, 194-195) ou qu'il précise que si la fiancée avait des cheveux longs, au moment du tressage de ses cheveux, cela ne prendrait jamais fin, c'est toujours le même poète, jamais avare d'exagérations, et toujours prêt à tourner la réalité en dérision.

Une des méthodes constantes qu'il utilise, dans le *Seder nošim*, consiste en l'accumulation des comparaisons animales. Les femmes sont traitées par leurs maris comme des « bêtes » (*SN*, 30) et le poète lui-même ne se prive pas de les transformer en bêtes à travers divers proverbes et comparaisons. Le mari veut « économiser la prairie avec sa vache » (*SN*, 21) ; les femmes doivent allaiter des chiens (*SN*, 137) ; elles « meurent neuf fois par jour comme un chat » (*SN*, 203) ; les accoucheuses, en Égypte, se tordent comme des vers devant les ordres de Pharaon (*SN*, 247) ; les vieilles Juives, lors des mariages, viennent en foule comme des fourmis (*SN*, 1154) et sautent comme des chèvres (*SN*, 1155). Et lorsqu'elles portent le deuil pour un mort, elles viennent se lamenter, et regardent avec de grands yeux à travers leurs foulards comme des chouettes (*SN*, 1174). Mais laissons finalement la parole à ce poète, dont nous ne parvenons pas à nous convaincre qu'il ne s'agit pas d'Élia Lévita, laissons-le nous surprendre dans ce commentaire sur le sort des pauvres femmes après les douleurs de l'accouchement, écoutons ces vers qui nous semblent assez bien résumer la poétique du *Seder nošim* :

Hetén si nun nit andér zuròss wen di bésundér,
So wer eś doch kain w'undér,
Dàś si asò lebéndik in daś gan eden kemén doch
As ain ku in ain möus-loch !

SN, 78-81

Si elles n'avaient pas d'autres soucis que ceux-là,
Ce ne serait tout de même pas étonnant,
Si elles entraient vivantes au paradis,
Comme une vache dans un trou de souris !

CONCLUSION

« *The storyteller and poet of our time, as in any other time, must be an entertainer of the spirit in the full sense of the word, not just a preacher of social or political ideals. There is no paradise for bored readers and no excuse for tedious literature that does not intrigue the reader, uplift him, give him the joy and the escape that true art always grants*[1]. » La définition de la mission de l'écrivain par Isaac Bashevis Singer lors de son discours officiel de reception du prix Nobel répond certainement, pour une bonne part, à l'idée que s'en faisait Élia Lévita lorsqu'il écrivait, plus de quatre cents ans avant lui, des romans en yiddish. Le divertissement doit être pris ici dans son sens le plus noble, de la façon dont les Anciens entendaient le terme *otium*. Il y a dans un tel *entertainment* une part de gratuité, que l'on retrouve toujours au fondement des projets esthétiques, aussi « engagés » soient-ils, car ils gardent une parenté plus ou moins prononcée avec le jeu, un jeu où l'auteur peut investir toutes ses ambitions, tout en se sentant affranchi des contraintes de la vie ordinaire.

Le yiddish est une langue éminemment populaire car la langue prestigieuse de culture pour la population ashkénaze est restée, jusqu'à la fin du XIXe siècle, l'hébreu. Cela a contribué à doter

---

[1] « Le conteur et poète de notre temps, comme de tout temps, doit divertir l'esprit au sens plein du mot, et non être uniquement un prêcheur d'idéaux sociaux ou politiques. Il n'y a pas de paradis pour le lecteur ennuyé, et pas d'excuse pour la littérature ennuyeuse, qui n'intrigue pas le lecteur, ne le stimule pas, ne lui donne pas la joie et l'évasion que l'art véritable procure toujours. » Discours disponible sur : http://www.nobelprize.org/nobel_prizes/literature/laureates/1978/singer-lecture.html [consulté 09/2014].

sa littérature de certaines caractéristiques constantes depuis son émergence au Moyen Âge jusqu'à son déclin après la Seconde Guerre Mondiale : tendance à exploiter la langue courante (et non une langue écrite possédant ses propres codes et sa propre tradition), choix de sujets « populaires », que ceux-ci proviennent du folklore ou d'écrits appréciés par le plus grand nombre, goût pour le comique et la légèreté qui favorisent la connivence entre l'auteur et ses lecteurs.

Dans cette perspective, on peut suivre un même fil conducteur d'Élia Lévita à Isaac Bashevis Singer en passant par Mendele Moykher Sforim, Sholem Aleykhem ou encore Itsik Manger. Le champ de la littérature yiddish se complexifie notablement à la fin du XIXe siècle et tout au long du XXe siècle lorsque la langue en vient à assumer des fonctions nouvelles au moment de son accession, interrompue par la guerre, au statut de langue nationale, mais les caractéristiques originelles que nous venons de mentionner ne se laissent jamais entièrement oublier. Notre étude de l'œuvre d'Élia Lévita, et des œuvres yiddish anciennes qui lui sont contemporaines, nous semble donc inviter à la réflexion sur l'unité de la littérature yiddish tout au long de son histoire pluriséculaire.

Elle nous semble également ouvrir des perspectives, qui demandent à être approfondies, sur la condition de l'écrivain juif en diaspora et sur la façon dont son œuvre peut aider à appréhender les grands mouvements culturels qui affectent les peuples dont les Juifs partagent le territoire. Cet écrivain, qu'il s'agisse d'Immanuel de Rome ou d'Élia Lévita, peut s'élever à une compréhension profonde et originale des grandes questions esthétiques de son temps, même s'il est vrai qu'un tel phénomène ne se produit que dans le cas des écrivains les plus talentueux[2]. L'auteur appartient alors au sens fort à (au moins) deux traditions : l'une spécifiquement juive, et l'autre « étrangère », c'est-à-dire chrétienne et italienne dans le cas des deux auteurs précédemment cités.

---

[2] Cela s'est produit également, de façon plus systématique, lorsque la culture juive dans son ensemble a rivalisé directement, quoiqu'encore une fois unilatéralement, avec la culture environnante, comme ce fut le cas de la littérature hébraïque à l'égard de la littérature arabe pendant la domination musulmane sur une partie du territoire espagnol. Mais c'est là une toute autre histoire, passionnante et complexe, dont on trouvera esquissées les caractéristiques dominantes chez D. Pagis 1976.

En ce qui concerne la littérature yiddish, les influences (ou les appartenances) sont en réalité plus nombreuses, puisque la connaissance d'une partie de la production hébraïque antérieure est toujours garantie, et que les Juifs ashkénazes, en raison de leurs migrations, ont au cours de leur histoire mouvementée partagé différentes cultures « étrangères ». Ce n'est qu'en considérant ce système complexe de références que l'on peut parvenir à une pleine compréhension des œuvres qui en sont le produit. Toute étude de l'œuvre de Lévita qui s'appuie essentiellement sur l'histoire de la littérature yiddish (et c'est le cas de la grande majorité des études qui ont précédé celle que nous venons de proposer) nous semble donc offrir un tableau qui, s'il éclaire des aspects essentiels de son travail poétique, laisse dans l'obscurité d'autres traits importants de sa création. Inversement, toute étude qui ne s'appuierait que sur la tradition italienne (mais le cas ne s'est jamais présenté !) ou sur la tradition germanique (et c'est en grande partie le défaut de la seule étude proprement littéraire consacrée au *Paris un Wiene*[3]), passerait à côté de ce qui constitue justement le cœur de son univers esthétique : l'union harmonieuse, dans une écriture personnelle, de multiples codes dont la coexistence fait toute la richesse.

Cela ne signifie pas pour autant que l'étude de son œuvre doive rester réservée aux seules personnes qui ont accès à tous ces domaines culturels à la fois. C'est justement le contraire que nous appelons de nos vœux. L'objectif de notre travail est de fournir aux futurs lecteurs de ces poèmes une vision de l'univers culturel de leur auteur, aussi complète que possible, afin que de futures recherches concentrées sur tel ou tel aspect particulier de cette création puissent voir le jour. Nous espérons avoir rendu possible l'intégration des créations d'Élia Lévita parmi les réalisations significatives de la culture européenne au début de l'ère moderne. Ce n'est que de cette manière que ses œuvres pourront réllement être vues comme classiques, c'est-à-dire, selon une formule empruntée une fois de plus à Italo Calvino : « des livres qui n'ont jamais fini de dire ce qu'ils ont à dire[4] ».

---

[3] A. Schulz 2000.

[4] I. Calvino 1995, p. 7. « *Un classico è un libro che non ha mai finito di dire quel che ha da dire.* »

Qu'il nous soit permis de revenir brièvement sur les points essentiels que notre travail a contribué à mettre en lumière à propos de l'œuvre de Lévita. Nous nous sommes efforcé de montrer que son cas, s'il est unique dans la littérature yiddish, ne l'est pas dans la littérature juive en Italie. Tout au long de son histoire, la poésie hébraïque dans la péninsule a montré une sensibilité aux modèles esthétiques italiens qui atteint parfois, comme chez Immanuel de Rome, un haut degré de raffinement. Nous avons veillé à replacer la création de Lévita dans le cadre général de la production littéraire en yiddish ancien. Ceci est vrai bien sûr pour ses romans de chevalerie. Ceci l'est également pour sa production satirique que nous avons lue sur l'arrière-plan de la tradition satirique yiddish existante, en nous efforçant d'en offrir, pour la première fois, un tableau général fondé sur les rares textes que nous ont conservés les manuscrits.

Nous avons par ailleurs tâché de démontrer la légitimité de plusieurs attributions en nous engageant pour que le critère stylistique soit pris en considération dans le traitement de ces questions complexes. La dernière de ces attributions, entièrement nouvelle, concerne ce que nous considérons comme l'un des sommets de la création en yiddish ancien, le *Šeder nošim*, dont nous avons cherché à éclairer la poétique complexe. Enfin, nous avons, tout au long de notre recherche, pris soin d'évaluer ce que le poète yiddish devait à sa connaissance de la littérature italienne contemporaine. En retraçant l'évolution du *romanzo cavalleresco*, nous en sommes venu à la conclusion qu'il est l'un des meilleurs témoins de la profonde mutation que ce genre a connu après la publication de l'*Orlando Furioso*.

Ce résultat nous semble d'un intérêt particulier pour une réflexion sur les liens entre littératures mineures et littératures majeures. Nous ne pensons pas nous tromper si nous affirmons que l'une des œuvres qui a su le mieux interpréter et s'approprier certaines leçons de la poétique ariostéenne est une œuvre yiddish : le *Paris un Wiene*. Ceci est si vrai que bon nombre des innovations qui attirent l'admiration des lecteurs contemporains chez l'Arioste se retrouvent chez Lévita (l'ironie, l'espièglerie du narrateur et la complexité de ses interventions dans le récit, l'attitude morale distanciée et souriante) alors même que les critiques italiens du XVIᵉ siècle ont eu tendance à négliger ces qualités pour mettre l'accent sur les ambitions épiques du poète. L'attrait de cet œuvre est d'autant plus fort qu'elle est entièrement centrée sur une histoire d'amour et que, malgré son caractère ludique, ce sentiment y est traité avec une dose remarquable de sérieux et d'idéalisation.

Élia Lévita s'est en effet montré un lecteur attentif et créatif de l'Arioste. Sans reprendre la matière abondante et composite de l'*Orlando Furioso*, il a adapté à la matière plus simple d'un roman populaire, les leçons narratives et rhétoriques du poète italien. La narration est assumée par une *persona* complexe dont les caprices, les changements de point de vue (voire d'identité) et les sautes d'humeur ont au moins autant d'importance que le récit lui-même. Le poète yiddish a su doter son conteur de la même nonchalance que le poète italien. La « belle histoire » devient alors une sorte de théâtre magique qui ne laisse jamais longtemps s'installer l'illusion référentielle. Les personnages sont des marionnettes entre les mains d'un grand ordonnateur dont les commentaires et les revirements contribuent tout autant au spectacle que l'action narrée. Il s'agit d'un théâtre dont le décor se dénonce régulièrement comme artificiel. Le lecteur attend tout autant le prochain tour d'adresse du narrateur-enchanteur que la suite des aventures chevaleresques.

Les prologues qui rompent le cours de l'histoire dans le *Paris un Wiene* comme dans l'*Orlando Furioso*, viennent percer à intervalle régulier le rideau de la fiction, établissant une communication directe entre le poète et son public. De même que l'Arioste semblait dire à son public de têtes couronnées, de nobles dames et d'artistes : « Ne vous y trompez pas, même si j'ai l'air de chanter les antiques chevaliers, c'est de vous et de moi que je parle, ce sont nos passions que je peins, c'est notre destinée et son inconstance que je présente. » ; de même, Lévita semble s'adresser à ses lecteurs juifs, sur un ton plus populaire mais qui s'appuie, comme chez l'Arioste, sur celui de la conversation ordinaire : « Vous et moi, comme ces princesses et chevaliers, nous nous laissons éblouir par la beauté des femmes, par l'éclat de l'argent et par les serments creux des faux amis. » Il place alors au cœur de son roman, là où l'Arioste, guidé par son modèle épique, situait la bataille de Paris, une satire des Juifs du ghetto de Venise livrant un message d'une grande portée : « vous qui êtes hautains, sûrs de vous et méprisez l'étranger, songez qu'il n'est pas moins bon que vous et qu'il peut offrir beaucoup à qui sait le recevoir. » S'agit-il ici, au-delà du message premier, d'un plaidoyer pour une ouverture de la littérature juive ? Cela nous paraît possible.

Si Lévita a su mettre en pratique la remarquable *sprezzatura* (nonchalance) de l'Arioste, c'est aussi qu'à son instar, il utilise l'*ottava rima* avec une liberté et une flexibilité que l'on ne peut décrire que comme admirable si l'on prend en compte la grande différence de l'italien et du yiddish ancien. Comme dans l'*Orlando Furioso*, la strophe du *Paris un Wiene* parvient à mêler le style le plus élevé au style le plus familier. Dans les deux cas, la monotonie est évitée par des changements de rythmes fréquents, des ruptures de construction, de brusques interventions du conteur. Dans les deux poèmes, la plus fine rhétorique et les discours les plus élaborés s'effondrent soudain, soit parce que la narration les nie (le discours contre les femmes se heurte à la peinture de femmes hautement vertueuses) soit parce que le poète lui-même, jouant sur la gratuité du discours, inverse son propos d'un chant à l'autre. Que reste-t-il dès lors de ces fleurs de rhétorique ? L'image d'un monde changeant où le sourire de l'auteur compense le lecteur pour la fuite décevante de la vérité ; la conscience d'un créateur dont la maîtrise et la légèreté, ne se démentent jamais face à la réalité la plus trompeuse.

Cette gratuité du style, de la beauté poétique, il convient de l'affirmer même contre ceux qui voient dans cette position un penchant suranné à « l'esthétisme » : car quelle autre motivation peut-on trouver à pareil raffinement chez un auteur écrivant en yiddish ancien, dans une langue dont la littérature n'a guère prêté jusqu'alors d'attention à la perfection formelle ? Un tétramètre iambique charmait davantage l'oreille de Lévita qu'un vers purement syllabique ou qu'un vers indifféremment accentué : il a donc, l'un des tout premiers dans la littérature européenne, développé cet instrument qui devait bientôt s'affirmer comme la forme-maîtresse de la poésie dans toutes les langues à accentuation libre. Il y a chez Lévita un soin particulier de la perfection formelle, un « culte du Beau », concept définitoire de la Renaissance qui n'est tant décrié (comme cliché) que parce que l'on ne saisit pas à quel point une telle beauté s'accommode de sa propre fragilité, de son artificialité. On ne se souvient pas assez qu'elle est presque toujours accompagnée d'un sourire ironique, comme dans le célèbre tableau de Holbein le jeune, *Les Ambassadeurs*, où devant l'apparât des costumes somptueux, devant les attributs des sciences et des arts, devant le regard calme et assuré des envoyés royaux (dont l'un, rappelons-le, a été l'élève de Lévita à Venise), se dessine, implacable, l'anamorphose d'une tête de mort. L'artiste, dans les poèmes les plus élaborés comme dans les toiles les plus soignées, semble vouloir faire résonner le paradoxe suivant : « Nous ne sommes rien, et pourtant, regardez ce que nous sommes capables de faire. »

Le *Paris un Wiene* peut être regardé comme le sommet de l'œuvre de Lévita dont nous avons pu voir à quel point elle s'est développée, et raffinée, au cours des années. Qu'on nous permette un moment de mettre de côté toutes les questions d'attribution et de considérer que les six œuvres que nous avons analysées (et la conclusion de l'*Akêdass Jizḥak*) sont bien de la plume de Lévita. Qu'observons-nous ? Une œuvre variée dans laquelle le discours (et son auteur) sont soumis à de multiples métamorphoses. Il s'agit de la première œuvre yiddish qui emploie aussi librement toutes les ressources de la langue : sa composante hébraïque et sa composante italienne au même titre que sa composante allemande. Il s'agit d'une œuvre qui, comme les poèmes macaroniques de Folengo, s'attache à donner forme à ce qu'on aurait pu, à tort, considérer comme informe : le parler quotidien, les détails infimes de la vie domestique, le roman populaire. Il s'agit d'une œuvre que l'on peut définir comme fondamentalement ouverte. Profitant du statut dialectal, anomique (en apparence seulement), de son outil linguistique qu'aucune grammaire, qu'aucun traité savant n'a tâché de soumettre à des règles, l'auteur invente ses propres règles et fixe, selon ses propres exigences esthétiques, les contraintes auxquelles il se doit d'obéir. Comme Folengo qui se moquait des critiques lui reprochant d'introduire des mots du dialecte mantouan dans son macaronique, Lévita ne voit pas pourquoi il renoncerait à un terme, si celui-ci appartient à la langue qu'il emploie et à celle d'une partie de ses lecteurs[5]. Il y renonce

---

[5] La défense du macaronique par Folengo se trouve dans l'*Apologetica in sui excusationem* de l'édition de 1521 des *Maccaroneae*. On la trouve dans l'édition A. Luzio 1911, T. 2, p. 184.

d'autant moins que ce terme lui permet souvent de produire une rime surprenante ou un « effet de réel ». Comme chez le poète macaronique, le langage vulgaire a pleinement droit de cité dans son œuvre puisqu'il s'agit de rire.

Si nous insistons sur le rapprochement entre le poète mantouan et le poète yiddish, c'est qu'ils nous semblent tous deux, malgré les grandes différences qui les séparent, appartenir au même courant de la Renaissance italienne. Ces deux poètes sont tout à fait conscients des évolutions esthétiques majeures de leur temps, incarnées en particulier par l'Arioste, mais font le choix (militant chez Folengo, lié à la nature même de sa langue maternelle et à la position sociale des Juifs chez Lévita) de développer ces tendances sur un mode alternatif, excentrique si l'on veut, où le rire se mêle de façon unique à l'ambition poétique la plus haute. Car le rire, qu'il soit carnavalesque ou non, est toujours libérateur. Il permet d'aborder tous les sujets, même les plus vulgaires aux yeux de la rhétorique classique. Il permet de toucher au sacré, sinon tout à fait innocemment, du moins sans paraître profondément impie, comme lorsque Lévita déforme l'appel traditionnel à la venue du Messie en conclusion de ses œuvres chevaleresques ou lorsqu'il détourne des hymnes sabbatiques dans ses pasquinades. Le rire enfin peut dévenir éminemment complexe, brouiller la frontière entre le jeu et le sérieux, transformer un éloge des femmes en une satire qui garde cependant quelques inflexions laudatives : c'est là, nous l'avons vu, le secret de l'étrange poétique du *Seder nošim*. Le lecteur reste suspendu entre le plus et le moins, entre la peine et la joie, entre l'émotion et la gaieté : l'auteur ne le laisse jamais tranquille.

Ch. Shmeruk, présentant le *Paris un Wiene*, semblait trouver très surprenant qu'un auteur qui, en 1541, signait méticuleusement son édition du *Bovo Dantone* ait pu préférer garder l'anonymat dans un second roman de chevalerie et, pour cette raion, le chercheur israélien attribuait le poème à un autre auteur[6]. La décision de conserver l'anonymat nous semble, au contraire, découler logiquement de l'évolution de la poétique de Lévita. Son œuvre hébraïque est bien entendu toujours signée. Dans le domaine savant, l'*auctoritas* n'a besoin d'aucune justification :

---

[6] Ch. Shmeruk 1996, p. 36-38.

elle découle de la recherche de la vérité appliquée à des sujets nobles. Et quel sujet est plus noble que la connaissance des langues sacrées ? Dans le domaine de la poésie vernaculaire, l'affirmation d'autorité n'est pas aussi évidente, qu'on songe aux stratégies retorses d'un Folengo, tantôt Limerno Pitocco, tantôt Merlin Coccaïe et qui présente ses *Maccharonées* sous la figure du savant comique Aquarius Lodola « *herbolatti in arte cristeriensci peritissimi*[7] ». L'œuvre de Lévita est placée d'emblée sous le signe de la figure mi-sérieuse, mi-comique de l'étudiant, du *baḥur* (également présente dans l'œuvre savante en tant que pseudonyme, mais jamais motivée de façon comique comme elle l'est dans l'œuvre yiddish). Lorsqu'il publiait, à la fin de sa vie, son premier roman de chevalerie, Lévita prenait bien soin de le désigner comme une œuvre de jeunesse, composée bien avant la publication de ses œuvres savantes.

Entre temps, son ambition poétique a évolué et la *persona* derrière laquelle il se cache est devenue plus complexe. Il ne s'agit plus d'un simple étudiant, dont on peut pardonner les folies de jeunesse, mais d'un amoureux (et c'est là la cause déclarée de son anonymat !). Le yiddish n'est plus seulement vu comme une langue favorable au rire (rôle toujours volontiers dévolu aux dialectes, qu'on songe à l'exemple remarquable de Ruzzante), mais comme une langue capable de rivaliser avec les projets esthétiques les plus ambitieux. C'est là que se situe la véritable révolution. Si la noblesse du poète commençait à peine à être reconnue dans la société chrétienne, accompagnée d'une nouvelle affirmation de la dignité de l'auteur (nous l'avons observé dans le cas de l'Arioste), le yiddish ne sera guère conçu comme capable d'illustrer les « belles-lettres » qu'à la fin du XIXe siècle. Lévita a, quant à lui, pu modifier sa conception du rôle du poète au contact de la société chrétienne dont il partageait les enthousiasmes littéraires. Au moment de la publication du *Paris un Wiene*, désormais connu dans le monde juif et chrétien pour son œuvre savante, il est bien conscient qu'il sera sans doute reconnu à son style (« *sein gemecht* ») par une partie de son public ashkénaze, mais il préfère ne pas souligner sa responsabilité dans cette révolution. Pour cette même raison, il ne

---

[7] « Très expert dans l'art des clystères à base d'herbes ». Préface à l'édition Paganini 1517.

signale jamais les emprunts créatifs qu'il fait à l'œuvre de l'Arioste (dont il pouvait pourtant à bon droit être fier). L'oubli presque total de ce roman de chevalerie de Lévita, jusqu'au XXe siècle, prouve qu'il n'avait sans doute pas tort de craindre l'incompréhension de ses contemporains.

Si nous reprenons à présent le fil de cette réception manquée, il nous faut poser la question suivante : que peut nous apporter la lecture de l'œuvre de Lévita aujourd'hui ? Tout d'abord, du divertissement au sens noble du terme, tel que l'entendait Isaac Bashevis Singer. Ensuite, on peut y voir une invitation à la réflexion et à la prise de distance, comme dans toute « littérature au second degré » (et l'on entendra le « second degré » aussi dans son sens comique). L'esthétique de la dérision ne nous est guère étrangère car elle naît d'une logique de détournement qui correspond à une pratique dont le siècle passé a été très friand, depuis les pastiches de Proust, les sotties de Gide, les réécritures théâtrales de Giraudoux et de Cocteau, jusqu'aux parodies de roman noir de Vian, aux jeux littéraires de Queneau et aux expériences de ce qu'on nomme, un peu vaguement, le postmodernisme. Les détournements de Lévita sont vifs, créatifs, inattendus et, par leur tendance à la caricature, ils n'exigent pas nécessairement une familiarité avec le *romanzo cavalleresco* populaire : le lecteur contemporain peut goûter la parodie sans nécessairement connaître les textes détournés.

L'œuvre de Lévita nous apporte bien sûr également une nouvelle vision concernant la créativité et la condition sociale de Juifs ashkénazes en Italie au début du XVIe siècle. Non seulement, elle met en évidence le degré de maturité auquel était parvenue la littérature yiddish à cette époque précoce et dans un pays auquel on ne l'associe pas généralement. Celle-ci avait déjà développé un grand nombre de genres aux traditions si bien établies qu'elles ont permis à un écrivain particulièrement libre et talentueux de jouer sur leurs frontières, de les mêler et de les transgresser. D'autre part, une telle création poétique, avec toute sa complexité et son raffinement, nous entraîne loin de l'image classique d'une « ère des ghettos » (il est vrai que ce n'en était alors que le commencement), synonyme de renfermement de la société et de la culture juive sur leurs propres valeurs.

Elle conduit même à questionner l'historiographie récente qui insiste sur la clôture essentielle du monde juif et sur le fait que l'ouverture de la société italienne, tant chantée par les historiens plus anciens, ne concernait qu'une frange minime, une élite de la population juive. Les œuvres de Lévita s'adressaient au peuple ashkénaze de son temps, avant tout en Italie, et elles nous offrent l'image d'une société, certes indéniablement ancrée dans une culture et une organisation très différentes de celles du monde chrétien, mais assez établie pour pouvoir accepter une critique audacieuse, assez sûre d'elle-même pour pouvoir rire de ses propres défauts, assez indépendante pour pouvoir adopter, et adapter, ce qui se faisait de mieux dans la littérature italienne contemporaine écrite en marge des cours princières. C'est une œuvre populaire, au sens large, à la fois dans sa tonalité et quant à ses destinataires, mais qui reflète les tendances, les aspirations, et l'esthétique de la Renaissance.

L'un des éditeurs récents du *Seder nošim* nous avoue ingénuement que, travaillant à la traduction du poème yiddish (jusqu'alors oublié dans un manuscrit de la bibliothèque du Trinity College à Cambridge), il s'est demandé à plusieurs reprises s'il ne s'agissait pas tout simplement d'un faux moderne en raison de l'irrévérence, des allusions audacieuses et de l'intelligence critique qui apparaissent à chaque ligne de ce texte vieux de cinq cents ans[8]. Cette réflexion témoigne éloquemment du sentiment d'immédiateté, voire de reconnaissance, qu'un lecteur contemporain – et il s'agit en l'occurrence d'un lecteur tout à fait bien informé – peut surprendre en lui-même à la lecture de la représentation faussement candide du monde proposée par l'auteur yiddish. Les satires de Lévita, et ses romans de chevalerie, sont riches en notations concrètes qui, au-delà de leur intérêt historique et anthropologique évident, ouvrent au lecteur une fenêtre sur l'intimité des Juifs ashkénazes de son temps, fenêtre dotée certes d'une vitre déformante mais qui, en accusant leurs traits, rend ces hommes et ces femmes encore plus présents.

Il nous reste à préciser quel doit être, à nos yeux, l'un des rôles principaux de la recherche face à une littérature aussi lointaine (en apparence) que la littérature yiddish ancienne, et même face à la littérature yiddish dans son ensemble, maintenant que la

---

[8] Voir la remarque incidente de J. J. Lewis dans sa « préface du traducteur » à H. Fox-J. J. Lewis 2011, p. 132.

langue ne possède plus qu'une poignée de locuteurs[9]. La littérature yiddish, comme l'exemple de Lévita l'illustre de manière particulièrement brillante, a entretenu, tout au long de son histoire, un contact permanent avec les cultures chrétiennes environnantes. Ceci est particulièrement vrai en ce qui concerne les belles-lettres, au sens que nous accordons à ce terme depuis l'époque romantique.

Au début du XXᵉ siècle, alors que plus de dix millions de personnes parlaient yiddish au quotidien, Y. L. Peretz, l'un des trois « classiques » de la littérature yiddish moderne, écrivait une série d'articles sur les tâches à accomplir pour que la langue se dote d'une littérature digne de ce nom. Pessimiste, il ne considérait pas que ses écrits méritaient encore cette appellation. Le message de l'écrivain peut se résumer dans la formule suivante : « *Nemen un zikh nisht farlirn*[10] » : imiter les modèles étrangers tout en s'ancrant profondément dans la tradition juive, représentée avant tout par la Bible, mais aussi par les trésors de la littérature hébraïque. Peretz ne pouvait guère qu'avoir de vagues notions du travail de Lévita dont les œuvres seront exhumées, pour l'essentiel, après sa mort. Il ajoute : « *Men darf aroys fun geto un zen di velt, nor mit yidishe oygn*[11]. »

Cent ans plus tard, alors que l'accomplissement du programme de Peretz a été partiellement réalisé mais brutalement interrompu, il faut à la recherche parcourir le chemin inverse : montrer l'ampleur et la variété de la participation des Juifs ashkénazes à la littérature européenne, insister sur ce que cette minorité a su emprunter aux littératures environnantes, non pas pour masquer les caractéristiques propres et irréductibles de sa production littéraire, mais pour attiser la curiosité du plus grand nombre et encourager tous ceux qui n'auraient aucune familiarité avec cette culture à se donner les moyens de comprendre ce qui constitue le cœur de cet univers : son héritage juif. Ce n'est que par ce biais

---

[9] Seuls les Juifs ultra-orthodoxes constituent une population yiddishophone riche de plusieurs centaines de milliers de personnes mais ils ne cultivent guère l'héritage de leur langue qu'ils considèrent comme séculier, et donc étranger.

[10] Y. L. Peretz 1947, p. 272 : « Prendre sans se perdre ».

[11] *Ibid.* : « On doit sortir du ghetto et voir le monde, mais avec des yeux juifs ». Cette phrase nous semble décrire assez adéquatement le processus créatif de Lévita.

que l'on pourra convaincre le lecteur de bonne volonté qu'il y a une véritable richesse, une richesse accessible à tout homme, dans le fait de regarder le monde « avec des yeux juifs », ou plutôt, pour proposer une autre traduction linguistiquement possible de la citation de Peretz : « avec des yeux yiddish ». Le combat pour faire reconnaître la langue des Juifs ashkénazes comme une langue de culture digne de ses cousines européennes n'est guère achevé. La reconnaissance de Lévita comme un auteur particulièrement représentatif de la Renaissance européenne peut contribuer à la juste évaluation de cet héritage.

ANNEXES

Annexe 1 :
Traduction du Hamaṽdil lid

Cette traduction se veut aussi littérale que possible mais vise cependant à rendre ce poème, dont certains passages sont difficiles d'interprétation, aussi lisible que possible pour un lecteur français. Il en existe une traduction italienne par C. Rosenzweig 2010, problématique par endroits. Nous ne sommes pas à l'abri du même reproche même si nous avons essayé, de notre mieux, de proposer un sens à la fois correct et compréhensible aux passages difficiles. Une traduction, même littérale, peut donner une idée du caractère peu commun d'une œuvre qui joint l'obscène à la parodie d'un chant religieux, la vitupération à l'évocation de la vie juive à Venise et dans ses environs. Il est bien sûr éminemment regrettable que la traduction efface l'abondance des hébraïsmes, essentiels au procédé de parodie. Mais ils n'auraient pu être conservés qu'au détriment de la clarté.

Nous nous appuyons sur l'édition proposée par J. C. Frakes 2004 (p. 149-164). Nous ne traduisons cependant pas les strophes que nous supposons interpolées. Notre choix diffère légèrement de celui de N. Shtif 1926 (et de J. C. Frakes à sa suite).

1.   Celui qui différencie le saint et le profane
    Fait la différence entre moi et Hillel le vilain gredin,
    Qui est rempli d'autant de défauts
    Qu'il y a d'étoiles la nuit.

2.   Hillel, tu as osé me lancer un défi,
    Et tu m'as pris pour cible.
    Ce sera ta fin
    Avant que ne s'achève la nuit !

3.   Il a de nouveau fait un poème sur moi,
         Mais peu de gens l'ont trouvé drôle
         Car il n'a inventé que de purs mensonges.
         Aussi, ma foi, qu'il ne survive pas à cette nuit !

4.   Dans mon premier poème on a bien lu,
         Comment il s'est comporté lors de l'incendie
         Comme il s'est montré honorable,
         On l'a bien vu cette nuit-là !

5.   Quand il doit obtenir beaucoup d'argent,
         Il l'investit entièrement dans la goinfrerie :
         Sa bouche ne se repose pas de toute la journée,
         Ni en veillant la nuit.

6.   Car il est vraiment un gros goinfre,
         Il se ruine la santé comme ça tout à fait.
         Il a un frère qui est curé,
         C'est là qu'il finira par se rendre une de ces nuits.

7.   Sa pauvre âme peut bien se lamenter
         Car il est un mécréant achevé.
         Pas un matin il ne prie jusqu'à « Borukh she omer »,
         Et ne fait ni la prière de l'après-midi, ni celle du soir à la
             tombée de la nuit.

8.   La vie de la synagogue lui importe peu,
         Mais s'il voit une petite obscurité dans la section biblique,
         Une distinction compréhensible pour un enfant,
         Alors il se casse la tête dessus toute une nuit.

9.   Il arrive à la synagogue avec de grandes exclamations,
         Et dit : « C'est comme cela, au nom de Dieu ! »
         Et parle ainsi de toutes choses,
         Comme lorsqu'il parle dans ses rêves la nuit.

10.   Et en grammaire il croit être un gaillard,
         Et ne connaît même pas la première conjugaison.
         « Si tu es un grammairien, eh bien explique-moi,
         Que vient faire la lettre « hé » à la fin de *lailo* [nuit] ?

11.   Puisque *lailo* est du genre masculin,
         Vois le verset « En cette nuit », toi grand charlatan,
         De même que tu mérites ton argent auprès de tes élèves,
         De même il doit t'être profitable durant la nuit.

12.   Eh ! Que l'épilepsie s'empare de toi
        Tu ne connais même pas le b. a. ba,
        Je t'ai pourtant enseigné pendant de longues heures,
        Et, selon la volonté de Dieu, de nombreuses nuits.

13.   C'est tout à fait vrai ce que je vous dis.
        Lorsqu'il était à l'hospice, dans la maison de Mośe Werbéś,
        Les poux le rongeaient la journée,
        Et la glace la nuit.

14.   Les gens qui ont envie de s'amuser,
        Vont l'écouter quand il enseigne à ses élèves :
        Il braille comme un bœuf avec eux,
        Quelqu'un s'en effraierait la nuit.

15.   Il apprend aux grands et aux petits dans le plus grand désordre :
        L'un apprend la traduction de la Bible, l'autre dort,
        L'un le Cantique des cantiques, l'autre la Haggadah,
        L'un dit « jour » et l'autre dit « nuit ».

16.   Ils apprennent chez lui bien des vices,
        Pour cela [, dit-il], il ne gagne pas trois sous,
        Alors qu'il se démène vingt-cinq heures,
        En un jour et en une nuit.

17.   Il réunit autant d'élèves qu'il peut,
        Ses employeurs se plaignent fort de lui.
        Il se lève trois heures après le lever du jour,
        Et se couche au début de la nuit.

18.   Chez tous les employeurs auprès de qui il a travaillé,
        Il s'est adonné à la tromperie,
        Il a gagné son argent en charlatan,
        Par des vols de jour et des vols de nuit.

19.   Il se nourrit donc avec ses propres méthodes,
        Parfois en jouant au jeu des boîtes, parfois en jouant aux
            cartes,
        Alors, il a des goys qui l'attendent,
        Jusqu'à la fin de la nuit.

20.   Il fait donc des procès devant les *Cavi dei sesteri*,
        Devant l'*Avogaria*, devant la *Corte forestieri*,
        Devant les *Pioveghi* et les *Cattaveri*,
        Et devant les Seigneurs de la Nuit.

21.   Là-bas, il fait des accusations qui collent à la peau d'autrui,
Tout le monde sait comment il s'est comporté avec Màthiss,
Et la façon dont il a accusé à tort Kàlmon Terwiz
Au point qu'il en a eu bien des mauvaises nuits.

22.   Il a voulu leur faire perdre leurs maisons et leurs biens,
Et croit qu'il s'en sortira toujours impuni
S'ils gardent le silence comme une souris.
Ils vont l'attraper une de ces nuits,

23.   Et vont lui donner son juste salaire.
Et si quelqu'un lui avait déjà réglé son compte,
Il n'aurait plus besoin de se promener avec une cuirasse,
Mais pourrait bien rester dans son lit toutes les nuits.

24.   Et lorsque quelqu'un souhaite avoir un faux témoignage,
Il est prêt à jouer le rôle du garçon témoin.
On peut bien croire Av̄rom Vizn
Et Còsilïò qui le sert jour et nuit,

25.   Là où il est allé se fourrer avec un grec,
(Que, ma foi, il en pisse dans son lit !)
On les a vus se faufiler ensemble,
Et ils ont fait des plans secrets toute la nuit.

26.   Eh bien, puisque je veux vous faire passer du bon temps,
Je veux vous chanter au sujet de ses trois femmes,
Comment aucune d'entre elles n'a voulu rester chez lui.
Elles l'ont reconnu dès la première nuit.

27.   Il est resté avec la première assez longtemps,
Sans parcourir avec elle la plus petite distance,
Il disait partout qu'il n'avait pas le temps,
Ni le jour, ni la nuit.

28.   Après cela, il dut bien lui accorder le divorce :
Alors on se précipita chez elle à qui mieux mieux,
Tout le temps qu'elle a perdu chez lui,
Elle l'a compensé en une nuit.

29.   Ensuite, il en prit encore une,
Une jeune femme tout à fait pure,
Elle eut pourtant chez lui bien peu de joie,
Nulle bonne journée et nulle bonne nuit.

30.   Lorsqu'il dut lui prendre son pucelage,
       Le pauvre type n'en eut pas la force,
       Il acheta une belle carpe,
       Et la garda dans la chambre durant la nuit,

31.   Il se leva une heure entière avant le jour,
       Et fit au poisson une grosse blessure,
       En tira toute une pinte de sang,
       Et en souilla les draps tout le jour et toute la nuit.

32.   Il pensait qu'il allait pouvoir tromper les femmes,
       Mais elles trouvèrent les écailles sur les draps.
       On en bavarda dans tout Mestre,
       Tout le monde l'apprit avant qu'il ne fît nuit.

33.   La pauvre avait beau crier « au secours ! »
       Son cœur était rarement réjoui,
       Elle disait : « Que soit maudit le jour où je suis née,
       Et l'ange qui s'appelle "nuit" !

34.   Que mon mari est mauvais,
       De toute la nuit il ne me touche pas
       Si je me rapproche de lui, lui s'éloigne de moi. »
       Et l'un ne s'approcha pas de l'autre durant toute la nuit

35.   Alors il la quitta pour aller à Cividale,
       Et prit à la pauvre toutes ses affaires.
       À cause de lui, ils durent aller mendier :
       Elle se couchait sans avoir mangé de nombreuses nuits.

36.   Ensuite elle partit chez son père à Ferrare,
       Mais le changement lui fut très dur.
       La pauvre ne s'en sortit pas intacte,
       Elle en mourut une nuit.

37.   Il ne porta pas le deuil pour elle,
       Bien que les trente premiers jours ne se fussent pas écoulés,
       Il oublia de déchirer ses vêtements,
       Et ne laissa brûler de bougie aucune nuit.

38.   Et il désira en avoir encore une.
       Il parcourut le pays assez loin,
       Il poursuivit tous les entremetteurs,
       N'ayant de repos ni de jour, ni de nuit.

39.   Il en trouva enfin une là-bas à Mantoue,
C'était un endroit où on ne le connaissait pas.
Elle ne lui donna cependant ni argent, ni gage,
Ni vêtements de jour, ni vêtements de nuit.

40.   Aussitôt après les noces, il la chassa de chez lui,
Il loua pour elle une chambre dans une autre maison.
Car il avait grande peur, grande angoisse,
De devoir être auprès d'elle toutes les nuits.

41.   Et quand on les conduisit dormir ensemble,
Il ne fit pas son devoir de mari,
Il fit avec elle des gestes bizarres :
Elle pleura et cria toute la nuit.

42.   Il fit avec elle des choses étranges,
Il voulut prendre sa virginité avec le doigt.
Kusi Mòntànïäna et Śmu'él Singér,
Furent plaisants à entendre toute la nuit,

43.   Quand ils entonnèrent sur lui bien des bonnes plaisanteries :
Comme il acheta une dinde,
Comme il la tua et la fit saigner,
Et c'était au milieu de la nuit !

44.   Alors, il tira le volatile,
Et dit : « Vois Esther, ma chère Esther,
Badigeonne les draps bien longtemps et bien fort avec cela,
Préserve mon honneur cette nuit.

45.   Dis à tout le monde que j'ai été un homme,
Alors, je te rendrai service autant qu'il est en mon pouvoir.
Ce que tu désires, demande-le moi,
Laisse-moi juste sans inquiétude cette nuit. »

46.   La pauvre lui promit ce qu'il voulait
Pourvu qu'il ne la grattât plus,
Mais elle pensait : « Si je t'échappe cette fois,
Tu ne me mettras plus le grappin dessus aucune nuit ! »

47.   C'est ainsi qu'elle vint rarement se coucher à ses côtés,
Elle lui faisait croire qu'elle avait toujours ses règles.
Une grande dispute commença entre eux,
Soir et matin, jour et nuit.

48.   Elle ne voulait plus être où il était,
    Elle voyait bien qu'il était un méchant imbécile.
    Plus tard, elle s'enfuit de chez lui,
    Elle se leva quand il faisait encore nuit,

49.   Elle prit avec elle Ansél Zizeil.
    Il la suivit alors en grande hâte :
    Son bateau s'élança comme une flèche,
    Et il se glissa à leur poursuite cette nuit.

50.   Il les atteignit non loin de là,
    Entra dans le bateau où elle se trouvait,
    Et dit : « pourquoi veux-tu me fuir ?
    Qu'y a-t-il de différent cette nuit ? »

51.   Il lui fit alors tout un sermon,
    Afin qu'elle revînt à Venise.
    Elle ne put se débarrasser de lui,
    Et il dormit là-bas cette nuit.

52.   Elle lui dit : « Ton bavardage, ne te sert à rien,
    Tu ne dois plus me gratter avec le doigt,
    Si tu ne peux pas pondre d'œuf, tu ne dois pas caqueter,
    Tu ne respectes pas les choses de la nuit.

53.   Je ne veux pas supporter que tu me souilles,
    Que tu me mouilles de salive, que tu me salisses,
    Que tu remues là-dedans avec ton doigt,
    Si fort toute la nuit,

54.   Et que tu m'empuantisses avec tes pets »
    Ils se battirent, je veux abréger,
    Il la frappa sur la tête, elle s'effondra,
    Et elle pleura durant la nuit.

55.   Il avait en sa compagnie trois quatre goys,
    De sacrés garçons, de méchants bandits,
    Il devait les payer, selon leurs arrangements,
    À chacun un salaire de jour et un salaire de nuit.

56.   Il revint à Venise confus de honte,
    S'en plaignit aux notables et aux rabbins,
    Et se démena sans cesse au sujet de cette affaire,
    Dans ses pensées, dans ses visions de nuit.

57. À la fin, on finit par décider
Qu'il devait lui accorder le divorce.
Elle lui donna volontiers tout ce qu'elle avait :
Il ne lui resta plus un pfennig en une nuit.

58. Il en aurait volontiers pris une nouvelle,
Mais il ne trouva pas de bateau qui voulût le prendre à
   bord :
Nulle ne voulut s'embarrasser de lui,
Par crainte de la nuit.

59. Car il ne fait pas comme les autres vieillards :
Ceux-ci rendent leurs femmes heureuses le jour,
Mais lui ne fait du bien à aucune,
Et c'est encore pire pour elles la nuit.

60. Et il ne change pas ses mauvaises habitudes,
Il se livre à la débauche avec des chats et des chiens,
A Cividale, il a torturé une petite chienne,
Il la gardait dans son lit toutes les nuits.

61. Tout le monde connaît cette histoire,
Demande à Mośe Śivdetél ou à Réfo'él,
Ils vivent encore tous deux, Dieu soit loué,
Ils pourront dire leur mot sur cette pollution nocturne.

62. Et quand il vient à rencontrer une fille de quatre, cinq ans,
Alors il la tâte derrière et devant :
Une Juive pieuse m'a juré
Par le créateur du jour et de la nuit,

63. Comme elle le suivit une fois en douce,
Et vit qu'il conduisait sa petite fille avec lui,
Au lieu d'aisance, derrière la porte,
Et il nomma l'obscurité « nuit ».

64. Pour préserver son honneur, je ne veux pas la nommer,
Mais il a bien mérité qu'on le brûle.
À Padoue, il a une poule difforme,
Qu'il poursuit jour et nuit.

65. C'est sur le Volto dei Negri qu'est arrivé ce cas lamentable,
Je voudrais que vive encore Mośe Ïentilómér,

866

Le jour en fait le récit au jour
Et la nuit à la nuit.

66.   Je veux m'arrêter là,
    Même si j'aurais pu continuer plus longtemps,
    Mais je n'aurais pas assez de temps, si je me laissais aller à
        écrire
    Quarante jours et quarante nuits.

67.   Hillel, je t'ai payé pour tes actions :
    Tu aurais mieux fait de rester à la maison,
    Prends ça ! Mange ces rillons !
    Délecte-toi de ce festin cette nuit !

68.   Si tu savais comme les rimes te conviennent,
    Tu aurais honte de faire des vers.
    Si tu entreprends de te mesurer à moi avec des rimes,
    Il y a entre les tiennes et les miennes une différence comme
        du jour à la nuit.

69.   O ignorant, o vaurien,
    Vois le papier accroché là sur le mur !
    Je l'ai fait de ma propre main.
    Fais-en un semblable cette nuit !

70.   Je te promets qu'avant que ne passe un mois,
    J'en ferai un sur toi dans la langue sainte,
    Composé sur le mètre du livre *Śékél Hàkodéś*
    Et tu le méditeras jour et nuit.

71.   Et sache que j'irai à Pesaro,
    Afin que ces vers se diffusent aussi grâce à l'imprimerie,
    Et qu'ils volent aussi loin que les chauves-souris
    Dans la nuit.

72.   Je te laisse ce poème enfin,
    Fais-toi les dents sur lui chez toi !
    Ce poème a autant de strophes,
    Que, par la guématria, a de valeur le mot nuit.

73.   Elles sont, en tout, soixante-quinze,
    Et avec Hillel, comme avec Cohen, on obtient ce total :
    Les deux mots équivalent au nombre soixante-quinze,
    Et Hillel a les mêmes lettres que le mot nuit.

74.   Et l'année que nous allons maintenant commencer,
Ce sera aussi l'année soixante-quinze.
Que Dieu nous libère de notre peine,
Et de l'exil que l'on compare à la nuit.

75.   Car il a toujours dissipé notre souffrance.
Qu'il nous libère, hommes et femmes,
Voilà la prière et le souhait d'Élia Lévi, l'écrivain,
Qui offre des chansons la nuit.

Annexe 2 :
Purim špil *attribué à Élia Lévita*

Nous proposons ici la première édition du *Purim špil* conservé dans un unique manuscrit à la Bayerische Staatsbibliothek de Münich (Cod. hebr. 495, fol. 138r-142v). Cette œuvre a été décrite pour la première fois en 1992 par S. Neuberg et attribuée par lui à Élia Lévita. Nous le remercions une fois de plus pour l'aide qu'il nous a apportée dans l'étude de ce poème.

Le manuscrit présente des difficultés de lecture en raison de la dégradation du papier et de l'encre par endroits. Les lectures conjecturelles sont présentées entre crochets [mot]. Lorsque nous supposons une lacune dans le texte, signalée par un espace dans le manuscrit, ou probable en raison d'une déficience des rimes, nous l'indiquons par [...]. Enfin, un ajout de notre part au texte du manuscrit (en raison d'une inadvertance supposée du copiste ou de la suppléance d'une rime probable) est signalé [*mot*].

La traduction que nous proposons s'efforce au maximum de cohérence étant donné l'état déficient du texte. Les passages les plus problématiques sont signalés par [?]. Nous ne pensons pas avoir résolu toutes les énigmes du poème, souvent allusif et chargé de références à des réalités concrètes de l'époque et du lieu de sa composition, mais nous espérons que notre travail d'interprétation offre une vision adéquate d'une œuvre satirique très idiomatique (nous avons parfois cherché des équivalents français aux proverbes et expressions yiddish) et jouant volontiers sur les mots.

א – 1

אִיך הֵיב אבר אן מיין אלטי וייז
אוב איך קוינט גיניסן דער פורים שפייז
וועֶן איך האב גיזונגן
וויא וואל מיר נון דיא צונג ווערט שוועֶר
דער אלט מאן ליגט מיר אין דער וועֶר
עש שטוינד בעשׂר אן דעֶן יונגן
דיא העטן פוג אונ׳ אוֹך גלִימפֿ׳
דֵין לוֹייטֶן צו הוֹבֵירֶן
אוֹך שטֶעט מיר שוֹיִיצליך אן דער שׁימפֿ׳
מיט מיר זעֶלברֶט צו פרובירין
נון וויל אִיך מיך גישפֿויט גיטרוֹיִשׁטן
מן זעֶן מיך גלֵייך צו דעֶן בֿוֹישׁטֶן
אוב אִיך דֿז רֵיימֶז שׁ עֶ ניט וואל קאן
נעֶמט מיר עש נִיט ור אוֹיבֿל אן

869

Je commence de nouveau à mon ancienne manière,
Dans l'espoir de pouvoir profiter des plats de Purim
Quand j'aurai chanté,
Bien qu'à présent ma langue devienne lourde !
La vieillesse me rend la tâche ardue,
Cela conviendrait mieux aux jeunes gens :
Ils auraient fougue et énergie
Pour divertir leur monde.
J'ai grande crainte de m'attirer la honte
En me mettant ainsi à l'épreuve !
Eh bien, je me consolerais des moqueries
Même si l'on me plaçait au rang des plus mauvais.
Si je ne connais pas bien mon répertoire de rimes
Ne m'en voulez pas trop !

2 – ב

בֿוּן ערשטן וויל איך הֵיבן אן
דז אלר גישמייׄדיגגשט דז איך קאן
די לוייׄט צימליך צו שטראפֿן
אל טאג ווערט אייֹן נווייׄאי וועלט
דער בויז זיך צו דעם בוייׄן גיזעלט
דיא גוטן וועלן מיר אנטלוייׄפֿן
איך בין אוך גיוואטן ביז אויבר דיא שׁוא
וויא וואל איך מיך איצונדר רייֹן דר טו
אז העט איך ניא קיין וושר ביטרוייׄבט
אלי בוּביריׄא האב איך גיאויבט
נון קאן איך איֹנם דעשטר בעסר אוף דען שוועורן גרייׄפֿן
איך הַלט איך וויל אין רעכֿט אוף פֿפֿייׄפֿן
[וטר] וווייֹב אוֹנׁ׳ קינד
זיֹן מיט זַעהֵדיגן אויגן בלינד

Tout d'abord je veux commencer,
Le plus délicatement possible,
A corriger pas mal les gens !
Chaque jour le monde se renouvelle.
Le méchant s'associe au méchant,
Les bons vont me fuir :
J'y ai moi aussi trempé par-dessus les bottes
Bien que je me présente maintenant comme un homme pur
Comme si je n'avais jamais troublé d'eau !
J'ai joué tous les mauvais tours.
Eh bien, je ne peux que mieux attaquer rudement,

Je crois que je vais bien leur sonner les cloches.
Père, femme et enfant,
Sont aveugles, même s'ils ont de bons yeux.

‫ג‬ – 3

‫גרוש בלינדיקייט איז אין דער וועלט‬
‫זיא זעצן אירן דַאטום נוייארט אוף געלט‬
‫איז דז ניט צו דר ברמן‬
‫דען ווער וויל געלט הוט דַין זעצט מן אובן אן‬
‫מן ורוגט ניט וואז ער וויש אודר קאן‬
‫גלייך אז ווערן ור לורן די ארמן‬
‫אום דז געלט זא פֿיכט ער טאג אונ׳ נכֿט‬
‫גלייך אז ווער עז אים אֵיבֿיג ור ליהן‬
‫ווען ער דיא שנץ אם וויניגשטן אכֿט‬
‫דר פֿון מוז ער ציהן‬
‫נון גינאד גאֹט דער ארמן זֵילן‬
‫ווען מן טוט זיא פייניגן אונ׳ קוֶוֵילן‬
‫עש איז ניט אייטל שערץ‬
‫נעמט דיא זאך רעכֿט צו הערץ‬

Il y a un grand aveuglement dans le monde,
Ils n'accordent de valeur qu'à l'argent.
N'est-ce pas pitoyable ?
Celui qui a beaucoup d'argent, on le place au sommet,
On ne demande pas ce qu'il sait ni ce qu'il peut,
Comme si les pauvres gens étaient perdus.
L'homme cherche l'argent jour et nuit,
Comme s'il lui était accordé pour toujours.
Quand il se soucie le moins du sort,
Il doit s'en séparer.
Eh bien, que Dieu accorde sa grâce aux pauvres âmes,
Car on les tourmente et les torture.
Ceci n'est pas une vaine plaisanterie,
Prenez-le bien à cœur !

‫ד‬ – 4

‫[דורט] לונט מן איינים נאך זיינם ורדינשט‬
‫מן ור גיסט אים ניט דז אלר מינשט‬
‫מן טוטז אים אלז אוף שרייבן‬
‫איינר איז ניט זיכֿר אין זיינם בעט‬
‫אוב ער שון [שימפליך] העט גירעט‬
‫מיט זיינם אֵילִיכֿן ווייבן‬

871

דער [ווירט] דער שמיצט עש אן די וונט
הוט איינם וואל צו בורגן
ער טוט ביצווייגן מיט זיינר אייגנן הנט
איינן הוייט דען אנדרן מורגן
נון זוילט מן עש אלש שוייאן
וואוירד קיינר קיין הווז בויאן
נאך קיינר נעמן קיין וייב
גוטר מוט איז הלבר לייב

[Là-bas], on récompense chacun selon ses mérites.
On ne lui pardonne pas la moindre erreur,
On prend note de tous ses actes.
Un homme n'est pas en sûreté dans son lit
S'il lui est arrivé de parler méchamment
À sa propre femme.
Le propriétaire frappe contre le mur,
Doit-il emprunter de l'argent à quelqu'un,
Il doit s'en assurer de sa propre main,
Aujourd'hui à l'un et demain à un autre.
Eh bien, s'il fallait qu'on regarde à tout,
Personne ne construirait de maison,
Et personne ne prendrait de femme.
Quand on a bon courage, on est à moitié tiré d'affaire.

5 – ה

הין [וארט] ער וואל צו דים גראב
עש בולקט אין וועדר גוט נאך הב
וועץ נוייארט איין העמדליין פֿון ליין
אונ׳ איז ער אי גיוועזן וערד
מן ליגט אין אונטר די קוילי ערד
[ן] פֿון אל דען זיינן
דא קומן דען די וואורמ שׁאר
די זוינד איין טייל צו רעכן
דז ווערט דער ארם קוירפל גיוואר
אז נאדלן זיא דען שטעבּן
נון הוט ער טאג זיינש לעבן
ויל אום גאטש וילן געבן
דז שפוירט ער אוף דער שטעך בַאן
דז זעלביג גיט פֿורץ דַרן

Et voici qu'on doit aller dans la tombe,
On n'y est suivi par aucune richesse ni aucune possession
Sinon par une petite chemise de toile.

Et si on l'a mérité,
On se voit allonger sous la terre froide
[Séparé] de tous les siens.
Alors arrive la foule des vers
Pour venger une partie des péchés.
Le pauvre corps s'en rend bien compte :
Ils le piquent comme des aiguilles !
Eh bien, s'il a durant sa vie
Beaucoup donné au nom de Dieu,
Il le sent sur le lieu du combat :
Cela lui donne de la force.

6 – ו

וֶער יארן וואז איין איינועלטיגי וועלט
זי שטונדן ניט נאך גרושם געלט
אונ׳ ליסן זיך אן אירם בינויגן
זיא ווארן ניט העפֿטיג צו מֶערן דֵין הוופֿן
זיא זייכֿטן וואל פֿון זופן אונ׳ זויפֿן
וריש וושר אויז דען קרויגן
פיקל הערינג ווארן אין גוט [פֿיש]
זי אשן דז זיא נאר מוכטן ביהלטן דז לעבן
דיא וועלשי נויס קוגלעטן אוף דעם טיש
אונ׳ הֲבן קעז דר נעבן
זיא טראנקן די מוס ביר אום איין העלר
דז הולץ לג אין דים קעלר
דז ברוט וואר אוף דער רֶער
דז איז נון פֿון אונז וֶער

Il y a des années, le monde était simple.
Les gens ne couraient pas après la fortune.
Ils se contentaient de ce qu'ils possédaient.
Ils n'étaient pas attachés à augmenter leur pactole.
Ils pissaient bien des soupes et des bouillons,
L'eau fraîche du carafon.
Le hareng salé était pour eux un bon poisson.
Ils ne mangeaient que pour pouvoir rester en vie.
Des noix roulaient sur la table,
Ils avaient du fromage avec ça.
Ils buvaient un pichet de bière pour un demi-pfennig,
Il y avait du bois dans la cave,
Du pain sur le poêle,
C'est aujourd'hui bien loin de nous !

ז – 7

זולט איך עש דר צילן אלז
זיא דר קערנטן דז געלט אן אירם הלז
דען עש איז בעסר איין פֿפֿעניניג דר שפֿארט דען צווין גיוואונן
אירר קיינר וואורד זיינש געלץ דר [ורייאט]
אי איינר צום אנדרן זיט
מן טרינקט זיך אוך [זאט] אוז דעם קוילן ברונן
הט איינר איין טויזנט גוילדן אודר צווייא
ער ור בורג עש הלב אונטר דיא ערדן
מיר איז ניט וואל מיט גרושם [גישרייא]
זול איין ריטר אוש איינם יֻדן ווערן
נון מיר וועלן אונזרם זון איין וייפֿ׳ געבן
ווערן מירז אנדרש דר לעבן
דז מיר אונזרי קינדר געבן אויש
וזו זול דז אויבריג געלט אים הויז

Faut-il que je raconte tout ?
Ils gardaient l'argent à leur cou,
Mieux vaut un pfennig économisé que deux gagnés.
Aucun d'eux ne se serait réjoui de son argent.
Au lieu de cela, l'un disait à l'autre :
« On boit aussi bien à sa soif d'une fraîche fontaine. »
Si l'un d'eux avait mille ou deux mille florins en sa possession,
Il en cachait la moitié sous la terre :
« Il me semble mauvais de faire du tintamarre !
Faut-il donc qu'un Juif devienne un chevalier ?
Eh bien, nous voulons donner à notre fils une femme,
Et réaliserons la chose autrement
Qu'en cédant nos enfants par intérêt :
A quoi sert d'avoir chez soi un surplus d'argent ? »

ח – 8

חִתּוּנִים קומן אים צו גינוג
זיא וורטן ביז זיא זעהן אירן פֿוג
די קינדר ווערן גרוש דז אידרמן וואונדרט
וויא פֿיל ווילשטו געבן דיינם זון
זא וויל איך מיך מיט מיינר טאכֿטר אוך ער צו טון
איין גוילדן ביז אן אנדר הלב הונדרט
אונ׳ דר צו וויל איך אין גנץ יאר געבן דיא קוישט
איך וויל זיא מיט אלן דינגן ור צֶערן
אים הויז זוילן זיא לייאן גאר וועשט
דר פֿון קוינן זיא זיך וואל דר נֶערן
נון איז אז אנדרש גיוווארדן

ווער ניט הוט וויל געלט דער גיהוירט ניט אין אונזרי אורדן

גאט וויייש ווער דא איז דער בעשט

מן גפֿינט אלז צו לעצט

Il lui vient assez de propositions de mariage :

Ils attendent jusqu'à ce qu'ils en aient vu leur content.

Les enfants grandissent au point que tout le monde s'en étonne.

« Combien veux-tu donner à ton fils ?

Alors je veux me procurer pour ma fille

Entre cent et cent cinquante florins.

Et je veux en plus les entretenir chez moi une année entière,

Et les pourvoir de tout le nécessaire.

Qu'ils prennent sans compter chez moi :

Ils auront ainsi bien de quoi se nourrir. »

Eh bien ! Tout se fait à présent autrement,

Celui qui n'a pas beaucoup d'argent n'appartient pas à notre compagnie.

Dieu seul sait lequel est le meilleur,

Tout se révèle à la fin.

ט – 9

טֶעגְלִיךֿ לויפֿן זיא אום דז גלויק רַד

דוך מיין טוירעטְבטר מונד נימנט שָד

דער [טא ? פֶּיטר] איז הוך אוף גישטיגן

דיא וועלט איז ברעךֿ הפֿטיג איבר אל

מיט טרינקן אונ' קליידר און מוש אונ' און צאל

אן דיזם טוא איךֿ ניט ליגן

דער מעסיג אונ' דער מיטל מאן

וויל זיךֿ אוך טון ור גלייכֿן

איטליבֿר וויל מֵין טון ווען ער קָאן

וויל אוך זיין גיצעלט ביא דען רייכֿן

נון וויל איךֿ אוך זיין אנגיזעהן

וואש מיר ועלט וויל איךֿ וואל אנטליהנן

איךֿ הלט עש אזו לנג איךֿז בידערף

מן טיבֿט נאךֿ דער נארונג שארף

Tous les jours ils courent après la roue du sort,

Mais que ma bouche idiote ne nuise à personne,

Le plus gras est monté au sommet.

Le monde est fragile de toute part :

À cause de la boisson et des vêtements, consommés sans mesure,

Ce n'est pas un mensonge que cela.

L'homme modéré, celui de la moyenne,

Veut aussi entrer dans la compétition.

Chacun désire davantage que ce qu'il peut
Et veut qu'on le compte parmi les riches.
« Eh bien ! je veux, moi aussi, qu'on me regarde avec considération,
Ce qui me manque, je veux donc l'emprunter.
Je le garderai aussi longtemps que j'en aurai besoin.
Nécessité est mère d'invention »

10 – י

יָאר אונ׳ טאג ביהלט ער דז געלט
וויל לענגר ווען דז עז דיין לוייטן וואל גיבָּלט
דער גיוויין טוט אים זנפֿט אין זיינם לייבן
וויא און גערן ער ביצאלט אונ׳ ווידר גייט
אוף אנטליהנן פֿפֿערדן רייט מן אוך ווייט
מן וינט איר אוך ויל די אן דער פֿפֿאנן קלעבן בלייבן
דורך די אור זאך מענכֿר גוויידט
אונ׳ איז אים ניקש צו טוייאר
אין דער מעס זולן זיך שטעלן די לוייט
דא ווערט אים הייס און בֿוייאר
אז ווֹאונדן די דא שמירצן
און לעדרני קישטן דיא דא קירצן
זעכֿט דז אוייך נימנט בישמייסט
עס איז ניט אלז גאלד ווֹאז דא גלייסט

Il garde l'argent des jours et des années,
Bien plus longtemps que les gens ne le souhaiteraient,
Le gain lui réchauffe le cœur,
Comme il rechigne à payer et à rendre !
On va tout aussi loin sur des chevaux d'emprunt.
On en trouve aussi beaucoup qui restent collés à la casserole :
Par ce moyen, plus d'un se fait valoir,
Et rien ne lui est trop cher.
Jusqu'au point où les gens doivent s'en mêler :
Alors, il a chaud sans qu'il y ait de feu,
Comme des blessures qui font mal
Et des boites en cuir qui grincent [?].
Faites attention à ce que personne ne vous tourne en bourrique,
Tout ce qui brille n'est pas or.

11 – כ

כָּבֿד דז בֿולגט זעלטן הר נאך
דיין שַׁדָּנִים איז מעכֿטיג גוך
אזו בלד אוייז דער שאלן קריכֿן דיא קינדר

אוני װער ניט הוט אײן שװערי טאשׁן
דער דערף אלהיא קײן װילְפְּרֵיט נַשׁין
מן זעצט אײן װייט אײן הינטר
דער שׁדכֿן שׁפריכֿט הושטו ניט צו געבן אויש
אײן טַלר בֿעינף זעכש הונדרט
זוא װערט מן דיר ניט לויפֿן צו הויז
דוא בישׁט גנץ אויש גזונדרט
נון װיל דער גוט מאן מיט אֶירן לעבן
אוני זײן טויכטר װאל אויז געבן
זא מוז ער אוך טון װיא אנדרי לווייט
זיך ער נאר דז עש אין דר נאך ניט גירוייאט

On s'en tire bien rarement avec honneur.
Les marieurs sont fort avides,
Aussitôt que les enfants sortent du berceau.
Et celui qui n'a pas les poches bien remplies,
Ne peut pas ici se repaître de gibier,
On le place loin derrière.
Le marieur dit : « Tu n'as donc rien à donner,
Cinq ou six cents thalers ?
Alors, on ne va pas se presser à ta porte,
On te met bien à l'écart. »
Eh bien ! Si l'homme bon veut vivre dans l'honneur
Et trouver un bon parti pour sa fille,
Il faut bien qu'il fasse comme tout le monde :
Seulement qu'il prenne garde à ne pas le regretter plus tard !

ל – 12

לְיְשֶׁן זיא דיא קינדר קומן צו אירם ור שטנד
עש װער אין װעדר זוינד נאך שׁנד
דיא קנאבן ביז צו אלֹבֿצֶיהן יארן
װיא גאט ית׳ הוט גיבוטן אוני גישׁריבן
אוני דז גישׁרייא אים הימל איז גיבליבן
וְיִרצִיג טאג אֵי דז מענשׁ איז װארדן גיבורן
דִי טויכֿטר ביז זי װערן פֿרײפֿצהען יאר אלֹט
װיא אונז דיא בויכֿר גיבוטן
איר גלות קעם אין נאך צו בלד
װז זיא זיך מיט אירן מנן גיניטן
נון װיל איך עז דר בײא לושן בלייבן
װיא עש דיא הערן אוף דֵים לנט טאג אײן שרייבן
איך קעם זוישׁט צו װייט אין דען טישׁפיך
ור געבט מיר מײן און נוייך גישׁװיץ

S'ils laissaient les enfants atteindre l'âge de raison,
Ça ne serait ni un péché, ni une honte :
Les garçons jusqu'à dix-huit ans,
Comme Dieu, béni soit-il, l'a écrit et ordonné :
« Et le cri est resté dans le Ciel
Quarante jours avant la naissance de l'homme ».
Les filles jusqu'à l'âge de quinze ans,
Comme les livres nous le prescrivent.
L'exil viendra bien assez tôt
Qu'elles doivent subir avec leur mari.
Eh bien ! Je veux laisser cela de côté pour le moment,
Comme les seigneurs l'inscrivent au Conseil,
Sinon, cela m'entraînerait trop loin dans le repas,
Excusez-moi pour mes bavardages inutiles !

מ – 13

מיט צעבֿן איז עש אויבר מלֿט
זיא זעצן צו דעם טאג די נלֿט
ביז דז די גלוק שלאׄגט וֵיניק
אונ׳ וועלכֿר אם מיינשטן זויפֿן קאן
דען הלט מן [וער] איין ווײדליכֿן מאן
דֵים זול מן זיין אונטר טֶעניג
ערשט הֵיבט זיך אוף דער גֵסן אן איין גישפרינג
שניידט אב דיא זיילר פֿון דען שאלן גאר בלדן
אונ׳ פֿון דֵים שלֿעמר איין נײׄאז גיזינג
אנטלֿפֿט דעשטר בלדן
נון ברענגט עש אינם אין און ועטר
איינר ברענגט דֵים אנדרן דרֵייא קלֵיא בלעטר
אונ׳ דר צו איין גלאז איינר אֵילן לנג
דז איז אבר איין נײׄאר שוואנק

Ils mènent des festins plus qu'à satiété,
Ils confondent le jour et la nuit
Jusqu'à ce que la cloche sonne peu de fois.
Et celui qui se rince davantage le gosier,
On le tient pour un homme de valeur :
Il faut lui être soumis.
On commence d'abord à sauter dans les rues :
« Coupez les cordes de cette gourde ! »
Et des buveurs une nouvelle chanson,
S'échappe d'autant plus vite.
Eh bien ! Cela conduit dans la tourmente :

L'un mène chez l'autre trois bons buveurs,
Et de surcroît un verre long d'une coudée.
Mais c'est là une autre histoire.

נ – 14

נוייאי העגדל קומן אל טאג אוף
אונ׳ ווען צו אננדר קומט דער הויף
זא רייסן זיא זעלצטמי פֿאסן
ווען ער איינם עפיז ווידר ווערט
אונ׳ אווך זוישט ווען איינר הערט ווערט בישווערט
איר גלויק איז נוייארט וויין אוף גיגוסן
וויא וואל ער זולט אן גידעבֿטיג זיין
גאָט ית׳ דיין הערן צו איירן אונ׳ צו לובן
זא ברעגגט ער ערשט איין אופפֿר פֿון וויין
ערשט ליגט ער אונטן אונ׳ אובן
נון וויא וואל מן אין היינט הערט האט גישלאַגן
נאך וינט מן דענוך קיין צגן
ער אישט קעז אונ׳ זויארי מילך ביז ער זיך שפייאט
דר מיט ור ברעגגט ער יעמרליך זיין צייט

De nouvelles affaires surviennent chaque jour
Et quand la compagnie se réunit,
Ils mènent d'étranges festivités.
S'il arrive un accident à l'un d'eux,
Ou si l'un d'eux a de rudes ennuis,
Leur seul bonheur est de se verser du vin,
Alors que chacun devrait songer
À honorer et à louer Dieu, le Seigneur, béni soit-il.
Il apporte avant tout du vin en sacrifice,
Il se livre avant tout à la débauche.
Eh bien ! même s'il a été aujourd'hui durement frappé,
Il n'y renonce cependant pas après cela.
Il mange du fromage et du lait rance jusqu'à en cracher :
Il passe ainsi son temps lamentablement

ס – 15

סַמוּט אונ׳ דַמַשק [...]
דא מיט מן נוייארט דז געלט ור טוט
זיא אל טאג איין נייאז אן [פֿנגן]
גיפֿלטנטי קליידר וויא גאר וואל עש די וויבער צירט
דיא שוינן גיפֿוטרט אונ׳ גיהובֿנירט
דיא פעלץ מיט אוטרן ברוון

879

דיא שלייאר מיט דען גוילדן ענד
די וליטרליך ארוימר וליהן
קוגיל רינג פֿול אירי הענד
קייני לישט זיך ציהן
נון וועלט איך אינן אלז ור געבן
ווען זי נארט ניט שפילטן דר נעבן
זי טערן וואל וואגן איינן טרוץ
דז ברענגט אין קליינן נוץ

Satin et velours,
C'est pour cela qu'on dépense l'argent.
Elles inventent chaque jour quelque chose de nouveau :
Des habits plissés qui ornent bien les femmes.
Des manteaux doublés et dotés de capuches,
Des fourrures avec des ourlets en peau de loutre,
Des voiles aux franges d'or,
Les paillettes volent à l'entour.
Leurs mains sont couvertes de bagues rondes,
Au point qu'on n'en peut retirer aucune.
Eh bien ! je leur aurais tout pardonné
Si seulement elles ne jouaient pas en plus de cela.
Elles peuvent bien montrer de l'audace
Cela leur rapporte peu de bénéfices.

ע – 16

עֶרְשְׁטְלִיךְ הֵיבְּט זִיךְ דז הונדרטן אן
אִיךְ מוז קוּירְץ ווײַלֶן הֵיבְּט זִי אן צו אִירֶם מַאן
די ווײַל ווערט מיר צו לנגן
וויא בלד מן אין נייא פֿאר קרטן הולט
דֵין ציהנדן טורן מן בויאט אונ' מאלט
דרינן ליגן זיא העפֿטיג גיפֿנגן
דא צילכֿט קוֹינִיג אונ' קוֹינִיגִין צו פֿעלד
מיט דֵין פֿויארן הֵיבְּן זיא אן צו קריגן
דא מוז מן געבן טורן געלט
ווער דא ווייל לענגר דינן ליגן
ווען זיא נון ור לירֶט דֵין טורן
זא הֵיבְּט זיא מיט דעם מן אן צו מורן
צו זֵיינֶם גרושן שַד
מוז ער אויז גיסן דז בַּאד

On commence d'abord à jouer au jeu de cent :
« Je dois m'amuser, lance-t-elle à son mari,
Car le temps m'est bien long ».

Aussitôt, on apporte un nouveau jeu de carte
Et l'on met en place le jeu « du dixième tour »
Elles sont intensément prises dans la partie,
Le roi et la reine entrent sur le champ de bataille,
Et commencent à se battre avec les valets.
Alors on doit sortir de l'argent pour le jeu,
Si l'on veut y rester plus longtemps.
Quand elle perd enfin son tour,
Elle commence à grogner
Contre son mari : pour son plus grand dommage,
C'est lui qui doit payer l'addition.

פ – 17

פֿוילְצֶלשׁ איך אווך ניט וַשט לוב
אונ׳ ווא זיא געבן אויברז יאר די גוב
זיא מכֿן ויל און נֵויצי פֿוייאר
דז הויז הלטן זיא זעלטן ריין
ויל און לושט אוף דעם ווׁשר שטייׁן
דיא קוך שַטֵיט זעלטן ריין זי זיכֿט ווׁא אׁין שוׁיׁיאר
דר צו שפֿריכֿט זיא וויׁלשׁטו מיר ניט בעשׁרין מיׁין לון
אונ׳ אֵלי שבת מיך צום טנץ לאׁזן גׁאן
בׁיׁי דיר בלׁיׁיב איך ניט לֶענגר
איך לׁיש דיך הין פֿוׁירן דעׁן העׁנגר
נון מׁיׁין הערץ איז מיר ווׁארדׁן גריׁנגׁן
איך ווׁיׁיש מיך שׁ״ל וואׁל צו ור דיׁנגׁן
אֵ איך בין אׁיׁין זמׁן אׁין אׁיׁינׁם אׁנׁדׁרׁן הוׁיׁז
דר ווׁיׁיׁל גׁיבׁט מׁיך מׁיׁין עׁטׁן אׁויׁז

Je ne félicite pas non plus les jeunes filles :
De quelle manière elles dépensent toute l'année l'argent qu'on leur
    donne !
Elles font beaucoup de feu inutilement.
Il est rare qu'elles gardent la maison propre :
Beaucoup de saletés traînent sur l'eau.
La cuisine est rarement propre : elle ressemble à une grange !
De plus, la jeune fille dit : « Si tu ne veux pas me donner mon salaire
Et me laisser aller danser tous les Shabbats
Je ne reste pas plus longtemps chez toi !
Je te ferai chercher le bourreau !
Eh bien, quant à moi, j'ai le cœur léger,
Je sais, Dieu merci, trouver à m'employer
Et avant que je sois restée un temps dans une autre maison,
Mon père me donnera en mariage. »

881

צ – 18

צו בָחורים הט איך ועֹר צֵייטן אוֹך אֵיין וויילן
זיא צוהן זיך גאר אֵיין וֶעלטיג אונ׳ שטילן
אונ׳ וורטן אירז לערנן [...]
[אֵין אֵירן] אוֹגן וואֹרן זיא גיקֵייפֿט
אֵירי רויֹק הטן זיא גישלעֹפֿט אונ׳ גישלֵייפֿט
דער לויֹז קונֹטן זיא זיך קֹוֹם דר וֶערן
אוֹיז אֵירן מוֹנֹט קֹאם ניא קֵיין ולוֹיֹך נאֹך קֵיין שֶעֹלֹט
זיא וֶערטן זיך פֿון זיך דֵיין בוֹבֹן
זיא לֶערֹנטן אֵין דעֹם שֶנֵיא אונ׳ אֵין גרוֹשֹר קֶעלֹט
קֵיינר קֹאם נוֹימֹר מעֹר אֵין קֵיין שטובֹן
נוֹן אֵיז עֹש אֹלֹז אנֹדֹרֹש גיוואֹרֹדן
זי טֹרֹעֹטן אֹוֹך אֵין דֵיין וֶועֹלטֹליֹכֹן אֹרֹדן
דֹז זֹיֹכֹט מן אֹוֹן אֹלֹז גיפֹֿעֹרֹד
אֹן אֵירן קֹלֵיידֹר ווֵייֹז אונ׳ גיבֹעֹרֹד

J'avais autrefois aussi de la sympathie pour les étudiants,
Ils se déplaçaient en toute simplicité, silencieusement,
Et suivaient honorablement leurs études.
Ils étaient rongés jusqu'aux yeux, [?]
Ils avaient traîné et usé leurs manteaux
Et avaient de la peine à se défendre contre les poux.
De leur bouche ne sortait jamais ni juron ni blasphème,
Ils s'éloignaient des garnements,
Ils apprenaient dans la neige et par grand froid,
Aucun n'entrait jamais dans une taverne.
Eh bien ! Tout a maintenant changé d'allure,
Ils se mêlent aussi aux gens du monde,
On le voit sans même y prêter attention
A leurs vêtements, leur allure, et leur comportement.

ק – 19

קֵיין בחור קומֹט זֶעֹלֹטֹן פֿון דעֹם ווֵיין
אֹם דוֹנֹרֹשֹטֵיג צו נֹכֹֹט מוֹז עֹש גיטֹרֹונֹקֹן זֵיין
דיא בַעֲלֵי בַתֹם זאגֹן וואֹז זיא ועֹלן
זאֹ אֵיך מֵיין חֲזָרות האֹב גיטֹון אונ׳ ביצאֹלט
מֹיֹט דֵיים צֶעֹכֹן האֹט זֵיין גישטאֹלֹט
דעֹשֹטֹר מעֹר מוֹז אֵיך נוֹן קֹנֹעֹלֹן
אֵלֹי ורֵייֹטאֹג קומֹט דעֹר [באֹלֹביֹרֹר] מֹיֹט דֵיים שֹטֹרֹעֹהֹל
דֵיין נֹק גֹלַאֹט אֹוֹיֹז [גישֹוֹרֹן]
אֹום זֵיין הֹלֹש טֹרֹגֹט עֹר אֵיין יום טוֹבֿ צֹבֹעֹהֹל

882

דיא הור גיקווירצט ביז אויבר דיא אורן
נון העט איך שיר איינז ור געשן
[מיט] זילבר בישלאגן דיא העסן
ביז אוף דיא צֵיא אויז גישניטני שוך
אם קלייד קיין גנצר ולעק טוך

Il est rare de voir un étudiant ayant cuvé son vin,
Le Jeudi soir, il lui faut boire,
« Les maîtres de maison disent ce que bon leur semble.
J'ai fait et j'ai payé mes révisions,
Le festin a ses propres règles.
Je dois maintenant d'autant plus faire claquer mon gosier. »
Tous les vendredis vient le barbier avec son peigne.
La barbe entièrement rasée,
L'étudiant porte autour du cou un tablier de jours de fête,
Et ses cheveux sont coupés au-dessus des oreilles.
Eh bien, j'ai presque oublié une chose !
La tenue brodée d'argent,
Des chaussures entrouvertes jusqu'aux orteils,
Et sur les vêtements, pas un morceau de tissu qui soit entier !

ר – 20

רייט רווק מיט קנויפן אין דער מיט
דער ערמל הוט איין שלימן שניט
אז וויא די גרושן הנזן
ווז הבן זיא גוטי טויכר ור דערבט
מיט אירם צו שניצלן אונ׳ צו קערבט
ור ברעמט מיט זיידנין ורנזן
דאך וויל איך זיא ניט האבן גישמיצט
מיט אירם צו שניצן אונ׳ צו קנייפֿן
אויז אירם הולץ בין איך אווך גישניצט
מן מוז זיך ריכטן נאך דען לייפֿן
נון וועו מן איינם איין ווייף זולט געבן
ווער דעִנוך גוט דז ער וועִר וועלטליך דר נעבן
דז ער ניט וועִר גיגליכֿן צו איינם טיר דז וועלד
איין גוט קָרֶן איז בעשר דען אל דז געלט

Des manteaux de cavaliers ornés de boutons au milieu,
La manche a une coupe terrible,
Comme chez les gros Hans.
Pourquoi ont-ils donc gâté de bons tissus
Avec leur manie de couper en petits morceaux, pourquoi les ont-ils
    ainsi divisés,

883

Bordés de franges de soie ?
Mais je ne veux pas trop les attaquer
Avec leur manie de couper et de découper,
Je suis taillé dans le même bois qu'eux :
Il faut bien se comporter selon l'usage !
Eh bien, lorsqu'on doit donner une femme à quelqu'un,
Il serait pourtant bien qu'il soit un homme du monde,
Qu'il ne ressemble pas à un animal des champs :
Une bonne nature vaut mieux que tout l'argent.

ש – 21

שֶׁעְנְקִיט מִיר אײן אײן וְרִישן טרונק
אִיך מײן אִיר הֶעט מֵיינֶר לְעֶנגשט גִינוּנק
אִיך הָאב אוֹיֵיך שִיר גִישוֹועֶצט אײן בוֹיֵילן
דֶער וַויין דֶער מכֿט מִיך מֶענֶך מאל גֿוֹיגֿלן
אִיך הָאב גִישפֿאטֿ אֶלֶר בָֿוֹיגֿלן
גלֵיֵיך וַויא דא טוֹן דִי אוֹיֵילן
אֶלזוֹ וּלִיך אִיך אוֹיך אוֹיז גֵיגן דֶער נכֿט
וַואוֹ אִיך וַויֵיס אֵיין וְר זוֹטנִי הֶענן
דא דֶערפֿ אִיך אוֹיך אֵיינֶם לִיבֿרֶן אֵין שלַכֿט
מִיט מֵיינֶר טִינטן אוֹנ׳ פֿעֶנֶן
נוּן לֵיֵיכֿט זִינִיג לֹושט עֶז גוֹט וַולטֶן
אִיר זוֹלְט אוֹיֵיך נַאך דֶער מוֹשן הָלטֶן
נַאך אִין הָלֹט דֿז אָלֶף בֵית
דֿז גִיבֿיט אִיך אוֹיֵיך בֵייא מֵיינֶר פֿוּרִים רֵיש

Servez-moi une boisson fraîche !
Je pense que vous en avez assez de moi depuis longtemps !
J'ai presque bavardé un tonneau entier,
Le vin me fait souvent tanguer,
Je me suis moqué de tous les oiseaux.
À la façon des chouettes,
Je prends mon envol lorsqu'arrive la nuit,
Là où je sais que se trouve un poulet bien cuit.
Alors il me faut quelqu'un avec qui livrer combat
Avec l'encre et la plume.
Eh bien ! Insouciants, laissez Dieu commander,
Vous devriez vous conduire selon la mesure,
Selon l'ordre de l'*alef bet*,
Je vous en prie par mon discours de Purim !

ת – 22

תָּיו דו בישט די לעצט בוך שטאב
דז אָלֶף בֵית אִיך גנץ אויז האב
מיר וועלן זאגן וְאַתֶם
אִיך האב אידרמאן גילושן דורך די רָאל
די לויט זיין אויף דער גוילדן וָאל
נָשִׁים בְּתוּלוֹת בַּחוּרים בַּעֲלֵי בַתִּים
וויא וואל אִיך זוילט מיך זעלבערט נעמן בייא דער נָאז
מן שפריכט אַיין שרף רוויידיג
אויף מיך צו ריימן קוינט ויל בַאז
מיין רויקן איז ברייט אונ' דיק הייטיג
נון בישער אונז בישעפּר קוּווייֹאוֹס
שיק אונז דען ור הייסנן מֹשׁייֹאָס
אונ' אֵי דו ברענגשט דז פֿאלק צו אַיין
לאז אונז דאר וועל בשלום היא זיין

Sov tu es la dernière lettre,
J'ai passé en revue tout l'*alef beys*,
Nous allons dire *veatem*.
J'ai fait passer tout le monde au crible,
Les gens ont tous été recensés,
Femmes, jeunes filles, jeunes gens, maîtres de maison,
Même si je devrais, moi-même, me prendre par le nez :
On dit que quelqu'un avec une langue acérée,
Pourrait bien mieux rimer à mon sujet.
J'ai le dos large et la peau épaisse.
Eh bien ! Donne-nous, mon Dieu, de la constance,
Et envoie-nous le Messie que tu as promis.
Et avant que tu ne rassembles le peuple,
Laisse nous vivre en paix ici !

BIBLIOGRAPHIE

I. *Sources primaires citées et analysées*

1. Œuvres d'Élia Lévita ou que nous lui attribuons

Bovo Dantone [*BD*], éd. J. Joffe, 1949.

Biblia Rabbinica, poème conclusif de l'édition de D. Bomberg, Anvers, 1548 ; A. M. Habermann, 1945, p. 55-56.

Conclusion de l'*Akêdass Jizḥak*, BNF, MS. hébr. 589, éd. J. C. Frakes, 2004, p. 326-328.

Hamavdil lid [*HL*], éd. J. C. Frakes, 2004, p. 149-167. Autre édition utilisée : N. Shtif, 1926 et N. Shtif, 1928b.

Masoret Hamasoret, éd. C. D. Ginsburg, 1867.

Purim špil [*PS*], Münich, Bayerische Staatsbibliothek, Cod. hebr. 495, fol. 138r-142v.

Paris un Wiene [*PW*], éd. Ch. Shmeruk, 1996, autre édition utilisée E. Timm, 1996.

Sefer Habaḥur, éd. s.n., Mantoue, 1556.

Sefer Hatishbi, édition bilingue latin-hébreu de Paul Fagius et Élia Levita, Isny, 1541 [pagination erronée : après la page 199, le compte reprend à 100].

Sefer Meturgeman, éd. Paul Fagius et Élia Lévita, Isny, 1541.

Śerefo-lid [*SL*], éd. J. C. Frakes, 2004, p. 140-148. Autre édition utilisée : Ch. Shmeruk, 1966.

Seder nošim [*SN*], éd. H. Fox-J. J. Lewis, 2011.

2. Œuvres hébraïques du Moyen Âge et de la Renaissance

Castiglione, Samuel, poèmes contre les femmes : éd. S. de Benedetti-Stow, 1980.

D'Ancona, Salomon Ḥazan, poème contre les femmes שמעתי כאלה רבות, dans le livre *Davar Be-'ito*, A. Usque, Mantoue, 1556, fol. 7r-8v.

Immanuel de Rome [*MI*], *Maḥberot 'Imanuel ha-Romi*, éd. D. Yarden, 1957.

Ibn Sahula, Isaac, *Mashal Hakadmoni*, Venezia, Meir Parenzo, 1546.

Modena, Leone, élégie sur la mort de son maître, L. Modena, 1602, fol. 80v.

Modena, Leone, traduction hébraïque d'extraits de l'*Orlando Furioso*, éd. S. Bernstein, 1932, p. 33-45.

Querelle des Femmes hébraïque : Firenze, Biblioteca Medicea Laurenziana Plut. 88.46.

Sarfati, Joseph, introduction à la traduction (perdue) de la *Celestina*, éd. U. Cassuto, 1935.

Sarfati, Joseph, poèmes sous forme d'*ottava rima* (*strambotti*), éd. Ch. Schirmann, 1934, p. 223-227.

Sarteano, Abraham, poème contre les femmes שונא הנשים : éd. Ch. Schirmann, 1934, p. 210-219.

Sommo, Leone da Partaleone, poème en défense des femmes : מגן נשים, éd. Ch. Schirmann, 1965, p. 127-145.

3. Œuvres de la littérature yiddish ancienne

Akêdass Jizḥak [*AJ*], Paris, Bibliothèque nationale de France, Ms hébr. 589, éd. J. C. Frakes, 2004, p. 316-327.

Artúś hôf [*AH*], Oxford, Steinschneider, Cat. Bodl., no. 2024.

Avrohom Avinu, éd. J. C. Frakes, 2004, p. 11-25.

Barlag, Moshe ben Mordechai (Moshe Hunt), poème autobiographique et satires (dont il n'est sans doute que le copiste) : Parma, Biblioteca Palatina, Ms. Pol. 2513, fol. 208v-214r.

Cohen, Moshe von Talheim, satire composée à l'occasion d'un mariage, Oxford, Bodleian Library, Ms Can. Or. 12, fol. 207v-211r.

Hugerlen, Shmuel, satire contre le jeu, éd. I. Rivkind, 1946, p. 155-177.

Judéschér štam (parodie de l'*Akêdass Jizḥak*), éd. E. Butzer, 2003, p. 217-223.

Kü' buch [*KB*], éd. M. N. Rosenfeld, 1984.

Mélochim Buch [*MB*], éd. L. Fuks, 1965.

Oldendorf, Menahem, satire contre l'argent, Frankfurt, Stadt- und Universitätsbibliothek, Ms hebr. Oct. 17, fol. 3r-6r. Voir aussi éd. L. Löwenstein, 1890, p. 130.

Šému'el-buch [*SB*], éd. F. Falk, 1961.

Taub Jeklein, éd. Ch. Shmeruk, 1979, p. 121-127.

Widuwilt [*W*], éd. L. Landau, 1912.

4. Œuvres de la littérature italienne

Aquilano, Serafino, *Strambotti*, éd. B. Bauer-Formiconi, 1967.

Aretino, Pietro, Pasquinade « *Pas vobis brigate* », éd. A. Marzo, 1990, p. 65-100.

Aretino, Pietro, *Poemi cavallereschi*, éd. D. Romei, 1995.

Ariosto, Ludovico [*OF*], *Orlando Furioso*, éd. L. Caretti, 1992. Autre édition consultée: C. Segre, 1999.

Ariosto, Ludovico, *Lettere*, éd. A. Stella, 1984.

Ariosto, Ludovico, *Satire*, éd. G. Davico Bonino, 1990.

Berni, Francesco [*OIr*], *Rifacimento dell'Orlando Innamorato*, éd. M. Guigoni, 1858, voir F. Berni, 1858.

Berni, Francesco, *Capitoli e sonetti burleschi*, éd. S. Longhi, 2001.

Boiardo, Matteo Maria [*OI*], *Orlando Innamorato*, éd. A. Scaglione, 1974, autre édition consultée : R. Bruscagli, 1995.

Buovo Dantona [*BDit*], Caligula di Bazalieri, Bologna, 1497.

Cantare d'Orlando [*CO*], éd. J. Hübscher, 1886.

Dante Alighieri, *Della volgare eloquenzia*, voir Dante, 1868.

Dante Alighieri, *Vita nuova*, éd. P. Fraticelli, 1908.

Folengo, Teofilo [*B*], *Baldus*, éd. M. Chiesa, 2006. Autres éditions consultées: T. Folengo, 1521, A. Luzio, 1911.

Folengo, Teofilo, *Orlandino*, éd. M. Chiesa, 1991.

Immanuel de Rome, poèmes italiens, éd. M. Marti, 1956, p. 315-327.

Paris e Vienna [*PVit*], Agostino Bindoni, Venezia, 1549, exemplaire de la Bibliothèque Nationale de France, Réserve Y^2 1459. La numérotation des pages a été introduite par nous.

Pucci, Antonio, *Contrasto delle donne*, éd. D. d'Ancona, 1869.

Pulci, Luigi [*M*], *Morgante Maggiore*, éd. A. Greco, 1974.

Pulci, Luigi, *Opere Minori*, éd. P. Orvieto, 1986.

5. Œuvres de la littérature allemande

Boner, Ülrich, *Edelstein*, éd. F. Pfeiffer, 1844.

Brant, Sebastian, *Das Narrenschiff*, éd. H.-J. Mähl, 1964.

Fastnachtspiele, éd. A. von Keller, 1853-1858.

Goethe, *Dichtung und Warheit*, J. W. Goethe, 1811.

Volkslieder, éd. R. F. Liliencron 1867 et 1884, J. Bergmann, 1845.

Wirnt von Grafenberg, *Wigalois*, éd. Kapteyn, 1926.

Wittenwiler, Heinrich von, *Der Ring*, éd. E. Wissner 1931.

II. *Dictionnaires et encyclopédies*

Boerio, Giuseppe [*Boerio*], *Dizionario del dialetto veneziano*, Venezia, G. Cecchini, 1867.

Dizionario Biografico degli Italiani [*DBI*], 80 vol., Roma, Istituto della Enciclopedia italiana, 1925-2014.

Encyclopaedia Judaica [*EJ*-2007], dirigé par M. Berenbaum et F. Skolnik, 2ᵉ édition, 22 vol., Detroit, Macmillan Reference USA, 2007, *Gale Virtual Reference Library* : http://go.galegroup.com/ps/i.do ?id=GALE|9780028660974&v=2.1&u=imcpl. 1111&it=aboutBook&p=GVRL&sw=w.

Entsiklopedia mikrait, otsar ha-yiediy'ot 'al ha-mikra ve-tkufato [*Encyclopedia biblica*], Jérusalem, Mossad Bialik, 1954.

Even-Shoshan, Avraham [*Even Shoshan*], *Hamilon heḥadash* [Nouveau dictionnaire d'hébreu moderne], 3 vol., Kiryat-Sepher, 1977.

Grimm, Jakob et Wilhelm, *Deutsches Wörterbuch* [*DWB*], 33 vol., München, Deutscher Taschenbuch Verlag, München, 1984.

Jewish Encyclopedia [*JE*-1906], dirigé par I. Singer et C. Adler, 12 vol., New York, Funk and Wagnalls, 1901-1906.

Lexer, Matthias [*Lexer*], *Mittelhochdeutsches Handwörterbuch*, 3 vol., Leipzig, S. Hirzel, 1872-1878.

Tesoro della lingua italiana delle origini [*TLIO*], créé en ligne depuis 1998 : http://tlio.ovi.cnr.it/TLIO/.

Vocabolario degli accademici della Crusca, 5 éditions, 1612-1923, accesibles en ligne : http://www.lessicografia.it/index.jsp.

Vocabolario della lingua italiana, 2ᵉ éd., 5 vol., Roma, Istituto della Enciclopedia Italiana, 1997.

Wander, Karl Friedrich Wilhelm [*Wander*], *Deutsches Sprichwörter Lexicon*, 5 vol., Leipzig, Brockhaus, 1867-1880.

III. *Bibliographie générale des ouvrages consultés*

Abramovitsh, Sholem Yankev (Mendele Moykher Sforim), *Masoes Binyamin Hashlishi*, Warszawa, Kultur-Lige, 1923.

Adler, Israël, « Les sources musicales manuscrites des Juifs ashkénazes en Italie au 16ᵉ-18ᵉ siècles », in Ch. Turniansky, E. Timm, 2003, p. 225-228.

Alexandre-Gras, Denise, *L'héroïsme chevaleresque dans le "Roland amoureux" de Boiardo*, Publications de l'Université de Saint-Étienne, 1988.

Alfie, Fabian, « Immanuel of Rome, alias Manoello Giudeo : The Poetics of Jewish Identity in Fourteenth-Century Italy », *Italica*, 75, 1998, p. 307-329.

Alfie, Fabian, *Dante's Tenzone with Forese Donati : The Reprehension of Vice*, University of Toronto Press, 2011.

Almagor, Dan, « shir ḥidah pornografi shel rav umeshorer yehudi mehameah ha-16 », *Moznayim*, 70, 1996, p. 27-30.

Almagor, Dan, « yosef ben shmuel tsarfati : bibliografyah mu_eret », *Italia* (איטליה) *: Studi e ricerche sulla storia, la cultura e la letteratura degli ebrei d'italia*, XII, 1996, p. 53-113.

Almagor, Dan, « Poèmes en l'honneur de livres de Joseph ben Shmuel Sarfati », [hébreu], *Asufot Kiryat Sefer* (Supplément de Kiryat Sefer 68), p. 21-36, Jerusalem, Bnei Berith, 1998.

Amram, David, *The makers of Hebrew books in Italy*, Philadelphia, J. H. Greenstone, 1909, p. 146-224.

Angiolieri, Cecco, *Rime*, édition Gigi Cavalli, Milano, BUR, 1979.

Aquilano, Serafino, édition à partir de B. Bauer-Formiconi, *Die Strambotti des Serafino dall'Aquila : Studien und Texte zur italienischen Spiel- und Scherzdichtung des ausgehenden 15. Jahrhunderts*, München, Fink, 1967.

Aranoff, Deenah, « Elijah Levita : A Jewish Hebraist », *Jewish History*, 23, 1, 2009, p. 17-40.

Assaf, Simcha, *Mekorot le-toldot ha-ḥinuch be-israel*, vol. 4, Tel-Aviv, Devir, 1948.

Auerbach, Erich, *Mimesis, la représentation de la réalité dans la littérature occidentale*, Paris, Gallimard, 1968.

Avé-Lallemant, Friedrich C. B., *Das deutsche Gaunerthum*, Leipzig, F. U. Brodhaus, 1862.

Babbi, Anna Maria, *Paris e Vienna : romanzo cavalleresco*, Venezia, Marsilio, 1991.

Bacher, Wilhelm, « Elija Levitas wissenschaftliche Leistungen », *Zeitschrift der deutsch-morgenländischen Gesellschaft*, XLIII, 1889, p. 206-272.

Bakhtine, Mikhaïl, *Esthétique et théorie du roman*, Paris, Gallimard, 1978.

Bakhtine, Mikhaïl, *François Rabelais et la culture populaire au Moyen Âge et sous la Renaissance*, Paris, Gallimard, 1982.

Barthes, Roland, *Le bruissement de la langue*, Paris, Seuil, 1984.

Baruchson-Arbib, Shifra, *La culture livresque des Juifs d'Italie à la fin de la Renaissance*, Paris, CNRS Éditions, 2001.

Baschera, Marco, « Dante, le trouveur de sa langue maternelle », *Rue Descartes*, 26, Décembre 1999, p. 17-32.

Bastian, Hagen, *Mummenschanz, Sinneslust und Gefühlsbeherrschung im Fastnachtspiel des 15. Jahrhunderts*, Frankfurt am Main, Syndikat, 1983.

Battistoni, Giuseppe, *Dante, Verona e la cultura ebraica*, Firenze, Giuntina, 2004.

Battistoni, Giuseppe, Weiss-Levi, Emanuele (trad.), *L'inferno e il paradiso*, Firenze, Giuntina, 2000.

Bauer-Formiconi, Barbara (éd.), *Die Strambotti des Serafino dall'Aquila : Studien und Texte zur italienischen Spiel- und Scherzdichtung des ausgehenden 15. Jahrhunderts*, München, W. Fink, 1967.

Baumgarten, Elisheva, *Mothers and children, Jewish family life in medieval Europe*, Princeton University Press, 2004.

Baumgarten, Jean (éd.), *Paris un Viene*, fac-similé de l'édition de Vérone 1594, Bologna, A. Forni, 1988.

Baumgarten, Jean (trad.), *Le Commentaire sur la Torah Tseenah ureenah de Jacob Ben Isaac Achkenazi de Janow*, Paris, Verdier, 1987.

Baumgarten, Jean, « Le manuscrit de Cambridge (1382) : de la philologie germanique aux études yiddish », *Revue germanique internationale*, 4, 1995, p. 69-85.

Baumgarten, Jean, « Les recherches sur la dialectologie yiddish et leurs répercussions sur le champ linguistique », *Revue germanique internationale*, 17, 2002, p. 65-79.

Baumgarten, Jean, *Introduction to Old Yiddish Literature*, trad. J. C. Frakes, Oxford University Press, 2005.

Baumgarten, Jean, *Le peuple des livres. Les ouvrages populaires dans la société ashkénaze, XVIᵉ-XVIIIᵉ siècle*, Paris, Albin Michel, 2010.

Baum-Sheridan, Jutta, *Studien zu den westjiddischen Estherdichtungen*, Hamburg, Buske, 1996.

Bayle, Ariane, *Romans à l'encan*, Genève, Droz, 2009.

Beer, Marina, *Romanzi di cavalleria. Il* Furioso *e il romanzo italiano del primo Cinquecento*, Roma, Bulzoni, 1987.

Beider, Alexander, « Reapplying the Language Tree Model to the History of Yiddish », *Journal of Jewish Languages*, 1, 2013, p. 77-121.

Belli, Antonio, « Abraham da Sarteano : Il Misogino », *La Rassegna mensile di Israel*, 35, 7-8, Juillet-Août 1969, p. 323-333.

Ben Amos, Dan (éd.), *Folktales of the Jews*, vol. 3 : *Tales from Arab Lands*, Philadelphia, The Jewish Publication Society, 2011.

Benedetti-Stow, Sandra de, « Due poesie bilingui inedite di Semuel da Castiglione (1553) », *Italia* (איטליה), 2, 1980, p. 7-64.

Bergmann, Joseph, *Das Ambraser Liederbuch vom Jahre 1582*, Stuttgart, Literarischer Verein, 1845.

Bergson, Louis, *Le rire. Essai sur la signification du comique*, Paris, Alcan, 1924.

Berisso, Marco (éd.), *Poesia comica del medioevo italiano*, Milano, Bur Classici, 2011.

Berman, Antoine, *Pour une critique des traductions : John Donne*, Paris, Gallimard, 1995.

Berni, Francesco, *L'Orlando innamorato di Matteo Maria Boiardo rifatto da Francesco Berni*, 2 vol., Milano, M. Guigoni, 1858.

Bernstein, Ignaz, *Jüdische Sprichwörter und Redensarten*, Frankfurt am Main, J. Kauffmann, 1908.

Bernstein, Simon, *The divan of Leo de Modena*, Philadelphia, Jewish Publication Society of America, 1932.

Bertolocci, Giulio, *Bibliotheca magna rabbinica*, Roma, Typographia sacrae Congregationis de Propaganda Fide, t. 3, 1683.

Bigi, Emilio, *Dal Petrarca al Leopardi*, Milano, Napoli, Ricciardi, 1954.

Bikard, Arnaud, « Les avant-gardes yiddish du début du XXe siècle et l'enjeu des traditions », *Comparatismes en Sorbonne*, 1, disponible en ligne : http://www.crlc.paris-sorbonne.fr/FR/Page_revue_num.php ?P1=1.

Bikard, Arnaud, « Réinterprétation de la Bove Mayse de Y. Y. Trunk. Unité et discontinuité de la littérature yiddish entre le XVIe siècle et le XXe siècle », in F. Kuhn-Kennedy, C. Rousselet, *Les Expressions du collectif dans les écritures juives d'Europe centrale et orientale*, Paris, Presses de l'Inalco, 2018, p. 80-103.

Binni, Walter, *Metodo e poesia di Ludovico Ariosto*, Firenze, La nuova Italia, 1996.

Blechmann, Wilhelm, « Imitatio Creatrix bei Ronsard », *Zeitschrift für französische Sprache und Literatur*, 73, Cahier 1-2 (1963), p. 1-16.

Blondheim, David S., *Poèmes judéo-français du Moyen Âge*, Paris, Champion, 1927.

Bonfil, Roberto, *Les Juifs d'Italie à l'époque de la Renaissance : Stratégies de la différence à l'aube de la modernité*, Paris, L'Harmattan, 1995.

Bonfil, Roberto, « La presenza ashkenazita in Italia », in E. Timm-Ch. Turniansky 2003, p. 213-217.

Bonfil, Roberto, *Rabbini e comunità ebraiche nell'Italia del Rinascimento*, Napoli, Liguori, 2012.

Bongi, Salvatore (éd.), *Lettere di Luigi Pulci a Lorenzo il Magnifico e ad altri*, Lucca, Giusti, 1886.

Bonghi, Giuseppe (éd.), *Niccolò Machiavelli, Indice generale di tutte le lettere*, http://www.classicitaliani.it/machiav/critica/Machiavelli_indice_lettere.htm, 1996 (consulté 07/2013).

Bonora, Ettore, *Rittrati letterari del Cinquecento*, Milano, La Goliardica, 1964.

Borokhov, Ber, *Shprakh-forshung un literature-geshikhte*, Tel-Aviv, Y. L. Peretz farlag, 1966.

Braghirolli, Willelmo, « Isabella d'Este e gli Israeliti a Mantova », *Rivista storica mantovana*, vol. I, 1885, p. 183-186.

Bregman, Dvorah, « I sonetti di Immanuel Romano », *La Rassegna mensile di Israel*, LX, 1-2, 1994, p. 43-86.

Bregman, Dvorah, *Tsror zehuvim* [Un faisceau d'or : anthologie de sonnets hébraïques de la Renaissance et de l'âge baroque], Jerusalem, Mechon ben Tsvi, 1998.

Bregman, Dvorah, *The golden way : the Hebrew sonnet during the Renaissance and the Baroque*, Tempe, Ariz., Arizona Center for Medieval and Renaissance Studies, 2006.

Bregman, Dvorah, Guetta, Alessandro, Sheindlin, Raymond, *Mikdash me'at*, encyclopédie en vers de Moshe de Rieti (XVᵉ s.), édition critique avec introduction, traduction anglaise et commentaire des deux premiers chants, *Prooftexts*, 23, 1, 2003.

Bregoli, Francesca, compte-rendu de S. Baruchson-Arbib 2001, *Jewish Quarterly Review*, 96, 3, été 2006, p. 450-452.

Brener, Ann, « A Poem by Joseph Sarfati », in *Tradition, Heterodoxy and Religious Culture : Judaism and Christianity in the Early Modern Period*, Ch. Goodblatt, H. Kreisel (dir.), Beer-Sheva, Ben-Gurion University of the Negev Press, 2006, p. 263-285.

Brener, Ann, « Stealing Wisdom : A Story of Books (and Book-Thieves) from Immanuel of Rome's *Maḥbarot* », *Prooftexts*, 28, 1, 2008, p. 1-27.

Brener, Ann, « The Scroll of Love by Immanuel of Rome : A Hebrew Parody of Dante's *Vita Nuova* », *Prooftexts*, 32, 2012, p. 149-175.

Brestolini, Lucia, Orvieto, Paolo, *La poesia comico-realista*, Roma, Carocci, 2000.

Bruscagli, Riccardo (éd.), M. M. Boiardo, *Orlando innamorato*, éd. R. Bruscagli, Torino, Einaudi, 1995.

Bruscagli, Riccardo, *Studi cavallereschi*, Firenze, SEF, 2003.

Bumke, Joachim, *Geschichte der deutschen Literatur im hohen Mittelalter*, München, DTV, 1990.

Burckhardt, Jacob, *La Civilisation en Italie au temps de la Renaissance*, 2 vol., Paris, Plon-Nourrit, 1906.

Butzer, Evi, *Die Anfänge der jiddischen Purim Shpiln in ihrem literarischen und kulturgeschichtlichen Kontext*, Hamburg, Helmut Buske, 2003.

Butzer, Evi, Hüttenmeister, Nathanja, Treue, Wolfgang, « "Ich will euch sagen von einem bösen Stück ...". Ein jiddisches Lied über sexuelle Vergehen und deren Bestrafung aus dem frühen 17. Jahrhundert », *Ashkenas*, 15, 1, 2005, p. 25-53.

Buxtorf, Johannis, *Synagoga Judaica*, Bâle, Ludwig König, 1641.

Cabani, Maria Cristina, *Le Forme del cantare epico-cavalleresco*, Lucca, M. Pacini Fazzi, 1988.

Calimani, Riccardo, *The ghetto of Venice*, Milano, Mondadori, 2001.

Calimani, Riccardo, *L'errance juive*, Paris, Denoël, 2003.

Calvino, Italo, *Orlando Furioso di Ludovico Ariosto raccontato da Italo Calvino*, Torino, Einaudi, 1970.

Calvino, Italo, *Perché leggere i classici*, Milano, Mondadori, 2011.

Cappelli, Antonio, « La biblioteca estense nella prima metà del secolo XV », *Giornale storico della letteratura italiana*, 14, 1889, p. 1-30.

Capsali, Elyahu, *Seder Elyahu Zuta*, édition de Aryeh Shmelevitz (et al.), 2 vol., Jérusalem, Ben-zvi Institute, Hebrew University, 1977.

Caretti, Lanfranco (éd.), L. Ariosto, *Orlando Furioso*, Torino, UTET, 1992.

Carmi, T., *The Penguin Book of Hebrew Verse*, London, Penguin Books, 1981.

Casadei, Alberto, « The history of the *Furioso* », in D. Beecher (et al.), *Ariosto today, contemporary perspectives*, University of Toronto Press, 2003, p. 55-70.

Cassuto, Umberto, « Dante und Manoello », *Jahrbuch für jüdische Geschichte und Literatur*, Cahier 1, 1921-1922, p. 90-121.

Cassuto, Umberto, « Un'antichissima elegia in dialetto giudeo-italiano », *Archivio glottologico italiano*, 22-23, 1, 1929, p. 349-408.

Cassuto, Umberto, *Gli ebrei a Firenze nell'età del Rinascimento*, Firenze, Balletti e Cocci, 1918.

Cassuto, Umberto, « Mishirei yosef ben shmuel tsarfati : hakomedia harishona be'ivrit », in S. W. Baron, A. Marx (dir.), *Jewish Studies in Memory of George A. Kohut*, New York, The Alexander Kohut Memorial Foundation, 1935, p. 121-128.

Catallano, Michele (éd.), *La Spagna. Poema cavalleresco del XIV secolo*, Bologna, Commissione per i testi di lingua, 1939-1940.

Catholy, Eckerhardt, *Fastnachtspiel*, Stuttgart, Metzler, 1966.

Chayes, Evelien, *L'Éloquence des pierres précieuses. De Marbode de Rennes à Alard d'Amsterdam et Rémy Belleau. Sur quelques lapidaires du XVIe siècle*, Paris, Champion, 2010.

Chalumeau, Chloé, « La scatologie dans Audigier : de la chanson de geste au fabliau », *Questes*, 21, 2011, p. 55-71.

Checcoli, Ippolita, Dessi, Rosa M., « La predicazione francescana nel Quattrocento », in *Atlante storico della letteratura italiana*, S. Luzzato, D. Pedullà (dir.), vol. 1 : *Dalle origini al Rinascimento*, A. De Vincentiis (dir.), Torino, Einaudi, 2010, p. 464-476.

Chiesa, Mario (éd.), T. Folengo, *Orlandino*, Padova, Antenore, 1991.

Chiesa, Mario (éd.), T. Folengo, *Baldus*, 2 vol., Torino, UTET, 2006.

Chiesa, Mario, « Una fonte dell'"Orlandino" e del "Baldus" », in *Cultura letteraria e tradizione popolare in Teofilo Folengo*, E. Bonora, M. Chiesa (dir.), Milano, Feltrinelli, 1979, p. 249-267.

Cioranescu, Alexandre, *L'Arioste en France des origines au début du XVIIIe siècle*, Paris, Éditions des presses modernes, 1939.

Cirese, Alberto Mario, *Problemi del canto-monostrofico*, Università di Cagliari, dispense per il corso di Storia delle tradizioni popolari, 1964, p. 87-88.

Classen, Albrecht, « Geld als Thema deutscher Volkslieder des Spätmittelalters und der Frühneuzeit. Mentalitätsgeschichtliche Untersuchungen », *Lied und populäre Kultur / Song and Popular Culture*, 46, 2001, p. 11-37.

Cohen, Mark R., *The Autobiography of a Seventeenth-Century Venetian Rabbi – Leon Modena's Life of Judah*, Princeton University Press, 1992.

Comparetti, Domenico, *Virgilio nel Medioevo*, Livorno, Francesco Vigo, 1872, vol. 2.

Cordié, Carlo (éd.), « Le quattro redazioni del *Baldus* di Teofilo Folengo », *Memorie della Reale Accademia delle Scienze di Torino*, serie 2, 68.1, 1935-1936.

Cormeau, Christoph, « Die jiddische Tradition von Wimts Wigalois. Bemerkungen zum Fortleben einer Fabel unter veränderten Bedingungen », *Lili. Zeitschrift für Literaturwissenschaft und Linguistik*, 8, 1978, p. 28-44.

Cornilliat, François, « Usages éthiques de l'épiphonème chez Jean Molinet », *Seizième siècle*, 1, 1, 2005, p. 47-61.

Corso, Raffaele, *La vita sessuale nelle credenze, pratiche e tradizioni popolari italiane*, Firenze, Olschki, 2001.

Crimi, Giuseppe, *L'oscura lingua e il parlar sottile : tradizione e fortuna del Burchiello*, Manziana (Roma), Vecchiarelli, 2005.

Croce, Benedetto, *Ariosto, Shakespeare e Corneille*, Bari, Laterza, 1920.

Croce, Benedetto, *Filosofia. Poesia. Storia, pagine tratte da tutte le opere a cura dell'autore*, Milano-Napoli, Ricciardi, 1952.

Curtius, Ernst, Robert, *Europäische Literatur und Lateinisches Mittelalter* (Achte Auflage), Bern, Francke, 1973.

D'Ancona, Alessandro, « Una poesia ed una prosa di Antonio Pucci », *Il Porpugnatore*, 2, 1869, p. 397-438.

Dante Alighieri, *Della volgare eloquenzia*, traduction de G. Trissino (1529) et lettre introductive d'A. Manzoni, Milano, Bernardoni, 1868.

Davico Bonino, Guido (éd.), L. Ariosto, *Satire*, Milano, Rizzoli, 1990.

Davidson, Israel, *Parody in Jewish literature*, New York, Columbia University Press, 1907.

Davie, Mark, *Half-serious rhymes : the narrative poetry of Luigi Pulci*, Dublin, Foundation for Italian studies, 1998.

De Robertis, Domenco de, *Storia del Morgante*, Firenze, Le Monnier, 1958.

De Sanctis, Federico de, *Storia della letteratura italiana*, Firenze, Salani, 1965.

Debailly, Pascal, « Le rire satirique », *Bibliothèque d'Humanisme et Renaissance*, 56, 3, 1994, p. 695-717.

Delcorno Branca, Daniela, *L'Orlando furioso e il romanzo cavalleresco medievale*, Firenze, Olschki, 1973.

Delcorno Branca, Daniela, *Buovo d'Antona, cantari in ottava rima (1480)*, Roma, Carocci, 2008.

Delitzsch, Franz, *Zur Geschichte der jüdischen Poesie*, Leipzig, Karl Tauchnitz, 1836.

Der Nister (Pinḥas Kaganovitsh), *Gedakht*, t. 2, Berlin, Literarisher Farlag, 1923.

Diemling, Maria, « "Den ikh bin treyfe gevezn" : Body Perceptions in Seventeenth-Century Jewish Autobiographical Texts », in *The Jewish Body : Corporeality, Society, and Identity in the Renaissance and Early Modern Period*, Maria Diemling and Giuseppe Veltri (dir.), Leiden-Boston, Brill, 2009, 93-125.

Dionisotti, Carlo, *I umanisti e il volgare fra Quattro e Cinquecento*, Milano, 5 continents Edition, 2003.

Dionisotti, Carlo, « Fortuna e sfortuna del Boiardo nel Cinquecento », in *Il Boiardo e la critica contemporanea*, G. Anceschi (éd.), Firenze, Olschki, 1970, p. 221-241.

Donnarumma, Raffaele, *Storia del Orlando innamorato*, Lucca, Maria Paccini Fazzi, 1996.

Dreessen, Wulf-Otto, « Midraschepik und Bibelepik : biblische Stoffe in der volkssprachlichen Literatur der Juden und Christen des Mittelalters im deutschen Sprachgebiet », *Zeitschrift für Deutsche Philologie* [Sonderheft], 1981, p. 78-97.

Dreessen, Wulf-Otto, « Wigalois-Widuwilt. Wandlungen des Artus-romans im Jiddischen », in *Westjiddisch : Mündlichkeit und Schriftlichkeit*, Astrid Starck (dir.), Salzburg, Sauerländer, 1994, p. 84-98.

Dreessen, Wulf-Otto, « Hilde, Isolde, Helena : zum literarischen Horizont deutscher Juden im 14./15. Jahrhundert », in *Jiddische Philologie : Festschrift für Erika Timm*, Simon Neuberg, Walter Roll (dir.), Tübingen, Niemeyer, 1999, p. 133-155.

Dreessen, Wulf-Otto, *Akedass Jizhak. Ein altjiddisches Gedicht über die Opferung Isaaks*, Hamburg, Leibniz-Verlag, 1971.

Duby, Georges, « Entretien sur la littérature courtoise », *Ornicar ?*, 1983, 26-27, p. 177-198.

Durling, Robert M., *The Figure of the Poet in Renaissance Epic*, Cambridge, Harvard University Press, 1965, p. 123-132.

Eichel-Lojkine, Patricia, *Excentricité et Humanisme : parodie, dérision et détournement des codes à la Renaissance*, Genève, Droz, 2002.

Elias, Norbert, *La Société de cour*, Paris, Flammarion, 1985.

Erasme, Desiderius, *Epistolae*, vol. 9, Oxford University Press, 1938.

Erik, Max, *Vegn altyidishn roman un novele : fertsnter-zekhtsnter yor-hundert*, Warszawa, M. Rayz, 1926.

Erik, Max, *Geshikhte fun der yidisher literatur fun di elteste tsaytn biz der haskole-tkufe*, Warszawa, Kultur Lige, 1928.

Erik, Max, *Inventar fun der yidisher shpilman-dikhtung*, Tsaytshrift 2-3, 1928, 2-3, col. 545-588.

Esteraykh Guennady, Krutikov, Mikhaïl, « Yiddish Studies », *The Year's Work in Modern Language Studies*, 73, 2013 [survey year 2011], p. 415-424.

Falk, Felix (éd.), *Das Schmuelbuch des Mosche Esrim Wearba : Ein biblisches Epos aus dem 15. Jahrhundert*, Einleitung und textkritischer Apparat von Felix Falk, aus dem Nachlass herausgegeben von L. Fuks, 2 vol., Assen, Van Gorcum, 1961.

Fasani, Remo, *"Il Fiore e Il detto d'amore" attribuiti a Immanuel Romano*, Ravenna, Longo, 2008.

Febvre Lucien, Martin, Henri, *L'apparition du livre*, Paris, Albin Michel, 1957.

Febvre, Lucien, *Le problème de l'incroyance au XVIe siècle, la religion de François Rabelais*, Paris, Albin Michel, 2003.

Floriani, Piero, *Il modello ariostesco : la satira classicistica nel Cinquecento*, Roma, Bulzoni, 1988.

Folengo, Teofilo, *Opus Merlinii Cocaii* Macaronicorum, Tusculanium, Alexander Paganinus, 1521.

Fox, Harry, Lewis, Justin Jaron, *Many Pious Women*, Berlin-New York, de Gruyter, 2011.

Frakes, Jerold C., *The Politics of Interpretation. Alterity and ideology in Old Yiddish studies*, Albany (NY), State University of New York Press, 1989.

Frakes, Jerold C., *Early Yiddish Texts 1100-1750*, Oxford University Press, 2004.

Frakes, Jerold C., *Early Yiddish Epic*, Syracuse University Press, 2014.

Frakes, Jerold C., « Yiddish Literature's Outliers : Early and Late, Italy and Poland, Rhetorical and Peripheral », *Jewish Quarterly Review*, 104, 2, 2014.

Fram, Edward, *My Dear Daughter : Rabbi Benjamin Slonik and the Education of Jewish Women in Sixteenth-Century Poland*, Cincinnati, Hebrew Union College Press, 2007.

Franceschi, Temistocle, *Atlante paremiologico italiano*, Alessandria, Ed. dell'Orso, 2000.

Franschetti, Antonio, « L'Aretino e la rottura con i canoni della tradizione cavalleresca », in *Pietro Aretino nel cinquecentenario della nascita. Atti del convegno di Roma-Viterbo-Arezzo (28 settembre-1 ottobre 1992), Toronto (23-24 ottobre 1992), Los Angeles (27-29 ottobre 1992)*, Roma, Salerno, 1995.

Fraticelli, Pietro (éd.), *La Vita nuova*, Firenze, G. Barbera, 1908.

Frendsdorff, S., « Aus dem Sefer Hasichronot von Elias Levita », *Monatsschrift für Geschichte und Wissenschaft des Judentums*, 3, 1863, p. 96-108.

Freud, Sigmund, *Le mot d'esprit et sa relation à l'inconscient*, Paris, Gallimard, 1992.

Frye, Northrop, *Anatomie de la critique*, Paris, Gallimard, 1969.

Fubini, Riccardo, *L'umanesimo italiano e i suoi storici*, Milano, Franco Angeli, 2001.

Fuks, Leo (éd.), *Das Altjiddische Epos Melokim-Buk*, 2 vol., Assen, Van Gorcum, 1965.

Fuks, Leo, *The Oldest Known Documents Literary Documents of Yiddish Literature (c. 1382)*, 2 vol., Leiden, 1957.

Fuks, Leo, « Etlekhe batrakhtungen vegn altyidishn epos *Pariz un Vyene* un zayn mekhaber », *Goldene Keyt*, 94, 1977, p. 169-178.

Fumagalli, Giuseppina, « La fortuna dell'Orlando furioso nel secolo XVI », *Atti e memorie della Deputazione Ferrarese di Storia Patria*, 1912, XX, fasc. III, p. 133-497.

Fumagalli, Stefano, Mayer, Maria T. (trad.), *Maḥbereth prima (Il destino)*, Desio, Aquilegia, 2002.

Gaier, Ülrich, *Satire : Studien Zu Neidhart, Wittenwiler, Brant Und Zur Satirischen Schreibart*, Tübingen, Niemeyer, 1967.

Garin, Eugenio, *Interpretazioni del Rinascimento*, Roma, Edizioni di storia e letteratura, 2009, p. 3-15.

Genette, Gérard, *Figures III*, Paris, Seuil, 1972.

Genette, Gérard, G. Genette, *Palimpsestes : la littérature au second degré*, Paris, Seuil, 1982.

Genot, Gérard, Larivaille, Paul (trad.), T. Folengo, *Baldus*, 3 vol., Paris, Les Belles Lettres, 2004.

Genot-Bismuth, Jacqueline, *Poétique et philosophie dans l'œuvre d'Immanuel de Rome*, thèse de doctorat, Université Paris III, 1977.

Genot-Bismuth, Jacqueline, « La révolution prosodique d'Immanuel de Rome », *Israel Oriental Studies*, XI, 1991, p. 161-186.

Ginsburg, Christian D., *The Massoreth-ha-Massoreth of Elias Levita*, London, Longmans, Green, Reader and Dyer, 1867.

Ginzberg, Louis, *The Legends of the Jews*, 6 vol., Philadelphia, The Jewish Publication Society, 1910-1946.

Giraldi Cinzio, Giambattista, *Discorsi* [...] *intorno al comporre de i Romanzi, delle Comedie, e delle Tragedie, e di altre maniere di Poesie*, Venezia, Giolito de Ferrari, 1554.

Girolla, Pia, « La biblioteca di Francesco Gonzaga secondo l'inventario del 1407 », *Atti et Memorie della R. Accademia Virgiliana di Mantova*, XIV-XVII, 1923, p. 1-30.

Goethe, Johan Wolfgang von, *Aus meinem Leben. Dichtung und Warheit, Dichtung und* Wahrheit, vol. 1, Tübingen, Cotta, 1811.

Gollantz, Hermann (trad.), *Tophet and Eden*, University of London Press, 1921.

Gollantz, Hermann, *The metrical work of Joseph Kimchi*, Oxford University Press, 1919.

Graetz, Heinrich, *Die Geschichte der Juden*, vol. 7, Leipzig, Oskar Leiner, 1873.

Grafton, Anthony, Weinberg, Joanna, *"I Have Always Loved the Holy Tongue", Isaac Casaubon, The Jews, And a Forgotten Chapter in Renaissance Scholarship*, Cambridge-London, Harvard University Press, 2011.

Greco, Aulo (éd.), L. Pulci, *Morgante e opere minori*, Torino, Utet, 1974.

Grossel, Marie-Geneviève, « Le burlesque et son évolution dans les trois versions continentales de la chanson de Beuve de Hanstone. », in *Burlesque et dérision dans les épopées de l'Occident médiéval*, B. Guidot (dir.), Besançon, Presses Universitaires de Franche-Comté, 1995, p. 255-268.

Güdemann, Moritz, *Geschichte des Erziehungswesens und der Cultur der Juden in Deutschland während des XIV. und XV. Jahrhunderts*, 3 vol., Wien, Hölder, 1888.

Guetta, Alessandro, « Religious life and Jewish erudition in Pisa : Yehiel Nissim da Pisa and the crisis of aristotelianism », in *Cultural intermediaries*, D. Ruderman, G. Veltri, University of Pennsylvania Press, 2004 , p. 86-108.

Guetta, Alessandro, « The Crisis of Medieval Knowledge in the Work of the Fifteenth-Century Poet and Philosopher Moses da Rieti », in *Renewing the Past, Reconfiguring Jewish Culture : From Al-Andalus to the Haskalah*, R. Brann, A. Sutcliffe (dir.), University of Pennsylvania Press, 2004, p. 59-68.

Guetta, Alessandro, « Les Juifs dans la Renaissance italienne », in *Les Juifs dans l'histoire*, A. Germa, B. Lellouch, E. Patlagean (éd.), Paris, Champ Vallon, 2011, p. 321-330.

Guetta, Alessandro, « La Renaissance et les Juifs : stratégie d'une participation », *Perspectives, Revue de l'Université Hébraïque de Jérusalem*, 20, 2013, p. 129-144.

Habermann, Abraham Meir, *Toldot ha-sefer ha-'ivri* (« Histoire du livre hébreu »), Jérusalem, Rubin Mass, 1945.

Hamburger, Binyamin Shlomo, *Guide to Minhag Ashkenaz*, Bnei Brak, Mechon Moreshes Ashkenaz, 2009.

Hamon, Philippe, *L'ironie littéraire, Essai sur les formes de l'écriture oblique*, Paris, Hachette Université, 1996.

Harris, Neil, *Bibliografia dell' "Orlando innamorato"*, 2 vol., Modena, Panini, 1988 pour le vol. 1, 1991 pour le vol. 2.

Harshav, Benjamin et Barbara, *American Jewish Poetry, a Bilingual Anthology*, Berkley, University of California Press, 1986.

Hasenohr, Geneviève, Zinc, Michel, *Dictionnaire des lettres françaises : le Moyen Âge*, Paris, Fayard, 1994.

Heath, Sidney, *Pilgrim life in the Middle Ages*, Boston-New York, Houghton Mifflin, 1912.

Hegel, Georg W. F., *Cours d'esthétique*, Paris, Aubier, 1997.

Hoffman, Jeffrey, « Akdamut : History, Folklore, and Meaning », *Jewish Quarterly Review*, 99-92, 2009, p. 161-183.

Hopkin, Shon D., *Joseph ben Samuel Tsarfati and Fernando Rojas : "Celestina" and the World of the Go-Between*, Thèse, The University of Texas at Austin, 2011.

Howard, John A., *Dietrich von Bern, 1597*, Königshausen und Neumann, Würzburg, 1986.

Hrushovski, Benjamin, « The creation of accentual iambs in European poetry and their first employment in a Yiddish romance in Italy (1508-1509) », in *For Max Weinreich on his Seventieth Birthday*, Lucy S. Dawidowicz et al. (dir.), Den Haag, Studies in Jewish Languages, Literature and Society, 1964, p. 108-146.

Hübscher, Johannes, *"Orlando", di Vorlage zu Pulcis "Morgante"*, Marburg, Elwert, 1886.

Huchon, Mireille, *Louise Labé, Une créature de papier*, Genève, Droz, 2006.

Huizinga, Johan, *L'Automne du Moyen Âge*, Paris, Payot, coll. « Petite Bibliothèque Payot », 2015.

Iakerson, Shimon, « An autograph manuscript by Elijah Levita in St Petersburg », *Studia Rosenthaliana*, 38-39, 2006, p. 178-185.

Ivanoff, N., « Le *Roland furieux* et la Querelle des femmes au XVIe siècle », *Revue du Seizième siècle*, 19, 1932-1933, p. 262-272.

Jacob, P. L., *Histoire maccaronique de Merlin Coccaïe, prototype de Rabelais*, Paris, Delahays, 1859.

Jäger, Achim, *Ein jüdischer Artusritter, Studien zum jüdisch-deutschen Widuwilt (*Artushof*) und zum* Wigalois *des Wirnt von Gravenberc*, Tübingen, Niemayer, 2000.

Javitch, Daniel, *Proclaiming a Classic : the Canonization of "Orlando Furioso"*, Princeton University Press, 1991.

Jodogne, Omer, « Audigier et la chanson de geste, avec une édition nouvelle du poème », *Le Moyen Âge*, 66, 1960, p. 495-526.

Joffe, Judah A., *Elye Bokher poetishe shafungen*, vol. 1 : *reproduktsye fun der ershter oysgabe : Bovo Dantona, Isna, 1541*, New York, Judah A. Joffe Publication Commitee, 1949.

Joffe, Judah A., « The etymology of *Davenen* and *Katoves* », *Proceedings of the American Academy for Jewish Research*, 28, 1959, p. 77-92.

Jordan, Constance, « Writing beyond the *Querelle* : Gender and History in *Orlando furioso* », in *Renaissance Transactions : Ariosto and Tasso*, V. Finucci (éd.), Durham and London, Duke University Press, 1999, p. 314-395.

Jossa, Stefano, « Ariosto o Boiardo? Giovan Battista Giraldi Cinzio critico dell'Orlando furioso », in *Volteggiando in su le carte. Ludovico Ariosto e i suoi lettori*, E. Garavelli (éd.), University of Helsinki Press, 2011, p. 45-72.

Kahana, Abraham (éd.), *Sefer Ḥaye Yehuda*, Kiev, s. e., 1912.

Kapteyn, Johannes M. N. (éd.), Wirnt von Grafenberg, *Wigalois*, Bonn, F. Klopp, 1926.

Katz, David, « A late twentieth century case of *katoves* », in *History of Yiddish studies*, D. B. Kerler (éd.), Chur, Harwood Academic Publishers, 1991, p. 141-163.

Katz, Eli, *Book of Fables : The Yiddish Fable Collection of Reb Moshe Wallich*, Wayne State University Press, 1994.

Kaufmann, David, « La famille Yehiel de Pise », *REJ*, XXVI, 1893, p. 238-239 ; *REJ*, XXIX, 1894, p. 147.

Keller, Adelbert von, *Fastnachtspiele aus dem fünfzehnten Jahrhundert*, 3 vol., Stuttgart, Litterarischer Verein (Bibliothek des litterarischen Verein, vol. 28-30), 1853.

Keller Adelbert von, *Fastnachtspiele aus dem fünfzehnten Jahrhundert : Nachlese*, Stuttgart, Litterarischer Verein (Bibliothek des litterarischen Verein, vol. 46), 1858.

Kelly, Joan, « Early Feminist Theory and the "Querelle des Femmes", 1400-1789 », *Signs*, 8, 1, 1982, p. 4-28.

Kirchhahn, Elchanan, *Śimḥass Ha-nefeš*, Firda, Bonfet Shneur, 5487 [1726/1727], consultable à l'adresse : http://sammlungen.ub.uni-frankfurt.de/jd/content/titleinfo/1758475 [dernière consultation : septembre 2014].

Klepsch, Alfred, *Westjiddisches Wörterbuch, Auf der Basis dialektologischer Erhebungen in Mittelfranken*, Berlin, Walter de Gruyter, 2004.

Knaphays, Moshe (trad.), *Elye Bokher : Bove-Bukh*, Buenos Aires, Yoysef Lifshits Fond baym Kultur Kongres, 1962.

Könnecker, Barbara, « Zum literarischen Charakter und der literarischen Intention des altjiddischen Schmuelbuchs », *Kontroversen, Kontroversen, alte und neue V*, 1986, p. 3-12.

Koopmans, Jelle, « La parodie en situation », *Cahiers de recherches médiévales*, 15, 2008, p. 87-98.

Kosover, Mordechai, « Yidishe maykholim, a shtudye in kulturgeshikhte un shprakhforshung », in *Judah A. Joffe Book*, Y. Mark (dir.), New York, Yivo, 1958, p. 1-145.

Kristeller, Paul Oscar, *Renaissance thought*, New York, Harper, 1961.

Kristeller, Paul Oscar, *Studies in Renaissance thought and letters*, vol. 4, Roma, Edizioni di storia e letteratura, 1996.

Kupfer, Efraim, « Menaḥem Oldendorfs oytobyografishe farzayknungen in a hebreyshn ksav-yad », *Di Goldene Keyt*, 58, 1967, p. 212-223.

Lafond-Kettlitz, Barbara, *De l'amour courtois à l'amour marié : le roman allemand (1456-1555)*, Bern, Peter Lang, 2005.

Landau, Leo, *Arthurian Legends, The Hebrew/German Rhymed Version of the Legend of King Arthur*, Leipzig, Teutonia 21, 1912.

Landau, Leo, « A German-Italian Satire on the Ages of Men », *Modern Language Notes*, 31, 1916, p. 465-471.

Langland, William, *Pierre le laboureur*, édition et traduction de A. Mairey, Paris, Publications de la Sorbonne, 1999.

Larivaille, Paul, *Pietro Aretino, fra Rinascimento e Manierismo*, Roma, Bulzoni, 1980.

Lavocat, Françoise, *La Syrinx au Bûcher. Pan et les satyres à la Renaissance et à l'âge baroque*, Genève, Droz, 2005.

Legros, René P., « L'"Orlando Furioso" et la "Princesse de Babylone" de Voltaire », *The Modern Language Review*, 22, 2, 1927, p. 155-161.

Leibowitz, Nechama, *Die Übersetzungstechnik der jüdisch-deutschen Bibelübersetzungen des 15. und 16. Jahrhunderts dargestellt an den Psalmen*, thèse de doctorat, Université de Marburg, 1931.

Liliencron, Rochus Freiherrn von, *Die historischen Volkslieder der Deutschen vom 13. bis 16. Jahrhundert*, vol. 3, Leipzig, Vogel, 1867.

Liliencron, Rochus Freiherrn von, *Deutsches Leben im Volkslied um 1530*, Berlin-Stuttgart, W. Spemann, 1884.

Longhi, Silvia (éd.), F. Berni, *Capitoli e sonetti burleschi*, publié en ligne par Letteratura Italiana Einaudi, http://www.letteraturaitaliana. net/pdf/Volume_4/t82.pdf, 2001.

Longhi, Silvia, *Lusus : Il capitolo burlesco nel Cinquecento*, Padova, Antenore, 1983.

Löwenstein, Leopold, « Jüdische und jüdisch-deutsche Lieder », *Jubelschrift zum 70. Geburtstag des Dr. Israel Hildesheimer*, Berlin, H. Engel, 1890, p. 126-144.

Löwenstein, Leopold, « Jüdische und jüdisch-deutsche Lieder », *Monatschrift für Geschichte und Wissenschaft des Judentums*, 1894, p. 78-89.

Luzio, Alessandro, *Le Maccheronee*, éd. par A. Luzio, 2 vol., Bari, Laterza, 1911.

Mac Carthy, Ita, *Women and the Making of Poetry in Ariosto's Orlando furioso*, Leicester, Troubador Press, 2007.

Mähl, Hans-Joachim (éd.), S. Brant, *Das Narrenschiff*, Stuttgart, Reclam, 1964.

Malkiel, David (dir.), *The Lion shall Roar : Leon Modena and His World*, Jerusalem, The Hebrew University Magnes Press, 2003.

Malkiel, David, David Malkiel, « The Inheritance Tale in Immanuel of Rome's Mahbarot », *Prooftexts*, 16, 1996, p. 169-173.

Malkiel, David, « Eros as medium : rereading Immanuel of Rome's scroll of desire », *Associazione Italiana per lo Studio del Giudaismo : Atti del Convegno IX*, 2007, p. 35-59.

Malkiel, David, « Renaissance in the Graveyard : The Hebrew Tombstones of Padua and AshkenazicAcculturation in Sixteenth-Century Italy », *AJS Review*, 37, 2, 2013, p. 333-370.

Manger, Itsik, *Medresh Itsik*, Ch. Shmeruk (éd.), Jérusalem, The Hebrew University Magnes Press, 1984.

Marchand, Jean-Jacques, compte rendu critique d'A. Rossi, *Serafino Aquilano e la poesia cortigiana*, *Bibliothèque d'Humanisme et Renaissance*, 44, 1, 1982, p. 166-168.

Marchi, Cesare, *L'Aretino*, Milano, Rizzoli, 1980.

Margaritha, Anton, *Der gantz judisch Glaub*, Frankfurt am Main, s. n., 1561.

Margoliot, Reuven (éd.), *Sefer Ḥasidim*, Jerusalem, Mosad ha-Rav Kook, 1957.

Marinucci, Caterina, *L'intertestualità nel Morgante di Luigi Pulci*, Roma, Aracne, 2006.

Marks, Gil, *Encyclopedia of Jewish food*, Hoboken, Wiley, 2010.

Martin, Daniel, « Louise Labé est-elle une créature de papier ? », *RHR (Réforme, Humanisme, Renaissance)*, 63, 2006, p. 7-37.

Martin, Francis X., *Friar, reformer, and Renaissance scholar : life and work of Giles of Viterbo, 1469-1532*, Villanova, Augustinian Press, 1992.

Marucci Valerio, Marzo, Antonio, Romano, Angelo, *Pasquinate romane del Cinquecento*, 2 vol., Roma, Salerno editrice, 1983.

Marzo, Antonio, *Pasquino e dintorni : testi pasquineschi del Cinquecento*, Roma, Salerno editrice, 1990.

Matisoff, James A., *Blessings, Curses, Hopes and Fears : Psycho-Ostensive Expressions in Yiddish*, Stanford University Press, 2000.

Matut, Diana, *Dichtung und Musik in frühneuzeitlichen Aschkenas*, 2 vol., Leiden-Boston, Brill, 2011.

Mayer, Paul, Neubauer, Adolf, « Le roman provençal d'Esther », *Romania, recueil trimestriel consacré à l'étude des langues et littératures romanes*, 21, 1892, p. 194-227.

Mayer-Modena, Maria, « Leggi in yiddish ma mangi all'italiana : l'assimilazione gastronomica degli ashkenaziti nell'Italia rinascimentale », *La Rassegna mensile di Israel*, 62, 1-2, 1996, p. 63-92.

Mayer-Modena, Maria, « La scena all'ebraica nel teatro del rinascimento », *Acme : annali della Facoltà di lettere e filosofia dell'Università degli studi di Milano*, 63, 1, 2010, p. 135-163.

Mayer-Modena, Maria Luisa, « Le judéo-italien : un nouveau panorama », in *Linguistique des langues juives et linguistique générale*, J. Baumgarten, F. Alvarez-Peyrère (dir.), Paris, CNRS, 2003, p. 87-112.

Mazzacurati, Giancarlo, *Il rinascimento dei moderni*, Bologna, Il Mulino, 1985.

Méchin-Desquin, Pierre, *Traduction libre de la cinquième satire de L. Arioste*, Bourges, Imprimerie et Lithographie de Jollet-Souchois, 1846.

Meitlis, Jakob (éd.), *Midrash le-Pirke Avot be-Yidish kamait le-Anshel Levi*, Jerusalem, Israel National Academy of Sciences, 1978.

Meitlis, Jakob, *Ma'assebuch seine Entstehung und Quellengeschichte*, Berlin, Buchhandlung Rubin Mass, 1933.

Ménard, Philippe, *Le rire et le sourire dans le roman courtois en France au Moyen Âge (1150-1250)*, Genève, Droz, 1969.

Messedaglia, Luigi, *Vita e costume della rinascenza in Merlin Coccai*, Padova, Antenore, 1973.

Minkoff, Naḥum B., *Elye Bokher un zayn Bove-Bukh*, New York, Vakser, 1950.

Modena, Leone, *Midbar Yehuda*, [Le désert de Juda], Venezia, Zanetti, 1602.

Modena, Leone, *Les Juifs présentés aux Chrétiens, Cérémonies et coutumes qui s'observent aujourd'hui parmi les Juifs*, traduit par Richard Simon, édition de Jacques Le Brun et Guy G. Stroumsa, Paris, Les Belles Lettres, 1998.

Montaigne, Michel de, *Journal de voyage*, édité par L. Lautrey, Paris, Hachette, 1906.

Montanari, Anna (et al.), LIbri CAvallereschi in Prosa e in Versi (LICAPV), Università degli Studi di Pavia – Dipartimento SLAMM, 2005 : http://lica.unipv.it/index.php.

Morin, Bernadette, « Faut-il lire les comparaisons homériques du récit odysséen ? », *Tôzai*, 9, 2007, p. 109-147.

Moss, Ann, *Les Recueils de lieux communs : Méthode pour apprendre à penser à la Renaissance*, Genève, Droz, 2002.

Mugdan, Joachim, compte-rendu de E. Timm 1987 et B. Simon 1993 [ed. pr. 1988], *Zeitschrift für deutsches Altertum und deutsche Literatur*, 121, 1, 1992, p. 76-94.

Müller, Johannes, *Schwert und Scheide. Der sexuelle und skatologische Wortschatz im Nürnberger Fastnachtspiel des 15. Jahrhunderts*, Frankfurt am Main-Bern, Peter Lang, 1988.

Munster, Sébastien, *Chaldaica grammatica antehac a nemine attentata*, Bâle, Froben, 1527.

Munster, Sébastien, *Opus grammaticum consummatum*, Bâle, 1542.

Murtaugh, Kristen Olson, *Ariosto and the Classical Simile*, Cambridge, Mass., Harvard University Press, 1980.

Neubauer, Adolf, « Nouveaux textes hébraico-italiens concernant les femmes », *Rendiconti della Reale Accademia dei lincei*, 1891, 7, 1, p. 347-355.

Neubauer, Adolf, *Seder he-ḥakhamim ve-korot ha-yamim*, vol. 2 : *Medieval Jewish Chronicles and Chronological Notes*, Oxford, Clarendon Press, 1895.

Neuberg, Simon, « Adventures in bibliography », in *Report of the Oxford Center for Hebrew and Yiddish Studies, Academic Year*

2011-2012, Oxford Center for Hebrew and Yiddish Studies, 2012, p. 133-146.

Niborski, Yitskhok, Vaisbrot, Bernard, *Yidish-frantseyzish verterbukh*, Paris, Medem-bibliotek, 2002.

Niger, Shmuel, *Di yidishe literatur un di lezerin*, Vilna, Vilner farlag, 1919.

Opatoshu, Joseph, *A tog in Regensburg*, Paris, Di Goldene Pave, 1955.

Orvieto, Paolo (éd.), L. Pulci, *Opere minori*, Milano, Mursia, 1986.

Orvieto, Paolo, « Sul rapporto *Morgante-Orlando laurenziano* », in K.-W. Hempfer (éd.), *Ritterepik der Renaissance*, 1989, p. 145-152.

Pagis, Dan, *Ḥidush ve-masoret be-shirat ha-ḥol ha-'ivrit : italia ve-spania* [Innovation et tradition dans la poésie profane hébraïque : Italie et Espagne], Jerusalem, Keter, 1976.

Pagis, Dan, « Ha-pulmus ha shiri 'al tiv ha-nashim bevoah be-tmuroth be-shirah ha-'ivrit be-Italiah » [« La controverse concernant la valeur de la femme dans la poésie hébraïque dans les échanges de poésies hébraïques en Italie »], *Jerusalem Studies in Hebrew Literature* / מחקרי ירושלים בספרות עברית, 9, 1986, p. 259-300.

Pankower, Isaac S., « Yiun meḥudash besefer Masoret ha-Masoret le Eliahu Baḥur » [« Nouveau regard sur le livre *Masoret ha-Masoret* d'Eliahu Baḥur »], *Italia*, 8, 1989 , p. 7-73.

Paolo, Ugo E., *Il latino maccheronico*, Firenze, Le Monnier, 1959.

Paucker, Arnold, « Das deutsche Volksbuch bei den Juden », *Zeitschrift für Deutsche Philologie*, 80, 1961, p. 302-317.

Peretz, Yitskhok Leyb, « Vos felt undzer literatur », *Der fraynd*, 88 (28 avril 1910), réédité dans *Ale verk*, VII, 1947, p. 77-101.

Peritz, Moritz, « Ein Brief Elijah Levitas an Sebastian Münster », *Monatsschrift für Geschichte und Wissenschaft des Judentums*, XXXVIII, 1893-1894, p. 252-267.

Perles, Joseph, *Beiträge zur Geschichte der hebräischen und aramäischen Studien*, München, T. Ackermann, 1884.

Perna, Ciro, « I capitoli di Romano Alberti tra satira e burlesco », *Critica Letteraria*, 149, 2010, p. 654-688.

Pfeiffer, Franz (éd.), *Der Edelstein von Ülrich Boner*, Leipzig, Göschen, 1844.

Pirandello, Luigi, *L'umorismo, saggio*, Lanciano, R. Carabba, 1908.

Poliakov, Léon, *Histoire de l'antisémitisme*, vol. 1 : *L'âge de la foi*, Paris, Calmann-Lévy, 1981.

Poliziano, Angelo, *Rime*, édition de Davide Puccini, *Stanze, Orfeo, Rime*, Milano, Garzanti, 1992.

Pozzi, Mario, « Teofilo Folengo e le resistenze alla toscanizzazione letteraria », in *Cultura letteraria e tradizione popolare in Teofilo Folengo*, E. Bonora, M. Chiesa (dir.), Milano, Feltrinelli, 1979, p. 209-229.

Pozzi, Mario, « Le quattro redazioni delle macaronee di Teofilo Folengo », in *Teofilo Folengo nel 5. centenario della nascita*, Firenze, Olschki, 1993, p. 33-47.

Prilutsky, Noah, « Vi azoy di rusishe tsenzur hot gebaletevet in dem *Bove-Bukh* », *Yivo Bleter*, 3, 1932, p. 354-370.

Ragni, Eugenio, « I cantari », in *Dizionario critico della letteratura italiana*, I, Torino, UTET, 1973, p. 492-500.

Rajna, Pio, « La materia del *Morgante* in un ignoto poema cavalleresco del secolo XV », *Il propugnatore*, 2, I, 1869, p. 7-35, 220-252, 353-384.

Rajna, Pio, *Le fonti dell'Orlando Furioso: ricerche e studi*, Firenze, Sansoni, 1900.

Rastoin, Marc, *Du même sang que Notre Seigneur : Juifs et jésuites aux débuts de la Compagnie de Jésus*, Montrouge, Bayard, 2011.

Rathaus, Ariel, « *Lesiwugan shel haoktavot shel Yosef Tsarfati* » [« Sur le genre des octaves de Joseph Sarfati »], *Italia (איטליה) : Studi e ricerche sulla storia, la cultura e la letteratura degli ebrei d'Italia*, 8, 1-2, 1989, p. 75-86.

Reichert, Victor Emmanuel, *The Mahberot, Fourteenth Canto : The Inheritance*, Cincinnati, Dunie Printing Company, 1982.

Renaudet, Augustin, *Autour d'une définition de l'humanisme*, Genève, Droz, 1945.

Rhine, Abraham Benedict, « The secular Hebrew poetry of Italy », *The Jewish Quarterly Review*, 1, 3, 1911.

Rieger, Paul, Vögelstein, Hermann, *Geschichte der Juden in Rom*, Berlin, Mayer und Müller, 1895.

Rivkind, Isaac, *Di historishe alegorye fun R' Meyer Shats*, Vilnius, Kletskin, 1929.

Rivkind, Isaac, *Der kamf kegn azartshpiln bay yidn*, New York, YIVO, 1946.

Rizzo, Stefano, « Il *De vulgari eloquentia* e l'unità del Pensiero Linguistico di Dante », *Dante Studies*, 87, 1969, p. 69-88.

Robichaud, Denis J. J., « Renaissance and Reformation », in *The Oxford Handbook of Atheism*, Oxford University Press, 2013.

Romei, Danilo (éd.), P. Aretino, *Poemi cavallereschi*, Roma, Salerno editrice, 1995.

Romei, Danilo, *Berni e i berneschi*, Firenze, Centro 2P, 1984.

Romei, Danilo, « Aretino e Pasquino », *Atti e memorie dell'Accademia Petrarca di lettere, arti e scienze*, LIV, 1992, p. 67-92.

Romei, Danilo, « *L'"Orlando" moralizzato dal Berni* », intervention à Spicchio à l'occasion du cinquième centenaire de la naissance de Berni http://www.nuovorinascimento.org/n-rinasc/saggi/pdf/romei/orlmoral.pdf.

Romei, Danilo, *Da Leone X a Clemente VII : scrittori toscani nella Roma dei papati medicei, (1513-1534)*, Manziana (Roma), Vecchiarelli, 2007.

Romer-Segal, Agnes, « Yiddish Works on Women's Commandments in the 16th Century », in *Studies in Yiddish Literature and Folklore*, Jerusalem, The Hebrew University, 1986, p. 37-59.

Rosenberg, Felix, « Über eine Sammelung deutscher Volks- und Gesellschafts- lieder in hebräischen Lettern », *Zeitschrift für die Geschichte der Juden in Deutschland*, 2, 1888, p. 232-296.

Rosenfeld, Hellmut, « Der mittelalterliche Bilderbogen », *Zeitschrift für deutsches Altertum und deutsche Literatur*, 85, 1, 1954, p. 66-75.

Rosenfeld, Hellmut, « Die Entwicklung der Ständesatire im Mittelalter », *Zeitschrift für deutsche Philologie*, 71, 1952, p. 196-207.

Rosenfeld, Moshe N. (éd.), *The Book of Cows : A Facsimile Edition of the Famed Kuhbuch, Verona 1595*, London, Hebraica Books, 1984.

Rosenzweig, Claudia, « Il poema yiddish in Italia : L'esempio del Bove de Antona di Elye Bocher », *Acme : Annali della Facoltà di Lettere e Filosofia dell'Università degli Studi di Milano*, 50-3, septembre-décembre 1997, p. 159-189.

Rosenzweig, Claudia, « Il poema yiddish in versi *Bovo d'Antona* in una versione manoscritta del XVI sec. », *Medioevo Romanzo*, vol. XXVI, fasc. I, janvier-avril 2002, p. 49-68.

Rosenzweig, Claudia, *The "Bovo D'Antona" by Elye Bokher*, thèse de doctorat, Hebrew University, 2007, publiée sous forme d'ouvrage : C. Rosenzweig 2015.

Rosenzweig, Claudia, *Due canti yiddish : rime di un poeta ashkenazita nella Venezia del Cinquecento*, Arezzo, Bibliotheca Arentina, 2010.

Rosenzweig, Claudia, Bovo D'Antona *by Elye Bokher. A Yiddish Romance*, Leiden, Brill, 2015.

Rossi, Antonio, *Serafino Aquilano e la poesia cortegiana*, Roma, Morcelliana, 1980.

Rossi, Antonio, « Prima ch'i' die principio a' mie strambotti », in *Di selva in selva : studi e testi offerti a Pio Fontana*, P. di Stefano, G. Fontana (éd.), Bellinzona, Casagrande, 1993, p. 251-264.

Rossi, Luca Carlo, « Una ricomposta tenzone (autentica ?) fra Cino da Pistoia e Bosone da Gubbio », *Italia medioevale e umanistica*, 31, 1988, p. 45-80.

Roth, Cecil, *The Jews in the Renaissance*, Philadelphia, Jewish Publication Society, 1959.

Ruderman, David B., *The World of a Renaissance Jew : The Life and Thought of Abraham ben Mordecai Farissol*, Cincinnati, Hebrew Union College Press, 1981.

Ruderman, David B., Veltri, Giuseppe (dir.), *Cultural intermediaries : Jewish intellectuals in early modern Italy*, University of Pennsylvania Press, 2004.

Rupprich, Hans, *Geschichte der deutschen Literatur. Vom späten Mittelalter bis zum Barock*, Erster Teil : *Das ausgehende Mittelalter, Humanismus und Renaissance*, 1370-1520, München, C. H. Beck, 1994.

Sadan, Dov, *Yidish : tokh un arum*, Tel-Aviv, Yisroel-bukh, 1986.

Salah, Asher, « A Matter of Quotation : Dante and the Literary Identity of Jews in Italy », in *Italia Judaica*, Joseph Shatzmiller, Shlomo Simonsohn (dir.), Leiden-Boston, Brill, 2013, p. 167-199.

Salamon, Anne, « Les Neuf Preux : entre édification et glorification », *Questes*, 13, janvier 2008, p. 38-52, consultable en ligne : http://questes.free.fr/pdf/bulletins/mythes/Mythes_Anne%20Salamon.pdf [dernière visite le 14 décembre 2014].

Sangirardi, Giuseppe, *Boiardismo ariostesco*, Lucca, Maria Pacini, Fazzi, 1993.

Sangirardi, Giuseppe, « L'Arioste et l'Empire. Réflexions sur les rédactions du Roland furieux », e-Spania [En ligne], 13 juin 2012 : http://e-spania.revues.org/21345.

Santoro, Mario, *Ariosto e il Rinascimento*, Napoli, Liguori, 1989.

Sanudo Marin, *I Diarii di Marino Sanuto*, vol. 20, Venezia, R. Deputazione Veneta di Storia Patria, 1886.

Sanudo, Marin, *I Diarii di Marino Sanuto*, vol. 17, Venezia, R. Deputazione Veneta di Storia Patria, 1886.

Sanudo, Marin, *I Diarii di Marino Sanuto*, vol. 53, Venezia, R. Deputazione Veneta di Storia Patria, 1900.

Scaglione, Aldo (éd.), M. M. Boiardo, *Orlando Innamorato*, Torino, UTET, 1974.

Scaino, Antonio, *Trattato del giuoco della palla*, Venezia, 1555.

Schammes, Juspa, *Minhagim deqehilat qodesh Vormaisa*, éd. B. S. Hamburger-E. Zimmer, 2 vol., Jerusalem, Meḥon Yerushalayim, 1988-1992.

Schirmann, Chaim, *Mivḥar ha-shira ha-'ivrit be-Italia* [Anthologie de la poésie hébraïque en Italie], Berlin, Schocken, 1934.

Schirmann, Chaim, *Hashira ha 'ivrit be-Sefarad ube-Provants*, (*La poésie hébraïque en Espagne et en Provence*), t. II a, Jerusalem, Mosad Bialik, 1960.

Schirmann, Chaim, *Tsaḥuth Bediḥutha dekidushin* (Une comédie sur le marriage), Tel-Aviv, Sifre Tarshish, 1965.

Schneidermann, Georges, *Die Controverse des Ludovicus Cappellus mit den Buxtorfen über der hebr. Punctation*, Leipzig, Hinrichs, 1879.

Schröder, Walter Johannes, *Spielmannsepik*, Darmstadt, Wissenschaftlische Buchgesellschaft, 1977.

Schüler, Meir, « Der "Artushof" und Josel von Witzenhausen », *Zeitschrift für hebräische Bibliographie*, 7, 1904, p. 117-123, 145-148, 179-185.

Schulz, Armin, *Die Zeichen des Körpers und der Liebe, Paris und Vienna in der jiddischen Fassung des Elia Levita*, Hamburg, Dr. Kovač, 2000.

Schwarzbaum, Chaim, *Jewish Folklore between East and West. Collected Papers*, éd. Eli Yassif, Beer-Sheva, Ben Gurion University of the Negev Press, 1989.

Segal, David S., « Sedarim lo shearum, 'yiun be maḥberet ka"g shel Maḥberot Imanuel Haromi » [« Cohésion voilée, réflexions sur la Composition 23 des Maḥberot d'Immanuel de Rome »], *Pa'amim*, 81, 1999, p. 43-55.

Segre, Cesare (éd.), L. Ariosto, *Orlando Furioso*, Milano, Mondadori, 1999.

Sestieri, Lea, *David Reubeni, dall'Arabia all'Europa*, Genova, Marietti, 1991.

Sermoneta, Giuseppe, « Una trascrizione in caratteri ebraici di alcuni brani filosofici della "Commedia" », in *Romanica et occidentalia*, M. Lazar (dir.), Jerusalem, Magnes Press of the Hebrew University, 1963, p. 23-42.

Shatzky, Jacob, *Elye Bokher : 400 yor nokh zayn toyt : 1549-1949*, Buenos Aires, Argentiner Optail fun Alveltlekhn Yidishn Kultur-Kongres, 1949.

Shemek, Deanna, « Of Women, Knights, Arms, and Love : The

Querelle des Femmes in Ariosto's Poem », *MLN*, 104, 1, Italian Issue, 1989, p. 68-97.

Shmeruk, Chone (éd.) avec Erika Timm, *Pariz un' Viene : Mahadura bikortit betseruf mavo, he'arot venispaḥim* [« *Paris et Vienne*, édition scientifique avec introduction, notes et annexes »]. Jerusalem, Israel Academy of Sciences and Humanities, 1996.

Shmeruk, Chone, « Ha-shir 'al ha-sreifah be-wenetsiah le-eliahu baḥur » [« Le poème sur l'incendie à Venise d'Eliahu Baḥur »], *Kobets 'al yad*, 16, 1966, p. 343-368.

Shmeruk, Chone, « Reshitah shel haproza hasipurit beyidish umerkazah be-italia » (« Les commencements de la prose narrative en Yiddish et son centre en Italie », in *Scritti in memoria di Leone Carpi, saggi sull'ebraismo italiano*, D. Carpi, A. Milano et A. Rofé (dir.), Jérusalem, Central Press, 1967, p. 112-165.

Shmeruk, Chone, *Maḥazot mikrayiim be-yidish*, Jérusalem, Ha-Universita ha-'Ivrit be-yirushalayim, 1977.

Shmeruk, Chone, *Ha-yiurim le-sifrey yidish bameot hata"z-haya"z : ha-tekstim, ha-tmunot ve-ma'aneyhem* [« Les illustrations des livres yiddish au XVIᵉ-XVIIᵉ siècles : les textes, les images et leurs sources »], Jérusalem, Ha-Universita ha-'Ivrit be-yirushalayim, 1986.

Shmeruk, Chone, *Prokim fun der yidisher literatur-geshikhte*, Tel-Aviv, Farlag Y. L. Peretz, Yidish-Opteylung / der Hebreisher Universitet in Yerusholaim, 1988.

Shtif, Nokhem, « Elye Halevis lid Hamavdil », *Tsaytshrift*, 1, 1926, p. 150-158.

Shtif, Nokhem, « A geshribene yidishe bibliotek in a yidish hoyz in Venetsye in mitn dem zekhtsentn yorhundert », *Tsaytshrift*, 2-3, 1928, p. 141-158.

Shtif, Nokhem, « Naye materyaln tsu Elye Halevis Hamavdil-lid », *Shriftn*, 1, Kiev, 1928, p. 148-166.

Shulvass, Moses A., « Dos ashkenazishe yidntum in italye », *Yivo Bleter*, 34, 1950, p. 157-181.

Shulvass, Moses A., *The Jews in the Renaissance*, Leiden, Brill, 1973.

Simon, Bettina, *Jiddisch Sprachgeschichte, Versuch einer neuer Grundlegung*, Berlin, Jüdischer Verlag im Suhrkamp Verlag, 1993.

Simonsohn, Shlomo, *Toldot ha-yehudim be dukasut mantovah*, (« Histoire des juifs à Mantoue »), Jerusalem, Makhon Ben Tsvi, 1962.

Smith, Jerry C. (trad.), *Elia Levita Bachur's Bovo-Buch : A Translation of the Old Yiddish Edition of 1541*, Fenestra Books, 2003.

Sola, José C., « Un documento autobiográfico inédito », *Archivum historicum Societatis Iesu*, IV, 1935, p. 291-321.

Starck, Astrid (éd.), *Un beau livre d'histoires. Eyn shön mayse bukh. Fac-similé de l'editio princeps de Bâle (1602)*, Bâle, Schwabe Verlag, 2004.

Steidel, Max, *Die zecher- und schlemmerlieder im deutschen volksliede bis zum dreissigjährigen kriege*, thèse de doctorat, Université de Heidelberg, Karlsruhe, Liepmannssohn, 1914.

Steinschneider, Moritz, « Über die Volksliteratur der Juden », *Archiv für Literaturgeschichte*, 2, 1872, p. 1-21.

Steinschneider, Moritz, *Letteratura italiana degli giudei*, Roma, Tipografia delle scienze matematiche e fisiche, 1884.

Steinschneider, Moritz, *Moritz Steinschneider, Jüdische-Deutsche Literatur (Serapeum, Leipzig 1843-1849)*, Jerusalem, Hebrew University, 1961.

Stella, Angelo (éd.), L. Ariosto, *Lettere*, éd. in *Tutte le opere*, éd. Cesare Segre, vol. III, Milano, Mondadori, 1984.

Stern, Moritz, *Lieder des venezianischen Lehrers Gumprecht von Szczebrszyn (um 1555)*, Deutsche Sprachdenkmäler in hebräischen Schriftcharakteren, 1, Berlin, Hausfreund, 1922.

Stimming, Albert, *Der anglonormannische Boeve de Haumtone*, Halle, Niemeyer, 1899.

Taddei, Maria, *Le 'interpolazioni d'autore' nell' "Orlando innamorato" rifatto da Francesco Berni*, édition en ligne : http://www.nuovorinascimento.org/n-rinasc/ipertest/html/orlando/frontespizio.html, 2000.

Tendlau, Alfred M., *Sprichwörter und Redensarten deutsch-jüdischer Vorzeit*, Berlin, Schocken, 1934.

Timm, Erika (éd.), avec Gustav Adolf Beckmann, *Paris un Wiene: Ein jiddischer Stanzenroman des 16. Jahrhunderts von (oder aus dem Umkreis von) Elia Levita*, Tübingen, Max Niemeyer, 1996.

Timm, Erika, « Beria und Simra. Eine jiddische Erzählung des 16. Jahrhunderts », *Literaturwissenschaftliches Jahrbuch*, Neue Folge 14, 1973, p. 1-94.

Timm, Erika, *Graphische und phonische Struktur des Westjiddischen unter besonderer Berücksichtigung der Zeit um 1600*, Tübingen, Niemeyer, 1987.

Timm, Erika, « Wie Elia Levita sein Bovobuch für den Druck überarbeitete. Ein Kapitel aus der italo-jiddischen Literatur der Renaissancezeit. », *Germanisch-Romanische Monatschrift* 72, 1991, 61-81.

Timm, Erika, Préface (« Vorwort ») à A. Starck 2004, p. XI-XIII.

Timm, Erika, *Historische jiddische Semantik. Die Bibelübersetzungssprache als Faktor der Auseinanderentwicklung des jiddischen und des deutschen Wortschatzes* (unter Mitarbeit von Gustav Adolf Beckmann), Tübingen, Niemeyer, 2005.

Timm, Erika, *Etymologische Studien zum Jiddischen*, Hamburg, Buske, 2006.

Timm, Erika, Turniansky, Chava, avec Claudia Rosenzweig, *Yiddish in Italia*, Milano, Associazione Italiana Amici dell'Università di Gerusalemme, 2003.

Tirosh-Rothschild, Hava, « Jewish culture in Renaissance Italy : a methodological survey », *Italia* (איטליה) *: Studi e ricerche sulla storia, la cultura e la letteratura degli ebrei d'Italia*, 9, 1990, p. 63-96.

Tirosh-Rothschild, Hava, *Between Worlds : The Life and Thought of Rabbi David ben Judah Messer Leon*, State University of New York Press, 1991, p. 25-33.

Tirosh-Rothschild, Hava, « In Defense of Jewish Humanism », *Jewish History*, 3, 2, 1988, p. 31-57.

Toscan, Jean, *Le carnaval du langage : le lexique érotique des poètes de l'équivoque de Burchiello a Marino*, 4 vol., thèse de doctorat, Université Lille 3, 1981.

Turniansky, Chava (éd.), *Sefer masah u-merivah (1627)*, Jérusalem, Y. L. Magnes, Universita ha-ivrit, 1985.

Turniansky, Chava, « Shtei shirot epiot beyidish 'al Sefer Yehoshua » [« Deux poèmes épiques en Yiddish sur le *Sefer Yehoshua* »], *Tarbiz*, 61, 4, 1982, p. 589-632.

Turniansky, Chava, « La letteratura yiddish nell'Italia del Cinquecento », *La Rassegna mensile di Israel*, 62, 1-2, 1996, p. 63-92.

Turniansky, Chava, « Review of Harry Fox and Justin Jaron Lewis, eds, *Many Pious Women : Edition and Translation* », *Renaissance Quarterly*, 65, 4, 2012, p. 1273-1274.

Valeriano, Pierio, *De infelicitate litteratorum*, Genève, Fick, 1821.

Varrini, Giulio, *Scelta de proverbi e sentenze italiani*, Venezia, Zaccaria Conzatti, 1672.

Venturi, Luigi, *Le similitudini dantesche : ordinate, illustrate, e confrontate*, Roma, Salerno Editrice, 2008 [Première édition : 1874].

Verger, Julien, « Traduire la poésie macaronique de Teofilo Folengo. D'une traduction à l'autre, d'une langue à l'autre », in *Les intraduisibles / Unübersetzkeiten*, Jorg Dünne (et al.), Paris, Les Archives Contemporaines, 2013, p. 171-182.

Viennot, Éliane (dir.), *Revisiter la Querelle des femmes. Discours sur l'égalité/inégalité des femmes et des hommes de 1750 aux lendemains de la Révolution*, Publications de l'Université de Saint-Étienne, 2012.

Villon, François, *Œuvres de François Villon*, édition d'Auguste Longnon, Paris, La cité des livres, 1930.

Villoresi, Marco, *La letteratura cavalleresca : dai cicli medievali all'Ariosto*, Roma, Carocci, 2000.

Villoresi, Marco, *La fabbrica dei cavalieri. Cantari, poemi, romanzi in prosa fra Medioevo e Rinascimento*, Roma, Salerno, 2005.

Voltaire, *Dictionnaire philosophique portatif*, London, s. e., 1765.

Voltaire, *Œuvres complètes de Voltaire*, vol. 17 : *Dictionnaire philosophique*, Paris, Garnier, 1878.

Voss, Rebekka, « Entangled Stories : the Red Jews in Premodern Yiddish and German Apocalyptic Lore », *AJS Review*, 36-31, 2012, p. 1-41.

Wagenseil, Georg Christoph, *Sota hoc est liber Mischnicus*, Altdorf, J. H. Schonerstaedt, 1674.

Wagenseil, Georg Christoph, *Belehrung der Jüdische-Deutschen Red-und Schreibart*, Königsberg, Paul Friederich Rhode, 1699.

Waquet, Françoise, « Qu'est-ce que la République des Lettres ? », *Bibliothèque de l'École des Chartres*, 147, 1989, p. 473-502.

Warnock, Robert G., « Wirkungsabsicht und Bearbeitungstechnik. Zum altjiddischen Artushof », *Zeitschrift für Deutsche Philologie* [Sonderheft], 1981, p. 98-109.

Warnock, Robert G., « The Arthurian Tradition in Hebrew and Yiddish », in *King Arthur Through the Ages*, Valerie M. Lagorio, Mildred Leake (dir.), New York-London, Garland, 1990, vol. 1, p. 198.

Warnock, Robert G., « Proverbs and Sayings in Early Yiddish Literature », in *Jiddische Philologie : Festschrift für Erika Timm*, S. Neuberg, W. Roll (éd.), Tübingen, Niemeyer, 1999, p. 175-196.

Weaver, Elissa, « Riformare l'"Orlando Innamorato » in *I libri dell'"Orlando innamorato"*, Modena, Panini, 1987.

Weil, Gérard, *Élie Lévita, humaniste et massorète (1469-1549)*, Leiden, Brill, 1963.

Weinreich, Max, *Shtaplen. Fir etyudn tsu der yidisher shprakh-visnshaft un literatur-geshikhte*, Berlin, Farlag Vostok, 1923.

Weinreich, Max, *Bilder fun der yidisher literaturgeshikhte*, Vilnius, Tomor, 1928.

Weinreich, Max, « Tsvey yiddishe shpotlider oyf yidn », *Filologishe shriftn*, 3, 1929, p. 537-554.

Weinreich, Max, « Di ershte oysgabe fun dem *Bove-Bukh* un ire zetser », *Yivo Bleter*, 2, 1931, p. 281-284.

Weinreich, Max, « *Bney-hes un bney-khes* in ashkenaz : di problem – un vos zi lozt undz hern », *Yivo-bleter*, XLI, 1957-1958, p. 101-123.

Weinreich, Max, *Geshikhte fun der yidisher shprakh*, 4 vol., New York, YIVO, 1973.

Weinreich, Max, *History of the Yiddish language*, édité par P. Glaser, New Haven, Yale University Press, 2008.

Weinstein, Roni, *Marriage Rituals Italian Style : A Historical Anthropological Perspective on Early Modern Italian Jews*, Leiden-Boston, Brill, 2004.

Wenzel, Edith, *"Do worden die Judden alle geschant" : Rolle und Funktion der Juden in spätmittelalterlichen Spielen*, München, Fink, 1992.

Wex, Michael, *Born to kvetch*, New York, Harper Perennial, 2006.

Wiessner, Edmund (éd.), *Heinrich Wittenwilers Ring nach der Meininger Handschrift*, Leipzig, Reclam, 1931.

Wolf, Johann Christoph, *Bibliothecae hebraeae*, t. 3, Hamburg-Leipzig, B. T. C. Felgineri, 1727.

Wolfthal, Diane, *Picturing Yiddish : Gender, Identity, and Memory in the Illustrated Yiddish Books of Renaissance Italy*, Leiden, Brill, 2004.

Woodhouse, H. F., *Language and style in a renaissance epic ; Berni's corrections to Boiardo's Orlando Innamorato*, London, Modern Humanities Research Association, 1982.

Yarden, Dov, *Maḥberot ʿImanuel Ha-Romi* [« Les composition d'Immanuel de Rome »], 2 vol., Jérusalem, Mosad Bialik, 1957.

Yardeni, Dan, « Eliyahu Bachur in Isny », publié en ligne : The Seforim blog, 2010, http://seforim.blogspot.fr/2010/12/eliyahu-bachur-in-isny.html.

Ytzchaki, Masha, « *Tu dormi : sulle poesie d'amore di Shemuel Zarfatí* », *La Rassegna mensile di Israel*, terza serie, 60, 1-2, 1994, p. 109-118.

Zedner, Josef, « Levitas Historie von Ritter בבא », *Hebräische Bibliographie*, 6, 1863, p. 22-23.

Zenatti, Albino (éd.), L. Pulci, *Strambotti*, Firenze, Libreria Dante, 1887.

Zfatman, Sara, *Ha-siporet be-yidish me-reshitah 'ad shivḥe ha-besht*, thèse de doctorat, 2 vol., Jérusalem, Hebrew University, 1983.

Zfatman, Sara, *Ha-siporet be-yidish me-reshitah 'ad shivḥe ha-besht : bibliografiah mueret* [« Le récit bref en yiddish depuis ses débuts jusqu'aux *Éloges du* Ba'al Shem Tov : une bibliographie commentée »], Jérusalem, Ha-Universita ha-'Ivrit birushalayim, 1985.

Zinberg, Israel, *Di geshikhte fun der literatur bay yidn*, vol. 1 : *Mitlalter*, Vilnius, Tomor, 1929.

Zinberg, Israel, « Di rusishe tsenzur un der *Bove-Bukh* », *Yivo Bleter*, 4, 1932, p. 187-188.

Zinberg, Israel, *Di geshikhte fun der literatur bay yidn*, vol. 6 : *Alt-yidishe literatur*, Vilnius, Tomor, 1935.

Zinguer, Ilana (dir.), *L'hébreu à la Renaissance*, Leiden, Brill, 1992.

Zumthor, Paul, *Essai de poétique médiévale*, Paris, Seuil, 1972.

Zumthor, Paul, « L'épiphonème proverbial », *Revue des Sciences Humaines*, 163, 1976, p. 313-329.

INDEX DES NOMS PROPRES
(PERSONNALITÉS ET ŒUVRES)